法律英語用語辞典

尾崎哲夫
Ozaki Tetsuo

The regime that orders human activities and relations through systematic application of the force of politically organized society,...

A Dictionary of
English Legal Terminology

自由国民社

はじめに

1……この本を書いた動機とこの本のコンセプト

　この本は，法律英語・法律用語の辞典です。いわば，法律英語の英和辞典＋和英索引の辞典です。

　社会はますます国際化し，同時に法化しています。国際化すればするほど，様々なプラス面と同時に，摩擦や争いも避けられません。当然国際間の紛争や行き違いを律するルールが必要になります。法律英語のマスターが必要なゆえんです。

　法律英語の分野は，この国において遅れている分野です。遅れているというより未開拓の分野です。

　明治以降，日本の大学法学部の講座，講義，研究配置の中に，包含されなかった分野です。わずかに，比較法の中の英米法研究者が，研究のマイナーな一分野として触れることがあっただけです。

　最近，渉外弁護士の一部の人が，この分野の本を提供するようになってきましたが，まだまだ未開のジャングルと言ってよいでしょう。

　従来のこの分野の本では，英米法重視，あるいは英文契約重視の傾向が見られました。前者は英米法研究者の当然の傾向であり，後者は渉外関係者の自然な流れです。

　この本は，更に一般的，網羅的な視点を重視しました。日本に，六法をはじめ様々な法律があり，アメリカにも当然様々な法規範があります。アメリカの主要法律ルールの日本語訳と，日本の主要法律ルールの英訳を総合的にまとめ上げた本を目指しました。

　日本もアメリカも，資本主義を基本とする現代国家です。日本にある主なルールのほとんどはアメリカに存在し，アメリカに存在する様々な基本ルールの相当部分は日本にあるはずです。日米の主要ルールの総合的英和・和英辞典を完成したいと考えました。

2……読んでいただきたい読者の方々

　以上のようなコンセプトから次のような読者の方々を想定しました。
① ロースクールで学ばれる方，学ぼうとしている方
② 企業の法務，調査，あるいは海外営業担当の方
③ 国際商取引法，国際私法，国際経済法などを学ぶ大学生，大学院生の方
④ 日本の弁護士で渉外業務に携わりつつある方

⑤法律と英語のどちらか，あるいは両方に興味を持っている方。特に，法律は得意だが英語は忘れつつある方，逆に英語は得意だが法律はこれからという方

3……この本の形式と内容

　本書では，法律関係の用語を偏らず全般的に網羅することを目標とし，国際取引や英米法といった特定の分野に偏らず，法律全体を網羅することに集中しました。国際化，法化の波が，商取引のみならず私達の生活全体に押し寄せてきています。ロースクールをはじめ，大学や大学院で学ぶ学生及び研究者の皆さんにとっても，法律全体の網羅性が重要であると考えた次第です。

　また，日本の法律，特に六法との関連を重視しました。日本の基本的法律用語は，なるべく全部載せたいと考えました。

　例えば次の項目があります。

bodily injury on the occasion of robbery　強盗傷害
　強盗の機会に被害者に傷害を負わせること。必ずしも強盗の手段たる脅迫から傷害の結果が生じる必要はない。アメリカでは，強盗の機会に傷害の結果が生じた場合，加重強盗＝aggravated robbery として重く罰せられる場合が多い。〔参考〕刑法240条（強盗致死傷）　強盗が，人を負傷させたときは無期又は六年以上の懲役に処し，死亡させたときは死刑又は無期懲役に処する。

　この項目は，むしろ日本の強盗致死傷を意識したものです。刑法240条を英語でどう言うか，その裏返しとして独立の項目を設定し，日米の比較を記したものです。
　次の項目は，アメリカの法律英語として重要なものですが，日本の民法も意識しました。

breach of contract　契約違反
　契約の全部または一部を，その責任ある理由によって正当なく履行しないこと。default＝債務不履行。契約違反に対して債務者が取りうる手段としては，①強制執行による契約の実現，②損害賠償，③契約の解除がある。②③は common law による，①は equity による救済手段である。〔参考〕民法415条（債務不履行による損害賠償）債務者がその債務の本旨に従った履行をしないときは，債権者は，これによって生じた損害の賠償を請求することができる。債務者の責めに帰すべき事由によって履行をすることができなくなったときも，同様とする。

次の項目は，アメリカの不動産取引を意識して取り上げたものですが，日本の特別法である建築基準法にも触れました。

building code　建築基準法
建物建築に関し，安全，衛生，環境維持のための公法的規制を定めた行政法規の総称。建蔽率，容積率，周辺住民の建築に対する同意などが主な規制の例である。〔参考〕建築基準法1条（目的）この法律は，建築物の敷地，構造，設備及び用途に関する最低の基準を定めて，国民の生命，健康及び財産の保護を図り，もつて公共の福祉の増進に資することを目的とする。

次の項目は英米法らしい項目ですが，日本の独禁法にも触れてあります。

holding company　持ち株会社
自らは営業活動を行うことはなく，他の会社の過半数の株式を取得することで，その会社の経営支配を行うことを目的とした会社をいう。通常は一つの持ち株会社が複数の会社の過半数株式を保有し，統括的に経営を支配する企業結合手段として有効である。一方で一部の企業による独占が生じやすいので，独占禁止法規などによる規制と監視が必要となる。持ち株会社を介した企業結合は欧米では標準的に行われている。日本の独占禁止法はアメリカ法の影響を強く受けながらも，かつて財閥による寡占が存在したという歴史的経緯から，持ち株会社の存在は永らく認められていなかった。しかし1997年の独占禁止法改正により，持ち株会社の設立が認められることとなった。〔参考〕独占禁止法9条1項　他の国内の会社の株式（社員の持分を含む。以下同じ。）を所有することにより事業支配力が過度に集中することとなる会社は，これを設立してはならない。

次の項目はアメリカの法律用語として重要なものです。
私自身の要約を記すより，アメリカの権威ある法律用語辞典を引用した方が，豊かな内容が伝わると考え，あえて引用し，私の訳をつけました。重要項目については，アメリカの定番法律用語辞典を引用し，客観性を高めることが誠実だと考えました。項目の次に英文が並び，出典が英文で示されているものは，この方式の項目です。
読者の皆さんが忙しいときは，私の訳を参照され，時間のあるときは原典を読み，理解を深めてください。そういう作業は勉強にもなると思います。

burden of persuasion　説得責任

A party's duty to convince the fact-finder to view the facts in a way that favors that party. In civil cases, the plaintiff's burden is usually "by a preponderance of evidence," while in criminal cases the prosecution's burden is "beyond a reasonable doubt."
(*Bryan A. Garner, Black's Law Dictionary Second Pocket Edition* 80(2001), West Group.)
当事者の主張に対し支持をとりつけるように事実認定者を納得させるというその当事者の義務。民事事件では、原告の責任は通常「証拠の優越性をもって」立証する責任を負い、刑事事件における検察には「合理的な疑いを超える」立証が必要とされる。

4……この本を書き終えて

　参考文献を徹底的に調査しながら、数年がかりで本書を書き続けてきました。1万を超える項目を摘出し、対訳を書いていくことも大変な作業でしたが、その後、再検討を繰り返し、眼光紙背に徹して洗いなおす作業に膨大な時間を費やしました。終わりのない作業のように思われました。姉妹書である『法律用語がわかる辞典』と並行して完成させました。私の現時点での研究の総決算でした。

　しかし、浅学非才の私が、膨大な項目と格闘するわけで、不十分なところが少なくないかもしれません。読者の皆さんのご叱正を待ちたいと思います。
　本書出版にあたり、自由国民社竹内尚志編集長に大変お世話になりました。厚く御礼申し上げます。
　最後に、数年にまたがる執筆の中で絶えず励ましてくれた妻清香、娘朝香の2人にも感謝を記したいと思います。

2003年7月　自宅にて　尾崎哲夫

5……追記

　第3版では個々の項目の解説を法状況に照らして見直し、さらなる内容の充実をはかりました（2008年11月、2015年7月補訂）。

[主要参考文献]

1, Black, Henry C., eds., Black's Law Dictionary. Sixth Edition. 1990. West Publishing Co.
2, Clapp, James E. Random House Webster's Dictionary of the Law. 2000. Random House.
3, Farnsworth, E. Allan. An Introduction to the Legal System of the Unites States. Third Edition. 1996. Oceana Publications, Inc.
4, Feinman, Jay M. Law 101. 2000. Oxford University Press.
5, Fleming, John G. The Law of Torts. Eighth Edition. 1992. The Law Book Company Limited.
6, Fox, Gerard P, and Nelson, Jeffrey A. Sue The Bastards!. 1999. Contemporary Books.
7, Friedman, Jack P. Dictionary of Business Terms. Third Edition. 2000. Barron's Educational Series, Inc.
8, Garner, Bryan A. A Dictionary of Modern Legal Usage. Second Edition. 1987. Oxford University Press.
9, Garner, Bryan A. A Handbook of Basic Law Terms. 1999. West Group.
10, Garner, Bryan A. Black's Law Dictionary Second Pocket Edition. 2001. West Group.
11, Gifis, Steven H. Dictionary of Legal Terms. 3rd ed., 1998. Barron's Educational Series, Inc.
12, Harcourt Brace Legal Professional Publications, Inc. Gilbert Law Summaries Pocket Size Law Dictionary. 1997. Harcourt Brace Legal Professional Publications, Inc.
13, Hegland, Kenney. Introduction to the Study and Practice of Law in a Nutshell. 3rd Ed. 2000. West Group.
14, Martin, Elizabeth A. A Dictionary of Law. New Edition. 1997. Oxford University Press.
15, Melone, Albert P, and Karnes, Allan. The American Legal System Foundations, Processes, and Noems. 2003. Roxbury Publishing Company.
16, Oran, Daniel. Law Dictionary for Nonlawyers. 4th ed., 2000. West Legal Studies.
17, The University of Chicago Press. The Chicago Manual of Style. 14th Edition. 1993. The University of Chicago Press.
18, United Sates Government Printing Office. Style Manual. 2000. United Sates Government Printing Office.
19, Wellman, Francis L. The Art of Cross-Examination. Fourth Edition. 1997. Touchstone.
20, 大村敦志・道垣内弘人・森田宏樹・山本敬三『民法研究ハンドブック』(有斐閣)
21, 尾崎哲夫『法律英語入門』(自由国民社)
22, 尾崎哲夫『法律用語がわかる辞典』(自由国民社)
23, 木下毅『アメリカ法入門・総論』(日本評論社)
24, 鴻常夫・北沢正啓編『英米商事法辞典』(商事法務研究会)
25, 瀬川昌輝・鼠屋政敏編集『米国不動産用語辞典』(丸善)
26, 田中英夫編集『英米法辞典』(東京大学出版会)
27, 田中英夫編集代表『BASIC 英米法辞典』(東京大学出版会)
28, 根岸裕・岩津圭介『トレンド日米表現辞典』(小学館)
29, 長谷川俊明『法律英語シリーズ』(東京布井出版)
30, 長谷川俊明『ローダス21法律英語辞典』(東京布井出版)
31, 早川武夫『法律英語の常識』(日本評論社)
32, 法務省刑事局外国法令研究会『法律用語対訳集・英語編』(改訂版)
33, 牧野和夫『「法律英語」ハンドブック(上・下)』(プロスパー企画)
34, 舛井一仁『国際取引法の学び方』(敬文堂)
35, 松野守峰・松林博文・鶴岡公幸『ビジネスに出る英単語』(講談社パワー・イングリッシュ)
36, 宮野準治・飯野恵美子『英文契約書の基礎知識』(The Japan Times)

A

A.A.A. アメリカ仲裁協会を意味する American Arbitration Association の略語　アメリカのADR(裁判外紛争解決機関)の一つ。設立は1926年で、年間数万件の裁判外紛争を処理し、ADRとしては米国最大とも言われている。紛争が発生した場合にA.A.A.を仲裁人とした解決に委ねる契約条項も多い。

A.B.A. アメリカ法律家協会を意味する American Bar Association の略語　アメリカの法曹、裁判官、学者で構成される私的団体であるが、統一商法典など各種の連邦統一法の起草の他、たんなる私的団体を超えた強力な影響力をもつ。

A.C.C.A 米国企業内弁護士協会　American Corporate Counsel Association　アメリカでは弁護士の十数パーセントが、特定の企業に所属して専属の弁護士として活動する企業内弁護士(inhouse lawyer)だと言われている。それらの企業内弁護士が相互に情報を共有する目的で設立した任意団体が米国企業内弁護士協会である。

A.L.I. American Law Institute, アメリカ法律協会

A.P.A. Administrative Procedure Act, 事前価格決定協定

ab initio 遡って

abandon ①放棄する②訴訟を取り下げる

abandoned bank account 睡眠口座、放棄口座

abandoned property 放棄財産、遺棄物、無主物

abandonee 委付を受ける者、被遺棄者

abandonment ①放棄②訴訟の取下げ

abandonment by a person responsible for protection of the victim 保護者遺棄

abandonment by a person responsible for protection of the victim resulting in bodily injury 保護者遺棄致傷

abandonment by a person responsible for protection of the victim resulting in death 保護者遺棄致死

abandonment of a corpse 死体遺棄

abandonment resulting in bodily injury 遺棄致傷

abandonment resulting in death 遺棄致死

abate ①減額する、削減する②中断する

abatement 減殺

abatement of action 訴訟の解消

abating nuisance 迷惑行為の除去

abator ①土地の不法占有者②ニューサンスの自力除去者

abbreviation 略語、省略形

abbuttals (土地の)境界

ABC : assignment for benefit of creditors 債権者のための財産譲渡、財産清算信託

abdication 退位、辞任、権力の放棄、権力の遺棄

abdomen 腹部

abdominal 腹部の

abducted person 被拐取者

abduction 誘拐

abduction for profit 営利誘拐

abduction for ransom 身代金誘拐

abduction for the purpose of marrying 結婚誘拐

abduction for the purpose of performing an obscene act 猥褻誘拐

abduction for the purpose of transporting a abducted person to foreign countries 国外移送誘拐

abearance 行い、行動、行状、振舞い

abet そそのかす、教唆する

abide 判決に服する、判決に従う

ability to appreciate the nature and quality of one's acts 事理弁識能力

ability to conform one's conduct to the requirement of law 行動制御能力

ability to control one's behavior 行動制御能力

abnormal character 異常性格

abnormal personality 異常人格

abnormally dangerous 異常に危険な

abode ①居住②住所

abolition

domicile は永住の意思がある場合。abode は居住の事実を重視する。
abolition 廃止
abolition of death penalty 死刑廃止
死刑制度の犯罪抑止力には従来から疑問が提起されており，誤判の場合の回復不可能性などの理由とも合わせ，欧州諸国では死刑制度を廃止した国が多い。イギリスでは1969年に廃止されている。一方アメリカでは，歴史的に死刑の廃止と復活を繰り返してきたという経緯はあるが，現在は50州中36州で死刑制度が採用されている。1989年には国連総会において死刑廃止条約(市民的・政治的権利に関する国際規約の第二議定書)が採択されたが，アメリカや日本は未批准である。
aborigine 先住民，オーストラリアの先住民
abortion 妊娠中絶
abortion caused by negligence in the conduct of business resulting in bodily injury 業務上堕胎致傷
abortion caused by negligence in the conduct of business resulting in death 業務上堕胎致死
abortion in the conduct of business 業務上堕胎
abortion resulting in bodily injury 堕胎致傷
abortion resulting in death 堕胎致死
abortion with consent 同意堕胎
abortion with consent resulting in bodily injury 同意堕胎致傷
abortion with consent resulting in death 同意堕胎致死
abortion without consent 不同意堕胎
abortion without consent resulting in bodily injury 不同意堕胎致傷
abortion without consent resulting in death 不同意堕胎致死
abrasion ①擦過傷②凍死③表皮剝奪
abridgement 要約，法(判決)の要録
abrogate (法令を)廃止する
abrogation 廃止
abrogation of punishment 刑の廃止

abscond 逃亡する
absconding debtor 失踪債務者
absence 不存在，不在，失踪
absentee 不在者
absentee corporation 不在会社
absentee owner 不在所有者
自身では所有物件に居住，管理していない所有権者。
absentee voting 不在者投票
absenteeism 欠勤
absolute 無条件の
absolute acceptance of inheritance 相続単純承認
absolute advantage 絶対優位
absolute contract 絶対的契約
absolute grounds for Koso-appeal 絶対的控訴理由
absolute liability 絶対責任
absolute or actual total loss 現実全損
absolute title 完全権原(イギリス)
absolutely necessary for proving the guilt 犯罪の証明に欠くことができない
absolutism cause of non-imputability 絶対主義
absorb 吸収する
absorption of punishment 刑の吸収
abstinence symptom 禁断症状
abstract ①抄本②抽象的な
abstract copy of family registration 戸籍抄本
abstract of title 権原要約書
absurdity 不条理，不合理，ばかげたこと
abuse ①虐待②濫用
abuse of authority 職権濫用
abuse of authority by a public officer 公務員職権乱用
abuse of authority by a special public officer 特別公務員職権濫用
abuse of authority by a special public officer resulting in bodily injury 特別公務員職権濫用致傷
abuse of authority by a special public officer resulting in death 特別公務員職権濫用致死
abuse of children 児童虐待

abuse of confidentiality 守秘義務違反
abuse of power 職権濫用
abuse of power of prosecution 公訴権濫用
abuse of prosecutorial power 公訴権濫用
　犯罪嫌疑がない場合の起訴，起訴猶予すべき情状がある場合の起訴，違法な捜査に基づく起訴など，検察官の刑事訴訟の当事者としての訴訟追行権が，勝手に行使されたときは，濫用された個々の訴訟行為のみならず，その訴訟における検察官の訴訟追行権全体が消滅するという考え方。
abuse of rights 権利の濫用
　形式的には権利を行使している場合でも，行使の目的が不当である場合や他者の被る損害が見過ごせないほど大きい場合には，実質的には正当な権利行使とはいえないとする理論。権利の行使が濫用とされる場合，その行為による権利保持は認められず，与えた損害について賠償責任が発生するとされる。〔参考〕民法1条3項　権利の濫用は，これを許さない。
abuse the authority 権限を濫用する
abused and neglected children 虐待され遺棄された子ども
abut 隣接
　土地や建物が隣接していることをいう。adjacent。
academic freedom 学問の自由
　憲法理論上学問の自由と言ったときは，大学における教授内容の自由や大学の自治がその主要な内容とされている。もっとも合衆国憲法には学問の自由についての明文規定はなく，教授の自由や大学の自治は判例において発展してきた原則とされている。一方日本国憲法が23条で定める学問の自由の保障規定は，ドイツ憲法の規定を継受したものと言われている。〔参考〕憲法23条　学問の自由は，これを保障する。
accede （意見，申出などに）同意する
accelerated depreciation 加速償却
acceleration ①期限の利益の喪失②弁済期の繰上げ
acceleration clause 弁済期日繰上条項，期限利益喪失条項
accept 収受する
accept a bribe 賄賂を受け取る
accept the whole 全部受領
acceptance ①受諾②受理③承諾
acceptance by performance 履行による承諾
acceptance of a bill of exchange; acceptance of a draft 為替手形の引受け
acceptance of a contract 契約の承諾
acceptance of directorship 就任承諾書
acceptance of goods 物品の受領，売買の目的物の受領
acceptance of offer 申込みの承諾
acceptance of performance 弁済受領
acceptance of succession 相続の承認
acceptance or rejection 合否，諾否
acceptance (for honor) supra protest 引受拒絶証書作成後の参加引受け，拒絶後参加
acceptor 承諾者
access ①入手②立入り③アクセス④通行（権）
access to inspect or copy documents and articles of evidence 証拠の閲覧謄写権
accessible 入手しやすい
accession 添付
Accessions Tax Law 相続税法
accessory 共犯
　犯罪の行われる前か行われた後に，従犯，教唆犯，事後共犯など犯罪行為以外の形態で犯罪に助力する行為をいう。盗品を買い受けるなどの犯罪終了後の関与行為も含まれる一方，犯罪現場における関与は aid and abet か，共同での正犯行為という意味での principal であって，accessory ではないとされるのが通常である。
accessory after the fact 事後共犯の
accessory before the fact 事前共犯の
accessory building 付属建物
　納屋，倉庫など，同一土地上にあって主たる建物に従属している建物。〔参考〕民法87条（主物及び従物）物の所有者が，その物の常用に供するため，自己の所有に属する他

accessory

の物をこれに附属させたときは，その附属させた物を従物とする。 2 従物は，主物の処分に従う。
accessory obligation 不従債務
accessory thing 従物
accessory to a crime 従犯
犯罪行為自体は行わず，それ以外の行為によって犯罪の実現に助力することを従犯という。窃盗のための侵入道具を準備したり，逃走ルートを教えたりする行為がその例とされる。〔参考〕刑法62条(幇助)正犯を幇助した者は，従犯とする。
accident ①事故②遭難
Accident Compensation Act 事故補償法
accident insurance 災害保険，傷害保険
accident of navigation 航海の事故
accidental cause 偶発的原因，回避不可能な原因
accidental death benefit 災害死亡保険金，災害死亡給付金
accidental discharge 暴発
accomenda アコメンダ(船荷の所有者と船舶の船長との契約)
accommodated party 被融通人
accommodation ①融通②好意に基づく約束，行為など③和解④宿泊設備
Accommodation and Travelling Costs and Absence Fees 派遣されたライセンサーの宿泊・渡航費用とアビセンス・フィー
accommodation bill; ～note 融通為替手形，融通約束手形
accommodation director 名目上の取締役
accommodation endorsement 融通裏書
accommodation incorporator 便宜上の設立者
accommodation line 保険の好意口，便宜供与口
accommodation maker 融通振出人(融通約束手形の振出人)
accommodation paper 融通手形，融通証券
accommodation party 融通者，便宜供与者

他人のために信用や便宜を供与する者。たとえば融通手形の振出人，保証人など。便宜や信用の供与を受ける者は，accomodated party。
accommodation shipment 代替品の出荷
accompany 併発する
accompanying copy 添付の写し
accomplice (広義の)共犯
日本の刑法学の共犯概念は，共同正犯を含む広義の共犯と，教唆犯，幇助犯のみを指す狭義の共犯とがあるとされるが，accompliceはこの広義の共犯にほぼ相当する概念だといえる。つまり，accessoryは，犯罪の成立や刑罰の適用において，共犯者は正犯者とは異なった取扱いを受けるということを含意している。これに対してaccompliceは，主として刑事訴訟法上の扱いにおける共同犯罪の形態を意味している。共犯者の自白の証拠採用などがその例であるが，この場合，共同正犯者を狭義の共犯者と区別する理由はないからである。accessoryを参照のこと。
accomplice liability 共犯責任
accomplish 成し遂げる
accord ①合意②協定③代物弁済
accord and satisfaction ①合意②協定③代物弁済
accordance 一致
account 口座
①銀行口座や決済口座②銀行口座や決済口座の一定期間の出納記録や，一定期日における残高を示す書面。
account book 商業帳簿
account current 交互計算
account day 証券の受渡日，証券の決済日
account debtor 売掛債権債務者
account for 責任を負う
account number 口座番号
account payable 買掛金
account payable-trade 買掛金
account payee only 受取人口座限り(文言)
account receivable 売掛債権
account receivable-trade 売掛金
account rendered 提出勘定(書)

acid

account sales　売上計算書, 売上清算書
account stated　確定勘定
accountable receipt　計算約束付領収証, 支払約束付領収証
accountant　会計士
accounting　会計
Accounting and Records　生産・販売記録と帳簿
accounting book　会計帳簿
Accounting Department　経理部
accounting documents　計算書類
accounting firm　会計事務所
accounting period　会計期間
accounting practice　会計慣行
accounting principles　会計原則
accounting reference period　営業年度, 決算期
account, action of　計算訴訟
accredit　評価する
accredited　公認の
accredited investor　有産投資家
accredited law school　認定ロー・スクール (アメリカ)
accretion　①添加②自然増加
accrual basis　発生主義
accrual method　発生主義
　企業会計において, 現実の現金収入がなくとも, 売買, 贈与など収益の原因となる法律上の事実が生じたときは, その収益額とそれに対応した費用額を計上する原則。会計の保守性の点では現金主義(cash method)に劣るが, 発生主義は企業の収益力を客観的に把握できるという利点があるため, 今日における企業損益会計の一般的な原則となっている。
accrual of cause of action　訴訟原因の発生
accrue　①権利②収入③利息などが生ずる④発生する
accrue to　帰属する
accrued assets　見越資産, 増殖資産
accrued depreciation　減価償却累計額
accrued interest　発生済みの利息
accruing　増加, 添加
accruing costs　追加費用
accumulate　積み立てる

accumulate wealth　蓄財する
accumulated amount　積立金
accumulated earnings tax　不当留保課税, 内部留保課税
accumulated surplus　積立余剰金
accumulation trust　積立信託, 蓄積信託
accumulations　収益積立, 累積利殖
accumulative crimes　併合罪
　同じ裁判で複数の独立した犯罪が審理, 判決される場合を併合罪という。併合罪に対して刑を科す方法についてはいくつかの立法主義がある。日本では, 死刑が科せられる犯罪が2個以上あっても, 1回の裁判で宣告される死刑は1回である(吸収主義)。また自由刑も, 最も重い罪の1.5倍を限度とする加重を施した単一の懲役刑が科せられるに過ぎない(加重主義)。これに対して, アメリカ諸州の刑事法では, 宣告された刑を単純に積み重ね, 順次執行を行う立法主義がとられる場合がある＝consecutive sentence (Vermont Statutes TITLE 13§7032. など)。〔参考〕刑法46条(併科の制限)併合罪のうちの一個の罪について死刑に処するときは, 他の刑を科さない。ただし, 没収は, この限りでない。　2　併合罪のうちの一個の罪について無期の懲役又は禁錮に処するときも, 他の刑を科さない。ただし, 罰金, 科料及び没収は, この限りでない。　刑法47条(有期の懲役及び禁錮の加重)併合罪のうちの二個以上の罪について有期の懲役又は禁錮に処するときは, その最も重い罪について定めた刑の長期にその二分の一を加えたものを長期とする。ただし, それぞれの罪について定めた刑の長期の合計を超えることはできない。
accurate　正確な
accusation　告発
accusatory procedure　弾劾主義の手続
accused　刑事訴訟の被告
accused person　被告人
accuser　刑事訴訟の原告
ache　疼痛
achievements　成績
acid rain　酸性雨
acid test　厳格テスト, 酸性試験

acknowledge

acknowledge 承認，確認，証書の署名が真正であることを認めること
acknowledgment ①承認②認知
acquaint 告知する
acquiescence 黙認
acquire 取得する
acquired 後天的
acquired immune deficiency syndrome エイズ
acquired surplus 取得余剰金，資本取引差益，合併余剰金，合併差益
acquisition ①権利などの取得②拾得
acquisition charge 期限前弁済の手数料
acquisition for value 有償取得
acquisition of altered currency 変造通貨収得
acquisition of counterfeit currency 偽造通貨収得
acquisition or loss 得喪
acquisition or loss of property rights 物権の得喪
acquisition or loss of rights 権利の得喪
acquisition value 取得価額
acquisitive prescription 取得時効
acquit 無罪を言い渡す
acquittal 無罪放免
acquittance 債務消滅，債務消滅証書
債務者が履行を完了して，債務が消滅すること，あるいは債務の消滅を証明する書面のことをいう。債務が消滅したにもかかわらず，債権者が履行の請求を求めてくれば，この書面を抗弁として提出することになる。
act ①個々の行為②法律③行為④判決書
1. A law passed by one or both houses of a legislature.
2. Something done voluntarily that triggers legal consequences.
3. An act of God is an event caused entirely by nature.
4. The act of state doctrine is the principle that a court should not question the legality of acts done in a foreign country by that country's government.
(Daniel Oran, Law Dictionary for Non-lawyers 8 (4th ed., 2000), West Legal Studies.)
1. 一方あるいは両方の議会で可決された法律。
2. 法的な結果をもたらすことになる任意の行為。
3. 不可抗力とは，もっぱら自然によって引き起こされた出来事。
4. 主権行為法理とは，裁判所が，自国政府が外国で行った行為について，その適法性を問わないという原理。
1. Something done or performed, esp. voluntarily; a deed.
2. The process of doing or performing; an occurrence that results from a person's will being exerted on the external world.
(Bryan A. Garner, Black's Law Dictionary Second Pocket Edition 11 (2001), West Group.)
1. 特に任意になされた，あるいは行われたこと；行為。
2. 行為・行動の過程。外界に対して働きかけられた人の意思の結果として生じた出来事。
act and deed 行為
同義語を併記するパターン。
act as broker for stolen property 牙保する
act committed in the pursuit of lawful business 正当業務行為
Act concerning Prohibition of Private Monopoly and Maintenance of Fair Trade 私的独占の禁止及び公正取引の確保に関する法律
Act concerning Special Measures for the Preservation of Historic Natural Features of the Life Environment in Asuka Village 明日香村における歴史的風土の保存及び生活環境の整備に関する特別措置法
Act concerning the Circuit Layout of Semiconductor Integrated Circuits 半導体集積回路の回路配置に関する法律
Act Concerning the Development of Osaka Bay 大阪湾臨海地域開発整備法

act described in the judgement 判示所為

act for value 有償行為

act herein described 判示所為

act in excess of authority 権限踰越

act in pais 裁判外行為，正式書面外事実

act of bankruptcy 破産行為

act of committing a crime 実行行為

Act of Congress 連邦議会制定法

act of endowment 寄附行為(旧民法)

平成18年改正前民法では特定の使途のために提供された基金に法人格を与えるための，財団法人を設立する一連の手続的行為を寄附行為といった。設立に際しては，財団法人の名称，所在地，設立目的などの根本規則が定まることが必要とされ，この根本規則自体を寄附行為とよぶこともあった。社団法人における定款に相当するものである。〔参考〕民法旧37条(定款)社団法人を設立しようとする者は，定款を作成し，次に掲げる事項を記載しなければならない。 一 目的 二 名称 三 事務所の所在地 四 資産に関する規定 五 理事の任免に関する規定 六 社員の資格の得喪に関する規定　民法旧39条(寄附行為)財団法人を設立しようとする者は，その設立を目的とする寄附行為で，第三十七条第一号から第五号までに掲げる事項を定めなければならない。

Act of God 不可抗力

A violent and catastrophic event caused by forces of nature, which could not have been prevented or avoided by foresight or prudence. Proof that an injury was caused by an act of God demonstrates that negligence was not the cause; and an act of God that makes performance of a contractual duty impossible may excuse performance of that duty.
(Steven H. Gifis, Dictionary of Legal Terms 8-9 (3rd ed., 1998), Barron's Educational Series, Inc.)

自然の威力によって引き起こされた激しく壊滅的な出来事であり，予見や慎重さをもってしても防ぐことも避けることもできなかったもの。ある損害が不可抗力の結果生じたものであると立証すれば，その損害の原因が過失でないことの証明になる。そして契約上の義務の履行を不可能にするような不可抗力は，その義務の履行を免除することがある。

act of government 統治行為

国家の統治の根本にかかわる高度な政治的判断事項を含む行為には，行政権の判断を尊重する趣旨から，司法審査が及ばないとする考え方を統治行為論という。アメリカの憲法訴訟において，裁判所が高度な政治判断を行うことを自制する「政治問題の法理(political question)」とほぼ同視されている。日本においては条約や衆議院の解散といった政治的行為の憲法適合性において最高裁が統治行為論を援用したケースがある。アメリカで政治問題の法理が適用されたケースは1849年に，内紛によって並立していた二つの州政府のいずれを正統と認めるかの判断を裁判所が拒否したのが最初である(Luther v. Borden, 48 U.S. 1)。

act of honor 参加証明書

act of insolvency 破産行為

act of law 法の作用，法の効果

Act of Parliament 議会制定法

act of preservation 保存行為

財産の現状を維持する行為をいう。家屋の修繕や妨害排除請求などがその例である。保存行為を行うにも正当な権限が必要なことはもちろんであるが，管理行為や処分行為に比べて，財産の利用収益や権利に影響を与えるものではないので，比較的緩やかな権限で行うことができるのが特徴である。各共有者が単独で保存行為を行うことができたり，保存行為は常に無権代理とはならないことなどがその例である。〔参考〕民法103条(権限の定めのない代理人の権限)権限の定めのない代理人は，次に掲げる行為のみをする権限を有する。 一 保存行為 二 代理の目的である物又は権利の性質を変えない範囲内において，その利用又は改良を目的とする行為　民法252条(共有物の管理)共有物の管理に関する事項は，前条の場合を除き，各共有者の持分

の価格に従い，その過半数で決する。ただし，保存行為は，各共有者がすることができる。

Act of Prevention from AIDS; Anti-AIDS Act; Law for the Prevention of AIDS エイズ予防法
act of procedure 訴訟行為
act of providence 不可抗力，神の行為，自然現象
act of sale (公式)売買記録
act of self-defense 護身術
Act of the Legislature 立法法
act of the state 統治行為
act of treachery 裏切り行為
act of unchastity 不貞な行為
act of violence 暴力行為
act of war 戦争行為
act out of necessity 緊急避難
　刑法上の緊急避難は，転嫁行為とも呼ばれ，自分に被害が及ぶことを避けるためであれば，何ら落ち度がない他人に損害を与えることも，違法性阻却事由として許容されることをいう。襲いかかってくる犬を避けるために他人の家の窓ガラスを破って侵入する場合などがその例である。一方民事上はこのような転嫁行為も正当防衛(self-defence)の一種とされている。民事上の緊急避難とは，物を原因とする損害を避けるためにその者を毀損する場合をいうとされ，上記の例でいえば襲いかかってきた犬自体を殺傷するような場合がそれにあたる。〔参考〕刑法37条(緊急避難)1項　自己又は他人の生命，身体，自由又は財産に対する現在の危難を避けるため，やむを得ずにした行為は，これによって生じた害が避けようとした害の程度を超えなかった場合に限り，罰しない。ただし，その程度を超えた行為は，情状により，その刑を減軽し，又は免除することができる。民法720条(正当防衛及び緊急避難)2項　前項の規定は，他人の物から生じた急迫の危難を避けるためその物を損傷した場合について準用する。

act prejudicial to good morals 風俗を害する行為

Act Providing a General Corporation Law 一般法人法を定める法律
act unavoidably done やむをえないでした行為
acting 臨時の，代理の，代行の
acting at one's peril 自己の危険において行為すること
acting director 職務代行者
actio 訴訟，訴権
　かつてローマ法においては実体法と訴訟法が未分化であり，私法上の権利とは，法に列挙された事由がある場合に裁判所に救済を求め出ることができる権利として把握されていた。このような実体法と訴訟法が未分化な時代の法をアクチオ法といい，アクチオ法により認められた，今日の実体法上の請求権とも訴訟法上の訴えともつかない権利をアクチオあるいは訴権といった。今日でも，民法が占有の訴えを定めていることにアクチオの残滓を見て取ることができる。その後アクチオ法が実体法と訴訟法に分離することにより，実体法は請求権という統一概念で把握されることとなり，一方で訴訟法には訴訟要件という概念が登場することとなった。〔参考〕民法197条(占有の訴え)占有者は，次条から第二百二条までの規定に従い，占有の訴えを提起することができる。他人のために占有をする者も，同様とする。

actio ex contractu 契約訴訟
actio ex delicto 不法行為訴訟
actio in personam 対人訴訟
actio in rem 対物訴訟
actio non accrevit infra sex annos 六年徒過の抗弁
actio non; actionem non 棄却抗弁
action ①行為の過程全体②行動③訴訟④動作
action document 処分書
action for acknowledgment 認知の訴え
action for an objection 異議の訴え
action for damages 損害賠償請求訴訟
action in personam 対人訴訟，債権に基づく訴訟
action on title 本権の訴え

addition

action to affirm the nullity of a resolution 決議無効確認の訴え
actionable per se 他の要件なしに賠償請求しうる
actionable words 名誉毀損となる言葉
actions in rem 対物訴訟
actions requiring unanimous approval 全員一致の承認が必要な事項
会社の重要事項について，取締役会の承認要件(board approval requirements)である過半数の議決要件を加重し，全員一致を要件とすることをいう。会社の合併，営業譲渡，定款変更など，組織上の重要な決定事項についてこの加重がなされることが多い。〔参考〕会社法369条1項　取締役会の決議は，議決に加わることができる取締役の過半数(これを上回る割合を定款で定めた場合にあっては，その割合以上)が出席し，その過半数(これを上回る割合を定款で定めた場合にあっては，その割合以上)をもって行う。
active bond 利息付債券
active debt 利息付債権，債権
active trust 能動信託
activism 司法積極主義
actor ①行為者②代理人③原告
Actori incumbit onus probandi 挙証責任は原告にあり
acts discreditable 信用失墜行為
actual abandonment 現実放棄
actual authority 代理権
actual cost 実費
actual damage 実害
actual eviction 現実の立退き
賃借人の債務不履行などによる賃貸借契約の終了により，賃貸人(landload)が，強制執行手続により賃借人(tenant)を退去させること。普通に eviction と言うと通常，立退き要求を意味するが，特に賃借人に不履行のない constructive eviction と区別する場合に actual eviction が使われる。
actual express authority 明示の代理権
actual fraud 現実の詐欺
actual harm 実害
actual implied authority 黙示の代理権

actual loss 現実損害
actual measurement 実測
actual notice 現実の通知，現実の認識，悪意
actual possession 現実の占有，直接占有
占有権者自らが動産や不動産を所持している形態の占有をいう。possession in fact, possession in deed。占有代理人を介するなどの間接占有は，constructive possession, posession in law。
actual proof 実証
actual situation 実情
actual survey 実測
actual use 現実使用
actuarial services 保険数理業務
actuarial table 生命表，平均寿命表
actuary 保険経理人，アクチュアリ
Actus non facit reum nisi mens rea 行為のみでは罪となることなし(犯罪行為が成立するには故意が伴う必要がある)
actus reus 犯罪成立要件の客観的要素である犯罪的行為
acute 鋭い
acute pain 激痛
ad hoc 特別の，その場限りの，臨時の
ad interim ①中間の②仮の
ad sectam 〜の訴えにより
ad valorem 従価，価額に応じた
ad valorem duty 従価税
ADA : American with Disabilities Act アメリカ障害者保護法
adaptability 適応性
adaptation ①順応②適応
add together 合算する
addendum ①(契約書などの)別紙②添付書類③付属書類
addict 中毒者
addiction 中毒
addictive 習慣性の
addictiveness 薬物の常習性
addition 付加物，追加料金
当初の状態や取り決めに対して，付加や追加を行うこと。建物の増築部分，割増料金，契約の追加条項など。
addition of a count 訴因の追加

addition

addition of applicable articles of laws or ordinances 罰条の追加
addition of poisonous material into a water main 水道毒物混入
addition of poisonous material into a water main resulting in death 水道毒物混入致死
addition of poisonous material into pure water 浄水毒物混入
addition of poisonous material into pure water resulting in bodily injury 浄水毒物混入致傷
addition of poisonous material into pure water resulting in death 浄水毒物混入致死
addition of requirement 要件の加重
additional 補充の
additional extended coverage 追加拡張担保特約
additional instruction 追加説示
additional insured 無記名被保険者，付加的被保険者
additional punishment 附加刑
additional terms 追加条件
add-on clause アド・オン条項，元利均等払条項
address 宛名，宛所，住所，営業の場所
addressee 受信人
adduce 引証する
ADEA : Age Discrimination in Employment Act 年齢差別禁止法
adequacy of consideration 約因の相当性
adequate 相当な
adequate cause 正当な理由
adequate consideration 相当な約因
adequately 適切に，十分に
adhere 固執する
adherence 執着
adhesion contract 附合契約
　大企業が物品の販売やサービスの提供などを行うに際して，一般消費者を相手に内容を明確にして契約を交わす必要がある場合，いちいち個別に契約内容を定めていたのでは，到底大量の契約を処理することができない。そこでこのような場合，企業が全ての者に統一して適用される契約の定型をあらかじめ準備しておいて，この内容に全面的に合意した者との間でのみ契約を締結することとし，個別の契約の修正には応じないとする契約形態がとられる。これを附合契約といい，附合契約で使用される定型的な契約を約款などという。今日では現実の必要性から，附合契約の有効性は一般に認められているところとなっている。しかし，消費者の側からみれば契約に応じるか否かの二者択一しかなく，契約の内容を自分の意思に基づいて交渉，決定する余地は残されていない。のみならず，契約の対象物によっては企業が優越的な地位に立つため，その二者択一さえも実質的には存在しないばかりか，そもそも消費者は附合契約の内容さえ承知していない場合が少なくない。そのような意味で，附合契約に当事者が拘束される根拠や個別の約款が有効とされる要件についての見解は一様とはいえない。

adipocere 屍蠟
adjacent 隣接，近隣
　abut と同様，土地や建物が隣接していることを示すが，abut や adjoining と異なり，必ずしも境界を接して隣り合っているとは限らない。
adjective law 手続法
adjoining ①隣接，接触②接続する
　建物や土地が，境界を接して隣り合っている状態。abut。
adjourn ①延期する②一時停止する③中止する
adjournment 延期
adjournment of oral proceedings 弁論延期
adjudicate 処断する
adjudicating court 判決裁判所
adjudication ①裁定②裁判
adjudication of an appellate court 上訴の裁判
adjudication of bankruptcy 破産宣告
adjudication of not guilty 無罪判決
adjudication of the forfeiture of the parental power 親権の失権の宣告

adjunct of immovable property 不動産の付合

adjunct of movable property 動産の付合

adjunct of real estate 不動産の付合

adjunction 添付

adjust ①精算する②調整する③調停する

adjuster 損害査定人，調停者

adjustment 適応，調停

adjustment of status 永住権への変更手続

admeasurement 算定，配分，割当て

administer 掌理

administration ①運営②政権，統治，行政

administration building 庁舎

administration of affairs 事務処理

administration of estate 遺産管理，財産管理

administration of judicial affairs 司法事務処理

administration of justice 司法

administrative action 行政処分，行政行為
行政機関が，私人に対して一方的に法的義務を課したり，権利を与える行為。行政機関の全ての行為が行政処分となるわけではなく，権力的に義務を課したり，権利を付与する行為のみが行政処分とされる。営業の許可や停止，免許と付与と剥奪，補助金の交付やその取消などが代表的な行政処分の例である。

administrative activity 行政活動

administrative affairs 庶務

administrative agencies 行政官庁

Administrative Appeal Law 行政不服審査法

administrative authorities 行政官庁

administrative authority 職務権限

administrative board 行政委員会

administrative branches 行政各部

administrative circles 政府筋

administrative disposition 行政処分

administrative division 行政区画

administrative document lawyer 行政書士

administrative expense 賃貸申込手数料

administrative guidance 行政指導
行政庁が建築許可を与える際に周辺住民への説明会を行うよう要請するなど，相手が自発的に協力することを期待して行う勧告や要請をいう。法律による行政の見地からは，このような勧告や要請に相手が従わなくてもそれを強制する手段はないので，本来行政指導は法律の世界の問題とは言えず，たんなる行政庁の事実上の行為と考えられる。しかし日本の行政過程において，行政庁の広範で強力な許認可権を裏付けとして，行政指導が現実には行政処分に近い機能を果たしていることが指摘され，それゆえ日本独特の行政手法としての注目を集めていた。平成5年に制定された，行政手続の一般法である行政手続法では，行政指導の定義を行うと共に，任意的な行政手法としての行政指導の存在意義を明らかにしている。〔参考〕行政手続法(行政指導)2条6号　行政機関がその任務又は所掌事務の範囲内において一定の行政目的を実現するため特定の者に一定の作為又は不作為を求める指導，勧告，助言その他の行為であって処分に該当しないものをいう。

administrative law 行政法
日本において行政法というときは，国家権力の行使に関する法領域＝公法という意味で使われることが少なくない。公法という概念が大陸法の影響に基づくものであることは言うまでもないが，その主眼とするところは，ある法律関係が公法の領域に属するとされた場合に，私法とは全く異なる法原理に服すると結論づけられることにあったといえる。これに対して，英米法は，法律関係の領域が公法と私法に二分されるという思考は行わない。国や公共団体も法律上の主体としては，一般私人と変わることのない一法人にすぎない。ただ公益上の必要から，個別の法律において，一般私人に優先したり優越する特別な配慮がなされる場合があるだけだと考える。そして，このような，国や公共団体に特別な配慮が与えられた法律の総体が行政法と呼ばれるものであり，その意味では文字通り行政に関す

administrative

る法という程度の意味にすぎないとされる。たとえばアメリカにも行政訴訟という範疇の訴訟は存在しているが，大陸法の思考のように公法に関する訴訟が行政訴訟だと考える必要はなく，通常の民事訴訟に，公益上の目的による修正が加えられた訴訟手続にすぎないと考えることになる。近時は日本においても，このような英米法的な理解の行政法概念がむしろ有力になりつつあると言える。

administrative litigation 行政訴訟
administrative measures 行政処分
行政庁が私人に対し一方的に義務を課したり権利を与える行為をいう。例として課税賦課処分や各種福祉手当の支給決定などが挙げられる。

administrative office 行政庁
administrative order 行政命令
administrative organ 行政機関
administrative power 行政権
実質的な定義としては，法律の執行という権力的作用を本来の職務としながらも，機械的な法律の執行にとどまらず，自らの意思を持ち，法律に反しない限度であらゆる手段を使ってその意思の実現することに向けられた国家作用である。形式的にはあらゆる国家作用のうち，立法権と司法権に属する作用を除いたものが行政権に属するといえる。行政権はこのように国家権力の中でも最大の権力であるから，その所在や行使方法は，国家の根本規範において定められるのが望ましいといえる。この点日本国憲法は行政権は内閣に属することが明確である。一方合衆国憲法は，執行権＝excutive power は大統領に属するとするが，行政権の所在については明文規定がない。上記の行政権の定義によれば執行権は行政権の一部にすぎないから，残余の行政権限については合衆国憲法は何ら定めていないことになる。事実この点の解釈として従来は，合衆国憲法が権限の所在を明らかにしているのは文字通り執行権だけであり，その余の行政権の付与については議会の定めるところに委ねられるとするのが一般的であった。もっともこのような行政権の行使

についての議会の優越を認めるかどうかについては合衆国判例にも振幅があり，「執行権」とは実質的には行政権を意味すると考える見解も有力だといえる。〔参考〕憲法65条　行政権は，内閣に属する。　合衆国憲法2条1節1項　執行権は，アメリカ合衆国大統領に与えられる。

administrative procedure 行政手続
administrative reform 行政改革
administrative remedy 行政救済，行政上での救済
administrative trade policies 管理貿易政策
administrative tribunals 行政審判所
administrator 遺産管理人
administrator for one's property 財産管理人
administrator in bankruptcy 破産管財人
administrator of the property to be succeeded to 相続財産法人
admiral 艦隊司令長官
admiralty ①海事法②海事裁判所
admiralty cases 海事事件
admiralty court 海事裁判所
admissibility of evidence ①証拠能力②証拠の拒否
証拠能力とは，当事者が収集した証拠に法廷での取調べが許される資格があるかどうかという，証拠に対する一種の評価である。違法に収集された証拠や宣誓をしない証人の証言に証拠能力がないとされるのはこのような証拠評価の例である。一方証拠能力を有する証拠が現に事実認定に役立つかどうかは，その証拠に対する別個の評価であり，これは証明力(probative value)とよばれている。このようにある証拠に対する評価が，形式的な資格としての証拠能力と，実質的な事実認定力である証明力とに分けて考察されるのはなぜであろうか。日本の民事訴訟と刑事訴訟を比較してみた場合，刑事訴訟には伝聞法則など詳細な証拠能力の制限があるが，民事訴訟には証拠能力の制限とおぼしき規定はほとんどない。このことから，刑罰権の発生にかかわる刑事訴訟の方が厳格な手続であるべきで，裁

法律英語用語辞典

advertisement

判官の自由心証を無限定に認めないために証拠能力という制限がある，と説明することも可能であろう。しかし，証拠能力という概念がより鮮明に機能するのは，陪審制度における，裁判官と陪審員の証拠評価についての役割分担の局面だということは考慮の内に入れておくことが必要であろう。すなわち，法律的側面を含めた証拠についての全ての評価を，訓練を積んだ職業裁判官がするならばともかく，素人である陪審員の判断に委ねてしまうのはあまりにも無謀であるといえるであろう。そこで証拠に対する評価の内，陪審員に対して求めるのは，真偽不明な事実について結論を下すという決断だけで十分であり，それ以外のことがらは一種の法律事項として，その判断を職業裁判官に残したものだ，という見方ができるのである。

admission ①告白②自認③加入承認
admission of claim 請求の認諾
　日本の民事訴訟法においては原告の請求内容を認める答弁は，判決によらない当事者の意思による訴訟終了事由のひとつと考えられており，これを請求の認諾という。請求それ自体を認める答弁である点で，請求を基礎付ける事実を認める自白とは異なるとされている。〔参考〕民事訴訟法266条(請求の放棄又は認諾)　請求の放棄又は認諾は，口頭弁論等の期日においてする。　2　請求の放棄又は認諾をする旨の書面を提出した当事者が口頭弁論等の期日に出頭しないときは，裁判所又は受命裁判官若しくは受託裁判官は，その旨の陳述をしたものとみなすことができる。

admission of guilt 有罪の自認
admission of the disadvantageous fact 不利益な事実の承認
admit in evidence 裁判所が証拠とする
admonishment 訓戒
admonition ①訓戒②説諭
adobe 住居
adolescence ①思春期②青年期
adopt 採択する，採用する
adopted child 養子
adoption ①議案などの採択②養子縁組
Adoption Law 養子縁組法
adoptive father 養父
adoptive mother 養母
adoptive parent 養親
adult ①成人②成年
adult entertainment businesses 風俗営業
adulteration 不純化，粗悪化，有害化，不純品，粗悪品
adultery ①不貞②姦通
advance ①貸金②立替え③前払いする
advance by customers 前受金
advance disbursement 立替金
advance notice 予告
advance payment 前金
advance payment of expenses 費用の前払い
advance receipt of a bribe 事前収賄
advanced age 高齢
advanced parole 一時帰国証
advancement 前払い
adventure 冒険的事実，危険
adversary system 当事者主義，当事者対抗主義，対審制度
　A procedural system, such as the Anglo-American legal system, involving active and unhindered parties contesting with each other to put forth a case before an independent decision-maker. Also termed adversary procedure.
　(Bryan A. Garner, Black's Law Dictionary Second Pocket Edition 21-22 (2001), West Group.)
　英米法制度のような手続上の制度。自発的で制約を受けない当事者達が，中立の第三者の面前で事実を訴えて互いに争う制度。当事者手続とも称される。
adverse ①反対の②逆の
adverse claim ①異議申立て②反対主張
adverse interest 相反利益，対立利害
adverse party 相手当事者
adverse possession 不法占有
adverse selection 逆選択
adverse witness 敵性証人
advertisement 広告

advice

advice and approval 助言と承認
日本国憲法において，天皇が国事行為を行うには内閣の助言と承認が必要だとされている。象徴天皇制のもとでは天皇は一切の政治的権限や責任を持つことはない。したがって，国事行為の最終的な責任を内閣に負わせるためには，天皇の行為に関する何らかの関与が必要となるからである。〔参考〕憲法3条　天皇の国事に関するすべての行為には，内閣の助言と承認を必要とし，内閣が，その責任を負ふ。

advice note 物品到達通知書，物品明細通知書
advices of credit 信用状開設通知
advisabilty よいかどうか，当否
advise 知らせる，通知する
advising bank 通知銀行
貿易取引において，買主のためにＬ／Ｃを開設した銀行(issuing bank)からＬ／Ｃを受け取り，売主に通知，送付する銀行のことをいう。必ずしも売主の取引銀行とは限らず，通常は開設銀行のコルレス先が通知銀行となることが多い。

advisor 顧問
advisory agreement アドバイザー契約
→consulting agreement
advisory services 助言業務
advocare 弁護する
advocate ①主唱者②弁護士③主張する
advocate of constitutional revision 改憲論者
aequitas 衡平，正義
affair (〜s)業務；仕事，事件；出来事
affairs to examine 尋問事項
affect 影響を与える，作用する，不利益をもたらす
affection 担保の設定，抵当権の設定，質権の設定
affectionless psychopath 情性欠如者
affeer 額を評価する，決定する
affiant ①供述者②宣誓供述者
affidavit 宣誓供述書
affidavit of service 送達宣誓供述書
affiliate ①関連会社②関係者
affiliated 系列下の

affiliated company ①関連会社②子会社③系列会社
affiliated corporation 関係会社，関連会社
affinity 姻族
affirm 確約する，(事実を)承認する，確認する，効力を認める，追認する，原判決を維持する
affirmance 上訴棄却，判決維持，(事実の)確認，追認
affirmant 確約を行った証人
Affirmantis est probare 挙証責任は主張者にあり
affirmation ①確認②肯定
affirmative 肯定的な
affirmative action 積極的是正措置，積極的優先処遇，差別解消積極措置
affirmative defense 積極的抗弁，積極的防御方法
affirmative plea 積極的抗弁
affirmative pregnant 否定を含む肯定
affirmative relief 被告に与えられる救済
affirmative statute 命令的制定法
affirmative vote 肯定的票決
affix ①添付する②付着する③捺印する
afford 便宜などを供与する
after acquired property 事後取得財産
after date 振出日後，振出日後定期払い
after sight 一覧後，一覧後定期払い
after-acquired property 事後取得財産
after-acquired property clause 事後取得財産条項
aftereffect 後遺症（＝after-effect）
after-effect 後遺症
afternoon 午後
against all risks 全危険担保
against one's will 意思に反して
against the clearly expressed desire 明示した意思に反して
against the clearly expressed intention 明示した意思に反して
against the clearly expressed wish 明示した意思に反して
age discrimination 年齢制限
age of retirement 定年

age restriction 年齢制限
agency 任意の代理
agency agreement ①代理人契約②エージェント契約③代理店契約
agency by estoppel 禁反言による代理, 表見代理
agency contract 代理契約
agency coupled with an interest 利害関係のある代理
agency disclosure 代理行為開示
　不動産取引を行う消費者保護のために, 不動産売買の仲介や代理を行う業者が, 誰を代理して取引を行うのかという自分の立場を取引相手に明示することが義務付けられること。CA Civil Code §2079.16.など。
agency in fact 任意代理
　本人(principal)が代理人(agency)に対して, 自分のために法律行為を行う権限を与え, 代理人が本人のために法律行為を行った場合に, その効果が本人に生ずることをいう。本人と代理人の間で任意代理の関係が発生する原因の多くは委任契約である。任意代理が成立するには, 本人が代理人に権限を授与するという授権と, 代理人が本人のためにすることを示して法律行為を行う顕名が必要である。もっとも両者の間では授権がより本質的な要素であり, 顕名がない場合でも法律行為の効果が本人に及ぶことが全くないわけではない。〔参考〕民法99条(代理行為の要件及び効果)1項　代理人がその権限内において本人のためにすることを示してした意思表示は, 本人に対して直接にその効力を生ずる。
agency law 代理法
agency of necessity 必要的代理, 事務管理による代理
agency relationship 代理関係
agency shop エージェンシー・ショップ, 交渉代理協定
agenda ①議事日程②協議事項
agent ①取次店②代理人
agent agreement ①代理人契約②エージェント契約
agent for service 送達手続代理人
agent for service of process 送達受領代理人

aggravate 悪化する
aggravated assault 加重暴行
aggravated escape 加重逃走
　刑務所や拘置所に拘禁されている者が逃走すれば逃走罪という犯罪に問われるが, さらに逃走に器物損壊, 暴行, 脅迫などの手段を使った場合には, 隙を見て逃げ出すというような単純な形態よりも重く罰せられる。〔参考〕刑法98条(加重逃走)　前条に規定する者又は勾引状の執行を受けた者が拘禁場若しくは拘束のための器具を損壊し, 暴行若しくは脅迫をし, 又は二人以上通謀して, 逃走したときは, 三月以上五年以下の懲役に処する。
aggravated punishment against repeated offense 累犯加重
　かつて有罪とされ刑罰を受けた者が, 再度犯罪を犯した場合を再犯または累犯といい, 累犯は各罰条で定められた刑よりも重く罰せられる。この刑の加重を累犯加重という。〔参考〕刑法57条(再犯加重)　再犯の刑は, その罪について定めた懲役の長期の二倍以下とする。
aggravated receipt of a bribe 加重収賄
aggravating factors 加重事由
aggravation 加重事由, 刑の加重
aggregate 集合, 集団, 総計, 総数
aggregate corporation 集合法人, 社団法人
aggregation 寄せ集め
aggregation mentium 意思の合致
aggressive 攻撃的な
aggrieved party 不服当事者
agio 打歩
agiotage 両替業, (証券の)投機行為
agitation 扇動
agreed case 合意事件, 合意事実記載書
agreed item 申合せ事項
agreed judgment 裁判所による裁定
agreed rate of interest 約定利息
agreed statement of facts 合意済みの口頭による事実陳述
agreed-amount clause 合意済み補償範囲
agreed-upon 合意済みの

agreed-upon

agreed-upon objectives 合意された目標
agreement ①協議②合意
agreement about relief of liability 免責約款
agreement for arbitration 仲裁契約
agreement for resorces development 資源開発契約
　鉱山，油田，森林などの開発可能性を調査したうえで，天然資源の開発や採掘を行うことを目的とした契約をいう。
agreement for supply of plant for export プラント輸出契約
　工場や事業所内の設備を輸出する契約をいう。しかし単なる動産の売買契約にとどまらず，設備の現地不動産への設置や稼動の責任を含む点に特色がある。さらには，現地作業員への技術指導など無形的な利益や役務の提供をも含むこともある，内容の広範な無名契約である。
agreement of purchase and sell 売買契約
agreement of sale 売買契約，売買契約書
　sale and purchase agreement, contract of sale, purchase agreement, sales contract
agreement of settlement 協定
agreement on possession 占有改定
Agreement on Trade Related Aspects of Intellectual Property Rights 貿易関連知的財産権協定
agreement to agree 合意するための合意
Agreement under Article VI of the Treaty of Mutual Cooperation and Security between Japan and the United States of America, regarding Facilities and Areas and the Status of United States Armed Forces in Japan 在日米軍の地位に関する日米協定
agree-upon 合意済みの
Agricultural Adjustment Act 農業調整法
Agricultural Chemicals Regulation Law 農薬取締法
Agricultural Land Soil Pollution Prevention Law 農用地の土壌の汚染防止等に関する法律

AICPA Professional Standards 米国公認会計士協会会計士基準
AICPA : American Institute of Certified Public Accountants 米国公認会計士協会
aid 助ける
aid and abet 教唆，幇助
　犯罪の現場において行われた物理的，精神的な助力行為をいう。犯罪関与を principal（正犯）と accessory（従犯）に分類した場合，principal に該当する，これに対して，事前の教唆行為や幇助行為は通常，accessory before the fact に該当し，事後の幇助行為は accessory after the fact に該当する。〔参考〕刑法61条　人を教唆して犯罪を実行させた者には，正犯の刑を科する。
aid in litigation 訴訟上の救助
aider by verdict; aid〜 評決による瑕疵の治癒
AIDS エイズ　acquired immune deficiency syndrome　後天性免疫不全症候群　→ HIV
ailment 疾患
Air and Water Pollution Laws 空気と水の汚染に関する法律
air consignment note 航空運送状
air gun 空気銃
Air Pollution Law 大気汚染防止法
air right 空中権，上空権
air way obstruction 気道閉塞
air waybill 航空貨物運送状
　航空貨物について運送人が荷主に対して発行する預り証。その機能は sea waybill ＝ 海上運送状と同様である。
airbill 航空運送状，航空運送証券
Aircraft Industry Promotion Law 航空機工業振興法
Aircraft Manufacturing Industry Law 航空機製造事業法
airspace 領空
Aktiengesellschaft＝AG 株式会社（ドイツ）
alba firma 白地代
Albert Venn Dicey アルバート・ベン・ダイシ（1835-1922）

イギリスの法学者。
alcoholic アルコール中毒者
alcoholic density in breath 呼気アルコール濃度
alcoholic hallucinosis アルコール幻覚症
alcoholic psychosis アルコール精神病
alcoholism アルコール中毒
aleatory contract 偶発的契約，射倖契約
alert 警報
alias 偽名
alibi アリバイ
犯罪が行われた時刻に犯罪現場以外の場所にいたことの証明をいう。現場不在証明。刑事訴訟における被告人の最有力な防御活動である。
alien アメリカで外国人のことを指す。
alien registration 外国人登録
Alien Registratuon Law 外国人登録法
alienable 譲渡可能な，権利の移転可能な
alienate 財産権を移転する，財産権を譲渡する
alienation 譲渡，移転，疎外
譲渡や移転を示す用語としては，alienation, transfer, assignment, conveyance, grant などがあるが，alienation は，不動産の譲渡や占有の移転を意味する言葉として使われることが多い。
alignment 正当性，方向の一貫性
alimony アリモニ，離婚扶養料，扶助料
離婚し，あるいは法的な別居中の配偶者の一方から他方に，裁判所の命令によって支払われる金銭をいう。一般に離婚や別居に際して夫婦間でやり取りされる金銭の趣旨は，①有責配偶者から他方への精神的損害に対する賠償，②夫婦の共有財産の清算，③子に対する扶養義務の履行，④他方配偶者への扶助費，が考える。アリモニはこのうち④の意味合いが強いものといえ，通俗的には spouse support, provision 等と呼ばれることも多い。
ALJ : administrative law judge 行政法審査官
alkaloid アルカロイド
all and every 一切の，全ての
同義語を併記するパターン。

all and singular 全て，例外なしに
all elements rule 全要素考慮の原則
特許クレームにおける全ての構成要素を実施した場合に特許侵害が成立するとの原則。
all faults 全ての瑕疵
All rights reserved 禁転載
出版物等について著作権者が存在し，無断複写，転載はその著作権を侵害し違法であることを警告する旨の表示。
All Risks 全危険担保
all the partners of a corporation 総社員
allegation ①申立て②陳述③主張
allege 摘示する
aller san jour 請求棄却
alleviate 罪を軽減する
allied 類似の
allocation of shares 株式の割当て
allograph 非自署，非自署文書，非自筆文書
allonge 補箋，付箋
allotment 割当て
allotment certificate （米）株式割当証
allotment note 給料払込依頼書
allotment of shares 株式の割当て
allow 許可する
allowance ①給与②手当て③割当量④許可
①②は一般に手当，割増給付，特別費用といったニュアンスで使われる。③は減価償却引当，貸し倒れ引当などのように一定部分を別用途に振り分けることを意味する。
allowance for bad debt 貸倒引当金
allowance of release on bail 保釈の許可
all-purpose clause 全目的条項
alms 施し
altenate director 予備取締役
alter 改ざんする
alter ego doctrine 他我の理論，分身の理論
alteration 変造，変更
alteration of a private document without signature and seal 無印私文書変造
変造の対象物である私文書が押印や署名のないものであるときは，その文書の証明力は高いとはいえないので，保護の必要性も

alteration

少なく，押印や署名がある場合に比べて重く罰する必要はないとされる。〔参考〕刑法159条(私文書偽造等)3項　前二項に規定するもののほか，権利，義務又は事実証明に関する文書又は図画を偽造し，又は変造した者は，一年以下の懲役又は十万円以下の罰金に処する。

alteration of a private document with signature or seal　有印私文書変造
契約書など権利義務に関するような私人作成の重要文書で押印や署名があるものについて，権限なく日付や金額を修正するなど，その名義などの本質部分以外の事項について証明力を不正に作り出すことを有印私文書変造罪という。〔参考〕刑法159条(私文書偽造等)2項　他人が押印し又は署名した権利，義務又は事実証明に関する文書又は図画を変造した者も，前項と同様とする。

alteration of an official document without signature and seal　無印公文書変造
変造の対象物である公文書が，作成者の押印や署名のないものであるときは，その文書の証明力は高いとはいえないので，押印や署名がある場合に比べて保護の必要性も少なく，重く罰する必要はないとされる。〔参考〕刑法155条(公文書偽造等)3項　前二項に規定するもののほか，公務所若しくは公務員の作成すべき文書若しくは図画を偽造し，又は公務所若しくは公務員が作成した文書若しくは図画を変造した者は，三年以下の懲役又は二十万円以下の罰金に処する。

alteration of an official document with signature or seal　有印公文書変造
登記簿謄本など公共の信用に関する文書で押印や署名があるものについて，権限なく日付や内容を修正するなど，その名義など本質部分以外の事項について証明力を不正に作り出すことを有印公文書変造罪という。〔参考〕刑法155条(公文書偽造等)2項　公務所又は公務員が押印し又は署名した文書又は図画を変造した者も，前項と同様とする。

alteration of articles of incorporation　定款の変更

alteration of currency　通貨変造

alteration of foreign currency　外国通貨変造
ドルなどの外国の通貨が事実上国内で通用している状況がある場合には，この外国の通貨に対する信用も維持する必要があるため，金額を修正するなどの行為は変造罪として罰せられる。〔参考〕刑法149条(外国通貨偽造及び行使等)1項　行使の目的で，日本国内に流通している外国の貨幣，紙幣又は銀行券を偽造し，又は変造した者は，二年以上の有期懲役に処する。

alteration of instruments　変造，文書の変造

alteration of securities　有価証券変造
有効に成立した有価証券の日付など，本質部分以外を無権限で修正する行為は変造罪として罰せられる。〔参考〕刑法162条(有価証券偽造等)1項　行使の目的で，公債証書，官庁の証券，会社の株券その他の有価証券を偽造し，又は変造した者は，三月以上十年以下の懲役に処する。

alteration of share capital　株式資本の変更

alteration of the adjudication　裁判の変更

alteration of the Imperial or State document　詔書変造

alternative　代わりの

alternative citation of penal provisions　択一的罰条

alternative claim　選択債権
債権自体は選択肢のいずれかを履行するという内容の合意として発生し，具体的な給付内容は現実の履行の際に債権者か債務者が，選択肢から一つを選ぶことにより決定される債権をいう。1年後にA土地かB土地のいずれかを贈与するという契約をし，どちらの土地を与えるかは履行期に受贈者が決定することにした場合などがその例である。〔参考〕民法406条(選択債権における選択権の帰属)債権の目的が数個の給付の中から選択によって定まるときは，その選択権は，債務者に属する。

alternative contract 選択債務契約
alternative count 択一的訴因
alternative design 代替設計
同じ効用，機能を持つ製品の製造を，別の設計図面と同程度の製造コストで実現することをいう。製造物責任の要件である製品の欠陥の認定について危険効用比較基準＝risk-utilitiy test を採用した場合には，代替設計が可能であったかどうかが，訴訟において大きな争点となる。

alternative director 代理取締役
alternative dispute resolution＝**ADR** 代替的紛争解決方法
最近，訴訟の代わりになる紛争解決方法として注目を浴びている。
1. Any formal procedure for obtaining a final determination of a legal dispute without a full trial in state or federal court. The parties to such a proceeding must agree to be bound by the result; such an agreement may be entered into either before any dispute arises or specifically in connection with a particular dispute.（一部略）
2. More broadly, any procedure for resolving a dispute without a court trial, including mediation and conciliation.
(*James E. Clapp, Random House Webster's Dictionary of the Law 26 (2000), Random House.*)
1. 州あるいは連邦裁判所における正規の審理なしで法的な紛争の最終的解決を得るためのあらゆる正式な手続。そうした手続の当事者らは結論に拘束されることに合意しなければならない；そのような合意は何か紛争が起こる前に，もしくは特に特定の紛争に関連して結ばれる。
2. より広義には，裁判所の審理なしで紛争を解決するためのあらゆる手続のことをいい，調停と和解(仲裁と調停)を含む。

alternative fuel 代替燃料
alternative obligation 選択債務
alternative plan 代案
alternative relief 選択的救済
alternative remedy 選択的救済，択一的救済

alternative tax 代替税，選択分離課税
alternative writ 選択的令状
altitude 高度
always afloat 常時浮揚
amalgamation 融合，合併
Amalphitan Code; Amalphi, Laws of; Amalphitan Table アマルフィー海法典
amazement 驚愕
ambassador 大使
ambiguity あいまい，意味不明瞭，多義性
ambit 境界線，限界，範囲，領域
ambulance chaser アンビュランス・チェイサー
交通事故を発見するや被害者を搬送する救急車を病院まで追いかけて，損害賠償請求訴訟の受任をとりつけようとする弁護士のこと。事の真偽はともかくとして，訴訟社会アメリカにおいては，訴訟弁護が良くも悪くもビジネスとして成り立っていること，そのため多数の弁護士が過当競争にさらされていること，むやみに訴訟の提起をあおる弁護士が少なくないこと等をよく表すエピソードとしてしばしば取り上げられる。

amenable 有責の，責任を負うべき
amend 法令などを改める
amend partially 一部を改正する
amendment 改正
①法律の改正または修正，またはその対象となった条項をいう。修正条項。合衆国憲法の人権規定，いわゆる権利章典の表題は amendment であるが，これは権利章典が既存部分に対する，追加修正条項として成立したことに由来する。されているため，②申立てにおける当事者の主張の訂正，補正，修正またはそれらを記載した書面。

Amendment and Alteration 修正・変更条項
amendment of a count 訴因の変更
amendment of the adjudication 裁判の変更
amenity ①環境の快適さ②環境を快適にする設備
American Arbitration Association アメ

American

リカ仲裁協会
American Association of Law Libraries アメリカ法律図書館協会
American Bar Association アメリカ法律家協会
American Bar Foundation アメリカ法曹財団
American Civil Liberties Union アメリカ自由人権協会
American clause アメリカン・クローズ，優先主義約款
American Depositary Receipt アメリカ預託証券
American Digest System アメリカン・ダイジェスト・システム(『アメリカ合衆国判例体系』に収められたすべての判例の要旨を分類した索引のシステム)
American Federation of Labor アメリカ労働総同盟
American immigration laws 米国の移民法
American Jurisprudence アメリカン・ジュリスプルーデンス(アメリカの現行法を実務家が調べるときに使う全書。連邦及び州の判例などを網羅)
American Law Institute アメリカ法律協会
American Patent System 米国特許制度
Americans with Disabilities Act＝ADA of 1990 アメリカ障害者保護法
障害者であることを理由に，雇用，家屋の賃借，教育や公共施設の利用において差別してはならないことを定めた1990年制定の連邦法。42 U.S.C. §12101〜。
amicable settlement 和解
当事者当初の互いの主張を譲り合って紛争を解決する合意のこと。たんに settlement が和解を意味することも多いが，settlement が和解，調停，合意，解決を広く含意しているのに対し，amicable settlement には合意による穏便な解決というニュアンスがより強い。一方調停，仲裁など，第三者が仲立ちする形態の解決であることを強調する場合には，arbitration が使われる。
amicably 穏便に

amicus curiae 法廷助言者
法律家としての資格は必要ない。
amnesia 健忘症
amnesty 恩赦，大赦
Amnesty International アムネスティ・インターナショナル(国際的人権擁護組織)
Amnesty Law 恩赦法
amorous 好色な
amortization ①償却②債務の償還
amortization of shares 株式の消却
amortization term 償還期間，割賦償還期間
債務が割賦払い，分割払いとされているときの完済までの予定返済期間をいう。
amotion 剝奪，(役職の)解任
amount 金額
amount at which one subscribes for such debentures 応募価額
amount covered 保険金額
amount in arrears 未払金
amount in controversy 訴額
amount in excess 超過額
amount insured 保険金額
amount of bail money 保釈保証金額
amount of damages 損害賠償額
amount of increased value 増価額
amount of loss 損害額
amount of redemption 償還額
amount of remuneration 報酬額
amount of rent 借賃
amount payable 支払額
amount to be contributed 分担額
amount which each insurer is to bear 負担額
ample evidence 多くの証拠
amusement center 盛り場
An Act for Prevention of Frauds and Perjuries 詐欺と偽証を防止する法律
an election administration committee 選挙管理委員会
an official engaged in the public service in accordance with law 法令により公務に従事する職員
analytical jurisprudence 分析法学
anatomical model of the human body

人体模型
ancestor ①始祖②被相続人
ancient document 古文書
ancillary ①補助的な②付随的な
ancillary attachment 仮差押え，付随的差押え
ancillary buisiness 補助的業務　→law-related services
ancillary proceeding 付帯的訴訟
ancillary receiver 副財産保全管理人
ancillary relief 補助的救済
anemia 貧血症
anesthesia 麻酔
angina 狭心症
Anglo-American Law 英米法
イギリスにおいて形成され，アメリカに継受された法体系をいう。大陸法と並び二大法体系の一翼をなす。英米以外では，カナダ，オーストラリアなどの英連邦国家が英米法体系を持つ国の代表例であるが，大陸法系といわれる日本においても，憲法，刑事訴訟法，独占禁止法などの分野で，英米法，ことに米法の影響が著しい。大陸法と比較した場合の英米法の特徴は様々な視点から議論が可能であるが，顕著な特徴の一つとして，訴訟法や手続法先行型の発想であることがあげられる。実体法を中心として法体系を理解していく大陸法とは対照的な発想といえる。すなわち，一般に大陸法における裁判とは，実体法で与えられた抽象的な権利の存在をまず観念し，この権利を訴訟で実現していくという発想が強い。それは実体法を出発点とした演繹的思考である。一国の実体法体系は，相互の矛盾がないように構築された人間の思考の産物であって，それは憲法を頂点としたピラミッド型の体系として捉えられる。これに対して英米法では，裁判所に救済を願い出ることそれ自体を出発点とし，そのような訴願の要件や手続を定めたものが法であると考える。そして実体法上の権利とは，実体法によってアプリオリに所与されたものでも，人間の頭の中で考え出されたものでもなく，具体的な紛争について裁判所が下した判断の歴史的集積であり，人間の思考を超えた社会的な産物である。このように英米法は帰納的な思考を持つ傾向が強く，その法体系も大陸法のように一元的なピラミッド型をなすとは限らない。そもそも判断を行う裁判所自体が一元的とは限らないからである。英米法の主要な法原則が，コモン・ロー (common law) と，エクイティ (equity) という並立し異なる法原理に分かれているのも，法の集積を行ってきた裁判所が二つの系統に分かれて存在してきたことに由来する。

animal patent 動物特許
annex ①別紙②別館③付加物
annexation 付加，附合
複数の動産や不動産が，物理的に結合して切り離すのが妥当でない状況になったときに，経済的により大きな価値のある方のみが物としての独立性を維持し，他方は物としての独立性を失うこと。fixture。自分の物と他人の物が結合してしまった場合も同様で，その場合当事者間の実質的不公平は金銭の授受により解決が図られる。〔参考〕民法243条(動産の付合)所有者を異にする数個の動産が，付合により，損傷しなければ分離することができなくなったときは，その合成物の所有権は，主たる動産の所有者に帰属する。分離するのに過分の費用を要するときも，同様とする。

annotation 注釈，注
announcement 通達
annoyed いらいらした
annual accounting period 事業年度，課税年度
annual accounts 年次計算書類
annual consumption 年間消費量
annual income 個人の年収
annual interest 年利
annual meeting 年次総会，定時株主総会
年に一度開かれることになっている定例会議をいう。〔参考〕会社法296条1項　定時株主総会は，毎事業年度の終了後一定の時期に招集しなければならない。

annual meeting of shareholder 年次株主会
annual payment 歳費

annual

annual percentage rate 年率
annual report 年次報告
annual return 年次報告書
annual review 年次審査
annual salary 年俸，年間給与
annual sum 年額
annuitant 年金受給(資格)者，年金受取人
annuity 年金
annuity policy 年金保険証券
annuity trust 年金式信託
annul 取り消す
annulment of adoption 縁組の取消し
annulment of marriage 婚姻の取消し
annulment of summary order 略式命令の取消し
anodyne 鎮痛剤
anomalous indorser 変則的裏書人
anonymous letter ①投書②密告
anonymous report 密告
another charge under investigation 余罪
Ansoff matrix アンゾフ・マトリックス
answer ①回答書②答弁する③答弁④抗弁⑤責任引受け
answer in writing 答弁書
antagonistic 敵対する
antecedent ①先行者②前項
antecedent claim 既存の請求
antecedent debt 既存の債務，従前の債務
antedate 前日付け
antedated 後日付け
anti fraud 反詐欺，詐欺の防止
Anti-apartheid Legislation 反アパルトヘイト法
anticipate 機先を制する
anticipation ①先制②予期③予想④事前行為⑤期限前に財産を取得したり処分したりすること⑥特許における先行技術
anticipatory breach (of contract) 期限前の契約違反
anticipatory repudiation 履行期前の契約履行拒絶
Anticyber squatting Consumer Reform Act 反サイバースクワッティング法(商標を保護するランハム法を改正した連邦

法)
Anti-Dumping Act 反ダンピング法
Anti-dumping Code ダンピング防止規約
Anti-Dumping Measures 反ダンピング措置
anti-government movement 反体制運動
antipatent アンチパテント
　特許その他の工業所有権の保護に消極的な主義あるいは政策をいう。特許その他の排他的，既得的な保護は後退することになるが，その一方で企業間の自由競争は推進されることになる。
antipiracy protection 著作権侵害防止
antipiracy technology 著作権侵害防止技術
Anti-prostitution Council 売春対策審議会
Anti-Prostitution Law 売春防止法
Anti-Riot Law 騒乱防止法
antisocial 反社会的
Anti-Strikebreaking Act ストライキ破り排除法
Antitrust Division 反トラスト局，司法省反トラスト部
antitrust laws 独占禁止法＝反トラスト法
　アメリカにおいて，シャーマン法，クレイトン法，連邦取引委員会法，これらの修正条項全ての総称。
Statutes that promote free competition by outlawing such things as monopolies, price discrimination, and collaboration, for the purpose of restraint of trade, between two or more business enterprises in the same market. The two major U. S. antitrust laws are he Sherman Act and the Clayton Act.
(*Steven H. Gifis, Dictionary of Legal Terms 24 (3rd ed., 1998), Barron's Educational Series, Inc.*)
同一市場における二つ以上の商取引企業間での取引の制限を目的とした独占，価格差別，協定のような行為を禁止することによって，自由競争を促進する制定法。アメリカの二大独占禁止法はシャーマン法とクレイトン法。

Antiwar Pact　不戦条約
any and all　一切の，全ての
同義語を併記するパターン。
apartheid　アパルトヘイト
1. A pervasive policy, system, or practice of rigid segregation of people according to race, class, or the like; especially the institutionalized policy of dominance by the white minority and separation of whites from the non-white majority that prevailed in South Africa from 1950 until 1994.
2. International Law. As defined in the 1998 agreement to establish the International Criminal Court, inhumane acts committed in the context of an institutionalized regime of systematic oppression and domination by one racial group over any other racial group or groups and committed with the intention of maintaining that regime. Apartheid, as so defined, is classified as a crime against humanity within the jurisdiction of that court.
(*James E. Clapp, Random House Webster's Dictionary of the Law 31 (2000), Random House.*)
1. 人種，階級または同様の基準に従って人民を厳格に差別するような，普及力のある政策，制度，慣行。特に南アフリカで1950年から1994年まで続いた，少数派白人による支配と，白人と多数派非白人とを分断する制度化された政策をさす。
2. 国際法。1998年の国際刑事裁判所設立の合意に際して定義づけられたように，一つの人種グループによる他の人種グループへの組織的抑圧，支配という体制の中で犯され，またその体制の維持を目的にして犯される非人道的行為。アパルトヘイトは，そう定義付けられたように，その裁判所の法域内では人道に対する罪に分類される。
apathy　①しらけ②無関心
aphasia　失語症
apology　謝罪
apostille　証明（もとはフランス語）
apparent　明白な，明らかな，表見上の，外観上の
apparent agency　表見代理
apparent agent　表見代理人
apparent authority　①表見的権限②外見上の権限
apparent danger　明白な危険
apparent jest　単なる冗談，冷やかし
apparent manager　表見支配人
apparent representing director　表見代表取締役
appeal　①上訴②訴願③陳情
1. Ask a higher court to review the actions of a lower court in order to correct mistakes or injustice. The process is called "an appeal." An appeal may also be taken from a lower level of an administrative agency to a higher level or from an agency to a court.
2. An appeal bond is money put up, by someone appealing a court's decision, to pay the other side's costs in case the person appealing fails to go forward with an honest appeal.
(*Daniel Oran, Law Dictionary for Nonlawyers 22 (4th ed., 2000), West Legal Studies.*)
1. 誤りまたは不公平を正すために，下級裁判所の訴訟の再審理を上級裁判所に求めること。その訴訟手続は「上訴」と呼ばれる。上訴はまた下位の行政機関から上位に対して，あるいは行政機関から裁判所に対してなされることもある。
2. 上訴保証金は，裁判所の判決を上訴する者によって担保するお金であり，上訴する者が誠実な上訴を進めることができない場合に備えて相手方の費用を支払うためになされる。
appeal to the supreme court　上告
appear in court　裁判所に出廷する
appearance　①裁判所への出廷②応訴
A coming before the court either as a plaintiff or defendant and thereby submitting oneself to the court's jurisdiction. It can be in person or through an attorney, the latter being the case in most civil

appellant

suits.
(*Gilbert Law Summaries Pocket Size Law Dictionary 17（1997), Harcourt Brace And Company.*)
裁判官の前に原告または被告のどちらかとして出廷すること、そしてそれによって裁判所の司法権に従うこと。本人自らあるいは弁護士を通してなされうるものであり、ほとんどの民事訴訟では後者である。

appellant 上訴人
下級審の審判を不服として上級審での審判を求める者。あるいは既に確定した判決について、法定の再審事由があると主張して再審を求める者。日本における控訴人、上告人、再審原告、抗告人など。

appellant brief 上訴摘要書
appellate court ①控訴裁判所②上訴裁判所③上訴審④第二審裁判所
appellate jurisdiction 上訴管轄権
appellee 被上訴人
上訴人がした上訴に対して対立当事者として応答し、原審判維持のための訴訟活動を行う者。日本における被控訴人、被上告人、再審被告、被抗告人など。

appendicitis 虫垂炎
appendix ①（巻末の）付録②付属物③（上訴趣意書の）添付書類
applicable 適用すべき
applicable articles of laws or ordinances 罰条
applicable law 準拠法
applicant 申請人、申立人
applicant for official auction 競売申込人
applicant for visa 査証申請人
application ①（株式の）申込み②申請、請求、申立て③適用④弁済の充当⑤特許などの出願
application fee 申込手数料
application for amnesty 恩赦の出願
application for committing the case to a court for trial 付審判請求
application for formal trial 正式裁判請求
application for reopening of the proceedings 再審請求

application for review 審査請求
application for tax exemption 免税申請書
application form for shares 株式申込証
application form of bonds 社債申込証
application form of debenture 社債申込証
application of law 法律の適用
apply ①充当する②申請する
apply liberty to 申し立てる、申請する、（制定法を）適用する、（英）再審理の可能性
apply mutatis mutandis 準用する
apply with necessary modifications 準用する
appoint 選任する
appointed party 選定当事者
共同訴訟人が多数いる場合に、その内の一部の者だけを残し、残りの者は全て訴訟から脱退し、残された者だけが、脱退した当事者の委任に基づいて訴訟を遂行するという制度。訴訟関係が複雑になりがちな多数当事者訴訟を、整理して行うという訴訟上の便宜のため認められる制度。訴訟係属中だけではなく、訴えの提起に際しても認められる。日本の選定当事者制度をドイツ法を継受した制度であるが、アメリカにはクラスアクションという、選定当事者から委任の要素を除いたようなラジカルな制度が存在する。〔参考〕民事訴訟法30条（選定当事者）1項 共同の利益を有する多数の者で前条の規定に該当しないものは、その中から、全員のために原告又は被告となるべき一人又は数人を選定することができる。

appointee 被任命者、被指名者
appointment ①指名②任命
appointment and dismissal 任免
appointor 任命者、指名権者
apportionment 分配、分割、配分、割当て
①債務支払い、費用、租税負担、保険料負担などを、ある当事者のだけが負担するのではなく、契約当事者双方、あるいは複数の一方当事者が分担して負担することをいう。②共有不動産を、共有者の請求などに基づいて、その者の持分に相当する部分を

全体から分離, 分割すること。〔参考〕民法253条(共有物に関する負担)1項　各共有者は, その持分に応じ, 管理の費用を支払い, その他共有物に関する負担を負う。

appraisal　見積り
appraisal clause　鑑定人条項, 損害査定条項
appraisal or valuation services　評価鑑定業務
appraisal remedy　株主買取請求による救済
appraisal right of shareholder　反対株主の株式買取請求権
appraise　鑑定する
appraisement　価格評価, 査定, 評価額
appraiser　鑑定人, 評価人
　財産や資産の価値を金銭指数で評価する者。そのような評価をするべく裁判所や公的機関から正式な依頼を受けた者をいう。裁判所に選任された者でも, たんに学術的, 専門的評価を下す者は expert であって appraiser ではない。
appreciate　弁識する
appreciation　①付加価値②正しく評価すること
apprehension　①逮捕②捕捉
apprentice　徒弟
apprenticeship　徒弟奉公
appropriate　適当な
appropriate amount　適正額
appropriate for the use　利用に供する
appropriation　①弁済の充当②財産取得③目的の特定④流用, 私用, 盗用
appropriation of performance　弁済充当
approval　①賛成②承認
approval of assignment　譲渡承認
approval of the Diet　国会の承認
approve　可決確定する
approved indorsed note　保障裏書付約束手形
approved law school　認定ロー・スクール
approvement　改良
appurtenance　①従物②付属物
appurtenant　付属する, 他の物に従たる

appurtenant to　従属して
aptitude　素質
aquatic rights　水域利用権
arbiter　仲裁人
arbitrage　裁定取引
arbitrament　仲裁判断
arbitrament and award　仲裁判断の抗弁
arbitrarily　任意に
arbitrariness　恣意
arbitrary　恣意的な, 専断的な
arbitration　仲裁
　Submitting a controversy to an impartial person, the arbitrator, chosen by the two parties in the dispute to determine an equitable settlement. Where the parties agree to be bound by the determination of the arbitrator, the process is called binding arbitration. In labor law, arbitration has become an important means of settling disputes, and the majority of labor contracts provide for arbitration of disputes over the meaning of contract clauses.
　(Steven H. Gifis, Dictionary of Legal Terms 27 (3rd ed., 1998), Barron's Educational Series, Inc.)
　紛争の当事者双方が, 公平な決着を求めて中立公正な人物である仲裁人を選び, その人物に紛争への解決を従わせること。当事者らがその仲裁人の決定に拘束されることに同意する場合には, その手続は拘束力のある仲裁と呼ばれる。労働法においては, 仲裁は紛争解決の重要な手段になっており, 多くの労働契約には, 契約条項の趣旨をめぐる紛争の仲裁に関する規定がある。
Arbitration Act　仲裁裁判条件法
arbitration agreement　仲裁契約
arbitration and award　仲裁判断
arbitration board　仲裁人団
arbitration clause　仲裁条項
arbitration of exchange　為替裁定取引
arbitration procedure　仲裁手続
arbitration rule　仲裁規則
arbitrator　仲裁人
arbitrium　仲裁判断

archbishop 大司教
Architects Law 建築士法
archives ①公文書②公文書保管所
area 面積, 地積
  土地や建物の敷地面積。acrage。坪数, 床面積。
argot 隠語
arguable ①間違いない②論証できる
argue 押し問答する
arguendo 議論のうえで, 余論として
argument ①議論②口論
argumentative denial 間接否認
argumentum ab inconvenienti 不都合を避けるための議論
armchair speculation 机上の空論
armistice agreement; cease-fire agreement 休戦協定(停戦協定)
arm's length price 独立当事者間の価格
arm's length transaction 独立当事者間の取引
arraignment ①罪状認否②斡旋
  The initial step of a criminal proceeding in which an accused person is brought before a judge to be informed of the charges against him, and during which time defendant enters a plea.
  (*Gilbert Law Summaries Pocket Size Law Dictionary* 18-19 (1997), Harcourt Brace And Company.)
  刑事手続の最初の段階であり, 被告人が自分に対する告発の説明を受けるために裁判所に出廷させられ, そこで被告人は抗弁を行う。
arrangement ①協定②取決め③配置④債務整備
arrangement between debtors and creditors 和議
arrangement for the police-wanted 指名手配
array 陪審員候補者全員
arrearage (consumption tax) 未払消費税
arrears ①延滞金②滞納
arrest ①逮捕②抑留③差押え
arrest a criminal 犯人を逮捕する
arrest of a flagrant offender 現行犯逮捕
arrest record 逮捕記録
arrest warrant 逮捕状
arrested person 被逮捕者
arrestee 被逮捕者
arrival 到着, 着船
arrival notice 着船通知書
arrival of time 期限の到来
arrogation 越権
arsenic 砒素
arson 放火
arson of an inhabited structure, etc. 現住建造物等放火
  放火罪が重く罰せられること, 住居に対する放火をそれ以外の物件に対する放火に比べて厳しく罰することは, 日本も諸外国もほぼ変わるところはないと言える。〔参考〕刑法108条(現住建造物等放火) 放火して, 現に人が住居に使用し又は現に人がいる建造物, 汽車, 電車, 艦船又は鉱坑を焼損した者は, 死刑又は無期若しくは五年以上の懲役に処する。
arson to an article other than structure which belongs to the offender 自己所有建造物以外放火
arson to an article other than structures, etc. 建造物等以外放火
  日本法では, 自動車などに対する放火がこれに該当する。一方, 電車や船など建造物に準ずるような物は建造物に対する放火と同視されている。〔参考〕刑法110条(建造物等以外放火)1項 放火して, 前二条に規定する物以外の物を焼損し, よって公共の危険を生じさせた者は, 一年以上十年以下の懲役に処する。
arson to an inhabited structure, etc. 現住建造物等放火
arson to an uninhabited structure which belongs to the offender 自己所有非現住建造物等放火
arson to an uninhabited structure, etc. 非現住建造物等放火
art ①芸術②特許法における技術③著作権法における技術
article ①条項②物件③論文

article on display　陳列品
article to be confiscated　没収すべきもの
article to be seized　差し押さえるべき物
articles left behind　遺留品
articles of amendment　修正条項
articles of association　①会社の通常定款（イギリス）②会社の設立定款（アメリカ）
Articles of Confederation　連合規約
　イギリスから独立したアメリカの13の邦が定めた文書。第2回大陸会議で1777年可決。
articles of consolidation　新設合併条項，合併届出書
articles of dissolution　解散条項，解散届出書
articles of evidence exhibit　証拠物
articles of incorporation　会社の設立定款（アメリカ）
articles of partnership　組合定款，パートナーシップ定款
artificer　職人
artificial　人為的な
artificial leg　義足
artificial person　法人
　独立した権利義務主体として取引などを行うことを法律により認められた団体や財産をいう。legal person, juristic person ともいう。
artificial presumption　法律上の推定
artificially　人為的に
artisan's lien　職人の留置権
artless　稚拙な
AS; A／S; A／s　① account sales, 売上計算書② at sight, 一覧払い
as is　現状のまま
as is sell　現状のままでの売買
as per　〜に従って
as promptly as possible　できる限り速やかに
ascendant　尊属
ascertain　確認する
ask a person to come to the police station　任意同行を求める
ask for instructions　請訓する
ask for reports　報告を求める
asking price　売却希望価格
　売主の希望する売買価格をいう。売り呼び値，提示価格。offer price。買主の希望する売買価格は bid price。
asocial　非社交的
aspect　様相
assailant　攻撃者
assassin　暗殺者
assassination　暗殺
assault　①急襲②襲撃する③暴行④強迫
assault and battery　強迫と暴行の両方をあわせたもの
assemble　集結する
assembled presence　列席
assembling in crowds　多衆聚合
assembly　総会，集会
assembly of city　市議会
assembly of prefecture　県議会
assembly of town　町議会
assembly of village　村議会
assent　同意，承認
assertion　主張
assertory covenant　確定的約款，確定的捺印証書
assess　税金などを課する
assessed valuation　課税標準額，固定資産税評価額
　税額の決定のために，不動産の金銭的価値を公的機関が評価したもの。日本の場合は，市町村長が年に1回不動産の価格評価を行い，課税台帳に記載する。〔参考〕地方税法410条（固定資産の価格等の決定等）1項　市町村長は，前条第四項に規定する評価調書を受理した場合においては，これに基づいて固定資産の価格等を毎年三月三十一日までに決定しなければならない。　地方税法411条（固定資産の価格等の登録）1項　市町村長は，前条第一項の規定によって固定資産の価格等を決定した場合においては，直ちに当該固定資産の価格等を固定資産課税台帳に登録しなければならない。
assessment　①査定②評価③査定額評価
assessment company　賦課式（保険）会社
assessment insurance　賦課式保険，保険料追徴保険
assessment of sentence　刑の量定

assessor 課税額査定者，損害鑑定人，裁判所補佐人

assets 資産
Money, property, and money-related rights (一部略) that you own. In a business, capital assets or fixed assets are those assets (一部略) that cannot be turned into cash easily; current assets or liquid assets are those things (一部略) that can be turned into cash easily; and frozen assets are tied up legally, often by a lawsuit.
(*Daniel Oran, Law Dictionary for Non-lawyers 26 (4th ed., 2000), West Legal Studies.*)
人が有する金，不動産，そして金銭関係の権利。ビジネスでは，資本資産あるいは固定資産が容易には現金化できない資産である。運転資産あるいは流動資産は容易に現金化できる資産である；そして凍結資産は法的に，しばしば訴訟によって流用が拘束される。

assets condition 資産状態

assets purchase agreement 資産買収計画

assets side 資産の部

asseveration 厳粛な確言

assign ①仕事を課する②財産権などを譲渡する③選任する④譲受人

assign a defense counsel 刑事弁護人を付する

assign and transfer 譲渡する
同義語を併記するパターン。

assignation 指名

assigned labor 定役

assigned risk plan 特定リスク保険
アメリカ在住の外国人が自動車保険に加入する場合，最初の一年間は risk insurance group 契約をして，普通より高い保険料を払わなければならない。

assignee 財産権などの譲受人
契約によって債権や契約上の地位を譲り受けた者をいう。権利の譲渡人は assignor。管財人。代理人。

assignee in bankruptcy 破産管財人
裁判所から任命されて，破産者の財産の管理を行う者。抜け駆け的な弁済を受けた債権者を訴えて財産を取り戻したり，優先弁済権を主張する債権者からの訴訟に応答することなどが，主要な職務である。今日では trustee in bankruptcy の方が一般的な用語といえる。

assignment ①譲渡②契約譲渡③譲渡証書④契約譲渡制限⑤任命⑥宿題⑦割当て

assignment for the benefit of creditors 債権者のための財産譲渡

assignment of claim 債権譲渡
保険契約などにおいて，保険会社が加害者から損害を回収する場合などに，全ての損害賠償に関する請求権一切を包括的に譲り受けるという趣旨で，契約書の表題などに使われる。この場合，assignor が譲渡人，assignee が譲受人を意味するが，譲渡人の用語としては，債権回収を依頼するという意味で patient が使われることもある。たんに債権譲渡を示す用語としては assignment だけが使われることが多い。

assignment of invention 譲渡書

assignment of lease 賃借権の譲渡
不動産の賃借人が，不動産を利用する権利を第三者に譲り渡すこと。譲受人が新たに賃借人となり，譲渡人は賃貸借契約から離脱する点で，転貸(sublease, sublet)とは異なる。一般的に賃貸借は当事者の信頼が重視されるため，賃借権の譲渡には賃借人の同意が必要とされ，賃貸人に無断で賃借権を譲渡した場合は，賃貸借契約の解除原因となる。〔参考〕民法612条(賃借権の譲渡及び転貸の制限)賃借人は，賃貸人の承諾を得なければ，その賃借権を譲り渡し，又は賃借物を転貸することができない。 2 賃借人が前項の規定に違反して第三者に賃借物の使用又は収益をさせたときは，賃貸人は，契約の解除をすることができる。

assignment of property rights 物権の譲渡

assignment of rents 賃料債権の譲渡
不動産の賃貸人が，賃貸人としての地位はそのままで，賃借人に対する賃料請求権だけを債権者や担保権者に譲渡したり，賃料

assignment of shares 株式の譲渡
assignment to position 補職
assignor 財産権などの譲渡人
assigns ①譲受人②承継人
assimilation 同化
assist 補佐
assistance 幇助
犯罪に対する助力行為。コモン・ロー上，assistance が犯罪現場で行われれば，aid and abet を構成して principal となるのに対し，assistance が犯罪前や犯罪後の助力としてなされたときは accessory を構成するにすぎないと考えられる。

assistance in kidnapping or abduction 拐取幇助
誘拐されたものをかくまう場所を提供するような行為をいう。日本法ではこのような行為は総則の共犯規定の対象となるのではなく，独立した犯罪類型となる。〔参考〕刑法227条（被略取者収受等）1項　第二百二十四条，第二百二十五条又は前条の罪を犯した者を幇助する目的で，略取され，誘拐され，又は売買された者を収受し，蔵匿し，又は隠避させた者は，三月以上五年以下の懲役に処する。

assistance of suicide 自殺幇助
自殺しようとする者に，手を貸したり，具体的な自殺方法を伝授したり，自殺の決意を強めるような言動をいう。ほとんどの立法例において自殺自体は犯罪とはされていないが，しかしやはり多くの刑法において，自殺への関与は犯罪とされている。〔参考〕刑法202条（自殺関与及び同意殺人）人を教唆し若しくは幇助して自殺させ，又は人をその嘱託を受け若しくはその承諾を得て殺した者は，六月以上七年以下の懲役又は禁錮に処する。　CALIFORNIA PENAL CODE §401. Every person who deliberately aids, or advises, or encourages another to commit suicide, is guilty of a felony.

assistance to execution 執行の補助
assistance to investigation 捜査の補助
assistance to riot 騒擾助勢
騒乱に加担した者は総則の共犯規定によって罰せられるのではなく，その者が果たした役割を条に照らして罪が決められることになる。いわゆる集合犯としての必要的共犯の代表例である。助勢とは，騒乱の現場において率先して騒乱を指揮したり鼓舞することをいい，その役割は首謀者と不和随行者の中間にあると考えられている。もちろんこのような三分法がどの法制においても妥当するわけではないが，騒乱の役割に応じて刑の軽重を異なったものとすることは，多くの立法例で採用されている。〔参考〕刑法106条（騒乱）　多衆で集合して暴行又は脅迫をした者は，騒乱の罪とし，次の区別に従って処断する。　一　首謀者は，一年以上十年以下の懲役又は禁錮に処する。　二　他人を指揮し，又は他人に率先して勢いを助けた者は，六月以上七年以下の懲役又は禁錮に処する。　三　付和随行した者は，十万円以下の罰金に処する。

assistant 補佐人
Assistant Attorney General 司法次官補
assistant driver's seat 自動車の助手席
assistant judge 判事補
assistant officer 事務官
assistant professor 助教授
Assistant Vice-Minister of Justice 官房審議官

assisting a foreign invasion 外患援助
外国からの攻撃があったときに，それに加担する行為を罰するものである。〔参考〕刑法82条（外患援助）日本国に対して外国から武力の行使があったときに，これに加担して，その軍務に服し，その他これに軍事上の利益を与えた者は，死刑又は無期若しくは二年以上の懲役に処する。

assisting an enemy 外患援助　→assisting a foreign invasion

assisting an insurrection 内乱幇助
内乱とは国家組織の転覆を企てて暴動を起こすことであり，いわゆる革命，クーデターが代表的なものである。内乱幇助とはそのような内乱に資金や武器を提供するなどの方法により助力を与えることをいう。アメリカでは連邦法で規定している(18 U.S.

assisting

C.§2383)。〔参考〕刑法79条(内乱等幇助)兵器, 資金若しくは食糧を供給し, 又はその他の行為により, 前二条の罪を幇助した者は, 七年以下の禁錮に処する。

assisting escape　逃走幇助
刑務所や拘置所などに拘禁されている者が逃走する際に, 器具を与えるなどの方法により, 助力すること。逃走罪という犯罪類型の本質は, 逃走することの禁止というよりも, 外部から逃走を幇助する行為の禁止にむしろ本質があると言えなくもない。強制的に拘禁されている者が隙あれば逃げ出そうとするのはある意味で当然のことだからである。したがって, escape という一語それ自体が逃走幇助を含意している場合がある。〔参考〕刑法100条(逃走援助)法令により拘禁された者を逃走させる目的で, 器具を提供し, その他逃走を容易にすべき行為をした者は, 三年以下の懲役に処する。　2　前項の目的で, 暴行又は脅迫をした者は, 三月以上五年以下の懲役に処する。

assisting escape by a security guard　看守者逃走幇助
看守のように, 拘禁された者が逃走しないように監視するのが職務である者が逃走罪に関与したときは, 通常の者の関与よりも重く罰せられる。〔参考〕刑法101条(看守者等による逃走援助)法令により拘禁された者を看守し又は護送する者がその拘禁された者を逃走させたときは, 一年以上十年以下の懲役に処する。

assisting kidnapping or abduction for ransom　身代金目的拐取幇助
身代金目的の誘拐は, 法益侵害の程度が著しく, 目的も悪質であるため, 一般に結婚目的や営利目的の誘拐よりも重く罰せられる傾向がある。したがって, 被害者をかくまう場所を提供するなどの助力行為も, 通常の拐取幇助よりも重く罰せられる。〔参考〕刑法227条(被略取者収受等)4項　第二百二十五条の二第一項の目的で, 略取され又は誘拐された者を収受した者は, 二年以上の有期懲役に処する。略取され又は誘拐された者を収受した者が近親者その他略取

され又は誘拐された者の安否を憂慮する者の憂慮に乗じて, その財物を交付させ, 又はこれを要求する行為をしたときも, 同様とする。

assize　アサイズ, 陪審, 巡回裁判(所)
associate　①仲間②連携する③準会員
associate judge　陪席裁判官
associate with　交際する
associated trademark　連合商標
association　①社団②団体③法人格なき社団
association not for profit　非営利社団
Association of American Law School　アメリカ・ロー・スクール協会
Association of Trial Lawyers of America　アメリカ法廷弁護士協会
association with delinquent peers　不良交友
assoil　赦免する
assume　①引き受ける②身につける③仮定する④振りをする
assume and agree　同意する, 合意する　同義語を併記するパターン。
assume office　就任する
assumpsit　引受訴訟
assumption　①引受け②就任③仮定
assumption of indebtedness　他人の金銭債務の引受け
assumption of mortgage　抵当権の引受け
抵当権付物件を, 被担保債権と抵当権の負担が付いたままで買い受けることをさす用語。通常は買主が被担保債権も引き受けたことになり, 債務弁済の義務を引き継ぐことになる。
assumption of office　就任
assumption of risk　①危険負担②危険の引受け
assumption of the obligation　債務の引受け
assurance　①保証②保険③土地譲渡証書
assurance of performance　履行の保証
assure　①請け合う②保証する
assured　被保険者
自分の生命や財産その他の損害に対して, 保険契約を締結した者をいう。insured。

生命保険(life-insurance)の場合は，被保険者と保険金受取人は必ずしも一致しない。
astipulation 合意，確認，記録，確認文言
astonishment 驚愕
asylum 庇護
at arm's length 独立して，他人の影響を受けずに
at A's option Aの任意により
at bar 係争中
民事上の訴えが提起されて，裁判で審理されている状態をいう。
at high speed 高速度で
at issue 係争中の，争点となっている
at its own discretion 職権で
at large ①拘束されないで②詳細に
at law 法によれば
at one's option 選択に従って
at one's own expense 自己の出捐をもって
at one's request 嘱託により
at public expenses 公費で
at regular intervals 定期に
at sight 一覧払い
at the aforesaid office 前同所
at the market 時価で
at the request of A Aから要求があれば
at will 任意に
Athens Convention relating to the Carriage of Passengers and their Luggage by Sea 乗客及びその手荷物の海上運搬に関するアテネ条約
Atomic Energy Fundamental Law; Atomic Energy Basic Law 原子力基本法
atone for 罪を償う
atonement 贖罪
attach too much importance 偏重する
attached documents 添付書類
attachment ①執着心②付属物③民事の差押え④別紙⑤付属書類⑥逮捕
attachment bond 仮差押え免除保証書
attachment execution 判決後の債権差押え
attack ①攻撃②襲撃する
attainder 私権剥奪 →Bills of Attainder
attaint 被私権剥奪者
attempt ①試みる②未遂
attempted 未遂の
intended ともいう。
attempted offense 未遂犯
客観的な障害のために，完遂するに至らなかった犯罪。日本法においては未遂犯は任意的に刑が減軽されるにすぎないが，アメリカ法においては既遂犯よりも一等軽い刑が定められている場合が多い。N.Y. PENAL CODE 110.05等。〔参考〕刑法第43条(未遂減免)犯罪の実行に着手してこれを遂げなかった者は，その刑を減軽することができる。ただし，自己の意思により犯罪を中止したときは，その刑を減軽し，又は免除する。
attempting to monopolize 独占の試み
attend 傍聴
attend a trial 裁判に出席する
attendance 立会い
attendant 付添人
attendant circumstances 付帯状況
Attention 宛名
attention-seeking 注意を引こうとする
attest ①証言する②立証する③証明する④副署する
attest service 証明業務
attestation ①証拠②証明書③認証
attested copy 証明謄本
attesting witness 確証証人，(文言の真正の)証明証人
attitude 態度
attitude derived from repentance 改悛の情
attitude measurement 態度測定
attorney ①代理人②弁護士③検事
attorney at law 弁護士
attorney fees 弁護士料など
Attorney General＝AG ①司法長官(アメリカ連邦政府)②検事総長(アメリカ)③法務長官(イギリス)
Attorney General's office 法務総裁府
attorney in fact 代理人
attorney in private practice 弁護士
attorney-client privilege 弁護士依頼者間

attorney's の秘密保持特権
attorney's fee 弁護士報酬
attorney's license 弁護士資格
attornment ①新賃貸人の承認②賃借権譲渡
　①賃借物件が譲渡されて賃貸人が交代したときに、賃借人がなす承認。②賃借人が、賃借権を譲渡、転貸すること。assignment of lease. Missisipi Code 89-7-19等。
attractive nuisance 誘惑的ニューサンス、誘惑的危険(物)
at-will employment 自由に解雇できる雇用関係
AU: Auditing Standards 監査基準
au besoin 予備支払人記載欄
auction ①競売②オークション
Auction Law 競売法
auctioneer 競売人
　競売を運営する人。競売主催者。
audit ①監査②審査
audit fees 監査報酬
audit firms 会計会社
audit report 監査報告書
audit sensitive position 監査上の微妙な職位
audited financial statement 監査決算報告書
auditing 会計検査
auditing report 監査報告書
auditor 監査役
auditory hallucination 幻聴
audit-related fees 監査関連報酬
augmentation due to commission of accumulative crimes 併合罪の加重 →accumulative crimes
augmentation for accumulative crimes 併合罪の加重
augmentation of punishment 刑の加重
augmentation or reduction of punishment 刑の加減
authentic 真正な
authenticate 文書の真正を証明する
authenticated copy 正本
　裁判上の重要書類は、その原本(original)は作成者の属する機関に留め置かれて保管され、訴訟関係者に渡されるのは、正本、副本、謄本といった、原本と同一内容であることを作成者や公機関が証明した写しであるのが通常である。このうち一つの原本につき定められた通数のみが作成され、副本や謄本よりも一層強い効力が認められるものを正本という。例えば、判決原本を元に裁判所書記官が当事者数の判決正本を作成してこれを原告と被告に交付し、強制執行はこの判決正本に基づいて行われる場合などである。〔参考〕民事訴訟法255条(判決書等の送達) 判決書又は前条第二項の調書は、当事者に送達しなければならない。2　前項に規定する送達は、判決書の正本又は前条第二項の調書の謄本によってする。　民事執行規則21条(強制執行の申立書の記載事項及び添付書類)強制執行の申立書には、次に掲げる事項を記載し、執行力のある債務名義の正本を添付しなければならない。(以下略)
authentication 認証
authentification ①判例②裁判、立法などの先例③代理権④権限⑤関係官庁、当局
authority ①権威②権限
authority model 外局モデル
　省より専門的な行政を管轄する独立行政機関。環境保護庁、航空宇宙局、中央情報局などがある。
authority of control and supervision by the Minister of Justice 法務大臣の指揮監督権
authority to investigate in relation to government 国政調査権
　議会や議員が立法を行うに際して必要な事項を調査するために、行政権や司法権に対して記録の提出や証言を求めることができる議会または議院の権能をいう。日本国憲法では国政調査権の明文の定めがあるが、それが三権分立との関係でデリケートな問題をはらむことが指摘され、とくに司法権との関係では抑制的な調査権の行使が求められるのが通常である。一方アメリカにおいては国政調査権を定めた明文の規定はない。しかし合衆国憲法1条8節18項によって、立法その他の議会の権限が「必要かつ

適切」に行使されるために，国政調査権が存在すると一般に考えられている。日本における国政調査権の行使の許否の判断が，他機関の権限事項であるかどうかという形式論からなされがちなのに対し，アメリカでは，具体的ケースにおいて，調査の目的と機関の権限行使の独立性のどちらを優先すべきかという点を実質的に比較し，調査権行使の可否が決定される点が特徴的である。その結果時として，必要とあらば，他の国家機関の独立性に踏み込むような大胆な行使がなされることがある。Nixon v. Administrator of General Services, 433 U.S. 425 (1977)等。

authorization 委任
ある者が，正当な委任，許可，権限を受けていることを示す語。類義語として委任や信託を意味する entrustment がある。entrustment が，委任する，信託するという行為自体の側面を意味する場合が多いのに対し，authorization は与えられた資格や権限が正当であることや証明可能であるという文脈で用いられることが多い。

authorization by law 法律の委任
authorize and empower 授権する
同義語を併記するパターン。
authorized capital 授権資本
authorized issue 授権株式
authorized representative of an artificial person 法人の代表者
authorized share capital 授権資本
Auto Races Law 小型自動車競走法
autolysis 自己融解
automated quotations 全米証券業協会相場情報システム
automatic extension clause 自動延長条項
雇用，賃貸借など継続的契約において契約期間を定めた場合に，契約終了時に当事者の意思表示がなくても当然に契約が更新されることを定めた契約条項。自動延長された契約は，全契約と同一の期間の契約となる場合と，期間の定めのない契約となる場合とがある。
automatic stay 自動停止

automatic warranty 自動的担保責任
automobile guest statute 好意同乗者法
automobile inspection 車検
automobile insurance 自動車保険
Automobile Liability Security Law 自動車損害賠償保障法
automobile third party liability insurance 第三者賠償自動車保険
自動車事故によって第三者に与えた損害賠償債務を填補する自動車保険。たんに automobile insureance といったときは，自身の損害を填補するのか，第三者への損害賠償責任を填補するのか不明なので，このような用語が使用される。自動車損害賠償責任保険と訳されることも多いが，自動車損害賠償保障法によって加入が強制されるいわゆる自賠責保険を意味するわけではない。
autonomic ataxia 自律神経失調症
autonomic imbalance 自律神経失調症
autonomic nerve 自律神経
autonomy ①自治②自主性
Autopact 自動車協定
autopsy 解剖
autopsy report 検案書
autre action pendant 訴訟継続の抗弁
auxiliary jurisdiction 補助的裁判権
availing 援用
aval 手形保障
aver 事実を主張する，財産
average 海損
海難事故によって生ずる船体や貨物や船体への損害をいう。単独で発生した沈没，座礁，転覆などを単独海損(PA=particular average)，船舶同士の衝突によって生じた場合を共同海損(GA=general average)という。
average bond 共同海損分担金支払保証書
average clause 割合的担保条項，比例填補条項
averaged amount 均等額
averaging (損失)平準化
averment 事実の主張
aviation 飛行
avoid ①回避する②取り消す

avoid

avoid one's responsibility 責任を回避する
avoidable consequence 避けうる結果
avoidable consequences doctrine 抑止可能損害の法理
avoidance ①無効②取消③回避
avoidance of tax 租税回避
avoiding power 破産法上の否認権
Awakening and others Drug Control Law 覚せい剤等取締法
award ①栄典②裁定③裁判所などの評決④仲裁人の仲裁判断
awareness of the issues 問題意識
aye and no 可否

B

B.E.A. （英）Bills of Exchange Act，為替手形法
B／L; b.l. bill of lading，船荷証券，運送証券
b.v. 有限責任会社（オランダ）　Beslotan Vennootschap met beperkte aansprakelijkheid の略
baby act 未成年の抗弁
bachelor of laws＝**LL.B.** 法学士
back pay バックペイ
未払賃金の遡及的支払い。
backadation; backwardation 受渡延期金
back-bond （保証人のための）損失補償証書
backdating 遡及日付
background 履歴
backing 後援
backup contract 代替契約
優先順位の高い契約が取り消されたり解除されるなどしてその目的を達しなかったときのために，代わりに優先順位の低い契約を締結しておくこと。後順位の契約は，先順位の契約が目的を達しなかったときという条件付きで成立することになる。第一候補地を購入できなかったときのために，代替候補地についても停止条件付きで売買契約を交わしておくなどがその例である。

back-up copy バック・アップ用コピー，予備用コピー
backup offer 代替申込み
同一人が複数の契約について同時に，優先順位をつけて申し込むこと。条件つきの申込み。複数の賃貸住宅に賃借を申し込み，第一希望の住宅に空家が出なかったときは，第二希望の住宅に対する申込みが有効になるなどがその例である。
backwash effect 余波効果
bad 不良の，不適法の
bad check 不渡小切手
bad debt ①貸し倒れ②不良債権
bad debt reserve 不良債権積立金，貸倒準備金
bad faith ①不誠実②悪意
善意を意味する good faith と bonafide の反対語。
Bad Loan Write-Offs 不良債権処理
bad standing 瑕疵ある資格
bad title 悪権原
担保権などの制約がある不動産の権利状態。
badger 行商人
badges of fraud 詐害行為の証拠，詐欺証拠
bail ①保釈②保釈金
The bail was set at 70000.（保釈金は7万円に決まった）He was bailed out for 30000.（彼は3万円で保釈された）She will pay the bail.（彼女は保釈金を積むだろう）The man cannot raise the bail money.（その男は保釈金を工面できない）Jack jumped the bail.（ジャックは保釈中に逃走した）　逮捕または勾留されている被疑者や被告人を，身元引受人＝保釈保証人の存在や供託された金銭＝保釈保証金による逃亡防止手段があることを条件として，判決までの間，身柄の拘束を解かれることをいう。あるいはこの際の保釈保証人や保釈保証金自体が bail と呼ばれることもある。例えば合衆国憲法修正8条の"bail"は保釈金を意味する。日本では起訴後の保釈だけが認められ，被疑者に対する起訴前の保釈制度はない。これに対して，英米の刑事訴訟手続において

は，捜査段階から当事者主義が徹底していることを反映して，起訴前においても保釈が認められている。また実務の運用としても，保釈されるのが原則である英米に対し，日本では保釈される場合が例外的場合に留まっているとの指摘もなされている。
〔参考〕刑事訴訟法89条　保釈の請求があつたときは，左の場合を除いては，これを許さなければならない。　一　被告人が死刑又は無期若しくは短期一年以上の懲役若しくは禁錮に当たる罪を犯したものであるとき。　二　被告人が前に死刑又は無期若しくは長期十年を超える懲役若しくは禁錮にあたる罪につき有罪の宣告を受けたことがあるとき。　三　被告人が常習として長期三年以上の懲役又は禁錮にあたる罪を犯したものであるとき。　四　被告人が罪証を隠滅すると疑うに足りる相当な理由があるとき。　五　被告人が，被害者その他事件の審判に必要な知識を有すると認められる者若しくはその親族の身体若しくは財産に害を加え又はこれらの者を畏(い)怖させる行為をすると疑うに足りる相当な理由があるとき。　六　被告人の氏名又は住居が分からないとき。

bail bond　保釈保証金
bail money　保釈保証金
bailable　保釈可能な
bailed property　寄託財産
bailed things　受寄物
bailee　受寄者
bailee's lien　受寄者のリーエン (cf. リーエン：先取特権，物的担保，留置権)
bailer　寄託者
bailiff　廷吏
bailiwick; bailivia　執行官管轄区
bailment　①寄託②保釈金
bailment for hire　有償寄託
bailor　寄託者
bailout　ベイルアウト
bailout stock　ベイルアウト株式
balance　残高
balance of loan　借入金残高
balance of payments　国際収支
balance order　株式払込命令

balance sheet　貸借対照表
balanced scorecard　バランスト・スコアカード
balancing of interests　利益衡量
ballast　底荷，バラスト
ballastage　バラスト料金
ballot　投票制度，投票用紙，投票数，候補者一覧表
bamboo　竹木
bamboo sword　竹刀
ban　禁止
bandit　追い剝ぎ
bandwagon effect　先陣効果，なだれ現象
baneful　有害な
baneful influence　悪影響
banishment　追放
bank account　銀行口座
bank book　銀行預金通帳
bank credit　銀行信用枠
bank debit　銀行払戻高
bank deposit　現金，預金
Bank Holding Act　銀行持株会社法
bank holding company　銀行持株会社
bank holiday　銀行休日
Bank of England　イングランド銀行
Bank of Japan Law　日本銀行法 (日銀法)
bankable paper　銀行受入証券
banker　銀行，銀行家，銀行業を営む個人
banker's acceptance　銀行引受，銀行引受手形
banker's books　銀行帳簿
banker's draft　銀行自己宛為替手形
banker's lien　銀行リーエン
banking day　銀行取引日
banking hours　銀行取引時間
bankruptcy　①倒産②破産③破産手続
bankruptcy code　破産法
bankruptcy court　破産裁判所
　債務者の破産の申立てを契機として，さまざまな破産や倒産に関する決定を行う裁判所をいう。否認権や取戻権を主張する訴訟の審理，破産財産の債権者への分配，再建計画の立案，債務者の免責など，その職務は広範にわたる。国によっては「破産裁判所」という名称の官公署が存在するが，通

bankruptcy

常裁判所が審理，決定を下す場合であっても，それが上記のような内容に関する事項を扱う裁判であれば，その審議体は破産裁判所とよばれる。
bankruptcy estate 破産財団
bankruptcy judge 破産裁判官
Bankruptcy Law 破産法
bankruptcy notice 破産告知
bankruptcy petition 破産申立て
bankruptcy proceedings 破産手続
bankrupt's estate 破産財団
bank-note 銀行券，紙幣
banquet 酒席
bar ①法廷②弁護士会③阻却事由④障害
Bar Association 弁護士会
bar examination 司法試験
bare patent license 非独占的ライセンス
bare trustee 受動受託者
bareboat charter 裸傭船，譲渡傭船 demise charter, charter by demise →charter party
bargain ①取引②契約
bargain and sale 代金債務の履行を伴う売買契約
bargain and sale deed 売買契約代金支払証書，取引譲渡証書
bargain theory 交換的取引理論
bargained exchange 取引された交換
bargainee 買主
bargainer; bargainor 売主
bargaining 交渉
bargaining agent 交渉代表
bargaining orders 団体交渉命令
bargaining points 交換条件
baron 男爵
barratry; barretry （船長，船員の）非行，争訟教唆罪
barrel 銃身
barricade oneself 立てこもる
barrier to entry 参入障壁
barrier to exit 退出障壁
Barrier-free Law バリアフリー法
barrister 法廷弁護士(イギリス)
barter 物々交換
barter trade バーター貿易

base court 下級裁判所
base fee 制限不動産権
base line 基線
base price 基準価格
base rent ①基本賃料②最低保証賃料
　①賃借人から賃貸人に賃料名目で支払われる金銭のうち，管理費，共益費，修繕積立金，保険料，税金などを含まない，純粋な賃貸借の対価部分。②テナントの売上高に応じた歩合制で賃料が決められる場合などに，出来高部分がゼロでも支払わなければならない賃料部分。minimum rent。
base year 基準年
　賃貸借契約や雇用契約などの継続的契約において，賃料や給料の増減が予定されている場合に，その増減額の起点となる年をいう。通常は契約が成立した年が基準年となる。
base year lease 基準年賃貸借契約
　基準年(base year)に費やされた共益費の額をその賃貸借契約における基準額と定め，共益費や管理費，税金などがその基準額を超えた年については，超過額を賃貸人に支払う義務が発生する形態の賃貸借契約。超過額の上限を定めない場合には，賃借人に不利になりやすい。
basic amount 基礎額
basic automobile policy 基本自動車保険
　色々な保険をカバーしているパッケージ型ではなく，各項目ごとに保険金額を決める保険。
Basic Consumer Protection Law 消費者保護基本法
Basic Education Law 教育基本法
Basic Environment law 環境基本法
Basic Law for Disabled People 障害者基本法
Basic Law for Environmental Pollution Control 環境汚染防止基本法
Basic Law on Tourism 観光基本法
basic salary 基本給
basis 根拠
bastard 私生児
battery 暴行
battery or assault by more than one

perpetrator 共同暴行
Battle of Courts 裁判所間抗争（中世イギリス）
Battle of the Forms 書式の戦い
The exchange of different preprinted forms with incompatible terms by a buyer and seller who are arranging a transaction.
(James E. Clapp, Random House Webster's Dictionary of the Law 50 (2000), Random House.)
取引を行おうとしている買い手と売り手の間における、互いに相容れない条件を含んだ、異なる定型文書のやりとり。
battleground 戦場、競合と戦う市場
bawdy 猥談
bawl 怒鳴る
be admissible as evidence 証拠能力を有する
be against 抵触する
be bailed out 保釈される
be burned down in a spreading fire 類焼する
be burned to death 焼死する
be caught while escaping 脱獄中に捕らえられる
be caused to be present 被疑者に立ち会わせる
be choked to death 窒息死する
be cleared of suspicion 嫌疑が晴れる
be co-living in one's household 生計を同じくする
be compelled to testify against oneself 自己に不利益な供述を強要される
be competent as evidence 証拠能力を有する
be contrary to 抵触する
be convinced of 確信する
be destroyed by fire 炎上する
be drowned to death 溺死する
be effective 効力を生ずる
be effective retroactively 遡ってその効力を生ずる
be fatally wounded 致命傷を負う
be held in bondage 奴隷的拘束

日本国憲法18条の「奴隷的拘束」の英訳として一般に用いられている。いわゆるGHQ草案 Article17 では、be held in enslavement, serfdom or bondage となっており、奴隷制を意味する slavery により近い、直接的な表現がなされていた。しかしアメリカのように制度としての奴隷とその解放の歴史がない日本の実態を考慮し、その後の憲法起草作業において enslavement と serfdom（農奴）の記載は省かれ、身分的隷属を意味する bondage だけが残されたものである。〔参考〕憲法18条 何人も、いかなる奴隷的拘束も受けない。又、犯罪による処罰の場合を除いては、その意に反する苦役に服させられない。

be identified by authorities as a criminal 犯行が発覚する
be in a critical condition 危篤状態にある
be in the order of 順序に従う
be inarticulate ろれつが回らない
be included in the calculation of the imposed punishment 本刑に算入する
be included in the calculation of the regular punishment 本刑に算入する
be inconsistent with 抵触する
be intoxicated 酩酊する
be killed on the spot 即死する
be known to the authority 発覚する
be on parole 出獄中
be paralyzed on one side 半身不随となる
be relieved of one's obligation 債務を免れる
be run over and killed 轢死する
be slightly drunk ほろ酔いとなる
be subjected to examination by an expert 鑑定に付する
be unable to articulate properly ろれつが回らない
beacon 航路標識
bear ①我慢する②負担する
bearer ①手形などの所持人②持参人
bearer instrument 持参人払式証券
bearer paper 持参人払式手形
bearing date 日付

beat 殴る
beat to death 殴り殺す
become effective 効力を生ずる
become final 確定する
become finally binding 確定する
become invalid 効力を失う
become irrevocable 確定する
behavior ①挙動②行為，行状
behavioral characteristic 行動特性
beheading 斬罪
behoof 便宜，利益
belief ①信仰②信条
believe firmly 確信する
belong to 帰属する
belongings ①携帯品②所持品
bench ①裁判官②裁判所③裁判官席
bench and bar 法曹
bench trial 非陪審審理
bench warrant 勾引状
 A warrant issued directly by a judge to a law-enforcement officer, esp. for the arrest of a person who has been held in contempt, has been indicted, has disobeyed a subpoena, or has failed to appear for a hearing or trial.
(*Bryan A. Garner, Black's Law Dictionary Second Pocket Edition 759 (2001), West Group.*)
特に侮辱罪に適用される者，起訴された者，召喚状に応じない者，審問や審理に出頭しない者の逮捕のために，判事によって法執行官に直接に発せられる令状．
benchmarking ベンチマーキング
beneficial ①有益な②有利な
beneficial association 相互扶助団体，互助会
beneficial excuse 抗弁権
beneficial interest 利害関係
beneficial owner ①実質上の所有者②実質上の株主
beneficiary ①受益者②被相続人③享受者
benefit ①便益②利益
benefit in general 一般の利益
benefit of the doubt in favor of the defendant 疑わしきは被告人の利益に

benefit of time 期限の利益
履行期までは債務が履行されることはない，あるいは履行しなくてもよいという，当事者双方が有する期待をいう．もっとも債権者は常に契約が履行されることを望むものであり，通常は債務者のみがこのような期待を有している．そうした場合期限の利益は，債務者が主張したり放棄できたりする，一種の権利としての性質を持つことになる．〔参考〕民法137条（期限の利益の喪失）次に掲げる場合には，債務者は，期限の利益を主張することができない．　一　債務者が破産手続開始の決定を受けたとき．　二　債務者が担保を滅失させ，損傷させ，又は減少させたとき．　三　債務者が担保を供する義務を負う場合において，これを供しないとき．
benefit plans 福利厚生計画
benefit societies 共済組合
benevolence 恩恵，（英）献上金，上納金
benevolent association 慈善団体，相互扶助団体
benevolent corporation 公益法人
Benjamin Nathan Cardozo ベンジャミン・ナサン・カードウゾー(1870-1938)　合衆国最高裁判所裁判官(1932-38)．
bequeath 動産を遺贈する
bequest ①遺贈②遺産
bereaved family 遺族
Berne Convention for the Protection of Literary and Artistic Works 文学的及び美術的著作物の保護に関するベルヌ条約(1886)
著作権を保護する目的で制定された条約．現在は国連の専門機関である世界知的所有権期間＝WIPO の管理下にある．条約の内容は，①内国民待遇：条約締結国が外国人の著作物に著作権を与えて保護する場合には，自国人と同等の扱いをしなければならないとする原則，②無方式主義：著作権は作品の完成と同時に発生し，登録行為や表示行為を必要としないとする原則，③遡及効：条約締結以前の著作物についても条約による保護の対象となるとする原則，を主要なものとする．著作権の保護期間につ

いては，何度かの改正が行われているが，現在は著作権者の死亡後50年とされている。

berth 停舶位置：(建造用の)船台
best efforts 最善の努力
best evidence 最良証拠
best interest 最善の利益
best practices ベスト・プラクティス，規範
bestiality 獣姦
bestowal 授与
bet ①賭金②賭事
bet on a horse 競馬に賭ける
betrayal 裏切り行為
betrayer 裏切り者
betterment 増価
賃借人が賃貸建物に造作を加えるなどして，賃貸目的物に経済的価値を付加したことをいう。付加された価値物は賃貸借終了時に買取りの対象にされるなどして，賃貸人と賃借人との間で価値の清算が行われることが多い。〔参考〕借地借家法33条(造作買取請求権)建物の賃借人の同意を得て建物に付加した畳，建具その他の造作がある場合には，建物の賃借人は，建物の賃貸借が期間の満了又は解約の申入れによって終了するときに，建物の賃貸人に対し，その造作を時価で買い取るべきことを請求することができる。建物の賃貸人から買い受けた造作についても，同様とする。

betting 賭事
betting ticket 馬券
between merchants 商人同士の取引
between nonmerchants 非商人同士の取引
beyond reasonable doubt 合理的な疑いを超える
BFA : Banana Framework Agreement バナナ枠組み協定
BFOQ : bona fide occupational qualification 真正な職業資格
bias 偏見
bicameral 二院制
bicycle race 競輪
Bicycle Races Law 自転車競技法

bid ①競売の入札②入札する③請負契約などの申込み④獲得しようと努力する
bid and asked 売り呼び値と買い呼び値
bid bond 入札保証
bid price 買い呼び値，入札価格
bid rigging 入札談合
bidder 競売人，入札者
bid-rigging 入札談合 →bid rigging
biens 財産，人的財産
bigamy ①重婚罪②重婚
bilateral 双務的な
bilateral contract 双務契約
bilateral mistake 相互的錯誤
bilateral offer 双方的申込み
bilk on a restaurant bill 無銭飲食する
bilking 食い逃げ
bill ①議案②紙幣③手形④法案⑤請求書
bill book 手形勘定帳簿
bill collector 借金取り
bill for foreclosure 担保権者の訴状
bill in nature of a bill of review 第三者による判決再審査訴状
bill obligatory 金銭債務捺印証書
bill of adventure 航行危険負担書
bill of credit 信用証券，信用状
bill of debt 金銭債務証書
bill of exchange 為替手形
A written order made on a second party to pay a third party a certain sum of money; a check, a draft.
(*Gilbert Law Summaries Pocket Size Law Dictionary* 30 (1997), Harcourt Brace And Company.)
第三当事者にある金額の金を支払うために第二当事者に対して作られた指図書面，小切手，支払指図書。
bill of exchange which was incomplete when issued 白地手形
受取人またはその譲受人に補充させることを予定して，手形要件の一部を記載しないまま振り出された手形をいう。ジュネーブ統一手形法 ANNEX I. Article10。手形の必要的記載事項を記載せずに振り出された場合に，無効な手形と白地手形とを区別する基準は，振出人に，振出後に所持人に

bill

補充させる意思があったかどうかにかかっている。〔参考〕手形法10条　未完成ニテ振出シタル為替手形ニ予メ為シタル合意ト異ル補充ヲ為シタル場合ニ於テハ其ノ違反ハ之ヲ以テ所持人ニ対抗スルコトヲ得ズ但シ所持人ガ悪意又ハ重大ナル過失ニ因リ為替手形ヲ取得シタルトキハ此ノ限ニ在ラズ

bill of indictment　起訴状
英米法の刑事訴訟手続では，重要な犯罪については被疑者を起訴するかどうかは，大陪審 (grand jury) の評決に委ねられている (合衆国憲法修正5条)。この際，大陪審の評決を求める検察官によって起案され，起訴を是とする大陪審の評決と認証によって効力を与えられる書面を，bill of indictment＝正式起訴状とよぶ。これに対して，いわゆる軽罪については起訴するかどうかは検察官の裁量に委ねられている。この場合は information とよばれる書面が検察官によって作成され，この書面が裁判所に提出されることによって裁判手続が始まる。この場合を，indictment による正式起訴と区別するために，略式起訴ともいう。〔参考〕刑事訴訟法256条　公訴の提起は，起訴状を提出してこれをしなければならない。

bill of lading ＝ B／L　船荷証券
A receipt for the goods issued by a person contracted to transport and deliver them to a specified person or place. It names the person from whom goods are received, states the place of delivery, describes the goods, and states the terms of the contract to transport them.
(*Gilbert Law Summaries Pocket Size Law Dictionary* 30 (1997), Harcourt Brace And Company.)
指定された人や場所への商品の輸送，配送を請け負った人が発行する商品の受領書。それはその人が誰から商品を受け取るかが示されており，配送の場所を明示し，商品について説明し，そしてその輸送に関する契約の条項について明示している。

bill of parcels　送り状 (invoice)
bill of particulars　（訴訟上の）請求明細書，起訴事由明細書

bill of review　判決再審査訴状
Bill of Rights　権利章典
（英）ブルジョア革命期のイギリスにおいて成立した，国王の権利を制限する成文の国家規範 (1689)。絶対王政下のイギリスにおいて国王が有していたそれまでの専制権を否定し，国王といえども議会の同意なしに活動することは許されないことを主な内容としている。市民革命期のみならず現代に至るまで，立憲主義や議会の優越という形で諸国の憲法的価値観や政治体制に重要な影響を与えた。(米) 合衆国憲法の修正1条から10条までは，人権規定が列挙されているため，しばしばこう呼ばれる。

bill of sale　①売渡証書②売買証書
bill of sight　輸入品点検申請書
bill of sufferance　無税船積・陸揚許可証
bill payable　支払手形
bill quia timet　予防的訴訟訴状
bill receivable　受取手形
bill to perpetuate testimony　証拠保全訴状
Bill to Protect Personal Data; Information Privacy Bill　個人情報保護法案
bills and notes　手形，手形小切手
Bills of Attainder　私権剥奪法
歴史的には，近代以前の社会において，裁判によらずに財産没収などの刑罰が科せられることを認めた法律が存在していたことを指している。合衆国憲法1条9節3項の「私権剥奪法または事後法を制定してはならない」という規定が，このような歴史的意味での私権剥奪を禁じていることはもちろんであるが，今日においては合衆国判例において，裁判によらず刑罰を科せられることがないという原則を定めたという意義を持つ。さらに現代的意義としては，刑罰とはいえない不利益であっても同項の射程範囲とすべきではないかということが議論されている。例えば，企業の市場参入条件を制限するなどの法律が，同項に違反して憲法違反であるとする主張などである。

Bills of Exchange Law　手形法
bind and obligate　拘束する
同義語を併記するパターン。

bind out　拘束する
binder　仮契約証
　不動産の売買契約や保険契約で、正式契約締結前に、買主や保険契約申込者に交付される申込証明書ないし覚書。
binding　羈束
binding agreement　拘束力ある合意
binding authority　拘束力を持つ先例
binding force　拘束力
binding instruction　拘束的説示
binding slip　契約覚書
binding-power of the adjudication　裁判の拘束力
　判決などの裁判が言い渡され、あるいは確定すると、当事者や裁判所自身を様々に拘束する力が生ずる。当事者に判決内容に従った措置がとられることを受忍する義務が生じたり、裁判所も、以後自らが下した判決に矛盾した判断を行えないなどである。刑事判決に基づく刑罰を被告人が受忍しなければならないのは前者の例であり、民事判決に既判力（res judicata）、争点効（collateral estoppel）があるとされるのは後者の例である。
birth certificate　出生証明書
bite　咬傷
bitter feeling　恨み
black market　闇市場
black-hearted　邪悪な
blacklist　要注意人物表
blackmail　①恐喝②恐喝する
blackmailer　ゆすり行為者
blackmailing　ゆすり行為
black-market goods　闇物資
blame　落ち度
blameworthy　非難に値する
blank　①白地②空欄
blank acceptance　手形の白地引受け
blank endorsement　白地式裏書
　blank indorsement ともいう。被裏書人の記載がない裏書。手形を裏書譲渡するには、譲渡人である裏書人が、裏書譲渡である旨の記載＝裏書文句と譲受人である被裏書人の氏名を記載し、自ら署名捺印するのが原則的な方法である。しかし、被裏書人の氏名を省略したり、裏書文句をも記載せずに裏書人の署名だけで済ませる方法も、手形法の譲渡方法として認められている。被裏書人の記載を省略することによって、譲受人は手形を紛失したときのリスクを負うことにはなるが、譲渡当事者がそのようなリスクを承知している以上、そのような手形行為の効力を否定する理由はないからである。合衆国統一商法展では白地式裏書を blank indorsement とするが（U.C.C.§3-205.(b)）、ドイツ法を基礎としたジュネーブ統一手形法（Uniform Law On Bills Of Exchange and Promissory Notes）では、白地式裏書を endorsement in brank としている（Articel 13）。〔参考〕手形法13条 裏書ハ為替手形又ハ之ト結合シタル紙片（補箋）ニ之ヲ記載シ裏書人署名スルコトヲ要ス　2　裏書ハ被裏書人ヲ指定セズシテ之ヲ為シ又ハ単ニ裏書人ノ署名ノミヲ以テ之ヲ為スコトヲ得（白地式裏書）此ノ後ノ場合ニ於テハ裏書ハ為替手形ノ裏面又ハ補箋ニ之ヲ為スニ非ザレバ其ノ効力ヲ有セズ
blank indorsement　白地式裏書
blank shares；〜stocks　白地株式
blanket　①包括的な②全般的な
blanket bond　包括保証
　A bond covering an entire group or class of people; especially, a fidelity bond covering all of a company's employees or all of a company's employees in particular job category. For example, a messenger service might obtain a blanket bond to insure against theft of clients' packages by any of its messengers.
　(James E. Clapp, Random House Webster's Dictionary of the Law 58 (2000), Random House.)
　全グループあるいは全区分の人々に対する保証；特に、企業の全従業員あるいは特定の職種の全従業員を保証する身元信用保険。例えば配達サービスは、配達人の誰かが依頼人の荷物に対して窃盗を働いた時のために、包括保証をかけることもある。
blanket clause　内容を曖昧にした条項
　結局条理などによって解釈ができるように

blanket

してある条項。
blanket immunity 包括的免責特権
blanket insurance 包括保険
blanket mortgage 包括抵当権, 一括抵当権, 共同抵当権
複数の不動産を特定の債権の抵当に供することをいう。〔参考〕民法392条(共同抵当における代価の配当)1項　債権者が同一の債権の担保として数個の不動産につき抵当権を有する場合において, 同時にその代価を配当すべきときは, その各不動産の価額に応じて, その債権の負担を按分する。
blaze 火炎
bleeding 出血
block exemption 一括適用除外
blockade 封鎖
blocking statute 対抗立法
blood 血液
blood feud 血讐
blood group 血液型
blood relationship 血縁関係
blood stains 血痕
blood test 血液検査
blood transfusion 輸血
blood type 血液型
bloodshed ①流血②流血の惨事
bloodthirsty killer 殺人鬼
bloody affair 流血の惨事
blow ①一撃②殴る
blue chip investment 優良投資
blue law (日曜日の営業を禁止する)安息令
blue-chip stock 優良株
blue-sky bargaining (初交渉の席での)無理な注文の提示
blue-sky laws 青空法
Any state law regulating sales of stock and other investment activities to protect the public from fly-by-night or fraudulent stock deals or to give investors enough information to make informed decisions.
(Daniel Oran, Law Dictionary for Non-lawyers 39 (4th ed., 2000), West Legal Studies.)
一般の人々を無責任な, あるいは詐欺的な株取引から保護するために, また投資家達が情報に基づく決定を行えるように十分な情報を供給することを目的として, 株式の販売活動と他の投資行為を規制しているあらゆる州法。
bluete fact むき出しの事実
blunt instrument 鈍器
blunt weapon 鈍器
board approval requirements 取締役会の決議要件, 可決要件, 承認要件
取締役会で承認がなされたとみなされる議決の要件をいう。通常は定足数を満たす人数の取締役の出席があり, 出席取締役の過半数の賛成があれば取締役会の承認があったとみなされる。重要な事項について会社の定款でこの要件を加重し, 出席取締役の3分の2の賛成や全員一致を要するなどとすることも有効である。〔参考〕会社法369条1項　取締役会の決議は, 議決に加わることができる取締役の過半数(これを上回る割合を定款で定めた場合にあっては, その割合以上)が出席し, その過半数(これを上回る割合を定款で定めた場合にあっては, その割合以上)をもって行う。
board meeting 取締役会会議
Board Member 取締役
Board of Audit 会計検査院
board of directors ①取締役会②理事会
board of education 教育委員会
公教育の運営, 実施を行う地方公共団体の独立行政委員会。教育環境を整備し, 公教育を実施するのは国家の重要な責務の一つであるが, 教育に党派性を持ち込ませず, 政治的に中立な立場から行うべきとの観点から, 教育委員会制度が敷かれている。日本では1956年にアメリカの教育委員会制度の影響を受けて, 地方教育行政の組織及び運営に関する法律が制定され, 各地方公共団体に教育委員会が設置された。〔参考〕地方教育行政の組織及び運営に関する法律1条(この法律の趣旨)　この法律は, 教育委員会の設置, 学校その他の教育機関の職員の身分取扱その他地方公共団体における教育行政の組織及び運営の基本を定めることを目的とする。
board of trade (米)商工会議所, (英)商

務省
bodily injury 傷害，保険用語で対人事故
bodily injury caused by gross negligence 重過失傷害
bodily injury caused by negligence 過失傷害
bodily injury caused by negligence in the conduct of business 業務上過失傷害
　運転手，医師，土木工事など危険を伴う仕事に従事している者は，その仕事について通常人よりも高い注意を払うことが求められている。そしてこの業務上の注意義務を怠ったときは，通常の過失犯よりも重く罰せられる。〔参考〕刑法211条(業務上過失致死傷等)1項　業務上必要な注意を怠り，よって人を死傷させた者は，五年以下の懲役若しくは禁錮又は五十万円以下の罰金に処する。重大な過失により人を死傷させた者も，同様とする。
bodily injury on the occasion of robbery 強盗傷害
　強盗の機会に被害者に傷害を負わせること。必ずしも強盗の手段たる脅迫から傷害の結果が生じる必要はない。アメリカでは，強盗の機会に傷害の結果が生じた場合，加重強盗＝aggravated robberyとして重く罰せられる場合が多い。〔参考〕刑法240条(強盗致死傷)　強盗が，人を負傷させたときは無期又は六年以上の懲役に処し，死亡させたときは死刑又は無期懲役に処する。
bodily injury resulting in death 傷害致死
　故意犯による傷害を実行し，その結果として意図しない死亡の結果を生じた場合をいう。〔参考〕刑法205条(傷害致死)　身体を傷害し，よって人を死亡させた者は，三年以上の有期懲役に処する。
body corporate 法人
body of an instrument 文書の主要部分
body of rules 規範の体系
body politic 国家
bodyguard 護衛
boiler room; boiler shop ボイラー・ルーム，(俗)無差別勧誘
boilerplate ①定型的文言②共通条項
bona fide ①善意の②誠実
　good faith と同じ意味。bad faith の反対語。
bona fide arm's length transaction 善意の第三者に公正な価格で販売
bona fide holder 善意有償の所持人
bona fide occupational qualification＝B.F.O.Q. 真の職業上の必要性
bona fide possession 善意占有
　自分が無権利者であるとは知らずに，動産を事実上所持したり，不動産を事実上支配していること。自分の所有物と誤信したり，売買契約が不成立や無効だった場合などに発生する。日本の民法上，善意占有者は果実取得権があり，取得時効が短期となる。善意占有であることは推定される。〔参考〕民法186条(占有の態様等に関する推定)1項　占有者は，所有の意思をもって，善意で，平穏に，かつ，公然と占有をするものと推定する。　民法189条(善意の占有者による果実の取得等)1項　善意の占有者は，占有物から生ずる果実を取得する。
bona fide purchase＝B.F.P 善意の買受け
bona fide purchaser 善意有償の買受人
bona fide seniority and merit system 真正な先任権制度(「勤務日数が他の被用者よりも長い被用者を優遇した」とする抗弁)
bona fide third person 善意の第三者
bona vacantia 無主物
bond ①社債②証書③債券④約束⑤身元引受人⑥保証人⑦保税倉庫⑧捺印金銭債務証書⑨留置
bond holder 社債権者
bond margins 社債差額
bond with pre-emptive right 新株引受権付社債
bond-creditor 債務保証付債権者
bonded warehouse 保税倉庫
bonds 債券
bondsman (捺印金銭債務証書上の)保証人
bone marrow 骨髄

bonus

bonus 特別配当金, 賞与
bonus issue （英）株式配当
bonus stock ①無償株②景品株
book 帳簿
book account 当座勘定, 交互計算勘定
book value 簿価, 帳簿価格
booking 予約, 場外賭博
bookkeeping 記帳代行
bookmaker 競馬の賭元
bookmaking のみ行為
booty 略奪品
border ①境界②国境
border line 国境線
border tax adjustment 間接税国境調整ルール
borrow 借りる
borrow money 借金する
borrowed capital 借入資本
borrowed employee 派遣労働者
borrowed thing 借用物
borrower 借主
borstal 開放式少年処遇施設
boss ①顔役②上司
Boston Massacre ボストンの大虐殺
bot; bote 必要物,（英）贖罪金（古）
both-to-blame clause 双方過失衝突約款
bottomry bond; 〜contract 冒険貸借証券, 〜証書
bought and sold notes 仲立人作成の契約証, 仕切書, 契約覚書
boundary ①境界②国境
boundary line 国境線
bounty ①奨励金②施し③気前のよさ
boycott ①ボイコット②集団取引拒否
boycotting （独占禁止法上の）取引拒絶, 不買運動
brain death 脳死
brainwashing 洗脳
branch ①支部②支店
　本店と同一の法人格に属する。subsidiary は子会社を意味する。
branch bank 銀行の支店
branch office 支店
branch road 脇道
brand 商標

brand name ブランド名
brand-owner 商標権者
　商標を使用する権利を有する者。licensor （ライセンサー）。自らが製造者や販売者でなくても, 商標権者が製品に対して責任を負わなければならない場合があるとされる。Torres v Goodyear, 901 F 2d 750 (9th Cir 1990)。
brawl 街頭での殴り合い
breach ①約束の違反②契約違反③不履行④権利侵害⑤割れ目
breach of contract 契約違反
　契約の全部または一部を, その責任ある理由によって正当なく履行しないこと。default＝債務不履行。契約違反に対して債務者が取りうる手段としては, ①強制執行による契約の実現, ②損害賠償, ③契約の解除がある。②③は common law による, ①は equity による救済手段である。〔参考〕民法415条（債務不履行による損害賠償）債務者がその債務の本旨に従った履行をしないときは, 債権者は, これによって生じた損害の賠償を請求することができる。債務者の責めに帰すべき事由によって履行をすることができなくなったときも, 同様とする。
breach of covenant 約定違反
breach of duty 義務違反
breach of promise 約束違反
breach of rules 規則違反
breach of trust 背任
breach of warranty 保証義務違反
　製造者は一定期間は製品の品質の保持について責任があり, 製品が通常備えるべきの品質を維持できなかった場合には, 損害賠償責任が発生するとの考え方。一定品質の保証をしたという契約責任の側面と, 一種の担保責任という側面がある。製造物責任（product liality＝P.L.）が製造者に発生する根拠の一つとされる。
break a police cordon 警戒線を突破する
break an alibi アリバイを崩す
break of relations 断交
break the speed limit スピード違反する
break the traffic regulations 交通違反を

building

する
breakages 破損, 破損請求
breakdown ①内訳②故障
breakdown clause 機械故障条項
Break-Even Point Ratio 損益分岐点比率
breaking 建造物侵入
breaking bulk 荷揚げの開始, バラ積み貨物窃盗
breathalyzer 酒気検知器
breathalyzer record 酒気帯び鑑識カード
breath-analyzer 呼気検査器
breathing 呼気
breeding しつけ
bribe ①贈賄する②賄賂
bribe to the third person 第三者収賄
bribery ①汚職②贈収賄
bribery for a dishonest act 枉法収賄
bribery scandal 贈収賄事件
bridge loan つなぎ融資
 本来目指している事業目的の融資がおりるまでの間の運転資金などを借り入れること。
brief ①準備書面②要約③裁判官の意見の摘要書
briefing 訓示
bring a case to a lawyer 弁護士に訴訟を委任する
bring a suit 訴えを提起する
bring a suit against〜 〜を告訴する
bring an action 訴えを提起する
bring before 連行する
bring discredit and suspicion on a man 不信と疑惑を招く
bring to court 裁判所に引致する
bring to prison 収監する
bring with 携帯する
broad interpretation 拡張解釈
broken lot ledger 端株原簿
broken lot of shares 端株
broken lot share certificate 端株券
broken lot shareholder 端株主
broker ①仲介業者②周旋人③仲立人④仲買人⑤ブローカー
brokerage ①仲買②仲立③仲立営業
brokerage of property obtained through a crime against property 贓物牙保
brothel 売春宿
brother-in-law ①義兄②義弟
Brown v. Board of Education (1954) ブラウン対教育委員会事件
 白人と黒人との別学を定めた州法は, 合衆国憲法第14修正に違反するとした判決。
bruise 打撲傷
brutal ①凶暴な②残虐な
bucket shop 空(から)取引, もぐり取引場
buddies 仲間
budget 予算
bugging ①盗聴②盗聴器を用いる方法
builder warranty 建物性能保証
 建築を請け負った者が, 注文者に対して建築物の性能を保証すること。
building and repairs 営繕
building code 建築基準法
 建物建築に関し, 安全, 衛生, 環境維持のための公法的規制を定めた行政法規の総称。建蔽率, 容積率, 周辺住民の建築に対する同意などが主な規制の例である。[参考]建築基準法1条(目的) この法律は, 建築物の敷地, 構造, 設備及び用途に関する最低の基準を定めて, 国民の生命, 健康及び財産の保護を図り, もつて公共の福祉の増進に資することを目的とする。
building coverage ratio 建蔽率
 土地の面積に対する, 建物部分の敷地面積の割合。安全や環境上の見地から, 高密度商業地を除き, 建築基準法規によって建蔽率には上限が課せられるのが通常である。
Building lots and Buildings Transaction Business Law 宅地建物取引業法
building permit 建築許可, 建築確認
 建築しようとする建物の建築計画や設計図面が建築基準法規に適合しており, 官公庁が建築工事の開始を認めることをいう。[参考]建築基準法6条(建築物の建築等に関する申請及び確認)1項本文 建築主は, 第一号から第三号までに掲げる建築物を建築しようとする場合(増築しようとする場合においては, 建築物が増築後において第一号から第三号までに掲げる規模のものとな

building

る場合を含む。），これらの建築物の大規模の修繕若しくは大規模の模様替をしようとする場合又は第四号に掲げる建築物を建築しようとする場合においては，当該工事に着手する前に，その計画が建築基準関係規定（この法律並びにこれに基づく命令及び条例の規定（以下「建築基準法令の規定」という。）その他建築物の敷地，構造又は建築設備に関する法律並びにこれに基づく命令及び条例の規定で政令で定めるものをいう。以下同じ。）に適合するものであることについて，確認の申請書を提出して建築主事の確認を受け，確認済証の交付を受けなければならない。当該確認を受けた建築物の計画の変更（国土交通省令で定める軽微な変更を除く。）をして，第一号から第三号までに掲げる建築物を建築しようとする場合（増築しようとする場合において，建築物が増築後において第一号から第三号までに掲げる規模のものとなる場合を含む。），これらの建築物の大規模の修繕若しくは大規模の模様替をしようとする場合又は第四号に掲げる建築物を建築しようとする場合も，同様とする。

building site 宅地
building society （英）住宅金融組合
Building Standard Law 建築基準法
built-in 造り付け，組み込み，ビルド・イン
家具や設備が，動かしたり取り外したりできず，建物と一体になっていることをいう。例えばベッド，冷暖房器具，オーブン，食器洗い機などが，よく見られるビルド・イン設備である。家屋が売買された場合において，特段の意思表示がなされなければ，これらのビルド・イン設備の所有権も買主に移転する。

built-in agenda 合意済み交渉議題
bulb 延髄
bulk 容積
bulk sale 企業財産の包括的譲渡
bulk sales 包括譲渡
bulky cargo かさ高貨物
bullet 銃弾
bullet mark 弾痕

bulletproof glass 防弾ガラス
bulletproof vest 防弾チョッキ
bully ①いじめ②暴漢
bundle of rights 諸権利の束
bundling 抱き合わせ販売
burden ①責任②義務
burden of persuasion 説得責任
A party's duty to convince the fact-finder to view the facts in a way that favors that party. In civil cases, the plaintiff's burden is usually "by a preponderance of evidence," while in criminal cases the prosecution's burden is "beyond a reasonable doubt."
(Bryan A. Garner, Black's Law Dictionary Second Pocket Edition 80 (2001), West Group.)
当事者の主張に対し支持をとりつけるように事実認定者を納得させるという，その当事者の義務。民事事件では，原告の責任は通常「証拠の優越性をもって」立証する責任を負い，刑事事件における検察には「合理的な疑いを超える」立証が必要とされる。

burden of production: burden of producing evidence 証拠提出責任
A party's duty to introduce enough evidence on an issue to have that issue decided by the fact-finder, rather than decided against the party in a peremptory ruling such as a summary judgment or a directed verdict.
(Bryan A. Garner, Black's Law Dictionary Second Pocket Edition 80 (2001), West Group.)
正式事実審理なしの判決や指示評決のような独断的な裁定においてその当事者に不利な決定をさせるというよりは，事実認定者が問題の判決を下すのに十分な証拠を当事者が提出するという義務。

burden of proof ①立証責任②挙証責任
1. A party's duty to prove a disputed assertion or charge. The burden of proof includes both the burden of persuasion and the burden of production.

buying

2. Loosely, burden of persuasion.
(Bryan A. Garner, Black's Law Dictionary Second Pocket Edition 80 (2001), West Group.)
1. 争いとなっている主張または告発を証明する当事者の義務。立証責任は説得責任と証拠提出責任の双方を含む。
2. 広義の説得責任。
bureau 内局
Bureau of General Affairs 総務局
bureaucracy 官僚機構，行政機構
bureaucrat 官僚
Bureaux Internationaux Reunis pour la Protection de la Propriete Intellectuelle＝B.I.R.P.I. 知的所有権保護国際事務局
burglari 夜盗罪
burglary 押し込み盗，不法目的侵入，夜盗
burial expenses 埋葬費
burn oneself to death 焼身自殺する
burned down 焼失した
business 営業，事業，業務
business circles 商業界
business day 営業日
business depression 不況
business expense 事業経費
business fluctuation 景気変動
business handled by a public prosecutor 検察官の行う事務
business hours 取引時間
business judgment rule 裁判所の経営判断不介入の法理
Business Law 商事法
business model ビジネスモデル
business morality 商業道徳
business name ①商号②営業標
business neccessity 営業上の必要性
business of court 裁判事務
business of public prosecutors office 検察庁の事務
business of the office 庁務
business process reengineering(BPR) ビジネス・プロセス・リエンジニアリング
business reorganization 会社更生，事業再編
事業を継続したまま債務の減額または支払期限の延長を認めること。
business report 営業報告書
business secret 営業秘密
business term 事業年度
business trust 事業信託
business year 営業年度
but for test なかりせばテスト
buy and sell agreement 持株売買契約
buy back agreement 買戻特約
　動産や不動産の売買契約において，売主が売買後一定期間までに代金を提供した場合には，買主は当該物件を売主に再度売却して返還することを約束することをいう。買戻特約のついた売買は，形式的には売買であるが，実質的には債権担保の目的で行われるものである。〔参考〕民法579条（買戻しの特約）不動産の売主は，売買契約と同時にした買戻しの特約により，買主が支払った代金及び契約の費用を返還して，売買の解除をすることができる。この場合において，当事者が別段の意思を表示しなかったときは，不動産の果実と代金の利息とは相殺したものとみなす。
buy on credit 付けで買う
buy sell option 保有株式の買上条項
　共同事業を営んでいる複数の企業が共同事業を解消するときに，株式の持合をも解消したり，その事業を単独で継続して行う企業があるときにその企業が共同事業関連会社の株式を強制的に取得することなどを，あらかじめ共同事業契約で定めておくことをいう。buy-sell agreement。
buy up 買い占める
buyer 買主
buyer in good faith 善意の買主
buying 買収
buying and selling 売買
buying and selling price 売買価格
buying in 買戻し，（オプションの）買取り
buying long （相場の上昇予測にもとづく強気の）有価証券の購入
buying on margin 証拠金取引における（証券の）購入

buy-out

buy-out arrangement 持株買取協定
B-Visa ①観光と商用ビザ②かなり長期にわたり，観光や工場見学などをする場合のビザ。6ヶ月や1年程度。
by and between 〜により
　同義語を併記するパターン。
by and under 〜に従い，〜により
　同義語を併記するパターン。
by and with 〜により
　同義語を併記するパターン。
by common consent 全会一致で
by means of a ruling 決定で
by stock 株分け
by-bidding 空(から)入札
bylaw ①内規②付属定款③地方公共団体の条例
by-laws ①付属定款②規則③条例
by-path 脇道
bystander ①第三者②傍観者

C

c. & f. ; c.f. Cost and freight, 運賃込み値段
c. & i. Cost and Insurance, 保険料込み値段
C.A.B. Civil Aeronautics Board, 民間航空委員会
C.&F. 運賃込み料金
　貿易契約条件の一つで，商品の船籍価格価格＝cost に仕向地までの運賃＝freight を加えた価格。cost and freight。
C.&I. 保険料込み
　貿易契約条件の一つで，商品の船籍価格＝cost に仕向地までの保険料＝insurance を加えた価格。cost and insurance。
C.C. ①circuit court, 巡回裁判所②chamber of commerce, 商業会議所③city court, 市裁判所④county court, 県裁判所⑤civil code, 民事法典⑥cash credit, 現金払信用状⑦cashier's check, 銀行の自己宛小切手
C.E.O.＝chief executive officer 最高経営責任者
C.F.O.＝chief finacial officer 最高財責任者
　企業の財政状態の把握，決算，財産の管理，運用等に関する最高責任者。
C.F.R. Code of Federal Regulations, 連邦行政規則集
C.I.F.＝cost insurance and feight 運賃保険料込み
c.m. ①cubic meter, 立法メートル②causa mortis, 死因③central meredian, 中心子午線
C.M.O. collateralized mortgage obligation, モーゲッジ担保証券
C.O.D. Cash on delivery または collect on delivery, 代金引換渡し
C.O.O.＝chief operating officer 最高業務責任者
　企業の業務執行部門の最高責任者をいう。本来的に言えば，株主総会の決定した意思決定に基づいて業務の執行を行うのが取締役の最も基本的な職務であり，C.E.O の役割でもあるはずだが，C.E.O を最高経営意思決定者と位置付け，業務執行の責任者を C.O.O として別に置く企業が少なくない。
C.P. ①Court of Common Pleas, 人民間訴訟裁判所②charterparty, 傭船契約
C.P.A.＝certified public accountant 公認会計士
c／s 登録署名
Cabinet 内閣
cabinet government 議院内閣制
Cabinet Law 内閣法
Cabinet Legislation Bureau 内閣法制局
cabinet minister 閣僚
Cabinet Order 政令
cable ①ケーブル②海底電線③国際電報④海事における計測単位の一つ
cabotage カボタージュ, 沿岸運輸, 内国運輸
cadaveric rigidity 死体硬直
calamity 災害, 災難
calculating 打算的な
calculation 算定
calculation of period 期間計算
calculation of time 期間計算
calendar 暦, 日程, (米)訴訟事件表

法律英語用語辞典

caliber 口径
Calico Law キャラコ法
California Corporation Code カリフォルニア州会社法
call ①招集通知②株式払込金の払込催告③買付選択権
call loan コール・ローン，短資
call provisions 期限の利益喪失約款，繰上返済条項
貸金の返済が割賦払いや分割払いの場合に，支払いが一回でも期限に遅れたり，破産などの事由が生じたときには，期限未到来の残債務についても期限が到来したものとみなされ，支払義務が生じることを定めた条項をいう。Acceleration.〔参考〕民法137条(期限の利益の喪失)次に掲げる場合には，債務者は，期限の利益を主張することができない。 一 債務者が破産手続開始の決定を受けたとき。 二 債務者が担保を滅失させ，損傷させ，又は減少させたとき。 三 債務者が担保を供する義務を負う場合において，これを供しないとき。
call the police 警察に通報する
callable bond 償還債権，任意繰上償還可能社債
callable preferred stock 償還優先株式
callable share 償還株式
callable stock 償還可能株式
calling and swearing 陪審の構成と宣誓
cambist 手形仲介人，為替仲介人
camera 裁判官室
camouflage 偽装
campaign 選挙運動
campaign agent 選挙運動員
campaign funds 選挙運動資金
campaign to abolish capital punishment 死刑廃止運動
can 〜するはず
cancel (合意・決定を)破棄する，無効にする
cancellation ①契約の解除，取消し②抹消，破棄③株式の消却
cancellation of agreement 契約の解除
cancellation of business license 営業の取り消し

cancellation of contract 契約の解除
cancellation of disposition 処分の取消し
cancellation of employment 採用取消し
cancellation of registration 登記の抹消
cancellation options 約定解約権，解約選択権
契約成立にあらかじめ，当事者の一方ないし双方に，契約を継続する必要がなくなったときは解除する権利を認め，その行使時期や方法などを定めておくことをいう。
cancelled check 使用済み小切手
cancelled share 償却株式
candidate 求職者，候補
candidate for an elective public office 公職の候補者
cannabis 大麻
Cannabis Control Law 大麻取締法
cannabis resin 大麻樹脂
cannabis sativa 大麻
cannabism 大麻中毒
canon カノン法準則
canon law ①カノン法②ローマ・カトリック教会法の体系
The body of internal rules of Roman Catholic Church, or a similar body of religious rules in certain other Christian denominations.
(*James E. Clapp, Random House Webster's Dictionary of the Law 68 (2000), Random House.*)
ローマ・カトリック教会の内部規定の主要部，あるいはキリスト教のある特定の他宗派における宗教的規定の中の同様な部分。
cant 隠語
canvass 選挙運動をする
capabilities 能力
capacity ①行為能力②資格③資本，資金
capacity of making will 遺言能力
capacity of receiving 受領能力
capacity of the parties 当事者能力
民事訴訟の当事者として訴えたり訴えられたりすることのできる能力をいう。capacity to sue or be sued (U.S. Federal Rules of Civil Procedure Rule 17.(b))。いわゆる権利能力なき社団や民法上の組合が民事

capacity

訴訟の原告または被告となることができるかという形で問題となる。〔参考〕民事訴訟法29条（法人でない社団等の当事者能力）法人でない社団又は財団で代表者又は管理人の定めがあるものは，その名において訴え，又は訴えられることができる。

capacity to action 訴訟能力
当事者能力を持つ者が，自ら単独で訴えの提起などの訴訟行為を行うことができる能力をいう。未成年者＝infantsやいわゆる無資格者＝imcompetentについて問題となる能力である。これらの者が実体法上の行為をした場合，それらは取り消し得る行為として一応有効であるが，訴訟法上の行為をした場合は，手続の安定の要請から常に無効と考えられている。合衆国連邦民事訴訟規則は，infantsやimcompetentは後見人＝guardianなどを介するのでなければ，訴えたり訴えられたりすることはできないとしている(Federal Rules of Civil Procedure Rule 17.(c))。

capacity to appreciate the nature and the wrongfulness of one's acts 事理弁識能力

capacity to plead 弁論能力
当事者や訴訟代理人が，実際に法廷における主張や証拠の提出などの訴訟活動を行うことができる能力をいう。日本の民事訴訟法は，いわゆる本人訴訟を許容しており，したがって訴訟能力を持つ者は原則として弁論能力をも有している。しかし，いわゆる弁護士強制制度を採用する国では，現実の訴訟活動を行うことができるのは依頼した弁護士だけであるから，当事者には弁論能力はないことになる。

capias 勾引令状
capita 頭，個々人
capital 資本
capital account 資本収支〔勘定〕
capital assets ①固定資産②資本資産
capital contribution 資本拠出金
capital crime 死刑を科しうる犯罪
capital expenditure 資本支出
capital felony 死刑を科しうる重罪
capital flight 資本流出
capital gain ①キャピタル・ゲイン②資産売却益③資本利得
capital investment 設備投資
capital offense 死刑に当たる罪
capital punishment 死刑
capital stock 資本金
capital surplus 資本余剰金
capital surplus reserve 資本準備金
capitalization 資本組入れ
capitalization of income 収益の資本還元，収益に基づく資産評価
capitalize 資本組入れをする
capitation tax 人頭税
caprice 出来心
capsize of a vessel or a railroad train resulting in death 船車覆没致死
capsize of a vessel through endangering traffic 艦船往来危険覆没
capsize or destroy a vessel 艦船を覆没，破壊する
captain 船長
caption ①頭書②占有取得
captive audience 囚われの聴衆
capture ①奪取②捕獲
car horn 自動車の警笛
car park 駐車場
carbon monoxide poisoning 一酸化炭素中毒
cardiac arrest 心臓の鼓動停止
cardiac paralysis 心臓麻痺
cardiac tamponade 心臓圧填
cards containing list of evidence, etc. 証拠等関係カード
care ①注意②注意義務③保管④保護
careful 周到な
careful driving 安全運転
carefully worked-out plan 周到な計画
carelessness 不注意
cargo 積荷
cargo insurance 積荷保険
Carl Schmitt カール・シュミット（1888-1985）
ドイツの政治学者にして法学者。ワイマール憲法の解釈において，制度的保障という概念を提唱し，その後の憲法解釈学に大き

な影響を与えた。しかし一方では，憲法制定権力の権力的決断という要素を自らの憲法理論の中核に据え，憲法の正統性や規範性を軽視する態度をとったため，ナチスの台頭を理論的に支える役割も果たすこととなった。

carnage　戦争中の虐殺
carriage note　貨物引換証
carriage of goods　物品運送
carriage of goods by sea　海上物品運送
carriage of passengers　旅客運送
carriage way　車道
carrier　運送人
carry out　実行する，履行する
carry-back　繰戻し，損失の繰戻しによる還付
carrying　諸経費，保有費用
　税金，利息，運送費用などの諸経費の総称。
carrying out of sanctions　執行
carry-over　繰越し，損失の繰越控除
carta　憲章
carte blanche　白地書面，白紙委任(状)
cartel　①カルテル②価格協定
case　①訴訟②事件③判例④上訴趣意書
case agreed on　合意事実記載書
case imputable to be accused of the obligor　債務者の責に帰すべき事由
case law　判例法
case method　ケース・メソッド
case of required counsel　必要的弁護事件
case processing division　事件課
case requiring presence of defense counsel　必要的弁護事件
case stated　合意事実記載書，法律問題記載書
case study　事例研究
case to be conducted by a collegiate court　合議体で審判すべき事件
cash dividend　現金配当
cash drain　現金流出
cash merger　現金交付合併
cash method　現金主義
　企業会計において，売買，贈与など収益の原因となる法律上の事実が生じても，実際に現金を受け取るまでは収益とはせず，現実の入金時に受取額とそれに対応した費用額を計上する原則。会計の保守性の点では優れているが，企業の収益力の客観的な測定という点では発生主義に劣るため，今日の企業会計においては，補助的な原則に留まる。
cash on delivery=c.o.d.　代金引換引渡し
cash tender offer　現金交付による株式公開買付け
cashier's check　銀行の自己宛小切手，預手
casting vote　①決定票②キャスティング・ボート
casual sales　偶発的販売
　発行者，引受人及びディーラー以外の者による証券の売却。
casualties　死傷者
casualty　災害
casualty insurance　災害保険
casus belli　戦争開始事由
casus major　異常災害
casus omissus　遺漏事項，規定漏れの事実
catch fire　引火する
catch fire from　類焼する
catching bargain　期待権不当取引，非良心的取引
categories of punishments　刑の種類
category management　カテゴリー・マネジメント
cattle　家畜
Caucasian　白人種の
　コーカサス地方がヨーロッパ人の発祥の地であるとする説に由来する。
causa　①原因，根拠，理由②訴訟，訴訟物
causa proxima　主原因，近因
causa sine qua non　必要条件的原因，不可欠な原因
causality; causation　因果関係
　被害者が死んだのは，犯人が銃を発射したことが原因である，というように，結果を発生させた原因となる行為を特定するための，自然的，法的関係概念をいう。ある者の行為に起因して結果が発生したという関係がなければ，原則としてその者に刑事上

causation

も民事上の責任を問うことはできない。一般的に，自然的な因果関係は事実の問題として当事者が主張立証する事項であり，法的な因果関係は法的価値判断の問題として裁判所の判断事項であるとされる。医療過誤訴訟における医療ミスと死亡との因果関係は自然的な因果関係の有無の問題であり，刑法上因果関係の有無が問題とされる場合の多くは，規範的価値判断ないし法解釈それ自体に他ならない。

The fact that a certain action or event produced a certain result. This is an essential element to be proved in many kinds of cases; for example, to convict a defendant of murder the prosecution must prove that the victim's death actually resulted from the defendant's conduct; to recover damages in a tort or contract action the plaintiff must prove that the claimed loss was actually caused by defendant's wrongful conduct.
(*James E. Clapp, Random House Webster's Dictionary of the Law 72-73 (2000), Random House.*)
ある行為または出来事がある結果を生み出すという事実。これは多くの種類の事件において証明されるべき極めて重要な要素である；例えば，殺人罪の被告人に有罪を宣告するためには，検察側は犠牲者の死が実際に被告人の行為の結果生じたものであると証明しなければならない。不法行為や契約行為上の損害を取り戻すためには，原告は主張する損失が実際に被告の不法行為によって生じたと証明しなければならない。

causation in fact 事実上の因果関係
cause ①原因，根拠②訴訟③動機
cause a bribe to be offered 供与
cause a complication 余病を併発する
cause an explosion of 破裂させる
cause and effect 因果関係
cause early death 死期を早める
cause for which the obligor is responsible 責に帰すべき事由
cause in fact 物理的因果関係
　不法行為の成立には，行為その他の原因

と，損害という結果の間に因果関係が存在することが必要なのはもちろんである。この因果関係は最終的には法律的な見地から判断されるが，その前に，まずなにより，「その行為その他の原因を取り除いたら，損害という結果は発生しない」という論理的な関係が成り立つことが必要である。これを物理的因果関係という。actual cause, but-for cause. 物理的因果関係に規範的な価値判断を加えたものは，proximate cause とか legal cause と呼ばれる。

cause of action 訴訟原因
cause of death 死因
causes de non-imputabilite 責任阻却事由
causes for dissolution 解散事由
causes for exclusion 除斥の原因
causes of non-imputability 責任阻却事由
causes of refusal 忌避の原因
caution mark 取扱注意マーク
caveat 注意，警告，通告，（裁判所などの）利害関係通告，予告記載
caveat actor 行為者をして注意せしめよ
caveat emptor 買主をして警戒せしめよ
　古典的自由主義的な商取引の原則に関することわざ。
CC&Rs＝**covenants, conditions, and restrictions** 居住規約，管理規約
　分譲住宅や区分所有建物の所有者が，その建物を使用するにあたって従うべき規則，および規則が記載された書面。bylaws. 共有部分の利用，地域コミュニティの規則などを含む。
CD 譲渡性預金証書 →certificate of deposit
cease and come to an end 終了する
　同義語を併記するパターン。
cease and desist order ①停止命令②中止命令
cede 譲り渡す
cell for associate confinement 雑居房
cell of a prison 監房
Celler-Kefauver Act セラー・キーフォーヴァー法
censor 検閲する

censorship 検閲
Census Registration Law 戸籍法
center of gravity 法律関係の重心
Central Intelligence Agency (C. I. A.) 中央情報局
Central Labor Relations Commission 中央労働委員会
central nervous system 中枢神経
cepit 侵奪, 窃取
CERCLA : Comprehensive Environmental Responses Compensation and Liability Act 包括的環境対処補償責任法
cerebral contusion 脳挫傷
certain conditions 前提条件
certain evidence 確たる証拠
certainty 明確性
certificate ①鑑札②証書③証明書
certificate of amendment 改正証明
certificate of authority 許可証明書
certificate of custody 株式払込金保管証明書
certificate of death 死亡証明書
certificate of deposit＝C.D. 譲渡性預金証書
　銀行が発行する, 預金の預入れを証明する書面であるが, とくに有価証券として譲渡性があり, 証書を譲り受けて所持するものが, 銀行に預金の払戻しを請求できる点に特徴がある(U.C.C§3-104(j))。
certificate of dissolution 解散証書
certificate of incorporation ①会社の設立定款(アメリカ)②会社の設立証明書(イギリス)
certificate of inheritance 相続証明
certificate of insurance 保険証書
　保険契約に加入していることを証明するために, 保険会社が保険者に対して発行する書面のこと。通常保険契約成立時に発行される。
certificate of nationality of a ship 船舶国籍証書
certificate of origin 原産地証明書
　ある貿易商品につき, 輸出国が, その商品の原産国であることを公に証明した文書をいう。輸入者が特恵関税で通関しようとする場合には, その商品が特恵受益国の原産物であることを示すために, 原産地証明書を税関に提出しなければならない。原産地証明書の提出がなければ原則として一般関税が適用されることになる。原産地証明書の発給機関は国により, 輸出国の税関で取得する場合や貿易を担当する官署であるなど様々である。日本を原産国とする商品の場合は, 各地の商工会議所に申請する。原産地証明書の様式は, UNCTAD(国連貿易開発会議)によって国際的に統一されている(Form A)。
certificate of public debt 公債証書
certificate of seal-impression 印鑑証明書
certificate of share;〜of stock 記名株券
certificate of signature サイン証明
certificate of subscription money in custody 株式払込金保管証明書
certificate of tax payment 納税証明書
certificate of title 権原証明書
　動産や不動産上の権利の存在を証明した文書。官公庁に申請して取得する不動産登記簿謄本や, 自動車の登録証明書などがその例。
certificate stamp 証紙
certification 認証
certification mark 証明商標
certification of facts 事実の証明
certified 証明された
certified audit 監査証明
certified check 支払保証小切手
certified copy 認証謄本
certified general appraiser 公認一般不動産鑑定士
　アメリカの各州によって認定された不動産鑑定士(certified appraiser)のうち, あらゆる種類の不動産鑑定を行うことができる権限を有する鑑定士。限定不動産鑑定士(limited appraiser)や公認居住用不動産鑑定士(certified residential appraiser)より広範な権限を有するが, ライセンス取得要件も厳格である。
certified mail 配達証明郵便
　郵便物が宛先人に届けられたことを, 郵便

certified

取扱機関が文書で証明する郵便をいう。内容証明郵便と組み合わせることにより、特定の意思表示の到達を公的に証明することができる。実務においても、契約解除、時効の中断、債権譲渡の通知などがなされたことを訴訟において証明する証拠方法として広く用いられている。〔参考〕民法97条（隔地者に対する意思表示）1項　隔地者に対する意思表示は、その通知が相手方に到達した時からその効力を生ずる。

certified public accountant＝**C.P.A**　公認会計士

Certified Public Accountant Law　公認会計士法

certified residential appraiser　公認居住用不動産鑑定士

公認一般不動産鑑定士(certified general appraiser)に比べて、用途や金額が限定された不動産についてのみ権限を有する不動産鑑定士。一般不動産鑑定士に比べると、ライセンス取得要件はやや緩和されている。

certified security　認証証券
certify　証明する
certiorari　①移送令状②サーシオレライ③事件記録を上級裁判所へ移送するよう命令する令状

Lat.: to be informed of.

A means of gaining appellate review; a common writ, issued by a superior court to a lower court, commanding the latter to certify and return to the former a particular case record so that the higher court may inspect the proceedings for irregularities or errors.

(Steven H. Gifis, Dictionary of Legal Terms 67 (3rd ed., 1998), Barron's Educational Series, Inc.)

ラテン語：〜について通知されるべき

上訴再審理へ進む方法；上位裁判所が下位裁判所に対して発令する普通令状であり、高等裁判所が不法行為や誤審がないか手続を調査するために前者へ特定の事件記録を証明し戻すことを後者に対して命ずるものである。

cervix　頸部
cessation of trade name　商号の廃止
cesseion　財産引渡し、譲渡、割譲、割譲地
cesser　（定期の法律関係の）終了、懈怠
cesser (of hire) clause　責任終了条項、責任終了約款
cesset executio　執行停止命令
cestui que trust　信託受益者
cestui que use　ユース受益者
cestui que vie　生命期間者
chain of title　権利が元の権利者から現在の権利者まで連続していること
chairman　議長
chairman of the board　①取締役会議長②理事長
challenge　①異議申立て②忌避
challenge a judge　裁判官を忌避する
challenge for cause　（陪審員の）理由付忌避
challenge the credibility of evidence　証明力を争う
chamber　裁判官室
Chamber of Commerce and Industry Law　商工会議所法
chance bargain　見込取引
Chancellor of the Exchequer　（英）大蔵大臣
Chancellor, Lord　大法官
chancery　衡平法裁判所

Equity; jurisprudence exercised in a court of equity—i.e., matters decided according to reason, good conscience, and fairness as distinct from strictly according to law.

(Gilbert Law Summaries Pocket Size Law Dictionary 41 (1997), Harcourt Brace And Company.)

衡平法；衡平法裁判所で執り行われる法分野、すなわち道理、良心、そして公正さのような、厳格に法に従うこととは全く異なったものに従って判断される問題。

chancery court　衡平法裁判所
Chancery Division　大法官部
change　①改訂②交換
change in registration　変更登記

change in the existing situation 現状の変更

change lanes illegally 違法に車線変更する

change of an obligor 債務者の交替

change of an organization 組織変更

change of applicable articles of laws or ordinances 罰条の変更

change of circumstances 事情の変更
①各種手当などの社会給付を受けている前提条件に変更があったこと。生活保護手当を受給している者が他の定収入を取得するようになったことや, 児童手当を受けている場合にその児童が死亡したことなどである。このような事情の変更があった場合, 一般に受給者から給付者への速やかな告知義務があるとされる。②契約締結時に当事者双方が予期できなかったような激しい取引環境の変動が契約締結後に生じたことをいう。戦争の勃発による急激な貨幣価値の変動などが例として挙げられる。このような場合, 当事者には状況の変化について責任はないので, 締結された契約のまま当事者に履行を強いることが公平に沿うのかどうかが問題となる。いわゆる事情変更の原則が適用されるとする見解では, 契約の解除や価格の改定などが許容されることになる。

change of corporate name 商号変更

change of disposition 処分の変更

change of government 政権交替

change of indictment 起訴状の変更
裁判手続開始後に, 審判の対象の変更が変更されたことにより, 起訴状の記載も変更されたことになることをいう。起訴状に記載された審判の対象の変更をいたずらに認めれば, 被告人の防御権を害するばかりでなく, 起訴を決定する大陪審の評決を無意味にしかねない。しかし, いかなる審判対象の変更も認められないとすれば, 裁判や大陪審をやり直したり, 罰せられるべき犯罪者が処罰を免れるなど, 訴訟経済や正当な処罰要請について不合理な結果となるので, 厳格な要件を定めたうえで, 審判の対象および起訴状の記載の変更を認めるのが

通常の立法例である。〔参考〕刑事訴訟法312条 裁判所は, 検察官の請求があるときは, 公訴事実の同一性を害しない限度において, 起訴状に記載された訴因又は罰条の追加, 撤回又は変更を許さなければならない。

change of jurisdiction 管轄移転

change of position 状態の変更, 地位の変更

change of punishment 刑の変更

change of the trial date 公判期日の変更

change of trade name 商号変更

change of venue ①管轄移転②裁判地の変更

channel mark 航路標識

chaos theory カオス理論

chapter 論文, 制定法などの章

Chapter Eleven チャプター・イレブン
アメリカの連邦破産法第1編第11章の会社更生に関する規定を指す。アメリカ連邦破産法は(U.S Code Title11)は, 個人破産(11 U.S.C. 1301〜), 法人の整理破産(11 U.S.C. 701〜), 法人の更生破産(11 U.S.C. 1101〜)に大別できる。このうち法人の更生破産は, U.S Code Title11 Chapter 11をなし, 更生のために会社債権者の弁済や担保権が大幅に制限されているのが特徴である。さらに, 日本の会社更生法のように更生管財人も必ずしも必要とされていない。いわゆる「敗者復活戦」の余地を大きく認めた制度といえる。日本でも, チャプター・イレブンの影響下に, 民事再生法が制定されるに至っている。

character ①人格②性格

character building 人格形成

character disorder 性格異常

character evidence 性格証拠

character formation 人格形成

character merchandising キャラクター・マーチャンダイジング

charge ①責任②担保③料金④税金⑤告発⑥陪審員への説示
1. A formal accusation of a crime as a preliminary step to prosecution.
2. An instruction or command.

charge

3. Jury charge.
4. An assigned duty or task; a responsibility.
5. An encumbrance, lien, or claim.
6. A person or thing entrusted to another's care.
7. Price, cost, or expense.
(Bryan A. Garner, Black's Law Dictionary Second Pocket Edition 94 (2001), West Group.)
1. 犯罪の訴追への予備段階としての正式な告発。
2. 説示あるいは指揮。
3. 陪審起訴。
4. 割り当てられた義務または職務。責任。
5. 担保権，先取特権，または権利。
6. 他者の世話を委ねられた人または物。
7. 価格，費用，または支出。
An accusation. A lien, claim, or encumbrance on land which gives the chargee a right to payment of debt owed him. The liability on an estate imposed in a will for the payment of testator's debt on legacies. A judge's summation of a case and instructions to a jury on matters of law, given before the verdict is rendered.
(Gilbert Law Summaries Pocket Size Law Dictionary 42 (1997), Harcourt Brace And Company.)
告発。債権者に債務の返済を迫る権利を与えるような先取特権，請求権，土地に関する担保権。遺産の中で遺言書が負債の支払いのために示した，財産上の債務。陪審員の評決が下る前になされる，陪審員に対する事件と法律事項に関する判事の説示。

charge account 掛売勘定
charge by way of legal mortgage (英) コモン・ロー上の譲渡抵当による担保権
charge of storage 保管料
charge-back 入金の取消し
charges of perversion of justice 正義を逆用した行為
charging lien 訴訟費用の先取特権
財産を回収するために要した訴訟手続費用，弁護士費用などについて，その財産について原告や原告弁護士に与えられる先取特権をいう。

charitable corporation; ～company 公益法人，慈善法人
charitable organization 公益団体，慈善団体
charitable remainder trust (米)公益残余権信託
charitable trust 公益信託
charitable use 公益ユース
charity; charities 慈善，救済事業，公益贈与
charred body 焼死体
chart 海図
charta 捺印証書，権利証，特許状，文書
charter ①憲章②傭船する③会社の設立定款(アメリカ)
1. An instrument by which a municipality is incorporated, specifying its organizational structure and its highest laws.
2. The organic law of an organization; loosely, the highest law of any entity.
3. A legislative act that creates a business or defines a corporate franchise.
4. The leasing or hiring of an airplane, ship, or other vessel.
(Bryan A. Garner, Black's Law Dictionary Second Pocket Edition 95 (2001), West Group.)
1. 地方自治体設立の法律文書で，その組織構成と最高法規を規定している。
2. ある組織体の基本法；広義には，法主体の最高法規。
3. 事業設立あるいは法人特権を定義する立法行為。
4. 飛行機，船舶，その他の乗り物を賃貸借または傭船すること。

charter contract 傭船契約
charter party 傭船契約
船主と荷主との間で締結される，船舶ないし船腹の全部または一部の借入れと利用を目的としたチャーター契約をいう。C/P。用船契約ともいい，傭船契約のおける荷主は，傭船者＝chaterer とよばれる。海上物品運送のために船舶の全部または一部を

目的とする契約には，①狭義の傭船契約＝voyage charter party と，②船舶の賃貸借契約＝bareboat charter party または demise charter party がある。この点日本の海商法が適用される「傭船」の概念は，現実の運航を船主が行うことが傭船の本質だと考えられているため，荷主が現実の運航を行う②は傭船契約ではないとされる。これに対して C／P と略称される charter party といった場合は，②の船舶賃貸借もその一種であるとされるのが通常である。個別の荷物の運送依頼ではなく，船舶の全部または一部の空間を包括的に借り受けるのが charter party の本質だからである。したがって，③定期傭船契約(T／C)＝time charter party も C／P の一分類である。しかし日本の海商法上は，いわゆる定期傭船契約は①と②の中間形態の特別な契約だと考えられている。〔参考〕商法737条　船舶ノ全部又ハ一部ヲ以テ運送契約ノ目的ト為シタルトキハ各当事者ハ相手方ノ請求ニ因リ運送契約書ヲ交付スルコトヲ要ス　商法738条　船舶所有者ハ傭船者又ハ荷送人ニ対シ発航ノ当時船舶ガ安全ニ航海ヲ為スニ堪フルコトヲ担保ス

charter party B／L　傭船契約船荷証券
運送人が運送手段として傭船契約をした場合に発行される船荷証券。

chartered account　公認会計士
chartered accountant　(英)勅許会計士，公認会計士
chartered colony　特許植民地
chartered company　特許会社
イギリスの古い会社形態。国王の特許状により設立。
chartered patent agent　弁理士(英)
chartered public accountant　公認会計士
charterer　傭船者
charter-land　勅許私有地
chase　追跡
chase a criminal　犯人を追う
chattel　動産
Personal property; any property other than land. A chattel mortgage is a mortgage on personal property, and chattel paper is a document that shows both a debt and the fact that the debt is secured by specific goods.
(*Daniel Oran, Law Dictionary for Non-lawyers 51-52 (4thed., 2000), West Legal Studies.*)
人的財産；不動産以外の財産。動産抵当は人的財産上の抵当であり，動産抵当証券は，負債と，負債が特定の品物によって保証されている事実を示す書類である。

chattel mortgage　動産抵当
chattel paper　動産抵当証券
消費貸借などの金銭債権と，その担保のために特定の動産に設定された抵当権(chattel mortgage)を，独立した財産権として抵当権者から譲渡，流通できるように，証券化したものをいう。
chattels personal　純粋動産
chattels real　不動産的動産
cheapest cost avoider　最安価事故回避者
法と経済学派が考えた合理的な事故回避方法。事故を回避する知識のある者がその費用を負担すべきであるという考え方。
cheat　欺罔
check　小切手
A written order made on a bank for payment of money from funds the writer of the check has in his account with the bank to be paid on demand to the party named on the check. The check must be signed by the maker of the demand, and contain an unconditional promise to pay a certain sum in money to the order of the payee. A check is evidence of the drawer's promise to pay, and if it is a bad check the holder may sue for the amount owed him.
(*Gilbert Law Summaries Pocket Size Law Dictionary 43 (1997), Harcourt Brace And Company.*)
小切手の記入者が銀行の預金口座に有する資金から，小切手記載の相手方の要求に応じて金銭を支払うために銀行で作成された書面の指図書。小切手は支払要求者によって署名されていなければならず，ある金額の金銭を受取人の指図に応じて支払うとい

check

う無条件の約束を含意している。小切手は小切手支払人が支払いを約束したことの証拠であり、もしそれが不渡小切手ならば、所持人はその金額を求めて告訴することができる。

check for drunk drivers 飲酒運転の検査をする
check off ①チェックオフ②組合費の控除
check out 〜's identity 身元を確かめる
check people 検問する
check up list 診断書
checking account 小切手勘定，当座勘定
checkpoint 検問所
checks and balances 抑制と均衡
cheerful robots 社会的地位満足派
Cheques Law 小切手法
Chicano メキシコ系アメリカ人
chief 首長
Chief Cabinet Secretary 内閣官房長官
chief clerk 主任書記官，(米)主任裁判所事務官
chief defense counsel 主任弁護人
chief director 理事長
chief examiner 審査長
chief executive officer＝C.E.O. 最高経営責任者
企業の最高意思決定と業務執行を行う責任者。どちらかといえば経営の最高意思決定者としてのニュアンスが強く，業務執行部門の最高責任者は，C.E.Oとは別にchief operating officer＝C.O.Oとよぶ例も見られる。
chief judge 首席裁判官 →chief justice
chief justice 首席裁判官
最高裁判所の場合は最高裁長官に当たる。
Chief Justice of England, Lord イギリス首席裁判官
chief justice of the supreme court 最高裁判所長官
chief warden 看守長
child abuse 児童虐待
Child Allowance Law 児童手当法
child born out of wedlock 非嫡出子
child by birth 実子
child care institution 養護施設

child custody 子の監護権
child guidance center 児童相談所
child support 養育費
Child Welfare Law 児童福祉法
childbirth 出産
children's trusts 親が病弱な場合などに，未成年の子のために作る財産信託
chilling effect 冷却効果
chivalrous spirit 任侠
choice of law 準拠法の選定
chop wound 割創
chose 物，人的動産
chose in action 無体財産
chose in possession 有体財産
chronic disease 持病
church law 教会法
Church of England イングランド国教会
churning 過当取引，チャーニング
CIA ① Central Intelligence Agency, 中央情報局② certified internal auditor, 公認内部監査人
cipher 暗号
circuit 巡回裁判区，司法行政区
circuit court (米)①巡回裁判所②連邦控訴裁判所
1. In a state whose judicial system is divided geographically into circuits, a court whose jurisdiction is defined by a circuit.
2. In the federal system, informally, the United States Court of Appeals for any of the geographically defined circuits.
(James E. Clapp, Random House Webster's Dictionary of the Law 114 (2000), Random House.)
1. 地理的に司法制度が巡回区に分割されている州において，管轄が巡回区で定められている裁判所。
2. 連邦制度では，略式に，地理的に定められたあらゆる巡回区の合衆国控訴裁判所。

circuit court of appeals (米)巡回控訴裁判所
circuit judge 巡回裁判官
circuit justice (米)巡回区担当最高裁判所裁判官

circular ①通達②通牒
circular note 旅行信用状
circulation 流布
circumstances ①環境②情状
circumstances of a crime 犯情
circumstances which are material to the determination of punishment 刑の量定に影響を及ぼすべき情状
circumstances which secure a special credibility 特に信用すべき情況
circumstantial evidence 状況証拠
circumvention 迂回
citation 援用
citizen 市民
citizen of what country 国籍
citizenship 公民権，市民権
city attorney's office 市や郡に所属する検事局
City Green Zone Conservation Law 都市緑地保全法
city hall 市役所
City Park Law 都市公園法
City Planning Law 都市計画法
civil ①市民の②民事の，私法の，民法の③民間の④内政の，国政の
civil action 民事訴訟
An action to protect a private right or to compel a civil remedy in a dispute between private parties, as distinguished from a criminal prosecution.
(Steven H. Gifis, Dictionary of Legal Terms 72 (3rd ed., 1998), Barron's Educational Series, Inc.)
個人の権利を保護するため，あるいは私的な当事者間の紛争における民事上の救済を強制するための訴訟であり，刑事訴追と区別される。
Civil Aeronautics Board 民間航空委員会
civil affairs 民事
civil affairs bureau 民事局
civil case 民事事件
civil code 民法
1. The code that embodied the law of Rome.
2. The code that embodies the law of France, from which a great part of the Louisiana Civil Code is derived.
3. A codification of noncriminal statutes.
(Bryan A. Garner, Black's Law Dictionary Second Pocket Edition 101 (2001), West Group.)
1. ローマ法を体系化した法典。
2. フランス法を体系化する法典であり，ルイジアナ民法典の大部分はこれに由来する。
3. 非刑事法規を法典化したもの。
Civil Damage Act 賠償責任法
civil diversion 民事紛争解決の多様化
civil forfeiture 民事没収
civil injury 民事上の権利侵害
civil law ①大陸法，ローマ法②市民法③私法，民事法
The prevailing system of law in continental Europe, derived from Roman law. In contrast to the traditional common law system of England and America, the basic source of law in the civil law system is organized codes rather than case-by-case judicial decisions. In the United States, Louisiana stands out as the state whose law is most heavily influenced by civil law, because of its origins as a French territory.
(James E. Clapp, Random House Webster's Dictionary of the Law 83 (2000), Random House.)
ローマ法に由来するヨーロッパ大陸で支配的な法体系。イギリスとアメリカの伝統的なコモン・ロー体系と比べて，この体系における法の根本的な源は一件一件の法判断ではなく体系化された法典にある。合衆国では，フランス領だったという起源のために，ルイジアナが最も濃厚に大陸法の影響を受けている州としてきわだっている。
civil law institution 大陸法の制度
civil liability 民事責任
civil penalty 民事罰，制裁金
civil procedure 民事訴訟
The body of rules of practice to be ad-

civil

hered to in adjudicating a controversy before a court of civil, as opposed to criminal, jurisdiction. The term refers to matters of form rather than to the principles of substantive law that must be applied to determine the rights of the parties.
(Steven H. Gifis, Dictionary of Legal Terms 73 (3rd ed., 1998), Barron's Educational Series, Inc.)
刑事法域とは違って、民事法域の法廷で論争を解決するにあたって厳守される訴訟手続規則の主要部。その用語は、当事者らの権利関係を決定するのに適用されなければならない実体法の原則ではなく、形式問題に適用される。

civil rights ①公民権②人権
civil rights movement 公民権運動
civil servant 公務員
civil service 公務
civil suit 民事訴訟
civil war 内戦
civil wrongs 民事的違法行為
civilian 文民
civilian volunteer 篤志家
civilize 教化する
Civil-Rights Act 公民権法(アメリカ)
One of several federal statutes enacted after the Civil War (1861-1865) and much later, during and after the civil-rights movement of the 1950s and 1960s, for the purpose of implementing and giving further force to the basic rights guaranteed by the Constitution, and esp. prohibiting discrimination in employment and education on the basis of race, sex, religion, color, or age.
(Bryan A. Garner, Black's Law Dictionary Second Pocket Edition 102 (2001), West Group.)
南北戦争(1861〜65年)後に、またずっと後の1950年代と1960年代の公民権運動中とその後に制定された連邦制定法の一つであり、特に民族、性別、宗教、人種、年齢に基づく雇用と教育の差別禁止を目的として憲法に保障された基本的権利を実現し、更に進んだ権利を保障している。

claim ①主張②債権③特許請求の範囲
1. The aggregate of operative facts giving rise to a right enforceable by a court.
2. The assertion of an existing right; any right to payment or to an equitable remedy, even if contingent or provisional.
3. A demand for money or property to which one asserts a right.
4. An interest or remedy recognized at law; the means by which a person can obtain a privilege, possession, or enjoyment of a right or thing.
5. A right to payment or to an equitable remedy for breach of performance if the breach gives rise to a right to payment.
(Bryan A. Garner, Black's Law Dictionary Second Pocket Edition 102 (2001), West Group.)
1. 法廷によって強制力のある権利を生じさせるような、影響力ある事実問題の総体。
2. 既存権利の主張；不確定あるいは暫定的であったとしても、弁済またはエクイティ上の救済を求めるあらゆる権利。
3. ある人がその所持を主張する、金銭または不動産に対する要求。
4. 法で認められた利権または救済；ある人が利益、所有、あるいは権利や物事の享受を得るための手段。
5. ある不履行が弁済の権利を生じさせた場合の、その不履行に対する弁済またはエクイティ上の救済。

claim a share 分け前を要求する
claim amounts 債権額
claim and delivery 動産回復訴訟
claim bearing interests 利息付債権
claim bearing no interest 無利息債権
claim clear evidence 明確な証明を求める
claim damages 損害賠償を請求する
claim for damages 損害賠償請求
claim for inquiry 審査申請
claim for periodical delivery of money 定期給付債権
claim for relief 救済の申立て

claim for the money payable by periodical installment 定期金債権

claim in species 種類債権
個性を持たない代替可能な物を給付の目的物とした債権をいう。金塊1kgを売買する契約を締結したときなどがこれにあたる。日本の民法解釈において，瑕疵担保責任は特定物債権においてのみ認められ，常に代替物による給付が可能な種類債権においては，瑕疵担保責任が発生する余地はないとされるのが通説である。一方では，種類債権についても瑕疵担保責任の適用を部分的に認めようとするのが有力説や判例の立場でもある。この立場は，特定物債権と種類債権の効果の違いをドグマチックに考える大陸法的思考を廃し，履行請求の有無をケースに応じてプラクチカルに考える英米法的思考を一部取り入れたものとも言うことができる。〔参考〕民法570条(売主の瑕疵担保責任)売買の目的物に隠れた瑕疵があったときは，第五百六十六条の規定を準用する。ただし，強制競売の場合は，この限りでない。　民法566条(地上権等がある場合等における売主の担保責任)売買の目的物が地上権，永小作権，地役権，留置権又は質権の目的である場合において，買主がこれを知らず，かつ，そのために契約をした目的を達することができないときは，買主は，契約の解除をすることができる。この場合において，契約の解除をすることができないときは，損害賠償の請求のみをすることができる。　2　前項の規定は，売買の目的である不動産のために存すると称した地役権が存しなかった場合及びその不動産について登記をした賃貸借があった場合について準用する。　3　前二項の場合において，契約の解除又は損害賠償の請求は，買主が事実を知った時から一年以内にしなければならない。

claim of patent 特許請求の範囲

claim of right doctrine 請求権にもとづく現実受領の法理

claim of uncertain duration 存続期間の不確定な債権

claim payable to obligee or holder 記名式所持人払債権
受取人として記載された者または証券の持参人に支払うことが予定された債権をいう。記名式で振り出された小切手(小切手法14条1項)がその代表例である。ドイツ法を基礎としたジュネーブ統一小切手法においては，記名式は"to a specified person" (Article 5)，所持人払式は"payable to bearer"と表現されている。また，合衆国統一商法典では，所持人払いを"payable to bearer"としている(U.C.C§3-3-109)。〔参考〕小切手法5条2項　記名ノ小切手ニシテ「又ハ持参人ニ」ノ文字又ハ之ト同一ノ意義ヲ有スル文言ヲ記載シタルモノハ之ヲ持参人払式小切手ト看做ス

claim payable to order 指図債権
権利が結合した証券を裏書することによって譲渡できる債権を指図債権あるいは指図証券という。手形は法律上当然の指図証券であり，手形は指図文句を記載することによって指図証券となる。ジュネーブ統一手形法(ANNEX I. Article11)，合衆国統一商法典(U.C.C§3-3-109)参照。〔参考〕手形法11条　為替手形ハ指図式ニテ振出サザルトキト雖モ裏書ニ依リテ之ヲ譲渡スコトヲ得

claim prohibited to be attached 差押禁止債権
債務者が第三債務者から現実に弁済を受けることが保障され，一般債権者はこの債権から得られる金銭を自己の債権の満足に充てることができない債権をいう。例えば，生活保護給付金債権は債務者の生計を支える根幹となる金銭であるため，差押えは禁止される。

claim secured 被担保債権
保証人，抵当権などによって支払いが確保され保護されている債権。secured claim。

claim whose value is uncertain 価額の不確定な債権

claimant 請求人，権利の主張者，原告

clandestine 内密の

clandestine arrangement 秘密協定

clarification 釈明

clarify 浄化する

clash 衝突

class ①商品売買における品等②株式の種類

class action ①クラス・アクション②集団訴訟
A suit brought by one or more members of a large group of persons on behalf of all members of the group. If the court permits the class action, all members must receive notice of the action and must be given an opportunity to exclude themselves. Members who do not exclude themselves are bound by the judgment, whether favorable or not.
(Steven H. Gifis, Dictionary of Legal Terms 75 (3rd ed., 1998), Barron's Educational Series, Inc.)
大きなグループの会員を代表して，そのグループの１人または数人で提起した訴訟。仮に裁判官がクラスアクションを認めた場合，全ての成員がその訴訟の通知を受け取り，除外の機会を与えられなければならない。除外を申し出なかった成員らは，好むと好まざるとにかかわらず判決に拘束される。

class consciousness 階級意識
class meeting 種類株主総会
class name 種類名
class of shares 数種の株式
class voting 種類別議決
classification ①鑑別②分類
classification summary 身上調査書
classified board of directors 組分け取締役会
clause 条項
clause of assent to execution 執行認諾文書
Clayton Act クレイトン法
合衆国において1914年に制定された反トラスト法。アメリカ独占禁止法の基本法であるSherman Actを補完する。この法律によって設置された連邦取引委員会が，企業間における競争を害する取り決めや慣行を監視して排除する点に特色がある。第二次世界大戦後の日本の独占禁止法制定と公正取引委員会設置は，この法律がモデルになったと言える。

clean ①瑕疵のない②担保のない
Clean Air Act 大気浄化法
clean bill of lading 無事故船荷証券
clean hands クリーン・ハンズ，汚れのない手
clean hands doctrine クリーン・ハンズの原則
The principle that a party cannot seek equitable relief or assert an equitable defense if that party has violated an equitable principle, such as good faith. Such a party is described as having "unclean hands."
(Bryan A. Garner, Black's Law Dictionary Second Pocket Edition 104 (2001), West Group.)
もし当事者が信義則のようなエクイティ上の原則に違反したら，その当事者はエクイティ上の救済を求めたり，エクイティ上の抗弁を主張することができないという原則。そのような当事者は「汚れた手」を持っていると評される。

clean the slate 白紙に戻す
Clean Water Act 水質浄化法
clear and convincing proof 明白かつ確信を抱くに足る証明
An intermediate standard of proof, more stringent than preponderance of the evidence but less than beyond a reasonable doubt. It requires that the fact-finder be persuaded that the fact to be proved is highly probable. This standard is used in various types of noncriminal proceeding in which public policy requires an extra level of proof, such as a deportation hearing.
(James E. Clapp, Random House Webster's Dictionary of the Law 85 (2000), Random House.)
証明に関する中程度の基準であり，証拠の優越より厳格であるが合理的な疑いの余地なしよりも厳格でない。証明されるべき事実が大いにもっともらしいと事実認定者に

確信させることを必要とする。この基準は，公共政策が必要とする移送審問のような特別水準の証明における非刑事手続の種々の類型に用いられる。

clear and imminent danger 明白かつ切迫した危険

clear and present danger 明白かつ現在の危険
A test of whether speech may be restricted or punished. It may be if it will probably lead to immediate and direct violence or if it threatens a serious, immediate weakening of national security.
(Daniel Oran, Law Dictionary for Non-lawyers 55 (4th ed., 2000), West Legal Studies.)
言論が禁止されるか罰せられるかの基準。おそらく差し迫った直接的な害を引き起こすだろうという場合，あるいは国家の安全を深刻で急速に弱体化するおそれがある場合には，罰せられることになる。

clear days 正味日数
clear the case 検挙する
clear title 無瑕疵権原
取消しや解除など法的な瑕疵の存在する余地がなく，担保権もない，完全に無制限な状態の権利をいう。法的な瑕疵があったり担保権の負担がついた権原(cloud on title)に対する用語である。

clearance 通関
clearance rate 検挙率
clearing corporation 清算会社，手形交換所
clearing house 手形交換所
clemency 減刑
clergy 聖職者
clerical error 誤記
clerk ①書記官②事務職員③ロー・クラーク
clerk of assize (英)巡回裁判所(アサイズ裁判所)書記官
click tongue 舌打ちする
client ①弁護士などの依頼者②商品売買などの顧客
client interest 関与先の利益

clinical medicine 臨床医学
clinician 臨床医
clog on equity of redemption 衡平法(エクイティ)上の受戻権の妨害
close adviser 側近
close corporation; closed～; closely held～ 閉鎖会社，非公開会社
closed fracture 単純骨折
closed shop クローズド・ショップ
closed trial 非公開裁判
closed-end credit 特定目的信用，クローズドエンド信用
closed-end indenture 閉鎖式担保付社債
closed-end investment company クローズドエンド型投資会社
closed-end mortgage 閉鎖式譲渡抵当
closely contested constituency 選挙の激戦区
closely-held corporation 非公開会社
closing ①クロージング②終結
closing argument 最終弁論
closing cost クロージング・コスト，引渡費用
物の引渡しや登記の完了など契約の履行を完了することをクロージング(closing)というが，それらに要する費用をクロージング・コストという。登記費用，仲介手数料，弁護士報酬などがクロージング・コストに含まれるものである。

closing date ①締切日②引渡日
①債務の履行，申込み，申請などの期限の最終期日を意味する。②引渡しや登記などを行って，売買取引が完了する予定日。

closing of the book 帳簿閉鎖
closing statement ①最終弁論②弁論
In litigation, a summation made by the attorney, at the end of the case, which sets forth that client's case. In real estate law, a document prepared in the closing of a sale of real estate that summarizes the transaction and sets forth its financial terms.
(Steven H. Gifis, Dictionary of Legal Terms 469 (3rd ed., 1998), Barron's Educational Series, Inc.)

closure

訴訟において，その依頼人の事件について事件の最後に弁護士が行う最後の弁論。不動産法では，不動産の販売の最後に用意される，取引を要約しその金銭面の条項を表した書類。

closure 閉鎖

cloud on title 瑕疵ある権原
取消しや解除原因が存在する権利，未登記の権利，担保権の負担がある権利など，権利者が100％安心して権利を行使できるとは言えない権原をいう。このような瑕疵や負担がなく，権利者が無制限に権利を行使できる権原のことを無瑕疵権原（clear title）という。

clue 事件の手がかり

COBRA : Consolidated Budget Reconciliation Act of 1985 包括的財務調整1985年法
使用者の医療保険を規制する連邦法。

cocaine コカイン

cocaine addiction コカイン中毒

cocainism コカイン中毒

co-conspirator 共謀共同正犯
犯罪の謀議に参加した者をいう。日本においては，共同謀議参加者のいずれかが犯罪を実行したことを条件として，現実の実行を行わなかった者も正犯として処罰される，いわゆる共謀共同正犯理論が判例上認められている。合衆国においては，犯罪の共同謀議＝conspiracy は，それだけで犯罪を構成する場合と，外的行為＝overt act を必要とする場合とがある。共同謀議は参加者が一堂に会する必要はないとされる（chain conspiracy）。

co-creditor 共同権利者

cocurrent condition 同時履行条件
A condition that must occur or be performed at the same time as another condition, the performance by each party separately operating as a condition precedent; a condition that is mutually dependent on another, arising when the parties to a contract agree to exchange performances simultaneously.
(Bryan A. Garner, Black's Law Dictionary Second Pocket Edition 124 (2001), West Group.)
他の条件と同時に行われるか履行されなければならない条件であり，先行する条件として各当事者が単独に行う履行；相互に他方に依存している条件であり，契約に関わる当事者らが履行を同時に取り交わすことに同意するときに生ずる。

code ①法典②規約
A complete system of positive law, carefully arranged and officially promulgated; a systematic collection or revision of laws, rules, or regulations 〈the Uniform Commercial Code〉. Strictly, a code is a compilation not just of existing statutes, but also of much of the unwritten law on a subject, which is newly enacted as a complete system of law.
(Bryan A. Garner, Black's Law Dictionary Second Pocket Edition 106 (2001), West Group.)
実定法の完成された体系であり，入念に編成され，正式に公布されたもの；法律，規則，あるいは規定の体系的な集積や改正〈統一商事法典〉。厳密には，法典はただ単に現存する制定法ばかりでなくある種の不文法の編集物であり，完成した法体系として新たに制定されたものである。

code of civil procedure 民事訴訟法

code of conduct ①行動準則②取引慣行準則

code of criminal procedure 刑事訴訟法

code of ethics 倫理綱領，倫理コード
企業や組織それ自体が定めて自身に課した行動規範，およびその組織の構成員が遵守するべき行動規範を定めたものをいう。倫理綱領に違反した場合に，必ずしも法的な責任が生じるわけではなく，通常は社会的，道義的責任や，組織内部の制裁の対象に留まる。しかし，企業の構成員が外部の者に損害を与えたときに，企業が倫理綱領を作成して適切に従業員を指導しなかったことが，法的責任の対象になることはあり得る。

Code of Federal Regulations　（米）連邦行政規則集
Code of Manu　マヌ法典　→Manusmriti もあり
Code of Professional Conduct (ET)　会計士行動規程
co-debtor　共同義務者
co-defendant　①共同の事業②共同被告
codeine　コデイン（鎮痛剤）
codicil　遺言補足書
codification　法典化，法典編纂，制定法化
codifying act　法典化的法律
coeducation system　男女共学制
coercion　強要罪
co-exist　競合する
cognizance　認諾
cognobit note　承諾文言記載約束手形，請求認諾権委任文言付約束手形
cohabit　同居する
cohabitation　①同居②同棲
coherent　首尾一貫した
coincident indicator　一致指標
coinsurance　共同保険，比例填補保険
co-insurance clause　比例補填条項
collaborate in a criminal act　犯罪行為に加功する
collaboration　コラボレーション，共同作業
collapse　①崩壊②暴落
collapsible corporation　解散予定法人，折りたたみ会社
collateral　①担保物権②従たる
 1. Secondary; on the side;
 2. In commercial transactions, the property offered as security, usually as an inducement to another party to lend money or extend credit.
 (Steven H. Gifis, *Dictionary of Legal Terms 79* (3rd ed., 1998), Barron's Educational Series, Inc.)
 1. 副次的な；本題から離れて；
 2. 商取引で，保証として提供される不動産であり，通常は他方当事者に金銭の貸付けや信用貸しの延長を誘引するもの。
collateral contracts　付随的契約

collateral estoppel　付随的禁反言の原則
 The doctrine recognizing that the determination of facts litigated between two parties in a proceeding is binding on those parties in all future proceeding against each other; also known as issue preclusion. In a subsequent action between the parties on a different claim, the judgment is conclusive as to the issues raised in the subsequent action, if these issues were actually litigated and determined in the prior action. The constitutional prohibition against double jeopardy includes within it the right of the defendant（一部略）to plead "collateral estoppel" and thereby preclude proof of some essential element of the state's case found in the defendant's favor at an earlier trial.
 (Steven H. Gifis, *Dictionary of Legal Terms 79-80* (3rd ed., 1998), Barron's Educational Series, Inc.)
 訴訟行為において二つの当事者間で争われる事実の判定は，互いに対するあらゆる将来の訴訟行為の中でそれらの当事者を拘束することを認める原則。争点遮断効としても知られる。その当事者間の後続する異なる請求上の訴訟において，仮にそれらの争点が実際には先の訴訟で争われ，判定されていたとしたら，その判決は後の訴訟で挙げられた争点についても確定的である。二重の危険に対する憲法上の禁止の中には，被害が「付随的禁反言」を主張する権利がある。それにより先の審理において被告に有利なように判定された州訴訟の主要な部分の証明は必要とされない。
collateral note　担保付約束手形
collateral relatives　傍系親族
collateral relatives by blood　傍系血族
collateral security　付随担保
collateral source rule　副次的給付非控除ルール
collateralization of bond and loan obligations　社債・ローンの証券化
collateralized mortgage obligations　モ

collation

　－ゲージ担保証券
collation　原本照合
collation of seals　印鑑照合
collect　収取する
collect of claim　債権の取立て
collect on delivery　代金引換引渡し
collect supporting evidence　傍証を固める
collection　金の取立て
collection agency　債権取立業者
collection of debt　債務回収
collection of equivalent value　価額追徴
collection of rules　諸規範の集合体
Collection of Supreme Court Civil Precedents　最高裁判所民事判例集
collection of the corresponding value to be confiscated　追徴
collectiong bank　取立銀行
collective action　集団行動
collective bargaining　団体交渉
collective bargaining agreements　①労働協約②団体協約
collective opinion　総意
collective work　集合著作物
collegiate court　合議体
collegiate court system　合議制
collision　①衝突②抵触
collision upset　衝突と転覆
colloquium　名誉毀損の主張，討論会，セミナー，研究会
collusion　共謀，不当な協調，通謀詐害，通謀訴訟，馴れ合い訴訟
collusive action　通謀訴訟，馴れ合い訴訟
color of law　法の外観
color of office　表見上の外観
color of title　表見上の権原
　ある者が動産や不動産の正当な権利者であることを示す登記や権原を証明する文書などが存在するにもかかわらず，実際は全くの無権利であったり，権利に瑕疵がある場合をいう。いわゆる不実登記がなされた場合がこれにあたる。登記に公信力を認めない法制度においては，無権利者がなした実体と合致しない登記は無効な登記であり，登記があることによって権原が作り出される

わけではないからである。
colorable alteration　外見上の変更
coma　昏睡
co-maker　共同振出人
combination　①企業の結合②特許における技術の組合せ
combination in restraint of trade　取引制限のための結合
combination patent　組合せ特許
come into collision with　対立する
come to an agreement　合意に達する
come under　該当する
come under the hammer　競売にかけられる
comformed copy　同一証明付写し
comforming to contract　契約への適合
Comformity Act; ～Statute　（米）民事訴訟手続遵合法
comfort letter　①コンフォート・レター②公認会計士の意見書

A letter giving reassurance on some point relevant to a proposed transaction.
Comfort letters typically come into being because one party to a proposed transaction demands that the other party provide such a letter （一部略） before closing on the deal. For example, a party might insist on receiving an attorney's letter expressing a legal opinion that the transaction will qualify for certain tax benefits, or a letter from the other party's accountant stating that although the party's most recent financial statements have not been audited, the accountant is not aware of any facts that would require them to be changed. A comfort letter is usually not a guarantee, but could give rise to a cause of action if fraudulently or negligently prepared.
(James E. Clapp, Random House Webster's Dictionary of the Law 89 (2000), Random House.)
提案された取引に関連があるいくつかのポイントに対して再保証を与える文書。
コンフォート・レターは概して，提案され

た取引に関わるある当事者が他方当事者に取引の終了前にそのような文書を提供することを要求するために生じるものである。例えば，その取引はある税金上の利益を受けうるとの法的な意見を述べた弁護士の書面，あるいは他方当事者の会計士が，その当事者は直近の財務諸表は監査されていないけれどもその会計士としては何ら修正されるべき点が見当たらないと述べた書面が必要であると当事者が要求することがある。コンフォート・レターは通常保証ではなく，不正にあるいは怠慢に調えられた場合に請求権を生じさせうるものである。

comity 礼譲
command economy 計画経済，管理経済
command or assistance to riot 騒擾指揮助勢
Command Papers 国会討議資料，コマンド・ペーパー
command to riot 騒擾指揮
commander-in-chief 最高司令官
commencement of execution 執行の着手
commencement of guardianship 後見開始
commencement of hearing 審判開始
commencement of succession 相続開始
commencement of the commission of the crime 実行の着手
　ある犯罪について，未遂犯が成立する程度の危険性のある行為を開始すること。家屋に侵入して物色行為を開始したり，飲食物に毒物を混入した時点で，それぞれ窃盗罪や殺人罪の実行の着手があったとされるのがその例である。〔参考〕刑法43条(未遂減免)　犯罪の実行に着手してこれを遂げなかった者は，その刑を減軽することができる。ただし，自己の意思により犯罪を中止したときは，その刑を減軽し，又は免除する。
comment ①批判②コメント
comment letter コメント・レター
commerce ①貿易②商業
Commerce and Industry Association Law 商工会法
commercial activity 商業的活動

commercial agent 代理商
commercial application 商用利用
commercial business 商業
commercial code 商法
　いわゆる商法典＝形式的意味での商法，を意味する場合と，商取引や会社規制法の総体＝実質的意味における商法を指す場合とがある。商取引は通常の民事取引よりも広範な地域にまたがって行われることが多いので，商法の内容は国や地域を超えてできるだけ共通しているのが望ましいといえる。アメリカでは統一商法典(U.C.C.：Uniform Commercial Code)が存在しているが，これを全面的に採用するかどうかはそれぞれの州の判断に委ねられており，実際に一部の州では採用されていない。商取引法の定めが州間で異なる場合において，州にまたがる取引にどちらの州法を適用するかについては，いわゆる抵触法(conflict law)が決定する。
commercial court 商事裁判所
commercial custom 商慣習
commercial customary law 商慣習法
commercial invoice 商業送り状，梱包明細書
commercial law 商事法，商法
commercial letter of credit 商業信用状
commercial matter 商事
commercial paper ①商業証券②商業手形③CP(コマーシャル・ペーパー)
commercial partnership 合名会社
commercial practice 商慣習
　商人間の取引が反復される中で形成されてきた，慣行や行動様式。商慣習それ自体は事実たる慣習であって，商人の規範意識に支えられ法源としての性質を持つ商慣習法と全く同一視することはできない。しかし多くの商慣習は，商取引の現場での検証に耐え，合理性を有している場合が多いので，商慣習法との差は紙一重であり，あえて言えばたんなる抽象的な概念の相違にすぎないともいえる。特に法体系の異なる商人間での国際取引については，法意識の異なる者の間で規範意識を共有することはむしろ困難であり，事実としての商慣習が，

commercial

仲裁などの紛争解決に果たす役割は大きい。〔参考〕商法1条2項　商事に関し，この法律に定めがない事項については商慣習に従い，商慣習がないときは，民法(中略)の定めるところによる。

commercial property　事業用財産，事業用不動産
居住や生活のためではなく，事業や営利目的のために使用される動産や不動産。とくに不動産を，居住用不動産(residential property)と区別するところに意味がある。〔参考〕借地借家法24条(事業用借地権)　第三条から第八条まで，第十三条及び第十八条の規定は，専ら事業の用に供する建物(居住の用に供するものを除く。)の所有を目的とし，かつ，存続期間を十年以上二十年以下として借地権を設定する場合には，適用しない。

commercial register　商業登記簿
commercial registration　商業登記
Commercial Registration Law　商業登記法
commercial securities　商業証券
commercial speech　営利広告，商事的言論
commercial transaction　商行為
commercial unit　取引単位
commercial usage　商慣習 →commercial practice
commercial world　商業界
commingle　混合する
commission　①任命，任命書②委任，委任状③報酬，手数料④委員会
commission agency　取次ぎ
commission day　巡回裁判開廷日
commission del credere　支払保証付委託
commission merchant　問屋
損益上の計算は依頼者に帰属させる目的で，自己の名義で物品の売買を行うことを業とする商人をいう。証券会社を介する証券取引が典型例である。自身で取引を行う能力も資格もない依頼者が問屋を通じて取引を行い，問屋は手数料を取得することで，双方にメリットが生ずる。〔参考〕商法551条　問屋トハ自己ノ名ヲ以テ他人ノ為

メニ物品ノ販売又ハ買入ヲ為スヲ業トスル者ヲ謂フ

commissioned judge　受命裁判官
commissioner　裁判官
Commissioner of Patents and Trademarks　特許庁長官
Commissioner of Regional Taxation Bureau　国税局長
Commissioner of the National Tax Administration Agency　国税庁長官
commit　収容する
commit a crime　罪を犯す
commit a crime presently　現に罪を行う
commit an act of cruelty　陵虐する
commit an offense　罪を犯す
commit highway robbery　追い剥ぎをする
commit perjury　偽証する
commit suicide by fire　焼身自殺する
commitment　①委託②拘禁
commitment fee　コミットメント・フィー，貸付手数料
銀行融資や貸付けが成立したときに，借主から銀行に支払われる貸付金額の1％程度の手数料。貸付金に対する利息ではない。

commitment letter　融資確約書，コミットメント・レター
金融機関が融資を確約する旨を記載して，融資予定先企業に発行する書面。融資が行われるかどうかが事業の進行に大きく影響したり，他の投資家の動向にかかわってくる場合には，コミットメント・レターの存在が非常に重要となる。

commitment line agreement　コミットメント・ライン契約
あらかじめ定められた返済期間と貸付上限額の枠内で，何度でも借入れと返済を繰り返すことができる貸付契約。運転資金の融資などに利用される。

committal　刑務所，精神病院などへの引渡し
Committee of Sponsoring Organization of the Treadway Commission (COSO)　トレッドウェイ委員会の組織委員会
Committee of the Whole House　全員委

員会
commodities 物資
commodity 賞品
Commodity Exchange Law 商品取引所法
Commodity Futures Trading Commission （米）商品先物取引委員会
common ①共同の②共有地③入会権
common area 共用部分
共同賃貸住宅や区分所有建物における，居住者の全体の利用可能部分。エントランス，ロビー，階段，廊下，エレベーター，集会場，中庭などがその例である。区分所有建物においては，共有部分は居住者全員の共有に属する。〔参考〕建物の区分所有等に関する法律11条1項（共用部分の共有関係）共用部分は，区分所有者全員の共有に属する。ただし，一部共用部分は，これを共用すべき区分所有者の共有に属する。

common area maintenance charges＝C.A.M charges 共益費
共有部分（common area）の維持管理のために，賃借人が，賃料とは別個に賃貸人に支払ったり，プールしておいたりする金銭をいう。

common benefit 共同の利益
common carrier ①コモン・キャリア②公運送人
common injunction コモン・ロー上の手続に対する差止命令
common interests 共同の利益
common land 入会地
Common Law 英米法
Law based on judicial principles found in court decisions rather than law based on legislative enactment. It originates and derives its authority from usage and custom rather than statute. In England, that law distinguished from Roman Law, Civil Law, and Ecclesiastical Law. In the U.S., common law is that back ground law of England and the American colonies before the American Revolution. Generally, common law is the system of legal concepts upon which laws are based. It is adapta-

ble by judges to the changing needs of society.
（*Gilbert Law Summaries Pocket Size Law Dictionary 52（1997), Harcourt Brace And Company.*）
議会立法に基づくのではなく判例に基づいた司法原理に基礎を置く法。制定法ではなく慣習や慣例にその起源を持ち，その構成はそれらに由来する。イギリスでは，その法はローマ法，民事法，教会法と区別される。合衆国では，コモン・ローはイギリスと革命前のアメリカ植民地の背景を持つ法である。一般的に，コモン・ローは，法が基礎とする法概念の体系である。社会の変わりゆく要求に応じて裁判官によって改変できる。

common law ①コモン・ロー②判例法
common law action コモン・ロー訴訟
common law lien コモン・ロー上のリーエン
common law trust コモン・ロー信託，事業信託
common lawyer コモン・ロー法律家，英米法の専門家
common mistake 共通の錯誤
common pleas, court of 民事訴訟；コモン・ロー訴訟，民事訴訟裁判所，（米）一般訴訟裁判所
common property 共用財産
common seal 会社印，法人印
common selling agency 共同販売機関
common sense ①社会通念②常識
common share 普通株式
common stock 普通株式
common trust fund （米）共同信託基金
common will 共同遺言
commonage 入会権
山林などから地域の住民が，薪，堆肥，山菜などを収集する権利をいう。地域住民がその山林の所有権を有している場合とそうでない場合に分けられると考えられており，前者は総有とよばれる所有権の共同所有に他ならないが，後者は一種の利用権たる制限物権であるとされる。一方，commonage は，本来公有地の牧草を家畜に食

commoner

べさせる権利とされている。common of pasture などともいう。日本の入会権に近い、木材や下草を採取する権利として、common of estovers.〔参考〕民法263条(共有の性質を有する入会権)共有の性質を有する入会権については、各地方の慣習に従うほか、この節の規定を適用する。　民法294条(共有の性質を有しない入会権)共有の性質を有しない入会権については、各地方の慣習に従うほか、この章の規定を準用する。

commoner ①庶民②普通の人
common-law court コモン・ロー裁判所
common-law crime コモン・ロー上の犯罪
An offense that was a crime at common law, before criminal laws were generally written into statutes. Most acts that were crimes at common law are also crimes under modern statutes. Because of the constitutional problem of vagueness, it is doubtful that any common law crime not embodied in a statute could now be enforced.
(James E. Clapp, Random House Webster's Dictionary of the Law 117 (2000), Random House.)
刑法が一般的に制定法に書かれる以前のコモン・ロー上の犯罪。コモン・ロー上の犯罪行為のほとんどは現代制定法の下においても犯罪である。憲法上のあいまいさの問題のために、制定法で具体化されていないどのコモン・ロー犯罪も今日において取り締まることができるものであるかは疑わしい。

common-law husband 内縁の夫
common-law marriage 内縁
A marriage entered into without the usual ceremony; it is effected by an agreement to be married followed by living together as husband and wife. The common law recognized such do-it-yourself marriages if the parties had the legal capacity to marry, but this method of marrying is no longer permitted in most states. Mere cohabitation has never been sufficient to create a marriage: Even in a state where common law marriage is possible, simply living together, and even having children together, does not make a "common law husband" and "common law wife" of a couple in the absence of an explicit agreement to be married.
(James E. Clapp, Random House Webster's Dictionary of the Law 282 (2000), Random House.)
通常の儀式なしで結ばれた婚姻関係；夫婦として共に生活することで、その合意は実効性をもつ。コモン・ローは本人らが結婚する法的な資格を持っていれば、そのような自らの手による婚姻を認めていたが、この婚姻方式はほとんどの州でもう認められていない。単なる共同生活は婚姻関係を作り出すにはもはや十分ではない。内縁関係が可能な州においてさえ、単に一緒に生活し、子供がいたとしても、明確な結婚の合意がなければ一組の「内縁の夫」「内縁の妻」にはならない。

common-law mortgage コモン・ロー上の譲渡抵当
common-law wife 内縁の妻
common-wealth 英連合
Commonwealth Preferences 英連邦特恵制度
commorancy (米)仮住所，(英)居住
commotion 騒乱
communicate 意思を疎通させる
communication 意思の疎通，コミュニケーション
communication business 通信事務
community 地域社会
community cell 雑居房
Community Health Law 地域保健法
community home 教護院
Community law 欧州共同体法
community property 夫婦共有財産
community trust (米)コミュニティ・トラスト
community-based treatment 社会内処遇
commutation 減刑

commutation of punishment 減刑
commute into 減刑する
commute to 交換する
compact ①契約，協定②簡潔な
company 会社，社団
A corporation—or, less commonly, an association, partnership, or union—that carries on a commercial or industrial enterprise; a corporation, partnership, association, joint-stock company, trust, fund, or organized group of persons, whether incorporated or not, and (ごく一部略) any receiver, trustee in bankruptcy, or similar official, or liquidating agent, for any of the foregoing.
(Bryan A. Garner, *Black's Law Dictionary Second Pocket Edition* 117 (2001), West Group.)
商業あるいは産業事業を営む会社―あまり一般的ではないが協会，組合，連合も―；会社，組合，協会，合資会社，企業合同，また法人組織であるか否かに関わらず，組織化された団体。そして保全管理人，破産管財人，または上述したいずれかにおける同様の公的あるいは清算中の代理人。

company in liquidation 清算会社
会社が解散した場合，もはや営業活動は行えないが，なお一定の期間，財産整理や残債務履行のために，法人として存続することが認められている。これを清算会社という。会社が破産した場合に，会社財産は財団法人として存続すると考える場合も，会社法上の清算会社ではないが法人格存続の趣旨としては同様である。11 U.S.C CHAPTER 7―LIQUIDATION 参照。
〔参考〕会社法471条 株式会社は，次に掲げる事由によって解散する。 一 定款で定めた存続期間の満了 二 定款で定めた解散の事由の発生 三 株主総会の決議 (後略)会社法478条1項 次に掲げる者は，清算株式会社の清算人となる。 一 取締役(次号又は第三号に掲げる者がある場合を除く。) 二 定款で定める者 三 株主総会の決議によって選任された者 2項 前項の規定により清算人となる者がないと

きは，裁判所は，利害関係人の申立てにより，清算人を選任する。
company name 商号
company reorganization 会社更生
company town 会社町
company union 御用組合
company with limited responsibility 有限会社(旧有限会社法による)
日本の有限会社法(現在は廃止)により設立された会社をいう。有限会社法は，小規模な営利企業に，法人格と有限責任の利益を与えることを目的として制定された。一般の株式会社と比べた場合の有限会社の特色は，社員の人数が限定されていること，社員持分の譲渡性が低い点が挙げられる。アメリカにおいて，小規模営利企業に経営上や税務上の優遇措置を与えるための営利社団法人の形態としては，Limited Liability Companies(LLC，会社法上の合同会社に相当するもの)やS-corporation といった制度がある。

company's operation 会社業務
comparative advantage 比較優位
comparative fault 過失相殺
comparative jurisprudence 比較法
comparative law 比較法
comparative negligence 過失相殺
The proportionate sharing between plaintiff and defendant of responsibility for injury to the plaintiff based on the relative negligence of the two. It results in a reduction of the damages recoverable by the negligent plaintiff in proportion to his fault.
(Steven H. Gifis, *Dictionary of Legal Terms* 315 (3rd ed., 1998), Barron's Educational Series, Inc.)
原告と被告との間において，両者の相対的な過失比に基づいて，原告に対する権利侵害の責任を比例した分割。原告の過失の程度によって，回復されるべき損害は減少する結果となる。

compel 強要する
compelling 強制的な
compendium of law 六法全書

compensate

compensate ①償う②弁償する
compensate damages 損害を賠償する
compensatio criminis 罪の相殺
compensation ①補償②補償金③給与
compensation for damages 損害賠償金
compensation for expenses 費用の賠償
compensation for industrial accidents 労災補償
compensation for mental suffering 精神的損害に対する賠償, 慰謝料
財産権以外の損害に対する不法行為のよる損害賠償をいう。生命, 身体, 名誉, プライバシー, 貞操など, 侵害の対象自体が財産権以外である場合がほとんどであるが, ペットを死亡させた場合など, 侵害の対象が財産権であっても, 精神的な損害が発生することもあり得る。〔参考〕民法710条(財産以外の損害の賠償)他人の身体, 自由若しくは名誉を侵害した場合又は他人の財産権を侵害した場合のいずれであるかを問わず, 前条の規定により損害賠償の責任を負う者は, 財産以外の損害に対しても, その賠償をしなければならない。
compensation in money 金銭賠償
債務不履行や不法行為による損害は, 金銭による賠償によって回復されるのが原則である。ただし例外的に, 謝罪広告などの回復措置が命じられることもある。このような例外を除けば, 債権の目的が特定物であろうと種類債権であろうと, 被った損害が財産的損害であろうと精神的損害であろうと, その損害は金銭に見積もられて賠償が行われる。〔参考〕民法417条(損害賠償の方法)損害賠償は, 別段の意思表示がないときは, 金銭をもってその額を定める。民法723条(名誉毀損における原状回復)他人の名誉を毀損した者に対しては, 裁判所は, 被害者の請求により, 損害賠償に代えて, 又は損害賠償とともに, 名誉を回復するのに適当な処分を命ずることができる。
compensation plan 損失補償方式
compensatory damages 補償的損害賠償
Those recoverable for the precise injury sustained; damages that make an injured party whole as opposed to punitive, nominal, or exemplary damages. Compensatory damages include medical expenses, pain, mental suffering, and injury to one's reputation.
(Gilbert Law Summaries Pocket Size Law Dictionary 53 (1997), Harcourt Brace And Company.)
こうむった損害を過不足なく回復させること。懲罰的, 名目的, あるいは見せしめ的な損害賠償とは対照的に, 権利侵害された当事者を完全に賠償すること。補償的損害賠償には医療費, 苦痛, 精神的苦痛, そして名声に対する権利侵害も含む。
competence 専門能力
competency 証人能力, 証拠能力
competency of confession 自白の証拠能力
competency of evidence 証拠能力 →admissibility of evidence
competency to stand trial 訴訟能力 → capacity to action
competent ①管轄権を有する②正当な権限の
competent authority 主務官庁
competent court 管轄裁判所
competent court of the first instance 管轄第一審裁判所
competent evidence 証拠能力ある証拠
competent goverment authorities 管轄当局
competent government office 管轄官庁
competent judicial affairs bureau 管轄法務局
competent party 行為能力者, 訴訟能力者
単独で意思表示や契約, 訴訟行為を行うことができる能力をいう。親権者や保佐人などの代理行為や補助的行為がなければ意思表示などを行うことができない者は制限行為能力者であり, 未成年者がその例である。〔参考〕民法5条(未成年者の法律行為)1項 未成年者が法律行為をするには, その法定代理人の同意を得なければならない。ただし, 単に権利を得, 又は義務を免れる法律行為については, この限りでない。

competent supervising government office　監督官庁
competition　競業
competitive advantage　競争優位性
competitive bidding　競争入札
competitive edge　競争力, 優位性
competitive injury　競争上の阻害
competitive intelligence　企業スパイ
competitive set　競争群
competitor-centered company　ライバル重視企業
competitor's reaction patterns　競合他社の反応パターン
compilation　編集著作物
complacency　自己満足
complainant　告訴人
complaint　①苦情②訴状③申立て
1. In a civil action, the first pleading of the plaintiff setting out the facts on which the claim is based; the purpose is to give notice to the adversary of the nature and basis of the claim asserted.
2. In criminal law, the preliminary charge or accusation made by one person against another to the appropriate court or officer, usually a magistrate. However, court proceedings, such as a trial, cannot be instituted until an indictment or information has been handed down against the defendant.
(Steven H. Gifis, Dictionary of Legal Terms 85-86 (3rd ed., 1998), Barron's Educational Series, Inc.)
1. 民事事件において, 原告側が請求権の基となる事実を述べる最初の申立て。その目的は相手方に主張されている請求の本質と論拠を通知することにある。
2. 刑法においては, ある人から他の人に対して適切な裁判所か職員, 通常は治安判事になされた予備的な告発または起訴。しかしながら審理のような法廷手続は, 正式起訴状か略式起訴状が被告に通達されるまで実施されることはない。
complement　補完
complete　完全に記載する

completion of commission of crime　既遂
犯人の意図どおりの結果が発生すれば, 犯罪は既遂となる。これに対して, 犯人の意図が何らかの障害により実現しなかった場合は未遂＝attempt である。
completion of liquidation　清算の結了
completion of partition　分割の結了
completion of prescription　時効完成
completion of sale　売買の完結
completion of statute of limitation　時効完成
completion of the case　被告事件の終結
completion of the term of sentence　刑期の終了
complex system　複雑系
compliance　遵守
現在日本では, compliance 経営という和製英語ができている。法令や規則などの規範を遵守して経営することである。
compliance audit　準拠性監査
compliance officer　行政官
complication　余病
complice　（広義の）共犯者
complicity　共犯
comply　法令などに従う
composite thing　合成物
composite works　複合著作物
composition　①構成物②和解③債務一部免除契約
Composition Law　和議法
composition of materials　組成物
composition procedure　和議手続
compound interest　複利
発生した利息を元本に組み込むこと。元本組入れによって元本額が増加するので, 以後の発生利息も増加する。日本の民法が定める複利は, 利息債権の不履行の場合であるが, 一般に合意によって複利の特約を定めることは許容され, 実際に多く行われているところである。
comprehensive automobile insurance　総合自動車責任保険
comprehensive coverage　総合保険, 総合保証

comprehensive

保険, サービスなどの分野で, 保証の対象となる損害やトラブルを限定せず, 包括的に保証することを約した, 保険契約やサービス契約など。事故による損害のみならず, 盗難, 天災, 通常利用での故障などによる金銭支出を全てカバーする総合自動車保険などが, その例である。

comprehensive general liability policy 総合損害賠償責任保険
comprehensive insurance 総合保険
compromise ①和解②妥協
compromise of taxes 税務上の和解
comptroller 監査官, 検査官, 会計監理役, 会計検査官
Comptroller of Patents (英)特許庁長官
compulsion 強制
compulsion of the performance of official duties 職務強要
compulsory 強制的な
compulsory contract 強制契約, 締約強制
compulsory disposition 強制処分
compulsory education 義務教育
compulsory execution 強制執行
compulsory insurance 強制保険
compulsory investigation 強制捜査
compulsory license 強制実施(権)
compulsory license of copyright 著作権の強制ライセンス
compulsory licensing of patent (英)特許権の強制実施
compulsory measures 強制処分
compulsory procedure 強制的手続
compulsory provision 強行規定
compulsory release on bail 必要的保釈
compulsory retirement 強制退職
compulsory sale 強制売却, (司法的)競売, (英)(留置権にもとづく)運送品の競売
compulsory sale by official auction 強制競売
computation of period 期間計算
computation of sentence 刑期計算
computed value method 積算価額方式
computer 電子計算機
computer fraud 電子計算機使用詐欺
Computer Fraud and Abuse Act コンピュータ不正行為防止法
Computer Matching and Privacy Act コンピュータマッチング及びプライバシーに関する法
各種の政府プログラムの適格要件を決めるために利用するコンピュータシステムの利用を制限する法律。
computer program コンピュータ・プログラム
computer software コンピュータ・ソフトウェア
computer-made work コンピュータ作成著作物
con man 詐欺師
conceal 隠匿する
conceal oneself 潜伏する
concealment ①隠蔽②秘匿
concealment of a letter 信書隠匿
他人所有の, 手紙その他の意思伝達の手段としての文書を, 隠して発見困難にする犯罪である。〔参考〕刑法263条(信書隠匿)他人の信書を隠匿した者は, 六月以下の懲役若しくは禁錮又は十万円以下の罰金若しくは科料に処する。
concentrate 結集する
concept of talion 同害報復思想
conception 受胎
concern ①〜に関係する②コンツェルン③財閥
concert party 協調株主グループ, 持株契約
concerted action 協調行動
concession ①譲歩②特権の付与③土地使用権
concessions 利権
conciliate 懐柔する
conciliation ①調停②和解

1. Restoration of harmony between adversaries or persons who have had a disagreement, especially with the assistance of a third party.
2. A form of alternative dispute resolution or labor negotiation in which a third party (conciliator) assists the disputing parties in reaching a compromise. Some-

times interchangeable with mediation, but sometimes distinguished from mediation in that a mediator might take a more active role than a conciliator in the process of working out a compromise, and a conciliator might not be a neutral party, but rather just a party who wants to see the dispute ended.
3. In matrimonial cases, process in which a third party attempts to help a husband and wife resolve their differences so that they can stay married. In this context, conciliation is quite distinct from mediation, in which a third party attempts to help the spouses reach a mutually agreeable divorce settlement.
(James E. Clapp, Random House Webster's Dictionary of the Law 96 (2000), Random House.)
1. 特に第三者の援助によって相手方や争いのあった人々の間の和合を回復すること。
2. 第三者(調停者)が、争っている当事者らが妥協に達するために手助けをする、紛争解決か労働折衝かどちらかの形態。時には仲裁と交替でき、時には仲裁と同義であるが、時には次の理由から仲裁とは区別される。つまり、仲裁者は両当事者の妥協を引き出す過程で、調停者よりもより積極的な役割を果たすことがある。また、調停者は中立であるというよりは、その紛争を終結させたいと望んでいる者である。
3. 夫婦間の事件では、彼らが結婚を続けられるように、第三当事者が夫と妻の不和を解決するために援助を試みる手続。この背景では、第三当事者が、配偶者らが双方同意の離婚という決着に達するように助けようと試みる仲裁とは調停は全く別個のものである。

conclude a trial 結審する
conclusion 締結
conclusion of a treaty 条約の締結
conclusion of a trial 結審
conclusive 最終的な
conclusive evidence 確定的証拠

conclusive presumption みなし
　ある事実が証拠により証明されたときに、本来その証拠の関連性の範囲外である事実の存在が、実体法の規定によって認定されることをいう。irrebuttable presumption。反証＝rebutの余地がない点で、立証責任の分配や移動を定めた推定規定＝rebuttable presumptionと異なる。例えば、占有者が本権の訴えで敗訴しても、依然なんらかの事情で正権原による占有だと信じることもありうるし、それを証明することも可能であろう。しかし、いったん本権の訴えで敗訴すれば、もはやこのような言い分は許されないのが、みなし規定の特徴である。〔参考〕民法186条(占有の態様等に関する推定)1項　占有者は、所有の意思をもって、善意で、平穏に、かつ、公然と占有をするものと推定する。　民法189条(善意の占有者による果実の取得等)2項　善意の占有者が本権の訴えにおいて敗訴したときは、その訴えの提起の時から悪意の占有者とみなす。
concord 和解
concrete 具体的な
concubinage 同棲
concur 同意する
concurrence of claims 請求の競合
concurrency 兼任
concurrent ①共同の②兼任の
concurrent causes 並存原因
concurrent conditions 同時履行条件
　契約当事者が互いに債権債務を負いあっている場合に、一方が履行を行うことが明らかになるまでは、他方も履行を行う必要がないことを定めた契約条件や条項を言う。concurrent covenants。〔参考〕民法533条(同時履行の抗弁)双務契約の当事者の一方は、相手方がその債務の履行を提供するまでは、自己の債務の履行を拒むことができる。ただし、相手方の債務が弁済期にないときは、この限りでない。
concurrent engineering コンカレント・エンジニアリング
concurrent estate 共有財産権
concurrent imposition of punishment

concurrent
併科
concurrent jurisdiction 競合管轄権
concurrent liens 同順位リーエン、競合リーエン
concurrent negligence 競合過失
concurrent ownership 共同所有
concurrent promises 同時履行的約束、同時履行の債務
concurrent use 併存使用
concurring partner 審理パートナー
condemnation ①公用徴収②非難③有罪宣告④没収
1. The act of judicially pronouncing someone guilty; conviction.
2. The determination and declaration that certain property (esp. land) is assigned to public use, subject to reasonable compensation; the exercise of eminent domain by a governmental entity.
(Bryan A. Garner, Black's Law Dictionary Second Pocket Edition 124 (2001), West Group.)
1. 裁判によって誰かに有罪を申し渡す行為；有罪判決。
2. 公機関による正当な補償を行った上で、ある財産(特に土地)が公共の利用に割り当てられるとする決定および宣言。政府決定による土地収用権の執行。
condemned prisoner 死刑確定者
condition ①条件②契約条項
A possible future event, the occurrence of which creates a right or attaches a liability. Contract law: A provision in a contract that limits or modifies the duties under the contract. A clause in a will which suspends, revokes, or modifies the bequest. Real estate law: A qualification, restriction, or limitation annexed to a conveyance of land which states that the estate will commence, be enlarged, or be defeated upon the occurrence or nonoccurrence of an event, or the performance or nonperformance of an act. A condition can be express, i.e., made known by clear, direct words; or implied, i.e., known indirectly or inferred from surrounding circumstances; or constructive, i.e., judicially imposed.
(Gilbert Law Summaries Pocket Size Law Dictionary 56 (1997), Harcourt Brace And Company.)
将来起こりうる出来事であり、その発生が権利を生み出すか義務を生じさせるもの。契約法：契約下の義務を制限するあるいは緩和する契約中の条項。遺贈を保留、無効、あるいは訂正する遺言書の条項。不動産法：土地の譲渡証書に付加された制限、禁止、または限定条項であり、ある出来事の発生もしくは発生しないこと、または行為の履行もしくは不履行のために不動産権の権利が発効し、拡大し、また無効となることを述べたもの。条件は明示されることもある、つまり明確で直接的な言葉により表明される；また黙示されることもある、つまり間接的に表明されたり周囲の状況から暗示されたりする；また推定されることもある、つまり裁判によって強要されるのである。

condition concurrent 同時条件
condition of lawful prosecution 訴訟条件
刑事訴訟において、裁判所が実体裁判をするのに必要とされる要件をいう。適法な管轄、公訴棄却事由や免訴事由がないことなどがその例である。訴訟条件が欠けている場合は、形式裁判により手続は打ち切られる。
condition of profit and loss 損益の状況
condition of property 財産の状況
condition potestative 随意条件
贈与契約書の中で、「贈与者が決意したときに贈与の効力が発生する」と定める場合のように、条件成就が、もっぱら債務者の意思のみにかかっている場合をいう。このような停止条件としての随意条件は、意思表示全体としてみれば、結局自らを契約内容に沿って行動するよう仕向ける拘束力は全く存在しないのであるから、条件としては意味のないことであって無効である。もっとも「履行までに贈与者が翻意したとき

は，贈与の効力は消滅する」などのように解除条件としての随意条件を定める場合は，契約の拘束力の消滅を債務者の意思にかからせているにすぎず，解除権の留保とほぼ同視できる。したがって解除条件としての随意条件は，法律的にも意味のあることなので，有効と考えられている。〔参考〕民法134条(随意条件)停止条件付法律行為は，その条件が単に債務者の意思のみに係るときは，無効とする。

condition precedent ①前提条件②停止条件
不確定な将来の事実が発生したときに，履行義務などの具体的な法律効果が発生することを，契約において当事者が定めることをいう。消費貸借契約締結に際して，「平均株価が￥10,000を超えた日の利息は通常の2倍とする」と定める場合などである。これに対して，不確定な将来の事実の発生により，発生している法律効果が消滅することを定める条件は解除条件＝condition subsequent という。〔参考〕民法127条(条件が成就した場合の効果)停止条件付法律行為は，停止条件が成就した時からその効力を生ずる。 2 解除条件付法律行為は，解除条件が成就した時からその効力を失う。 3 当事者が条件が成就した場合の効果をその成就した時以前にさかのぼらせる意思を表示したときは，その意思に従う。

condition subsequent ①解約条項②解除条件③後行条件
A condition that, if it occurs, will bring something else to an end; an event the existence of which, by agreement of the parties, discharges a duty of performance that has arisen.
(Bryan A. Garner, Black's Law Dictionary Second Pocket Edition 124 (2001), West Group.)
それが起こった場合に何か他のことを終わらせる条件。当事者らの同意により，既に発生した履行義務を免除することになる出来事。

conditional claim 条件付債権

conditional contract 条件付契約
契約の効力が，不確定な将来の事実が実現した時点で発生すると定めた契約をいう。通貨レートがある基準に達したときに，具体的な売買の効力が発生すると定めた物品売買契約などがその例である。通貨レートが永遠に基準に達しないこともありうる点において，いずれは契約の効力が確実に発生する「期限」(time, term, period)とは異なる。

conditional offer 条件付申込み
申込みの効力発生が，条件にかかっていることをいう。他の契約が不成立となった場合に備えて，あらかじめ第二希望の物件等について申込みをしておく backup offer＝代替申込みは，条件付申込みの一つである。

conditional release 仮出所
確定裁判により懲役刑や禁錮刑に服していた者が，その刑期満了前に拘禁施設から一時的に釈放されることをいう。仮出獄，仮釈放，パロール(parole)。釈放に際しては，居住地が限定されたり，定期的に監督官に生活状況を報告する義務等の条件が付され，この条件に違反した場合には，釈放は取り消され再び拘禁施設に収用される。一方本来の刑期が満了するまで条件違反なくすごした場合には，もはや残刑期の執行は行われない。〔参考〕刑法28条(仮釈放)懲役又は禁錮に処せられた者に改悛(しゅん)の状があるときは，有期刑については その刑期の三分の一を，無期刑については十年を経過した後，行政官庁の処分によって仮に釈放することができる。 刑法29条(仮釈放の取消し)1項本文，4号 次に掲げる場合においては，仮釈放の処分を取り消すことができる。 四 仮釈放中に遵守すべき事項を遵守しなかったとき。

conditional sale contract 条件付売買
代金の支払いに先立って目的物が買主に引き渡されることを内容とする売買契約において，支払い確保の目的で，買主の所有権取得に何らかの条件や制限が付される場合をいう。この場合，代金の支払いがなされたときに，初めて買主は完全な所有権を取

conditioning

得するとされる。割賦販売において，代金完済までは所有権は売主に帰属するとする所有権留保条項が日本において一般的なのはその例である。アメリカにおいては所有権留保ではなく売主の担保権＝security interest によって支払いが確保されると考えられており，代金完済までは一種の動産抵当権＝chattel mortgage が売買目的物に設定されるとするのが一般的である。またこのような条件や制限がなく，売買契約成立と同時に買主が完全な所有権を取得する売買契約は，absolute sale contract とよばれる。

conditioning 条件付け

conditions of arrest 逮捕の要件
犯罪の嫌疑がある者の身柄を拘束する逮捕は，その必要性がある場合に，適切な手続に従って行われなければならないと考えられており，通常は憲法や刑事訴訟法が逮捕の要件として定めている。逮捕の要件を欠いた逮捕は違法かつ無効である。現行犯逮捕を含まないいわゆる通常逮捕について合衆国憲法では，①相当な嫌疑＝probable cause が存在する場合にのみ，②逮捕状＝arrest warrant が発布される（修正4条）とする。もっとも，合理的な捜索，逮捕，押収等を令状主義の対象から除外することは必ずしも同条によって禁止されていないと考えられている。日本国憲法もほぼ同様の原理を示している。〔参考〕憲法33条 何人も，現行犯として逮捕される場合を除いては，権限を有する司法官憲が発し，且つ理由となつてゐる犯罪を明示する令状によらなければ，逮捕されない。 刑事訴訟法199条1項 検察官，検察事務官又は司法警察職員は，被疑者が罪を犯したことを疑うに足りる相当な理由があるときは，裁判官のあらかじめ発する逮捕状により，これを逮捕することができる。ただし，三十万円（刑法，暴力行為等処罰に関する法律及び経済関係罰則の整備に関する法律の罪以外の罪については，当分の間，二万円）以下の罰金，拘留又は科料に当たる罪については，被疑者が定まつた住居を有しない場合又は正当な理由がなく前条の規定による出頭の求めに応じない場合に限る。 刑事訴訟法210条 検察官，検察事務官又は司法警察職員は，死刑又は無期若しくは長期三年以上の懲役若しくは禁錮にあたる罪を犯したことを疑うに足りる充分な理由がある場合で，急速を要し，裁判官の逮捕状を求めることができないときは，その理由を告げて被疑者を逮捕することができる。この場合には，直ちに裁判官の逮捕状を求める手続をしなければならない。逮捕状が発せられないときは，直ちに被疑者を釈放しなければならない。

conditions of peace 講和条件

conditions of sale 売買条件，競売条件

conditions subsequent which convert an action into a punishable act 処罰条件

condominium コンドミニアム

condominium owner's association コンドミニアム管理組合，マンション管理組合，区分所有者管理組合
諸外国におけるコンドミニアム，日本における分譲マンションのような区分所有建物において，区分所有者全員によって構成される，共有部分の維持管理などに関する決定と執行を行う機関。Alabama Code §35-8A-301等。〔参考〕建物の区分所有等に関する法律3条（区分所有者の団体） 区分所有者は，全員で，建物並びにその敷地及び附属施設の管理を行うための団体を構成し，この法律の定めるところにより，集会を開き，規約を定め，及び管理者を置くことができる。一部の区分所有者のみの共用に供されるべきことが明らかな共用部分（以下「一部共用部分」という。）をそれらの区分所有者が管理するときも，同様とする。

condonation 宥恕

conduct ①挙動②行動，行状③作為・不作為及び付随する心理状態をもつ行為

conduct of affairs 業務執行

confederacy 共同謀議

conferment 授与

confession ①告白②自白

confession and avoidance 自認と異議

confession of judgment 判決の承認

契約において債務者があらかじめ，不履行の場合には，告知や聴聞なしに判決が公式記録に登録され，強制執行可能となることを承認すること。この合意がなされると，債権者が裁判所に訴え出れば，自動的に判決が公式記録に登録され，強制執行可能となる。Federal Trade Cmmission＝連邦取引委員会が1985年に定めた Credit Practices Rule では，このような confession of judgment 条項を消費者金融契約に盛り込むことを禁止している。

confidence resolution　信任の決議
confidential　秘密の
confidential communication　内密情報
confidential disclosure　信頼に基づく開示
confidential information　秘密情報
confidential information at employment　職場での守秘義務
confidential matters　機密事項
confidential nature　秘密的性格の
confidential papers　機密書類
confidential relation　信頼関係
confidential relationship　信頼関係
confidentiality　①秘密②秘密保持条項
confine　①監禁する②収容する
confinement　①拘禁，監禁②拘置③収容
confinement as the punishment for contempt of court　監置
法廷等の秩序維持に関する法律が定める，法廷で暴行や暴言を行った者を短期間拘禁することを内容とする，司法行政上の制裁措置。かつては精神病者監護法も監置できる場合を定めていたが，現在ではこの法律は廃止されている。〔参考〕法廷等の秩序維持に関する法律2条(制裁)　裁判所又は裁判官(以下「裁判所」という。)が法廷又は法廷外で事件につき審判その他の手続をするに際し，その面前その他直接に知ることができる場所で，秩序を維持するため裁判所が命じた事項を行わず若しくは執つた措置に従わず，又は暴言，暴行，けん騒その他不穏当な言動で裁判所の職務の執行を妨害し若しくは裁判の威信を著しく害したものは，二十日以下の監置若しくは三万円以下の過料に処し，又はこれを併科する。

2　監置は，監置場に留置する。
confinement for and expert examination　鑑定留置
confirm　確認する
confirmation　①確認②追認
confirmed letter of credit　確認済信用状
confirming bank　確認銀行
confiscate evidence　証拠物件を押収する
confiscation　没収
conflict of interests　利害の衝突
conflict of laws　①法の抵触②抵触法③国際私法
The situation that exists when the laws of more than one state or country may apply to a case and a judge must choose among them. Conflict of laws is also the name for the legal subject concerned with the rules used to make such choices.
(Daniel Oran, *Law Dictionary for Nonlawyers* 67 (4th ed., 2000), *West Legal Studies*.)
2つ以上の州あるいは国の法律が事件に適用されうる，そして裁判官がそれらのうちから選択しなければならない場合に存在する状況。Conflict of laws は，そのような選択をする場合に用いられる規則に関する法の主題を表す名称でもある。
conform to the rules　規則に適合する
confront　対立する
confront a person with proof　証拠を突きつける
confrontation　利害，意見などの対立
confrontation of one witness with another witness　対面
confrontation system　対審制度
confused fight　乱戦
confusion　①債務の混同②営業主体の混同
①債権と債務が同一人に帰属した場合，債務を存続させる必要がなくなり，債務が消滅することをいう。例えばAが，子のBに金銭を貸し付けていた場合に，Aが死亡したことによってBがAを相続すれば，この債権は消滅する。もっともAの死亡前に既にCがこの債権を差し押さえていたという場合には，Cの利益のために債権

confusion

は消滅しない。〔参考〕民法520条（混同）債権及び債務が同一人に帰属したときは、その債権は、消滅する。ただし、その債権が第三者の権利の目的であるときは、この限りでない。
②営業主体を取り違えること。営業行為は広範囲にわたる無個性なものであるため、意図した取引相手と実際の取引相手が異なっていたということが生じやすい。このような誤認を防ぐための対策が、商法や不正競争防止法などで取られている。〔参考〕商法12条　何人も、不正の目的をもって、他の商人であると誤認されるおそれのある名称又は商号を使用してはならない。

confusion of debt　債務の混同
confusion of goods　物品の混同
congestion　①充血②鬱血
congestion of blood　鬱血
conglomerate　コングロマリット，異種複合企業
conglomerate merger　コングロマリット合併，複合合併
Congress　連邦議会（アメリカ）
Congressional hearing　国会公聴会
Congressman　連邦下院議員
conjugal visit　夫婦面会
conjunctive count　予備的訴因
conjunctive descriptions of applicable articles of laws or ordinances　予備的罰条
connected crimes　牽連犯
ある犯罪が他の犯罪の手段や結果として行われたことをいう。手段，結果の関係があるかどうかは，一般的，類型的な見地から判断される。例えば窃盗目的で住居侵入罪を犯したときには窃盗罪と住居侵入罪が牽連犯の関係に立つとされる。殺人を犯すために商店で包丁を盗んだというように，ある事例において，たまたま手段と結果の関係があったからといって，牽連犯となるわけではない。〔参考〕刑法54条　一個の行為が二個以上の罪名に触れ，又は犯罪の手段若しくは結果である行為が他の罪名に触れるときは，その最も重い刑により処断する。

connecting up doctrine　関連づけの法理
connection　縁故関係
connivance　沈黙，黙許
consanguineous marriage　近親結婚
consanguinity　①近親②血族関係
conscience　良心
conscientious objector　良心的兵役忌避者
conscious parallelism　意識的並行行為
consciousness of norms　規範意識
consecutive sentences　逐次執行の刑の宣告
consensual contract　諾成契約
契約の成立に，書面の作成，物の引渡しなどの要式行為を必要とせず，当事者の合意のみによって成立する契約をいう。契約自由の原則＝liberty of contractは，方式の自由も含むと考えられており，諾成契約が契約の原則形態である。したがって，契約書は契約の成立要件ではなく，意思表示に基づいて契約がなされたことのたんなる証拠にすぎない。諾成契約の例外として手形による契約や消費貸借があげられる。前者における意思表示は，手形への記載や署名という書面行為によってなされなければならない。後者は，現に金銭が債務者に交付されることが契約成立要件であり，要物契約とよばれる。

consensus　総意
consensus ad idem　意思の合致，内心の意思の一致
consent　①承諾②同意
consent decree　①アメリカ反トラスト法上の同意審決②同意判決
consent order　同意命令書
consent required　同意要求
譲渡，担保権設定，改変など権利やその目的物に重要な変更を加える行為について，他方契約当事者の同意がなければなしえないことを明確にする契約条項。
consequential damages　間接損害
conservatee　管理を必要とする人
conservation　保全
conservation of nature　自然保護
conservator　①財産を管理する人②後見人
conservatorship　後見制度

consider 審議する，検討する
consider the mitigating circumstances 情状を酌量する
consider what counter measures to take 対策を練る
consideration ①約因②代金
 If I promise to give you ＄50 tomorrow, if I do, fine, but if I don't, the courts will not enforce my promise. To explain this result, the courts came up with the doctrine of consideration : to be enforceable the person making the promise must "get something" for the promise. For example, if a father asks a stranger to care for his sick adult son and promises to compensate the stranger for his expenses, the father's promise would be enforceable : he "got something" for it, the care of his son.
 もし私があなたに明日50ドルをあげようと言ったとします。私がそうすれば，問題はありません。しかし，たとえ私がそうしなくても，裁判所は私の約束を履行させようとはしないでしょう。このことを根拠づけるために，裁判所は約因の法理を考察しました。約束に拘束力を持たせるためには，約束をする人はそのために「何かを得る」必要があります。例えばもし父親がある人に，病気で成年の息子の面倒をみるように依頼して，その人がそれに費やした費用を保障することを約束したとします。この場合，父親の約束には拘束力があります。何故なら，息子の面倒をみてもらうという「何かを得る」ことができたわけですから。
 The thing of value each party to a contract agrees to give in exchange for what he receives; the reason a contract is made. Consideration is necessary to make a contract binding. The term includes both the benefit gained by one party and the corresponding responsibility undertaken by the other. E.g., if a builder makes a contract with a homeowner to build an addition to the homeowner's house, he undertakes the responsibility to do the job in exchange for the promise he will be paid an agreed-to amount. The homeowner's promise to pay for the addition is consideration for the builder's promise to do the work, and vice versa.
 (Gilbert Law Summaries Pocket Size Law Dictionary 59-60 (1997), Harcourt Brace And Company.)
 契約に関わる各当事者が，受領しようとするものの対価として与えることを同意する権利や利益；契約を作成する理由となるもの。約因は契約を拘束できるものにするために必要である。これには一方当事者が手にする利益と，他方当事者によって引き受けられる，それに相当する責任の両方を含む。例えば，建築業者が家の持ち主と，その家主の家に増築工事をする契約を結ぶ場合，建築業者は合意金額の支払いを受ける約束と引き換えにその仕事に対する責任を引き受けることになる。その家主が増築に対して支払いをするという約束は，建築業者がその仕事をするという約束の約因であり，逆もまた同様である。
consignee ①物品運送の荷受人②物品委託販売の受託販売者
consignment ①物品運送の委託②運送品③委託販売
consignment note （航空）貨物運送状，貨物出荷通知書，貨物受託書
consignment sales 委託販売
 小売人が自ら商品の所有権を取得せず，他者の所有に属する物をその者の依頼を受けて販売することをいう。商品を販売した場合に小売人は手数料として販売利益の一部を取得できるにすぎないが，売れ残った商品は依頼主に返却することになるので，小売人は在庫のリスクを抱えることはない。販売価格等の売買条件も，通常は所有者の指定するところによる。
consignor ①物品運送の荷送人②物品委託販売の委託者
consistent with 一貫した
consisting ～から成る
consolation money 手切れ金
 婚姻関係にない男女が関係を断つときに，男性から女性に渡される金銭。法律的にみ

Consolato

れば，以後女性から交際を求めないことを前提とした条件付き贈与の場合，婚約破棄その他の慰謝料の支払い，あるいはその双方の趣旨を含むと見られる場合があると考えられる。

Consolato del Mare コンソラトー・デル・マーレ
14世紀に編纂されたといわれるスペインの地中海法典。

consolidated 統合する
consolidated accounting 連結決算
consolidated balance sheets 連結貸借対照表
consolidated bonds 統合債券
consolidated law 統合的法律
consolidated securities 統合証券
consolidated statements 連結財務諸表
consolidated tax return 連結法人所得税申告書
consolidated trial 統一公判
consolidation ①会社の新設合併②統合③訴訟の併合
consolidation act 統合的法律
consolidation of actions 訴訟の併合
consolidation of corporations 会社の新設合併
consolidation of mortgages 譲渡抵当併合
consolidation of oral proceedings 弁論の併合
consolidation of shares 株式の併合
consortium ①コンソーシアム②組合③借款

The conjugal fellowship of husband and wife, and the right of each to the aid of the other in every conjugal relation. A person willfully interfering with this relation, depriving one spouse of the consortium of the other, is liable in damages and may give rise to action for alienation of affection. Loss of consortium can figure in action for injury or wrongful death of spouse.

(*Steven H. Gifis, Dictionary of Legal Terms 94 (3rd ed., 1998), Barron's Educational Series, Inc.*)

夫婦間における夫と妻の協力であり，また全ての夫婦関係において互いに相手を助けるという道理である。故意にこの関係を妨げ，一方の配偶者を他方の配偶者から奪う者は損害の法的責任を問われ，また愛情の転移という訴訟を引き起こすかもしれない。コンソーシアムの喪失は，権利侵害に対する訴訟または一方の配偶者の不法死亡により生じる。

conspicuous 目立った
conspiracy 共謀
Conspiracy and Protection of Property Act 共謀及び財産保護法
conspiracy in restraint of trade 取引制限の共謀
conspiracy to monopolize 独占の陰謀
conspire with 加担する
constituency 選挙区
constituent 本人；代理権授与者，選挙人，選挙民
constituent corporation 合併当事会社
constituent elements of a crime 構成要件

犯罪の形式的成立要件，文脈によっては刑法の条文そのものをさす。強い違法性や責任のある行為は，犯罪的ではあるが，それだけでは犯罪とは言えない。すなわちあらかじめ，どのような行為が犯罪にあたるのかが想定され，現実に刑法の条文で定められることがなければ，いかに違法，有責な行為であっても犯罪ではないとされる。この違法，有責という実質判断の前に行われる形式判断が構成要件該当性である。そして，その形式的あてはめの基準となるものが構成要件である。

constituent general meeting 創立総会
constitute a crime 犯罪を構成する
constitution ①構造②憲法
Constitution of the International Labour Organization ILO憲章
Constitution of the United States of America アメリカ合衆国憲法
constitutional 合憲的
constitutional amendment 憲法修正

constitutional court 憲法上の裁判所
constitutional law 憲法，憲法に適合した法
constitutional right 憲法上の権利
constitutional state 法治国家
constitutionalism 立憲政治
　国家の統治の体制や方法は，憲法によって定められるとする政治原則。国家権力の行使は，無制約ではなく，憲法の定める範囲内でのみ可能だとされる点に眼目がある。市民革命期に，国王と国民の合意という形式で国王の絶対専制権が制約されたことに由来する。
constitutionality 合憲
constitutum possessorium 占有改定
　動産の物権変動の対抗要件である「引渡し」は，意思表示だけでも可能であり，必ずしも現実の引渡しを受けなくてもよいという原則。A が，自分が使っている工作機械を B に売却し，しばらくの場合 A がその機械を使い続けることにした場合，B は「引渡し」による対抗要件を備えたとされるのがその例である。この場合に現実の引渡しを行うことを求めても，いったん B に引き渡された機械が結局すぐに再び A に戻されるだけのことで，無駄だからである。占有改定以後 B には，A を代理占有人ととする占有権＝possession in law, constructive possession が成立する。一方 A にも賃借人としての直接占有＝possession in fact, actual possession が成立する。〔参考〕民法178条(動産に関する物権の譲渡の対抗要件)動産に関する物権の譲渡は，その動産の引渡しがなければ，第三者に対抗することができない。　民法183条(占有改定)代理人が自己の占有物を以後本人のために占有する意思を表示したときは，本人は，これによって占有権を取得する。
constriction furrow 索溝
constriction mark 索痕
construction ①建設②法律の解釈
construction agreement 建設契約
　建物，施設などを建設することを目的とする契約をいう。請負契約 (contractor's agreement) の一種ともいえるが，設計，施工，監理，危険負担，材料供給，代金支払，担保責任などを幅広く含む無名契約である。
construction bond コンストラクション・ボンド
　建設工事契約に利用される履行保証。
construction contract 建築契約
constructive ①建設的②擬制の③法定の
constructive abandonment 擬制放棄
constructive bailment みなし寄託
constructive contract 擬制契約，契約の擬制
constructive conversion 擬制横領，財産の擬制転換
constructive delivery 擬制引渡し
constructive dividend 擬制配当
constructive eviction 擬制立退き，解釈上の立退き
　賃貸人の，賃借人に使用収益をさせる義務の不履行によって，賃借人が使用収益を満足に行うことができないとき，賃借人が立退きをしたものとみなして後の法律関係を処理していく考え方。すなわち賃借人は現実には家屋から退去していなくても，使用収益が行えるようになるまでは，賃料を支払う義務はない (Merryland Code Real Property§8-204等)。
constructive forcible indecency 準強制猥褻
constructive fraud 擬制詐欺，法廷詐欺
constructive knowledge 擬制認識
constructive notice 擬制悪意
constructive possession 擬制占有
constructive robbery 事後強盗
　窃盗犯人が，追いかけてきた被害者に対して暴行等を加えた場合に，強盗罪と同じ評価がなされる場合をいう。日本法においては，強盗罪＝robbery は第一義的には，暴行等で被害者を抑圧したうえで財物を奪い取る形態を想定している。しかし，盗んだ物の確保も含めて，盗取を容易にする手段として暴行が行われることを強盗の本質と考えれば，暴行が事後に行われた場合でも強盗と同等の評価ができる場合もある。アメリカにおいてはこのような犯罪形態は，

constructive

事後強盗という特別な類型を設けるまでもなく、当然に強盗であるとされる場合が多い。TX PENAL CODE§29.02., NY PENAL CODE§160.00等〔参考〕刑法238条（事後強盗）窃盗が，財物を得てこれを取り返されることを防ぎ，逮捕を免れ，又は罪跡を隠滅するために，暴行又は脅迫をしたときは，強盗として論ずる。

constructive service 擬制送達
constructive total loss 推定全損
constructive trust 擬制信託
construe 説明する，解釈する
　法文の記載をわかりやすく言い換えたり，複数の意味に捉え得る記載を一義的に決定することをいう。
consul 領事
consular jurisdiction 領事裁判権
　外国人の犯罪について，その外国人の国籍国の領事が本国法によって裁く権利を条約により有していること。犯罪が行われた国がその者を自法により裁くことはできないため，歴史的に，軍事的に優位に立つ国が弱小国に押し付ける，不平等条約の典型例とされた。日本とアメリカの間では，1858年にアメリカの領事裁判権を認めた条約が締結されたが，その後の日本側の要求と交渉により，1894年に撤廃された。
consulate 領事館
consultation ①回付令状②相談，コンサルテーション（既存の知識を活かして依頼者に提供する助言）
consultative body 諮問機関
consulting agreement コンサルティング契約
　経営や労務などに関する，知識や情報の提供，アドバイスなどの役務の提供を受けることを内容とする契約をいう。advisory agreement。
consulting services コンサルティング業務
consumer 消費者
consumer bankruptcy 消費者破産
consumer behavior 消費者行動
consumer boycott 消費者不買運動
consumer credit 消費者信用

Consumer Credit Protection Act 消費者信用保護法
consumer debt 消費者債務
consumer expectation test 消費者期待基準
　製造物責任が発生する根拠とされる製品の欠陥の認定において，その製品が消費者が通常期待する安全性を備えていれば欠陥は存在していないとする考え方。しかし，消費者は，製品に対してあらゆる場面での安全性を期待するのが通常なので，同じく製品の欠陥の認定基準である危険効用比較基準＝risk utility testと比べた場合，消費者期待基準は，製造者の責任を限定する方向に働くことはほとんどないと言われている。

consumer goods 消費者物品
consumer price index(CPI) 消費者物価指数
Consumer Product Safety Act 消費者製品安全法
consumer products 消費財
Consumer Products Safety Law 消費生活用製品安全法
consumer protection 消費者保護
consumer surplus 消費者余剰
Consumer-related Legislation 消費者関連法
consuming bailment 消費寄託
consummation 既遂
consumption ①消費②消耗
consumption articles 消耗品
consumption loan agreement 金銭消費貸借
consumption tax 消費税
consumption tax accrued 未払消費税
consumption tax expense 消費税（費用）
Consumption Tax Law 消費税法
consumption tax refund 消費税還付
contact 接触
contagious disease 伝染病
contain 包含する
container B／L コンテナ船荷証券
　コンテナ輸送で発行される船荷証券をいう。船舶への積み込み時ではなく，運送人

へのコンテナ引渡し時点で発行される Received B／L(受取船荷証券)の一種である。

contamination 汚染

contango 株式決済繰延取引，株式決済繰延利息

contemporaneous 同時

contempt 侮辱

contempt of court ①法廷侮辱罪②法廷侮辱

①裁判所の命令などに対して不服従の言動をあからさまに示すなど，裁判所の権威をおとしめる行為，およびそれに対して課せられる処罰をいう。裁判官による裁判であれ，陪審裁判であれ，民事裁判と刑事裁判とを問わず，裁判所の審判が国家的通用力と正統性をもっていることを示すには，何かしらの権威が保たれることが不可欠で，かつ法的保護に値すると考えられている。法廷侮辱という言葉は使っていないものの，日本の法廷等の秩序維持に関する法律は，実質的にはこのような裁判の権威や威信をおびやかす行為に対して処罰を与えるものといえる。②家族法の分野などで，養育費の支払命令や家庭内暴力の禁止命令を現実的に実現する手段として，命令に従わない者に法廷侮辱罪の処罰を与える方法がとられることがある。

contentious 争いのある

contents of protocol trial 公判調書の記載

Continental Congress 大陸会議

1774年，12の植民地の代表が，植民地の権利を回復するための対応策を論議するため，第1回会議を開いた。

Continental Law 大陸法

contingency 偶発事故

予期できなかった事情によって，損害が生じたり，債務が履行できなくなったことをいう。不可効力。一般に偶発事故によっては，債務不履行は生じない。

contingency plan コンティンジェンシー・プラン，危機対応プラン

contingent ①偶発的②〜を条件とする

Uncertain; subject to future events. Said of something that will or will not occur, come into existence, or become definite, depending upon circumstances in the future.

(*James E. Clapp, Random House Webster's Dictionary of the Law 103 (2000), Random House.*)

不確定な。将来の出来事に左右される。将来の状況によって起こるかどうか，存在するかどうか，確実になるかどうか，わからない何事かについて述べられる。

contingent circumstance 偶発的状況

contingent fee 弁護士などの成功報酬

contingent liability 不確定責任

contingent upon 〜を条件とする

continuance 訴訟手続の続行

continuance of detention 保釈しない留置の継続

continuance operation clause 継続営業条項，継続開店条項

複合商業施設などの家主(landload)が店子(tenant)に対して，契約期間中は，店子が勝手に営業を停止したり中断したりしないことを求める賃貸借契約上の付帯条項。continuous use clause。商業施設の店舗の賃料は売上げに比例した割合で決められることが多いことや，一部のテナントが休業すると全体の集客力に影響がでるため，家主側がこのような条項を置くことを求めることが多い。しかし現実には店子側に営業を停止する事情が生じることが少なくないので，この条項をめぐって紛争が生じることも多い。

continuation clause 継続約款

continuation statements 継続報告書

continue 継続する

continue of disposition 処分の継続

continue to use 続用する

continuing offer 継続的申込み

continuous improvement 継続的改善

continuous innovation 継続的刷新

continuous transaction contract 継続的取引契約

原材料を製造者に繰り返し供給する契約のように，ある程度以上の期間に渡って，同種の取引が反復されることを前提として締

結された契約をいう。継続的取引契約も、一回限りのスポット契約と法的性質において本質的に異なるものではないと考えられているが、支払確保や契約解除の方法などでは特別な考慮が必要となり、それが立法にも反映される場合がある。担保の附従性が緩和された根抵当などはその例である。

contra bonos mores　善良の道徳に反して
contra formam statuti　制定法の規定に反して
contra preferentem rule　契約不利益解釈の原則
contraband　禁制品、輸出入禁止品
contract　契約
1. An agreement between two or more parties creating obligations that are enforceable or otherwise recognizable at law.
2. The writing that sets forth such an agreement.
3. Loosely, an unenforceable agreement between two or more parties to do or not to do a thing or set of things; a compact.
4. A promise or set of promises by a party to a transaction, enforceable or otherwise recognizable at law; the writing expressing that promise or set of promises.
5. Broadly, any legal duty or set of duties not imposed by the law of tort; esp., a duty created by a decree or declaration of a court.
6. The body of law dealing with agreements and exchange.
7. The terms of an agreement, or any particular term.
(Bryan A. Garner, Black's Law Dictionary Second Pocket Edition 139 (2001), West Group.)
1. 二組あるいはそれ以上の当事者の間で、強制力のある、さもなければ法に従っていると承認しうる義務を作り出す契約。
2. 上記の合意を示した書面。
3. 広義には、二組あるいはそれ以上の当事者の間での、何を行い、何を行わないかを取り決めた強制力のない合意；協定。
4. 取引に関わる一方の当事者による、強制力のある、さもなければ法に従っていると承認しうる約束または約束の一式；そのような約束または約束の一式を表した書面。
5. 広義には、不法行為法によって強要されない法的義務または義務の一式；特に、裁判所の判決または宣告によって作り出される義務。
6. 契約と取引を扱う法律の主要部。
7. 契約の条項または何か特定の条項。

contract bond　契約履行保証
contract carrier　契約運送業者
contract duty　契約上の義務
contract for deed　割賦払土地売買契約
土地の売買代金を、割賦払い、分割払いで支払うことを定めた売買契約。land cotract, assignment for deed。代金完済か一定金額の支払いが完了するまでは、所有権は売主に留保される点に特徴がある。
contract for sale　売買契約
1. A contract for the present transfer of property for a price.
2. A contract to sell goods at a future time.
(Bryan A. Garner, Black's Law Dictionary Second Pocket Edition 140 (2001), West Group.)
1. ある価格で所有物を即座に譲渡する契約。
2. 将来のある時に物品を売る契約。
contract for supply　供給契約
contract for the benefit of a third person　第三者のためにする契約
contract for the sale of goods　物品売買契約
contract for the supply of goods other than by way of sale　売買以外の方法による物品の供給契約
contract for the supply of service　サービス契約
contract for the supply of work and materials　労務・資材の提供契約
contract for value　有償契約
契約当事者双方が、互いに何らかの経済的利益を目的と締結する契約をいう。一方経

contract

済的利益を得ようとする目的を，当事者の一方あるいは双方とも持っていない場合を無償契約という。例えば，消費貸借が利息付で締結された場合は，借主は金融の利益を，貸主は利息取得の利益をそれぞれ期待する契約なので，有償契約である。これに対して，利息をとらない場合には，貸主には少なくとも経済的利益は見込めないから，無償契約だとされる。日本の民法上，有償契約と無償契約を区別することは，売買に関する規定を準用するかどうかを決するために必要である。〔参考〕民法559条(有償契約への準用)この節の規定は，売買以外の有償契約について準用する。ただし，その有償契約の性質がこれを許さないときは，この限りでない。

contract for work 請負
対価を受け取って，家を建てる，絵画を制作するなどの仕事を完成させる契約をいう。仕事を依頼する者を注文者，仕事を完成させる者を請負人というが，請負人が注文者の指揮監督に服するわけではない点が，雇用契約とは異なる。〔参考〕民法632条(請負)請負は，当事者の一方がある仕事を完成することを約し，相手方がその仕事の結果に対してその報酬を支払うことを約することによって，その効力を生ずる。

contract in restraint of trade 取引制限の契約

contract law 契約法

contract modification 契約変更

contract of affreightment 海上個別運送契約
運送人が，荷主の依頼を受けて，荷物を目的地まで海上運送することを約する契約をいう。個別の貨物について成立する物品運送契約である点で，傭船契約(charter party)とは異なる。

contract of carriage 運送契約
ある者が依頼を受けて，荷物や旅客を目的地まで送り届けることを約する契約をいう。運送中の事故や不達，遅延など法律上債務不履行や危険負担の問題となるケースが多く発生しやすい契約であるが，それらは法律の規定よりも，運送契約約款によっ

て処理されることが多い。

contract of forfeitable pledge 流質契約
質権が設定された債務が不履行となった場合に，法律の定める強制執行手続によることなく，債権者が任意に質物の処分を行えることを定めた契約をいう。このような契約は，質権者を不合理に優遇するものとして，日本の民法では禁止されている。〔参考〕民法349条(契約による質物の処分の禁止)質権設定者は，設定行為又は債務の弁済期前の契約において，質権者に弁済として質物の所有権を取得させ，その他法律に定める方法によらないで質物を処分させることを約することができない。

contract of insurance 保険契約

contract of insurance against loss 損害保険契約

contract of life insurance 生命保険契約

contract of marine insurance 海上保険契約

contract of partnership 組合契約
数名ないし十数名程度が，共同事業を行うことを目的として，締結する契約をいう。数十名規模以上の共同事業を組合契約で行うのは難しいとされ，日本の株式会社などのように，一般に社団契約の方式が取られる。組合契約で定まるのは，出資分担や業務執行方法，対外代表者や利益分配など，共同事業の内部的な定めである。したがって，その共同事業が法人格を取得できるかどうかや，個々の共同責任者が無限責任を負うかどうかなどは，組合契約とは別個の問題である。日本における少人数共同事業は，民法上の組合が原則であり，対外的には共同事業者の一人が全員のための代理人となって行うことになる。組合が法人格を取得できるのは，会社法上の合名会社や合資会社の要件を満たした場合だけで，有限責任も有限責任社員に限られる。アメリカにおける，Genelal Partnership は合名会社に，Limited Partnership は合資会社に，それぞれほぼ相当する法人組合制度である。一方，組合構成員の個人責任が大幅に緩和された Limited Liability Partnership (有限責任事業組合)は，日本では合同会社

contract

に相当する。〔参考〕民法667条(組合契約)1項　組合契約は，各当事者が出資をして共同の事業を営むことを約することによって，その効力を生ずる。

contract of record　記録契約，判決による給付義務

contract of sale　売買契約

contract of service　雇用
使用者＝master の指揮監督のもとに労務に服し，被用者＝servant がその対価を受け取ることを内容とする一対一の契約をいう。service contract。使用者と労働組合の労働条件等についての合意は labor contract である。〔参考〕民法623条(雇用)雇用は，当事者の一方が相手方に対して労働に従事することを約し，相手方がこれに対してその報酬を与えることを約することによって，その効力を生ずる。

contract of suretyship　保証契約
主債務者＝principle の借入金や債務不履行について，主債務者と共に責任を負うことを内容とする契約。この責任を負う者を保証人＝surety といい，保証契約は主債務者と保証人の間で交わされ，債務者は契約当事者とはならない。コモン・ロー上は guaranty は主債務者に不履行があった場合に初めて保証人に責任を追及できる制度であり，suretyship は日本の連帯保証人のように，先に保証人に責任を追及できるように抗弁できる制度であるといわれているが，Uniform Commercial Code を始めとして，両者は厳格には使い分けられていない。

contract parties　契約当事者

contract right　契約上の権利

contract system　請負制度

contract under seal　捺印契約

contracting out　制定法適用除外の特約，契約による制定法適用の排除

contractor　①契約者②工事請負人③請負人

contractor's agreement　請負契約

contracts of adhesion　附合契約　→adhesion contract

contracts of suretyship　補償契約

contractual defense　契約上の抗弁

contractual relationship　契約関係

contradiction　矛盾

contradiction in the reasons　理由の食い違い

contrary intention　反対の意思

contrary to　相反する

contravention　違反

contribute　寄附する

contribution　①寄与②求償権③出資④保険料

contribution in kind　現物出資

contribution in the form of property other than money　現物出資

contribution per unit　一口

contribution-in-kind reports　現物出資評価報告書

contributor　出資者

contributory conditions　寄与条件

contributory infringement　寄与侵害

contributory negligence　寄与過失
不法行為に基づく損害賠償請求訴訟において，原告にも損害の発生につき落ち度があったとする，被告の抗弁。医療過誤訴訟で，仮に被告の治療に過失があったとしても，原告にも医師の療養指示に従わない過失があったと抗弁するのがその例である。かつて合衆国では，多くの州で過失相殺を認めず，寄与過失の抗弁が認められれば，原告の請求は全部棄却されていた。しかしそれではあまりに不合理な結論になることが自覚され，現在では多くの州で，寄与過失の理論は，実質的な過失相殺である比較過失＝conparative negligence にとって変わられることになった。

control　管理

control deficiency　内部統制の欠陥

controlled prices　統制価格

controlled substance offenses　規制物質犯罪

controller　①財務役②会計検査役

controlling person　支配者
発行者を実質的に支配している①支配株主と②10％以上の株式をもつ取締役。

contused wound　挫創

convene 招集
議会，株主総会など会議体を開催するために，構成員を呼び集める行為。招集を行うことができる者は，その会議体の構成員とは限らない。通常は法律などに招集権者の定めがある。〔参考〕会社法296条3項 株主総会は，次条第四項の規定により招集する場合を除き，取締役が招集する。

convention 協定，大会

Convention against Torture and Other Cruel; Inhuman or Degrading Treatment of Punishment 拷問禁止条約

Convention for the Regulation of Whaling 捕鯨条約

Convention on Cybercrime サイバー犯罪条約

Convention on the Rights of the Child 児童の権利に関する条約

conventional method 在来法

conversion 転換

conversion of a drifting article 漂流物横領

conversion of a lost article ①遺失物横領②占有離脱物横領
他人の所有物ではあるが，誰の占有下にもない物を自分の占有下に移す犯罪。本来の所有者の所持に対する利益は既にないものの，その本権の回復をより困難にする行為であることから，罰すべき行為とされる。〔参考〕刑法254条(遺失物等横領) 遺失物，漂流物その他占有を離れた他人の物を横領した者は，一年以下の懲役又は十万円以下の罰金若しくは科料に処する。

conversion of a lost property 占有離脱物横領 →conversion of a lost article

conversion of goods into money 換金

conversion of shares 株式の転換

convertible bond 転換社債
権利の内容を株式や他の条件の社債へと変更することができる転換権＝convertible privilege がついた社債。CB と略称される。会社に社債や株式発行面でのオプションを与え，金融市場からの資金調達をしやすくする制度といえる。転換権は，条件や期間があらかじめ定められており，社債権者から会社に対する意思表示によって転換を行う。

convertible mortgage 転換抵当

convertible preferred stock 転換可能優先株

convertible shares 転換株式

convertible stock 転換株式

convey land free and clear 担保権の付着していない状態で土地を移転する

conveyance 不動産の譲渡

convict ①既決囚②受刑者③有罪判決をする
1. To prove or officially declare someone guilty of an offense, especially in connection with trial.
2. A person convicted of an offense.
3. An individual serving a prison sentence.
(James E. Clapp, Random House Webster's Dictionary of the Law 107 (2000), Random House.)
1. 何者かをある犯罪について有罪だと示し，正式に宣告すること。特に裁判に関連する。
2. ある犯罪で有罪を宣告された者。
3. 懲役の刑に服している個人。

convict on death row 死刑囚

convicted prisoner ①既決囚②受刑者

conviction ①心証②有罪判決

conviction record stored in computer 電算犯歴

convincing proof 確信を抱くに足る証明

convocation 招集

convulsion 痙攣

cooling off クーリング・オフ

cooling off period クーリング・オフ期間

cooling time 冷却期間

cooperation 扶助

cooperation in investigation 捜査の協力

cooperative ＝ co-op ①共同の，共同事業の②共同組合
①複数の者が，共同で事業や経営，所有を行っていることを示す語。②複数の者が利益の分配を前提とせず，生活の利便のために共同出資を行うこと。生活共同組合

cooperative

(consumer cooperative),保険共同組合(i-nsureance cooperative)など。
cooperative games　協調的なゲーム
co-operative society　共同組合
coordinated movements　連携動作
co-owner　共有者
co-owner of a ship　船舶共有者
co-ownership　共有
　数人以上の者が財産を共同で所有すること。その財産に対して各共有者がどのような利用，処分ができるかは，さらに共同所有の形態や趣旨によって分かれる。不動産の共同所有を示す用語としては，co-tenancyも使われる。共同所有者各自の独自性が強く，日本の共有に相当するものとしてtenancy in common。合有に相当するものとしてjoint tenancyなど。
copartnership　組合
Copeland Act　コープランド法
co-petitioner　共同原告
co-principal　共同正犯
co-promoter　共同発起人
copy　①写し②謄写する
copy of family registration　戸籍謄本
　戸籍簿の記載と同一であることが公に証明された写し。戸籍簿とは，日本国民各人についての，出生から，死亡までの，婚姻，離婚，養子縁組などの変動が記載された記録をいう。現在は相続人の確定などに使用されている。アメリカには住民登録の制度はあるが，このような出生から死亡までを網羅的に，単一の公機関が証明する制度はないため，遺言がない場合に，自分が相続人であることを証明するには一般的手段によるほかない。〔参考〕戸籍法13条　戸籍には，本籍の外，戸籍内の各人について，左の事項を記載しなければならない。　一　氏名　二　出生の年月日　三　戸籍に入つた原因及び年月日　四　実父母の氏名及び実父母との続柄　五　養子であるときは，養親の氏名及び養親との続柄　六　夫婦については，夫又は妻である旨　七　他の戸籍から入つた者については，その戸籍の表示　八　その他法務省令で定める事項
copy of software　ソフトウエアの複製

コンピュータソフトウエアのオリジナルを，他の電磁的媒体に複写する方法で複製を作成すること。ライセンサー(lisensor)の許諾なくソフトウエアの複製を作成することは著作権の侵害であり違法だが，バックアップその他正当な理由がある場合の複製は必ずしも違法とはいえず，ソフトウエア使用許諾契約(software license agreement)自体で複製許諾の条件を定めることも多い。〔参考〕著作権法47条の2(プログラムの著作物の複製物の所有者による複製等)1項　プログラムの著作物の複製物の所有者は，自ら当該著作物を電子計算機において利用するために必要と認められる限度において，当該著作物の複製又は翻案(これにより創作した二次的著作物の複製を含む。)をすることができる。ただし，当該利用に係る複製物の使用につき，第百十三条第二項の規定が適用される場合は，この限りでない。
copy of the register　登記簿謄本
copy of the registry book　登記簿謄本
copyhold　謄本保有権
　封建時代の欧州で土地を所有していたのは荘園領主であり，農民はこの土地の耕作や居住に利用する権利を有していただけだが，それらの権利の中でも，比較的農民の土地保有性の高い物はfreeholdとよばれた。それに対して，copyholdとはfreeholdより一層制限された土地利用権で，その権利の立証に裁判所の記録が利用されたため，謄本保有権という名前でよばれた。
copyholder　謄本保有権者
copyright　著作権
copyright assignment agreement　著作権譲渡契約
　自己が保有する著作権を他者に譲ることを内容とする契約。著作権全体を譲渡する場合もあるし，著作権の内容の一部をなす複製権などだけを譲渡する場合もある。ただし，公表権，指名表示権など，いわゆる著作者人格権は，著作者の一身専属権であるからこれを譲渡することはできない。譲渡契約後には管轄官庁で移転登録の手続を完

corporation

了することが必要である。〔参考〕著作権法19条(氏名表示権)1項　著作者は，その著作物の原作品に，又はその著作物の公衆への提供若しくは提示に際し，その実名若しくは変名を著作者名として表示し，又は著作者名を表示しないこととする権利を有する。その著作物を原著作物とする二次的著作物の公衆への提供又は提示に際しての原著作物の著作者名の表示についても，同様とする。

Copyright Law　著作権法
copyrightability　著作物性
coram nobis　自己誤審令状
coram non justice　裁判管轄権のない
core competence　コア・コンピタンス
co-respondent　共同被告，共同被上訴人
Corn Law　穀物法
corner　買い占める
coronary　心筋梗塞
Coronation charter　ヘンリー1世の戴冠式の憲章
　マグナカルタのように，法の遵守が一応宣言された。
coroner　検屍官
coroner's jury　コロナ陪審，検屍陪審
corp.　corporation, 法人
corp.enterprise tax　会社事業税
corp.inhabitant tax　会社住民税
corporal oath　聖書に手を置いて行う宣誓
corporal punishment　①身体刑②体罰
corporal seal　会社印
corporate benefit rule　会社利益の法則
corporate capacity　会社の権利能力
corporate citizen　企業市民
　良き企業市民として，コミュニティーに積極的に貢献する企業のあるべき姿。
corporate clarity　企業の透明性
　企業の経営が健全に行われているか，利害関係者に対し，経営情報がきちんと開示されているかという意味。
corporate entity　法人格
corporate franchise　会社特権
corporate governance　企業統治
　企業経営者が，収益を維持発展させることを目標として，会社を運営，維持していく

ことをいう。経営，生産，財務といった物的要素のみならず，労務，人事，福祉，倫理といった人的要素も含めてコントロールすることが，経営者の企業統治にとって欠かせない事項となる。

corporate image　企業イメージ
corporate lawyer　企業内弁護士
corporate name　商号
　商人や企業の営業上の名称をいう。商号はその商人や企業が自由に決めることができるのが原則であるが，法人である場合にはそれを示す文字を入れることや，他人の営業と誤認されるような商号の使用は認められないなど，一定の制約も存在する。日本の商法上は，「株式会社」「有限会社」など会社の種類をも商号の中に示さなければならない。これに対して，合衆国においてはどのような種類の会社であっても，「Corp.」「Co.」「Inc.」など法人であることさえ示されればよいとされる。〔参考〕会社法6条2項　会社は(中略)種類に従い，それぞれその商号中に株式会社，合名会社，合資会社又は合同会社という文字を用いなければばらない。

corporate opportunity doctrine　会社の機会の理論
corporate pension system　企業年金
corporate personality　法人格
corporate purpose　会社の目的
corporate reorganization　会社更生
Corporate Reorganization Law　会社更生法
corporate seal　会社印
corporate service price index(CSPI)　企業向けサービス価格指数
corporate tax　法人課税
corporate trustee　法人受託者
corporate veil　会社のヴェイル
corporation　①会社②法人
　An association of share holders (ごく一部略) created under law as an artificial person, having a legal entity separate from the individuals who compose it, with the capacity of continuous existence or succession, and the capacity of taking, holding,

| **corporation** | |

and conveying property, suing and being sued, and exercising, like a natural person, other powers that are conferred on it by law. A corporation's liability is normally limited to its assets; the shareholders are thus protected against personal liability for the corporation. The corporation is taxed at special tax rates, and the stockholders must pay an additional tax upon dividends or rather profits from the corporation. Corporations are subject to regulations by the state of incorporation and by the jurisdictions in which they carry on their business.
Special statutes have been enacted in many jurisdictions to permit single individuals or closely knit small groups of individuals to form close corporations to limit their personal liability but to carry on business without the formality of annual meetings and action by boards of directors.
(Steven H. Gifis, Dictionary of Legal Terms 102-103 (3rd ed., 1998), Barron's Educational Series, Inc.)
法人として法の下に作られた株主らの組織であり、それを構成する個人からは独立した法的な人格を持ち、継続的な存在または相続の資格と、資産を取得し、保有し、譲渡することができ、提訴し、提訴され、法律によって与えられたその他の権限を人間のように遂行する力がある。会社の責任は通常はその資産内に制限される。したがって株主らは会社への個人的な責任から保護されている。会社は特別の割合で課税され、株主らは配当金、正確に言えば会社からの収益に対して追加の税金を支払わなければならない。会社は会社を設立した州と事業を営む法域の規則に従わなければならない。多くの法域において、一個人で、または密接に組織された個人の小規模グループが、かれらの個人的な責任を限定するために、しかし取締役会による年次の会合や活動という形式的行為なしで事業を営むために、非公開会社を形成することを認可する特別法が制定された。

corporation aggregate　集合法人、社団法人

corporation by estoppel　禁反言による会社

corporation de facto　事実上の会社

corporation in public interest　公益法人
存続目的が、慈善、教育、宗教など公益である法人。nonprofit corporation。利益をあげて、構成員に分配することを目的とする営利法人＝corporation for profit, profit corporation に対置される法人である。〔参考〕民法34条（公益法人の設立）学術、技芸、慈善、祭祀、宗教その他の公益に関する社団又は財団であって、営利を目的としないものは、主務官庁の許可を得て、法人とすることができる。

corporation income tax　会社所得税
corporation sole　単独法人
corporation tax　法人税
法人が事業によって得た収益を課税標準とする直接税をいう。課税の対象となる事業の範囲は、法人の活動の目的によって異なる。一般に営利法人は全ての事業が課税対象となるのに対して、公益法人の行う事業については、課税対象とならないか、限定した課税対象となることが多い。

Corporation Tax Law　法人税法
Corporations Code　法人法典
corporatism　協調組合主義
1970年代に注目された概念。企業・組合従業員・マーケット関係者による協調体制を作り、幅広い市民の利益にかなう製品を提供すること。

corporeal property　有体財産
corporeal things　有体物
corpse　死体
corpse resulted from an unnatural death　変死体
corpus　①全集②資料
corpus delicti　犯罪構成事実
corpus juris　法大全、法律全書、（米）『アメリカ法大全』
corpus of a person who is suspected to have died an unnatural death　変死の

疑いのある死体
correct ①補正する②訂正する
correction ①矯正②行刑
correctional institution 矯正施設
correctional treatment 矯正的処遇
correspondence ①信書②通信
corresponding amount 対等額
corresponding day 応当日
corroborate 実証する
corroborate evidence 実証
corroborating evidence 確証的証拠
corroboration 確証
corroborative evidence ①補強証拠②傍証
corrupt public morals 風俗を乱す
corruption ①腐敗②汚職
corruption of government officials 官紀紊乱
cosigner 共同署名者
手形，契約書などに主債務者と共に署名をしたことによって責任が生じる者。連帯保証人，accomodation party。
cost 費用
The amount paid or charged for something; price or expenditure.
(Bryan A. Garner, Black's Law Dictionary Second Pocket Edition 151 (2001), West Group.)
ある物のために支払うあるいは請求される額；代価または支出。
cost and freight＝C.&F. 運賃込み料金
貿易契約条件の一つで，商品の船籍価格＝cost に仕向地までの運賃＝freight を加えた価格。
cost and insurance＝C.&I. 保険料込み
貿易契約条件の一つで，商品の船籍価格＝cost に仕向地までの保険料＝insurance を加えた価格。
cost competitiveness コスト競争力
cost insurance and freight＝C.I.F 運賃保険料込み
海上運送を利用した売買において，仕向地までの運賃，保険料が売主の負担とされる契約条項をいう。ただし船に荷物を積み込んだ後の費用や危険は買主が負担するが保

険料は売主の負担という趣旨である。保険会社や運送会社は売主が決定することができる。C.I.F.は，Incoterms でその定義や内容が明確化され，海上運送ばかりではなく，国際商取引において広く用いられる事実上の契約準則となっている。
cost of an action 訴訟費用
cost of entry （市場)参入コスト
cost of the trial 訴訟費用
cost-benefit analysis 費用便益分析
costs and expenses 費用
同義語を併記するパターン。
costs of enforcement 民事の執行費用
co-successor 共同相続人
co-successor who received gift 特別受益者
co-surety 共同保証，共同保証人
co-tenancy 共有，共同所有
数人以上の者が財産を共同で所有することをいう。co-ownership。日本の共有に相当するものとして tenancy in common が，合有に相当するものとして joint tenancy がある。
Council of Europe ヨーロッパ評議会
counsel ①弁護士②法律顧問
counsel and consent 助言と承認
counsellor 参事官
counsellor 弁護士
count ①折算する②訴因③数える④あてにする
In indictments, an allegation of a distinct offense; a charge. In civil procedure, the statement of a specific cause of the action.
(Gilbert Law Summaries Pocket Size Law Dictionary 67 (1997), Harcourt Brace And Company.)
正式起訴状における，はっきりとした罪の主張；告発。民事手続における，訴訟の明確な理由の陳述。
count out 定足数点検
counter 対処する
counter offer 契約などの反対申込み
counter signature ①副署②連署
counter-affidavit 対抗宣誓供述書
counterargument 反論

counter-bond　逆保証証書
counterclaim　①反対請求②反訴
counterevidence　反証
counterfeit　①偽造品②模造品
counterfeit and utterance of foreign currency　外国通貨偽造行使
　外国通貨が事実上国内で通用している状況がある場合には，この外国の通貨に対する信用も維持する必要があるため，国内通貨の偽造，行使と同様，処罰の対象となる。合衆国連邦法も，18 U.S.C.§482,§483等で，外国通貨の偽造，行使を罰している。〔参考〕刑法149条（外国通貨偽造及び行使等）　行使の目的で，日本国内に流通している外国の貨幣，紙幣又は銀行券を偽造し，又は変造した者は，二年以上の有期懲役に処する。2　偽造又は変造の外国の貨幣，紙幣又は銀行券を行使し，又は行使の目的で人に交付し，若しくは輸入した者も，前項と同様とする。
counterfeit money　にせ金
counterfeit of a currency　通貨偽造
counterfeit of a private seal　私印偽造
　私人が使用する印章や署名を偽造する犯罪である。〔参考〕刑法167条（私印偽造及び不正使用等）1項　行使の目的で，他人の印章又は署名を偽造した者は，三年以下の懲役に処する。
counterfeit of a seal　印章偽造
　行使の目的で公や私人の印章を偽造する行為を罰する罪である。印章の偽造とは書面に現れた印影や印鑑そのもの（印顆）を意味すると考えられている。ただし，実際に書面に押捺して使用する目的が必要である。署名＝signatureとは，書面上に表示された氏名や商号などの主体をいう。日本の刑法の解釈としては，印刷やゴム印などによるいわゆる記名を含むとする見解が有力だが，本来は印章と同様に，その書面が真性に成立したことを証明するのが署名の役割であり，したがって自署に限られるとする見解も有力である。合衆国統一商法典の定義によれば，署名とは，文書の真性を証明するために，自署，器具または機械によりなされた，氏名，商号，通称など一切の名称を表す，文字，記号，シンボルをいう（U.C.C.§3-401(b)）。
counterfeit of an official mark　公記号偽造
　選挙用配布物などが選挙管理委員会の承認を受けたことを示す認印など，正確な名称は示されていないけれども公機関の主体性を表すものであることが一見してわかる記載を公記号という。公記号も公の証明力に関わるものであるので，その偽造は刑法の処罰の対象とされている。〔参考〕刑法166条（公記号偽造及び不正使用等）　行使の目的で，公務所の記号を偽造した者は，三年以下の懲役に処する。
counterfeit of an official seal　公印偽造
　公目的で使用されている印章を偽造する罪で，公の信用に関わる事柄であるので，私印偽造よりも重く罰せられる。〔参考〕刑法166条（公記号偽造及び不正使用等）1項　行使の目的で，公務所の記号を偽造した者は，三年以下の懲役に処する。
counterfeit of currency　通貨偽造
　内国の紙幣や貨幣を偽造する犯罪である。外国通貨偽造罪と異なるのは，通貨の流通に対する信用のほかに，国家の通貨発行権も保護法益とされる点である。したがって，合衆国においても，州の管轄事項ではなく，連邦法で定める犯罪となっている。〔参考〕刑法148条（通貨偽造及び行使等）1項　行使の目的で，通用する貨幣，紙幣又は銀行券を偽造し，又は変造した者は，無期又は三年以上の懲役に処する。
counterfeit of foreign currency　外国通貨偽造　→counterfeit and utterance of foreign currency
counterfeit of securities　有価証券偽造
　他人名義の，その他人が債務を負担する形式の手形，小切手などの有価証券を，無権限で作成することをいう。他人がいわれのない債務を負う場合でも，その他人の代理人として有価証券を不正に作ったときは，たんなる私法上の無権代理であって偽造ではない。債務負担という面では個人的法益であるが，その後の流通の安全をも保護するので，社会的法益に対する犯罪だと考え

られている。〔参考〕刑法162条(有価証券偽造等)1項　行使の目的で，公債証書，官庁の証券，会社の株券その他の有価証券を偽造し，又は変造した者は，三月以上十年以下の懲役に処する。

counterfeit of the Emperor's Signature　御名偽造
天皇の名前の署名を偽造することをいう。天皇の署名は，国会の召集や国務大臣の任免など，極めて重要な国家行為を公に認証する役割を持つので，これを偽造する行為は，公署名の偽造のなかでもとりわけ重く罰せられる。〔参考〕刑法164条(御璽偽造及び不正使用等)　行使の目的で，御璽，国璽又は御名を偽造した者は，二年以上の有期懲役に処する。

counterfeit of the Imperial Seal　御璽偽造
天皇の印を偽造することをいう。御名と同様，重要な国家行為の認証に用いられる印であるので，たんなる公印の偽造よりも重く罰せられる。

counterfeit of the Seal of State　国璽偽造
counterfeit sickness　詐病
countermand　撤回，取消し
countermeasure　①対案②対策
counterpart　副本
counter-performance　反対給付
counterproposal　対案
counter-security　逆担保，見返り担保
countersign　連署
countervailing duty　相殺関税
外国政府が，特定の産業に対して補助金政策を行っている場合に，その補助金政策が公正な貿易慣行を阻害していると認められるとき，その産業からの輸入製品に対して対抗措置として課せられる関税。
country analysis　カントリー分析
country concerned　関係国
条約や協約などの国際的合意に参加した国全体を，その条文中で指し示す場合に使われる用語。工業所有権の保護に関するパリ条約 Article 4.A.(3)など。
country governed by law　法治国家

country of origin　本国，著作物の本国
country risk　カントリー・リスク
海外に事業展開したり，海外企業に投資したりする場合に，その事業や企業自体の要因ではない，その国の国情や政情，金融や経済状況，法整備状況など，事業の遂行や投資の回収に影響を与える不安定要素をいう。
country under the rule of law　法治国家
county　郡
county court　県裁判所
coupled with an interest　利益と結びついた，利益を伴う
coupon　利札，クーポン券
coupon bond　利札付債券
course for legal apprentices　①修習②司法修習
course of action　行動方針
course of dealing　交渉の経過，取引過程
course of employment　業務の執行
course of performance　履行の経過，履行過程
court　裁判所
The branch of government responsible for the resolution of disputes arising under the laws of government. A court system is usually divided into various parts that specialize in hearing different types of cases. Trial courts receive evidence and make initial determinations of fact and law that may then be reviewed by appellate courts. Trial courts may further specialize in civil, criminal, or family law matters. Federal courts hear cases arising under federal laws. All states have a separate court system to decide cases arising under state laws.
(*Steven H. Gifis, Dictionary of Legal Terms 107 (3rd ed., 1998), Barron's Educational Series, Inc.*)
政府の法の下で生じた紛争の解決に対して責任を負う政府の部門。裁判所制度は通常異なる類型の事件の審理を専門とする種々の部門に分けられる。審理裁判所は証拠を受領し，そのうち上訴裁判所によって再審

court

理されるかもしれない事実と法律について最初の決定をなす。審理裁判所はさらに民事，刑事，家族法問題を専門とすることもある。連邦裁判所は連邦法の下に起こった事件を審理する。全州が州法の下に起こった事件を解決するための独立した裁判所制度を持つ。

court above 上訴審，上訴裁判所
court appointed 国選弁護人
court assigned 国選弁護人
court below 原審，原審裁判所
court clerk 裁判所書記官
court day 公判期日
court having jurisdiction over 管轄裁判所
court interpreter 法廷通訳
court martial 軍法会議
Court of Admiralty 海事裁判所
court of appeal 控訴裁判所
court of appeals ①上訴裁判所(アメリカ)②控訴裁判所(イギリス)
  1. An intermediate appellate court.
  2. In New York and Maryland, the highest appellate court within the jurisdiction.
  (Bryan A. Garner, Black's Law Dictionary Second Pocket Edition 155 (2001), West Group.)
  1. 中間上訴裁判所。
  2. ニューヨークとメリーランドでは，法域内の最高上訴裁判所。
court of assize 巡回裁判所，アサイズ裁判所
court of bankruptcy 破産裁判所
Court of Chancery 大法官裁判所，衡平法裁判所
Court of Claims 請求裁判所
Court of Common Plea 民訴裁判所(中世イギリス)
court of equity エクイティ裁判所
  A court that (1) has jurisdiction in equity, (2) administers and decides controversies in accordance with the rules, principles, and precedents of equity, and (3) follows the forms and procedures of chancery.
  (Bryan A. Garner, Black's Law Dictionary Second Pocket Edition 155 (2001), West Group.)
  (1)エクイティ上の法域を有する裁判所，(2)エクイティ上の規則，原則，そして先例に応じた論争を処理し決定する裁判所，また(3)衡平法裁判所の形式と手続に従った裁判所。
Court of Exchequer 財務裁判所
court of general jurisdiction 一般的管轄権をもつ裁判所(アメリカ)
court of impeachment 弾劾裁判所
Court of International Trade 国際通商裁判所
court of Jokoku-appeal 上告
  第二審の判決に対する不服申立て手段。わが国では民事訴訟，刑事訴訟を問わず，最高裁判所が上告事件の管轄を有するのが原則である。〔参考〕裁判所法7条(裁判権)本文，1号 最高裁判所は，左の事項について裁判権を有する。 一 上告
court of Kokoku-appeal 抗告裁判所
court of Koso-appeal 控訴裁判所
court of last resort 最終審裁判所
court of law ①裁判所②コモン・ロー裁判所
Court of Military Appeals (米)軍法上訴裁判所
court of nisi prius 巡回陪審裁判所
court of petty sessions 治安裁判官小法廷
court of record 正式記録裁判所
court of survey (英)船舶検査裁判所
court of the first instance 第一審裁判所
court of the original instance 原裁判所
court official 裁判所職員
Court Organization Law 裁判所法
court precedent 判例
court procedure 裁判所の手続
court record 公判調書
court session 法廷時間
court-room 公判廷
courtroom audience 傍聴人
court's own inquiry 職権調査
covenant ①契約②捺印契約
  1. To enter a formal agreement; to bring

oneself in contract; to make a stipulation.
2. An agreement to do or not to do a particular thing.
3. A promise incidental to a deed or contract, either express or implied.
(*Steven H. Gifis, Dictionary of Legal Terms 109 (3rd ed., 1998), Barron's Educational Series, Inc.*)
1. 正式な合意関係に入ること；当事者を契約関係に引き入れること；契約を作成すること。
2. 特定の事を行うあるいは行わないという合意。
3. 捺印証書または契約に付随して生じる約束であり、表示か黙示かを問わない。

covenant against encumbrances; 〜against incumbrances 負担不存在担保約款，負担不存在担保条項

covenant and agree 同意する，合意する
同義語を併記するパターン。

covenant for title 権原担保約款，権原担保条項

covenant not to compete 競業制限条項，競業避止条項
営業譲渡，独占販売契約，秘密保持契約などにおいて，営業の譲渡を受けた者，独占販売権を付与された者，営業条の秘密を知りえた者などが，同種の営業を営んだり，同種の製品を販売しない義務を課した契約条項。no competition clause。

covenant not to sue 不起訴契約，不起訴特約

covenant of quiet enjoyment; 〜for quiet enjoyment 平穏享有担保約款，平穏享有担保条項

covenant of seisin 不動産保有担保約款，権利担保条項

covenant of warranty 担保約款，担保条項

covenant to stand seised 信託保有契約

covenants for title 権原担保約款

cover ①保険で担保する②カバーする

coverage ①保険の担保範囲②保護範囲

cover, embrace, and include 包含する
同義語を併記するパターン。

cover-up もみ消し工作

craft union 職種別労働組合

cram down クラム・ダウン，破産者保護，破産債務圧縮
破産者の再起のために、債務の額を切り下げたり、個人財産を一定の条件で破産者の占有にとどめたりすることを、破産債権者や破産裁判所が認めることをいう。

cranial nerve 脳神経

crash ①墜落②暴落

create a bad impression 心証を害する

create a disturbance in the courtroom 法廷で妨害する

create a precedent 先例を作る

create a sensation 世間の耳目を驚かす

creation of property rights 物権の設定

creation of rights 権利の設定

creative destruction 創造的破壊

credibility 信用性

credibility of confession 自白の証明力

credibility of evidence 証拠の信用性
証拠とりわけ証人が、真実を述べている蓋然性が高いかどうかの評価をいう。証言内容に証明すべき事実との関連性があることを前提として、その真実性が問題になるという意味で、証拠の関連性それ自体の問題である証拠の証明力(probative value)とは異なる。これは、同じ証人の同じ質問に対する応答であっても、宣誓をしたうえで証言の方が、宣誓をする前の証言よりも信用性が高い、と考えられることから明らかであろう。あるいは、不利な証言をされた当事者が、その証人がかつて偽証罪に問われた経歴があるなどの材料を提出して、その証言の信用を争う場合などが考えられる。

credible commitment 信用できるコミットメント

credible witness 信頼性のある証人

credit ①債権②信用③信用貸し④貸方

credit card クレジットカード

credit card fraud クレジットカードの詐欺

Credit Guarantee Association Law 信用保証協会法

credit side 負債の部

credit

credit to the capital 資本への組入れ
creditor 債権者
 1. One to whom a debt is owed; one who gives credit for money or goods.
 2. A person or entity with a definite claim against another, esp. a claim that is capable of adjustment and liquidation.
 3. Bankruptcy. A person or entity having a claim against the debtor predating the order for relief concerning the debtor.
 (Bryan A. Garner, Black's Law Dictionary Second Pocket Edition 161 (2001), West Group.)
 1. 債務を負っている相手；金銭または品物に信用を付与する人。
 2. 他者に対する明確な権利，特に精算と弁済の余地がある請求権を有する人または実体。
 3. 破産。その債務者に関する救済の指図書に先行する債権者への請求権を有する人または実体。
creditor beneficiary 債権者受益者
creditor beneficiary contract 債権者受益契約
creditor's bill 債権者訴訟
creditor's claim 一般債権者
creed 信条
cremation 火葬
crew 船員
crime 犯罪
 A social harm that the law makes punishable; the breach of a legal duty treated as the subject matter of a criminal proceeding.
 (Bryan A. Garner, Black's Law Dictionary Second Pocket Edition 161 (2001), West Group.)
 法律が罰するべきと定めた社会的な害悪；刑事訴訟手続の支配下にある問題としてみなされる法律義務の違反。
crime committed outside Japan 国外犯
crime group member 暴力団員
crime indictable upon a complaint 親告罪
 被害者が同意しなければ起訴することがで

きない犯罪をいう。被害者の起訴に対する同意や申告を，告訴という。どのような犯罪を親告罪とするかは，その国の立法政策次第である。日本の場合は，性的犯罪，名誉毀損罪などが親告罪とされている。〔参考〕刑法180条（親告罪）1項　第百七十六条から第百七十八条までの罪及びこれらの罪の未遂罪は，告訴がなければ公訴を提起することができない。
crime letting a detained person to escape 逃走させる罪　→assisting escape, assisting escape by a security guard
crime of borrow-and-deposit 預合いの罪
crime of evading liability for payment of shares 株式払込責任免脱の罪
crime of omission 不作為犯
 禁止に違反する作為的な行為が犯罪とされる場合ではなく，命ぜられた行為をしないことが犯罪と評価されることをいう。不解散罪のように，不作為の前提となる命令が法律に示されている場合と，倒れそうになっているランプを放置して放火罪を実現する場合のように，禁止の形式で規定された条文から，不作為の前提となる命令の存在を推測する場合とがある。〔参考〕刑法107条（多衆不解散）　暴行又は脅迫をするため多衆が集合した場合において，権限のある公務員から解散の命令を三回以上受けたにもかかわらず，なお解散しなかったときは，首謀者は三年以下の懲役又は禁錮に処し，その他の者は十万円以下の罰金に処する。　刑法108条（現住建造物等放火）　放火して，現に人が住居に使用し又は現に人がいる建造物，汽車，電車，艦船又は鉱坑を焼損した者は，死刑又は無期若しくは五年以上の懲役に処する。
crime of passion 痴情犯罪
crime of which criminal needs a certain status 身分犯
 公務員や常習性など，犯罪の成立や刑罰の軽重に影響する，犯人の人的属性をいう。status crime。
crime prevention activities 犯罪予防活動

crime relating the performance of official duties 職務に関する罪
crime-constituting condition 構成要件
　→constituent elements of a crime
crimes charged as a single crime 観念的競合
　一回の行為が二個以上の犯罪の要件をみたすこと。人の居住する建物を爆破する行為が，殺人罪と器物損壊罪の双方の要件を満たしているのが，その例である。この場合は併合罪(accumulative crimes)のように罪が加重されるのではなく，罪のより重い犯罪である殺人罪の一罪で処断される点に特徴がある。〔参考〕刑法54条(一個の行為が二個以上の罪名に触れる場合等の処理)1項 一個の行為が二個以上の罪名に触れ，又は犯罪の手段若しくは結果である行為が他の罪名に触れるときは，その最も重い刑により処断する。
Crimes court 合衆国犯罪裁判所
crimes with an interstate character 州際的性格を帯びた犯罪
criminal 犯人
criminal act 犯罪行為
criminal action ①刑事訴訟②公訴
criminal affairs bureau 刑事局
criminal attempt 未遂犯 →attempted offens
criminal case ①刑事事件②被告事件
criminal compensation 刑事補償
criminal compensation law 刑事補償法
criminal conviction 刑事上の有罪判決
criminal defendant 被告人
criminal disposition 刑事処分
criminal division 刑事部
criminal fact 犯罪事実
criminal intent 犯意
criminal investigation 捜査
criminal investigation conducted on a non-compulsory basis 任意捜査
criminal investigation with the voluntary cooperation 任意捜査
criminal justice 刑事司法
criminal law 刑法，刑事法

criminal liability 刑事責任
criminal minor 刑事未成年者
criminal negligence 刑事過失
criminal organization 犯罪組織
criminal penalty 刑罰
criminal policy 刑事政策
　The branch of criminal science concerned with limiting harmful conduct in society. It draws on information provided by criminology, and its subjects for investigation are (1) the appropriate measures of social organization for preventing harmful activities, and (2) the treatment to be accorded to those who have caused harm, whether the offenders are to be given warnings, supervised probation, or medical treatment, or whether they are to suffer serious deprivations of life or liability, such as capital punishment or imprisonment.
　(Bryan A. Garner, Black's Law Dictionary Second Pocket Edition 164-165 (2001), West Group.)
　社会における限定的な有害行為に関する犯罪科学の部門。犯罪学によって提供される情報を生かし，その調査の対象は，(1)有害行為を防止するための社会組織の適切な対策，(2)犯罪者らが警告を与えられようと，保護観察の指揮下にあろうと，それとも医師の治療を受けていようとも，または彼らが極刑や服役のように生活や責務の深刻な損失を受けていようとも，それら害悪をもたらした者たちに与えられるべき待遇，である。
criminal procedure 刑事訴訟
　The rules governing the mechanisms under which crimes are investigated, prosecuted, adjudicated, and punished. It includes the protection of accused persons' constitutional rights.
　犯罪が調査され，訴追され，裁かれ，罰せられるしくみを律する規則。被告の憲法上の権利保護を含む。
criminal procedure in traffic cases 交通事件における逮捕

criminal

criminal proceeding 刑事手続, 刑事訴訟
criminal prosecution 刑事訴追
criminal psychology 犯罪心理学
criminal record 前科
criminal responsibility ①刑事責任②責任能力
　①犯罪という害悪をもたらしたことの代償として科せられる, 刑罰＝punishment という不利益。criminal liability。一方民事責任は, 金銭賠償を原則とする。②罪を犯しても, 行為の善悪を認識したり, その認識にしたがって行動する能力のない者の行為を罰することはできないとの原則。いわゆる心神喪失者や10代前半未満の者の犯罪行為が問題となる。日本の刑法では心神喪失者と14歳未満の者は共に常に責任能力がないとされるが, カリフォルニア州刑法では, 心神喪失者＝ideot には常に犯罪能力がないとされる一方, 14歳未満の者は, 行為のときに善悪を理解できなかったときに限り責任能力がないとする。(CA PENAL CODE§26)。〔参考〕刑法39条(心神喪失及び心神耗弱)1項　心神喪失者の行為は, 罰しない。　刑法41条(責任年齢)十四歳に満たない者の行為は, 罰しない。
criminal sanction 処罰
criminality 犯罪性
criminology ①犯罪学②刑事政策
criterion 基準
critical condition 重態
critical legal studies 批判的法学
critical success factors 最重要成功要因
criticism 批判
crops 農作物, 収穫物
cross appeal 交差上訴
cross default clause クロス・デフォルト条項
cross examination 反対尋問, 交互尋問
　The questioning of a witness, by a party or lawyer other than the one who called the witness, concerning matters about which the witness has testified during direct examination. The purpose is to discredit or clarify testimony already given so as to neutralize damaging testimony or present facts in a light more favorable to the party against who, the direct testimony was offered.
　(Steven H. Gifis, Dictionary of Legal Terms 114 (3rd ed., 1998), Barron's Educational Series, Inc.)
　証人と呼ばれる人以外の当事者または弁護士によって, その証人が直接尋問時に証言したことについての事柄に関して証人に質問すること。その目的は, 不利な尋問の効力を失わせるために既になされた尋問を信憑性を損ないまたはその効力をなくすこと, もしくは主尋問がなされた当事者に対立する当事者にとって, より有利な事実を提示することである。
cross license クロス・ライセンス
　ある者の特許の利用を認めてもらう＝licensing(実施権)代わりに, 自分が有する特許をその者が利用することを許可することをいう。それぞれが有する特許を相互に利用しあうことで製品開発の効率を高めたいという目的の場合や, 特許に関する紛争の和解的な解決の一内容となる場合などがある。
cross licensing 交互実施許諾
cross rules 対立仮決定, 相互仮命令
cross selling price 総販売額
cross-action 反訴
　An independent action by a defendant against a plaintiff or codefendant which grows out of the subject matter of the plaintiff's suit. Same as "cross-complaint." Term is often used interchangeably with cross-claim, but accurately, a cross-claim is between parties on the same side of the action.
　(Gilbert Law Summaries Pocket Size Law Dictionary 71 (1997), Harcourt Brace And Company.)
　被告から原告または相被告に対する別個の訴訟であり, 原告提起の訴訟に従属する事柄から生じたもの。「cross-complaint」と同じ。用語はしばしば交差請求と取り替えて使われるが, 正確には, 交差請求は訴訟の同じ側の当事者間のものである。

cross-bill 交差訴状；反対訴状, 交差手形；逆手形
cross-border transaction 隣国間の取引
cross-claim 交差請求, 共同訴訟人間請求
cross-complaint 交差訴状, 反訴訴答
cross-demand 反対請求
crossed cheque (英)線引小切手
cross-elasticity of demand 需要の交差弾力性
cross-errors 反対誤審申立て, 反対破棄事由
cross-held shares 持合い株式
crowding out クラウディングアウト
crown ①国王②王冠
crown jewerl lock-up 敵対的買収防止法の一つ(支配権移転を契機として買収者が狙っている資産を第三者に譲渡する合意)
cruel 残虐な
cruel punishment 残虐刑
cruising lane 走行車線
crush wound 挫滅
CS : Statement on Standards for Consulting Services コンサルティング業務基準
culpa 過失
culpa in contrahendo 契約締結上の過失
culpability ①責任②非難できない行為
culpability principle 責任主義
  犯した犯罪行為につき, 行為者を道義的に非難できる可能性がなければ刑罰を科せられることはないとの原則。具体的には, 目的＝purpose, 故意＝intenshon, 未必の故意＝recklesness, 過失＝negligence のいずれかがあることが, 犯罪成立の要件となる。
culpable 有責の
culpable negligence 重い過失
culture pattern 文化様式
cum rights 権利付きの
cumulative ①累積的な②追加的な
cumulative offense 集合犯
  数個の行為が, 形式的に数罪が成立するように見えても, 刑法の条文自体が反復継続して行われることを予定している場合に, 包括一罪とされる犯罪類型をいう。わいせつ文書をくり返し販売しても, 包括して一罪のわいせつ物販売罪が成立するにすぎないのはその例である。「販売」という用語は, 一回限りの売買から反復した複数の売買までを広く含んでいるからである。〔参考〕刑法175条(わいせつ物頒布等) わいせつな文書, 図画その他の物を頒布し, 販売し, 又は公然と陳列した者は, 二年以下の懲役又は二百五十万円以下の罰金若しくは科料に処する。販売の目的でこれらの物を所持した者も, 同様とする。

cumulative preferred stock 累積的優先株式
cumulative punishment for recommitment of an offense 再犯加重 → aggravated punishment against repeated offense
cumulative remedy 重複的救済
cumulative voting 累積投票
curative effect 治療効果
curator 保佐人
cure ①治癒②治療する
currency ①金銭の流通②通貨
currency system 通貨制度
current account 経常収支, 当座預金
current assets 流動資産
current balance 経常収支
current event 時事
current income 当期利益
current liabilities 流動負債
current loss 経常損失
current price 時価
current system 現行制度
current term 当期
curriculum vitae 履歴書
curtail 短縮する
custodia legis 法の保管, 裁判所の保管
custodial in nature 保管の性質
custodial interference 保護干渉罪
custodian 管理者
  1. A person or institution that has charge or custody of property, papers, or other valuables; guardian.
  2. Bankruptcy. A prepetition agent who has taken charge of any asset belonging to the debtor.

custodian

(Bryan A. Garner, Black's Law Dictionary Second Pocket Edition 168 (2001), West Group.)
1. 財産、書類、または他の貴重品を管理し保管する人または組織；保管者。
2. 破産。債務者所有のあらゆる資産を管理する申立て前の代理人。

custodian trustee （英)保管受託者
custody ①監護権②保管
custody facility in a police station used in lieu of a detention house 代用監獄、代用刑事施設
　刑務所や拘置所の代わりに、警察署付属の留置場を刑事施設として使用すること。弾劾主義的、当事者主義的捜査観からは、代用刑事施設は捜査機関の取調べの便宜が優先されていて、当事者間の公平を欠くものとして批判の対象となっている。英米をはじめ欧米先進諸国には、代用刑事施設に相当する制度や運用は存在しないと言われている。〔参考〕刑事収用施設及び被収容者等の処遇に関する法律15条　第三条各号に掲げる者は、次に掲げる者を除き、刑事施設に収容することに代えて、留置施設に留置することができる。

custom ①慣習②慣習法
custom duty 関税
　自国でも生産している製品が外国から安い値段で輸入されたときに、自国の製品や産業を保護するために課せられる税金。customs, tarrif。関税額は、自国製品の内国流通価格との差額が基本となる。

custom modifications カスタマイズ、改変
　コンピュータ・ソフトウエアがベンダーからユーザーに納入されたとき、ユーザー側の業務効率の見地からソフトウエアの内容を一部修正することをいう。カスタマイズが可能かどうかは、ソフトウエア・ライセンス契約（Software License Agreement）の定めるところによる。一切の改変を認めない場合、ユーザ自身がカスタマイズ可能な場合、ユーザーが要望する場合にベンダーが修正に応じる場合など、さまざまである。

custom of merchant 商慣習、商慣習法

customary 常習的な
Customary International Law 慣習国際法
customary law 慣習法
　同じ扱いが歴史的に繰り返されてきたことにより、その扱いが事実上のみならず、規範としても従うべきものであると意識されるに至った習慣をいう。規範意識に支えられていることが必要で、そのような意識のないものはたんなる事実の無意識的、習慣的な反復であり事実たる慣習とよばれる。慣習法は、法典の形式で存在する成文法、判例という公の形式で存在する判例法とならび、法の存在態様の一つである。例えばイギリス憲法は、憲法律といわれる慣習法の集合体である。また英米におけるコモン・ローは、現在では判例法と捉える見解が多いが、元来は規範意識に支えられてきた一般的慣習を、裁判所が判例という形式で認めてきたものであって、慣習法的性格をあわせもっていることは否定できない。

customer 取引先
customer relations management (CRM) 顧客関係管理
customhouse 税関
customs ①関税②税関
Customs Court 関税裁判所(アメリカ)
customs declaration 税関申告書
customs duties 関税
Customs Law 関税法
customs officer 税関官吏
Customs Tariff Law 関税定率法
Customs Tariff Schedules of Japan 実行関税率表
Customs Temporary Measures Law 関税暫定措置法
customs valuation 関税評価
customs value 関税価額
cut wound 切創
cuurent account 途中勘定、未確定勘定
cy pres doctrine シー・プレ原則、可及的近似例
　信託の目的を達成できなくなったような場合であっても、裁判所は可能な限り、その信託の目的に近い効果をあげる信託に変更

して，信託を継続することを認めること。
cyanate 青酸塩
cyanide poisoning 青酸中毒
cyclical fluctuation 周期的変動
cycling stadium 競輪場
cy-pres 可及的近似則

D

D.A. ①district attorney，地区検事②documents against acceptance，引受渡し
dagger 短刀
daily allowance 日当
daily household matters 日常の家事
Daily Life Protection Law 生活保護法
daily newspaper 日刊新聞紙
daily trial balance sheet 日計表
Daishinin 大審院
明治憲法下における司法権の最上級，終審に位置する裁判所。日本国憲法下の最高裁判所に相当すると言えるが，違憲立法審査権がないなど審判事項が制限されていること，司法行政についての独立性も少ないことなどが異なる。

damage 損失
damage or destruction of a foreign emblem 外国国章損壊
外国の国旗を公衆の前で燃やすなどの行為を罰するものであり，外交的利益という国家的法益を保護するために犯罪とされている。〔参考〕刑法92条(外国国章損壊等) 外国に対して侮辱を加える目的で，その国の国旗その他の国章を損壊し，除去し，又は汚損した者は，二年以下の懲役又は二十万円以下の罰金に処する。 2 前項の罪は，外国政府の請求がなければ公訴を提起することができない。
damage or destruction of a structure 建造物損壊
家屋や建物を破壊する犯罪で，毀棄罪の一つである。したがってその既遂の程度は，家屋の効用を害するに足るものでなければならないとされる。〔参考〕刑法260条(建造物等損壊及び同致死傷) 他人の建造物又は艦船を損壊した者は，五年以下の懲役に処する。よって人を死傷させた者は，傷害の罪と比較して，重い刑により処断する。
damage or destruction of a water main 水道損壊
上水道の機能を破壊する犯罪で，公衆の衛生という社会的法益に対する犯罪である。〔参考〕刑法247条(水道損壊及び閉塞) 公衆の飲料に供する浄水の水道を損壊し，又は閉塞した者は，一年以上十年以下の懲役に処する。
damage to a corpse 死体損壊
死体損壊罪は死者に対する畏敬という通常人が持ち合わせている道徳的感情を保護するもので，社会的法益をに対する犯罪と考えられている。また死体に効用は考えられないので，その損壊の概念は，器物損壊などの損壊概念とは異なり，遺体を傷つけるなど外観に重大な変更を加える行為をいうと考えられている。〔参考〕刑法190条(死体損壊等) 死体，遺骨，遺髪又は棺に納めてある物を損壊し，遺棄し，又は領得した者は，三年以下の懲役に処する。
damage to a structure by means of flooding 建造物浸害
人為的に洪水を発生させる犯罪で，放火罪と同じく社会的法益に対する公共危険罪の一つとされる。洪水を発生させる方法は，堤防を破壊したり，河川をせき止めて人為的に流れの方向を変えるなどの方法がある。浸害とは洪水によって建造物の効用を害することである。
damage to an auction 競売入札妨害
damage to an inhabited structure, etc. by means of flooding 現住建造物等浸害
洪水を人為的に発生させて，人が居住している建物の効用を害する犯罪である。同じ公共危険罪の現住建造物等放火罪に対応する罪質といえる。〔参考〕刑法119条(現住建造物等浸害) 出水させて，現に人が住居に使用し又は現に人がいる建造物，汽車，電車又は鉱坑を浸害した者は，死刑又は無期若しくは三年以上の懲役に処する。
damage to credit 信用毀損

damages

damages 損害賠償，損害賠償額
1. A sum of money asked for by a plaintiff or awarded by a court in a civil action, to be paid by the defendant because of the wrong that gave rise to the suit. An action seeking an award of damages is called a damage action.
2. Sometimes, the injuries for which the plaintiff seeks an award of damages.（以下略）
(James E. Clapp, Random House Webster's Dictionary of the Law 123 (2000), Random House.)
1. 原告または民事訴訟の裁判で裁定された者によって請求される金銭の総額であり，訴訟の原因となった不法行為のために被告によって支払われるべきもの。損害賠償額裁定を求める訴訟は損害賠償訴訟と呼ばれる。
2. 時には，原告が損害賠償額の裁定を求める原因となる損害。

damnify 侵害する
damnun absque injuria 権利侵害なき損害
danger to injure oneself or others 自傷他害の虞
dangerous cargo 危険貨物
dangerous character 危険人物
dangerous premises 危険な土地・建物
dangerous weapon 凶器
dangers of the sea 海上に特有な危険
dark number 暗数
date estate (succesion) opened 資産（相続）公開日
date for hearing 公判期日
date of closing 締切日，引渡日 →date of closing
date of issue 提出日，発行日，振出日
date of maturity 満期日
date of parole 仮釈放日
date of payment 払込期日
date of performance 履行期日
date of the financial statements 決算日
datum 期日，資料，所与；予件
day in court 裁判所での正式審理の期日，適正な審判を受ける機会または権利
day of coming into existence 成立の日
day-book 日記帳
day-fine 日数罰金
days of detention 留置日数
days of grace 猶予期間
de facto 事実上の
de facto adoption 事実上の養子縁組
de facto contract 事実上の契約
de facto corporation 事実上の会社
de facto dissolution 事実上の解散
de facto judge 事実上の裁判官
de facto marriage 同棲結婚，事実上の婚姻
de facto merger 事実上の合併
de facto officer 事実上の公務員，事実上の役員
de jure 適法な
de jure corporation ディー・ジュリー・コーポレーション，法律上の会社
州法に準拠して設立した会社。
de jure officer 法律上の公務員，法律上の役員
de novo 新たに，再度の
dead asset 無価値資産
dead body 死体
dead freight 空積運賃，不積運賃
dead load 自重
dead loan 貸し倒れ
dead person 死者
dead weight capacity 船舶の載貨重量
deadline 期限
deadly 致命的
deadweight loss デッドウェイト・ロス
deaf-and-dump person ろうあ者
dealer ①販売店②ディーラー③自己の名で取引する者
One who produces or acquires something in order to sell it. Once is a dealer if he or she has structured his or her business so that he or she can, upon reasonable notice, deliver his or her commodity once a sale has been made.
(Steven H. Gifis, Dictionary of Legal Terms 119 (3rd ed., 1998), Barron's Ed-

ucational Series, Inc.）
販売目的で何かを製造または入手する者。いったん販売が行われたら相当の通知書に基づいて商品を引き渡せるように自身の事業を構築しているならば、その者はdealerである。

dealer agreement 販売店契約
ある製品を販売を重点的に行い、その代わりにその製品の優先的、継続的な供給を受けることを内容とする、製造者と販売者の合意をいう。

dealings 取引

death 死、死亡

death benefit 死亡給付

death caused by gross negligence 重過失致死
重過失＝gross negligenceによって他人の死を引き起こしたことをいう。重過失とはわずかな注意を払えば結果を予見ないし防止できたのに、それを怠ったことをいう。CA PENAL CODE§191.5.(a)など。〔参考〕刑法211条（業務上過失致死傷等）1項 業務上必要な注意を怠り、よって人を死傷させた者は、五年以下の懲役若しくは禁錮又は百万円以下の罰金に処する。重大な過失により人を死傷させた者も、同様とする。

death caused by negligence in the conduct of business 業務上過失致死
運転手、医師、土木工事など危険を伴なう仕事に従事している者は、その仕事について通常人よりも高い注意を払うことが求められている。そしてこの業務上の注意義務を怠って他人の死を引き起こしたときは、通常の過失犯よりも重く罰せられる。

death certificate 死亡診断書
death due to fire 焼死
death duty 相続税
death from asphyxia 窒息死
death from blood loss 失血死
death from manual stragulation 扼死
death from over-run 轢死
death from suffocation 窒息死
death from traumatic asphyxia 圧死
Death on High Seas Act 公海上における死亡損害賠償法（1920）

death penalty 死刑
He was centenced to death.（彼は死刑判決を受けた）He was excuted.（彼は死刑を執行された）He was hanged.（彼は絞首刑にされた）He died in the chair.（彼は電気椅子で死刑を執行された）

death row 死刑囚監房
death sentence 死刑
death spot 死斑
death-warrant 死刑執行令状
debate 討論
debenture ①社債②無担保債
debenture bond 無担保社債
debenture stock （英）ディベンチャ・ストック
debenture trust deed 社債信託証書
debenture with pre-emptive right 新株引受権付社債
debit 借方
debt 債務
A liability on a claim; a specific sum of money due by agreement or otherwise.
2. The agreement of all existing claims against a person, entity, or state.
3. A nonmonetary thing that one person owes another, such as goods or services.
4. A common-law writ by which a court adjudicates claims involving fixed sums of money.
(Bryan A. Garner, Black's Law Dictionary Second Pocket Edition 176-177 (2001), West Group.)
1. 請求に対する責任；契約その他によって当然支払われるべき一定の金額。
2. 人、団体、または州に対する全ての実在する請求の契約。
3. ある人が他者に対して負っている、財産やサービスのような非金銭的な物事。
4. コモン・ロー令状のことであり、これによって裁判所が金銭の確定額を含む請求を裁定する。

debt adjustment 債務整理
debt capital 借入資本
debt collector 借金取り

debt

debt financing 債務負担による資金調達
debt of record 正式債務名義のある金銭債務
debt pooling 債務一括調整
debt security 債務証券
debt service 債務元利返済額
debtee 債権者
debtor 債務者
decadence 退廃
decapitation 斬罪
deceased ①死者②被相続人
decedent 被相続人
deceit ①詐欺②欺まん
deceive 欺く
deceptive 詐欺的
deceptive trade practices 欺まん的取引慣行
decide 決定
decipherment 暗号などの解読
decision ①判決②決定
事実を法にあてはめて行う裁判所の判断。狭い意味では、付随的な事項についての判断である決定のみを指す。広い意味では、その訴訟についての最終的な判断である判決＝judgment, decree を含む。
decision as to the principal matter 本案の裁判
原告が裁判を求めた請求権の存否についてなされた裁判所の判断。decision on the merits, judgment on the merits。本案判決の前提要件である訴訟要件についてなされる、本案前の裁判に対する概念である。
decision of dismissal of prosecution 公訴棄却の決定
decision of the Patent Office holding such right to be void 特許庁の権利の無効の審決
decision to reopen the proceedings 再審開始決定
declarant 表意者
declaration ①宣言②申告
declaration against interest 利益に反する供述
declaration judgement 宣言的判決
declaration of dividends 配当宣言

Declaration of Independence 独立宣言
1776年に、それまでイギリスの植民地だった北米大陸東海岸の13州連合が、イギリス本国との関係を断ち切り、独立した国家となることを宣言した文書。その内容は、①生命・自由・幸福追求の権利は人間が本来的に有している天賦の権利である。②政府とはこのような個人の権利を保障、助力する点にこそ存在意義がある。③ある政府がこのような存在意義に反している場合、国民はこのような政府を廃して新しい政府を樹立する権利がある。④しかるにイギリス本国の統治は、権利侵害と違法行為の繰り返しである。⑤よって植民地連合はイギリスとの関係を断ち切り独立した国家となる、というものである。この理論構成は、トマス・ジェファソンらが中心となって起草したものであり、合衆国の立憲思想の根本を成していることはもちろん、諸国の自由主義や国民主権の確立に対しても大きな影響を与えた。

declaration of intention 意思表示
自分自身を拘束する法律効果が生じることを意図した態度の表明。manifestation of intenthion。「その車を買おう」「時効の利益を放棄する」など、近代法においては、自分自身を拘束する意図にのみ拘束されるということが、契約自由の原則を支える根拠であるとされる。

declaration of intention by means of public notice 公示による意思表示
declaration of invalidity 無効宣言
declaration of provisional execution 仮執行の宣言
declaration of solvency （英）支払可能宣言
declaration of trust 信託を作るときの宣言書
declaratory judgment 宣言的判決
日本の確認判決と同じ。
declaratory part of a law 制定法の宣言的部分
declaratory statute; ～law 宣明の制定法
declare 申述する
declare orally 口授する

defamation

decline 拒絶する
decode 脱コード化
decoding 判読
decomposed body 腐乱死体
decoy おとり
decree ①判決②布告
decree absolute 確定判決
decree of nullity 婚姻無効判決
decriminalization 非犯罪化
decriminalize 非犯罪化する
dedication 公用地供与，著作権の公有
deductible 免責
deductible collision insurance 衝突控除保険
deduction 控除
deductive value 控除価額方式
deed ①証書②譲渡証書③捺印証書④行為（文語的表現）
  A written instrument which transfers real property. A "bargain and sale deed" is a conveyance with a consideration regarding its use attached. A "quitclaim deed" releases and conveys only the interest the grantor has in the property involved. A "warranty deed" insures the validity of the title. The covenants of title are warranty of seisin, quiet enjoyment, and right to convey, freedom from encumbrances, and defense of title as to all claims.
  (Gilbert Law Summaries Pocket Size Law Dictionary 76 (1997), Harcourt Brace And Company.)
  不動産譲渡の法律文書。「売買契約証書」は用途に関する内容が付加された約因のある不動産譲渡証書。「権利放棄捺印証書」は関係する財産において譲渡者の持つ所有権のみを放棄して譲渡するもの。権限担保捺印証書は権原が完全で瑕疵のないことを保証するものである。権原の捺印証書は占有権，平穏享受，譲渡する権利，抵当権からの解放，全ての請求に応じた権原の弁護を保証するもの。
deed indented 歯型捺印証書
deed of arrangement （英）債務整理書証
deed of covenant 約款捺印証書
deed of release 権利放棄証書
  主に不動産に制限物権を有する者が，その保有する担保物権や用益物権を放棄する旨を，所有権者に対して証した書面をいう。所有権者にとっては，自己の所有する不動産が，制限物権の負担のない完全な内容であることを他者に証明する文書となる。
deed of settlement 会社設立証書，継承的不動産処分設定捺印証書
deed of trust 抵抗権を表示する書類
deed-poll 平型捺印証書
deemed and considered みなす，推定する
  同義語を併記するパターン。
deep pocket theory ディープ・ポケット理論
  「大きな財布」理論。複数の者が不法行為や債務不履行に関わった場合，その過失の大小に関わりなく全員が全額について連帯責任を負うことになるため，最も支払能力に優れる者が，狙い撃ち的に訴訟を提起されがちであること。
deep rock doctorine ディープロック原則
deep throat 内部告発者
  whisle blower ともいう。
deface 無効にする
defalcate ①横領する②着服する
defalcation 公金横領，着服
defamation ①名誉毀損②口頭・文書による中傷
  他人の社会的評価を低下させるような事実を公表すること。公表は，口頭によるもの＝slander でも，書面によるもの＝libel のいずれでも構わない。たんなる侮蔑的な言動を吐いただけでは名誉毀損とはいえないが，公表した内容が客観的な真実であったとしても，名誉毀損は成立する。もっとも公的な真実の公表については，表現の自由との関係から，名誉毀損の成立は限定される。さらに公的人物については，虚偽の事実の公表であったとしても，公表者に現実の悪意（故意か故意と同視できる内心状態）がなければ名誉毀損は成立しないとするのが合衆国連邦最高裁の判例である (New York Times Co. v. Sullivan, 376 U.S. 254

defamation

(1964))。〔参考〕刑法230条(名誉毀損)公然と事実を摘示し，人の名誉を毀損した者は，その事実の有無にかかわらず，三年以下の懲役若しくは禁錮又は五十万円以下の罰金に処する。　刑法230条の2(公共の利害に関する場合の特例)1項　前条第一項の行為が公共の利害に関する事実に係り，かつ，その目的が専ら公益を図ることにあったと認める場合には，事実の真否を判断し，真実であることの証明があったときは，これを罰しない。

defamation of a deceased person　死者名誉毀損

defamation per quod　実害を伴えば成立する名誉毀損

defamation per se　実害なしに成立する名誉毀損

defamatory　名誉毀損の

default　債務不履行
1. A failure to perform a legal duty, observe a promise, fulfill an obligation, or pay a debt that is due.
2. A failure to take a required step, such as filing a paper on time, in a lawsuit. This can lead to a default judgment against that side.
(Daniel Oran, Law Dictionary for Non-lawyers 88 (4th ed., 2000), West Legal Studies.)
1. 法的義務の履行，約束の遵守，義務の実行，または当然支払うべき債務の支払いを怠ること。
2. 期限内の書類提出のような，訴訟において必要とされる手順を踏まないこと。これはその当事者側に対する欠席判決につながりうる。

default clause　ディフォルト条項
default interest　遅滞利息
default judgment　①欠席判決②欠席裁判
defeasance　権利消滅条件
defeasance clause　権利者変更条項
defeasible　無効にできる
defeated party　敗訴当事者
defect　①瑕疵②欠陥
defect in title　権原の瑕疵

自己の所有する動産や不動産が，未登記である，制限物権が存在する，取消し，無効，解除などの原因が存在するなど，完全な所有権を脅かす事情が存在することをいう。defect title, cloud on title.

defect liability　欠陥責任
製品によって被害を受けた者がある場合，製造者の過失や義務違反がなかったとしても，製品に客観的な欠陥があれば製造者の不法行為責任が成立するとの考え方。strict liability。

defective　瑕疵のある
defective car　欠陥車
defective declaration of intention　瑕疵ある意思表示
成立過程において，不当な関与がなされた意思表示をいう。強要されたり，騙されたりした結果契約を締結したような場合である。日本の民法上は強迫または詐欺による意思表示がこれにあたるとされ，取り消し得る法律行為とされている。瑕疵ある意思表示は，意思の欠缺とは異なる。意思の欠缺とは表示行為に対応する効果意思に欠ける，錯誤，虚偽表示，心裡留保などの場合をいうのに対し，強迫や詐欺では，表示行為と効果意思の不一致はなく，ただそれらの形成が意思表示者の意に反する不当な関与を受けた点に特徴がある。〔参考〕民法96条(詐欺又は強迫)1項　詐欺又は強迫による意思表示は，取り消すことができる。

defective products　欠陥商品
defective title　瑕疵ある権原
Unmarketable right of ownership.
1. With reference to land, it means that the title held by the person making the conveyance, claiming to own good title, is or might be subject to partial or complete ownership by someone else.
2. As to negotiable instruments, the term denotes title obtained through fraud or other illegal means.
(Steven H. Gifis, Dictionary of Legal Terms 125 (3rd ed., 1998), Barron's Educational Series, Inc.)
所有権のリスクを伴う権原。

1. 不動産に関して，譲渡証書を作成して自身の優良権限を主張する者の所有する権原が，誰か他の者が部分的，もしくは完全な所有権を保持していたり，またはその可能性があることを意味する。
2. 流通証券に関して，詐欺行為またはその他の不法な手段を通じて得られた権原を意味する。

defective warnings or instruction 警告・指示における欠陥
設計上や製造上の不備は無かったが，使用者に対する取扱いの指示や警告が不十分であるために不合理に危険な(unreasonably dangerous)製品であるとされることをいう。製造物責任(product liability)が発生する一場面である。

defectiveness standard 欠陥基準
defects 瑕疵
Defence Agency 防衛庁
defences 抗弁
被告が，原告の請求と両立する事実を主張して，原告の請求を拒むことをいう。弁済，過失相殺，正当防衛などが抗弁の代表例である。他方，原告の主張する消費貸借の意思を，贈与の意思だったと被告が主張することは，原告の請求と両立し得ない事実を主張するもので，抗弁ではなく否認（denial）である。

defences founded on their personal relation with 人的抗弁
手形債務者が特定の手形所持人に対して有していた，手形金の支払を拒むことができる理由をいう。ジュネーブ統一手形法 ANNEX I. Article17. 支払猶予，融通手形であることなどがその例である。本来このような抗弁も権利の移転と共に譲受人に引き継がれるはずであるが，手形法上の裏書譲渡の場合は取引安全のためにこのような主張が制限される。〔参考〕手形法17条 為替手形ニ依リ請求ヲ受ケタル者ハ振出人其ノ他所持人ノ前者ニ対スル人的関係ニ基ク抗弁ヲ以テ所持人ニ対抗スルコトヲ得ズ但シ所持人ガ其ノ債務者ヲ害スルコトヲ知リテ手形ヲ取得シタルトキハ此ノ限ニ在ラズ

defend oneself 弁明する
defendant 民事訴訟の被告
defendant in a criminal case 刑事被告人
defendant's own testimony 被告自身の証言
defender of the constitution 憲法擁護論者
defense ①防衛②答弁
defense attorney 被告人側弁護士
defense capabilities 防衛力
defense counsel 刑事弁護人
defense counsel's closing statement 刑事弁護人の弁論
defense expenses 防衛費
defense witness 弁護側の証人
defensive mark 防護標章
defensive measures 防衛手段
deferral 延期
deferred ①繰り延べた②劣後する
deferred assets 繰延資産
deferred charge 繰延資産，繰延勘定
deferred payment 繰延支払い
deferred sentence 刑の宣告猶予
被告人が有罪であることを認めたときに，刑期を言い渡さずに一定期間の保護観察に付する制度をいう。suspension of sentence ＝猶予期間が過誤なく経過すれば現実の刑を科せられることがないという点では，刑の執行猶予制度と類似するが，宣告猶予制度では，有罪判決を受けたという事実も残らない点に特徴がある。

deferred share 劣後株式
deferred stock 劣後株式
deficiencies 欠損
deficiencies in the budget 予算の不足
deficiency ①数量の不足②瑕疵③欠陥
deficiency judgment 担保不足金判決
deficiency letter 瑕疵指摘文書，不備指摘文書
deficit ①赤字②不足
defined benefit contribution plan 確定給付型年金制度
勤務年数に連動して退職給与の支払額を定める制度。

defined contributed plan 確定拠出型年

definite

金制度
拠出する年金保険料を固定した年金制度。
definite and certain 確実かつ明白
definite answer 確答
definition 定義
definitions 定義条項
deformity 不具
defraud 騙取
defray ①支弁する②立て替える
defunct company 休眠会社
degenerate 変質者
degradation of creditworthiness 信用毀損
degrade oneself 品位を辱める
degree 親等，学位，程度
degree of proof 証明されるべき程度
degree of relationship 親等
dehors 無関係の；無関係に，〜以外の；〜以外に
del credere agent デル・クレダ・エージェント，支払保証代理人
Delaware Corporation Law デラウェア一般会社法
アメリカ・デラウェア州の会社設立や統制に関する法規をいう。
一般に会社の設立には多額の払込資金を必要とし，設立後も会社法による監督統制に服することとなるが，デラウェア州会社法では，設立要件や設立後の会社の行動の制限が著しく緩和されている。また税制上の優遇措置があり，外国法人の設立も容易である。そこで著名な巨大企業を含む多くの会社がデラウェア州法によって設立され，本社登記をデラウェア州に置いている。デラウェア州会社法の成功は，カリフォルニア州，ニューヨーク州などの会社法にも影響を与えた。
delay ①遅延②遅滞
delay by obligee 受領遅滞
債務者が弁済の提供をしたにもかかわらず，債権者が受領を拒むことをいう。債務者は弁済の提供によって履行遅滞の責めを負うことはないが，それ以上に，契約解除や損害賠償責任を債務者に認めることが信義に照らして少なくないことから設けられた規定と考える見解が有力である。〔参考〕民法413条（受領遅滞）債権者が債務の履行を受けることを拒み，又は受けることができないときは，その債権者は，履行の提供があった時から遅滞の責任を負う。
delay in arrival 延着
delay of performance by obligor 履行遅滞
債務者が弁済期において弁済または弁済の提供をできなかったこと。履行不能，不完全履行と共に，債務不履行の一形態とされる。債権者は遅滞によって生じた損害を賠償請求できるほか，双務契約の場合は解除権が発生する場合がある。もっとも履行が遅滞したことについて債務者の過失または過失と同視できる理由が必要と考えられている。〔参考〕民法412条（履行期と履行遅滞）債務の履行について確定期限があるときは，債務者は，その期限の到来した時から遅滞の責任を負う。 2 債務の履行について不確定期限があるときは，債務者は，その期限の到来したことを知った時から遅滞の責任を負う。 3 債務の履行について期限を定めなかったときは，債務者は，履行の請求を受けた時から遅滞の責任を負う。
delayer 管理職者を減らす，リストラする
delegate 任せる，委ねる，代表者
delegated legislation 委任立法
delegation 事務委任権
delegation of performance 履行の委託
delegation of the performance of the Emperor's act 国事行為の委任
deletion 削除
deliberate 熟慮する，審議する
deliberation 審議
deliberation of the adjudication 裁判の評議
deliberative organ 議事機関
delict 違法行為，犯罪，不法行為
delinquency ①滞納②青少年非行，青少年犯罪
delinquency charges 遅延損害金
delinquent ①滞納者②非行少年
delinquent charge 延滞金

delinquent child　非行児童
delinquent debt　滞納債務，延滞債務
期限を徒過したが，履行が行われていない債務。とくに支払いが行われていない金銭債務をいう。
delinquent tax　滞納税額，未納付税額
delirium tremens　振戦せん妄
delisting　上場廃止
delivative tort　派生不正行為，代位的不法行為
deliver　①交付する②授受する
delivery　①引渡し②交付③陪審評決の発表
The act of transferring possession of goods or title to property. Delivery of goods may be actual or constructive; i.e., implied by law, such as where goods are stored in a warehouse and access to the warehouse is given to the purchaser of the goods. In a transfer of title, delivery takes place when the grantor intends to convey title and puts the deed into the control of the grantee.
(*Gilbert Law Summaries Pocket Size Law Dictionary 80 (1997), Harcourt Brace And Company.*)
動産の所有権または財産の権原を移転する行為；動産の引渡しは実際上のことでも擬制的なことでもよい。すなわち，法律で暗示されているところでは，物品が倉庫に保管されている場所，そしてその倉庫へのアクセスをその物品の購入者に知らせるというようなこと。権原の移転では，譲渡人が権原を移転することを意図して譲渡証書を譲受人の管理下に置いたときに引渡しは成立する。

delivery condition　引渡条件
delivery date　引渡期日
delivery of altered currency　変造通貨交付
変造した通貨 →alteration of currency を行使の目的で，変造通貨であることを告げて，他人に渡すことを処罰するものである。真正の通貨として利用する行為は行使であって交付ではない。〔参考〕刑法148条（通貨偽造及び行使等）2項　偽造又は変造の貨幣，紙幣又は銀行券を行使し，又は行使の目的で人に交付し，若しくは輸入した者も，前項と同様とする。

delivery of altered foreign currency　変造外国通貨交付
外国通貨が事実上国内で通用している状況がある場合には，この外国の通貨に対する信用も維持する必要があるため，その変造通貨の交付も内国変造通貨の交付と同様，処罰の対象となる。〔参考〕刑法149条（外国通貨偽造及び行使等）2項　偽造又は変造の外国の貨幣，紙幣又は銀行券を行使し，又は行使の目的で人に交付し，若しくは輸入した者も，前項と同様とする。

delivery of assets　資産の引渡し
特定動産や不動産の引渡方法については，法律にも定めがあるが，契約で，法律と異なる引渡方法を，あるいは法律と同じ引渡方法を重ねて定めることは珍しくない。一般に，引渡場所，引渡方法，引渡費用について，疑義が生じる余地のないよう詳細に定められる。〔参考〕民法483条（特定物の現状による引渡し）債権の目的が特定物の引渡しであるときは，弁済をする者は，その引渡しをすべき時の現状でその物を引き渡さなければならない。

delivery of confiscated goods　没収物の交付
刑罰の一つである没収が第三者について科せられたときは，その第三者は所有権を失ういわれはないので，没収物の取り戻しを検察官に請求できるとされることである。〔参考〕刑事訴訟法497条　没収を執行した後三箇月以内に，権利を有する者が没収物の交付を請求したときは，検察官は，破壊し，又は廃棄すべき物を除いては，これを交付しなければならない。

delivery of counterfeit currency　偽造通貨交付
偽造した通貨（counterfeit of currency）を行使の目的で，偽造通貨であることを告げて他人に渡すことを処罰するものである。真正の通貨として利用する行為は行使であって交付ではない。〔参考〕刑法148条（通貨偽造及び行使等）2項　偽造又は変造

delivery

の貨幣, 紙幣又は銀行券を行使し, 又は行使の目的で人に交付し, 若しくは輸入した者も, 前項と同様とする。

delivery of counterfeit foreign currency 偽造外国通貨交付
外国通貨が事実上国内で通用している状況がある場合には, この外国通貨に対する信用も維持する必要があるため, その偽造通貨の交付も内国偽造通貨の交付と同様, 処罰の対象となる。[参考]刑法149条(外国通貨偽造及び行使等)2項 偽造又は変造の外国の貨幣, 紙幣又は銀行券を行使し, 又は行使の目的で人に交付し, 若しくは輸入した者も, 前項と同様とする。

delivery of goods 納品
delivery of movable property 動産の引渡し
delivery of property 財産の給付
delivery of subject-matter 目的物の引渡し
売買など契約の対象物となった目的物を, 買主等債権者のの支配に移すことをいう。目的物の引渡しがなされれば, 債務者はその目的物について善管注意義務から解放される。原則としては, 不動産においては登記の移転申請, 鍵の交付など, 動産においては現実に目的物を相手に交付することが, 引渡しにあたると考えられている。[参考]民法400条(特定物の引渡しの場合の注意義務)債権の目的が特定物の引渡しであるときは, 債務者は, その引渡しをするまで, 善良な管理者の注意をもって, その物を保存しなければならない。

delivery order 荷渡指図書
delusion 妄想
delusion of persecution 被害妄想
demand ①要求②申立て③需要
demand a partition 分割を請求する
demand a penalty of three years 3年間の刑を求刑する
demand a reduction in the price 代金の減額を要求する
demand curve 需要曲線
demand deposit 要求払預金, 普通預金
預金者の要求があったときにはいつでも引出可能な預金。saving account。

demand draft 一覧払為替手形
満期の決め方として, 支払呈示がなされたときに支払わなければならないとされる為替手形をいう。一覧払いは, 合衆国統一商法典では payabel on demand (U.C.C§3-108(a)。ジュネーブ統一手形法では, draft payable at sight。[参考]手形法34条 一覧払ノ為替手形ハ呈示アリタルトキ之ヲ支払フベキモノトス此ノ手形ハ其ノ日附ヨリ一年内ニ支払ノ為之ヲ呈示スルコトヲ要ス振出人ハ此ノ期間ヲ短縮シ又ハ伸長スルコトヲ得裏書人ハ此等ノ期間ヲ短縮スルコトヲ得

demand for a trial 公判請求
demand for buying shares 株式買取請求権
合併や営業譲渡など会社の存続について重要な決定がなされたときに, その決定に反対する株主が自己の所有する株式を会社に対し, 相当額で買い取るよう請求できる権利をいう。自社株式の買取りを認めることは, 実質的に株式会社において資本の払戻しを認めることであり, 一般論としては好ましくない。しかし, 合併や営業譲渡のような重要な会社組織の変更は, 株主の出資の前提を覆すものであるともいえ, この場合に他者への自由譲渡によることも事実上困難であることから, 決議に反対した少数株主保護の権利として認められているものである。Minnesota Statutes§302 A.471等。appraisal remedy。[参考]会社法116条1項 次の各号に掲げる場合には, 反対株主は, 株式会社に対し, 自己の有する当該各号に定める株式を公正な価格で買い取ることを請求することができる。 一 その発行する全部の株式の内容として第百七条第一項第一号に掲げる事項についての定めを設ける定款の変更をする場合 全部の株式(後略)

demand for performance 履行の請求
債権者が債務者に対して, 債務の内容を実現するように求めること。履行の請求により, 履行期が定まったり, 無権代理の追認の擬制, 時効の中断などの効果が発生す

る。履行の請求は訴訟を提起して行っても，裁判外でしても構わないが，一般に裁判上の請求の方が証明力や発生する効果の点で強い効力を持っているといえる。裁判外でする履行の請求を，裁判上の請求と区別して，とくに催告とよぶ場合がある。
〔参考〕民法412条(履行期と履行遅滞)3項 債務の履行について期限を定めなかったときは，債務者は，履行の請求を受けた時から遅滞の責任を負う。

demand forcibly 強要する
demand forcibly an interview with 面会を強請する
demand forcibly to see 面会を強請する
demand instruments 要求払いの証券
demand note 一覧約束手形
demand to decrease maximal amount 減額請求
demand transfer 一覧払手形
demandant 原告
demeanor 態度
dementia 痴呆
demise ①遺言，賃貸借による不動産の譲渡②王位の継承③死亡
 1. The transfer of an estate in land, especially one for a limited time, particularly by lease or by will or intestacy.
 2. The leasing of a ship by the owner (the demisor) to another (the demisee) upon terms whereby the owner completely relinquishes possession, command, and navigation of the vessel to the demise for the duration of the contract; the granting of bareboat charter.
 3. Death, either literal or figurative: A life estate terminates upon the demise of the holder. The thirteenth Amendment signaled the demise of slavery in the United States.
 4. To bring about a demise of real property, especially by renting out the property: The tenant is required to maintain the demised premises.
 5. To lease out a vessel upon terms of a demise.

(*James E. Clapp, Random House Webster's Dictionary of the Law 132-133 (2000), Random House.*)
 1. 土地の財産権の譲渡，特に期間限定のもので，とりわけリースまたは遺言か無遺言死亡によるもの。
 2. 船舶を所有者(賃貸人)から他者(賃借人)に条件に従ってリースすること。それによって所有者が完全に所有，支配，および船舶の航行を賃貸契約の存続期間中引き渡す。譲渡傭船契約の締結。
 3. 文字通りでも比喩的でも死亡：生涯不動産権は所有者の死によって終結する。修正第13条は合衆国における奴隷制消滅のきっかけとなった。
 4. 不動産の譲渡を，特にその不動産を賃貸することによって成し遂げること：賃借人は賃貸物件を保全するよう要求される。
 5. 譲渡の条件に基づいて船舶を賃貸すること。

demise charter 譲渡傭船
demise clause デマイズ・クローズ
demised premises 賃貸物件，譲渡物件
 賃貸借契約書中などで，対象賃貸物件を指す語として使われる。the demised premises。
democracy 民主主義
democratic 民主的な
Democratic Party 民主党(アメリカ)
democratize 民主化する
demur 訴答不十分の抗弁を申し立てる
demurrage ①超過割増金②船舶停泊料③滞船料
demurrer ①妨訴抗弁②法律効果不発生答弁③異議
denial ①否認②相手方の主張を否定する答弁
denial of discharge 免責の否認
 債務者が虚偽の会計記録を報告したときなどに債務者の免責を停止し，引き続き債務者に債務を負わせること。
denial of legitimacy 嫡出否認
denomination 額面価格
denounce ①非難②告発する③契約などの破棄通告

denounce

denounce oneself 自首する
denunciation 条約の破棄
deny 拒絶する
department 省
department model 省モデル
古くからある行政機関のタイプで，労働省や司法省などがある。
Department of Commerce 商務省(アメリカ)
Department of Justice 司法省
Department of Labor 労働省(アメリカ)
Department of State 国務省
departure ①訴答逸脱②出発，出国
dependent ①非扶養者②従属物
dependent conditions 相互的条件，依存的条件，先履行条件
dependent covenant 相互的約款，先履行的約款
dependent promise 相互的約束，依存的約束
depletion 消耗償却
deponent 供述者，証言をする者，証人
deportation 好ましくない外国人の国外追放
depose ①証言する②証言を録取する
deposit ①手付金②預金③供託④内金⑤敷金⑥保証金⑦保管場所

1. The act of giving money or other property to another who promises to preserve it or to use it and return it in kind; esp., the act of placing money in a bank for safety and convenience.
2. The money or property so given.
3. Money placed with a person as earnest money or security for the performance of a contract. The money will be forfeited if the depositor fails to perform.
4. Copyright. The placing of two copies of a published work with the Library of Congress within three months of publication. This requirement is independent of copyright registration.
(Bryan A. Garner, Black's Law Dictionary Second Pocket Edition 196 (2001), West Group.)

1. 金銭または他の財産を，保管あるいは保管使用し，現物で返還することを約束する他者に供与する行為；特に，安全と利便のために銀行にお金を預ける行為。
2. そのようにして供与された金銭または財産。
3. 手付金または契約履行の担保として預けられたお金。契約不履行の場合そのお金は没収される。
4. 著作権。出版から3ヶ月以内に，出版物の写しを二部国会図書館に置くこと。この要求は著作権登録とは無関係である。

deposit account 預金口座
一般に銀行預金取引は，消費貸借というよりは，寄託的な性質があるため，deposit と呼ばれる。定期預金口座は fixed deposit account time deposit account，譲渡性のある普通預金証書は certificate of deposit＝C.D.という。〔参考〕民法666条(消費寄託)第五節(消費貸借)の規定は，受寄者が契約により寄託物を消費することができる場合について準用する。 2 前項において準用する第五百九十一条第一項の規定にかかわらず，前項の契約に返還の時期を定めなかったときは，寄託者は，いつでも返還を請求することができる。

deposit book 預金通帳
Deposit Law 供託法
deposit of copy 著作物の複製物の納入
deposit office 供託所
deposit passbook 預金通帳
deposit payable 預り金
deposit receipt 預り証
deposit slip 入金伝票
depositary ①受託者②保管場所
depositary receipt＝D.R. 預託証券
deposited articles 供託物
何らかの保証や証拠のために，他人の保管下に預けられた金銭，有価証券，その他の物品。選挙に立候補しようとする者が供託金の代わりに提出した国債証書や，賃貸人に受領を拒否された家賃としての米穀などが，その例である。〔参考〕供託法5条 法務大臣ハ法令ノ規定ニ依リテ供託スル金銭又ハ有価証券ニ非サル物品ヲ保管スヘキ倉

derogation

庫営業者又ハ銀行ヲ指定スルコトヲ得 2 倉庫営業者又ハ銀行ハ其営業ノ部類ニ属スル物ニシテ其保管シ得ヘキ数量ニ限リ之ヲ保管スル義務ヲ負フ

deposited things 供託物

deposition ①証言録取書②証言録取
A method of pretrial discovery that consists of a stenographically transcribed statement of a witness under oath, in response to an attorney's questions, with opportunity for the opposing party or his or her attorney to be present and to cross-examine. Such a statement is the most common form of discovery and may be taken of any witness (一部略). When taken in the form described, it is called an oral deposition. Depositions may also be taken upon written interrogatories, where the questions are read to the witness by the officer who is taking the deposition.
(Steven H. Gifis, Dictionary of Legal Terms 131(3rd ed., 1998), Barron's Educational Series, Inc.)
速記で書き取られた宣誓証人の陳述から成る公判前の開示方法で、対立当事者またはその弁護士が反対尋問のために出席している機会に、弁護士の質問に回答して行われる。そのような陳述はもっとも一般的な開示の形式であり、どの証人にも行われる方法と言えるかもしれない。上述のような形式で行われる場合、口頭証言録取と呼ばれる。証言録取は書面上の質問で行われることもあり、質問事項は証言録取を行う役人によって証人に読み上げられる。

depositor ①寄託者②供託者

depository 供託所
債務者等から供託を受け付けて、金銭や有価証券などの供託物を保管する任務を負った官公署。日本では法務局が供託所としての役割を兼務している。〔参考〕民法495条(供託の方法)1項　前条の規定による供託は、債務の履行地の供託所にしなければならない。　供託法1条　法令ノ規定ニ依リテ供託スル金銭及ヒ有価証券ハ法務局若ハ地方法務局若ハ此等ノ支局又ハ法務大臣ノ

指定スル此等ノ出張所カ供託所トシテ之ヲ保管ス

depot 倉庫，貨物保管場所

depreciation ①減価②減価償却

depreciation and amortization 減価償却

depreciation reserve 減価償却引当金

depressed fracture 陥没骨折

depression 憂鬱病

deprivation of civil rights 公権剥奪

deprivation of liberty 自由の剥奪

deprive of 地位や権利を奪う

deputy ①代表者②代理人③副の④役職の代理

deputy manager 副部長

deputy registrar 副登録官

Deputy Vice-Minister of Justice 法務大臣官房長

derailment 鉄道の脱線

deregulation 規制緩和，規制廃止

derelict; dereliction 動産の遺棄，船舶または積荷の遺棄，減水増地

derivative action 株主代表訴訟

derivative action suit 株主代表訴訟

derivative evidence 派生証拠

derivative literary works 二次的言語の著作物，派生的言語の著作物

derivative possession 代理占有
自ら直接には動産や不動産を、所持や支配することなく、他人の現実の所持や支配を通じて動産や不動産の占有を取得することをいう。間接占有，possession in law, constructive possession。土地の所有者が、賃借人の直接占有を介して、自らも占有を取得している場合がその例である。この場合の賃借人の現実の占有は、possession in fact, possession in deed, actual possession。

dermis 真皮

derogate 害する，損害を与える
直接的に被害を与えるというよりは、立場を害する、地位を傷つけるというような、やや抽象的なニュアンスで使われる。

derogation 法または契約の一部修正・廃止・改訂，財産または権利の制限・価値毀損

descendant

descendant ①子孫②卑属
descent and distribution 法定相続
describe 記載する
description (商品の)説明書，株式銘柄
description of evidence 証拠説明
description of goods 品名
description of invention 発明の記載
descriptions of applicable articles of laws or ordinances 罰条の記載
descriptive mark 記述的標章
desegregation 人種差別撤廃
　人種に基づく隔離の撤廃。
desert maliciously 悪意で遺棄する
desertion 職務放棄，遺棄
desexing 性差別表現禁止
design 意匠権
design defect 設計上の欠陥
Design Law 意匠法
design patent 意匠特許
design right 意匠権
designate 指定する
designated attorney 指定弁護士
designated goods 指定商品
designated guardian 指定後見人
designated price 指定価額
designated shares in succession 指定相続分
designated supervisor of guardian 指定後見監督人
designation 指名
designation of a trial date 裁判の期日の指定
designation of the competent court 管轄指定
designation of the Prime Minister 内閣総理大臣の指名
despatch money 早出料
　船舶を，碇泊期間前に陸揚や船積を終えて出航したときに，傭船者が船主から払戻しを受ける金銭。
desperate struggle 死闘
destination ①出荷先②目的地
destination bill 到達地証券
destination contract 出荷先契約
destroy 滅失する

destroy evidence 証拠を隠滅する
destroy the proof 証拠を隠滅する
destroyed by fire 焼失した
destructible trust 脆弱的信託
destruction 書類・物の破棄
destruction and damage 損壊
destruction by explosives 激発物破裂
destruction by explosives caused by gross negligence 重過失激発物破裂
destruction by explosives caused by negligence 過失激発物破裂
destruction by explosives caused by negligence in the conduct of business 業務上過失激発物破裂
destruction of a boundary 境界毀棄
destruction of a private document 私用文書毀棄
　私人間の権利義務に関する文書を毀損，破棄する犯罪である。私人間の権利義務に関する文書が，裁判記録などの一部となり，官公署の保管，利用に供されているときは，私用文書ではなく，公用文書である。
　〔参考〕刑法259条(私用文書等毀棄)　権利又は義務に関する他人の文書又は電磁的記録を毀棄した者は，五年以下の懲役に処する。
destruction of a private electromagnetic record 私電磁的記録毀棄
destruction of a public document 公用文書毀棄
　官公署で保管，利用されている文書を毀損，破棄する犯罪である。対象たる文書は公務員が作成した公文書に限らない。私人が作成した文書であっても，官公署で保存，利用されているときは公用文書となる。例えば，告訴状は私人が犯罪を告発するために作成した私文書だが，それが官公署に提出され，捜査記録となるのであれば，公用文書となる。一方，公文書であっても，発行済みの納税証明書のように，すでに私人に交付され，官公署の職務に利用されていないものについては，公用文書とはいえない。〔参考〕刑法258条(公用文書等毀棄)　公務所の用に供する文書又は電磁的記録を毀棄した者は，三月以上七年以下

の懲役に処する。

destruction of a public electromagnetic record 公電磁的記録毀棄

destruction of a seal 封印破棄

destruction of a structure resulting in bodily injury 建造物損壊致傷
建造物損壊罪を犯し，負傷の結果を生じた場合を重く罰する規定である。

destruction of a structure resulting in death 建造物損壊致死
建造物損壊罪を犯し，死亡の結果を生じた場合を重く罰する規定である。人の居住する建物を爆破する場合のように，殺人の故意がある場合は本罪にはあたらず，殺人と建造物損壊の観念的競合である。〔参考〕刑法260条（建造物等損壊及び同致死傷）他人の建造物又は艦船を損壊した者は，五年以下の懲役に処する。よって人を死傷させた者は，傷害の罪と比較して，重い刑により処断する。

destruction of a thing 器物損壊
広く他人の物を破壊したり傷つけた場合を処罰する規定である。「器物」とは，建造物損壊罪や文書毀棄罪の対象物や，死体など所有物の対象とならない物を除く，およそ財産権の対象となる物という非常に広範な概念である。したがって，動物や衣類，食物も器物損壊罪の対象となる。〔参考〕刑法261条（器物損壊等）前三条に規定するもののほか，他人の物を損壊し，又は傷害した者は，三年以下の懲役又は三十万円以下の罰金若しくは科料に処する。

destruction of documents 文書毀棄
文書の全部または一部を破棄，抹消するなどして，その効用を滅失または減損させる行為をいう。毀棄罪は個人的法益に対する財産罪とされるのが本義であるが，日本の刑法においては文書毀棄罪は，公用文書毀棄と私用文書毀棄に分けられ，公用文書に対する毀棄がより重く罰せられるなど，文書偽造罪など社会的法益に対する罪と似た規定のされ方がなされている。

destruction of nature 自然破壊

destruction or alteration 隠滅

destruction or alteration of evidence 罪証隠滅

detailed report てん末書

detailed rules 細則

details 明細

detained person 被拘禁者

detainer ①動産の不法留置②抑留

detection 摘発

detention ①勾留②拘留③拘禁④拘置⑤留置

1. The act of detaining; especially the maintenance of a person in custody or confinement for a limited period, as while awaiting a court decision.
2. The state of being detained.
3. The withholding of what belongs to or is claimed by another.
(*James E. Clapp, Random House Webster's Dictionary of the Law 136 (2000), Random House.*)

1. 留置する行為；特に，裁判所の決定を待つ間のような，限定された期間拘置され監禁される人の管理。
2. 留置されている状態。
3. 他者に属する物または要求される物を保留すること。

detention and shelter care 観護措置

detention for investigation 取調べのための留置

detention house 拘置所

detention in a work house 労役場留置

detention on remand 未決勾留日数

detention pending judgement 未決勾留

detention pending trial 未決勾留

deterioration ①品質の低下②消耗

deterioration of official discipline 綱紀の乱れ

determinate sentence 定期刑

determine 確定する

determine the punishment 刑を定める

deterrence 犯罪の抑止

deterrent 威嚇

deterrent effect of death penalty 死刑の威嚇力

detinue 動産返還請求訴訟

detoxificator 解毒剤

detriment ①不利益②損傷③有害
detrimental reliance 不利益的信頼
development 開拓
development of the trial 審理の経過
deventure 社債権者
deventure margins 社債差額
deviance 逸脱行為
deviation 逸脱
device ①工夫②装置
devise ①遺贈②工夫する
devisee 受遺者
　遺言による遺産の贈与を受ける者をいう。特定の財産を指定して譲り受ける特定受贈者と，遺言者の財産を一定割合で受け取る包括受贈とがあり，前者は通常の贈与を受ける受贈者とあまり変わるところはないが，後者の立場は贈与を受ける者というよりは相続人に類似する。devisee というときは，特定の財産，特に不動産の遺贈を受ける者というニュアンスがあるともいわれるが，必ずしも常にそのような限定的な使い方がされているわけではない。
devisor 物的財産遺贈者
diagnosis 診断
dictum ①判決の傍論②判決の付随意見③判決の中で先例としての拘束力を持たない付随的部分のこと
Latin. (lit. "a remark")
Short for obiter dictum; a legal assertion in a court's opinion that is peripheral to its main argument and unnecessary to the actual holding, or such assertions collectively. Because it may not have received the court's fullest consideration, dictum is degraded as less persuasive in a precedent than a fully considered holding.
(*James E. Clapp, Random House Webster's Dictionary of the Law* 137 (2000), Random House.)
ラテン語。(「所見」)
obiter dictum の略語；主要な議論から離れた，そして実際の判決に不要な法廷の所見における法的な所説，もしくはそのような所説の集合体。法廷の十分な考察を受けていないであろうがために，傍論は十分に考察された判決よりも説得力に欠けるとして，先例の中で重視されない。
die by roadside のたれ死にする
die of hunger 餓死する
dies juridicus 開廷日
dies non; dies non juridicus 休廷日
Diet 国会
　国会の英訳に Diet が充てられている国は，日本やデンマーク，スウェーデン，リヒテンシュタインなど。これに対して，米国，フィリピン，中南米諸国の国会は Congress，英国，カナダやヨーロッパ諸国の多くの国会は Parliament と呼ばれる。
Diet Law 国会法
different intention 別段の意思
differentiation strategy 差別化戦略
digest 判例要録，学説編纂
digital divide デジタル格差
dignity 尊厳
dignity of individuals 個人の尊厳
　人間ひとりひとりが，自律した意志を持つ人格主体であること。人格の主体性，独立性，自律性が他者によっていわれなく犯されることは許されず，最大限の尊重を要するとされることを示す用語。human dignity。〔参考〕憲法24条　婚姻は，両性の合意のみに基いて成立し，夫婦が同等の権利を有することを基本として，相互の協力により，維持されなければならない。　2　配偶者の選択，財産権，相続，住居の選定，離婚並びに婚姻及び家族に関するその他の事項に関しては，法律は，個人の尊厳と両性の本質的平等に立脚して，制定されなければならない。
dilatory 手続の遅延をねらった，時間稼ぎのための
dilatory defense; ～defence 遷延的答弁，延期的答弁
dilatory pleas 遷延的抗弁，延期的抗弁
diligence ①注意②勤勉③注意義務
dilution ①希釈化②商標や商号が有名になりすぎて普通名詞化してしまうこと
dilution doctrine 希釈化理論
dilution theory 希釈化理論
diminution 不完全，縮小

dirty

diminution in value　価値の減少
din　騒音
diploma　学位証書
diplomatic documents　外交文書
diplomatic immunity　外交官免責
diplomatic privilege　外交官特権
diplomatic relations　国交
direct action　直接請求，直接訴訟
direct appeal　直接上訴，飛越上訴
direct cause　直接原因
direct contempt　直接侮辱
direct control　直轄
direct election　直接選挙
direct enforcement　直接強制
　債務が任意に履行されない場合に，国家権力の助力を得て債務の内容を直接実現する手段をいう。金銭債権の不履行について，債務者の財産を差し押さえて，強制的に債務の弁済に充てるのが，代表的な例である。〔参考〕民法414条〔履行の強制〕1項　債務者が任意に債務の履行をしないときは，債権者は，その強制履行を裁判所に請求することができる。ただし，債務の性質がこれを許さないときは，この限りでない。
direct evidence　直接証拠
　民事訴訟において，立証趣旨が主要事実の存在に向けられた証拠をいう。これに対して，立証趣旨が間接事実の存在や証拠の信用性などである証拠を間接証拠という。消費貸借契約を争う訴訟において，消費貸借契約書や領収証は直接証拠であり，借入人が当時金に困っていたという証言は，主要事実の存在を推認する間接事実を立証するに過ぎないので，間接証拠である。刑事訴訟においては，直接証拠とは，立証しようとする事実を，推論の余地なく裏付けるような証拠を意味する。目撃証言，物的証拠が通常直接証拠に該当する。それに対して，立証しようとする事実の存在を推認したり強めたりする機能を持つ証拠を，状況証拠＝circumstantial evidence や補強証拠という。
direct examination　直接訊問
direct import　直輸入
direct interest　直接利害関係

direct Jokoku-appeal to the Supreme Court after a District Court decision　跳躍上告
direct payment　無条件支払い
direct placement　直接発行，直接割当て
direct public offering(DPO)　直接公募
direct-appeal　直訴
directed verdict　指示評決，指図評決
direction　①指揮②指示③通達
directions　注意書き
directions of enforcement　執行指揮
directive　①指示②指令
director　①取締役②理事③助役④部長クラス
Director General of Fair Trading　（英）公正取引庁長官
Director General of the Administrative Affairs in the Prime Minister's Office　総理府総務長官
director of public prosecutions　公訴局長官
director of the criminal affairs division　刑事課長
director of the general affairs division　総務課長
director of the international affairs division　国際課長
director of the legislative affairs division　刑事法制課長
director of the public security division　公安課長
directorate of international law　国際法部
director-general of the civil affairs bureau　民事局長
director-general of the criminal affairs bureau　刑事局長
director's and officer's liability insurance　役員保険
directorship　取締役の職
directory　商工人名録，ディレクトリ
directory provision　訓示規定
directory statute　訓示規定
directory trust　指示信託
dirty shares rule　汚染株式の法理

disability ①欠格②障害③無能力
disability clause 就業不能条項, 高度障害条項
disability insurance 就業不能保険, 高度障害保険
disability or illness benefits 医療給付金
disabled person 心身障害者
disablement benefit 就業不能補償, 障害給付
disaffirm ①否認する②判決を破棄する③取り消す
disaffirmance 取消し, 否認, 拒絶, 撤回
disagreement 不同意
disallowed 許されない
disalt 行為能力を制限する, 行為能力を剥奪する
disappear 雲隠れする
disappearance 失踪
disappearing corporation 消滅法人
disapprove 非難する
disaster 遭難
disaster caused by human neglect 人災
Disaster Relief Law 災害救助法
disband 解散
  組織, 法人, 会社などが, 解体して消滅することをいう。雇用関係その他の外部との契約関係の解消, 組織財産の構成員への分配, 清算と登記の抹消手続が行われる。
disbar (英)バリスタの資格を剥奪する
disbarment 弁護士資格剥奪
disbursement 保険の配当
discern right and wrong 是非を弁別する
discharge ①無罪放免②免責③解雇
  1. The payment of a debt or satisfaction of some other obligation.
  2. The release of a debtor from monetary obligations upon adjudication of bankruptcy.
  3. The dismissal of a case.
  4. The canceling or vacating of a court order.
  5. The release of a prisoner from confinement.
  6. The relieving of a witness, juror, or jury from further responsibilities in a case.
  7. The firing of an employee.
  (Bryan A. Garner, Black's Law Dictionary Second Pocket Edition 206 (2001), West Group.)
  1. 債務の弁済または何か他の責務を履行すること。
  2. 破産宣告に基づいて金銭的な債務から債務者を解放すること。
  3. 事件の却下。
  4. 裁判所命令の撤回または無効。
  5. 拘禁施設被収容者を拘禁から解放すること。
  6. 訴訟におけるさらなる責務から証人, 陪審員, または陪審を解放, 解任すること。
  7. 従業員を解雇すること。
discharge allowance 解雇手当
discharge from a juvenile training school 少年院からの退院
discharge from probationary supervision 保護観察の解除
discharge in bankruptcy 破産免責
discharge of a juvenile case 少年事件の不処分
discharge of contract 契約の消滅
discharge of duties 義務の履行
discharge of the obligation 債務の弁済
  債務の内容たる義務が完遂された結果債権が消滅し, 債務者が全ての債権の拘束力から解放されること。discharge a liability, あるいはたんに discharge。
discharged from 出獄する
discharging water 排水
disciplinary 懲罰
disciplinary action 懲戒処分
disciplinary cell 懲戒場
disciplinary dismissal 懲戒罷免, 懲戒解雇
disciplinary disposition 懲戒処分
disciplinary layoff 懲戒停職
disciplinary measure 懲戒処分
disciplinary proceedings 懲戒手続
disciplinary punishment 制裁
discipline ①しつけ②制裁③懲戒④風紀⑤

訓練⑥規律
disclaim 否定する
disclaimer ①権利放棄②責任の否認
disclose 開示する
disclosed principal 明らかな本人
disclosee 被開示者
discloser 開示者
disclosure ①開示②公開
disclosure of a secret 秘密漏泄
disclosure of evidence 証拠開示
disclosure of secrets 秘密漏泄
disclosure of technical information 技術情報の開示
disclosure of the reasons for detention 勾留理由開示
　被疑者や被告人が勾留された理由を，勾留の裁判を行った裁判官が公開法廷で説明する手続をいう。〔参考〕憲法34条　何人も，理由を直ちに告げられ，且つ，直ちに弁護人に依頼する権利を与へられなければ，抑留又は拘禁されない。又，何人も，正当な理由がなければ，拘禁されず，要求があれば，その理由は，直ちに本人及びその弁護人の出席する公開の法廷で示されなければならない。
discontinuance 訴えの取下げ
　民事訴訟において，裁判所への審理判決を求める申立てを撤回する旨の原告の意思表示をいう。取下げの要件効果は，訴訟の進行状況に応じて異なる。一般に被告が訴訟に利害を生じた後は，被告の同意なしに訴えを取り下げることはできず，判決言渡し後の取下げは，同一訴訟の再起訴が禁止される。判決確定後はもはや訴えの取下げはできない。〔参考〕民事訴訟法261条（訴えの取下げ）訴えは，判決が確定するまで，その全部又は一部を取り下げることができる。　2　訴えの取下げは，相手方が本案について準備書面を提出し，弁論準備手続において申述をし，又は口頭弁論をした後にあっては，相手方の同意を得なければ，その効力を生じない。ただし，本訴の取下げがあった場合における反訴の取下げについては，この限りでない。
discontinuation 中止，打ち切り

共同事業，共同研究などに関する契約では，あらかじめ，事業等の継続を断念し，撤退する条件が定められることがある。一定期間内に売上が目標額に達しなかったときや，損失額が一定額に達したことなどが，契約条項で定められる撤退条件の例である。
discontinue the incorporation of the company 設立を廃止する
discontinuity 非継続，打ち切り，不連続
discount 割引，手形割引，金銭消費貸借における利息の先取り
discount a bill 手形を割り引く
discount bond 割引債
discount broker 手形割引業者
discount stock; discount shares 割引株
discovered peril doctrine 発見された危険の法理
discovery ①開示②発見証拠開示
discovery conference 開示のための協議
discovery process 開示手続
　公判廷での民事訴訟や刑事訴訟の審理（trial）に先だって，主として反対当事者の防御権保障のために，自らが保有する主張や証拠などを，反対当事者に告知，開陳する手続をいう。
discovery rule 発見時起算の原則
discrepancy in the reasons 理由の食い違い
discretion ①自由裁量②弁別能力
discretionary bail 裁量保釈
discretionary collegiate court 裁定合議
discretionary provision 任意規定
discretionary trust 裁量信託
discrimination ①差別②識別
discriminatory internal tax 差別的内国税
discriminatory treatment 差別待遇
discuss 協議する
discussion ①議論②討論
disease 疾患
disease carrier 保菌者
disfranchise 市民としての権利を剥奪する
disgrace 汚名
disgraceful behavior 醜態
disguise 偽装

dishonor　①汚名②不渡り③手形引受拒絶④手形支払拒絶
dishonored bill　不渡手形
disinheritance　廃除
disinterested witness　利害関係なき証人
dislocated　脱臼した
dislocation　脱臼
dismembered body　バラバラ死体
dismiss　解雇する，解散する
dismiss an appeal　控訴を退ける
dismissal　①解任②棄却③免官④解雇⑤解散
dismissal and nonsuit　訴訟却下
dismissal compensation　解雇手当
dismissal from membership　除名
dismissal of an appeal　上訴の棄却
　上訴理由について実体審理をした結果上訴人の主張する権利や事実の存在が認められなかったことを理由とする，上訴人敗訴の判決。したがって原審の判決内容がそのまま維持される。上訴理由について実質的な審理が行われた点で，上訴要件の欠缺を理由とする上訴の却下とは異なる。もっとも実体審理は常に口頭弁論でなされるとは限らず，書面による実体審理の場合もある。〔参考〕民事訴訟法319条（口頭弁論を経ない上告の棄却）　上告裁判所は，上告状，上告理由書，答弁書その他の書類により，上告を理由がないと認めるときは，口頭弁論を経ないで，判決で，上告を棄却することができる。
dismissal of claim　請求の棄却
　民事訴訟において，審理の結果原告が主張した権利や事実の存在が認められなかったことを理由とする，原告敗訴の裁判。dismissal with prejudice。実体法上の権利義務の存否が判断された点で，訴訟要件の欠缺を理由とする訴えの却下＝dismissal without prejudice とは異なる。
dismissal of Koso-appeal　控訴棄却
　控訴人の主張する不服内容を審査したが，第一審の判決の事実認定や法律解釈に誤ったところがないため，第一審の判決を維持する旨下される控訴審の裁判。控訴要件がないことを理由とする控訴却下とは異な

る。〔参考〕民事訴訟法302条（控訴棄却）　控訴裁判所は，第一審判決を相当とするときは，控訴を棄却しなければならない。
dismissal of prosecution　公訴棄却
　刑事訴訟において，形式的な訴訟条件が存在していないことを理由して裁判を打ち切る旨の形式裁判。公訴棄却事由にあたる訴訟条件は，刑事訴訟法に明記されたものと，法理や解釈に基づくものがある。検察官の起訴が公訴権濫用にあたるとされる場合が後者の代表例である。〔参考〕刑事訴訟法338条　左の場合には，判決で公訴を棄却しなければならない。　一　被告人に対して裁判権を有しないとき。　二　第三百四十条の規定に違反して公訴が提起されたとき。　三　公訴の提起があつた事件について，更に同一裁判所に公訴が提起されたとき。　四　公訴提起の手続がその規定に違反したため無効であるとき。
dismissal of public action　公訴棄却→dismissal of prosecution
dismissal on suggestion　諭旨退職
dismissal without hearing　審判不開始
dismissed for want of equity　請求棄却
disobedience　不服従
disobedience of summons　召喚出頭義務違反
disorder　①治安紊乱②暴動③無秩序
disorderly　乱脈な
disorderly person　風紀紊乱者
disorientation　失見当識
disparagement　誹謗
disparagement of property　土地建物に対する中傷
disparate impact　差別的効果
dispatch　①派遣する②発信する
dispatch of police officials　警察官の派出
dispatch rule　発信主義
dispel　解消する
dispensation　法律の適用免除，教会法上の特免
displaced person　難民
display　陳列
display of obscene literature　猥褻文書陳列

disposable earnings （米）可処分所得
disposable income 可処分所得
disposal 払下げ
dispose 配置
dispose a case 事件を処理する
disposing capacity of property 財産処分能力
disposition 処分
disposition by public authorities 公権力の処分
disposition for default in tax payment 納税滞納処分
disposition for public auction 公売処分
disposition for suspension of transaction 取引停止処分
disposition for the suspension of banking transactions 銀行取引停止処分
disposition inter vivos 生前処分
disposition not to prosecute 公訴を提起しない処分
disposition of goods confiscated 没収物の処分
disposition of petty offense 微罪処分
dispositive fact 法的事実；権利変動原因たる事実，決定的事実
dispossess proceeding 立退手続
賃料不払いなど債務不履行に陥った賃借人を，賃貸人が契約を解除し，原状回復として法的に賃借人に賃借物件を明け渡させる手続。家屋明渡手続。
dispossession 占有奪取
disproof 反証
dispute ①議論②口論
dispute related to a qualification of a member 資格争訟
dispute resolution 紛争解決
disputed point 係争点
disqualification 資格喪失
disqualify 資格を剥奪する
disregard of corporate entity 法人格の否認
disreputable places いかがわしい場所
dissatisfaction 不服
dissemination 流布
disseneion 紛争，不和

dissent 反対意見
dissenter's rights 反対者の権利，反対株主の権利
dissenting opinion 反対意見
dissolution ①解散②解除
dissolution of adoptive relation by agreement 協議上の離縁
dissolution of an artificial person 法人の解散
dissolution of contract 契約の解除
dissolution of corporation 会社の解散
dissolution of marriage 婚姻解消
dissolution of the House of Representatives 衆議院解散
dissolve 解散する
dissolving bond 撤回保証証書
dissolving condition 解除条件
distance covered 走行距離
distinction 差別
distinction of principal and accessory 主従の区別
distinguish 区別する
distracted person 責任無能力者
事理を弁別する能力に欠け，刑事責任能力がない場合を表現するために，insane, idiot, lunatic などの同義語としてしばしば使われる。Vermont Statutes TITLE 13 §120. など。
distrain 動産差押えを行う，物を留置する
distraint 動産差押え
債務者の所有する動産を，官吏の占有下に移すことをいう。差し押さえられた動産は，競売手続によって売却され，売却代金が債権者の満足に充てられる。
distress 自動的動産差押え
distress and danger 危難
distress infinite 無限差押え，無期限差押え
distress warrant 差押令状
distressed exchanges 倒産回避の交換条件
distribute a sketch of the suspect 容疑者の似顔絵を配る
distribution ①配付②頒布③物資の流通④分配

distribution

distribution amount 分配額
distribution of assets 資産の配分
distribution of earned surplus 利益金処分
distribution of obscene literature 猥褻文書頒布
distribution of profits 利益の配当
distribution of property 財産分与
distribution of succeeded property to obligee 配当弁済
distributive clause 損害分担条項
distributive finding of the issue 一部勝訴評決
distributive justice 配分的正義
distributor ①販売代理店②卸売業者
distributor agreement 特約店契約
distributorship 独占販売権、一手販売権
distributorship agreement 販売店契約
district 地区
district attorney 地区検事
  An officer of the governmental body under which he or she is operating, such as a state, county, or municipality, with the duty to prosecute all those accused of crimes. A district attorney will frequently have assistants who are similarly empowered. In the federal government, district attorneys are called United States Attorneys.
  (Steven H. Gifis, Dictionary of Legal Terms 141(3rd ed., 1998), Barron's Educational Series, Inc.)
  州、郡、または地方自治体のような政府組織の役人であり、その下で、全ての犯罪被疑者を訴追する責務をもって働いている。地区検事はしばしば同等の権限を与えられた助手を持つ。連邦政府では、地区検事は合衆国検事と呼ばれる。
district boundary 管轄区域
district court 地方裁判所
district director of tax office 税務署長
district judge 地方裁判所裁判官
District of Columbia コロンビア特別区
district public prosecutors office 地方検察庁
district registry (英)地方登録所
distringas 出廷強制令状、間接強制の差押令状
disturbance 騒乱
disturbance of tenure 不動産保有妨害
disturbance of ways 通行地役権妨害
disunited 不統一な
disunity 不統一
diversification (事業)多角化
diversion theory 取引移転理論
diversity case 州籍の相違に基づく訴訟
diversity jurisdiction 州籍の相違に基づく連邦裁判所の裁判権
diversity of citizenship 州籍相違
  The situation that occurs when the persons on one side of a case in federal court come from a different state than the persons on the other side. This usually lets the court take and decide the case based on diversity jurisdiction.
  (Daniel Oran, Law Dictionary for Non-lawyers — (4th ed., 2000), West Legal Studies.)
  連邦裁判所における事件の一方の当事者らが他方の当事者と異なる州に属しているときに起こる状況。通常この場合には、裁判所は州籍の相違に基づく裁判権に基づき、事件を取り扱い判決を下す。
divestiture 事業部や子会社などの売却
divide 分割する
divided damages rule 損害平分負担の原則
dividend ①株の配当②分配金
dividend amount 配当額
dividend in arrears 未配当金
dividend warrant 配当金支払小切手
divine right of kings 王権神授説
divisibility of copyright 著作権の可分性
divisible 分離しうる
divisible claim 分割債権
divisible contract 可分契約
divisible obligation 可分債務
  給付内容を分割して複数の者に分属させることが性質上は可能な債務。金銭債務はそ

の代表例である。一方，特定物の引渡債務のように，その性質上複数の者に分属させることが不可能な債務を不可分債務という。もっともこれらは，性質上分割できるかどうかの区別にすぎず，実際に一つの可分債務に複数の債務者がいる場合，各債務者の責任も分割されるのか連帯責任を負うのかは，別個の問題である。日本の民法上は，責任も分割されるのが原則だが，実際の事例では連帯責任を負うとされる場合も少なくない。〔参考〕民法427条(分割債権及び分割債務)数人の債権者又は債務者がある場合において，別段の意思表示がないときは，各債権者又は各債務者は，それぞれ等しい割合で権利を有し，又は義務を負う。

division ①課②部
division of powers 権力分立
division of shares 株式分割
divisional court 合議法廷
divisional securities 特定目的証券
divorce 離婚
divorce by agreement 協議上の離婚
divorce by consent 合意離婚
divorce suit 離婚訴訟
dock 埠頭，(トラック・貨車用)積み下ろしプラットホーム
dock receipt ドック・レシート，埠頭受取証
貨物やコンテナが，倉庫やコンテナヤードに搬入されたときに発行される受取証。D／R．運送人はドック・レシートに基づいて船荷証券を発行する。
dock warrant 埠頭倉庫証券
dockage ドック使用料
docket 事件要録，事件表，(英)判決一覧表
docket fee 敗訴者負担弁護士費用，(米)定額弁護士費用
doctor of laws＝LL.D. 法学博士
doctor-patient privilege 医師患者間の秘匿特権
doctrine 法理
doctrine of atare decisis 先例拘束性の原理

doctrine of completeness 全部原則
doctrine of equivalent 均等論
特許権の侵害にあたるかどうかの判断材料として，①方法，②機能，③結果の三要素を想定し，特許権を有する技術と，その特許を侵害したとされる製品について，この三要素の比較を行う考え方。特許侵害であるとの結論が，比較的容易に導かれるといわれる。
doctrine of frustration 契約目標達成不能の法理
doctrine of precedent 先例拘束性の原理
The rule that precedents not only have persuasive authority, but must be followed when similar circumstances arise. (*Bryan A. Garner, Black's Law Dictionary Second Pocket Edition 217 (2001), West Group.*)
先例が説得的な法源であるというだけでなく，同様の状況が生じたときは先例に従わなければならないという規則。
doctrine of vagueness あいまい性の原則
doctrine respondeat superior 使用者責任の法理
document ①記録②書証③文書④船積書類⑤捺印証書⑥証券
document embodying the results of an inspection 検証の結果を記載した書面
document evidencing the claim 債権証書
債権，とくに貸金債権の存在を証明する書面をいう。借用証書，借用書，消費貸借契約書など名称は異なってもいずれも債権証書である。通常は契約当事者によって作成され，それ自体は私文書にすぎず，裁判において債権の存在を証明する手段となるにすぎない。もっとも，債権証書が公証人によって公正証書として作成された場合には，裁判を経ずに強制執行が可能になるなどの強い効力が認められるものになる。
〔参考〕貸金業法22条(債権証書の返還)　貸金業者は，貸付けの契約に基づく債権についてその全部の弁済を受けた場合において当該債権の証書を有するときは，遅滞な

document

く，これをその弁済をした者に返還しなければならない。

document made by agreement 合意による書面

document of inspection 検証調書

document of the criminal record 前科調書

document of title 権原証券

document to request expert evidence 鑑定嘱託書

document which pertains to a certification of facts 事実証明に関する文書

documentary bill 荷為替手形
貿易取引における代金決済に使用される手形。売主が代金額を額面として，買主を支払人とする為替手形を自己宛に振り出し，これを換金して代金の支払いを受ける。その際，船荷証券(bill of lading)などの船積書類(shipping documents)を添付して割引を受けることになる。

documentary credit 荷為替信用状
貿易取引において売主が代金決済のために荷為替手形(ducumentary bill)を振り出したときに，代金支払者である買主の取引銀行が，買主の依頼によりその荷為替手形の支払いを保証することをいう。信用状(L/C)。買主が荷為替手形を自分の取引銀行で割引を受ける際には，荷為替手形，船積書類と共に荷為替信用状を提出する。

documentary evidence ①証拠書類②書証
oral evidence の反対語。

documentary forgery 文書偽造

documents 書類

documents against acceptance 買主の為替手形の引受行為と引き換えに，売主が引き渡す書類

documents against paymant 買主の為替手形の支払行為と引き換えに，売主が引き渡す書類

documents relating to proceedings 訴訟に関する書類

documents which may be used as evidence 証拠とすることができる書面

Doe, John ジョン・ドウ
架空の原告に付けられた名前。

doing business 営業を行う事

doing business as ＝ d.b.a. 通称名

dole 割当て，持分

doli incapax 責任無能力

Dollar-sterling Agreement ドル・ポンド協定

dolus eventualis 未必の故意
犯罪行為時に，結果の発生を意図していたわけではないが，結果が起きるならそれでも構わないという内心の態度をいう。結果の発生を認識していた点で，過失とはいえないが，結果の発生を意欲していたわけではないので，一般的な意味での故意とも異なるとされる。未必の故意をどう扱うかについては，①故意と同様に扱う，②故意とも過失とも異なる第三のカテゴリとして扱う，の二つの立場がある。日本の立法や刑法学説は①の立場をとり，未必の故意は，通常の故意と同じ扱いとされている。この立場では，未必の故意と，認識ある過失の区別が非常に重要となる。一方アメリカにおいては，②の立場から，未必の故意犯＝recklessness を故意犯と過失犯の中間に位置する別個の犯罪形態とする立法を行う州が少なくない。例えば，テキサス州刑法では，人を死に至らしめる犯罪＝homicide は刑の重い順に，死刑相当の殺人罪＝capital murder，謀殺＝murder，故殺＝manslaughter，過失致死＝negligent homicide に区分され，犯人が意図ないし確定的故意＝intention を有する場合は謀殺，recklessness＝未必の故意や認識ある過失の場合は故殺が成立するとされる (TX PENAL CODE TITLE 5. CHAPTER 19.)。

domain 領有権，領土

domain name ドメイン名

domestic 国内の

domestic animal 家畜

domestic bill 州内手形，国内手形

domestic corporation 州内法人，内国法人

domestic court (英)家事事件治安判事裁判所

domestic jurisdiction ①国内事項に関す

る権限②域内的裁判権
domestic peace　治安
domestic proceedings　家事事件
domestic servant　家事労働者
domestic subject　国内問題
domestic violence　家庭内暴力
domicile　住居
dominant　①支配的な②優越的な
dominant economic power　優越的経済力
dominant firm　（圧倒的な）支配力のある会社
dominant land　要役地
dominant patent　基本特許
dominant strategy　ドミナント戦略
dominion　①支配権②統治③領土④自治領
dominium　①所有権②支配権③統治権
donate　寄附する
donate one's body　献体する
donated stock　贈与株
donation　①寄贈②贈与③寄附
donation due to death　死因贈与
donation for atonement　贖罪寄附
donation of money　献金
donative trust　贈与的信託，他益的信託
donee　受贈者，受遺者
donee beneficiary　受贈受益者
donee beneficiary contract　受贈者受益契約
donor　贈与者
door-to-door sale　訪問販売
Door-to-Door Sales and Other Direct Sales Law　訪問販売等に関する法律
dormant company　休眠会社→dormant corporation
dormant corporation　休眠会社
会社が登記簿上は存続しているが，実質上営業活動を長期にわたって行っていない会社をいう。このような会社にいつまでも法人格を与えておくことは意味がないのみならず，取引のダミーに使われるなど弊害もあるため，休眠状態が一定期間続いた場合には法律によって整理が行われる場合がある。〔参考〕会社法472条1項　休眠会社（株式会社であって，当該株式会社に関する登記が最後にあった日から十二年を経過したものをいう〈中略〉）は，法務大臣が休眠会社に対し二箇月以内に法務省令で定めるところによりその本店の所在地を管轄する登記所に事業を廃止していない旨の届出をすべき旨を官報に公告した場合において，その届出をしないときは，その二箇月の期間の満了の時に，解散したものとみなす。（後略）

double　重複する
double bond　条件付捺印金銭債務証書，違約金付捺印金銭債務証書，違約金付債務証書
double complaint　二重の訴え
double contingency　①二重の条件依存性②二重の不確定性
double damages　二倍賠償
double entry　複式簿記
double indemnity　災害倍額支払条項，災害倍額支払保険
double insurance　重複保険
double jeopardy　二重の危険
同一の犯罪について二回刑事責任を問われないという原則。大陸法系の考え方である一事不再理と非常に良く似ている考え方である。しかし，一事不再理では検事上訴が許されるが，二重の危険では，原則として許されない。
Being put in jeopardy twice for the same offense.
（ごく一部略）Double jeopardy is prohibited by Fifth Amendment. Thus a defendant who has been acquitted may not be tried again in the hope of a conviction, a defendant who has been convicted may not be tried again to increase the punishment, and the government, seeing that a trial is going badly, may not ask for a mistrial in the hope of doing better with a new jury and a fresh start. On the other hand, a defendant may be retried if a conviction is overturned on appeal, if a mistrial is declared at the request of the defendant or because of a hung jury or other circumstance beyond the control of the

double

prosecution, or if the same conduct also constitutes an offense in another jurisdiction. In addition, acquittal in a criminal trial does not protect the defendant from a subsequent civil suit for the very same conduct, since the standard of proof in the second action is lower.
(James E. Clapp, Random House Webster's Dictionary of the Law 147 (2000), Random House.)
同一の犯罪に対して二度危険にさらされること。
二重の危険は修正第5条によって禁止されている。従って、無罪放免された被告人が有罪の見込みのもとに再度裁判にかけられることはなく、有罪を宣告された被告人が刑罰を強化する目的で再度裁判にかけられることはない。また政府が、公判がうまくいっていないと見て、新しい陪審で新たに公判を開始すればうまくいくという見込みのもとに審理無効を申し立てることはできない。一方、有罪判決が上訴でくつがえされたり、被告人の請求で審理無効が宣言されたり、評決不成立またはその他検察の管理の及ばない事情のために、もしくは同様の行為が他の司法管轄区で犯罪に制定された場合には、被告人が再審されることを妨げない。加えて、民事訴訟における立証水準は低いので、刑事裁判における無罪評決は、同一の行為について後続する民事訴訟から被告人を保護するものではない。

double recovery　重複賠償、超過賠償
double standard　二重の基準
double suicide　心中
double taxation　二重課税
double the amount　倍額
double the price　倍額
double use　二重使用
doubtful title　疑いある権原
down payment　①頭金②内金
downfall　失脚
downsize　小型化する、リストラする
downstream conversion　下向転換
draft　①起草②草案③為替手形④喫水（①〜③について）

1. An order in writing directing a person other than the maker to pay a specified sum to a named person. Drafts may or may not be negotiable instruments, depending upon whether the elements of negotiability are satisfied. Draft is synonymous with bill of exchange.
2. The preliminary form of a legal document (一部略).
3. The process of preparing or drawing a legal document (一部略) or piece of proposed legislation.
4. In a military context, conscription of citizens into the military service.
(Steven H. Gifis, Dictionary of Legal Terms 146(3rd ed., 1998), Barron's Educational Series, Inc.)
1. 指名された者に記入された金額を支払うよう作成者以外の者に指示する書面の指図書。為替手形は流通証券であるものとそうでないものがあり、それは流通性の要素が満たされているかどうかによる。draftはbill of exchangeと同義語である。
2. 法律文書の予備段階の書式。
3. 法律文書または法案の準備または作成の過程。
4. 軍事関係では、市民の軍務への徴用。
(④について)
船体のうち水面下にある部分。同じ船舶でも、貨物や乗客を多く積めば喫水は深くなり、貨物の重量が少なければ喫水は浅くなる。喫水が深いと座礁のおそれがあるため、各港湾にはそれぞれ許容喫水が定められている。

draft agreement　契約案
draft for an agreement of settlement　協定案
draft of the resolution　決議案
drafting of a false autopsy report　虚偽検案書作成
drafting of a false death certificate　虚偽死亡証書作成
drafting of a false medical certificate　虚偽診断書作成
drafting of a false official document　虚

偽公文書作成
drafting of a false official document without signature and seal 虚偽無印公文書作成
dragnet 捜査網
drain 下水道
drainage right 排水権
Dram Shop Act 酒場取締法
dramatic copyright 演劇的著作権
dramatic works 演劇的著作物
draught 手形，草案，起草，値引き，航行許容水深
draw ①為替手形を振り出す②小切手を振り出す③起案する
  1. To withdraw money from an account in a bank or other depository.
  2. To execute a check or draft for the withdrawal of money.
  3. To prepare a draft of a legal document, such as a complaint, a deed or a will.
  (Steven H. Gifis, Dictionary of Legal Terms 146 (3rd ed., 1998), Barron's Educational Series, Inc.)
  1. 銀行口座や他の保管所からお金を引き出すこと。
  2. お金を引き出すために小切手または為替手形を振り出すこと。
  3. 訴状，捺印証書または遺言のような法律文書の草案を用意すること。
draw a bill 手形を振り出す
draw on the drawer himself 自己宛振出し
  振出人が自分自身を受取人として，手形，小切手その他の有価証券を発行することをいう。銀行が自分自身を受取人として振り出し，現金と引換えに依頼者に交付する預手＝自己宛小切手が代表的な自己宛振出しの例である。〔参考〕小切手法6条3項　小切手ハ振出人ノ自己宛ニテ之ヲ振出スコトヲ得
drawback 関税の払戻し，関税控除額
drawee ①為替手形の支払人②小切手の支払人③約束手形の受取人
drawer ①為替手形の振出人②小切手の振出人

出人
drawing ①振出し②図画
drifting article 漂流物
drinking party 酒席
drive drunk 飲酒運転する
drive other cars clause 他車運転条項
drive without a license 無免許運転
driver 自動車の運転手
driver's license 運転免許証
driving while intoxicated 酩酊状態での運転
drop 取り下げる
dropout 落ちこぼれ
dropped or left behind 遺留した
drowned person 溺死者
drowning 溺死
drug abuse 薬物濫用
drunkard 泥酔者
drunken driving 酩酊運転
drunken person 泥酔者
drunkenness 酩酊
dry 形式的な，名目的な，法的義務を課すことのない，実利を伴わない，(米)禁酒の
dry exchange 仮装交換
dry mortgage 有限責任抵当，物的責任抵当
dry trust 受動信託
dry weight 乾重量
DSB : Dispute Settlement Body 紛争解決機関
dual agency 双方代理
  一人の代理人が，売主の代理人と買主の代理人を共に務めるように，当事者双方の代理人を兼ねて契約を行うことをいう。双方代理は双方の依頼者の利益を害するおそれが高いので，原則として禁止される。しかし絶対的に禁止されるというほどの強力な原則ではなく，弊害のおそれがないときは，例外的に双方代理が認められる。〔参考〕民法108条(自己契約及び双方代理)同一の法律行為については，相手方の代理人となり，又は当事者双方の代理人となることはできない。ただし，債務の履行及び本人があらかじめ許諾した行為については，この限りでない。

dual

dual citizenship 二重国籍
dual contract 二重契約
同じ当事者間で，同じ目的の契約を価格や条件などを変えて二重に取り交わすこと。官公庁の規制や銀行融資の状況に応じて，二つの契約をその都度使い分けることなどがその例である。いわゆる不動産の二重譲渡は，買主が異なる二つの契約であるから，ここで言うところの二重契約ではない。一般に二重契約は，目的が公序良俗に反して無効であるか，何らかの被害を受けた者に対する不法行為を構成すると考えられる。

dual nationality 二重国籍
dual personality 二重人格
dual sovereignty theory 二重主権理論
due ①満期の②正当な
1. Appropriate to the circumstances; such as is required to fulfill legal obligations or satisfy legal standards. (一部略)
2. Owing; supposed to be paid or performed now; to be paid or performed at the time specified: The rent is due. The account is past due. Payment is due upon delivery.
(*James E. Clapp, Random House Webster's Dictionary of the Law 148 (2000), Random House.*)
1. 状況に適切なこと；法的な責務を果たすことまたは法的水準をみたすことを必要とされるというようなこと。
2. 義務のあること；直ちに支払いまたは履行がなされると想定されること；指定された時に支払いまたは履行がなされること：その賃料は支払期限がきたものである。その請求書は支払期限を超過したものである。その支払いは引渡しと交換になされる。

due act 相当の行為
due and payable 期限が到来して支払義務が発生している
同義語を併記するパターン。
due bill 金銭債務承認書
due care 相当な注意
due compensation 相当な補償

due course holder 正当所持人
due course of law 法の適正手続
due date ①満期日②支払期日
due diligence 相当な注意
due notice 適切な通知，十分な通知
due process 正式な手続，デュープロセス
The conduct of legal proceedings according to established rules and principles for the protection and enforcement of private rights, including notice and the right to a fair hearing before a tribunal with the power to decide the case.
(*Bryan A. Garner, Black's Law Dictionary Second Pocket Edition 223 (2001), West Group.*)
事件を判定する権限のある法廷の面前で，公正な審理を受ける権利と解雇を含めた私権の保護と実行のために，既定の規則と原則に従った法手続を行うこと。

due process clause 適正過程条項
due process of law 法の適正手続
due reason 正当な理由
duel 決闘
dueling 決闘
due-on-sale clause 抵当土地売却時完済義務条項
抵当権付不動産の所有者が，その不動産を第三者に売却しようとするときは，非担保債権を即時に完済しなければならないとの，貸付契約に付せられた条項をいう。融資した側としては，債務者自身が担保を維持する義務と責任があるべきとしてこのような条項を置くことを主張することになるが，不動産が第三者に譲渡されたからといって抵当権がなくなるわけではなく貸付側が損害を被るわけではない。したがって借入側や不動産の第三取得者にとっては，本来不要ともいえる義務を課される厳しい条項である。

dull pain 鈍痛
dull weapon 鈍器
duly 法にのっとり
dumb-bidding 最低価格非公開競売
dummy ①にせの②ダミー③模造品
dummy corporation ダミー会社

dummy director 名目的取締役
dumping ダンピング，不当廉売
duopoly 複占，二社独占
duplicate ①謄本②複本③二重の
duplicate key 合鍵
duplicate taxation 重複課税
durable power of attorney 委任状
duration 存続期間，契約期間，所要期間
duration of a contract 契約期間
duress ①強迫②強制
duress of goods （他人の）財産不法占有
duress of imprisonment 拘禁による強迫
during good behavior 非行なき限り，終身
during lucid interval 本心に復している間
during parole 出獄中
during the life 終身
Dutch auction オランダ式競売，競り下げ競売
duty ①義務②公課③租税④関税
duty of care 注意義務
過失＝negligence とは，違法な結果の発生を予見あるいは回避できるように注意すべきだったにもかかわらず，その義務を怠ったことである。すなわち注意義務とは，何らかの行為をする者に対して，その状況に応じてあらかじめ命じられている法律上の義務を指す。もっともそのような義務の具体的内容は，職業，状況や行為の危険性等によって無限の多様性がある。現実には，そのような多様な注意義務の内容を事前に全て確定しておくことは不可能であろう。このような現実の元では，特に民事上の過失における注意義務とは，裁判官の下した過失の有無の判断そのものだともいえる。裁判における結論の妥当性の確保のためには，そう考えるのもやむを得ない面がある。しかし，少なくとも観念的には，過失の有無の判断に論理的に先行して存在する法律上の義務が，注意義務とよばれるものである。
duty of confidentiality 守秘義務
duty of faith 従業員の忠誠義務
duty of law officers 公務
duty of loyalty 忠実義務
duty of tonnage トン税
duty suspension 関税停止制度
duty to account 報告義務
duty to avoid competition 競業避止義務
ある者が不動産業であるとか衣類販売業であるとか，具体的な特定の営業を行っているとき，それと同じ種類の営業を行ってはならないとされる義務をいう。会社の取締役が会社の行う営業と同じ種類の営業を行うことが禁止され，営業を譲渡した者が以後近接地域において同一の営業を行うことが禁止されるのがその例である。会社の取締役は自己の利益よりも会社の利益を優先させる義務があること，営業を譲渡した者が近接地域で同じ営業を行うのは信義に反すること，がそれぞれの根拠とされる。また契約によっても競業避止義務が発生することがある。〔参考〕会社法16条1項　営業を譲渡した商人(中略)は，当事者の別段の意思表示がない限り，同一の市町村(中略)の区域内及びこれに隣接する市町村の区域内においては，その営業を譲渡した日から二十年間は，同一の営業を行ってはならない。
duty to avoid risk 結果回避義務
過失の本質を，適切な措置や行動を取ることによって違法な結果の発生を防止すべきだったのに，そのような行動を取らなかったという行為義務違反に求める見解である。もともと過失の本質を，結果の発生を予見するように注意を働かせるべきだったのに漫然としていたという，内心状態の義務違反であるとするのが伝統的な見解であったが，それに対する批判として登場してきたのが結果回避義務違反説である。
duty to be present at the court 在廷義務
duty to disclose 告知義務
duty to obey instruction 忠実義務
duty to take care 注意義務
duty to warn 警告義務
duty-centered legal culture 義務中心の法文化
duty-free articles 免税品
dwell 居住する
dwelling 住居

dwelling

dwelling defense 住所防衛
dwelling house 住居
dying declaration 臨終の供述
dying without issue 直系卑属なくしての死亡

E

E. E. C. European Economic Community, ヨーロッパ経済共同体

E. E. O.＝Equal Employment Opportunity 雇用機会均等
企業が雇用契約を締結するにあたって，人種や宗教，性別，年齢などによって雇用を差別的に取り扱ってはならないとする，アメリカの法制度の原則をいう。42.U.S.C §2000e 等。

E. E. O. C.＝Equal Employment Opportunity Commission 雇用機会均等委員会

E.U.＝European Union 欧州連合
ヨーロッパ共通の経済産業通貨政策，安全保障，司法制度を実施するために，ヨーロッパ十数カ国が条約によって共通政策の実施を約束した国際同盟組織をいう。従来から経済産業政策の共通政策については，E. C.＝European Community(欧州経済共同体)が存在していたが，E.C.を軸として，さらに安全保障政策と司法制度，通貨制度の共通を目指す形で，1991年のマーストリヒト条約(Treaty on European Union)の締結により，1993年に成立した。

each and all 一切の，全ての
同義語を併記するパターン。

each and every 各
同義語を併記するパターン。

Earl Warren アール・ウォーレン(1891-1974)
第14代合衆国最高裁判所首席裁判官(1953-69)。ケネディ大統領暗殺事件調査委員会の委員長。高潔な人柄で知られ信頼を集めた。

earlier maturity rule 弁済期の先後による優先権の原則

earlier termination より早い終了，終了前の途中の解除

Early Financial Correction Law 金融早期健全化法

early prediction 早期予測
earned income 勤労所得
earned premium 既経過保険料
earned surplus 利益余剰金
earned surplus reserve 利益準備金
earnest-money ①手付金②保証金
A nonrefundable down payment made by a buyer at the time of entering into a contract of purchase, to compensate the seller if the buyer fails to go through with the transaction. It is a usual feature of real estate transactions.
(James E. Clapp, Random House Webster's Dictionary of the Law 151 (2000), Random House.)
購入者が購入の契約を結ぶときに支払った払戻し不可能な頭金。これは仮に購入者が取引を遂行できなかった場合に販売者に補償するためのもの。不動産取引において，よくみられる。

earnings 収益，所得
earnings and expenses 収支
earnings scheme 賃金制
earnings stripping rule アーニングス・ストリッピング・ルール
支払利息としてなされた支出のうち不適格なものは，損益計算における損金処理として認めない税会計法上の原則をいう。不適格な支払利息とは，租税政策によりその内容は変わりうるが，一般に，企業規模や資本金額に見合わない過大な借入れに対する利息，実質的には利益配当に近い利息支払い，外国人に対する多額の支払利息などがある。

ear-witness 直聞証人
ease 緩和する
easement 地役権
自分の土地の利用価値を増すために，他人の土地を一定の方法で継続して利用させてもらうことを内容とする権利をいう。地役権が設定された土地を承役地，地役権によ

って利用価値の増加が見込まれる土地を要役地といい、地役権の設定は両土地の所有者間の契約によって行われる。承役地から要役地まで水を引いたり、要役地の日照を確保するために承役地の建物建築を制限することなどを合意するのが、地役権の例である。〔参考〕民法280条(地役権の内容)地役権者は、設定行為で定めた目的に従い、他人の土地を自己の土地の便益に供する権利を有する。ただし、第三章第一節(所有権の限界)の規定(公の秩序に関するものに限る。)に違反しないものでなければならない。

easement appurtenant 付属地役権
easement by necessity 必然地役権
約定物権として意思表示によって発生する地役権ではなく、隣接する土地の利用に必要な範囲で法律上当然に発生する地役権をいう。easement by implication, implicated easement。袋地の所有者が囲繞地を通行できる権利などがその代表例であるが、日本の民法では制限物権としてではなく、近隣関係を調整するための土地所有権の限界という体裁で規定がなされている。〔参考〕民法210条(公道に至るための他の土地の通行権)1項　他の土地に囲まれて公道に通じない土地の所有者は、公道に至るため、その土地を囲んでいる他の土地を通行することができる。

easement by prescription 地役権の時効取得
正当な権原に基づかずに、他人の土地を自己所有土地の便益のために利用し続けていた場合に、その継続状態が法で定める期間に達したときに、当該利用関係を正権原として取得することをいう。〔参考〕民法163条(所有権以外の財産権の取得時効)所有権以外の財産権を、自己のためにする意思をもって、平穏に、かつ、公然と行使する者は、前条の区別に従い二十年又は十年を経過した後、その権利を取得する。

easement in gross 債権としての地役権、属人地役権
地役権とは、承役地の所有者と要役地の所有者の物権的な合意によって発生する約定物権であるのが原則である(→ easement)。そして、いったん発生した地役権は、承役地や要役地の譲受人に対しても効力が生ずる。しかし、このような物権的な合意までには至らなくとも、物権としての地役権と同等の内容の土地利用関係を、契約当事者限りの債権契約として発生させることも可能である。この場合契約当事者以外の者を拘束することはないので、属人地役権などと呼ばれるが、その本質は通常の債権ないし請求権にほかならない。

easement of access 通行地役権
easement of light 採光地役権
easement of light and air 日照と通風のための地役権
地役権は、通行や水利のために設定されるのが典型的な例であるが、約定によって成立する地役権の場合、要役地の便益の内容がとくに限定されているわけではない。要役地の日照や通風などを確保するために、承役地の所有者が建築を制限する内容の地役権の設定に承諾したとすれば、それは有効な地役権として成立する。承役地の所有者がこのような地役権の負担に応じないとすれば、相隣関係などの法律の定めに従うほかはないが、通常、相隣関係は必ずしも隣地の日照や通風を考慮した定めにはなっていない場合が多い。地役権の合意も相隣関係規定もない場合は、不法行為を根拠として争っていくほかにはないことになる。〔参考〕民法280条(地役権の内容)地役権者は、設定行為で定めた目的に従い、他人の土地を自己の土地の便益に供する権利を有する。ただし、第三章第一節(所有権の限界)の規定(公の秩序に関するものに限る。)に違反しないものでなければならない。

East India Company 東インド会社
easy money policy 金融緩和政策
e-business law e-ビジネスに関する法令
EC European Communities、ヨーロッパ共同体
eccentric conduct 奇行
EC-directive ECの立法形式
e-commerce 電子商取引

economic

economic efficiency　経済効率
Economic Espionage Act＝EEA　経済スパイ活動法
economic indicator　経済指標
economic integration　経済統合
economic loss　経済的損失
Economic Planning Agency　経済企画庁
economic strike　経済的ストライキ，経済的同盟罷業
economies of scale　規模の経済
economies of scope　範囲の経済
economy　経済
ecosystem　生態系
ECR : efficient consumer response　エフィシェント・コンシューマー・レスポンス
edge of a road　路肩
edict　勅令
edictum　勅令
educational background　学歴
educative measures　保護処分
Edward Coke　エドワード・クック (1552-1634)
　英国の法律家。コモン・ローの優位や法の支配の概念を説いて「コモン・ローの父」と呼ばれ，王権の制限，自由主義，人権保障といった近代立憲主義の思想に大きな影響を与えた。マグナ・カルタ (Magna Carta) が，1215年という封建期に成立したにもかかわらず，今日立憲主義の礎のように考えられているのも，彼がその主著「Institutes of the Law of England」で行った解釈によるところが大きいと言われている。権利請願(1628)の起草も彼の手によるものである。

effect　①効果②実施③結果④趣旨
effect a merger　合併する
effect of a contract　契約の効力
effect of excluding further litigation　既判力
　判決が確定すると，同一事項が問題となった後訴において，裁判所は前訴の判決と矛盾する判断を行うことができなくなる。このような，確定判決に認められる，紛争の蒸し返しを防止するための拘束力を既判力という。res judicata とも言われる。もっとも既判力は判決の判断事項全てに及ぶわけではなく，判決主文の事項に限られる。この点で，判決の理由中の判断に，蒸し返し禁止の効力を認める，いわゆる争点効＝collateral estoppel とは異なるものである。

effect of institution of public prosecution　公訴の効力
effect of marriage　婚姻の効力
effect of parental power　親権の効力
effect of prescription　時効の効果
effect of proceedings　訴訟手続の効力
effect of registration　登記の効力
effect of sale　売買の効力
　売買契約の締結によって発生する，売主と買主それぞれの権利や義務が，売買の効力の中心である。売主の義務としては，目的物の完全な所有権や対抗要件を買主に取得させる義務が主たるものである(U.C.C§2-403)。その義務を果たせなかった場合の担保責任，引渡までに目的物に生じた果実を引き渡す義務などが，それから派生的な義務として存在する。一方買主の義務の中心は，代金支払義務である。売主買主双方に認められる効果として，互いの債務が履行されなかった場合の法定解除権がある。このような当事者の債権債務の関係を一歩越えて，売買契約締結時に，目的物の所有権が買主に物権的にも移転する効力を認めるかどうかについては争いがある。もっとも所有権移転時期について当事者に取り決めがあれば，もちろんその合意に従うことになる。〔参考〕民法560条(他人の権利の売買における売主の義務)他人の権利を売買の目的としたときは，売主は，その権利を取得して買主に移転する義務を負う。

effect of statute of limitation　時効の効果
　日本の民法においては，消滅時効の完成により，実体法上も権利消滅の効果が発生し，時効援用やその放棄という当事者の行為は，その実体法上の効果を確定的にするものといってよい。これに対してアメリカにおいては，消滅時効＝statute of limitation は実体法上の制度ではなく，訴訟法上の出訴期間を制限するものとして理解され

ている。他方，不動産上の権利を時効によって取得する制度は prescription とよばれる。〔参考〕民法 167 条(債権等の消滅時効)1 項　債権は，十年間行使しないときは，消滅する。

effect of succession　相続の効力
effect of termination　解除の効果
effect of testament　遺言の効力
effect of will　遺言の効力
effect theory　効果理論
effecting a contribution　出資
effective　有効な
effective and valid　有効な
　同義語を併記するパターン。
effective date　法令の発効日
effective period　有効期間
effectiveness　効果性
effects　人的財産，財産
effectual　有効な
effectuate　有効にする
effectuation　発効する
efficiency　効率性
efficient cause　主因
effluxion of time　期間の満了，期間の経過
egalitarianism　平等主義
egoism　自己中心性
Ei incumbit probatio, qui dicit, non qui negat　挙証責任は主張する者に在し，否認する者に在せず
　例えば民事訴訟においては，貸金の返済を主張する者が，消費貸借契約成立の事実を立証しなければならない。決して貸金を否定する者に，その不成立の証拠の提出を要求したり，事の真偽が不明だった場合の不利益を帰せしめてはならないとされる。法律効果の発生をもたらす事実の存在を否定する者に，その不存在の証明を要求することは，実質上不可能に近いことを求めることになるからである。
Eight Hour Law　八時間労働法
EIS : environment impact statement　環境影響報告書
ejectment　①土地占有回復訴訟②排除③出入港禁止命令④没収

(①について)
土地を侵奪された所有者が，不動産の不法占有者を退去させ，自己の占有を回復するための訴訟をいう。日本では土地所有権に基づく，物権的請求権としての返還請求や，占有訴権としての占有回収の訴えが，これに相当する救済手段といえる。〔参考〕民法200条(占有回収の訴え)1項　占有者がその占有を奪われたときは，占有回収の訴えにより，その物の返還及び損害の賠償を請求することができる。

ejectum　漂着した難破物，投棄された物
ejusdem generis　同類解釈則，同種の，同類の
elapse　経過する
Elder Brethren　海事長老会，海事協会高級役員
elder title　先行の権原
elect　選任する
elect by popular vote　公選する
elect publicly　公選する
election　選挙
election law violation　選挙違反
election of remedies　救済方法の選択
election offenses　選挙違反
elective share　遺留分
elector　選挙人
electoral district　選挙区
Electric Appliance and Material Control Law　電気用品取締法
Electric Power Development Promotion Law　電源開発促進法
Electric Utilities Industry Law　電気事業法
Electric Work Specialist Law　電気工事士法
electromagnetic record　電磁的記録
electronic banking　電子銀行取引
electronic commerce　電子商取引
Electronic Fund Transfer Act　電子決済法
electronic funds transfer　電子資金移動
electronic method　電子的方式
electronic records　電子記録
electronic signature　電子署名

eleemosynary corporation 慈善法人，公益法人
element 自然力，要素
element constituting liability 責任要素
犯罪者に対して道義的非難を加えられるかどうかの判断を責任＝liability というが，そのような責任存在の根拠となる個々の事実や評価が責任要素である。心理的要素として故意＝intention，過失＝negligence，未必の故意＝recklessness が，医学的要素として責任能力＝criminal capacity が，状況的要素として期待可能性が，一般的な責任の要素と考えられている。
elements constituting the offense 罪体
eligibility for election 被選挙権
eligible 資格のある，適格の，有資格の
elimination 追放
elopement 駆け落ち
elucidate 解明する
elucidation 釈明
emancipation 解放
embargo 抑留，出港禁止（令），船舶の徴発，通商禁止令，輸入禁止，禁輸措置
embassy 大使館
embezzlement 横領，使い込み
所有者から委託されて占有している物を，自分のために使ったり，他に処分してしまったりする犯罪，委託物横領。委託者の信頼を裏切るという点では，詐欺＝fraud に近い罪質があるともいえる。C.A PENAL CODE 503. Varmont Statues§2531 など。一方いわゆる遺失物横領は，占有の侵奪を伴なわないもっとも手口が単純な盗罪として位置付けられ，いわゆる委託物横領を意味する embezzlement には含まれないのが一般的である。〔参考〕刑法252条（横領）自己の占有する他人の物を横領した者は，五年以下の懲役に処する。
embezzlement in the conduct of business 業務上横領
横領罪＝embezale において，所有者からの委託が，受託者が日常的に反復継続して行っている事務の処理として行われたときは，単純横領罪よりも重く罰せられる。この場合は委託者の信頼が単純横領罪よりも強いと考えられるからである。〔参考〕刑法253条（業務上横領）業務上自己の占有する他人の物を横領した者は，十年以下の懲役に処する。
embody 体現する
embryo 受胎後八週以内の胎児
emerge 現れる
emergency 非常事態
emergency arrest 緊急逮捕
現行犯のように犯罪行為が明白とはいえないが，逮捕状を請求している余裕がない場合に，逮捕状なしで認められる逮捕手段のことである。日本の実務においては，現場近くにいて犯人の蓋然性が高い者の身柄を拘束する捜査手段として，一般的に利用されている。アメリカにおける無令状逮捕＝arrest without warrant も，犯罪の現認現場での逮捕という意味での現行犯逮捕よりは広い概念であって，日本の緊急逮捕と実質的に重なり合う部分を含んでいるといえるものである。〔参考〕刑事訴訟法210条1項 検察官，検察事務官又は司法警察職員は，死刑又は無期若しくは長期三年以上の懲役若しくは禁錮にあたる罪を犯したことを疑うに足りる充分な理由がある場合で，急速を要し，裁判官の逮捕状を求めることができないときは，その理由を告げて被疑者を逮捕することができる。この場合には，直ちに裁判官の逮捕状を求める手続をしなければならない。逮捕状が発せられないときは，直ちに被疑者を釈放しなければならない。
emergency bell 非常ベル
Emergency Law for Stabilization of National Life 国民生活安定緊急措置法
Emergency Measures Law for Construction of City Parks 都市公園等整備緊急措置法
Emergency Measures Law for Construction of Sewerage Systems 下水道整備緊急措置法
emergency session of the House of Councilors 参議院の緊急集会
emigrant 外国への移民
emigration 外国への移住

eminent domain　収用権
Emissions Limit Law　排気ガス規制法(排ガス規制法)
emolument　給与
empanel　陪審を形成する
employ　採用
employee　①被用者②労務者③従業員
employee benefit　附加給付
employee dismissal letter　解雇通知書
Employee Pension Scheme　厚生年金
employee recommendation　被用者の推薦
Employee Retirement Income Security Act＝E.R.I.S.A.　退職者年金保障法
employee safety laws　労働者安全法
employee stock option plan　①ストック・オプション・プラン②従業員株式買取権
employee stock purchase plan　従業員持株制度
employee vesting　被用者受益権
employee warning notice　懲戒予告通知書
employer　①使用者②雇用主
employers' liability acts　雇用者責任法
employers' liability insurance　雇用者責任保険
employment　採用
employment agency　職業紹介所
employment agreement　雇用契約
employment application　求職, 採用申込み
employment application form　求職願書
employment at will　期間の定めのない雇用契約
　契約期間を定めることなく締結され, 当事者の一方からいつでも雇用関係を終了させることができる雇用契約をいう。at will employment。ただし通常の労働契約では, 労働法規によって使用者側からの雇用終了は制限される場合が多い。〔参考〕民法627条(期間の定めのない雇用の解約の申入れ)1項　当事者が雇用の期間を定めなかったときは, 各当事者は, いつでも解約の申入れをすることができる。この場合において, 雇用は, 解約の申入れの日から二週間を経過することによって終了する。

employment contract　雇用契約
employment eligibility verification　雇用適格確認届
employment insurance　雇用保険
employment law　雇用法
employment office　職業紹介所
employment relationship　雇用関係
Employment Security Bureau　職業安定局
Employment Security Law　職業安定法
Employment Standard Administration　連邦雇用基準局
emptor　買主
empty weight　自重
en bloc　全部まとめて
enable a person to escape　隠避する
enabling a criminal to escape　犯人隠避
　逃走用の車や切符を手配したり, 犯人の逃走を手助けして, 逮捕や発見を妨げる一切の行為をいう。ただし犯人をかくまう行為は「蔵匿」にあたるので隠避とは言えない。〔参考〕刑法103条(犯人蔵匿等)　罰金以上の刑に当たる罪を犯した者又は拘禁中に逃走した者を蔵匿し, 又は隠避させた者は, 二年以下の懲役又は二十万円以下の罰金に処する。
enabling clause　授権条項
enact　法案を成立させる
　Put a statute into effect; pass a statute through a legislature; establish by law. *(Daniel Oran, Law Dictionary for Non-lawyers 107 (4th ed., 2000), West Legal Studies.)*
　制定法を施行する；制定法を議会で通過させる。法律によって制定する。
enactment　制定
enclosure　囲い込み
encouragement of injury on a scene　傷害助勢
　けんかの現場の周囲で, はやしたてるなど雰囲気を盛り上げるような行為を罰するものである。一方への精神的な加勢が幇助の程度に達する場合には, 本罪は成立しない。〔参考〕刑法206条(現場助勢)　前二条

encroachment

の犯罪が行われるに当たり、現場において勢いを助けた者は、自ら人を傷害しなくても、一年以下の懲役又は十万円以下の罰金若しくは科料に処する。

encroachment　境界侵奪、不法侵奪
境界を越えて建物や工作物などを建築するなどの方法によって、境界を接する他者の所有する土地を不法に侵奪することをいう。tresspass。enroachment の語義自体は不法侵害一般を広く含むもので必ずしも境界侵奪に限られるものではないが、一般的には境界を越えた侵害の場合に使われることが多い。

encumber a fictitious obligation　仮装の債務

encumbrance　①土地負担②土地③船舶上の担保

end product　最終成果物

endanger the public safety　公共の危険を生じる

endangered species　稀少野生動物

endangering traffic　往来危険
道路、線路や航路に作為を施したり勝手に標識や信号を操作するなどの方法で、車、列車や船舶の通行に危険を生じさせる行為を処罰するものである。Vermont Statutes TITLE 13　§3101.など。

endangering traffic by a railroad train　電汽車往来危険
信号やポイントを勝手に操作するなど、鉄道列車の運行に危険を生じさせるあらゆる行為を罰するものである。〔参考〕刑法125条(往来危険)1項　鉄道若しくはその標識を損壊し、又はその他の方法により、汽車又は電車の往来険を生じさせた者は、二年以上の有期懲役に処する。

endangering traffic by a vessel　艦船往来危険
ブイを破壊するなど、船舶の安全な航行をおびやかすあらゆるの行為を処罰するものである。〔参考〕刑法125条(往来危険)2項　灯台若しくは浮標を損壊し、又はその他の方法により、艦船の往来の危険を生じさせた者は、前項と同様とする。

endangering traffic caused by negli-gence　過失往来危険
列車が近づいている踏切に自動車で進入するなど、危険を発生させる意図はないものの、注意義務に反して危険を発生させた行為を罰するものである。〔参考〕刑法129条(過失往来危険)1項　過失により、汽車、電車若しくは艦船の往来の危険を生じさせ、又は汽車若しくは電車を転覆させ、若しくは破壊し、若しくは艦船を転覆させ、沈没させ、若しくは破壊した者は、三十万円以下の罰金に処する。

endangering traffic caused by negli-gence in the conduct of business　業務上過失往来危険
鉄道員が注意義務を怠ってポイントを切り替えるのを忘れた場合など、交通業務に従事する者の過失は、一般人の犯した過失往来危険罪よりも重く罰せられる。〔参考〕刑法129条(過失往来危険)2項　その業務に従事する者が前項の罪を犯したときは、三年以下の禁錮又は五十万円以下の罰金に処する。

ending of duties　任務終了

endorsement　①裏書②承認③署名
1. The act of endorsing.
2. Approval or support.
3. Matter written on or added to a document.
4. A rider added to an insurance policy to modify or extend coverage in a particular way.
5. Indorsement.
(*James E. Clapp*, *Random House Webster's Dictionary of the Law* 158 (2000), *Random House*.)
1. 裏書する行為。
2. 承認または支持。
3. 書類に記載されたまたは加えられた事柄。
4. 補償範囲を修正または拡張するために保険証券に特定の方法で加えられた補足条項。
5. 裏書。

endorsement in blank　白地式裏書 →blank endorsement

endorser　裏書人
endowment contract　①寄附行為②寄附契約
endowment insurance　養老保険, 生死混合保険
endowment policy　養老保険証券, 生死混合保険証券
enemy alien　敵性外国人
Energy Reorganization Act　エネルギー再生法
enforce　実施する
enforceability　実効性, 強制力
enforceable　①強制可能な②実行できる
enforceable contract　強制可能な契約
enforceable promise　強制力のある約束
enforceable right　強制力のある権利
enforceable title of obligation　執行力のある債務名義
　債務が強制執行により実現できる資格のあることを証明する公の文書をいう。確定判決の正本は代表的な債務名義といえる。〔参考〕民事執行法22条(債務名義)　強制執行は, 次に掲げるもの(以下「債務名義」という。)により行う。　一　確定判決　二　仮執行の宣言を付した判決　三　抗告によらなければ不服を申し立てることができない裁判(確定しなければその効力を生じない裁判にあつては, 確定したものに限る。)　四　仮執行の宣言を付した支払督促　四の二　訴訟費用若しくは和解の費用の負担の額を定める裁判所書記官の処分又は第四十二条第四項に規定する執行費用及び返還すべき金銭の額を定める裁判所書記官の処分(後者の処分にあつては, 確定したものに限る。)　五　金銭の一定の額の支払又はその他の代替物若しくは有価証券の一定の数量の給付を目的とする請求について公証人が作成した公正証書で, 債務者が直ちに強制執行に服する旨の陳述が記載されているもの(以下「執行証書」という。)　六　確定した執行判決のある外国裁判所の判決　六の二　確定した執行決定のある仲裁判断　七　確定判決と同一の効力を有するもの(第三号に掲げる裁判を除く。)

enforcement　①施行②実施③強制
enforcement jurisdiction　執行管轄権
enforcement of performance　履行の強制
　債務が任意に履行されない場合に, 公権力を借りて, 債務者の財産を差し押さえたり, 実行力を行使して家屋から退去させるなど, 債務者の意思に基づかずに債務の実現を図っていくことをいう。〔参考〕民法414条(履行の強制)１項　債務者が任意に債務の履行をしないときは, 債権者は, その強制履行を裁判所に請求することができる。ただし, 債務の性質がこれを許さないときは, この限りでない。
enforcement of the adjudication　裁判の執行
enforcement regulations　施行規則
enfranchise　参政権を与える
engage　従事する, 行う
engage in "hot pursuit"　犯人として追呼する
engagement　①約束②従事③雇用④婚約
engagement letter　会計事務所顧問契約, エンゲージメントレター
　会計事務所の役務の提供を受ける場合に締結する契約ないし契約書。
engrossing　①買占め②書写, 清書
enhance　価値を高める, 増大する
enjoin　①命じる②差止めで禁止する
enjoy　享有する
enjoyment　権利の享受
enlarge　期間を延長する, 拡大・拡張する
enlighten　教化する
enrichment　利得
ensure　保険をかける, 請け合う, 効力を生ずる, 適用される, 利益になる, 役立つ
enter　土地に侵入する, 契約を締結する, 法廷に提出する
enter a courtroom　入廷する
enter a new judgment in the case　破棄自判する
　上訴による不服申立てに理由がある場合に, 原審に審理のやり直しを命ずることなく, 上訴審みずから事件全体についての判断を示すことをいう。既に原審において審

enter

理が尽くされていて，当事者の審級の利益を考慮する必要がない場合になされるのが原則である。〔参考〕刑事訴訟法400条　前二条に規定する理由以外の理由によつて原判決を破棄するときは，判決で，事件を原裁判所に差し戻し，又は原裁判所と同等の他の裁判所に移送しなければならない。但し，控訴裁判所は，訴訟記録並びに原裁判所及び控訴裁判所において取り調べた証拠によつて，直ちに判決をすることができるものと認めるときは，被告事件について更に判決をすることができる。

enter the witness box 証言台に立つ
enterprise 企業
Enterprise Rationalization Promotion Law 企業合理化促進法
enterprise resource planning (ERP) 経営資源統合管理
enterprise union 企業別組合
entertainment 饗応
entertainment economy エンタテインメント・エコノミー
entire agreement 最終性条項
entire agreement clause ①完全合意条項②契約条項
entire contract 不可分契約
entire day 完全日，一日
entire market value rule エンタイア・マーケット・バリューのルール
製品を構成する一部の部品だけについての特許権が侵害された場合でも，損害賠償額の算定は，製品全体の価額をベースとして算出され，その部品の価額分の賠償には留まらないとする考え方をいう。アメリカの特許訴訟においてしばしば主張され，裁判所によって採用されたときの賠償額は巨大なものとなる。

entire tenancy 単独保有，単独土地所有
entire tenor of oral proceedings 弁論の全趣旨
entirely and completely 完全に
同義語を併記するパターン。
entirety 全体；全体性，夫婦の合有財産
entitle 権利(資格)を与える
To give right or title to. To qualify for.

"Entitlement" is the right to claim something, such as social security benefits.
(*Gilbert Law Summaries Pocket Size Law Dictionary 101 (1997), Harcourt Brace And Company.*)
権利または権原を与えること。資格を与えること。「資格」とは，社会保障給付のようなものを請求する権利。

entitlement 権利を受ける資格
entity 権利主体の存在形式，団体
権利や義務の主体となりうる存在形式，あるいは存在形態それ自体を示す言葉。たとえば，legal entity や corporate entity と言えば，法人格や法人を指し，public entity と言えば公共団体を指す。

entrapment ①罠②おとり捜査
In criminal law, an affirmative defense created either by statute or by court decision in the given jurisdiction that excuse a defendant from criminal liability for crimes induced by trickery on the part of law enforcement officers or other agents of the government. To sustain the defense, the defendant must demonstrate that but for the objectionable police conduct, he or she would have been persuaded, under the same circumstances, to commit the crime.
(*Steven H. Gifis, Dictionary of Legal Terms 157(3rd ed., 1998), Barron's Educational Series, Inc.*)
刑法において，ある特定の法域内で制定法あるいは裁判所の判決によって与えられる積極的抗弁。これにより，法執行官または他の政府執行官の策略によって誘発された犯罪の刑事責任から被告人を放免する。その抗弁を根拠づけるためには，あるまじき警察の行為がなかったならば，同じ状況下では，被告人は罪を犯さなかっただろうと確信していることを，その被告人は論証する必要がある。

entreaty 請託
entrench oneself 立てこもる
entrepreneurship 企業家精神
entrust ①委任する②委託する③預ける

④信託する
entrustment 委嘱
entrustment agreement 業務委託契約
entry ①記入，登録②立入り③通関手続
entry formalities 入国手続
entry of a change of holders in the register of shareholders 株式の名義書換え 株式を譲り受けた後，その会社備え付けの株主名簿＝record of stockholder に，株主となった旨や権利行使の代理人などを登録＝regist することをいう。会社にとっては，株主総会＝shareholder's meeting の招集などの手続上，誰が株主かを把握しておく必要があるので，このような名義の書換えは，株式取得の会社に対する対抗要件とされる。〔参考〕会社法130条1項　株式の譲渡は，その株式を取得した者の氏名又は名称及び住所を株主名簿に記載し，又は記録しなければ，株式会社その他の第三者に対抗することができない。
entry of change of shareholder 名義書替え
entry of judgment 判決の記録記載
enumerated clause 列挙条項
enumerated powers 限定列挙された権限
enumerate 列挙する
enveloped 封緘された
envious 嫉妬深い
environment 環境
Environment Agency 環境庁
environmental destruction 環境破壊
Environmental Impact Assessment Law 環境影響評価法
environmental law 環境法
environmental pollution 公害
Environmental Regulation 環境法
environmental right 環境権
envoy 外交使節
envy 嫉妬
eo instanti その時に
eo nomine その名によって
EPA : Environmental Protection Agency 環境保護庁
EPC ヨーロッパ特許条約
epidermis 表皮

epilepsy てんかん
equal access to justice 正義への平等の機会
equal and uniform taxation 公平かつ均一な課税
Equal Credit Opportunity Act＝ECOA クレジット差別撤去(撤廃)法
Equal Employment Opportunity Commission＝E.E.O.C. （米）雇用機会均等委員会
Equal Employment Opportunity Laws 雇用機会均等法
equal pay 男女同一賃金
Equal Pay Act （米）賃金平等法
equal protection of the laws 法の下の平等　国民がいわれのない差別を受けることなく平等な取扱いを受けることを定めた憲法上の原則。法の平等の保護。形式的な法適用平等＝equal application, equality before the law のみではなく，実質的平等の理念も含むと考えられている。合衆国憲法修正14条(U.S. Const. amend. XIV.)が問題となった著名な事件としては，「分離すれども平等(＝separate, but equal)」思想を廃し，人種隔離教育を違憲とした Brown v. Board of Education 347 U.S. 483(1954)がある。また，日本国憲法14条における「法の下の平等」においても，立法者をも拘束する実質的平等の趣旨が含まれると一般的に解されている。〔参考〕憲法14条　すべて国民は，法の下に平等であつて，人種，信条，性別，社会的身分又は門地により，政治的，経済的又は社会的関係において，差別されない。
equal right 平等の権利
equalitarianism 平等主義
equality 平等
equality of man and woman 両性の平等
equality of the sexes 男女同権
equality under the law 法の下の平等 →
　equal protection of the laws
equilibrium 均衡点，バランス
equilibrium price 均衡価格
equipment ①器械②器具③設備

equipment

equipment lease 動産リース
equipment trust 動産設備信託
equipose or equilibrium of proof 証拠が平均
equitable 衡平の
equitable action エクイティ上の訴え，衡平法上の訴訟
　An action of a type traditionally maintainable only in courts of equity. Also called action in equity or, especially historically, suit in equity.
　(James E. Clapp, Random House Webster's Dictionary of the Law 12 (2000), Random House.)
　衡平法裁判所においてのみ伝統的に続けられている類型の訴訟。action in equity, 特に歴史的に suit in equity とも呼ばれる。
equitable assignment 衡平法上の譲渡
equitable estoppel 衡平法上の禁反言
equitable execution 衡平法上の執行，管理執行，第三者に対する執行
equitable lien 先取特権
　たんに lien と言った場合，それは特定の事実から発生した債権についての払いを確実にするための，日本法における留置権と先取特権を包含したような広い制度である。このうち，日本法における先取特権制度に相当するものは，Equitable lien と呼ばれている。不動産の改築を行った工事業者が，工事代金について，その不動産の売却代金に優先権を行使できるような場合がその例である。
equitable mortgage 衡平法上の譲渡抵当
equitable relief 衡平法上の救済
　common law による損害賠償請求では損害の回復が図れない場合に認められる救済方法。equitable remedy。履行の強制や差止請求などがその例として挙げられている。
equitable right 衡平法上の権利
equitable title 衡平法上の権原
　売買契約の売主が，合意に反して目的物を引き渡さない場合，common law による救済として買主は損害賠償を求めることができるが，そのほかに equity 上の救済として，履行を強制して土地の引渡しを実現す

ることが可能である。これは売買契約と同時に買主が equity 上の所有権ないし権原を取得することが根拠とされる。
equity ①衡平法②持分③公平
　Generally, justice or fairness. Historically, equity refers to a separate body of law developed in England in reaction to the inability of the common law courts, in their strict adherence to rigid writs and forms of action, to consider or provide a remedy for every injury. The king therefore established the court of chancery, to do justice between parties in cases where the common law would give inadequate redress. The principle of this jurisprudence is that equity will find a way to achieve a lawful result when legal procedure is inadequate. Equity and law courts are now merged in most jurisdictions, though equity jurisprudence and equitable doctrines are still independently viable.
　Equity also refers to the value of property minus liens or other encumbrances. For example, one's equity in a home with a mortgage is the value of the property beyond the amount of the mortgage debt.
　In accounting, equity refers to the ownership interest in a company as determined by subtracting liabilities from assets. (一部略). For incorporated business enterprises, equity is owned by the common and preferred shareholders. If the corporation is publicly held, the shares will be traded on a stock exchange or over-the-counter market which together comprise the equity market.
　(Steven H. Gifis, Dictionary of Legal Terms 160(3rd ed., 1998), Barron's Educational Series, Inc.)
　一般には正義または公正。歴史的にはエクイティはイギリスにおいて発達したコモン・ローとは独立した法体系を指し，厳格な令状と訴訟形式を要求するコモン・ロー裁判所では保護できないあらゆる損害に対し，救済を検討し，または付与するという

要請から発展してきた。王はそれゆえに，コモン・ローの救済では十分でない事件の当事者間で正義を与えるため，大法官庁を設立した。この法体系の原則は，法手続が不十分なときにエクイティが適法な解決を導き出す方法を見つけるというものである。エクイティの法体系とエクイティ理論はいまだ独立して存続しているが，エクイティと法廷は現在ではほとんどの法域で統合されている。

エクイティはまた先取特権や他の担保権を除いた財産の価値をさす。例えば，ある人の抵当権付の家屋におけるエクイティは，抵当権の負債総額を除いた財産価値のことである。

会計においては，エクイティは資産から負債を減じて決定される会社の持分権をさす。法人化された事業会社については，エクイティは普通株主と優先株主が所有する。仮にその会社が公的に所有されていれば，株式はエクイティ市場を共に構成している証券取引所か店頭売り市場で取引される。

equity courts エクイティ裁判所
equity financing 自己資本の調達
equity follows the law エクイティはコモン・ローに従う
equity law 衡平法
equity of a statute 制定法の目的，制定法の精神
equity security ①持分証券②株式
equivalent ①均等物②相当する
eradication 撲滅
erasure 抹消
Ernst Mach エルーンスト・マッハ
分析哲学者。ハンス・ケルゼンに影響を与えた(1838-1916)。
erroneous findings of fact 事実誤認
erroneous judgment 誤判
error ①誤り②誤謬を理由とする不服申立て
error in law 法律上の誤り
error of fact 事実誤認
errors which are material to the judgment 明らかに判決に影響を及ぼすべき

誤認
escalator clause エスカレーター条項
The part of a lease or contract that provides for an increase in the rent or contract price upon the occurrence of certain conditions beyond the parties' control, such as an increase in the cost of labor or of a necessary commodity, or the fixing of maximum prices by a government agency. Escalator clauses or interest rates rise. In a divorce decree one's alimony payments may increase as the cost of living rises or when the ex-spouse who is paying alimony has a higher income.
(Steven H. Gifis, Dictionary of Legal Terms 161(3rd ed., 1998), Barron's Educational Series, Inc.)
労務費または必需品費用の増加，もしくは政府機関による最高額の固定といった，当事者の裁量を超えた特定の状況の発生に対応して賃貸料や契約上の価格の増額を規定したリースまたは契約の一部。エスカレーター条項や利率は上昇する。離婚判決では，離婚扶養料の支払は，消費者物価の上昇に伴って，または離婚扶養料を支払っている方の前配偶者の収入が増えると増加する。

escape ①脱走，逃走②逃走する，逃亡する
escape clause エスケープ・クローズ
A provision in a contract that allows a person to avoid doing something, or to avoid liability, if certain things happen.
(Daniel Oran, Law Dictionary for Nonlawyers 111(4th ed., 2000), West Legal Studies.)
特定の出来事が発生した場合に，ある人に対して不作為を認めたり義務を免除する契約の規定。
escape from prison 脱獄する
escape punishment 処罰を免れる
escape the dragnet 捜査網をくぐり抜ける
escapee ①逃走者②逃亡者
escheat ①帰属する②国庫帰属③没収

escort

escort ①戒護②護衛③護送する

escrow 第三者を使った売買に関するシステム

Money, property, or documents belonging to person A and held by person B until person A takes care of an obligation to person C. For example, a mortgage company may require a home owner with a mortgage to make monthly payments into an escrow account to take care of the yearly tax bill when it comes due.
(*Daniel Oran, Law Dictionary for Nonlawyers* 111 (4th ed., 2000), West Legal Studies.)
Aが所有し，AがCに対する義務を履行するまでBによって保管される金銭，財産，または文書。例えば，譲渡抵当金融会社が，抵当権が設定されている家屋の所有者に対し，年次の税金請求書を，それが満期となった際に処理されるように第三者預託の口座に毎月の支払いをするよう要求することもある。

escrow agent エスクロウの第三者

The third party who holds funds that are in escrow. Also called escrowee.
(*James E. Clapp, Random House Webster's Dictionary of the Law* 162 (2000), Random dwelling.)
第三者預託中の資金を保管する第三者。e-scroweeとも呼ばれる。

escrow agreement エスクロウ契約

The instructions given to the third-party depositary of an escrow.
(*Bryan A. Garner, Black's Law Dictionary Second Pocket Edition* 244 (2001), West Group.)
第三者に与えられる第三者預託の保管所の指示。

Espionage Act 諜報活動取締法（諜報法）

esquire 〜殿

essence of the contract 契約の要素

essential element 要素

essential elements of the juristic act 法律行為の要素

essential fact of the charge 犯罪事実の要旨

essential rights 本質的な権利

essential terms 重要な条件

establish ①実証する②会社・法人などを設立する③担保権などを設定する④法律などを制定する

established 既定の

established custom 恒例

established fact 既定事実

establishment ①場屋②創立

estate ①遺産②財産権③不動産権

1. The amount, degree, nature, and quality of a person's interest in land or other property.
2. All that a person or entity owns, including both real and personal property.
3. The property that one leaves after death; the collective assets and liabilities of a dead person.
(*Bryan A. Garner, Black's Law Dictionary Second Pocket Edition* 245 (2001), West Group.)
1. 不動産または他の財産におけるある者の所有権の量，程度，性質，内容。
2. 不動産も動産も含めた，ある者または実体が所有するものの全て。
3. 死後に遺した財産。死者の集合的な資産および債務。

estate at sufferance 不動産占有の黙認

賃貸借契約が終了するなど，土地を占有する正権原がないにもかかわらず占有を続ける者がある場合に，賃貸人が異議を述べないために契約存続中と同様の状態が継続していることをいう。〔参考〕民法619条（賃貸借の更新の推定等）1項　賃貸借の期間が満了した後賃借人が賃貸物の使用又は収益を継続する場合において，賃貸人がこれを知りながら異議を述べないときは，従前の賃貸借と同一の条件で更に賃貸借をしたものと推定する。この場合において，各当事者は，第六百十七条の規定により解約の申入れをすることができる。

estate at will 期間の定めのない不動産権

当事者のいずれかの申入れによっていつでも終了することができる不動産権(estate)

をいう。〔参考〕民法617条（期間の定めのない賃貸借の解約の申入れ）1項　当事者が賃貸借の期間を定めなかったときは，各当事者は，いつでも解約の申入れをすることができる。この場合において，次の各号に掲げる賃貸借は，解約の申入れの日からそれぞれ当該各号に定める期間を経過することによって終了する。　一　土地の賃貸借　一年　二　建物の賃貸借　三箇月　三　動産及び貸席の賃貸借　一日

estate duty　遺産税

estate for life　生涯不動産権，生涯賃借権
不動産権者が死亡するまでの間，継続して存続する不動産権をいう。life estate, life tenant。不動産権者の死亡までは存続が保障される反面，死亡によって権利は消滅し，相続の対象とはならない。

estate for year　期限の定めのある不動産権
契約によって存続期間が定められている不動産権(estate)をいう。tenancy for year。いわゆる「年契約」の不動産権という意味ではない。期間の満了によって不動産権は消滅する。

estate from year to year　年極め不動産権
estate in fee simple　単純不動産権
estate in joint tenancy　合有不動産権
estate planning　財産計画，計画的遺産処分，遺産処分計画
estate tax　遺産税
死亡した者が所有していた，承継の対象となる財産に対して課せられる税金。日本の相続税に相当する。死亡していた者が所有していた全財産が課税の対象であること，配偶者控除その他の控除があることなどは日本の相続税と同様である。

estate trust　（米)遺産信託
estates agent　不動産業者
estimate　評価
estimated age　推定年齢
estimated amount　見込額
estimated tax　予定納税
estimated value　推定価格
estimation　見積り
estoppel　①禁反言②エストッペル

1. A bar that prevents one from asserting a claim or right that contradicts what one has said or done before or what has been legally established as true.
2. A bar that prevents the relitigation of issues.
3. An affirmative defense alleging good-faith reliance on misleading representation and an injury or detrimental change in position resulting from that reliance.
(Bryan A. Garner, Black's Law Dictionary Second Pocket Edition 247 (2001), West Group.)

1. それ以前に自己の表明したことや行ったこともしくは法的事実として認められていることに反する要求や権利の主張を禁止するもの。
2. 論争点の再訴訟を妨げる障害となるもの。
3. 誤解を招くような陳述に対し，またそれへの信頼から生じた損害や不利益な変更に対して，誠実な信頼を主張する積極的抗弁。

estoppel by conduct　行為による禁反言
estoppel by contract　契約による禁反言
estoppel by deed　捺印証書による禁反言
estoppel by judgment　判決による禁反言
estoppel by record　記録による禁反言
estoppel by representation　表示による禁反言
estoppel by silence　沈黙による禁反言
estoppel certificate　禁反言証明書
権利や義務，事実の存在，不存在を当事者が自認して，署名した書面。署名をした当事者は以後それに反した主張が制限されることから禁反言証明書と言われる。

estoppel in pais　公示行為による禁反言，法廷外の行為による禁反言
estoppel of assignor　譲渡人の禁反言
estover　生活必需品採取権
借地人が，その生活の維持のために，賃貸人の土地から燃料材などを取得する権利。common of estovers。

et al.　その他
ラテン語の et alii 省略形。

et

et seq. 〜以下のページ
et sic 従って
ETA 到着予定日，到着予定時刻
eternal triangle 三角関係
ethic rulings 倫理規則
ethical 倫理的
ethical code 倫理規定
ethical platform 倫理綱領
ethics 倫理
ethnic group 民族集団
ethnical committee 倫理委員会
ethnicity 民族
ethnocentric behavior 民族主義的な行動
etiquette of the profession 弁護士道義
Eugenic Protection Law 優生保護法
EURO ユーロ
Eurodollar ユーロダラー
European Communities ヨーロッパ共同体
European Court ヨーロッパ共同体裁判所
European Court of Justice＝E.C.J. 欧州司法裁判所
　EU＝ヨーロッパ連合の存立根拠であるマーストリヒト条約＝EU条約やローマ条約＝EC条約などの解釈を行い，かつこれらの条約を実際に具体的紛争に適用して解決を行う裁判所である。その存在根拠もEU条約やEC条約にある。EU条約やEC条約が，加盟各国の国内法規に優先する直接効力を認められているため，E.C.Jも，EU加盟各国の最高裁判所の上位に位置付けられることになる。いわゆるEC法，EU法上の紛争であれば，公的機関のみならず個人も訴えを提起することができる。各国の労働市場や経済市場の政策が，現実の個人の就労や経済活動を制限していると主張する場合がそれにあたる。E.C.Jは各加盟国から1名ずつ計15名の裁判官で構成されており，裁判官の任期は6年である。
European Monetary Agreement＝EMA 欧州通貨協定
European Parliament ヨーロッパ共同体議会
euthanasia 安楽死
　死期が迫っている患者の苦痛を取り除く目的で，患者自身の意思に基づいて，相当な方法によって死亡させる行為をいう。mercy killing。一般的に，安楽死と認められれば，違法性がなく殺人罪や自殺関与罪とはならないとされる。もっとも立法で正面から安楽死が認められる場合はまれで，日本を含め，判例で認める違法性阻却事由という方途がとられる場合が多い。

evacuation 明渡し，立退き
evade 回避する
evade liability for payment 払込責任を免れる
evade paying tax 脱税する
evaluation 評価
　①企業会計上，資産の価値を金銭単位で計数的に定めること。②契約の履行状況や製品の品質などについて当事者や第三者が，価値的意見を表明すること。
evaluation of assets 資産評価
evasion 回避
evasion of law 脱法行為
evasion of tax 脱税
event ①事件，出来事②結果，結末
events of default ①債務不履行事由②期限の利益の喪失
events that excuse performance 履行を免責する事項
evergreen contract 常緑契約
　1年毎に自動的に更新される契約。
evict 法の力で土地から立ち退かせる
　To expel or exclude a person from one's property, either by legal proceedings or by personal action; especially, to remove a tenant from leased premises, as for non-payment of rent.
　(James E. Clapp, Random House Webster's Dictionary of the Law 165 (2000), Random House.)
　法的手続によると個人的な行為によるとにかかわらず，所有地から人を追い出す又は締め出すこと；特に，賃料不払いのために賃貸人をリース物件から移転させること。
eviction 立退き
eviction notice 立退通告書

examination

債務不履行に陥った賃借人に対して，賃貸人が契約の解除と不動産の明渡しを求める意思を表明した文書をいう。立退き通告書を賃借人に届けることは，賃貸人が不動産の明渡手続を法的に実現していくためのステップとして，必ず要求される最初の手続である。

evidence ①罪証②証拠
All the means by which any alleged matter of fact, the truth of which is submitted to investigation at judicial trial, is established or disproved. Evidence includes the testimony of witnesses, introduction of records, documents, exhibits or any other relevant matter offered for the purpose of inducing the trier of fact's (fact finder's) belief in the party's contention.
(Steven H. Gifis, Dictionary of Legal Terms 165 (3rd ed., 1998), Barron's Educational Series, Inc.)
その真実性が司法裁判で争われているところの，事実についてのあらゆる主張が真実あるいは誤りであると立証する，あらゆる手段。証拠は証人の証言，録音の提出，文書，証拠物件または事実認定者を説き伏せてその当事者側の主張を信じさせるという目的のために提供された他のどのような関連事項をも含む。

evidence for purposes 弾劾証拠
evidence of income 収入の証明書
evidential documents 証拠書類
evidential power 証拠力
evidentiary fact 証拠事実，間接事実
evil deed 悪業
E-Visa ①投資と通商ビザ②国際的な通商業務に携わる人に与えられるビザ
ex aequo et bono 衡平かつ善に従って
ex contractu 契約上の
ex delicto 不法行為上の，違法を理由とする
ex dividend 配当落ち
ex facie 文面上は，見たところ，明らかに
ex facto 事実に基づき，行為に基づき
ex factory 工場渡し
ex fictione juris 法の擬制により

ex gratia 任意で；任意の，恩恵から；恩恵として
ex mero motu 自発的に，自己の意思に基づいて，職権により
ex officio 職務上当然に，職権上，職権により
ex officio examination 職権調査
ex officio examination of evidence 職権証拠調べ
ex parte ①一方的に，一方当事者の②〜の申立てによる，〜のため
ex parte hearing 審訊
ex post facto 事後の，遡及的
ex post facto law 事後法，刑事事後法；遡及処罰法
ex proprio motu 自発的に，自己の意思により，職権により
ex quay 埠頭渡し
ex rights 権利落ち
ex ship 輸入港本船渡し，着船渡し
ex warehouse 倉庫渡し
exact 正確な
examination ①考試②審査③審問，訊問④点検
Examination and Criminal Investigation Department of the National Tax 調査査察部
examination by touch 触診
examination in chief 主尋問
尋問者が立証責任を負っている事実を証明するために行われる証人尋問をいう。これに対して，相手方の立証活動を失敗に終わらせればその目的を達する証人尋問を反対尋問＝cross examination という。たとえば貸金返還請求訴訟において，原告が，返還の合意と金銭の授受の事実を証人によって立証しようとすれば，それは主尋問である。一方被告は反対尋問によって信用力を疑わせる証言を引き出し，この事実を真偽不明の状態にすれば目的を達する。主尋問は常に原告によってなされるとは限らない。上記の事例で被告が弁済の抗弁を提出し，その抗弁事実を証言によって証明しようとするならば，被告の行う尋問が主尋問である。〔参考〕民事訴訟法202条（尋問の順

examination

序）証人の尋問は，その尋問の申出をした当事者，他の当事者，裁判長の順序でする。

examination in court 公判での取調べ
examination of a person 身体検査
examination of a witness 証人尋問
　当事者以外の第三者が，自分が体験した事実を法廷で述べ，その証言＝testimony を事実認定の資料とする証拠方法をいう。当事者は証人となることはできない。また，自己の判断や意見＝opinion を法廷で陳述する者は鑑定人＝expert witness であって，証人とは理論上区別される。〔参考〕民事訴訟法190条（証人義務）　裁判所は，特別の定めがある場合を除き，何人でも証人として尋問することができる。

examination of a witness at his place 所在尋問
examination of evidence 証拠調べ
examination of one's mental condition by an expert witness 精神鑑定
examination of parties 当事者尋問
　訴訟当事者自身の証言を事実認定の資料とする証拠方法をいう。当事者には，第三者のように真実を述べることはあまり期待できないし，証言を強要すること自体酷だとも言える。したがって理論上は，供述を証拠方法とするのは証人尋問が原則であるべきで，当事者尋問は補充的な位置付けに留まる。しかし現実には，実際上の必要性から，当事者尋問は一般的に行われ，補充性も厳格には守られていないと言われている。そして，事実認定の資料として重要な役割を占めているといえる。〔参考〕民事訴訟法207条（当事者本人の尋問）　裁判所は，申立てにより又は職権で，当事者本人を尋問することができる。この場合においては，その当事者に宣誓をさせることができる。　2　証人及び当事者本人の尋問を行うときは，まず証人の尋問をする。ただし，適当と認めるときは，当事者の意見を聴いて，まず当事者本人の尋問をすることができる。

examination of voluntariness of a statement 供述の任意性の調査

examine 取り調べる
examine facts 事実の取調べをする
examiner 証人尋問官，審判官，（英）立法手続審査官
example 事例，例証
excavation 掘削
excavation of a grave 墳墓発掘
　いわゆる墓荒らしを処罰する罪である。しかし古墳や墓に対する畏敬の念という通常人が持つ道徳的感情を保護法益とする，社会的法益に対する犯罪とされている。〔参考〕刑法189条（墳墓発掘）　墳墓を発掘した者は，二年以下の懲役に処する。

excavation of a grave and abandonment of a corpse 墳墓発掘死体遺棄
　墳墓を発掘し，遺骨など埋葬されている物を他の場所に棄てる行為を処罰する罪である。道徳的な秩序が保護法益とされている。〔参考〕刑法191条（墳墓発掘死体損壊等）　第百八十九条の罪を犯して，死体，遺骨，遺髪又は棺に納めてある物を損壊し，遺棄し，又は領得した者は，三月以上五年以下の懲役に処する。

excavation of a grave and damage to a corpse 墳墓発掘死体損壊
　墳墓を発掘し，遺骨など埋葬されている物を破壊したり傷つける犯罪である。

excavation of a grave and unlawfully taking possession of a corpse 墳墓発掘死体領得
　墳墓を発掘し，遺骨など埋葬されている物を持ち去る行為を罰するものである。もっとも死体や埋葬物などは所有権の対象ではなく個人的法益に対する罪とはいえないので，これを個人的法益に対する罪と捉える必要はない。

exceed 超える
exceed authority 越権行為をする
exceed the authority 権限を踰越する
exceed the limits of defense 防衛の程度を超える
exception ①例外②異議③除外条項
exception for restriction 制限除外
　契約条項で，権利の移転，第三者への委託，競業行為などを一般的に禁止した場合

(restrictive covenants)に，例外的にそれらを認めても支障がない場合を定めた条項。完全子会社への譲渡や委託を，譲渡や委託禁止の例外とする場合などがその例である。
Exceptional Measure Law　特例法
exceptionally　例外的に
excess demand　超過需要，需要過剰
excess insurance　超過額保険，上乗せ保険
excess profits tax　超過利得税
excess supply　超過供給，供給過剰
excessive act out of necessity　過剰避難
緊急避難において，危難を避けるために失われた法益の価値が，守ろうとした法益の価値を上回るため，緊急避難が成立しないことをいう。ただし，違法性阻却事由＝justification としての緊急避難が成立しなかったとしても，状況によって責任が減少することはありうる。〔参考〕刑法37条(緊急避難)1項　自己又は他人の生命，身体，自由又は財産に対する現在の危難を避けるため，やむを得ずにした行為は，これによって生じた害が避けようとした害の程度を超えなかった場合に限り，罰しない。ただし，その程度を超えた行為は，情状により，その刑を減軽し，又は免除することができる。
excessive bail　過大な保釈金
excessive competition　過当競争
excessive expenses　過分の費用
excessive profit　暴利
excessive punishment　過大な刑罰
excessive self-defense　過剰防衛
他者の攻撃から自分や第三者を守るために行った行為が，防衛行為としての程度を超えていたために，正当防衛が成立しないことをいう。ただし，違法性は完全には阻却されないにせよ，守ろうとする正当な法益がある点で違法性の減少は認められ，状況によっては責任が減少することもありうる。〔参考〕刑法36条(正当防衛)2項　防衛の程度を超えた行為は，情状により，その刑を減軽し，又は免除することができる。
exchange　①為替②引換え，交換③取引所

1. The act of transferring interests, each in consideration for the other.
2. The payment of a debt using a bill of exchange or credit rather than money.
3. An organization that brings together buyers and sellers of securities, commodities, and the like to promote uniformity in the customs and usages of merchants, to facilitate the speedy adjustment of business disputes, to gather and disseminate valuable commercial and economic information, and to secure to its members the benefits of cooperation in the furtherance of their legitimate pursuits.
4. The building or hall where members of an exchange meet every business day to buy and sell for themselves, or as brokers for their customers, for present and future delivery.
(Bryan A. Garner, Black's Law Dictionary Second Pocket Edition 256-257 (2001), West Group.)
1. 対価として権利を移転する行為。
2. 金銭ではなく為替手形または信用貸しを用いた債務の支払い。
3. 有価証券や商品の買主と売主を集める組織で，商慣例としきたりの統合性の促進，商取引における紛争の迅速な解決の促進，価値ある商業情報や経済情報の集積と普及，そして正当な業務促進のために成員に協調の利益を確保したりする機構。
4. 取引所の成員らが毎営業日に自らのための売買をするために，またはブローカーとして顧客のために現在および将来の引渡しのために集まる建物または事務所。
exchange arbitrage　為替裁定取引
exchange control　為替管理
exchange gains (losses)　為替差益(損)
exchange market　取引所
exchange of blows　殴り合い
exchange of gunfire　拳銃の撃ち合い
exchange of shots　撃ち合い
exchange of stock　株式の交換
exchange rate　為替相場
Exchequer　(英)大蔵省；財務府，財務府

exchequer

裁判所
exchequer bill　大蔵省証券
excise　資産税
excise tax　消費税
exclusion　①免責②除外
1. The act of a judge in refusing to allow proffered evidence to be considered in a case.（一部略）
2. The act of a judge in barring certain people, especially prospective witnesses in a case, from the courtroom during a trial.（一部略）
3. The omission of a particular class of people, property, transactions, or events from coverage of a statute or of a contract or other instrument, or a provision expressly rejecting such coverage. In particular, a. the specification in an insurance policy of particular risks not covered by the policy. b. the specification in a tax law of particular kinds of income, property, or transactions that will not be subject to the tax; for example the exclusion of most municipal bond interest from income subject to the federal income tax.
4. Denial of permission for an alien to enter the country.
(James E. Clapp, Random House Webster's Dictionary of the Law 169 (2000), Random House.)
1. 事件において提供された証拠の検討を認めない裁判官の行為。
2. 特定の者、特に事件において証人になりそうな者を公判の間法廷から締め出す裁判官の行為。
3. 特定の種類の人々、財産、取引、または事件を、制定法、契約またはその他の法律文書の適用範囲から除外すること、もしくはそのような適用を明確に却下する条項。特に、a.契約で補償されない特定の損害についての保険契約における明細書、b.税金に関係のない特定の種類の収入、財産、または取引に関する税法についての明細事項。例えば、連邦所得税の管理下にある収入からの、ほとんどの地方債の利益の除外。
4. 外国人の入国許可の拒否。

exclusion of court officials　裁判所職員の除斥
exclusionary rule　証拠排除法則
exclusionary rule of evidence　証拠排除法則
exclusive　①許諾が独占的な②排他的な
exclusive agent　独占代理人
exclusive dealing　排他的条件付取引
exclusive dealing agreement　排他的取引協定、排他的条件付取引
exclusive distributor　①一手販売店②総代理店
exclusive distributor agreement　①独占的販売店契約②総代理店契約
exclusive jurisdiction　専属管轄権
Jurisdiction with respect to a type of case that may not be brought in any other tribunal. Specialized tribunals such as probate court or traffic court often have exclusive jurisdiction over cases within their specialty, and the federal courts have exclusive jurisdiction over cases in certain areas of federal law.
(James E. Clapp, Random House Webster's Dictionary of the Law 256 (2000), Random House.)
他のどの法廷でも提起されない、事件の類型に関連する管轄。検認裁判所または交通裁判所のような、しばしばそれらの専門内の事件について専属管轄権を持つ専門化した裁判所であり、また連邦裁判所は連邦法の一定の分野の事件について専属管轄権を有する。

exclusive license　①独占的ライセンス②独占的実施権③免許
ex-convict　前科者
excoriation　①凍死②表皮剥離
exculpate　容疑を晴らす、無罪にする
exculpation　犯罪不成立
exculpatory clause　免責条項
民事上の責任の追及を制限したり、全く免除する旨を定めた契約条項。銀行が預金を払い戻すときに、印影の照合さえ行ってい

れば無権利者に対する払戻しでも有効とするなどと定めた銀行取引約定書の条項がその例である。もっとも、訴訟になった場合には、免責条項のみを根拠として債務者の責任が免除されることは少なく、責任の軽減の合意が合理的かどうかが考慮されることが多い。

excusable homicide　免責される殺人
excuse　①口実②弁解③免責④免除
　1. A reason that justifies an act or omission or that relieves a person of a duty.
　2. Criminal law. A defense that arises because the defendant is not blameworthy for having acted in a way that would otherwise be criminal.
　(*Bryan A. Garner, Black's Law Dictionary Second Pocket Edition 258 (2001), West Group.*)
　1. ある行為または不作為を正当化し、もしくは人を義務から解放する理由。
　2. 刑法。別の方法ならば有罪であるだろう方法でなした行為で被告に責任がないために生じる抗弁。
excuse of conditions　条件の免除
excuss　動産を差し押さえる
execute　①契約書を締結する②履行する、実行する、執行する③法律などを施行する④処刑する⑤死刑にする⑥署名して証書などを作成する
execute the punishment　刑を執行する
executed　履行済みの、既済の、完成した
executed consideration　履行済みの約因、既済の約因
executed contract　履行済契約、既履行契約
executed sale　既履行売買契約
executed trust　完成信託
execution　①刑の執行②強制執行③義務の履行④契約の締結⑤実行⑥判決・遺言等の執行⑦強制執行令状⑧処刑⑨死刑の執行
execution creditor　差押債権者
execution lien　執行リーエン、執行先取特権
execution of death penalty　死刑の執行
execution of testament　遺言の執行

execution of the undertaking　事業の執行
execution of will　遺言の執行
execution sale　強制競売
executione judicii　下級審執行令状、強制執行令状
executioner　①死刑執行人②遺言執行者
executive　重役、行政官、行政上の
executive branch　行政機関
executive committee　(業務)執行委員会、執行委員
　会社の幹部により構成される委員会。会社の活動の監査役をつとめ、事業活動などの正当性を問いただしたり、行動計画を立てたりする。
executive officer　行政官、経営責任者、役員、業務執行役員
executive order　行政命令
executive organ　行政機関
executive power　①行政権②執行権
executive vice president　副社長
executor　遺言執行者
　遺言者の意思を、現実に実行に移す者をいう。遺贈された財産を引き渡したり、負担付でなされた遺贈について、負担としての債務の履行を求めたりするのが、遺言執行者の職務である。誰が遺言者になるかは、遺言で指定されるのが原則であるが、指定がない場合も遺言執行者は必要であるので、この場合は相続人の協議や裁判所の関与で決定されることになる。〔参考〕民法1012条(遺言執行者の権利義務)1項　遺言執行者は、相続財産の管理その他遺言の執行に必要な一切の行為をする権利義務を有する。
executor of testament　遺言執行者
executor of will　遺言執行者
executory　未履行の、未済の、未完成の、将来の
executory and obligatory wording　執行認諾文書
executory consideration　未履行約因、未済の約因
executory contract　未履行契約
　契約は交わされたが未だ債務者によって契

executory
約の内容が実現されていない契約をいう。履行期が到来しているかどうかは問題ではなく、たんに実現未了の契約を意味するにとどまる。実現済み、履行済みの契約はexecuted contract。

executory interest 未発生将来権
executory promise 未履行の約束
executory sale 未履行売買契約
executory trust 未完成信託
executrix 女性指定遺言執行者
exemplary damages 懲罰的損害賠償
Damages awarded in excess of actual damages, i.e., more than is required to compensate plaintiff for injuries sustained. Such damages are awarded to punish defendant, to discourage him and others from committing acts similar to the one for which he is being punished, and to provide some solace to plaintiff for mental anguish and shame. Same as "punitive damages" and "vindictive damages."
(Gilbert Law Summaries Pocket Size Law Dictionary 108 (1997), Harcourt Brace And Company.)
実際の損害よりも多く裁定された損害賠償、すなわち、原告の被った損害に対して支払う賠償をより多く要求されること。そのような損害賠償は、被告を罰するために、またこの被告が罰せられるのと同様の行為を他の者が犯すことを防止するために、そして原告の精神的な苦痛と不名誉に対して慰めを与えるために、裁定される。punitive damages, vindictive damages と同じである。

exempli gratia 例えば
exemplification 正本
exempt 免除する
To free from an obligation or liability to which other are subject; to make an exception for person or thing or a class of persons or things.
(James E. Clapp, Random House Webster's Dictionary of the Law 171 (2000), Random House.)
他の人が従わなければならない義務や責任から解放すること；人や物事、または人や物事の部類のために例外を作ること。

exempt income 非課税所得
exempt securities 免責証券
exemption ①免除②免責
exemption clause 免責条項、免責約款
exercise ①行使②権利を行使すること
exercise of control and supervision 指揮監督
exercise of function 職務執行
exercise of rights 権利の行使
exercise one's authority 権力を振るう
exercise one's power 権力を振るう
exhaust 排気
exhaust fumes 排気ガス
exhaust gas 排気ガス
exhaustion 消耗
exhibit ①証拠②陳列③別紙④提出する⑤書証
exhibits 添付書類
exhort 教誨する
exhume a grave 墓を発掘する
exile 政治的理由の国外追放
existence of a company 会社の存立
existing contract 既存契約
existing corporation 現存する法人
existing goods 手持ちの商品
existing laws 現行法規
existing situation 現状
exitus 直系卑属、子孫、不動産の年額貸料、争点の決定、輸出税、訴訟上の申立ての併合、弁論の終結
exoneration 免除；免責、求償権、保証人から主たる債務者への履行請求；共同保証人の負担部分履行請求
exorbitant interest 暴利
expansion strategy 拡大戦略
expatriate 母国からの法的国外追放
expectancy 期待利益
expectancy of life 平均余命
expectant heir 推定相続人
expectation 予想
expectation damages 履行利益の賠償額、期待利益の賠償額
expectation interest 履行利益、期待利益

expectation of life 生存余命
expedient 適切な
expenditure 経費
expenditure of the State 国費
expense 費用，費用の範囲と分担
　①企業会計においてある収益(revenue)を生じるのに費やされた出費。cost。revenue から expense を差し引いたものが利益(profit)である。②契約から生じる費用の範囲，およびその分担を定める契約条項の表題。
expense recovery 経費償還
expense statement 費用請求書
expense stop lease 超過費用支払義務条件賃貸借
　税金や管理費用など，いわゆる共益費の上限を定めて，その上限の範囲内では賃料に含まれるが，上限を超えた共益費用については別個に賃借人に支払義務が生じる形態の賃貸借契約。
expenses for the common benefit 共益費
expenses of bringing up a child 養育費
expenses of married life 婚姻費用
expenses of preservation 保存費
　動産や不動産の現状を維持するのに必要な費用をいう。すなわち保存行為にかかった費用である。家屋の修繕費，妨害排除請求のための訴訟費用などが，その例である。保存費用の支出がなければ，その動産や不動産は現状を維持できなかったのであるから，他の費用に比べて優先的な取扱いを受ける。〔参考〕民法325条(不動産の先取特権)次に掲げる原因によって生じた債権を有する者は，債務者の特定の不動産について先取特権を有する。　一　不動産の保存　二　不動産の工事　三　不動産の売買
expenses of the Imperial Household 皇室の費用
experience 経験的知識，保険制度上の経験
experience economy エクスペリエンス・エコノミー，経験経済
experience rate 経験的料率
expert 鑑定人

expert evidence 鑑定証拠
expert examination 鑑定行為
expert testimony 鑑定証言
expert witness 鑑定証人
　証人が自分の体験した事実を供述するのに対し，自分の意見や判断＝opinion を法廷において陳述する者を鑑定証人という。通常は専門的技術的事項について，医師や学者など特別な技術や知見を持った者が，裁判官や陪審員の能力を補うために陳述を求められる。〔参考〕民事訴訟法217条(鑑定証人)　特別の学識経験により知り得た事実に関する尋問については，証人尋問に関する規定による。
expiation 贖罪，報復
expiration ①呼気②契約などの期間満了③失効
expiration date 満期日
expiration notice 満期通達書
expiration of a warrant of detention 勾留状の失効
expiration of period 期間満了
expiration of suspension of execution of detention 勾留執行停止の失効
expiration of the full time 任期満了
expire 期間が満了する，失効する
　主として，ライセンス，使用期間など，一定期間に限って特定の権利や利益を与えられた場合に，有効期間の満了と共に当然にその権利や利益を失うことをいう。
expiry 満期
expiry of term 期間の満了
explain away 弁明する
explanation ①解釈②釈明③弁解
explicit 明示の
explicit knowledge 形式知
exploitation 搾取
explosives 爆発物
Explosives Control Act 爆発物取締罰則
Explosives Control Law 火薬類取締法
Export Administrate Regulation 輸出貿易管理法
Export Administration Act 輸出管理法
Export and Import Transaction Law 輸出入取引法

Export

Export Commodities Control Law 輸出品取締法
Export Control Act 輸出統制法
Export Credit Insurance Law 輸出信用保険法
export guarantees 輸出保証
exposition 評釈
exposure 危険状態，陳列
expres condition 明示条件，明示の条件条項
express ①明示の②至急の
express agreement 明示的合意
express authority 明示的権限
express clearly 明示する
express company 通運会社，通運業者
express contract 明示契約
契約当事者双方が，口頭や書面で契約内容を互いに表示しあって締結した契約をいう。契約が当事者双方の意思の合致である以上，契約内容を明らかにして行うのは当然であるが，例外的に，契約の意思を表示せずとも契約が成立するとされる場合があるので(implied contract＝黙示の契約)，それと区別する必要がある場合に使われる用語である。
express easement 明示の地役権
express term 明示条項
express trust 明示信託
express warranty 明示されている保証
express will 明示な意思
expression of opinion 意見表明
expressway 高速道路
expropriation 収用
The taking of private property for public purpose upon the payment of just compensation, which is recognized as an inherent power of the state over its citizens.
(Steven H. Gifis, Dictionary of Legal Terms 173(3rd ed., 1998), Barron's Educational Series, Inc.)
正当な補償で私有財産を公共の目的のために押収することであり，州のその住民に対する固有の権限として認められている。
expulsion 除名，追放
expulsion of the member 議員の除名

議員に不祥事があったときに，その議員が所属する議院が，懲罰権の行使として，議決によって議員の身分を失わせることをいう。to expel。このような懲罰権の行使は，議院の内部規律事項として，他の機関の干渉を受けずに独立して行使できる自律権能の一つと考えられている。U.S. Const. art. I, §5, cl. 2.。〔参考〕国会法122条 懲罰は，左の通りとする。 一 公開議場における戒告 二 公開議場における陳謝 三 一定期間の登院停止 四 除名

expulsion order 退去命令
extended (term) insurance 延長定期保険
extension ①契約期間などの延長②特許などの更新
An increase in the date of expiration or due date for a term or obligation. In a lease, an extension represents continuation of an existing arrangement on the same terms, whereas a renewal may involve new terms in a different lease instrument. In procedure, an extension of time within which a pleading or process must be filed or completed under the rule governing the courts of the particular jurisdiction.
(Steven H. Gifis, Dictionary of Legal Terms 174)3rd ed., 1998), Barron's Educational Series, Inc.)
期間や債務の満期日または支払期限の延長。賃貸借では，延長は同条件で既存の取り決めを継続することを表すが，しかし一方で，更新は異なる賃貸借証書での新しい条件を含むこともある。手続では，訴答または訴訟手続中の期間の延長は，特定法域の裁判所規則の下で提出もしくは完了されなければならない。

extension of building 建て増し
extension of period 期間の延長
extension of period of detention 勾留期間の延長
裁判所が決定した被疑者の身柄拘束期間を，さらに裁判所の許可をえて伸張することをいう。被疑者の勾留は，捜査機関の公判準備のために行われるところ，当初に捜

査機関が予定した期間内で公判準備が完了しそうになく，捜査の便宜を優先させることがやむを得ない場合に認められるものである。〔参考〕刑事訴訟法208条　前条の規定により被疑者を勾留した事件につき，勾留の請求をした日から十日以内に公訴を提起しないときは，検察官は，直ちに被疑者を釈放しなければならない。　2　裁判官は，やむを得ない事由があると認めるときは，検察官の請求により，前項の期間を延長することができる。この期間の延長は，通じて十日を超えることができない。

extension wound　伸展創
extent　財産差押令状，強制管理令状，債務者の財産の評価，範囲；程度
extention clause　弁済期日延長条項
extenuation　酌量
extermination　撲滅
external analysis　外部要因分析
external wound　外傷
externalization　表出化
exterritoriality　治外法権
extinction　消滅
extinction of punishment　刑の消滅
extinction of the previous conviction　前科の抹消
extinctive prescription　消滅時効
　アメリカにおいては，訴訟法上の出訴期間を意味する statute of limitation が債権の消滅時効に相当する制度といえる。prescription は不動産などの取得時効を意味するのが一般的である。もっとも，prescription が消滅時効を意味する用語として使われることもないではなく，ルイジアナ州民法においては，prescription を，取得時効に相当する，Acquisitive prescription, 債権の消滅時効に相当する Liberative prescription, 制限物権の消滅時効に相当する Prescription of nonuse の3つの統一上位概念として使用している。(L. A. CIVIL CODE §3445)。
extinguishment　消滅
extinguishment of an artificial person　法人の消滅
extinguishment of claim　請求権の消滅

債権など，他人に対して一定の作為や不作為を求める権利は，さまざまな理由により消滅する。弁済はもっとも主要な消滅原因であるが，それ以外にも，混同，相殺など，なんらかの意味で請求権がその目的を終えたことによる消滅のほか，消滅時効のように，請求権がその目的を達していないにもかかわらず，法律関係の安定への配慮などの理由で強制的に消滅させられる場合がある。

extinguishment of dept　金銭債務の消滅
extort　恐喝する
extortion　①脅迫的強要②ゆすり行為③恐喝
extortioner　ゆすり行為者
extra vires　権原逸脱
extradition　逃亡犯罪人引渡し
extradual hematoma　硬膜外血腫
extrajudicial　司法手続外の，法廷外の，管轄外の
extra-judicial act　裁判外の行為
extra-judicial confession　裁判外の行為
extra-mural treatment　施設外処遇
extraneous evidence　外的証拠
extraordinary　臨時の
extraordinary appeal by prosecutor general　検事総長による非常上告
extraordinary average　共同海損分担
extraordinary examination　臨時審査
extraordinary general meeting (of shareholders)　臨時株主総会
Extraordinary Law on Coal Mine Damage Recovery　臨時石炭鉱害復旧法
extraordinary remedy　特別の救済手段
extraordinary session　臨時会
extraordinary tribunal　特別裁判所
　行政裁判，憲法解釈など特別な裁判のみを取り扱い，かつその判断は最終的なものとされ，その国の一般的な訴訟を扱う裁判所による審査が及ばない裁判所をいう。行政裁判所，憲法裁判所などの名称の裁判所が存在し，その判決に対し，最高裁判所を頂点とする通常系列の裁判所へ不服申立てができないとすれば，それは特別裁判所といえる。日本国憲法は，あらゆる国家権力の

extraterritorial

行使に通常裁判所の司法審査が及ぶことを原則とし，このような特別裁判所の存在を認めていない。これは現行憲法が，アメリカ法の影響を受けて制定されたという歴史的経緯によるところが大きい。一方，大陸系諸国の憲法においては，行政裁判所，憲法裁判所などの特別裁判所が設けられることは珍しくなく，むしろ司法権は，並列した複数の機関に分属することを予定しているとも言える。〔参考〕憲法76条　すべて司法権は，最高裁判所及び法律の定めるところにより設置する下級裁判所に属する。2　特別裁判所は，これを設置することができない。行政機関は，終審として裁判を行ふことができない。

extraterritorial application (of law)　法律の域外適用
extraterritorial jurisdiction　域外的裁判権，域外的管轄権
extraterritorial right　治外法権　→extra-territoriality
extraterritoriality　治外法権　→extra-territoriality
extra-territoriality　治外法権
　外国人が犯した犯罪について犯罪地の国に一般的な刑事裁判権がないこと。通常は，その外国人の国籍国の領事が本国法に基づいて裁判を行う，領事裁判権＝consular jurisdiction を認める条約が存在する場合のことをいう。

extravagant advertisement　誇大広告
extreme duress　極度の強迫
extremely wicked atrocious　極悪の
extremists　過激派
extrinsic evidence　外的証拠
eyewitness　①目撃者②目撃証人
eyewitness evidence　目撃者の証言
　犯罪や不法行為を現認したことを内容とする証言，直接証拠＝direct evicence としての証言をいう。事実認定を裁判官や陪審員の自由な心証に委ねる建前では，目撃証言と他の証拠との間で法律上の扱いにおいて異なる点はないのが原則である。ただし，現実には目撃証言が事実認定に決定的な役割を果たすことが多い。

F

F.A.A.　Federal Aviation Administration, 連邦航空局
f.a.c.　fast as can，可及的速やかに
F.A.S. : Free Alongside Ship　①エフ・エー・エス②船側渡し料金
　海上運送を利用した売買において，売主が船に荷物を運送人に引き渡すことで，買主への引渡しが完了したとされる契約条件をいう。船までの運送料金は売主の負担となる。
f.c. & s.　捕獲・拿捕不担保約款
F.C.C. : Federal Communications Commission　連邦通信委員会
F.D.I.C. : Federal Deposit Insurance Corporation　連邦預金保険公社
F.I.F.O.　first in, first out，先入先出
F.O.B. ; f.o.b.　free on board，船積渡し，本船渡し
F.O.C. ; f.o.c.　①free of charge，全費用込み；無料②flag of convenience，便宜置籍（船）
F.O.I.A.　Freedom of Information Act, 情報自由法
F.R.B.　Federal Reserve Board，連邦準備制度理事会
F.R.C.P.　Federal Rules of Civil Procedure，連邦民事訴訟規則
F.T.C.＝Federal Trade Commission　アメリカ連邦取引委員会
fabricate　偽造する，捏造する，変造する
face　外観
　内心の意思を反映した，あるいは反映しない，対外的に表現された動作や記載をいう。内心の意思と外観が一致しない場合に，前者を重視して意思表示者を保護するか，後者を重視して取引の安全を保護するかが問題となる。手形署名者が，手形の記載と異なる意思を有していた場合がその例である。
face amount　額面価格
face of instrument　証券の文面
face of the document　書面の文面どおり

face value　手形の額面
facilities　設備，施設
facsimile　複製，複写物，模写物
fact adverse to　反対の事実
fact charged　起訴事実
起訴状に記載され，検察官が主張，立証することとなる犯罪事実をいう。公訴事実。〔参考〕刑事訴訟法256条　公訴の提起は，起訴状を提出してこれをしなければならない。　2　起訴状には，左の事項を記載しなければならない。　一　被告人の氏名その他被告人を特定するに足りる事項　二　公訴事実　三　罪名

fact constituting a legal defense to a crime　犯罪の成立を妨げる理由となる事実
fact constituting the charged offense　罪となるべき事実
fact finder　事実の発見者
fact finding　①事実認定②実情調査
fact finding injury　実情調査
fact finding proceedings　事実審
当事者によって事件の事実関係が主張され，その主張を証拠によって認定し確定することを主たる目的とする裁判。これに対して，認定された事実に対する法律の解釈や適用の問題のみを当事者が主張し争う裁判は法律審と呼ばれる。憲法裁判所のような特殊な裁判所を除けば，第一審は常に事実審であるが，第二審以降を事実審とするか法律審とするかは，裁判制度を定める立法に委ねられる。

fact question　事実問題
fact to be proven　証明すべき事実
fact which one has actually experienced　実験した事実
fact-in-issue　主要事実
民事訴訟において，請求や抗弁の根拠となる法律の条文が，その条文の効果の発生のために要求している事実をいう。例えば，貸金返還請求訴訟において，貸主が借主に対して現金を交付した事実と，返還の合意がなされた事実は，いずれも消費貸借契約の成立と効果の発生のための主要事実である。また，既に返済したという被告の主張も，弁済という効果を発生させる主要事実である。これに対して，主要事実の存在を推認させる事実を間接事実という。原告が消費貸借契約が締結されたと主張する日に，原告の代理人と被告がホテルで面会していたなどの事実がこれにあたる。〔参考〕民法587条(消費貸借)消費貸借は，当事者の一方が種類，品質及び数量の同じ物をもって返還をすることを約して相手方から金銭その他の物を受け取ることによって，その効力を生ずる。

faction　派閥
factional dispute　派閥争い
facto　事実上
factor　①問屋②仲買人③代理人④金融業者
factoring　①ファクタリング②問屋業務
factors' act　ファクタ法
factor's lien　ファクタのリーエン
Factory Location Law　工場立地法
Factory Mortgage Act; Law for the Hypothecation of Factory Property　工場抵当法
facts charged　公訴事実　→fact charged
facts constituting the offense charged　公訴事実　→fact charged
factum　事実，行為，捺印証書，文書の作成
factum probans　要証事実，証拠事実
fail　①敗訴する②失敗する
fail to pay　滞納する
failing circumstances　倒産状態
failure　①不履行②破産
failure of consideration　約因の滅失・失効，約因の不成就
failure of record　記録不提出
failure of trust　信託の不成立
failure to comply with law that has influenced clearly the judgment　明らかに判決に影響を及ぼすべき法令の違反
failure to constitute a crime　犯罪の不成立
failure to disperse　多衆不解散
failure to establish L／C　信用状開設遅延
貿易取引において，買主が契約で約した期

faint

限までに信用状(L／C, letter of credit)を開設できなかったことをいう。元来信用状は買主の取引銀行による支払保証を意味するものであり，信用状を開設できなかったからといって直ちに支払いを滞ったというわけではないが，支払いの信用が重視される貿易取引においては，一般に信用状の開設遅延は売買代金支払遅滞と同視され，遅滞の日より遅延損害金の支払義務を負ったり，売主の契約解除権が発生することが，契約書において定められていることが多い。

faint 失神する
faint away 気絶する
fair ①厳正な②公正な③不偏不党の
fair and disinterested 公平無私な
fair and equitable principle 信義則
契約の当事者がそれぞれ他方に対して有する期待は正当なものであるから，相手方の正当な期待を裏切ることがないよう行動しなければならないとする，一般的な義務をいう。信義誠実の原則。契約当事者の義務ではあるが，契約そのものから導かれる義務ではない点に，わざわざこのような義務の存在を明らかにする意味がある。〔参考〕民法1条(基本原則)2項　権利の行使及び義務の履行は，信義に従い誠実に行わなければならない。
fair average quality 平均的な品質
fair cash value 公正な市場価格
fair competition 公正競争
fair cop (イギリスの口語)合法的な逮捕
Fair Credit Billing Act 公正信用支払請求法
Fair Credit Reporting Act 公正信用報告法
fair dealing 公正使用
Fair Debt Collection Practices Act 連邦公正債権回収法
fair labor practice 公正労働行為
Fair Labor Standards Act 公正労働基準法(アメリカ，1938)
fair market value 公正な市場価格
Fair Trade Commission 公正取引委員会
fair trial 公正な裁判

fair use ①フェア・ユース②公正使用
fair use doctrine 公正使用の理論
fair value 公正な市場価格
fairly 適正に
fairness ①公正②公平
fairness doctrine 公平原則
fairness of investigation 捜査の適正
fairness opinion 提示買収額査定
fait 事実，行為，捺印証書
faith ①信頼，信用②信仰
faithful ①信頼できる②忠実な
faithfulness 信義
fake にせもの，偽造する
fake an alibi アリバイをでっち上げる
fake sickness 詐病
fall 墜落
fall asleep while driving 居眠り運転をする
fall back 表決復帰方式
fall into a coma 昏睡状態に陥る
fall into arrears 滞納する
fall into debt 借金する
fall to death 墜死する
fall unconscious 失神する
falling of the hammer 落札
false ①虚偽の②虚偽の認識のある場合の不実③不当の
false accusation 誣告
false advertising 偽造広告
false arrest 不当拘束，違法逮捕
false arrest and imprisonment 逮捕監禁
人の身体の自由を不当に奪う罪である。人を縄で縛りあげるなどの方法による身体の拘束である逮捕か，人を一室に閉じ込めるなどの方法による自由の拘束である監禁のいずれかを行うことにより成立する。〔参考〕刑法220条(逮捕及び監禁)　不法に人を逮捕し，又は監禁した者は，三月以上五年以下の懲役に処する。
false arrest or imprisonment resulting in bodily injury 逮捕監禁致傷
人を縄で縛り上げた際に傷つけたり，部屋に閉じ込めた結果衰弱して生理的機能を害したなど，逮捕監禁行為　→false arrest and imprisonment によって，被害者に傷

害の結果を生じた場合を重く罰するものである。〔参考〕刑法221条（逮捕等致死傷）前条の罪を犯し，よって人を死傷させた者は，傷害の罪と比較して，重い刑により処断する。

false arrest or imprisonment resulting in death 逮捕監禁致死
逮捕監禁行為 →false arrest and imprisonment によって部屋に閉じ込めた者を餓死させるなど，逮捕監禁行為によって被害者に死亡した場合を重く罰するものである。→false arrest or imprisonment resulting in bodily injury

false charge 冤罪
無実の者が犯罪の嫌疑をかけられ，身柄拘束，刑事訴追，あるいは有罪判決などの現実の不利益を受けること。false accusation。

false demonstration 誤った表記
false description 虚偽表示
false document 虚偽の文書
false entry 虚偽記入
事実や権利を証明するための文書や有価証券に，真実とは異なる記載を行うこと。各種偽造罪における虚偽作成や虚偽記入と条文で示されているものがこれにあたる。ただし，文書偽造罪における虚偽作成と有価証券偽造罪における虚偽記入とは，若干内容が異なる。すなわち前者は，医師が偽りの内容の診断書を作成する場合のように，その記載を行うことができる権限のある者のみがなしうる，いわゆる無形偽造を意味する。これに対して後者は，他人名義の裏書を勝手に作り出す場合のように，権限のない者による真実と異なる記載の場合を含む。〔参考〕刑法160条（虚偽診断書等作成）医師が公務所に提出すべき診断書，検案書又は死亡証書に虚偽の記載をしたときは，三年以下の禁錮又は三十万円以下の罰金に処する。 刑法162条（有価証券偽造等）行使の目的で，公債証書，官庁の証券，会社の株券その他の有価証券を偽造し，又は変造した者は，三月以上十年以下の懲役に処する。 2 行使の目的で，有価証券に虚偽の記入をした者も，前項と同様とする。

false expert testimony 虚偽鑑定
false impersonation 氏名詐称
false imprisonment 不法監禁 →false arrest and imprisonment
false imprisonment resulting in bodily injury 監禁致傷 →false arrest or imprisonment resulting in bodily injury
false imprisonment resulting in death 監禁致死 →false arrest or imprisonment resulting in death
false information 虚偽の情報
false interpretation 虚偽通訳
false marking 虚偽表示
false matter 不実の事項
false name 偽名
false personation 氏名詐称
false pretenses 詐取
false representation 不実表示
false return 偽造の申告・報告
false rumor 風説
false statement 虚偽表示，虚偽陳述
false testimony 偽証
false trade description 偽造的商品表示
false verdict 不当な評決
falsehood 誣罔
falsi crimen 偽造罪，捏造罪
falsification ①偽造②文書偽造
falsify 誤りを立証する，虚偽の申立てをする；税法上不正申告する；偽造する
falsify evidence 証拠をでっち上げる
falsifying a record 記録の改ざん
fame of a deceased person 死者の名誉
family automobile policy 家庭用自動車保険
一つのパッケージを担っている自動車保険。日本では自家用自動車保険と呼ばれている。
family corporation 同族会社
family court 家庭裁判所
離婚，相続などの家事事件を専門に扱う裁判所。通常裁判所とは別にこの種の家庭裁判所が設けられているのは，家庭の問題が関わる紛争や事件は，法律を形式的にあてはめて裁断的に解決するよりは，専門家に

Family

よる調査や後見的助言を受けながら中庸な解決をはかるのが適切と考えらることによる。もっとも、離婚、相続、養育、家庭内暴力、少年非行など広範にわたる家庭の問題のどこまでを家庭裁判所が扱うかについては、今日家庭裁判所を設ける多くの国の中でもばらつきがある。ちなみに、日本の家庭裁判所は、家事事件＝family case と共に、少年事件＝juvenile case を扱う少年裁判所＝juvenile court の機能をも有している。

Family Division 高等法院の家事部・家庭部

Family Education Rights and Privacy Act 家族教育権及びプライバシー法
成人した学生や未成年の両親が、高等教育機関の記録にアクセスし、これを修正させることができる権利を与えている法令。

family environment 家庭環境
family line 血統
family origin 門地
family registration 戸籍
family tree 系図
family-register 戸籍登録、戸籍謄本
fanatically confident criminal 確信犯人
faq＝frequently asked questions よくある質問
fare 旅客運賃；料金
farewell note 遺書
fatal 致命的
fatal accident 死亡事故、致死事故
fatal dose 致死量
fatal error 致命的誤謬
fatal wound 致命傷
Father and Son Agreement 父子協定
father-in-law 義父
fault ①短所②落ち度③過失、瑕疵
Negligence; an error or defect of judgment or conduct; any deviation from prudence or duty; any shortcoming or neglect of care or performance resulting from incapacity or perversity; a wrongful act; neglect of obligation or duty; mismanagement, bad faith; the responsibility for a misdeed or for negligence. Defect or imperfection. Wrongful act, omission, or breach.
(*Gilbert Law Summaries Pocket Size Law Dictionary* 114-115 (1997), Harcourt Brace And Company.)
過失；判断または行為の誤りや欠陥；分別または義務からの逸脱；無能力または誤った態度から生じる注意または履行の欠如、無視。不法な行為；債務または義務の無視；誤管理、不誠実；悪事または過失の責任。欠如または欠陥。不法行為、不作為、または不履行。

fault in common 過失相殺
不法行為や債務不履行による損害賠償額の算定にあたって、請求者の落ち度を考慮に入れて損害額を減額することをいう。過失相殺を表す語句としては、comparative negligence の方がよく使われるといえる。

favor 有利にする
FBI : Federal Bureau of Investigation 連邦捜査局
FDI : foreign direct investment 海外直接投資
feasance 行為、作為
feasibility study フィージビリティー・スタディー、実施可能性分析
投資や融資の可否を決定するに際して、その対象となる事業や開発の成立可能性や予測利潤などについて調査を行うこと。

feather-bedding 不要給与支払強制
Fed. R. Civ. P. Federal Rules of Civil Procedure, 連邦民事訴訟規則
federal 連邦の
Federal Bankruptcy Reform Act of 1994 九四年改正破産法
Federal Bureau of Investigation (米)連邦捜査局
federal corporation (米)連邦法人
Federal Counterfeit Access Device and Computer Fraud Abuse Act 連邦コンピュータ不正行為防止法
ハッカーを取り締まる連邦法。

federal court アメリカ連邦裁判所
Federal Deposit Insurance Corporation 連邦預金保険公社

federal employment discrimination laws 連邦雇用差別禁止法

Federal Employment Polygraph Protection Act 連邦雇用ポリグラフ規正法

Federal Environment Pesticides Control Acts 連邦環境殺虫剤管理法

Federal environmental laws 連邦環境保護法

Federal Fair Housing Act 連邦公正住宅法
住宅の売買や賃貸など取引を行うにあたって人種，肌の色，性別，障害の有無などで差別すること(Discriminatory housing practice)を禁じたアメリカ連邦法。違反に対しては刑罰が科せられる厳しいものである。42 U.S.C§3602～3631。

federal government 連邦政府

Federal Insecticide, Fungicide and Rodenticide Act 連邦殺虫剤・除菌剤・殺鼠剤法

federal jurisdiction 連邦裁判所の裁判権・管轄権

federal law 連邦法
アメリカにおける法体系は，連邦法と州法(state law)という二重の法体系を持つ。連邦法と州法はそれぞれの規制領域分担を持ち，州法は連邦法に抵触できないという点では，日本の法律と条例の関係に類似する。しかし，アメリカにおいては，州法が分担する規制分野が日本の条例とは比較にならないほど広範で，連邦法の固有の規制分野は，憲法上の権利，国家組織，軍事，外交などに限られる点，実体法のみならず裁判手続においても，連邦裁判所の系列と州裁判所の系列裁判所が，相互に上訴の関係に立たない独立性を保って存在する点，同一事項を連邦と州が共に法で定める場合があり裁判を起こそうとするものは連邦裁判所(federal court)に提訴するか州裁判所(state court)に提訴するかを選択できる場合がある点などに特徴がある。Code of Federal Regulation(=CFR)という成文法典と連邦裁判所の判例が連邦法の法源の中心である。

federal question(case) 連邦問題(事件)

Federal Register 連邦広報

Federal Reserve Board 連邦準備制度理事会

Federal Reserve System＝F.R.S. 連邦準備制度
アメリカの中央銀行制度をいう。その役割は日本における中央銀行である日本銀行と同様であるが，中央銀行自体は全米を12に区切ったそれぞれの地区に存在するため，それら複数の中央銀行を統括する制度として存在する。制度の中心となる機関は，連邦準備制度理事会(Federal Reserve Board＝F.R.B.)であり，その議長は大統領の指名職であり，日本の日銀総裁に相当するポストであると言える。

Federal Rules of Civil Procedure 連邦民事訴訟規則

Federal Rules of Evidence 連邦証拠規則

federal securities acts 連邦証券法

Federal tax 連邦税

federal tax laws 連邦法，連邦法規

federal tax lien 連邦租税先取特権

Federal Tort Claims Act 対連邦政府不法行為請求法

Federal Trade Commission 連邦取引委員会

Federal Trade Commission Act 連邦取引委員会法

Federal Trade Commission＝F.T.C. アメリカ連邦取引委員会
自由競争原理と消費者保護の見地から，企業の独占や不公正な取引を監視する独立行政委員会。日本の公正取引委員会に相当する。

federalism 連邦制
1. A principle of government in which several states or countries are united as a single political entity with a common government while retaining a considerable degree of autonomy with respect to their internal affairs.
2. In particular, the governmental structure of the United States of America, in which each state by the United States

federalist

Constitution, but all states are subordinate to the national government in matters delegated to that government by the constitution.
(James E. Clapp, Random House Webster's Dictionary of the Law 179 (2000), Random House.)
1. いくつかの州または国家が、内政に関しては相当程度の自治権を保持する一方で、共通の政府をもち一つの政治的実体として連合した政治の主義原則。
2. 特に、各州が合衆国憲法に基づき、憲法で中央政府に権限委譲された事柄において中央政府に従属するというアメリカ合衆国の政治構造。

federalist 連邦主義者
federation ①連合②国家連合
fee ①手数料②報酬③封土④手数料
　In real property, an estate. Fee, fee simple and fee simple absolute are often used as equivalents to signify an estate of absolute ownership that can be sold by the owner or devised to the heirs; however, the term is used to refer also to ownership that is which are types of estates that might last forever but are subject to termination upon the happening of a certain event.
(Steven H. Gifis, Dictionary of Legal Terms 183 (3rd ed., 1998), Barron's Educational Series, Inc.)
不動産における不動産権。不動産権、単純不動産権、そして絶対的単純不動産権は、所有者によって売却されるかまたは相続人に遺贈されうる絶対的所有権の不動産権を意味する同義語としてしばしば用いられる；しかしながら、この言葉は永久に継続するが、ある出来事の発生によって終了するような、不動産の所有権の類型を表すのにも用いられる。

fee simple 単純封土権
fee simple absolute 絶対的単純不動産権
fee simple defeasible 消滅条件付単純不動産権
feeler 触手

feigned action 無力訴訟、仮装訴訟
feigned illness 詐病
fellow passenger 同乗者
fellow servant rule 共同雇用の準則
　被用者が同僚から損害を被った場合、使用者には責任がなく、同僚に責任があるとする法理。
fellow-heir 共同法定相続人
felon 重罪犯人
felonious 重罪の
felony 重罪
femur 大腿部
fencing patent 防衛特許、囲い込み特許権
feneration 利息付消費貸借、高利
feral animal 野生動物
feral bestiae 野生動物
ferocious 凶暴な
feticide 胎児殺
fetus 受胎後8週以後の胎児
feud 封土
feudal 封建制の
feudalism 封建制
fiat (英)命令
fiction of institution of public prosecution 公訴提起の擬制
fictitious business name 自分を表すための称号
fictitious declaration of intention 虚偽表示
　相手と意思を通じて、真意でないことを知りながらする意思表示をいう。このような真意のない意思表示に法律上の効果を認める必要はないので、虚偽表示による意思表示は原則として無効である。しかし、この虚偽でなされた表示を信じた第三者に対しては、無効を主張できない。〔参考〕民法94条(虚偽表示)相手方と通じてした虚偽の意思表示は、無効とする。　2　前項の規定による意思表示の無効は、善意の第三者に対抗することができない。
fictitious name 架空名
fictitious payee 架空の受取人
fictitious person 仮説人
fictitious transfer 仮装譲渡

fidelity and guaranty insurance 信用・保証保険，身元保証保険
fidelity bond 身元保証証書，身元保証証券，信用保険
fidelity insurance 身元保証保険，身元信用保険
fiduciary 財産，権限などを委託された人
fiduciary bond 受託者保証証書，受託者保証券，受認者保証証書
fiduciary capacity 受任者資格，受認者資格
fiduciary duty 信任義務
fiduciary relation 信任関係
Field Code フィールド民事訴訟法典
field report 現地報告
field survey 現地調査
field warehouse receipt 現場倉庫による倉庫証券
field warehousing 現場倉庫制
fight 取っ組み合いの喧嘩
fight to the death 死闘
fighting 殴り合い
file 申請する
　The court record of a case. To present a legal document to a public official, usually a court clerk, for the purpose of having it placed on permanent record and preserved.
　(Gilbert Law Summaries Pocket Size Law Dictionary 118 (1997), Harcourt Brace And Company.)
　事件の裁判所記録。法律文書を，永久記録として保存してもらうという目的のために役人，通常は裁判所書記官に提出すること。
file a suit 訴訟を起こす
file charge regarding discipline 懲戒の訴追をする
file dissolution 解散の登録
file wrapper ファイル・ラッパー，包袋
file wrapper estoppel ファイル・ラッパー・エストッペル，包袋禁反言
filing 申請
filing fee 提出のための手数料
filing of information 起訴

filthy 不潔な
final 最終の
final accounts 決算
final adjudication 確定裁判
final and conclusive 終局
　同義語を併記するパターン。
final argument 弁論
final decision 確定裁判
final decision rule 終局判決原則
final judgment 確定裁判
final payment 清算払い
final process 執行令状
final settlement of accounts 総決算
finalization of the adjudication 裁判の確定
finance ①金融②財政③出資する
finance charge 金融料
finance lease ファイナンス・リース
Finance Sector Reform Bills 金融再生関連法案
financial 経理の
financial affairs 財務
financial circles 金融界
financial clique 財閥
financial condition 財政状態
financial documents 計算書類
financial expert 財務専門家
Financial Holding Company 金融持ち株会社
financial institutions 金融機関
financial policy 財政政策
Financial Privacy Act 財務プライバシー法
　金融機関の記録について，消費者の許可なく，政府がアクセスすることを制限する法令。
Financial Reconstruction Law 金融再生法
financial responsibility laws 賠償資力責任法
financial statement 財務諸表
　企業の財政状況や収益能力などを明らかにする会計書類をいう。具体的にどのような会計書類をもって財務諸表というかは，時代や制度により異なる。一般に，貸借対照

financial

表(balance sheet, BS)と損益計算書(profit and loss statement PL)の二つを中心とし、これに営業報告書、利益処分案などを加えたものが財務諸表とされる。〔参考〕会社法435条2項　株式会社は、(中略)各事業年度に係る計算書類(貸借対照表、損益計算書その他〈中略〉)及び事業報告並びにこれらの附属明細書を作成しなければならない。

financial status　資産状況
financial support　財政的援助
financial worth　財務価値
financial year　①会計年度②事業年度
financier　①金主②出資者
financing　出資
financing statement　貸付証書、融資書
find　拾得物
find a clue　手がかりを見つける
finder　①陪審員②裁判官
finder's fee　仲介者報酬
finding　事実認定
finding of facts　事実認定
fine　①罰金②違約金

A sum of money imposed upon a defendant as a penalty for an act of wrongdoing. The fine is payable to the public treasury as opposed to restitution, which is payable to the victim of the wrong doing. Modern statutes favor restitution over fines and sometimes provide that courts may not impose a fine if its satisfaction would interfere with the making of restitution. The court has held that a state has discretion in setting punishment for state crimes and may impose alternative sanctions. However, under the Equal protection Clause, a state may not subject a certain class or convicted defendants to a period of imprisonment beyond the statutory maximum solely by reason of their indigency. It is a denial of equal protection to limit punishment to payment of a fine for those who are able to pay it but to convert the fine to imprisonment for those who are unable to pay it.

(*Steven H. Gifis, Dictionary of Legal Terms 187-188 (3rd ed., 1998), Barron's Educational Series, Inc.*)

犯罪行為の罰として被告人に課されるある金額の合計。罰金は、犯罪の犠牲者に対して支払われる損害賠償とは対照的に、公庫に支払うべきものである。現代法は罰金よりも損害賠償を好み、罰金の支払いが損害賠償の支払いを妨げるならば、時には裁判所が罰金を課さないこともある。裁判所は、州が州犯罪に罰則を科すことに自由裁量を有し、代わりとなる制裁措置を課する責任を持たせた。しかしながら、平等保護条項の下では、州は特定の、もしくは有罪となった被告人を、単に窮乏を理由として法定の最大限を超えた服役期間に服させることはない。罰金を支払うことができる者には刑罰を罰金の支払いに限定し、罰金を支払うことができない者には罰金を服役に換えることは、平等保護の否認である。

fine for a traffic violation　交通違反に罰金を科す
fine force　不可抗的強制、絶対的必要性
fingerprint　指紋
finish and complete　完了する
同義語を併記するパターン。
fire　①火災②発砲する③火
fire a gun　拳銃を撃つ
fire alarm　火災報知機
fire at random　乱射する
fire caused by gross negligence　重過失失火
わずかな注意を払えば結果の発生を防止できたのに、そのような注意を怠って失火罪を犯した場合を、通常の失火罪よりも重く罰する規定である。〔参考〕刑法117条の2(業務上失火等)　第百十六条又は前条第一項の行為が業務上必要な注意を怠ったことによるとき、又は重大な過失によるときは、三年以下の禁錮又は百五十万円以下の罰金に処する。
fire caused by negligence　失火
過失によって、建造物等を焼損させるなど、放火罪＝arson と同じ結果を生じた場合を処罰するものである。〔参考〕刑法116

条(失火)　失火により，第百八条に規定する物又は他人の所有に係る第百九条に規定する物を焼損した者は，五十万円以下の罰金に処する。　2　失火により，第百九条に規定する物であって自己の所有に係るもの又は第百十条に規定する物を焼損し，よって公共の危険を生じさせた者も，前項と同様とする。

fire caused by negligence in the conduct of business　業務上失火
火気に関連する各種工事の担当者や建物や工場の火元管理者など，職務として火気の安全に配慮すべき社会生活上の地位を有する者が，失火罪を犯した場合を，通常の失火罪よりも重く罰する規定である。〔参考〕刑法117条の2(業務上失火等)　第百十六条又は前条第一項の行為が業務上必要な注意を怠ったことによるとき，又は重大な過失によるときは，三年以下の禁錮又は百五十万円以下の罰金に処する。

fire caused by negligence to an uninhabited structure which belongs to the offender　自己所有非現住建造物等失火
fire extinguisher　消火器
fire fighting　①消火②消防
fire insurance　火災保険
fire insurance policy　火災保険証券
Fire Precautions Act　火災防止法
Fire Service Law　消防法
fire station　消防署
fire to a structure, etc. caused by negligence　建造物等失火
firearm　銃
firearms　①火器②銃砲
firehouse　消防署
fireproof building　耐火建築
firm　①商会②企業③確定的な
firm bid　撤回不能申込み
firm offer　①ファーム・オファー②承認解答期限付申込み③撤回不能申込み
An offer to buy or sell goods, made by a merchant in a signed writing that includes an assurance that the offer will be held open. Contrary to the usual rule that an offer may be withdrawn at any time before acceptance, an offer meeting these requirements is irrevocable for the period of time stated in the offer, or for a reasonable time if no specific time is stated. (*James E. Clapp, Random House Webster's Dictionary of the Law 307 (2000), Random House.*)
商人によって作成される，申込み未決とされていることの保証を含む署名付文書でなされるもので，商品を購入または売却するという申込み。受諾されるまでは申込みがいつでも撤回されうる通常の規則に反して，これらの必要条件を満たす申込みは，申込みで定められた期間，もしくは特定の期日が定められていなければ適当な期間は取り消すことができない。

firm order　①ファーム・オーダー②確定注文
firmly affixed things　定着物
土地＝land が不動産＝real property, real estate, immovable property であるのはもちろんだが，土地に半永続的に密着固定した物も不動産である。これを定着物，fixture という。家屋，鉄塔，石垣，池，橋はいずれも定着物であり，したがって不動産とされる。しかし運搬中の鉄塔，地面に置かれただけの石，水の上に浮かんだ家屋は不動産ではない。また，定着物が不動産とされることと，定着物が土地とは別個の不動産となるかどうかとは一応別個の問題である。上記例のうち，鉄塔，石垣，橋は，土地と一体の不動産となるのであり，独立した別個の不動産になるわけではない。同じように，家屋についても多くの国では土地とは別個の不動産とは考えていない。しかし日本では，従来から家屋を，土地とは独立して取引の対象とされてきた。現行の民法の解釈としても，家屋は土地とは別個の不動産とすることが当然の前提と考えられている。〔参考〕民法86条(不動産及び動産)1項　土地及びその定着物は，不動産とする。

first degree murder　第一級謀殺
first fruit　初年度収益
first general meeting　創立総会

first

first impression 先例のない
first instance 第一審
first in, first out 先入先出
first medical examination 初診
first mover advantage 第一参入者の利点
first offender 初犯者
first offense 初犯
first offer 株式の先買権
first option 株式の先買権
first party insurance ファースト・パーティ保険，第一当事者保険
first refusal right ①株式の先売権②優先購入権
first sale rule 消尽の準則
first-to-file system 先願主義
複数の者が同一の発明を行ったときに，発明の先後に関わらず，先に官公署への届出をした者が特許を取得するとの主義。先発明主義に対する概念である。さらに特許のみならず広く官公署が，人数や件数の制限がある申込みを受け付ける場合に，申込内容に関係なく届出の順に機械的に受け付ける場合を意味する。〔参考〕特許法39条(先願) 同一の発明について異なった日に二以上の特許出願があつたときは，最先の特許出願人のみがその発明について特許を受けることができる。

first-to-invent system 先発明主義
複数の者が同一の発明を行ったときに，官公署への届出の先後に関わらず，先にその発明を行ったものが特許を取得するとの主義。先願主義に対する概念であり，アメリカの特許法が採用する主義である(35 U.S.C.§102)。

fiscal deficit 財政赤字
fiscal policy 財政政策
fiscal reconstruction 財政再建
fiscal year ①会計年度②事業年度
Fisheries Law 漁業法
fishery 漁業権
fishing expedition 証拠漁り
fishing rights 漁業権
Fishing Vessel Law 漁船法
fist 手拳
fit 発作

fit and suitable 適当な
同義語を併記するパターン。
fitness for particular purpose 特定目的適合性
five forces analysis ファイブ・フォーシス・アナリシス，五つの力分析
Five-Cent Deposit Law 五セント払い戻されるデポジット法
fixed amount 固定金額
fixed amount savings 定額貯金
fixed assets 固定資産
fixed charge 不動担保
fixed date 確定期日
fixed day for public trial 公判期日
fixed dwelling 定まった住居
fixed game 八百長
fixed lease 固定賃料賃貸借契約
賃借人が，毎月決まった額のみを賃貸人に支払う形態の賃貸借。すなわち共益費，管理費，火災保険料などは賃貸料に含まれていることになる。gross lease。
fixed liabilities 固定負債
fixed number of the House members 議院の定数
fixed price 固定価格
fixed price contract 確定価格契約，固定価格契約
fixed trial date 裁判の期日
fixed trust 確定信託
fixture ①土地または家屋の定着物②設備
flag of convenience 便宜置籍(船)
flag of truce 白旗
Flag Protection Act 連邦国旗保護法
flagrant necessity 緊急の必要
flagrant offender 現行犯人
犯行を他者に目撃された犯人。現行犯人を犯罪現場付近で逮捕するには，令状は不要とされる。また捜査機関だけでなく，私人もその犯人を逮捕することができる。また，犯行を目撃されたわけではないが合理的に見て犯行を終えたばかりと思われる者は準現行犯人とよばれ，法律上の取扱いは現行犯人と同様に扱われる。アメリカでは日本のように，令状逮捕と現行犯逮捕を対置して考察することはあまりない。現行犯

＝flagrante delicto, red-handed という用語はどちらかというと世俗的意味で使われることが多いといえる。アメリカにおける逮捕の種類は, 令状逮捕＝arrest with warrant と 無令状逮捕＝arrest without warrant に区別されるのが通常であり, 無令状逮捕の内容は, 日本における現行犯逮捕, 準現行犯逮捕, 緊急逮捕をあわせたよりも (これらを完全に含むわけではないが) 一般的にはさらにやや広い概念だといえる。〔参考〕刑事訴訟法212条　現に罪を行い, 又は現に罪を行い終つた者を現行犯人とする。　2　左の各号の一にあたる者が, 罪を行い終つてから間がないと明らかに認められるときは, これを現行犯人とみなす。　一　人として追呼されているとき。　二　贓物又は明らかに犯罪の用に供したと思われる兇器その他の物を所持しているとき。　三　身体又は被服に犯罪の顕著な証跡があるとき。　四　誰何されて逃走しようとするとき。　刑事訴訟法213条　現行犯人は, 何人でも, 逮捕状なくしてこれを逮捕することができる。

flame　火炎
flare up　カッとなる
flat rate　固定料率, 定額料金, 均一料金
flee to the wall　急迫不正の侵害
flexibility　適応性
flimflammer　詐欺師
flimsy grounds　薄弱な証拠
flip-in poison pill　敵対的買収防止法の一つ
　買収者以外の者に自社株を安く割り当てる旨の合意。
flip-over poison pill　敵対的買収防止法の一つ
　買収者の株式を第三者に安く売却する旨の合意。
floating assets　流動資産
floating capital　流動資金；運転資金, 流動資本
floating debt　浮動負債
floating lien　根担保権, 浮動リーエン
　被担保債権が担保権設定契約で定められた範囲で変動する担保。

floating policy　予定保険証券
floating vote　浮動票
flood area　洪水地域
Flood Control Law　水防法
floodgate argument　洪水問題
　一つの請求を認めると洪水のように同種の請求が裁判所に寄せられるという議論。
floor　立会場, 最低限度(額), 発言権, 議員席
floor area　床面積
floor area ratio＝FAR　容積率
　建物が存在する敷地に対する, 建物の延べ床面積の割合をいう。通常建築基準法規 (building code) には地区に応じた容積率の限界が定められており, 許容された容積率が高いほど, 高層の建築物が建築可能となる。
floor plan financing　在庫商品担保融資
floor price　最低価格
floor space　建坪
floor trader　フロア・トレーダー
flotsam; flotsan　浮荷
FLSA : Fair Labor Standards Act　連邦公正労働基準法
fluctuating clause　変動条項
FMLA : Family and Medical Leave Act　家族医療休暇法
　1993年に制定された, 出産休暇, 育児休暇, 介護休暇や疾病休暇などを定める連邦法。
FOB the place of destination　FOB 仕向地
　仕向地で引渡しの提供をする時点までの危険負担, 運賃及び保険を売主が負担する引渡条件。
FOB the place of shipment　FOB 船積地, 本船船積渡し
　運送人が商品を占有するまでの費用と危険を売主が負担する引渡条件。
folio　法律文書の単位
follow　尾行する
follow a suspect　容疑者を追跡する
follow suit　先例にならう
followers　配下
follow-up study　追跡調査

fondness for speculation 射幸心
food 糧食
Food Agency 食糧庁
Food Sanitation Law 食品衛生法
footing 足掛かり
footmark 足跡
footnote disclosure 脚注開示
footprint 足跡
for a specified period of time 一定期間
for account of 〜の計算で，〜の勘定に
for and during the period of 〜の期間中
同義語を併記するパターン。
for and during the term of 〜の期間中
同義語を併記するパターン。
for and in consideration of 〜を約因として
同義語を併記するパターン。
for and in; on behalf of 〜のために
同義語を併記するパターン。
for cause 正当理由
for clearing house purpose only 手形交換のためのみ
for collection 取立てのため
for common use 共用の
for deposit 預金のため
for deposit only 預金のみ
for non-pecuniary damage compensation 精神的障害に対する慰謝料
for self-defense 護身用の
for the dishonest purpose 不正の目的
for the future 将来に向かって
for the purpose of damaging 害を加える目的
for the purpose of gaining 利を図る目的
for the purpose of inflicting 害を加える目的
for the purpose of killing 害を加える目的
for the purpose of misleading the investigation 捜査を誤らせる目的
for the purpose of profiting 営利の目的
取引によって金銭的なもうけや利潤をあげる目的をいう。薬物事犯，誘拐罪などにおいて，営利の目的がある場合に重く罰せられる場合がある。〔参考〕覚せい剤取締法41条の2　覚せい剤を，みだりに，所持し，譲り渡し，又は譲り受けた者(第四十二条第五号に該当する者を除く。)は，十年以下の懲役に処する。　2　営利の目的で前項の罪を犯した者は，一年以上の有期懲役に処し，又は情状により一年以上の有期懲役及び五百万円以下の罰金に処する。　3　前二項の未遂罪は，罰する。

for the purpose of saling 販売の目的
for the purpose of using 行使の目的
for the use of administration of affairs 事務処理の用に供する
for the value received 価値を交換したという事実を示すもので，約因の存在を書面で表現したもの
for use 〜の利益のために
for value 有償で，有償の
for value received 約因受領済み，対価受領済み
for whom it may concern 不特定他人のために
forbearance ①不作為②債権者の支払猶予③権利行使の抑制
(①②について)
Refraining from action, especially action to enforce a right or to collect on an overdue debt.
(*Gilbert Law Summaries Pocket Size Law Dictionary* 130 (1997), Harcourt Brace And Company.)
行為，特に権利行使または未払いの債務の回収行為を差し控えること。
(③について)
法的手段に訴えて債務の履行を強制することができる場合に，そのような強硬な手続を差し控えて，任意に履行を求めていくことをいう。新たに，再度債務不履行があった場合の責任を過重する条項を含む和解契約を締結したり，いつでも強制執行可能な状態を形式上は作り出しておくことなどの担保手段が同時になされるのが通常である。
forbid 差し止める
forbid to say anything 口止めする

forbidden to enter or leave 出入禁止の
force ①強要する②法令の効力③暴力
force and effect 効力
　同義語を併記するパターン。
force him into confessing 白状させる
force majeure 不可抗力
　An event or effect that can be neither anticipated nor controlled. The term includes both acts of nature (e.g., floods and hurricanes) and acts of people (e.g., riots, strikes, and wars).
　(Bryan A. Garner, Black's Law Dictionary Second Pocket Edition 287 (2001), West Group.)
　予期することも管理することもできない事件または結果。この用語は自然災害（例えば，洪水，ハリケーン）と人的災害（例えば，暴動，ストライキ，戦争）の両方を含む。
forced sale 強制売却
forcheapum 先買い，買占め，市場妨害
forcible detainer 暴力的不動産不法占拠
forcible indecency 強制猥褻
　暴行，脅迫により意思を抑圧して性的な接触行為を行うこと。indecent assault。ただし，意思を抑圧して行う性交行為＝intercourse，挿入行為＝penetration は強姦罪＝rape となるので，それに至らない行為を指す。薬物投与などの手段によって事実上意思を抑圧して行った猥褻行為も準強制猥褻罪として，同様の処罰の対象になる。意思を抑圧しない程度の性的いやがらせは「強制」猥褻とはいえないが，13歳未満の者はそもそも抑圧の前提となる意思が未発達であるため，猥褻行為の程度にかかわらず本罪が適用される。これに対して14歳以上の者に対する単純猥褻行為は，地方自治体の条例による処罰の対象となっていることが多い。〔参考〕刑法176条（強制わいせつ）　十三歳以上の男女に対し，暴行又は脅迫を用いてわいせつな行為をした者は，六月以上十年以下の懲役に処する。十三歳未満の男女に対し，わいせつな行為をした者も，同様とする。
forcible indecency resulting in body injury 強制猥褻致傷
　強制猥褻の意思抑圧の手段となった暴行脅迫によって，傷害の結果が生じた場合を重く罰する規定である。〔参考〕刑法181条（強制わいせつ等致死傷）1項　第百七十六条若しくは第百七十八条第一項の罪又はこれらの罪の未遂罪を犯し，よって人を死傷させた者は，無期又は三年以上の懲役に処する。
forcible indecency resulting in death 強制猥褻致死
　強制猥褻の意思抑圧の手段となった暴行脅迫によって，死亡の結果が生じた場合を重く罰する規定である。強制猥褻罪にこのような致死傷の規定があることが，その手段としての暴行脅迫は，強盗罪と同程度のものであることを要するとする見解の根拠となっている。しかし，日本の判例上は，暴行脅迫は軽度のもので足りるとされている。これは実質的に，意思の抑圧という要件よりも，被害者が同意していないという点を重視しているものと考えらる。〔参考〕刑法181条（強制わいせつ等致死傷）1項　第百七十六条若しくは第百七十八条第一項の罪又はこれらの罪の未遂罪を犯し，よって人を死傷させた者は，無期又は三年以上の懲役に処する。
forcible obstruction of business 威力業務妨害
　たとえば店頭で不必要に大声をあげたり，債権者を名のって営業時間中に大挙して事務所に押しかけたりするなどの行為を罰するものである。偽計業務妨害と並んで，仕事や営業を妨害する罪とされている。〔参考〕刑法234条（威力業務妨害）　威力を用いて人の業務を妨害した者も，前条の例による。
forecasting the result of an election 票読み
foreclose down 後順位抵当権等消滅
foreclosure 売渡抵当権の実行
foreclosure sale 担保権実行としての競売
　債務が任意に弁済されなかった場合に，抵当権者が裁判所に抵当権の実行を申し立て，その申立てに基づき抵当不動産が競売

foregift

により売却されることをいう。抵当物件を競売により買い受けた者を競落人といい、いわゆる第三取得者とは異なり、制限物権の負担のない完全な所有権を取得することになる。

foregift 権利金
foreign 外国の
foreign actions 離婚のための州外訴訟
foreign bill of exchange 外国為替手形, 州外為替手形
foreign branch 外国支店, 外国にある支店
foreign coin which is current in this country 内国に流通する外国の貨幣
foreign corporation ①外国会社②（米）他の州で設立された会社
foreign court 外国裁判所
foreign currency 外貨
foreign diplomat 外国の使節
foreign emblem 外国国章
foreign exchange 外国為替
　外国との取引において代金などの債務を決済したり, 国外との間で資金を移動すること, あるいはその決済方法や手段。必然的に内国通貨と外貨との交換レートが重要な問題となる。このような国外との間の通貨取引も, 原則として自由であるが, 資金の外国への移動や国内への流入を無制限に認めると国内経済に大きな影響が及ぶので, 規制の余地は相当残されている。〔参考〕外国為替及び外国貿易法1条（目的）　この法律は, 外国為替, 外国貿易その他の対外取引が自由に行われることを基本とし, 対外取引に対し必要最小限の管理又は調整を行うことにより, 対外取引の正常な発展を期し, もつて国際収支の均衡及び通貨の安定を図るとともに我が国経済の健全な発展に寄与することを目的とする。
Foreign Exchange and Foreign Trade Courts 外国裁判ノ嘱託ニ因ル共助法
Foreign Exchange and Foreign Trade Law 外国為替及び外国貿易法
Foreign Exchange Bank Law 外国為替銀行法
foreign judgment 外国判決

foreign jurisdiction 領土外管轄権, 領土外裁判権
foreign law 外国法, 他州法
foreign money 外貨
foreign portfolio investment 海外資産投資
Foreign Service of the United States of America アメリカ合衆国外務部
Foreign Sovereign Immunities Act 外国主権免責法
foreign trade 貿易
foreign trade zone 自由貿易地帯
foreigner 外国人
foreman 陪審員長
forensic medicine 法医学
forensic odontology 法歯学
forensic science 法科学
foresee 予見する
foreseeability 予見可能性
　将来発生する違法な結果や損害が, 予測できるかどうかの評価をいう。予測不可能な損害についてまで債務者や不法行為者が賠償責任を負わなければならないとすると, 賠償額が巨額になりすぎて時として不合理な結果を招く。そこで, 予見可能性という基準で賠償範囲の限定を行うのが一般的である。例えば, 目的物を引き渡せなかった売主は, 買主が目的物を転売して利益を得ることを予定していたとしても, そのような事情を予測する可能性がないときは, 転売利益についてまで賠償する必要はないとされる。過失の成否自体は, 予見可能性という概念を使わずに, 結果回避義務という行為義務概念による判断が可能だが, 損害賠償の範囲の限定については, 予見可能性という内心作用の概念によらざるを得ない。もっとも予見の主体が債務者個人なのか, 一般人なのかは別個の問題である。通常は一般人の予見可能性を標準とし, 債務者個人の予見を加味して, 損害賠償の範囲が決定される。
foreseeable 予見できる
foreseeable party 予見可能当事者
foreseen party 予見当事者
Forest Law 森林法

forfeit 喪失する，失権する，没収される
forfeit the right 失権させる
forfeiture ①没収②権利・地位の喪失
forfeiture of a qualification 資格の喪失
forfeiture of bail money 保証金の没取
forfeiture of bond 保証金の没収
forfeiture of shares 株式失効
forge 偽造する
forgery ①にせもの②文書偽造罪
forgery of a document, etc. 文書などの偽造
forgery of a private document 私文書偽造
作成権限がないのに名義を偽って，契約書など権利義務に関するような私人作成の重要文書を勝手に作成する犯罪である。全ての私文書の偽造行為を犯罪とする必要はないが，権利義務や重要な事実についての証明力は，刑法的保護に値すると考えられるため，このような時効を証明する文書を偽造する行為のみが処罰の対象となる。

forgery of a private document without signature and seal 無印私文書偽造
偽造の対象物である私文書が押印や署名のないものであるときは，その文書の証明力は高いとはいえないので，保護の重要性もそれだけ少なく，押印や署名がある場合に比べて重く罰する必要はないとされる。
［参考］刑法159条(私文書偽造等)3項　前二項に規定するもののほか，権利，義務又は事実証明に関する文書又は図画を偽造し，又は変造した者は，一年以下の懲役又は十万円以下の罰金に処する。

forgery of an official document 公文書偽造
作成権限がないのに名義を偽って，公務員の作成する文書を勝手に作成する犯罪である。公文書の偽造は，公共の信用力を偽るものであるので，私文書の偽造よりも重く罰せられる。

forgery of an official document without signature and seal 無印公文書偽造
偽造の対象である公文書が，作成者の押印や署名のないものであるときは，その文書の証明力は高いとはいえないので，押印や署名がある場合に比べて保護の必要性も少なく，重く罰する必要はないとされる。
［参考］刑法155条(公文書偽造等)3項　前二項に規定するもののほか，公務所若しくは公務員の作成すべき文書若しくは図画を偽造し，又は公務所若しくは公務員が作成した文書若しくは図画を変造した者は，三年以下の懲役又は二十万円以下の罰金に処する。

forgery of an official document with signature or seal 有印公文書偽造
登記簿謄本など公共の信用に関する文書で公務員の押印や署名があるものを，名義を偽って作成権限なく作り出し，公共の証明力を不正に作り出す犯罪である。［参考］刑法155条(公文書偽造等)1項　行使の目的で，公務所若しくは公務員の印章若しくは署名を使用して公務所若しくは公務員の作成すべき文書若しくは図画を偽造し，又は偽造した公務所若しくは公務員の印章若しくは署名を使用して公務所若しくは公務員の作成すべき文書若しくは図画を偽造した者は，一年以上十年以下の懲役に処する。

forgery of an private document with signature or seal 有印私文書偽造
契約書など権利義務に関するような私人作成の重要文書で押印や署名があるものを，権限なく名義を偽って作成する行為を罰するものである。［参考］刑法159条(私文書偽造等)1項　行使の目的で，他人の印章若しくは署名を使用して権利，義務若しくは事実証明に関する文書若しくは図画を偽造し，又は偽造した他人の印章若しくは署名を使用して権利，義務若しくは事実証明に関する文書若しくは図画を偽造した者は，三月以上五年以下の懲役に処する。

forgery of the Imperial or State document 詔書偽造
国会召集の詔書，内閣総理大臣任命の詔書など，天皇の作成する国事行為に関する文書を偽造する行為を処罰するものである。極めて重要な国家行為に関する文書であるため，公文書偽造罪よりも重く罰せられる。［参考］刑法154条(詔書偽造等)1項　行使の目的で，御璽，国璽若しくは御名を使

forgetfulness

用して詔書その他の文書を偽造し，又は偽造した御璽，国璽若しくは御名を使用して詔書その他の文書を偽造した者は，無期又は三年以上の懲役に処する．

forgetfulness 健忘症
form 契約などの書式
form a police cordon 警戒線を張る
form for voluntary production of evidential materials 任意提出書
form of oath 証人宣誓書
formal adjudication 主文
formal agreement 正式契約書
formal contract 方式契約
formal justice 形式的正義
formal party 形式的当事者
formal trial 正式裁判
formalities of accusation 告発の方式
formalities of complaint 告訴の方式
formality 要式性
formation of a contract 契約の成立

契約の成立とは，当事者間での合意の成立，すなわち意思表示が合致し当事者がこれを認識したことをいう．もっともこれは法律要件の面からみた場合の契約成立の概念である．実際には，民法の契約成立に関する条項を見ればわかるとおり，互いの意思表示を双方が了解しあうことは，必ずしも契約の成立に必要とはされていない．承諾の発信主義や慣習による承諾や，黙示の合意と呼ばれるものはその例である．これらの例は，法律効果の面から見た契約成立の概念だといえる．すなわちこの場合の契約成立とは，契約から生じる拘束力を当事者双方に認めてよい状態が生じたかどうかの判断にほかならない．〔参考〕民法526条（隔地者間の契約の成立時期）隔地者間の契約は，承諾の通知を発した時に成立する．
2　申込者の意思表示又は取引上の慣習により承諾の通知を必要としない場合には，契約は，承諾の意思表示と認めるべき事実があった時に成立する．

formation of an artificial person 法人の設立

団体や財産が，法人格の取得を目的として，法律の規定に従って行う一連の手続を法人の設立という．具体的には，定款の作成，役員の選任などを含む．設立が完了するまでは，その団体や財産は法人ではなく，権利能力なき社団＝unincorcorated associationまたは権利能力なき財団であるにすぎない．〔参考〕民法33条（法人の成立等）1項　法人は，この法律その他の法律の規定によらなければ，成立しない．

formation of corporation 会社の設立
formation of marriage 婚姻の成立
formation of partnership パートナーシップの成立
former adjudication 前訴判決
former condition 原状
former jeopardy 前の危険
forms of action; form of action 訴訟方式
forspeaker 弁護士，訴訟代理人，（古）代言人
forthcoming bond 差押物保管債務者認諾証書，財産差出保証書
forthwith 遅滞なく，直ちに，速やかに
forum ①裁判所②裁判地③法廷地

A court; place where disputes are heard and decided according to law and justice; a place of jurisdiction; a place where remedies afforded by the law are pursued.
(Steven H. Gifis, Dictionary of Legal Terms 193 (3rd ed., 1998), Barron's Educational Series, Inc.)
裁判所；法と正義に従って紛争が審理され判決される場所；裁判管轄の場所；法律によって与えられる救済が執行される場所．

forum actus 行為地裁判所
forum conscientiae 良心裁判所
forum contractus 契約締結地裁判所
forum domicilii 住所地裁判所
forum fixing 裁判地を決定すること
forum non conveniens フォーラム・ノン・コンビニエンス

本来の管轄を有する裁判所が，他の裁判所で審理する方が当事者の便宜や裁判の便宜や公正などの見地から好ましいと考えたときに，訴えを却下したり移送したりすることを認める考え方をいう．inconvenient

fractional

forum。
Lat.: An inconvenient court.
Under this doctrine a court though it has jurisdiction of a case, may decline to exercise it where there is no legitimate reason for the case to be brought there, or where presentation in that court will create a hardship on the defendants or on relevant witnesses because of the court's distance from them. The court will not dismiss the case under the doctrine unless the plaintiff has another forum open to him.
(*Steven H. Gifis, Dictionary of Legal Terms 193-194 (3rd ed., 1998), Barron's Educational Series, Inc.*)
ラテン語:不便宜法廷地
この法理の下では、その事件をその裁判所に持ち込むことの正当な理由がない場合、もしくはその裁判所での提訴が、裁判所が遠く離れているために被告または関連する証人に辛苦を与えるであろう場合には、裁判所は事件の裁判管轄権を有するにもかかわらず、その遂行を拒否することもある。原告が他に利用できる法廷がない場合は、裁判所がこの原則に基づいてその事件を退けることはない。

forum originis 出生地裁判所
forum rei 被告住所地裁判所, 所在地裁判所
forum rei gestae 行為地裁判所
forum rei sitae 所在地裁判所
forum shifting 裁判地を移すこと
forum shopping 法廷地漁り
　The choosing of a forum where the judges or jurors are expected to be sympathetic to one's case; for example, the choice of a tobacco state for a suit by a tobacco company, of a nontobacco state for a suit against a tobacco company, or of a Bible Belt state for a pornography prosecution.
(*James E. Clapp, Random House Webster's Dictionary of the Law 191 (2000), Random House.*)
裁判官または陪審員が自分の事件に同情的であると期待される法廷地を選択すること;例えば、タバコ会社による訴訟にタバコ州を選択すること、タバコ会社に対する訴訟で非タバコ州を選択すること、もしくはポルノ文学, 写真の訴追にキリスト教篤信地帯の州を選択すること。

forward ①出荷する②先渡し取引
forward exchange 先物為替
forward exchange rate 先物為替相場
forward exchange transaction 先物為替取引
forward for registration 送付入籍
forwarding 出荷
forwarding agent 運送取扱人
foster care 里子養育
foster child 里子
foster parent 里親
foul B/L 故障付船荷証券
　貨物に傷や数量不足などの瑕疵があることが、証券面に記載された船荷証券をいう。運送人にとっては、貨物に瑕疵があることを証券面に記載しておかないと、荷受人から責任を追求されかねない。また、船荷証券の譲受人にとっても重要な記載となる。ただし、荷送人にとっては故障付船荷証券では荷為替手形の決済が行えないため、運送人に瑕疵についての責任を負う旨の証明書を提出するなどして、無故障船荷証券 (clean bill of lading, clean B/L) を発行してもらう必要がある。

foul play いかさま勝負
foundation ①財団②操業③地盤
founder 創業者
founders' shares 発起人株式
founding 創立
Founding Fathers 建国の父祖
four corners 券面上, 文書の文言上
four-wheel-drive car 四輪駆動車
fraction of a day 一日未満の時間
fractional interest 制限物権, 部分的権利
　動産や不動産に対する権利の内容は、利用権、収益権、処分権などの分類できる。この全てを備えた権利が所有権であり、このうちの一部の権利だけを有するのが、所有権以外の物権である。たとえば地上権は利用収益権だけを、抵当権は条件付、限定的

fractional

な処分権だけを有する物権である。
fractional share 端株
fracture 骨折
frame construction 木造
木造建築家屋をいう。frame house, frame home。かつて木造家屋は、コンクリート造の建物に比べて物理的な朽廃に至るのが早いと言われ、それが借地契約の存続期間を定める立法にも反映していたが、現在では木造か鉄筋かはあまり建物の寿命には関係がないとされ、法制度上も両者の区別は撤廃されている。なお、土地と建物が別個の不動産とされる日本とは異なり、建物が土地の附合物にすぎない諸国の法制では、地上建物の構造や材質は、もともとそれほど重要な意味を持たない。〔参考〕借地借家法3条(借地権の存続期間) 借地権の存続期間は、三十年とする。ただし、契約でこれより長い期間を定めたときは、その期間とする。
frame-up ①八百長②犯罪のでっち上げ
Framework Convention on Tobacco Control＝FCTC タバコ規制枠組条約
franchise ①フランチャイズ、一手販売権②特権
1. A right or license granted by a company (the franchisor) to an individual or a group (the franchisee) to market its goods or services and use its trademark in a specific territory, usually pursuant to a detailed agreement requiring operation of the business in accordance with the franchisor's standards and setting forth the financial terms of the arrangement.
2. A privilege granted by the government, such as the right to operate in the form of a corporation or to operate a bus company.
3. The right to vote.
4. To grant a franchise to.
5. To grant the voting rights to; enfranchise.
(James E. Clapp, Random House Webster's Dictionary of the Law 193 (2000), Random House.)

1. ある会社(フランチャイザー)がある個人または団体(フランチャイジー)に対して、一定の範囲で自社の商品またはサービスを売買し、その商標を使用することを認めた権利または許可。通常はフランチャイザーの基準に従って事業を行うことを求め、また取り決めの財務条項を設定した詳細な契約に従う。
2. 会社の形態で経営する権利、またはバス会社を経営する権利のように、政府によって付与された特権。
3. 投票する権利。
4. フランチャイズを認めること。
5. 投票権を認めること；選挙権を与える。
franchise clause フランチャイズ・クローズ
franchise fee 特権税関係の手数料
franchise tax 事業免許税
franchised dealer 一手販売権付ディーラー
franchisee フランチャイズライセンスを受ける者
franchisor フランチャイズライセンスを許諾する者
fraternal benefit association; ～society 友愛福利(共済)組合
fraud ①詐欺②不正手段
①相手の勘違いや誤信を誘うような行動をとり、それから生じた相手の判断の停止や低下を利用して、何らかの利益を騙し取ろうとすることをいう。actual fraud, fraud in fact。このような行為は公正な取引から大きく逸脱しており、民事上も刑事上も違法とされる。他方、実力的な違法手段ではなく、相手方の軽率や能力不足という側面もあるため、第三者関係ではその違法性が重視されない場合もある。②厳密には騙し取るという行為にあたらない場合でも、信頼関係違反、告知義務違反、まぎらわしい表現等が、詐欺的行為として、違法とまでは言えないにしても不正、不公正な行為とされる場合がある。constructive fraud, legal fraud。〔参考〕民法96条(詐欺又は強迫)詐欺又は強迫による意思表示は、取り消すことができる。 2 相手方に対する

意思表示について第三者が詐欺を行った場合においては，相手方がその事実を知っていたときに限り，その意思表示を取り消すことができる。　3　前二項の規定による詐欺による意思表示の取消しは，善意の第三者に対抗することができない。

fraud in the execution　作成上の詐欺
fraud in the inducement　誘因上の詐欺
fraudulent　詐欺的な
fraudulent concealment　悪意の黙秘
fraudulent conveyance　財産の詐害的譲渡
fraudulent expert opinion　虚偽鑑定
fraudulent interpretation　虚偽通訳
fraudulent means　偽計
fraudulent misrepresentation　詐欺的不実表示
fraudulent preference　詐欺的偏頗行為
fraudulent representation　詐欺的表示
fraudulent transfer　詐害的譲渡
free　①無償の②無制限の
free alongside (ship)　輸出港船側渡し，船側渡し
free and clear　負担のない
free course　順風航行
Free from Particular Average　分損不担保
free market economy　自由市場経済
free marketplace of ideas　思想の自由市場
free of interest　無利息
free on board＝F.O.B　①エフ・オー・ビー②本船渡料金
　海上運送を利用した売買において，船に荷物を積み込むまでの費用や危険を売主が負担する契約条項をいう。船に荷物を積み込んだ後の費用や危険の負担は買主に移転する。F.O.B は Incoterms でその定義や内容が明確化され，海上運送ばかりではなく，国際商取引において広く用いられる事実上の契約準則となっている。
free rent　賃借料無料
　賃貸人が一定期間，賃貸料を無料にすること。賃貸人の経営戦略上とられるものであって，無料期間中の法律関係が，貸主の責任が軽減された使用貸借になるわけではない。

free ride　ただ乗り，フリー・ライド
free ship　自由船舶
free way out　自由な出口
　約束において約因がなく拘束されないもの。
free will　自由意思
freedom　自由
freedom of assembly　集会の自由
　ある共通の思考を持つ複数の者が特定の場所に集まって，意見表明や意見交換を行うことを集会といい，このような集会を自由に開催できることを集会の自由という。日本国憲法は集会の自由を保障し，合衆国憲法は，平穏に集まる権利＝right of the people peaceably to assemble を保障している（U. S. Constitution amend. I）。〔参考〕憲法21条1項　集会，結社及び言論，出版その他一切の表現の自由は，これを保障する。
freedom of association　結社の自由
　政治，経済，宗教，学術などの分野のある特定の共通目的のために，多数人が団体や組織を結成する権利をいう。一般的に，①団体結成および結成しない自由，②団体加入脱退および加入しない自由，③団体自治が，権利保障の内容となると考えられている。日本国憲法では結社の自由を明文で定めるが，合衆国憲法には直接結社の自由に言及した規定はない。しかし合衆国憲法上も結社の自由は，言論，出版，集会の自由を定めた修正１条の保障の範囲に含まれると考えられている。〔参考〕憲法21条1項　集会，結社及び言論，出版その他一切の表現の自由は，これを保障する。
freedom of conscience　良心の自由
　日本国憲法上の良心の自由は，いかなる思想，信念，価値観，哲学を持つかは個人の自由であることを意味する。したがって良心の自由と思想の自由を厳密に区別することはできずその実益もないとされている。日本国憲法上，思想良心の自由が問題となった事例としては，思想信条を理由とする私人間の不利益取扱いの問題がある。一方

freedom

合衆国では，良心の自由は，信仰の自由を意味することが多く，憲法上明記はされていないものの，freedom of conscience and religion として，修正1条の信教の自由と並んで把握されることが多い。例えば，信仰に基づく兵役許否などが合衆国憲法上の良心の自由の問題とされる。〔参考〕憲法19条　思想及び良心の自由は，これを侵してはならない。

freedom of contract　契約の自由

人は自らの意思に基づいて契約を結ぶことによって自由に私法上の法律関係を形成することができ，このような意思自治の権利が法律によって不当に制限されることはないとする憲法上の原則をいう。合衆国憲法では，各州が契約の自由を制限する法律を制定してはならないことが，明文で定められている(U.S.Const. art. I, §10.1)。日本国憲法上，契約という文言は使用されていないが，契約の自由は，経済的自由権ないし財産権の内容として保障されるものと考えられている。

freedom of expression　表現の自由

情報，思想や意見を外部に公表することは尊重されなければならず，公権力によってみだりに制限されないことをいう。その具体的な内容は，言論の自由＝freedom of speech，出版の自由＝freedom of the press，集会の自由＝freedom of the assemble などが含まれる。合衆国憲法においてはこれら表現の自由は，修正1条において保障されている(U.S. Const. amend. I)。日本国憲法は21条において表現の自由を定めている。表現の自由を制約する法律の合憲性判断は，経済的自由権を制約する法律の合憲性判断よりも厳格な基準で判断しなければならないと考えられている。これを二重の基準論＝double standard という。〔参考〕憲法21条1項　集会，結社及び言論，出版その他一切の表現の自由は，これを保障する。

Freedom of Information Act　情報公開法

freedom of movement　移転の自由

freedom of religion　信教の自由

自分の信じる宗教の教えるところに従って，宗教行事に参加したり布教をしたりすることが自由であるとの憲法上の原則。合衆国憲法では修正1条において信教の自由を政教分離と並べて規定している(U.S. Const. amend. I, XIV)。日本国憲法も20条1項においてほぼ同様の規定を置く。日本国憲法の信教の自由が，いわゆる内心における信仰の自由を含むと考えられているのに対し，アメリカにおける信教の自由はもっぱら外的行為が念頭にあり，信仰の自由は良心の自由と考えられている点で，やや趣旨が異なる。〔参考〕憲法20条1項　信教の自由は，何人に対してもこれを保障する。いかなる宗教団体も，国から特権を受け，又は政治上の権力を行使してはならない。

freedom of speech　言論の自由

自分の思想や意見を自由に表明できる権利。合衆国憲法修正1条において明記されているが(U.S. Const. amend. I)今日では表現の自由の内容の一つと考えられている。→ freedom of expression。〔参考〕憲法21条1項　集会，結社及び言論，出版その他一切の表現の自由は，これを保障する。

freedom of the press　出版の自由

自分の思想や意見を印刷物にまとめて，配布することを公権力により妨げられない権利。合衆国憲法修正1条において明記されているが(U.S. Const. amend. I)，今日では表現の自由の内容の一つと考えられている。→ freedom of expression。また，出版の自由に固有の問題として，検閲＝censorship の禁止原則がある。〔参考〕憲法21条2項　検閲は，これをしてはならない。通信の秘密は，これを侵してはならない。

freedom of thought　思想の自由

日本国憲法上は，良心の自由と同じく，どういう思想，信念，価値観，哲学を持つかは個人の自由であることを意味する。アメリカにおいては，信仰の自由を除けば，日本国憲法のような内心の自由一般を保護する規定や考え方はない。〔参考〕憲法19条　思想及び良心の自由は，これを侵してはならない。

freedom to choose and change one's occupation　職業選択の自由
封建制における農奴のように特定の生産手段に結びつけられた身分を強制されその地位に縛られることなく、自ら自分の生計の手段を選び取る権利があることを意味する。さらに現代においては、経済活動の自由や営業の自由なども、職業選択の自由の一内容であるとされる。〔参考〕憲法22条1項　何人も、公共の福祉に反しない限り、居住、移転及び職業選択の自由を有する。

freedom to choose and change one's residence　居住・移転の自由
封建時代の農奴のように特定の土地に縛られることなく、自ら居住地を定める権利があることを意味する。旅行のような一時的な移動も含まれると考えられている。職業選択の自由と同様に、中世的な身分拘束からの解放を意味する権利と、現代的な経済的な自由とを共に含むと考えられている。〔参考〕憲法22条1項　何人も、公共の福祉に反しない限り、居住、移転及び職業選択の自由を有する。

freedom to divest oneself of one's nationality　国籍離脱の自由
外国国籍を取得して、自国国籍を放棄する自由を意味する。〔参考〕憲法22条2項　何人も、外国に移住し、又は国籍を離脱する自由を侵されない。

freedom to move to a foreign country　外国移住の自由
国籍を離脱すると維持するとを問わず、外国へ移住することは自由であることを意味する。〔参考〕憲法22条2項　何人も、外国に移住し、又は国籍を離脱する自由を侵されない。

freehold　自由保有権
freeman　自由人
free-riding　ただ乗り
freeway　高速道路
freeze-out　締め出し
freight　①海上運送②運送賃
freight forwarder　運送取扱人
freight prepaid　運賃前払い
freight pro rata　割合運送賃
遂行した航海の割合による運送賃

freight pro rata itineris (peracti)　割合運送賃
freighter　傭船者、傭船船舶
fresh pursuit　即時追跡
friction mark　擦過創
friend of the court　法廷助言者、裁判所の友
friendly fire　使用火、有用火
friendly society　共済組合、共済団体
fringe benefit　付加的給付、福利厚生
frivolous　不当な
frivolous litigation　根拠のない訴訟
frivolous suit　不真面目な訴訟
A lawsuit having no legal basis, often filed to harass or extort money from the defendant.
(Bryan A. Garner, Black's Law Dictionary Second Pocket Edition 296 (2001), West Group.)
法的根拠を持たない訴訟であり、困らせるためまたは被告に金銭を要求するためにしばしば提起される。

from and after　〜後
同義語を併記するパターン。

from time immemorial　法的記憶の及ばぬ時代から
frontage　沿道
front-wheel-drive car　前輪駆動車
frozen assets　凍結資産
fructus　果実
fructus civiles　法定果実
fruit and the tree doctrine　実と木の原則
fruit of crime　犯罪取得物
fruit of poisonous tree doctrine　毒樹の果実の理論
A rule under which evidence that is the direct result of illegal conduct on the part of an official is inadmissible in criminal trial against the victim of the conduct. The doctrine draws its name from the idea that once the tree is poisoned (any primary evidence is illegally obtained) then the fruit of the tree (any secondary

frustration

evidence) is likewise tainted and may also not be used.
(Steven H. Gifis, *Dictionary of Legal Terms* 198 (3rd ed., 1998), Barron's Educational Series, Inc.)
役人側の不法な行為の直接的な結果である証拠は，その行為の犠牲者に対する刑事訴訟では認められないという法理。この原則は，一度その木が毒されたら(第一の証拠が不法に入手されたら)，その木の果実(第二の証拠)も同様に汚染され，もう使えないとの考えからその名称を得ている。

frustration ①フラストレーション②欲求不満③後発的履行不能
An unforeseen circumstance that destroys the purpose of a contract. Under the "doctrine of frustration," further performance of the contract is excused. For example, if an agreement is reached to rent a room overlooking a parade, and then the parade is unexpectedly cancelled, the would-be renter need not go through with the contract. Also called commercial frustration, economic frustration.
(James E. Clapp, *Random House Webster's Dictionary of the Law* 196 (2000), Random House.)
契約の目的の達成を不能にするような予期しない状況。「フラストレーションの原則」の下では，契約のさらなる履行が免除される。例えば，パレードを見渡せる部屋を賃貸する契約が成立したとして，そのパレードが思いがけなく中止されると，賃借希望者は契約を遂行する必要がなくなる。商事フラストレーション，経済フラストレーションとも呼ばれる。

frustration of purpose 目的の達成不能
FTA 自由貿易協定
fugitive ①お尋ね者②逃走者
fugitive from justice 逃亡者
fugitive offender 逃亡犯罪人
Fugitive Slave Act (米)逃亡奴隷法
Fulbright Act フルブライト法
fulfilled condition 既成条件
既に成否が確定した過去の事実を，当事者が気づかずに契約の条件とした場合をいう。土地を取得することを停止条件として金融を与えることを約束したが，実は契約時にすでに土地は別の者が取得して登記も備えていた場合などである。既成条件は，不能条件＝impossible condition と同じく，もはや条件とはいえないので，当事者がその条件を定めた趣旨に従って，無条件の契約として成立するか，無効な契約として確定するかのいずれかとなる。〔参考〕民法131条(既成条件)条件が法律行為の時に既に成就していた場合において，その条件が停止条件であるときはその法律行為は無条件とし，その条件が解除条件であるときはその法律行為は無効とする。 2 条件が成就しないことが法律行為の時に既に確定していた場合において，その条件が停止条件であるときはその法律行為は無効とし，その条件が解除条件であるときはその法律行為は無条件とする。

fulfillment 履行
fulfillment of a condition ①条件の成就②条件の具備
fulfillment of public prosecution 公訴の遂行
full age 成年
full amount 全額
full and complete 完全な
同義語を併記するパターン。
full blood 全血の
full court 大法廷，合議体の法廷
所属裁判官全員による法廷。
full coverage 保険用語で，全部の項目がカバーされていること
full faith and credit 十分な信頼と信用
full force and effect 有効な
同義語を併記するパターン。
full payout フル・ペイアウト
リース契約において，リース企業(lessor)が支出した費用の全額を，ユーザー企業(lessee)が負担することを内容とする合意あるいは条項をいう。最終的にユーザが負担する費用にはリース物件の購入代金のほか，保険料，税金，調達費用などが含まれる。フル・ペイアウトとノン・キャンセラ

ブル(non-cancellable)の2つの条件を備えたリース契約を，ファイナンス・リース契約(finance lease agreement)という。
full report てん末書
function of a public prosecutor 検察官の職務
functional depreciation 機能的減価
functional obsolescence 機能的陳腐化
functional silo mentality わが部署意識，部のエゴ
functions 業務，職務，役割，業務分担　契約当事者の役割分担を定める契約条項の表題
functus officio 職務完了，任務完了，権限の消滅・失効
fund 基金，資金，財源
fund for opening business 開業準備費
fundamental breach 基本的違反
fundamental human rights 基本的人権
Fundamental Law of Nuclear Power 原子力基本法
fundamental principle 大綱
fundamental rights 基本的権利
fundamental term 基本的条項
funds ①元手②資力
funeral 葬式
funeral expenses 葬儀費用
fungible 代替可能物
fungible goods 代替可能物
furnish adequate security 十分な担保を提供する
furnish and supply 供給する　同義語を併記するパターン。
furnishing of security 担保の供与
further advance; 〜charge 追加融資金，追加的貸付
further assurance 担保責任拡張
further covenants 追加条項，追加約款　契約書の作成枚数，秘密保持条項などの補助的事項を定めた条項。
further extension of period of detention 勾留期間の再延長
further Kokoku-appeal 再抗告
fuse 導火線
fusion 融合

future acquired property 事後取得財産
future advance 将来貸付
future estate 将来不動産権
future goods 未確定物，将来物
future interest 将来権
future rights 将来権，先物売買権
future trouble 後難
futures ①商品市場の先物②先物契約
futures contract 先物契約
A contract to sell goods or commodities at a future time at a specific price. The buyer agrees to pay that fixed price and the seller agrees to deliver the goods although the parties do not actually contemplate delivery, but rather that the contract calls for a settlement between the parties according to market prices. If the value of the commodity has risen, the seller pays the buyer the amount of the increase; if the value of the commodity falls, the buyer pays the seller the decrease.
(*Gilbert Law Summaries Pocket Size Law Dictionary 127-128 (1997), Harcourt Brace And Company.*)
商品または物品を将来のある時点に特定の価格で売却する契約。買主はその固定価格で購入し，売主は商品の引渡しに同意するが，当事者達は実際に引渡しを意図していない。むしろ契約は市場価格に従って両当事者間での決済を求めるものである。もしその商品の価値が上がれば，売主は上昇した額を買主に支払う；もしその産物の価格が下がれば，買主は減少した額を売主に支払う。
F-Visa 留学生用のビザ

G

GAAP : Generally Accepted Accounting Principles 一般に公正妥当であると認められる会計原則
GAAS : Generally Accepted Auditing Standards 一般に認められた監査基準
gag さるぐつわ

gag

gag law 言論抑圧法
gag order 口止め命令
gage 質
gain 利益
The profit on a sale or exchange of property; generally, the amount by which the value received in exchange for the property exceeds the owner's basis in the property. Ordinarily, the gain is subject to income tax.
(James E. Clapp, Random House Webster's Dictionary of the Law 198 (2000), Random House.)
売買または資産の交換による利益；一般に，所有物と交換に受領した価格が所有者のその所有物の元手を超えることにより得る金額。通常，利益には所得税が課される。
gaining profit by organizing a group of habitual gamblers 博徒結合図利
gallows 処刑台
gamble 博戯
gambler ばくち打ち
gambling ①賭事②賭博
gambling contract 賭博契約
gambling house 賭博場
gambling place 賭博場
game 狩猟
Game Act; Game Law 狩猟法
game plan 作戦
game theory ゲーム理論
gamekeeper 猟場管理人
gaming contract 賭博契約
gang rape 輪姦
gangland 暗黒街
gangster 暴力団員
gangster group 暴力団
GAO : Government Accounting Office 会計監査院
gap filling provisions ギャップをうめる条項
garnish ①入牢金②債権仮差押えをする
garnishee 第三債務者
garnishee order 債権差押命令
garnisher 差押債権者
A creditor who initiates a garnishment action to reach the debtor's property that is thought to be held or owed by a third party (the garnishee).
(Bryan A. Garner, Black's Law Dictionary Second Pocket Edition 301 (2001), West Group.)
第三当事者(第三債務者)が保持または所有していると思われる債務者の財産に及ぶ債権差押行為を起こす債権者。
garnishment 債権差押手続
garnishment action 債権差押手続
GAS : government auditing standerds 政府監査基準書
Gas Utility Industry Law ガス事業法
gasoline tax ガソリン販売税
gather 集合する
GATS : General Agreement on Trade in Services サービス貿易協定
gavel 地代
gay rights 同性愛者の権利
gazette 官報，定期刊行物
GE business portfolio GEのビジネス・ポートフォリオ
geld 税
gender discrimination 性差別
gene 遺伝子
gene clone 遺伝子クローン
genealogical records 系譜
genealogy 系図
general 原則
general act 一般法
より広範な社会事象や分野を対象とした法規をいう。例えば，商法は商人や会社などの商取引という限定された分野を規制するのに対し，民法は商取引などを包含しつつも，より広く私人間の法律関係一般を規制する法律である。この場合，民法は商法に対し一般法の関係に立つことになる。
general administrative functions 一般行政事務
general agent ①包括代理人②総代理店
An agent authorized to transact all the principal's business of a particular kind or in a particular place.

(*Bryan A. Garner, Black's Law Dictionary Second Pocket Edition* 26（2001），West Group.）
特定の種類または特定の場所で本人の主要業務の全てを行う権限を与えられた代理人。

General Agreement on Tariffs and Trade＝G.A.T.T. ガット，関税及び貿易に関する一般協定
An international, multi-lateral pact requiring nations to give foreign goods no less favorable treatment under law than their domestically produced goods.
(*Gilbert Law Summaries Pocket Size Law Dictionary* 129（1997），Harcourt Brace And Company.)
国内産品と同程度の好意的取扱いを，輸入産品に対しても与えるよう国家に求める国際的な，多国間協定。

general amnesty 大赦
general anesthesia 全身麻酔
general appearance 無限定応訴
general assembly 総会
general authority 一般的な権限
general average 共同海損
general average statement 共同海損精算書
general bond （米）一般保証書，一般保証金
general council 一般理事会
general counsel 法務部長
general counselor 企業におけるゼネラル・カウンセラー
アメリカの企業における法務部長の存在。弁護士資格を持つ人物がなることが多い。
general creditor 一般債権者，無担保債権者
general crossing 一般線引
general damage 通常損害
general demurrer 一般妨訴抗弁
general disclaimer 一般的排除
general election 総選挙
general equitable charge （英）衡平法上の一般担保権
general forum 普通裁判籍

general indorsement 白地式裏書
general instruction 一般的指揮
general intangibles 一般無形財産
general judicial police official 一般司法警察職員
general jurisdiction 一般的裁判権
general Kokoku-appeal 一般抗告
general law 一般法
General Law of National Tax 国税通則法
general lien 包括的リーエン，一般的リーエン
general manager 総支配人
general meeting 総会，株主総会
general meeting of partners 社員総会
general meeting of shareholders 株主総会
general national affairs 一般国務
general opinion 世論
general pardon 大赦
general partner ゼネラル・パートナー，無限責任組合員
general partnership 一般パートナーシップ
general prevention 一般予防
刑罰の目的を，事前の犯罪抑止や予防に求める考え方をいう。いわゆる古典学派によって主張される刑罰論である。一方，近代学派によって主張される，犯罪者の更生や社会復帰を刑罰の目的とする考え方を特別予防という。
general principle 大綱
general principles 綱領
general provisions 通則
general remarks 総論
general resignation of the Cabinet 内閣の総辞職
general sessions 治安裁判所
general ship 一般貨物船，箇品運送船
general standard 準則
general suggestion 一般的指示
general terms 一般条項
契約書において，契約書中の用語の定義，通知方法，契約上の地位や債権の譲渡禁止，契約解除，損害賠償額の予定や免責，

general

契約の有効期間や更新方法，守秘義務，準拠法，裁判管轄など，総括的，付随的事項を定めた条項をいう。通常は，その契約の目的である給付や作為の内容を定めた条項群の後に，一般条項のために一章ないしそれ以上が充てられることが多い。

general unsecured creditor　無担保債権者
general verdict　一般評決
general warrant　一般令状
generation-skipping tax　(米)世代飛越移転税
generic goods　ノー・ブランド商品
generic name　普通名称
generous　寛大な
genetic　遺伝子の
genetic code　遺伝情報
genetic engineering　遺伝子工学
genetic recombination　遺伝子組み換え
genetics　遺伝学
Geneva Convention　ジュネーブ協定
genocide　集団を組織的に虐殺すること
gentleman's agreement　紳士協定
gentrification　高級住宅化
genuineness　真正

文書や有価証券が，書面上に記載された作成者自身の意思で作成されていることをいう。必ずしも自分自身の自書である必要はなく，他人に代筆させたとしても，それが記載上の作成者の意思に基づいていれば，真正である。他人名義を勝手に使用して使って作成された，いわゆる偽造文書，偽造有価証券は，仮にその内容が正当であったとしても，不真正文書，不真正有価証券である。また，代理権のないものが法律効果が本人に帰属するように作成されたものも同様である。

gerrymander　不正選挙区割り
get a certified copy of residence　住民票を取る
get across　意思を疎通させる
get addicted　中毒になる
get ahead of　機先を制する
get better　回復する
get dead drunk　泥酔する

get drunk　酩酊する
get on a ship　乗船する
get one's family register　戸籍抄本を取る
get the bill shelved　法案を棚上げにする
gift　贈与
gift causa mortis　死因贈与
gift certificate　商品券
gift deed　贈与証書

贈与者が，贈与の意思を明らかにした書面。贈与自体は契約であるが，贈与証書には贈与者の意思が表示されていれば足り，受贈者の承諾の意思が記載される必要はない。贈与は一方当事者だけが債務負担をする契約なので，贈与が効力を発生するには贈与証書によることが必要とされる例が少なくない。この場合贈与証書とは，たんなる贈与意思の証拠という趣旨を超え，贈与意思の表示が書面行為という要式行為となることを意味する。〔参考〕民法550条(書面によらない贈与の撤回)書面によらない贈与は，各当事者が撤回することができる。ただし，履行の終わった部分については，この限りでない。

gift grant　贈与
gift inter vivos　生前贈与

贈与者の生前に，契約から効力発生までのすべてが完了する贈与。死因贈与ではない通常の贈与。donation inter vivos。〔参考〕民法549条(贈与)贈与は，当事者の一方が自己の財産を無償で相手方に与える意思を表示し，相手方が受諾をすることによって，その効力を生ずる。

gift over　先行贈与不動産権消滅後の不動産権(財産権)の設定
gift subject to a charge　負担付贈与

土地家屋を贈与する見返りに，ローン残額は受贈者が支払うとする場合のように，贈与の条件として受贈者に何らかの義務や受忍が要求される贈与をいう。実質的に売買や交換に類似するので，担保責任や解除の規定が適用される。〔参考〕民法553条(負担付贈与)負担付贈与については，この節に定めるもののほか，その性質に反しない限り，双務契約に関する規定を準用する。

gift tax　贈与税

gift upon death 死因贈与
贈与者の死亡によって効力を生じる贈与契約をいう。gift causa mortis, donation mortis causa。贈与者の生前に受贈者との間で契約を交わしておく点で、単独意思表示にすぎない遺言による贈与＝遺贈と、形式的には異なる。しかし、死後の財産の帰属を決めておくという点では遺贈と共通するので、死因贈与の扱いはほぼ遺贈と同様に扱われる。〔参考〕民法554条(死因贈与)贈与者の死亡によって効力を生ずる贈与については、その性質に反しない限り、遺贈に関する規定を準用する。

gild ギルド、税；上納金
gilda mercatoria 商人ギルド
gist 概要、要領
gist of claim 請求の趣旨
原告がどのような判決を求めるのを端的に明らかにする、訴状の記載。「原告は被告に対して金100万円を支払え」「原告と被告を離婚する」など。裁判所は当事者が申し立てない事項につき判断できないので、訴状記載の請求の趣旨が、以後の訴訟における主題となる。〔参考〕民事訴訟法133条(訴え提起の方式)2項 訴状には、次に掲げる事項を記載しなければならない。 一 当事者及び法定代理人 二 請求の趣旨及び原因 民事訴訟法246条(判決事項) 裁判所は、当事者が申し立てていない事項について、判決をすることができない。

gist of the charge 犯罪事実の要旨
give 便宜などを供与する
give a bribe 贈賄する、供与する
give a definite promise 確約する
give a self-incriminating testimony 自己に不利な証言をする
give an unfavorable impression 心証を害する
give and grant 付与する
同義語を併記するパターン。
give color 一応の自白
give, devise and bequeath 遺贈する
同義語を併記するパターン。
give false testimony 偽証する
give judgment 判決を言い渡す

give notice 予告
give refusal of ～の優先権を与える
give responses 相槌を打つ
give testimony 証言する
giving and accepting a lottery 富くじ授受
富くじを譲渡したり譲り受けたりする行為を罰するものである。有償であると無償であるとを問わない。富くじは広い意味での賭博にあたるが、その射幸心は比較的軽いものといえるので、その末端行為である富くじ授受については、単純賭博罪よりは軽い刑が定められている。〔参考〕刑法187条(富くじ発売等)3項 前二項に規定するもののほか、富くじを授受した者は、二十万円以下の罰金又は科料に処する。

giving in payment 代物弁済
giving or receiving a bribe in connection with stock activities, e. g. voting in shareholders' meeting or bringing shareholders' derivative action, etc. 会社荒し等に関する贈収賄罪
giving time 履行期限の延長
Glass-Steagall Banking Reform Act (米)グラス・スティーガル銀行改革法
global learning グローバル・ラーニング
Glorious Revolution 名誉革命(1688年)
gloss 注釈
go 裁判所によって却下される
go bail 保釈保証人となる
go hence 裁判所から立ち去る
go international 国際化する
go over the center line センターラインを越える
go through a red light 信号無視する
go to court 裁判沙汰になる
go to protest 不渡りになる
go to the scene of a crime 事件現場に行く
go to the witness stand 証人席に立つ
go under the hammer 競売にかけられる
God's penny 手付金
going and coming rule 通勤途上原則
going concern 継続企業
going concern value 継続企業価値

| going | |

going private　株式の非公開化
going public　株式の公開化
going value　継続企業価値
gold bond　金貨債券
gold clause　金約款
Gold Control Law　金管理法
gold standard　金本位制
golden parachute　敵対的買収防止法の一つ，特恵的退任手当(約束)
　会社が買収された場合に役員，取締役に高額の退職金を支払う。
golden rule　黄金律
goldsmiths' notes　銀行振出約束手形
Gomei-Kaisha　合名会社
gonorrhea　淋病
good and lawful man　善良で法に適った人
good and marketable title　制約のない権原，無瑕疵権原
　取消や解除など法的な瑕疵の存在する余地がなく，担保権もない，完全に無制限な状態の権利をいう。clear title, good title, marketable title。
good and sufficient deed　完全に有効な捺印証書
good and workmanlike manner　職人らしい仕事
good behavior　善行，非行なき限り
good cause　十分な理由
good consideration　善良な約因，有効な約因
good faith　誠実，善意
　bona fide と同じ意味。bad faith の反対語。
good faith and fair dealing　誠実かつ公正な取り扱い
good faith purchaser　善意の購入者
good jury　善良陪審
good manager's duty of due care　善良なる管理者の注意義務
　他人の財産を有償で管理する契約において要求される注意義務の程度を示す言葉。自分の財産を管理する場合よりは，高度な注意義務が要求されるが，他人の財産の滅失や紛失に対していかなる場合でも責任を負うわけではなく，その職業や取引通念上相当な注意を払ったことが証明されれば責任を負う必要はないとされる。[参考]民法644条(受任者の注意義務)受任者は，委任の本旨に従い，善良な管理者の注意をもって，委任事務を処理する義務を負う。民法659条(無償受寄者の注意義務)無報酬で寄託を受けた者は，自己の財産に対するのと同一の注意をもって，寄託物を保管する義務を負う。

good moral character　素行が善良
good morals　善良の風俗
good offices　斡旋
good old law　良き古き法
Good Samaritan doctrine　よきサマリア人の法理
　Statutory exemption from liability for ordinary negligence for certain rescuers, usually medical personnel, who render voluntary and gratuitous emergency treatment. Gross negligence is not exempted.
(Gilbert Law Summaries Pocket Size Law Dictionary 131 (1997), Harcourt Brace And Company.)
　自発的で無報酬の緊急処置を行う救助者ら，通常は医療関係者が，通常の過失責任から法律上免除されること。重過失は免除されない。
good standing　完全資格
good title　優良権原
　A clear title free from present litigation, obvious defects and grave doubts concerning its validity or merchantability; a title valid in fact that is marketable to a reasonable purchaser or mortgaged as security for a loan of money to a person of reasonable prudence. In a contract to convey good title, the term also signifies that there are no encumbrances on the land.
(Steven H. Gifis, Dictionary of Legal Terms 206-207 (3rd ed., 1998), Barron's Educational Series, Inc.)
　訴訟の対象となっておらず，明白な瑕疵もなく，法的有効性，市場性に関する重大な疑問もない優良な権原。合理的な購入者が

購入し，もしくは分別のある人であればローンの保証として抵当に入れられる。実際に有効な権原。優良権原を譲渡する契約では，この言葉はその土地上に担保権がないことも表す。

good will のれん
An intangible but recognized business asset that is the result of such features of an ongoing enterprise as the production or sale of reputable brand-name products, a good relationship with customers and suppliers, and the standing of the business in its community. Good will can become a balance sheet asset when a going business is acquired at a price exceeding the net asset value（一部略）．
評判のよいブランド品の製造または販売，顧客と業者の良好な関係，その地域での事業の地位といった，現在行っている事業の特色の成果である，無形だが認知されている事業資産。現行の事業が純資産価値を上回る価格で獲得された場合，good will は貸借対照表の資産となりうる。

goods ①物品②運送品③動産④商品
goods and chattels 動産，人的財産
goods deposited 寄託物
goods rejected 不合格品
goods, wares, and merchandise 物品，商品
Goshi-Kaisha 合資会社
gossip ゴシップ
governing director 支配取締役
governing law 準拠法
government circles 政府筋
government contract 政府契約，行政契約
government corporation 政府関係法人
government debts 国債
government investigation 政府介入
government monopoly 専売
Government Monopoly in Tobacco Law; Tobacco Monopoly Law たばこ専売法
government of a foreign state 外国政府
government of laws 法の支配

government office 官署
government official 官吏
Government Printing Office 政府印刷局
governmental agency ①政治機関②政府機関
governmental auditing 政府監査
governmental body 政治機関
governmental enterprise 政府事業
governmental regulatory agency's standards 政府規制機関の基準
governor 州知事，総督
grab law 強制執行法
grace 好意
grace period ①期日の猶予期間②支払いの猶予期間
graduated rental lease 漸増賃借料契約，傾斜賃料契約，スライド制賃料契約
契約時に定められた条件にしたがって，毎年賃料が少しずつ自動的に値上げされていく賃貸借契約をいう。毎年定額ずつ上がっていく場合，定率ずつ上がっていく場合，物価上昇率に比例して上がっていく場合などがある。
graduated tax 累進課税
graffer 公証人，代書人
graft 収賄，汚職
Grand Bench of the Supreme Court 最高裁の大法廷
grand jury 大陪審
A body of (often 23) people who are chosen to sit permanently for at least a month（一部略）and who, in ex parte proceedings, decide whether to issue indictments. If the grand jury decides that evidence is strong enough to hold a suspect for trial, it returns a bill of indictment（ごく一部略）charging the suspect with a specific crime.
(Bryan A. Garner, Black's Law Dictionary Second Pocket Edition 309 (2001), West Group.)
少なくとも1ヶ月は陪審となるよう選ばれた住民(通常は23人)の集まりで，一方当事者による訴訟で正式起訴をするか否かを決定する。もし大陪審が，被疑者を裁判にか

grand

けるための証拠が十分だと判断した場合、被疑者を特定の罪で告発する正式起訴状の請求を評決する。

grand jury investigation 大陪審による調査

grand larceny 重窃盗

grandfather clause 祖父条項
A statutory or regulatory clause that exempts a class of persons or transactions because of circumstances existing before the new rule or regulation takes effect.
(Bryan A. Garner, Black's Law Dictionary Second Pocket Edition 309 (2001), West Group.)
新しい規則あるいは規制が施行される前に存在していた事情を理由に、ある種類の人々または取引について例外扱いを認める法定または規定の条項。

grant ①特許などの実施許諾、権利の許諾 ②財産の移転 ③交付金
To give, allow or transfer something to another, with or without compensation; especially, a gift of land made by one having authority over it. The one giving the gift or making the transfer is the grantor. The recipient is the grantee.
(Steven H. Gifis, Dictionary of Legal Terms 208 (3rd ed., 1998), Barron's Educational Series, Inc.)
代償の有無にかかわらず他者に何かを供与、許可、もしくは譲渡すること。特に、その土地に対する権限を有する者による土地の贈与。贈与もしくは譲渡をなす者が譲渡人である。受領者は譲受人である。

grant and to freight let 傭船船舶利用承認

grant bail 保釈を許す

grant deed ①不動産権利証 ②不動産登記

grant element グラントエレメント

grant of licence 実施許諾条項

grant of patent 特許の付与

grant-back 改良技術情報の交換条項、使用許諾、グラント・バック条項

granted patent 特許

grantee 被許諾者、譲受人

grant-in-aid 補助金

granting clause 譲与条項

grantor 許諾者、譲渡人

grapple ①格闘、取っ組み合い ②組み合う

gratuitous 無償の

gratuitous agent 無償代理人

gratuitous bailment 無償寄託

gratuitous contract 無償契約

gratuitous promise 無償の約束

gratuity 贈物、無償供与物、賜金

grave 墳墓

grave error in fact influential on the judgment 重大な事実の誤認

grave issue 重大問題

grave reason 重要なる事由

grave reason for which it is difficult to continue marriage 婚姻を継続し難い重要な事由
離婚の訴えが認容されるための実体的要件。日本の離婚法制が有責主義の余地を残していると考えるときは、民法707条で列挙された5つの離婚事由の並列的な1つを意味するにすぎない。しかし、日本の民法が完全に破綻主義を採用したと捉えるならば、同条5号の婚姻を継続し難い重要な事由とは、他の4つの離婚事由を包含する、原則的で総括的な離婚原因だと考えることになる。〔参考〕民法770条(裁判上の離婚) 夫婦の一方は、次に掲げる場合に限り、離婚の訴えを提起することができる。 一 配偶者に不貞な行為があったとき。 二 配偶者から悪意で遺棄されたとき。 三 配偶者の生死が三年以上明らかでないとき。 四 配偶者が強度の精神病にかかり、回復の見込みがないとき。 五 その他婚姻を継続し難い重大な事由があるとき。

Gravel Gathering Law 砂利採取法

graveyard insurance 墓地保険、まやかし保険

gravity of punishment 刑の軽重

gray market グレー・マーケット

graze 擦過傷

great care 高度の注意

Great Charter マグナ・カルタ

Great Depression 世界大恐慌
Great Dissenter 偉大なる反対者(アメリカ)
　ブランダイス裁判官のこと。
Great Seal 国王の公印
green card 永住許可証
　アメリカに永住を許可するビザで入国したものが外国人登録によって取得する外国人登録証明書。色がグリーンなのでこの俗称になっている。
green traffic signal 青信号
green-card marriage 偽装結婚
greenmail 乗っ取り気配の買い収め
Greenman v. Yuba Power Products, Inc. (1963) グリーンマン対ユバ電動工具製造会社事件
grievance ①苦情②不服
grievance procedure 苦情処理手続
grifter 詐欺師
groper 痴漢
gross 総体；全体；完全，重大な
gross capital 資本総額
gross domestic product(GDP) 国内総生産
gross income 総所得額
gross income tax 総所得税
gross lease グロス賃貸借契約，固定賃料賃貸借契約
　共益費，管理費，修繕費，税金，火災保険料込みで賃料が決められる賃貸借契約。賃借人は，毎月決まった額のみを賃貸人に支払う。居住用建物の賃貸借において多くとられる賃料の支払方法である。fixed lease。管理費などが賃料本体とは別個に支払われる賃貸借契約を net lease という。
gross misdemeanor 重軽罪
gross national product(GNP) 国民総生産
gross negligence 重過失
gross premium 営業保険料
gross profit on sales 売上総利益
gross receipts tax 総収入税
gross spread 証券の発行差額
gross weight 総重量
ground ①原因②自由③理由

n. The reason or point that something (一部略) relies on for validity 〈grounds for divorce〉.
vb. 1. To provide a basis for (一部略) 〈his complaint was grounded in common law〉.
2. To base (一部略) on 〈strict liability is grounded on public policy〉.
(Bryan A. Garner, *Black's Law Dictionary Second Pocket Edition* 311 (2001), West Group.)
名詞．合法性のため，何かが依拠する理由または目的〈離婚原因〉。
動詞．1．論拠を備えること〈彼の申立てはコモン・ローに基づく〉。
2．基礎を置くこと〈無過失責任は公序良俗に基礎を置いている〉。
ground lease 土地賃貸借
　賃借人が土地上に建物を建築する目的で，土地を借り受けることをいう。land lease, building lease.。
ground of action 訴訟根拠
ground rent 土地賃料
　土地賃貸借(ground lease)により発生する，土地利用の対価として土地賃借人が支払う賃料をいう。
ground writ 裁判地執行令状
groundage 碇泊税
groundless 理由のない
grounds for application of Jokoku-appeal 上告の申立ての理由
grounds for arrest 逮捕の事由
grounds for challenge 忌避の原因
　事件を担当している裁判官，検察官や陪審員を当該訴訟に関与させないことを求める申立てを忌避といい，忌避が認められる理由を忌避の原因という。〔参考〕民事訴訟法24条(裁判官の忌避)　裁判官について裁判の公正を妨げるべき事情があるときは，当事者は，その裁判官を忌避することができる。
grounds for detention 勾留の理由
grounds for exceptional treatment 除外事由
grounds for exclusion 除斥の原因

grounds

裁判官が法律上当然に審理に関与できない場合を列挙した，法律上の規定をいう。〔参考〕民事訴訟法23条1項（裁判官の除斥）裁判官は，次に掲げる場合には，その職務の執行から除斥される。ただし，第六号に掲げる場合にあっては，他の裁判所の嘱託により受託裁判官としてその職務を行うことを妨げない。　一　裁判官又はその配偶者若しくは配偶者であった者が，事件の当事者であるとき，又は事件について当事者と共同権利者，共同義務者若しくは償還義務者の関係にあるとき。　二　裁判官が当事者の四親等内の血族，三親等内の姻族若しくは同居の親族であるとき，又はあったとき。　三　裁判官が当事者の後見人，後見監督人，保佐人，保佐監督人，補助人又は補助監督人であるとき。　四　裁判官が事件について証人又は鑑定人となったとき。　五　裁判官が事件について当事者の代理人又は補佐人であるとき，又はあったとき。　六　裁判官が事件について仲裁判断に関与し，又は不服を申し立てられた前審の裁判に関与したとき。

grounds for incompetency for appointment　欠格事由

grounds for interruption　中断事由
時効の経過や手続の進行が止まることを中断といい，中断が発生する要件の定めを中断事由という。時効の中断事由，訴訟の中断事由などがある。〔参考〕民法147条（時効の中断事由）時効は，次に掲げる事由によって中断する。　一　請求　二　差押え，仮差押え又は仮処分　三　承認

grounds for Jokoku-appeal　上告の申立ての理由

grounds for which a guardian is unfit to perform one's duties　後見人が任務に適しない事由

group action　集団行動

group boycott　①集団取引拒否②集団ボイコット

group hearing　統一公判

group insurance　団体保険

group of habitual gamblers　博徒

group psychology　集団心理

growing crop　未収穫の作物，未分離の農作物

growth stock　成長株

GSP : Generalized System of Preferences　一般特恵制度

guarantee　①保証する，保証人②保証，被保証人，保証書

guarantee clause　保証条項，保障条項

guarantee fund　保証基金

guarantee of fundamental human rights　基本的人権の保障

guarantee of status　身分の保障

guarantee of the signature　真正な署名の保証

guaranteed stock　配当保証株

guarantor　引受人，身元保証人，保証人

guarantor of collection　取立保証人

guarantor of payment　支払保証人

guaranty　①保証，保証契約②保証人

1. In the strictest sense, a promise or contract to make someone whole if a third person fails to fulfill an obligation; that is, a promise by A to B that if C fails to pay a debt or perform some other obligation owed to B, then A will pay the debt or otherwise compensate B.

2. Any promise to answer for the debt, default, or miscarriage of another. In this broader sense, guaranty includes suretyship. Under the statute of frauds, any such promise must be in writing and signed to be enforceable.

3. In the broadest sense, any guarantee.

4. To guarantee anything.

(James E. Clapp, Random House Webster's Dictionary of the Law 208 (2000), Random House.)

1. 最も厳密な意味では，第三者が責務を果たさない場合に，代わって何者かに責任を全うさせる約束または契約；つまり，C（Bに対して負っている）が債務を支払わなかったり何か他の義務を履行しない場合に，AがBに対して債務の支払いやその他の補償を行うという，AからBになされた約束。

2. 他者の債務，不履行，失敗を保証するあらゆる約束。この広義においては，保証は保証人の責任も含む。詐欺に関する法律の下では，このような約束のいずれも執行力を持たせるためには書面化され，署名されていなければならない。
3. もっとも広義では，あらゆる保証契約。
4. 何かを保証すること。

guaranty bond　保証証券
guaranty company　保証会社
guaranty fund　保証基金
guaranty insurance　保証保険
guard　警戒，警備
guardian　後見人，保護者，財産の管財人
guardian ad litem　訴訟のための後見人
guardian by statute　制定法による指定後見人
guardian of constitution　憲法の番人
guardianship　後見
guest　顧客
guest statute　好意同乗者法，ゲスト法
guidance　指導監督
guide　補導する
guide in the right direction　善導する
guide onto the right path　善導する
guideline　ガイドライン，基準
guild　ギルド　→gild
guilt　罪責
guilt feelings　罪悪感
guilty　有罪の
guilty mind　犯意
guilty of gross misconduct　不行跡な
guilty plea　有罪答弁

　An accused person's formal admission in court of having committed the charged offense. A guilty plea is usually part of a plea bargain. It must be made voluntarily, and only after the accused has been informed of and understands his or her rights. A guilty plea ordinarily has the same effect as a guilty verdict and conviction after a trial on merits.
　(Bryan A. Garner, Black's Law Dictionary Second Pocket Edition 529 (2001), West Group.)

告発されている罪を犯したことを認める，法廷における被告の正式な告白。有罪答弁は通常は答弁取引の一部である。それは任意に，また被告が自身の権利を告知されて理解した後にのみなされなければならない。有罪答弁は通例本案の審理後の有罪評決と有罪宣告と同様の効力をもたらす。

gun battle　撃ち合い
gun control law　銃器取締法
gunpowder　火薬
guns　銃砲
gunshot wound　銃創

H

H.C.　①House of Commons，庶民院；下院　②habeas corpus，人身保護令状
habeas corpus　人身保護令状

　Lat. : you have the body.
　The writ of habeas corpus, known as the great writ, has varied use in criminal and civil contexts. It is a procedure for obtaining a judicial determination of the legality of an individual's custody. Technically, it is used in the criminal law context to bring the petitioner before the court to inquire into the legality of his confinement. The writ of federal habeas corpus is used to test the constitutionality of a state criminal conviction. (以下略)
　(Steven H. Gifis, Dictionary of Legal Terms 212 (3rd ed., 1998), Barron's Educational Series, Inc.)

　ラテン語：あなたは身柄を所有する。
　重要な令状として知られる人身保護の令状は刑事そして民事に関連して様々な用法がある。個人を拘禁することの適法性について司法判定を得るための手続である。正式には，刑法において，申立人の拘禁の適法性を取り調べるために申立人を法廷の面前に連れてくるために用いられる。連邦人身保護令状は，州の刑事有罪判決の合憲性を検証するために用いられる。

Habeas Corpus Law　人身保護法

Habeas

Habeas Corpus Rule　人身保護規則
habendum clause　ハベンダム・クローズ，制限物権条項
取引の対象となる不動産に，利用権や担保権など，完全な所有権を制限する負担がついている場合に，そのことを明示する契約書中の条項をいう。
habitancy　居住
habitual　常習的な
1. Regular, common, and customary; more than just frequent.
2. Habitual intemperance is regular drunkenness (一部略) that is serious enough to interfere with a normal home life or job. This may be grounds for divorce.
(*Daniel Oran, Law Dictionary for Non-lawyers 141 (4th ed., 2000), West Legal Studies.*)
1. 定期的で，日常的で，習慣的な；頻繁以上の。
2. 常習的な暴飲とは，正常な家庭生活または仕事を妨げるほど深刻な日常的飲酒をいう。これは離婚の原因となることもある。
habitual criminal　常習犯
habitual drunkard　常習飲酒者
habitual gambling　常習賭博
反復して繰り返し賭博行為を行った者を，習慣性のない単純賭博よりも重く罰するもの。〔参考〕刑法186条(常習賭博及び賭博場開張等図利)　常習として賭博をした者は，三年以下の懲役に処する。
habitual larceny through causing unconsciousness with previous convictions　常習累犯昏睡盗
habitual larceny with previous convictions　常習累犯窃盗
habitual offender　常習犯
犯罪を繰り返す傾向がある者，またはその者によって反復して犯される犯罪をいう。
habitual criminal (Vermont Statutes TITLE 13§11.等)。常習犯という犯罪者類型があることが発見されたのは，犯罪学や刑事政策学の成果による。総じて常習犯には刑罰の威嚇効果や一般予防が役に立たないともいわれ，そのことが，近代学派による特別予防論が主張される一つの根拠となった。今日の刑法では，賭博，窃盗など習慣性の生じやすい特定の犯罪について常習犯を加重犯罪類型として定める場合と，犯罪の種類を特定せずに犯罪を繰り返した場合を一般的に累犯ないし再犯として加重処罰する場合がある。
habitual practice　慣行
habitual quasi-robbery with previous convictions　常習累犯準強盗
habitual recidivism　常習累犯
habitual residence　常居所
人の存在場所とある法律効果を結びつける概念の一つ。類似の概念として住所，居所などがあるが，特に「住所」という概念はあいまいであるため，ヘーグ国際私法条約において住所に変わる国際私法上の連結点として制定され，各国の国内法にも取り入れられている。〔参考〕法の適用に関する通則法32条　親子間の法律関係は，子の本国法が父又は母の本国法(父母の一方が死亡し，又は知れない場合にあっては，他の一方の本国法)と同一である場合には子の本国法により，その他の場合には子の常居所地法による。
habitual robbery resulting in bodily injury　常習強盗致傷
habitual robbery with previous convictions　常習累犯強盗
habitual special larceny　常習特殊窃盗
habitual special larceny through causing unconsciousness　常習特殊昏睡盗
habitual special quasi-robbery　常習特殊準強盗
habitual special robbery　常習特殊強盗
habitual use　常用
habitualness　犯罪・薬物等の常習性
Hague Convention; Hague Rules　ハーグ条約，ハーグ協定，ヘーグ・ルール，船荷証券に関する規則の統一のための国際条約
船荷証券(Bill of lading, B／L)の国際的取扱いの統一準則を制定し，海上物品運送における荷主と運送人の権利義務関係を明確

にする目的で定めた国際条約。日本の国際海上物品運送法など，各国の海上物品運送に関する国内法はヘーグ・ルールとヘーグ・ルールが改正されたヘーグ・ヴィスビー・ルール（Hague Visby Rules）にのっとって立案されている。

Hague-Visby Rules ヘーグ・ヴィスビー・ルール
1968年にヘーグ・ルール（Hague Rules）の一部を改正する議定書が成立し，ヘーグ・ヴィスビー・ルールと呼ばれるようになった。日本の国際海上物品運送法も，ヘーグ・ヴィスビー・ルールに準拠したものに改正されている。

hair examination 毛髪鑑定
half blood 半血血族
half brother 半血兄弟
hallucination 幻覚
hallucinatory drug 幻覚剤
hallucinogen 幻覚剤
hallucinosis 幻覚症
Halsbury's Statutes of England イギリスの制定法集
halved notes 半裁約束手形
Hamburg Rules ハンブルク・ルール，国際海上物品運送条約
1978年に採択された国際海上物品運送に関する国際準則。運送人の責任，荷送人の責任，船荷証券，損害賠償請求および訴訟について規定するが，ヘーグ・ルール（Hague Rules），ヘーグ・ヴィスビー・ルール（Hague Visby Rules）とは異なる原則に立つ内容であるため，日本は批准していない。

hammer 槌，金属のハンマー
hammer the market 市場が売り一色になる
hammered 除名処分
Hanaper Office 大法官裁判所コモン・ローー部
hand ①所有，支配②署名
hand down ①理由を述べる②判決を言い渡し
hand in an application 申込書を提出する

hand money 証拠金，手付金
契約成立の証拠，ないし履行の一部として契約締結時に債務者から債権者に支払われる金銭。earnest money。不動産取引などでよく利用され，正当な理由なく解約した場合には，交付した証拠金や手付金は没収される取り決めがなされることが多い。
〔参考〕民法557条（手付）1項　買主が売主に手付を交付したときは，当事者の一方が契約の履行に着手するまでは，買主はその手付を放棄し，売主はその倍額を償還して，契約の解除をすることができる。

hand over 引渡し
売主が，債務の履行として，売買の目的物を買主に交付することをいう。delivery, closing。

handcuff〜 〜に手錠をかける
hand-gun 拳銃
handicap 障害
handling 取扱い
handling data 情報処理
handling stolen goods 賍物関与罪
handsale 手付金，握手売買契約
hands-off theory 裁判所の行刑問題に関する不干渉主義
handwriting 筆跡
hang out 残債務
一部の債務を履行したり，割賦での支払いがなされている場合に，未履行の部分の債務，とくに消費貸借上の残債務をいう。

hanging 絞首，絞首刑
hanging oneself 縊死
hanging suicide 縊死による自殺
Hans Kelsen ハンス・ケルゼン（1881-1973）
オーストリアの法学者。純粋法学の継承者。ユダヤ系商人の長男として生まれる。

harassment 嫌がらせ
harbor 蔵匿
harbor facilities 港湾施設
harborage of a criminal 犯人蔵匿
犯人や拘禁施設から逃走してきた者をかくまう行為。日本の刑法上は独立の犯罪とされている。アメリカにおいては，事後共犯＝accessory after the fact とされているる

harboring

州(LA Revised Statutes Criminal Law§25等)と，日本のように司法作用に対する独立した犯罪とされている州(TX Penal Code§38.05等)がある。〔参考〕刑法103条（犯人蔵匿等） 罰金以上の刑に当たる罪を犯した者又は拘禁中に逃走した者を蔵匿し，又は隠避させた者は，二年以下の懲役又は二十万円以下の罰金に処する。

harboring of an offender 犯人蔵匿
hard case 難問事件
hard labor 重労働
hard law ハード・ロー
hard sell 押し売り
hard seller 押し売り人
hardship 履行困難
harm ①危害②被害③損傷
harmful 有害な
harmful effects of a medicine 薬害
harming or killing other's animal 動物傷害
harmless 害を及ぼさない
harmless error 無害の手続的瑕疵
harmonization ハーモナイゼーション方式
harvest 収穫
hashish ハッシシ
hat money 船員謝礼金
have a fight with a criminal 犯人と格闘する
have a lawyer handle a case 弁護士に訴訟を委任する
have a share 分け前にあずかる
have a share in 参画する
have and obtain 所有する，保有する 同義語を併記するパターン。
have one's seal impression registered 印鑑登録する
have the car towed 車を牽引される
having committed a crime a short while before 罪を行い終わってから間がない
hawker 行商人
hazard 危険，さいころ賭博
hazard insurance 損害保険 火災や盗難，事故などによって財産上の損害を受けた場合に，その損害を填補するために締結する保険契約をいう。保険加入者は，一定の掛け金を保険引受者に支払い，事故による損害を受けたときは，損害額に見合う金銭を保険引き受け者から受け取る。

hazardous contract 冒険契約，不確定要素契約
Hazardous Products Act=HPA 危険有害性製品法
HDC : holder in due course 正当な所持人
head 首長
head injury 頭部外傷
head landlord 原賃貸人
head of household 世帯主
head office 本店
head tenant 原賃借人
head trauma 頭部外傷
headless corpse 首無し死体
headnote 判決などの摘要，条文見出し，頭注
head-on collision 正面衝突
healing 治癒
Health and Medical Service Law for the Elderly 老人保健法
health insurance 健康保険
Health Insurance Law 健康保険法
hear 傍聴
hear the opinion 意見を聴く
hearing ①公判審理②審判③聴覚④公聴会
Session or proceeding conducted under fixed rules where evidence is taken on a given subject and whose purpose is to arrive at some conclusion on the basis of the evidence heard, but it is not a trial that affixes guilt or liability, e.g., a legislative proceeding to determine what changes should be made in defense policy.
(Steven H. Gifis, Dictionary of Legal Terms 136 (3rd ed., 1998), Barron's Educational Series, Inc.)
与えられた事実問題につき，証拠が調査され，また審理された証拠に基づいた判断を下すという目的の下，確定した規則に従って行われる会合，手続。罪や責任を負わせ

るような審理ではない。例えば，弁護政策においてどのような修正がなされるべきかを決定する立法手続。

hearing de novo 覆審的聴聞
hearing impairments 聴覚障害
hearsay evidence 伝聞証拠
　Any testimony or document offered in court that contains hearsay; for example, a police officer's testimony, "She told me she saw her husband shoot Smith," or a letter written by the defendant's wife containing the sentence, "I saw my husband shoot Smith."
　(James E. Clapp, Random House Webster's Dictionary of the Law 213 (2000), Random House.)
　法廷で提供された伝聞証拠を含むあらゆる証言または文書；例えば，「彼女は私に，彼女の夫がスミスを撃つのを見たと言いました」との警官の証言，または被告人の妻が書いた手紙で「私は夫がスミスを撃つのを見ました」との文章を含むもの。

hearsay rule 伝聞証拠排除法則
　The rule that no assertion offered as testimony can be received unless it is or has been open to test by cross-examination or an opportunity for cross-examination, except as provided otherwise by the rules of evidence, by court rules, or by statute. The chief reasons for the rule are that out-of-court statements amounting to hearsay are not made under oath and are not subject to cross-examination. Fed. R. Evid. 802. Rule 803 provides 23 explicit exceptions to the hearsay rule, regardless of whether the out-of-court declarant is available to testify, and Rule 804 provides 5 more exceptions for situations in which the declarant is unavailable to testify.
　(Bryan A. Garner, Black's Law Dictionary Second Pocket Edition 318-319 (2001), West Group.)
　証拠法，裁判所規則，もしくは制定法による場合を除き，反対尋問または反対尋問の機会によって検証可能であったのでなければ，証拠として提供された主張は受領されえないという規則。この規則の主な理由は，伝聞も同然である法廷外の供述が，宣誓なしでなされること，そして反対尋問にも服しないことにある。連邦証拠法802条，803条は，法廷外の非宣誓供述が証言に利用できるかどうかにかかわらず，伝聞証拠排除法則に対する23の明確な例外を規定しており，804条は非宣誓供述を証言に利用できない状況の5つのさらなる例外を規定している。

hearsay statement 伝聞の供述
hearsay-witness 伝聞証人
heart attack 心臓麻痺
heart failure 心不全
heart stoppage 心臓の鼓動停止
heart transport 心臓移植
heart trouble 心臓障害
Heat Supply Business Law 熱供給事業法
heavy punishment 重罰
hedging 掛けつなぎ，ヘッジング
height 高度
heinous 凶悪な
heinous crime 大罪
heir 法定相続人，相続人
heir at law 法定相続人
heir beneficiary 限定承認相続人
heir of the blood 血縁相続人
heir presumptive 推定相続人
heiress 法定女子相続人
heist 強盗
held covered 担保継続
hemorrhage 出血
hemp 大麻草
henceforth 今後
Henry de Bracton ヘンリー・ブラクトン (?—1268)
　イギリスの聖職者，法律家。「国王はいかなる人の下にもあるべきではない。しかし神と法との下にあるべきである。なぜならば，法が国王を作るのだからである」
herald ①伝聞②使節
Herbert Lionel Adolphus Hart ハーバート・リオネル・アドルフス・ハート(1907-)

hereafter

イギリスの法哲学者。法実証主義の立場。
hereafter 今後
hereby 本書(面)により
hereditaments 相続財産
hereditary ①世襲の②遺伝的な
hereditary succession 世襲的承認
heredity 遺伝
heretofore 従来
heritable bond 担保付捺印金銭債務証書
heroin ヘロイン
hidden 内密の
hidden danger 隠れた危険
hidden defects 隠れた瑕疵
hidden microphone 隠しマイク
hidden number 暗数
hide 隠匿する
hide one's face with one's hands 手で顔を隠す
hierarchy ①ヒエラルキー②階層性③権力階層
high bailiff (英)主任執行官
High Court ①高等裁判所②(英)高等法院
①上訴を担当する裁判所が High Court と称される場合。第二審として控訴を担当するわが国の高等裁判所がこれにあたる。一方米国における二審として機能する裁判所のほとんどは，Appellate Court や Court of appeal と呼ばれる。②イギリスの高等法院の正式名称は High Court of Justice であるが，たんに High Court と呼ばれることも少なくない。イギリスの高等法院は第一審裁判所であり，上訴裁判所ではない。高等法院の判決に対しては，控訴院 (Court of appeal)が上訴審となる。
High Court of Admiralty 海事高等法院
High Court of Justice (英)高等法院
High Court of Parliament 国会
High Pressure Gas Safety Law 高圧ガス保安法
high public prosecutors office 高等検察庁
high seas 公海
high tariff 高関税
high tech and high touch ハイテクとハイタッチ

highest and best use 最良最高限の利用
highness 殿下
high-pressure sale 押し売り
highway 公水路，幹線交通路，公道
highwayman 追い剝ぎ
hiis testibus; his testibus 以下の者が証人となって
hijack 飛行機を乗っ取る
hire 借りる，賃料，報酬，使用料，(人の)雇用
hire a lawyer 弁護士を雇う
hired gun (企業の)再建アドバイザー
historical jurisprudence 歴史法学
hit ①一撃②殴打する
hit and run ひき逃げ
hit with fist 拳骨で殴る
hit-and-run accident 当て逃げ
hit-and-run case ひき逃げ事件
hitherto 従来
HIV ヒト免疫不全ウイルス
hoarding 買占め売惜しみ，(英)広告掲示板
Hokkaido Development Agency 北海道開発庁
hold ①保有する，所持する ②拘束する
hold a trial 裁判をする
hold and keep 保持する
同義語を併記するパターン。
hold court 裁判をする
hold harmless agreement 免責特約，賠償責任免除特約
hold harmless clause 免責補償条項
hold over 保有期間満了後占有
hold proof 証拠を握っている，証拠をつかむ
hold secret communication with 内通する
holder ①所持者②手形などの保有人
holder for value 有償所持人
holder in due course ①手形の正当所持人②善意の取得者
holder in due negotiation 正当な所持人
holder in good faith 善意有償所持人，善意の所持人
holding 判示，借地，保有財産，持株会

holding company 持株会社
自ら営業活動を行うことはなく，他の会社の過半数の株式を取得することで，その会社の経営支配を行うことを目的とした会社をいう。通常は一つの持株会社が複数の会社の過半数株式を保有し，統括的に経営を支配する企業結合手段として有効である。一方で一部の企業による独占が生じやすいので，独占禁止法規などによる規制と監視が必要となる。持株会社を介した企業結合は欧米では標準的に行われている。日本の独占禁止法はアメリカ法の影響を強く受けながらも，かつて財閥による寡占が存在したという歴史的経緯から，持株会社の存在は長い間認められていなかった。しかし1997年の独占禁止法改正により，持株会社の設立が認められることとなった。〔参考〕独占禁止法9条1項　他の国内の会社の株式（社員の持分を含む。以下同じ。）を所有することにより事業支配力が過度に集中することとなる会社は，これを設立してはならない。

holding cost 保有費用，維持費用
財産を保有しているという事実だけが原因となって所有者にかかってくる様々な費用や出費をいう。固定資産税はその代表例だが，その他にも，自然減損に伴う修繕費，保管スペースの賃料，損害保険料などがある。

holding escrow ホールディング・エスクロウ，エスクロウ留保
売買代金の完済など，売買を完結させる条件が成就するまでの間，売主でも買主でもない第三者が権利移転に必要な書類を保管することを escrow というが，この場合に本来条件が成就すべき時期が来たにもかかわらず条件が成就しないため，権利移転書類が第三者の手元を離れることができない状態をいう。

holding fee 申込みから本契約まで，物権を確保するための料金

holding out 表示すること

holding period 保有期間

hold-over tenant 賃貸借終了後の占有継続
賃貸借が終了したにもかかわらず，賃貸物件の占有を続けている賃借人をいう。近代法のもとでは賃貸人による自力救済は認められないので，強制執行手続をとって明渡しを実現していくほかはない。また，事実上占有を続けている状態を賃貸人が黙認していると (estate at sufferance)，黙示の更新や法定更新などの制度により，継続して賃貸借契約が存続するとみなされる余地がある。

hollowing out 空洞化
Hollywood accounting どんぶり勘定
holograph 自筆証書，自筆書面
holographic document 自筆証書
holographic will 遺言
holy orders 品級
homage 臣従の誓
home equity loan ①持ち家を担保にして組んだローン②土地を担保にして組んだローン
home for dependent children 養護施設
home for the aged 養老院
home loan 住宅抵当貸付け
住宅を取得する資金について金融期間から融資を受け，長期割賦払いで返済する貸付契約。取得した住宅にその融資の担保として抵当権が設定される。
home office 本店
home owner's policy 持ち家損害保険
自己の所有する家屋や家財道具が，火事やその他の災害で減失，毀損した際の損害を填補するための保険。home owner's insurance。賃借家屋居住者の加入する損害保険が，賃貸人の被った損害填補という一種の賠償責任保険の性質を有するのに対し，持ち家損害保険は，純粋に自己の被った損害を填補する点に特徴がある。
home port 母港，船籍港
home port doctrine 船籍港主義
home rule 固有権的地方自治
Home Work Law 家内労働法
homestead 家産；家屋敷，自営農業，（米）家産権
homestead exemption 家産権免責
homestead law （米）自営農地法，家産差

homeward

押免除法，家屋保護法，家産税減免法
homeward voyage 帰航
homicidal maniac 殺人狂
homicide 殺人
犯罪を構成するか否かを問わず殺人一般。
homicide by misadventure 偶発的事故による殺人
homicide caused at one's request 嘱託殺人
被害者の依頼や同意があったうえで殺人を犯した場合をいう。被害者からの依頼を嘱託，加害者の殺人意図に対する被害者の同意を承諾という。もっとも，嘱託にしても承諾にしても，いずれも広い意味で被害者の同意があった点は異ならないので，両者をあわせて，同意殺人罪とよぶこともある。これらの殺人は，被害者の同意があった点で違法性が減少するため，通常の殺人罪より軽い刑が定められている。〔参考〕刑法202条（自殺関与及び同意殺人） 人を教唆し若しくは幇助して自殺させ，又は人をその嘱託を受け若しくはその承諾を得て殺した者は，六月以上七年以下の懲役又は禁錮に処する。
homicide with consent 承諾殺人 →嘱託殺人
homologation 確認，認許，追認，行為による禁反言
homophobia 同性愛者嫌悪
homosexuality 同性愛
honor ①栄誉，名誉 ②手形の引受け
honor policy 名誉保険証券
honorable discharge 名誉除隊
honorarium 報酬
honorary 無報酬
honorary copy 献本
honorary trust 道徳的信託
hooligan ごろつき
horizontal market allocation 水平的市場調査
horizontal market division 水平的市場分割
horizontal merger 水平的合併
horizontal price-fixing contract 水平的価格協定
競争関係にある者相互間に結ばれる価格協定。
horizontal restraint 水平的競争制限
hornbook 基礎法律書
horse racing 競馬
hospital infection 院内感染
hostage 人質
hostile embargo 敵船貨抑留
hostile fire 敵対火
hostile possession 自主占有
Actual occupation or possession of real estate, coupled with a claim, express or implied, of ownership, without permission of the holder of paramount title. Hostile possession differs from holding in subordination to the true owner, as in possession under a lease. Hostile does not imply ill will but merely that the occupant claims ownership against all others, including the owner of record. The term is usually used as a condition for adverse possession.
(*Steven H. Gifis, Dictionary of Legal Terms 221 (3rd ed., 1998), Barron's Educational Series, Inc.*)
明白，あるいは黙示的な所有権の主張を伴う，優越する権原の持ち主の許可のない不動産の現実の占有または所有。自主占有は，真所有者に従属した所有とは異なり，賃貸借に基づいた所有である。hostile は敵意ではなく，ただ占有者が所有権を記録上の所有者を含む他の全ての人々に対して所有権を主張することを含意するにすぎない。通常，この言葉は敵対的占有の条件として用いられる。
hostile takeover 敵対的企業買収
企業の買収は，合併や提携などの手段として友好的に行われる場合と，現行の経営陣の方針に反対する少数株主や全くの外部者が行う場合とがある。後者を敵対的買収とよぶ。敵対的買収にはTOB＝takeover bidなどの株式取得手段が使われる。
hostile witness 敵性証人
hostility 敵意
hot blood 激情状態

hot pursuit　現行犯追跡
Hot Spring Law　温泉法
Hotel Business Law; Inns and Hotels Law　旅館業法
hotel for making love　連れ込み宿
hot-rodders　暴走族
hot-rodding　暴走
hours of work　労働時間
hour-by-hour report of the election returns　選挙の速報
house built for sale　建売住宅
house counsel　社内弁護士，企業内弁護士
house cut　寺銭
house haunting　家探し
house law　家訓，家法
House Lease Law　借家法
house mark　ハウス・マーク，企業の基本商標
house number　番地
House of Commons　庶民院
house of correction　矯正院
House of Councillors　参議院
house of ill fame　売春宿
House of Lords　貴族院
House of Representatives　下院，衆議院
house rent　家賃
house union　企業内組合
　特定の会社の従業員のみで構成されている労働組合をいう。company union。日本では労働組合の一般的な形態であるが，欧米では industrial union＝産業別組合や trade union＝職業別組合が主流で，企業内組合の役割は日本に比べれば少ない。欧米で企業内組合が主流でないのは，会社横断的な労働組合に比べた場合，企業内組合は労使交渉における影響力が小さいのみならず，企業の意向を忠実に反映するいわゆる御用組合化する恐れが大きいからだと言われている。
housebreaking　不法目的住居侵入
household　世帯
Household Goods Quality Labeling Law　家庭用品質表示法
householder　①自家保有者②世帯主
househunt　家探し

houses burned down　焼失家屋
housing code　住宅規制条例
　建物の建築に関する安全や環境上の規制としては，建築基準法規（building code）が存在するが，国や州単位で制定される立法では地方の実情を反映したきめ細かい規制ができない。そこで地方自治体が独自の見地から，主として周辺環境などの配慮した独自の規制を条例によって行うことになる。これらの規制を住宅条例，住宅規制条例などという。住宅条例によって建築基準法規よりも厳しい基準が設けられた場合，法理論的に見れば，地方の自治法に国法を上回る効力を与えるものではないかとの疑問もないではないが，現実には多くの自治体においていわゆる上乗せ条例が制定されている。
housing problem　住宅問題
housing starts　住宅着工件数
hue and cry　叫喚追跡
hull insurance　船舶保険
human experimentation　人体実験
human gene decoding　ヒト遺伝子の解読
human immunodeficiency virus　ヒト免疫不全ウイルス
Human Life Statute　人命尊重法
human resource management　人事管理
human resources　人事管理
Human Resources Development Promotion Law　職業能力開発促進法
human rights　人権
humbug　山師
hung jury　陪審の評決不成立
hunt for concessions　利権を漁る
hurt　傷つける
husband-wife privilege　配偶者間の秘匿特権
hush money　口止め料
H-Visa　①専門職業ビザ②一時的にアメリカで働く人のためのビザ。
hybrid security　混合証券
hydrostatic lung test　肺浮遊試験
hygiene　衛生
hypnotic　催眠剤

hypnotic

hypnotic state 催眠状態
hypnotic trance 催眠状態
hypocrisy 偽善
hypocrite 偽善者
hypodermic injection 皮下注射
hypothec 抵当権, 不動産抵当
　動産や不動産の占有や権利が債務者から債権者に移動することなく，特定の債権のために債務者の財産に設定された担保権。目的物の占有を債務者が維持する点では，mortgage＝譲渡抵当に似るが，mortgageでは何らかの権利が債権者に移転するとされる点が，hypothec と異なる。もっとも債権担保の手段としては，mortgage の方が hypothec よりも一般的である。
hypothec on a ship 船舶抵当権
hypothecated immovable property 抵当不動産
hypothecation 担保契約書
hypothecator 抵当権設定者
　自分が所有する動産や不動産に，債権者のための抵当権＝hypothecation の負担を承諾した者。必ずしも債務者とは限らず，第三者が債務者のための物上保証人として，自身の所有する財産に抵当権を設定する場合も少なくない。
hysteria ヒステリー

I

I.C.C. ①Interstate Commerce Commission, 州際通商委員会②International Chamber of Commerce, 国際商業委員会③Institute Cargo Clauses, 協会貨物保険約款
I.M.F＝**International Monetary Fund.** 国際通貨基金
　国際為替相場の安定と，加盟国の金融協力のために1946年に設置された国際機関。加盟国から拠出された基金を原資として，国際収支の悪化した加盟国への金融支援などを行う。
I.O.U. I owe you, 借用文言
I.R.A. Irish Republican Army, アイルランド共和国軍
I.R.C. Internal Revenue Code, 内国歳入法典
I.R.S. Internal Revenue Service, 内国歳入庁
ibid. 同所
ibidem 同所
id. 同文献
Idem sonans 同音の法理
identification ①鑑識②同一視，同一化③面割り
identification card 身分証明書
identification of a suspect 面通し
identification of goods 契約の特定物としての物品の特定
identify 契約の目的物を特定する，明定する，確認する
identity 身元
identity of the facts charged 公訴事実の同一性
identity theft 人格窃盗
　クレジットカードや運転免許証などを使い他人になりすまして金を盗む窃盗。
if urgency is required 急速を要する場合
ignite 引火する
ignition 点火
ignition system 点火装置
ignorance 不知
ignorantia facti excusat 事実の不知は免責する
ignorantia juris non excusat 法の不知は許さず
ignore 却下する，認めることを拒絶する，不知である
ill effects 悪影響
illegal 違法な，不法な
illegal act 違法行為
　法律に背いた行為，法規に違反する行為という形式的な意味で使われる場合と，形式的な法律違背の有無にかかわらず，法の保護する利益を侵害する行為という実質的な意味で使われる場合とがある。
illegal cause 不法の原因
illegal contract 違法な契約
illegal detention 不法拘禁

illegal dividend 違法配当
illegal economic advantage 財産上不法の利益
illegal loan 闇金融, 不正融資
illegal occupation 不法占拠
illegal production of a private electromagnetic record 私電磁的記録不正作出
illegal production of a public electromagnetic record 公電磁的記録不正作出
illegal proprietary interests 財産上不法の利益
illegal purchase 故買
盗品であることを知って有償で買い受けること。to buy stolen goods。〔参考〕刑法256条(盗品譲受け等)2項　前項に規定する物を運搬し, 保管し, 若しくは有償で譲り受け, 又はその有償の処分のあっせんをした者は, 十年以下の懲役及び五十万円以下の罰金に処する。
illegal restraint 不法な拘束
illegality 違法, 不法行為
illegally obtained evidence 違法収集証拠
illegible 判読できない
illegitimacy 非嫡出性
illegitimate 不適法な, 違法な
illegitimate child 非嫡出子
illicit 違法の, 無免許の
illicit gain 不正の利益
illicit relation 違法な男女関係
illicit sale 密売
illicit seller 密売者
illness 疾病
ill-treatment 虐待
illusion 錯覚
illusory ①偽装の②不明確な
illusory contract 偽装契約
illusory promise 擬似約束
illusory trust 偽装信託
illustration 例証
imbalance 不均衡
imbezzle 横領する
imcompetent person 無資格者
imitation 模造, 模倣
immaterial 重要でない, 些細な

immediate acquisition 即時取得
盗取者, 拾得者からは正当に権利を取得することができないのが原則だが, 譲受人が善意無過失だったときは正当な権原＝titleを取得するという, 動産取引安全のための原則。〔参考〕民法192条(即時取得)取引行為によって, 平穏に, かつ, 公然と動産の占有を始めた者は, 善意であり, かつ, 過失がないときは, 即時にその動産について行使する権利を取得する。
immediate cause 近因
immediate danger 直近の危険
immediate Kokoku-appeal 即時抗告
法律が特に認めた場合に限って許される, 決定や命令に対する不服申立ての手段。通常抗告よりも不服申立期間が短縮されている反面, 抗告が申し立てられたときは, 決定や命令の執行が一時停止されるなどの効力が認められている。〔参考〕民事訴訟法25条5号(除斥又は忌避の裁判)除斥又は忌避を理由がないとする決定に対しては, 即時抗告をすることができる。
immediate neighbor 相隣者
immediate occupancy すぐ入居できるという広告文句
immediate relatives 近親者
immediately higher court 直近上級裁判所
immigrant 外国からの移民
immigrant lawyer アメリカとカナダの弁護士で移民の問題を専門にする者
どちらかといえば蔑称として使われる傾向がある。
immigration 外国からの移住, 入国
Immigration and Nationality Act 移民国籍法
immigration and naturalization service 移民局
Immigration Bureau ①入管②入国管理局
immigration law 移民法
Immigration-Control and Refugee-Recognition Act 出入国管理及び難民認定法
imminent and unjust infringement 急迫

imminent
不正の侵害
違法な法益侵害が現実に発生した＝present infringement わけではないが，目前に達している状態をいう。imminent danger (LA Revised Statutes Criminal Law§20.(1)等)。仕返しにやって来る者の機先を制して攻撃を加えたり，あらかじめ侵害を予期していた場合には，正当防衛＝self-defence は成立しないとされる。〔参考〕刑法36条(正当防衛)1項 急迫不正の侵害に対して，自己又は他人の権利を防衛するため，やむを得ずにした行為は，罰しない。

imminent danger 急迫の危険
immoral contract 不道徳的契約
immovable property 不動産
immovable property acquisition tax 不動産所得税
immovable property belonged to nobody 無主物の不動産
immovables 不動産
immune reaction 免疫反応
immunity ①免疫②免責③義務や責任の免除④特権
A privilege granting exemption from a legal duty such as the immunity of charitable organizations from paying taxes. Freedom from prosecution granted to a witness who agrees to testify in a criminal proceeding.
(Gilbert Law Summaries Pocket Size Law Dictionary 142 (1997), Harcourt Brace And Company.)
慈善団体を税金の支払いから免除するというように，法的な義務の免除を認める特権。刑事訴訟で証言することに同意した証人に認められる訴追免除。
immunity of attendance 出頭義務の免除
immunity of witness 証言義務の免除特権
impairing the obligation of contracts 契約上の債権債務関係を害するような
impanel 陪審員を選ぶ
impartial 厳正な，公正な，不偏不党の
impartial tribunal 公平な裁判所
impartiality 公平
impartiality of trial 裁判の公平

impartially 公平に
impartially and faithfully 公平かつ誠実に
impeachment 弾劾
impeachment committee 訴追委員会
Impeachment Court 弾劾裁判所
日本においては，裁判官を罷免するための審理と決定を行う，国会議員で構成された裁判所を意味する。一般的には弾劾裁判とは，裁判官のみならず，首長，議員，官吏など広く公職に就く者の不正や非行を追及し，その身分を失わせることを目的とした裁判をいう。合衆国憲法2条4節で，大統領，副大統領や全ての文官が重大な罪を犯したとき，上院による裁判によって罷免されることを定めているのはその例である。
impeachment of a witness 証人の弾劾
impediment 行為無能力，制限行為能力
imperative 必要的，絶対的
要件としてそれを欠くことが許されないことや，その要件を欠いた場合には部分的にも法律効果が発生することはないことを意味する。
imperfect obligation 不完全債権，不完全債務
imperfect trust 不完全信託
Imperial House Law 皇室典範
Imperial Household Agency 宮内庁
Imperial Order 勅令
imperial rescript 詔勅
impersonate 詐称する
implead 訴える
impleader 引込訴訟，被告の引込み
implementation 実施
implementation services 導入業務
implements 器械
implication ①含蓄，言外の意味②関係③推定
implied 黙示の
implied agency 黙示の代理
本人が代理人に対し，明示的に代理権を授与してはいないが，当事者の態度，周囲の状況，代理人の行った法律行為の内容から判断して，代理権の授与がみとめられ正当な代理行為が成立して本人に法効果が帰属

することをいう。代理権の授与が四囲の状況から認められたことを意味するので，代理権授与はなかったが取引安全のために本人に効果を帰属させる制度である表見代理とは異なる。黙示の代理権授与が認定されれば，それを基本代理権としてさらに表見代理が成立する余地もある。

implied authority 黙示の代理権
implied condition 黙示条件
implied consent 黙示の承諾
申込みや申入れに対する応答や許否を求められている者が，拒否する意思を明確に示さなかった場合に，当時者の合理的な意思の推測や利害状況を考慮し，承諾があったと認定されることをいう。賃借物が転貸されたことについて賃貸人が積極的に異議を述べなかった場合に，黙示の承諾があったと裁判所が認定するのがその例である。〔参考〕民法612条(賃借権の譲渡及び転貸の制限)賃借人は，賃貸人の承諾を得なければ，その賃借権を譲り渡し，又は賃借物を転貸することができない。

implied contract 黙示の契約
implied duty 黙示の義務
implied easement 黙示の地役権
ある者が，何の正権原もないにもかかわらず，自己の土地の便益のために他人の土地を利用している状態が長く続いた場合に，法律の定める期間の経過によって，正権原としての地役権をその他人の土地上に取得することをいう。土地利用権の時効取得の一場合である。easement by prescription。

implied notice 推定認識，推定悪意
implied power 黙示の権能
implied terms 黙示的条項
implied trust 黙示信託
implied warranty 黙示の保証
implied warranty of fitness for Particular Purpose 特定目的に対する適合性の黙示保証
implied warranty of merchantability 商品性の黙示保証
implied-in-law 法律上の黙示
import approval 輸入承認制度
import clearance 通関手続

Import Confirmation 輸入確認制度
import duty 輸入関税
import letter of credit 輸入信用状(L／C)
import license 輸入承認証(IL：I／L)
import quota 輸入割当て
import specie point 正貨輸入メリット分岐点
import substitution 輸入代替
import surcharge 輸入課徴金
important deficiencies 重要な不備
important evidence 重要な証拠
important facts 重要な事実
important interests of the state 国の重大な利益
important person 重要人物
importation of altered currency 変造通貨輸入
変造された内国通貨を輸入する行為を，禁止，処罰する行為である。〔参考〕刑法148条2項(通貨偽造及び行使等) 偽造又は変造の貨幣，紙幣又は銀行券を行使し，又は行使の目的で人に交付し，若しくは輸入した者も，前項と同様とする。

importation of altered foreign currency 変造外国通貨輸入
外国通貨が事実上国内で通用している状況がある場合には，この外国の通貨に対する信用も維持する必要があるため，変造された外国通貨を輸入する行為を禁止するものである。〔参考〕刑法149条(外国通貨偽造及び行使等)2項 偽造又は変造の外国の貨幣，紙幣又は銀行券を行使し，又は行使の目的で人に交付し，若しくは輸入した者も，前項と同様とする。

importation of counterfeit currency 偽造通貨輸入
偽造された内国通貨を輸入する行為を，禁止，処罰する行為である。〔参考〕刑法148条2項(通貨偽造及び行使等)2項 偽造又は変造の貨幣，紙幣又は銀行券を行使し，又は行使の目的で人に交付し，若しくは輸入した者も，前項と同様とする。

importation of counterfeit foreign currency 偽造外国通貨輸入

importation

外国通貨が事実上国内で通用している状況がある場合には，この外国の通貨に対する信用も維持する必要があるため，偽造された外国通貨を輸入する行為を禁止するものである。[参考]刑法149条(外国通貨偽造及び行使等)2項　偽造又は変造の外国の貨幣，紙幣又は銀行券を行使し，又は行使の目的で人に交付し，若しくは輸入した者も，前項と同様とする。

importation of smoking opium　阿片煙輸入
禁制物である阿片煙を外国から運び込む行為を罰するものである。阿片煙とは，ケシを原料として吸引用に加工された麻薬をいう。[参考]刑法136条(あへん煙輸入等)あへん煙を輸入し，製造し，販売し，又は販売の目的で所持した者は，六月以上七年以下の懲役に処する。

importation of smoking opium by a customs official　税関官吏阿片煙輸入
税関職員が阿片煙や吸引器具を輸入する行為を，一般人よりも重く罰する規定である。税関職員は，このような禁制品が不法に輸入されないよう注意する職務上の義務があるからである。[参考]刑法138条(税関職員によるあへん煙輸入等)　税関職員が，あへん煙又はあへん煙を吸食するための器具を輸入し，又はこれらの輸入を許したときは，一年以上十年以下の懲役に処する。

importer's entry of goods　輸入業者による輸入品目登録

import-export clause　輸入品輸出品条項

impose　①刑を科する②処断する③税金などを課する

impose fine and imprisonment concurrently　罰金と懲役を併科する

impose fine and imprisonment cumulatively　罰金と懲役を併科する

imposition　公課

imposition of taxes　課税

impossibility　①不能犯②履行不能

impossibility of performance　履行不能
ある特定の絵画を売買する契約を定めたが，その絵画が火災により焼失したり，文化財の指定を受けて売買できなくなった場合のように，債務を履行することが社会通念上不可能になったことをいう。狭義では契約成立後に不能となった場合＝後発的不能のみをいうが，広義では契約締結時にすでに履行が不可能であった場合＝原始的不能を含む。後発的履行不能が生じたとき，当該債務は消滅する。あるいは債務者に過失があれば以後損害賠償請求権に形を変える。日本において原始的履行不能の問題は，不能な給付を目的とするので契約自体が当初から不成立と考えられている。一方アメリカにおいては，原始的不能の給付を目的とする契約も有効に成立する。履行不能後の処理は，後発的不能と同じく，債権の消滅や損害賠償の問題として扱われる。[参考]民法415条(債務不履行による損害賠償)債務者がその債務の本旨に従った履行をしないときは，債権者は，これによって生じた損害の賠償を請求することができる。債務者の責めに帰すべき事由によって履行をすることができなくなったときも，同様とする。

impossible condition　不能条件
社会通念から見て，内容が実現することがありえない条件をいう。実現の余地が当初からまったく見込めない点で，実現することもあり得たが，すでに実現しないことに確定してしまった既成条件とは異なる。すでに発生するかどうかが不確定なのが条件の本来の意味なので，不能条件は，既成条件＝fulfilled condition と同じく，もはや本来の意味での条件とはいえない。したがって，不能条件の附された契約は，当事者がその条件を定めた趣旨に従って，無条件の契約として成立するか，無効な契約として確定するかのいずれかとなる。[参考]民法133条(不能条件)不能の停止条件を付した法律行為は，無効とする。　2　不能の解除条件を付した法律行為は，無条件とする。

impossible to collect　取立て不能な

impostor　山師

imposts　輸入税

impound　押収する

impracticability　実行困難性

impression 心証
impression of seal 印影
impressments 徴用，強制徴募
imprison 収容する
imprisonment 自由刑，拘禁，収容
　矯正施設に収容すること。
imprisonment for a maximum period of five years or more 長期5年以上の懲役
imprisonment with labor 懲役
　拘禁施設に収容され労働の義務が課せられる刑罰をいう。
imprisonment with labor for a limited term 有期懲役
　拘禁期間が定まった懲役刑をいう。日本の有期懲役刑は　各種加重を加味しても最長30年を超えることはないが，アメリカでは一般に，より長期の有期懲役刑が認められている(TX Penal Code§12.32.等)。〔参考〕刑法14条(有期の懲役及び禁錮の加減の限度)2項　有期の懲役又は禁錮を加重する場合においては三十年にまで上げることができ，これを減軽する場合においては一月未満に下げることができる。
imprisonment with labor for life 無期懲役
　拘禁施設の外に終身出ることが許されない懲役刑をいう。一般に仮釈放＝palole の余地が残されることが多いが，あらかじめ仮釈放の可能性がないことが宣告され，文字通りの意味で終身刑を意味する場合もある＝imprisonment for life without the possibility of parole (CA Penal Code§190.)。
imprisonment without labor 禁錮
　懲役刑と並び，犯罪者を拘禁施設に収容して，その自由を拘束する刑罰のひとつだが，労働の義務を負わない点懲役刑と異なる。同じ刑期であれば，禁錮刑の方が懲役刑よりも軽い刑罰とされている。
imprisonment without labor for a limited term 有期禁錮
　拘禁期間が定められた禁錮刑をいう。日本の場合禁錮刑の上限は，各種加重処理がされた場合，懲役刑と同じく30年である。
　〔参考〕刑法13条(禁錮)1項　禁錮は，無期及び有期とし，有期禁錮は，一月以上二十年以下とする。
imprisonment without labor for life 無期禁錮
　拘禁施設の外に終身出ることが許されない禁錮刑をいう。無期禁錮と無期懲役をあわせて終身刑というが，実際には無期禁錮の言い渡しはまれであるため，終身刑という用語が無期懲役とほぼ同義で用いられている。日本の現行刑法において無期禁錮を定めているのは内乱罪のみである。
improper evasion of compulsory execution 強制執行の不正免除
improper performance 不正の行為
improve 回復する
improvement 改良技術情報の交換条項，使用許諾
improvement patent 改良特許
improvidence 不十分な財産管理，財産管理上の怠慢
impulse 出来心
impunity 刑事免責
impute 責任のある，責に帰する
　履行補助者の過失や被用者の不法行為のように，自分自身には過失がなくとも，他人の行為を支配したり，他人の行為から利益を受けたりする可能性があるときに，その者の行為を自身の行為と同視して責任を負わされることを言う。respondeat superior。
imputed knowledge 代位認識，推定認識，有したとされる知識
imputed negligence 転嫁過失，帰責過失，代位過失
imputed notice 代位通知；推定通知，代位認識；推定認識，有したとされる知識
in apposition to 対立して
in arrears 遅滞して
1. Behind in the discharging of debt or other obligation (一部略).
2. At the end of term or period instead of the beginning (一部略).
(Bryan A. Garner, Black's Law Dictionary Second Pocket Edition 336-337 (2001), West Group.)
1. 債務または他の義務の弁済が遅れて。
2. 最初ではなく，期日・期間の最後に。

I

in

in A's sole discretion Aの任意により
in banc; in banco; in bank 大法廷で, 全員法廷で, 全裁判官が出席して
in blank 白地式で
in breach of one's duties 任務に背く
in camera 非公開で, 秘密会で
in capita 頭割りに
in case of urgency 急速を要する場合
in case where a defense counsel is required 弁護人を要する場合
in collusion with 通謀して
in common 共有の
in connection with one's duties 職務に関して
in consideration of 〜を約因として
in custodia legis 法の保管下の
in dubio; in dubiis 疑わしい場合
in dubio pro reo 疑わしきは被告人の利益に
in due course 期日どおりに, やがては
in duplicate 二部
in equal proportions 平分
in equal shares 均一部分, 平分
in escrow 預託された
in esse 実在する
in extenso 初めから終わりまで, 完全に
in future 将来
in futuro 将来において
in good faith 善意の
in gross ①大量で②総体で
in harbor 入港中
in house lawyer 企業内弁護士
in infinitum 無限に
in integrum 原状に
in invitum 相手方の意思に反して
in jure 法律上
in kind ①同種の②現物で
in kind 同種同等の
in law 法律上の
in legal terms 法律家の用語で
in limine 最初に; 初期に, 予備的に; 予防的に
in mora 遅滞して, 懈怠して
in name 名義上の
in need of help 扶助を要する

in pari causa 同等の条件においては
in pari delicto 同罪の; 同責の
in person 本人自身, 自身で, 自ら出頭して 代理人等が代わって行うのではなく, 自分自身が現場に現れて, 自ら法律上の行為を行うことをいう。
in personam 対人的
in personam jurisdiction 対人的管轄権
in plena vita 生存している
in private capacity 私人の資格で
in proportion to the number of days 日割り
in quota 一次関税数量枠
in quota tariff 一次関税率
in re 〜に関して
in rem 物的, 対物的
権利, 訴訟その他の法的作用が物に向けられていることを示す。right in rem(物権), action in rem(対物訴訟), in rem jurisdiction(物的管轄)など。法的作用が人に向けられている場合は in personam という。
in rem jurisdiction 対物的管轄権
in specie 特定の, 同種の, 正貨で
in transitu 運送中
in triplicate 三部
in use by a public office 公務所の用に供する
in violation of one's duties 任務に背く
in witness whereof 以上を確認のうえで
inability to resist 抗拒不能
inadequacy of consideration 約因の不相当・不均衡
inadequate act 不正の行為
inadequate consideration 不相当対価
inadmissible 許容できない; 採用できない, 証拠能力がない
inalienable right 譲渡できない権利
inappropriate 不適当
inappropriateness of sentencing 量刑不当
inaugural general meeting 創立総会
inboard 船内の
inc. incorporated, 法人の, 有限責任の
incapacity 無能力
権利能力はあるが, 行為能力がない状態,

incompetent

無資格であること。年齢や精神的能力が完全でないために，単独で法律上の効果を発生させる行為を行うことができないことを意味する。incompetent。
incarcerate 投獄する
incarceration 拘禁，投獄
incest 近親相姦
inchmaree clause インチマリー約款
inchoate 不完全な，未終結の
incident 事件
incident report 被害届
incidental beneficiary 付随的受益者
incidental beneficiary contract 付随的受益者契約
incidental cost 付随費用
incidental damages 付随的損害
incidental expenses 付随費用
incidental Koso-existence 附帯控訴
控訴を行わなかった被控訴人が，控訴審において自らの請求を拡張したり反訴を提起することが認められることをいう。原審の判決に不服がない当事者に，控訴審でこのような訴訟行為を認める理由はないとも言えるが，かといって，控訴審が控訴人の不利益に変更されることはないとすれば，当事者間の公平を欠くことになる。そこで，控訴審における被控訴人にも，実質的に控訴人と対等の地位を与えようとするのが，附帯控訴の制度である。〔参考〕民事訴訟法293条(附帯控訴)　被控訴人は，控訴権が消滅した後であっても，口頭弁論の終結に至るまで，附帯控訴をすることができる。2　附帯控訴は，控訴の取下げがあったとき，又は不適法として控訴の却下があったときは，その効力を失う。ただし，控訴の要件を備えるものは，独立した控訴とみなす。　3　附帯控訴については，控訴に関する規定による。ただし，附帯控訴の提起は，附帯控訴状を控訴裁判所に提出してすることができる。
incidental object 附帯の目的
incipiency doctrine 萌芽理論
incised wound 切創
incite あおる，そそのかす
incitement 扇動
include 包含する
including 〜を含んで
including but not limited to 〜　〜を含むがこれに限られるものではなく
including without limitation 〜　〜を含むがこれに限られるものではなく
inclusion 参入
inclusion of period pre-conviction detention 未決の通算
income 所得，収入
income and expenditure 収支
income beneficiary 収益受益者
income bond 収益社債
income consumption curve 収入消費曲線
income distribution 所得分配
income from immovable property 不動産所得
income from real estate 不動産所得
income property 収益用不動産
営利活動や，他人に利用させて賃料を取得する目的に使われている不動産。commercial property。アパート，店舗，会社オフィスなどがその例である。このようなもっぱら利潤を上げることに使われている不動産については，税制や権利の存続期間などの扱いにおいて，居住用不動産(residential property)に比べて不利に扱われる場合が多い。
income statement 損益計算書，所得計算書
income tax 所得税
Income Tax Law 所得税法
income tax return 所得税申告書
incoming partner 新入パートナー
incoming shipment 入荷積み荷
incompatible with 相反する
incompatible with justice 著しく正義に反する
incompetence 管轄違い，無資格
incompetency 成年被後見，無能力，無資格
incompetent ①成年被後見人②不適任な③証言能力のない④無能力の⑤制限行為能

incomplete

力者
incomplete contract 不完全な契約
inconsistent 矛盾している
incontestability clause 権利を争わないことを約束する条項
incontinence of urine 失禁
incorporate 設立する，法人化する
incorporate cost 設立費用
incorporated association 社団法人
　特定の目的のために存在する団体が，団体の運営の便宜のため，法律によって独立した取引主体性や権利義務の主体となることを認められた場合をいう。株式会社などの営利社団法人，宗教法人，学校法人などの公益社団法人がある。
incorporated foundation 財団法人
　医療基金や奨学金財団など，特定の目的のために拠出された財産が，その便宜のため，法律によって独立した取引主体性や，権利義務の主体となることを認められた場合をいう。
incorporation 設立
incorporation of a company 会社の設立
　株式会社，合名会社，合資会社などの営利社団法人を設立する手続をいう。公益法人など他の法人の設立手続と比べた場合の営利社団法人の設立手続の特徴は，主務官庁の許認可を要しない代わりに，あらかじめ出資金の確保や社員の設立に関する意思決定の手続などが厳しく定められていること，法律の規定に違反して設立が行われた場合には，訴訟当事者以外にも効力が生じる訴訟手続によって設立が無効とされること，などが挙げられる。
incorporation of an artificial person 法人の設立 →formation of an artificial person
incorporator 発起人
incorporeal property 無体財産，無形財産
　物理的な実体のないものを客体とする財産権。特許権，著作権など。intangible property。
Incoterms インコタームズ →International Commercial Terms

increase in number 増員
incubation period 潜伏期
incumbent 現職の，在職者
incumbrance 土地などの負担
incur 負担する，こうむる
incur a debt fictitiously 仮装の債務
incurable insanity 回復不能の精神異常
incurred but not reported＝IBNR 未報告発生損害
indebitatus assumpsit 債務負担引受訴訟
indebtedness ①負債②負債額
indecency ①猥褻②猥褻行為
indecency against a place of worship 礼拝所不敬
indecent ①卑猥な②猥褻な③下品な
indecent act 猥褻な行為
indecent assault 強制猥褻
indecent behavior in public 公然猥褻
indefeasible 不動産に解除条件が付されていない
indefinite 無期限の，不定な，不確定な
indefinite duration 不定期間
indefinite payment 債務を特定しない弁済
indefinite period 不確定期限
　確実に到来するが，その時期が不明確な期限をいう。条件との区別が困難な場合があるが，一般に，前提となる契約や意思表示において，条件が成就しない場合もありうることを念頭においている場合は条件，将来のいつかの時点に確実に訪れることが当然の前提とされている場合は不確定期限と考えられる。「死亡の時」「工事完成の時」を期限と定める場合が典型的な不確定期限の例である。
indefinite term 不確定期限 →indefinite period
indefinite term contract 期限の定めなき契約
indemnification ①補償②免責
indemnification of expenses 費用の補償
indemnify 免責する
indemnify and hold harmless 損害が発生しないように保証する
indemnity 補償金

indemnity against liability 損害賠償責任の肩代り，損害賠償責任の補償契約
indemnity bond 損害填補保証書，損害填補保証金
indemnity contract 損害填補補償契約
indemnity insurance 損害保険
indemnity policy 損害保険証券，先履行型責任保険証券
indent ①買付委託②捺印証書に歯型のぎざぎざを付けること
indenture ①歯型捺印証書②契約書
indenture trustee 信託証書受託者
indentured servant 年期契約奉公人
independence 独立
組織内の他の業務に従事していないこと。
independence of judges 裁判官の独立
independency 自主性
independent agency model 委員会モデル
委員会方式による専門的な行政を管轄する独立行政機関。州際通商委員会，証券取引委員会，平等雇用機会委員会などがある。
independent contractor 請負人
独立契約者
independent establishment 独立行政機関
indeterminate damages 不確定損害賠償額
indeterminate sentence 不定期刑
懲役刑や禁錮刑の言い渡しに際し，確定した刑期を定めず，刑期の上限と下限を決めて言い渡す刑罰制度をいう。「1年以上3年以下の懲役に処す」といった主文で言い渡される。少年犯罪など，犯罪者の更正に適切な処遇を行うことが要求される分野で活用される。[参考]少年法52条1項（不定期刑） 少年に対して長期三年以上の有期の懲役又は禁錮をもつて処断すべきときは，その刑の範囲内において，長期と短期を定めてこれを言い渡す。但し，短期が五年を越える刑をもつて処断すべきときは，短期を五年に短縮する。
indication of attachment 差押えの標示
indication of evidence 証拠開示
indict 起訴する

indicted fact 起訴事実
indictment 起訴，起訴状，告発
indictor 告訴人
indirect contempt 間接侮辱
indirect damages 間接損害
indirect evidence 間接証拠
indirect facts 間接事実
indirect infringement 特許などの間接侵害
indirect tax 間接税
indispensable party 不可欠当事者
individual 個人
individual case 具体的事例
individual property 固有財産
individual taxpayer 個人の納税者
individualization of punishment 刑罰の個別化
indivisibility 不可分性
indivisibility of complaint 告訴の不可分
indivisible claim 不可分債権
複数の者が共同して1台の車の引渡しを求める契約上の権利を有する場合のように，いくつかに分割して請求することができない債権を，複数人が共同で有している場合をいう。この場合，各債権者は単独で全部給付を求めることができ，訴訟においても共同債権者が全員そろって債務者を訴える必要はない。また債務者は，共同債権者の一人に対して義務を履行すれば免責される。[参考]民法428条（不可分債権）債権の目的がその性質上又は当事者の意思表示によって不可分である場合において，数人の債権者があるときは，各債権者はすべての債権者のために履行を請求し，債務者はすべての債権者のために各債権者に対して履行をすることができる。
indivisible contract 不可分契約
indivisible obligation 不可分債務
複数の者が共同して1台の車を引き渡す債務を負う場合のように，いくつかに分割して給付を行うことができない債務を複数人が共同で負う場合をいう。分割給付が不可能なので，各債務者は給付の全体についてそれぞれ責任を負うのが原則である。したがって債権者が車の引渡しを求める訴訟を

indorsee

提起する場合，共同債務者のうちの一人を相手取れば足り，全員を被告とする必要はない。〔参考〕民法430条(不可分債務)前条の規定及び次款(連帯債務)の規定(第四百三十四条から第四百四十条までの規定を除く。)は，数人が不可分債務を負担する場合について準用する。

indorsee 被裏書人
indorsee in due course 正当な被裏書人
indorsement 裏書

手形や小切手などの有価証券の所持人が，その有価証券を他人に譲渡しようとするときに要求される譲渡の方式。endorsement。有価証券の裏面に譲渡人＝裏書人の署名がなされるため，裏書あるいは裏書譲渡とよばれる。これらの有価証券を，裏書以外の方法で譲渡することも不可能ではないけれども，裏書による譲受人には様々な法的保護が与えられるので，一般には裏書譲渡の方法が選ばれる。〔参考〕手形法13条 裏書ハ為替手形又ハ之ト結合シタル紙片(補箋)ニ之ヲ記載シ裏書人署名スルコトヲ要ス

indorsement after maturity 満期後裏書
indorsement before due 満期前裏書
indorsement for account of 取立委任のための裏書
indorsement for cleaning house purpose only 手形交換のための裏書
indorsement in blank 白地式裏書
indorser 裏書人
inducement 動機，誘因
inducement of a foreign aggression 外患誘致
inducement to obscene habits 淫行勧誘
inducement to sexual intercourse 淫行勧誘
industrial accident 労働災害
industrial assurance 産業生命保険，簡易保険，小口保険，定額保険
industrial development bonds 産業開発債権
industrial disease 職業病
industrial dispute 労働争議
industrial law (英)労働法
industrial park 工業団地
industrial property 工業所有権
industrial property right 工業所有権

知的財産権ないし無体財産権のうち，著作権を除いた，特許権，実用新案権，意匠権，商標権を指す。知的財産権がこのように法律上二分して理解されているのは，人間の知的活動を，精神的情緒的側面と物質的論理的側面に分け，前者の保護は著作権としてベルヌ条約で，後者の保護は工業所有権としてパリ条約で，それぞれ国際的に保護されていることに基づく。もっとも，さらに広い意味での工業所有権は，農業生産物の原産地の表示など，知的活動とはいえない事実に基づく無形の財産的利益をも含む場合がある。

industrial relations 労使関係
Industrial Relocation Promotion Law 工業再配置促進法
Industrial Safety and Health Law 労働安全衛生法
Industrial Standardization Law 工業標準化法
Industrial Water Law 工業用水法
Industrial Water Supply Business Law 工業用水道事業法
inefficiency 非能率
inevitable 不可避な
inevitable accident 不可避の事故，不可抗力
infamous crime 破廉恥罪
infamous punishment 不名誉な刑罰 死刑または懲役刑。
infancy 未成年
infant 未成年者
infant of tender year 幼児
infection 伝染
infectious disease 伝染病
Infectious Disease Prevention Law 伝染病予防法
inference 推論，結論
inferior court 下級裁判所
infidelity 不貞，姦通
inflammation 炎症
inflation インフレーション

inflict ①刑を科する②傷を負わせる
influence 感化
influence peddling 斡旋利得
influential man 顔役
informal contract 単純契約，非方式契約，不要式契約
informal proceeding 簡易手続
informant 情報提供者
information ①告知②情報③通告
information asymmetry 情報の偏り：情報格差
informed consent 説明に基づく承諾
informed intermediary 瑕疵を知らされている中間者
informer 情報提供者
infraction 微罪
infrastructure インフラ，社会資本
infringe on 抵触する，違背する
infringe on a person's right 権利を侵害する
infringement 侵害，権利侵害
infringement of human rights 人権侵害
ingress and egress 通行権，入退権
　自分の所有地が袋地である場合に，公道に出るため他人の土地を通行する権利。easement by necessity。日本の法律では相隣関係として規定されている。〔参考〕民法210条(公道に至るための他の土地の通行権)1項　他の土地に囲まれて公道に通じない土地の所有者は，公道に至るため，その土地を囲んでいる他の土地を通行することができる。
inhabitant 住民
inhabitant tax 住民税
inhabited structure 現住建造物
inherent 固有の，生来の
inherent defect 内在的瑕疵
inherent power 固有権
inherent right 固有の権利
inherent risk 固有の危険
inherit ①遺伝する②相続する
inheritance ①遺伝②相続財産，遺産③相続
inheritance tax 相続税
inhibition 土地処分禁止，禁制令状；職務停止令状
initial impossibility 原始的不能
initial payment 頭金
initial royalty イニシャル・ロイヤリティー
initial term 当初の期間
initiate 発議する
initiation of a process of reorganization 整理開始
injection 注射，注射液
injunction 侵害行為の差止め，禁止命令
injure 傷つける，毀損する
injure human health 健康を害する
injure seriously 著しく害する
injured party 被害者
injuria absque damno 損害を伴わない権利侵害
injurious 有害な
injury ①怪我，損傷②危害，障害，権利侵害③被害
injury in fact 事実上の損害
injury margin 損害価格差
injustice 不正
inland bill of exchange 内国為替手形，(米)州内為替手形
inland marine insurance インランド・マリーン保険
inland navigation 内水航行
inland trade 国内取引
inland waters 内水
in-law ①姻族②義理の
inmate 在監者，受刑者，囚人，収容者，同居者
inner barrister 勅選法廷弁護士
innkeeper 旅館営業者
innkeeper's lien 旅館業者の留置権
innocence 無罪
innocent ①無罪の②善意の
innocent misrepresentation 善意の不実表示
innocent passage 無害通航
innocent purchaser 善意の買主
Inns of Court 法曹学院＝インズ・オヴ・コート
　中世イギリスの法律家養成所。優雅で保守

inquest

的なコモン・ロー法律家たちを養成した。
inquest of prosecution 検察審査
inquiry 照会
inquiry on its own authority 職権調査
inquisitor 糾問者
inquisitorial procedure 糾問手続
　刑事訴訟の目的は捜査機関や裁判所が犯罪の嫌疑や真実を明らかにしていくことであり、被告人は、その目的のための取調べや審判を甘受する地位にある、ということを前提とした原則論ないし方法論をいう。被告人が検察官と対決する対等な当事者であり、裁判所はその対決に判定を下す第三者にすぎないという位置付けで行われる、弾劾手続あるいは当事者主義に対立する概念である。アメリカの刑事訴訟法は、一貫した弾劾手続の思想によって成り立っているといわれる。日本の刑事訴訟法典はこのアメリカ刑事訴訟法を継受したともいえる内容をもつが、実務においては、大陸法的な糾問手続的解釈や運用が根強く残っている。

inquisitorial system 糾問主義
　A system of proof-taking used in civil law, whereby the judge conducts the trial, determines what questions to ask, and defines the scope and the extent of the inquiry.
　(Bryan A. Garner, Black's Law Dictionary Second Pocket Edition 353 (2001), West Group.)
　民事法で用いられる証拠採用の制度であり、これにより裁判官は公判を指揮し、質問されるべき事は何かを判断し、質問の範囲と程度を限定する。

insane person 心神喪失者
insanity ①狂気②心神喪失③精神障害
insanity defense 心神喪失を理由とした弁護
insanity plea 心神喪失の申立て
inscribed debenture 記名社債
inscribed shares 記名株式
inscription 登録；登記、株式の登録による発行
insecurity clause 期限利益喪失条項
inshore 沿海

insider 内部者
insider dealing 内部者取引
insider information 内部情報
insider report 内部者持株報告
insider trading 内部者取引、インサイダー取引
　Buying or selling of corporation stock by a corporate officer who profits by his or her access to information not available to the public. Corporate insiders who trade on the basis of nonpublic corporate information may be exposed to liability under state or federal law, because of a policy that everybody should have equal access to information and that insiders should not profit personally from something that belongs to the corporation.
　(Steven H. Gifis, Dictionary of Legal Terms 242 (3rd ed., 1998), Barron's Educational Series, Inc.)
　公開されていない情報にアクセスすることで利益を得られる会社の幹部が会社の株式を売買すること。誰もが平等に情報にアクセスすべきであり、内部者は企業に属することから個人的に利益を得るべきでないとの主義により、非公開の企業情報に基づいて取引する企業の内部者は、州または連邦法の下では責任を問われることがある。

insist 主張する、強要する
insolvency ①債務超過②無資力
　債務が超過して支払えなくなった状態。
insolvency law 倒産法
insolvent 支払不能な
　1. Usually, unable to pay one's debts in the ordinary course of business as they become due.
　2. For some purposes, having liabilities exceeding assets.
　(James E. Clapp, Random House Webster's Dictionary of the Law 239 (2000), Random House.)
　1. 通常、履行期にあり請求を受けている債務を普通の業務過程では支払うことのできない財産状態にある。
　2. 何かの目的のために、資産を上回る債

insurance

inspection ①検査，監査②閲覧③検証④査察
inspection laws　検査法
Inspection of Accounts　帳簿検査
inspection of books　帳簿閲覧
inspection of corpse　検視
inspection of documents　文書の閲覧
inspection of evidence at the scene　現場検証
inspection of property　財産の検分
inspection record　検証調書
inspection right　閲覧権
inspector　検査役
install　備え付ける
installation　設置
installment ①割賦払い，分割引渡し②据え付け③任命
installment contract　分割給付契約
installment credit　割賦払い，クレジット払い
installment loan　割賦返済貸付け，割賦返済ローン
installment method of accounting　割賦基準会計方法
installment sale　割賦売買
　売買代金を一定期間の月賦，年賦などの分割払いの方法で支払う売買契約。買主は売買契約成立と同時に目的物の占有を取得するが，代金完済までは売主に所有権が留保されるなど，なんらかの代金支払確保に向けた取り決めがなされるのが通常である。
Installment Sales Law　割賦販売法
installment savings　積立貯金
instance ①事例②裁判の審級，訴訟手続③例証④実例
instance court　第一審裁判所
instant case　本件
instant death　即死
instigation　教唆，教唆犯
　他人に対し，犯罪を行うようにそそのかす行為をいう。abet, incitement, solicitation.〔参考〕刑法61条　人を教唆して犯罪を実行させた者には，正犯の刑を科する。
instigation of suicide　自殺教唆

institute ①起訴する，提起する②制定する
Institute Cargo Clause　ロンドンの保険業者協会が作成している英文貨物海上保険の約款のこと
institute for physically handicapped children　肢体不自由児施設
Institute of Internal Auditor　内部監査協会
institute war risks　戦争保険
institution　制定；創設，法制；制度，訴訟の提起，相続人の選任
institution of public action　起訴
institution of public prosecution　起訴，公訴提起
institution of removal proceedings　罷免の訴追
institutional　施設内処遇
instruction ①指図②説示③訴訟指揮
instruction sheet　指示書
instructions　訓令
instrument ①証書②書証③道具
instrument for pledge　質入証券
instrument of evidence　証拠方法
instrument of ratification　批准書
instrument payable to order　指図証券
　→claim payable to order
instrumental trust　事務的信託，代理信託
instrumentality rule　道具理論
insufficiency of evidence　証拠不十分
insufficient evidence　証拠不十分
insult　侮辱
insurable interest　被保険利益
insurable value　保険価額
insurance ①保険②保険料
　Act of providing against a possible loss from a specified peril by entering into a contract with a party（一部略）that is willing to bind itself to compensate for such loss, should it occur, in exchange for payment. The contract is called a policy. The consideration paid to the insurer or underwriter is called a premium. Types of harm protected against are called risks or perils. The thing or person being protected is the insurable interest. Fire and

insurance

marine insurance is usually indemnity which means that only such sum is paid by the insurer as is actually lost and the insurer is entitled to stand in place of the insured. In life or accident insurance the insurer undertakes to pay a certain sum to the insured or his legal representative in the event of death or injury.
(Gilbert Law Summaries Pocket Size Law Dictionary 162 (1997), Harcourt Brace And Company.)
具体的に記された危難から起こりうる損失に対して、万が一損失が発生した場合に、支払いと引き換えに、そのような損失の補償の義務を負うことに同意する相手方と契約関係を結ぶことによって備える行為。その契約は保険約款と呼ばれる。保険会社または保険業者に支払われる対価は保険料と呼ばれる。保護される対象となる害悪の種類は危険または危難と呼ばれる。保護される物や人は被保険利益である。火災と海上保険は通常損失補償であり、これは実際に損害を受けた総額のみが保険会社によって支払われ、そして保険会社は被保険者を代理する資格が与えられることを意味する。生命保険や傷害保険では、保険会社が被保険者またはその法律上の代表者に対して、死亡や傷害が起こった際に一定額の支払いを保証するものである。

insurance against loss 損害保険
insurance agent 保険代理店
insurance benefit 保険給付
insurance broker 保険ブローカー
insurance carrier 保険業者
Insurance Companies Act 保険会社法
insurance coverage 保険補償範囲
損害保険契約で補償される損害の範囲や限度金額をいう。保険契約締結後に取得した財産については補償の対象外とされたり、現金の盗難については100万円を限度として補償されるなどがその例である。

insurance department 保険部
insurance for protection against uninsured motorist 対無保険者保険
無保険で走っている車や、保険が切れているのを知らずに走っている車にぶつけられたときのためにかける保険。

insurance policy 保険証券、保険契約
insurance premium 保険料
保険契約者が保険者(保険会社)に支払う掛け金のこと。保険者の危険引き受けに対する対価である。〔参考〕保険法2条1号　保険契約(中略)当事者の一方が一定の事由が生じたことを条件として財産上の給付(中略)を行うことを約し、相手方がこれに対して当該一定の事由の発生の可能性に応じたものとして保険料(中略)を支払うことを約する契約をいう。

insurance proceed 保険金
Insurance Service Office 全米保険業界の格付け機関
insurance trust 保険金信託
insure ①付保する，保険を契約する②保証する
insured ①被保険者②保険契約者
insured amount 保険金額
insurer ①保険者②保険業者③保証人
insurrection ①内乱②内乱罪
intact value principle 完全価値原則，価値保存の法則
intangible 無形の
tangible の反対語。
intangible asset 無形固定資産
intangible personal property 無形動産
intangible property 無形財産権
Possessions that only represent real value, such as stock certificates, bonds, promissory notes, franchises.
(Steven H. Gifis, Dictionary of Legal Terms 245 (3rd ed., 1998), Barron's Educational Series, Inc.)
株券、債券、約束手形、フランチャイズ権のように、現実の価値を表章するだけの財産。

intangibles 無形財産，無体動産
integral part 不可分の一体
integrated 統合された
integrated contract 総合契約，完結した契約書
integration 合意の統合
integration clause 完全合意条項

integrity 高潔さ，潔癖さ，正直
intellectual crime 知能犯
intellectual offense 知能犯
intellectual property 知的所有権
Intellectual Property Law 知的所有権法
intellectual property right 知的所有権
intelligence ①知能②諜報
intelligence activities 情報活動
intelligence agency 諜報機関
intelligence network 情報網
intelligence quotient 知能指数
intelligence test 知能検査
intend 意図する，企てる
intended beneficiary contract 意図的受益者契約
intendment (of law) 法の真意
intensive hearings 集中審理
intent ①故意②目的③意図

The purpose, design, or resolve with which a person acts. Since intent is a state of mind, it can rarely be proved directly, but must be inferred from facts or circumstances. In criminal law, the "mens rea" or criminal intent re1quirement is that a person knows what he is doing and desires or anticipates the results of his act at the time that he commits the offense. Intent, the perpetrator's state of mind at the time of acting, differs from motive, which is what caused a person to act or refrain from acting.

(Gilbert Law Summaries Pocket Size Law Dictionary 163（1997）, Harcourt Brace And Company.)

人の行動の目的，企図，決意。intentは心の状態なので，直接に証明されうることはめったにないが，事実や状況から推論されなければならない。刑法では，「犯意」または犯行企図の必要条件は，人がその犯罪を犯すときに，自分が何をしているか，何を望み，予期しているのかを，もしくは自分の行動の結果を認識しているということである。intent，つまり行為をした時の犯罪者の心の状態は，動機とは異なる。動機とは人に行動させるまたは行動をやめさせる原因となるものである。

intent to kill 殺意
intention ①意図②故意
intentional 犯罪が計画的な，故意の
intentional tort 意図的不法行為
intentionally 故意に
inter absentees 隔地者間
inter alia （ラテン語）なかんずく
inter brand competition 異ブランド間競争
inter se；～sese 対内的に，彼らの間の（で）
inter vivos 生存中の
生存中の，あるいは生存者間で行われた法律行為を表す接頭語。
inter vivos gift 生前贈与 →gift inter vivos
inter vivos trust 生前信託
Interagency Task Force on Product Liability 製造物責任に関する省庁間合同調査団
interception 盗聴
interception of communications 盗聴
interdependence 相互依存
interest ①利益②利害関係③利息
interest expense 支払利息
interest in partnership パートナーシップの持分権
interest in real property 不動産権
interest rate 利率
Interest Rate Restriction Law 利息制限法
interest received 受取利益
interest relation 利害関係
interest revenues 受取利息
interest upon interest 複利
interested parties 利害関係人
interests protected by law 法益
interfere with one's business 業務を妨害する
interfere with the administration of the criminal investigation 捜査を妨げる
interference ①干渉，介入②妨害
interference proceeding 接触手続
interference with a trial 審判妨害

interference

interference with funeral rites 葬式妨害
interference with religious service 説教妨害
interference with worship 礼拝妨害
interfering patent 抵触する特許権
Intergovernmental Personnel Act＝IPA 官庁人事交流法
interim dividend 中間配当
interim earnings 中間収入
interim financing 一時金融，つなぎ金融
interim order 仮命令，暫定命令
interim report 中間報告
interim trustee 仮管財人，保全管財人
interinsurance exchange 交互保険団体
interlineations 行間記入，挿入文言
interlocking director 兼任取締役
interlocking directorate 兼任取締役，役員兼任
interlocutory ①中間の②暫定的な
interlocutory appeal 抗告
interlocutory decision 中間判決
　終局判決に先立って，請求の当否の論理的な先決事項の一部について判断された判決をいう。その訴訟でなされた訴えの取下げの効力について争いが生じた場合に，まず取下げについての紛争に決着をつけるために，本来の請求の判断に先立って中間判決がなされる場合がその例である。〔参考〕民事訴訟法245条（中間判決）　裁判所は，独立した攻撃又は防御の方法その他中間の争いについて，裁判をするのに熟したときは，中間判決をすることができる。請求の原因及び数額について争いがある場合におけるその原因についても，同様とする。
interlocutory injunction 暫定的差止命令，仮差止命令
interlocutory judgment 中間判決
intermediary 仲介人，媒介者，媒介
intermediary bank ①仲介銀行②取引銀行
intermediary exploitation 中間搾取
intermediate 周旋する
intermediate court 中間裁判所
intermediation of a lottery 富くじ取次ぎ

intermingle 混合する
internal 国内の
internal affairs of corporation 会社の内部関係
internal analysis 内部要因分析
internal audit 内部監査
internal audit outsourcing services 内部監査代行業務
internal auditing 内部監査
internal auditor 内部監査人
internal bleeding 内出血
internal commerce 州内通商
internal discipline 内部規律
internal disturbance 内乱
internal organs 臓器
internal revenue 内国税
Internal Revenue Code 内国歳入法
Internal Revenue Service＝I.R.S. アメリカ内国歳入庁
　日本の国税庁にあたる。
Internal Revenue Servise 国税庁
internal waters 内水
internalization 内面化
International Arangement; International Treaty 国際協定
international assistance in investigation 国際捜査共助
International Bank for Reconstruction and Development : IBRD 国際復興開発銀行
International Bureau for Protections of Intellectual Property＝I.B.P.I.P. 知的所有権保護国際事務局
international certificate 国際証明書
International Chamber of Commerce＝I.C.C. 国際商業会議所
　貿易その他の国際取引の発展，企業の自由競争の促進のために，1920年に設立された民間組織。本部はパリ。International Commercial Terms＝Incoterms に代表される国際取引慣習に関する共通準則を制定するなど，国際取引ルールに大きな影響力をもつ。民間団体ではあるが，その影響力から国連の諮問機関ともなっている。
international comity 国際礼儀

International Commercial Terms＝Incoterms インコタームズ
国際商業会議所によって制定された，国際貿易取引の準則をいう。形式のうえでは，それまでの国際貿易取引の慣習を明確化した私機関が作成した準則にすぎないが，内容の妥当性と作成機関の権威によって，現在最も利用されている契約準則となっている。特に Incoterms の定める F.O.B. や C.I.F. 条件は事実上の国際標準である。1936年の制定以来しばしば改正が行われている。

International Convention for Civil Liability for Oil Pollution Damage 油による汚染損害についての民事責任に関する国際条約

International Convention for the Suppression of the Financing of Terrorism テロ資金供与防止条約

International Court of Justice＝I.C.J. 国際司法裁判所
国連憲章に基づき，国連の司法部として設置され，国家間の紛争を国際法を適用して解決する機関。全ての国際法上の事件が対象となるわけではなく，国家を当事者とする民事紛争に限られており，個人の戦争犯罪などを裁く権限はない。当事国の双方が個別的または包括的に，国際司法裁判所の判断に服することを合意している場合のみ，事件を付託することができる。判決は最終的なもので上訴はできない。敗訴国が判決に従わない場合には，勝訴国は国連安保理に勧告その他のしかるべき執行手段を求めることができる。所在地はオランダのハーグで，15名の裁判官により構成される。

international covenant on human rights 国際人権規約

International Customary Law 国際慣習法

international driving license 国際運転免許証

international judicial assistance 国際司法共助

International Labor Organization＝I.L.O. 国際労働機関

International Law 国際法(国際公法)

International Maritime Committee 万国海法会
海法統一を目的とした国際機関。1897年創設，本部はベルギーのアントワープ。多くの海事に関する国際条約を制定するのは国連機関である国際海事機関＝I.M.O. であるが，その内容は万国海法会で検討され審議，起草されるなど，実質的に海事に関する国際条約の制定に大きな影響力をもっている。

International Monetary Fund 国際通商基金

international private law 国際私法

international public law 国際法規

international reserves 外貨準備

International Revenue Service＝I.R.S. アメリカ内国歳入庁

international topics 国際問題

International Trade Commission＝I.T.C. アメリカ連邦国際貿易委員会
1916年設立。

International Trade Insurance Law 貿易保険法

International Trade Insurance Special Account Law 貿易保険特別会計法

Internet Securities Offering (ISO) インターネット証券募集

interpleader 競合権利者確定訴訟
自己に対して，われこそが本当の権利者だとして義務の履行を求めてくる者が複数存在して，どちらに債務を履行すればよいかわからない場合に，いずれが真の権利者であるかを裁判で確定することを要求することをいう。賃貸物件の譲渡人と譲受人との間で紛争があり，両者がそれぞれ賃借人に対して賃料を自分に支払うよう求めるケースにおいて，いずれが真の所有者＝賃貸人であるのかを訴訟で確定するように賃借人が求めるのがその例である。日本では，強いて言えば独立当事者参加訴訟が，このようなケースを一気に解決する機能を持つが，賃借人のイニシアチブで当事者を訴訟に引き込むことができない点で異なる。

interpretation

[参考]民事訴訟法47条(独立当事者参加) 訴訟の結果によって権利が害されることを主張する第三者又は訴訟の目的の全部若しくは一部が自己の権利であることを主張する第三者は，その訴訟の当事者の双方又は一方を相手方として，当事者としてその訴訟に参加することができる。

interpretation 解釈
Interpretation Act (英)法律の解釈に関する法律，解釈法
interpretation clause 解釈条項
interpretation of the Constitution 憲法の解釈
inter-related cases 関連事件
interrelation 相関関係
interrelationship 相互関係
interrogate 取り調べる
interrogate a suspect 容疑者を尋問する
interrogation 取調べ，審訊
interrogatories 質問書

In civil actions, a pretrial discovery tool in which one party's written questions are served on the adversary, who must serve written replies under oath. Interrogatories can only be served on parties to the action, and while not as flexible as depositions, which include opportunity of cross-examination, they are regarded as a good and inexpensive means of establishing important facts held by the adversary.
(*Steven H. Gifis, Dictionary of Legal Terms 248 (3rd ed., 1998), Barron's Educational Series, Inc.*)
民事訴訟において，一方当事者の質問書が送達されることによって，相手方当事者が宣誓下の回答書の送達を義務づけられるという，公判前の証拠開示手段。質問書は訴訟の当事者に対して送達されうるだけであり，反対尋問の機会を含む宣誓証言書のような柔軟性はなく，対立当事者の有する重要な事実を証明するのに役に立つ安価な方法とみなされている。

interrogatory ①質問書②質問手続
interruption of prescription 時効の中断
　本来の権利者が権利行使の意思を示すなどの事由により，取得時効の経過が止まることをいう。いったん中断すると，再び占有を始めたとしても，それまでの占有期間に加算されるわけではなく，時効期間はまた最初に戻って経過を開始することになる。[参考]民法147条(時効の中断事由)時効は，次に掲げる事由によって中断する。　一　請求　二　差押え，仮差押え又は仮処分　三　承認

interruption of statute of limitation 時効の中断
　本来の権利者が権利行使の意思を示すなどの事由により，消滅時効の経過が止まることをいう。中断によりそれまで経過を重ねてきた時効期間は全て効力を失い，中断のときを起算点として再び消滅時効の経過が始まることになる。[参考]民法157条(中断後の時効の進行)1項　中断した時効は，その中断の事由が終了した時から，新たにその進行を始める。

interstate commerce 州際通商
Interstate Commerce Commission 州際通商委員会
interstate compact 州際協定
interstate law 州際法
interstate succession 相続
intervene 介入する
intervene in the distribution of dividends 配当に加入する
intervener 民事訴訟の参加人
intervenient participation in a lawsuit 訴訟参加
　他者が行っている訴訟の帰趨が，自分の法律上の地位に影響する場合に，自らの意思でその訴訟に加わり，自己の権利を擁護するための活動を行うことをいう。参加者に認められる地位の強弱などにより，補助参加，独立当事者参加など様々な形態の訴訟参加がある。[参考]民事訴訟法第42条(補助参加)　訴訟の結果について利害関係を有する第三者は，当事者の一方を補助するため，その訴訟に参加することができる。

intervening cause 因果関係の中断
intervenor 参加人，訴訟参加人
intervention ①訴訟参加②介入権③調停④

仲裁

intervention in bankruptcy proceedings 破産手続参加
interview 事情聴取，取り調べる，接見
interview of a suspect 被疑者の取調べ
interview of a witness 参考人の取調べ
interview room 接見室
interview with the defense counsel 弁護人との接見
intestate 無遺言，遺言を残さない
自然人が遺言を残さずに死亡したり，遺言を残しても遺言の方式を満たしていないなどの理由により，遺言としての効力が生じない場合をいう。遺言が存在しないので法定相続(intestate succession)に従った手続が開始する。
intimidate 威嚇する
intimidation 脅迫
intimidation by words or gestures 強談威迫
intimidation of a witness 証人威迫
刑事事件の証人となりうるものに対し圧力を加えて偽りの証言をさせれば偽証罪の共犯となるが，そこまでには至らなくとも，正当な理由なく証人に接触を強要する行為は，証人が事後の報復を危惧して真実の証言に消極的になる恐れがある。このような行為を，刑事司法作用を害する行為として処罰するものである。〔参考〕刑法105条の2（証人等威迫） 自己若しくは他人の刑事事件の捜査若しくは審判に必要な知識を有すると認められる者又はその親族に対し，当該事件に関して，正当な理由がないのに面会を強請し，又は強談威迫の行為をした者は，一年以下の懲役又は二十万円以下の罰金に処する。
intitle 権利を与える
intolerable cruelty 耐えがたい虐待
intoxicated 酒気帯び
intoxicated person 酩酊者
intoxicating beverage アルコール飲料
intoxication 酩酊
intra vires 権能内
intra-brand competition ブランド内競争
intra-corporate conspiracy 会社と役員と

の共謀，役員相互の共謀，結合企業内共謀
intra-firm trade 企業内取引慣行
intramural 施設内処置
intrastate commerce 州内通商
intrastate exemption 州内取引の適用除外
intrinsic fraud 本質的詐欺
introduction 総論
introduction of a bill 議案の提出
introduction of employment 職業紹介
introduction of evidence 証拠提出
introverted 内向的な
intruder 侵入者
intrusion 不法侵入，不法占有
1. A person's entering without permission.（ごく一部略）
2. In an action for invasion of privacy, a highly offensive invasion of another person's seclusion or private life.
(Bryan A. Garner, Black's Law Dictionary Second Pocket Edition 370 (2001), West Group.)
1. ある人が許可なく入り込むこと。
2. プライバシー侵害の訴訟における，他人の閑居または私生活に対する非常に不快な侵害。
intrusion into a structure 建造物侵入
いわゆる家屋侵入罪は，他人が居住している住居のみならず，事務所，工場，官公署など他人の管理する建造物に違法に立ち入る場合についても成立する。〔参考〕刑法130条(住居侵入等) 正当な理由がないのに，人の住居若しくは人の看守する邸宅，建造物若しくは艦船に侵入し，又は要求を受けたにもかかわらずこれらの場所から退去しなかった者は，三年以下の懲役又は十万円以下の罰金に処する。
intrusion into another person's residence 住居侵入
他者が居住する家屋，建物，部屋に，違法に立ち入ることにより成立する犯罪である。立入りが違法であるかどうかは，居住者の同意の有無，立入りの態様が平穏であったか否かなどを考慮して決定される。
unlawful tresspass (Vermont Statutes

intrusion

TITLE 13§3705.)。〔参考〕刑法130条（住居侵入等）　正当な理由がないのに，人の住居若しくは人の看守する邸宅，建造物若しくは艦船に侵入し，又は要求を受けたにもかかわらずこれらの場所から退去しなかった者は，三年以下の懲役又は十万円以下の罰金に処する。

intrusion into premises　邸宅侵入
intrusion upon a habitation　住居侵入
　→ intrusion into another person's residence

inure　効力を生ずる
　To effect; to result. To be of use or benefit to someone, especially used when the benefit is unintended. Property law: To fix one's interest in a property; to vest.
　(Gilbert Law Summaries Pocket Size Law Dictionary 169 (1997), Harcourt Brace And Company.)
　効力を生じること；帰着すること。誰かにとって有効または利益となること，特にその利益が企図されていない場合に使われる。財産法：財産における人の権益を設定する；帰属させること。

inure to the benefit of～　～のために効力を有する

invalid　①無効な②拘束力のない
　adj. 1. Not legally binding.
　2. Without basis in fact.
　n. A person who, because of serious illness or other disability, lacks the physical or mental capability of managing his or her day-to-day life.
　(Bryan A. Garner, Black's Law Dictionary Second Pocket Edition 370 (2001), West Group.)
　形容詞。1. 法的に拘束力がない。
　2. 事実上の論拠がない。
　名詞。深刻な病気または他の障害のために，日常生活を営む身体的または精神的能力を欠いている人。

invalidate　無効にする
invalidation of a warrant of detention　勾留状の失効
invalidation of suspension of execution

of detention　勾留執行停止の失効
invasion　権利などの侵害
invasion of privacy　プライバシーの侵害
invention　発明
invention in service　職務発明
invention of process　方法の発明
inventive step　進歩性
inventory　①在庫品②財産目録③棚卸帳
inventory check　家屋の売買において，汚れや破損をチェックすること
inventory financing　在庫品担保貸付
inventory of evidence　証拠の目録
inventory of property　財産の目録
inventory of seized articles　押収目録
invest　出資する，投資する
invested capital　投下資本
investigate in secret　内偵する
investigate the scene of the accident　事故現場を検証する
investigating authority　捜査機関
investigation affairs　調査事務
investigation based on compulsory measures　強制捜査
investigation by an undercover agent　おとり捜査
investigation for another charge　余罪捜査
investigation of criminal offense　犯罪の捜査
investigation report　捜査状況報告書
investigation report of personal affairs　身上調査書
investigation report on taking photographs　写真撮影報告書
investigatory matter　捜査関係事項
investment　出資，投資
investment advisor　投資顧問
investment banker　投資銀行
investment bill　投資手形
investment company　投資会社
investment contract　投資契約
investment in kind　現物出資
investment security　投資証券
investment tax credit　投資税額控除
investment trust　証券投資信託

investor 出資者
investor in kind 現物出資者
investor relations(IR) 投資家への広報活動
invidious discrimination 偏見差別
invitation 勧誘，誘引
invitation to offer 契約の申込みの誘引
invite subscription 株などの引受けを募集する
invitee 被誘引者
inviting a foreign invasion 外患誘致
invoice ①インボイス，送り状(商品の品質，数量，価格などを記した，取引先に送付する明細書)②請求書
An itemized, written record of merchandise shipped or sent to a purchaser, including the quantity and value of the merchandise as well as any additional costs. A writing made for an importer specifying the goods imported and their true value.
(*Gilbert Law Summaries Pocket Size Law Dictionary 171 (1997), Harcourt Brace And Company.*)
購買者へ輸送あるいは送付された商品の，明細が記された書面の記録であり，あらゆる追加費用はもちろん商品の量と価格も含む。輸入された商品とそれらの実価も明細書に記入する輸入業者のために作成される書面。
invoke 援用，主張
権利の取得や消滅など，放棄することも可能な法律効果の発生を，自己の利益に利用することを明確的に主張すること。時効による権利の得喪の援用が代表的なものである。〔参考〕民法145条(時効の援用)時効は，当事者が援用しなければ，裁判所がこれによって裁判をすることができない。
involuntary ①強制的な②故意でない③過失の
involuntary admission to mental hospital by the prefectural governor 措置入院
involuntary bankruptcy 強制破産
債権者の破産申立てによる破産。

involuntary confession 不任意の自白
involuntary dissolution 非任意解散
involuntary lien 非任意リーエン
involuntary manslaughter 非故意殺
involuntary payment 真の意思に基づかない支払い
involuntary procedure 強制手続
involuntary test 支払不能テスト
IPO : initial public offering 初めての公募
ipso facto ①事実上②結果的に
ipso jure ①法律上②法律上当然に
IQ : Import Quota 輸入割当制度
Iron and Steel Act 鉄鋼業法
iron-safe clause 金庫条項
irrational 不合理な
irrationality 不合理
irrebuttable presumption みなし
irreconcilable difference 離婚の際，夫婦関係修復不可能を理由とする方法
irregularity 訴訟手続違背，訴訟手続上の瑕疵
irrelevant 関連性のない
relevant に対する語。
irreparable damages 回復することができない損害
irreparable disadvantage 回復することができない不利益
irreparable harm 回復不能の損害
irreparable injury 回復不能の損害
irrepleviable; irreplevisable 動産占有回復訴訟により回復し得ない
irresistible force 人為的不可抗力
irretrievable breakdown of marriage 回復し難い婚姻の破綻
irrevocable ①取消不能な②撤回できない
irrevocable judgment 確定裁判
irrevocable letter of credit＝**irrevocable L／C** 取消不能信用状
irrevocable offer 撤回権の制限された申込み
irrevocable trust 撤回不能信託
irrigation 水利
IRS tax lien 連邦租税先取特権
Islamic law イスラム法

isolation 隔離
issuance of capital stock for non-cash assets 現物出資
issuance of shares 新株発行
issuance of warrant 令状の発付
issue ①争点②振出し③交付する④発行，発行数⑤土地からの収益⑥出版物の版数
issue a warrant 令状等を発する
issue in fact 事実問題に関する争点
issue of a bill of exchange 為替手形の発行
issue of bonds 社債の発行
issue of fact 事実に関する争点，事実問題
issue of law 法的争点，法律問題
issue preclusion 争点遮断効
The rendering of a decision that precludes the issue decided from being relitigated. *(Steven H. Gifis, Dictionary of Legal Terms 253 (3rd ed., 1998), Barron's Educational Series, Inc.)* 確定した争点を再度訴訟に持ち込ませないという決定を言い渡すこと。
issue price 発行価額
issued 発行済
issued shares 発行済株式
issuer 発行者
issues and profits 土地からの収益物
issue-price of shares 株式の発行価額
issuing company 株式の発行会社
issuing house （英)発行受託会社
ITA : Information Technology Agreement 情報技術規定
item 支払手段，項目
item-by-item negotiation リクエストオファー方式
ITO : International Trade Organization 国際貿易機関

J

jactitate 詐称する
jail 拘置所
jail breaking 逃走罪
jailhouse lawyer 法律に詳しい受刑者
jam of traffic 交通渋滞
James Kent ジェームズ・ケント(1763-1847)
アメリカの法学者。
Japan Coast Guard Law 海上保安庁法
Japan Commercial Arbitration Association 国際商事仲裁協会
国際商取引の紛争を仲裁によって解決することを目的としたADR(裁判外紛争解決機関)のひとつ。日本商工会議所内の国際商事仲裁委員会が母体であり，1953年に社団法人として設立された。日本における代表的なADR組織である。2003年1月より名称が日本商事仲裁協会と変更された。
Japan Electric Meters Inspection Corporation Law 日本電気計器検定所法
Japan Environment Corporation Law 環境事業団法
Japan Federation of Bar Associations 日本弁護士連合会
Japan International Cooperation Agency Law 国際協力事業団法
Japan National Oil Corporation Law 石油公団法
Japan Patent Association 日本特許協会
Japan Regional Development and Consolidation Corporation Law 地域振興整備団法
Japan Small and Medium Enterprise Corporation Law 中小企業総合事業団法
Japanese law division 日本法課
Japanese Patent Office 日本特許庁
Japanese Trademark Law 日本商標法
jargon 隠語
Jason clause ジェイソン約款，過失共同海損約款
jealous 嫉妬深い
jealousy 嫉妬
jeopardy 危険
Jeremy Bentham ジェリー・ベンサム(1748-1832)
イギリスの社会思想家。法改革論者。「最大多数の最大幸福」を唱えた。
jetsam 投荷

Jim Crow Laws ジム・クロウ法，黒人差別法
南北戦争(1861-65)における南軍の敗戦とリンカーンの奴隷解放宣言(1863)後，南部諸州ではかえって黒人に対する反発が強まり，黒人の投票権を不合理に制限したり，交通機関やレストランなど公衆の場で黒人と白人の席を分離したりするなどの差別立法が行われた。これらの法律は裁判所においても違憲とされることなく，その後公民権運動により廃止されるまでの長きにわたり存続することとなった。この時期に成立した一連の黒人差別法は，黒人全体の蔑称をとってジム・クロウ法と総称されている。

jingle rule 固有債権者優先の法則
job description 職務記述書
job history 職歴
job listing service 就職情報
job title 職種
jobber ジョッバ(請負職人，仲買人)
John Austin ジョン・オースティン (1790-1859)
イギリスの法理学者。

John Doe ジョン・ドウ，架空の原告
訴訟における原告の匿名性を示す用語で，架空の被告を表す Richard Roe と共に，いわば「名無しの権兵衛」を意味している。もっとも，身元不明の者を相手取った訴訟など，被告としても John Doe が使われることがある。かつてイギリスでは，不動産の不法占有者を退去させる法が未整備だったため，John Doe という架空の賃借人を原告として訴訟を提起し，その中の先決問題として賃貸人の所有権を裁判所に認定させるというテクニックが用いられたのが，架空原告による訴訟の起源とも言われている。

John Henry Wigmore ジョン・ヘンリー・ウィグモア (1863-1943)
アメリカの法学者。証拠や証拠法の権威。比較法の造詣も深く江戸時代の法律の研究もした。

John Marshall ジョン・マーシャル(1755-1835)
第4代合衆国最高裁判所首席裁判官。

John Raws J.ロウズ(1921-)
「正義論」を書いた法学者。

join hands 手を組む，連携する
joinder 併合
joinder of actions 訴訟の併合
joinder of causes of action 訴訟原因の併合
joinder of issue 争点の合意，争点の決定
joinder of oral proceedings 弁論の併合
joinder of parties 当事者の併合
joinder of trial 審判の併合
joint 合同の，併合の，共同の
joint account 共同計算
joint and several 連帯して
joint and several liability 連帯責任
複数の者が共同して不法行為を行ったとき，一部の者が自分が与えた損害が全体の損害の一部にすぎないことを立証できたとしても，そのような主張を許さず，常に全損害について損害賠償義務を負うとする原則をいう。〔参考〕民法719条(共同不法行為者の責任)1項 数人が共同の不法行為によって他人に損害を加えたときは，各自が連帯してその損害を賠償する責任を負う。共同行為者のうちいずれの者がその損害を加えたかを知ることができないときも，同様とする。

joint and several obligation 連帯債務
ある債務の履行について，複数の者が各自それぞれ全部の履行についての責任を負うことをいう。不可分債務のように性質上履行を分割して考えることができないわけではなく，むしろ金銭債務など分割可能な債権について，履行をより確実にする目的で成立する債務である。また，複数の債務者が負う債務内容が同一である点で，主債務に対して従属的な地位にある保証債務と異なる。〔参考〕民法432条(履行の請求)数人が連帯債務を負担するときは，債権者は，その連帯債務者の一人に対し，又は同時に若しくは順次にすべての連帯債務者に対し，全部又は一部の履行を請求することができる。

joint and survivorship annuity 共同生存

joint

者年金
joint annuity 共同終身年金，(米)共生年金
joint bank account 共同銀行預金口座
joint burden 連帯負担
Joint Committee of Both Houses 両議院協議会
二院制の議会制度を採用している場合に，両議院の議決に矛盾が生じた場合に，立法府としての意思を明確にするために，意見の調整を行う機関。日本国憲法において，衆議院と参議院の議決が一致しなかったときに開催される両院協議会も同様である。一方アメリカにおける両院合同会議は Joint Convention と呼ばれる。〔参考〕日本国憲法67条 内閣総理大臣は，国会議員の中から国会の議決で，これを指名する。この指名は，他のすべての案件に先だつて，これを行ふ。2 衆議院と参議院とが異なつた指名の議決をした場合に，法律の定めるところにより，両議院の協議会を開いても意見が一致しないとき，又は衆議院が指名の議決をした後，国会休会中の期間を除いて十日以内に，参議院が，指名の議決をしないときは，衆議院の議決を国会の議決とする。
joint contract 合同契約
joint custody 共同監護
joint debtors 合同債務者
joint enterprise 合弁事業
joint imposition of punishment 併科
joint jurisdiction 併合管轄
joint liability 共同責任
joint litigation 共同訴訟
joint manager 共同支配人
joint obligation 合同債務
joint ownership 共有
joint research and development agreement 共同研究開発契約
他の企業と共同で，製品の研究，開発を行うことを内容とする契約をいう。開発した成果の帰属については，契約で定めるところによる。
joint responsibility 連帯責任
joint stock association ジョイント・ストック・アソシエーション
joint stock company ジョイント・ストック・カンパニー，株式会社
joint surety 連帯保証人
債務者が履行をしなかった場合に，債務者に代わって履行の義務を負う二次的責任者。同じ二次的履行責任者である guarantor，と surety を比較した場合，guarantor が日本の通常の保証人，surety が責任が強化された連帯保証人に，相当する制度といえる。しかし一般的な用語としては両者はあまり区別して使用されていないので，保証債務の連帯性を強調するときに，joint surety という用語が使われることがある。
joint tenancy 共有財産，合有
joint tortfeasor 共同不法行為者
joint trial 統一公判
joint undertaking 共同の事業
joint unlawful act 共同不法行為
joint venture ジョイント・ベンチャー，合併企業
joint venture agreement 合弁事業契約
既存企業同士が，共同で特定の事業を行うことを内容とする合意。ある企業が海外で新規に事業を行う際に，その国の事情に通じた既存企業と共同で行う場合などにもよく利用される。
joint work 共同著作物
joint-control 共同管理
jointly 共同して
jointly and severally 連帯して
jointly and severally; 〜or〜 各自連帯して
joint-maximal-hypothec 共同根抵当
Jokoku-appeal 上告
Jones Act (米)ジョーンズ法
Joseph Story ジョセフ・ストウリー(1779-1845)
合衆国最高裁判所裁判官(1811-45)。
journalizing 仕訳
Judaic law ユダヤ法
judge 判事
judge a quo; judex a quo 原審裁判官，下級審裁判官
judge advocate 法務官

judge-made law　裁判官が創った法
judgment　①鑑識②裁判③判決④判決理由⑤判断
　A court's final determination of the rights and obligations of the parties in a case. The term judgment includes a decree and any order from which an appeal lies.
　(Bryan A. Garner, Black's Law Dictionary Second Pocket Edition 377-378 (2001), West Group.)
　事件における当事者の権利義務に関する裁判所の最終決定。judgment という言葉は上訴の理由となる判決とあらゆる命令を含む。

judgment by consent　同意判決，和解判決
judgment by default　欠席判決
judgment creditor　判決債権者
　勝訴判決を得た債権者をいう。判決を得た内容につき，強制執行を行い債権の満足を受けることができる。勝訴判決とは必ずしも確定した勝訴判決である必要はない。〔参考〕民事執行法22条本文，1号，2号（債務名義）　強制執行は，次に掲げるもの（以下「債務名義」という。）により行う。　一　確定判決　二　仮執行の宣言を付した判決

judgment debtor　判決債務者
　敗訴判決にもとづき，その債務について強制執行を受ける立場にある債務者をいう。判決を受けて任意に履行をなさなければ，強制的な債務実現手続が行われることになる。判決債務者には，敗訴判決を言い渡された訴訟当事者だけではなく訴訟終結後の承継人を含む。〔参考〕民事訴訟法115条1項（確定判決等の効力が及ぶ者の範囲）確定判決は，次に掲げる者に対してその効力を有する。　一　当事者　二　当事者が他人のために原告又は被告となった場合のその他人　三　前二号に掲げる者の口頭弁論終結後の承継人　四　前三号に掲げる者のために請求の目的物を所持する者

judgment document　判決書
judgment holding such right to be void　権利の無効の判決

judgment imposing punishment of imprisonment without labor or heavier penalties　禁錮以上の刑に処する判決
judgment in error　誤審令状手続による上訴審判決
judgment in personam　対人判決
judgment in rem　対物判決
judgment lien　判決リーエン，判決先取特権
judgment note　請求認諾権委任文言付約束手形
judgment notwithstanding the verdict　評決と異なる判決
judgment n.o.v.　judgment non obstanteveredicto, 評決と異なる判決，評決無視判決
judgment of alteration　変更の判決
judgment of correction　訂正の判決
judgment of dismissal of prosecution　公訴棄却の判決　→dismissal of prosecution
judgment of guilty　有罪判決
judgment of lacking jurisdiction　管轄違いの判決
　刑事裁判において，その事件が別の裁判所の担当すべきものと判明した場合に下される判決である。事件がその裁判所の管轄に属しないとき，正しい管轄を有する別の裁判所で審理すべきであるので，公訴棄却など一時不再理効の生ずる判決をすべきではないが，民事訴訟のように管轄違いの移送を一般的に認めることも，手続の厳格性，明確性の見地からは妥当でないと考えられる。そこで，管轄違いであることを手続上明確にするために，このような特別な裁判が認められている。〔参考〕刑事訴訟法329条　被告事件が裁判所の管轄に属しないときは，判決で管轄違の言渡をしなければならない。但し，第二百六十六条第二号の規定により地方裁判所の審判に付された事件については，管轄違の言渡をすることはできない

judgment of not guilty　無罪判決
judgment on judgment　執行判決
judgment on merits　本案判決，実体判決

judgment

judgment on reopening of the proceedings　再審の判決
judgment on the merits of a case　本案判決
judgment on verdict　評決通りの判決
judgment proof　判決に対する抵抗力がある，判決に負けない，判決執行不能の
judgment record　訴訟記録，判決記録
judgment roll　判決記録書
judgment set-off　判決債権の相殺
judicial act　裁判上の行為
judicial activism　司法積極主義
judicial administration　司法行政
judicial administrative affairs　司法行政事務
judicial administrative control　司法行政監督
judicial authority　司法官憲
judicial branch　司法機関
judicial circles　司法界
judicial commissioner　司法委員
judicial compromise　裁判上の和解
judicial confession　裁判上の自白
judicial day　開廷日
judicial declaration of disappearance　失踪宣告
ある者の生死不明の状態が一定期間以上続いたときに，その者と中心とする権利関係を確定させ，整理するために，その者の死亡を法律的に擬制する制度。近親者などが長期間法律的に不安定な状態に置かれていることを解消するために認められる制度なので，失踪者が実際にはどこかで生きていた場合にも，その者の権利能力が奪われるわけではない。〔参考〕民法30条（失踪の宣告）1項　不在者の生死が七年間明らかでないときは，家庭裁判所は，利害関係人の請求により，失踪の宣告をすることができる。
judicial discretion　司法裁量
judicial dissolution of adoptive relation　裁判上の離縁
judicial divorce　裁判上の離婚
judicial judgments of exclusion　除権判決
judicial jurisdiction　司法管轄権，裁判管轄権
judicial lien　裁判手続によるリーエン
judicial misconduct　裁判官の非違行為
judicial notice　裁判所による確知
judicial officer　司法官憲
judicial police officer　司法警察員
judicial power　司法権
法の解釈を行って法律的正義の維持確保に努めると共に，法を適用して具体的紛争の解決を行う国家作用あるいはそのような国家作用を専門に取り扱う国家機関をいう。その権能の帰属と内容は，国家の根本規範である憲法において定められる。日本における司法権は最高裁判所を頂点とする裁判所機構に属する。司法権の本質について，正義の確保機能と紛争解決機能のいずれをより重視するかは，国によって違いがある。日本における司法権は，英米法の強い影響を受け，具体的な紛争に法を適用することが本義とされ，その過程で必要あらば付随的に法律の憲法適合性判断を行っていく建前がとられている。これに対して大陸法諸国においては，具体的な紛争を離れた，抽象的な法の解釈や憲法適合性の判断そのものを許す傾向がある。〔参考〕憲法76条　すべて司法権は，最高裁判所及び法律の定めるところにより設置する下級裁判所に属する。
judicial precedent　判例
judicial process　司法手続
judicial sale　司法手続上の売却
judicial scrivener　司法書士
Judicial Scrivener Law　司法書士法
judicial subrogation　裁判上の代位
judicial supremacy　司法権の優越
judicial system　司法制度
judicial trustee　裁判所選任受託者
judicial writ　（英）訴訟進行令状，司法令状，裁判所令状
judiciary　司法
Judiciary Act of 1789　（米）1789年裁判所法
Juglar cycle　ジュグラーの波
junior barrister　勅選弁護士でないバリスタ，下位の法廷弁護士
junior creditor　後順位債権者

junior execution 後順位執行
junior hypothecary obligee 後順位抵当権者
junior judgment 後になされた判決
junior lien 後順位先取特権
優先弁済権の順位において，他の担保物権に劣後する先取特権のこと。先順位の担保権が弁済を受けて余剰があった場合のみ弁済を受けることができる。
junior mortgage 後順位抵当権
優先弁済権の順位において，他の先順位担保物権に劣後する抵当権のこと。先順位の抵当権は senior mortgage。
junk bond ジャンク・ボンド
juris 法の，法律の
juris doctor＝**doctor of juris prudence** 法学博士
アメリカのロー・スクール卒業者に贈られる学位。
jurisdiction 管轄，管轄権，裁判権，裁判管轄，管轄区域
1. A government's general power to exercise authority over all persons and things within its territory.
2. A court's power to decide a case or issue a decree.
3. A geographic area within which political or judicial subdivision within such an area.
(Bryan A. Garner, Black's Law Dictionary Second Pocket Edition 383 (2001), West Group.)
1. その領土内の全ての人々と物事に対して権限を行使する政府の一般的な権力。
2. 事件を解決するまたは法令を公布する裁判所の権力。
3. その領域内で政治的または司法的な再分割がなされる地理的な範囲。
jurisdiction by agreement 合意管轄
jurisdiction in personam 対人管轄権，対人裁判権
jurisdiction in rem 対物管轄権
jurisdictional dispute 裁判管轄権に関する争い，代表権争議；縄張り争議
jurisprudence ①法哲学②法律学③法制度

jurist ①法学者②弁護士
juristic act 法律行為
juristic act subject to a condition 条件付法律行為
juristic person 法人，法的人格
juristic person for the purpose of liquidation 清算法人
juror 陪審員
Jurors are the judges of fact 陪審は事実の裁判官なり
jury 陪審
jury box 陪審員席
jury instruction 陪審に対する説示
Jury Law 陪審法
jury make its decision 陪審員は評決を告げる
jury nullification 陪審による法の無視
jury panel 陪審員団，陪審員候補者名簿，〜団
jury render a verdict 陪審員は評決を告げる
jury system 陪審制度
jury trial 陪審裁判，陪審審理
jus ad rem 対物請求権，物に対する権利
jus commune コモン・ロー，共通法，一般法
jus dispondi 処分権
jus duplicatum 二重権
jus in personam 対人権
jus in rem 対物権，対世権
jus naturale 自然法
jus non scriptum 不文法
jus scriptum 成文法
jus tertii 第三者の権利，第三者の権利の抗弁
just compensation 正当な補償
justice ①公平②最高裁判事③司法④正義⑤裁判
justice minister's authority to direct the public prosecutor general 指揮権
justice of the peace 治安判事
justifiable act 正当行為
justifiable cause 違法性阻却事由 →justification
justifiable homicide 正当な殺人

justification ①正当化すること ②違法性阻却事由
形式的には刑法が犯罪として定めた条文にあてはまる場合でも，その行為が自分や他人の権利を守る防衛行為であったり，法律上の義務や業務として行われたなどの場合には，犯罪とはされず処罰されることもないことをいう(LA Revised Statutes Criminal Law§18等)。一般的に，防衛行為であるとか正当業務行為であるなどの事情は，被告人の側で立証しなければならず，この立証がなされない限りは有罪を免れない。〔参考〕刑法35条(正当行為) 法令又は正当な業務による行為は，罰しない。

juvenile 青少年，未成年者
juvenile delinquency 少年非行
juvenile delinquent 非行少年
少年法が審判の対象とする少年をいう。非行少年には，①犯罪を行った14歳以上20歳未満の者＝犯罪少年，②14歳未満で犯罪能力がないが，刑罰法規に触れる行為を行った者。③将来犯罪少年や触法少年になる恐れのある者＝虞犯少年，の3種類からなる。〔参考〕少年法1条(この法律の目的) この法律は，少年の健全な育成を期し，非行のある少年に対して性格の矯正及び環境の調整に関する保護処分を行うとともに，少年及び少年の福祉を害する成人の刑事事件について特別の措置を講ずることを目的とする。

Juvenile Law 少年法
juvenile of illegal behavior 触法少年
14歳未満の者で刑罰法規に触れる行為を行った者。年齢以外の点は犯罪少年と変わりはないが，14歳未満で責任能力がない者の行為は厳密には犯罪とはよべないので，このような名称がつけられている。〔参考〕少年法3条(審判に付すべき少年)本文，1号，2号 次に掲げる少年は，これを家庭裁判所の審判に付する。 一 罪を犯した少年 二 十四歳に満たないで刑罰法令に触れる行為をした少年

juvenile prone to commit an offense 虞犯少年
刑罰法規に触れる行為を行ったわけではないが，近い将来その可能性が高い少年をいう。少年法は道義的非難としての刑罰を科すことが目的ではなく，少年の更正改善と犯罪予防のための保護処分を行うのが目的であるので，このような虞犯少年に対する審判制度が認められている。もっとも将来的な触法の危険性だけを虞犯少年の要件としたのでは，少年の人権が不当に害される恐れがあるので，虞犯少年とされる場合が少年法に列挙されている。そして，この虞犯事由に該当する少年だけが，審判手続の対象となる。〔参考〕少年法3条(審判に付すべき少年)本文，3号 次に掲げる少年は，これを家庭裁判所の審判に付する。 三 次に掲げる事由があつて，その性格又は環境に照して，将来，罪を犯し，又は刑罰法令に触れる行為をする虞のある少年 イ 保護者の正当な監督に服しない性癖のあること。 ロ 正当な理由がなく家庭に寄り附かないこと。 ハ 犯罪性のある人若しくは不道徳な人と交際し，又はいかがわしい場所に出入すること。 ニ 自己又は他人の徳性を害する行為をする性癖のあること。

Juvenile Training School Law 少年院法
juvenile under 14 years of age who is alleged to have violated any criminal law or ordinance 触法少年
juxtaposition 寄せ集め，並置

K

Kabushiki Kaisha 株式会社
kangaroo court リンチ的裁判
Karl Nickerson Llewellyn カール・ニッカーソン・ルウェリン(1893-1962) アメリカの法学者。
keelage 入港税
keen 鋭利な
keep 備え置く
keep abreast with 並行して
keep and maintain 維持する 同義語を併記するパターン。
keep on file 編綴する
keep secret 黙秘する

keep silent 黙秘する
keeping house 蟄居
keiretsu 系列
key 事件の手掛かり
key money 礼金，権利金
家屋の賃貸借契約締結時に，家賃とは別に賃借人から賃貸人に支払われる金銭をいう。類似の金銭に敷金(security deposit)とよばれるものがあるが，これは賃料の未払いや賃貸物件の毀損などの担保目的で授受されるのが比較的明確なのに対し，礼金や権利金は漠然と地域慣習的にやり取りされている場合が少なくなく，その法的趣旨は必ずしも明確ではない。

Keynesian theory ケインズ理論
key-number system キー番号システム
kickback リベート
kidnapped person 被拐取者
kidnapping 誘拐，略取
kidnapping for profit 営利略取 →kidnapping or abduction for profit
kidnapping for the purpose of performing an obscene act 猥褻略取
kidnapping for the purpose of transporting a kidnapped person to foreign countries 国外移送略取
kidnapping for the purpose to marry 結婚略取
kidnapping or abduction 略取誘拐
kidnapping or abduction for profit 営利誘拐
誘拐した者を労働に就業させて搾取するなど，身代金以外の何らかの金銭的利益を得ることを目的に，誘拐罪をはたらくことをいう。[参考]刑法225条(営利目的等略取及び誘拐) 営利，わいせつ又は結婚の目的で，人を略取し，又は誘拐した者は，一年以上十年以下の懲役に処する。

kidnapping or abduction for ransom 身代金目的誘拐
誘拐された者の近親者等から，身柄の解放と引換えに，金品を不正に取得する目的でなされた誘拐罪をいう。通常犯人から，被拐取の身体に危害を加えることが示唆され，示唆どおりに実行されることも少なくないなど，法益侵害度が極めて高いため，誘拐罪の諸類型の中でも重く罰せられる犯罪となっている。[参考]刑法225条の2(身の代金目的略取等) 近親者その他略取され又は誘拐された者の安否を憂慮する者の憂慮に乗じてその財物を交付させる目的で，人を略取し，又は誘拐した者は，無期又は三年以上の懲役に処する。

kidnapping or abduction for the purpose of transporting a kidnapped or abducted person to foreign countries 国外移送目的誘拐
kidney 腎臓
kidney disease 腎臓病
kill oneself by taking poison 服毒自殺する
killed and wounded 死傷者
killer 刺客
killing by poison 毒殺
kin 親族，血縁の
kind 種類
kind and character 性質の
同義語を併記するパターン。
kind and nature 性質の
同義語を併記するパターン。
King's Bench 王座部，王座裁判所
King's Council 国王評議会
King's Counsel 勅選弁護士
kinship 血縁関係
kitchen knife 出刃包丁
Kitchin cycle キチンの波
kiting 小切手の過振り，空手形
knight 騎士
knock out (英)談合競売，談合
knock to pieces 叩き壊す
knocked down 組立式の，激安の
knock-for-knock agreement (英)ノック・フォア・ノック・アグリーメント
know-how ノウ・ハウ，技術秘訣
The information, practical knowledge, techniques, and skill required to achieve some practical end, esp. in industry or technology.
(*Bryan A. Garner, Black's Law Dictionary Second Pocket Edition 393 (2001),*

knowing

West Group.)
何か実際的な目的を達成するために必要とされる情報，実用的な知識，技術，技能，特に産業または工業技術におけるもの。

knowing delivery of altered currency, when acquired without knowing its nature 変造通貨収得後知情交付

knowing delivery of counterfeit currency, when acquired without knowing its nature 偽造通貨収得後知情交付
偽造通貨交付罪にあたる行為のうち，自身が取得する際に偽造された通貨であることを知らなかった場合につき，軽く罰するものである。このような，自身が被った損害を他者に転嫁する行為は，推奨される行為ではないが，動機において非難が減少する余地があるからである。〔参考〕刑法152条（収得後知情行使等）貨幣，紙幣又は銀行券を収得した後に，それが偽造又は変造のものであることを知って，これを行使し，又は行使の目的で人に交付した者は，その額面価格の三倍以下の罰金又は科料に処する。ただし，二千円以下にすることはできない。

knowing utterance of altered currency, when acquired without knowing its nature 変造通貨収得後知情行使
変造通貨行使罪にあたる行為のうち，自身が取得する際に変造された通貨であることを知らなかった場合につき，軽く罰するものである。このような，自身が被った損害を他者に転嫁する行為は，推奨される行為ではないが，動機において非難が減少する余地があるからである。〔参考〕刑法152条（収得後知情行使等）貨幣，紙幣又は銀行券を収得した後に，それが偽造又は変造のものであることを知って，これを行使し，又は行使の目的で人に交付した者は，その額面価格の三倍以下の罰金又は科料に処する。ただし，二千円以下にすることはできない。

knowingly 意識的に，故意に
knowledge 認識
knowledge conversion 知識変換
knowledge management (KM) ナリッジ・マネジメント，知識管理
knowledge of the falsity 不実の認識
knowledge process 知識プロセス
knowledge worker ナリッジ・ワーカー
knowlegement 確認
knowledge-base 知識ベース
known 既知の
known and described as 〜と呼ばれる
同義語を併記するパターン。
known party 認識された当事者
Kokoku-appeal 決定・命令等に対する上訴や抗告
Kokoku-appeal procedure 抗告の手続
Kokoku-appeal proceedings 抗告の手続
Kondratieff cycle コンドラチェフの波
Korsakoff's psychosis コルサコフ症候群
Koso-appeal 控訴
第一審の判決に対する不服申立て手段。わが国では民事訴訟，刑事訴訟を問わず，高等裁判所が控訴事件の管轄を有するのが原則である。〔参考〕裁判所法16条（裁判権）高等裁判所は，左の事項について裁判権を有する。一 地方裁判所の第一審判決，家庭裁判所の判決及び簡易裁判所の刑事に関する判決に対する控訴

Ku Klux Klan Acts クー・クラックス・クラン法(1871)
南北戦争(1861〜65)直後の南部諸州では，黒人の政治参加に反発した白人で結成されたクー・クラックス・クランという結社による，黒人に対する脅迫，殺害，黒人宅や公共機関への破壊，放火などが相次いだ。そのため合衆国連邦議会は，法律を制定してクー・クラックス・クランを非合法化し，取締りを実施した。

L

L／C 信用状
貿易取引において，買主が，代金支払いを保証してもらうことを内容とする，売主の取引銀行が発行した証書をいう。letter of credit。売主は信用状の通知を受けることにより，代金不払いの不安なく発送に取り

lapse

かかれることになる。
L.I.F.O. last-in, first-out, 後入先出
L.S. locus sigilli, 捺印箇所
label 製品などの表示，商品の証票
labeled price 定価
labor ①定役②役務
Labor Code 労働法典
labor dispute 労働争議
labor injunction 争議行為差止命令
labor laws 労使関係法
labor management 労務管理
Labor Management Act 労働管理法
Labor Management Relation Act 労使関係法
labor market 労働市場
labor movement 労働運動
labor process of childbirth 分娩
labor regulations 就業規則(労働法規)
Labor Relations Adjustment Law 労働関係調整法
Labor Standard Law 労働基準法
Labor Standards Bureau 労働基準局
labor union 労働組合
laborer; labourer 労働者
laborers' lien 労働者の先取特権
Labor-management Reporting and Disclosure Act＝Landrum-Griffin Act ランドラム・グリフィン法 アメリカの連邦法で労働組合内の腐敗，非民主的活動の規制を目的とする。
lacerated wound 裂傷
laches 権利行使の懈怠・遅滞，消滅時効
lack of mental capacity 意思無能力
lack of qualifications 無資格
lacking jurisdiction 管轄違い
lacuna 余白，空白，法の欠缺
laden inbulk バラ積み
lagan 浮標付投荷，ブイ付投荷
lagging indicator 遅行指標
lame duck レイム・ダック(死に体)
land ①土地②不動産
land bank 土地銀行
land certificate 土地登記証明書
land for sale in lots 分譲地
land lease 土地賃貸借契約 土地上に建物を建築する目的で，土地を賃借することをいう。ground lease, building lease。
Land Lease Law 借地法
land ownership 土地所有権，単純封土権
Land Readjustment Law 土地区画整理法
land registration (英)不動産登記制度，土地登記
land trust (米)土地信託
land use regulation 土地利用規制 土地所有権は，土地を自由に利用収益できる権利だが，同時に，社会的影響力の強い財産であるため，広範な公共目的からくる制約に服することが予定されている。建築基準法のような安全上の消極目的からする規制，経済政策的見地からする地区別の用途規制(zoning)等が代表的な土地利用規制である。
landing 着陸
landlady 女性の家主，地主
landlocked 袋地 他の者が所有する土地を通らなければ，公道に出ることができない土地をいう。土地の分筆と売却を繰り返すと袋地ができることがある。袋地の周囲を取り囲む他者所有地を囲繞地(いにょうち)といい，袋地の所有者は囲繞地を通行する権利を有する(囲繞地通行権, easement by necessity)。ただしそれは囲繞地所有者に損害の少ない方法を選ばなければならず，償金の支払義務も発生する。
landlord 男性の地主，家主
landlord and tenant 不動産貸主と借主の関係
landmark ①境界標識②画期的な出来事
landmark decision 画期的判決
landowner 土地所有者
Landrum-Griffin Act ランドラム・グリフィン法 →Labor-management Reporting and Disclosure Act
lane marking 車線区分線
Lanham Act アメリカ連邦商標法，ランハム法
lapse 時の経過，権利の消滅

lapse

1. The end or failure of a right because of the neglect to enforce or use it within a time limit.
2. The failure of a gift by will.
(*Daniel Oran, Law Dictionary for Non-lawyers 178 (4th ed., 2000), West Legal Studies.*)
1. 期限内に実施または使用しなかったことによる権利の終了または消滅。
2. 遺言による贈与の不履行。

lapse of period 期間の経過
lapse of time 時の経過
larceny 窃盗
larceny committed against one's relatives 親族相盗
larceny through causing unconsciousness 昏睡盗
large family 大家族
large income earner 高額所得者
lassez faire 自由放任主義
last resort 最後の手段
last term 前期
last will 最終遺言
last-in, first-out 後入先出(法)
late arrival 延着
late charge 遅延損害金
債務の履行が期限に遅れたことによる債権者の損害を賠償する金銭をいう。late charge。遅延利息、罰金(penalty)などという言葉が使われることもあるが、いずれもその本質は債務不履行に対する損害賠償である。

late delivery 引渡遅滞
物の引渡債務を、期限に履行できなかったことをいう。債務不履行として遅滞による損害賠償の義務が発生する。損害額は債権者が立証するのが原則であるが、損害賠償額の算定や支払方法を契約で定めているときは、その契約条項に従うことになる。
〔参考〕民法420条(賠償額の予定)当事者は、債務の不履行について損害賠償の額を予定することができる。この場合において、裁判所は、その額を増減することができない。 2 賠償額の予定は、履行の請求又は解除権の行使を妨げない。 3 違約金は、賠償額の予定と推定する。

late payment 遅延損害金 →late charge
latent 潜在的
latent ambiguity 潜在的多義性、潜在的不明確
latent defects 隠れたる瑕疵
lateral support 水平支持
law 法律

1. The regime that orders human activities and relations through systematic application of the force of politically organized society, or through social pressure, backed by force, in such a society; the legal system ⟨respect and obey the law⟩.
2. The aggregate of legislation, judicial precedents, and accepted legal principles; the body of authoritative grounds of judicial and administrative action ⟨the law of the land⟩.
3. The set of rules or principles dealing with a specific area of a legal system ⟨copyright law⟩.
4. The judicial and administrative process; legal action and proceedings ⟨when settlement negotiations failed, they submitted their dispute to the law⟩.
5. A statute ⟨Congress passed a law⟩.
6. Common law ⟨law but not equity⟩.
7. The legal profession ⟨she spent her entire career in law⟩.
(*Bryan A. Garner, Black's Law Dictionary Second Pocket Edition 400 (2001), West Group.*)
1. 人間の活動と関係を、政治的に組織された社会の強制力を体系的に適用することで、もしくは強制力をもつ社会的な圧力によって、人間活動と人間関係を管理する統治；法律制度⟨法を尊重し従う⟩。
2. 制定法、判例、容認された法原則の集合体；司法活動と行政活動の権威ある基盤の実質⟨不動産の法律⟩。
3. 法制度の特定の範囲を扱う規則または原則の一式⟨著作権法⟩。
4. 司法と行政の手続；法的訴訟および手続⟨和解交渉が不調に終わると、彼らは紛

Law

争を法に委ねた〉。
5. 制定法〈国会は法を可決した〉。
6. コモン・ロー〈エクイティではない法〉。
7. 法律職〈彼女は全キャリアを法曹界に費やした〉。

law and economics 法と経済学
law and order 法と秩序
law applicable 適用法
law clerk （米）ロー・クラーク，法律事務員
Law Commision （英）法律委員会
Law Concerning Applicable Law to Form of Will 遺言の方式の準拠法に関する法律
Law concerning Application of Laws in General 法例
Law Concerning Cases where Signing is Required within Commercial Code 商法中署名スヘキ場合ニ関スル法律
Law concerning Coal Washing Operations 水洗炭業に関する法律
Law Concerning Consignment and Other Matters relating to Future Transaction in Foreign Commodity Markets 海外商品市場における先物取引の受託等に関する法律
Law Concerning Electronic Signatures and Certification Services 電子署名及び認証業務に関する法律（電子署名法）
Law concerning Emergency Measures against Cornering and Speculative Stocking of Materials and Products related to Daily Life 生活関連物資等の買占め及び売惜しみに対する緊急措置に関する法律
Law Concerning Entrepreneur's Bearing of the Cost of Public Pollution Conrol Works (Pollution Control Public Works Cost Allocation Law) 公害防止事業費事業者負担法
Law Concerning Examination and Regulation of Manufacture and Handling of Chemical Substances 化学物質の審査及び製造等の規制に関する法律
Law concerning Foreign Service Employees 外務公務員法
Law concerning Improvement of City Improvement Areas, City Development Areas and Conservation Areas in the Chubu Region 中部圏の都市整備区域，都市開発区域及び保全区域の整備等に関する法律
Law concerning Japan External Trade Organization 日本貿易振興会法
Law Concerning Japan Nuclear Cycle Development Institute 核燃料サイクル開発機構法
Law Concerning Pollution-Related Health Damage Compensation and Other Measures 公害健康被害の補償等に関する法律
Law concerning Prevention from Radiation Hazards due to Radio-Isotopes, etc. 放射性同位元素等による放射線障害の防止に関する法律（放射線障害防止法）
Law concerning Promotion of Research and Development and Diffusion of Social Welfare Equipment 福祉用具の研究開発及び普及の促進に関する法律
Law concerning Promotion of the Development and Introduction of Alternative Energy 石油代替エネルギーの開発及び導入の促進に関する法律
Law concerning Promotion of the Use of New Energy 新エネルギー利用等の促進に関する特別措置法
Law concerning Protection of Wildlife and Game 鳥獣保護及び狩猟に関する法律
Law Concerning Provisional Measures for the Promotion of Administrative Work on Certification of Minamata Disease 水俣病の認定業務の促進に関する臨時措置法
Law concerning Punishment of Physical Violence and Others 暴力行為等処罰ニ関スル法律
Law Concerning Rational Use of Energy ; Law Relating to Rationalization of Energy Use エネルギーの使用の合

Law

理化に関する法律

Law concerning Regulation of Membership Contract concerning Golf Courses, etc. ゴルフ場等に係る会員契約の適正化に関する法律

Law Concerning Regulation of Pumping-Up of Ground Water for Use in Building 建築物用地下水の採取の規制に関する法律

Law concerning Regulation, etc. of Receiving of Capital Subscription, Deposits, Interest on Deposits, etc. 出資の受入、預り金及び金利等の取締等に関する法律

Law Concerning Responsibility for Fire by Negligence 失火ノ責任ニ関スル法律

Law Concerning Restriction of Factories, etc. in Built-Up District in Kinki Region 近畿圏の既成都市区域における工場等の制限に関する法律

Law concerning Restriction on Factories in Existing Urbanized Areas of the Metropolitan Region 首都圏の既成市街地における工業等の制限に関する法律

Law Concerning Special Fiscal Aid for Coping with Disasters 激甚災害に対処するための特別の財政援助等に関する法律

Law Concerning Special Government Financial Measures for Pollution Control Projects 公害の防止に関する事業にかかわる国の財政上の特別措置に関する法律

Law concerning Special Measures against Dioxins ダイオキシン類対策特別措置法

Law concerning Special Measures for Arranging and Managing the International Exposition to be Held in 2005 平成17年に開催される国際博覧会の準備及び運営のために必要な特別措置に関する法律

Law concerning Special Measures for Conservation of Lake Water Quality 湖沼水質保全特別措置法

Law concerning Special Measures for Practice of Foreign Attorneys 外国弁護士による法律事務の取扱に関する特別措置法(外国弁護士法律事務特別措置法)

Law concerning Special Measures for Total Emission Reduction of Nitrogen Oxides from Automobiles in Specified Areas 自動車から排出される窒素酸化物の特定地域における総量の削減等に関する特別措置法

Law concerning Special Measures for Water Quality Conservation at Water Resources Area in Order to Prevent the Specified Difficulties in Water Utilization 特定水道利水障害の防止のための水道水源水域の水質の保全に関する特別措置法

Law Concerning Status of Judges 裁判官分限法
心身の故障のために職務に耐えられないと認められる裁判官の職を、裁判によって免ずる手続を定めた法律。〔参考〕日本国憲法78条 裁判官は、裁判により、心身の故障のために職務を執ることができないと決定された場合を除いては、公の弾劾によらなければ罷免されない。裁判官の懲戒処分は、行政機関がこれを行ふことはできない。

Law concerning Supervising Installation Work of Specified Gas Appliance 特定ガス消費機器の設置工事の監督に関する法律

Law concerning the Adjustment of Retail Business Operations of Large-Scale Retail Stores 大規模小売店舗における小売業の事業活動の調整に関する法律

Law concerning the Business Optimization of Electric Works 電気工事業の業務の適正化に関する法律

Law concerning the Cost, etc. of Criminal Procedure 刑事訴訟費用等に関する法律

**Law concerning the Implementation of the Convention on the Prohibition of the Development, Production and

Stockpiling of Bacteriological (Biological) and Toxin Weapons and on their Destruction 細菌兵器(生物兵器)及び毒素兵器の開発，生産及び貯蔵の禁止並びに廃棄に関する条約の実施に関する法律

Law concerning the Improvement of Pollution Prevention Systems in Specific Factories 特定工場における公害防止組織の整備に関する法律

Law concerning the Improvement of System for Research and Development in the Field of Industrial Technology 産業技術に関する研究開発体制の整備等に関する法律

Law concerning the Improvement of Urban Distribution Centers 流通業務市街地の整備に関する法律

Law concerning the International Application of the Patent Cooperation Treaty and Related Matters 特許協力条約に基づく国際出願等に関する法律

Law concerning the Organization of Small and Medium Enterprises Organizations 中小企業団体の組織に関する法律

Law concerning the Prevention of Damage Caused by Aircraft Noise in Areas Around Public Airports 公共用飛行場周辺における航空機騒音による障害の防止等に関する法律

Law Concerning the Prevention of Infectious Diseases and Patients with Infectious Diseases 感染症の予防及び感染症の患者に対する医療に関する法律

Law concerning the Promotion of Efficient Distribution Systems in Small and Medium Enterprises 中小企業流通業務効率化促進法

Law Concerning the Promotion of Equal Opportunity and Treatment between Men and Women in Employment and Other Welfare Measures for Women Workers 雇用の分野における男女の均等な機会及び待遇の確保等女子労働者の福祉増進に関する法律(男女雇用機会均等法)

Law concerning the Promotion of Improvement of Employment Management in Small and Medium-sized Enterprises for Securing Manpower and Creating Quality Jobs 中小企業における労働力の確保及び良好な雇用の機会の創出のための雇用管理の改善の促進に関する法律

Law Concerning the Promotion of Local Employment Development 地域雇用開発促進法

Law Concerning the Promotion of Procurement of Eco-Friendly Goods and Services by the State and Other Entities ; Law on Promotimg Green Purchasing 国等による環境物品等の調達の推進等に関する法律(グリーン購入法)

Law concerning the Promotion of Projects to Preserve Water Quality in Drinking Water 水道原水水質保全事業の実施の促進に関する法律

Law concerning the Promotion of the Measures to Cope with Global Warming 地球温暖化対策の促進に関する法律

Law concerning the Promotion of the Traditional Craft Industries 伝統的工芸品産業の振興に関する法律

Law concerning the Promotion of Tourism, Commerce and Industry in Designated Areas by Organizing Events Taking the Advantage of Traditional Music, Arts and Other Local Cultures 地域伝統芸能等を活用した行事の実施による観光及び特定地域商工業の振興に関する法律

Law concerning the Protection of the Ozone Layer through the Regulation of Specified Substances and Other Measures 特定物質の規制等によるオゾン層の保護に関する法律

Law Concerning the Provision of Disaster Condolence Grants 災害弔慰金の支給等に関する法律

**Law concerning the Registration of Im-

Law

movables　不動産登記法

Law Concerning the Relief of Atomic Bomb Survivors　原子爆弾被爆者に対する援護に関する法律(被爆者援護法)

Law Concerning the Reporting of the Release into the Environment of Specific Chemical Substances and Promoting Improvements in Their Management　特定化学物質の環境への排出量の把握等及び管理改善の促進に関する法律

Law Concerning the Securing of Safety and the Optimization of Transaction of Liquefied Petroleum Gas　液化石油ガスの保安の確保及び取引の適正化に関する法律

Law Concerning the Special Provisions to the Procedure, etc. relating to Industrial Property Rights　工業所有権に関する手続等の特例に関する法律

Law concerning the Suspension of the Jury Law　陪審法の停止に関する法律

Law Controlling Possession, etc. of Fire-Arms and Sword　銃砲刀剣類所持等取締法

law day　支払期日、弁済期、満期

law firm　ロー・ファーム　複数の弁護人の法律事務所。

Law for Adjugement of Domestic Relations　家事審判法

Law for Comparted-ownership, etc. of Building　建物の区分所有等に関する法律

Law for Conciliation of Civil Affairs　民事調停法

Law for Conservation of Aquatic Resources　水産資源保護法

Law for Development of Comprehensive Resort Areas　総合保養地域整備法

Law for Employment Promotion etc. of Persons with Disabilities　障害者の雇用の促進等に関する法律

Law for Enforcement of the Code of Criminal Procedure　刑事訴訟法施行法

Law for Extraordinary Expenditure and Assistance to cope with Hanshin-Awaji Earthquake　阪神・淡路大震災に対処するための特別の財政援助及び助成に関する法律

Law for Facilitating the Creation of New Business　新事業創出促進法

Law for Immediate Aid to Offenders, etc.　更生緊急保護法

Law for Impeachment of Judges　裁判官弾劾法

Law for International Assistance in Investigation　国際捜査共助法

Law for Maintenance of Order in Court-Room, etc.　法廷等の秩序維持に関する法律

Law for Oath, Testimony, etc. of Witnesses at the Diet　議院における証人の宣誓及び証言等に関する法律

Law for Preventing Collisions at Sea　海上衝突予防法

Law for Preventing Minors from Drinking　未成年者の飲酒に関する法律(未成年者飲酒禁止法)

Law for Prevention and Disposition of Robbery, Theft, etc.　盗犯等の防止及び処分に関する法律

Law for Probationary Supervision of Persons　執行猶予者保護観察法

Law for Promoting University-Industry Technology Transfer　大学等における技術に関する研究成果の民間業者への移転の促進に関する法律

Law for Promotion of Sorted Collection and Recycling of Containers and Packaging (Containers and Packaging Recycling Law)　容器包装に係る分別収集及び再商品化の促進等に関する法律(容器包装リサイクル法)

Law for Protection of Buildings　建物保護に関する法律

Law for Protection of Cultural Properties　文化財保護法

Law for Punishing Compulsion and Other Related Acts Committed by Those Having Taken Hostages　人質

Law

による強要行為等の処罰に関する法律

Law for Punishing the Seizure of Aircraft and Other Related Crimes 航空機の強取等の処罰に関する法律

Law for Recycling of Specified Kinds of Home Appliances 特定家庭用機器再商品化法(家電リサイクル法)

Law for Safety of Vessels 船舶安全法

Law for Securing the Proper Operation of Worker Dispatching Undertakings and Improved Working Conditions for Dispatched Workers 労働者派遣事業の適正な運営の確保及び派遣労働者の就業条件の整備等に関する法律(労働者派遣事業法)

Law for Ships Officers 船舶職員法

Law for Special Aid to the Wounded and Sick Retired Soldiers 戦傷病者特別援護法

Law for Special Exceptions to the Commercial Code concerning Audit, etc. of Kabushiki-kaisha 株式会社の監査等に関する商法の特例に関する法律

Law for Special Measures for an Early Resolution of the Northern Territory Issue 北方領土問題解決促進特別措置法

Law for Special Measures for the Conservation of the Environment of the Seto Inland Sea 瀬戸内海環境保全特別措置法

Law for Stabilization of Employment for Older Persons 高齢者等の雇用の安定等に関する法律

Law for Summary Proceedings in Traffic Cases 交通事件即決裁判手続法

Law for Temporary Measures concerning Fine 罰金等臨時措置法

Law for the Conservation of Endangered Species of Wild Fauna and Flora 絶滅の恐れのある野生動植物の種の保存に関する法律

Law for the Conservation of Green Belts around the National Capital Region 首都圏近郊緑地保全法

Law for the Control of Export, Import and Others of Specified Hazardous Wastes and Other Wastes 特定有害廃棄物等の輸出入等の規制に関する法律

Law for the Divelopment of Conservation Areas in Kinki Region 近畿圏の保全区域の整備に関する法律

Law for the Establishment of the Environment Agency 環境庁設置法

Law for the Facilitation of Research in Key Technologies 基盤技術研究円滑化法

Law for the Improvement of Roadside Along Trunk Roads 幹線道路の沿道の整備に関する法律

Law for the Inquest of Prosecution 検察審査会法

Law for the Preservation of Fauna and Flora in the Antarctic Region 南極の動物相及び植物相の保存に関する法律

Law for the Protection of Cultural Properties 文化財保護法

Law for the Punishment of Environmental Pollution Crimes relating to Human Health 人の健康に係る公害犯罪の処罰に関する法律

Law for the Welfare of Fatherless Families and Widows 母子及び寡婦福祉法

Law for the Welfare of People with Mental Retardation 知的障害者福祉法

Law for the Welfare of People with Physical Disabilities 身体障害者福祉法

law in action 動いている法
law in book 書かれた法
law journal 法律雑誌
law library 法学部図書館
law list (英)法曹名簿
law lord 法律貴族
law maker 立法者
law martial 戒厳令
law merchant 商慣習法
Law of Alcohol Business アルコール事業法
law of civil execution 民事執行法
law of evidence 証拠法
Law of Extradition 犯罪人引渡し法

law

law of flag　旗国法
law of one's own country　本国法
Law of Procedure in Noncontentious Matters　非訟事件手続法
law of property　財産権法
law of the forum　法廷地法
Law of the People's Examination of the Supreme Court Judges　最高裁判所裁判官国民審査法
Law of the Sea; Sea Laws　海洋法
law office　法律事務所
Law on Ensuring the receipt of Orders form the Government and Other Public Agencies by Small and Medium Enterprises　官公需についての中小企業者の受注の確保に関する法律
Law on Exceptional Provisions for the Registration of Program Works　プログラムの著作物に係る登録の特例に関する法律
Law on Extraordinary Measures for Compensation, etc. for Coal Mine Damage　石炭鉱害賠償等臨時措置法
Law on Extraordinary Measures for Structural Adjustment of the Coal Mining Industry　石炭鉱業構造調整臨時措置法
Law on Extraordinary Measures for the Promotion of Imports and the Facilitation of Foreign Direct Investment in Japan; Import and Inward Investment Promotion Law　輸入の促進及び対内投資事業の円滑化に関する臨時措置法
Law on Extraordinary Measures for the Regulation of Accounting by the Coal Mining Industry　石炭鉱業経理規制臨時措置法
Law on Facilitation of Information Processing　情報処理の促進に関する法律
Law on Financial and Other Assistance for Small Business Modernization　中小企業近代化資金等助成法
Law on Improvement and Vitalization of City Centers　中心市街地における市街地の整備改善及び商業等の活性化の一体的推進に関する法律
Law on Interim Measures for Deep Seabed Mining　深海底鉱業暫定措置法
Law on Interracial Marriages　異人種間結婚法
Law on Mental Health and Welfare for People with Mental Disorders　精神保健及び精神障害者福祉に関する法律
Law on Mutual Relief System for the Prevention of Bankruptcies of Small and Medium Enterprises　中小企業倒産防止共済法
Law on Prevention of Marine Pollution and Maritime Disasters　海洋汚染及び海上災害の防止に関する法律
Law on Prohibition of Chemical Weapons and the Regulation of Specific Chemicals　化学兵器の禁止及び特定物質の規制等に関する法律
Law on Securing Business Opportunities for Small and Medium Enterprises by Adjusting the Business Activities of Large Enterprises　中小企業の事業活動の機会の確保のための大企業者の事業活動の調整に関する法律
Law on Special Accounts for Coal, Petroleum and the More Sophisticated Structure of Demand and Supply of Energy　石炭並びに石油及びエネルギー需給構造高度化対策特別会計法
Law on Special Measures Associated with Reorganization of National Hospitals, etc.　国立病院等の再編成に伴う特別措置に関する法律
Law on Special Measures concerning the Development of Petroleum and Combustible Natural Gas for Implementation of the Agreement between Japan and the Republic of Korea concerning Joint Development of the Southern Part of the Continental Shelf between the Two Countries　日本国と大韓民国との間の両国に隣接する大陸棚の南部の共同開発に関する協定の実施に伴う石油及び可燃性天然ガス資源の開発

Law

に関する特別措置法

Law on Special Measures for Mine Damages Caused by the Metal Mining Industry, etc. 金属鉱業等公害対策特別措置法

Law on Special Measures for the Adjustment of Retail Businesses 小売商業調整特別措置法

Law on Supporting Business Innovation of Small and Medium Enterprises 中小企業経営革新支援法

Law on Temporary Measures for Activation of Specific Regional Industrial Agglomerations 特定産業集積の活性化に関する臨時措置法

Law on Temporary Measures to Facilitate Business Innovation 特定事業者の事業革新の円滑化に関する臨時措置法

Law on Temporary Measures to Facilitate Specific New Business 特定新規事業実施円滑化臨時措置法

Law on Temporary Measures to Promote Business Activities for the Rational Use of Energy and the Utilization of Recycled Resouces エネルギー等の使用の合理化及び再生資源の利用に関する事業活動の促進に関する臨時措置法

Law on the Cooperative Association of Small and Medium Enterprises 中小企業等協同組合法

Law on the Development Areas Adjacent to Electric Power Generating Facilities 発電用施設周辺地域整備法

Law on the Prevention of Delay in the Payment of Subcontracting Charges and Related Matters 下請代金支払遅延等防止法

Law on the Prevention of Disasters in Petroleum Industrial Complexes and Other Petroleum Facilities 石油コンビナート等災害防止法

Law on the Prevention of the Generation of Particulates from Studded Tires; Studded Tires Regulation Law スパイクタイヤ粉塵の発生に関する法律

Law on the Prohibition of the Manufacture of Anti-Personnel Mines and Regulation of the Possession of Anti-Personnel Mines 対人地雷の製造の禁止及び所持の規制等に関する法律

Law on the Promotion of Introduction of Industry into Agricultural Regions 農村地域工業等導入促進法

Law on the Promotion of Small and Medium Retail Business 中小小売商業振興法

Law on the Promotion of Subcontracting Small and Medium Enterprises 下請中小企業振興法

Law on the Quality Control of Gasoline and Other Fuels 揮発油等の品質の確保等に関する法律

Law on the Regulation of Nuclear Source Material, Nuclear Fuel Material and Reactors 核原料物質、核燃料物質及び原子炉の規制に関する法律

Law Punishing Use, etc. of Glass Bottle Grenades 火炎びんの使用等の処罰に関する法律

Law Reform Committee （英）法改革委員会

Law regarding Regulation of Business concerning Commodities Investment 商品投資に係る事業の規制に関する法律

Law Regarding the Promotion of the Utilization of Recycled Resources 資源の有効な利用の促進に関する法律(再生資源の利用の促進に関する法律)

Law Regulating Adult Entertainment Businesses, etc. 風俗営業等の規制及び業務の適正化等に関する法律

Law relating to Improvement, etc. of the Living Environment in the Vicinities of Air Defense Facilities 防衛施設周辺の生活環境の整備等に関する法律

Law relating to Special Arrangements for Countermeasures against Aircraft Noise around Specified Airports 特定空港周辺航空機騒音対策特別措置法

Law Relating Yugen-kaisha 有限会社法

Law

Law relation to Protection of Environment in Antarctica 南極地域の環境の保護に関する法律

Law Reports 判例集
判例集という一般名詞を意味する場合と, 固有名詞として, イギリスの Incorporated Council Of Law Reporting For England&Wales＝ICLR 刊行の判例集である Law Reports＝L.R. を指す場合とがある。L.R. は厳密には公式判例集ではないが, 1865年以降の判例を収録し, 信用と権威が高い点で, イギリスにおける公式判例集的な地位を占めている。

law review ロー・レビュー
ロー・スクールの学生が編集するもの。

law school ロー・スクール, 法律大学院
大学院レベルの課程。遊学年限は3年。卒業すると Juris Doctor (法学博士) の称号を得る。

Law Society ロー・ソサイティ

Law to Promote Securing of Nursing Personnel 看護婦等の人材確保の促進に関する法律

Law to Promote the Development of Specified Facilities for the Disposal of Industrial Waste ; Law Regarding the Promotion of the Construction of Specified Facilities for the Disposal of Industrial Waste 産業廃棄物の処理に係る特定施設の整備の促進に関する法律

Law to Regulate Money Used for Political Activities 政治資金規正法

law-abiding spirit 遵法精神

lawful 適法の, 法律上の資格のある

lawful age 成人年齢, 適法年齢

lawful business 正当の業務

lawful day 裁判所開廷日, 営業日

lawfully 適法に

lawfulness 合法性

Lawmaker-initiated Legislation; Legislation by Member 議員立法

law-making organ 立法機関

law-related service 法律関連業務
法律事務所ではない, 会計事務所, コンサルタント会社等が法曹資格を持つ弁護士を雇っている場合に, その弁護士が行うことのできる業務の範囲を示す言葉。ancillary buisiness (補助的業務)。MDP (異業種共同事業 multi disciplinary practice) が禁止されている法域においては, 弁護士と会計士が共同で事務所を運営することはできない。従って会計事務所に雇われた弁護士は本来の法律業務 (practice of law) には従事できず, law-related service や ancillary buisiness のみを行うことができるというのが建前である。もっとも, アメリカなどにおいて会計事務所に弁護士が雇われるのは珍しいことではない。そこで期待されているのはもちろん, 弁護士としての法律知識や判断能力の行使である。ただ, MDP が禁止されている場合には, 形式的, 対外的にはその弁護士の名前で業務を行うことができないというにすぎないとも言える。

laws 法制

laws and acts 法律
同義語を併記するパターン。

laws and ordinances 法令

laws and regulations 法令

laws of heredity 遺伝の法則

laws or orders 法令

laws or ordinances 法令

lawsuit 訴え, 民事訴訟, 裁判

lawyer 法曹, 弁護士

Lawyers Law 弁護士法

lawyers list 法曹名簿

lawyers' register 弁護士名簿

lay ①申し立てる, 提出する, 判決を下す, 非法律家の②漁船員が一航海ごとに受ける利益配当

lay assessor 裁判員

lay people 素人

laydays 碇泊期間 →laytime

layoff レイオフ, 一時解雇

laytime 碇泊期間
船舶を, 貨物の陸揚や船積やのために港湾に碇泊させておくことができる期間。laydays。傭船契約や慣習によって決められる。碇泊期間を超える係留には滞船料 (demurrage) が発生する一方, 碇泊期間前に陸揚や船積を終えて出航したときは, 早出

lead partner　総括パートナー
leading case　①リーディング・ケース②指導的判例
leading indicator　先行指標
leading members　幹部
leading question　誘導尋問
　Query which suggests to a witness the answer that is desired by the inquiring party or directs a witness towards the desired response. At trial, leading questions are permitted on cross-examination and when a hostile witness or an adverse party is being questioned.
　(*Gilbert Law Summaries Pocket Size Law Dictionary 183（1997）, Harcourt Brace And Company.*)
　質問する当事者側が望む回答を証人に暗示するような，もしくは証人を望ましい返答にもっていくような質問。裁判では，反対尋問において，また敵性証人や対立当事者が質問される場合においては誘導尋問は許される。
leak　①漏出②漏らす
leakage　漏洩
leakage of gas　ガス等漏出
leakage of gas resulting in bodily injury　ガス等漏出致傷
leakage of gas resulting in death　ガス等漏出致死
leap-frog appeal　飛越上訴（イギリス）
learned　後天的
lease　①リース②賃貸借
lease agreement　賃貸借契約
　対価を受け取って，動産や不動産を他人に使用収益させる契約をいう。貸主は所有権者である必要はないが，借主に占有や使用収益をさせる正当な権原を有していることは必要である。U.C.C. 2A-§103(j)。借主の目的物の使用権は本来債権的権利にすぎないが，特別法によって，物権に近い保護が与えられることもある。〔参考〕民法601条(賃貸借)賃貸借は，当事者の一方がある物の使用及び収益を相手方にさせることを約し，相手方がこれに対してその賃料を支払うことを約することによって，その効力を生ずる。
lease and rent deposit　敷金
lease deposit　敷金
lease of immovable property　不動産賃貸
lease of real estate　不動産賃貸
lease option　買取権付賃貸借
　賃借人が望めば，賃貸借の目的物を買い取ることができる権利がある賃貸借をいう。動産のリース契約などに見られる付加的な条項である。買取の意思表示がなされると，賃借人は，定められた売買価格(通常は目的物の原価から賃借期間の減価を差し引いた額)を，売買代金として賃貸人に支払う義務が生ずる。
lease purchase agreement　賃貸借と売買の複合契約
　一定期間は目的物を賃貸借し，一定期間経過後に売買契約が成立して，目的物の所有権が賃借人に移ることをあらかじめ定めた契約をいう。売買代金については当事者の合意によるが，賃貸借期間中の賃料の一部を代金に充当するなどの方法もとられる。
lease renewal　賃貸借契約の更新
　期間の定めのある賃貸借契約が満了した場合に，当事者の合意によってさらに賃貸借契約を継続させること。その際賃料の改定がなされたり，賃借人から賃貸人に対して更新料などの名目で一時金が交付されることもある。更新によって敷金はいったん賃借人に返還されることなく，そのまま賃貸人の寄託下におかれるのが通常である。
leased fee　賃貸人の目的物に対する権利
　賃貸借によって，目的物の使用収益権は賃借人に移転するが，所有権のその他の内実である，処分権は以前として賃貸に残ることになる。また，賃貸借契約の発生により，賃貸人には賃料受領権などの新たな権利が発生する。これらの，賃貸人が目的物に対して有する権利の総体を leased fee という。
leased things　賃借物
leasehold　借地

leasehold

leasehold value　賃借権価格
不動産の賃借権の客観的な経済的価値をいう。賃借権は，特定の不動産を使用，収益できる権利なので，不動産自体の価値とは別に，賃借権自体の固有の経済的価値を考えることができる。ただし実際には，賃借権の譲渡が許容されることはまれであり，一般的な取引の対象となるわけではない。賃借権の価格が現実に問題となるのは，賃貸人が賃貸借契約終了前に，賃借権を買い取って，賃借人に退去を求める場合である。このときの賃借権の売買代金を一般に立退料と呼んでいる。立退料は賃借期間が長ければ長いほど金額も上昇するのが通常で，土地の賃貸借の場合，場合によっては更地価格の80%から90%にのぼることもあると言われている。

leaseholder　賃借人，借地人
leave　出獄する
leave and license　許可の抗弁
leave the court-room　退廷する
lecher　好色家
ledger　元帳，原簿
left　①遺留した②leaveの過去形，過去分詞形③左
legacy　①遺贈②遺産
legal　①合法的な②適法の③法定の
That which is lawful; permitted by the law; established or mandated by the law. Relating or pertaining to the law.
(Gilbert Law Summaries Pocket Size Law Dictionary 183 (1997), Harcourt Brace And Company.)
適法なもの；法律で許されている；法律で制定，あるいは命令されたもの。法律に関連または関係している。

legal ability　法的能力
legal advice　法律相談
legal affairs bureau　法務局
legal age　成年，民事責任年齢
自然人が単独で有効な私法上の行為をなすことができる年齢をいう。成年に達しない者の行為は無効か，取り消すことができる行為となる。何歳をもって成年とするかはその国の制度が定めるところである。日本の場合は20歳であるが，各国では18歳とする立法例も珍しくない。〔参考〕民法4条(成年)年齢二十歳をもって，成年とする。

legal aid　法律扶助
legal apprentice　司法修習生
legal assistance program　法務援助プログラム
legal basis　法的根拠
legal capacity　①契約能力②法律上の責任義務③行為能力④法的能力
legal claim　法的請求
legal consultant　法務コンサルタント
legal consultation　法律相談
legal counsel for the company　企業の顧問弁護士
legal date　支払期日，満期
legal decisions and precedents　裁判所の判決，判例
legal deduction　法定控除
legal department　法務部
legal detriment　法的不利益
legal dispute　法律上の争訟
legal division　法務部門
legal duty　法的義務
legal duty to keep secrets　守秘義務
legal enforcement　法的な強制力
legal entity　①法人①法主体
legal ethics　弁護士倫理，法曹倫理
legal fiction　法的擬制
legal fruits　法定果実
legal grounds　法的根拠
legal holiday　法定休日，祝祭日，国民の休日
legal interest　法益
legal list rule　法律による銘柄規則
legal monopoly　合法な独占
legal notice　法的通知書
債権譲渡の債務者に対する通知など，通知をすることが法律上の要件とされている場合の，その通知内容を記載した書面をいう。〔参考〕民法467条(指名債権の譲渡の対抗要件)1項　指名債権の譲渡は，譲渡人が債務者に通知をし，又は債務者が承諾をしなければ，債務者その他の第三者に対抗することができない。

legal opinion ①リーガル・オピニオン② 法意見書
legal period 法定の期間
legal person 法人
legal portion of an heir 遺留分
legal presumption 法律上の推定
legal proceeding 訴訟手続, 法的手続, コモン・ロー上の手続
legal profession 法曹
legal rate of interest 法定利率
legal realism リーガル・リアリズム
legal reasons 法律上の理由
legal remedy コモン・ロー上の救済手段 主に金銭的損害賠償。
legal representative 法律上の代表者, 遺産管理人, 破産管財人
legal requirement against disclosure of secrecy 守秘義務
委任や雇用およびそれに類する契約においては, 受任者や被用者にあたる立場の者は, 委任者や雇用者の立場にある者の私生活上や業務上の秘密を契約期間中に知り得ることがある。これらの秘密を他に漏らさないことを内容とする法律上の義務をいう。通常は民事における契約上の義務であるが, 医師や弁護士など, 職業によっては刑事上の責任が発生する場合もある。〔参考〕刑法134条(秘密漏示) 医師, 薬剤師, 医薬品販売業者, 助産師, 弁護士, 弁護人, 公証人又はこれらの職にあった者が, 正当な理由がないのに, その業務上取り扱ったことについて知り得た人の秘密を漏らしたときは, 六月以下の懲役又は十万円以下の罰金に処する。

legal research and training institute 司法研修所
legal residence 法的住所
法律上, 人の住所が問題となる場合に, 住所の判断基準を法律で定めたもの。裁判管轄, 義務履行地などの基準となる。〔参考〕民法22条(住所)各人の生活の本拠をその者の住所とする。
legal resident 合法的滞在者
legal right 法的権利
legal science 法律学

legal service 法務業務
legal tender 強制通用力を有する, 法貨
legal terminology 法律用語
legal title 法的権原
動産や不動産に対して, 自身が利用, 収益, 処分を行うことができることを正当づける根拠。地上権や賃借権は, 正当な利用収益を根拠づける権原であり, 担保物権は債務者が履行を行わない場合の目的物処分の正当性を根拠づける。所有権は利用, 収益, 処分のすべてを正当づけるオールマイティな権原である。権原なくして物の利用, 収益, 処分を行えば, 法的権原を有する者に対する不法行為となる。〔参考〕民法206条(所有権の内容)所有者は, 法令の制限内において, 自由にその所有物の使用, 収益及び処分をする権利を有する。

legal trainee 司法修習生
legal withholding 法定源泉徴収
legalese 難解な法律用語
legality 合法性, 適法主義
legalization 合法化
legalize 合法化する
legally 適法に
legally secured portions 遺留分
legally sufficient 法的に十分
legatee 受遺者
遺言によって遺産(legacy)を贈られた(bequest)者をいう。
leges scriptae 成文法
legislation ①法制②立法③制定法④法律
The act of giving or enacting laws; the power to make laws; the act of legislating; preparation and enactment of laws; the making of laws by express decree; the exercise of sovereign power.
(Steven H. Gifis, *Dictionary of Legal Terms* 273 (3rd ed., 1998), Barron's Educational Series, Inc.)
法律を生み出し, または制定する行為; 法律を作る権限; 立法する行為; 法律の調整と制定; 特別な裁定により法律を作ること; 主権者の権限の行使。
legislation for the names of imperial era 元号法制化

Legislation

Legislation on Emergency Measures 有事法制
Legislation relating to Prevention of Unjust Acts by Boryoku-dan Members 暴力団新法
legislative branch 立法機関
Legislative Counsel of the Ministry of Justice 法制審議会
legislative fact 立法事実
legislative power 立法権
legislative power over～ ～に対する立法権
legislator 立法者，議員
legislature ①立法部，立法府②議会，州議会
legitimacy 嫡出
  1. Lawfulness.
  2. The status of a person who is born within a lawful marriage or who acquires that status by later action of the parents.
  (Bryan A. Garner, Black's Law Dictionary Second Pocket Edition 413 (2001), West Group.)
  1. 合法性。
  2. 合法な婚姻関係にある男女間に生まれた人の身分または両親の後の行為によりその地位を獲得した人の地位。
legitimate 適法の
legitimate child 嫡出子
legitimate expectations 合法的期待
legitimate self-defense 正当防衛
  形式上刑法の罰条に該当する行為であっても，それが他者からの攻撃に対して，自分や第三者を守るための反撃として行われたときは，防衛行為と認められ，犯罪の成立しないことをいう。正当業務行為と共に違法性阻却事由の代表例とされる。〔参考〕刑法36条(正当防衛)1項　急迫不正の侵害に対して，自己又は他人の権利を防衛するため，やむを得ずにした行為は，罰しない。
legitimation 準正
lemon law レモン法
lemon law buyback できの悪い車のことなどをアメリカでレモンと言う。新車なのに何らかの問題があって中古車業者が引き取ったものを，こう言う。
lemon problem レモン・プロブレム
lend 貸す
lender 貸主
lending 貸与
less restrictive alternatives 表現の自由を規制する立法において，より制限的でない他の選びうる手段
lessee 賃借人
lesser duty rule 低額課税方式
lessor 賃貸人
let 貸す
lethal dose 致死量
letter Agreement レター形式の契約書
letter of advice 振出通知，振出通知書
letter of attorney 委任状
letter of comfort ①コンフォート・レター②公認会計士の意見書
letter of comment 不備指摘文書，注釈文書
letter of credit＝**L／C** 信用状
letter of guarantee 保証状
letter of intent＝**L.O.I.** レターオブインテント，仮契約，予備的合意書
  本契約に先立って，契約成立に向けた当事者の交渉内容を記録し，契約事項についての当事者双方の認識を明確にしておくための書面。正式な契約書ではないが，当事者間で一致した基本的な合意事項については，法的拘束力を生じることがある。したがって法的拘束力を生じることを欲しない事項については，記録に留める時点でその旨を明記しておく必要がある。
letter of interest レターオブインタレスト，予備的合意書 →letter of intent
letter of licence 支払期日延期書面
letter stock 投資目的確認書のある株式
letters patent ①特許証②開封特許状
letters testamentary 裁判所が，遺言執行者に対して，裁判所に代わって相続財産を管理したり処分したりしてくださいという書類
letting out 契約の締結；請負契約の締結，貸借；貸出し
leverage レバレッジ，てこ，他人資本に

よる利益の増幅
leveraged buy out 他人資本をてこにした買占め
leveraged lease レバレッジド・リース
levies tax 徴収税
levy ①賦課金②課税③課税などによる徴収④差押え
levy of attachment 差押え
levy of execution 強制執行，差押え
lewdness 猥褻
lex domicilii レックス・ドミシリアイ，ドミサイルのある地の法
lex fori 法廷地法
lex loci 行為地法
lex loci actus 行為地法
lex loci celebrationis 婚姻挙行地法，契約締結地法
lex loci contractus 契約締結地法
lex loci delicti 犯罪地法
lex loci solutionis 履行地法
lex mercatoria 世界共通の商人法
lex non scripta 不文法
lex scripta 成文法
lex situs 所在地法
lex tailionis 同害刑法，報復刑法
lex terrae 国法，国の法
LEXIS レクシス
ley 法，法律
liabilities 負債の部
liability ①責任②債務③借金④負債
 1. An obligation to do or refrain from doing something.
 2. A duty that eventually must be performed.
 3. An obligation to pay money.
 4. Money owed, as opposed to an asset.
 5. Responsibility for one's conduct, such as contractual liability, tort liability, criminal liability, etc.
 (Steven H. Gifis, Dictionary of Legal Terms 275 (3rd ed., 1998), Barron's Educational Series, Inc.)
 1. 何かを行う義務または差し控える義務。
 2. いつかは履行されなければならない義務。
 3. 金銭を支払う義務。
 4. 資産とは対照的に，借金している金銭。
 5. 契約上の義務，不法行為責任，刑事責任その他自分の行為に対する責任。
liability exceeding assets 債務超過
liability for compensation 賠償責任
liability for security 担保責任
liability insurance 賠償責任保険，車の強制保険
liability of a person who permitted another person to use one's name 名板貸し責任
liability without fault 無過失責任
liable ①責任を負っている②〜しがちな
liaison 連絡担当者，駐在員
liaison and adjustment 連絡調整
liaison office ①駐在員事務所②連絡事務所
libel ①名誉毀損(書面・写真・eメールによる)②原告の申立て③申立書
libel and slander 文書・口頭による名誉毀損
libelee; libellee 被申立人，被告
liberal construction; 〜interpretation 自由な解釈
liberant; libellant 申立人，原告
liberation of a detained person 被拘禁者奪取
liberty clause 離路自由条項，離路自由約款
liberty of contract 契約の自由
Libraries Law 図書館法
licence laws 免許法
 特定の業務や営業について一定の知識，能力や経験を持つ者に資格を与え，資格を有するものだけがその業務や営業を行うことが許されるとした法規制をいう。自動車の運転，不動産取引，証券取引などがその例である。〔参考〕道路交通法84条(運転免許) 自動車及び原動機付自転車(以下「自動車等」という。)を運転しようとする者は，公安委員会の運転免許(以下「免許」という。)を受けなければならない。
licence to use software ソフトウエア使用許諾

license

ソフトウエアライセンス契約(software license agreement)において，使用コンピュータ台数その他ベンダーの定める使用条件のもとにおいて，ベンダー(vendor)がユーザー(user)に対してソフトウエアの使用を許可すること。

license ①特許・技術の許諾，実施許諾，ライセンス②免許③免状
1. Government permission for a person to do something otherwise forbidden, such as practice medicine, drive a car, keep a dog, or sell liquor.
2. A certificate evidencing such permission.
3. Permission given by the owner of a patent, copyright, or trademark for another to exploit it. Such licenses are usually embodied in detailed licensing agreements. (一部略)
4. A right granted by the owner or tenant of real property for another to enter the property, which is revocable at will by the grantor; especially, express or implied permission to enter another's property for one's own purposes (一部略) or as a social guest.
5. To grant a license to or for (一部略).
(James E. Clapp, Random House Webster's Dictionary of the Law 272-273 (2000), Random House.)
1. 医者の開業，車の運転，犬の飼育，もしくは酒類の販売のような，本来は禁止されている何かを行うことに対する政府の許可。
2. そのような許可を証する証明書。
3. 特許権，著作権または商標権の所有者がそれを使用させる目的で他者に与える許可。そのようなライセンスは通常，詳細なライセンス契約の中で具体的に表されている。
4. 所有者または不動産の所有者および賃借人が他者に対して，その不動産に立ち入ることを認めた権利であり，授与者の意思で取り消しうる；特に，自身の目的のためにまたは来客として他者の不動産に立ち入る明示のまたは黙示の許可。
5. ライセンスを認めること。

license agreement ライセンス契約，実施許諾契約
license fee 免許手数料，免許税
license tax ①免許税②特許税
licensee ライセンシー，被許諾者，実施権者
licensing ライセンシング，ライセンス供与
ライセンス許可取得者に技術・特許・商標などの使用料と引き換えにライセンス実施権を与える契約のこと。
licensing contract ライセンス契約
licensing statute 免許法
licensor ライセンサー，許諾者
Licensor is entitled to〜 ライセンサーは〜する権利を有する
lie ①虚偽，故意の虚偽表示②存在する，提起しうる，処分しうる，責任などを負わされる③ウソをつく
lie in grant 証書移転のできる
lie-detector 嘘発見器
lien リーエン，先取特権，留置権
A charge, hold or claim upon the property of another as security for some debt or charge. The term connotes the right the law gives to have a debt satisfied out of the property to which it attaches, if necessary by the sale of the property.
(Steven H. Gifis, Dictionary of Legal Terms 277 (3rd ed., 1998), Barron's Educational Series, Inc.)
債務または負債の担保としての他者の財産上の負担，保有または権利。この言葉は，もし必要ならば，財産の売却により差し押さえられた財産を超えて債務が返済されることを法律が認めているという権利を意味する。
lien creditor リーエン債権者，物権担保を有する債権者
lien holder 法定担保物権者
法律によって当然に発生する一種の法定担保物権である lien の権利を有する者。法律による優先弁済権取得者。先取特権者，

留置権者が典型であるが，広い意味では，任意の債務の弁済を受けることができるにとどまる一般の債権者と区別される債権者を指し，勝訴判決など強制執行可能な債務名義を取得した者も lien holder に含まれる。〔参考〕民法303条(先取特権の内容)先取特権者は，この法律その他の法律の規定に従い，その債務者の財産について，他の債権者に先立って自己の債権の弁済を受ける権利を有する。

lienee リーエン債務者，先取特権・留置権の債務者

lienor 法定担保物権者 →lienholder

lieutenant ①副②陸軍中尉，海軍中尉

life ①無期の②人生③生活④生命

life annuity 終身定期金

life beneficiary 終身年金受益者，生涯信託受益者

life care contract 終身養護契約

life confinement with labor 無期懲役 →imprisonment with labor for life

life estate 生涯不動産権 →estate for life

life expectancy 平均余命

life imprisonment 終身刑

life imprisonment with labor 無期懲役 →imprisonment with labor for life

life imprisonment without labor 無期禁錮 →imprisonment without labor for life

life insurance 生命保険

life insurance bonus 生命保険配当金

life insurance policy 生命保険証券

life insurance premium 生命保険掛金

life insurance trust 生命保険信託

life interest 生涯権

life policy 生命保険証券

life sentence 終身刑

life table 生命表

life tenancy 生涯賃借権
賃借人が死亡するまでの間，継続して存続することを約束された賃借権をいう。estate for life, tenancy for life.

Life-Long Learning Promotion Law 生涯学習の振興のための施策の推進体制等の整備に関する法律

life-or-death crisis 死線

life-support system 生命維持装置

lifting the (corporate)veil 法人格の否認

ligan 浮標付投荷，ブイ付投荷

ligature mark 索痕

ligature strangulation 絞死

limitation 公訴時効，出訴期限
犯罪行為が行われた時から，法定の期間を経過することにより，公訴提起が許されなくなることをいう。limitation of prosecutions (Vermont Statutes TITLE 13§4501.等)。実刑判決確定後，一定期間刑が執行されないことにより，もはや刑の執行を受けることがなくなる刑の時効とは異なる。〔参考〕刑事訴訟法250条 時効は，左の期間を経過することによつて完成する。 一 死刑に当たる罪については二十五年 二 無期の懲役又は禁錮に当たる罪については十五年 三 長期十五年以上の懲役又は禁錮に当たる罪については十年 四 長期十五年未満の懲役又は禁錮に当たる罪については七年 五 長期十年未満の懲役又は禁錮に当たる罪については五年 六 長期五年未満の懲役若しくは禁錮又は罰金に当たる罪については三年 七 拘留又は科料に当たる罪については一年

limitation of actions 出訴期限

limitation of criminal prosecution 公訴時効

limitation of liability 責任制限

limitation of oral proceedings 弁論の制限

limitation of punishment 刑の時効

limitation of remedy 救済手段の制限

limited appearance 限定的応訴

limited assumption of liabilities 債務の限定承継
営業譲渡などによって企業がある程度包括的に他の企業の権利義務を承継しようとするときに，債務については個別に譲受人の同意を経てから移転させる旨の契約条項をいう。営業譲受人によっては予期せぬ債務を負担させられることを回避することができる。譲受人が承継に同意しなかった債務は，譲渡人に帰属したまま移転することはない。

limited

limited company 有限責任会社
Limited Company Act (Law) 有限会社法
limited criminal capacity 限定責任能力
limited duration 有限期間
limited jurisdiction 制限的管轄権
limited liability 有限責任
limited liability partnership(L.L.P) 有限責任パートナーシップ
limited occupancy agreement 限定占有の合意
  動産や不動産の売買において、買主が目的物を自己の占有下に置くことができるのは、債務の履行としての引渡しを受けたときであり、通常それは代金の支払いと引換えに行われる(closing)。もっとも営業用の財産の売買などの場合には、買主の利用の都合が、引渡日まで猶予を許さない場合があり、そのような場合に売主の承諾の元に、買主が事実上の占有、利用を開始するのが、限定占有の合意条項とよばれるものである。
limited partner 有限責任組合員、有限責任パートナー
limited partnership 合資会社、合資組合
limited policy 制限保険証券
limited successor 特定承継人
limited trust 期間確定信託
line ライン；保険の種目；保険金額；再保険契約における元受保険者の保有額など
lineal 先祖直系の
lineal affinity 直系姻族
lineal ascendant 直系尊属
lineal consanguinity 直系血族
lineal descendant 直系卑属
line-up 面通し
  被疑者他数名を一列に並ばせて、証人などに見せる方法。(cf. show up)
liquid assets 流動資産
liquid capital 流動資本
liquid waste 廃液
liquidate ①精算する②負債を弁済する③会社を整理する
liquidated account 確定済勘定
liquidated damages 損害賠償額の予定、確定損害賠償額
liquidated debt 確定された債務
liquidating partner 清算人
liquidating trust; liquidation trust 清算信託
liquidation 清算、決済、弁済、抹殺、一掃
  The act of settling or resolving an obligation, e.g., the settling of a debt. The act of converting assets and property to cash. The procedure whereby the financial affairs of a company are resolved. The company's liabilities and obligations are paid off and any remaining assets are divided between those persons authorized to receive them. Usually payments are made in the form of cash.
  (*Gilbert Law Summaries Pocket Size Law Dictionary* 190 (1997), Harcourt Brace And Company.)
  ある債務を清算または解消する行為、例えば借金の清算。資産および不動産を現金に換える行為。会社の財政上の問題を解消する手続。会社の債務と負債は清算され、残った資産はそれらを受領する権限のある人々に分割される。通常、支払いは現金の形でなされる。
liquidation right 清算上の権利、残余財産分配請求権
liquidation type 清算型
liquidator 清算人
liquidity 流動性
  資産の処分を処分して現金化することが容易かどうかを示す指標をいう。現金は流動性の高い資産の最たるものであり、預貯金、棚卸資産などがそれに続く。流動性の低い資産の代表としては、土地、建物などの固定資産が代表である。有価証券などの債権は、市場性や長期保有を前提とするかどうかで流動性の程度が異なる。
liquor tax 酒税
Liquor Tax Law 酒税法
lis alibi pendens 訴訟継続中の抗弁、他の裁判所に継続する訴訟
lis pendens 予告登記

不動産が係争中であり，登記簿上の現在の所有権者や抵当権者などの権利が，取り消されて登記簿から抹消される可能性があることを告知する登記その他の書面．

list of members 社員名簿
list price 表示価格
list rule 銘柄規則
listed price 定価
listed stock; 〜security 上場株式，上場証券
listing リスト，不動産の仲介契約，株式上場，記録，リストに載せること
lite pendente 訴訟の継続中
litera excambii 為替手形
literae recognitionis 船荷証券
literal construction 文理解釈
literal performance 完全な履行
literary works 言語の著作物
litigant 係争当事者，訴訟当事者，被告または原告
litigation 訴訟，民事訴訟
 1. The process of litigating.
 2. A case or a set of cases discussed collectively.
 (James E. Clapp, Random House Webster's Dictionary of the Law 275 (2000), Random House.)
 1. 訴訟の手続．
 2. 集合的に議論される一連の事件．
litigation capacity 訴訟能力 →capacity to action
litigation cost 訴訟費用
litigation explosion 訴訟の爆発 訴訟が爆発的に増加すること．
litigation lawyer 弁護士
litigation of bills 手形訴訟
litigation with respect to cheques 小切手訴訟
litigious right 係争中の権利
live together 同居する
living quarter 舎房
living trust 生前信託
living-body test 人体実験
LL.B.＝bachelor of laws 法学士
LL.D.＝doctor of laws 法学博士

LL.M.＝master of laws 法学修士
LLC : limited liability company 有限責任会社
Lloyd's ロイズ(保険引受業者組合)
Lloyd's bond 債務承認証券
Lloyd's Law Reports ロイズ判例集
Lloyd's List ロイズ・リスト
load ①積荷②船積みする
load line 満載喫水線
loaded goods 船積品
loading 積込み，付加保険料，追加保険料
loadmanage 水先料
loadman; loadsman 水先人
loan ①融資②借款③貸金④消費貸借
loan agreement 借款協定
loan association 相互貸付組合
loan commitment 融資確約 →commitment letter
loan for consumption 消費貸借
代替性があり，かつ使えばなくなる物を貸借の目的物とする契約をいう．返済期限において，債務者は，借りた物と同種同量の物を返す必要がある．さらに通常は，利息分を付加して返すことが取り決められる．消費貸借の目的物としては，穀物や燃料なども考え得るが，現実に行われる消費貸借の圧倒的多数は現金を対象としたものである．〔参考〕民法587条(消費貸借)消費貸借は，当事者の一方が種類，品質及び数量の同じ物をもって返還をすることを約して相手方から金銭その他の物を受け取ることによって，その効力を生ずる．

loan for exchange 交換貸借，無償の消費貸借
loan for use 使用貸借
代替性がない物を対価を受け取らずに貸し出す貸借契約をいう．借主は借りたその物自体を，期限において返す義務を負うが，賃料を支払う義務がない点で賃貸借と異なる．無償による貸借である点で，貸主の義務が賃貸借よりも軽減されている点に特徴がある．〔参考〕民法593条(使用貸借)使用貸借は，当事者の一方が無償で使用及び収益をした後に返還をすることを約して相手方からある物を受け取ることによって，そ

loan

の効力を生ずる。
loan principal 借入金元金
loan sharking 悪徳貸付商法
loan society 労働者融資団体, 労働者貸付組合
loan to affliates 貸付金(関係会社への)
lobby ロビー活動をする
lobbying ロビー活動
Lobbying Regulation Act ロビー活動規制法
lobbyist ロビイスト
local 地方の
local agent 地区代理店
local authority 地方自治体
local autonomy 地方自治
Local Autonomy Law 地方自治法
local community 地域社会
local content 国産化率
製品の原産地国を判断する数値基準の一つ。製品の卸売価格中、生産国内で発生した労賃、管理費用、原材料費などの占める割合をいう。この割合値が高ければ生産国を原産地とする製品と称するのに支障はないといえる。
local custom 地方的習慣(法)
local customization ローカル・カスタマイゼーション
local government 地方自治体
local government official 公吏
local office 出張所
local officials 吏員
local public agency 地方公共団体
local public entity 地方公共団体
Local Public Service Law 地方公務員法
local registrar 地方登録官
Local Regulations 地方条例
local self-government 地方自治
国の統治権とは別個にあるいは平行して、ある地域だけを統治するための議会や行政機関の存在が許される制度をいう。その地域だけに通用する課税権や刑罰権、その他各種の規制や給付を定める自治法が地方議会によって制定され、地方行政権によってそれが執行される。そしてこれらの機関や権限の正統性は、その地域に居住する住民

の投票行動などの地域参政権に基づいている。地方自治制度は、より上位の統治規範である憲法の範囲内で認められるが、必ずしも憲法で創設された権利と考えられているわけでなく、地域住民が本来的に有する固有の自治権と考える見解も有力で、アメリカの連邦制度や地方自治制度はまさにそのような見解に立脚するものといえる。
〔参考〕憲法93条 地方公共団体には、法律の定めるところにより、その議事機関として議会を設置する。 2 地方公共団体の長、その議会の議員及び法律の定めるその他の吏員は、その地方公共団体の住民が、直接これを選挙する。
local tax 地方税
locate a person 人の所在を捜索する
location 所在地
location and degree of wound 損傷の部位・程度
location specific advantage ある土地固有の優位性：立地優位性
lock in clause 期限前返済禁止条項
貸付契約において、借主が期限より早く債務を弁済した場合にも、貸主は契約上の期限までの利息を取得することができることを定めた条項をいう。弁済後の期間は借主が金銭の融通利益を受けていないにもかかわらず、貸主がその期間の利息を受け取れる根拠は、消費貸借契約においては貸主、借主双方に独自の期限の利益が存在し、借主は自身の期限の利益を放棄して期限前弁済をすることができるにしても、それによって貸主の期限の利益が失われる根拠はないからだとされる。〔参考〕民法136条(期限の利益及びその放棄)2項 期限の利益は、放棄することができる。ただし、これによって相手方の利益を害することはできない。
lockout ロックアウト, 事業所閉鎖
lockup ①留置場②競争的買収における一方当事者を敗北させることを意図する取引の俗称
loco 現場渡し, 現場渡し条件
locus contractus 契約締結地
locus criminis 犯罪地

locus delicti 不法行為地
locus regit actum 場所は行為を支配する
locus sigilli＝L.S. 証書の捺印をする場所
lodge 宿泊，宿泊する，苦情などを提出する，権限を与える
lodge a false denunciation 虚偽の申告をする
lodger 間借り人
lodging 貸間
lodging charge 宿泊料
logbooks of vessels 航海日誌
loiter うろつく
long account 複雑な勘定，有価証券を購入する顧客の買持ち残高を記した帳簿
long arm statute 管轄権の域外適用，ロングアーム法
A statute providing for jurisdiction over a nonresident defendant who has had contacts with the territory where the statute is in effect.
(Bryan A. Garner, Black's Law Dictionary Second Pocket Edition 428 (2001), West Group.)
その法律が効力を持つ領域と接触を持った，その州の非居住者に対しても，その管轄権が及ぶよう制定された法。
long term sale and purchase agreement 長期売買契約
一回限りのスポット売買ではなく，継続して同種の売買が繰り返される売買契約をいう。さらに長期売買契約は，複数の売買契約の共通事項を定める基本売買契約（Master sale and purchase agreement）と個々の売買について定める個別売買契約（Individual sale and purchase agreement）とに分けて締結される場合もある。
Long-Term Care Insurance Law 介護保険法
long-term contract 長期契約
数年から十数年にわたる長い期間を定めた契約をいう。雇用や賃貸借のような履行を期間で把握することのできる継続的契約についてなされるのが通常である。しかし，売買のような契約でも，原料の供給を継続的，反復的に繰り返すような契約では，契約期間の長期，短期を観念し得る。一方，たんに一回限りの消費貸借の返済期限が長期というだけでは，長期契約とは言えない。
long-term lease 長期賃貸借契約
長期の契約期間を定めた賃貸借契約をいう。ただし何年からを「長期」と言うのかの絶対的基準があるわけではなく，目的物の性質と賃貸借の目的によって判断される相対的な概念である。日本では，長期の賃貸借は実質的に売買と異ならないとして，20年以上の賃貸借を認めない考え方をとっており，これは賃貸借の目的，形態を問わず変わりのない建前とされる。一方欧米では，不動産の賃貸借については，生涯賃借権（life tenancy）など長期の賃貸借が普通に行われている。もっとも日本においても，建物所有を目的とする土地の賃貸借については，20年という上限はあまりに非現実的であるので特別法による修正がなされている。〔参考〕民法604条（賃貸借の存続期間）1項　賃貸借の存続期間は，二十年を超えることができない。契約でこれより長い期間を定めたときであっても，その期間は，二十年とする。　借地借家法3条（借地権の存続期間）　借地権の存続期間は，三十年とする。ただし，契約でこれより長い期間を定めたときは，その期間とする。
long-term liabilities 固定負債
long-term stockholder 安定株主
会社の株式を長期に保有する株主。
look aside 脇見する
looking aside-drive 脇見運転
look-out 見張り
loophole 銃眼，抜け道，逃げ道
lord 領主
Lord Chancellor 大法官
イギリスにおける終審かつ最上級の裁判所は数名の貴族院議員によって構成される裁判所であり，その裁判長は貴族院議長である。したがって貴族院の議長は司法府の長を兼ねることになる。この地位を大法官とよぶ。大法官の地位は，内閣によって任命される閣僚的な政治職でもある。イギリスには行政機関としての司法省ないし法務省

Lord

に相当する省庁がないため、実質的にその役割を行うのはやはり貴族院であり、大法官は行政機関の長としての役割も持っていることになる。また、高等法院、控訴院、刑事法院についても名目上の長であるほか、司法行政権も有しているなど、大法官の職務権限は極めて広範かつ強大なものである。

Lord Justice of Appael 控訴院裁判官
lose 滅失する
lose a case 敗訴する
lose a criminal 犯人を取り逃がす
lose a lawsuit 訴訟に負ける
lose blood 出血する
lose effect 効力を失う
lose position 失脚
loser 落とし主
loss 損害、損失
loss leader 目玉商品、おとり商品
loss of capacity 能力喪失
loss of effect of institution of public prosecution 公訴提起の失効
loss of effect of release on bail 保釈の失効
loss of parental power 親権の喪失
loss of the right of Koso-appeal 控訴権の消滅
loss payable clause 保険金受取人条項
loss payee 指定保険金受取人
loss profits 失われた収益
loss ratio 損害率
loss reserve 支払準備金
lost 行方不明になる
lost articles 遺失物
lost case 敗訴
Lost Goods Law 遺失物法
lost or not lost 滅失と否とを問わず
lost property 遺失物
lot ①抽選、くじ②土地の区画、不動産の一筆③物品の塊
lot number 地番
lottery 富くじ
lottery ticket 富くじ
Louis Dembitz Brandeis ロイス・デンビツ・ブランダイス(1856-1941)。

合衆国最高裁判所裁判官(1916-39)。著作に「The Right to Privacy」(1890)。プライバシーに関する法理論・制度発展の基礎を据えた。

love and affection 愛情
love triangle 三角関係
lover 情夫
lover's suicide 心中
low price 廉価
low wages 低賃金
lower court 下級裁判所
loyalty 信義
loyalty oath 忠誠宣誓
ltd. limited、有限責任の
luggage 手荷物
lump-sum 一括の、一括払いの
lump-sum fixed amount 固定金額
lump-sum payment ロイヤリティーの一括払い
lunacy 精神障害、心神喪失
Lunar Treaty 月条約
lunatic 精神障害者、心神喪失者
lynching 私刑

M

M&A = merger and acquisition 企業買収
M.R. Master of the Rolls、記録長官
Maastricht Treaty; Treaty on European Union マーストリヒト条約(欧州連合条約)
Machinery Credit Insurance Law 機械類信用保険法
macroeconomics マクロ経済学
madness 狂気
Madrid Agreement for the Repression of False or deceptive Indications of Sources on Goods 虚偽または誤認を生じさせる原産地表示の防止に関するマドリッド条約
mafia 犯罪組織
magistrate 治安判事
Magna Carta; Magna Charta マグナ・

カルタ(1215)
封建期の貴族階級が，国王に，軍役義務や課税権などの義務の軽減を認めさせた合意文書。封建制度下における国王の支配権といえども無制約なものではなく，制約の余地があることを明らかにした点に歴史的意義があるとされている。もっとも成立当初から，その憲法史における意義が重要視されていたわけではなく，今日のように立憲主義の精神を表すものとして重要視されるようになったのは，エドワード・クック(Edward Coke 1552-1634)が行った法の支配を基軸とした解釈によるところが大きい。

magna culpa 重過失
magnetic method 磁気的方式
Magnuson-Moss Warranty Act マグナソン―モス担保条項法
maiden name 婚姻前氏名
mail fraud 郵便を使った詐欺
Mail Law 郵便法
mail transfer 郵便送金
mailbox rule 送信主義
main action 本訴
main purpose rule 主目的ルール
maintain 維持する
maintain the dignity 尊厳を保つ
maintain the order in court 法廷の秩序を維持する
maintenance ①扶養②保存③維持費用④扶養料
maintenance allowance 生活手当
maintenance and cure 船員の傷病補償
maintenance bond 瑕疵保証証書
maintenance contract 維持管理契約，メンテナンス契約
　建物や施設のメンテナンスや，機械，システムの維持管理を継続的に行う契約。
maintenance fee 維持管理費用，メンテナンス料
　①不動産の所有者や賃貸人が物件の維持管理のために支出した費用。②維持管理契約(maintenance contract)により発生する支払料金。
maintenance of child 子の養育

maintenance of possession 占有保持
major and minor fault rule 大小過失ルール
majority ①成年，成人 ②多数，過半数，多数派
majority opinion 多数意見
majority rule 多数決
majority shareholder 支配株主
　会社の株式を50％超所有している者。
majority vote 議決権の過半数，過半数投票
make a concession 譲歩する
make a contribution 出資する
make a distinction between right and wrong 善悪を識別する
make a false accusation 虚偽の申告をする
make a false entry 虚偽の記載をする
make a false statement 虚偽の陳述をする
make a landing 着陸する
make a notification 届ける
make a prima facie showing 一応の証明をする
make a sketch of the suspect 容疑者の似顔絵を書く
make a statement 目撃者が証言する
make a voyage 航海する
make an application 申請する
make and conclude 締結する
　同義語を併記するパターン。
make and enter into 締結する
　同義語を併記するパターン。
make big win 大穴を当てる
make clear 解明する
make closing statement 最終弁論を行う
make compensation 賠償する
make examination of facts 事実の取調べをする
make oath 宣誓する
make public 表沙汰にする
make the amendment 改正する
maker 約束手形振出人
makeshift 弥縫策
making a false entry 虚偽記入

making

making a false entry in securities 有価証券虚偽記入
有効の振り出された約束手形に他人名義の裏書を勝手に作り出す場合のように，真正に成立した有価証券に，権限無く真実と異なる記載を行うことをいう。虚偽の記載が権限なく行われる点で，権限のある者が偽りの記載を行う，文書偽造罪における虚偽記入とは異なることに注意しなければならない。〔参考〕刑法162条(有価証券偽造等) 行使の目的で，公債証書，官庁の証券，会社の株券その他の有価証券を偽造し，又は変造した者は，三月以上十年以下の懲役に処する。 2 行使の目的で，有価証券に虚偽の記入をした者も，前項と同様とする。

mala fide 悪意
mala fide person 悪意の受益者
mala in se 自然犯
mala prohibita 法定犯
maladjustment 不適応
malconduct 失当行為，不当行為，不正行為
male prostitute 男娼
malfeasance 違法行為，不正行為
 The doing of an unlawful act; especially misconduct by a public official, corporate officer, or other person in position of trust.
 (James E. Clapp, Random House Webster's Dictionary of the Law 279 (2000), Random House.)
 不法な行為をすること；特に公務員，会社役員，その他責任ある地位の者による職権濫用。
malice 悪意，犯意
malice aforethought 殺意
malice in fact 現実の悪意，現実の害意
malice in law 擬制犯意，擬制害意
malicious 邪悪な
malicious abuse of process 誣訴
 民事訴訟手続や刑事訴訟手続を，訴訟制度本来の制度からは逸脱した不正な目的のために行うことをいう。全く同じ意味ではないが，悪意による訴え提起や起訴として，

malicious prosecution。一般的に民事上の不法行為責任の問題が生じるが，このような行為が常に犯罪を構成するわけではない。日本の刑法の虚偽告訴罪はこのような行為の一部を犯罪としたものといえる。
〔参考〕刑法172条(虚偽告訴等) 人に刑事又は懲戒の処分を受けさせる目的で，虚偽の告訴，告発その他の申告をした者は，三月以上十年以下の懲役に処する。

malicious arrest 不当逮捕
mallet 槌，木製のハンマー
malpractice ①弁護過誤，医療過誤②職務怠慢行為③違法行為，不正行為
malpractice insurance 医療過誤保険，弁護過誤保険，業務過誤保険
malum prohibitum 法定犯
man of influence 権力者
man of power 権力者
man of straw ①無資格者②わら人形(名目だけの当事者)
manage 営む
managed prostitution 管理売春
managed trade 管理貿易
management 経営陣，経営者，使用者
management advisory service 経営助言業務
management agreement 管理契約 → management contract
management buy out＝M.B.O. 経営者による企業買収
 企業の経営者や従業員が，会社の営業の全部または一部，あるいは子会社などを買い取ること。実質的には，独立ないしいわゆる「のれんわけ」に相当するものといえる。
management contract 管理契約
 経営，包括的な事務処理，対外交渉，マネジメントなどを他者に委託ないし委任する契約。企業の経営の委託から，個人事業主のマネジメントまでさまざまな規模，形態の管理契約が存在する。
management fee ①管理手数料②幹事手数料
management functions 経営機能
management of affairs 事務処理

Marbury

management of technology 技術経営
management's discussion and analysis (MD & D) 経営者による検討と分析
manager ①支配人②課長
managing agent 支配人，マネージャー
managing clerk 法律事務所書記
managing committee 経営委員会
managing director ①常務取締役②専務取締役③業務執行取締役
managing owner of ship 船舶管理人，管理船主
managing trustee 支配受託者
mandamus (, writ of) 職務執行令状
mandatary ①受任者②受任国③委任統治国
mandate ①命令②命令書③委任④要求⑤支払委託
mandatory ①命令の②義務的な，強制的な③統治を委任された
mandatory administration rule 委任統治
mandatory bail 権利保釈
mandatory dividend 強制的利益配当
mandatory injunction 作為命令的差止命令
mandatory legislation 強制法
mandatory revocation 必要的取消し
man-days 派遣日数
maneuver ①作戦行動②策略
manic depressive psychosis そううつ病
manifest 積荷目録
manifestation of intention 意思表示
manifesto ①宣言②声明書③政見発表
manipulation 相場操縦
manner of acceptance 承諾の態様
manners 風俗
manners and customs 習俗
manoeuvre ①作戦行動②策略
manor 荘園
mansion 邸宅
manslaughter 殺人，故殺
manslaughter caused by negligence 過失致死
　必要な注意を怠った結果人を死に至らしめた者を罰する規定である。日本の刑法の過失致死とは，死の結果の認識が全くなく注意で死に至らしめた認識なき過失の場合と，死の結果の認識があるも意図まではしなかったところ，漫然と回避できると行動した結果死の結果が生じてしまった，いわゆる認識ある過失の場合を共に含むと考えられている。これに対してアメリカなどでは，manslaughter に該当する過失致死とは認識ある過失のみをいい，認識なき過失は，negligence homicide として，両者を別異に扱う例が少なくない（TX PENAL CODE TITLE5．CHAPTER19.）など。〔参考〕刑法210条（過失致死）　過失により人を死亡させた者は，五十万円以下の罰金に処する。

manual 手引書
manufacture 製造
manufacture of smoking opium 阿片煙製造
　あへん煙とは，ケシを原料とし，ケシの花の胚珠の部分の樹液を採取して，樹脂状や粉末状に精製加工した麻薬をいう。この原料栽培から精製に至る工程の全部または一部を行うのがあへん煙製造である。〔参考〕刑法136条（あへん煙輸入等）　あへん煙を輸入し，製造し，販売し，又は販売の目的で所持した者は，六月以上七年以下の懲役に処する。

manufacturer 製造者
　製品を製造した者。
manufacturer's liability 製造者責任
manufacturing consignment agreement 製造委託契約
　新製品の開発のアイデアはあるが，実際に製造を行う設備や能力がない場合に，製造業者に図面などを渡して製造過程の全部または一部を委託する契約。

manufacturing defect 製造上の欠陥
　設計上の不備はなかったが，製造過程に問題があって，不合理に危険な（unreasonably dangerous）製品が製造されたことをいう。製造物責任（product liability）が発生する一場面である。

manuscript 草稿
Manusmriti インドのマヌ法典
Marbury v. Madison マーベリ対マディ

Mareva

ソン事件
合衆国最高裁判所が連邦の法律に対して違憲審査権を行使した判決。
Mareva injunction　マレヴァ型差止命令
margin　差益，証拠金，粗利益，マージン
margin account　証拠金勘定
margin transaction　証拠金取引，信用取引
marginal profits　差益
marginal revenue　限界収入
marihuana　大麻
marijuana　マリファナ
marine insurance　海上保険
marine insurance policy　海上保険証券
marine interest　海事利息
Marine Mammal Protection Act　海洋哺乳動物保護法
Marine Popllution Preventing Law　海洋汚染及び海上災害の防止に関する法律 →Law on Prevention of Marine Pollution and Maritime Disasters
marine transportation　海運
mariner　船員
Mariners Law　船員法
mariner's lien　船員のリーエン
marital deduction　配偶者控除
marital deduction trust　配偶者控除信託
marital property　夫婦財産(アメリカ)
marital status　婚姻関係
maritime affairs　海事
maritime commerce　海商
maritime contract　海事契約
maritime court　海事裁判所
maritime jurisdiction　海事裁判権
maritime law　海事法
maritime lien　海事先取特権
maritime loan　海事貸付金，海事貸借
Maritime Safety Agency　海上保安庁
maritime tort　海事不法行為
Maritime Traffic Safety Law　海上交通安全法
mark　①標章②商標
mark system　点数制
marked crosswalk　横断歩道
market　市場

market equilibrium　市場均衡点
market evolution　市場の進化
market failure　市場の失敗
market imperfections　市場の不完全性
market leader　市場最大手企業，マーケット・リーダー
market overt　公開市場
market price　市場価格
market quotations　市場相場価格表
market research　市場調査
market share　市場占拠率
market sharing agreement　市場分割協定
market value　市場価値
marketability　市場性
marketable　市場性のある，すぐに売れる
marketable security　市場性のある証券
marketable title　取引適合的権原，売買に適する権原
marketout clause　マーケットアウト条項，引受解除条項
Marking of Coufidential Information　秘密保持対象資料・情報の特定
marks　痕跡
marriage　婚姻
Marriage Law; Conjugal Laws　婚姻法
marriage license　婚姻許可状
marriage of convenience　政略結婚
marriageable age　婚姻適齢
married woman　婚姻中の女性
marshal　①執行官②警察署長③陸軍の司令官
marshaling　権利の調整
marshaling assets　財産の衡平分配の法理，財産の順位決定
marshaling liens　共同担保順配の原則
marshaling securities　担保権行使順配の原則
Martindale Hubbell　マーチンデイルハベル社
全米及び世界各国の法律事務所や弁護士の経歴紹介や評価，格付けを行っている企業。書籍やインターネットで情報を提供している。
Martindale-Hubbell Law Directory　マーチンデイルハベル法律名鑑

maximal

mass emigration　集団移民
mass entertainment　大衆娯楽
mass immigration　集団移民
mass movement　大衆運動
Massachusetts rule　マサチューセッツ・ルール
Massachusetts trust　事業信託，マサチューセッツ・トラスト
massacre　無防備な者を虐殺すること
master　①雇主②船長
master and servant　雇用関係
master labor contract　基本労働契約
master lease　原賃貸借契約
　賃借権の譲渡や転貸が行われた場合には，元の賃借人との賃貸借関係を，譲受人や転借人に発生した賃貸借と区別する意味で，master lease という。primary lease とも呼ばれる。賃借権の譲渡が有効に成立した場合は，原賃貸借契約関係は消滅するが，転貸借の場合においては，原賃貸借はそのまま並存する。
master of laws＝LL.M.　法学修士
Master of the Rolls　記録長官
master plan　総合基本計画
master policy　一括保険証券
master race　支配者民族
master sales contract　基本売買契約書
mastermind　①指導者②黒幕
matchlock　火縄銃
material　①重要な，主要な②資料③重要な原料
material alteration　重要な変造
material breach　重大な契約違反
　A breach which affords the nonbreaching party remedies of damages and rescission. It also discharges all of the nonbreaching party's remaining duties to perform.
　(Gilbert Law Summaries Pocket Size Law Dictionary 198 (1997), Harcourt Brace And Company.)
　無違反の当事者に損害賠償と契約無効の救済が認められる違反。また無違反当事者の残存する全ての履行義務を免除する。
material establishing a prima facie case　疎明資料

material evidence　重要な証拠，物的証拠
material facts　重要な事実
material injury　実質的な被害
material terms　重大な条件
material unsworn witness　重要参考人
material weakness　重大な欠陥
material witness　重要参考人
materiality　重要性
materialman's lien　原材料提供者のリーエン
maternal line　母系
maternity leave　産休
matrimonial property system　夫婦財産制
matrimonial relationship　姻族関係
matter　物質
matter in deed　証書事項
matter in pais　証書外事項
matter mentioned in～　～に掲げる事項
matter of law　法律問題
matter of record　記録事項
matter sufficient to identify the defendant　被告人を特定するに足りる事項
matter to be registered　登記事項
matter under requisition　受託事項
matter which may create a prejudice　予断を生じさせる虞のある事項
matters described　記載事項
matters of protection of the juvenile　少年の保護事件
matters specially agreed　特約条項
matters to be notified　届出事項
matters to be resolved　決議事項
matters under the jurisdiction　管轄に属する事項
mature　満期が来る，成就する
maturity　手形などの満期，支払期限，成就
maxim　法格言，法諺
maximal amount　極度額
　設定した根抵当権で担保される債務の上限額をいう。極度額の範囲内では抵当権者と設定者間の取引上の債務一切が担保される一方，極度額を超える債務はその根抵当権では担保されない。極度額を決めずに根抵

maximal-hypothec

当権を設定することは，後順位担保権者の利益が害されるので許されない。〔参考〕民法398条の2（根抵当権）2項　前項の規定による抵当権（以下「根抵当権」という。）の担保すべき不特定の債権の範囲は，債務者との特定の継続的取引契約によって生ずるものその他債務者との一定の種類の取引によって生ずるものに限定して，定めなければならない。

maximal-hypothec　根抵当権
継続的な取引から生ずる債権を担保するために，附従性が緩和された抵当権。すなわち，あらかじめ定めた極度額内で，設定後に発生した一切の債権を担保し，一時的に被担保債権額がゼロになっても設定した根抵当権が消滅することはない。〔参考〕民法398条の2（根抵当権）1項　抵当権は，設定行為で定めるところにより，一定の範囲に属する不特定の債権を極度額の限度において担保するためにも設定することができる。

maximal-hypothecator　根抵当権設定者
自己の所有する不動産について根抵当権の負担が生じることを承知し，根抵当権者との間で根抵当設定契約を締結する者をいう。
必ずしも被担保債権の債務者とは限らず，第三者が物上保証人として根抵当権設定者となることもある。

maximum amount　多額
maximum coverage　自動車保険で最高額までカバーすること
maximum period　法定刑の長期
maximum term　法定刑の長期
mayhem　重傷害
mean and include　〜を意味する
同義語を併記するパターン。
means　資力
means of commission of a crime　犯罪の手段
MEAS : Multilateral Environmental Agreements　多国間環境協定
measure　①施策②措置
measure of damages　損害賠償額の算定基準

measured drawing　実測図
measurement　測定
Measurement Law　計量法
measuring　測量
measuring device　測定装置
measuring life　基準生存者
mecenat　メセナ
社会貢献活動の一つとして企業の行う文化，芸術支援活動。
mechanical right　機械的複製権
mechanic's lien　工事の先取特権
建物の建築業者が，その工事代金の支払いを確保するために，その建物につき法律上当然に取得する優先弁済権。〔参考〕民法327条（不動産工事の先取特権）不動産の工事の先取特権は，工事の設計，施工又は監理をする者が債務者の不動産に関してした工事の費用に関し，その不動産について存在する。
mediate　調停する
mediate powers　付随権限
mediater　調停者
mediation　①斡旋②仲介③調停
Outside help in settling a dispute. The person who does this is a mediator. A mediator can only persuade, not force a settlement.
(Daniel Oran, Law Dictionary for Nonlawyers 196 (4th ed., 2000), West Legal Studies.)
紛争解決における外部の助力。これを行う者は調停人である。調停人が行えるのは説得することのみであり，和解を強要することはできない。
mediatry　①調整の②仲裁の
medicaid　老人医療保障制度（アメリカ）
Medicaidと書く場合もある。日本ではメディケイドと呼んでいる。
medical board　医療委員会
medical certificate　診断書
medical examination　診察
medical examination by interview　問診
medical examiner　検屍官
medical jurisprudence　法医学
medical malpractice　医療過誤

Medical Practitioners Law 医師法
medical prescription 処方箋
Medical Service Law 医療法
medical treatment 治療
medicare 老人医療保障制度
    Medicare と書く場合もある。
meeting of board of directors 取締役会の会議
meeting of bond holder 社債権者集会
meeting of creditors 債権者集会
meeting of deventure 社債権者集会
meeting of minds 合意
megalomania 誇大妄想
megalomaniac 誇大妄想狂
meindre age 未成年
melancholia 憂鬱病
member 構成員
member bank 連邦準備制度加盟銀行
member firm 取引所の会員会社
member of organizing a committee 設立委員
member of the crew 船員
membership 社員
membership corporation 加入者法人
memorandum ①念書，メモ②定款
memorandum articles メモランダム貨物
memorandum check 不提示特約小切手
memorandum decision 理由抜きの判決
memorandum of alteration 特許訂正に関する申立書
memorandum of association （会社の）基本定款
memorandum of understanding 覚書
memorandum opinion 簡単な判決(書)
menace ①威し②威す
mens legislatoris 立法者の意思，立法趣旨
mens rea ①故意②犯意③犯罪成立要件の主観的要素である犯罪心理
    guilty mind と英訳することもできる。
Menso-adjudication 免訴の裁判
mental age 精神年齢
mental capacity 意思能力
mental derangement 精神錯乱
mental disease 精神病
mental disorder 精神異常
mental health 精神衛生
Mental Health Law 精神保健法
mental hygiene 精神衛生
mental patient 精神病者
mental reservation 心裡留保
    One party's silent understanding or exception to the meaning of a contractual provision.
    (*Bryan A. Garner, Black's Law Dictionary Second Pocket Edition 445 (2001), West Group.*)
    一方当事者の契約上の規定の効力に対する暗黙の了解または不服。
mental retardation 知的障害
mentally defective person 精神障害者
mentally handicapped person 精神障害者
mentally or physically incompetence 心身の故障
mentioned of referred to 記載される
    同義語を併記するパターン。
mercantile agency 商業興信所，信用調査機関，商事代理人
mercantile law 商事法，商慣習法
mercantile paper 商業証券
mercantile partnership 商業組合，商会
merchandize 商品
merchant 商人，貿易商
merchant bank 商業銀行
Merchant Marine Act 1920 1920年アメリカ海運法，商船船員法
merchant memo rule 商人のメモルール
    一方の当事者が他方の当事者に①確認状を送付し，②他方当事者が確認状の内容を知っている十分な理由があって，③他方当事者が確認状を受け取ってから10日以内に書面による異議を伝達しなかった場合には，他方当事者の署名入り文書がなくても相手方に契約を強制することができる，という原則。
merchant seller 商人である売主
Merchant Shipping Acts （英）商船法
merchantability 商品性，商品適格
merchantable 商品性のある，商品適格が

MERCOSUR

ある
表示
MERCOSUR　メルコスール（南米南部共同市場）
mercurialism　水銀中毒
mercury poisoning　水銀中毒
mercy killing　安楽死
　An affirmative act causing painless death of a person who allegedly wishes to die because of a terminal or hopeless medical condition. Euthanasia.
　(Gilbert Law Summaries Pocket Size Law Dictionary 201 (1997), Harcourt Brace And Company.)
　末期または回復の見込みがない医療状態にあり、死を望む者に対し、その申立てにより苦痛のない死をもたらすよう積極的な措置をとること。
mere motion　職権
mere transfer　単なる譲渡
merge　合併する
merger　①会社の吸収合併②混同
merger agreement　合併契約書
merger and acquisition＝M&A　企業買収
merger by absorption　吸収合併
merger by incorporating a new company　新設合併
merger clauses　完結条項
merger of an artificial person　法人の合併
merger of corporations　会社の吸収合併
merger of crimes　包括一罪
merger of law and equity　コモン・ローとエクイティの融合
merger plan　合併計画
mergers and acquisitions　企業買収
merit rating　従業員の成績評価
merit system　能力給制度
meritorious consideration　道義的約因
merits　①訴訟の本案②実体上の争点
metabolism　代謝機能
Metal Mining Agency of Japan Law　金属鉱業事業団法
metastasis　病巣の転移
metes and bounds　境界標と線による土地表示
method of acceptance　承諾の方法
method of filing Koso-appeal　控訴提起の方式
method of negotiation　流通性の方法
method of resolution　決議の方法
method of resolving conflicts　紛争解決の方法
method of selection　選任方法
method of selection and appointment　選任方法
method of the examination of evidence　証拠調べの方法
method of treatment　療法
methodical accretion of rules　秩序立った準則の累積
microeconomics　ミクロ経済学
middleman　中間業者
middle-person　仲介者
midnight deadline　午前零時の最終期限
migrant workers　出稼ぎ労働者
military court　軍事裁判所
military jurisdiction　軍事裁判権
military law　軍法
militia　民兵団
Mine Safety Law　鉱山保安法
mineral right　鉱業権
mingling　混合、混和、混蔵
minimum age　最低年齢
minimum amount　最低額、寡額
minimum contacts theory　最小接触理論
minimum contact; minimal contact　（米）最小限度の接触
minimum issue price　最低発行価額
minimum period　短期
minimum purchase clause　最低購入保証条項
minimum quantity　最低数量
minimum royalty　ミニマム・ロイヤルティー、最低使用料
minimum sales quantity・amount　最低販売数量・金額
minimum statutory share　制定法上の最低持分
minimum term　短期

minimum wage 最低賃金	Minor Offense Law 軽犯罪法
Minimum Wage Law 最低賃金法	minor penalty to keep order and discipline 秩序罰
mining claim 鉱業権	minority ①少数民族②少数派
mining concession 採掘権	minority opinion 判決の少数意見
Mining Law 鉱業法	minority shareholder; 〜stockholder 少数派株主，少数株主
mining right 採掘権	minute book 訴訟記録簿
Minisitry of Construction 建設省	minutes ①会議録，議事録②訴訟記録
minister 閣僚	minutes of a meeting 議事録
Minister of Finance 大蔵大臣，財務大臣	minutes of the proceedings 議事録
Minister of Home Affairs 自治大臣	Miranda rule ミランダ準則
Minister of International Trade and Industry 通商産業大臣	Miranda warnings ミランダ警告
Minister of Justice 法務大臣	
Minister of State 国務大臣	
Ministerial Conference 閣僚会議	
ministerial ordinance 省令	
ministerial trust 事務的信託	
Minister's Secretariat 大臣官房	
Ministry of Agriculture, Forestry ond Fisheries 農林水産省	
Ministry of Economy, Trade and Industry Establishment Law 経済産業省設置法	
Ministry of Finance 大蔵省，財務省	
Ministry of Foreign Affairs 外務省	
Ministry of Health and Welfare 厚生省	
Ministry of Health ans Welfare Establishment Law 厚生省設置法	
Ministry of Home Affairs 自治省	
Ministry of Interior 内務省	
Ministry of International Trade and Industry 通商産業省	
Ministry of Justice 法務省	
Ministry of Labor 労働省	
Ministry of Labor Establishment Law 労働省設置法	
Ministry of Posts and Telecommunications 郵政省	
Ministry of Transport 運輸省	
minor 未成年者	
minor case 軽微事件	
minor children 未成年の子弟	
minor enterprises 中小企業	
minor fine 科料	
minor offense 軽犯罪，微罪	

Miranda warnings ミランダ警告
The warning that must be given to a person arrested or taken into custody by a police officer or other official. It includes the fact that what the person arrested says may be held against him or her and informs the person of the rights to remain silent, to contact a lawyer, and to have a free lawyer if the person arrested is poor. (*Daniel Oran, Law Dictionary for Nonlawyers 199 (4th ed., 2000), West Legal Studies.*)
警官または他の執行官によって逮捕または拘禁された人に与えなくてはならない警告。具体的には，逮捕された人の発言は当人の不利なように扱われる可能性があり，また当人には黙否権，弁護士との接触権，もし貧窮しているなら無償の弁護士を雇う権利を有している，という事実を示す必要がある。

mirror image rule ミラー・イメージ原則
契約の申込みに対して，申込内容を全面的に受け入れる内容の承諾がなされなければ，当事者の意思の合致があるとは言えないとする，契約成立に関する伝統的原則をいう。したがって，申込内容を一部修正した内容の承諾では契約は成立せず，せいぜい新たな申込みであると考えるほかはない。

misapplication 不正使用，流用，横領
misappropriation 不正流用，横領，背任
misbehavior 不良行為
Wrongful, improper, or unlawful conduct.

misbranding

(Gilbert Law Summaries Pocket Size Law Dictionary 203 (1997), Harcourt Brace And Company.)
不当な, 不道徳な, または不法な行為。

misbranding 商標不正使用
miscarriage ①流産②誤審
miscarriage of justice 誤審
mischief 欠陥
misconduct 違法行為, 不良行為
misdeed 犯罪行為
misdemeanor 軽罪

A class of criminal offenses less serious than felonies and sanctioned by less severe penalties. In a jurisdiction where there are no felonies, the more serious misdemeanors are called high misdemeanors.
(Steven H. Gifis, Dictionary of Legal Terms 302 (3rd ed., 1998), Barron's Educational Series, Inc.)
重罪ほど深刻でなく, 重罰の制裁を受けない刑事犯罪の種類。重罪のないある法域では, より深刻な軽罪は高度の軽罪と呼ばれる。

misdescription 記述の誤り, 誤記
misdirection 陪審に対する裁判官の誤った説示・指示
misfeasance 不法行為

The wrongful or injurious performance of an act that might have been lawfully done.
(Steven H. Gifis, Dictionary of Legal Terms 302 (3rd ed., 1998), Barron's Educational Series, Inc.)
合法的になされていたかもしれない行為の不法または不正実行。

misjudgment 誤審
mislaid property 置き忘れ品
mislead 誤解を招く
misleading 誤解を招く可能性のある
misleading description 不当表示
mispleading 誤った訴答, 不適法訴答
misprision 誤記, 刑罰の対象となる違法行為
misrepresentation 不実表示
Misrepresentation Act 不実表示法

missing 行方不明になる, 所在不明
mistake 錯誤

①民法上, 契約や意思表示の効力が否定ないし制限される事由の一つ。表示された意思内容と, 実際の本人の意図とに食い違いがあったことをいう。Aという商品を買うつもりで, 契約書にはBと誤記してしまった場合などがその例である。②刑法上, 故意が阻却される事由の一つ。行為者の意図に反して犯罪結果が生じてしまったことをいう。鳥を撃つつもりで, 誤って人間を射殺してしまったとしても, 殺人罪の故意は成立しないとされるのがその例である。ただし故意が阻却されるのはいわゆる事実の錯誤＝mistake of fact だけで, 法律の錯誤＝mistake of law については故意は阻却されないとされる。

mistake in motive 動機の錯誤
mistake of fact 事実の錯誤

鳥を撃つつもりで人間を射殺してしまった場合のように, 行為者の認識していた事実と, 実際に発生した事実とが食い違うことをいう。事実の錯誤は故意が阻却され, 上記設例について, 殺人罪は成立しない。しかしAを殺すつもりでBを殺してしまった場合は, 事実の錯誤ではあるが, 重要な錯誤とはいえないために故意は阻却されないと一般に考えられている。

mistake of law 法律の錯誤

法律で撃つことを禁止されている鳥を, 知らずに撃ってしまった場合のように, 法律の認識において不知や誤認識があったことをいう。法律の錯誤は, 事実の錯誤とは異なり, 故意は阻却されないと考えられている。

mistaken self-defense 誤想防衛

他者からの違法な攻撃がないにもかかわらずあると誤信し, 防衛にあたる行為を行った結果, その他者に被害を与えた場合をいう。正当防衛の要件を欠いているので, 違法性阻却＝justification がされることはあり得ないが, 誤想が事実の錯誤＝mistake of fact にあたる場合には故意が阻却され, 犯罪としては不成立となる。

mistress 情婦

mistrial 誤判
misuse 誤用
mitigate 罪を軽減する
mitigating 減軽事由
mitigating circumstances 責任軽減事由
mitigation 軽減
mitigation of damages 損害の拡大防止
mixed action 混合訴訟
mixed contract 混合契約
mixed insurance company 混合保険会社
mixed property 複合財産，混合財産
mixed trust 混合信託
mixing poisonous material with pure water 浄水毒物混入
mixing regulations 混合規制
mixture 混和
MLC 日本国と駐留軍との間の基本労務契約(Master Labor Contract)
MNC 多国籍企業(Multinational Corporation)
mob 暴徒
mob psychology 群衆心理
mob violence 集団暴行
mobility barrier 移行障壁
mobstar ギャング
mode of entry 市場参入モード
model act; model code 規範法，模範法，模範法典
Model Business Corporation Act (MBCA) 模範事業会社法
統一州法全米委員会議が草案した法令。模範法の一つ。
model law 模範法，モデル法，模範州法
Model Penal Code 模範刑法典
Model Rules of Professional Conduct 弁護士行動模範準則
modification 改正
modification of a condition 条件の変更
modification of contract 契約の変更
modify 法令などを改める
modify and change 変更する
同義語を併記するパターン。
modus operandi 犯罪手口
MOF 多臓器不全
molestation 妨害

molester 痴漢
monarch of a foreign country 外国の君主
monetary claim 金銭債権
monetary compensation 金銭賠償
monetary damages 金銭的損害賠償
monetary loan contract for consumption 金銭消費貸借契約
monetary policy 金融政策
monetary system 通貨制度
monetary theory マネタリー理論
monetary value 金銭的価値
money and articles 金品
money back guarantee 現金返還保証
money claim 金銭債権
金銭の支払いを目的とした債権をいう。金銭は抽象的な価値そのものを表現していて，極度の代替性がある。したがっておよそ履行不能という概念を認めることができない点に，その特色がある。ただし，古銭であるとか希少価値のある紙幣，コインなどを債権の目的とした場合は，通常の種類債権か特定債権であり，本来の意味での金銭債権とはいえない。
〔参考〕民法402条(金銭債権)1項 債権の目的物が金銭であるときは，債務者は，その選択に従い，各種の通貨で弁済をすることができる。ただし，特定の種類の通貨の給付を債権の目的としたときは，この限りでない。
money claimed 債権金額
money deposited as security for good behavior 身元保証金
money exchange 両替
money had and received 不当金利得，不当金利得の返還請求
money in trust 委託金，信託預金
money judgment 金銭判決
money of account 決済通貨
money order 為替証書
money paid under mistake 非債弁済
money payable by periodical installments 定期金
money rate 金利
moneyed corporation 金融会社

moneylender 高利貸し
monition 召喚状
monopolies 専売品
monopolization 独占
monopoly ①独占②独占権
monthly payment 月々の返済額
monthly salary 月給, 月額給与
moot ①未解決の②模擬法廷③民会
moot case 模擬的訴訟
moot court 模擬裁判, 模擬法廷
moral 倫理的
moral code 道徳律
moral hazard モラル・ハザード, 道徳的危険
moral obligation 道徳上の債務, 自然債務
moral right 著作者人格権
moral sense 道徳観念
moral stadard 倫理基準
moral turpitude 道徳違反
morality table 平均余命表
moratorium 支払猶予令, 支払停止
  天災, 戦争, 恐慌などで社会や経済が混乱している時期に, 国の法律や命令によって, 債権者が一律に履行請求を一定期間待つように余儀なくされることをいう。これらの混乱期に支払不能債権が一時に大量に発生することにより, 国家規模の金融不安などを招くことを防止するために発令される。日本では1923年の関東大震災時や, 1927年の金融恐慌時に, 全銀行の預金の払戻しが数週間停止されるなどのモラトリアムが発令されたことがある。近時は, このような国家規模の支払猶予のみならず, 個々の債権者と債務者間の支払猶予をmoratoriumと呼ぶ例もある。
morphine モルヒネ
mortal wound 致命傷
mortgage モーゲージ, 売渡抵当
mortgage banker; ～company; ～corporation 抵当貸付銀行, 抵当貸付金融会社
mortgage bond モーゲージ債券, 担保付債券
  特定または不特定の財産が担保に供されている, 社債などの流通債券をいう。債券が社債の場合, 無担保の社債権者でも, 会社財産に対しては株主に優先するが, 特定の財産を担保として把握した場合, 社債の信用力が高まる。
mortgage debentuire (英)モーゲージ債券, 担保付債券
mortgage guarantee insurance モーゲージ保証保険, 抵当権保険
mortgage in possession 抵当直流, 流抵当
  抵当権者が, 債務者の不履行のときに裁判所の競売手続によらずに, 抵当物権の所有権を確定的に取得して自己の債権の満足に充てることをいう。
mortgaged debt 抵当債務
mortgaged property 抵当財産
mortgaged property subject to mortgage 抵当証券付きの抵当財産
mortgagee 抵当権者
mortgagee clause 抵当権者特約条項
mortgagor 抵当権設定者
  The party borrowing money from a bank or other lending agency, who secures the loan with property the party owns in whole or in part.
  (*Steven H. Gifis, Dictionary of Legal Terms 309 (3rd ed., 1998), Barron's Educational Series, Inc.*)
  銀行または他の融資業者から融資を受けており, 自身が全部または一部を所有する財産でそのローンを保証している当事者。
Mortuary Law 葬儀法
most favored nation 最恵国
most favored nation clause 最恵国待遇条項
most favored nation treatment 最恵国待遇
most favored provision 最恵待遇条項
most favored tenant clause 最恵待遇賃貸借条項
  共同店舗やオフィスビルなどで, 後から入居した賃借人の契約条件が, 既に入居済みの賃借人の条件よりも有利な場合に, 既存の賃借人の契約条件も同等の契約条件に自動的に修正されるという契約条項をいう。

商業施設の入居者が埋まらない場合にオーナーによって賃料が引き下げられることを狙った，入居契約をするかどうかの「模様眺め」を防ぐために，このような条項が入れられる場合がある。

most significant relationship 最も有意義な関係

mother-in-law 義母

motion ①申立て②動議，有体動産
  1. A written or oral application requesting a court to make a specified ruling or order.
  2. A proposal made under formal parliamentary procedure.
  (Bryan A. Garner, Black's Law Dictionary Second Pocket Edition 458 (2001), West Group.)
  1. 裁判所に特定の裁定または命令を求める文書または口頭の申請。
  2. 正式な議会手続の下になされた提案。

motion for (a) new trial 再審理の申立て

motion for challenge 忌避申立て

motion for judgment notwithstanding verdict 評決と異なる判決の申立て

motion for (judgment of) nonsuit 訴え却下の申立て，却下判決の申立て

motion for the extention of defention 拘留延期申請

motion for waiver of an appeal 上訴放棄の申立て

motion to dismiss 訴え却下の申立て

motion to extend detention 拘留延期申請

motivation 動機

motive 動機

motorcycle policeman 白バイ

movable property 動産

movables 有体動産

move 動議を出す

movement 行動

MRA : Mutural Recognition Agreement 相互承認協定

multi disciplinary practice＝MDP 弁護士が他業種者と共同で事務所を経営すること
弁護士が，会計士，税理士，経営コンサルタントなどと共同で事務所を経営すれば，顧客にとっては，ビジネスに対する様々なトラブルや相談を一つの窓口で解決できるという利便性がある。ただし，法域によっては，このような弁護士が異業種間の共同事業に参画することを認めていない。このような法域でもトラブル対処であちこちの窓口を駆け回りたくないという企業のニーズに変わるところはないので，共同事業という手法は不可能でも提携，協力，顧問といった手法をとることにより，MDPの趣旨を実現(de facto MDP)しようとする試みが見られる。

multi jurisdictional practice＝MJP 弁護士が資格地域以外で業務を行うこと
本来弁護士資格は，特定国や特定地域に限って付与されるので，その地域外で契約交渉などの弁護士業務を行うことは非弁活動＝unauthorized practice of lawにあたる。しかし国際取引やアメリカの州にまたがる取引など，法域が異なる者の間での取引については，非弁活動をあまり厳格に制限したのでは，現実の企業活動への影響が大きい。一般に一時的な他法域での活動は非弁活動にあたらないとされるほか，外国人弁護士の恒常的な活動の許容など，要件を限定してではあるが，MJPを拡大する方向に進んでいるといえる。

multi legal harrassment 様々な方法での法的いやがらせ

multidistrict litigation 広域係属訴訟，広域統一審理手続

multilateral trade agreements 多角的貿易協定

multinational corporation 多国籍企業

multiple causation 複合的原因

multiple damages 数倍賠償

multiple evidence 多元的証拠

multiple listing 不動産複数仲介

multiple organ failure 多臓器不全

multiple personality syndrome 多重人格症

Multi-Polar Patterns National Land Formation Promotion Law 多極分散

multistate

型国土形成促進法
multistate corporation 多国籍企業，多州籍企業
mummy ミイラ
municipal 地方自治体の
municipal bond 地方債
municipal court 市裁判所
municipal securities 地方自治体の公債証書
muniment of title 権利証書
　動産や不動産に対する自分の正当な権利を主張するための書面をいう。登記簿謄本。Connecticut Statutes§47-33d. 。
murder 殺人，謀殺
murder on the occasion of robbery 強盗殺人
murderous intent 殺意
musical works 音楽著作権
muster-roll 乗船者名簿
mutatis mutandis 準用
mutilation of a corpse 死体損壊 →damage to a corpse
mutilation of documents 文書毀棄 →destruction of document
mutual 相互的な
mutual assistance 相互援助
mutual benefit association 共済組合
mutual benefit insurance 共済保険
mutual company 相互会社
mutual consent 合意
mutual cooperation 共助，互助
mutual credits 相互貸借
mutual fund ミューチュアル・ファンド
mutual guarantee 相互保証
mutual insurance 相互保険
mutual insurance company 相互保険会社
Mutual Legal Assistance Treaty (MLAT) 日米相互司法・捜査援助条約
mutual mistake 相互的錯誤
mutual promises 相互約束
mutual relation 相関関係
mutual relationship 相互関係
mutual rescission 合意解除
mutual savings bank 相互貯蓄銀行

mutuality 相互性，双務性
mutuality of obligation 債務の相互性，義務の相互性
mutuality of remedy 救済方法の相互性
mutuality rule 相互性原則
muzzle 銃口
myocardial infarction 心筋梗塞
myself-note 自己受約束手形
mysterious death 怪死
mysterious document 怪文書

N

N／A 適用なし
N.I.F.O. : next-in, first-out 次入先出
N. L. R. A. : National Labor Relations Act 連邦労働関係法
N. L. R. B. : National Labor Relations Board 連邦労働関係局
N.V. 株式会社(オランダ・ベルギー)
N. Y. S. E. : New York Stock Exchange ニューヨーク証券取引所
NAAQSs : National ambient air quality standards 全米大気質基準
NAFTA : North American Free Trade Agreement 北米自由貿易協定
naive 稚拙な
naked 不完全な
naked contract 約因のない契約
naked power 実質的利益を伴わない権限
naked trust 受動信託
name ①名義②指名する
name and arms clause 家名と紋章に関する条項
name and seal 記名押印
name of an offense 罪名
name registration 名称の登録(料)
name-written and seal-affixed 記名押印
Naming Rule 命名規則
narcissism 自己陶酔
narcotic addict 麻薬常用者
narcotic addiction 麻薬中毒
narcotic control 麻薬取締
narcotic offense 麻薬犯罪

national

narcotics　麻薬
Narcotics and Psychotropics Control Law　麻薬及び向精神薬取締法
narcotics trafficker　麻薬密売者
narrow path　隘路
NASDAQ : National Association of Securities Dealers Automated Quotations　ナスダック，全米証券業協会相場情報システム
Nash equilibrium　ナッシュ均衡
national　①国民の②全国の
national administration　国政
National Association of Realtors＝N.A.R　全米不動産業者協会
アメリカの不動産業者の同業者団体。アメリカには不動産業者の団体がいくつか存在するが，NARはそのうち最大のものである。
National Association of Securities Delers,Inc.＝N.A.S.D.　アメリカ全国証券協会
national bank　連邦免許銀行
National Bar Examination Law　司法試験法
National Bureau of Standards　連邦標準局
national character　国民性
National Commission on Product Safety　全米委員会
National Conference of Commissioners on Uniform State Laws　統一州法委員全国会議
アメリカの各州法のモデル統一法を起草し，これを促進するための組織。これまでに統一商法典(UCC: Uniform Commercial Code)，統一売買法(Uniform Sales act)，統一居住用不動産賃貸人貸借人法(Uniform Residential Landload and Tenant act: URLTA)などを起草してきた。モデル法を採用するかどうかは，各州ごとの判断に委ねられている。モデル統一法の作成には，アメリカ法律家協会(ABA: American Bar Association)が関与することも多い。
national consensus　国民的合意

national currency　法定通貨
National Diet Library　国立国会図書館
National Diet Library Law　国立国会図書館法
national economy　国家経済
national emblem　国章
national emblem of a foreign country　外国国章
National Environmental Policy Act, NEPA　国家環境政策法，連邦環境政策法
national flag　国旗
National Government Employees' Accident Compensation Law　国家公務員災害補償法
National Health Insurance Law　国民健康保険法
National Industrial Recovery Act　全国産業復興法
national interest　国益
National Labor Relations Act＝N.L.R.A.　全米労働関係法
Wagner Act(ワグナー法)と通称される。労働者の団結権，団体交渉権，などを保障した，労働法制上画期的な意味を持つ立法である。(29 U.S.C.§151～§169)。
National Labor Relations Board＝N.L.R.B.　全米労働関係委員会
National Land Use Planning Law　国土利用計画法
national law　国内法
制定された一国においてのみ通用力を持つ法規をいう。これに対して複数国での通用力を持つ法規を国際法(international law)という。国内法はその適用の範囲に関し，その国の国籍を有する者全てに適用する属人法と，その国に居住，所在している者全てに適用される属地法とがある。
national law　国家法
National Lawyers' Guild　全国法律家ギルド(アメリカ)
National Offenders Rehabilitation Commission　中央更正保護審査会
national origin　出身国
national origin discrimination　出身国差別

National

National Pension Law 国民年金法
National Personnel Authority 人事院
national policy 国策
National Public Service Law 国家公務員法
National Reporter System アメリカ合衆国判例体系
national security 国家安全保障
national stock exchange 国家証券取引所
national tax 国税
National Tax Administration Agency 国税庁
National Tax Collection Law 国税徴収法
national tax examiner 国税調査官
national tax inverigator 国税査察官
national tax revenue officer 国税徴収官
National Tax Tribunal 国税不服裁判所
National Traffic and Motor Vehicle Safety Act 全米自動車安全法
national treasury 国庫
National Trust (英)ナショナル・トラスト
nationalism 民族主義
nationalist movement 民族運動
nationality 国籍
Nationality Law 国籍法
Nationality Law Enforcement Regulation 国籍法施行規則
nationality of a ship 船籍
nationalization 国有化
natural and probable consequence 自然的蓋然的結果
natural calamity 天災
natural consequence 当然の結果
natural death 自然死
Natural Disaster Victims Relief Law 被災者生活再建支援法
natural fruit 天然果実
田畑や果樹園でとれる農作物、乳牛から搾った牛乳など、元になる物=元物から自然的に発生、産出し、分離可能な経済的価値物をいう。元物から天然果実を分離させる権利のある者に、分離した場合の所有権の帰属などが民法で定められることになる。〔参考〕民法88条(天然果実及び法定果実)1項 物の用法に従い収取する産出物を天然果実とする。 民法89条(果実の帰属)1項 天然果実は、その元物から分離する時に、これを収取する権利を有する者に帰属する。

natural gas 天然ガス
natural justice 自然的正義
natural law 自然法
憲法や刑法など国家が制定した各種の実定法規の上位に存在するとされる、超国家的、超時代的な一般原理を示す根源的規範をいう。とくに近代において、憲法の上位に位置して、基本的人権、国民主権、抵抗権などの根拠とされた点に特徴がある。自然法ないし自然権が意識的に、これら権利の普遍性の根拠として引用された顕著な例として、アメリカ合衆国独立宣言(1776年)がある(原文では the Laws of Nature and of Nature's God entitle them)。日本国憲法も、憲法上の諸権利が「人類普遍の原理」に基づくものであるとするなど、自然法、自然権思想の影響が色濃いものである。〔参考〕日本国憲法前文(抜粋)そもそも国政は、国民の厳粛な信託によるものであつて、その権威は国民に由来し、その権力は国民の代表者がこれを行使し、その福利は国民がこれを享受する。これは人類普遍の原理であり、この憲法は、かかる原理に基くものである。われらは、これに反する一切の憲法、法令及び詔勅を排除する。

natural offense 自然犯
Natural Parks Law 自然公園法
natural person 自然人
法人に対する概念。
natural possession 有形的占有, 物理的占有
natural rights 自然権
natural-born citizen 出生により国籍を得た者
naturalization 帰化
Nature Conservation Law 自然環境保全法
nature of a contribution 出資の種類

nature of the crime 犯罪の性質
naulage 船舶旅客運送費
naval court 海事審判所
naval law 海軍法規
navigable waters 可航水域
navigation 航法
Navigation Act 航海法
ne varietur let it not be altered, 変更禁止
near hit 至近弾
near money 現金類似資産
near relatives 近親
necessaries 生活必需品
daily necessities ともいう。
necessarily included offense 必要的被包含犯罪
necessary and proper clause 必要かつ適切条項
necessary expenses 必要費
necessary measures 必要な処分
necessary party 必要的当事者
necessity 欲求
necessity for arrest 逮捕の必要性
necessity for detention ; necessity of detention 留置の必要
necessity of public interest 公益上の必要
neck vertebrae 頸椎
necrotomy 死体解剖
need ①需要②欲求
negative 否定的な
negative averment 否定事実の主張, 消極的主張
negative condition 消極的条件
negative consensus ネガティブ・コンセンサス
negative covenant 不作為特約, 競争制限特約
negative demand state 弱い需要状態
negative easement 消極的地役権
negative evidence 消極的証拠
negative pledge clause 担保制限条項
neglect ①過失②怠慢③不注意④無視⑤放置
neglect one's duties 職務を怠る
neglect to perform one's duties 任務を怠る
neglected child 遺棄された子ども
negligence 過失
The failure to exercise the standard of care that a reasonably prudent person would have exercised in a similar situation; any conduct that falls below the legal standard established to protect others against unreasonable risk of harm, except for conduct that is intentionally, wantonly, or willfully disregardful of others' failure, usu. expressed in terms of the following elements: duty, breach of duty, causation, and damages.(以下略)
(Bryan A. Garner, Black's Law Dictionary Second Pocket Edition 470 (2001), West Group.)
適度に分別ある人が同様の状況で働かせたであろう標準的な注意を働かせないこと；意図的に, 悪意をもって, または故意に他者の失敗を無視するという行為を除いて, 他者を害する不合理な危険に対し, その保護をはかるため法律が要求する基準を満たさない行為。通常は以下の要素を持つ言葉で表される：義務, 債務不履行, 因果関係, 損害賠償。

negligence in the conduct of business 業務上過失
特定の職業や資格, 地位にあるために, 通常人よりも高い職業的, 専門的な注意義務が課せられ, その義務に違反した場合の形而上の責任も重くなることをいう。例えば, 自動車の運転資格を持っている者が車の運行に対して払わねばならない注意は, 一般的な注意では足りず, 高い職業的, 専門的な注意義務を負う。そして, これに反したときは業務上過失致死傷というより重い刑罰が科せられる。これに対して, 自動車の運転免許を持っていない者は, そのような専門的, 職業的な注意義務を払う必要も能力もない。一般人が車を動かして死傷の結果を生じたとしても, 重過失になるかどうかはともかく, 業務上過失は生じない。

negligence per se 法律上当然の過失, 行

negligent

為自体で成立する過失
negligent homicide 過失致死罪
negligent manslaughter 過失故殺罪
negligently causing damage to an article other than structures, etc. by means of flooding 過失建造物等以外侵害
negligently causing damage to a structure, etc. by means of flooding 過失建造物等侵害
negotiability 流通性
negotiable ①流通する②譲渡できる③交渉できる
1. (Of a written instrument) capable of being transferred by delivery or indorsement when the transferee takes the instrument for value, in good faith, and without notice of conflicting title claims or defenses.
2. (Of a deal, agreement, etc.) capable of being accomplished.
3. (Of a price or deal) subject to further bargaining and possible change.
(Bryan A. Garner, Black's Law Dictionary Second Pocket Edition 472 (2001), West Group.)
1. 誠実に，そして対立する権限の要求または抗弁についての通知なしで，譲受人がその価格の証書を持参した場合に引渡しまたは裏書によって譲渡される可能性のある（文書の）．
2. 完遂される可能性のある(取引，契約などの)．
3. さらなる交渉と変更の可能性を条件とする(価格または量の)．
negotiable bond 流通性のある債券
negotiable coupon 流通性のある利札
negotiable instrument 流通証券
negotiable note 流通性のある約束手形
negotiation ①交渉②裏書③買取り
neighbor principle 隣人原則
neighborhood 相隣関係
Neighborhood Justice Act 隣人公正法
neighboring rights 著作隣接権
neighboring waters 近海
NEPA : National Environmental Policy Act 連邦環境政策法
nerves 神経
nervous 神経質な
nervous disease 神経病
nervous disorder 神経病
net ①正味②手取り③純～
net asset value 純資産価格
net assets 純資産，残りの資産
net assets amount 純資産額
net estate 純遺産
net income 純所得額，純利益
net lease ネット賃貸借契約
賃料の名目で支払われるのは，共益費，管理費，修繕費，税金，火災保険料等を含まない賃料本体のみであり，これらの費用は，賃借人が賃料とは別個に賃貸人に支払う義務を負う賃貸借契約をいう．したがって賃借人の支払合計額は，月によって異なる可能性がある．商業用建物の賃貸借において多くとられる賃料の支払方法である．賃貸借契約締結に際して，管理費などを含んだ賃料額が決定され，毎月決まった固定額のみを支払う形式の賃貸借契約は gross lease という．
net operating loss 純営業損失
net profits 純利益
net sales price 純売上金額
net selling price 純販売額
net worth 純資産価格
network externalities 外部効果
neuralgia 神経痛
neurasthenia 神経衰弱
neurosis 神経症
neutrality 中立
New Bank Funding Bill 銀行への資金注入に関する法案
new for old 新旧交換差益
new goods 新製品
new matter 新しい事実
new promise 新たな約束
new shares 新株
new technology 新技術
new trial 再審理
New York interest ニューヨーク式利息
New York rule ニューヨーク・ルール

New York Stock Exchange＝NYSE　ニューヨーク証券取引所
newly discovered evidence　新たに発見された証拠
news medium　冒頭陳述
newsletters　情報誌
next friend　訴訟後見人
next of kin　相続人
next-in, first-out　次入先出
niche strategy　ニッチ戦略
nient le fait　not his deed，証書作成否定の答弁
night duty　夜勤
nil dicit　無抗弁・無答弁による判決
ninety day letter　九〇日レター，不足税額通知書
nip it in the bud　未然に防ぐこと
日本語でも「双葉のうちに摘み取る」という表現があるが，問題点を未然にあるいは早期に防ぐこと。
nisi　仮の，仮定の
nisi prius　巡回陪審裁判
No arrival, no sale　到着しなければ販売なし
no award　仲裁判断不存在の抗弁
no content clause　不抗争条項
no fault divorce　破綻主義，無責離婚
離婚が容認される根拠は，実質的に夫婦の実体が存在しない場合に，法律的に婚姻を継続させても意味がないことにあるとする主義。したがって，夫婦の実体が破壊されたことについて一方的に責任ある側のみが離婚を望んでいる場合でも，客観的に破綻と認められれば離婚は認められるとされる。これに対して，離婚が容認される根拠を，配偶者に不貞，遺棄などの義務違反があったことに求める主義を有責主義という。有責主義をとった場合には，離婚，不貞などの義務違反を行った者からの離婚請求は認めないのが通常である。もっとも破綻主義の側からも，離婚や不貞が，破綻を生じさせる原因の一つに挙げられることが少なくない。また，有責主義の側からも義務違反を端緒とする別居等が長期に及んだ場合には，有責配偶者からの離婚請求が認められる場合があるなど，両者の区別は相対的なものになってきている。世界的にみれば，徐々に有責主義から破綻主義に移行しつつあるというのが離婚法制の現代の傾向と言われる。

no fault insurance　無過失責任保険
no more than speculation　推測に止まる
no objection　しかるべく
no par (value) stock　無額面株式
no waiver　権利放棄条項
no-action clause　不訴訟条項
noblesse oblige　ノウブレス・オウブリージ，高い身分に伴う道徳上の義務
no-fault　無過失の
no-fault automobile accident compensation laws　無過失自動車事故補償法
no-fault automobile insurance　事実認定の自動車保険
no-fault responsibility　無過失責任
noise　騒音
Noise Control Act　騒音管理法
noise damage　騒音公害
noise ordinance　騒音条例
Noise Regulation Law　騒音規制法
nolo contendere　不抗争の答弁
Lat.：I do not wish to contend, fight or maintain (a defense).
A statement that the defendant will not contest a charge made by the government. Like a demurrer to an indictment, it admits all facts stated in the indictment for the purposes of a particular case, but it cannot be used as an admission elsewhere, or in any other proceeding, such as a civil suit arising from the same facts.
(Steven H. Gifis, Dictionary of Legal Terms 321 (3rd ed., 1998), Barron's Educational Series, Inc.)
ラテン語：私は争うこと，闘うこと，または(抗弁を)続けることを望まない。
被告人は政府による告発に異議を唱えないとの答弁。正式起訴状に対する妨訴抗弁のように，特定事件の目的のための正式起訴状で述べられた全ての事実を認めるが，どこか他の所で，または同一事実から生じた

nomen

民事訴訟のような他のどんな訴訟手続においても自白として用いられることができない。
nomen juris 法律用語
nominal 名義だけの
nominal consideration 名目的約因，象徴的約因
nominal damages 多目的損害賠償
nominal owner 名義上の株主
nominal partner 名目的組合員，表見的組合員
nominal party 名目的当事者
nominal trust 名目的信託
nominally 名義上は
nominate 指名する
nomination 指名
nominative 株式が記名式の
nominative claim 指名債権
債権者が，債権成立当初から特定されている債権のことをいう。売買，賃貸借，雇用，委任などの契約によって成立する権利義務の大多数は指名債権である。これに対して，債権が証券によって移転することを前提とし，現実の履行の時まで誰が債権者なのかわからない債権を，証券的債権という。指名債権でも債権者が変更することはあるが，それらは例外として位置付けられる点で，証券的債権とは違いがあるとされる。したがって指名債権と証券的債権の区別は，債権の譲渡方法などの違いに現れてくる。〔参考〕民法467条(指名債権の譲渡の対抗要件)1項 指名債権の譲渡は，譲渡人が債務者に通知をし，又は債務者が承諾をしなければ，債務者その他の第三者に対抗することができない。
nominee 名義人，任命された者
nominee shareholder （米）ノミニー株式
nominee trust 匿名信託
non acceptavit 不引受の抗弁
non damnificatus 損害不存在の抗弁
non detinet 不法留置否認訴答
non est factum 証書作成否認の答弁
non est inventus 所在不明
non fecit 文書作成否認の抗弁
non immigrant 非移民外国人

アメリカで永住権を持たない外国人のこと。
non immigrant visa 非移民ビザ
non par value stock 無額面株式
non profit organization＝N.P.O. 民間非営利組織
医療，福祉，文化，スポーツ，人道援助など，公共の利益の増進を活動目的とし，取引によって挙げた利益を構成員に分配することを目的としない組織をいう。法人格の有無は問題とならない。
non submissit 仲裁付託合意不存在の抗弁
non voting stock 議決権のない株式
non-acceptance 受領遅滞 →delay by obligee
non-accredited investor 非有産投資家
nonaffiliates 非関係者
non-appearance 不出頭
nonassessable stock 追徴不能株式
non-assignment 譲渡禁止
債権その他の契約上の権利を，譲渡したり，他者に使用させたり，担保を設定することを禁止あるいは制限する契約条項をいう。
non-bearer debenture 記名社債
non-bearer shares 記名株式
non-binding 拘束力のない
non-cancellable ノン・キャンセラブル，中途解約不可
継続的契約において，任意の中途解約を認めない合意あるいは条項をいう。この条項に反して中途解約を行う当事者は，違約金を支払う必要がある。とくに動産のリース契約において，ノン・キャンセラブル条項が定められることが多く，ノン・キャンセラブルとフル・ペイアウト(full payout)の2つの条件を備えたリース契約を，ファイナンス・リース契約(finance lease agreement)という。
non-competence 管轄違い
non-competition 非競業
non-competition clause 競業避止条項
競業避止義務が契約当事者の合意によって生じる場合，およびその根拠となる契約書上の条項をいう。 →duty to avoid compe-

tition

noncompliance 不一致
nonconfidence 不信任
non-confidence resolution 不信任の決議
non-confidence resolution against the Cabinet 内閣不信任決議
行政権の存立が議会の信任に基づく統治制度を，議院内閣制というが，その議会が議決によって内閣の存立に反対の意思を表示し，その内閣の正統性を失わせる行為をいう。一般的に議院内閣制度を採用する諸国においては，議会が内閣の権力行使を抑制する手段の一つとして，議会の決議による内閣不信任制度が憲法で定められることが多い。一方で内閣には議会の解散権を認めることにより，立法権と行政権の相互抑制がはかられるしくみとなっている。〔参考〕憲法69条　内閣は，衆議院で不信任の決議案を可決し，又は信任の決議案を否決したときは，十日以内に衆議院が解散されない限り，総辞職をしなければならない。

nonconforming goods 契約に適合しない物品
non-contestability clause 権利不争条項，不可争条項
non-continuous 不継続の
non-delegaton to third party 第三者への業務委託禁止
契約当事者以外の者に契約上の義務を委任，委託したり取り扱わせることを禁止する契約条項。一般の請負的な契約では契約当事者自身が仕事を行う義務はないため，契約当事者自体の能力や信頼が重視される契約においては特にこのような条項を定めておく必要がある。
nondelivery 証券の未交付
non-disclosure 不開示，不通知
non-disclosure agreement 秘密保持契約
non-discretionary trust 非裁量信託
non-dispersion of a mass of people 多衆不解散
non-disturbance clause 賃借権存続条項
賃借目的物である不動産に設定された抵当権が実行されても，賃借人は新所有者との間で存続することを定めた条項をいう。

non-disturbance agreement。抵当権の実行によって賃借人が立退きを余儀なくされることを防ぎ，賃借人の地位の安定をはかるための条項である。

non-exclusive 非独占的，非排他的
non-exclusive agent 非独占代理店
non-exclusive distributor 非独占的代理店
non-exclusive jurisdiction ①非専属的裁判管轄②追加的裁判管轄
non-existence 不存在
non-existence of a resolution 決議不存在
nonfeasance 不作為，懈怠
In the law of agency, the total omission or failure of an agent to perform a distinct duty that he or she has agreed with his or her principal to do; also, the neglect or refusal, without sufficient excuse, to do what is an officer's legal duty to do. Nonfeasance differs from misfeasance, which is the improper doing of an act that one might lawfully do, and from malfeasance, which is the doing of an act that is wholly wrongful and unlawful.
(Steven H. Gifis, *Dictionary of Legal Terms* 322 (3rd ed., 1998), Barron's Educational Series, Inc.)
代理権法における，代理人が行うことを本人と合意した明確な義務履行に対する代理人の全くの怠慢または不履行；また，役人のなすべき法的義務を十分な理由もなく無視または拒絶すること。不作為は合法的になしうる行為の不適切な行いである失当な行為とは異なり，また全面的に不法かつ違法な行為である不正行為とも異なる。
non-formation of a crime 犯罪の不成立
nonfulfillment 不履行
non-full-payout ノン・フルペイアウト
リース契約において，ユーザ企業(lessee)はリース期間に応じた賃借料のみを支払うことを内容とする合意あるいは条項をいう。フルペイアウト(full-payout)条項に比べ，ユーザにとっては使用目的に応じた柔軟なリース物件の使用が可能となる。ノン

nonimmigrant

・フルペイアウト条項は，オペレーティング・リース契約 (operating lease agreement)，メインテナンスリース契約 (maintenance lease agreement) などの，ファイナンス・リース契約 (finance lease agreement) 以外のリース契約において定められる合意である。

nonimmigrant 非移民
non-indictment 不起訴
non-institution of prosecution 不起訴処分
　検察官や大陪審が，被疑者に対して裁判による処罰を求めないことを明らかにする意思表示をいう。一般に国家権力は全ての犯罪を裁判に付して処罰することを必要とするわけではない。被害が軽微，犯罪の立証が困難，被害者の応報感情が乏しい，あるいは自発的な更正が見込めるなどの理由により，実際には犯人に対して裁判も処罰も行われないケースが相当数にのぼるのが諸国の例である。そして，起訴するか否かはもっぱら検察官や大陪審の裁量に委ねられている。

non-institutional treatment 社会内処遇，施設外処遇
noninterference 不干渉
nonmerchant seller 非商人である売主
non-monetary damages 非金銭的損害賠償
nonobviousness 非自明性
non-par value share 無額面株式
non-penal fine 過料，反則金
non-performance 契約不履行
nonprice competition 非価格競争
non-profit association 非営利社団
non-profit corporation 非営利法人，公益法人
nonprofit organization 非営利団体
Nonprofit Organization Law 特定非営利活動促進法 (NPO法)
non-prosecution 不起訴
non-publicity 非公開
nonrecourse loan ノン・リコース・ローン
　融資の担保となった財産以外は，債務者の責任財産とはならない貸付契約をいう。project finance 参照。債務不履行があった場合，債権者は，担保権を設定した財産から優先弁済を得ることはできるが，それ以上に債務者に一般財産から満足を得ることはできない。したがって債権者にとっては担保価値が債権額を下回る，いわゆる担保割れは許されず，担保価値の評価が極めて重要となる。

non-registered share 無記名株式
nonregular staff 嘱託
non-resident 非居住者
non-retreat 邸宅不退去
non-retroactivity 非遡及効
non-service 不送達
nonstock 非株式
nonsuit 訴え却下
　原告が，自分の主張を理由付ける一応の証拠をそろえることができなかったために，陪審員が出席する本格的な民事訴訟の審理＝trial に入ることを許さずに訴訟を終了させる，裁判所の判決，あるいは原告自身の行為をいう。(cf. dismissal)

non-testimonial evidence 非供述証拠
non-user 不行使
non-voting share 無議決権株式
non-waiver 権利非放棄
　権利を放棄しない，あるいは放棄できないことを定めた契約条項や法律の条文をいう。契約の成立が，当事者間で別に存在する損害賠償請求権を放棄するものではないことを明確にするなどの趣旨で使われる。

norm 規範
normal wear and tear 自然減損
　動産や不動産を，通常の用法に従って使用している場合に，年月の経過によって生ずる避けられない劣化や消耗をいう。①賃借人に用法違反がない限り，賃貸人は自然減損についての責任を負う必要はない。賃借人の使用方法が荒かったなどの理由による賃貸目的物の減損は，自然減損とは言えず，賃借人には用法違反として賠償義務が生ずる。②会計法上，あらゆる資産は，自然減損の積み重ねによっていつかは使用できない状態になるのであるから，毎年適正

notification

な減価償却を行わなければならない。
Norman Conquest ノルマン人の征服(1066年)
no-strike clause ストライキ禁止条項
not between merchants 商人同士の取引ではない取引
not drunk しらふ
not found 所在不明
not guilty 無罪
not less than five years imprisonment 長期5年以上の懲役
not negotiable 譲渡禁止
法律や契約によって，権利を他人に移転したり，担保を設定することが禁止されることを言う。non-assignment。
notarial deed 公正証書
notarial document 公正証書
notarize 公証
notarize a document 公正証書化する
notary 公証人
A person who is licensed as a public officer to administer oaths, certify certain documents or signatures, take depositions, or perform other specified official acts.
(Gilbert Law Summaries Pocket Size Law Dictionary 220 (1997), Harcourt Brace And Company.)
公務員として宣誓をとりしきり，特定の文書または署名を認証し，宣誓証書を作成し，その他の特定の公式行為を行う資格を受けた者。
notary deed 公正証書
Notary Law 公証人法
notary public 公証人
note ①約束手形②覚書③社債
A written paper that acknowledges a debt and promises payment to a specified party of a specific sum, and that describes a time of maturity that is either definite or will become definite.
(Steven H. Gifis, Dictionary of Legal Terms 325 (3rd ed., 1998), Barron's Educational Series, Inc.)
債務と正式に承認し，特定の当事者に特定の金額の支払いを約束する文書であり，確実なまたは確実になるであろう支払期日を記述している。
note of decisions 判例注釈
note of protest 拒絶の覚書
note receivable 受取手形
notice ①告知②催告，通告，通達，通知条項③認識していること④解約通知
notice by publication 広告による通知
notice of an action 訴訟告知
notice of copyright 著作権表示
notice of default 催告書
債権者が，債務が履行されていないことを債務者に通知する書面をいう。通常履行遅滞による解除権は，履行期限の徒過という事実だけでは発生しない。相当期間を定めて履行を催促することが必要となる。〔参考〕民法541条(履行遅滞等による解除権)当事者の一方がその債務を履行しない場合において，相手方が相当の期間を定めてその履行の催告をし，その期間内に履行がないときは，相手方は，契約の解除をすることができる。
notice of dishonor 拒絶の通知
notice of judgment; ～of order 判決の告知，命令の通知
notice of knowledge 承知していること
notice of lis pendens 訴訟係属の告知
notice of resignation 辞任届
notice of shipment 出荷通知
notice of wind up 精算通知，解散通知
notice on resignation 辞任届
notice recording statute 通知型立法
notice to appear 出廷通知書
notice to cancel 解約の申入れ
notice to convene 招集通知
notice to quit 退去通告
賃借人の債務不履行によって賃貸借契約が解除されたり，契約期間が終了したにもかかわらず賃借人が居座りを続ける場合に，賃貸人からの明渡し(eviction)を求める書面をいう。
notice to terminate 解約の申入れ
notice-type statute 通知型立法
notification 催告，通告，通知，通牒
notification of divorce 離婚届出

notification

notification of marriage 婚姻の届出
notification of non-institution of prosecution 不起訴処分の告知
notification of summary order 略式命令の告知
notification statement 報告書
notified 告知された
notify 届ける，通知
notorious possession 公然の占有
　動産や不動産を所持していることが周囲の者に明らかな形態で占有を行うことをいう。取得時効の基礎となる占有は，公然の占有でなければならず，自分だけにわかるような形態で密かに占有を続けていても，取得時効は決して成立しない。〔参考〕民法162条(所有権の取得時効)1項　二十年間，所有の意思をもって，平穏に，かつ，公然と他人の物を占有した者は，その所有権を取得する。
notwithstanding 〜にもかかわらず
notwithstanding the above 上記の規定にもかかわらず
novation ①更改②革新
novelty 新規性
novice 初心者
now account; NOW account ナウ口座，ナウ勘定，利息付小切手
nox ノックス，窒素酸化物
noxious 有害な
NPDES : National Pollutant Discharge Elimination System 連邦汚物質排水除去制度
Nuclear Nonproliferation Act＝NNPA 核拡散防止法
nudum pactum 裸の契約，約因のない契約
nuisance ニューサンス，生活妨害
nuisance per se 当然にニューサンスとされるもの
nul agard 仲裁判断不存在の抗弁
nul tiel corporation 法人不存在の抗弁
null 無効
null and no effect／force／value 無効な
　同義語を併記するパターン。

null and void 無効な
　同義語を併記するパターン。
nullification 無効にすること
nullity 無効，無効な行為
nullity of adoption 縁組の無効
nullity of marriage 婚姻の無効
nullity of merger 合併無効
number of contribution units 口数
number of shares 株式の数
number of shares owned 持株数
number of units of a contribution 出資口数
numbered account 無記名口座
nunquam indebitatus 債務否認の抗弁
nursing care 看護
Nutrition Improvement Law 栄養改善法

O

O／A; o／a on account, 一部払いとして；分割払いとして，〜のために；〜によって
O.K. オーケー
O. S. H. A. : Occupational Safety and Health Act 職業安全衛生法
oath 宣誓
ob favorem mercatorum 商人に有利に，商人のために
obedience 遵法
obiter dictum 判決の傍論
object 物件
object of a contribution 出資の目的
object of law 法律の趣旨
object of sale 売買の目的
objection ①異議②拒否
　A formal statement opposing something that has occurred, or is about to occur, in court and seeking the judge's immediate ruling on the point. The party objecting must usually state the basis for the objection to preserve the right to appeal an adverse ruling.
　(Bryan A. Garner, Black's Law Diction-

ary Second Pocket Edition 491（2001），West Group.）
法廷で発生したまたは発生しそうなことに反対し，その点についての裁判官の即時の裁定を求める正式な陳述。異議を唱える当事者は，通常反対の裁定に対して上訴する権利を保持するためにも，異議の論拠について述べなければならない。

objection is reserved 異議を留める
主張された法律上の効果を即時かつ全面的に争う姿勢を示したわけではないが，いずれ本格的に争う余地を残しておいたり，部分的あるいは条件的には否認をする趣旨の意思表示をいう。このような意思表示をしておかないと自分に不利な法律効果の発生を全面的に容認したとみなされる場合がある。無権代理行為の法定追認，債権譲渡における異議を留めない承諾などがその例である。〔参考〕民法125条（法定追認）前条の規定により追認をすることができる時以後に，取り消すことができる行為について次に掲げる事実があったときは，追認をしたものとみなす。ただし，異議をとどめたときは，この限りでない。　一　全部又は一部の履行　二　履行の請求　三　更改　四　担保の供与　五　取り消すことができる行為によって取得した権利の全部又は一部の譲渡　六　強制執行

objection regarding the examination of evidence 証拠調べに関する異議の申立て

objection to disposition by a presiding judge 裁判長の処分に対する異議の申立て

objective stadard 客観性基準
objective test 客観テスト
objectivity 客観性
object-matter of the work 仕事の目的物
obligation 義務，債務
A duty owed to another; a responsibility that requires a person to act in a certain manner, such as to perform a service or discharge a debt. A debt; an indebtedness; a liability.
（Gilbert Law Summaries Pocket Size Law Dictionary 223（1997），Harcourt Brace And Company.）
他者に対して負う義務；業務の遂行や債務の弁済のように，一定の方式に従って果たされるべき責任。債務；負債額；負債。

obligation in dispute 争いある債務
obligation not to interfere 受忍義務
obligation of confidentiality 秘密保持義務
obligation of management 管理義務
obligation of payment 支払義務
obligation to be faithful 忠実義務
obligation to educate children 教育の義務
国民の教育を受ける権利を子どもが享受するということは，自分の子息が教育を受けることを妨げてはならないという保護者の義務として捉えることができることをいう。〔参考〕憲法26条　すべて国民は，法律の定めるところにより，その能力に応じて，ひとしく教育を受ける権利を有する。2　すべて国民は，法律の定めるところにより，その保護する子女に普通教育を受けさせる義務を負ふ。義務教育は，これを無償とする。

obligation to pay taxes 納税義務
各国民が，負担能力に応じた額の金銭を国庫に納める義務をいう。国民に主権が帰属する反面，その財政的負担も国民が等しく負うとするのが当然の帰結と考えられていることによる。近代国家において納税義務は，国民の最も主要な義務と考えられている。〔参考〕憲法30条　国民は，法律の定めるところにより，納税の義務を負ふ。

obligation to work 勤労の義務
国民に勤労や労働の義務があることが憲法上示されることがある。しかし，近代国家においては，それが納税義務や兵役義務と同じような意味での法律上の義務になるとは考えられていない。日本国憲法も，納税義務や教育の義務と並んで勤労の義務を規定している。それは，勤労の権利の保障の実現は，ただ国家に対する作為を要求することによってではなく，国民自身の勤労する意欲と行動を伴ってのみ可能であること

obligation

を注意的に示したにすぎないと考えられている。〔参考〕憲法27条　すべて国民は，勤労の権利を有し，義務を負ふ。
obligation without condition　無条件債務
obligee　債権者
obligor　債務者
obligor jointly and severally liable　連帯債務者
obliteration　抹消，文書の破棄
obreption　詐取
obscene　卑猥な，猥褻な
obscene act　猥褻な行為
obscene habits　淫行
obscene literature　猥褻文書
obscene picture　猥褻の図画
obscene story　猥談
obscene writing　猥褻文書
obscenity　猥褻
observance　遵守
observation　観察
observe　①遵守する②観察する③述べる
observer　立会人
obsolescence　①不使用による廃止②老朽化
obsolete　すたれた
obstacle　障害物
obstruction of a performance of official duties　公務執行妨害

税務調査に訪れた職員を脅迫するなど，職務を行っている公務員に対して暴行，脅迫を加えることを罰するものである。民間人の業務も業務妨害罪による保護の対象となるが，公共性のある業務遂行に，より高い刑法の保護を与えたものである。〔参考〕刑法95条(公務執行妨害及び職務強要)1項　公務員が職務を執行するに当たり，これに対して暴行又は脅迫を加えた者は，三年以下の懲役又は禁錮に処する。

obstruction of an auction　競売入札妨害

競売や入札とは，国や公共団体が工事の発注や財産の売却などを行う際に，最も有利な契約相手を公正に決めるための制度である。このような制度の公正性を損なう行為は，公共の利益に対する重大な侵害となるので，処罰の対象とされている。誤った入札期間の情報を同業者に広めたり，競売に訪れた者に圧力を加える行為がその例である。〔参考〕刑法96条の3(競売等妨害)　偽計又は威力を用いて，公の競売又は入札の公正を害すべき行為をした者は，二年以下の懲役又は二百五十万円以下の罰金に処する。

obstruction of business　業務妨害
obstruction of business by destroying a computer, etc.　電子計算機損壊等業務妨害
obstruction of business by force　威力業務妨害 →forcible obstruction of business
obstruction of execution　強制執行妨害
obstruction of fire fighting　鎮火妨害
obstruction of flood control　水防妨害
obstruction of irrigation　水利妨害
obstruction of justice　司法妨害
obstruction of performance of a prayer　礼拝妨害
obstruction of performance of funeral rites　葬式妨害
obstruction of traffic　往来妨害
obstruction of traffic caused by negligence　過失往来妨害

日本の現行法上，単に道路を閉塞するなどの往来妨害罪にとどまる行為については，往来危険罪とは異なり過失犯の処罰規定はない。したがって，トラックから誤って積荷を落として道路をふさいだ結果，後続の車が玉突き事故を起こした場合，通常の業務上過失致死傷罪が成立するにとどまる。

obstruction of traffic caused by negligence in the conduct of business　業務上過失往来妨害
obstruction of traffic resulting in bodily injury　往来妨害致傷
obstruction of traffic resulting in death　往来妨害致死
obstruction of water utilization　水利妨害
obvious danger　明白な危険
Occupational Safety and Health Act　職業安全衛生法
occupancy　①入居②先占③自主占有，建

物の使用
Actual possession （一部略）, or the act of taking actual possession, of real property. This does not require physical presence on the property at all times, but at the very least diligence in keeping others out except with one's own permission. Also called occupation.
(James E. Clapp, Random House Webster's Dictionary of the Law 306 (2000), Random House.)
不動産の現実の占有，または現実の占有を得る行為。その不動産に常時駐在する必要はないが，自分自身の許可がある場合を除いて他者を立ち入らせないための最低限の注意は必要である。occupation とも呼ばれる。

occupant 占有者
occupation 占拠
occupational disease 職業病
occupational hazard 業務上の危険，職上の危険
Occupational Safety and Health Administration 労働安全衛生局
Occupational Safety and Health Review Commission 労働安全衛生委員会
occupational tax 職業税
occupiers' liability （土地・建物の）占有者・所有者の責任
occupy 占有する
ocean bill of lading 海上船荷証券
odd lot order 取引単位未満株の注文
odometer 走行距離計
of age 成年の
of and concerning ～について，～の同義語を併記するパターン。
of counsel 弁護士顧問
of course 当然の権利として
off duty 非番の
off limits 出入禁止の
offender 犯罪者
offender committing a crime without an accomplice 単独犯
offender with previous conviction 累犯者

Offenders Prevention and Rehabilitation Law 犯罪者予防更生法
offense 犯罪，犯行，違反行為
A felony, misdemeanor, or other violation of the law.
(Daniel Oran, Law Dictionary for Non-lawyers 214 (4th ed., 2000), West Legal Studies.)
重罪，軽罪またはその他の違反行為。
offense against public morals 風俗犯罪
offense aggravated by results of a crime 結果的加重犯
傷害の故意で殴ったところ死亡してしまった場合，傷害罪と過失致死の観念的競合となるのではなく，より刑の重い傷害致死罪の一罪が成立する。この傷害致死罪のように，故意犯について行為者の意図を超えた結果が生じた場合により重く罰するために設けられた罰条を結果的加重犯という。同様に，逮捕致死傷罪，監禁致死傷罪，遺棄致死傷罪などはいずれも結果的加重犯である。〔参考〕刑法205条(傷害致死) 身体を傷害し，よって人を死亡させた者は，三年以上の有期懲役に処する。
offense and defense 攻防
offense of advocating dangerous thoughts 思想犯
offense of serious nature 凶悪犯
offense of violent nature 粗暴犯
offense relating to the press 出版に関する犯罪
offenses committed outside of the territorial jurisdiction 国外犯
offenses committed within the territorial jurisdiction 国内犯
offenses liable to fine or lesser punishment 罰金以下の刑に当たる罪
offensive book 悪書
Offensive Odor Control Law 悪臭防止法
offer ①株式の申込み②資金取引や外国為替取引の売り③提案する
1. A manifestation of willingness to enter into a bargain, so made as to justify another person in understanding that his or

offer

her assent to that bargain is invited and will establish a contract.
(中略)
2. A promise, a commitment to do or refrain from doing some specified thing in the future.
3. In the securities trade, an offer indicates price and volume available from open market sellers of stocks and bonds.
4. An underwriting in which a broker offers a large quantity of a specific issue at a fixed price, called an offering.
(*Steven H. Gifis, Dictionary of Legal Terms* 333 (3rd ed., 1998), Barron's Educational Series, Inc.)
1. 取引関係を結ぶことの意図表明であり，被申入者がその取引に承諾することが待ち受けられており，契約が成立するであろうことの同意を被申入者に証明するために作成される。
2. 契約，将来においてある特定のことを行うかまたは差し控えることの約束。
3. 証券取引において，株式と債券の公開市場の売り手から，提示により価格と用立てられる量を示すこと。
4. ブローカーが，固定価格での大量の特定流出品を提示する証券引受けのこと。証券の募集と称される。

offer a bribe ①贈賄する②申込み
offer and acceptance 申込みと承諾
契約成立に向けた，当事者の一方の契約条件の提示と打診，およびそれを受け入れる旨の他方当事者の意思表示をいう。申込と承諾が合致することによって契約が成立する。申込みに対して，条件の変更を申し入れるのは反対申込み (counter offer) であって，承諾ではない。
offer benefit 利益を供与する
offer of a contract 契約の申込み
offer of employment 雇用の申し入れ，求人
offer reward money 懸賞金を出す
offeree 申込みの相手方
offerer 申込者
offering 証券の募集，申込みの勧誘
offering market 発行市場，募集市場
offeror 申込者
off-grade goods 不合格品
office 官職；職務，事務所，執務室，斡旋；世話，官庁；省；局
office copy 正式謄本
office hours 就業時間
Office of the Staff Judge Advocate 法務部，法務局，幕僚法務官室
officer ①役員②士官③警官
officer of justice 司法職員
officer of the court 裁判所の職員
officers certificate 役員証明書
official 公務上の；職務上の；公式の，公務員；役人
official approval 公認
official defense counsel 国選弁護人
official directives 訓令
official discipline 官紀，綱紀
official document 公文書
official gazette 官報，公報
official notice 公知（の証拠）
official of local public entity 地方公共団体の職員
official power 職権
official recognition 公認
official record 公的記録
official reports ①公報②公式判例集
official seal 公印
Official Secret Act 公職守秘法
official secrets 公務上の秘密
official watchman 立会人
officially authenticated instrument 公正証書
officially notarized document 公正証書
officious intermeddler お節介な介入者
offprint 抜き刷り
offset 相殺，相殺する
offshore オフショア，沖合い
offshore manufacturing 海外生産
Oil Pollution Act 原油汚染法
Okinawa Charter 沖縄憲章
old debt 旧債務
Old People's Welfare Law 老人福祉法
old-age insurance 養老保険

old-age pension 養老年金
oligopoly 寡占, 少数独占
Oliver Wendell Holmes Jr. オリバー・ウェンデル・ホームズ (1841-1935) 合衆国最高裁判所裁判官(1902-32)。ハーバード大学ロー・スクール教授。
ombudsman オンブズマン, 行政監査官
omission ①脱漏②不作為
　義務の懈怠, 省略。
omission of a part of the adjudication 裁判の脱漏
omnibus bill 抱合せ法案, 包括法, オムニバス法案
omnibus clause 概括条項, 追加条項
on account 一部支払い, 内金として
　売買代金などの一部だけを支払うこと。down paymant, part payment。
on account of whom it may concern 不特定人のためにする, 関係者各位のために
on all fours ぴったり合致する
on an as is basis 現状ありのままの姿で引き渡すこと
on arrival 到着次第, 着荷渡し
on arrival draft 到着払手形
on behalf of 代理として
on board B／L 船積船荷証券
　運送人が荷主から受け取った貨物を, 実際に船舶に積み込みんだ時点で発行される船荷証券。shipped B／L。船荷証券のもっとも通常の形態である。〔参考〕国際海上物品運送法6条1項1文(船荷証券の交付義務) 運送人, 船長又は運送人の代理人は, 荷送人の請求により, 運送品の船積後遅滞なく, 船積があつた旨を記載した船荷証券(以下「船積船荷証券」という。)の一通又は数通を交付しなければならない。
on call 請求あり次第履行すること
on demand 請求あり次第履行すること
on its face 文面上
on one's professional or occupational duties 業務に従事する
on or about 〜日ごろ
on or before 期日または期日前に
on the aforesaid date 前同日
on the application of one's own authori-ty 職権をもって
on the day other than the fixed day for public trial 公判期日外に
on the merits 本案についての訴訟の実体的事項に関する
on the spot 現場で
oncoming car 対向車
one shot player 一回きりの当事者
one year rule 一年基準
one-man company 一人会社
one-man corporation 一人会社
onerari non 請求否認の答弁
onerous 有償の
onerous contract 有償契約
onerous gift 負担付贈与 →gift subject to a charge
one-sided 片務的
one-sided contract 片務契約
one-time royalty 一回限りのロイヤリティー
one-year requirement 一年基準
ongoing 進行中の
onomastic 署名自署の, 署名のある
on-the-spot investigation report 実況検分調書
open ①開始する②公開の③有効な
open a court 開廷する
open a place of gambling 開帳する
open account 未決済勘定; 未払勘定, 変更可能取引
open and close to the jury 証拠の提出を開始し, また切り上げる
open and notorious possession 公然の占有
open corporation 公開会社
open court 公開の法廷
open delivery place 引渡場所の未定
open door 平等扱い
open fracture 複雑骨折, 開放骨折
open letter of credit オープン信用状
open mortgage clause オープン抵当権条項
　抵当権の目的物に対する損害保険金は, まず抵当権者に支払われることを定めると共に, 抵当権者に保険金の受領権限を与える

open

保険契約上の条項をいう。抵当目的物が火災などによって焼失した際の保険金は，形を変えた抵当目的物ともいうべきものだからである。〔参考〕民法304条(物上代位)1項 先取特権は，その目的物の売却，賃貸，滅失又は損傷によって債務者が受けるべき金銭その他の物に対しても，行使することができる。ただし，先取特権者は，その払渡し又は引渡しの前に差押えをしなければならない。

open mortgage clause 単純モーゲージ条項
open policy 予定保険契約，未評価保険証券
open price 価格の未定
open quantity 数量の未定
open shop オープン・ショップ
open terms 未定の条件
open time for payment 支払時期の未定
open time for shipment or delivery 引渡時期の未定
open trial 裁判の公開
open-end contract 一部条項未定契約，数量未定契約
open-end credit 不特定目的信用，オープン・エンド信用
open-end indenture 開放式担保付社債信託証書
open-end mortgage 開放担保
opening a place of gambling for the purpose of profiting 賭博開張図利
opening a sealed correspondence 信書開披

理由なく他人の封書を開封する行為を罰するもので，個人の秘密を保護法益とする犯罪である。〔参考〕刑法133条(信書開封) 正当な理由がないのに，封をしてある信書を開けた者は，一年以下の懲役又は二十万円以下の罰金に処する。

opening an enveloped letter 信書開披
opening of succession 相続開始
opening of testamentary document 遺言書の開封
opening of trial 開廷
opening statement 冒頭陳述

刑事訴訟において，検察側，弁護側双方が，それぞれに立証に先立ち，証明しようとする事項や方法を，裁判官や陪審員に対しあらかじめ概括的に述べることをいう。陪審制をとらない制度下ではやや形骸化する傾向があるが，陪審制度においては，事件の争点や犯罪事実と証拠の関連を陪審員が理解するための重要な手続となる。〔参考〕刑事訴訟法296条 証拠調のはじめに，検察官は，証拠により証明すべき事実を明らかにしなければならない。但し，証拠とすることができず，又は証拠としてその取調を請求する意思のない資料に基いて，裁判所に事件について偏見又は予断を生ぜしめる虞のある事項を述べることはできない。

Open-shop Contracts オープンショップ協定
operating a business of prostitution 管理売春
operating agreement 業務委託契約
operating expense 管理費用

動産や不動産の維持や管理に不可欠な費用をいう。水光熱費，修繕費，損害保険料，税金などがその例である。

operating lease リース契約(賃貸借的なもの)
operating profit 営業利益
operating surgeon 外科手術の執刀者
operation of law 法の運用，法の適用，法の作用
operational auditing 業務監査
operative 熟練工，工員
operative part 本体部分
operative words 効力発生文言
operator 機械の運転手
opinion ①意見書②判決
opinion evidence 意見証拠
opinion of title 権原に対する意見書

ある者が動産や不動産を正当に利用，収益，処分することができるかどうかについての，法的な見解を記載した書面。公の効力があるわけではないが，弁護士など法律の専門家によって作成されたときは，一定の説得力のある書面となる。

opinion on postmortem examination 死体所見
opium 阿片
Opium Law 阿片法
oportet 必要である，適切である，必然的である
opponent ①相手方②異議申立人
opportunity for explanation 弁解の機会
opportunity to know 知る機会
opportunity to make a statement 陳述する機会
opportunity to make objections 異議を申し立てる機会
opportunity wage 試用期間賃金
opposite party 訴訟の相手方当事者，利害対立当事者
opposition 異議，反対
oppression 弾圧
oppressive 横暴な
option オプション，選択権
option agreement オプション契約
　契約事項の追加や，将来のさらなる契約が，当事者のどちらかの選択権に委ねられる契約をいう。契約の目的の一部だけを先行して試験的に実施し，本来の契約の目的である本体部分を履行するかどうかは，先行部分の結果を見た当事者の判断に委ねるという使い方もされる。
option contract 選択契約，オプション付与契約
　A binding promise in which the owner of property agrees that another shall have the privilege of buying the property at a fixed price within a stated period of time. It is the offeror's acceptance of consideration in exchange for his or her promise to keep the offer open for a designated period of time that renders the offer irrevocable. (一部略)
　An option must be supported by consideration, often the payment of a small sum of money that may be, though need not be, applied as a down payment if the option is exercised. It exists only when the option holder alone has the right to determine whether he or she shall require the performance called for by the option. If the agreement states that the option may be exercised only with the consent of the other party, it is not an option even though so-called by the agreement. Some types of option contracts are formed without consideration such as an offer that the offeror should reasonably expect to include action or forbearance of substantial character on the part of the offeree before acceptance and that does not induce such action or forbearance. Such action or forbearance is binding as an option contract to the extent necessary to avoid injustice. Under the Uniform Commercial Code a seller can offer a buyer an option contract without consideration by making an irrevocable offer and complying with other statutory requirements.
(Steven H. Gifis, Dictionary of Legal Terms 337-338 (3rd ed., 1998), Barron's Educational Series, Inc.)
　資産の所有者が，定められた期間内に他者が固定価格でその資産を購入する権利を得ることに同意する，拘束力ある契約。指定された期間，申込みを未決にしておくことによりその申込みの取消しを認めないという約束と引き換えの申込者の約因の承諾。オプションは約因で裏付けられなければならず，それが行使される場合には，義務ではないがたいてい頭金として充当される少額の金銭の支払いが約因であることが多い。それはオプション保有者のみが，オプションによって要求される履行が必要かどうか決定する権利を有する場合にのみ存在する。他方当事者の承諾をもってのみオプションが行使されうると契約が定めている場合は，契約でそう呼ばれていようともオプションではない。申込者が承諾の前に申込みの相手方の実質的な性質の作為または不作為を含むことを当然に期待すべき申込み，そしてそういった作為または不作為を含まない申込みのように，約因なしのオプション付与契約もある。そのような作為ま

option

たは不作為は不法行為を防止するのに必要な程度までオプション付与契約として拘束力を持つ。統一商事法典の下では，撤回不能の申込みをなすことによって，また他の法定の必要条件に従うことによって，売主は買主に約因なしのオプション付与契約を申し込むことができる。

option to purchse 購入選択権
購入時期，購入価格などの売買条件の全部または一部，あるいは最終的に購入するかしないかについての決定権が，買主に与えられる売買契約の条項をいう。動産のリース契約などに見られる条項である。

option to renew 更新選択権
継続的契約の終了時に，引き続き契約をするかどうかの決定権を当事者の一方に与えた条項をいう。家屋の賃貸借契約などで，借主が更新するか否かを決定できるとするのが，その例である。

optional 選択的に，任意に
optional punishment 選択刑
optionee 選択権者
オプション契約(option contract)において，選択権を有し，これを行使する立場の者をいう。

optionor 被選択権者
オプション契約(option contract)において，選択権を行使される立場の者をいう。

oral agreements 口頭契約
oral argument 口頭弁論
oral contract 口頭契約
oral evidence 口頭証拠，人証
Oral Law 口伝律法
oral offer 口頭による申込み
oral proceedings 口頭弁論
oral statement 陳述
orally 口頭で
orator 演説者
ordeal 神判
order ①規律，秩序②順序③注文，命令
Decision of a court made in writing with regards to a matter that is not part of the case's final judgment. Directive; request, e.g., a request by a person made to his broker that he sell the client's stock portfolio. A designation of a grouping of persons that are organized by position or class.
(*Gilbert Law Summaries Pocket Size Law Dictionary* 228 (1997), Harcourt Brace And Company.)
事件の最終判断の一部ではない事柄に関して書面で作成された裁判所の決定。命令。要求書。例えば，ある人によって彼のブローカーに対して作成された，彼が依頼人の株式明細表を売る旨の指図書。地位または階級で組織された人々をまとめる分類。

order acknowledgement 注文請書
売主やサービス提供者が作成する，商品の購入やサービスの提供の申込みを記載した書面。sales notes。

order against which no appeal is allowed 上訴を許さない命令
order and disposition (英)管理と処分
order B／L 指図式船荷証券
指図式で発行され，裏書譲渡が可能な船荷証券をいう。貨物を受け取る権利者が荷受人(consignee)に限定されない点で，記名式船荷証券＝straight B／Lと異なる。証券面には，to order of (consignee) (荷受人またはその指図する者に引き渡せ)という趣旨の指図文句が記載されている。

order bill of lading 指図式船荷証券
order for payment 支払命令
order in connection with work 業務命令
order nisi 仮命令
order of accompanying 同行命令
order of adding a count 訴因の追加命令
order of adding applicable articles of laws or ordinances 罰条の追加命令
order of amending a count 訴因の変更命令
order of an examination 尋問の順序
order of appearance 出頭命令
order of augmentation or reduction of punishment 刑の加減の順序
order of changing applicable articles of laws or ordinances 罰条の変更命令
order of course 当然命令
order of dissolution 解散命令

order of priority　優先順位
order of provisional disposition　仮処分命令
order of relief　救済命令
order of the examination of evidence　証拠調べの順序
order of withdrawing a count　訴因の変更命令
order of withdrawing applicable articles of laws or ordinances　罰条の撤回命令
order paper　指図人払式手形
order to leave　退去命令
order to leave the court-room　退廷命令
order to pay　支払いの指図
order to produce　提出命令
order to produce documents　文書提出命令
　民事訴訟では弁論主義の原則が妥当するため，証拠の提出はその事実を主張する当事者が収集し提出するのが原則である。しかし，その書面を持っている訴訟の相手方や第三者が任意の提出に協力してくれない場合は，その目的を達することができない。そこでそのような場合に裁判所が，それらの者に書面を提出するように発するのが，文書提出命令である (subpoena duces tecum)。文書提出命令を発することができるのは，文書を所持している相手方や第三者が文書提出義務を負っている場合に限られる。
order to serve at office　勤務命令
order to suspend execution　執行停止命令
Orderly Marketing Agreement＝O. M. A.　市場秩序維持協定
ordinance　①条例②法令
　A municipal law; a law adopted by a city, town, country, or other local government with respect to a matter permitted by the state to be regulated at the local level.
　(James E. Clapp, Random House Webster's Dictionary of the Law 312 (2000), Random House.)
　地方自治法。市，町，地方または他の地方自治体によって採択された，地方レベルで規定することを州が許可した事柄に関する法律。
Ordinance by Ministry of〜　〜省令
Ordinance for Prisoners Progressive Treatment　行刑累進処遇令
ordinandi lex　手続法
ordinary affairs　常務
ordinary arrest　通常逮捕
ordinary care　通常の注意
ordinary course of business　商慣行
ordinary duress　通常の強迫
ordinary education　普通教育
ordinary general meeting　通常総会，定時総会
ordinary income　経常利益
ordinary Kokoku-appeal　通常抗告
ordinary negligence　通常過失
ordinary person　通常人
ordinary session　常会
ordinary share　普通株式
ordinary stock　普通株式
Ordnance Manufacturing Law　武器等製造法
organ of guardianship　後見の機関
organ transplant　臓器移植
Organ Transplantation Law　臓器の移植に関する法律
organic psychosis　器質性精神病
organic solvent　有機溶剤
organization　組織，団体，所属
Organization Development Committee　組織改革委員会
organization meeting　創立総会
　組織や団体，法人を結成しようとする者が集まって，活動目的，規約や役員などにつき議決を行う目的で開かれる会議をいう。特に株式会社を設立する目的で，株式引受人によって構成され，定款を承認し，役員を選任するために開かれる会議。〔参考〕会社法88条　第五十七条第一項の募集をする場合には，設立時取締役，設立時会計参与，設立時監査役又は設立時会計監査人の選任は，創立総会の決議によって行わなければならない。
organization of corporation　会社の設立

Organization

Organization of Petroleum Exporting Countries＝OPEC 石油輸出国機構
organizational knowledge 組織ナリッジ
organized crime 組織犯罪
organized crime group 暴力団
organized crime racketeering 組織的脅迫
origin ①原産地②起源③出発地
original ①原作②独創的な
original contract 主たる契約
　主たる債務者と債権者の契約。
original costs 取得原価
original document rule 原本提出の原則
original equipment manufacturer＝O.E.M. オー・イー・エム，相手先ブランド製造業者
original jurisdiction 第一審管轄権
original process 始審令状
originality 独創性
origination fee ローン手数料
originator 作成者
OSHA: Occupational Safety and Health Act 職業安全衛生法
ostensible 表向きの
ostensible agency 表見代理
ostensible agent 表見代理人
　真に代理権を与えられていないのにもかかわらず，本人が第三者に対し，正当な代理権があるかのように示し，自身も正当な代理人であるかのように振る舞う者のこと。表見代理人が行った行為は，禁反言の原則＝estoppelによって，その効果が本人に帰属する。〔参考〕民法109条(代理権授与の表示による表見代理)第三者に対して他人に代理権を与えた旨を表示した者は，その代理権の範囲内においてその他人が第三者との間でした行為について，その責任を負う。ただし，第三者が，その他人が代理権を与えられていないことを知り，又は過失によって知らなかったときは，この限りでない。
ostensible authority 表見的権限，外見上の権限
osteopath 整骨師
ostracism 追放

other insurance clause 他保険条項，他保険約款
other party 相手方
out of time 所定期間経過後の，行方不明の
outbreak of fire 出火
outer bar (英)勅選弁護士以外のバリスタ
Outer Space Treaty＝OST 宇宙条約(大気圏条約)
outflow 流出
outing 同性愛者であることの公表
outlaw 法喪失者，無法者
outline 概要，要領
outline of the testimony 証言の要旨
out-of quota tariff 二次関税率
out-of-court settlement 示談，法廷外の和解，裁判外の和解
out-of-court settlement document 示談書
out-of-pocket expenses 現金出費，費用
out-of-pocket rule 差額賠償準則
outpost 出先機関
output contract 生産量一括売買契約
outside director 社外取締役
outsourcing 業務委託
outstanding 未済の
outstanding debt 未払債務
outstanding share 市場流通株式
　会社の発行済株式のうち，自社取得株式(own share)以外のものをいう。outstaning share と own share とでは，議決権の有無など，権利の内容が異なる。
over and above 〜を超える
　同義語を併記するパターン。
over bought 買い持ち
over quota tariff 二次関税率
overbear 威圧する
overbearing 威圧的な
overbreadth doctrine 過度の広範性の理論
overdraft 過振り，当座借越し
overdraft facility 当座借越契約
overdue 期限が経過した
overdue interest 延滞利子
overemphasize 偏重する

overhead 間接費
over-insurance 超過保険
overissue of shares 株式の超過発行
overlook 看過する
overpopulated incarceration 過剰拘禁
overprotection 過保護
override (拒否権を)乗り越える，決定を覆す
overriding human rights 人権蹂躙
overriding problem 最優先の課題
overrule 判決を覆す，破棄
overruling 却下
over-run wound 轢創
oversea company (英)海外会社
oversee 監督する
oversensitive 神経過敏な
oversold position 売り持ち
overt 明白な，公開の
over-the-counter market 店頭市場
overthrow 転覆させる
overthrow the government 政府を転覆する
overtime work 残業
overtrading 資産超過取引，手数料かせぎの証券売買
overturn of a railroad train 汽車の転覆，電汽車転覆
電車や列車を，意図的にひっくり返すなどの行為を罰する，公共危険罪である。〔参考〕刑法126条(汽車転覆等及び同致死)1項 現に人がいる汽車又は電車を転覆させ，又は破壊した者は，無期又は三年以上の懲役に処する。
overturn of a railroad train through endangering traffic 電汽車往来危険転覆
電車や列車を脱線などさせた結果，意図せぬ転覆などの結果が生じた場合を罰する。公共危険罪である。〔参考〕刑法127条(往来危険による汽車転覆等)第百二十五条の罪を犯し，よって汽車若しくは電車を転覆させ，若しくは破壊し，又は艦船を転覆させ，沈没させ，若しくは破壊した者も，前条の例による。
overwork 過労
owing 未払いの，支払うべき，支払債務を負う
own 所有する
own damage coverage 自損保険
own shares 自己株式
owner 所有者
owner financing 売主融資
不動産売買において，売主＝所有者が，買主に対して売買代金の融資を行うこと。seller financing。
owner's, landlord's and tenant's public liability insurance＝OL&T 所有者，賃貸人，賃借人の対第三者賠償責任保険
土地建物の所有者や賃貸借人が，土地の利用，維持管理などに関して第三者の身体や財産などに損害を与えた場合に，それらの損害賠償債務を補償する目的の損害賠償責任保険をいう。
ownership 所有権
ownership form 所有形態
所有権の様々な帰属形態や，主体の類型をいう。主体としては，自然人による所有，法人(corporation)による所有など。帰属形態としては，単独所有，共同所有(co-ownership)など。目的による類型として，通常使用，担保(mortgage)，信託(trust)など。
ownership of a ship 船舶所有権
ownership of software ソフトウエア所有権
コンピュータ・プログラムを譲渡したり他者に利用させたりして経済的対価を取得する権利。ソフトウエア・ライセンス契約(Software License Agreement)では，ソフトウエアの所有権はライセンサーに留保されるのが通常である。この場合，ソフトウエアが電磁的に保存されたCD-ROMやフロッピーディスク，ハードディスクつきのPC本体などを他者に譲渡する行為は，ライセンサーが保持するソフトウエア所有権を侵害する行為となる。
ozone layer オゾン層

P

P. & I. club ピー・アイ・クラブ，船主責任相互保険組合
P. & I. clause : protection and indemnity clause　ピー・アイ条項
P.A.Y.E.　pay-as-you-earn, 源泉徴収税
P.C.　Privy Council, 枢密院
P.P.I.　①policy proof of interest, 名誉保険証券②plan position indicator, 図式位置指示器
pacification　①鎮静化②講和
pacifism　平和主義
pacify　懐柔する
pack　①包み②包む
package　包み，(英)貨物税
package bill　一括法案
package deal contract　一括取引契約
package licensing　①パッケージ・ライセンス②包括的実施許諾
package mortgage　包括的譲渡抵当
package transaction　一括取引，パッケージ取引
packaging　包括，一括取引，抱合せ
packaging list　包括荷物の内容一覧表
pac-man defense　敵対的買収防止法の一つ
　敵対的買収者(会社)の株式を取得し，逆に支配権獲得をめざす。
pact　合意，契約，協定，約款
paid in capital　株主の払込資本
paid-in surplus　払込余剰金
paid-up insurance　払済保険，保険料払い済みの保険
paid-up licence fee　一括払い
paid-up money　払込金
paid-up stock　払込済株式
pain　疼痛
painkiller　鎮痛剤
pair of handcuffs　手錠
Palestinian charter　パレスチナ憲章
palimony　同棲解消者の取得分
palpation　触診
pandecten system　パンデクテン法学，ローマ法の伝統を受け継ぐ19世紀後半のドイツ私法学
　「ローマ法大全」の中心部分である法学論集が元の意味。19世紀後半のドイツ私法学が，この法学論集を基礎にして，抽象的法学が完成された。ローマ法から抽出した概念を演繹的に適用する構成法学とも言うべきものである。結果として，概念法学という呼び名で批判されるようになった。ただ，日本では，民法典において第1編に総則を置き，第2編以下に物権，債権…を配置するドイツ型の法典編成方法を指すこともある。
pander　ぽん引き
panel　①陪審②陪審員名簿
　1. A list of persons summoned as potential jurors.
　2. A group of persons selected for jury duty. (ごく一部略)
　3. A set of judges selected from a complete court to decide a specific case; esp., a group of three judges designated to sit for an appellate court.
　(Bryan A. Garner, Black's Law Dictionary Second Pocket Edition 510-511 (2001), West Group.)
　1. 陪審員候補者として召喚された人々のリスト。
　2. 陪審義務のために選定された人々のグループ。
　3. 特定の事件を判断するための全裁判所から選定された裁判官のひとまとまり；特に，上訴裁判所の職に就くために指名された3名の裁判官のグループ。
panel of arbitrators　仲裁人名簿
　仲裁機関が，所属する仲裁人を一覧に掲げた書類。仲裁手続の中では，たんにpanelと呼ばれることも多い。通常，仲裁当事者双方は，仲裁人名簿の中から，希望する仲裁人をそれぞれ指名することができる。
paper money　紙幣
papers　書類
par　券面額；等価，平価，基準；水準，均等
par value　①株式の券面額②額面

par value shares　額面株式
par value stock　額面株式
parachute　パラシュート
買収される会社で支配権移動があった場合，取締役，従業員に高額の退職金を支払う旨の合意．
paradigm shift　パラダイムの転換
paragraph　①法律の項②法律の節
paralegal　弁護士補助職（員）
parallel import　並行輸入
paralysis　麻痺
paralysis of one side of the body　半身不随
paralytic symptoms　麻痺症状
paramount clause　至上約款
paramount equity　優越的な衡平法上の権利
paramount title　優越する権原，先行の権原
paramour　情夫，情婦
paranoia　被害妄想狂
parcel　①一筆の土地②小包
pardon　恩赦，特赦
An act of release or exemption by the executive authority （一部略） of a punishment which a person convicted of a crime has been sentenced to undergo. An act by the governing power which lessens the punishment demanded by law for the crime and restores rights and privileges lost due to the commission of the crime.
(Gilbert Law Summaries Pocket Size Law Dictionary 233 (1997), Harcourt Brace And Company.)
行政の権威者が，受刑に処されている有罪決定者の刑罰を放免または免除する行為．統治の権限者が，犯罪に対して法が要求する刑罰を緩和し，違法行為の結果，喪失していた権利と特権を回復させる行為．
parent by adoption　養親
parent company　親会社
A corporation that owns more than fifty percent of the voting stock of another corporation. Also called parent corporation or simply parent.
(James E. Clapp, Random House Webster's Dictionary of the Law 318 (2000), Random House.)
他の会社の議決権株式の50パーセント以上を所有する会社．親企業または単に親とも呼ばれる．
parent corporation　親会社
parental liability　親の賠償責任
parental power　親権
parent-in-law　配偶者の両親
pari passu　同順位の，並んで，平等に
parish　（英）教区
park illegally　違法に駐車する
park in a no parking zone　違法に駐車する
parking lot　駐車場
parliament　国会，連邦議会
Parliamentary Commissioner for Administration　（英）国会任命行政監察官，オンブズマン
parliamentary committee　（英）国会委員会
parliamentary under-secretary　政務次官
Parliamentary Vice-Minister of Justice　法務政務次官
parol contract　口頭契約
1. A contract or modification of a contract that is not in writing or is only partially in writing.
2. At common law, a contract not under seal, although it could be in writing.
(Bryan A. Garner, Black's Law Dictionary Second Pocket Edition 141 (2001), West Group.)
1. 文書にされていなかったり，または部分的にのみ文書にされた契約，または契約の変更．
2. コモン・ローでは，文書にされていたとしても捺印によらない契約．
parol evidence　正式文書以外の証拠
parol evidence rule　外部証拠排除の原則
The rule of contract law that generally prohibits the use of extrinsic evidence, whether written or oral, to contradict contract terms that have been reduced to

parol

writing; in addition, if the writing was intended by the parties to embody their entire agreement, extrinsic evidence may not be used to add terms to it even if the added terms are entirely consistent with the writing.
(James E. Clapp, Random House Webster's Dictionary of the Law 319 (2000), Random House.)
文書か口頭かにかかわらず，書面化された契約の条項に反する外部証拠の使用は一般的に許可されないとする，契約法の原則。加えて，仮にその文書が当事者らによって契約全体を具現化するためのものだったならば，たとえ付け加えられた条項がその文書と全く矛盾がないものであったとしても，外部証拠はそれに条項を加えるためには用いられないこともある。

parol officer 保護監察司
parole 仮出獄，仮出場，仮釈放
In criminal law, a conditional release from prison of a prisoner who has served part of his sentence, allowing the prisoner to complete his term of punishment outside the prison if he satisfactorily complies with the terms of the parole. A parole board will grant parole where there is a reasonable probability that the parolee will not violate laws while at liberty. A release from jail or confinement after one has served of his sentence.
(Gilbert Law Summaries Pocket Size Law Dictionary 234 (1997), Harcourt Brace And Company.)
刑法で，刑の一部に服した囚人が仮釈放の条件に申し分なく従うなら，受刑期間を刑務所の外で全うすることを許可して刑務所から条件付きで釈放すること。仮釈放審査委員会は，仮釈放者が仮釈放中に法を破らないだろうというもっともな公算がある場合には仮釈放を認める。人が刑に服し始めた後に刑務所または拘禁から釈放されること。

parolee 仮釈放者，仮出所者
parricide 近親者殺し

part payment 内金，一部弁済，一部支払い
part performance 契約の一部履行，部分履行
partial acceptance 一部引受け
partial amendment 一部の修正
partial average 単独海損
partial breach 契約の部分違反
partial charge 分担
partial copy 抄本
　戸籍抄本や住民票の一部の写しなど，原本の一部を抜粋し，抜粋部分が原本と相違ないことを作成者や公機関が証明した写しをいう。原本が大部であったり，不必要な部分が含まれている場合に利用される。

partial eviction 一部立退き
　賃貸人が賃貸目的物の一部を，賃借人に使用させなかったり，使用させることができなくなることをいう。賃借人の義務違反の結果として生じる立退きは常に全部立退き（actual eviction）であるから，partial eviction は賃貸人側の義務違反として発生する constructive eviction の一つの態様である。

partial incapacity 労働能力の一部欠損
partial judgment 不公平な裁判
partial loss 分損
partial release 一部の履行，債務の一部消滅
　債務者が，義務や担保権の負担の一部から解放されることをいう。可分債務につき，一部弁済，一部免除などがなされたときに生じる。不可分債務については，債務の一部の履行や一部消滅を考えることはできない。

partially disclosed principal 半分隠れた本人
participate in 参画する
participating preferred stock 参加的優先株
participation ①参加②分配を受けること③経営参加
participation in conspiracy of an insurrection 内乱謀議参与
participation in dividends 配当加入
participation in suicide 自殺関与
participation insurance 損失分担保険契

約，配当付保険

participation preferred stock 参加的優先株

particular average 単独海損

particular case 具体的事例

particular custom 特定的慣習法，地方的慣習法

particular lien 特定物リーエン，留置権

particular purpose 特定目的

particulars 明細

particulate 粉塵

partition 共有物分割

partition of estate 遺産分割

partition of immovable property 不動産の分割

partition of real estate 不動産の分割

partner ①パートナーシップのメンバー②アメリカの law firm ③組合員

partner administering the affairs of a company 会社の業務を執行する社員

partner with unlimited liability 無限責任社員
法人固有の財産で法人債務を完済できない場合，個人財産をもって履行の責任を負わなければならない社員をいう。合名会社＝Geneľal Partnership の社員，合資会社＝Limited Partnership の無限責任社員がその例である。〔参考〕会社法580条1項 社員は，次に掲げる場合には，連帯して，持分会社の債務を弁済する責任を負う。 一 当該持分会社の財産をもってその債務を完済することができない場合(後略)

partner's lien 組合員のリーエン

partnership ①パートナーシップ②組合③商会④パートナーシップ契約⑤協力
A voluntary association of two or more persons who jointly own and carry on a business for profit. Under the Uniform Partnership Act, a partnership is presumed to exist if the persons agree to share proportionally the business's profits or losses.
(Bryan A. Garner, Black's Law Dictionary Second Pocket Edition 514 (2001), West Group.)
営利事業を共同で所有，経営する二人またはそれ以上の者の任意の団体。統一組合法の下では，組合員が事業の利益または損失を持分に応じて比例して分割することに同意する場合に組合は存在するものとみなされる。

partnership agreement ①組合契約②組合規約

partnership assets 組合資産，組合財産

partnership at will 任意に解散しうる組合

partnership insurance パートナーシップ保険

partnership liabilities パートナーシップの負債

partnership property 業務財産

part-time service 非常勤

party ①契約，訴訟などの当事者②関係者③党派④参加者
1. In a judicial proceeding, a litigant (plaintiff or defendant); a person directly interested in the subject matter of a case; one who would assert a claim, make a defense, control proceedings, examine witness or appeal from the judgment.
2. A person or entity that enters into a contract, lease, deed, etc.
(Steven H. Gifis, Dictionary of Legal Terms 347 (3rd ed., 1998), Barron's Educational Series, Inc.)
1. 裁判手続における訴訟当事者(原告または被告)；事件の主題に直接に利害関係がある者；請求を主張し，抗弁を行い，訴訟を指揮し，証人を尋問し，または判決から上訴する者。
2. 契約，賃貸借，捺印証書などを結ぶ者または権利主体。

party adducing the evidence 挙証者

party capacity 当事者能力

party politics 政党政治

pass 法案を可決する；法案が通過する，不動産権などを移転・譲渡する，審理する，許認可，判決を言い渡す；意見などを表明する

pass a bill 可決する，法案を通す

pass a fake on a gull いかさま物をカモ

pass

につかませる
pass through 転嫁，導管
pass through entity 導管実体
passage 可決
passage of title 所有権の移転
passbook 銀行預金通帳
passenger seat 自動車の助手席
passengers 旅客
passing off ①詐称通用②特許権③特許
 Marketing one thing as if it were another; for example, a counterfeit as an original, another's product as one's own, or, particularly, one's own inferior product as if it were the superior product of a better-known company. Also called palming off.
 (*James E. Clapp, Random House Webster's Dictionary of the Law* 321-322 (2000), *Random House*.)
 ある物をまるで他の物であるかのように売り込むこと；例えば，偽造品を本物として，他者の製品を自分自身の製品として，もしくは，特に自分自身の粗悪な製品をまるでよく知られた会社の上等な製品として。palming off とも称される。
passing place 道路の待避所
passive bond 無利息捺印金銭債務証書
passive debt 債務，無利息債務
passive trust 受動信託
passkey 合鍵
passport 旅券
Passport Law 旅券法
password 合言葉
past consideration 過去の約因
past debt 過去の債務
pat.pend. patent pending，特許出願中
patent ①特許②特許権③明白な
 A grant issued by the government to an inventor, giving him the exclusive right to make, use, or sell the invention for a specified number of years, constituting a legitimate monopoly.
 (*Gilbert Law Summaries Pocket Size Law Dictionary* 238 (1997), *Harcourt Brace And Company.*)
 政府から発明家に対して授与されたものであり，一定期間発明品を製造，使用，もしくは販売する独占の権利を与え，正当な独占権を設定するもの。
patent agent 弁理士
patent appeals 特許審判
patent assignment agreement 特許権譲渡契約
 自己が保有する特許権を他者に譲ることを内容とする契約。取得した特許権を特許実施権者(licensee)等の第三者に主張するには，特許管轄官庁で移転登録の手続を完了することが必要となる。
patent attorney 特許弁護士
Patent Attorneys' Association 弁理士会
Patent Attorneys Law 弁理士法
Patent Coopration Treaty 特許協力条約
patent defect 明白なる瑕疵
 A defect that could be recognized upon reasonably careful inspection or through ordinary diligence.
 (*Steven H. Gifis, Dictionary of Legal Terms* 349 (3rd ed., 1998), *Barron's Educational Series, Inc.*)
 かなり慎重な調査，または通常の注意によって認められうる欠陥。
patent department 特許部
patent division 特許部
patent fee 特許料
patent infringement 特許的侵害
Patent Law 特許法
Patent Office 特許庁
patent pending 特許審査中
patent pool 特許プール
patent protection 特許による保護
patent right 専売特許権，特許権
patentability 特許要件
 新規性，進歩性などの要件。
patentable 特許性のある
patented article 専売特許品
patentee 特許権者
paternity 父系
patricide 父殺し
patrilineal family 父系家族
Patriot Act パトリオット・アクト
 パトリは郷土を表す。

patrol パトロールする
patrolman's club 警棒
pawn 質
1. An item of personal property deposited as security for a debt; a pledge or guarantee.
2. The act of depositing personal property in this manner.
3. The condition of being held on deposit as a pledge.
(Bryan A. Garner, Black's Law Dictionary Second Pocket Edition 518-519 (2001), West Group.)
1. 債務の保証として預けられた私有財産の1品目；抵当物または担保物権。
2. この方法で私有財産を預ける行為。
3. 抵当物として寄託している状態。

pawnbroker 質店経営者
pawnshop 質店
pay a fine 罰金を払う
pay any bank 銀行渡し
pay check 給料支払小切手
pay cut 減俸
pay tax in kind 税の物納
payable 支払うべき，支払われるべき
payable after sight 一覧後支払い
payable at a definite time 確定期日払い
payable at sight 一覧払い
payable on demand 一覧払い
payable on presentment 呈示払い
payable to bearer 持参人払い
payable to cash 持参人払い
payable to order 指図式
payable to pay 指図払い
payable-on-death account 死亡と同時に受け継がれる銀行口座
pay-as-you-earn 源泉徴収税
payee 手形や小切手の受取人，支払先
payer 支払人
paying 払渡し
paying for someone 立替え
paying-in slip 入金伝票
payment ①給付②金の返済③代金支払条件④払込み⑤弁償
payment against documents 証券機械払い

payment cap 支払上限額
歩合制で決定される賃貸料の最高額を設定するなど，金銭支払債務の発生に上限を設けたり，あるいは，既に確定額として発生した債務の，1回の分割支払額に上限を設定することをいう。上限は債務者の利益のために設定される場合もあれば，債権者の利益のために設定される場合もある。

payment guaranteed 支払保証
payment in advance 前払い
payment in due course 正当な支払い
payment in installments 分割払い，分納
payment into court 裁判所への供託
payment of bail money 保証金の納付
payment of debt 債務の弁済
payment of hypothec price 代価弁済
抵当権付不動産を譲り受けた買受人がその売買代金を抵当権者に支払って抵当権を消滅させるための制度。ただし，抵当権者からの申出があることが必要であるので，買受人のイニシアチブで行われる滌除（抵当権消滅請求）とは異なり，実務ではあまり利用されていないと言われる。〔参考〕民法378条（代価弁済）抵当不動産について所有権又は地上権を買い受けた第三者が，抵当権者の請求に応じてその抵当権者にその代価を弁済したときは，抵当権は，その第三者のために消滅する。

payment of taxes 納税
payment on arrival 到着払い
payment on delivery 引渡し
payment out of court 供託金払戻し，供託金支払い
payment slip 伝票
payment under protest 異議留保付の支払い
payoff 口利き料
payoff matrix ペイオフ・マトリックス
payor bank 支払銀行
payor; payer 支払人
payroll 給与支払簿
PCT 特許協力条約
pea and shell game 権利を失ったりするいんちきゲーム

peace 講和
peace conference 講和会議
peace movement 平和運動
Peace of Paris パリ講和条約
peaceably and openly 平穏かつ公然に
占有が瑕疵のないものといえるための判断基準の一つである。平穏とは強暴でないことをいい，占有を力ずくで奪ったのでないことをいう。公然とは隠秘でないことをいい，占有していることを隠さずに明らかにしていることをいう。占有が平穏かつ公然に行われる瑕疵のないものであることが，取得時効や即時取得が認められる要件となっている。〔参考〕民法162条(所有権の取得時効) 二十年間，所有の意思をもって，平穏に，かつ，公然と他人の物を占有した者は，その所有権を取得する。
peculiar 特別の
pecuniary 金銭の
pecuniary compensation; ～remedy 金銭的救済方法，金銭補償，金銭賠償
pecuniary consideration 金銭約因
pecuniary damage 金銭損害
pecuniary gain 金銭上の利益
pecuniary loss; ～injury 金銭損害
pecuniary obligation 金銭債務
pecuniary penalty 財産刑
pecuniary penalty against traffic infractions 交通反則金
peddler; pedlar 行商人
pedigree 家系
peer 貴族
peer group 仲間集団
pelvis 骨盤
penal action 刑事訴訟
penal bill 違約金付債務証書
penal bond 違約金保証証書
penal code 刑法
どのような行為が犯罪となり，犯罪に対していかなる刑罰が科せられるかを明らかにした法典。Penal Law が講学体系としての刑法ないし実質的意味での刑法を意味するのに対し，Penal Code は刑法典や刑法の条文それ自体を指す場合が多い。
penal detention 拘留
有罪判決に基づいて，刑罰として科せられる，短期間の自由刑をいう。刑罰の執行である点で，判決前の被疑者や被告人を，捜査や裁判のために身柄を確保する勾留＝pre-trial detention とは異なる。〔参考〕刑法16条(拘留) 拘留は，一日以上三十日未満とし，拘留場に拘置する。
penal detention facilities 刑事収容施設
penal detention house 拘留場
penal provision 罰則
penal sanction 刑事制裁
penal servitude 懲役刑
penal statute 刑罰法規
penal sum 違約金，罰金
penalty ①違約金②刑③処罰
1. Punishment imposed on a wrongdoer, esp. in the form of imprisonment or fine. Though usually for crimes, penalties are also sometimes imposed for civil wrongs.
2. Excessive liquidated damages that a contract purports to impose on a party that breaches.
(Bryan A. Garner, Black's Law Dictionary Second Pocket Edition 521 (2001), West Group.)
1. 犯罪者に課される罰で，特に禁固刑または罰金の形式のもの。罰は通常は犯罪に対するものであるが，時には民事の不法行為に対しても課されることがある。
2. 不履行をした当事者に課すために契約で主張されている，法外な定額損害賠償。
penalty clause 違約金条項
penalty provided 所定刑
penalty requested 求刑
penalty tax 罰則税
pendency 係属中
pendency of a condition 条件の成否不定
pendent elite 訴訟継続中の
pendent jurisdiction 付随的管轄権，付随的裁判権
pending 未決定の
pending of a legal action 訴えの係属
pending question 懸案事項
penetrating wound 刺創
penitence 謹慎

penitential system カトリックの悔罪制度
penny bank (英)貯蓄銀行
penny stock 定額株式
penology 行刑学
pension 年金
pension benefit plan 年金保障制度
Pension Law; National Pension Law 国民年金法
pension trust 年金信託
pensioner 年金受給者
Pentagon ペンタゴン，合衆国国防総省の別名
People's Finance Corporation 国民金融公庫
peppercorn 胡椒の実
per annum 毎年，一年につき
per capita 一人当たり，頭割り
per curiam (opinion) 裁判所による意見
per diem 日割りの
per incuriam 不注意により
per procuration 代理により，代理人として
per se それ自体
per se doctrine 当然違法則
per se illegal それ自体違法，当然違法
per stirpes パー・スターピーズ，株分け
percentage depletion 割合減耗償却
percentage lease 賃料歩合制賃貸借
　店舗スペースの賃貸借において，賃料額を売上額に応じてスライドさせ，売上げが多いときは多額の賃料，売上げが少ないときは賃料を低くおさえる旨の賃貸借契約をいう。
percentage order 後付け注文
percentage rent 歩合制賃料
　percentage lease において，売上高の多寡に応じて変動する各月の賃料部分をいう。一方，percentage lease では，ある月の売上高がゼロだったから賃料もゼロになるわけではなく，毎月の最低保障賃料額が決められるのが通常である。この固定部分を base rent, minimum rent という。
perception ①収受②弁済③知覚
peremptory 絶対的，最終的な
peremptory day 不変期日

peremptory notice 催告
peremptory plea 訴棄却答弁
peremptory rule 確定的命令
peremptory term 不変期間
perfect tender rule 完全履行の原則
perfect title 完全権原
perfect trust 完全信託
perfection 完成，完了，完全化(第三者対抗要件の確立)
performance 履行，上演，実行
　The complete fulfillment of one's obligations according to the contract. "Part performance" is the fulfilling of only some of the contract obligations.（以下略）
　(*Gilbert Law Summaries Pocket Size Law Dictionary* 241 (1997), Harcourt Brace And Company.)
　契約に従った義務の完全な遂行。「部分履行」とは契約上の義務のいくらかのみを遂行すること。
performance bond 履行保証
performance by enforcement 強制履行
　→enforcement of performance
performance for illegal causes 不法原因給付
　賭博で負けて支払った金銭のように反社会的な理由によって交付した物については，賭博行為での金銭のやりとり自体が法律的には違法で無効であるにもかかわらず，不当利得による返還請求が認められないことをいう。このような不当利得請求を認めるとすれば，賭博によって法を犯した者の保護に国家が手を貸すことになるからだとされる。すなわち，賭博という行為を反社会性ゆえに違法とすることにより，賭博に勝った者にも負けた者にも，国家はなんら手を貸さないという態度を表明したのだと考えられる。不法原因給付は，クリーンハンズ＝clean hands の原則に基づく法理だと考えられている。
performance in accord and satisfaction 代物弁済
　債権者の同意を得て，本来の債務の弁済とは異なる別の給付をすることによって債務を消滅させることをいう。売買代金の支払

performance

いができなくなったので，代わりに宝石を譲渡する場合などがその例である。代物弁済の成立には，現実に代替物給付の履行をして債務を消滅させること必要である。たんに債権者と債務者が，弁済にかえて別の給付をすることに合意したにとどまる場合は，代物弁済ではなく更改である。

performance in full 全部の履行
performance in part 一部の履行
performance of a contract 契約の履行
performance of an indecent act in public 公然不敬
performance of duties 義務の履行
performance of functions in an insurrection 内乱職務従事
performance of official duties 公務の執行
performance of operation 外科手術の執刀
performance of the obligation 債務の履行

債務者が債務の消滅と契約の拘束から解放されることを目指して，債務の内容に従った給付をなす行為。債務の弁済とほぼ同義だが，履行は債務者の行為義務としてみた場合の用語で，弁済は目的を達した債権が消滅するという見地からの用語といえる。〔参考〕民法493条（弁済の提供の方法）弁済の提供は，債務の本旨に従って現実にしなければならない。ただし，債権者があらかじめその受領を拒み，又は債務の履行について債権者の行為を要するときは，弁済の準備をしたことを通知してその受領の催告をすれば足りる。

performer 実演家
performing party 履行当事者
peril 危険
period ①期間②期限
period claimed 請求期間
period for filing Koso-appeal 控訴提起期間
period for subscription 申込取扱期間
period for the settlement of accounts 決算期
period of an appellate court 上訴提起期間

判決に対して上級審への不服申立てが認められる期間をいう。紛争に対する法的判断はできるだけ早く確定させ，その解決を実効的なものにしなければならないので，通常は数日から数週間程度の期間が定められている。この期間が経過すれば判決は確定し，もはや敗訴当事者は不服申立てを行うことができなくなる。〔参考〕民事訴訟法285条(控訴期間) 控訴は，判決書又は第二百五十四条第二項の調書の送達を受けた日から二週間の不変期間内に提起しなければならない。ただし，その期間前に提起した控訴の効力を妨げない。

period of complaint 告訴期間
period of detention before prosecution 起訴前の勾留期間
period of filing an appeal 上訴提起期間
period of grace 支払いの猶予期間
period of prescription 公訴時効期間
period of sentence 刑期
period of statute of limitation 時効期間
period of suspension 期日の猶予期間
period of the loan 金銭貸借期間
period of time 期間
periodic tenancy 自動更新不動産権
periodical examination 定時審査
periodical gift 定期贈与
periodical performance 定期の給付
peripheral rights 派生的権利
perishable goods 腐敗性物品
perjury 偽証
permanent 永代の
permanent advance 常設前渡し金
permanent disability 永続的労働能力喪失
permanent domicile 本籍
permanent establishment 恒久的施設
permanent injunction 終局的差止命令
permanent residence 永住者，永住権者
permanent separation 慣習法上の別居
permanent statute 永続的制定法
permission 許可，許諾，免許
permission of the court 裁判所の許可
permissive statute 任意法規，許容的制定

法
permit ①鑑札②許可する
　n. A certificate evidencing permission; a license.
　vb. 1. To consent to formally (一部略).
　2. To give opportunity for (一部略).
　3. To allow or admit of (一部略).
　(*Bryan A. Garner, Black's Law Dictionary Second Pocket Edition* 524 (2001), West Group.)
　名詞．許可を証する証明書；許可証．
　動詞．1．正式に許可する．
　2．機会を与える．
　3．認めるまたは許す．
perpetration ①行為②犯罪の遂行
perpetrator ①加害者②行為者
perpetual 永代の
perpetual annuity 永続年金
perpetual existence 継続主体
perpetual injunction 終局的差止命令
perpetual lease 永代借地権
perpetual statute 永続的制定法
perpetual succession 法人としての継続的存続
perpetual trust 不確定期間信託
persecution 迫害
persist 固執する
person 人
　たんに person というときは，通常は，自然人，権利能力者のこと．まれに法人(corporation)を含む意味で使われることもある．
person acknowledged 被認知者
person against whom judgment was rendered 判決の言渡しを受けた者
person against whom the judgment of guilty was rendered 有罪の言渡しを受けた者
person appointed 被選任者
person charged with a testamentary gift 遺贈義務者
person concerned in the case 訴訟関係人
person demanding indemnification 求償者

person demanding reimbursement 求償権
　債務の弁済が，自身の債務を消滅させるためではなく，他の者の利益のためになされた場合に，本来の弁済しなければならない者に対して，出捐額の支払いを要求する権利をいう．連帯債務者の一人が他の者の負担部分について弁済を行った場合や，保証人が第三者の弁済を行い債務を消滅させた場合などに求償権は発生する．〔参考〕民法442条(連帯債務者間の求償権)1項　連帯債務者の一人が弁済をし，その他自己の財産をもって共同の免責を得たときは，その連帯債務者は，他の連帯債務者に対し，各自の負担部分について求償権を有する．
person designated to be a defense counsel 弁護人となろうとする者
person dying on the street 行き倒れ
person enriched 受益者
person enriched in bad faith 悪意の受益者
person entitled to legally secured portions 遺留分権利者
person having a preferential right 先取特権者
person having dialogue with 対話者
person having parental power 親権者
　子どもが成年するまでの間，監護，教育など子どもの養育に必要な一切の行為を行い，子どもの対外的な行為に責任を持つ者をいう．child custodian．対外的な責任は親権＝child custody の内容そのものではないが，親権者が未成年者の法定代理人とされ，未成年者の行為を監督する責任があるところから生じる責任である．親権は子どもの両親が共同して行使するのが原則であるが，父母が共に親権を失ったときは，他の者が後見人として親権を行う．〔参考〕民法820条(監護及び教育の権利義務)親権を行う者は，子の監護及び教育をする権利を有し，義務を負う．
person having the right of appeal 上訴権者
person in whose favor the intervention is made 被参加人

person

person interested 利害関係人
person nominated 被選任者
person of learning and experience 学識経験のある者
person on the black list 注意人物
person responsible 責任者
person selected 被選任者
person to be examined 検査すべき身体
person to be succeeded to 被相続人
person unable to speak 言語不能者
person under duty to furnish support 扶養義務者
person wanted by the police お尋ね者
person who died an unnatural death 変死者
person who has a easement 地役権者
地役権(→easement)の設定により便宜を受ける者を地役権者という。土地＝要役地の所有者であるのが原則だが，対抗力ある土地利用権者も地役権者となりうる場合がある。〔参考〕民法280条(地役権の内容)地役権者は，設定行為で定めた目的に従い，他人の土地を自己の土地の便益に供する権利を有する。ただし，第三章第一節(所有権の限界)の規定(公の秩序に関するものに限る。)に違反しないものでなければならない。
person who has been in special relation with the person to be succeeded to 特別縁故者
person who has been requested to give an expert opinion 鑑定受託者
person who has no sufficient means to make reimbursement 償還無資力者
person who has right of application for reopening of the proceedings 再審請求権者
person who is not of marriageable age 不適齢者
婚姻適齢に達していない者。
person who is to receive the amount insured 保険金受取人
person who is to take the custody of one's child 子の監護者
person who is under a duty of supervision 監督義務者
person who makes the statement 供述人
person who pledged one's property to secure another's obligation 物上保証人
自分の所有する不動産を，第三者が負担する債務の担保として提供する者をいう。債務者からの依頼に応じて，担保権の負担を承諾する場合が多い。しかし，担保権の設定契約は，物上保証人と債権者との間で締結され，債務者は関与しない。物上保証人が債務者に代わって債務を弁済したり，担保権を実行された場合には，債務者に対して求償権を行使できる。なお，既に担保権が設定された不動産を売買などにより譲り受けた者は第三取得者とよばれ，物上保証人とは異なる立場の者である。しかし第三取得者は，物上保証人と類似した面があるので，法的にも同じように取り扱われることが多い。〔参考〕民法351条(物上保証人の求償権)他人の債務を担保するため質権を設定した者は，その債務を弁済し，又は質権の実行によって質物の所有権を失ったときは，保証債務に関する規定に従い，債務者に対して求償権を有する。
person who recommits an offense 再犯者
person whose interests are liable to be harmed 利益を害せられる虞ある者
person whose interests are likely to be harmed 利益を害せられる虞ある者
person with a criminal record 前科者
person with a small income 定額所得者
personal 個人的
personal action 人的訴訟
personal action request 人事措置請求書
personal affairs 身上
personal assets 人的財産
personal chattel 人的動産
personal contract 一身専属契約，人的財産に関する契約
personal defense 人的抗弁
personal effects 所持品
personal evidence 人的証拠

Petroleum

personal feelings 私情
personal grudge 私怨
personal history 履歴
personal holding company 同族持株会社, 同族会社
personal identification question 人定質問
personal injury 交通事故などの個人傷害
personal jurisdiction 対人的管轄権
personal legal counsel 個人の顧問弁護士
personal liability 人的責任
personal liberty 人身の自由
personal property 動産
　real property の反対語。
personal representative 遺言執行者
personal residence 生活の本拠たる住居
　自然人が生活の中心として起居寝食している住宅や家屋をいう。自然人の住所を定めるうえでの基準となる。〔参考〕民法22条 (住所)各人の生活の本拠をその者の住所とする。
personal security 身体の安全；個人の安全, 人的財産上の保証, 人的保証；人的担保
personal service 交付送達
personal service contract 一身専属契約, 個人的労務提供契約
personal statute 属人法
personal tax 人頭税, 動産財産税
personal trust 個人信託
personality 人格, 性格
personality clashes 性格の不一致
personally appear 自身で出頭する
personalty 人的財産, 動産
personalty interest 遅延利息
personnel administration 人事行政
personnel division 人事課
personnel management 人事管理
personnel reduction 人員整理
pertinent 関連のある, 適切な, 関連性のある
peruse 閲覧する
pervert ①歪曲する②性的変質者
pessimistic 厭世的
PEST analysis ペスト分析

pestering telephone calls 嫌がらせ電話
　harrassing call ともいう。
pesticide 殺虫剤
petechiae ①溢血点②溢血斑
petition ①申立て②訴願③訴状④嘆願
　A formal written request for something to be done. E.g., a petition to a court is a request to find relief for some wrong committed against one, or for authority to do something such as sell trust property. A petition in bankruptcy is a request by a creditor or debtor to the bankruptcy court to find that a debtor is unable to pay his debts and is entitled to the provisions of the Bankruptcy Act.
　(*Gilbert Law Summaries Pocket Size Law Dictionary* 244 (1997), Harcourt Brace And Company.)
　何事かが行われることを求める正式な書面の要求。例えば、裁判所への訴状は、何か不法行為を犯された者に対する救済を求める、または信託財産の売却といった行為の特権を求めるものである。破産における申立ては、債権者または債務者から破産裁判所に対して債務者がその債務の支払いをすることができず、破産法の援助を求める資格があることを認めるよう要求するものである。
petition for probate 遺言執行者が裁判所に対して相続手続の開始を申請すること
petition in bannkruptcy 破産の申立て
Petition Law 請願法
petition of Koso-appeal 控訴状
Petition of Rights 権利請願(1628年)
petition suit; 〜action （海事裁判所における)本権の訴え
petitioner 請願人, 申立人
petroleum 石油
Petroleum and Combustible Natural Gas Resources Development Law 石油及び可燃性天然ガス資源開発法
Petroleum Industry Law 石油業法
Petroleum Pipeline Business Law 石油パイプライン事業法
Petroleum Stockpiling Law 石油備蓄法

Petroleum

Petroleum Supply and Demand Optimization Law 石油需給適正化法
pettifogger 三百代言, 悪徳弁護士
petty 万引きなどの少額窃盗犯
Petty Bench of the Supreme Court 最高裁小法廷
　わが国の最高裁判所が, 憲法適合性の判断や判例変更を行うときは, 最高裁判所裁判官全員が大法廷に出廷して判決がなされるが, それ以外の上告事件は, 3名ないし5名程度の合議体によって判決がなされる。この合議体および判決が言い渡される法廷を最高裁小法廷という。ちなみに大法廷はGrand Bench.〔参考〕裁判所法9条(大法廷・小法廷) 最高裁判所は, 大法廷又は小法廷で審理及び裁判をする。2　大法廷は, 全員の裁判官の, 小法廷は, 最高裁判所の定める員数の裁判官の合議体とする。但し, 小法廷の裁判官の員数は, 三人以上でなければならない。　3　各合議体の裁判官のうち一人を裁判長とする。　4　各合議体では, 最高裁判所の定める員数の裁判官が出席すれば, 審理及び裁判をすることができる。
petty cash 小口現金
petty cash voucher 少額金銭伝票
petty farmer 零細農家
petty jury ①小陪審②審理陪審
　Ordinary trial jury, whose function is to determine issues of fact in civil and criminal cases and to reach a verdict in conjunction with those findings. While the number of jurors has historically been twelve, many states now permit six-member juries in civil cases, and some states permit six-member juries to hear criminal cases as well.
　(Steven H. Gifis, Dictionary of Legal Terms 262 (3rd ed., 1998), Barron's Educational Series, Inc.)
　民事と刑事の事件において事実の問題点を判定し, それらの結論を合わせて評決に達するという機能を持つ普通の審理陪審。陪審員の人数は伝統的に12人であったが, 多くの州の民事事件では現在6人制陪審を認めており, いくつかの州は刑事事件の審理にも同様に6人制陪審を認めている。
petty larceny 軽窃盗
petty offense 微罪
petty patent 小特許
petty trader 小商人
Phamaceutical Affairs Law 薬事法
phenomenon ①事象②現象
philanthropy フィランソロピー, 公益活動
　慈善・博愛活動。とくにビジネスにおいては, 企業が行う公益活動・社会貢献活動。
physical assets 有形資産
physical cruelty 身体的虐待
physical damage to a car 車の損傷
physical disability 身体的能力欠缺
physical examination 身体検査
physical handicap 身体障害
physical restraint 身体の拘束
physically handicapped person 身体障害者
pick a fight with 因縁をつける
pick a quarrel with 言い掛かりをつける
pick up 拾得する
pick up a quarrel 絡む
pick up a quarrel with けんかを売る
picketing ピケ
pickpocket すり
piece rate 出来高払い
pierce 突き刺す
piercing bullet wound 貫通銃創
piercing the corporate veil 法人格の認否
pilferage こそ泥, 抜き荷
pilferer こそ泥
pill 錠剤, 丸薬
pillage 略奪
pilot 航空機の操縦士, 水先案内人
pilotage 水先案内
Pilotage Comission 水先人委員会
pimp ぽん引き, 売春周旋者, ひも
pioneer patent パイオニア特許, 開拓特許
pipeline 情報ルート
piracy 盗用, 著作権侵害

pirate 海賊
piscary 漁業権
pistol 拳銃
PKO Cooperation Law PKO協力法
place 所在地
place a person on a wanted list 指名手配する
place of abode 居所, 住所
place of business 営業の場所
place of contract 契約締結地
place of death 死亡場所
place of delivery 引渡場所
place of detention 拘禁場
place of offense 犯罪地
place of payment 支払地, 支払場所
place of receiving payment 払込みの取扱場所
place of return 変換場所
place of worship 礼拝所
place to be inspected 検証すべき場所
place to be searched 捜索すべき場所
place under probationary supervision 観察等に付す
place where the judicial police official exercises his functions 司法警察職員の職務執行地
place where the obligation is to be performed 債務履行地
place where the vessel has lain at anchor その船が寄泊した地
placement 新株などの発行, 株式などの売却・割当て, 第三者割当て, 職業紹介, 職業斡旋, 採用
placing 株式・社債の割り当て
plagiarism 盗作
plagiarist （文章・アイデアの）盗作者
plain error rule 明白な誤謬の原則
plain meaning rule 明白な意味の原則
plaint 訴訟申立て
plaintiff 原告

The one who initially brings the suit; one who, in a personal action, seeks a remedy in a court of justice for an injury to, or a withholding of, his or her rights.
(Steven H. Gifis, Dictionary of Legal Terms 358 (3rd ed., 1998), Barron's Educational Series, Inc.)
最初に訴訟を提起する人；人的訴訟では, 権利侵害または権利の留保に対して裁判所で救済を要求する人。

plan 画策する, 企てる, 計画する
planned monetary system 管理通貨制度
plant patent 植物特許
Plant Variety Protection Act 植物新種保護法
plasticity 可塑性
playright 上演権, 興行権, 製作権
plc public limited company, 公開有限会社
plea 抗弁, 主張
plea bargaining 答弁取引

Process by which a defendant's attorney and a prosecutor bargain for a mutually satisfactory disposition of a criminal case. Often this involves the defendant's pleading guilty to lesser offense or to only some counts in a multi-count indictment in exchange for a lighter sentence. The plea bargain arrangement is subject to court approval.
(Gilbert Law Summaries Pocket Size Law Dictionary 246 (1997), Harcourt Brace And Company.)
被告側弁護人と検事が双方にとって満足のいく刑事事件の処分を交渉する手続。しばしばこれは, より軽い刑と引き換えに, より少ない罪または多数の起訴のうちほんのいくつかに対する被告人の有罪答弁を伴う。答弁取引の取り決めは裁判所の承認に服する。

plea copping 司法取引
plea in abatement 訴え却下の抗弁
plea in bar 訴え棄却の抗弁, 妨訴の抗弁
plea of guilty 有罪の答弁
plea of nolo contender 不抗争の答弁

刑事訴訟の罪状認否手続＝arraignmentにおいて, 被告人が, 有罪は認めないが, 検察側が犯罪として主張している事実は争わない旨の答弁をすることをいう(US. Federal Rules of Criminal Procedure Rule 11 (b))。plea of no contest。この答弁がなさ

plea

れ，かつ裁判所によって受理された場合に，証拠調べが行われず直ちに量刑手続に移行するのは有罪の答弁＝plea of guiltyと同様である。しかし不抗争の答弁は，被害者からの損害賠償請求訴訟などがなされた場合に被告人にこの訴訟を争う余地が残される点で，有罪の答弁と異なるとされる。

plea of not guilty 無罪の答弁

plea to the jurisdiction 管轄権不存在の抗弁，裁判権欠缺の答弁

plead extenuating circumstances 情状酌量を求める

plead insanity 心神喪失を申し立てる

plead over 訴答瑕疵の看過

pleader 訴答者

pleading ①弁論②弁解③訴答手続，訴答書面

pledge ①誓う②質に入れる③質権④担保⑤動産質⑥担保物⑦訴訟維持保証人
債務の担保のために，債務が弁済されるまでの間自己の財産を債権者に預けておくことをいう。債務者は，弁済したときには預けた物の返還を請求できる。一方債権者は，履行期に弁済がなされなかったときは，預かった財産を換価し，そこから優先弁済を受けることができる。〔参考〕民法342条（質権の内容）質権者は，その債権の担保として債務者又は第三者から受け取った物を占有し，かつ，その物について他の債権者に先立って自己の債権の弁済を受ける権利を有する。

pledge of rights 権利質
動産，不動産以外の財産権に質権を設定することをいう。手形，株式，社債などの債権や，特許権，著作権などの無体財産権も質権の対象となる。しかし権利とは具体的な物質ではないので，質権に本質的な，債権者への占有移転ということを考えることはできず，留置的効力も限定されたものとなる。ただし，証券など権利自体の代替物と認め得るものがあればそれを交付することが必要である。〔参考〕民法362条（権利質の目的等）1項　質権は，財産権をその目的とすることができる。

pledge of shares 株式質
株式に質権を設定することをいう。権利質＝pledge of rights の一つであり，かつ，最もよく行われる重要な権利質だといえる。株式質の特徴として次のような点が挙げられる。①質権の存在を株主名簿に登載する登録質という制度があり，株券の交付のみによってなされる略式質より強い効力が認められること。②株式が，純粋な経済的利益としての自益権のみならず，共益権という会社の経営に参加する権利を含んでいるため，株式質の留置的効力や優先弁済権は自益権が対象となり，共益権は質権設定後も設定者が行使できること。〔参考〕会社法148条　株式に質権を設定した者は，株式会社に対し，次に掲げる事項を株主名簿に記載し，又は記録することを請求することができる。一　質権者の氏名又は名称及び住所　二　質権の目的である株式　会社法151条　株式会社が次に掲げる行為をした場合には，株式を目的とする質権は，当該行為によって当該株式の株主が受けることのできる金銭等（金銭その他の財産をいう。以下同じ。）について存在する。（中略）八　剰余金の配当　九　残余財産の分配

pledge on immovable property 不動産質
不動産に対して設定される質権。不動産質も，質権である以上占有を債権者に移転しなければならない。しかしそうすると債務者は自己所有の不動産を利用した経済活動ができないことになり，かえって債務の返済が滞ることになってしまう。そのような事情から，不動産の担保手段としては，質権よりも抵当権や譲渡担保が利用されるのが一般的だといえる。〔参考〕民法356条（不動産質権者による使用及び収益）不動産質権者は，質権の目的である不動産の用法に従い，その使用及び収益をすることができる。

pledge on real estate 不動産質　→pledge on immovable property

pledge to movable property 動産質権
動産に対して設定される質権。質権は目的物の占有を債権者に移転してしまう担保権であるため，動産質がもっともよく利用される質権の形態だといえる。〔参考〕民法

352条(動産質の対抗要件)動産質権者は，継続して質物を占有しなければ，その質権をもって第三者に対抗することができない。

pledgee 動産質権者
pledgeholder 質物保管者
pledger ①動産質入者②質権設定者
pledgery 保証
pledgor 動産の質権設定者
plenary evidence 十分な証拠
plenary suit; plenary action 本訴訟
plevin 保証，担保，誓約；確信
plot ①陰謀②謀議③謀略
plow back 利益留保，収益再投資
plunder ①略奪②略奪品
plunderage 船上横領
plural ballot system 連記制
plurality opinion 判決の相対的多数意見
plurilateral trade agreements 複数国間貿易協定
PMSI : purchase money security interest 売買代金担保権
Pneumoconiosis Law じん肺法
pneumonia 肺炎
pneumothorax 気胸
poaching 密漁
pocket a kickback from 上前をはねる
point 論点，一単位
point at issue 係争点
point of law 法律上の争点・論点
point system 点数制
poison ①毒殺する②毒薬
poison foot 敵対的買収防止法の一つ
会社が買収されると社債の償還期限が到来する旨の規定。
poison pill ポイズン・ピル，会社の乗っ取り防止のための株式廉価取得権付与，敵対的買収防止法の一つ
敵対的買収者による支配権獲得に伴い，その取得コストを引き上げる対策が自動的に作動するようにする。
poisoning 毒殺
poisonous 有毒な
Poisonous and Deleterious Substances Control Law 毒物及び劇物取締法

poke 小突く
police 警察
police box 派出所
police inspection of belongings 所持品検査
武器・盗品等を探すための服の上から行う検査。
Police Law 警察法
police officer 警察官
police power 警察権能，福祉権能，規制権限
police questioning 職務質問
警察官が犯罪を認知したり，犯罪者を特定するために行う任意捜査をいう。任意捜査は強制力を持たないので，質問を受けた者が職務質問に応ずる義務はない。それよりはむしろ，任意捜査としての職務質問に付随的に行われる，有形力や強制力の行使が問題となることが多い。一般に有形力行使は職務上の正当行為としての相当範囲内では違法性がなく，強制的な所持品検査も，法律で規定された行政上の即時強制と認められる限りでは合法と考えられている。
〔参考〕警察官職務執行法2条1項(質問) 警察官は，異常な挙動その他周囲の事情から合理的に判断して何らかの犯罪を犯し，若しくは犯そうとしていると疑うに足りる相当な理由のある者又は既に行われた犯罪について，若しくは犯罪が行われようとしていることについて知つていると認められる者を停止させて質問することができる。
police record of interrogation of the accused 警面調書，警察官面前調書
police record of traffic violations 交通事件原票
police station 警察署
policeman 警察官
policing cost 監督コスト
policy ①施策②保険証券
policy formulation 施策の策定
policy letter 政策書簡，通達
policy of insurance 保険証券
policy of treatment 処遇方針
policy proof of interest 名誉保険証券
policy value 解約価格，解約返戻金

policy

policy with overriding priority 重点政策
policyholder 保証証券所持人
political activity 政治活動
political campaign 政治運動
political change 政変
political contribution 政治献金
political crime 政治犯罪
political donation 政治献金
political funds 政治資金
political influence 政治力
political issue 政治問題
political offense 政治犯罪
political party 政党
Political Party Law 政党法
political power 政治力
political right 政治的権利
political structure 政治機構
political system 政治組織
poll 投票, 世論調査, 選挙人名簿, 陪審候補者名簿
poll tax 人頭税
pollution 汚染
pollution of a water supply system 水道汚穢
pollution of a water supply system resulting in bodily injury 水道汚穢致傷
pollution of a water supply system resulting in death 水道汚穢致死
pollution of pure water 浄水汚穢
pollution of pure water resulting in bodily injury 浄水汚穢致傷
pollution of pure water resulting in death 浄水汚穢致死
polycentric 多中心的
polygamy 重婚
polygraph 嘘発見器
pool 共同基金
poor eyesight 弱視
popular car 大衆車
popular review 国民審査
popularization 大衆化
porcupine provision ヤマアラシ条項 基本定款や付属定款に設けられた買収に対する防御条項.
port 銃眼

Port and Harbor Law 港湾法
port of call 寄航港
port of departure 出国港
port of destination 到達港
port of embarkation 出国港
port of entry 入国港
port of registry 船籍港
Port of Shipment 船積港
port of unloading 陸揚港
Port Regulation Law 港則法
port risk insurance 港内危険保険
Portal-to-Portal Act 作業場勤務時間法
portfolio 有価証券一覧表, 大臣の職務
portion 持分, 分与産
ports and bays 港湾
position 地位
position of leadership 指導的地位
position paper 提議書
positive condition 積極条件
positive evidence 直接証拠, 実証的証拠
positive fraud 現実の詐欺, 積極詐欺
positive law 実定法
positivism 実証主義
possession ①所有, 所有権②占有, 占有権
1. The fact of having or holding property in one's power; the exercise of dominion over property.
2. The right under which one may exercise control over something to the exclusion of all others; the continuing exercise of a claim to the exclusive use of a material object.
3. (ごく一部略) Something that a person owns or controls (ごく一部略).
4. A territorial dominion of a state or nation.
(Bryan A. Garner, Black's Law Dictionary Second Pocket Edition 537 (2001), West Group.)
1. 財産をその権限において所有し保持している事実; 財産に対する所有権の行使.
2. あらゆる他者を排除し, 何かに対する支配を行使する権利; 有形の物を独占的に使用する権利の継続的な行使.

3. 人が所有し管理するもの。
4. 州または国家の領地。
possession in deed 現実の占有
possession in fact 現実の占有
possession in good faith 善意占有
possession in law 法定占有，みなし占有
possession of obscene literature 猥褻文書所持
　猥褻な文書を販売目的で所持することをいう。販売の目的がなければ処罰されない目的犯である。〔参考〕刑法175条（わいせつ物頒布等）　わいせつな文書、図画その他の物を頒布し、販売し、又は公然と陳列した者は、二年以下の懲役又は二百五十万円以下の罰金若しくは科料に処する。販売の目的でこれらの物を所持した者も、同様とする。
possession of smoking opium 阿片煙所持
　禁制物である阿片煙を所持する行為を罰するものである。販売の目的で所持した場合は、自己使用目的の場合よりも重く罰せられる。〔参考〕刑法140条（あへん煙等所持）あへん煙又はあへん煙を吸食するための器具を所持した者は、一年以下の懲役に処する。
possession through a representative 代理占有 →derivative possession
possession with the intention of holding as the owner 自主占有
　所有の意思に基づく占有をいう。土地を買い受けた者、他人の物を自分の物と誤信した者、他人の物を盗んだ者は、いずれも自主占有者である。これに対して、賃借人など、所有の意思に基づかない占有を他主占有という。自主占有か他主占有を区別することは、占有の効力が異なる点に実益がある。例えば、取得時効は自主占有についてのみ成立する。賃借人が何十年土地を占有したとしても、所有権を取得することはない。〔参考〕民法162条（所有権の取得時効）1項　二十年間、所有の意思をもって、平穏に、かつ、公然と他人の物を占有した者は、その所有権を取得する。
possessor ①所持者②占有者

possessory action 占有訴訟
possessory interest 現実に占有しうる権利，現在の不動産権
possessory lien 留置権
　動産の修理代などを請求する権利がある者が、支払いを受けるまではその動産を自分の手元に置いておける権利をいう。当事者の合意によらない担保物権の一つで、留置的効力は強いが、優先弁済権が常に認められるとは限らない。〔参考〕民法295条（留置権の内容）1項　他人の物の占有者は、その物に関して生じた債権を有するときは、その債権の弁済を受けるまで、その物を留置することができる。ただし、その債権が弁済期にないときは、この限りでない。
possible outcome 起こりうる結果
post 下記，後述，後記，後掲
post entry 追加，訂正
post facto 事後の，遡及的
postage 郵便料金
postal collection 郵便貯金
postal matters 郵便物
postal order 郵便為替
postal savings 郵便貯金
postdate 先日付
posteriority 後位，後順位，劣位
post-factor 事後の
posthumous work 遺作，死後出版物
posting 転記，郵便に付すること，広告送達
Postmaster General 郵政事業機関総裁，郵政長官，郵政大臣
post-mortem 検視
postmortem appearance 死体現象
postmortem phenomenon 死体現象
postmortem rigidity 死後硬直
post-notes 期限付銀行券
postpone 延期する
postponement 延期
potassium cyanide 青酸カリ
potential 潜在的
Potential existence 潜在的存在
potential number 暗数
powder smoke reaction 硝煙反応
power ①権力，権限②指名権

power

1. The ability to act or not act.
2. Dominance, control, or influence over another.
3. The legal right or authorization to act or not act; the ability conferred on a person by the law to alter, by an act of will, the rights, duties, liabilities, or other legal relations either of that person or of another.
4. A document granting legal authorization. (ごく一部略)
5. An authority to affect an estate in land by (1) creating some estate independently of any estate that the holder of the authority possesses, (2) imposing a charge on the estate, or (3) revoking an existing estate.
(Bryan A. Garner, Black's Law Dictionary Second Pocket Edition 540 (2001), West Group.)
1. 作為または不作為の能力。
2. 他者に対する支配, 統制, または影響力。
3. 作為または不作為の法的な権利または認可；意思の表明により, 法律により, その者または他者の権利, 義務, 責任その他の法的関係を変更するために与えられた能力。
4. 法的な許可を与える文書。
5. (1)権限を持つ者が所有するあらゆる不動産とは無関係にある不動産権を創り出すことによって, (2)その不動産権に税金を課すことによって, (3)実在する不動産権を無効にすることによって, 土地財産に影響する権限。

power and authority 権限
同義語を併記するパターン。

power in (the nature of a) trust 信託的指名権

power of appointment 指名権

power of appointment trust 指名権信託

power of attorney 委任状
An instrument in writing by which one person, as principal, appoints another as his or her agent and confers upon him or her the authority to perform certain specified acts or kinds of acts on behalf of the principal. The primary purpose of a power of attorney is to evidence the authority of the agent to third parties with whom the agent deals.
(Steven H. Gifis, Dictionary of Legal Terms 366 (3rd ed., 1998), Barron's Educational Series, Inc.)
本人である者が他者をその代理人として任命し, ある特定の行為またはその種の行為を本人を代理して履行する権限を, その者に与える文書。委任状の主要な目的は, その代理人の権限を取引相手の第三当事者に証明することである。

power of control and supervision by the Minister of Justice 法務大臣の指揮監督権

power of punishment 刑罰権

power of representation 代表権, 代理権

power of sale 処分権, 売却権
物に対する法的な作用には, ①使用, ②収益や賃貸, ③処分や売却という3つの種類があるが, このうち処分や売却という作用を行うことを正当付ける, その物に対する権原や, 人に対する権限をいう。所有権は売却を正当付ける代表的な権限であり, 所有者から与えられた代理権や信託契約の存在は, 売却を可能とする権限の例である。

power of supervision 監督権

power of termination 解除権

power to determinate the constitutionality of law 法令審査権

power to maintain the order in the court 法廷警察権

power to review the constitutionality of law 違憲立法審査権
議会の制定した法律が憲法に違反していないかどうかを審査し, 違反している場合にはその法律を無効とすることが認められる権限をいう。通常は法を解釈する権限の一つとして司法権に与えられる。もっとも, 司法権に違憲立法審査権を与える場合でも, 通常裁判所に具体的な紛争との関連においてのみ審査する権限を与える場合と,

憲法裁判所のような特別の司法機関に，抽象的な法令自体の審査を行わせる場合とがある。日本国憲法は，アメリカの違憲審査制(Marbury v. Madison, 5 U. S. (1 Cranch) 137)の影響を受け，後者のいわゆる付随的審査制を採用したと考えられている。
〔参考〕憲法81条　最高裁判所は，一切の法律，命令，規則又は処分が憲法に適合するかしないかを決定する権限を有する終審裁判所である。

powers　権能
practicable　実行可能な，実際的である
practical joke　悪ふざけ
practice　①実務，訴訟実務，法律実務②慣行
practice of law　法律実務
Practicing Law Institute　(米)法律実務協会
practicing lawyer　開業弁護士
practitioner　実務家，開業弁護士
praecipe　訴訟開始令状，訴訟開始申請書
pragmatism　プラグマティズム
preach　教誨する
preamble　契約，法律の前文，導入部分
pre-aprroved　ダイレクトメールが届き，pre-approved と書いてあることがある。これは「すでにあなたは当社の判断で資格を持っている人です」という意味である。例えば，投資の勧誘で「当社はあなたが十分な資産を持っている人であると判断しました。そこで，非常に有利な条件で，当社を通して投資をしてみませんか」というふうに勧誘してくるわけである。ところが実際に申し込んでみると資格なし，と判断されることが少なくない。勧誘書類の裏に小さく別の但し書きがあって，それを盾に，資格なしと判断したと主張してくるわけである。
prearranged game　八百長
precandidacy propaganda　選挙の事前運動
precarious right　相手任せの不安定な権利
precatory trust　懇願的信託
precatory words　懇願の文言，要望の言葉
precedence　優先権，先順位権

precedent　先例，(拘束力を有する)判例，～に先行する
Previously decided case recognized as authority for the disposition of future cases. In common law, precedents were regarded as the major source of law. A precedents may involve a novel question of common law or it may involve an interpretation of a statute. To the extent that future cases rely upon the precedent or distinguish it from themselves without disapproving of it, the case will serve as a precedent for future cases under the doctrine of stare dicisis.
(*Steven H. Gifis, Dictionary of Legal Terms 367 (3rd ed., 1998), Barron's Educational Series, Inc.*)
将来の事件を裁く際の権威として認知されている，以前に判決された事件。コモン・ローでは，先例は法の主要な拠り所とみなされていた。先例はコモン・ローの新しい種類の問題，もしくは制定法の解釈を含むことがある。将来の事例が先例を頼みにし，または先例を非とすることなくそれら自身と区別するという限りでは，その事例は先例拘束性の原理の下に将来の事例の先例を務めることになる。

precise　正確な
preclusion order　排斥命令，却下命令
precondition　必要条件
predatory pricing　略奪的価格設定
predecessor　前任者
pre-delinquency　虞犯
pre-delinquent　虞犯少年
prediction　予測
predisposition　素質
preelection campaigning　選挙の事前運動
preemption　優先買収権
pre-emptive right　新株引受権
会社が発行する新株の割当てを受ける権利をいう。会社が新株を発行して資金を調達する場合，広く一般投資家を対象とした公募による方法と，株主や社債権者，その他の特定人に新株引受権を与える場合とがある。株主その他の既存投資家の既得権益を

preemptive

保護したい場合は，業務提携や資本参加などのために特定人に株式を発行する必要がある場合に，新株引受権による方法がとられる。

preemptive right for shares 権利株
preemptive rights プリエンプティブ，新株引受権
会社が増資するとき，株主の持株比率に応じて株式を取得する株主の権利。

pre-examination 予試験
preexisting duty rule 既存義務のルール
preexisting legal duty 既存の法的義務
prefectural governor 知事
preference 優先，優先権，先取権
The paying or securing by an insolvent debtor, to one or more of his or her creditors, the whole or a part of their claims, to the exclusion or detriment of other creditors. Under the Bankruptcy Act, a bankrupt is deemed to have given a preference if within four months preceding the filing of his or her petition for bankruptcy, he or she procures or suffers a judgment against himself or herself, or makes a transfer of any of his or her assets; the effect of this is to give a creditor a greater percentage of his or her debt than any other creditor of the same class.
(*Steven H. Gifis, Dictionary of Legal Terms 368 (3rd ed., 1998), Barron's Educational Series, Inc.*)
他の債権者を除外し，損害を及ぼすほどに，支払不能債務者が一人またはそれ以上の債権者に対し，請求のうちの全部または一部につき支払いまたは保証すること。破産法の下では，破産申立書提出前の4ヶ月内にその者が自身に対する判決を得るかまたは受け，もしくは自身の資産を譲渡すると，破産者は優先権を与えたとみなされる；この結果，ある債権者には他の同等の債権者よりも，大きな債権の分け前が提供される。

preference share 優先株
preferential consideration of the budget by the House of Representatives 衆議院の予算先議

preferential performance 優先弁済
他の債権者に先がけて自己の債権の満足を受ける権利をいう。例えば，債務不履行によって質物が換価されて得られた代金は，全債権者に均等に分け与えられるのではなく，まず質権者の債権の弁済に充てられ，残余額があった場合のみ，他の債権者に配当される。〔参考〕民法342条(質権の内容)質権者は，その債権の担保として債務者又は第三者から受け取った物を占有し，かつ，その物について他の債権者に先立って自己の債権の弁済を受ける権利を有する。

preferential right 先取特権
労働債権など弁済の確保が強く要請される債権につき，債務者の総財産あるいは債権と関連性の強い個別財産に，法律上当然に設定される担保物権をいう。〔参考〕民法303条(先取特権の内容)先取特権者は，この法律その他の法律の規定に従い，その債務者の財産について，他の債権者に先立って自己の債権の弁済を受ける権利を有する。

preferential shop 優先取扱事業場
preferential transfer 優先的譲渡
preferred creditor 優先債権者
preferred distribution 優先的配当
preferred share 優先株
利益配当や残余財産の分配において，他の株式よりも優先的に支払いを受ける株式をいう。preferred stock。優先権をもたない通常の株式を一般株，一般株よりさらに遅れた扱いを受ける株式を劣後株という。日本の会社法上は「優先株」という文言はないものの，権利内容の異なる「種類株式」の一つとして認められている。〔参考〕会社法216条 株券には，次に掲げる事項及びその番号を記載し，株券発行会社の代表取締役(中略)がこれに署名し，又は記名捺印しなければならない。(中略)四 種類株式発行会社にあっては，当該株券に係る株式の種類及びその内容

preferred stock 優先株 →preferred share
pregnancy 懐胎，受胎，妊娠
pregnancy discrimination 妊娠差別

妊娠していることを理由に不利益な取り扱いをすること。妊娠を理由に退職を迫ったり，賃貸住宅からの退去を求めるなどがその例である。アメリカ公民権法では，妊娠した事実に基づく差別が，性差別(sex discrimination)と同様に扱うことが定められている(42 U.S.C.§2000e.(k))。

preincorporation transaction 会社設立前の取引
prejudgment remedies 判決前の救済
prejudice ①偏見，予断②不利益
preliminary arrangements 下準備
preliminary examination 予備審問 → preliminary hearing
preliminary hearing 予審
An initial hearing conducted to determine whether probable cause exists to justify holding a person for trial. In felony cases, it is hearing conducted before an indictment. Same as "preliminary examination."
(Gilbert Law Summaries Pocket Size Law Dictionary 252 (1997), Harcourt Brace And Company.)
ある者を裁判にかけることを正当化するもっともな根拠が存在するかどうかを決定するために行われる最初の審問。重罪の事件では，正式起訴の前に行われる審問である。「preliminary examination」に同じ。
preliminary injunction 仮処分，予備的差止命令
違法行為の差止めを求める本訴請求を前提として，本訴請求による判断を待っていたのでは回復し難い損害を被る恐れがある場合に，一時的にその行為の停止を命ずる裁判所の判断をいう。名誉やプライバシーを侵害する出版物の発行の差止めを求めるのがその例である。〔参考〕民事保全法23条2項(仮処分命令の必要性等) 仮の地位を定める仮処分命令は，争いがある権利関係について債権者に生ずる著しい損害又は急迫の危険を避けるためこれを必要とするときに発することができる。
preliminary knowledge 予備知識
preliminary negotiations 予備交渉
preliminary pleading 準備書面

民事訴訟の当事者が，口頭弁論期日に行う主張や立証を，期日前にあらかじめ相手方に告知しておくための書面をいう。相手方が期日に欠席をしても，準備書面に記載した事柄を主張，立証できる点に訴訟手続上の意味がある。〔参考〕民事訴訟法161条(準備書面) 口頭弁論は，書面で準備しなければならない。 2 準備書面には，次に掲げる事項を記載する。一 攻撃又は防御の方法 二 相手方の請求及び攻撃又は防御の方法に対する陳述 3 相手方が在廷していない口頭弁論においては，準備書面(相手方に送達されたもの又は相手方からその準備書面を受領した旨を記載した書面が提出されたものに限る。)に記載した事実でなければ，主張することができない。
preliminary prospectus 仮目論見書
証券登録説明書が登録後，有効となるまでの間，配布できる証券の説明書。
preliminary question 先決問題
ある事柄を解決するために，その前提として必ず真偽を決定しておかなければならない事項をいう。登記請求権の存否を決するために所有権の存否が問題となったり，不当利得返還請求を行う際の，解除の有効性の問題などが，その例である。
preliminary recommendations 予備的勧告
premature decision 審理不尽
premeditated 犯罪が計画的な
premeptory legal provision 法的強行規定
premises 敷地，前提，建物，物件
Land and its appurtenances; land or portion thereof and the structures thereon. For purposes of insurance on a building, or in defining the crime of burglary, or with respect to the scope of search warrant, the range of the term may vary.
(Steven H. Gifis, Dictionary of Legal Terms 369 (3rd ed., 1998), Barron's Educational Series, Inc.)
土地とその従物；土地またはその持分とその上の建物。建物の保険のために，または不法目的侵入罪を定義づける際に，または

premium

捜索令状の範囲に関して，この言葉の範囲は変化しうる。

premium 保険料，割増金，プレミアム
1. Money paid to an insurance company for insurance coverage or for an annuity.
2. An extra amount paid or received for something because of some special or unusual circumstance.
3. The amount by which the market value of a bond carries interest at a higher rate than the current rate for newly issued bonds.
(以下略)
(*James E. Clapp, Random House Webster's Dictionary of the Law* 337 (2000), Random House.)
1. 補償のためにまたは年金のために保険会社に支払われるお金。
2. 何か特別なまたはまれな事情のために何かに対して支払われた，または受領された割増額。
3. 債券の市場価値が，新しく発行される債券のために，流通相場より高い割合で利益を生んだ額。

prepaid expense 前払費用
prepaid income 前受収益
prepaid legal services 前払法的サービス，弁護士費用保険
preparation 予備，作成
preparation and plotting 予備陰謀
preparation for abduction for ransom 身代金誘拐予備

身代金目的の誘拐罪に着手する意思で，その準備行為を行うことをいう。被拐取の居住や身辺を調査したり，誘拐後の監禁用の部屋を用意する行為などがその例である。〔参考〕刑法228条の3(身の代金目的略取等予備) 第二百二十五条の二第一項の罪を犯す目的で，その予備をした者は，二年以下の懲役に処する。ただし，実行に着手する前に自首した者は，その刑を減軽し，又は免除する。

preparation for alteration of currency 通貨変造準備

通貨を変造する目的で，その準備を行うことを罰するものである。変造用の道具や機材を調達することがその例である。〔参考〕刑法153条(通貨偽造等準備) 貨幣，紙幣又は銀行券の偽造又は変造の用に供する目的で，器械又は原料を準備した者は，三月以上五年以下の懲役に処する。

preparation for and plotting of a foreign aggression 外患予備陰謀

外患誘致罪や外患援助罪を，準備したり企むことを罰する罪である。ただし「陰謀」とは，個人の頭の中で企むだけではなく，実際に複数人によって謀議されることが必要である。〔参考〕刑法88条(予備及び陰謀) 第八十一条又は第八十二条の罪の予備又は陰謀をした者は，一年以上十年以下の懲役に処する。

preparation for and plotting of an insurrection 内乱予備陰謀

いわゆる革命やクーデターのような国家体制の転覆を，企ててその準備をしたり謀議をすることを罰するものである。〔参考〕刑法78条(予備及び陰謀) 内乱の予備又は陰謀をした者は，一年以上十年以下の禁錮に処する。

preparation for and plotting of a private combat 私戦予備陰謀

例えば，民兵を組織して外国との間で紛争が生じている領土に攻め込むような行為を，準備したり謀議したりすることを罰するものである。国家の外交政策に対する重大な妨害となる行為なので，予備陰謀の段階から処罰される。〔参考〕刑法93条(私戦予備及び陰謀) 外国に対して私的に戦闘行為をする目的で，その予備又は陰謀をした者は，三月以上五年以下の禁錮に処する。ただし，自首した者は，その刑を免除する。

preparation for arson 放火予備

放火罪を犯す意思でその実行を準備することをいう。点火用のガソリンを購入したり，放火する家屋を下見するなどの行為がその例である。〔参考〕刑法113条(予備) 第百八条又は第百九条第一項の罪を犯す目的で，その予備をした者は，二年以下の懲役に処する。ただし，情状により，その刑

を免除することができる。

preparation for counterfeit of currency 通貨偽造準備
通貨を偽造する目的で，その準備を行うことを罰するものである。偽造用の道具や機材を調達することがその例である。〔参考〕刑法153条(通貨偽造等準備) 貨幣，紙幣又は銀行券の偽造又は変造の用に供する目的で，器械又は原料を準備した者は，三月以上五年以下の懲役に処する。

preparation for defense 防禦の準備

preparation for kidnapping or abduction for ransom 身代金目的拐取予備 → preparation for abduction for ransom

preparation for murder 殺人予備
殺人罪を実行する意思で，その準備を行うことをいう。殺害用の凶器や毒物を調達するのがその典型例である。〔参考〕刑法201条(予備) 第百九十九条の罪を犯す目的で，その予備をした者は，二年以下の懲役に処する。ただし，情状により，その刑を免除することができる。

preparation for robbery 強盗予備
強盗罪を実行する意思で，その準備を行うことをいう。暴行脅迫用の凶器を準備したり，被害者宅を下見することがその例である。〔参考〕刑法237条(強盗予備) 強盗の罪を犯す目的で，その予備をした者は，二年以下の懲役に処する。

preparation for trial 公判準備
preparation in advance 事前準備
preparation of a crime 犯罪の予備
preparation of inventory 目録調製
preparation of plan 立案
preparation of the budget 予算の作成
preparatory operations 事前工作
preparatory procedure for trial 準備手続
prepare 調製する
prepay 予納
prepayment 前払い
prepayment clause 期限前支払許諾条項
割賦払い，分割払いによる返済の貸金において，債務者が期限の利益を放棄して弁済期前に残額を支払うことを認める条項をいう。貸金債務の期限の利益は，通常債務者のために存在するが，長期にわたる分割払いを定めたローンでは，債権者側にも利息取得についての利益があることが多いため，期限の利益が債権者に存在しないことを明確にする意味で，念のためにこのような許諾条項が設けられる。〔参考〕民法136条(期限の利益及びその放棄)1項 期限は，債務者の利益のために定めたものと推定する。

prepayment penalty 期限前弁済賠償金
preponderance of evidence 証拠の優越
preponderance of the evidence 証拠の優越性
The greater weight of the evidence; superior evidentiary weight that, though not sufficient to free the mind wholly from all reasonable doubt, is still sufficient to incline a fair and impartial mind to one side of the issue rather than the other. This is the burden of proof in most civil trials, in which the jury is instructed to find for the party that, on the whole, has the stronger evidence, however slight the edge may be.
(Bryan A. Garner, Black's Law Dictionary Second Pocket Edition 547 (2001), West Group.)
証拠のより卓越した有力性；合理的な疑いを全く取り除くには十分でないけれども，公正かつ公平な気持ちを争点の一方の側に傾かせるには依然として十分な優越した証拠の重要性。これはほとんどの民事裁判における説明責任であり，陪審は，その優位性がほんのわずかであっても，全体から考えて，より強力な証拠を持つ当事者に有利な判決を下すよう説示を受ける。

prerequisite 必要条件
prerogative 相続，地位等により得る公的・法的なもの
Prerogative Courts (中世イギリス)大権裁判所
prescribe 命じる，規定する，時効取得する，時効取得を主張する
prescription 公訴時効，取得時効，民事の時効規定

prescriptive

A method of obtaining an easement over real property belonging to someone else, such as the right to use a path across it, consisting of openly and consistently using it for a period of time set by statute, usually ten to twenty years. Acquisition of an easement by prescription is analogous to acquisition of title by adverse possession.
(James E. Clapp, Random House Webster's Dictionary of the Law 338 (2000), Random House.)
他者に属する不動産上の地役権を、それを横切る小道を使用する権利のように、獲得する方式。法律で規定された、通常は10〜20年の期間の、公然かつ継続的な使用により成立する。取得時効による地役権の獲得は、敵対的占有による権原取得と類似のものである。

prescriptive easement 時効取得された地役権
presence 出頭
presence of the defendant 被告人の面前
present condition 現状
present evidence 証拠を提出する
present intent 現在の意図
present interest 現在権
present members 出席議員
present symptoms of addiction 中毒症状を呈する
present system 現行制度
present worth 現在価値
presentation ①手形の呈示②提出
pre-sentence investigation 判決前調査
presenting bank 呈示銀行
presentment ①支払呈示②正式通知③大陪審による告発
（①について）
手形や小切手の所持人が、支払いを受けるためにその証券を手形債務者の面前に示すことをいう。ジュネーブ統一手形法ANNEX I. Article22.。手形、小切手のような呈示証券では、支払期限が過ぎるだけでは債務者は遅滞とはならず、証券を提示することが必要である。〔参考〕手形法22条1項　振出人ハ為替手形ニ期間ヲ定メ又ハ定メズシテ引受ノ為之ヲ呈示スベキ旨ヲ記載スルコトヲ得

presents ①本文②本証書
preservation 保護、保存
preservation district 環境保全地域
自然的、歴史的に保護に値する環境が存在するために、開発や建築が厳しく制限される地域をいう。この地域に土地所有権を有する者は、その利用、収益、処分権を著しく制限されることになるが、今日の土地所有権は、広範な立法裁量に基づく義務に服するとされており、受忍すべき所有権の制限とされる。ただし、あまりにその制限が、個別的で著しいときは、公用収用に準じた金銭補償が国や自治体によってなされる場合がある。

preservation of evidence 証拠保全の請求
preservation of possession 占有保全
preservation of property 財産の保全
preservation of the record of trial 訴訟記録の保存
preserve 保全する
侵害に直面している権利や利益、価値などを、安全な方法で保護し、必要があればいつでも行使や利用できる状態に保存しておくことをいう。

preside 主宰する
1. To occupy the place of authority, esp. as a judge during a hearing or trial （一部略）.
2. To exercise management or control （一部略）.
(Bryan A. Garner, Black's Law Dictionary Second Pocket Edition 549 (2001), West Group.)
1. 権威者の地位を、特に裁判官として審問または裁判の間、占めること。
2. 経営または管理を行うこと。

president 社長
President 大統領
President of the National Tax Tribunal 国税不服裁判所長
presiding chief 裁判長

presiding judge 裁判長
presiding officer 議長
presiding power over a court 訴訟指揮権
press ①出版②マスコミ
pressure 圧迫
pressure group 圧力団体
prestige 尊厳
presumed value 推定価格
presumption 推定
presumption of death 死亡推定
presumption of fact 事実の推定
presumption of innocence 無罪の推定
　The fundamental criminal-law principle that a person may not be convicted of a crime unless the government proves guilt beyond a reasonable doubt, without any burden placed on the accused to prove innocence.
　(Bryan A. Garner, Black's Law Dictionary Second Pocket Edition 549 (2001), West Group.)
　行政が合理的な疑いを超えて有罪を証明しない限りは、無実を証明するために被告人に課される何らの義務もなく、被告人が有罪判決を受けることはないという基本的な刑法の原則。
presumption of law 法律上の推定
presumptive evidence 状況証拠、推定証拠
presumptive rule 推定規定
presumptive successor 推定相続人
presumptive trust 推定信託
pretense 口実
pretext 口実、名義、名目
pre-trial 公判前準備手続、プリトライアル
pretrial conference 公判前会議
pre-trial detention 未決拘禁
　被疑者や被告人など、判決に至らない者を、逃亡防止のために留置施設に身柄を拘束しておくことをいう。被疑者の勾留、被告人の勾留がこれにあたる。
pretrial interrogative 調書
pretrial investigation 調書
prevailing 優位の

prevent 未然に防ぐ
prevention 防止
prevention of crimes 犯罪予防
prevention of fraud 詐欺防止
prevention of noise 騒音防止
preventive detention 保安処分、予防拘禁
　被疑者や犯罪者が、再び犯罪行為を行う恐れがある場合に、これを防止する目的で行われる拘禁措置をいう。犯罪行為に対する刑罰としてではなく、犯罪者の傾向や性癖に対して将来の予防として行われるものであるため、日本では虞犯(ぐはん)少年に対するものしか制度としては存在しない。
　[参考]少年法3条本文、3号　次に掲げる少年は、これを家庭裁判所の審判に付する。
　三　次に掲げる事由があつて、その性格又は環境に照して、将来、罪を犯し、又は刑罰法令に触れる行為をする虞(おそれ)のある少年
preventive injunction 禁止的差止命令
preventive law 予防法学
　紛争に対して法を適用して解決するという従来の法学の目的論に対して、紛争を未然に防止するという視点から法を捉えようとする立場をいう。民法、商法など取引法の分野で、実体法や判例法を裁判規範としてではなく、私人の行為規範として捉える点に特徴がある。
preventive measures 予防措置
preventive theory 抑止刑論
Preventive Vaccination Law 予防接種法
previous conviction 前科
previous notice 予告
prey 餌食
price 価格
price adjustment 増加費用の請求権
price at which shares are to be taken 引受価額
price ceiling 最高価格、天井価格
price consumption curve 価格消費曲線
price control 物価統制
Price Control Law 物価統制法
price depression 価格引下げ圧力
price discrimination 価格差別

Price

Price Discrimination Law 価格差別規制法
price elasticity 価格弾力性
price fixing 価格協定，価格操作
price list 価格表
price maintenance agreement 価格維持協定
price maker 価格形成業者
price obtained 取得価格
price paid at the official auction 競売代金
price rigidity 価格硬直性
price sensitivity 価格感受性
price tag 値札
price-fixing agreement 価格協定
prima facie 一応証拠のある疎明
prima facie case 一応の証拠のある事案，一応有利な事件
prima facie evidence 一応の証拠
primage 海上運送運賃割増し，船長・船員への謝礼
primary activities プライマリ活動
primary beneficiary 第一順位保険金受取人
primary boycott 第一次ボイコット
primary evidence 一次的証拠
primary group 第一次集団
primary jurisdiction 第一次的管轄権
primary lease 原賃貸借契約 →master lease
primary liability 一次的賠償責任
primary liable 第一次債務
primary line injury 第一次被害
Prime Minister 内閣総理大臣，首相
Prime Minister's Office 総理府
principal ①主犯，正犯②元本③代理関係における本人④主債務者⑤主物⑥首長
　Most important.
　1. In criminal law, one who commits an offense, or an accomplice actually or constructively present during commission of the offense.
　2. In commercial law, the amount received in loan, or the amount upon which interest is charged.
　3. In the law of agency, one who has permitted or engaged another to act for his or her benefit, in accordance with his or her direction and subject to his or her control.
　(Steven H. Gifis, *Dictionary of Legal Terms* 374 (3rd ed., 1998), Barron's Educational Series, Inc.)
　最も重要。
　1. 刑法において，犯罪を犯す者，もしくは，実際にまたは推定上犯罪を犯している間居合わせる共犯者。
　2. 商法において，ローンで受け取る金額，または利息が課された総額。
　3. 代理権法において，自身の利益のために，その指示や支配に従って行動することを他者に認めたまたは従事させた者。
principal accounting officer 主任会計担当役員
principal and interest 元利
principal debt 主たる債務
　主たる債務者の債務。
principal debtor 主たる債務者
principal financial officer 主任財務担当役員
principal matter 本案
principal obligor 主たる債務者
　保証人の債務によって担保されている，本来の債務者をいう。主たる債務者に生じた事由は債権者にも影響する一方，保証人が保証債務を履行すれば求償される立場にある。〔参考〕民法446条(保証人の責任等)1項　保証人は，主たる債務者がその債務を履行しないときに，その履行をする責任を負う。
principal offender 本犯
principal office 本店
principal penalty 主刑
principal place of business 主たる営業の場所
　商人や企業が営業活動を行う地が複数の場合に，もっともその商人，企業にとって主要とされる営業活動地をいう。各種の公許可や届出に際して記載が要求される場合が多い。

principal punishment 主刑
principal suit 本訴
principal terms ①主要条件②基本的条件
principal terms and conditions 必要条件
principal thing 主物
principle 原理, 原則, 主義
①一見異なる類型に属する法律や条文に, 共通して見出せる特定の性質をいう。②立法や解釈の基準となる, 自然法, 歴史, 慣習などに基づく指導準則。
principle of adjudication based on evidence 証拠裁判主義
principle of discretionary prosecution 起訴便宜主義
被疑者を起訴するかどうかが検察官の自由裁量に委ねられている建前をいう。検察官は, 被疑者の情状や一般予防の見地などを考慮して, 個々の被疑事件の起訴不起訴を決定する。起訴法定主義＝principle of legality に対する概念。〔参考〕刑事訴訟法248条 犯人の性格, 年齢及び境遇, 犯罪の軽重及び情状並びに犯罪後の情況により訴追を必要としないときは, 公訴を提起しないことができる。
principle of faith and trust 信義誠実の原則 →fair and equitable principle
principle of free evaluation of evidence 自由心証主義
証拠の証明力を裁判官や陪審員の自由な判断に委ねる原則。これに対して「2名以上の証人立会いでなされた契約は真正に成立したとみなす」などの法律の規定によって事実が認定されることを, 証拠法定主義という。証拠法定主義を一般的な原則とすると, 事実認定が不自然になることが多いといわれ, 今日では民事訴訟, 刑事訴訟を問わず自由心証主義を原則とし, 例外的に若干の法定証拠主義的な規定が置かれるに留まる場合が多い。
principle of legality 起訴法定主義
被疑事件を有罪とできる相応の見込みがある場合は必ず起訴しなければならず, 個別被疑者の情状を考慮して不起訴や起訴猶予とすることを認めない建前をいう。起訴便宜主義に対する概念。起訴便宜主義をとるか起訴法定主義をとるかは国によってまちまちである。日本は刑事訴訟法248条の規定により起訴便宜主義を採用していることは明らかであるが, ドイツなどでは起訴法定主義が原則的な立場である。
principle of local autonomy 地方自治の本旨
憲法の定める地方自治制度の保障内容をいう。地方自治が認められる理由が, 憲法によって特に創設されたからなのか, 地方自治体が本来的にもつ固有の権利だからなのかによって, その具体的内容には違いが生じうる。しかし, 地方自治の本旨が, 国や他の自治体から干渉されずに自主的に決定できるという団体自治と, 住民の意思によって重要事項が決定されるという住民自治の双方を含むとする点では同じである。〔参考〕憲法92条 地方公共団体の組織及び運営に関する事項は, 地方自治の本旨に基いて, 法律でこれを定める。
principle of no adjudication without prosecution 不告不理の原則
刑事裁判にかけられるのは起訴があった場合だけであり, かつ, その起訴の対象とされた事件についてのみ裁判がなされるとの原則をいう。起訴されていない余罪をあわせて処罰することが禁止されたり, 被告の防御権を害するような訴因の変更を認めないのは, いずれも不告不理の原則の現れである。〔参考〕刑事訴訟法312条 裁判所は, 検察官の請求があるときは, 公訴事実の同一性を害しない限度において, 起訴状に記載された訴因又は罰条の追加, 撤回又は変更を許さなければならない。
principle of nulla poena sine lege 罪刑法定主義
あらかじめ何が犯罪であり, どのような刑罰を科されるのかが示されていなければ, いかに悪質な行為でも処罰することはできないという原則をいう。近代刑法における重要な原則のひとつであり, 中世以前の社会においては必ずしも徹底されていなかった。今日, 罪刑法定主義というときは, それは刑罰の法定, 遡及処罰の禁止や類推解

principle

釈の禁止原則などからなる大陸法概念であると考えられ，一方，合衆国憲法14条が定める「法の適正手続(Due process of law)」は罪刑法定主義とは異なる実体手続の保障を意味するとする見解が一般的である。しかし，アメリカにおいても各州は成文の刑法典(Criminal Code, Penal Code)を持っており，判例法万能というわけではない。また日本を含む大陸法諸国においても，刑罰法規の内容が適正でなければならないことは意識されているのであって，今日では罪刑法定主義と実体的手続保障は相互補完的なものと言える。

principle of opportunity 起訴便宜主義 →principle of discretionary prosecution

principle of personal jurisdiction 属人主義
刑法の適法範囲について，その法律が制定された地域内外を問わず，その地域の住民が行った全ての行為を処罰する主義をいう。例えばその地域の公務を担当する者が，地域外で犯した収賄行為を罰するような場合である。

principle of prohibiting analogy in interpretation 類推解釈禁止の原則
ある刑事上の事例に該当する刑罰法規がない場合に，同種ないし同性質の刑罰法規の趣旨を推し及ぼして解決することは許されないとの罪刑法定主義上の原則をいう。類推解釈を認めれば，刑罰法規の予測機能が失われることがその根拠とされる。一方で，ある刑罰法規を，その文言の形式的な意味を超え，周辺事項を含めた意味に解釈することは，拡張解釈とよばれて罪刑法定主義によっても許容されるとする。拡張解釈まで認めないとすれば，適正な処罰要請が満たされないからである。

principle of territorial jurisdiction 属地主義
刑法の適用範囲について，その法律が制定された地域内でなされた全ての犯罪行為を処罰する主義をいう。例えば，外国人が犯した窃盗罪を，自国の刑法を適用して処罰する場合である。〔参考〕刑法1条(国内犯)1項　この法律は，日本国内において罪を犯

したすべての者に適用する。

principle of the legality of crimes and punishment 罪刑法定主義 →principle of nulla poena sine lege

principle of unopened hearing 審判の非公開の原則

principle that crime and penalty must be defined by law 罪刑法定主義 → principle of nulla poena sine lege

Printer's Ink Statute 印刷物法，虚偽広告規制法

printing 印刷

prior art 先行技術，既知の発明
特許権が付与されるためには，同じ発明が既に他者によって登録されていたり，世間に知られたものでないことが必要とされる(35 U.S.C§102)。その技術が既に他者によって特許取得済みであることを先行技術，世間に知られたものであることを既知の発明とか公知の発明という。〔参考〕特許法29条1項本文，1号(特許の要件)　産業上利用することができる発明をした者は，次に掲げる発明を除き，その発明について特許を受けることができる。　一　特許出願前に日本国内又は外国において公然知られた発明

prior consultation 事前協議
prior payment 過去の支払い
prior rank 先順位
prior use 先使用
priority 優先権
prison 監獄，反逆罪
prison administration 行刑
prison hostel scheme 施設外通勤制度
Prison Law 監獄法
prison officer 看守
prison-breaking 脱獄
prisoner 在監者，受刑者，囚人
prisoner awaiting judgment 未決囚
prisoner sentenced to death 死刑囚
prisoner's dilemma 囚人のジレンマ
private 私有の
private act 個別法律案
private banker 銀行業を営む個人
private bill 個別法律案

private carrier 私運送人

private company (英)私会社, 非公開会社

private corporation 私法人, 民間会社, 非公開会社

private defense counsel 私選弁護人

private delicts 不法行為

private disposition 私売

private document 私文書
私人の名義で作成された文書をいう。公務員や公機関の名義で作成された公文書に対する概念である。

private individual 私人

private international law 国際私法

private law 私法, 個別法律

private letter 私信

private members' bill 議員提出法案

private note 私信

private nuisance 私的不法妨害

private ordering 私的自治

private placement 証券の私募
公募＝public offering の反対語。

private practicing attorney 弁護士

private property 私有財産

private right 私権

private sales 私売

private sector 民間

Private Sewerage System Law 浄化槽法

private trust 私益信託

private way 私道

privately 穏便に

privately-owned 私有の

Priviledged and Confidential 秘匿特権付秘密扱い

privilege 特権, 特典, 免責, 優遇, 基本的権利
出生, 努力, 認可等によって得たもの。

privilege of exemption from apprehension 不逮捕特権
犯罪容疑があっても捜査機関によって身柄を拘束されない権利をいう。行政府の長や国会議員など一定の公職にある者が, その職務を全うするために任期中は身柄拘束を受けないとされることが多い(U.S. Const. art. Ⅰ, §6, cl.1.)。任期中であっても議会などの同意があれば逮捕が許される場合もある。〔参考〕憲法50条 両議院の議員は, 法律の定める場合を除いては, 国会の会期中逮捕されず, 会期前に逮捕された議員は, その議院の要求があれば, 会期中これを釈放しなければならない。

privileged communication 秘匿特許付情報

privileged debts 優先債務

privity 契約関係
The relationship between two or more persons participating in, or having related interests in, a transaction, proceeding, or piece of property. For example, there is privity of contract between the parties to a contract; and the grantor and grantee, lessor and lessee, or co-owners of an estate in land are in privity of estate. Persons in privity with each other are called privies; each one is the other privy.
(James E. Clapp, Random House Webster's Dictionary of the Law 342 (2000), Random House.)
取引, 訴訟, 財産に関与もしくは相関した利害をもっている二人以上の間の関係。例えば, 契約の当事者らの間には直接の契約関係がある；そして譲渡人と譲受人, 賃貸人と賃借人または土地の共有者らには不動産関係がある。互いに契約関係にある人々は利害関係者と呼ばれる；各自はもう一方の利害関係者である。

privity of contract 契約関係

privy 利害関係者

Privy Council 枢密院

privy councillor 枢密顧問官

prize 略奪品, 賞品

prize court 捕獲審検裁判所

pro and con 可否, 賛成と反対

pro forma ①見積りの②形式上の(ラテン語)

pro forma invoice 見積送り状(ラテン語), プロフォーマ・インボイス

pro rata 〜に比例して, 案分して, 等分に

pro se 自分自身で

probability 蓋然性

probable

probable age　推定年齢
probable cause　相当な理由
probate　遺言執行
1. Act of proving that an instrument purporting to be a will was signed and otherwise executed in accordance with the legal requirements for a will, and of determining its validity.
2. Combined result of all procedures necessary to establish the validity of a will. In some jurisdictions a probate court is a special court having jurisdiction of proceedings incident to the settlement of a decedent's estate.
(Steven H. Gifis, Dictionary of Legal Terms 378 (3rd ed., 1998), Barron's Educational Series, Inc.)
1. 遺言の趣旨を有する証書が署名されたか、そしてさもなければ遺言の法的条件に従って作成されたかを検認し、その法的有効性を決定する行為。
2. 遺言の法的有効性を確定するのに必要な全手順を合わせた結果。いくつかの法域では検認裁判所は、被相続人の遺産の決着に付随する手続の管轄を有する特別裁判所である。

probate and opening　検認開封
probate court　検認裁判所
Probate, Divorce and Admiralty Division　検認・離婚・海事部
probate of testamentary document　遺言書の検認
probation　①雇用における試用期間②試験③少年の保護監察処分
A sentence allowing a convicted criminal to remain free instead of going to jail or prison, or to go free after serving a brief period of confinement, provided that certain conditions are met, including staying out of trouble with the law and reporting regularly to a probation officer. If the conditions of probation are violated, probation can be revoked and the probationer sent to prison.
(James E. Clapp, Random House Webster's Dictionary of the Law 343 (2000), Random House.)
法に触れる問題に関与しないこと、保護観察官のところへ定期的に出頭することを含め、ある一定の条件を満たすこととひきかえに有罪となった犯罪者に拘置所または刑務所へ行くかわりに釈放し、もしくは短期の拘禁に服した後に釈放することを認める判決。保護観察の条件が破られれば、保護観察は撤回され、保護観察を受けていた犯罪者は刑務所へ送られることになる。

probation officer　保護監察司、保護観察官
probation order　保護観察の言渡し
probationer　保護観察の対象者
problem child　問題児
procedendo　差止令状、訴訟促進令状
procedural　手続上の
procedural act　訴訟行為
procedural due process　手続的デュー・プロセス
procedural law　手続法、訴訟法
procedure　訴訟手続
The process by which lawsuits are resolved; the rules regulating the pleadings, service of process, trial practice, evidence, and appeal. In contrast, "substantive" rules create and define legal rights and duties.
(Gilbert Law Summaries Pocket Size Law Dictionary 259 (1997), Harcourt Brace And Company.)
訴訟解決の手続；訴答、送達、公判事務、証拠、上訴を規定する規則。対照的に、「実体」法は法的権利と義務を創設し、定義する。

procedure in a public trial　公判手続
procedure of summary public trial　簡易公判手続
procedure of taking urine sample　採尿手続
procedures　手続
proceeding　①訴訟②訴訟行為③訴訟手続④手順
**Proceeding against Third Party for Infr-

ingement and Counterfeit　第三者による商標侵害を排除する規定
proceedings　①手続②審理
proceedings after reopening　再審の審判
proceedings for the preservation of evidence　証拠保全の手続
proceedings of compensation　補償の手続
proceedings of disclosure of the reasons for detention　勾留理由開示の手続
proceedings of indemnification　補償の手続
proceedings of official auction　競売手続
proceedings of release on bail　保釈の手続
proceeds　①収益②法定果実
process　①訴訟手続②令状③訴訟書類④手順⑤特許における方法
process agent　プロセス・エージェント，送達受領代理人
process patent　方法特許
process server　送達実施人
proclamation　公示，宣言，声明書，公布
proctor　代理人
procuracy　代理権授与証書
procuration　委任による代理
procurator　代理人，弁護人，代訴人，検事
procurement　売春周旋
procurement contract　調達契約
procurement regulations　調達規則
procurer　売春周旋者，ぽん引き
produce　提出する
produce counterevidence　反証を挙げる
produce evidence　証拠を提出する
produce the grounds of an argument clearly　立論の証拠を明示する
produce unlawfully　不正に作る
producer　生産者
producer price index(PPI)　生産者物価指数
producer surplus　生産者余禄
product development strategy　製品開発戦略
product liability insurance　製造物責任保険
product liability law　製造物責任法，PL法
product line rationalization　製造ラインの合理化・統合化
product portfolio management (PPM)　製品構成管理
product services　製品業務
production　①勾引②製造
production burden　証拠提出責任
Production Green Land Law　生産緑地法
production of documents　文書の提出
A discovery procedure in which a party is required, upon request from the other side, to produce potentially relevant documents for inspection and copying.
(James E. Clapp, Random House Webster's Dictionary of the Law 344 (2000), Random House.)
他方当事者の要求により当事者に求められる，調査および複写のために潜在的な関連書類を提出させるための開示手続．
production of evidence　証拠提出
production quota　生産(者)割り当て
production value　製作価額
products liability＝P.L.　製造物責任
1. A manufacturer's or seller's tort liability for any damages or injuries suffered by a buyer, user, or bystander as a result of a defective product.
2. The legal theory by which liability is imposed on the manufacturer or seller of a defective product.
3. The field of law dealing with this theory.
(Bryan A. Garner, Black's Law Dictionary Second Pocket Edition 560 (2001), West Group.)
1. 欠陥製品の結果として購入者，使用者または傍観者が被ったあらゆる損害または障害に対する製造者または販売者の不法行為責任．
2. 欠陥製品の責任は製造者または販売者に課されるという法理論．

professional

3. この理論を扱う法分野。

professional competence 専門能力

professional conduct 法曹の倫理行為，専門家としての行為，専門家にふさわしい行為

professional corporation＝P. C. 専門職法人

professional developed ability test 能力テスト

professional ethics ①職業倫理②弁護士倫理

professional responsibility 法曹としての責任，専門家としての責任

professional service 顧問料

professor-made law 教授が創った法

profit 利益

profit and loss 損益

profit and loss account 損益計算書

profit and loss statement 損益計算書
企業の一定期間の収益と，その収益をあげるために必要とした費用を項目別に計上した会計書類。PLと略されることも多い。企業の動的な収益力を示すものとして，企業の静的な財務状況を表す貸借対照表（balance sheet, BS）と共に，財務諸表の中で最も重要な会計書類とされる。

profit corporation 営利法人
取引や投機で利益をあげ，その利益を構成員に分配することを目的として設立された法人をいう。corporation for profit, bussines corporation。宗教，医療，学術，福祉などを目的とする公益法人や，相互扶助など公益とも営利ともいえない目的を有する中間法人などに対置される分類概念である。

profit maximization 利益最大化

profit sharing 利潤配分

profitable 有益な，有利な

profit-making 営利

profit-making juridical person 営利法人

profits 収益

profit-sharing plan 利益分配計画

prognosis of delinquency 非行の予測

progressive tax 累進的租税

progressive taxation 累進課税
税率に決定につき，課税額が多ければ高い税率を，課税額が少なければ少ない税率を適用する税法上の主義，原則をいう。累進税率の適用されるもっとも典型的な租税に，所得税がある。所得税に累進課税が行われるのは，担税力に応じた税負担を求め，社会的富を再配分して実質的公平を実現するという社会福祉政策的な見地によるが，どの程度の累進税率を採用するかは，その国の政策による。一般的に社会福祉政策を重視する国家では高い累進率が採用され，自由競争経済を重視する国家では，累進税率は低く押さえられる。

prohibit 差し止める

prohibited goods 禁制品

prohibition ①禁止②禁止令状③禁酒(法)
Short for a "writ of prohibition." An order issued by a court of superior jurisdiction to an inferior court or quasi-judicial tribunal preventing the latter from dealing with matters outside its jurisdiction.

(Gilbert Law Summaries Pocket Size Law Dictionary 260 (1997), Harcourt Brace And Company.)

"writ of prohibition"の省略形。上位管轄裁判所から下位裁判所または準司法裁判所に対して発布された，後者がその管轄外の事件を扱うことを禁止する命令。

prohibition against a change of sentence to the disadvantage of the accused 不利益変更の禁止

prohibition of double jeopardy 一事不再理

prohibition of ex post facto law 遡及処罰の禁止

prohibition of fishing 禁漁

prohibition of hunting 禁猟

prohibition, writ of 禁止条例，禁止

prohibitory injunction 禁止的差止命令

project finance プロジェクト・ファイナンス
特定の事業に対して融資が行われ，その事業に関連した資産だけが返済のための責任財産ないし担保とされる融資をいう。事業

property

そのものの継続性と収益力に着目した融資であり、融資先企業自体の信用に基づく融資 (corporate finance＝コーポレート・ファイナンス) ではない点が特徴である。

project owner プロジェクト・オーナー
promenade 遊歩道
promiscuity 不純異性交遊
promise 誓約、約束
promise keepers 健全結婚推進グループ
promise to pay 支払いの約束
promise to sell or purchase 売買の予約
promisee 受約者
promisor 約束者
promissory estoppel 約束に基づく禁反言
promissory note 約束手形
promissory warranty 確約的担保
promogeniture 長子相続制
promote one's own interests 利益を図る
promoter 発起人、主催者、興行者
promoter of a company 会社の発起人
promotion 登用
prompt announcement 速報
prompt promise to ship 即時出荷の約束
prompt report 速報
prompt shipment 即時出荷
promptly 速やかに
promulgation 公布
pronounce 宣告
pronounce a judgment 判決を宣告する
pronouncement of guilty 有罪の言渡し
pronouncement of judgment 判決の宣告
pronouncement of punishment 刑の言渡し
proof ①証拠②有罪の証明、立証
 evidence を積み重ねた最終的証拠。
proof beyond a reasonable doubt 合理的疑いの余地なき立証
 Proof that precludes every reasonable hypothesis except that which it tends to support.
 (Bryan A. Garner, Black's Law Dictionary Second Pocket Edition 563 (2001), West Group.)
 証拠立てとなる仮説以外の全ての合理的な仮説を排除する立証。
proof of facts 事実の証明
proof of guilt 犯罪の証明
propaganda 宣伝
propatent プロパテント
 特許その他の工業所有権の保護に積極的な主義あるいは政策をいう。特許その他の排他的、既得的な保護が推進される。しかし、その一方でプロパテント政策の行き過ぎは、企業間競争の活力を阻害し、工業所有権保有企業の独占を招くことになるとされ、そのことがアンチパテント政策が採用される根拠となる場合がある。
proper 適当な
proper party ①適格な当事者②任意的共同当事者
proper performance 相当の行為
proper transaction rule 適正取引規約
proper vice 固有の瑕疵
properly 適正に、適式に
property ①金品②財産③財産権④不動産
 Every species of valuable right or interest that is subject to ownership, has an exchangeable value or adds to one's wealth or estate. Property describes one's exclusive right to possess, use and dispose of a thing, as well as the object, benefit or prerogative that constitutes the subject matter of that right.
 (Steven H. Gifis, Dictionary of Legal Terms 383 (3rd ed., 1998), Barron's Educational Series, Inc.)
 所有権を必要とし、交換可能な価値を持ち、もしくは人の財産または不動産に含むことのできる、全種類の価値ある物の権利または利益。財産権は、その権利の内容を構成する物、利益または特権と同様に、所有し、使用し、処分する人の独占的な権利を表すものである。
property and equipment 固定資産
property appraiser 不動産鑑定人
property by a universal title 包括財産
property damage 財産上の損害、対物事故
property damage coverage 対物損害補

property

償

property description 資産の表示，不動産の表示

property in co-ownership 共有財産
複数人が共同で所有する財産のことをいう。joint tenancy。共同所有者各人が，共有財産に対してどのような利用，処分をなしうるかは，共同所有であることから一義的に決せられるわけではない。共同所有の発生した原因や共同所有者の意思によって，利用権や処分権の範囲や内容は異なりうる。

property law ①物権法②財産法

property obtained through a crime against property, e. g. stolen property 贓物

property of partnership 組合財産

property of the Imperial Household 皇室財産

property registration 資産(不動産)登記

property right 財産権，物権
A right that derives from legal or administrative procedure; a right that helps in the protection or enforcement of a substantive right.
(Bryan A. Garner, Black's Law Dictionary Second Pocket Edition 613 (2001), West Group.)
法的または行政の手続に由来する権利；実体的権利の保護または実施の助けとなる権利。

property settlement 財産の分割

property tax 財産税，固定資産税
保有していることだけによって収益を生み出すような有利な財産を保有していることが，課税の対象となるものをいう。real estate tax。

property to be succeeded to 相続財産

proponent 挙証責任者

proportional tax 比例税

proposal ①株式の申込み②議案
1. An offer that can be accepted to make a contract.
2. A preliminary idea for discussion that is not an offer.
(Daniel Oran, Law Dictionary for Non-lawyers 246 (4th ed., 2000), West Legal Studies.)
1. 契約を締結するために受諾されうる申込み。
2. 提案ではない，議論のための予備的な意見。

proposal for distribution 処分案

proposal to be deliberated in a meeting 議事

proposed agreement 契約案

proposed distribution 処分案

proposed merger agreement 合併契約案

proposed minutes 議事録案

proposition ①命題②提案

proprietary 所有者の，財産の，独占の

proprietary company 閉鎖会社

proprietary estoppel (英)①財産権主張の禁反言②物権的禁反言

proprietary right 財産的権利

proprietor 所有者，経営者，知的所有権の権利者，独占権利者

prorogation 閉会，終会宣言

prosecute 起訴する
1. To commence and carry out legal action (一部略).
2. To institute and pursue a criminal action against (一部略).
3. To engage in; carry on (一部略).
(Bryan A. Garner, Black's Law Dictionary Second Pocket Edition 566 (2001), West Group.)
1. 訴訟を開始し，遂行すること。
2. 刑事訴訟を起こし，遂行すること。
3. 従事すること；営むこと。

prosecuting attorney 検察官，検事

prosecution ①検察②起訴③訴追

prosecution witness 検察側の証人

prosecution's demand for punishment to the accused 求刑

prosecutor 検察官，訴追者

prosecutorial misconduct 検察官の非違行為

prosecutor's closing statement and recommendation of punishment 論告求

刑
prosecutory function 検察
prospect 予想
prospective damage 将来生ずべき損害
prospective overruling 不遡及的判例変更
prospectus ①目論見書②会社設立趣意書③保険案内書
prostitute 売春婦
prostitution 売春
protection 保護, 擁護
protection and indemnity clause 賠償責任保障条項
protection and indemnity club 船主責任相互保険組合
protection of a witness 証人の保護
protection of due process of law 適正手続の保障
protection of human rights 人権擁護
protection of rights 権利の保護
法律で定められた抽象的な権利が具体的に守られたり実現されること, あるいはその手段をいう。例えば民事訴訟の目的は, 実体法で定められた権利を守り, 実現することであるとの考え方がある。これは裁判によって実体法上の権利が保護されることを意味している。このように権利の保護手段としての, 執行を含めた裁判手続の占める位置は大きいが, 必ずしも権利の保護手段は裁判だけとは限らない。行政権の行使が権利の保護を担うこともあるし, 国際法上あるいは事実上の権力行使によって権利が保護されることもありうる。
protection order 保護命令
protectionism 保護主義
protective care 看護
protective detention of a juvenile 観護措置
protective internal tax 保護的内国税
protective measures 保護処分
protective order ①開示禁止命令②保護命令
protective tariff 保護関税
protective trust 保護信託
protective works 予防工事
protest ①手形の異議申立て②拒絶証書③

海難証明書
protest for non-payment 支払拒絶証書
約束手形の振出人が満期において手形金を支払えなかった場合に裏書人に対する遡及を行うために, 振出人の不履行の事実を証明する書面をいう。ただし支払拒絶証書の作成を免除した裏書人に対しては不要であり, 実際にもほとんどの裏書人は作成を免除するのが通例である。〔参考〕手形法44条1項 引受又ハ支払ノ拒絶ハ公正証書（引受拒絶証書又ハ支払拒絶証書）ニ依リ之ヲ証明スルコトヲ要ス
protocol for a public trial 公判調書
protocols ①契約などの原案②議定書③外交儀礼④プロトコル⑤公判調書
First or original drafts of an agreement between countries or records of preliminary negotiations. Accepted methods of procedure among diplomats or heads of state; ceremonial rules and procedures; formalities.
(*Gilbert Law Summaries Pocket Size Law Dictionary* 264 (1997), Harcourt Brace And Company.)
国家間の契約の最初の原案または予備交渉の記録。外交官らまたは国家元首らの間で確立した手続の方式；儀式的な規則と手続；正規手続。
prove 実証する
prove an alibi アリバイを立証する
prove the existence or non-existence of the criminal fact 犯罪事実の存否を証明する
provide ①定める②提供する
provided that〜 〜の条件で
province ①管区②カナダの州
provincialism 偏狭主義
provision 規定, 条項, 条令, 引当金
provision to be applied mutatis mutandis 準用規定
provisional 臨時の, 暫定的な
provisional attachment 仮差押え
provisional court 臨時裁判所
provisional detention 仮留置
provisional discharge 仮解除

provisional

provisional disposition 仮処分
provisional execution of a judgment 判決の仮執行
provisional injunction 暫定的差止命令
provisional order 暫定的命令
provisional payment ①仮納付②概算払い
provisional release 仮出場
　拘留という刑罰を課せられた者が，刑罰の執行機関の裁量により刑期の満了を待たずに拘束を解かれることをいう。いわゆる仮釈放であるので，釈放後の事情によっては再拘束されることもありうる。〔参考〕刑法30条(仮出場)　拘留に処せられた者は，情状により，いつでも，行政官庁の処分によって仮に出場を許すことができる。　2　罰金又は科料を完納することができないため留置された者も，前項と同様とする。
provisional remedy 仮の救済方法
provisional return 仮還付
provisional seizure 仮差押え
　債務者の財産から強制的に債権の満足を受けるには，確定判決を取得することが必要である。しかし，判決取得まで待っていたのでは債務者の財産が散逸してしまう可能性が高い場合に，あらかじめ債務者の財産の処分を禁止しておく必要がある。裁判所によって行われるこの措置を仮差押えという。〔参考〕民事保全法20条(仮差押命令の必要性)1項　仮差押命令は，金銭の支払を目的とする債権について，強制執行をすることができなくなるおそれがあるとき，又は強制執行をするのに著しい困難を生ずるおそれがあるときに発することができる。
provisional status 仮の地位
provisions 規定
proviso ①但書②規定③留保条件
proviso clause 但書
provocation 挑発
proximate cause 主原因，近因
proximate damage 近接損害
proximate fact 法律的因果関係
　不法行為の成立要件である因果関係の存否判断において，行為その他の原因と，損害という結果の間に物理的な因果関係(cause in fact)は存在するが，結果の発生により強く働きかけた第三者の行為が介在するため，最終的に因果関係が不成立とされることをいう。

proximo 来月の，次の
proxy ①委任状②代理権③代理人④代理
proxy contest 委任状合戦
proxy form 委任状
proxy regulation 委任状規制
proxy solicitation 委任勧誘状
proxy statement 委任状説明書
prudence 思慮分別，注意深さ
prudent 慎重な
prudent custodian 善良なる管理者
prudent investment 慎重な投資
PSD : prevention of significant deterioration 重要な劣化の防止
pseudo-foreign corporation 擬似州外法人，擬似州外会社
psychiatrist 精神科医
psychiatry 精神医学
psychoanalysis 精神分析
psychogenic 心因性の
psychopath 精神病質者
psychopathic personality 精神病的人格
psychopathy 精神病質
psychosis 精神病
psychotherapy 心理療法
psychotic 精神病者
pty. proprietary，所有者の，所有の
puberty 思春期
public accommodation 公的施設
public act 一般法律
public action 公訴
public administration 行政
public advertisement 公報
public amusement 大衆娯楽
public announcement 公示
Public Assistance Law (Daily Life Security Law) 生活保護法
public auction 公の競売
public benefit corporation 公益法人
public bill 一般法律案
public carrier 公運送人
public charity 公益信託
public commitment 公約

public company 公開会社，公募会社
Public Company Accounting Oversight Board (PCAOB) 公開企業会計監督委員会
public contract 公的契約，政府契約
public corporation ①公法人②公社，公団
public debt 公債
public defender 公設弁護人，国選弁護人
public deliberation in the Houses 議院の会議の公開
public disposition 公売
public document 公用文書
public domain ①公知②公有③公有地
1. The status of a work or invention upon which the copyright or patent; such a work is said to be "in the public domain" and may be copied or used by anyone.
2. Land owned by the government.
(James E. Clapp, Random House Webster's Dictionary of the Law 350 (2000), Random House.)
1. 著作権または特許権上の作品または発明の地位；そういった作品は「公有に属する」と言われ，誰にでも複写または使用されうる。
2. 政府によって所有される土地。
public election 公選
public entity 公共団体
public health 公衆衛生
public hearing 公聴会
public hygiene 公衆衛生
public impeachment 公の弾劾
public interest 公益
特定私人のみでなく，不特定多数人，あるいは社会の構成員全体の安全，健康，経済，福祉などにかかわる事柄をいう。
public interest juristic person 公益法人
宗教，学術，医療，福祉，教育など公共の利益に貢献することを目的として設立された法人をいう。公益法人は，設立手続，権利能力，構成員の責任などにおいて，営利法人とは異なった扱いがされることが多い。

public knowledge 公知
public land 公有地
国や公共団体が所有する土地をいう。私法上の取引対象になり得るという意味では，私有地と変わるところはない。ただしその取引方法は，平等や公正の見地から，入札や競売などの方法が取られることが多い。
public law 公法
public limited company＝p.l.c. 公開有限（責任）会社
public money 公金
public morals 風紀，風俗
public notice 公示
public nuisance 公的不法妨害，公害
public offering 証券の公募
public offernse 犯罪
public office 公職，公務所
public officer 公務員
Public Offices Election Law 公職選挙法
public official 公務員
public opinion 世論
public order 公の秩序
public organization 公共団体
public pledge 公約
public policy ①公序，公序良俗②公益③公共政策
1. Broadly, principles and standards regarded by the legislature or by the courts as being of fundamental concern to the state and the whole of society.
2. More narrowly, the principle that a person should not be allowed to do anything that would tend to injure the public at large.
(Bryan A. Garner, Black's Law Dictionary Second Pocket Edition 571 (2001), West Group.)
1. 広義には，議会または裁判所によって，国家または社会全体にとって基本的な関心事であるとみなされる原則と基準。
2. より狭義には，社会全体に損傷を与える結果となる行為は許されるべきでないという原則。
public practice 監査業務
public property 公の財産

public

public prosecution 公訴
public prosecutor ①検察官②検事
public prosecutor general 検事総長
public prosecutors office 検察庁
Public Prosecutors Office Law 検察庁法
public record 公記録, 公文書
　公務に関連した事実や経緯, 重要な私人間の行為などを, 公務員が記録し, 官公署に書類や電磁記録として保管しているものをいう。登記簿, 裁判記録, 犯罪履歴, 議会議事録などが, 司法分野における重要な public record である。
public road 公路
public sale(s) 公売
public security 公安
public service 公的サービス, 公益事業
public service commission 公益事業委員会
public service corporation 公益事業法人
public summons 公示催告
public transportation 交通機関
public trial 公開裁判
public trust 公共信託
public use ①特許の公然実施, 特許の公然使用②著作物の発行・出版
public utility 公益事業
Public Utility Holding Company Act 公益事業持株会社法
public utility works 公益事業
Public Waters Reclamation Law 公有水面埋立法
public welfare 公共の福祉
　憲法で保障された基本的人権を制約する原理の一つ。ただし, いきなり公共の福祉を理由として憲法上の人権を制約できるのではなく, まず公共の福祉の具体的な内容は個別の人権の性質に応じて定めなければならないとされるのが一般的である。その内容は, 表現の自由などの精神的自由権においては, 権利の衝突を調整する内在的制約原理, 財産権などの経済的自由権や社会権においては, 国家の経済政策や国民の福祉向上という外在的な制約であるとする見解が有力である。〔参考〕憲法13条　すべて国民は, 個人として尊重される。生命, 自由及び幸福追求に対する国民の権利については, 公共の福祉に反しない限り, 立法その他の国政の上で, 最大の尊重を必要とする。

public welfare offence 公共的犯罪
public works 公共事業
publication ①公開②公告③出版④公表
Publication Law 出版法
publication of judgment 判決の公示
publicity 広報, 公開, パブリシティ
publicity activities 広報活動
publicly-held corporation 公開会社
publish 新聞に掲載する
publishing 出版
puffer 競売でのサクラ
puffing 誇張宣伝
puffup 会計操作をして利益を膨らませること
puisne judge 普通裁判官
pull strategy プル戦略
punctured wound 刺創
punish 処断する
punishable 罰っしうる
punishment 刑罰, 処罰, 制裁
punitive authority 刑罰権
punitive damages 懲罰的損害賠償
　Damages awarded in excess of actual damages in tort cases in which the defendant's conduct is deemed especially egregious. Punitive damages are awarded to punish the defendant, discourage repetition of such conduct, and set an example for others who might be tempted to engage in similar conduct. Also called exemplary damages, vindictive damages.
(*James E. Clapp, Random House Webster's Dictionary of the Law 123 (2000), Random House.*)
　被告の行為が特に目に余るとみなされる不法行為の事例で, 実際の損害より多く裁定された損害賠償。懲罰的損害賠償は被告を罰し, そのような行為の繰り返しを防止し, 同様の行為に従事したくなるかもしれない人々に例を示すために裁定される。みせしめ的損害賠償, 制裁的損害賠償とも呼

ばれる。
punitive sanctions 刑罰的制裁
pupillary dilation 瞳孔散大
purchase 買収，買取り，購入，土地の譲受け
purchase and sale 売買
purchase money 売買代金
purchase money mortgage 売買代金譲渡抵当
purchase money resulting trust 売買代金復帰信託
purchase money security interest 売買代金担保権
purchase note 買約書
purchase of property obtained through a crime against property 贓物故買
purchase of shares 株式の買取り，株券の買取人
purchase on credit クレジットによる購入
purchase order＝PO 注文書
　買主や申込人が作成する，商品の購入やサービスの提供の申込みを記載した書面。売主や提供者が作成するものは注文請書＝sales noteと呼ばれる。
purchase price 購入価格，売買代金
purchaser 買主，土地の譲受人
purchaser for value without notice 善意の有償取得者
purchaser money mortgage 売買代金譲渡抵当証券
purchaser's account 買主の費用
purchasing power parity(PPP) 購買力平価
purchasing real property 不動産の購入
pure water 浄水
purge 〜の無罪を証明する
purple spot 紫斑
purport of documents 書面の意義
purpose of legislation 立法趣旨
　法律や個別の条文が制定された目的をいう。例えば，民法の立法趣旨は私人間の権利義務関係を明らかにすることであり，消滅時効制度の立法趣旨は，権利の長期間に渡る不行使を許さず長期間安定した事実状態を尊重することにある。立法趣旨は，法律解釈の根拠となるほか，憲法適合性の判断においてその正当性が司法審査の対象となる。
purpose of utilization 使用目的
purpose price 代金
purpose to inflict damage 損害を加える目的
purposely ①意図的に②故意に
purser 船舶・航空機の事務長
pursue ①訴追する②追跡する③追求する
pursue a suspect 容疑者を捜索する
pursuer 追っ手
pursuit 追求，追跡
purview 法律の基幹部分，法律の趣旨，法律の基本方針
push 小突く
push strategy プッシュ戦略
pusher 密売者
put 売付選択権
put〜into detention 〜を拘留する
put〜on the "Wanted List" and offer reward money 〜を指名手配リストに加えて，懸賞金を出す
put (a matter) to vote 可否を問う
put a wanted ad in the paper and offer reward money 新聞に指名手配の告知を載せ，懸賞金を出す
put in confinement 収監する
put in custody 収監する
put on probation 観察等に付す
put option 売付選択権
put out a feeler 触手を伸ばす
put the bill to a vote 法案を投票にかける
putative father 推定上の父
putative marriage 誤想婚
putrefaction 腐敗
pyothorax 膿胸
pyramid sales ねずみ講式販売
　販売員がピラミッド型の組織を形成し，自身が販売した商品利益の一部を，直近上位の販売員にマージンとして渡すしくみを取る販売組織。自分より下位の販売員が存在すれば，自分自身が販売せずとも利益が得

pyramid

られ，ピラミッド上部に位置する販売員ほど多額の利益を得られる仕組みになっている。連鎖販売取引ともいう。日本においては特定商取引に関する法律の規制対象とはなっているものの，全面的に禁止されているわけではない。各国でも何らかの規制の対象にされている場合は多い。

pyramid selling ねずみ講式販売
pyramiding 利乗せ，保険の累積

Q

qua その資格で
quack ①ニセ医者②いかさま師
qualification 資格，適格
qualification for a witness 証人適格
qualification for appointment 任命資格
qualified 適格の
qualified acceptance 限定承認
qualified endorsement 無担保裏書
qualified indorsement 無担保裏書
qualified property 制限の財産権，制限物権，限定的所有権
qualify 資格を与える，許可を得る
quality 品質
quantitative restriction 数量制限
quantity 数量条件
quantity agreed upon 契約数量
quantum leap 飛躍的進歩
quantum meruit 提供役務相当金額の請求
quantum valebant 提供物相当額の請求
quarantine 検疫
quarantine station 検疫所
quarrel 口喧嘩
Quarrying Law 採石法
quash ①取り消す②却下する③破棄する
quasi 準ずる
　(Latin) "Sort of"; analogous to; "as if."
For example, a quasi contract is an obligation "sort of like" a contract that is created not by agreement but by the law. The principle of quasi contract is used by courts to bring about a fair result when a person's actions or the relationship be-tween persons makes it clear that one person should owe an obligation to the order that is similar to a contract.
(Daniel Oran, Law Dictionary for Nonlawyers 254 (4th ed., 2000), West Legal Studies.)
(ラテン語)「いくらか」；～と類似のもの；「まるで～のように」
例えば，準契約は，契約によってではなく法律によって創り出される，契約「のような種類の」義務である。ある人の訴訟または人々の関係により，一人の者が契約と同様の命令に対する義務を負うべきであることが明らかである場合に，準契約の原則は法廷で公正な結論を導くために用いられる。

quasi contract 準契約
quasi co-ownership 準共有
quasi corporation 準法人，準会社
quasi crime 準犯罪
quasi estoppel 準禁反言
quasi in rem jurisdiction 準対物管轄権
quasi loan for consumption 準消費貸借
quasi-community property 準夫婦共有財産
quasi-contractual nature 準契約的性格
quasi-forcible indecency 準強制猥褻
quasi-foreign corporation 準州外法人，準州外会社
quasi-fraud 準詐欺
quasi-incompetency 準禁治産
quasi-insane person 心神耗弱者
　善悪を認識する能力がまったくないわけではないが，著しく弱まったものをいう。善悪を認識する能力が全くない心神喪失者＝insane person の行為は無効であったり犯罪とはならないとされるが，心神耗弱の行為は一般にその刑が減軽されるにとどまる。〔参考〕刑法39条2項（心神喪失及び心神耗弱）　心神耗弱者の行為は，その刑を減軽する。

quasi-insanity 心神耗弱
quasi-interlocutory appeal 準抗告
quasi-judicial 準司法的
quasi-judicial activity 準司法活動

quasi-judicial power 準司法的権限
quasi-legislative activity 準立法活動
quasi-mandate 準委任
quasi-possession 準占有
quasi-prosecution procedure 準起訴手続
quasi-rape 準強姦
quasi-robbery 準強盗
quasi-tangible personal property 準有形動産
Queen's Bench Division 女王座部, 女王座裁判所
Queen's Counsel＝Q.C. 勅撰弁護士
question 尋問
question a suspect 容疑者を尋問する
question in chief 主尋問質問
question in the examination in chief 主尋問における問い
question of fact 事実問題
question of law 法律問題
questionable character いかがわしい人物
questioning 尋問
qui tam 内部告発に基づく訴訟
quia timet 予防的な, 危険防止令状
quick assets 当座資産
quid pro quo 対価, 対応物
quiet action 無瑕疵権原回復訴訟
　動産や不動産が, 未登記である, 制限物権が存在する, 取消し, 無効, 解除などの原因が存在するなど, 完全な所有権を脅かす事情が存在することを defect title とか cloud on title などと言うが, このような瑕疵を取り除いて, きれいな権利(clear title, marketable title)にすることを目的とした訴訟をいう。quiet title suit。
quiet enjoyment 平穏享有
quitclaim deed ①不動産権利証②不動産登記
quo warranto 権限開示令状
　ある権限を行使する者が, 法律上その権限を行使する資格を持つかどうか検査する令状。
quorum 会議の定足数
quorum of the House 議院の定足数
quota ①割当枠②責任の分担③分担分

quotation ①市場相場②気配③他の著作物の引用④時価

R

Rabies Prevention Law 狂犬病予防法
race ①人種②民族③競争
race course 競馬場
race discrimination 人種による差別
　黒人, 白人, 黄色人種といった肌の色による差別をいう。特にアメリカでは, 黒人(african american)に対する各種の差別が, 歴史的に大きな問題とされたまま現在に至っている。奴隷解放宣言(1863年)後も, 南部諸州ではジム・クロウ法(Jim Crow Laws)と呼ばれる一連の差別法案がまかりとおっていた。連邦裁判所も, 当初は「分離すれど平等(separate, but equal)」という理屈で人種差別政策に寛容的だったが, 1954年の歴史的なブラウン対教育委員会判決で人種隔離教育を違憲とした(Brown v. Board of Education 347 U.S.483(1954))。合衆国憲法では人種による差別を禁止する(U.S. Const.amend. XIV.)と共に, 各種領域の立法においても人種による差別を厳しく禁止している。Civil Rights Acts(1964) Title Seven (42 U. S. C.§2000e〜), Federal Fair Housing Act (42 U.S.C §3602〜3631)など。
race recording statute 競争型立法
race to the bottom 最下限争い
　税金や規制面で一番少ないことを争うこと。すなわち, 税金や規制は少なければ少ないほどいいわけで, なるべく少なくして, 企業を誘致したりすること。
race-notice recording statute 競争通知型立法
race-notice-type statute 競争通知型立法
race-type statute 競争型立法
racial discrimination 人種差別
racial prejudice 人種の偏見
racial segregation 人種に基づく隔離
racing tips 競馬予想
racism 人種主義

rack 拷問台
racket ①ゆすり②組織的非合法活動
Racketeer Influenced and Corrupt Organizations Act＝R.I.C.O. 強請と腐敗組織に関する法律
racketeering 恐喝
radicals 過激派
Radio Law 電波法
radius of action 行動半径
raid by police 警察等の手入れ
railroad train 汽車
raised check 変造小切手，券面額変造小切手
rake-off リベート
ram it through the Diet 強硬に国会を通す
rank 等級
ransom 身代金
rape 強姦する
rape in one after another 輪姦する
rape in turn 輪姦する
rape on the occasion of habitual special robbery 常習特殊強盗強姦
rape on the occasion of robbery 強盗強姦
rape on the occasion of robbery resulting in death 強盗強姦致死
rape resulting in bodily injury 強姦致傷
rape resulting in death 強姦致死
Rape Shield Law 強姦被害者保護法
rapist 強姦犯人
rasure 削除，文言抹消による変造
ratable distribution 比例配当，案分配当
rate ①率，比率②相場③値段④財産税⑤地方税

A stated or fixed price for some commodity or service measured by a specific unit or standard or that may be stated as a percentage of a fixed figure, such as a percentage of profits; an amount of charge or payment with reference to some basis of calculation.

(Steven H. Gifis, Dictionary of Legal Terms 398 (3rd ed., 1998), Barron's Educational Series, Inc.)

一定の単位または基準で評価された，もしくは利益率のように固定された数字の割合として表されうる，商品またはサービスの定められた，固定された価格；計算の基礎に関する請求または支払いの額。

rate fixing 料金決定，料金協定
rate of exchange 為替相場
ratification ①条約の批准②追認③認可
ratify 批准する，追認する
rating 信用度評価，船舶の格付け，保険料率算定，不動産評価
ratio decidendi レイシオ・デシデンダイ，判決理由
判決理由中，先例としての価値を有する部分。判例法として規範的効力を有する判決理由。
ratio legis 法律の理由，法律の根拠，立法の理由
rational 合理的な
rational solution 合理的な解決
rationality 合理性
rationalization 合理化
ravish 強姦する
RCRA : Resource Conservation and Recovery Act 資源保護法
re 〜に関して
in re〜のように用いる。
reach and richness リーチとリッチネス
reacquisition 再取得
read 朗読
reader (英)法曹学院の講師，(英)副教授；助教授(米)大学助手；採点助手
reading 読会
ready-built house 建売住宅
reaffirmation 再確認
破産で免責される債務について，引き続き債務者が債務を負い続けることを確認すること。
reagent 試薬
real ①不動産に関する②現実の③物に関する④真正な
real action 物的訴訟，不動産訴訟
real assets 不動産遺産，不動産資産
real chattel 物的動産，不動産に関する物的財産権

real defense 物的抗弁
real estate 不動産
日本法と異なり、家屋は土地と別個・独立の不動産ではない。
real estate acquisition tax 不動産所得税
real estate agent 不動産仲介者
不動産の売主に適当な買い手を紹介したり、適切な売買代金や賃貸料を提示したり、その他不動産取引必要な書類や手続を代行して行うなど、不動産取引の仲介を行う者をいう。業として不動産仲介を行うには、一定の知識や経験に基づいた免許を取得する必要がある。
Real Estate Investment Trust (REIT) 不動産投資信託
1960年に連邦議会で承認され、任意団体が不動産投資することを認めた制度。
real estate lease contract 不動産賃貸借契約
real estate tax 不動産税 不動産の所有に対して課せられる税金をいう。property tax。
real evidence 証拠方法、物的証拠
real fact 真相
real party in interest 実質的利益当事者、適格当事者
real property 不動産
土地＝land 及びそれに付着して一体となったもの＝fixture をいう。real estate, immovable property。fixture は、建物＝building や土地に設置された工作物などがその例である。建物が土地とは別個の不動産として取引されるのは、日本独特の習慣であるとされる。
real right 物権
動産、不動産、権利を利用したり処分することができる私法上の権利をいう。人に対して作為や不作為を求める権利である債権に対置される概念である。所有権、抵当権、占有権などが物権の例である。債権が契約自由の原則によって私人の合意により自由に創設できるのに対し、物権は法律に定めた種類、内容の権利だけが許されるのが特徴である。〔参考〕民法175条(物権の創設)物権は、この法律その他の法律に定めるもののほか、創設することができない。
real security 不動産担保、物的財産担保
reality of consent 真実の合意
realization of the risk 危険発生
realized gain or loss 実現した利得または損失
realm 王国
realty 不動産
reappoint 再任する、重任する
reason ①理由②合理性③理性
reason for Koso-appeal 控訴申立ての理由
reason to know 知るべき根拠
reasonable ①合理的な②適正な③公正な④妥当な
reasonable and probable causation 相当因果関係
①刑法上の行為と結果との間に因果関係が存在するかどうかの判断を、一般的に通常そうであるといえるかどうかで決しようとすること。条件関係さえあれば因果関係ありとされることによる過酷な結果を、一般常識的判断で制限しようとする意図がある。②民事上の損害賠償における賠償額の範囲を、そのような不履行や加害行為があった場合に一般的に生じる損害かどうかによって決しようとすること。賠償額が常識をはるかに超えた額となり債務者に過酷な結果となることを回避しようとする意図がある。
reasonable and probable cause 合理的かつ相当な理由
reasonable belief 相当な確信
事実の錯誤や、違法性阻却自由の錯誤などにおいて、事実を誤信したことに合理性があれば、故意が阻却されることをいう。TX PENAL CODE§8.02.(a)等。
reasonable care 相当な注意
reasonable compensation 妥当な報酬
reasonable doubt 合理的な疑い
刑事訴訟において、被告人側が検察官の犯罪事実の証明を覆し無罪とされるために必要とされる立証の程度をいう。すなわち、検察官が主張立証した犯罪事実に、合理的な疑いを生じさせることが被告人側が行う

reasonable

訴訟活動の目標となり，裁判官や陪審員が被告人の犯行とすることに合理的な疑いを持てば，無罪の評決を下すべきとされる (TX PENAL CODE§2.01.)。

reasonable ground　相当な理由
reasonable ground enough to suspect that～　疑うに足りる相当な理由
reasonable inference　経験法則
reasonable man　普通人
reasonable manner　合理的な方法
reasonable person　通常人
reasonable price　相当対価，適正価格
reasonable relationship　妥当な関係
reasonable reliance　合理的な信頼
reasonable suspicion　合理的な疑い
reasonable time　相当な期間
reasonableness　相当性
reasonal person　合理的人間
reasons for arrest　逮捕の事由
reasons for detention　勾留の理由
reasons for judgment　判決理由
reasons for non-institution of prosecution　不起訴理由
reasons of the adjudication　裁判の理由
rebate　①売買代金の割戻し②リベート③関税の戻り税④控除
rebellion　謀反
rebut　①反論する②反証を挙げる③抗弁する
rebuttable presumption　反証を許す推定規定
rebuttal　反証
rebuttal evidence　反証
recall　①リコール②召還する③取り消す
　Procedure in which a public official, including a judge, may be removed from office through popular vote or through a circulating petition. Procedure in which purchasers of a particular product are notified to take the product back to the seller for adjustments or examinations, usually when the seller or manufacturer believes the product is defective or dangerous.
　(*Gilbert Law Summaries Pocket Size Law Dictionary* 274 (1997), Harcourt Brace And Company.)
　一般投票または広く支持されている嘆願によって裁判官を含む公務員が仕事から解任されうる手続。通常販売者または製造者がその製品は欠陥があり，危険であるとみなす場合に，特定の製品の購入者が，その製品を調整または検査のために売主に返品するようにとの通知を受ける手続。

recapitalization　資本の再構成，資本の調整
recapture clause　歩合制賃貸借終了条項
　店舗の売上げに比例してその月の賃料が決められる賃貸借契約（percentage lease）において，売上げが一定基準に達しないときに，賃貸人の一存で賃貸借契約を終了させることができることを定めた契約条項をいう。

receipt　①財産管理人②破産管財人③受領者④受取証書
receipt for deposit　寄蔵証書
receipt for deposit of property obtained through a crime against property　贓物寄蔵
　盗品であることを知りながら，盗取者の委託を受けて財物を保管することをいう。窃盗犯の事後共犯的な性格を有する犯罪であり，日本では独立した犯罪として罰せられているが，アメリカでは従来このような行為は accessory after the fact に該当するとされてきたが，近時では日本と同様に独立した犯罪として処罰する傾向も強い。〔参考〕刑法256条(盗品譲受け等)2項　前項に規定する物を運搬し，保管し，若しくは有償で譲り受け，又はその有償の処分のあっせんをした者は，十年以下の懲役及び五十万円以下の罰金に処する。

receipt of a bribe　収賄
　公務員がその職務権限に関連して賄賂を受け取ることをいう。〔参考〕刑法197条(収賄，受託収賄及び事前収賄)1項　公務員が，その職務に関し，賄賂を収受し，又はその要求若しくは約束をしたときは，五年以下の懲役に処する。この場合において，請託を受けたときは，七年以下の懲役に処

receipt of a bribe for exertion of influence 斡旋収賄
公務員が，自分に職務権限のない事項であっても，職務権限を持つ他の公務員に働きかけたりすることを条件に賄賂を受け取ることを罰するものである。〔参考〕刑法197条の4(あっせん収賄) 公務員が請託を受け，他の公務員に職務上不正な行為をさせるように，又は相当の行為をさせないようにあっせんをすること又はしたことの報酬として，賄賂を収受し，又はその要求若しくは約束をしたときは，五年以下の懲役に処する。

receipt of a bribe for intermediary 斡旋収賄 →receipt of a bribe for exertion of influence

receipt of a bribe in response to an entreaty 受託収賄
公務員がその職務権限を持つ事務について何らかの行為をするよう委託を受けて賄賂を受け取ることをいう。単純収賄罪よりも重く罰せられる。〔参考〕刑法197条(収賄，受託収賄及び事前収賄)2項 公務員になろうとする者が，その担当すべき職務に関し，請託を受けて，賄賂を収受し，又はその要求若しくは約束をしたときは，公務員となった場合において，五年以下の懲役に処する。

receipt of a kidnapped or abducted person 被拐取者収受
略取誘拐罪の被害者であることを知りながら，その者をかくまうような行為を罰するものである。〔参考〕刑法227条(被拐取者収受等)1項 第二百二十四条，第二百二十五条又は前条の罪を犯した者を幇助する目的で，略取され，誘拐され，又は売買された者を収受し，蔵匿し，又は隠避させた者は，三月以上五年以下の懲役に処する。

receipt of a kidnapped or abducted person for ransom 身代金目的被拐取者収受
身代金目的の略取誘拐罪の被害者であることを知りながら，その者をかくまうような行為を罰するものである。〔参考〕刑法227条(被略取者収受等)2項 第二百二十五条の二第一項の罪を犯した者を幇助する目的で，略取され又は誘拐された者を収受し，蔵匿し，又は隠避させた者は，一年以上十年以下の懲役に処する。

receipt of property obtained through a crime against property 贓物収受
盗品であることを知りながら，盗取者から無償で財物を譲り受けることをいう。盗品に関する罪の中でも比較的軽い罪が定められている。有償で譲り受ければ故買となる。窃盗犯の事後共犯的な性格を有する犯罪であり，日本では独立した犯罪として罰せられているが，アメリカでは従来このような行為は accessory after the fact に該当するとされてきたが，近時では日本と同様に独立した犯罪として処罰する傾向も強い。〔参考〕刑法256条(盗品譲受け等)1項 盗品その他財産に対する罪に当たる行為によって領得された物を無償で譲り受けた者は，三年以下の懲役に処する。

receipt of public prosecution 公訴の受理

receivable 受取勘定，売掛勘定

receive 授受する

receive a bribe 賄賂を受け取る

receive a case 事件を受理する

receive an order 受注する

receive in evidence 裁判所が証拠とする

receive mandate 委託を受ける

received 継受した

received B／L : received bill of lading 受取船荷証券
船荷証券は，貨物を船舶に積み込んだ時点で発行されるのが通常であるが，船舶に未積載でも，運送人が貨物を受け取っていれば船荷証券が発行される場合がある。この場合の船荷証券を，受取船荷証券という。船積船荷証券(on board B／L)と比較した場合，確かに貨物を船に積み込んだという証拠証券としての価値は弱くなる。したがって，受取船荷証券を金融機関で換金するためには，運送人による船積証明＝On Board Notation の記載がなされる必要がある。〔参考〕国際海上物品運送法6条(船荷

receiver

証券の交付義務)1項第2文　運送品の船積前においても、その受取後は、荷送人の請求により、受取があつた旨を記載した船荷証券(以下「受取船荷証券」という。)の一通又は数通を交付しなければならない。

receiver　荷受人
receiver pendente lite　係争物保全管理人，訴訟物管理人
receivership　①財産管理②財産管理制度
receiving report　受領報告
reception　入監
recess　①法廷の休廷②議会の休会
recess of the Diet　国会の休会
recession　不況
recidivism　再犯，犯罪の常習性，累犯
recidivist　再犯者，常習犯，累犯者
recipient of a bribe　収賄者
reciprocal　相互的な，互恵的な
reciprocal contract　相互契約
reciprocal dealing arrangements　相互取引協定
reciprocal insurance　交互保険，協同保険
reciprocal trade agreement　相互通商協定，互恵的通商協定
reciprocal trusts　相互信託
reciprocity　①相互保証②互恵取引③相互主義，互恵主義
recital　法律文書の書き出し部分
recitals　経緯
reckless　未必の故意ないし認識ある過失による，無謀な，不注意な，無思慮な
reckless disregard　未必の故意
reckless driving　無謀運転
reckless homicide　未必の故意による殺人
recklessness　①未必の故意，認識ある過失②無謀③不注意
　未必の故意と認識ある過失を含む、厳密な意味での故意とも認識なき過失とも異なる第三の範疇の責任要素をいう。→dolus eventualis。
reclamation　土地改良，先占，取戻請求
recognition　知覚，認諾
recognition of a foreign juristic person　外国法人の認許
recognitor　不動産回復訴訟陪審員，誓約者
recognizance　誓約
recognizee; recognisee　被誓約者，誓約受領者
recognizor; recognisor　誓約者
recommendation　勧告
recommendation of punishment　求刑
recommitment of an offense　再犯
reconciliation　①調停②和解

The reuniting of husband and wife with the resumption of material duties and the cessation of enmity and discord. In accounting, the process of adjusting the records to conform with each other, to correct possible errors.
(*Gilbert Law Summaries Pocket Size Law Dictionary* 276 (1997), Harcourt Brace And Company.)
実質的な義務の回復、そして敵対心と不和の中断をもって夫と妻を仲直りさせること。会計学では、起こりうる誤りを正すためにデータを互いに一致させる調整の過程。

reconsider　再検討する
reconvey　所有権返還
　担保のために所有権が移転された不動産などについて、債務が履行された場合に、本来に所有者に所有権を戻すことをいう。
record　記録，成績，録取

1. To preserve in writing, printing, on film, tape, etc.
2. A precise history of a suit from beginning to end, including the conclusions of law thereon, drawn by the proper officer to perpetuate the exact facts.
(中略)
The record on appeal consists of those items introduced in evidence in the lower court, as well as a compilation of pleadings, motions, briefs and other papers filed in the proceeding in the inferior court.
3. In real property law, to enter in writing in a repository maintained as a public record any mortgage, sale of land or other

interest affecting real property located within the jurisdiction of the government entity maintaining the public record.
(*Steven H. Gifis, Dictionary of Legal Terms* 406 (3rd ed., 1998), *Barron's Educational Series, Inc.*)
1. 文書, 印刷, フィルム, テープなどで保存すること。
2. 法律上の結論を含み, 正確な事実を永久保存するために適法な役人が書いた, 訴訟の最初から最後までの精密な記録。
上訴記録は, 下位裁判所の手続で提出された訴答, 動議, 訴訟事件摘要書その他の書類の編集物に加え, 下位裁判所で証拠として提出された項目からなる。
3. 不動産法では, 公式記録を保管する行政体の法域内にある保管所に, 抵当権, 土地の売買, その他不動産に関連する利害関係を, 公式記録として保管すべく書面で提出すること。

record date　基準日, 登録日
record day　基準日
record of a meeting　議事録
record of attachment　差押調書
record of interrogation　調書
record of investigation　捜査記録, 調書
record of search　捜索調書
record of search and seizure　捜索差押調書
record of telephone conversation　電話聴取書
record of the examination of a witness　証人尋問調書
record of trial　訴訟原因
record on appeal　上訴記録
record owner　登記名義人, 登記保持者
不動産登記簿上の所有権者その他の権利者をいう。登記に公信力のない法制度下では, 登記名義人と真の権利者とは必ずしも一致しないが, 租税の徴収など大量, 画一に行われる処理については, 登記名義人を基準として行われる。〔参考〕地方税法343条(固定資産税の納税義務者等)2項　前項の所有者とは, 土地又は家屋については, 登記簿若しくは土地補充課税台帳若しくは家屋補充課税台帳に所有者(区分所有に係る家屋については, 当該家屋に係る建物の区分所有等に関する法律第二条第二項の区分所有者とする。以下固定資産税について同様とする。)として登記又は登録されている者をいう。この場合において, 所有者として登記又は登録されている個人が賦課期日前に死亡しているとき, 若しくは所有者として登記又は登録されている法人が同日前に消滅しているとき, 又は所有者として登記されている第三百四十八条第一項の者が同日前に所有者でなくなつているときは, 同日において当該土地又は家屋を現に所有している者をいうものとする。

recording　①記録②登記③登録④録音⑤録画
records and reports　計算・記録保管
recoup　控除
recoupment　①控除, 差引き②弁済, 弁償③回復
recourse　①手形, 小切手の遡求, 償還請求②権利執行手段
The act satisfying a claim, i.e., "recourse in the courts." If persons fail to obtain a desired result in court, they might claim that they will seek "recourse in the legislature." In financing, the ability to pursue a judgment for a default on a note not only against the property underlying the note, but against the party or parties signing the note. In nonrecourse financing, only the property used as collateral for the underlying loan may be reached to satisfy a default judgment.
(*Steven H. Gifis, Dictionary of Legal Terms* 407 (3rd ed., 1998), *Barron's Educational Series, Inc.*)
要求を満たす行為, すなわち,「裁判所に頼ること」。もし人々が裁判で望む結果を得られなければ, 彼らは,「議会に頼ること」を求めると主張するかもしれない。金融では, その手形の担保となる財産に対してのみではなく, その手形に署名した当事者または当事者らに対して懈怠判決を求める能力。非遡求型融資では, 融資の副抵当

recourse
として用いられる資産のみが，懈怠判決を満たすための保証となる。
recourse to force 実力行使
recover 回復する
recovery ①治癒②取戻し③取還④財産回復⑤不動産回復訴訟
The thing received when a lawsuit is decided in your favor, such as the amount of money given by a judgment.
(Daniel Oran, Law Dictionary for Non-lawyers 262 (4th ed., 2000), West Legal Studies.)
判決で定められた金額のように，訴訟が自分に有利に判決されたときに受け取るもの。
recovery of debts 債権の取立て
recovery of possession 占有回収
動産や不動産の占有を奪われた場合において，その返還を求めることをいう。占有訴権の一つである。〔参考〕民法200条(占有回収の訴え)1項　占有者がその占有を奪われたときは，占有回収の訴えにより，その物の返還及び損害の賠償を請求することができる。
recovery of right of appeal 上訴権回復
recovery of succession 相続回復
re-cross-examination 再反対訊問
rectification 文書の補正命令
rectification of defects 瑕疵の修補
rectify ①是正する②改正する③改訂する④調整する
rectum 権利，裁判
recusation 忌避
red herring 仮目論見書
red traffic signal 赤信号
redeem ①受け戻す②株式・社債を償還する③弁済する④相殺する
To buy back; to repurchase; to pay the debt. To redeem a mortgage means to pay the outstanding value of the mortgage and hence achieve full control over the property. A corporation may redeem stock held by shareholders by purchasing it with cash.
(Gilbert Law Summaries Pocket Size Law Dictionary 277 (1997), Harcourt Brace And Company.)
買い戻すこと；債務を弁済すること。抵当権の回復とは，抵当権の未払いの価格を支払うことにより財産に対する完全な支配を獲得すること。会社は株主の保有する株式を現金で購入することによって買い戻しうる。
redeem up 先順位抵当権を弁済により消滅させる
redeemable bond 任意繰上償還可能社債，償還債券
redeemable stock; ～share 償還株式
redelivery bond 差押解除債務証書，差押解除保証書
redemise 再賃貸
redemption ①償還②弁済③買戻し
redemption of debentures 社債の償還
red-herring prospectus レッドヘリング，赤ニシン目論見書(→ preliminary prospectus)
redirect examination 再直接訊問
redlining 赤線引き
金融機関が，不動産価額が低迷している地域における不動産を担保とする融資を拒否すること。
redress ①救済，賠償(する)②修正③矯正
redress of damages 損害の救済
reduce 短縮する
reduction and exemption 減免
reduction in pay 減給
reduction into possession 債権の実現，権利者の占有取得
reduction of capital 資本減少
reduction of punishment 刑の減免
形式的に刑罰構成要件に該当する行為がなされた場合に，違法性が減少したり，責任が存在しないその他政策上の理由により，本来の刑から刑期の減軽がなされたり，犯罪が不成立となることをいう。過剰防衛，責任無能力，自首による減軽などがその例である。〔参考〕刑法42条(自首等)　罪を犯した者が捜査機関に発覚する前に自首したときは，その刑を減軽することができる。
reduction of punishment according to

extenuating circumstances 酌量減刑
reduction of punishment in case of release 解放減軽
　身代金目的略取誘拐罪を犯した者が，被害者を自発的に解放した場合は，刑が減軽されることをいう。このような場合被害者を略取誘拐した時点で既遂に達するので中止未遂の余地はないが，被害者の生命身体の安全確保に配慮して，政策的に設けられた規定である。〔参考〕刑法228条の2(解放による刑の減軽)　第二百二十五条の二又は第二百二十七条第二項若しくは第四項の罪を犯した者が，公訴が提起される前に，略取され又は誘拐された者を安全な場所に解放したときは，その刑を減軽する。
reduction of revenue 減収
redundancy payment 人員整理手当，剰員整理手当
reel along 千鳥足で歩く
re-election 改選
re-entry 不動産占有回復
reexamination 再尋問
re-exchange 戻為替金額
refer ①付託する②参照させる，言及する
refer back 差し戻す
referee ①仲裁人②裁定者③調停人④審判人
referee in bankruptcy 破産審理人
reference ①事件付託②仲裁の合意③照会先④推薦状⑤参照⑥関連，引用，援用⑦検索
reference in case of need 予備支払人，万一の際の呈示先
reference material 関係資料
referendum (米)州民投票，住民投票
　1. The process of referring a state legislative act, a state constitutional amendment, or an important public issue to the people for final approval by popular vote. 2. A vote taken by this method.
　(Bryan A. Garner, Black's Law Dictionary Second Pocket Edition 592 (2001), West Group.)
　1. 州の議会立法，州の憲法修正，または重要な公的問題に関して，住民投票による最終的な承認を求めて住民に照会する手続。2. この方式で行われる投票。
referendum 国民投票
　国家の意思決定は議会や選挙を通じた間接民主制の手法がとられるのが常態であるが，国家の重要な政策決定に際して，直接民主制の手法がとられる場合があり，これを国民投票という。ヨーロッパ諸国で，EU加盟や国連加盟の是非が国民投票に委ねられたのはその例である。〔参考〕憲法96条1項　この憲法の改正は，各議院の総議員の三分の二以上の賛成で，国会が，これを発議し，国民に提案してその承認を経なければならない。この承認には，特別の国民投票又は国会の定める選挙の際行はれる投票において，その過半数の賛成を必要とする。
referral 送致
referral fees 委託報酬
referral of a case file to a public prosecutor 書類送致，書類送検
referral of a case to a public prosecutor 検察官送致
referral sales 紹介販売
refinance 再融資，借換え
reflect 反省する
reform 感化
Reformation 宗教改革
　Rを大文字で書くと宗教改革になる。正式には前にtheを置く。
reformatory 感化院，教護院
reformatory school 少年院
refuge 隠れ家
refugee 難民
refund ①還付②償還③払戻し④社債の借換え
refunding 社債の借換え，払戻し
refusal ①拒否②優先権③権利の不行使，辞退
refusal of appearance 出頭拒否
refusal of claim 請求の却下
refusal of testimony 証言拒否
refusal right 優先権
refusal to leave a habitation 住居不退去
　平穏な態様で他者が居住する家屋，建物，

refusal

部屋に立ち入った者が，居住者から退去要求を受けたにもかかわらず居座る行為を罰するものである。unlawful tresspass (Vermont Statutes TITLE 13§3705.)。〔参考〕刑法130条（住居侵入等） 正当な理由がないのに，人の住居若しくは人の看守する邸宅，建造物若しくは艦船に侵入し，又は要求を受けたにもかかわらずこれらの場所から退去しなかった者は，三年以下の懲役又は十万円以下の罰金に処する。

refusal to leave a structure 建造物不退去
refusal to leave a vessel 艦船不退去
refusal to leave promises 邸宅不退去
refuse 忌避する，拒絶する
refuse to answer 黙秘する
refuse to testify 証言を否定する
regency 摂政の執権
regeneration by one's own efforts 自力更生
regent （米）①摂政②評議員
regina 女王
Regional Bureau of Postal Inspection 地方郵政監察局
regional economic integration 地域経済統合
Regional Taxation Bureau 国税局
register ①登記②登録③登記簿④登記官
　To record formally and exactly; to enroll; to enter precisely in a list or the like. For corporations, to record the names of stock and bond holders on the books of the company. The registrar may be an agent, such as a bank, or it may be the corporation. The registrar is responsible for preventing unauthorized issuance of stock by a company.
　(Steven H. Gifis, Dictionary of Legal Terms 410 (3rd ed., 1998), Barron's Educational Series, Inc.)
　正式かつ正確に記録すること；登録すること；正確に名簿リストまたはそのようなものに記入すること。会社にとっては，株式と債券の所有者の名前を会社の帳簿に記録すること。登記官は銀行，あるいは企業のような代理人の場合もある。登記官は会社の無認可の株式発行を妨げる責任を負う。

register of bonds 社債原簿
register of deventure 社債原簿
register of shareholders 株主名簿
register one's marriage 婚姻届を出す
registered bond 登録式債券，記名債券
registered company 登録会社
registered design 登録意匠
registered han-stamp 届印
registered locality 本籍
registered mail 書留郵便
registered matter 登記事項
registered office 登録済みの事業所，営業所
registered pledge 登録質
registered representative 登録代理人
registered seal 届印
registered stock 登録済株式
registered trademark 登録商標
registrar ①登記官②登録官③登録機関
registration ①登記②登録
registration license tax 登録免許税
registration number 登録番号
registration of aliens 外国人登録
registration of death 死亡証明書登録
registration of incorporation 設立登記
registration of marriage 婚姻登録
registration of pledge 質権の登録
registration of stock 株式の登録
registration of subrogation 代位の登記
registration of the restitution 回復の登記
Registration of Trademarks and Proceeding against Third Party for Infringement 許諾商標の登録と侵害の排除
registration of transfer 移転登記
registration of voters 選挙人登録
registration provision 登録条項
registration statement 証券登録説明書
registration tax 登記料
registry ①登記所②登記書③登記簿④登録簿
registry book 登記簿

registry of the vessel 船籍
regrating 買占め
regressive tax 逆進的租税，逆進税
regret 悔悟，後悔，後悔する
regular 正規の
regular course of business 事業の通常の過程，業務の通常の範囲
regular dissolution of marriage 通常の離婚手続
regular election 通常選挙
regular income 定収入
regular rate 賃率
　時給の1.5倍。
regulate 規制する
regulation 規制，取締り，掟
Regulation A レギュレーションA, 規則A
Regulation D レギュレーションD, 規則D
Regulation of Employment 労働法
Regulation Q レギュレーションQ, 規則Q
regulation speed 制限速度
Regulation Z レギュレーションZ, 規則Z
regulations 規定
regulations concerning the disposition of business 事務章程
Regulations for Suspects' Compensation 被疑者補償規程
Regulations for the Enforcement of the Amnesty Law 恩赦法施行規制
regulations now in force 現行法規
regulatory agency 規制行政機関
rehabilitation ①回復②リハビリ③社会復帰
rehabilitation hostel 保護施設
rehabilitation of an offender 犯罪者の更生
rehabilitation service 更生保護
rehearing 再弁論
reimburse ①償還する②賠償する
reimburse expenses 費用額を償還する
reimbursement 償還，払戻し
reimbursement of expenses 費用償還

reimbursement procedure 仮払制度
reinstatement 回復，現職復帰
reinsurance 再保険
reintegration into the society 更生，社会復帰
re-issue 再発行
REIT real estate investment trust, 不動産投資信託
reject 拒絶する
reject an appeal 控訴を退ける
reject the whole 全部拒絶
rejected goods 不合格品
rejection 棄却，拒否
rejection of claim 請求の却下
Re-Kokoku-appeal 再抗告
related company 関連会社
relation 縁故関係
relation back 遡及
relation between owners of adjacent lands 相隣関係
relationship 親族関係
relative government agency 関係行政機関
relative living together 同居の親族
relative rights 関係的権利
relatives 親族
relatives by affinity 姻族
relatives by blood 血族
release ①解放，釈放，放免，免除②釈放する
release clause 解放条項
　債務の一部が弁済された場合に，弁済された割合に応じて，担保権の負担などをはずしていくことを定めた，ローン契約の条項をいう。
release from custody 釈放
release from seizure 押収を解く
release of lien 法定担保物権の解放
　債務が弁済されたり，免除されるなどして消滅した場合に，併せて債権の担保とされていたlienも消滅することをいう。
release on bail 保釈
release on bail officio 職権保釈
release on parole 仮釈放 →conditional release

release

release on parole from juvenile training school 仮退院
release on parole from prison 仮釈放
　懲役刑を受けたものが一時的に拘禁施設を釈放されること。→ release on parole, conditional release。広義の仮釈放は仮出場(provisional release)を含む。
release on the expiration of term 満期釈放
release someone from responsibilities 責任を免除する
release under supervision 保護監察処分
released from 出獄する
relevancy 関連性
relevant 関連した
relevant evidence 関連性のある証拠
relevant factors 関連事項，当該事項
relevant market 関連市場
reliability 信頼度
reliance 信頼，依存
reliance interest 信頼利益
relief 救済
Relief Act 救済法
religious discrimination 宗教差別
religious faith 信仰
religious worker 宗教活動家
relocate 移転する
relocation ①採鉱権の再設定②強制移転
rem 物，対物的
remain in custody 保釈しない留置の継続
remain silent 黙秘する
remain speculation 推測に止まる
remainder 残余権
remainderman 残余権者
remake right 再映画化権
remand 差し戻す
remand term 未決勾留日数
remarkably unjustifiable 著しく不公正な
re-marriage 再婚
remedial action 救済訴訟
remedial statute; 〜law 救済の制定法，救済手段に関する法律
remedy 救済方法，権利回復手段
remedy over 求償権

reminder notice 催告書 →notice of default
remission ①減刑②出頭義務の免除
remission of execution of sentence 執行の免除
remission of punishment 刑の減免
remit ①送金する②刑を免除する③延期する④問題を審議するためにしかるべき機関に送る
remittance 送金
remittee 送金先
remitter 送金人
remitting bank 送金銀行
remittitur 裁判官が裁量によって損害賠償額を減額すること
remodel 改装，改築
　建物の土台や基本構造はそのままで，内外装，壁面，天井などの修築や変更を行うこと。
remorse 悔悟，後悔
remorsefulness 改悛の情
remote cause 遠因
remoteness of damage 損害と原因行為との間の疎遠性
removal ①強制送還する②外国人を国境で入国拒否すること③除去④摘出⑤撤去⑥罷免⑦立退き⑧解任，免職⑨移転
　1996年の移民法の大改正が行われるまでは，外国人を強制送還することを deportation と呼び，外国人を国境で入国拒否することを exclusion と呼んでいたが，移民法改正後は両方とも removal と呼ぶことになった。
removal of a case 移送
remove ①移送する②解任する
　①アメリカにおいて，州裁判所(stete court)に提起された訴えを，被告の主張によって連邦裁判所(federal court)の審理に移すこと(28 U.S.C.§1441.(a))。②取締役など，一定の地位や職務にある者を，その職から解くこと。
remuneration 報酬，報償，給与，代償，支払い
renal failure 腎不全
render ①行う②提出する③履行する

render false testimony 虚偽の陳述をする
render judgment 判決を下す
render null and void 無効にする
rendition of judgment 判決言渡し
renew 更新する，再開する
renewal 契約の更新
renewal of proceedings of trial 公判手続の更新
renewal of term 期間の更新
renewal of term of detention 勾留の期間の更新
renounce 拒絶する，放棄する
rent ①小作料②貸す③地代④貸金⑤賃貸料
　Payment to the owner for the possession by the tenant of land, buildings, or tenements.
　(Gilbert Law Summaries Pocket Size Law Dictionary 284（1997）, Harcourt Brace And Company.)
　土地，建物，または占有に対して賃借人が所有者にする支払い。
rent board （米）不動産賃貸借の紛争を処理してくれる公共機関
rent control 家賃統制
　賃貸住宅の家賃の上限を定める法律。rent regulation。家賃について自由競争価格を認めると，低所得者の居住確保が困難となる場合に制定される。アメリカでは，都市単位で，必要に応じた家賃統制法が制定されている。日本においては第二次世界大戦直後の，賃貸住宅の供給が需要に比較して絶対的に不足している時代に公布された「地代家賃統制令（1946）」が永らく存在していたが，1986年に廃止された。
rent of a gambling house 寺銭
rental 賃料
rental agreement レンタル契約
rental rate 賃料
　賃貸借契約において，目的物の使用収益の対価として，賃借人から賃貸人に支払われる金銭をいう。契約期間中の全賃借料を一時金として一括して支払うこともありうるが，不動産の賃貸借については，週，月，年などの単位でやりとりされるのが普通である。

rental value 賃貸価値
rented house 借家
rent-free period 無料賃貸期間 →free rent
renunciation of a testamentary gift 遺贈の放棄
renunciation of rights 権利の放棄
renunciation of succession 相続の放棄
renvoi 反致
reopening of a case 再審
reopening of oral proceedings 弁論の再開
reopening of the proceedings 再審開始
reorganization 会社更生
reorganization of a company 会社の整理
reorganization plan 更生計画
reorganization procedure 更生手続
reorganization type 再建型
reorganizing committee 整理委員会
repair 修理，修繕
　動産や不動産に物理的，機能的な損傷が生じたとき，原状の機能を回復させるために行う修復のための作業をいう。あくまで建物の原状機能維持のために行われるものであり，新たな機能を加えたり，建物の耐用年数を増加させるための工事は，修理，修繕ではなく改築となる。賃貸借契約においては，賃貸人は目的物を使用収益させる義務を負っているので，修理，修繕は，特約なき限り賃貸人において行うのが原則である。〔参考〕民法615条（賃借人の通知義務）賃借物が修繕を要し，又は賃借物について権利を主張する者があるときは，賃借人は，遅滞なくその旨を賃貸人に通知しなければならない。ただし，賃貸人が既にこれを知っているときは，この限りでない。
reparation 損害の回復，補償，賠償
reparation money 引当金
repay 返還する
repayment 償還，払戻し
repeal 法律の廃止，撤回
repeat 反覆する
repeated games リピーティド・ゲーム
repeated offense 累犯

repeater 累犯者, 再犯者
repent 悔やむ, 後悔する
repentance 悔悟, 改悛の情, 反省
repetition 返還請求
repetition of Kokoku-appeal 再抗告
repetium namium 報復的自救差押え
replacement 交換
replevin 動産占有回復訴訟
replication 原告第二訴答
reply doctrine 返書の原則（→ merchant memo rule）
reply to an inquiry on the personal affairs 身上照会回答書
reply to an investigation inquiry 捜査照会回答書
reply to fingerprint inquiry 指紋照会回答書
reply to identification inquiry 氏名照会回答書
report ①情報②申告③調査書④報告書⑤判例集
report of cases 判例集
report of investigation 調査書
report promptly 速報する
reportable condition 報告すべき状況
reporter ①判例集の編纂者②判例集
reporting 報告
reporting provisions 報告条項
reporting requirements 報告要件
reports 判例集
repossession 回復, 取戻し
repossessor 車をローンつきで買った場合に支払いを滞らせてしまったとき，ローン会社は購入した客から車を取り上げることができる。この「車を取り上げること」を専門にしている業者のことを repossessor という。
represent 代理する，告知する，表示する，代襲する
To stand in another's place; to speak with authority on behalf of another; to appear on one's behalf. As an element of actionable fraud, representation includes deeds or acts calculated to mislead another, as well as words or positive assertions. In insurance law, a representation is an oral or written statement preceding the insurance policy and, though not part of it, is used to enable the underwriter to form a judgment as to whether he or she will accept the risk. Only a false misrepresentation that materially affects the risk will permit the insurer to rescind the policy. In commercial law, a representation is anything short of a warranty and is sufficient to create a distinct impression of fact conductive to action.

In constitutional law, the Sixth Amendment's right of assistance of counsel in a criminal case includes the right to an attorney who knows the relevant law, does not have any conflicts in the case at hand, adheres to all legal procedural requirements so as not to forfeit any rights, and vigorously pursues a client's cast at trial through direct and cross-examinations, the filing of motions, and the raising of objections. Representation so lacking in competence creates a duty on trial judge to correct such to prevent a mockery of justice.

In property law, "representation" permits children or more remote lineal descendants of a predeceased ancestor's shoes for purposes of inheritance. Representation is equivalent to per stirpes (meaning by the stock or roots).
(Steven H. Gifis, Dictionary of Legal Terms 418-419 (3rd ed., 1998), Barron's Educational Series, Inc.)
他者の代理を務めること。他者の権威をもって代理として話すこと。他者に代わって出頭すること。告訴可能な詐欺の要素となる場合，告知は，他者を欺くために計画された行為または行動も，発言や積極的な主張と同様に含む。保険法では，代理は保険契約に先立つ口頭または文書の陳述であり，その一部ではないけれども，保険業者が，危難を受諾するであろうかどうかについての判断形成を可能にすることに用いら

れる。唯一，保険危険率にかなり影響する不法な虚偽告知のみが，保険業者が契約を無効にすることを可能にする。商法では，表示は保証の要旨を表したものであり，行動を起こすことを相手に信じさせる明確な効果を与えるのに十分なものである。
憲法では，修正第6条が刑事事件における弁護人の援助を受ける権利について触れている。その弁護人とは，関連する法についての知識があり，その事件と近時の利害衝突がなく，何らの権利も失うことのないように全ての法手続上の必要条件を固守し，直接・反対尋問，動議の提起，異議の申立てを通じて，裁判において依頼人を精力的に弁護するような者である。十分な能力の欠如した代理は，形式だけの裁判になることを防止するために，審理裁判官にそれを正す義務を生じさせる。
財産法では，「代襲」は，子孫またはより遠縁の直系の子孫が先に死亡した被相続人の立場を相続の目的のために代理することを認めるものである。代理は代襲（系図または子孫による）に相当する。

represent the defendant 被告人の代理人となる
representation ①代表，代表権②代理③代理行為④事実の表明
representation of act of procedure 訴訟行為の代理
representation of both parties 双方代理
representation of complaint 告訴の代理
representation of other party 自己契約
representative 代理人，代表者
representative action ①クラス・アクション②集団訴訟③株主代表訴訟
representative director 代表取締役
representative office 駐在員事務所
representative suit ①クラス・アクション②集団訴訟③株主代表訴訟
representative system 代議制
representatives of public interest 公益の代表者
representing director 代表取締役
reprimand 戒告，懲戒，懲戒する
reprobation 非難

reproduction cost 再建設費，再取得原価，再生産費
re-prosecution 再起訴
republic 共和国，共和政体
Republican Party 共和党
repugnancy 矛盾，抵触
repurchase 買戻し
re-purchase price 買戻価格
reputation 名誉
reputed owner 表見的所有者
request ①申出②請求③要請
request and demand 求める，請求する　同義語を併記するパターン。
request and require 求める，請求する　同義語を併記するパターン。
request for a warrant of arrest 逮捕状の請求
request for a witness 証人申請
request for an expert opinion 鑑定の嘱託
request for detention 勾留の請求
request for disclosure of the reasons for detention 勾留理由開示請求
request for examination of a witness 証人尋問の請求
request for preservation of evidence 証拠保全の請求
request for the examination of evidence 証拠調べの請求
request offer リクエストオファー方式
request to extend detention 拘留延期申請
request to release on bail 保釈の請求
require the suspect to be present 被疑者に立ち会わせる
required act 相当の行為
required quorum 必要定数
requirement 要件
requirement for setting up against 対抗要件
requirements contract 必要量供給契約
requirements of arrest 逮捕の要件
requirements of culpability 有責性の要件
requisite 必要条件

requisites

requisites for marriage 婚姻の要件
requisition 要求
requisitioned judge 受託裁判官
res 物，目的物，訴訟物，事件，事項
res adjudicata 既判事項，既判力
res inter alios acta 無関連事項・無関連証拠排除則
res ipsa loquitur 事実推定の原則，過失推定則
res judicata 既判力 →effect of excluding further litigation
resale 再販売，転売
resale price 転売価格，再販売価格
　自分が購入して取得した財産を，他者に転売するときの価格をいう。卸売業者が生産者から購入した物を小売業者に販売するときの価格＝卸売価格や，小売業者が卸売業者から購入した物を消費者に売る時の価格＝小売価格は，いずれも resale price である。通常は，転売による利ざやを得るために，自身が取得した価格よりも resale price を高く設定する。
resale price maintenance 再販売価格維持
reschedule リスケジュール
rescind 解除する，取り消す，正式に中止する
rescind a contract 契約を解除する
rescind the detention 勾留を取り消す
rescinding of a resolution 決議の取消し
rescission ①契約の解除②契約無効③契約の取消し
rescission of a contract 契約の解除
　契約の効力を最初に遡ってなかったことにする当事者の行為をいう。債務不履行があった場合に法律の規定に基づいて当事者の一方が行う法定解除，契約締結時に当事者の一方から解除できる旨をあらかじめ定めておく約定解除，当事者双方が契約を白紙に戻すことを合意する合意解除などがあるが，錯誤や詐欺などによる契約の無効，取消しを含んだ意味で使われることもある。
　〔参考〕民法540条（解除権の行使）1項　契約又は法律の規定により当事者の一方が解除権を有するときは，その解除は，相手方に対する意思表示によってする。

rescue clause 損害防止約款
rescue; rescous 奪還，救助
research and development consignment agreement 研究開発委託契約
　製品開発についてアイデアはあるが，実際に開発や研究を行う設備や能力がない場合に，他の者に研究と開発を委託する内容の契約をいう。開発された製品に対する権利が委託者，受託者のいずれに帰属するかは，契約の内容による。
Research Association for Mining and Manufacturing Technology Law 鉱工業技術研究組合法
research consortiums 研究開発コンソーシアム（企業同士が共同研究するための組織体）
reservation ①留保②制限③予約④インディアンなどの保留地
reservation of rights 権利の留保
reserve 引当金，準備金，積立金
1. To retain specified rights or interests in a transaction otherwise disposing of property or rights.
2. To set aside funds for a particular purpose or contingency.
3. To withhold for the time being; specifically, a judge or panel that does not rule from the bench upon a matter that has been argued is said to "reserve decision" or "reserve judgment."
4. A fund set aside for a particular purpose or for future contingencies.
(James E. Clapp, Random House Webster's Dictionary of the Law 374 (2000), Random House.)
1．財産や権利の処分ではなく，取引での利権または利益を保持すること。
2．特定の目的または不慮の事態のために資金を取っておくこと。
3．さしあたって保留すること。とりわけ，議論されている事柄について判事席から裁定しない裁判官または陪審団は「予備の決定」または「予備の判決」と言われる。
4．特定の目的のためにまたは将来の不慮

の事態のために取っておかれた資金。
reserve capital 留保資本，準備資本
reserve member 予備委員
reserve price 最低売却価格，売却基準価格
　動産や不動産の競売において，競売主催者が売却を認める最低限度の(目安となる)価格をいう。
reserved fund 予備費
reside 住居を有する
reside permanently 定住する
residence 居所，住居，邸宅
resident 居住者
resident agent 駐在代理人
residential areas 住宅地域
residential land 宅地
residential lease agreement 住宅賃貸借契約
residential property 居住用不動産
　事業や営利のためではなく，居住や生活のために使用される動産や不動産。居住用の不動産には，事業用の不動産(commercial property)よりも，利用権や税制において特別の保護が与えられることが多い。
residential quarters 住宅地域
resign 職を辞する
resignation 辞職，辞任
resignation of office 辞職
resolution 決議
resolution of the Diet 国会の議決
resolutive condition; resolutory condition 解除条件
resort ①しばしば行く場所，リゾート地②頼る物
resouce allocation 資源配分
resource utilization 資源活用
resources 資源，資力
RESPA : Real Estate Settlement Procedures Act 不動産清算手続法
respect 尊重
respect of individuals 個人の尊重
respiratory arrest 呼吸停止
respiratory tract obstruction 気道閉塞
respite 弁済の猶予，期間・期限の延期，刑の執行停止，義務の免除

respondence to agitation and follow in an insurrection 内乱付和随行
　内乱罪は複数人が共同して実行することを要する必要的共犯であり，その役割に応じて刑の軽重が決められている。内乱罪の付和随行者とは内乱によって引き起こされた暴動に参加しただけのものをいい，内乱罪の役割中では最も軽い刑罰が定められている。〔参考〕刑法77条(内乱)本文，3号　国の統治機構を破壊し，又はその領土において国権を排除して権力を行使し，その他憲法の定める統治の基本秩序を壊乱することを目的として暴動をした者は，内乱の罪とし，次の区別に従って処断する。　三　付和随行し，その他単に暴動に参加した者は，三年以下の禁錮に処する。

respondence to agitation and follow in riot 騒擾付和随行
　騒乱罪(騒擾罪)は，複数人が共同して実行することを要する必要的共犯であり，その役割に応じて刑の軽重が決められている。付和随行者とは集団による暴行や脅迫に参加しただけのものをいい，騒乱罪の役割中では最も軽い刑罰が定められている。〔参考〕刑法106条(騒乱)本文，3号　多衆で集合して暴行又は脅迫をした者は，騒乱の罪とし，次の区別に従って処断する。　三　付和随行した者は，十万円以下の罰金に処する。

respondent ①被告②被上訴人
respondent superior 使用者責任，代位責任
response to the action 応訴
responsibility ①責任②債務③義務
responsibility based on moral justice 道義的責任
responsible answer 責任ある回答
responsiveness 対応のスピード
rest ①弁論を終える②休憩③休憩をする④残り
rest the case 答弁を終了する
restatement リステイトメント
　One of several influential treatises, published by the American Law Institute, describing the law in a given area and guid-

restitution

ing its development. Although the restatements are frequently cited in cases and commentary, they are not binding on the courts. Restatements have been published in the following areas of law: Agency, Conflict of Laws, Contracts, Foreign Relations Law of the United States, Judgments, Law Governing Lawyers, Property, Restitution, Security, Suretyship and Guaranty, Torts, Trusts, and Unfair Competition.
(*Bryan A. Garner, Black's Law Dictionary Second Pocket Edition* 609 (2001), West Group.)
アメリカ法律協会によって発行された，一定範囲の法律を記述しその発展を導く影響力ある文書の一つ。リステイトメントは事件と注解書で頻繁に引用されるけれども，それらは裁判官を拘束するものではない。リステイトメントは以下の法領域で発行されている。代理，法の抵触，契約，合衆国の外国関係法，判決，弁護士法，財産，損害賠償，担保，保証契約と保証人，不法行為，信託，不正競争。

restitution ①原状回復 →restoration ②返還 ③損害賠償

restoration 原状回復
権利や財産を，本来の権利者や本来あるべき場所に返還，復帰させることをいう。restitution。契約が解除されて遡及的に存在しないこととなったり，既になされた給付が取消しや無効によって不当利得となる場合などに，原状回復が行われる。〔参考〕民法545条(解除の効果)1項　当事者の一方がその解除権を行使したときは，各当事者は，その相手方を原状に復させる義務を負う。ただし，第三者の権利を害することはできない。

restoration of a qualification 資格回復
restoration of civil rights 復権
restoration of one's reputation 名誉の回復
Restoration Order 復権令
restore ①還付 ②原状回復
restrain 抑制する
restraining devices 戒具
restraining order 抑止命令，差止命令，停止命令
restraint 拘束，抑制
restraint of princes and rulers; restraint of princes, rulers of peoples 公権力による抑止
restraint of trade 取引制限，営業制限
restraint on alienation 譲渡制限
法律や条例で，財産権の譲渡を禁止，制限すること。財産権の譲渡は所有権の基本的な権能の一つであり，これを無制約に制約することは憲法上の問題が生じるが，一般的に所有権は社会政策的な広範な制限に服するとされるので，このような譲渡制限が許される。農地の減少を防ぐために，農業従事者以外への農地の譲渡が原則として禁止されるのが，典型的な例である。

restrict unreasonably 不当に制限する
restricted authority 限定的な権限
restricted stock 譲渡制限株式
restriction 制限
restriction of a qualification 資格の制限
restriction of copying 資料コピー禁止
restriction of waiver of an appeal 上訴放棄の制限
restriction on the dwelling 住居の制限
restriction on transfer 譲渡制限
restrictive covenant 制限条項，制限約束
契約上の権利の移転，第三者への委託，競業行為などを禁止することを合意した条項。制限条項が定められると同時に，制限の対象外とされる事項 exception for restriction(制限除外条項)が定められることもある。

restrictive endorsement 制限裏書
以降の流通に条件をつける裏書。
restrictive indorsement 制限裏書
Restrictive Practices Court 制限的取引慣行裁判所
restrictive trade practices 制限的取引慣行
result 成績
resulting trust 復帰信託
resuming prior surname 復氏

resumption of oral proceedings　弁論の再開
retail　小売
retail trader　小売商人
retailer　小売商
retain　留置
動産や不動産を自分の占有下に留めておくこと、あるいは留めておくことができる権利。留置権（possessory lien）や質権などに基づき、債権者が担保物を手元に留めておく場合が代表例である。また、弁護士と包括的な顧問契約を結ぶ用語としても使われる。
retain a lawyer　弁護士を雇う
retain your documents　書類は取っておくべきである、という標語。
retained earning　利益剰余金
retained things　留置物
retainer　①弁護士依頼料②顧問料③着手金
retainer agreement　弁護士選任契約、法律事務所顧問契約
個々の紛争について弁護士を依頼したり、包括的に特定の法律事務所や弁護士を顧問契約を締結することをいう。
retaining fee　①弁護士依頼料②顧問料③着手金
retaining lien　弁護士のリーエン、コモン・ロー上のリーエン、留置権
retainment of death penalty　死刑存置
retaliation　①仕返し②復讐③報復
retaliatory statute; ～law　報復立法、報復法
retention　留置
retire　回収する
債務の全額返済を受けたり、株式を売却するなど、投資を回収することをいう。
retire from a corporation　退社する
retiree　退職者
retirement　①退官②脱退③退職④引退⑤株式の消却⑥買戻し
retirement age　定年
retirement allowance　退職手当
retirement of shares　株式の消却
retirement pay　退職金
retirement under age limit　強制退職

retiring partner　退社員
retour sans frais　無費用償還
retour sans protet　拒絶証書作成不要
retraction　取り消す
retraxit　訴えの取下げ
retreat　隠れ家
retrial　再審
A new trial in which an issue or issues already litigated, and as to which a verdict or decision by the court has been rendered, are reexamined by the same court for some sufficient reason, such as a recognition that the initial trial was improper or unfair as a result of procedural errors.
(Steven H. Gifis, Dictionary of Legal Terms 427 (3rd ed., 1998), Barron's Educational Series, Inc.)
一つまたは複数の争点が既に法廷で争われ、評決または判決が法廷によって言い渡されたことについての新たな審理が、手続上の誤りの結果として最初の審理が不適切なまたは不公正であったという承認のように、何かの十分な理由のために同一法廷によって再調査されること。
retribution　①応報②懲罰③報復
retroaction　遡及
retroactive law　遡及法
retroactivity　遡及効
retrospective law　遡及法
return　①回復②還付③取還④収益⑤確定申告
return day　結果報告日
return of confidential information　秘密情報の返却
業務提携、共同事業、共同開発などの契約において、当該契約関係が解消された場合に、当事者が所持している他方当事者の業務秘密に関する書類などを返還する義務を定めておくこと。
Return of Disclosed Information and Materials　受け取った情報・資料の返還義務
return of expenses　費用の返納
return promise　反対約束、返約

return

return receipt 折返し返送領収書
return to the injured party 被害者還付
returnable container (米)返却できる容器
reveal information 情報を漏らす，情報を開示する
revenge ①仕返し，復讐②敵討ち
revenge on 恨みを晴らす
revenue 国家の歳入
revenue and expenditure 収支
revenue bond 特定財源を引当てとする地方債，収益社債
revenue maximization 営業収益最大化
revenue procedure 歳入手続，歳入規則，税に関する手続通達
revenue ruling 歳入通達，税に関する個別通達
revenue stamp 収入印紙，印紙
Revenue Stamp Counterfeit Control Law 印紙等模造取締法
reversal 判決の破棄
reversal of the original judgment 原判決破棄
reverse 判決を覆す
reverse and refer back 破棄差戻しする
　上訴による不服申立てに理由がある場合に，上訴審みずから事件全体についての判断を示すことなく，原審に審理の一部または全部のやり直しと再度の判断を命ずることをいう。上訴を理由ありとした結果，まだ原審において判断がなされていない事項について審理をする必要があり，その事項について当事者に三審制の利益を与えなければならない場合に，破棄差戻しの判断がなされる。〔参考〕刑事訴訟法400条　前二条に規定する理由以外の理由によつて原判決を破棄するときは，判決で，事件を原裁判所に差し戻し，又は原裁判所と同等の他の裁判所に移送しなければならない。但し，控訴裁判所は，訴訟記録並びに原裁判所及び控訴裁判所において取り調べた証拠によつて，直ちに判決をすることができるものと認めるときは，被告事件について更に判決をすることができる。
reverse and remand the lower court's decision 控訴を棄却して事件を差し戻す
reverse and render the judgment for the case 破棄自判する →enter a new judgment in the case
reverse and transfer 破棄移送する
reverse compensatory adjustments 逆補償
reverse discrimination 逆差別
reverse engineering リバース・エンジニアリング
reverse import 逆輸入
reversed and remanded 破棄差戻し → reverse and refer back
reversion 復帰
reversionary interest 復帰的権利，将来権，期待権
review 審査，再審理，再調査
review office 審査室
revise 法令などを改める
Revised Model Business Corporation Act 修正模範事業会社法
revised statutes 修正法律，改正法律
Revised Uniform Limited Partnership Act (RULPA) 修正統一リミテッドパートナーシップ法
Revised Uniform Partnership Act (RUPA) 修正統一パートナーシップ法
revision 改正
revision of a count 訴因の変更
　犯罪事実を刑法罰条的に評価したものを訴因といい，起訴状に記載されて刑事訴訟の審判対象となる。公訴提起後にこの審判対象を変更することを訴因の変更という。訴因の変更を無制限に認めれば，被告人の防御権を害することになるが，訴因変更を全く認めないのも，訴訟経済や正当な処罰要請について不合理な結果となるので，被告の防御権を害しない範囲という限定つきで訴因の変更は認められる。〔参考〕刑事訴訟法312条　裁判所は，検察官の請求があるときは，公訴事実の同一性を害しない限度において，起訴状に記載された訴因又は罰条の追加，撤回又は変更を許さなければならない。
revision of the Constitution 憲法改正

国家の根本規範である憲法の一部を，憲法自身の定めるところに従ってその制定権者自身が変更することをいう。憲法の定める手続によらない改正や憲法の全部の改正は，憲法の廃棄や新憲法の制定であって，憲法改正とは区別されるのが一般的である。憲法改正は国家の根本規範の変更であるため，通常の法律の改正よりも要件が厳しく定められるのが通常である(U. S. Const. art. V)。〔参考〕憲法96条1項　この憲法の改正は，各議院の総議員の三分の二以上の賛成で，国会が，これを発議し，国民に提案してその承認を経なければならない。この承認には，特別の国民投票又は国会の定める選挙の際行はれる投票において，その過半数の賛成を必要とする。

revival　法律の効力の復活，更新
revive　回復する
revocable＝L／C　取戻し可能信用
revocable trust　撤回可能信託
revocation　①契約の取消し②遺言の破棄③遺言の撤回
revocation of parole　仮釈放の取消し
revocation of testament　遺言の取消し
revocation of the adjudication　裁判の取消し
revocation of will　遺言の取消し
revoke　①撤回する②取り消す
revoke acknowledgment　認知を撤回する
revolving credit　リボルビング基金
revolving credit agreement　リボルビング・クレジット契約，回転信用契約
あらかじめ決められた貸付限度額の範囲内で，何度でも借入れを行うことができ，貸付額に関わらず返済額が平準化された割賦額になる貸付方式をいう。月々の返済額は均等なので，貸付金額が多くなればその分返済期限だけが延びることになる。消費者信用やクレジットカードなどの返済方式として利用されている。
reward　報酬
reward and disciplinary punishment　賞罰
reward offer　懸賞広告
reward to the highest credit　優等懸賞

rex est lex vivens　国王は生きた法である
rex non potest peccare　王は悪をなしえず
Rhodian law　ロード海法，偽ロード海法
ribs　肋骨
Richard Posner　ポスナー(1938-)
アメリカ法学者。「法と経済学」の権威。
rider　別紙，追加条項
ridicule　愚弄する
rigged election　不正選挙
right　権利，正義，財産権，正しい
1. A freedom, interest, power, protection, or immunity to which a person is entitled by reason of law, and for which one ordinarily may look to the government, and particularly the courts, for protection, enforcement, or, if a violation has already occurred, compensation or other remedy.
2. A term used by advocates to describe something that they believe should be a legally protected right, or that they claim as a right even if the law is otherwise.
(以下略)
(James E. Clapp, Random House Webster's Dictionary of the Law 378 (2000), Random House.)
1. 人が法の道理によって与えられ，通常保護，実施を求めて，もしくは，侵害が既に発生しているなら賠償または他の救済を求めて政府に，特に法廷に期待する，自由，所有権，権限，保護，または免責。
2. 法律的に保護されるべき権利であると信じている何か，またはたとえその法律はそう規定していないとしても権利として要求する何かを述べるために主張者が使う言葉。
right and wrong test　正邪のテスト
right consciousness　権利意識
right for intermediation　介入権
right in action　債権的財産，訴訟による実現可能財産，無体財産
right in personam　対人的権利，特定人に対する権利
right in rem　対世的権利，対物的権利，特定物に対する権利

right

right of access ①知る権利②取得する権利③立ち入る権利④アクセス権⑤面接権
（①について）
広い意味では，個人が報道機関などを通じて事実や情報を取得することを国家によって妨げられないことを意味する。若干狭い意味としては，個人や報道機関が政府の情報を取得したり開示を求める権利をいう。広い意味での知る権利は，表現の自由などの精神的自由権の一部として理解され，その不合理な制約は憲法違反となりうる。狭い意味での知る権利は，いわゆる情報公開法（FOIA: Freedom of Information Act 5 U.S.C.§552など）の制定によって初めて付与される権利であると考えられている。

right of access to the courts 裁判を受ける権利
民事，行政上の権利義務の存否や刑事責任の有無について，公平な裁判所による裁判によって判断されることを保障されることをいう。合衆国憲法修正6条，7条など。〔参考〕憲法32条 何人も，裁判所において裁判を受ける権利を奪はれない。

right of action ①法的権利②訴権
right of avoidance 詐害行為取消権
right of collective bargaining 団体交渉権
労働者が使用者に対して，賃金や労働条件について，労働組合を通して話し合い，合意することを要求する権利をいう。団結権，争議権と共に，労働者に実質的な使用者との対等を保障する権利のひとつとなっている。アメリカにおいては National Labor Relation Act: NLRA が団体交渉権を保障している（29 U.S.C.§157）。〔参考〕憲法28条 勤労者の団結する権利及び団体交渉その他の団体行動をする権利は，これを保障する。

right of common 入会権 →commonage
right of consent 同意権
right of denial 否認権
right of enterprise hypothecation enterprise mortgage 企業担保権
right of entry ①不動産権の終了権②不動産占有回復③土地取戻権

right of exclusive preference 別除権
right of first refusal 先売権・優先購入権
right of handling and transferring of business 事務引取移転権
right of hypothecation 担保権
right of indemnification 損失補償請求権
①財産を公用収用された場合などに，失った財産に対する正当な対価を国や地方自治体に要求する公法上の権利。財産権は福祉目的，政策目的による大幅な制限を受けるものではあるが，特定人に特別な負担を強いたときには公平の見地から正当な対価が与えられるべきだからである。②私法上の損害や損失の填補を目的とした契約から発生する，具体的な請求権。損害保険契約上の保険金支払請求権，契約当事者の損害賠償請求権など。〔参考〕憲法29条3項 私有財産は，正当な補償の下に，これを公共のために用ひることができる。

right of inspection of goods 商品検査権
right of Koso-appeal 控訴権
right of management of property 管理権
right of petition 請願権
国家や地方公共団体およびそれらの機関に対して，不当な取扱の是正や特定の政策の実施を訴える憲法上の権利をいう（U.S. Const. amend. I.）。〔参考〕請願法3条 請願書は，請願の事項を所管する官公署にこれを提出しなければならない。天皇に対する請願書は，内閣にこれを提出しなければならない。

right of possession 占有権
動産や不動産を自分の支配下においていることにより認められる，権利や法律効果の総体をいう。果実を収得できる権利，他者の侵害を排除する権利などがその内容である。善意の占有者の果実収取権につき，LA Civil Code Art. 486. Possessor's right to fruits など。〔参考〕民法189条（善意の占有者による果実の取得等）1項 善意の占有者は，占有物から生ずる果実を取得する。

right of preemption 先買権
right of priority 優先権
right of purchasing 買取権

法律英語用語辞典

right of recourse　遡求権
　手形や小切手の所持人が，振出人その他の第一次手形債務者から支払いを得られなかった場合に，自分より前者の裏書人に対して担保責任を追求し，支払いを求める権利。ジュネーブ統一手形法 ANNEX I. Article 43．〔参考〕手形法43条1項　満期ニ於テ支払ナキトキハ所持人ハ裏書人，振出人其ノ他ノ債務者ニ対シ其ノ遡求権ヲ行フコトヲ得左ノ場合ニ於テハ満期前ト雖モ亦同ジ

right of recovery of shares in succession　相続分取戻権

right of refusal of performance　弁済拒絶権

right of reimbursement　求償権

right of retention　留置権

right of self-help　自助権

right of succession　相続権

right of succession by representation　代襲相続権

right of survivorship　生存者財産権

right of taking away　収去権

right of termination　消滅させる権利

right of use　利用権

right of using land　土地使用権

right of visiting and communication　接見交通権

right of water　用水地役権

right of way　通行の優先権，通行権，通行地役権

right of workers to organize　団結権
　労働者が労働組合を結成することができる権利をいう。団体交渉権，争議権と共に，労働基本権の一つである。National Labor Relation Act: NLRA 29 U.S.C.§157.〔参考〕憲法28条　勤労者の団結する権利及び団体交渉その他の団体行動をする権利は，これを保障する。

right to access　→ right of access

right to access to courts　裁判請求権

right to act collectively　団体行動権

right to an account　会計報告請求権

right to attend　立会権
　被疑者の取調べに弁護士が立ち会う権利をいう。日本においてはこのような権利は被疑者に認められることとなっていないが，アメリカにおいてはミランダ判決（MIRANDA v. ARIZONA, 384 U.S. 436 (1966)）で告知が義務付けられたように，被疑者の重要な権利の一つとなっている。

right to bargain collectively　団体交渉権
→right of collective bargaining

right to be present　立会権

right to be secured in one's home　住居の不可侵

right to be supported　扶養請求権
　生活に困窮している者が，配偶者，子，両親，兄弟姉妹などの親族で経済的に余裕のある者に，生活維持のための金銭の給付を求める権利をいう。一般にアメリカにおいて扶養とは配偶者に対する生活援助（alimony）や未成年の子を経済的に庇護すること（child support）をいい，それ以外の親族の生活については社会福祉（Social Security, Public Benefits）が責任を負うという考えが強い。一方日本では，配偶者が相互に互いの収入で支えあったり，未成年の子が親権者に経済的に庇護されるのは当然であるので，通常扶養とは，それ以外の親族間での経済的援助を意味する。〔参考〕民法877条（扶養義務者）1項　直系血族及び兄弟姉妹は，互いに扶養をする義務がある。

right to cancel　解約権，取消権

right to claim compensation for damages　損害賠償請求権

right to counsel　弁護人の援助を受ける権利，弁護人依頼権

right to demand for the stoppage　差止請求権

right to enter the adjoining land　隣地立入権

right to examine a witness　証人審問権

right to examine books and records　帳簿閲覧権
　株主が，会社の会計帳簿，取締役会議事録その他の業務関連書類を閲覧あるいは謄写することができる権利。重要な業務書類については，濫用を防ぐために行使に一定の要件が付される場合がある。〔参考〕会社法

right

433条1項　総株主(中略)の議決権の百分の三(中略)以上の議決権を有する株主(中略)は，株式会社の営業時間内は，いつでも，次に掲げる請求をすることができる。(中略)一　会計帳簿又はこれに関する資料(中略)の閲覧又は謄写の請求

right to file Koso-appeal　控訴権

right to inspect and copy documentary or material evidence　書類・証拠物の閲覧謄写権

right to inspect books (and records)　帳簿閲覧権

right to interview with the defendant or suspect in detention　接見交通権

right to know　知る権利

right to live　生存権

right to make a complaint　告訴権

right to make a motion for challenge　忌避申立権

right to organization　団結権

right to pass the surrounding land　囲繞地通行権

right to prior deliberation　先議権

right to quiet enjoyment　平穏享有権

right to raise an objection　異議申立権

right to receive education　教育を受ける権利

right to recover　引渡請求権

right to refuse to give testimony　証言拒絶権

right to refuse to testify　証言拒絶権

right to remain silent　供述拒否権，黙秘権

一般に，自己負罪供述拒否権とは刑事手続であるか否かを問わず，自己の不利益となる供述を拒みうる個別供述拒否権であるのに対し，黙秘権とは終始沈黙することが許される包括的な供述拒否権である。

right to result　成果の帰属

契約の履行によって生じた動産，不動産，権利等が契約当事者のいずれに帰属するかを決すること。請負，共同事業，共同開発などを含む契約では，成果の帰属を条項として定めておくことが非常に重要となる。契約によって決することができなけれ

ば，法律の規定や，条理，慣習によらざるをえない。

right to select a defense counsel　弁護人選任権

right to set-off　相殺権

right to share of profit　利益持分権

right to share of surplus　残余財産持分権

right to terminate　解約権

right to travel　移転の権利

right to use and take profits　使用収益権

right to vote　選挙権，投票権

right to work　勤労の権利

①労働の機会確保を妨げられない権利。②国家に対し労働者の雇用確保のための条件整備施策を行うことを求める憲法上の権利をいう。①は自由権的，②は社会権的な権利である。②については，他の社会権規定と同様，その保障内容は国の立法政策に負うところが大きい。①については，労働組合への加入を雇用の条件とする労使の合意であるいわゆるユニオンショップ条項の合法性に際して問題とされることがある。一般的にユニオンショップ条項は労働基本権を守る積極的な意義があるとされることが多いが，一方ではユニオンショップ条項は勤労の権利を不合理に制約するものとして禁止する法制度がとられる場合もある。これを right-to-work law: RTW law といい，Taft-Hartley Act§14 (b) (29 U. S. C§164 (b))によってこのような立法をする権限を州に認めている。この§14(b)条項の削除を求める組合側の動きも活発である。
〔参考〕憲法27条　すべて国民は，勤労の権利を有し，義務を負ふ。

right to work laws　労働権法

rightful　正当な，当然の権利に基づく，適法な，合法的な

rights and obligations　権利義務

rights offering; rights issue　引受権付発行

rights-centered legal culture　権利中心の法文化

rights-on　権利付きの

right-to Sue Letter　行政機関が申立てに対して発行する手紙で，行政機関を通して

も問題が解決しない場合は裁判所に訴えてもいい，という内容を意味する。
ringleader 首魁
ringleader of an insurrection 内乱首魁
ringleader of non-dispersion in crowds 多衆不解散首魁
ringleader of riot 騒擾首魁
riot 騒擾，暴動
rioters 暴徒
riparian owner 水際所有者
川の流れに接している土地を所有している者。
riparian rights 河岸所有権者，沿岸権，水際権(土地に接している川の水を使う権利)
rip-off artist 詐欺師
risk 危険，リスク
risk arbitrage 危機鞘取り
risk capital 危険資本
risk insurance group 事故を起こす危険の多いグループ
risk loving リスク好きの
risk of loss 危険負担
売買など双務契約の一方の債務が不可抗力によらずに履行不能となって消滅した場合に，もう一方の債務は履行しなければならないかどうかが危険負担といわれる問題である。契約当事者があらかじめ定めていればよいが，定めていない場合は法律の規定によることになる。合衆国統一商法典では"the risk of loss passes to the buyer when the goods are duly delivered to the carrier"として，原則として売主負担(債務者主義)であることを定める(U.C.C.§2-509(1)(a))。日本では条文上は債権者主義が原則であるが，立法論的には批判が多い。〔参考〕民法534条(債権者の危険負担)1項　特定物に関する物権の設定又は移転を双務契約の目的とした場合において，その物が債務者の責めに帰することができない事由によって滅失し，又は損傷したときは，その滅失又は損傷は，債権者の負担に帰する。
risk of non-persuasion or jury doubt 不説得の危険
risk preference 危険度指向

risk premium 冒険比率，危険割増し
risk reduction リスク低減
risk-free rights 危険性のない投資の利率
risk-utility test 危険効用比較基準
製造物責任が発生する根拠とされる製品の欠陥の認定において，その製品から生じる危険性と，効用ないし利益とを比較し，危険性が効用を上回った場合に欠陥が存在するとの考え方。risk-benefit test。同じく製品の欠陥を判断する消費者期待基準＝consumer expectation test と比べた場合，製造者に有利に働くことが多いと言われている。
rivalry 競争
Road Traffic Law 道路交通法
Road Transport and Motor Vehicle Law 道路運送車両法
Road Trucking Vehicle Law 道路運送車両法
roadway 車道
rob of ①奪う②盗む
robbery 強盗
robbery resulting in bodily injury 強盗致傷 →bodily injury on the occasion of robbery
robbery resulting in death 強盗致死
強盗の機会に被害者を死亡させること。必ずしも強盗の手段たる脅迫から傷害の結果が生じる必要はない。日本の強盗致死罪の規定は強盗犯人が過失によって被害者を死亡させた場合だけではなく故意による殺人の場合，いわゆる強盗殺人も含む。アメリカでは，強盗致死傷が加重強盗＝aggravated robbery とされるのに対し，強盗殺人は homicide の一つとして捉えられることが多い(Vermont Statutes§2301.など)。〔参考〕刑法240条(強盗致死傷)　強盗が，人を負傷させたときは無期又は六年以上の懲役に処し，死亡させたときは死刑又は無期懲役に処する。
robbery through causing unconsciousness 昏睡強盗
睡眠薬を飲ませて被害者を眠らせた後に財物を盗取するような場合，昏睡(酔)強盗ないし準強盗として，強盗罪と同様に罰せら

Robinson-Patman

れる。被害者の意思を抑圧して財物を奪取するという点では一般の強盗罪と同じ評価が可能だからである。〔参考〕刑法239条(昏酔強盗)人を昏酔させてその財物を盗取した者は、強盗として論ずる。

Robinson-Patman Act ロビンソン・パットマン法
Section 2 (a) of the Clayton Act, which prohibits a seller to engage in a price discrimination against any customer, where the effect of such discrimination may be to injure, destroy or prevent competition.
(*Gilbert Law Summaries Pocket Size Law Dictionary 296 (1997), Harcourt Brace And Company.*)
クレイトン法の第2項(a)であり、差別的な価格で顧客と契約することが競争を阻害、破壊、妨害しうるときは、そのような契約を売主に対して禁止している。

roll-call 点呼
rolling over 回転貸付
rollout ロールアウト、導入、発表、案内、発売
roll-over paper 回転手形
Roman Law ローマ法
Roman-Dutch law オランダ古法
Rome Treaty 1957 1957年ローマ条約
Ronald Dworkin ロナルド・ドゥオーキン(1931-)
アメリカの法学者。オックスフォード大学教授。法哲学。裁判官の裁量論、平等論や自由論において自己意思を重視し、功利主義的アプローチを批判。著作「Sovereign Virtue」。
root of title 権原の根源
Roscoe Pound ロスコ・パウンド(1870-1964)
アメリカの法学者。ハーバード大学ロー・スクール教授。社会学的法学を提唱。著作「Spirit of the Common」。
rough 粗暴な
rough draft 草案
route 航路
routine maintenance 日常保守管理
rowdy fellow 乱暴者

royalty ①ロイヤリティー、実施料 ②印税
1. A payment made to an author or inventor for each copy of a work or article sold under a copyright or patent.
2. A share of the product or profit from real property, reserved by the grantor of a mineral lease, in exchange for the lessee's right to mine or drill on the land.
(*Bryan A. Garner, Black's Law Dictionary Second Pocket Edition 617 (2001), West Group.*)
1. 著者または発明者に対して著作権または特許権の下に販売される作品や品物の一つ一つの写しに対してなされる支払い。
2. 産出物または不動産からの利益の割当てであり、その土地を採掘または掘削する賃借人の権利の代わりに、鉱物リースの譲渡人によって取っておかれたもの。

rubber check 不良小切手
rude 粗暴な
rule 規則、支配、掟、命令、法則
rule against accumulations 永久積立禁止則
rule against perpetuities 永久拘束禁止則
rule and regulations 利用規則、会則、遵守事項
共同施設、共同住宅などの利用に際して守るべき事項を記載した約款をいう。
Rule concerning Nursing Leave, Etc. 育児休業等に関する規定
rule nisi 仮判決、仮決定
Rule of Criminal Procedure 刑事訴訟規則
rule of law 法の支配
国家権力といえども無限定に権力を行使できるのではなく、自然法や慣習法といった法にのっとって、抑制的に権力を行使すべきだとする思想をいう。さらに国家権力の発現の典型である行政権の行使は、司法権による審査に服することをも含む。法の支配の思想的淵源は、マグナ・カルタ(Magna Carta)が成立した13世紀にまで遡ることができるが、近代立憲主義の精神を表すものとして重要視されるようになったのは、エドワード・クック(Edward Coke)

sale

が行ったマグナ・カルタ解釈やダイシ (Dicey)による法の支配の内容の明確化等によるところが大きい。
rule of reason 合理の原則
rule of reliance reasonable conduct 信頼の原則
rule of res ipsa loquitur 事物それ自身が語る＝事実推定の原則
rule-making power 裁判所の規則制定権
rule-making power of the Supreme Court 最高裁判所の規則制定権
Rules for Court Proceedings for Family Affairs 家事審判法規則
rules of civil procedure 民事訴訟規則
Rules of Criminal Compensation Law 刑事補償規則
rules of employment 就業規則
rules of evidence 証拠法
rules of exclusion of illegally obtained evidence 違法収集証拠排除法則
rules of general application 総則
rules of the court 裁判所規則
rules of the Houses 議院規則
Rules of the Supreme Court （英）最高法院規則
ruling 裁判所などの決定，判決，統治
ruling against which no appeal is allowed 上訴を許さない決定
ruling as to taking or not taking of evidence 証拠決定
ruling of rectification 更生決定
ruling of the dismissal of claim 請求棄却の決定
run ①有効である②立候補する③運営する
run a red light 信号無視する
run aground 座礁する
run away 逃走する
run away from home 家出する
runaway boy 家出少年
running account 継続勘定，未決済相互勘定
running days 継続日数，連続日数
running down clause 衝突約款
running of prescription 時効の進行
running of statute of limitation 時効の進行
running royalty ランニング・ロイヤルティー，継続的使用料

S

s. section, 条
S & L : saving and loan association 貯蓄組合
S／DB／L sight draft bill of lading attached, 船荷証券付一覧払為替手形
S.E.C. : Securities and Exchange Commission 証券取引委員会
S.I.P.C. : Securities Investor Protection Corporation 証券投資者保護公社
sabbath-breaking 日曜休業違反
sabotage サボタージュ，怠業
SADD : Special Additional Duty 特別追加税
safe 金庫
safe breaking 金庫破り
Safe Drinking Water Act 安全飲料水法
safeguard 緊急輸入制限
safeguard for human rights 人権保障
safeguard measures セーフガード措置
safety catch 安全装置
safety facilities 安全施設
sail 航海する
salaried employee サラリーを受けている従業員，サラリー制従業員
salary 給与，俸給
salary review 給与査定，給与審査
sale ①売買②販売③営業④売上げ⑤売上高 Transaction between buyer and seller in which real or personal property is transferred from the seller to the buyer in exchange for some form of consideration. Sales of goods are governed by Article 2 of U.C.C.
(*Gilbert Law Summaries Pocket Size Law Dictionary* 298 (1997), Harcourt Brace And Company.)
不動産または動産が何かの形態の約因と引き換えに売主から買主へ移転される，買主

sale

と売主の間の取引。商品の売買は統一商事法典の第2条で規定されている。

sale and leaseback 不動産貸借契約付売却

sale and purchse agreement 売買契約, 売買契約書
売買契約書の表題として使用される。

sale and return 返品可能な売買

sale as is 現状のままでの売買

sale by auction 競売による売買

sale by official auction 競売

sale by official auction at a higher price 増価競売

sale by sample 見本売買

sale in gross 一括売買

sale of goods 動産売買

Sale of Goods Act （英）動産売買法

sale of the bussiness 営業譲渡
ある者が営んでいる業務を, 一括して他の者に譲り渡すことをいう。合併のような包括承継ではないが, 個々の財産だけでなく, 商号, のれん, 帳簿, 取引先, 仕入先, ノウハウなどの無形的価値も譲渡の対象になる点, 譲受人はその営業に関して生じた未履行債務を引き受けることとなる点などに特徴がある。

sale on account 掛売り, 信用販売

sale on approval 承認条件付売買

sale on credit 掛売り, 信用販売

sale or exchange 売買または交換

sale or return 解除条件付売買

sale with all faults 瑕疵引受け売買, 返却不能の売買

sale-leaseback リースバック
自己が使用している所有物を, 他人に売り渡し, 同時に, 従前どおりの利用を続けられるように買主との間で賃貸借契約を締結することをいう。自動車やオフィスビルなどが対象物となることが多い。

sale-note 仕切書, 仲立人作成の契約覚書

sales agent 仲介業者

sales agreement 売買契約, 売買の合意

sales contract 売買契約, 売買契約書
当事者の一方が財産権を移転することを約し, 他方が代金を支払うことを約束する契約。諾成, 有償, 双務の代表的契約である。売買契約書は, 契約成立の証拠として作成されるものであって, 売買契約成立の要件ではない。〔参考〕民法555条（売買）売買は, 当事者の一方がある財産権を相手方に移転することを約し, 相手方がこれに対してその代金を支払うことを約することによって, その効力を生ずる。

sales finance company 販売金融会社

sales literature 販売文書

sales note 注文請書, 売約書
売主やサービス提供者が作成する, 商品の購入やサービスの提供の申込みを記載した書面。買主や申込者が作成するものは注文書＝purchase order。

sales of a lottery 富くじ発売
胴元となって富くじを発売する行為を罰するものである。首謀, 元締め的な行為であるのでいわゆる富くじに関する罪の中では最も重く罰せられる。〔参考〕刑法187条（富くじ発売等）1項　富くじを発売した者は, 二年以下の懲役又は百五十万円以下の罰金に処する。

sales of obscene literature 猥褻文書販売
猥褻な文書を販売することをいう。販売の目的がなければ処罰されない目的犯である。同じ猥褻文書を数回以上にわたって販売しても, 一罪の猥褻文書販売罪が成立するとされる点で, 連続犯の事例としてよく挙げられる。〔参考〕刑法175条（わいせつ物頒布等）　わいせつな文書, 図画その他の物を頒布し, 販売し, 又は公然と陳列した者は, 二年以下の懲役又は二百五十万円以下の罰金若しくは科料に処する。販売の目的でこれらの物を所持した者も, 同様とする。

sales of smoking opium 阿片煙販売
禁制物である阿片煙を販売する行為を罰するものである。〔参考〕刑法136条（あへん煙輸入等）　あへん煙を輸入し, 製造し, 販売し, 又は販売の目的で所持した者は, 六月以上七年以下の懲役に処する。

sales on approval 試用販売

sales slip 売上伝票

sales tax 売上税

物品売買やサービス代価の一定割合額を課税額とする間接税をいう。売上税を納付するのは小売業者やサービス業者であるが、税負担者は物品の販売やサービスの提供を受けた消費者である。消費という事実が課税標準となるので、所得税のような直接税に比べた場合、累進性がないために弱者の保護には乏しいという欠点があるが、課税要件の客観的把握が容易で申告や徴収の際の不公平が少ないという利点があり、多くの国で採用されている。〔参考〕消費税法4条(課税の対象)国内において事業者が行った資産の譲渡等には、この法律により、消費税を課する。

saliva 唾液
salvage 海難救助
salvage charge 救助料
salvage document 廃棄処分書
salvage loss 救助物売得金差引精算
salvage service 海難救助作業
salvage value 残余価額
salvor 海難救助者
same invention 同一発明
same power 同一の権限
same rank 同順位
sample 見本売買
sanction ①制裁②処罰③認可④裁可⑤法の強制力
sanctuary 聖域
Sand Control Law 砂防法
sane 責任能力のある
sanitary code 衛生条例
sanitary facilities 衛生施設
sanitation 衛生
Sarbanes-Oxley Act サーベンス‐オクスレイ法、企業改革法
 2002年7月にブッシュ大統領が署名して、成立した連邦法。実務では「SARBOX Act (サルボックス法)」と言ったり、「サーベンス法」と言ったりする。
SAS : Stanement on Auditing Standards 監査基準法
satisfaction 弁済；完全な履行, 弁済証書；弁済受領記入, 満足度
satisfaction of a debt ①弁済②完全な履行③満足④実現
satisfaction of mortgage 譲渡抵当消滅証書
satisfactory 満足すべき
satisfactory performance 満足すべき履行
satisfy ①義務を履行する②債務を弁済する
satisfy obligations fully 完済する
satisfy personal grudge 私怨を晴らす
save and except 〜を除いて
 同義語を併記するパターン。
saved expense 節約費用
saving account 貯金
saving bank 貯蓄銀行
saving clause ①救済条項②分離条項
saving to suitors clause 連邦地方裁判所海事裁判権留保条項
savings 貯金, 預金
savings account 預貯金勘定
savings bank trust 預貯金信託
savings bond 貯蓄国債
savings passbook 預金通帳
SBU 戦略的事業部門, 事業部
scab ストライキ破り
scaffold 処刑台
scale order 刻み注文
scalper 小鞘取り
scam 詐欺
scapegoat 身代わり
scar 傷跡
scenario analysis シナリオ分析
scenic easement 眺望権
 要役地の眺望を確保するために、承役地の所有者が、敷地内の建築を制限するなどの措置を講ずることに合意することにより成立する地役権をいう。〔参考〕民法280条(地役権の内容)地役権者は、設定行為で定めた目的に従い、他人の土地を自己の土地の便益に供する権利を有する。ただし、第三章第一節(所有権の限界)の規定(公の秩序に関するものに限る。)に違反しないものでなければならない。
schedule ①別紙②付属書類③明細票④計画

schedule

schedule annexed to a statute 付則
schedule bond 特定的身元保証証書
schedule of assets 財産目録
schedule of investigation 調査票
scheduled injuries 等級表化された傷害
scheduled property 財産明細表
schedules of concessions 関税譲許表
scheme 画策する，計画する
scheme of arrangement 債務整理計画
scheme of distribution 分配案
schizophrenia 統合失調症
school board 学校委員会，教育委員会（アメリカ）
school district 学校区
school for the handicapped 養護学校
Science and Technology Agency 科学技術庁
Science Council of Japan 日本学術会議
独立行政機関として日本の学術振興の責任と権限を持っている。第二次世界大戦前において，学問の独立が侵されたことに対する反省から，戦後設立された機関。
science of law 法律学
scienter サイエンタ，詐称，知って，故意に，悪意で
scilicet すなわち
scope of authority 代理権の範囲
本人（princpal）が代理人（agent）に対して，本人のためになすことを許諾した法律行為の範囲をいう。代理権の範囲で代理人が本人のためにした行為の法律効果は本人に対して生じる。一方代理権の範囲外の行為は，無権代理行為であり本人に効果は生じない。この場合，代理人の責任や表見代理の問題となる。
scope of employment 職務の範囲
scope of functions 職務の範囲
scope of the examination of evidence 証拠調べの範囲
scorched earth 敵対的買収防止法の一つ　会社資産を処分して，買収者にとって魅力をなくす方法。
scorched-earth plan 焦土作戦
S-corporation 特別小規模会社
scratch かすり傷

scratch mark 擦過痕
scream 悲鳴をあげる
screening スクリーニング
scrip 仮証書，仮株券，端株券
scrip dividend 証書配当
script 証書または文書の原本
scrivener 代書人，代書士
scroll 書き判，巻き物
scrupulous 周到な
scrutiny 審査
scuttling 船底穿孔，海水流入
sea lawyer 問題船員
sea letter 中立国船証明書
sea rescue 海難救助
sea waybill 海上運送状
海上運送において，運送人が貨物の受領を証するために発行する預り証。荷受人は海上運送状と引換えに貨物を受け取ることができるが，有価証券ではないので，船荷証券のように裏書譲渡することはできない。したがって，本来は荷為替手形と共に金融機関に提出して，売買代金の決済を受けることもできないはずであるが，慣習的に船荷証券と同等の扱いを受ける場合も多い。
seal ①印章②押印，捺印，認印，封印
In common law, an impression on wax or other substance capable of being impressed. The purpose of a seal is to attest to the execution of an instrument. The word seal or the letters L.S. (Locus Sigilli, place of the seal) have the same significance and are commonly used for the same purpose today.
(Steven H. Gifis, Dictionary of Legal Terms 442 (3rd ed., 1998), Barron's Educational Series, Inc.)
コモン・ローにおける，蠟または他の押印できる物質の上の捺印。押印の目的は，証書の作成を証明することである。seal という言葉または L.S.（Locus Sigilli, 印の場所）という文字は同じ意味を持ち，今日では一般に同じ目的のために用いられる。
sealed 封緘された
sealed bid 密封入札
sealed document 封書

sealed instrument 捺印証書, 有印証書
sealed letter 封書
sealer 捺印官
seal-impression 印鑑
seaman 海員
seaman's lien 船員のリーエン
Seamen's Health Insurance Law 船員保険法
search 調査, 捜索
search and seizure 捜査押収
search being wanted for questioning by police 警察の手配
search instructions 手配書
search warrant 捜査令状
search warrant of inspection 令状
seashore 海岸
seasonable 時機を得た
seasonal employment 季節的雇用
seasonal fluctuation 季節変動
seaworthiness 堪航能力
seaworthy 船舶に堪航能力のある
second 賛成する
second mortgage 第二順位抵当権
　第一順位抵当権の後順位(junior mortgage)かつ, 第三順位抵当権の先順位(senior mortgage)にある抵当権。第一順位の抵当権者が優先弁済を受けて, 余剰があった場合のみ, その余剰金から債権の満足を受ける。
second offender 再犯者
second to motion 賛成動議
secondary disease 余病
secondary distribution 二次分売
secondary evidence 二次的証拠
secondary liability 二次的責任, 二次的賠償責任
secondary liable 二次的賠償責任
secondary line injury 第二次被害, 第二段階の侵害, 買手段階における競争阻害
secondary meaning 二次的意義
secondary offering 二次分売
secondary party 二次的当事者, 二次的義務者, 遡及義務者
secondary picketing 第二次ピケティング
secondary strike 第二次ストライキ

secrecy 秘密保持
secrecy agreement 秘密保持契約
secrecy obligation 会社の秘書役, 書記役
secrecy of ballots 投票の秘密
secrecy of communication 通信の秘密
secrecy of correspondence 通信の秘密
secret burial of a person who died an unnatural death 変死者密葬
　死因のわからない者を官公署に届け出ずに勝手に埋葬する行為を罰するものである。
　〔参考〕刑法192条(変死者密葬)　検視を経ないで変死者を葬った者は, 十万円以下の罰金または科料に処する。
secret burial of a person whose cause of death is unknown 変死者密葬 →secret burial of a person who died an unnatural death
secret channel of information 情報ルート
secret document 秘密証書
secret documents 機密書類
secret information 密告
secret intention 下心
secret language 隠語
secret partnership 匿名組合
secret process 企業秘密, 営業秘密, 業務上の秘密
Secret Service (米)シークレット・サーヴィス
　大統領等の警護に当たる合衆国の機関。
secret society 秘密結社
secret trust 秘密信託
Secretarial Division 秘書課
Secretariat 事務局
secretary 事務官, 秘書
Secretary of Commerce 商務長官
Secretary of State 国務長官, 州務長官, 国務大臣
Secretary-General 事務総長
Secretary's Department 秘書部
secrets 秘密
secrets of trade 企業秘密
section 条(法律第何条)
　法律の条文番号を表す接頭語。記号では「§」を用いる。法典の編纂順序には決まっ

Section

た規則があるわけではないが，一般に，title（編），chapter（章），section（条），clause（項）の順序に従う場合が多い。

Section 1231 property　内国歳入法典1231条適格財産，準資本資産

secular business　世俗的活動

secure　保全する，保証する
　To provide assurance that a debt will be paid or that funds will be available to pay damages if an obligation is not performed, particularly by giving the obligee a lien, mortgage, or other security interest (一部略) in property. Lawyers speak interchangeably of securing the obligee (一部略) or securing the obligation (一部略).
　(*James E. Clapp, Random House Webster's Dictionary of the Law* 389 (2000), Random House.)
　ある債務が支払われる保証，または，義務が履行されなければ基金が損害賠償の支払いに用立てられる保証を，特に債権者に先取特権，抵当権，または財産の他の担保権を与えることによって提供すること。法律家らは互換的に債権者の保証または債務の保証という用語を用いる。

secure positive evidence for the case　事件の確証を攫む

secured　担保された，担保付きの

secured bond　担保付社債

secured creditor　担保債権者，担保権者

secured debt　担保債務

secured party　動産担保権者

secured property　担保財産

secured transaction　動産担保付取引

secured transactions　担保付取引

securities　有価証券
　手形小切手(notes)，株券(stock)，債券(bond)など，財産的な権利が結び付けられた証書一般をいう。債権の高い流通性を確保されることが最大の特徴。証券が発行されると，以後権利の譲渡や権利行使は証券を介して行われることになる。市場性のある有価証券取引には，取引の円滑と公正のための法規制がなされる。〔参考〕証券取引法1条　この法律は，国民経済の適切な運営及び投資者の保護に資するため，有価証券の発行及び売買その他の取引を公正ならしめ，且つ，有価証券の流通を円滑ならしめることを目的とする。

Securities Act of 1933　1933年証券法，1933 Act

Securities and Exchange Commission＝S.E.C.　アメリカ連邦証券取引委員会

securities broker　証券ブローカー

securities company　証券会社

Securities Exchange Act of 1934　1934年証券取引法，1934 Act

Securities Investor Protection Act　証券投資者保護法

securities market　証券市場

securities offering　証券の募集

securities regulation　証券規制

Securities Transaction Tax Law　有価証券取引税法

security　担保，抵当，保安，保証人，証券，安全
　1. Collateral given or pledged to guarantee the fulfillment of an obligation; esp., the assurance that a creditor will be repaid (一部略) any money or credit extended to a debtor.
　2. A person who is bound by some type of guaranty; surety.
　3. The state of being secure, esp. from danger or attack.
　4. An instrument that evidences the holder's ownership rights in a firm (e.g., a stock), the holder's creditor relationship with a firm or government (e.g., a bond), or the holder's other rights (e.g., an option). A security indicates an interest based on an investment in a common enterprise rather than direct participation in the enterprise. Under an important statutory definition, a security is any interest or instrument relating to finances. (以下略)
　(*Bryan A. Garner, Black's Law Dictionary Second Pocket Edition* 629 (2001),

West Group.）
1. 債務履行を保証するために供与された見返り担保；特に，債権者が債務者に与えた金銭，信用貸しの返済を受けるであろうことの保証。
2. ある種類の保証契約により義務を負う人。保証人。
3. 特に危険または攻撃から安全な状態。
4. 所持人の会社での所有権(例，株式)を，所持人の会社または行政との債権者関係(例，債券)を，もしくは所持人の他の権利(例，オプション)を証明する証書。証券は，会社での直接の参加ではなく共有企業での出資に基づく利権を表している。重要法定義の下では，security は財務に関するあらゆる利権または証書のことである。

security agreement 担保設定契約書
Security and Freedom through Encryption Act＝SAFE 暗号による安全と自由法
security deposit 敷金
　賃貸借契約の締結に際して，契約期間中の賃借人の賃料滞納や，用法違反による目的物の損害などを担保する目的で賃借人から賃貸人に対して交付される金銭をいう。賃貸借が終了すると，未払賃料や用法違反による損害の修繕費用などを差し引いた額が，賃借人に返還される。賃貸借契約締結時に賃借人から賃貸人に交付される金銭でも，賃貸借契約が終了後に賃貸人に返還義務が生じない金銭は，礼金(key money)とよばれ，敷金とは区別される。日本では，敷金の授受や金額は事実上地方の慣習に従うところとなっているが，アメリカでは，URLTA (Uniform Residential Landload and Tenant act＝U.R.L.統一居住用不動産賃貸人貸借人法)を採用している州では，敷金の額は賃料の1ヶ月分以内に限られる(URLTA§2.101.(a))。
security for costs 訴訟費用の担保
security interest 担保権
security measures 保安処分
seek 追求
segregation ①分離②区分③隔離④人種差別

seisin; seizin 占有，所有地
seize 捕える
seize evidence 証拠物件を押収する
seize power 権力を握る
seized article 差押物，押収物
seizure ①刑事事件の押収②刑事事件の差押え③逮捕
seizure report 差押調書
select 選任する
select a defense counsel 弁護人を選任する
selection 選考
selective quantitative restriction 選択的数量制限
selective safeguard measures 選択的セーフガード措置
self regulatory organization 自主規制機関
self-appointed 自称の
self-centeredness 自己中心性
self-cleansing action 自浄作用
self-contradictory statement 自己矛盾の供述
self-damaging act 自損行為
self-dealing 自己取引
self-defense 正当防衛 →legitimate self-defense
self-denunciation 自首
self-destruction 自滅
self-employment tax 自営業者税
self-examination 内省
self-hatred 自己嫌悪
self-help 自救行為，自力救済
　盗まれた物を取り返すなど，違法状態を国家の力を借りずに自分で回復する行為。一般的に法治国家では自力救済は法秩序を乱すものとして禁止されるが，緊急性，相当性を満たす場合には，例外的に民事上も刑事上も自救行為が許容される場合がある。平穏な態様であれば担保権者が担保物の占有を取り戻すことを許すなどである。U.C.C§9-609 等。
self-imposed control 自粛
self-incrimination 自己負罪
self-insurance 自家保険

selfish 打算的な
selfishness 自己中心性
self-justification 自己弁護
self-persecution 自虐
self-satisfaction 自己満足
self-serving evidence 利益証拠
self-support 自活
self-tormenting 自虐的な
sell and deliver 売渡し
sell on credit 付けで売る
seller 売主
seller's lien 売主のリーエン
selling 販売
selling short 株式の空売り
selling (short) against the box 売りつなぎ
semi-intangibles 準有形動産
Senate 連邦議会の上院, 州議会などの上院, 元老院；評議会
send 派遣する, 発信する
send〜to prison 〜を刑務所に送る
send to the prosecutors office 送検する
sender 差出人, 発信人
sending 送致
senility and immaturity 老幼
senior 年長の, 上級の
senior counsel 主任弁護人, 上位の弁護人
senior creditor 先順位債権者
senior judge 最先任裁判官, 現役復帰裁判官
senior mortgage 先順位抵当権
優先弁済権の順位において, 他の後順位担保物権にさきがけて, 優先弁済権を受けることのできる抵当権のこと。
これに対して後順位の抵当権は, junior mortgage という。
senior public prosecutor 上席検察官
seniority 先任権, 年功序列制, 年長
seniority system 年功制
sense of right 正義感
sense of sin 罪悪感
sense of solidarity 連帯感
sensitivity analysis センシティビティー分析
sensory nerve 知覚神経

sentence ①判決②言渡し③判決を言い渡す④宣告する⑤文
sentence becomes final and binding 刑の言渡しが確定する
sentence of imprisonment without suspension of execution 実刑
sentencing 刑の量定, 量刑
sentencing guideline 量刑基準
separability clause 可分条項
separable contract 可分契約
separate but equal 黒人と白人を「分離するけれども, 平等に」扱う
白人と黒人の分離差別を合理化する議論。分離平等併合主義。
separate entity 別個の法人
separate hearing 分離公判
separate legal entity 独立の法的主体
separate opinion 個別意見
separate property 夫婦の特有財産
separate trial 分離公判
separation 隔離, 分離, 別居
separation agreement 別居合意
separation of oral proceedings 弁論の分離
separation of powers 権力分立
separation of property 財産の分離
separation of trial 審判の分離
sequela 後遺症
sequential games シークエンシャル・ゲーム
sequester 供託する
sequestration 供託
sequestration of jury 陪審の隔離
serial bond 連続償還債券
serial note 分割払約束手形
series bond 連続発行債券
serious 憂慮すべき
serious and willful misconduct 意図的違法行為
serious case 重大事件
serious crime 大罪
serious illness 重症
serious injury 重傷
serious offense 重罪
serious question 重大問題

set

serious wound　重傷
seriously ill　重態
seriousness of negligence　過失の軽重
servant　①召使②被用者③奉仕者
serve　交付する
serve a prison term　服役する
My brother is serving a four dush-year term.（私の兄は4年の刑に服役中だ）He was sentenced to two years in jail.（彼は2年の刑に科せられた）My son served out a two-year term.（私の息子は2年の刑をつとめあげた）He will get a life sentence.（彼は無期懲役に科せられるだろう）
serve a sentence　刑に服する
serve one's full term in prison　刑期をつとめあげる
serve term of imprisonment　服役する
service　①送達②雇用③役務④労務，サービス⑤勤務
Delivery of a pleading, notice or other paper in a suit, to the opposite party, to charge that party with receipt of it and subject him or her to its legal effect; communication of the substance of the process to the defendant, either by actual delivery or by other methods, whereby defendant is furnished with reasonable notice of the proceedings against him or her, to afford defendant the opportunity to appear and be heard.
(Steven H. Gifis, Dictionary of Legal Terms 454 (3rd ed., 1998), Barron's Educational Series, Inc.)
相手方に受領の責任を負わせるため、そして自身にその法律効果を与えるため、対立当事者に対する訴答書面、通知、または他の訴訟書類の送付；実際の送付または他の方法によって、被告に訴訟手続の要旨を伝えることである。それによって、被告に出廷し審問される機会を与えるために、被告は自身に対する訴訟の至当な通達が与えられる。
service agreement　サービス契約の合意
service by mail　郵便送達
service by public notification　公示送達
service by publication　公示送達
service charge　手数料，信用手数料，役務料
service contract　労務供給契約，役務提供契約
service mark　サービス・マーク
自己の提供するサービス(役務)を、他の業者のサービスと区別するためのマークをいう。役務商標（商標法2条2号）。サービスの種類内容や主体を区別するために用いられるという点で、商品の製造者などを区別するためのトレード・マーク（商標法2条1号の商標，trade mark）とは異なる。サービス・マークは、トレード・マークと同様の法的保護を受ける。15 U.S.C.§1053.〔参考〕商標法2条　この法律で「商標」とは、文字、図形、記号若しくは立体的形状若しくはこれらの結合又はこれらと色彩との結合（以下「標章」という。）であつて、次に掲げるものをいう。　一　業として商品を生産し、証明し、又は譲渡する者がその商品について使用をするもの　二　業として役務を提供し、又は証明する者がその役務について使用をするもの（前号に掲げるものを除く。）
service of documents　書類の送達
service of process　訴状・呼出状の送達
service property　公共財産
国や地方公共団体、その他の公機関が所有する財産のうち、広く不特定多数人の利用に供されている動産や不動産、設備や施設をいう。公園、公立図書館、公立病院などがその例である。
servient tenement　承役地
servitude　①苦役②地役権③懲役，禁錮④奴隷的拘束
session　①立会い②議会の会期③開廷日時④会議
set aside　取り消す，判決・命令を撤回する，解除する
set fire to and burn　焼燬する
set forth　①規定する②記述する
set of bills of lading　数通発行の1組の船荷証券
set of exchange　組手形，複本手形の組

set

set the record straight 事実関係を明確にする
set up against 対抗する
set-off ①相殺②償い
setting fire to an article other than structures, etc. 建造物等以外放火
settle 和解する，解決する，弁済する，清算する，承継的財産処分を行う
settle down 定住する
settled account 清算済勘定
settlement ①解決②和解，調停③清算
settlement fee 清算費用
settlement of accounts 決算
settlement of disputes 紛争解決条項
settlement option 保険金受取方法の選択権
settlement out of court 裁判外の和解，法廷外の和解
settlement procedures 清算手続
settlement sheet 不動産譲渡支払済証書
settler 信託設定者
settling day 決済日
settlor 設定者
Seven S Model セブン・エス・モデル
sever 分離する
severability clause 分離条項
severable 可分の，分割可能な
債権，債務その他の権利の一部を，性質上，残余部分から切り離して把握することができることをいう。例えば金銭債務について一部だけを譲渡したり一部だけを弁済することは可能なので，可分な債務である。これに対して自動車の給付債務は，例えばタイヤだけの給付義務を譲渡したり履行することはできないので，不可分(unseverable)な債務である。〔参考〕民法428条(不可分債権)債権の目的がその性質上又は当事者の意思表示によって不可分である場合において，数人の債権者があるときは，各債権者はすべての債権者のために履行を請求し，債務者はすべての債権者のために各債権者に対して履行をすることができる。
severable contract 可分契約
several 個別の
several covenant 可分契約条項，個別の約定
several liability 個別責任
several sureties for one obligation 共同保証人
severally 個別に，単独で
severance 契約条項の分離独立性
severance of actions 訴訟の分離
Sewerage Law 下水道法
sex discrimination 性差別
sexism 性差別
sexual disease 性病
sexual harassment セクシャル・ハラスメント，性的嫌がらせ
sexual intercourse ①淫行②姦淫
sexual offense 性犯罪
sexual orientation 性的嗜好
shackles 戒具
shaken faith doctrine 動揺した誓約の法理
売主は，履行期限前であれば履行期限までに，履行期限後であれば合理的期間内に，不適合商品を治癒できる，とする法理。
shall 〜するものとする
sham marriage 偽装結婚
sham transaction 仮装取引
shameful conduct 醜態
shameless 破廉恥な
share ①持分，分け前②分け前にあずかる③株式
A person's interest in the ownership of some asset or entity; the portion of some benefit or liability that is allotted to a person. A single unit of stock that represents ownership in a business entity.
(*Gilbert Law Summaries Pocket Size Law Dictionary* 307 (1997), Harcourt Brace And Company.)
何かの資産または法的主体の所有権におけるある人の持分；ある人に分配された何かの利益または債務の割当て。事業主体における所有権を表章する株式の一単位。
share as fully paid up 払込済株式
share certificate 株券，記名株券
share dividend 株式配当

share having par value　額面株式
share issued　発行済株式
share of obligation　負担部分
share of the capital stock　株式
share premium　株式のプレミアム
share purchase agreement　株式購入契約
　契約当事者の一方が，他方の会社の株式を購入することを内容とする契約。合併，買収，資本提携およびその解消など，企業結合や企業分割の際になされる合意である。
share subscribed　引き受けた株式
share subscription form　株式申込証
share subscription　株式申込書
share warrant (to bearer)　無記名株券
shareholder　株主
shareholder change　株主の変更
shareholder of record　株主名簿上の株主
shareholder present　出席した株主
shareholders' agreement　株主間契約
shareholders' derivative action　株主代表訴訟
shareholder's general meeting　株主総会
shareholders' meeting　株主総会
shareholders' representative action　株主代表訴訟
shareholders' right to make a proposal　株主提案権
shareholders who are not entitled to vote　議決権のない株主
sharepushing　株の押し売り
shares in contribution　寄与分
shares in succession　相続分
shares of co-ownership　共有持分
shares owned　所有株式
shares with par value　額面株式
shares without par value　無額面株式
sharing of profit and loss　損益分配
shark repellant　サメよけ条項
　定款中にあらかじめ敵対的買収をされにくくする方策を規定する手法。
sharp clause　懈怠約款
sharp-edged　鋭利な
sharp-edged tool　利器
shave　買い叩き
shed　上屋

運送途中の貨物を一時保管する仮置き場。「うわや」と読む。
shelf registration　一括登録
　一定期間にわたって，いつでも証券を販売できる登録制度。
shelter　避難所
shelter rule　シェルター・ルール
shelve the bill　法案を棚上げにする
Shepard's Citations　シェパーズ社の判例法令集
sheriff; shire-reeve; shiriff　執行官，首席判事，保安官
sheriff's sale　執行官による売却，執行公売
Sherman Act　シャーマン法
Sherman Anti-trust Act　シャーマン反トラスト法
shield law　（米）取材情報源秘匿法
shift of burden of proof　挙証責任の転換
shift one's responsibility　責任を転嫁する
shifting income　所得移転
shifting risk　変動危険
shifting the burden of proof　立証責任の転換
　民事訴訟では権利の発生や消滅といった法律効果が自己に適用されることを主張する者がその法律規定に該当する事実の立証責任を負うのが原則である。しかし実体法のいわゆる推定規定＝rebuttable presumptionによって，本来は立証責任を負うべき者が証明を免れ，逆に相手方が反証活動を積極的に行う必要が生じる場合を，挙証責任の転換という。例えば善意の占有者は民法189条1項によって果実を取得することができるが，民法186条により占有者の善意が推定されるので，果実収取権を主張する者が自己の善意を主張する必要はなく，相手方が占有者の悪意を立証しなければならないのが，その例である。〔参考〕民法186条(占有の態様等に関する推定)1項　占有者は，所有の意思をもって，善意で，平穏に，かつ，公然と占有をするものと推定する。　民法189条(善意の占有者による果実の取得等)1項　善意の占有者は，占有物から生ずる果実を取得する。

shingle

shingle theory　看板理論
ship　出荷する
ship mortgage　船舶抵当権
　船舶に対して設定される抵当権をいう。船舶は動産ではあるが，その価格や機能に鑑みて，不動産と同様の登記制度があり，譲渡担保などの手段によることなく，不動産と同様の抵当権を設定することができる。
　〔参考〕商法848条1項　登記シタル船舶ハ之ヲ以テ抵当権ノ目的ト為スコトヲ得
shipbreaking　船舶解体
shipbroker　船舶仲立人
shipment　出荷，船積み，積荷
shipment contract　船積地契約，出荷地契約
shipowner　船舶所有者
shipped B／L; shipped bill (of landing)　船積船荷証券　→on board B／L
shipper　①荷送人，荷主②輸出者
shipping　出荷
shipping advise　出荷通知
shipping articles　海員雇用契約書
shipping documents; 〜paper　船積書類，出荷書類
shipping mark　荷印
shipping notice (notification)　発送案内
shipping order　船積指図書
ship's husband　船舶管理人
Ships Law　船舶法
ship's paper　船舶備付書類
ship's rail　本船の欄干
shipwreck　海難
Shoko Chukin Bank Law　商工組合中央金庫法
shoot at　狙撃する
shoot dead　銃殺する
shop right　ショップ・ライト，使用者実施権
shop steward　職場委員，工事幹事
shop-books　会計帳簿
shoplifting　万引き
Shopping District Promotion Association Law　商店街振興組合法
short against the box　売りつなぎ
short delivery　不足引渡し，揚荷不足

Short Form　ショートフォーム
short form merger　簡易吸収合併
short rate　短期料率
short sale　空売り
short swing profit　短期売買差益，短期利益
short termer　短期受刑者
short title　法律の略称
shortcoming　短所
shorten　短縮する
Shorter Working Hours Law　労働時間の短縮の促進に関する臨時措置法(時短促進法)
shorthand　速記
shorthand typist　速記官
short-term capital gain　短期譲渡所得
short-term debt　短期証券
short-term extinctive prescription　短期消滅時効
short-term imprisonment　処罰としての短期の身体的拘束，短期自由刑
short-term lease　短期賃貸借
short-term loan payable　短期借入金
should know　知っているとみなされる
shoulder of road　路肩
show one's driver's license　運転免許証を見せる
show solid grounds　確実な証拠を示す
show trial　見せしめ裁判
show up　面通し
　被疑者一人を見せる方法。(cf. line up)
showing　弁明
showings　成績
shriek　悲鳴をあげる
shyster　三百代言
sic　原文のまま
sick leave　病気休暇
sick pay　疾病手当
side　側
sideeffect　副作用
sight　一覧払いの
sight draft　一覧払為替手形
sign　署名，署名する
sign jointly　連署する
sign of reformation　改悛の情

signal 標識
signalling シグナリング
signatory 署名者
書類に，自身の氏名その他自己の同一性を判別する名称を自筆した者ををいう。署名者イコール債務や責任を負担する者ではない。代理人として署名した者は署名者ではあるが，債務を負担するのは本人であって署名者ではない。
signature 署名，調印
signature and seal 署名押印
signature card 署名カード
signed, sealed, and delivered 署名・捺印・交付済
significant contact 実質的な関係
significant deficiency 重要な不備
signing 調印
silence 沈黙
silent partner 匿名組合員
similar 類似の
similarity 類似
simple average 単独海損
simple bond 単純捺印金銭債務証書
simple contract 単純契約，非方式契約
simple interest 単利
simple loss payable clause 単純保険金受取人条項
simple negligence 単純過失
simple obligation 単純債務
simple trust 単純信託
simulated 虚偽の，仮装の
simulated sale 仮装売買
simulation 詐病
simultaneous death 同時死亡
simultaneous injury 同時傷害
simultaneous performance 同時履行
simultaneous publication 同時発行
sine〜 〜なしに
sine consideratione curiae 裁判所の判決によらずに
sine qua non 必要条件
single act 観念的競合の場合の同一の行為
single act constituting multiple 観念的競合 →crimes charged as a single crime
single bond; 〜bill 単純捺印金銭債務証書

single cell 独居房
single damages 実損の賠償，填補賠償
single family use 一軒家，一戸建て
single lot contract 一回給付契約
single premium 一時払保険料
sinking fund 減債基金
sinking fund debenture 減債基金付社債
SIP : state implementation plan 州実施計画
Sir Edward Coke エドワード・クック (1552-1634)
イギリスの法律家。
Sir Henry James Summer Maine ヘンリー・ジェームス・サマー・メイン(1822-88)
イギリスの法学者。歴史学や進化論などの影響を受け，法も時代と共にその内容を変えながら発達するものであることを，実証的に分析。主著「Ancient law」(1861)。
Sir Thomas Littleton トーマス・リトルトン(？―1481)
イギリスの法律家。
Sir William Blackstone ウイリアム・ブラックストン(1723-80)
イギリスの法学者。主著「Commentries on the Laws of England」。
sister corporation 姉妹会社
sister-in-law 義姉，義妹
sit in 座り込み
sit with one's head down 座って頭を伏せる
sit-down strike 座り込みスト，職場占拠
size 大きさ，面積
SJA 法務部，法務官
skeleton bill 白地手形
skeltonizing 白骨化
skid mark スキッド痕，スリップ痕
skilled 巧妙な
skillful 巧妙な
skull fracture 頭蓋骨骨折
sky laws 青空法，サンシャイン法
sky lease 空中権賃借
土地の所有権は，その上方(空中)および下方(地中)の一定空間の範囲にも効力が及ぶ。すなわち土地所有者は，土地の上方及

slander

び下方の社会通念上相当な高さと深さの範囲内を，自由に利用する権利を有している。そしてこれら空中や地下に対する利用権を，地表面に対する利用権と切り離して考えることができる。これを空中権ないし地下権という。たとえば，他人の土地の上に送電線を通そうとする場合などは，土地所有者から，空中権を賃借するか，用益物権を設定することが必要である。空中権を賃借することを，空中権賃借＝sky lease という。〔参考〕民法269条の2(地下又は空間を目的とする地上権)1項　地下又は空間は，工作物を所有するため，上下の範囲を定めて地上権の目的とすることができる。この場合において，設定行為で，地上権の行使のためにその土地の使用に制限を加えることができる。

slander　口頭による名誉毀損，中傷
slander and libel　中傷誹謗
slander of title　権利の誹謗
slap　殴る
slaughter　残忍な方法の虐殺
sleeping drug　催眠剤
sleeping partner　匿名の組合員
slight injury　軽傷
slight negligence　軽過失
slight wound　軽傷
slip and fall　すべってころんでスーパーマーケットや地方公共団体を訴えること。
slippery slopes　裁判所がある種の請求を認めると，同種の請求が裁判所に殺到してしまうという議論。floodgate argument とほぼ同じ内容。
slush fund　裏金
Small and Medium Enterprise Basic Law　中小企業基本法
Small and Medium Enterprise Credit Insurance Law　中小企業信用保険法
Small and Medium Enterprise Guidance Law　中小企業指導法
small bankruptcy　小破産
small business　零細企業
small business corporation　小規模会社
Small Business Finance Corporation Law　中小企業金融公庫法
Small Business Investment Company Limited Law　中小企業投資育成株式会社法
small claims court　少額請求裁判所
Small Enterprise Mutual Relief Projects Law　小規模企業共済法
small issue　少額発行
small loan act　小口貸金業法
small print　細目
small-and-medium sized enterprises　中小企業
smart money　懲罰的損害賠償金，内部者投資
Smithonian Agreement　スミソニアン協定(スミソニアン合意)
smoking opium　阿片煙吸食
Smoot Hawley "Tariff Act of 1930"　1930年関税法
smuggle abroad　密輸出する
smuggle into　密輸入する
smuggle oneself into　密航する
smuggling　密輸
snatch away from　ひったくる
snatching　ひったくり
sneak thief　こそ泥
snipe　狙撃する
snob effect　見栄張り効果
sober　しらふ
socage　農地所有の一つの形で
social agreement　社交的合意
social Darwinism　社会進化論，社会ダーウィン主義
social defense　社会防衛
social education　社会教育
social insurance　社会保険
Social Insurance Medical Fee Payment Fund Law　社会保険診療報酬支払基金法
social mobility　社会柔軟性
social policy　社会政策
social problem　社会問題
social security　社会保障(制度)
Social Security Act　社会保障法
social security benefits　社会保障給付金

Special

Social Security Number　社会保険番号
social status　社会的身分
social stigma　社会的烙印
social unrest　社会不安
social welfare　社会福祉
social welfare commissioner　民生委員
social work　社会事業
socialization　共有化
socially accepted idea　社会通念
socially justifiable act　社会的相当行為
Societa per Azioni＝S.P.A.　公開株式会社(イタリア)
Societe Anonyme＝S.A.　公開株式会社(フランス)
society　①社会②交際
sociological jurisprudence　社会学的法学
Socratic method　回答方式の法学教育
sodomy　反自然的性交
soft law　ソフト・ロー
softening of the brain　脳軟化症
Software Copyright and Protection Act　(米)ソフトウエア著作権及び保護法
software license agreement　ソフトウエア・ライセンス契約
　コンピュータ・ソフトウエアを販売する者(vender, ベンダー)が，そのソフトウエアの購入者や利用者(user, ユーザー)に使用を許諾することを内容とする契約。ユーザーは，使用コンピュータ台数等に応じた実施料(royalty)をベンダーに支払う。
soil pollution　土壌汚染
solar easements　日照地役権
sole and exclusive　唯一の，排他的な
　同義語を併記するパターン。
sole and exclusive distributorship agreement　独占販売店契約，一手販売店契約，総代理店契約
　製品の供給者が，同一商圏においては販売店(distributor)以外の者に商品を供給しないことを内容とする販売代理店契約(distributorship agreement)。exclusive distributor agreement。製造者や供給者にとっても，製品の信用力やブランド力が高まるというメリットがある。
sole practitioner　個人開業弁護士

sole proprietor ships　個人営業
sole proprietorship　個人企業
solemnity contract　要式契約
solicit　懇願する
solicitation　教唆
solicitor　事務弁護士(イギリス)
Solicitor General; Solicitor-General　法務次官，訟務長官
solict the amendment　修正を強く求める
solid evidence　動かぬ証拠
solidarity　団結
solidary　連帯の
solitary cell　独居房
solitary confinement　独居拘禁
solo practitioner　個人開業弁護士
solution　解決
solvency　支払可能な，支払能力のある
solvency policy　信用保険証券
solvent　支払可能な，支払能力のある
solvit ad diem　期日支払抗弁
somatotype　体型
soot and smoke　煤煙
sophisticated investor　有識投資家
　会計士や弁護士など開示情報を読む能力のある投資家。
sound value　正品価額
source　法源
source of pure water　水源
source of revenue　財源
sources of (the) law　法源
South Sea Bubble　南海泡沫会社事件
sovereign　主権者
sovereign immunity　主権免責，外国主権免責特権
sovereign power　主権
sovereign right　統治権
sovereignty　主権
sox　ソックス，硫黄酸化物
spasm　発作
speaker　議長
special　特別の
special account non-competition clause　特定非競業条項
special adoption　特別養子
Special Adviser to the Minister of Jus-

Special

tice　法務省特別顧問
special agent　特定代理人
special agreement　特約
special agreement for redemption　買戻特約
special amnesty　特赦
special appearance　スペシャル・アピアランス，特別応訴
special appearance　限定的出廷
special assistant to the director of the general affairs division　刑事調査官
special authority　限定的な権限
special bailment　特別寄託
special benefit　特別の利益
special bond　特別保証書
special case　特別事件
special circumstances　特別の事情
special club　特殊警棒
special consultant　特殊顧問
special contribution　特別の寄与
special count　個別的訴訟原因陳述
special crime of misappropriation　特別背任罪
special damages　特別損害
special defense counsel　特別弁護人
special deposit　寄託，特定寄託
special facts rule　特別事実の法則
special favor　特典
special form of one's last will　遺言の特別の様式
special gift by will　特定遺贈
special income　特別利益
special indorsement　記名式裏書，訴状における請求の記載
special instruction　特別指示
special interest　特別の利害関係
special interrogatories　特別質問
special judicial police official　特別司法警察職員
special knowledge　特別の知識
special Kokoku-appeal　特別抗告
special law　特別法
special lien　留置権，特定物リーエン
special liquidation　特別清算
special loss　特別損失

Special Measures Law　特別措置法
Special Measures Law Concerning Measures Taken By Japan in Support of the Activities of Foreign Countries Aiming to Achieve the Purposes of the Charter of the United Nations in Response to the Terrorist Attacks Which Took Place On 11 September 2001 in the United States of America As Well As Concerning Humanitarian Measures Based On Relevant Resolutions of the United Nations　平成13年9月11日のアメリカ合衆国において発生したテロリストによる攻撃等に対応して行われる国際連合憲章の目的達成のための諸外国の活動に対して我が国が実施する措置及び関連する国際連合決議等に基づく人道的措置に関する特別措置法(テロ対策特別措置法)
special meetings of the shareholders　臨時株主総会
定時株主総会のように定期的に開かれるのではなく，必要に応じて取締役や株主などの求めに応じて開催される株主総会をいう。〔参考〕会社法296条2項　株主総会は，必要がある場合には，いつでも，招集することができる。
special partner　有限責任社員，有限責任パートナー
special partnership　特別組合，有限責任組合，合資会社
special property　制限付財産権
special prosecutor　(米)特別検察官
special provision　特則
special representative　特別代理人
special security　特別担保
special stipulation　格別の定め
Special Tax Measure Law　租税特別措置法
Special Terms　特殊条項
special trust　特別信託
special verdict　特別評決
specially manufactured goods　特注品
specialty　①捺印証書②専攻
Specific Commercial Transactions Law

特定商取引に関する法律
specific disclaimer 特定排除
specific goods 特定物
specific lien 留置権，特定的リーエン
specific performance 特定履行
specific thing 特定物
specification ①加工②仕様(書)③特許の明細書
specification of goods 品名
specifie duty 従量税
specified matter 特定の事項
specify 加工する
specify a count 訴因を明示する
spectator 傍聴人
spectator in the court 傍聴人
spectator's gallery in the court 傍聴席
speculation 投機
1. The buying or selling of something with the expectation of profiting from price fluctuations.
2. The act or practice of theorizing about matters over which there is no certain knowledge.
(Bryan A. Garner, Black's Law Dictionary Second Pocket Edition 658 (2001), West Group.)
1. 価格変動による利益を得る見込みをもって何かを購入または売却すること。
2. 確かな知識のない事柄について理論を立てる行為または業務。
speculative streak 投機心
speculative transaction 投機取引
speculator 相場師，山師
speech ①言論②弁論③演説
speech plus 行動を伴う表現
speed cop 白バイ
speed limit 制限速度
speed to market 製品発売までのスピード
speedometer 速度計
speedy trial 迅速な裁判
speedy trial procedure for traffic violations 即決裁判手続
spendthrift trusts お金持ちで配偶者のいない人が子どもに財産を残したいが、子もは浪費家でお金を渡すとすぐに使ってしまうような場合に、その人の死後、信頼できる人や機関が、このトラストに書いてある指示通りに子どもに財産を渡すシステム。
sphere of influence 地盤，勢力範囲
spikes 忍び返し
spillover effect 波及効果
spin off 分離する，スピン・オフする
spin-off スピン・オフ
spirit of the law 法の精神
split income 分割所得
split personality 二重人格
split-interest trust 分割利益信託
split-off スプリット・オフ
splitting (a) cause of action 分割訴訟，訴訟原因の分割
splitting up of shares 株式の分割
split-up スプリット・アップ
spoil 略奪品
spoliation 文書の毀損，証拠隠滅，文書偽造
sponsorship 後援
spontaneous combustion 自然発火
spot 現物渡し
spot price 現物渡価格
spot sale and purchase agreement スポット売買契約
単発の、一回限りの売買契約。継続して商品や製品を供給する継続売買契約、長期売買契約(longterm sale and purchase agreement)に対応する概念。
spot zoning スポット地区制，部分ゾーニング
spouse 配偶者
sprain 捻挫
spray trust 散布信託
spread 流布
spread of fire to an article other than structures, etc. 建造物等以外延焼
spread of fire to a structure, etc. 建造物等延焼
spread of fire to structure 延焼
Spring Offensive 春闘，春季闘争
springing interest 発生的将来権
sprinkling trust; splinkler trust 散布信託

sputum

sputum 唾液
sqeeze-out 少数株主締出し
square meter 平方メートル
squatter 不法占拠者
squatter's right 無断居住者の権利
　自分に土地を占有する正当な権原がないことを知っていて、立退きを求められないことをいいことに、他人の土地を勝手に使用している者をいう。このような者は一般的に、自らその土地の所有者として振る舞おうとしているわけではない＝他主占有者であるので、占有期間がいくら継続したとしても、土地を時効取得することはない。
　〔参考〕民法162条（所有権の取得時効）1項　二十年間、所有の意思をもって、平穏に、かつ、公然と他人の物を占有した者は、その所有権を取得する。
ss すなわち、記録、申立て
SSG : Special Safeguard 特別セーフガード措置
stab ①刺し傷②突き刺す
stab to death 刺し殺す
stab wound 刺し傷
stabbing 刺突
staff member 事務員
staggered terms ずらし任期、期差任期
stain 汚損
stake ①賭金②第三者が預かる係争物③利害関係
stakeholder analysis ステークホルダー分析
　企業を取り巻く利害関係を分析し、経営資源の配分と戦略を策定すること。
stakes 賭金
stale 時期おくれの、期限を徒過した
stale check 期限切れ小切手
stall ①露店②失速
stall keeper 露天商
stallage 売場開設権、売場開設料
stamp ①署名捺印した書面②印紙③切手
　①事実や権利を証明するために作成者が署名捺印した書面②手数料を国や自治体に納付したことを証明する証票。③郵便料金を納付したことを証明する証票。
stamp duty 印紙税

stamp in recognition of receipt 受付印
stamp tax 印紙税
stamped seal 封印
stand on the witness stand 証人席に立つ
stand the bill for 立て替える
standard 基準
standard (form) contract 標準書式契約、標準書式約款
standard mortgage clause 標準モーゲージ条項
standard of imposition 課税標準金額
standard of living 生活水準
Stand-by Act 1890 停船待機義務法
stand-by letter of credit (L／C) スタンド・バイ・クレジット、スタンド・バイL／C
standing ①地位②信用
standing committee 常任委員会
standing to be sued 被告適格
standing to sue 当事者適格
stare decisis 先例の拘束力
startle the world 世間の耳目を驚かす
starve to death 餓死する
state action ステート・アクション
state citizenship 州の市民権
state compensation for the victims of crime 犯罪被害者給付金
state constitution 州憲法
state court 州裁判所
State CPA society 州CPA協会
state government 州政府
state jurisdiction 国家管轄権
state law 州法
state of finance 財政状況
state of mind 精神状態
state of property 財産の状況
state of the art 技術水準
state ownership 国有
state property 国有財産
State Property Law 国有財産法
State Redress Law 国家賠償法
state registrar 州登録官
state statute 州法
state tax 州税

stated account　確定勘定
stated capital　表示資本
stated fee　規定報酬額
stated meeting　株主総会などの定時会
statement　①供述②申告，報告③陳述④声明⑤勘定書
statement against interests　利益に反する供述
statement against oneself　自己に不利益な供述
　刑事手続において被疑者や被告人が自己に不利益な供述を強制されることはないのは，憲法上認められた権利である。この原理は刑事訴訟法，黙秘権として強化されている［参考］憲法38条1項　何人も，自己に不利益な供述を強要されない。
statement given before a judge　裁判官の面前における供述
statement of accounts　決算報告
statement of audit　検査報告
statement of claim　請求の原因
statement of condition　貸借対照表
statement of objection in lieu of Kokoku-appeal　抗告に代わる異議申立て
statement of opinion　意見表明
statement of reasons for Jokoku-appeal　上告趣意書
statement of reasons for Koso-appeal　控訴趣意書
state-owned　国有の
state's rights　州の権利
stating an account　勘定書の開示，計算書の開示
status　身分，地位
status quo　現状(ラテン語)
statute　法律，制定法
　立法機関が制定した法律。
　A law; legislative enactment; codified rule of law.
　(Gilbert Law Summaries Pocket Size Law Dictionary 315 (1997), Harcourt Brace And Company.)
　法律；立法制定；法典化された法原則。
statute books　六法全書
statute law　成文法

statute of frauds　詐欺防止法
statute of limitations　①刑事の時効②出訴期限法
statute of repose　出訴期限法
Statute of Westminster　ウエストミンスター法
　イギリスには，この名前で4つの法律がある。
Statutes at Large　法律全集
statutori　①制定法の②法定の
statutory　法定の
statutory appropriation　法定充当
statutory calculation　法定通算
statutory collegiate court　法廷合議
statutory damages　法定賠償金
statutory deduction　法律上の控除，法定控除
statutory guardian　法定後見人
statutory holiday　法定休暇
statutory inclusion of interest in principal　法定重利
statutory instruments　命令
statutory interest rate　法定利率
statutory law　制定法，成文法
statutory license　法定許諾
statutory lien　制定法上のリーエン
statutory penalty　法定刑
statutory property system　法定財産制
statutory reduction　法律上の減軽
statutory reserve funds　法定準備金
statutory shares in succession　法定相続分
statutory trust　制定法上の信託
stay　停止，中止
stay of execution　執行猶予
stay of proceeding　訴訟手続を一時的に停止する
stay of the proceedings of trial　公判手続を停止する
steal　窃取，盗む
steel pipe　鉄パイプ
steep rise　高騰
stenographer　速記官
stenographic record　速記録
stenography　速記

step

step child 継子
step-parent 継親
stet processus 訴訟終結記載
steward ①事務長②執事
stigma 烙印
stigmatized propery いわく付き不動産
　かつてその不動産で人身事故などがおこった物件をいう。法的な権利関係は，きれい(clear)であり瑕疵がある(cloud)わけではないにせよ，いわゆるこのような「わけあり」の物件は，そうでない不動産に比べれば，取引に際して好まれない傾向がある。
stillbirth 死産
stillborn 死産の
stimulants 覚せい剤
stimulants addict 覚せい剤中毒者
Stimulants Control Law 覚せい剤取締法
sting operation おとり捜査
stipulate 規定する
stipulated damages 約定損害賠償，約定損害賠償額，損害賠償の予定
stipulation 規定，契約条項
stock ①商品の在庫②株式③資本
　1. A merchant's inventory.
　2. The capital of a corporation, consisting of proceeds from the sale of shares and evidenced by the total number of shares issued.
　3. The number of shares owned by an individual shareholder and the proportionate equity interest in the corporation represented thereby.
　(*Steven H. Gifis, Dictionary of Legal Terms 471 (3rd ed., 1998), Barron's Educational Series, Inc.*)
　1. 商人の日録。
　2. 株式の売却からの収入から成り立ち，総株式発行数で証明される会社の資本。
　3. 個人の株主によって所有される株式の数と，それによって表される会社の比例した企業資産の持分所有権。
stock certificate 記名株券
stock clearing 株式の清算
stock corporation 株式会社
stock dealer 株式ディーラー，証券ディーラー
stock dividends 株式配当
stock exchange 株式証券取引所
stock insurance company 株式保険会社
stock ledger 株主名簿
stock market 取引所
stock option 株式買受権
stock purchase agreement
stock redemption 株式の償還
stock right 新株引受権，新株買受権
stock split 株式分割
stock taking 在庫調べ
stock transfer tax 株式取引税，証券取引税
stock warrant 株式買受権証券
stock with pre-emptive right 新株引受権証券
stockbroker 株式ブローカー，証券ブローカー
stockholder 株主
stockholder relations 株主関係
stockholders' derivative action; ～suit 株主代表訴訟
stockholder's equity 株主持分
stockholders' representative action; ～suit 株主代表訴訟
stolen articles 盗品
stolen goods 盗品
stop and frisk アメリカにおいて，警察官が，挙動不審の者を停止させ，武器などを持っていないか調べること。
stop payment order 支払停止命令
stop-limit order 指値注文
stop-loss order 逆指値注文
stoppage in transitu 売主の運送品差止，運送差止
stopping delivery 引渡停止
storm 強襲する
stowage 積付け，積付料
stowaway 密航者
straddle 売付買付両選択権
straight B／L 記名式船荷証券
　記名式で発行され，裏書譲渡ができない船荷証券をいう。
　貨物を受け取る権利者が荷受人(consign-

ee)に限定されている点で，指図式船荷証券＝order B／L と異なる。
straight bankruptcy　破産手続
stranger　第三者，非当事者，外部者
strangle to death　絞め殺す
strangulation　絞殺
strategic alliance　戦略的提携
strategic control points　戦略管理点
strategic flexibility　戦略的柔軟性
strategic moves　戦略的な動き
strategic person　重要人物
straw bail　形だけの保釈保証人
straw man　わら人形
streamline　効率化する，合理化する
street gang　やくざ
street name　証券業者名簿
street stall　露店
street-gang hoodlum　愚連隊
streetwalker　街娼
strict construction　厳格解釈
strict law　厳格法
strict liability　厳格責任，無過失責任
　Civil or criminal liability imposed upon a person without regard to whether the person intentionally or knowingly did anything wrong or was in any way reckless or negligent. In tort law, also called liability without fault. Typical examples in tort law include abnormally dangerous activity; in criminal law, statutory rape（一部略）and speeding.
　(James E. Clapp, Random House Webster's Dictionary of the Law 271 (2000), Random House.)
　ある人が意図的にまたは故意に不法行為をなしたか否かにかかわらず，もしくは無謀または不注意であったか否かにかかわらず，その人に課される民事または刑事の責任。不法行為法では，無過失責任とも呼ばれる。不法行為法の典型的な例は異常に危険な行為を含む；刑法における法定強姦やスピード違反。
strict neutrality　厳正中立
strict proof　厳格な証明
stricti juris　厳格な法律上の解釈により

student

strike　ストライキをする
　concerted action or combination effort by a group designed to exert pressure on an individual or entity to accede to certain demands. For instance, the mass refusal to work overtime by a group of employees constitutes a strike. The right to strike by employee is generally governed by the National Labor Relations Act. However, the use of the term strike is not limited to the labor context. For instance, the refusal of tenants to pay rent until the landlord makes improvements in the rented property is commonly referred to as a rent strike.
　(Steven H. Gifis, Dictionary of Legal Terms 475 (3rd ed., 1998), Barron's Educational Series, Inc.)
　ある個人または実体に対して，ある要求に従うよう圧力をかけるために計画されたグループによる関係行為または団結努力。例えば，従業員グループによる残業の集団的な拒否はストライキとなる。従業員がストライキする権利は一般に連邦労働関係法で規定されている。しかしながら，ストライキという言葉の使用は労働に関する事柄に限定されているわけではない。例えば，賃借人が賃料の支払いを家主が賃貸物件を改善するまで拒否するのは一般に家賃不払いストライキと呼ばれる。
strike a bargain　契約を締結する
　相互に自己の意思を提示しあって，合意を達成することをいう。strike a deal。
strike benefits　罷業手当
strike down　～の効力を否定する
strike off　競落宣言，削除する
strike suits　会社荒し訴訟，嫌がらせ訴訟
strike-breaker　スト破り
striking price　オプション行使価格
strip　奪い取る
strong-arm provision　強腕条項，ストロング・アーム条項
structural impediments initiative (SII)　構造協議
student of the legal reserch and training

stultify

institute 司法修習生
stultify 無能力の申立てをする
sub modo 条件付きで，制限付きで
sub-agent 復代理人
subarachnoid hemorrhage くも膜下出血
subchapter S corporation 特別小規模会社
subconsciousness 潜在意識
subcontract ①下請契約②従属契約
subcontractor 下請人
subdural hematoma 硬膜下血腫
subject ①科目②主語③臣下
subject intent 本当の意図
subject matter ①主題②訴訟物
subject matter jurisdiction 事物管轄
subject of claim 債権の目的
subject of discussion 協議事項
subject property 目的不動産，当該不動産
　一般名詞としての抽象的な意味の不動産ではなく，ある特定の権利の目的としての物的客体としての不動産という意味を強調したいときに，文章中で使われる言葉。
subject to〜 〜を条件として，従属して
subjective elements of illegal act 主観的違法要素
subject-matter 目的物
subject-matter in dispute 係争物
sublease 転貸借契約，不動産の転貸借
sub-lease 転貸
sub-lessee 転借人
　不動産の転貸借契約における賃借人をいう。転貸借人は，転貸人＝原賃貸借契約 (master lease) の賃借人に対し，目的物の使用収益を求めることができ，対価として賃料支払義務を負う。原賃貸借契約の賃貸人とは，何らの契約上の法律関係には立たない。
sub-lessor 転貸人
sublet 転貸する
　下請させる①賃借人が，借りている不動産を他人に賃貸することをいう。sublease。転貸を行っても，賃借人が当初の賃貸借関係から離脱するわけではない。賃借人が契約関係から離脱する賃借権の譲渡は as-

sign という。賃貸借は当事者の信頼関係が重要な契約であるため，転貸や賃借権の譲渡は原則として許されない。〔参考〕民法612条（賃借権の譲渡及び転貸の制限）1項 賃借人は，賃貸人の承諾を得なければ，その賃借権を譲り渡し，又は賃借物を転貸することができない。

subletting 転貸借
sublicense 再実施許諾，サブライセンス
submission ①議案の提出②仲裁付託
Submission of Samples and Dispatch of Licensor's Representatives 定期的な見本提出・指導員の派遣
submit 提出する，服する，委ねる
　To yield to the will of another; to present. *(Gilbert Law Summaries Pocket Size Law Dictionary 319 (1997), Harcourt Brace And Company.)*
　他者の意思に屈すること；提出すること。
submit a bill 法案を提出する
submit an aplication 申込書を提出する
submit oneself to complainants 首服する
submortgage 転譲渡抵当
subordinate 手下
subordinated debenture 劣後社債
subordinates 配下
subordination ①後順位②従属
subordination agreement 債権者間の劣後契約
subordination clause 抵当権順位の譲渡条項
　ある者が有する抵当権の順位を，他の債権者が有する被担保債権のために順位を譲り渡すことを合意する条項をいう。〔参考〕民法374条（抵当権の順位の変更）1項 抵当権の順位は，各抵当権者の合意によって変更することができる。ただし，利害関係を有する者があるときは，その承諾を得なければならない。
subpartnership 副次組合
sub-pledge 転質
subpoena 召喚状，出頭命令
　証人などに公判廷への出頭を命じ，出頭に応じないときは罰則を科すもの。当事者な

どに期日を告知する呼出状（summons）よりも強い効力がある。〔参考〕民事訴訟法193条（不出頭に対する罰金等）　証人が正当な理由なく出頭しないときは、十万円以下の罰金又は拘留に処する。

subpoena duces tecum　文書提出命令 → order to prodece documents

subrogation　物上代位，代位
①担保物が火災で焼失したような場合に、代替物ともいえる火災保険金から、担保権者が優先弁済を受けることができることをいう。②保証人など、債務者に代わって債務を弁済した者が、債権者が有していた担保権などを実行できる権利をいう。③被害者に保険金を支払った保険会社が、被害者の加害者に対する損害賠償請求権を行使すること。〔参考〕民法304条（物上代位）1項　先取特権は、その目的物の売却、賃貸、滅失又は損傷によって債務者が受けるべき金銭その他の物に対しても、行使することができる。ただし、先取特権者は、その払渡し又は引渡しの前に差押えをしなければならない。　民法500条（法定代位）弁済をするについて正当な利益を有する者は、弁済によって当然に債権者に代位する。

subrogation by insurer　保険代位
subscribe　①署名する②引き受ける
subscribed stock　未払込株式勘定
subscriber　応募者
subscriber for shares　株式申込人
subscribing witness　署名証人
subscription　①応募②株式の申込み③署名④引受け
subscription blank　株式申込証
subscription contract　購入引受契約，定期購入契約，証券購入契約
subscription deposit　申込証拠金
subscription money　新株式払込金
subscription right　新株引受権
subscription surplus　払込剰余金
subscription warrant　引受権証券
subscriptive incorporation　募集設立
sub-section chief　係長
subsequent event　後発事象
subsequent indictment　追起訴

subsequent legislation　後法
ある法律や契約が成立した後に同じ時効について制定された法律や契約をいう。先行する法律や契約の改廃によらずに同じ社会事象を複数の法律が規制した場合に、いずれの法律が適用されるのかが問題となる。解釈などによって論理的に決することができなければ「後法は先法を破る」原則によって、後法が適用されるべきとするのが一般的である。

subsequent prosecution　追起訴
subsequent purchase　転得
subsequent purchaser　転得者
subsequent receipt of a bribe　事後収賄
subsidiary　①子会社②副次的の③従属する
subsidiary company　子会社
subsidiary rules　細則
subsidy　交付金，助成金，補助金
substance　物質
substantial　①実質的な②重大な
substantial compliance　実質的遵守
substantial contract　要物契約
substantial evidence　実質的証拠
substantial performance　契約の実質的履行
substantially　実質的に
substantive　実体的
substantive due process　実体的デュー・プロセス
substantive evidence　実質証拠，実体に関する証拠
substantive justice　実質的正義
substantive law　実体法
substitute　①身代わり②代償
substitute agent　復代理人
substitute contract　更改による契約
substitute for　代理する
substitute of money　金銭の代替物
substituted agent　復代理人
substituted basis　代替取得価額
substituted performance　代替履行
substituted service　代替送達
substitution　①代替②代理人③代理
substitution of parties　当事者交替
substitutional　代替的

subtenant 転借人 →sublessee
Subversive Activities Prevention Act 破壊活動防止法
succeed 引き継ぐ，後任となる
succeeded property as constituting a juristic person 相続財産法人
success or failure 合否
successful bid 落札
successful bidder 買受人，落札人
succession ①相続②承継
　1. Broadly, any acquisition or taking over of another's right, interest, or duty.
　2. Narrowly, the acquisition of rights or property of another upon the other's death, especially by intestate succession.
　(James E. Clapp, Random House Webster's Dictionary of the Law 417 (2000), Random House.)
　1. 広義では，他者の権利，利益，または義務の獲得または取得。
　2. 狭義では，死亡に基づく，特に無遺言相続による他者の権利または財産の獲得。
succession by representation 代襲
succession of possession 占有の承継
　ある者が占有を続けてきた動産や不動産を他者に譲渡などした場合に，その譲受人もその占有の継続状態を引き継ぐことをいう。取得時効などを主張する場合に，譲渡人の占有期間を併せて主張することができる点に実益がある。〔参考〕民法187条(占有の承継)1項　占有者の承継人は，その選択に従い，自己の占有のみを主張し，又は自己の占有に前の占有者の占有を併せて主張することができる。
successive 逐次
successive carriage 相次運送
successor ①後継者②相続人
successor by representation 代襲者
successor summary court 簡易裁判所
succor in litigation 訴訟上の救助
such condition as one deems reasonable 適当と認める条件
such rights as are entirely personal 一身に専属する権利(一身専属権)
sudden heat of passion 一過性の激情

sudden rise 高騰，暴騰
sue 訴える
sue a person for damages 損害賠償で訴える
sue and labour clause 損害防止約款
suffer 黙認する；容認する，刑罰を受ける
suffer a mortal wound 致命傷を負う
sufferer 遭難者
sufficient defense 十分な防禦
sufficient ground 十分な理由
sufficient grounds to suspect the commission of an offense 罪を犯したことを疑うに足りる充分な理由
suffocate 窒息死させる
suffocation 窒息
suffrage ①投票②選挙権
suggest 示唆する
suggestion 指示
suggillation 皮下出血
sui generic それ自体に特有の
sui juris 行為能力者
suicide 自殺
suicide note 遺書
suit 訴え，訴訟
　Any proceeding by a party or parties against another in a court of law; case.
　(Bryan A. Garner, Black's Law Dictionary Second Pocket Edition 679 (2001), West Group.)
　一人または複数の当事者による他者に対する法廷での法的手続；訴訟事件。
suitable measure 適当な処分
suitor 訴えを提起する者，原告，訴訟当事者
sum 概要，総額，金額
sum borrowed 借受金
sum certain 確定金額，一定の金額
sum payable 支払金額
sum total 合計額
summary assignment 簡易引渡し
summary dismissal 簡易却下
summary dissolution of marriage 簡易離婚の手続
summary judgment 即決判決，略式判決
**summary of defense counsel's closing

statement 弁論要旨
summary of opening statement 冒頭陳述要旨
summary of prosecutor's closing statement 論告要旨
summary order 略式命令
　交通事犯など，比較的罪の軽い刑事事件について，公判手続を経ずに裁判官が罰金などの財産権を科す処罰手続。被告人に略式命令の内容に不服があれば，通常の公判による裁判手続が行われる点で，被告人の裁判を受ける権利は保障されている。〔参考〕刑事訴訟法461条　簡易裁判所は，検察官の請求により，その管轄に属する事件について，公判前，略式命令で，五十万円以下の罰金又は科料を科することができる。この場合には，刑の執行猶予をし，没収を科し，その他付随の処分をすることができる。
summary proceedings 略式手続
summing-up 陪審員に対する裁判官の説明
summons 喚問，呼出し，召喚，出頭命令，招集，召喚状，呼出状
Sunday (closing) law 日曜法，日曜休業法
sunset law サンセット法，情報見直し法，政府計画見直し法
sunshine law サンシャイン法，情報公開法
suo nominee 自己の名において
supercargo 上乗り，貨物上乗人
superficies 地上権
superfund 有害物質除去基金
Superfund Act 有害物質除去基金法
Superfund Amendment and Reauthorization Act スーパーファンド法
superior 上司
superior agent rule 上位者責任法則，上位代理人の法則
superior court 上級審
superior force 不可抗力
superior servant rule 上位被用者の準則
supernumerary official 剰員
supersede and displace 〜に代わる，〜を無効にする
　同義語を併記するパターン。
supervise 監督する
supervision ①指導監督②統括
supervisor 監督員
supervisor of the guardian 後見監督人
supervisory organization 監督機関
supplement 補足，追補
Supplement to the Labor Agreement 労働協約附属協定
supplemental 宣誓供述書などの補足の
supplemental claim 補充的請求
supplemental punishment 附加刑
supplementary 補充の
supplementary judge 補充裁判官
supplementary measures 付随の処分
supplementary proceedings 補充手続
supplementary provision 付則
supplementation of a count 訴因の追加
supplier 供給者，ディーラー
　製品や材料などの供給を行う側の契約当事者をさす。販売者，売主，賃貸人などの総称である。
supplies 納入品
supply 供給，補給
supply chain management (SCM) サプライ・チェーン・マネジメント
supply contract 供給契約
supply curve 供給曲線
support 援護，後援，賛助，扶養
　(Verb) To sustain; to bolster; to validate by the offering of additional proof, e.g., to bolster a legal argument advanced by another person.
　(Noun) Sustenance; maintenance provided for the upkeep of a person or a family; to furnish the necessary means so a person may go on living.
　(Gilbert Law Summaries Pocket Size Law Dictionary 323 (1997), Harcourt Brace And Company.)
　(動詞)扶養すること；支持すること；追加の証拠を提示することによって法的に有効にすること，例えば，他者によって提出された法的な論争を支持すること。

support

(名詞)生活維持；人または家族の維持のために与えられる扶養料；人が生活を続けられるように必要な資力を与えること。
support activities サポート活動
support trust 扶助信託
supporting evidence 傍証
suppression 抑制
suppression of evidence 証拠排除
suppression veri 真実の隠蔽
supra 前述の
 [Latin "above"]
 Earlier in this text; used as a citational signal to refer to a previously cited authority.
 (*Bryan A. Garner, Black's Law Dictionary Second Pocket Edition 682 (2001), West Group.*)
 [ラテン語「前述の」]
 この本文で前述の；以前に引用された典拠を参照するための引用のしるし。
supra protest 引受拒絶証書作成後の参加引受け、拒絶後参加
supralegal 超法規的
supremacy 覇権
supremacy of the House of Representatives 衆議院の優越
Supreme Court 最高裁判所、最高法院、高位裁判所
Supreme Court of Judicature Acts 1873 & 1875 (英)最高法院法
supreme law 最高法規
supreme public prosecutors office 最高検察庁
surcharge ①追加料金②暴利
surety 引受人、保証人、身元保証人
surety bond 保証書
surety company 保証会社
surety who has assumed an obligation jointly and severally with the principal obligor 連帯保証人
suretyship 保証関係、保証契約関係
suretyship obligation 保証債務
surface right 地上権
surname 氏
surplus 黒字、余剰金
surplus assets 残余財産
surplus at liquidation 清算剰余金
surprise 不意打ち
surprise attack 急襲
surprise rejection rule サプライズ・リジェクション・ルール
 履行期限後である場合、売主は「買主が不適合商品を受け入れるはずだ」と信じる妥当な根拠がなければならず、また治癒を提供する旨を買主に通知しなければならない、とする法理。
surrender 不動産の明渡し
surrender oneself to authorities 自首する
 罪を犯した者がその犯罪が捜査機関に発覚する前に、捜査機関に犯罪事実を告白することをいう。犯罪が公(おおやけ)になった後に捜査機関に出頭するのは、厳密には「自首」とはいえない。〔参考〕刑法42条(自首等) 罪を犯した者が捜査機関に発覚する前に自首したときは、その刑を減軽することができる。
surrender oneself to complainants 首服する
surrender value 解約価格、解約払戻金
surrogate 代理をする公務員や職員
surrogate mother 代理母
surrogate parent 親代理
surroundings 環境
surtax 付加税
surveillance 監視、張り込み
survey 測量
survey map 測量図
surveying instrument 測量器
Surveying Law 測量法
surveyor 検査人
survive a life-or-death crisis 死線を越える
surviving corporation 存続法人
survivorship 生存者権
 複数の者が動産や不動産を共有している場合に、共有者のひとりが死亡すると、その者の持分は他の共有者に均等に自動的に移転し、他の共有者の持分が増加することをいう。例えば、2人の共有者のうち1人が死

亡すれば、残った者の単独所有となる。一般的には共有者の一部が死亡すれば、その持分は、残りの共有者ではなく相続人が取得することになるが、特別の場合には、共有者の生存者権が認められる。〔参考〕民法255条(持分の放棄及び共有者の死亡)共有者の一人が、その持分を放棄したとき、又は死亡して相続人がないときは、その持分は、他の共有者に帰属する。

suspect 被疑者,容疑者

As a verb, it is to have a slight or even vague idea concerning, but not necessarily involving knowledge or belief or likelihood; ordinarily used in place of the word "believe." As a noun, a person reputed to be involved in crime; a broad term for anyone being investigated by law enforcement authorities. If the individual is formally charged with an offense, the reference is generally to a defendant, rather than a suspect.

(Steven H. Gifis, Dictionary of Legal Terms 486 (3rd ed., 1998), Barron's Educational Series, Inc.)

動詞としては、必ずしも認識、確信、可能性を必要とするわけではないが、それらに関するわずかな、または漠然とさえしている見当を持つこと；普通は「信じる」という言葉の代わりに使われる。名詞としては、犯罪に関係していると考えられる人；法執行機関によって取り調べられているどの人をも表す広い言葉。もしその個人が正式に犯罪で告発されたら、その言及は一般に被疑者ではなく被告人となる。

suspected person 容疑者
suspend 停止する,保留にする
suspense receipt 仮受金
suspension 停止,猶予,保留,中止,差止め

An interruption; a postponement; e.g., the interruption of a lawyer's right to practice law because of her improper conduct.

(Gilbert Law Summaries Pocket Size Law Dictionary 325 (1997), Harcourt Brace And Company.)

中断；延期；例えば、弁護士の不道徳な行為のためにその弁護士が開業する権利を差し止めること。

suspension from exercising one's judicial functions 職務停止
suspension from performing one's duties 職務停止
suspension of a disposal 不処分
suspension of business 営業停止
suspension of civil rights 公権停止
suspension of execution of detention 勾留執行停止
suspension of execution of sentence ①刑の執行猶予②執行の停止、中止
suspension of payment 支払停止
suspension of prescription 時効の停止(取得時効)

本来の権利者が時効中断を行えない事情があるときに、取得時効が一時的に進行を止めること。時効の停止事由が止んだときに残りの時効期間の進行が再開する点で、時効期間が最初に戻る時効中断と異なる。〔参考〕民法160条(相続財産に関する時効の停止)相続財産に関しては、相続人が確定した時、管理人が選任された時又は破産手続開始の決定があった時から六箇月を経過するまでの間は、時効は、完成しない。

suspension of probationary supervision 保護観察の停止
suspension of prosecution 起訴猶予

被疑者を有罪にするだけの材料があるにもかかわらず、情状や被害状況などを考慮し、検察官が起訴を行わないことをいう。検察官の起訴権限につき、起訴便宜主義ないし起訴裁量主義がとられている場合のみ認められる。〔参考〕刑事訴訟法248条 犯人の性格、年齢及び境遇、犯罪の軽重及び情状並びに犯罪後の情況により訴追を必要としないときは、公訴を提起しないことができる。

suspension of sentence 宣告猶予

被告人が有罪であることに争いがない場合、一定期間は判決を言い渡すことをせずに、被告人を保護機関の監督下におき、猶予期間を大過なく経過したときには判決の

suspension

言い渡しをせずに刑事手続を終了する制度をいう。プロベーション制度の一つとして活用される点で，執行猶予制度と類似するが，執行猶予の場合には形式的にではあるが有罪判決という事実が残る。その点宣告猶予制度は，より犯罪者の更正や社会復帰に適した制度だと評されることがある。

suspension of statute of limitation 時効の停止（消滅時効）
本来の権利者が時効中断を行い得ないような事情があるときに，消滅時効が一時的に進行を止めることをいう。時効の停止事由が止んだときには残りの時効期間の進行が再開する点で，時効期間が最初に戻る時効中断と異なる。〔参考〕民法161条（天災等による時効の停止）時効の期間の満了の時に当たり，天災その他避けることのできない事変のため時効を中断することができないときは，その障害が消滅した時から二週間を経過するまでの間は，時効は，完成しない。

suspension of the exercise of duties 職務執行停止
suspension of the imposition of the sentence 宣告猶予 →suspension of sentence
suspension of work 出勤停止
suspensive condition 停止条件
suspicion 嫌疑，容疑
suspicion of a crime 犯罪の嫌疑
suspicion that the accused may destroy or alter evidence 罪証隠滅の虞
suspicious behavior 挙動不審
suspicious character 注意人物
sustain ①確認する②正当と認める③支える
sustainable growth 持続的成長
sustainment of public prosecution 公訴の維持
swap agreement スワップ契約
swear 誓い，宣誓
sweat shop 労働搾取工場
sweetener 甘味剤
sweetheart deal 馴れ合い協定
労働組合が，他の労働組合の排除，組合幹部の私的利得などの目的で，本来なら妥結可能な労働条件に至らない条件で，労働協約を締結することをいう。

swerve from one's duties 職務上の義務に違反する
swindler 詐欺師
swindling 詐取
swoon 気絶する
sworn witness 宣誓証人
SWOT analysis スウォット分析
syllabus ①要旨②判決要旨
symbiosis 共生
symbol 象徴
symbol of attachment 差押えの標示
symbolic delivery 象徴による引渡し
sympathetic nerve 交感神経
symptom 症状
symptomatic treatment 対症療法
syncope 失神
syndicate ①犯罪組織②債権取引組合
A group of individuals or companies who have formed a joint venture to undertake a project that the individuals would be unable or unwilling to pursue alone.
(Steven H. Gifis, Dictionary of Legal Terms 487 (3rd ed., 1998), Barron's Educational Series, Inc.)
個人が単独で遂行するのが不可能または遂行したがらないプロジェクトを引き受けるために合弁事業を形成している個人または会社のグループ。

syndicate loan 協調融資
syndrome 症候群
synergy 相乗効果
syphilis 梅毒
syphilitic psychosis 梅毒性精神病
syringe 注射器
Systemic Risk システミック・リスク

T

T.B.＝treasury bill 財務省短期債券（アメリカ）
T.O.B.＝takeover bid 株式公開買付け

Taft-Hartley

企業を買収しようとするときなどに、買取株数や価格を公にして、株式市場での調達によらずに公募で株式を買い付けること。〔参考〕金融商品取引法27条の2第6項　この条において「公開買付け」とは、不特定かつ多数の者に対し、公告により株券等の買付け等の申込み又は売付け等(売付けその他の有償の譲渡をいう。以下この章において同じ。)の申込みの勧誘を行い、取引所有価証券市場外で株券等の買付け等を行うことをいう。

T.R.I.P.S.＝**Agreement on Trade-Related Aspect of Intellectual Property Rights**　知的財産権の貿易的側面に関する協定
特許権、著作権などの知的財産権を国際的に保護することを目的とした、国際協定およびその交渉をいう。

T.U.C.：Trades Union Congress　イギリス労働組合会議

T.V.A.：Tennessee Valley Authority　テネシー河流域開発公社

Table of Contents　目次

tablet　錠剤

tachograph　タコグラフ

tachometer　タコメーター

tacit　黙示の，暗黙の

tacit knowledge　暗黙知

tacit law　暗黙法

tacking　①占有期間の加算②時効停止期間の加算

tackle　組み付く

Taft-Hartley Act　タフト・ハートレー法
The popular name for the Labor-Management Relations Act of 1947, whose stated purpose is to protect employers' rights by broadening their rights to free speech on unionization; by permitting them to disregard unions formed by supervisory personnel; by outlawing the closed shop; by permitting employees to refrain from union activity; by limiting employee elections on whether to unionize to one per year; by prohibiting discriminate against nonunion employees, from refusing to bargain collectively with the employer, from engaging in wildcat strikes, from charging discriminatory membership fees, and from extracting favors or kickbacks from employers.
(*Steven H. Gifis, Dictionary of Legal Terms 488 (3rd ed., 1998), Barron's Educational Series, Inc.*)

1947年の労使関係法の通称であり、明示されたその目的は、次の諸手段により雇用主の権利を保護することである。雇用主の言論の自由の権利を労働組合組織化にまで拡大すること。管理職によって成形された組合を雇用主が無視するのを許可すること。クローズド・ショップ制を違法化すること。従業員が組合活動を慎むのを許可すること。労働組合を組織化するかどうかについての従業員の投票を年1回に制限すること。非組合員である従業員に対する差別を禁止すること。これらの諸手段により、雇用主は、雇用主との団体交渉を拒否し、山猫ストライキに入り、差別的な組合会費を請求し、雇用主からの特典やリベートを引き出そうとする従業員から保護される。

Federal labor legislation enacted in 1947, amending the Wagner Act of 1935, by limiting the power of labor unions. The Act imposed certain duties on unions, established unfair labor practices for unions, abolished the closed shop, established the rights of employees to revoke the union as their bargaining agent, and provided for the equal treatment of independent and affiliated unions.
(*Gilbert Law Summaries Pocket Size Law Dictionary 325 (1997), Harcourt Brace And Company.*)

労働組合の権限を制限することによって1935年のワグナー法を修正し、1947年に制定された連邦労働法。この法は一定の義務を労働組合に課し、労働組合のための不公平な労働慣行を確立し、クローズド・ショップを廃止し、彼らの交渉代理人としての労働組合を廃止する従業員の権利を確立し、独立した支部の労働組合の平等な処遇を規

tail

定した。
tail 限定された
taint 汚すこと
take 〜 away from ①奪う②ひったくる
take 〜's fingerprints 〜の指紋を取る
take a bribe 収賄する
take a person to court 裁判所に引致する
take a person to custody 監獄(刑事施設)に引致する
take a suspect to the police station 警察署に容疑者を連行する
take a vote on (the matter) 可否を問う
take advantage of 好機を利用する
take an opportunity 好機を利用する
take away 拉致する
take back an escaping boy 逃亡少年を連れ戻す
take charge of 管掌する
take effect 発効する，施行する，効力を生ずる
take finger-prints 指紋を採取する
take flight 逃亡する
take foot-prints 足型を採取する
take into account 斟酌する
take into consideration 斟酌する
take it or leave it それを受けとるか，さもなければ去れ
take measures to 対策を講じる
take off the handcuffs 手錠をはずす
take or pay 引き取るか支払え
take out 出庫する
take over テイクオーバー，企業買収，乗っ取り
take over a company 会社などを乗っ取る
take over bid(TOB) 株式公開買付け
take part in 参画する
take poison 服毒する
take the Fifth 黙秘権を行使する
　刑事事件の被疑者や被告人が黙秘権を行使すること。アメリカでは合衆国憲法修正5条(U.S Const. the fifth amendment)で黙秘権が規定されているため，このように呼ばれることがある。
take the Fifth Amendment 黙秘する

take the votes of pros and cons 賛否をはかる
take the witness stand 証言台に立つ，証人となる
take to 連行する
take unlawfully possession of 不法に領得する
taking ①公用収用②奪取
taking away of a detained person 被拘禁者奪取
taking blood sample 採血
taking of shares 株式の引受け
taking off 除去
taking urine sample 採尿
talk down なじる
tallage; tailage 特別賦課税
tally; talley 運送品の数量記録，検数；検量，物品受け渡しの際の計算単位
tamper 改ざんする
tangential facts 間接事実
tangible 有形の，有体の
　反対語は intangible。
tangible assets 有形固定資産
tangible evidence 有形物証拠
tangible personal property 有形動産
tangible property 有形財産
tape-recording 録音
target company 公開買付対象会社，標的会社
tariff ①関税②公共事業の料金
Tariff Act of 1930 アメリカ合衆国1930年関税法
　反ダンピング措置を定めた，アメリカの連邦関税法。19 USC§1202〜§1527。公正市場価格(Fair market value)を下回る価格の製品が輸入され，内国産業が被害を受ける恐れのあるときは，公正市場価格との差額に相当するダンピング税が課せられる。
tariff barrier 関税障壁
tariff escalation タリフ・エスカレーション
tariff peak 高関税
tariff quota 関税割当て
tariff rate quota 関税割当て
tattoo いれずみ

taxation

tax ①租税，税 ②割当人
A charge, usu. monetary, imposed by the government on persons, entities, or property to yield public revenue. Most broadly, the term embraces all governmental impositions on the person, property, privileges, occupations, and enjoyment of the people, and includes duties, imposts, and excise. Although a tax is often thought of as being pecuniary in nature, it is not necessarily payable only in money.
(Bryan A. Garner, Black's Law Dictionary Second Pocket Edition 690 (2001), West Group.)
公務の歳入を生み出すために，行政によって人々，実体，または財産に対して課される通常は金銭的な負担。最も広義には，この言葉は人，財産，特権，占有，そして一般民衆の楽しみについての全ての政府による賦課を含み，また義務，関税，物品税を包含する。税はしばしば金銭上の性質のものとして考えられるが，必ずしも金銭でしか支払えないものではない。

tax amount 税額
tax avoidance 租税回避
tax base 課税標準，課税ベース
tax benefit rule 既往利益繰戻しの原則，租税負担減少分の総所得算入原則
tax certificate 税務当局の条件付売却決定書
tax credit タックス・クレジット，税額控除
tax cut 減税
tax deed 土地公売証書
Tax Department 税務部
tax evasion 脱税
tax exempt 非課税の，課税除外の，免税の
tax exempt status 税金免除資格
tax exemption 非課税措置，免税措置
tax exemption for dependents 扶養控除
tax exemption limit 免税限度
tax fee 税務報酬
tax fraud 脱税，租税詐欺

tax haven タックス・ヘイブン，租税回避措置
tax ledger 課税台帳
tax lien 租税先取特権，租税リーエン
tax matters 税務業務
tax obligation 税の負担
Tax Office 税務署
tax on commodity 物品税
tax payment certificate 納税証明書
tax planning 節税計画，租税軽減計画
tax practice 税務業務
tax rate 税率
税金の徴収は，一定金額ではなく，課税標準の金額に対する一定割合で徴収されることが多い。この場合の割合を税率という。所得税や相続税などでは，課税金額が増えれば税率も上昇する，いわゆる累進税率が採用される場合が多い。

tax rebate 戻税，還付，報奨金
tax reduction 減税
tax return 納税申告，確定申告
tax revenue 税収
tax sale 換価処分，租税公売
tax saving 脱税
tax shelter 節税策，節税手段
tax withholding 源泉徴収
taxable 課税対象となる
taxable entity 課税主体
taxable income 課税所得
taxable year 課税年度
taxation 課税
taxation law 税法
各種税金の，課税標準，税率，徴収方法などを定めた法規群をいう。近代国家では租税法律主義の建前により，課税はすべて法律によって行わなければならないとされる。税法の法典および体系の特徴は，きわめて実務的で複雑膨大な分量であること，改正がひんぱんに行われること，政令などの下部法規や通達などの内部基準が，具体的な課税の有無や金額を決定する上で重要な役割を持っていること，などが上げられる。〔参考〕憲法84条　あらたに租税を課し，又は現行の租税を変更するには，法律又は法律の定める条件によることを必要と

taxation

する。
taxation of costs 訴訟費用の確定，訴訟費用の算定
tax-deductible 税控除される
tax-free 無税
tax-free goods 免税品
taxing master 訴訟費用査定官
taxpayer 納税者
taxpayers' suit 納税者訴訟
teacher 教官
tear bomb 催涙弾
tear gas 催涙ガス
tear gas grenade 催涙弾
technical ①専門的②技術的
technical assistance ①技術指導②技術指導条項
technical assistance agreement 技術指導契約，技術援助契約
　自社の有する製造等の技術やノウハウを，他者に供与することを目的とした契約をいう。合弁事業，提携企業や海外の生産拠点に対して行われることが多い。同時にライセンスの供与(licensing)が行われることもある。
technical mortgage 狭義の譲渡抵当
technical regulation 強制規格
technology acquisition 技術調達
technology transfer 技術移転
Telecommunications Business Law 電気通信事業法
telegram 電信
telegraphic transfer 電子為替による送金
telephone right 電話加入権
telephone subscription right 電話加入権
Television Broadcasts Rights ①放映許諾②使用許諾
teller 銀行などの窓口職員，金銭出納係
temperament 気質
temporary 一過性の，暫定的，仮の
temporary advance 一時前渡金
temporary alimony 一時的扶養料
temporary employment 臨時雇用
Temporary Law concerning Measures for the Promotion of Creative Business Activities of Small and Medium Enterprises 中小企業の創造的事業活動の促進に関する臨時措置法
temporary release from payment 支払いの猶予
temporary restraining order 家庭内暴力を差し止める裁判所からの命令
　この命令によって，暴力を振るう傾向のある配偶者が被害者に近づくことを制限したり，暴力を振るう配偶者を家から出て行かせることができる。
temporary restraint of personal freedom 勾留
temporary statute 時限立法
tenancy 賃貸借
tenancy at sufferance 不動産占有の黙認 →estate at sufferance
tenancy at will 任意終了賃貸借
　契約期間の定めがなく，当事者の一方の申入れによりいつでも終了する賃貸借や，契約期間を定めたが，当事者の一方的な解約権を認めた賃貸借をいう。〔参考〕民法618条(期間の定めのある賃貸借の解約をする権利の留保)当事者が賃貸借の期間を定めた場合であっても，その一方又は双方がその期間内に解約をする権利を留保したときは，前条の規定を準用する。
tenancy by the entirety 夫婦共有財産
　夫婦の間で認められる共有形態で，夫婦の一方が死亡したときは，survivorship(生存者権)によって，他方の配偶者の単独所有となる共同所有をいう。離婚した場合には，通常の共有(tenancy in common)となる。
tenancy for life 生涯賃借権 →life tenancy
tenancy for years 期限の定めのある賃借権 →estate for year
tenancy from month to month 月極め不動産賃借権
tenancy from year to year 年極め不動産賃借権
tenancy in common 共有
　共同所有の形態には，各共同者の独立性が強い順に，共有，合有，総有の3形態があるといわれる。このうち，共有に相当する

語としては tenancy in common が，合有に相当する語としては joint tenancy が使われることが多い。両者の違いは，共有はいつでも自己の持分の分割を請求することが可能であるのに対し，合有は分割請求できる場合が限定されているという点にある。〔参考〕民法256条（共有物の分割請求）各共有者は，いつでも共有物の分割を請求することができる。ただし，五年を超えない期間内は分割をしない旨の契約をすることを妨げない。

tenancy in severalty　単独所有
　一人の者が，ある動産や不動産の所有権の全部を取得している状態をいう。

tenant　間借り人，借家人，不動産権保有者

tender　弁済の提供，履行の提供，入札

tender of a bid　入札

tender of delivery　現実の提供，履行の提供

tender of issue　争点の提出

tender of payment　支払いの提供

tender of performance　弁済提供

tender offer　株式公開買付け，テンダー・オファー

tender offer statement　公開買付報告書

tenement　土地保有財産
　土地および土地を根源として生じるあらゆる財産や利益，およびその存在形態をいう。土地の定着物（fixture）のみならず，賃借料などの果実，制限物権などを含む。

Tennessnn Valley Authority　テネシー河流域開発公社

tenor　文書の正確な文言，抄本，文書の内容；大意；趣旨

tenor and purport of the obligation　債務の本旨

tentative discharge　仮解除

tentative plan　試案

tentative trust　仮信託

tenure　①任期②不動産の保有③保有期間④終身在職権

term　①期限②契約期間条項③条件④用語⑤定期不動産権

term for the settlement of accounts　決算期

term insurance　定期保険

term loan agreement　普通貸付契約
　金融機関が，返済期日を定めて企業に融資する，最も一般的に行われる貸付けの方式。運転資金など比較的短期の返済期限が定められるものを short term loan，設備投資資金など中長期の返済期限が定められるものを long term loan と呼ぶこともある。返済期限と貸付上限額内では何度でも返済と借入れを繰り返すことができるコミットメント・ライン契約＝commitment line agreement と組み合わされることも多い。

term of court　裁判所の開廷期

term of detention　留置の期間

term of imprisonment　刑期

term of office　任期

term of penalty　刑期

term of sentence　刑期

term policy　長期保険証券

terminal carrier　最終運送人

terminal patient　末期患者

terminal symptoms　末期症状

terminal-at-will　期間の定めのない

terminate　終結させる

terminate the contract　解約する

termination　契約解除条項，契約の終了，期間の満了
　合意または法定権限に基づく解約。

termination of agency　代理の消滅

termination of claim　請求権の消滅

termination of guardianship　後見の終了

termination of lease　賃貸借の終了

termination of partnership　パートナーシップの消滅

termination of probationary supervision　保護観察の終了

termination of proceedings　訴訟手続の終了

terminus　末端，境界点

terms and conditions　契約の条件
　同義語を併記するパターン。

terms of payment　支払条件

terms of the agreement　合意条件

terms

terms of trust 信託条項
terre-tenant; tertenant 現実の占有者
territorial jurisdiction 土地管轄
territorial waters 領海
territory 指定地域，販売区域，縄張り，領域，領土
 特定地区における販売代理店契約などのように，契約条項において営業の場所的範囲を区切って指定することをいう。
terrorism テロ行為
terrorist テロリスト
testament 遺言
testamentary capacity 遺言能力
testamentary document 遺言者
testamentary donee 受遺者
 遺言によって遺産を取得すると指定された者。特定の財産の取得の場合もあるし，遺言者の債権債務を引き継ぐこともある。前者は贈与契約の受贈者の立場に類似し，後者は相続人の立場に類似する。受遺者には遺言に従って遺産を受け継ぐかどうかを自分の意思で決めることができる。〔参考〕民法986条(遺贈の放棄)1項 受遺者は，遺言者の死亡後，いつでも，遺贈の放棄をすることができる。

testamentary donee by a universal title 包括受遺者
 遺言によって遺言者の権利義務を割合的に取得する者をいう。特定の財産を遺言によって与えられる特定受遺者に対する概念である。〔参考〕民法902条(遺言による相続分の指定)1項 被相続人は，前二条の規定にかかわらず，遺言で，共同相続人の相続分を定め，又はこれを定めることを第三者に委託することができる。ただし，被相続人又は第三者は，遺留分に関する規定に違反することができない。

testamentary gift 遺贈
 遺言によって財産を贈与することをいう。「A土地を贈与する」というように与える財産を特定して遺贈を行うこともできるし，「遺産の3割を与える」というように遺産に対する割合で遺贈を行うこともできる。前者を特定遺贈，後者を包括遺贈という。〔参考〕民法964条(包括遺贈及び特定遺贈)遺言者は，包括又は特定の名義で，その財産の全部又は一部を処分することができる。ただし，遺留分に関する規定に違反することができない。

testamentary gift subject to a charge 負担付遺贈
 受遺者が遺言で定められた義務を履行することを条件として与えられる遺贈をいう。内縁の妻に，子を養育することを条件として遺贈を行うような場合がその例である。受遺者が負担を履行しないときは，遺贈は取り消される。〔参考〕民法1027条(負担付遺贈に係る遺言の取消し)負担付遺贈を受けた者がその負担した義務を履行しないときは，相続人は，相当の期間を定めてその履行の催告をすることができる。この場合において，その期間内に履行がないときは，その負担付遺贈に係る遺言の取消しを家庭裁判所に請求することができる。

testamentary trust 遺言信託
testamentum 遺言，遺言書
testate 遺言を残した，遺言のある遺産
testator 遺言者(男性)
testatrix 遺言者(女性)
testify ①証言する②証拠となる
 To make a statement under oath; to submit testimony or bear witness for the purpose of establishing a fact.
 (Gilbert Law Summaries Pocket Size Law Dictionary 331 (1997), Harcourt Brace And Company.)
 宣誓の下に供述すること；事実を証明するために証言を提出すること，または証言すること。

testimonial evidence 証拠資料
testimonial writings 供述書
testimonium clause 証明分，証明文書
testimony 証言，証拠
 Evidence that a competent witness under oath or affirmation gives at trial or in an affidavit or deposition.
 (Bryan A. Garner, Black's Law Dictionary Second Pocket Edition 703 (2001), West Group.)
 宣誓または無宣誓証言をした法的に資格の

ある証人が公判または宣誓供述書または証言録取書において述べた証言。

testimony against oneself 自己に不利な証言をする

testimony against the accused 被告に不利な証言をする

testimony given before a judge 裁判官の面前における供述

testimony under oath 宣誓して証言する

testing 検査手続

text 主文

the aforementioned 前記

the aforesaid 前期

The Americasn Arbitration Association アメリカ商事仲裁協会

The Basic Law on Food, Agriculture and Rural Areas 食品・農業・農村基本法

the BCG business portfolio matrix BCG・ビジネス・ポートフォリオ・マトリックス

the bereaved 遺族

the Bill of Rights 権利章典 →Bill of Rights

the Civil war 南北戦争
アメリカ合衆国が，北部23州と南部11州に分かれて戦った内戦 (1861〜65)。この内戦に北軍が勝利したことにより，合衆国憲法に奴隷制廃止を宣言した修正13条 (U.S. Const. amend. XIII.) をはじめとした重要な憲法改正がなされることとなった。このとき追加された修正13条，修正14条，修正15条の3ヶ条を，Civil War Amendments とよぶ。

the close season 禁猟期，禁漁期

the Code Napoleon ナポレオン法典
1804年にフランスで交付された民法典。

the Commission on Human Rights 国連の人権委員会
国連の補助機関で，人権侵害の監視や警告などを行うことを目的としている。世界人権宣言，国際人権規約もこの委員会の起草にかかるものである。

the concept of monopolization of prosecutions 起訴独占主義

The Constitution of Japan 憲法
一般には，1947年に公布された日本国憲法を意味する。大日本帝国憲法の改正という形式をとって公布されたものではあるが，旧憲法が天皇の名において成立した欽定憲法であるのに対し，新憲法は国民主権を明確にした民定憲法であり，両者の間に実質的な連続性はない。ちなみに大日本帝国憲法は Constitution Of The Empire Of Japan と英訳されることが多い。日本国憲法は，国民主権，自由主義，基本的人権尊重といった近代立憲主義の要素を全て備えているほか，平和主義，戦争法規，国際法規の遵守を宣言し，国際協調主義の立場を明確にしている点が特徴的である。

the cost of a lawsuit 訴訟費用

the Court of International Trade 国際通商裁判所
アメリカの連邦裁判所の一つ。1980年に創設。United States Court of International Trade。関税反ダンピングなどの合衆国への輸入に関して生じた事件を管轄する第一審裁判所。

the court of the last resort 終審裁判所

the court of the suit 受訴裁判所

the Declaration of Independence 独立宣言 →Declaration of Independence

The Depression 世界大恐慌

the Diet 日本の国会

the Diet approval of a treaty 条約の承認
行政権が外国との間でなす法的合意を，立法機関が認めること。条約は国家の主権を制約する重要な合意であるため，立法機関の同意を批准=ratification の要件とする場合が多い (U.S. Const. art.II,§2, cl.2.)。承認がないにもかかわらず締結された条約の国際法的な効力については争いがある。
[参考]憲法73条本文，3号　内閣は，他の一般行政事務の外，左の事務を行ふ。　三 条約を締結すること。但し，事前に，時宜によつては事後に，国会の承認を経ることを必要とする。

the District of Columbia コロンビア特別区。連邦政府所在所

the

連邦政府がある所。合衆国の首都ワシントンと同じであり，ワシントンDCと呼ばれる。

the Emperor　天皇
the Emperor's Signature　御名
the Empress　皇后
the Empress Dowager　皇太后
the extreme left　極左
the extreme right　極右
the final day　末日
the fine print　細目
the following rules shall apply～　次の例による
the former　前者
the former Supreme Court　大審院
the Grand Remontrance (1641)　大抗議文
　クロムウェルたちが国王に対して提出した抗議文。
the high seas　公海
the highest organ　最高機関
the Imperial Heir　皇嗣
the Imperial Seal　御璽
the Japan Academy　日本学士院
the judge renders judgment　裁判官が判決を言い渡す
the judgment below　原判決
the largest number　最多数
the last day　末日
the last instance　上告審
the latter　後者
The Litigious Society　訴訟社会
　アメリカが訴訟社会である理由として常に挙げられるのは，泣き寝入りをしない権利意識の高さであるが，その他にも，国民各自が独自の価値観と規範意識を持ち，それらの衝突は裁判の場で決着するという意識が歴史的に定着していること，陪審制度や州ごとに異なる法律制度など，判決の事前予測を困難にする要因が多いことも挙げられるであろう。要するにやってみなければわからないということであるが，それは弁護士の手腕が訴訟の帰趨に大きく影響することでもあり，訴訟弁護が社会正義実現の助力というよりは，営利ビジネスとして成立することを可能にしている。このような訴訟のビジネス化の傾向が，訴訟の多発にさらに拍車をかけているともいえよう。

the masses　大衆
the National Bar Examination　司法試験
the National Research Institute of Police Science　科学警察研究所
The Nationality Law　国籍法
the nearest prison　最寄りの監獄
the New Deal legislation　ニューディール立法
the offender flees and conceals himself　犯人が逃げ隠れする
the open sea　公海
the original　原本，正本
the original court　原裁判所
the original document　原本
the original holder　原所持人
the original judgment　原判決
the original state　原状
the other　相手方，他方当事者
　契約当事者の一方に言及した後に，反対当事者を指し示す場合に使われる。
the person demanding restoration　回復者
the press　報道機関
the released　出獄者
the right to sunlight　日照権
the rule of law　法治　→rule of law
the ruling of transfer　移送決定
the same kind of ground　同種の原因
the same shall apply　また同じ
the scene　犯罪の現場
the Seal of State　国璽
the suspect being at large　在宅送致
the Tax Court　租税裁判所
the underground　地下組織
the undersigned　下記に署名した者(当方)
The United Nations Commisson on International Trade Law　国際商取引法委員会
The United Nations Convention on Contracts for the International Sale of Goods＝Vienna Convention　ウイーン条約

1980年にウイーンで採択された国連国際物品売買条約。

the United Nations Standard Minimum Rules for the Treatment of Prisoners 国連の被拘禁者処遇最低基準規則

the Universal Declaration of Human Rights 世界人権宣言
1948年に国連総会で採択された，人権擁護を目的とする条約。人類の尊厳，自由，平等や人種差別の禁止がその基本理念である。世界人権宣言それ自体は法的拘束力はないものの，第二次大戦後の各国の憲法や国家政策に大きな影響を与えるものとなっている。世界人権宣言の理念をより具体化し，法的拘束力を持つ国際条約として，国際人権規約（International Covenants on Human Rights）がある。

theft 窃盗，盗難，窃盗罪

Then the person making the statement submitted〜, which I attach at the end of the statement. このとき本職は，供述人の提出した〜を本調書末尾に添付することとした。

theorienrezeption 学説継受
theories of natural law 自然法の理論
therapy 治療
thereunder その下（もと）
thereupon ①直ちに②それゆえに
thief 窃盗犯人
thief who commits an assault or threatening violence upon detection 居直り強盗
thievish habits 盗癖
thigh-bone 大腿骨
thin corporation 定額資本会社
thing acquired as reward for a criminal act 犯罪行為の報酬として得た物
thing acquired by means of a criminal act 犯罪行為により得た物
thing produced by means of a criminal act 犯罪行為より生じた物
thing which has been used in the commission of a criminal act 犯罪行為に供した物
thing which is a constituent element of a criminal act 犯罪行為を組成した物
thing which was intended to be used in the commission of a criminal act 犯罪行為に供しようとした物
thing which was obtained as remuneration for a criminal act 犯罪行為の報酬として得た物
thing which was used for a criminal act 犯罪行為に供した物
things bailed 寄託物
things held in one's possession as security 担保物
things in action 債権
things jointly owned 共有物 →property in co-ownership
things pledged 質物
things received in exchange for 対価として得た物
thinner シンナー
third degree 拷問
Third Judicial Conference 司法会議
third party 第三者
契約当事者以外の者で，何らかの法律的利害を有する者をいう。一般には，契約が成立したことを前提として，自己の新たな法律関係を築いた者をいうことが多い。売買契約によって譲受人が取得した財産を，さらに譲り受けたり，差し押さえた者はその代表例である。これら第三者の法的利害は取引安全の利益を代表するものといえ，立法や法解釈に際して，一定の考慮を受けることも多い。〔参考〕民法545条（解除の効果）1項　当事者の一方がその解除権を行使したときは，各当事者は，その相手方を原状に復させる義務を負う。ただし，第三者の権利を害することはできない。

third party beneficiaries 契約上の第三者
third party beneficiary 第三受益者
third party beneficiary contract 第三者受益契約
third party insurance 第三者保険
third party practice 第三者訴訟
third party purchaser 第三取得者
third person 第三者
thorough 周到な

threat

threat ①脅迫②威迫③威嚇する④威力
threaten 威す
three generic competitive strategies 三つの基本戦略
three-party instrument 三者で交わす証書
through B／L 通し船荷証券
　物品の運送に複数の運送人が区間を分担して関与する場合，最初の運送人が全区間の運送について発行する一枚の船荷証券をいう。通し船荷証券を発行した運送人は，自分が分担しない区間の運送事故についても責任を負う。ただし，自分の分担した区間の運送についてだけ責任を負う旨特約の存在が証券面上明らかであるときは，他の区間についての事故や損害については責任を負わない。
throwback rule 持戻しの原則
thrusting 刺突
thunder 一喝する
ticket 乗船切符
tideland 干潟
tie in votes 可否同数
tied product 抱き合わされる商品，人気薄商品
tie-in arrangement 抱合せ契約
tie-in sale 抱合せ販売
tight 金融の引締め，金融が逼迫した，品不足の
tighten discipline 綱紀を正す
time 期限
　1. Measure of duration.
　2. A point in or period of duration at or during which something is alleged to have occurred.
　3. Slang. A convicted criminal's period of incarceration.
　(Bryan A. Garner, Black's Law Dictionary Second Pocket Edition 708-709（2001), West Group.)
　1. 存続期間の限度。
　2. 何かが生じたといわれる期間もしくは存続期間の一時点または期間。
　3. 俗語。有罪を宣告された犯罪者の投獄期限。

time appointed for payment 弁済期
time bargain 証券の定期取引
time charge 時間報酬制
time charter 定期傭船，T／C →charter party
time deposit 定期預金
time draft; time bill 確定日払為替手形
time fixed for proceedings under the public summons 公示催告期日
time for payment 支払時期
time for performance 弁済期
time immemorial 法的記憶の及ばない昔の時代
time instruments 確定期日払いの証券
time is of the essence 期間厳守
　When this phrase is in a contract, it means that a failure to do what is required by the time specified is a breach (breaking) of the contract.
　(Daniel Oran, Law Dictionary for Non-lawyers 311（4th ed., 2000), West Legal Studies.)
　この言い回しが契約書にあるときは，要求されていることが規定の時までになされないことは契約の不履行(違反)となることを意味している。
time limit 時効
time of commencement 始期
time of death 死期
time of payment 支払期限
time of return 返還時期
time of shipment 出荷時点
time of termination 終期
time period 期間
time policy 期間保険，期間保険証券
time-bargains 定期行為
timely 適時の，適時に
tip on a race 競馬予想
tippee 内報受領者
tipster 競馬などの予想屋
title ①権原②肩書き
　Ownership; a term used in property law to denote the composite of facts that will permit one to recover or to retain possession of a thing.

(*Steven H. Gifis, Dictionary of Legal Terms 501 (3rd ed., 1998), Barron's Educational Series, Inc.*)
所有権；財産法で、人に何かの所有の回復または保持を認める事実の複合物を示すために使われる言葉。

title abstract 権原概要
不動産の過去の所有者、担保権や用益権などの設定や解放などの取引来歴を要約してまとめた書面をいう。abstruct of title。

title and risk ①所有権の移転時期②危険負担の移転時期

title covenants 権原担保約款、権原担保条項

title document 権原証券

title guaranty company 権原保証会社

title holder 名義人

title insurance 権原保険

title of goods 商品の権限

title retention 所有権留保

Title Ⅶ of the Civil Rights Act of 1964 公民権法第7編

Title Seven タイトルセブン
アメリカ公民権法 Civil Rights Act 第7編。人種や宗教、性別、出身国などによって雇用を差別的に取り扱うことを禁止した、Civil Rights Acts (1964) の章をいう (42 U.S.C. §2000e〜)。

title to succession 相続権

TNC : Trade Negociation Committee 貿易交渉委員会

to the exclusion of〜 〜を除外して

to the detriment of〜 〜の不利益に

to the extent that it does not interfere with the public welfare 公共の福祉に反しない限り

tokenism 名目上の人種差別撤廃

tolerance 抵抗力、薬物の耐性

tolerant 耐性がある

tolerate 大目に見る、許す

toll 禁止する；権利を剥奪する、出訴期間の進行を停止する、使用料；通行料

toll expense 道路使用料、通行料

toluene トルエン

tombstone advertisement トゥームストーン、墓石広告
新聞や雑誌で募集を予告する広告。

tone of voice 語気

tonnage 船舶・貨物のトン数、トン税、輸出入港税

tonnage tax トン税

tontine 終身年金組合、トンチン保険契約

tool 器具

top secret 機密事項

topple the government 政府を転覆する

Torrent title system トーレンズ式権原登記制度

tort 不法行為
1. A civil wrong for which a remedy may be obtained, usu. in the form of damages; a breach of a duty that the law imposes on everyone in the same relation to one another as those involved in a given transaction.
2. (pl.) The branch of law dealing with such wrongs.
(*Bryan A. Garner, Black's Law Dictionary Second Pocket Edition 712*-713 (2001), West Group.)
1. 通常は損害賠償という形で救済が行われる民事の不法行為。所定の取引に関連するもののように、他者に対して同じ関係にある全ての者に法律が課す義務に違反すること。
2. （複数形）そのような不法行為を扱う法の部門。

A wrongful act, other than a breach of contract, that results in injury to another's person, property, reputation, or some other legally protected right or interest, and for which the injured party is entitled to a remedy at law, usually in the form of damages.(以下略)
(*James E. Clapp, Random House Webster's Dictionary of the Law 431 (2000), Random House.*)
他者の身体、財産、名声、または何か他の法律上保護される権利または利益に対する権利侵害という結果を生じる、そして侵害された当事者が法的な救済の権利を通常は

tort
損害賠償という形で与えられる，契約の不履行以外の不法な行為。

tort liability 不法行為責任
事故等によって他人に与えた損害を賠償する責任をいう。契約責任と共に民事上の責任の中心をなす。どのような要件のもとに不法行為責任を認めるかは立法によるが，損害(damage)，故意(intension)，過失(negligence)，義務違反(breach of duty)といった要件の存否が問題となる点では共通している。〔参考〕民法709条(不法行為による損害賠償)故意又は過失によって他人の権利又は法律上保護される利益を侵害した者は，これによって生じた損害を賠償する責任を負う。

tortfeasor 不法行為者
tortious 不法の，不法行為の
tortuous breach of contract 契約の不当行為違反
torture 拷問
total amount 総額
total amount of obligations 総債務額
total breach 全面的不履行
total capital 資本総額
total disability 全面的就労不能
total floor area 総床面積
Total Loss 全損
total loss only 全損のみの担保
total number 総数
total paralysis 全身不随
totten trust トッテン信託
他人名義で預金口座を作って開設する信託。
touch and stay 寄航および停泊
touchy 神経過敏な
tout ぽん引き
towage 曳船，曳船料
town meeting 町村総会
town or village office 町村役場
toxic pollutant 有毒汚染物質
toxic substance 毒物
TPRB：Trade Policy Review Body 貿易政策検討機関
traces 形跡，痕跡
tracing 追跡

track 航跡
trade acceptance 買主引受為替手形
trade act 通商法
Trade Act of 1974 米国通商法301条，スーパー301条
他国の不公正な貿易慣行により米国の通商に不利益が生じる場合に，米国通商代表部(USTR)に制裁関税などの対抗措置を取るよう義務付けた連邦法。19 U.S.C. §2101～§2495。
trade agreement ①労働協約②貿易協定
trade association 事業者団体
trade balance 国際(貿易)収支，(2国間・2地域の)貿易取引高落差
trade barrier 貿易摩擦
trade book 商業帳簿
Trade Commission Act 通商法(貿易法)
trade description 商品の表示，商品の記述
trade dispute 貿易紛争，貿易問題，労使紛争
trade employee 商業使用人
Trade Expansion Act 貿易拡大法
trade fixture 営業用定着動産，業務用定着物
trade friction 貿易摩擦
trade liberalization 貿易の自由化
trade mark 商標
商品の製造者などを他と区別するために商品等につけられる図案やシンボルマークをいう。TMと略称されることも多い。商標が興行所有権として認められたときは，商標権としてそのマークを排他的，独占的に使用することができる。15 U.S.C. §1115。〔参考〕商標法2条本文，1号　この法律で「商標」とは，文字，図形，記号若しくは立体的形状若しくはこれらの結合又はこれらと色彩との結合(以下「標章」という。)であつて，次に掲げるものをいう。　一　業として商品を生産し，証明し，又は譲渡する者がその商品について使用をするもの
Trade Mark Law 商標法
trade mark right 商標権
trade name 商号
営利法人や企業が，営業主体を他と区別す

るための名称をいう。商標(trade mark)やサービスマーク(service mark)と同様、一定の場合においては法的保護の対象となる。〔参考〕商法12条1項　何人も、不正の目的をもって、他の商人であると誤認されるおそれのある名称又は商号を使用してはならない。

Trade Related Aspects of Entellectual Property Rights　知的財産問題
trade secret　トレードシークレット，企業秘密
trade secrets　業務上の秘密
trade status　貿易待遇地位
trade terms　貿易条件
trade union　労働組合
Trade Union Law　労働組合法
trade usage　取引慣行，商慣習
trademark　商標，トレードマーク→ trade mark
trademark administration　商標行政
trademark assignment agreement　商標権譲渡契約
自己が保有する商標権を他者に譲ることを内容とする契約。譲渡契約後には管轄官庁で移転登録の手続を完了することが必要である。
trademark piracy　商標盗用
Trademark Registration Treaty　商標登録条約
trademark renewal　商標の更新
trademark right　商標権
trademark system　商標制度
trademarks　商標権
trader　商人
Trades Union Congress　イギリス労働組合会議
tradesman　商人，職人
trading company　商社
trading port　貿易港
tradition　引渡し，占有移転
traffic accident　交通事故
traffic congestion　交通渋滞
traffic court　交通裁判所
traffic in person　人身売買
traffic lane　車線

traffic laws　交通に関する法律
traffic offense　交通法規違反
traffic regulations　交通規制
traffic rules　交通規制
traffic ticket　交通切符
traffic violation　交通違反
traffick　密売
trafficker　密売者
trail　審理
training　研修
tranquilizer　精神安定剤，鎮静剤
tranquilizing gun　麻酔銃
transact　行う
transacting business　事業活動を行うこと，取引行為を行うこと
transaction　①取引②法律行為③処理
transaction cost　取引費用
transaction in goods　物品に関する取引
transaction services　処理支援
transcript　書取り，謄本
transfer　①譲渡する②移送する③移監④権利の移転⑤引渡し
transfer agent　名義書換代理人
transfer book　株主名簿
transfer of a juvenile case from family court to a public prosecutor for prosecution in criminal court　逆送
transfer of claim　債権譲渡
transfer of deposit　保管替え
transfer of one's position　転官
transfer of possession　占有移転
transfer of possession by direction　指図による占有移転
transfer of property rights　物権の変動
transfer of rights　権利の譲渡
transfer of share certificates　株券の受渡し
transfer of shares　株式の譲渡
transfer of title to land　不動産譲渡
transfer pricing　振替価格設定，移転価格の決定
transfer tax　資産移転税，資産取引税，譲渡税
transferable　譲渡可能な；譲渡性のある，移転可能な，流通性のある

transferee

transferee 譲受人
transferor 譲渡人
transformation 変革
transger pricing 移転価格
transient 一時的な
transire 貨物搬出許可証, 沿岸運送免状
transit 中継, 運送, 通過
transitory 一過性の
translation 翻訳
translation of Koseki-Tohon (Family Register) 戸籍謄本の翻訳
transmission 送付
transplant 移植
Transport Act; Transportation Law 運輸法
transport insurance policy 運送保険証券
transportation 輸送, 運送
transportation agreement 運送契約書
transportation charge 運送賃
transportation of property obtained through a crime against property 贓物運搬
trap 罠
trauma 外傷
traumatic cervical syndrome 外傷性頸部症候群
traumatic shock 外傷性ショック
travel accident 旅行保険
travel expense statement 出張旅費精算書
travel expenses 旅費
traveler's check 旅行小切手, 旅行者小切手, トラベラーズ・チェック
銀行が旅行者から買って, 購入時に署名し, 支払時に再び署名する小切手.
traveler's letter of credit 旅行信用状, 旅行者信用状
traveling expenses 旅費
traverse 否認, 否認答弁
treason 反逆罪
treasure found under the ground 埋蔵物
treasure trove 埋蔵物
treasurer 収入役, 出納官, 会計役
treasury bill＝T.B. (米)財務省短期債券
treasury bond (米)財務省長期債券

treasury certificate 財務省債務証書, 合衆国政府発行短期債券
Treasury Departments (米)財務省
treasury note 財務省中期証券, 合衆国政府発行中期債券
treasury shares 自己株式, 金庫株
treasury stock 自己株式, 金庫株
treat ①饗応②治療する
treatment 取扱い, 処遇
treaty 条約
Treaty of Peace with Japan; San Francisco Peace Treaty サンフランシスコ平和条約(対日平和条約)
Treaty of Rome ローマ条約 →Rome Treaty
Treaty on Extradition between Japan and the United States of America 日米犯罪人引渡条約
Treaty on Outer Space 宇宙空間平和利用条約
Treaty on the Protection of Migratory Birds 渡り鳥保護条約
treble damages 三倍の損害賠償
民事上の損害賠償額は, 被害者が実際に被った損害の額が上限となるのが原則であるが, この限度を超えて損害額の三倍までの額の賠償が, 法律の定めるところにより, 命じられることがある. このような賠償が認められるのは, 損害賠償が被害者の損害の填補という目的のみならず, 加害者に対する懲罰と同様の被害が再発することを防止する意味をも持つ場合＝懲罰的賠償(punitive damages)においてである. 三倍の損害賠償を定めた規定は, クレイトン法4条(15 USC§15)など. Triple Damages ともいう.
trespass ①権利などの侵害②不法侵入
trespass de bonis asportasis 動産不法収去侵害訴訟, 動産に関するトレスパス
trespass on the case 特定事実主張訴訟, 特殊事実侵害訴訟
trespass quare clausum fregit 土地に対する不法侵入, 不動産に対するトレスパス
trespass vi et armis 暴力侵害, 暴力的トレスパス

trespasser ①侵入者②侵害者
trespassing into dwelling 住居侵入
trial ①公判②裁判の対審③仮採用，試み④裁判
　もともと try は「ふるいをかける」が原義。現在では「努める」という意味になっている。trial はもとの原義から公判という意味になった。
trial bar 公判審理弁護士
trial by jury 陪審裁判
trial court ①公判廷②事実審裁判所
trial date 開廷日，裁判の期日
trial de novo 覆審
trial held in camera 非公開裁判
trial judge 第一審裁判官，事実審裁判官
trial lawyer 陪審による審理を専門とする弁護士
trial on Koso-appeal 控訴審
trial procedure 公判手続
trial proceedings 公判手続
trial process 陪審過程
trial work 訴訟の仕事
triangular trade 三角貿易
tribe インディアンの部族
tribunal 裁判所
tribute 貢物
trick 偽計
trier of fact 事実の審理者
TRIMs : Trade-Related Investment Measures 貿易関連投資措置
Trinity House イギリスの海事協会，トリニティー・ハウス
TRIP 知的財産問題
TRIPS 知的所有権条約
trover, action of 動産侵害訴訟，横領物訴訟
truck system 現物給与制
true and correct 正しい
　同義語を併記するパターン。
true value rule 実価原則
truncheon 警棒
trust ①信託，信託制度②トラスト，企業合同③信用，委任
trust bank 信託銀行
trust company 信託会社

trust corporation 信託法人
trust corpus 信託財産
trust deed 信託証書
trust estate 信託財産
trust for sale 売却信託
trust fund 委託金，信託基金
trust fund doctrine 受託基金理論
trust indenture 信託証書
trust instrument 信託証書
trust or commission clause 信託・寄託条項
trust property 信託財産
trust purpose 信託の目的
trust receipt 輸入貨物担保保管証
trust res 信託財産
trustee 受託者，理事，管財人
trustee de son tort 自己の責めによる受託者
trustee in bankruptcy 破産管財人
trustee process 差押手続
trustor 委託者
trustworthiness 信憑性
truthfulness or falseness 真否
Truth-in-Lending Act 貸付真実法
try 企てる
TSCA : Toxic Substance Control Act 有毒物質管理法
Tuberculosis Prevention Law 結核予防法
tuition 授業料
turf fan 競馬狂
turn down an appeal 控訴を退ける
turn in an application 申込書を提出する
turnaround artist 再建業者
turnkey 鍵開け
turn-key contract ターンキー契約
turnout (道路の)待避所
turnpike 有料道路
twins 双生児
twisting 保険の乗換募集
two-chamber system 二院制
two-part tariff 二段価格
tying arrangement 抱合せ販売，抱合せ取引
tying contract 抱合せ契約

tying

tying products 人気商品
type and kind 〜の種類の 同義語を併記するパターン。
types of punishments 刑の種類

U

U.C.C. Uniform Commercial Code, 統一商事法典
U.C.C.C. Uniform Consumer Credit Code (UCCC), 統一消費者信用法典, U3C
U.S. United States, アメリカ合衆国
U.S.C. United States Code, アメリカ合衆国法律集
U.S.C.A. United States Code Annotated, 注釈付アメリカ合衆国法律集
U.S. Court of Customs and Patent Appeals アメリカ関税特許控訴裁判所
U.S.T.R.: United States Trade Representative アメリカ合衆国通商代表
uberrima fides; uberrimae fidei 最大善意の, 最高信義の
ultimate fact 主要事実, 要件事実, 直接事実, 究極事実
ultra vires 権限逸脱
ultra vires doctrine 能力外理論, 権限外理論
ultramares rule ウルトラメアズ・ルール
umbrella policy 雨傘保険証券, 包括保護保険証券
umpirage 仲裁判断, 裁決, 審判
umpire 審判人, 仲裁人
una voce 全員一致で, 反対なく
unanimous 全員一致の
unanimously 全会一致で
unascertained goods 不特定物, 所在不明の物品
unauthorized 越権
unauthorized acts 無権代理行為
unauthorized completion 無権限の補充
Unauthorized Computer Access Law 不正アクセス行為の禁止等に関する法律
unauthorized means 未承認媒体

unauthorized practice of law 非弁活動
弁護士資格を持たない者が, 弁護活動を行って報酬を得ること。非弁活動を認めると示談屋, 仲介屋や三百代言の跋扈によって, 正当に主張できる権利が見過ごされたり, 安く買い叩かれるなどの弊害が大きいため, 一部の例外を除いては禁止されるのが通常である。〔参考〕弁護士法72条(非弁護士の法律事務の取扱い等の禁止) 弁護士又は弁護士法人でない者は, 報酬を得る目的で訴訟事件, 非訟事件及び審査請求, 異議申立て, 再審査請求等行政庁に対する不服申立事件その他一般の法律事件に関して鑑定, 代理, 仲裁若しくは和解その他の法律事務を取り扱い, 又はこれらの周旋をすることを業とすることができない。ただし, この法律又は他の法律に別段の定めがある場合は, この限りでない。

unauthorized representation 無権代理
代理人(agent)と称する者が本人(principal)を代理する正当な権限を有していなかったために, 法律効果が本人に帰属しないこと。ただし本人によって追認されたり, 表見代理(apparent agency, agency by estoppel)が成立するときは, 本人に法律効果が生じる。〔参考〕民法113条(無権代理)1項 代理権を有しない者が他人の代理人としてした契約は, 本人がその追認をしなければ, 本人に対してその効力を生じない。

unauthorized signature 承認のない署名
本人以外の者が本人の署名を行うこと。
unauthorized use 自動車の一時的無権限使用
unavoidable 不可避な
unavoidable casualty; unavoidable accident 不可避の災害
unavoidable cause 不可避的原因
unavoidable circumstances やむをえない事情
unavoidable danger 不可避の危険
unavoidable reason やむをえない事由
unbound tariff items 未譲許品目
uncalled capital 未払込資本, 払込未催告の株金
uncertainty 不確実性, 不明確性

uncertificated securities 証書なき証券
unchastity 不貞, 淫乱
unclean bill of lading 故障付船荷証券
unclean hands doctrine 汚れた手の法理
uncodified 不文の, 成文化されていない, 明文化されていない
unconditional 無条件の
unconfirmed information 未確認情報
unconscionability 非良心性
unconscionable 非良心的な
unconscionable bargain; ～contract 非良心の取引, 非良心的契約
unconscious 無感覚の
unconsciousness 無意識
unconstitutional 違憲的な
unconstitutional legislation 違憲立法
unconstitutionality 違憲性
uncontrolled 無統制の
unconvicted prisoner 未決囚
uncore prist 弁済提供中の抗弁, 用意している
UNCTAD : United Nations Conference on Trade and Development 国際連合貿易開発会議
undelivered balance 未引渡しの商品
under and subject to ～に従い
　同義語を併記するパターン。
under cover of darkness 夜陰に乗じて
under insurance; under-insurance 一部保険
under medical treatment 加療
under protest 異議を留めて
under reservation 留保付きで
under the aegis of 後援の下に
under-agent 副代理人
undercover operation おとり捜査
underground activities 地下活動
underground resources 地下資源
underlying obligation 原因関係上の債務
under-sheriff 副執行官
undersigned 署名をした, 署名者, 下記に署名した者 →signatory
understand 弁識する
understanding 意思の疎通, 了解, 協定
understood and agreed 合意された, 同意された
　同義語を併記するパターン。
undertaker 請負人, 事業家, 葬儀屋
undertaking 約束, 引受け, 保証, 事業, 葬儀屋業
undertaking not to compete 競業制限, 競業避止義務の同意
　ある者が, 指定されたのと同種の営業を営んだり, 同種の製品を販売しない義務を約すること。covenant not to compete。営業上の秘密を知りえた者が同種の営業をしないことを約束する場合や, 独占販売権を付与した者が同業他社製品を販売することを禁ずるなどがその例である。
undertenant 転借人 →sublessee
underworld 暗黒街
underwrite 保険業者が保険を引き受けること
underwriter 保険の引受人
underwriting 保険, 証券を引き受ける, 費用を支払う
underwriting agreement 証券の引受契約
undischarged bankrupt 復権しない破産者
undisclosed agency 匿名代理
　第三者に対し, 代理人として行為していることを秘匿して法律行為を行う代理人。本来代理行為は本人のためにすることを示さなければ, 法律行為の効果が本人に帰属することはない(顕名主義)。しかし取引相手の個性があまり問題とならない商取引においては, 匿名代理でも, 本人に対して効果が生じる。また, 代理という法現象を, 意思表示の効果としてよりは, 当事者間の立場や関係として捉える傾向が強い英米法においては, 顕名は必ずしも代理に本質的な要素とは考えられていないので, 匿名代理が認められる余地は広くなるといえる。
　[参考]商法504条　商行為の代理人が本人のためにすることを示さないでこれをした場合であっても, その行為は, 本人に対してその効力を生ずる。ただし, 相手方が代理人が本人のためにすることを知らなかったときは, 代理人に対して履行の請求をすることを妨げない。

undisclosed

undisclosed association 匿名組合
undisclosed party 匿名組合員
undisclosed principal 隠れた本人
undivided profits 未処分利益，留保利益
undue ①不当な②支払義務のない
undue influence 不当威圧
undue treatment 不当な取扱い
unduly prolonged detention 不当に長い拘禁
unearned income 不労所得
unemployed person 失業者
unemployment 失業
unemployment compensation 失業補償
unemployment insurance 失業保険
unemployment pay 失業手当
unemployment rate 失業率
unenforceable 法的拘束力のない
unenforceable contract 法的拘束力のない契約
　当事者間で財産権の移転や負担に関する合意がなされた場合でも，当事者が任意に履行しない場合に法的強制力をもって契約内容を実現することが許されない契約ないし債務をいう。自然債務，執行力なき債務などと呼ばれることもある。合意内容や給付の性質などを考慮して法的拘束力がある契約なのか，そうでないかが決められる。強制力はなくとも，債権者が任意の履行を受けた場合に，その給付を不当利得などの理由により奪われることはないという意味で，このような契約をする意味が全くないわけではない。
unequivocal and unconditional 明確かつ無条件
unexpired period 残期
unfair アンフェアな，不公正な，不当な
unfair competition 不正の競争，不正競業
Unfair Competition Prevention Law 不正競争防止法
Unfair Contract Terms Act 1977 1977年不公正契約条項法
unfair dismissal 不当解雇
unfair judgment 不公平な裁判
unfair labor practice 不当労働行為
unfair labor practice strike 不当労働行為ストライキ
unfair method of competition 不公正な競争方法
unfair or deceptive acts or practices 詐欺的行為
unfair persuasion 不当な説得
unfair trade practice case 不公正取引慣行
unfair trade practices 不公正取引慣行
unfairness 不公平
unfavorable 不利な
unfitness 不適当
unforeseeable 予見し難い
unhealthy companionship of boy and girl 不純異性交遊
unicentric 単一的
unidentified 不詳の，無記名の
unidentified goods 不特定物，未特定の物
　給付契約の目的物に一般的な代替性のある場合において，まだその物を履行の対象とする旨の「特定」(identification)が行われていないものをいう。〔参考〕民法401条(種類債権)債権の目的物を種類のみで指定した場合において，法律行為の性質又は当事者の意思によってその品質を定めることができないときは，債務者は，中等の品質を有する物を給付しなければならない。　2　前項の場合において，債務者が物の給付をするのに必要な行為を完了し，又は債権者の同意を得てその給付すべき物を指定したときは，以後その物を債権の目的物とする。
Uniform Commercial Code＝U. C. C. アメリカ統一商法典
　A lengthy statute, adopted in substantially the same form in every state except Louisiana, establishing a uniform basic body of law governing sales of goods, negotiable instruments, bank deposits and collections, and various other commercial instruments and transactions.
(James E. Clapp, Random House Webster's Dictionary of the Law 445 (2000), Random House.)

ルイジアナ以外の全州で概ね同一の形式で採用され，商品の売買，流通証券，銀行預金と取立，その他種々の商業の証書と取引を規定した，法の統一基本体を確立した長々しい規則。

Uniform Common Trust Fund Act 統一共同信託基金法

Uniform Computer Information Transaction Act(UCITA) 統一情報取引法

Uniform Consumer Credit Code 1974 1974年統一消費者信用法典

Uniform Customs and Practice for Commercial Documentary Credits＝U.C.P. 商業荷為替信用状に関する統一規則及び慣例
国際商業会議所(ICC)が荷為替信用状(documentary credit)の統一的取扱いについて定めた準則。私的団体の定めた準則であるので法的拘束力はないが，多くの国の銀行がこの取扱いを是認し，事実上の国際統一基準となっている。

uniform delivered price system 均一引渡価格制

Uniform Electronic Trasactions Act (UETA) 統一電子取引法

Uniform Fiduciaries Act 1922 1922年統一受認者法

Uniform Fraudulent Conveyance Act 統一詐害的譲渡法

Uniform Gifts to Minors Act 1956 1956年未成年者への贈与に関する統一州法

uniform law 統一法，統一州法

Uniform Principal and Income Act 統一元本収益法

Uniform Residential Landload and Tenant Act＝U.R.L.T.A. 統一居住用不動産賃貸人賃借人法
統一州法委員全国会議(National Conference of Commissioners on Uniform State Laws)が起草した，居住用不動産の賃貸借に関するモデル法。10以上の州で，州法(Statutes)として採用されている。

Uniform Sales Act 1906 1906年統一売買法

uniform state law 統一州法

Uniform System of Citation 統一引用方式

unilateral 片務的

unilateral act 単独行為

unilateral contract 片務契約

unilateral mistake 一方的錯誤

unilateral offer 一方的申込み

unincorporated association 法人格なき社団

uninhabited structure 非現住建造物

uninscribed shares 無記名式株式

uninsured motorist coverage 対無保険者保険
無保険で走っている車や，保険が切れているのを知らずに走っている車にぶつけられたときのためにかける保険。

uninterrupted series of endorsements 裏書の連続
ある手形小切手について行われた裏書(endorsement, indorsement)の全てについて，裏書人の表記が直前の裏書の被裏書人の表記と一致していることをいう。裏書が連続していれば，手形所持人は手形の振出人からの承継取得をいちいち立証する必要がなくなる。裏書人と被裏書人が一ヶ所でも一致しない部分があれば，裏書の連続は断絶(interrupted)しており，所持人について資格授与的効力は認められない。〔参考〕手形法16条1項　為替手形ノ占有者ガ裏書ノ連続ニ依リ其ノ権利ヲ証明スルトキハ之ヲ適法ノ所持人ト看做ス最後ノ裏書ガ白地式ナル場合ト雖モ亦同ジ抹消シタル裏書ハ此ノ関係ニ於テハ之ヲ記載セザルモノト看做ス白地式裏書ニ次デ他ノ裏書アルトキハ其ノ裏書ヲ為シタル者ハ白地式裏書ニ因リテ手形ヲ取得シタルモノト看做ス

union ①労働組合②同盟

union certification 交渉代表労働組合の認証

union contract 労働協約

union mortgage clause 標準モーゲージ条項

union rate 組合賃率，組合規定賃金基準

union security clause 組合保障条項

union shop ユニオン・ショップ

unionist 組合員

unionization 労働組合の結成
二人以上の労働者が，経営者と対等の立場で労働条件を交渉するための組織を結成することをいう。労働組合の結成に許可や認可，資金の払込みなどは必要ないが，規約の存在運営の自主性など，一定の実質的要件を満たしていなければ労働組合として法的保護を受けることはできない。

unissued shares 未発行株式
将来発行される予定はあるが，まだ株式発行の手続が取られていない予定株式をいう。授権資本(authorized capital)制度のもとでは，株式の発行にいちいち複雑な増資手続を取る必要はなく，会社の定款で発行可能株式総数を決めておき，その範囲内であれば必要に応じてその範囲内で機動的に株式を発行することが認められる。この場合，定款に記載された発行可能株式のうち，未だ株式が発行されていない部分が，unissued shares と呼ばれる。

unissued stock 未発行株式 →unissued shares

unit cost 単価

unit price 単価

unit trust ユニット信託

unitary tax 合算課税，ユニタリー・タックス

United Kingdom of Great Britain and Northern Ireland イギリス連合国
イングランド地方，ウエールズ地方，スコットランド地方，北アイルランド地方の4つの地方から構成されるイギリスの正式名。

United Nations Commission on International Trade Law＝U.N.C.I.T.R.A.L 国際連合国際商取引法委員会

United Nations Conference on Trade and Development 国際連合貿易開発会議

United Nations Convention on International Multimodal Transport of Goods 国際物品複合運送条約，国際複合型貨物輸送に関する国際連合条約
コンテナ貨物を，船舶，飛行機，列車，トラックなど複数の運送手段を組み合わせて目的地まで運送する契約を，複合運送契約という。複合運送契約の国際準則を目的として1980年に採択された条約が国際物品複合運送条約である。しかし，ハンブルク・ルール(Hamburg Rules)と同様，運送人の責任が重過ぎるなどの問題が指摘され，各国の利害調整ができず批准国は少数に留まっている。日本も未批准である。

United Nations Conventions of Contracts for the International Sales of Goods＝C.I.S.G 国連国際物品売買条約，ウイーン売買条約
動産の国際売買に関する法を国際的に統一するために，国連国際商取引委員会(UNCITRAL)が起草した国際条約。1980年の成立だが日本は未批准であり，世界的にも未だ実務上の取引標準となるには至っていないと言われている。

United States Code 米連邦法典

United States International Trade Commission 合衆国国際通商委員会

United States Law Week 合衆国法週報

United States Magistrate 合衆国治安判事

United States Martial 合衆国執行官
裁判所関連の業務を執行する官史。州の sheriff に対応する連邦の官吏。

United States notes 合衆国紙幣

United States of America アメリカ合衆国

United States Reports 合衆国判例集
The official printed record of U.S. Supreme Court cases. In a citation, it is abbreviated as U.S., as in 388 U.S. 14 (1967).
(Bryan A. Garner, Black's Law Dictionary Second Pocket Edition 736 (2001), West Group.)
合衆国最高裁判所事件の公式印刷記録。引用においては，388 U.S. 14(1967)のように U.S.と省略される。

United States Tax Court 合衆国租税裁判所

United States Trade Representative＝

U.S.T.R. アメリカ通商代表部
アメリカ合衆国の貿易政策や通商政策を対外的に代表し，他国との交渉を担当する行政部門。ただし商務省など既存省庁の一部門としてではなく，大統領直轄的な独立した行政機関としての地位を有しているのが特徴。

unity ①団結②不動産の共有③合有
unity of interest 同一の権利
unity of possession 共同行為
unity of time 同一の時
unity of title 同一の権原
universal agent 総代理人，総代理店
Universal Copyright Convention 万国著作権条約
universal gift by will 包括遺贈
universal partnership 全財産出資組合
universal suffrage 普通選挙
unjust enrichment 不当利得
unknown 不詳の
unlawful 違法な，非合法な，不法な
unlawful act 不法行為
unlawful assembly 不法集会
unlawful assembly with dangerous weapons 凶器準備集合
銃，ナイフその他の武器等を持ち寄る行為を罰するものである。治安が害されることを未然に防止する趣旨で定められた犯罪である。〔参考〕刑法208条の3〔凶器準備集合及び結集〕1項　二人以上の者が他人の生命，身体又は財産に対し共同して害を加える目的で集合した場合において，凶器を準備して又はその準備があることを知って集合した者は，二年以下の懲役又は三十万円以下の罰金に処する。
unlawful combination 違法な結合
unlawful condition 不法条件
unlawful detainer 不法占有
unlawful entry 不法侵入
unlawful occupation 不法占拠
unlawful stay 不法滞在
unlawfully taking possession of a corpse 死体領得
unless otherwise agreed 別段の合意がない限り

unless otherwise provided 別段の定めがない限り
unlicensed 無免許の
unlimited 無制限の
unlimited company 無限責任会社
unlimited liability 無限責任
unliquidated damages 未確定額損害賠償，不確定損害賠償額，未確定賠償額
unlisted share 非上場株，場外株式
unlisted stock 非上場株，場外株式
unloading 荷揚げ，荷卸し
unmarried husband 内縁の夫
unmarried wife 内縁の妻
unnamed principal 名前が明らかにされていない本人
unnatural death 変死
unpaid 無給の
unqualified ①不適任な②無条件の
unreasonable 横暴な，不合理な，不当な
unreasonable compensation 不相当に高額な報酬
unreasonableness 不合理
unreasonably dangerous 不合理に危険
製品の製造者等が，製造物責任(product liability)あるいは厳格責任(strict liability)を課せられるためには，製品の欠陥が，その性状や品質において「不合理に危険な」ことが必要とされることをいう。設計上の欠陥(design defect)や，使用者への警告が不適切であること(failure to warn)も含まれる。
unreasonably long detention 不当に長い拘禁
unregistered 無記名の，未登録の，未登記の
unregistered bond 無記名債券
unreported income 不正蓄財
unrestricted 無制限の
unseaworthy 船舶に堪航能力のない
unsecured creditor 無担保債権者
unsecured debt 無担保債務
unsecured loan 無担保ローン
unsigned 無記名の
unsolicited goods and services 注文しない物品・役務

unsoundness

unsoundness of mental or physical condition 精神もしくは身体の故障
unspecified 不特定の
unsworn witness 参考人
untrue 不実
虚偽の認識の有無にかかわらず、真実でないこと。
untrue entry 不実の記載
untrue entry in a license 免状不実記載
untrue entry in a passport 旅券不実記載
untrue entry in a permit 鑑札不実記載
untrue entry in the original of an officially authenticated electromagnetic record 電磁的公正証書原本不実記録
untrue entry in the original of an officially authenticated instrument 公正証書原本不実記載
untrue matter 不実の事項
untrue statement 不実の申立て
unvalued policy 未評価保険、未評価保険証券
unwritten law 不文法
民法典、刑法典といった成文法典や条文の形式で存在しない法源をいう。慣習法、判例法などが不文法の例である。またイギリスの憲法は不文法である。
unwritten rule 不文律
upholding 擁護
upon 〜's request 〜から要求があれば
upon presentation 呈示に対して
upon request 嘱託により
upon solicitation 請託
upset price 最低売却価格 →reserve price
urban crime 都市犯罪
urbanization 都市化
urgent circumstances 急迫なる事情
urinalysis 採尿検査
US Patent and Trademark Office 米国連邦特許商標庁
アメリカの、特許その他の工業所有権の管理を職務とする官公庁。日本の特許庁に相当する。
usage 慣習
A practice or method of doing business that is followed with such consistency by people engaged in transactions of a certain type in a particular place, vocation, or trade that the law will normally presume, with respect to a particular transaction of that type, that the parties intended that practice to be followed.(以下略)
(James E. Clapp, Random House Webster's Dictionary of the Law 448-449 (2000), Random House.)
特定の場所、職業、商売において、ある種類の取引に従事する人々によって一貫性が守られているので、その当事者がそれに従うであろうと法が通常想定するような、事業活動の慣例または方法。
usage of trade 取引慣行、商慣習
usance ユーザンス、慣習期間
use ユース、収益権、行使
use armed force 武力を行使する
use immunity 使用免責
use of a forged official mark 偽造公記号使用
use of a forged official seal 偽造公印使用
use of a forged private seal 偽造私印使用
use of an illegally produced private electromagnetic record 不正作出私電磁的記録供用
use of an illegally produced public electromagnetic record 不正作出公電磁的記録供用
use of evidence 証拠の使用
use of the forged Emperor's Signature 偽造御名使用
use of the forged Imperial Seal 偽造御璽使用
use of the forged Seal of State 偽造国璽使用
use of the untruly entered original of an officially authenticated electromagnetic record 不実記録電磁的公正証書原本供用
useful 有益な
useful expenses 有益費
useful life 耐用年数

不動産などの固定資産の減価償却を行うとき，その資産が何年の使用に耐えうるかを決定し，その年数に資産の取得価額を割り振っていくことになる。これを耐用年数という。耐用年数はその資産を購入した企業が決定することができるのが原則だが，耐用年数を過大または過小に見積もれば，企業の財産状態や収益力は正しく測定されなくなる。したがって，税法などでは資産の種類ごとに耐用年数が一律に決められることも多い。〔参考〕会社計算規則5条1項　資産については，この省令又は法以外の法例の別段の定めがある場合を除き，会計帳簿にその取得価額を付さなければならない。同規則2項　償却すべき資産については，事業年度の末日(中略)において，相当の償却をしなければならない。

user　利用者
usetax　使用税
usher　（英）延吏
USTR　米通商代表部
usual practice　恒例
usual procedure　通常の審判
usual provision　通常の規定
usual terms　通例条件
usual trial　通常の審判
usufruct　用益権
　他人の所有する動産や不動産を利用したり収益を得ることができる権利をいう。L. A. CIVIL CODE§535．。地上権，地役権のように物権として存在する場合と，賃借権のように，債権契約の結果生じる場合とがある。
usura maritime　海事利息の約定
usury　高利，過払利息，法定利率超過利息，高利貸し
Usury Law　利息制限法
usus fructus　用益権
utensil　器物
utilitarianism　功利主義
utility　有益，公共事業，公共料金，功利性，産業上の利用可能性
　1. The quality of serving some function that benefits society.
　2. Patents. Capacity to perform a function or attain a result claimed for protection as intellectual property. In patent law, utility is one of the three basic requirements of patentability, the others being nonobviousness and novelty.
　3. A business enterprise that performs essential public service and that is subject to governmental regulation.
（*Bryan A. Garner, Black's Law Dictionary Second Pocket Edition 741（2001）, West Group.*）
　1. 社会のためになるような機能をもつ質。
　2. 特許。知的財産としての保護を求める機能を有し，そのような成果を獲得するに足る能力。特許法では，有用性は特許可能性の3つの基本的必要条件の一つであり，その他は非明白性と斬新性である。
　3. 不可欠な公共事業を行い，行政の規定に従う事業会社。
utility model　実用新案
Utility Model Law　実用新案法
utility model patent　実用新案権
　既存の技術を組み合わせたり，既存の製品の新しい利用法を考案するなど，発明とまでは言えないが，利便性を高める知識やアイデアを実用新案という。実用新案も，特許と同じように登録されたときは，工業所有権としての権利性が認められ，申請者の排他的，独占的利用が可能となる。〔参考〕実用新案法1条（目的）　この法律は，物品の形状，構造又は組合せに係る考案の保護及び利用を図ることにより，その考案を奨励し，もつて産業の発達に寄与することを目的とする。
utility model right　実用新案権　→utility patent
utility patent　特許権，実用新案権
　知的財産権のうち，技術的な発明，考案という性格の強い特許権と，実用新案権を，合わせて utility patent という。これに対して意匠の考案である意匠権は，design patent とよばれる。
utility value　利用価値
utmost care　最高度の注意
utmost good faith　最大善意，最高信義

utter

utter 偽造文書等を行使する

utter bar 非勅選法廷弁護士団，法廷内の仕切りの外側，普通のバリスタ

utter barrister 非勅選法廷弁護士，普通のバリスタ

utterance 行使
真正なものとして流通の意思をもって行使すること。

utterance of a false autopsy report 虚偽検案書行使
医師が死体の検死結果を記載する書面を検案書という。医師が死体検案書に虚偽の記載をすれば，虚偽診断書等作成罪として処罰されるが，医師以外の者が虚偽の記載をした検案書の行使も同様に処罰される。〔参考〕刑法161条(偽造私文書等行使)1項　前二条の文書又は図画を行使した者は，その文書若しくは図画を偽造し，若しくは変造し，又は虚偽の記載をした者と同一の刑に処する。

utterance of a false death certificate 虚偽死亡証書行使
診療診察にあたっていた医師が，患者の死亡の事実や原因などを記載した書面を死亡証書という。当該医師が死亡証書に虚偽の記載をすれば，虚偽診断書等作成罪として処罰されるが，医師以外の者が虚偽の記載をした死亡証書を行使することも同様に処罰される。〔参考〕刑法161条(偽造私文書等行使)1項　前二条の文書又は図画を行使した者は，その文書若しくは図画を偽造し，若しくは変造し，又は虚偽の記載をした者と同一の刑に処する。

utterance of a false medical certificate 虚偽診断書行使
診療診察を行った医師が，患者の病状を記載，証明した書面を診断書という。当該医師が診断書に虚偽の記載をすれば，虚偽診断書等作成罪として処罰されるが，医師以外の者が虚偽の記載をした診断書を行使することも同様に処罰される。〔参考〕刑法161条(偽造私文書等行使)1項　前二条の文書又は図画を行使した者は，その文書若しくは図画を偽造し，若しくは変造し，又は虚偽の記載をした者と同一の刑に処する。

utterance of a false official document with signature or seal 虚偽有印公文書行使
権限のある公務員が印章のある公文書に虚偽の記載をした場合に，その虚偽文書を使用する行為を罰するものである。〔参考〕刑法158条(偽造公文書行使等)1項　第百五十四条から前条までの文書若しくは図画を行使し，又は前条第一項の電磁的記録を公正証書の原本としての用に供した者は，その文書若しくは図画を偽造し，若しくは変造し，虚偽の文書若しくは図画を作成し，又は不実の記載若しくは記録をさせた者と同一の刑に処する。

utterance of a false official document without signature and seal 虚偽無印公文書行使
権限のある公務員が印章のない公文書に虚偽の記載をした場合に，その虚偽文書を使用する行為を罰するものである。〔参考〕刑法158条(偽造公文書行使等)1項　第百五十四条から前条までの文書若しくは図画を行使し，又は前条第一項の電磁的記録を公正証書の原本としての用に供した者は，その文書若しくは図画を偽造し，若しくは変造し，虚偽の文書若しくは図画を作成し，又は不実の記載若しくは記録をさせた者と同一の刑に処する。

utterance of a forged official document with signature and seal 偽造有印公文書行使
公務員が作成すべき印章のある公文書が偽造された場合に，その偽造文書を使用する行為を罰するものである。〔参考〕刑法158条(偽造公文書行使等)1項　第百五十四条から前条までの文書若しくは図画を行使し，又は前条第一項の電磁的記録を公正証書の原本としての用に供した者は，その文書若しくは図画を偽造し，若しくは変造し，虚偽の文書若しくは図画を作成し，又は不実の記載若しくは記録をさせた者と同一の刑に処する。

utterance of a forged official document without signature and seal 偽造無印公文書行使

公務員が作成すべき印章のない公文書が偽造された場合に、その偽造文書を使用する行為を罰するものである。〔参考〕刑法158条(偽造公文書行使等)1項　第百五十四条から前条までの文書若しくは図画を行使し、又は前条第一項の電磁的記録を公正証書の原本としての用に供した者は、その文書若しくは図画を偽造し、若しくは変造し、虚偽の文書若しくは図画を作成し、又は不実の記載若しくは記録をさせた者と同一の刑に処する。

utterance of a forged private document　偽造私文書行使

権利義務等に関して偽造された私文書や、医師が作成した虚偽の診断書等を、使用する行為を罰するものである。〔参考〕刑法161条(偽造私文書等行使)1項　前二条の文書又は図画を行使した者は、その文書若しくは図画を偽造し、若しくは変造し、又は虚偽の記載をした者と同一の刑に処する。

utterance of a forged private document with signature and seal　偽造有印私文書行使

権利義務等に関する印章のある私文書が偽造された場合に、その偽造文書を使用する行為を罰するものである。〔参考〕刑法161条(偽造私文書等行使)1項　前二条の文書又は図画を行使した者は、その文書若しくは図画を偽造し、若しくは変造し、又は虚偽の記載をした者と同一の刑に処する。

utterance of a forged private document without signature and seal　偽造無印私文書行使

権利義務等に関する印章のない私文書が偽造された場合に、その偽造文書を使用する行為を罰するものである。〔参考〕刑法161条(偽造私文書等行使)1項　前二条の文書又は図画を行使した者は、その文書若しくは図画を偽造し、若しくは変造し、又は虚偽の記載をした者と同一の刑に処する。

utterance of altered currency　変造通貨行使

変造された内国通貨を、実際に流通に置く行為を罰するものである。〔参考〕刑法148条(通貨偽造及び行使等)2項　偽造又は変造の貨幣、紙幣又は銀行券を行使し、又は行使の目的で人に交付し、若しくは輸入した者も、前項と同様とする。

utterance of altered foreign currency　変造外国通貨行使

内国で事実上流通している外国通貨が変造された場合に、その変造通貨を流通に置く行為を罰するものである。〔参考〕刑法149条(外国通貨偽造及び行使等)2項　偽造又は変造の外国の貨幣、紙幣又は銀行券を行使し、又は行使の目的で人に交付し、若しくは輸入した者も、前項と同様とする。

utterance of altered securities　変造有価証券行使

真正に成立した有価証券の非本質的な部分が無権限で改変された有価証券を、実際に使用する行為を処罰するものである。〔参考〕刑法163条(偽造有価証券行使等)1項　偽造若しくは変造の有価証券又は虚偽の記入がある有価証券を行使し、又は行使の目的で人に交付し、若しくは輸入した者は、三月以上十年以下の懲役に処する。

utterance of an altered official document with signature or seal　変造有印公文書行使

真正に成立した印章のある公文書が変造された場合に、その変造文書を使用する行為を罰するものである。〔参考〕刑法158条(偽造公文書行使等)1項　第百五十四条から前条までの文書若しくは図画を行使し、又は前条第一項の電磁的記録を公正証書の原本としての用に供した者は、その文書若しくは図画を偽造し、若しくは変造し、虚偽の文書若しくは図画を作成し、又は不実の記載若しくは記録をさせた者と同一の刑に処する。

utterance of an altered official document without signature and seal　変造無印公文書行使

真正に成立した印章のない公文書が変造された場合に、その変造文書を使用する行為を罰するものである。〔参考〕刑法158条(偽造公文書行使等)1項　第百五十四条から前条までの文書若しくは図画を行使し、又は前条第一項の電磁的記録を公正証書の原本

utterance

としての用に供した者は，その文書若しくは図画を偽造し，若しくは変造し，虚偽の文書若しくは図画を作成し，又は不実の記載若しくは記録をさせた者と同一の刑に処する．

utterance of an altered private document with signature or seal 変造有印私文書行使

真正に成立した印章のある権利義務等に関する私文書が変造された場合に，その変造文書を使用する行為を罰するものである．〔参考〕刑法161条(偽造私文書等行使)1項　前二条の文書又は図画を行使した者は，その文書若しくは図画を偽造し，若しくは変造し，又は虚偽の記載をした者と同一の刑に処する．

utterance of an altered private document without signature and seal 変造無印私文書行使

真正に成立した印章のない権利義務等に関する私文書が変造された場合に，その変造文書を使用する行為を罰するものである．〔参考〕刑法161条(偽造私文書等行使)1項　前二条の文書又は図画を行使した者は，その文書若しくは図画を偽造し，若しくは変造し，又は虚偽の記載をした者と同一の刑に処する．

utterance of an untruly entered license 不実記載免状行使

偽りの住所を申告して記載させた運転免許証など，公務員に虚偽記載をさせた免許，免状などを実際に使用する行為を処罰するものである〔参考〕刑法158条(偽造公文書行使等)1項　第百五十四条から前条までの文書若しくは図画を行使し，又は前条第一項の電磁的記録を公正証書の原本としての用に供した者は，その文書若しくは図画を偽造し，若しくは変造し，虚偽の文書若しくは図画を作成し，又は不実の記載若しくは記録をさせた者と同一の刑に処する．

utterance of an untruly entered passport 不実記載旅券行使

偽りの生年月日など，公務員に虚偽記載をさせた旅券＝passport を実際に使用する行為を処罰するものである．〔参考〕刑法158条(偽造公文書行使等)1項　第百五十四条から前条までの文書若しくは図画を行使し，又は前条第一項の電磁的記録を公正証書の原本としての用に供した者は，その文書若しくは図画を偽造し，若しくは変造し，虚偽の文書若しくは図画を作成し，又は不実の記載若しくは記録をさせた者と同一の刑に処する．

utterance of an untruly entered permit 不実記載鑑札行使

偽りの業種を申告して記載させた露店の営業許可証など，公務員に虚偽の記載をさせた鑑札＝licence を実際に使用する行為を処罰するものである．〔参考〕刑法158条(偽造公文書行使等)1項　第百五十四条から前条までの文書若しくは図画を行使し，又は前条第一項の電磁的記録を公正証書の原本としての用に供した者は，その文書若しくは図画を偽造し，若しくは変造し，虚偽の文書若しくは図画を作成し，又は不実の記載若しくは記録をさせた者と同一の刑に処する．

utterance of counterfeit currency 偽造通貨行使

偽造された内国通貨を，実際に流通に置く行為を罰するものである．〔参考〕刑法148条(通貨偽造及び行使等)2項　偽造又は変造の貨幣，紙幣又は銀行券を行使し，又は行使の目的で人に交付し，若しくは輸入した者も，前項と同様とする．

utterance of counterfeit foreign currency 偽造外国通貨行使

内国で事実上流通している外国通貨が偽造された場合に，その変造通貨を流通に置く行為を罰するものである．〔参考〕刑法149条(外国通貨偽造及び行使等)2項　偽造又は変造の外国の貨幣，紙幣又は銀行券を行使し，又は行使の目的で人に交付し，若しくは輸入した者も，前項と同様とする．

utterance of forged securities 偽造有価証券行使

作成名義を偽って作成された有価証券を，実際に使用する行為を処罰するものである．〔参考〕刑法163条(偽造有価証券行使等)1項　偽造若しくは変造の有価証券又は

validation

虚偽の記入がある有価証券を行使し，又は行使の目的で人に交付し，若しくは輸入した者は，三月以上十年以下の懲役に処する。

utterance of securities, in which a false entry is made 虚偽記入有価証券行使
真正に成立した有価証券に，権限なく真実と異なる記載を行われた場合に，その有価証券を行使する行為を罰するものである。〔参考〕刑法163条(偽造有価証券行使等)1項 偽造若しくは変造の有価証券又は虚偽の記入がある有価証券を行使し，又は行使の目的で人に交付し，若しくは輸入した者は，三月以上十年以下の懲役に処する。

utterance of the altered Imperial or State document 変造詔書行使
真正に成立した天皇の詔書の内容が改変された場合に，その変造詔書を実際に使用する行為を罰するものである。〔参考〕刑法158条(偽造公文書行使等)1項 第百五十四条から前条までの文書若しくは図画を行使し，又は前条第一項の電磁的記録を公正証書の原本としての用に供した者は，その文書若しくは図画を偽造し，若しくは変造し，虚偽の文書若しくは図画を作成し，又は不実の記載若しくは記録をさせた者と同一の刑に処する。

utterance of the forged Imperial or State document 偽造詔書行使
権限なく作成された天皇の作成する国事行為に関する文書を実際に使用する行為を処罰するものである。〔参考〕刑法158条(偽造公文書行使等)1項 第百五十四条から前条までの文書若しくは図画を行使し，又は前条第一項の電磁的記録を公正証書の原本としての用に供した者は，その文書若しくは図画を偽造し，若しくは変造し，虚偽の文書若しくは図画を作成し，又は不実の記載若しくは記録をさせた者と同一の刑に処する。

utterance of the untruly entered original of an officially authenticated instrument 不実記載公正証書原本行使
事実と異なる事項を申請して登記や戸籍を公務員に記載させたり，公証人に事実と異なる公正証書を作成させた場合に，虚偽の記載がなされたそれらの文書を実際に使用する行為を処罰するものである。〔参考〕刑法158条(偽造公文書行使等)1項 第百五十四条から前条までの文書若しくは図画を行使し，又は前条第一項の電磁的記録を公正証書の原本としての用に供した者は，その文書若しくは図画を偽造し，若しくは変造し，虚偽の文書若しくは図画を作成し，又は不実の記載若しくは記録をさせた者と同一の刑に処する。

V

V.I.P. 要人
vacancy 欠缺
vacant land 更地
vacant lot 更地
vacation ①不動産の明渡し②休暇③閉廷期
vacation benefit 休暇給付
vacation pay 休暇手当
vacaty ①立ち退く②(家屋や部屋などを)明け渡す
vaccination 予防接種
vagrancy 浮浪
vagueness あいまいさ
vagueness doctrine あいまい性の原則
valid ①有効な②法的効力を有する
Legally binding; authentic; executed with proper formalities; authorized by law; incapable of being rightfully overthrown or set aside.
(Gilbert Law Summaries Pocket Size Law Dictionary 346 (1997), Harcourt Brace And Company.)
法的な拘束；認証された；適切な正規手続で作成された；法によって権限を与えられた；合法的に覆されたり無効にされる余地のない。
valid consideration 有効な約因
valid contract 有効な契約
validate 有効ならしめる
validation 認証

validity 法令の効力
valuable consideration 有価約因
valuable instrument 有価証券
valuables 高価品
valuation 評価
valuation of assets 資産評価
value 価値
value added tax＝V.A.T. 付加価値税
value chain バリュー・チェーン
value creation 価値創造
value received 受領した額，受領額，受領した対価
valued policy 評価済保険証券
variable annuity 可変年金，変動年金
variance 特例の認可
vehicle currency 基軸通貨
vehicle registration 車の登録証
vehicle tax 自動車税
velocity(of money) （通貨の）流通速度
vendee 買主
vendee's lien 買主先取特権
　不動産の売買契約がなされた場合に，買主(vendee)が既に代金の一部または全部を支払ったにもかかわらず，売主(vendor)が不動産権利証を引き渡さない場合に，支払った代金について生ずる買主の先取特権をいう。
vendor 売主
vendor's lien 売主先取特権
venereal disease 性病
Venereal Disease Prevention Law 性病予防法
vengeance 敵討ち
venomous 有毒な
venture 投機
venture capital ハイ・リスクの資本
venue 裁判地，訴訟原因発生地
　A neighborhood, a neighboring place; synonym for place of trial; refers to the possible or proper place for trial of a suit, among several places where jurisdiction could be established. Venue essentially involves the right of the party sued to have the action heard in a particular judicial district, for reasons of convenience. In a criminal trial where publicity surrounding the crime would virtually preclude fair trial, the court will direct a change of venue, or removal of the proceedings to a different district or country.
　(Steven H. Gifis, Dictionary of Legal Terms 525-526 (3rd ed., 1998), Barron's Educational Series, Inc.)
　区域，隣接する場所；裁判地と同義語；管轄権が認められうるいくつかの場所の中で，訴訟の裁判を実行できる，または適切な場所を表す。裁判地は，利便性のためにある特定の裁判区域でその訴訟を審理させることを求められる当事者の権利に本質的に影響する。犯罪を取り巻く評判が実質的に公正な裁判を妨げる刑事裁判においては，裁判官は裁判地の変更や，異なる地域や地方に訴訟手続の移動を命令することがある。

verbal 口頭の，言葉による
verbal contract 口頭契約
　契約書を作成せずに，口頭で締結された契約をいう。oral contract。諾成契約を口頭で締結することは，契約としての効力に何ら問題はないものの，契約の成立を立証する手段が当事者ないし立会人の証言以外にはないため，権利の実現が困難になることがある。
verbatim 逐語的な，逐語的に
verdict 陪審の評決
verification ①立証②確認
verify ～'s identity 身元を確かめる
versus＝vs. ～対～
　通常は前にくるのが原告，上訴人，後にくるのが被告，被上訴人。
vertical merger 垂直的合併
vertical price fixing 垂直的価格協定
vertical restraint 垂直的競争制限
very important person 要人
very sensitive 神経質な
vessel 艦船，器物，本船
vest ①権利を与える②権限を授ける
vested ①既得の②絶対的な
vested in interest 権利の発生は確定している

vested interest; ～estate 確定的権利
vested remainder 確定的残余権
vested right 既得権
vesting declaration 信託財産授与宣言
vesting order 財産帰属命令
veteran's benefits 退役軍人手当
veto 拒否権(を発動する)
vexatious action; ～litigation; ～proceeding 濫用的訴訟, 不当訴訟, 嫌がらせ訴訟
via voice 口頭で
Vibration Regulation Law 振動規制法
vicar 教区主任牧師
vicarious liability ①代位責任②代理責任③使用者責任
  自分自身以外の者が過失によって第三者に損害を与えた場合に, その者との緊密あるいは特別な関係に基づいて損害賠償責任を問われることをいう。respondeat superior。履行補助者の過失について債務不履行責任を問われたり, 被用者の不法行為について, 使用者も不法行為責任を負うなどがその例である。
vice 副
vice consul 副領事
vice versa その反対に, 逆もまた同じ
vice-agent 副代理人
Vice-Minister 事務次官
Vice-Minister of Justice 法務事務次官
vice-president ①副大統領②副社長
vice-principal 監督代理者, 副本人
vicious 邪悪な
victim 犠牲者, 被害者
victimizer 加害者
victimless crime 被害者なき犯罪
  売春などの成人間の合意の上での性行為や薬物犯罪など, 具体的な被害者がいない犯罪。
victimology 被害者学
Victims of Crime Assistance Act = VCA 犯罪被害者援助法
view ①検証②眺望権
vigilance 不寝番
vindictive damages 懲罰的損害賠償額, 制裁の賠償

violate 法令を犯す
violate the privacy of personal correspondence 信書の秘密を侵す
violate the traffic regulations 交通違反をする
violation ①(規則の)違反, 侵害②契約不履行
violation against law or ordinance of procedure 訴訟手続の法令違反
violation of human rights 人権侵害
violation of law or ordinance 法令違反
violation of neutrality ordinances 中立命令違背
violation of order 命令違反
violation of the Constitution 憲法違反
  立法府の制定した法律や行政権の行使が, 国家の最高法規である憲法からみて許されないことをいう。憲法に違反するかどうかの判断は, 一般に司法権の役割とされているが, その判断の方法については日本やアメリカのように通常裁判所が具体的な紛争の中で憲法違反かどうかを判断するやり方と, 憲法裁判所のような特別な裁判所が, 法令が憲法に違反するかどうかの解釈自体を行うやり方とがある。〔参考〕憲法98条 この憲法は, 国の最高法規であつて, その条規に反する法律, 命令, 詔勅及び国務に関するその他の行為の全部又は一部は, その効力を有しない。
violation of the parking regulations 駐車違反
violence 暴行, 暴力, 乱暴
violence and cruelty by a special public officer 特別公務員暴行陵虐
  警察官や看守など, 裁判, 検察もしくは警察の職務を行う者が職権を濫用して被疑者や被告人に危害を加えることを, 罰するものである。これらの者は職務の性質上, 被疑者や拘置された者の身体や意思を制圧する機会が多く, そのような手段に歯止めがないときは重大な人権侵害となるため, 定められた犯罪である。〔参考〕刑法194条(特別公務員職権濫用) 裁判, 検察若しくは警察の職務を行う者又はこれらの職務を補助する者がその職権を濫用して, 人を逮捕

violence

し，又は監禁したときは，六月以上十年以下の懲役又は禁錮に処する．

violence and cruelty by a special public officer resulting in bodily injury 特別公務員暴行陵虐致傷

警察官や看守など，裁判，検察もしくは警察の職務を行う者が職務遂行に際して暴行をふるい，これによって傷害の結果を生じた場合を処罰するものである．〔参考〕刑法196条(特別公務員職権濫用等致死傷) 前二条の罪を犯し，よって人を死傷させた者は，傷害の罪と比較して，重い刑により処断する．

violence and cruelty by a special public officer resulting in death 特別公務員暴行陵虐致死

警察官や看守など，裁判，検察もしくは警察の職務を行う者が職務遂行に際して暴行をふるい，これによって死亡の結果を生じた場合を処罰するものである．〔参考〕刑法196条(特別公務員職権濫用等致死傷) 前二条の罪を犯し，よって人を死傷させた者は，傷害の罪と比較して，重い刑により処断する．

violence for the purpose of assisting escape 逃走幇助暴行
violent crime 粗暴犯
violent fall 転倒
vis major 不可抗力
visa ビザ
Visa Waiver Pilot Program 不法移民が少ない相手国に対して，ビザなしで自由に観光することを認める特別なプログラム．アメリカは日本に対してこれを適応している．ただし観光目的のこの滞在は90日以内．
viscera 臓器
viscount 子爵
visibility 視力
visitation ①監査②訪問権
visual field 視界
vital reaction 生活反応
vital statistics 人口統計
viz-a-viz 〜と比べて(ラテン語)
vocate 立ち退く，退く，辞する

vocational aptitude test 職業適性検査
vocational guidance 職業訓練
vocational training 職業訓練
voice print 声紋
void 無効な，無効にする，取り消す
Without legal effect; of no binding force; wiped out. For example, a void contract is an agreement by which no one is (一部略) bound because something legally necessary is missing.
(Daniel Oran, Law Dictionary for Non-lawyers 328 (4th ed., 2000), West Legal Studies.)
法律効果なしで；拘束力のない；帳消しにされた．例えば，無効な契約とは何か法的に必要なものが欠けているために誰も拘束されない契約のことである．
void act 無効行為
void contract 無効な契約
void title 無効な権原
voidable 取り消せる
voidable contract 取り消せる契約
voidable preference 否認されるべき偏頗行為
voidable title 取り消せる権原
void-for-vagueness doctrine 漠然性無効の法理
volatility 変動価格変動性
volition 意思
voluntarily 自発的に，任意に
voluntariness 任意性
voluntariness of confession 自白の任意性
voluntary 自発的な，無償の，約因のない
voluntary appearance ①任意出頭②自発的応訴
voluntary bankruptcy 自己破産
債務を返済できなくなった債務者(debtor)が自ら申し立てる破産をいう．全額弁済が不可能となった債権の公平な弁済を求めて債権者(creditor)の側から行なわれる破産申立てと比較した場合，自己破産は，もはや債権者に分配する見るべき財産もない個人債務者が，免責を得るために申し立てるケースが多い．〔参考〕破産法18条(破産手

続開始の申立て)1項　債権者又は債務者は、破産手続開始の申立てをすることができる。
voluntary bankruptcy petition　自己破産の申立て
voluntary confession　任意性ある自白
voluntary disablement　自ら履行不能を宣言すること
voluntary dissolution　任意解散
voluntary export restraint　輸入自主規制
voluntary labor　請願作業
voluntary manslaughter　故意殺
voluntary nonsuit　訴えの取下げ
voluntary presentation of evidential materials　任意提出
voluntary production of evidential materials　任意提出
voluntary resignation　自己退職
voluntary statement　任意の供述
voluntary surrender　自首
voluntary suspension of commission of a crime　中止犯、中止未遂
volunteer　自発的行為者、無償取得者
volunteer probation officer　保護司
vomit　嘔吐する
vomiting　嘔吐
vote　投票、議決権、票、表決、提案する
　1. The expression of one's preference or opinion by ballot, show of hands, or other type of communication (一部略).
　2. The total number of votes cast in an election (一部略).
　3. The act of voting, usu. by a legislative body (一部略).
　(Bryan A. Garner, Black's Law Dictionary Second Pocket Edition 754 (2001), West Group.)
　1. 自分の選好または意見を無記名投票、挙手による意思表示、またはその他の種類の伝達方法で表明すること。
　2. 選挙で投票された投票用紙の総数。
　3. 通常は立法府によって行われる投票行為。
vote-catching　票集め
voter　選挙人、投票者

voting　投票、議決
voting agreement　議決権行使契約
　自己の有する議決権を特定の議案や人物のために行使し、投票することを約束する契約をいう。選挙権など公法上有する議決権についてこのような契約は認められないが、株主の有する議決権など、もっぱら経済的な利益のために存在する議決権については、議決権行使契約を認めても弊害はなく、むしろ信託目的で株式の所有権を移転した委託者にとっては有益であるため、認められている。
voting power　議決権
voting right　選挙権、議決権
Voting Rights Act　投票権法
voting share　議決権のある株式
voting shareholder　議決権のある株主
voting stock　議決権のある株式
voting trust　株式の議決権を信託すること
vouch　①保障する②裁判所に呼び出す、召喚する③証拠を提出する
　1. To answer for (another); to personally assure (一部略).
　2. To call upon, rely on, or cite as authority; to substantiate with evidence (一部略).
　(Bryan A. Garner, Black's Law Dictionary Second Pocket Edition 755 (2001), West Group.)
　1. (他者の)責任を負うこと；個人的に保証すること。
　2. 頼みにし、信頼し、または権威として引用すること；証拠をもって実証すること。
voucher　伝票、受領証
vouching in　訴訟告知
voyage charter; voyage charter-party　航海傭船、狭義の傭船契約(charter party)　→charter party
voyage policy　航海保険証券

W.L.R.　Weekly Law Reports、週刊判例集

wage

wage 賃金
wage assignment 賃金債権譲渡担保
wage earner's plan 賃金取得者更生計画
wage regulation 賃金規制
wage system 賃金制
wager 賭博，賭け事
wager policy 賭博保険証券
wagering contract 賭博契約
wage-earner 賃金生活者
Wage-Hour Law 賃金時間法
Wagner Act ①ワーグナー法②全米連邦労働関係法
アメリカで1935年に制定された労働関係法の通称。
waiting period 待機期間
証券登録説明書の申請日より有効日までの期間。
waive 権利等を放棄する
waiver 権利放棄
任意に法律上の権利を放棄する事をいう。コモン・ロー上の doctrine of waiver 「権利放棄の原則」によれば，権利者がその有している権利と矛盾するような行動をとったときは，以後，その権利は黙示的に放棄されたものとみなされて行使できなくなる。権利放棄証書。
An intentional and voluntary surrender of some known right, which generally may either result from an express agreement or be inferred from circumstances.
(Steven H. Gifis, Dictionary of Legal Terms 533 (3rd ed., 1998), Barron's Educational Series, Inc.)
意図的にそして任意にある周知の権利を放棄することであり，これは一般的に，明白な同意の結果または状況からの推定のいずれかである。
waiver of an appeal 上訴の放棄
waiver of claim 請求の放棄
waiver of notice 通知の放棄，通知を受ける権利の放棄
waiver of protest 拒絶証書作成免除
waiver of right to allege procedural error 責問権の放棄
waiver of rights 権利の放棄

waiver of Sovereign Immunity 国家主権免責の放棄
waiver of tort 不法行為訴権の放棄
walk drunkenly 千鳥足で歩く
walk out 同盟罷業，ストライキ
労働条件の改善等を求める従業員が，一斉に職場を離れる方法で，罷業を行うことをいう。strike. 罷業が社会的に逸脱した手段がとられない限り，民事上の債務不履行責任を問われることはない。ただし，罷業中の賃金は，no work no pay の原則により請求することはできない。
wall street lawyer ウォール街の弁護士
Walsh-Healey Act ウオルシュ・ヒーリー法
ニューディール政策の最中，1936年に制定された，労働安全衛生に関する連邦法。
wander about 徘徊する
want of consideration 約因の欠如
want of funds 無資力
wanton ①未必の故意による危険な行為②わがまま③性的にだらしない
Reckless, heedless, malicious; extreme recklessness or foolhardiness; disregardful of the rights or safety of others or of consequences.
(Gilbert Law Summaries Pocket Size Law Dictionary 352) 1997), Harcourt Brace And Company.)
無謀な，不注意な，不当な；極度な無謀さまたは無鉄砲さ；他者の権利または安全もしくは結果を無視すること。
wanton and reckless misconduct 認識を持ちつつ，しかし害意はなく危険な行為をすること
wanton negligence 認識ある過失
wantonness ①未必の故意による危険な行為②わがまま③性的にだらしない
war clause 戦争約款，戦争条項
war crime 戦争犯罪
war criminal 戦犯者
war risk insurance 戦争保険
ward ①被後見人②地区③刑務所の監房
ward of admiralty 海事裁判所被後見人
ward of court 裁判所の被後見人

warden 看守
wardship ①後見権②被後見
warefare right 福祉受給権
warehouse 倉庫
warehouse receipt 倉庫証券
倉庫営業者が保管する物品について，倉庫営業者から寄託者に対して発行される証券。倉庫証券を交付することで，物品を倉庫に保管したままの状態で譲渡することができる。〔参考〕商法598条　倉庫営業者ハ寄託者ノ請求ニ因リ寄託物ノ預証券及ヒ質入証券ヲ交付スルコトヲ要ス
warehouseman 倉庫業者
warehouseman's lien 倉庫業者のリーエン
warehousing 倉庫営業
Warehousing Business Law 倉庫業法
warmhearted 温情ある
warning 訓戒，警告
warning signal 警報
warrant ①証券②保証③担保物権④倉荷証券⑤株式買取請求権⑥令状

A written order from a competent authority directing the doing of a certain act, especially one directing the arrest of a person or persons, issued by a court, body or official.（中略）

The word of warrant is also used in commercial and property law to refer to a particular kind of guarantee or assurance about the quality and validity of what is being conveyed or sold.

(*Steven H. Gifis, Dictionary of Legal Terms 534 (3rd ed., 1998), Barron's Educational Series, Inc.*)
ある活動を監督する正当な権威からの文書の命令であり，特に，裁判所，団体，または役人によって発布された，一人または複数の人の逮捕を指図するもの。
令状という言葉は商法と財産法においても，譲渡または売却されるものの特質と法的有効性についての特定の種類の保証契約または保証を表すのに用いられる。

warrant for physical examination 身体検査令状

warrant in bankruptcy 破産者財産差押令状，債務者出頭令状
warrant of arrest 逮捕状
warrant of arrest for a parolee to be taken into custody 引致状
warrant of attorney 認諾委任状，応訴委任状
warrant of confinement for an expert examination 鑑定留置状
warrant of detention 勾留状
warrant of permission of expert evidence 鑑定許可状
warrant of production 勾引状
warrant of search 捜索状
warrant of search and seizure 捜索差押許可状
warrant of seizure 差押状
warrantee 保証債権者，保証の相手方
warrantor 保証人，担保の提供者
warranty 担保責任，保証，土地に関する捺印証書
warranty against defects 瑕疵担保責任
warranty against infringement 権利侵害責任
warranty and infringement ライセンサーの保証と侵害に対する責任
warranty deed ①不動産権利証②不動産登記③原権保証証書
warranty of care 治療の保証
warranty of fitness 特定目的への適合性の担保責任
warranty of habitability 不動産の最低居住性，不動産賃貸物件の最低居住性
warranty of merchantability 商品性の担保責任
warranty of title 権限の担保責任
Warren Court ウォーレン・コート
アール・ウォーレンが合衆国最高裁判所首席判事であった1953年から1969年までの合衆国最高裁判所を指す。このウォーレン・コート時代の最高裁は司法積極主義の立場を取り，違憲立法審査権をしばしば行使した。また，進歩的な判決を続けた。
Warsaw Convention 1929 1929年ワルソー条約

Warsaw

Warsaw Pact; Warsaw Treaty; Treaty of Friendship, Cooperation and Mutual Assitance between the People's Republic of Albania, the People's Republic of Bulgaria, the Hungarian People's Republic, the German Democratic Republic, the Polish People's Republic, the Union of Soviet Socialist Republics and the Czechoslovak Republic ワルシャワ条約

Wasenaar Arrangement ワッセナー協約 従来のココム(The Coordinating Committee for Export Control)に代わり，通常兵器やその関連技術の輸出管理体制を定めた国際協約。東西冷戦下のおけるココムのように特定の国家を想定したものではない。重要とされる軍事技術を，各国が協調して不必要な流出を防止しようという趣旨の協約である。

wash out the effort 狂わせる，脱線させる

waste ①浪費②不動産棄損③廃棄物④原野⑤遺産管理義務違反

Wastes Disposal and Public Cleaning Law 廃棄物の処理及び清掃に関する法律

wasting trust 費消信託
watch a suspect 容疑者を監視する
watch committee 公安委員会
watching search 監視調査
watchman 見張り
water and mining law 水法と鉱業法
water law 水法
water pollution 水汚染
Water Pollution Control law 水質汚濁防止法
Water Resources Development Organization Law 水資源開発公団法
water right 水利権
water utilization 水利
watered stock 水増株式 額面価格より安い約因を払い込んだ株式。
waterline 吃水線
water-mark 水位線
waybill 貨物運送状，貨物引換証

WCO : World Customs Organization 世界関税機関
weak eyesight 弱視
weak grounds 薄弱な証拠
weakening 衰弱
wear and tear ①老朽②損耗③老朽や損耗による価値の低下
wear out 消耗する
Weekly Law Reports 週刊判例集
weight of evidence 証拠の重さ，証拠の価値
weight of evidence of protocol of trial 公判調書の証明力
welfare 厚生
welfare benefit plan 福祉給付制度
welfare clause 福祉条項
Welfare Law for the Elderly 老人福祉法
Welfare Pension Insurance 厚生年金保険
welfare rights 福祉受給権
well-grounded 理由ある
well-laid plan 周到な計画
WESTLAW ウエスト・ロー(出版社名)
wet cargo 水物 貨物輸送において液体でかさばるもののこと。石油など。
wetland area 湿地帯区域
wharfage 埠頭使用料，波止場使用料，埠頭税
wharfinger 埠頭主，波止場所有者，波止場管理人
when and as 〜のとき，〜の場合 同義語を併記するパターン。
when and if 〜のとき，〜の場合 同義語を併記するパターン。
when necessary for investigation 捜査のため必要があるとき
when one deems appropriate 適当と認めるとき
when one deems proper 適当と認めるとき
whereabouts 行方，所在
whereas ①〜であるのに対して②〜なので
whereas clause 契約書の説明部分

契約の前文中で，当事者が契約を締結するに至った理由，契約などを述べた部分。

whipping 笞刑

whistle blowing 内部告発
組織の不正や違法行為を，組織内部の人間が操作機関に知らせること。捜査機関に対する関係では通常の告訴，告発と変わるところはなく，社会正義のための有益な行為である。一方組織との関係では，内部告発者が秘密保持契約や雇用契約違反を理由として，懲戒，解雇などの報復措置を受けることが少なくない。正式な処分を受けなかったとしても，雇用条件，配置などで不利な取り扱いを受ける恐れは十分にある。アメリカの多くの州ではこのような内部告発者を組織の報復から守るための保護法を整備している。

whistleblower tips 告発

white knight 白馬の騎士，敵対的買収防止法の一つ
企業が，敵対的買収者に対抗して，友好的な買い付けをしてくれる会社を探すことをいう。

white paper 白書
政府が発行する正式の報告書。

White Paper on International Trade 通商白書

white squire 敵対的買収防止法の一つ
友好的な株主や関係会社に新株を割り当てること。取得者は少数株主に留まる点が，white knight との相違点。

white-collar crime ホワイト・カラー犯罪

whole life insurance 終身生命保険，終身保険

wholeness knowing 全体の知

wholesale 卸売

wholesale arrest 一斉検挙

wholesale business 問屋営業

wholesale dealer 卸商人

wholesaler 卸売問屋

wholly and permanently disabled 全面的かつ永久的就業不能

wholly disabled 全面的就業不能

wicked 悪質な，腹黒い

widow 未亡人

width 幅員

wife beating 夫の妻への暴行

wildcat strike 山猫ストライキ
組合員の一部が組合の承認なしに行うストライキ。

will ①意思②遺言，遺言書

willful 故意の，計画的な，意図的な

willful and wanton act 故意の安全無視行為

willful and wanton negligence 未必の故意
結果の発生を意欲したわけではないが，結果発生を予測し，かつ発生するならしたで構わないというような内心の態度があった場合をいう。日本の場合は故意責任の一態様とされるが，アメリカでは recklessness として故意と過失の中間の第三の範疇の責任とされることが多い。

willful misconduct of employee 被用者の故意の非行

willful negligence 故意の注意義務違反，未必の故意

willfully 故意に

willfully and knowingly ①故意に②事情を知りつつ
同義語を併記するパターン。

William Blackstone ウイリアム・ブラックストン(1723-1780)
オックスフォード大学教授。イギリスで初めてイギリス法の講義を行った。

Williams Act （米）ウィリアムズ法

wills and administration 遺言と遺産管理

win a case 勝訴する

win a lawsuit 訴訟に勝つ

winding up （英)会社などの清算

wine and dine 気前よくもてなす

wing 舎房

winning horse 勝ち馬

win-win relationship 双方とも満足な関係

WIPO Treaties on Copyright; Wipo Copyright Treaty(WCT) WIPO 著作権条約

Wire Telecommunications Law 有線電気通信法

wire-puller 黒幕

wire-tapping 盗聴
電話回線に傍受道具を接続して通話と盗聴する捜査手法。
wire-tapping bill 盗聴法案
with a unanimous vote 満場一致によって
with all faults 瑕疵を問わない条件で
with average 分損担保
with being aware of the circumstances 情況を知って
with prejudice みずからの権利を損って，不利を承知で，権利関係に不利益に，実体的効果を伴って
with recourse 遡及義務を伴って，二次的支払義務を負って
with regard to and in connection with ～に関して
同義語を併記するパターン。
with the support of 後援の下に
withdraw 取り下げる，預金を引き出す
withdrawal 脱退，撤回，撤去，預金の引出し
withdrawal of a count 訴因の撤回
withdrawal of a ruling 決定の取消し
withdrawal of an appeal 上訴の取下げ
withdrawal of applicable articles of laws or ordinances 罰条の撤回
withdrawal of claim 請求の取下げ
withdrawal of complaint 告訴の取消し
withdrawal of public prosecution 公訴の取消し
withdrawal of the defendant 被告人の退廷
withdrawing partner 退任パートナー
withhold 留保する
withhold payroll tax 預り源泉税
withholding 控除，租税の源泉徴収
withholding delivery 引渡保留
withholding tax 源泉徴収税
within a reasonable time 相当な期間内に
within authority 権限内
within course of employment 業務執行中
within the precincts of a court 裁判所の構内
without authority 権限外
without delay 遅滞なく，法の許容する期間内に
without due cause 故なく
without exception 例外なく
without good reason 故なく
without interest 無利息
without moving 倉庫渡し
without notice 善意で
without prejudice 権利を損なうことなく
without recourse 手形，小切手の裏書人が償還義務を負わないで，無担保で
without reserve 価格制限なしに，権利留保しないで
witness ①参考人②証言する③証拠物件
One who sees or perceives an act or event being done. One who testifies under oath at a trial or hearing as to what he has seen, heard, or otherwise observed. To be present at the signing of, and often to sign, a legal document such as a deed or a will. One who is a witness to a signature on a will or deed attests to its authenticity.
(*Gilbert Law Summaries Pocket Size Law Dictionary* 356 (1997), Harcourt Brace And Company.)
行われた行為または事件を目撃または知覚する者。見て，聞いて，あるいは観察したことについて裁判または審問で宣誓の下に証言する者。捺印証書または遺言のような法律文書の署名に，しばしば署名するために立ち会うこと。遺言または捺印証書への署名の証人となる人は，その真正を証する。
witness in court 在廷証人
witness testifies 目撃者は証言する
witnesseth 証する
witnessing part 証書または文書の本文
Women's Consultation Office 婦人相談所
Women's Prison 女子刑務所
women's suffrage 婦人参政権
work 労役

work house 労役場
work of liquidation 清算事務
work out 解決する
work permit 労働許可証
work product 職務活動の成果, 弁護士職務活動成果秘匿の法理, 作業成果免責法理
work release system 施設外通勤制度
worker 勤労者, 労働者
Worker Adjustment and Retraining Notification 雇用調整法
worker's compensation 労災保険
Worker's Compensation Act 労働災害補償法
worker's compensation benefits 労働者災害補償給付金
working condition 勤労条件, 労働条件
working funds 運転資金
working hours 労働時間, 労働時間制
working regulations 就業規則
Working Youth Welfare Law 勤労青少年福祉法
workmen's accident compensation insurance 労災保険
Workmen's Accident Compensation Insurance Law 労働者災害補償保険法
workmen's compensation; worker's compensation 労災補償, 労働者災害補償保険
workmen's shack 飯場
workout plan 私的再建プラン, 私的整理プラン
　債務者の債務が滞ったときに, 債権者と債務者が話し合って, 債権者側では履行期限の延期, 債務免除, 代物弁済などを実施し, 債務者側では資産の売却, 費用の圧縮などの措置を行うことを取り決めること。
works 工作物, 著作物, 作品, 仕事
workweek 労働週
World Bank 世界銀行
World Intellectual Property Organization=W.I.P.O. 世界知的所有権機関
　著作権についてのベルヌ条約, 特許権など工業所有権についてのパリ条約など, 知的所有権に関する国際法規を管理, 運用し, 知的所有権保護を促進することを目的として1970年に設立された国際機関。現在は国連の専門機関の一つでもある。本部はジュネーブにあり, 2002年現在179ヶ国が加盟している。設置の根拠は1967年にストックホルムで締結された, 世界知的所有権機関を設立する条約である。
World Trade Organization=W.T.O. 世界貿易機関
　貿易や関税に関する国家間紛争を解決するための国際機関。それまでは貿易や関税に関する紛争は, GATT(General Agreement on Tariffs and Trade, 貿易と関税に関する一般協定)などの国際協定に基づき当事者国を中心とした解決が図られてきたが, より実効的な解決を目指すために, GATTを前身として, 1995年に専門の国際機関として設置された。
worldwide integrated purchasing system 海外統合購入システム
worrying 憂慮すべき
worth 正味財産, 純資産
would-be 自称の, 未遂の
wound 傷, 傷口, 負傷
wound closure 創縁
wound edge 創角
wound hall 創洞
wreck 残骸
wreckage 残骸
writ 令状
　A court's written order, in the name of a state or other competent legal authority, commanding the addressee to do or refrain from doing some specified act.
　(Bryan A. Garner, Black's Law Dictionary Second Pocket Edition 773 (2001), West Group.)
　州または他の正当な法権威の名において, 名宛人に対してある特定の行為を行うことまたは差し控えることを命令する裁判所の文書の命令。
writ of error 誤審令状
writ of habeas corpus 人身保護令状(中世イギリス)
writ of prohibition 管轄禁止令, 禁止令状(中世イギリス)

writ

writ of summons　呼出状，召喚状
writing　書面，文面
written acceptance　就任承諾書
written acceptance of order　注文請求
written accusation　告発状
written acknowledgment　承認書
written acknowledgment of a debt　借用証書
written agreement　書面による合意
written agreement for merger　合併契約書
written answer　答弁書
written apology　始末書
written application for Koso-appeal　控訴申立書
written approval　承認書
written authority　書面による権限
written code of ethic　倫理規範書
written complaint　告訴状
written confirmation　確認書
written contract　書面契約
written expert opinion　鑑定書
written instrument　文書，書面，証書
written judgment contained in the trial protocol　調書判決
written Koso-appeal　控訴状
written law　成文法
written motion of application　申立書
written notice　通知書
written oath　誓約書
written offer　書面による申込み
written opening statement　冒頭陳述書
written opinion　意見書
written order　注文書
written petition supporting defendant's character　嘆願書
written pledge　誓約書
written reply　回答書
written statement　供述調書，上申書
written statement given before an investigator　供述調書
written statement given before a police officer　員面調書
written statement given before a public prosecutor　検察官の面前における供述調書
written statement of grounds for Jokoku-appeal　上告趣意書
written statement of Jokoku-appeal　上告理由書
written waiver　放棄書
wrong　①不法行為②権利侵害③犯罪
wrong diagnosis　誤診
wrong judgment　誤判
wrongful　不正な
wrongful conduct; ～act　不法な行為，不正の行為
wrongful dismissal　不当解雇
wrongful life　①遺伝病②先天的障害③不法行為による生命誕生
wrongful termination　不当解雇
wrongful use　不正使用
wrongful use of an official mark　公記号不正使用
wrongful use of an official seal　公印不正使用
wrongful use of a private seal　私印不正使用
wrongful use of the Emperor's Signature　御名不正使用
wrongful use of the Imperial Seal　御璽不正使用
wrongful use of the Seal of State　国璽不正使用
wrongfully taking possession of immovable property　不動産侵奪

Y

yakuza　やくざ
year and a day rule　一年と一日の原則
yearly　一年の，一年間の，年一回の，例年の，毎年の，年ごとに
yearly amount　年額
years of service　在職年数
yeas and nays　賛成か反対か
yellow dog contract　黄犬契約
　労働組合への付加入を条件とする雇用契約。わが国では黄犬契約は憲法28条に違反

し，当然無効である。

yeoman ヨーマン
イングランドにおける独立自営農民のこと。

yield ①譲歩②利回り③収益
The current return as a percentage of the price of a stock or bond.
(*Steven H. Gifis, Dictionary of Legal Terms 545 (3rd ed., 1998), Barron's Educational Series, Inc.*)
株式または債券の価格に対する割合のような現時の利益。

Yugen-Kaisha 有限会社

Z

zaibatsu 財閥
zebra crossing 横断歩道
zero for zero 相互ゼロ関税
Zero Interest Rate Policy ゼロ金利政策
zero-coupon bond 割引債
zero-sum activity 収支ゼロ活動
zero-sum game ゼロサム・ゲーム
zone of employment 雇用領域
zoning 用途地域，地区制
zoning law 土地区画法
zoning regulations 地区規制

あにんく

あ

アーニングス・ストリッピング・ルール　earnings stripping rule　132
ILO 憲章　Constitution of the International Labour Organization　82
合鍵　duplicate key　131, passkey　290
合言葉　password　290
愛情　love and affection　250
相槌を打つ　give responses　183
相手方　opponent　281, other party　284, the other　388
相手方の意思に反して　in invitum　204
相手方の主張を否定する答弁　denial　113
相手先ブランド製造業者　original equipment manufacturer　284
相手当事者　adverse party　13
相手任せの不安定な権利　precarious right　305
あいまい　ambiguity　19
あいまいさ　vagueness　407
あいまい性の原則　doctrine of vagueness　125, vagueness doctrine　407
アイルランド共和国軍　I.R.A.　198
隘路　narrow path　265
青酸塩　cyanate　103
青信号　green traffic signal　187
青空法　blue-sky laws　42, sky laws　365
あおる　incite　205
赤字　deficit　109
赤信号　red traffic signal　334
赤線引き　redlining　334
赤ニシン目論見書　red-herring prospectus　334
明らか　apparent　23
明らかな本人　disclosed principal　121
明らかに　ex facie　147
明らかに判決に影響を及ぼすべき誤認　errors which are material to the judgment　143
明らかに判決に影響を及ぼすべき法令の違反　failure to comply with law that has influenced clearly the judgment　157

悪意　actual notice　9, bad faith　34, mala fide　252, malice　252
悪意で　scienter　356
悪意で遺棄する　desert maliciously　116
悪意の受益者　mala fide person　252, person enriched in bad faith　295
悪意の黙秘　fraudulent concealment　175
悪影響　baneful influence　35, ill effects　198
悪権原　bad title　34
悪事　evil deed　147
悪質な　wicked　415
悪臭防止法　Offensive Odor Control Law　277
握手売買契約　handsale　191
悪書　offensive book　277
アクセス　access　3
アクセス権　right of access　348
アクチュアリ　actuary　9
悪徳貸付商法　loan sharking　248
悪徳弁護士　pettifogger　298
揚荷不足　short delivery　364
明渡し　evacuation　146
明け渡す　vacaty　407
アコメンダ　accomenda　4
アサイズ　assize　30
アサイズ裁判所　court of assize　96
欺く　deceive　106
足跡　footmark　168, footprint　168
足掛かり　footing　168
足型を採取する　take foot-prints　382
明日香村における歴史的風土の保存及び生活環境の整備に関する特別措置法　Act concerning Special Measures for the Preservation of Historic Natural Features of the Life Environment in Asuka Village　6
預り金　deposit payable　114
預り源泉税　withhold payroll tax　416
預り証　deposit receipt　114
預合いの罪　crime of borrow-and-deposit　98
預ける　entrust　140
頭　capita　50
頭金　down payment　128, initial pay-

あ

ment 209
頭割り　per capita　293
頭割りに　in capita　204
新しい事実　new matter　268
悪化する　aggravate　15
圧死　death from traumatic asphyxia　105
斡旋　arraignment　26, good offices　184, mediation　256, office　278
斡旋収賄　receipt of a bribe for exertion of influence　331, receipt of a bribe for intermediary　331
斡旋利得　influence peddling　209
圧迫　pressure　311
圧力団体　pressure group　311
宛所　address　10
宛名　address　10, Attention　31
当て逃げ　hit-and-run accident　194
あてにする　count　93
アド・オン条項　add-on clause　10
後付け注文　percentage order　293
後になされた判決　junior judgment　225
アドバイザー契約　advisory agreement　14
後日付け　antedated　22
アパルトヘイト　apartheid　23
油による汚染損害についての民事責任に関する国際条約　International Convention for Civil Liability for Oil Pollution Damage　215
阿片　opium　281
阿片煙吸食　smoking opium　366
阿片煙所持　possession of smoking opium　303
阿片煙製造　manufacture of smoking opium　253
阿片煙販売　sales of smoking opium　354
阿片煙輸入　importation of smoking opium　202
阿片法　Opium Law　281
雨傘保険証券　umbrella policy　396
アマルフィー海法典　Amalphitan Code; Amalphi, Laws of; Amalphitan Table　19
アムネスティ・インターナショナル　Amnesty International　20
アメリカ・ロー・スクール協会　Association of American Law School　30
アメリカ合衆国　U.S.　396, United States of America　400
アメリカ合衆国外務部　Foreign Service of the United States of America　170
アメリカ合衆国憲法　Constitution of the United States of America　82
アメリカ合衆国1930年関税法　Tariff Act of 1930　382
アメリカ合衆国通商代表　U.S.T.R.：United States Trade Representative　396
アメリカ合衆国判例体系　National Reporter System　266
アメリカ合衆国法律集　U.S.C.　396
アメリカ関税特許控訴裁判所　U.S.Court of Customs and Patent Appeals　396
アメリカ自由人権協会　American Civil Liberties Union　20
アメリカ障害者保護法　ADA：American with Disabilities Act　9, Americans with Disabilities Act　20
アメリカ商事仲裁協会　The Americasn Arbitration Association　387
アメリカ全国証券協会　National Association of Securities Delers, Inc.　265
アメリカ仲裁協会　A.A.A.　1, American Arbitration Association　19
アメリカ通商代表部　United States Trade Representative　400
アメリカ統一商法典　Uniform Commercial Code　398
アメリカ内国歳入庁　Internal Revenue Service　214, International Revenue Service　215
アメリカの law firm　partner　289
アメリカ法曹財団　American Bar Foundation　20
アメリカ法大全　corpus juris　92
アメリカ法廷弁護士協会　Association of Trial Lawyers of America　30
アメリカ法律家協会　A.B.A.　1, American Bar Association　20

あめりか

アメリカ法律協会　A.L.I.　1, American Law Institute　20
アメリカ法律図書館協会　American Association of Law Libraries　20
アメリカ預託証券　American Depositary Receipt　20
アメリカ連邦国際貿易委員会　International Trade Commission　215
アメリカ連邦裁判所　federal court　160
アメリカ連邦証券取引委員会　Securities and Exchange Commission　358
アメリカ連邦商標法　Lanham Act　229
アメリカ連邦取引委員会　F.T.C.　156, Federal Trade Commission　161
アメリカ労働総同盟　American Federation of Labor　20
アメリカン・クローズ,優先主義約款　American clause　20
アメリカン・ジュリスプルーデンス　American Jurisprudence　20
アメリカン・ダイジェスト・システム　American Digest System　20
誤った訴答　mispleading　260
誤った表記　false demonstration　159
誤り　error　143
誤審令状　writ of error　417
誤りを立証する　falsify　159
争いある債務　obligation in dispute　275
争いのある　contentious　85
新エネルギー利用等の促進に関する特別措置法　Law concerning Promotion of the Use of New Energy　231
新たな約束　new promise　268
新たに　de novo　104
新たに発見された証拠　newly discovered evidence　269
粗利益　margin　254
現れる　emerge　136
アリバイ　alibi　17
アリバイを崩す　break an alibi　44
アリバイをでっち上げる　fake an alibi　158
アリバイを立証する　prove an alibi　321
アリモニ　alimony　17
アルカロイド　alkaloid　17
アルコール飲料　intoxicating beverage　217
アルコール幻覚症　alcoholic hallucinosis　17
アルコール事業法　Law of Alcohol Business　235
アルコール精神病　alcoholic psychosis　17
アルコール中毒　alcoholism　17
アルコール中毒者　alcoholic　17
ある土地固有の優位性　location specific advantage　248
暗号　cipher　58
暗号などの解読　decipherment　106
暗号による安全と自由法　Security and Freedom through Encryption Act　359
暗黒街　gangland　180, underworld　397
暗殺　assassination　27
暗殺者　assassin　27
暗数　dark number　104, hidden number　194, potential number　303
安全　security　358
安全飲料水法　Safe Drinking Water Act　353
安全運転　careful driving　50
安全施設　safety facilities　353
安全装置　safety catch　353
安息令　blue law　42
アンゾフ・マトリックス　Ansoff matrix　22
アンチパテント　antipatent　22
安定株主　long-term stockholder　249
案内　rollout　352
アンビュランス・チェイサー　ambulance chaser　19
アンフェアな　unfair　398
案分して　pro rata　315
案分配当　ratable distribution　328
暗黙知　tacit knowledge　381
暗黙の　tacit　381
暗黙法　tacit law　381
安楽死　euthanasia　146, mercy killing　258

い

威圧する　overbear　284
威圧的な　overbearing　284
言い掛かりをつける　pick a quarrel with　298
ECの立法形式　EC-directive　133
e-ビジネスに関する法令　e-business law　133
言渡し　sentence　360
委員会　commission　68
委員会モデル　independent agency model　207
家出少年　runaway boy　353
家出する　run away from home　353
家屋敷　homestead　195
硫黄酸化物　sox　367
以外に，以外の　dehors　110
いかがわしい人物　questionable character　327
いかがわしい場所　disreputable places　123
威嚇　deterrent　117
威嚇する　intimidate　217, threat　390
いかさま師　quack　326
いかさま勝負　foul play　173
いかさま物をカモにつかませる　pass a fake on a gull　289
以下のページ　et seq.　146
以下の者が証人となって　hiis testibus; his testibus　194
移監　transfer　393
遺棄　derelict; dereliction　115, desertion　116
異議　demurrer　113, exception　148, objection　274, opposition　281
域外的管轄権　extraterritorial jurisdiction　156
遺棄された子ども　neglected child　267
行き倒れ　person dying on the street　295
遺棄致死　abandonment resulting in death　1
遺棄致傷　abandonment resulting in

bodily injury　1
域内的裁判権　domestic jurisdiction　126
異議の訴え　action for an objection　8
遺棄物　abandoned property　1
異議申立て　adverse claim　13, challenge　54
異議申立権　right to raise an objection　350
異議申立人　opponent　281
イギリス首席裁判官　Chief Justice of England, Lord　58
イギリス連合国　United Kingdom of Great Britain and Northern Ireland　400
イギリス労働組合会議　T.U.C.：Trades Union Congress　381, Trades Union Congress　393
異議留保付の支払い　payment under protest　291
異議を留めて　under protest　397
異議を留める　objection is reserved　275
異議を申し立てる機会　opportunity to make objections　281
意見書　opinion　280, written opinion　418
意見証拠　opinion evidence　280
違憲性　unconstitutionality　397
違憲的な　unconstitutional　397
意見などを表明する　pass　289
意見表明　expression of opinion　154, statement of opinion　371
違憲立法　unconstitutional legislation　397
違憲立法審査権　power to review the constitutionality of law　304
意見を聴く　hear the opinion　192
移行障壁　mobility barrier　261
遺言　holographic will　195, testament　386, testamentum　386, will　415
遺言執行　probate　316
遺言執行者　executioner　151, executor　151, executor of testament　151, executor of will　151, personal representative　297
遺言者　testamentary document　386,

いこんし

testator 386, testatrix 386
遺言書 testamentum 386, will 415
遺言書の開封 opening of testamentary document 280
遺言信託 testamentary trust 386
遺言と遺産管理 wills and administration 415
遺言のある遺産 testate 386
遺言能力 capacity of making will 49, testamentary capacity 386
遺言の効力 effect of testament 135, effect of will 135
遺言の執行 execution of testament 151, execution of will 151
遺言の撤回 revocation 347
遺言の特別の様式 special form of one's last will 368
遺言の取消し revocation of testament 347, revocation of will 347
遺言の破棄 revocation 347
遺言の方式の準拠法に関する法律 Law Concerning Applicable Law to Form of Will 231
遺言補足書 codicile 65
遺言を残さない intestate 217
遺言を残した testate 386
遺作 posthumous work 303
遺産 bequest 38, estate 144, inheritance 209, legacy 240
遺産管理 administration of estate 11
遺産管理義務違反 waste 414
遺産管理人 administrator 12, legal representative 241
遺産処分計画 estate planning 145
遺産信託 estate trust 145
遺産税 estate duty 145, estate tax 145
遺産分割 partition of estate 289
縊死 hanging oneself 191
意思 volition 410, will 415
医師患者間の秘匿特権 doctor-patient privilege 125
維持管理契約 maintenance contract 251
維持管理費用 maintenance fee 251
意識的に knowingly 228

意識的並行行為 conscious parallelism 80
維持する keep and maintain 226, maintain 251
石炭鉱業経理規制臨時措置法 Law on Extraordinary Measures for the Regulation of Accounting by the Coal Mining Industry 236
石炭鉱業構造調整臨時措置法 Law on Extraordinary Measures for Structural Adjustment of the Coal Mining Industry 236
遺失物 lost articles 250, lost property 250
遺失物横領 conversion of a lost article 89
遺失物法 Lost Goods Law 250
意思に反して against one's will 14
縊死による自殺 hanging suicide 191
意思能力 mental capacity 257
意思の合致 aggregation mentium 15, consensus ad idem 80
意思の疎通 communication 70, understanding 397
維持費用 holding cost 195, maintenance 251
意思表示 declaration of intention 106, manifestation of intention 253
医師法 Medical Practitioners Law 257
意思無能力 lack of mental capacity 229
いじめ bully 46
慰謝料 compensation for mental suffering 72
異種複合企業 conglomerate 80
遺書 farewell note 160, suicide note 376
意匠権 design 116, design right 116
異常災害 casus major 51
異常人格 abnormal personality 1
異常性格 abnormal character 1
意匠特許 design patent 116
異常に危険な abnormally dangerous 1
意匠法 Design Law 116
以上を確認のうえで in witness whereof 204

いちらん

委嘱　entrustment　141
移植　transplant　394
意思を疎通させる　communicate 70, get across　182
異人種間結婚法　Law on Interracial Marriages　236
イスラム法　Islamic law　219
移送　removal of a case　338
遺贈　bequest 38, devise 118, legacy 240, testamentary gift　386
遺贈義務者　person charged with a testamentary gift　295
移送決定　the ruling of transfer　388
移送する　remove 338, transfer　393
遺贈する　give, devise and bequeath　183
遺贈の放棄　renunciation of a testamentary gift　339
移送令状　certiorari　54
遺族　bereaved family 38, the bereaved　387
依存　reliance　338
依存的条件　dependent conditions　114
依存的約束　dependent promise　114
偉大なる反対者　Great Dissenter　187
委託　commitment　68
委託金　money in trust 261, trust fund　395
委託者　consignor 81, trustor　395
委託する　entrust　140
委託販売　consignment 81, consignment sales　81
委託報酬　referral fees　335
委託を受ける　receive mandate　331
一応証拠のある疎明　prima facie　312
一応の自白　give color　183
一応の証拠　prima facie evidence　312
一応の証明をする　make a prima facie showing　251
一撃　blow 42, hit　194
一時解雇　layoff　238
一次税数量枠　in quota　204
一次関税率　in quota tariff　204
一時帰国証　advanced parole　13
一時金融　interim financing　214

一時停止する　adjourn　10
一次的証拠　primary evidence　312
一時的な　transient　394
一次的賠償責任　primary liability　312
一時的扶養料　temporary alimony　384
一時払保険料　single premium　365
一事不再理　prohibition of double jeopardy　318
一時前渡金　temporary advance　384
著しく害する　injure seriously　209
著しく正義に反する　incompatible with justice　205
著しく不公正な　remarkably unjustifiable　338
一単位　point　301
一日　entire day　140
一日未満の時間　fraction of a day　173
一人会社　one-man company 279, one-man corporation　279
一年間の　yearly　418
一年基準　one year rule 279, one-year requirement　279
一年と一日の原則　year and a day rule　418
一年につき　per annum　293
一年の　yearly　418
一部支払い　on account 279, part payment　288
一部条項未定契約　open-end contract　280
一部勝訴評決　distributive finding of the issue　124
一部立退き　partial eviction　288
一部の修正　partial amendment　288
一部の履行　partial release 288, performance in part　294
一部払いとして　O／A; o／a　274
一部引受け　partial acceptance　288
一部弁済　part payment　288
一部保険　under insurance; under-insurance　397
一部を改正する　amend partially　19
一覧後　after sight　14
一覧後支払い　payable after sight　291
一覧後定期払い　after sight　14
一覧払い　AS; A／S; A／s 27, at sight

いちらん

31, payable at sight 291, payable on demand 291
一覧払為替手形　demand draft 112, sight draft 364
一覧払手形　demand transfer 113
一覧払いの　sight 364
一覧約束手形　demand note 113
一回限りのロイヤリティー　one-time royalty 279
一回給付契約　single lot contract 365
一回きりの当事者　one shot player 279
一過性の　temporary 384, transitory 394
一喝する　thunder 390
一括抵当権　blanket mortgage 42
一括適用除外　block exemption 42
一括登録　shelf registration 363
一括取引　package transaction 286, packaging 286
一括取引契約　package deal contract 286
一括の　lump-sum 250
一括売買　sale in gross 354
一括払い　paid-up licence fee 286
一括払いの　lump-sum 250
一括法案　package bill 286
一括保険証券　master policy 255
一貫した　consistent with 81
溢血点　petechiae 297
溢血班　petechiae 297
一軒家　single family use 365
一戸建て　single family use 365
一切の　all and every 17, any and all 23, each and all 132
一酸化炭素中毒　carbon monoxide poisoning 50
一身専属契約　personal contract 296, personal service contract 297
一身専属権　such rights as are entirely personal 376
一斉検挙　wholesale arrest 415
一掃　liquidation 246
逸脱　deviation 118
逸脱行為　deviance 118
一致　accordance 4
一致指標　coincident indicator 65

五つの力分析　five forces analysis 166
一定期間　for a specified period of time 168
一定の金額　sum certain 376
一手販売権　distributorship 124, franchise 174
一手販売権付ディーラー　franchised dealer 174
一手販売店　exclusive distributor 150
一手販売店契約　sole and exclusive distributorship agreement 367
一般貨物船　general ship 181
一般行政事務　general administrative functions 180
一般抗告　general Kokoku-appeal 181
一般国務　general national affairs 181
一般債権者　general creditor 181
一般債務者　creditor's claim 98
一般司法警察職員　general judicial police official 181
一般条項　general terms 181
一般線引　general crossing 181
一般訴訟裁判所　common pleas, court of 69
一般的管轄権をもつ裁判所　court of general jurisdiction 96
一般的裁判権　general jurisdiction 181
一般的指ętrzn　general instruction 181
一般的指示　general suggestion 181
一般的排除　general disclaimer 181
一般的リーエン　general lien 181
一般特恵制度　GSP: Generalized System of Preferences 188
一般の利益　benefit in general 38
一般パートナーシップ　general partnership 181
一般評決　general verdict 182
一般法　general act 180, general law 181, jus commune 225
一般法人法を定める法律　Act Providing a General Corporation Law 8
一般妨訴抗弁　general demurrer 181
一般法律案　public bill 322
一般保証金　general bond 181
一般保証書　general bond 181

一般無形財産　general intangibles　181
一般予防　general prevention　181
一般理事会　general council　181
一般令状　general warrant　182
一筆の土地　parcel　287
一方的錯誤　unilateral mistake　399
一方的に　ex parte　147
一方的申込み　unilateral offer　399
一方当事者の　ex parte　147
移転　alienation　17, removal　338
遺伝　heredity　194, inheritance　209
移転価格　transger pricing　394
移転価格の決定　transfer pricing　393
遺伝学　genetics　182
移転可能な　transferable　393
遺伝子　gene　180
遺伝子組み換え　genetic recombination　182
遺伝子クローン　gene clone　180
遺伝子工学　genetic engineering　182
遺伝子の　genetic　182
遺伝情報　genetic code　182
移転する　relocate　338
遺伝する　inherit　209
遺伝的な　hereditary　194
移転登記　registration of transfer　336
移転の権利　right to travel　350
移転の自由　freedom of movement　176
遺伝の法則　laws of heredity　238
遺伝病　wrongful life　418
意図　intent　213, intention　213
居所　residence　343
意図する　intend　213
意図的違法行為　serious and willful misconduct　360
意図的受益者契約　intended beneficiary contract　213
意図的な　willful　415
意図的に　purposely　325
意図的不法行為　intentional tort　213
営む　manage　252
居直り強盗　thief who commits an assault or threatening violence upon detection　389
イニシャル・ロイヤリティー　initial royalty　209
囲繞地通行権　right to pass the surrounding land　350
委任　authorization　33, commission　68, mandate　253, trust　395
委任勧誘状　proxy solicitation　322
委任状　commission　68, durable power of attorney　131, letter of attorney　242, power of attorney　304, proxy　322, proxy form　322
委任状合戦　proxy contest　322
委任状規制　proxy regulation　322
委任状説明書　proxy statement　322
委任する　entrust　140
委任統治　mandatory administration rule　253
委任統治国　mandatary　253
委任による代理　procuration　317
委任立法　delegated legislation　110
居眠り運転をする　fall asleep while driving　158
違背する　infringe on　209
威迫　threat　390
違反　contravention　88, violation　409
違反行為　offense　277
異ブランド間競争　inter brand competition　213
委付を受ける者　abandonee　1
違法　illegality　199
違法行為　delict　110, illegal act　198, malfeasance　252, malpractice　252, misconduct　260
違法収集証拠　illegally obtained evidence　199
違法収集証拠排除法則　rules of exclusion of illegally obtained evidence　353
違法性阻却事由　justifiable cause　225, justification　226
違法逮捕　false arrest　158
違法な　illegal　198, illegitimate　199, unlawful　401
違法な契約　illegal contract　198
違法な結合　unlawful combination　401
違法な男女関係　illicit relation　199
違法に車線変更する　change lanes illegal-

いほうに

ly　55
違法に駐車する　park illegally　287, park in a no parking zone　287
違法の　illicit　199
違法配当　illegal dividend　199
違法を理由とする　ex delicto　147
意味する　mean and include　256
意味不明瞭　ambiguity　19
移民局　immigration and naturalization service　199
移民国籍法　Immigration and Nationality Act　199
移民法　immigration law　199
嫌がらせ　harassment　191
嫌がらせ訴訟　strike suits　373, vexatious action; ～litigation; ～proceeding　409
嫌がらせ電話　pestering telephone calls　297
違約金　fine　164, penal sum　292, penalty　292
違約金条項　penalty clause　292
違約金付債務証書　double bond　127, penal bill　292
違約金付捺印金銭債務証書　double bond　127
違約金保証証書　penal bond　292
依頼者　client　63
いらいらした　annoyed　21
入会権　common　69, commonage　69, right of common　348
入会地　common land　69
遺留した　dropped or left behind　129, left　240
遺留品　articles left behind　27
遺留分　elective share　135, legal portion of an heir　241, legally secured portions　241
遺留分権利者　person entitled to legally secured portions　295
医療委員会　medical board　256
医療過誤　malpractice　252, medical malpractice　256
医療過誤保険　malpractice insurance　252
医療給付金　disability or illness benefits

120
医療法　Medical Service Law　257
威力　threat　390
威力業務妨害　forcible obstruction of business　169, obstruction of business by force　276
いれずみ　tattoo　382
遺漏事項　casus omissus　51
いわく付き不動産　stigmatized propery　372
印影　impression of seal　203
印影照合　collation of seals　66
因果関係　causality; causation　51, cause and effect　52
因果関係の中断　intervening cause　216
引火する　catch fire　51, ignite　198
印鑑　seal-impression　357
印鑑証明書　certificate of seal-impression　53
印鑑登録する　have one's seal impression registered　192
イングランド銀行　Bank of England　35
イングランド国教会　Church of England　58
隠語　argot　26, cant　49, jargon　220, secret language　357
淫行　obscene habits　276, sexual intercourse　362
淫行勧誘　inducement to obscene habits　208, inducement to sexual intercourse　208
インコタームズ　Incoterms　206, International Commercial Terms　215
インサイダー取引　insider trading　210
印刷　printing　314
印刷物法　Printer's Ink Statute　314
印紙　revenue stamp　346, stamp　370
印紙税　stamp duty　370, stamp tax　370
印紙等模造取締法　Revenuc Stamp Counterfeit Control Law　346
飲酒運転する　drive drunk　129
飲酒運転の検査をする　check for drunk drivers　58
印章　seal　356

印章偽造　counterfeit of a seal　94
引証する　adduce　10
インズ・オヴ・コート　Inns of Court　209
印税　royalty　352
姻族　affinity　14, in-law　209, relatives by affinity　337
姻族関係　matrimonial relationship　255
引退　retirement　345
引致状　warrant of arrest for a parolee to be taken into custody　413
インチマリー約款　inchmaree clause　205
隠匿する　conceal　74, hide　194
院内感染　hospital infection　196
因縁をつける　pick a fight with　298
隠避する　enable a person to escape　137
インフラ　infrastructure　209
インフレーション　inflation　208
隠蔽　concealment　74
インボイス　invoice　219
陰謀　plot　301
隠滅　destruction or alteration　117
員面調書　written statement given before a police officer　418
引用　reference　335
淫乱　unchastity　397
インランド・マリーン保険　inland marine insurance　209

う

ウイーン条約　The United Nations Convention on Contracts for the International Sale of Goods　388
ウイーン売買条約　United Nations Conventions of Contracts for the International Sales of Goods　400
ウィグモア　John Henry Wigmore　221
ウィリアムズ法　Williams Act　415
ウエスト・ロー　WESTLAW　414
ウエストミンスター法　Statute of Westminster　371
ウォール街の弁護士　wall street lawyer　412
ウォーレン　Earl Warren　132

ウォーレン・コート　Warren Court　413
ウオルシュ・ヒーリー法　Walsh-Healey Act　412
迂回　circumvention　59
浮荷　flotsam; flotsan　167
請け合う　assure　30, ensure　139
請負　contract for work　87
請負契約　contractor's agreement　88
請負契約などの申込み　bid　39
請負制度　contract system　88
請負人　contractor　88, independent contractor　207, undertaker　397
受付印　stamp in recognition of receipt　370
受取勘定　receivable　331
受取証書　receipt　330
受取手形　bill receivable　40
受取人口座限り　account payee only　4
受取船荷証券　received B/L: received bill of lading　331
受取利益　interest received　213
受取利息　interest revenues　213
受け戻す　redeem　334
受渡延期金　backadation; backwardation　34
動いている法　law in action　235
動かぬ証拠　solid evidence　367
氏　surname　378
失われた収益　loss profits　250
後順位　posteriority　303
嘘発見器　lie-detector　244, polygraph　302
ウソをつく　lie　244
疑いある権原　doubtful title　128
疑うに足りる相当の理由　reasonable ground enough to suspect that〜　330
疑わしきは被告人の利益に　benefit of the doubt in favor of the defendant　38, in dubio pro reo　204
撃ち合い　exchange of shots　149, gun battle　189
打ち切り　discontinuation　121, discontinuity　121
内金　deposit　114, down payment　128, part payment　288

うちきん	

内金として	on account	279
打歩	agio	15
宇宙空間平和利用条約	Treaty on Outer Space	394
宇宙条約	Outer Space Treaty	284
内訳	breakdown	45
鬱血	congestion 80, congestion of blood	80
写し	copy	90
訴え	lawsuit 238, suit	376
訴棄却答弁	peremptory plea	293
訴え棄却の抗弁	plea in bar	299
訴え却下	nonsuit	272
訴え却下の抗弁	plea in abatement	299
訴え却下の申立て	motion for (judgment of) nonsuit 263, motion to dismiss	263
訴えにより	ad sectam	9
訴えの係属	pending of a legal action	292
訴えの取下げ	discontinuance 121, retraxit 345, voluntary nonsuit	411
訴える	implead 200, sue	376
訴えを提起する	bring a suit 45, bring an action	45
訴えを提起する者	suitor	376
奪い取る	strip	373
奪う	rob of 351, take〜away from	382
裏書	endorsement 138, indorsement 208, negotiation	268
裏書人	endorser 139, indorser	208
裏書の連続	uninterrupted series of endorsements	399
裏金	slush fund	366
裏切り行為	act of treachery 8, betrayal	39
裏切り者	betrayer	39
恨み	bitter feeling	41
恨みを晴らす	revenge on	346
売上げ	sale	353
売上計算書	account sales 5, A S; A／S; A／s	27
売上税	sales tax	354
売上清算書	account sales	5
売上総利益	gross profit on sales	187
売上高	sale	353
売上伝票	sales slip	354
売掛勘定	receivable	331
売掛金	account receivable-trade	4
売掛債権	account receivable	4
売掛債権債務者	account debtor	4
売付買付両選択権	straddle	372
売付選択権	put 325, put option	325
売りつなぎ	selling (short) against the box 360, short against the box	364
売主	bargainer; bargainor 36, seller 360, vendor	408
売主先取特権	vendor's lien	408
売主の運送品差止	stoppage in transitu	372
売主のリーエン	seller's lien	360
売主融資	owner financing	285
売場開設権	stallage	370
売場開設料	stallage	370
売り持ち	oversold position	285
売り呼び値と買い呼び値	bid and asked	39
売渡し	sell and deliver	360
売渡証書	bill of sale	40
売渡抵当	mortgage	262
売渡抵当権の実行	foreclosure	169
ウルトラメアズ・ルール	ultramares rule	396
うろつく	loiter	249
上乗せ保険	excess insurance	149
上乗り	supercargo	377
上前をはねる	pocket a kickback from	301
上屋	shed	363
運営	administration	11
運営する	run	353
運送	transit 394, transportation	394
運送契約	contract of carriage	87
運送契約書	transportation agreement	394
運送差止	stoppage in transitu	372
運送証券	B／L; b.l.	34
運送中	in transitu	204
運送賃	freight 177, transportation	

charge　394
運送取扱人　forwarding agent　173,
　freight forwarder　177
運送人　carrier　51
運送品　consignment　81, goods　185
運送品の数量記録　tally; talley　382
運送保険証券　transport insurance policy　394
運賃込み値段　c.&f. ; c.f.　48
運賃込み料金　C.&F.　48, cost and freight　93
運賃保険料込み　C.I.F.　48, cost insurance and freight　93
運賃前払い　freight prepaid　177
運転資金　floating capital　167, working funds　417
運転免許証　driver's license　129
運転免許証を見せる　show one's driver's license　364
運輸省　Ministry of Transport　259
運輸法　Transport Act; Transportation Law　394

え

永久拘束禁止則　rule against perpetuities　352
永久積立禁止則　rule against accumulations　352
営業　business　47, sale　353
営業収益最大化　revenue maximization　346
営業所　registered office　336
営業譲渡　sale of the bussiness　354
営業上の必要性　business neccessity　47
営業制限　restraint of trade　344
営業停止　suspension of business　379
営業年度　accounting reference period　5, business year　47
営業の場所　address　10, place of business　299
営業日　business day　47, lawful day　238
営業秘密　business secret　47, secret process　357
営業標　business name　47
営業報告書　business report　47
営業保険料　gross premium　187
営業用定着動産　trade fixture　392
営業利益　operating profit　280
影響を与える　affect　14
営業を行う事　doing business　126
永住許可証　green card　187
永住権者　permanent residence　294
永住権への変更手続　adjustment of status　11
永住者　permanent residence　294
エイズ　acquired immune deficiency syndrome　6, AIDS　16
エイズ予防法　Act of Prevention from AIDS; Anti-AIDS Act; Law for the Prevention of AIDS　8
衛生　hygiene　197, sanitation　355
衛生施設　sanitary facilities　355
衛生条例　sanitary code　355
曳船　towage　392
営繕　building and repairs　45
曳船料　towage　392
永続的制定法　permanent statute　294, perpetual statute　295
永続的労働能力喪失　permanent disability　294
永続年金　perpetual annuity　295
永代借地権　perpetual lease　295
永代の　permanent　294, perpetual　295
栄典　award　34
英米法　Anglo-American Law　21, Common Law　69
英米法の専門家　common lawyer　69
栄誉　honor　196
栄養改善法　Nutrition Improvement Law　274
営利　profit-making　318
営利広告　commercial speech　68
鋭いな　keen　226, sharp-edged　363
営利の目的　for the purpose of profiting　168
営利法人　profit corporation　318, profit-making juridical person　318

えいりゅ

営利誘拐　abduction for profit　1, kidnapping or abduction for profit　227
営利略取　kidnapping for profit　227
英連合　common-wealth　70
英連邦特恵制度　Commonwealth Preferences　70
エージェンシー・ショップ　agency shop　15
エージェント契約　agency agreement　15, agent agreement　15
液化石油ガスの保安の確保及び取引の適正化に関する法律　Law Concerning the Securing of Safety and the Optimization of Transaction of Liquefied Petroleum Gas　234
役務　labor　229, service　361
役務提供契約　service contract　361
役務料　service charge　361
エクイティ裁判所　court of equity　96, equity courts　143
エクイティ上の訴え　equitable action　142
エクイティはコモン・ローに従う　equity follows the law　143
エクスペリエンス・エコノミー　experience economy　153
餌食　prey　311
エスカレーター条項　escalator clause　143
エスクロウ契約　escrow agreement　144
エスクロウの第三者　escrow agent　144
エスクロウ留保　holding escrow　195
エスケープ・クローズ　escape clause　143
エストッペル　estoppel　145
越権　arrogation　26, unauthorized　396
越権行為をする　exceed authority　148
閲覧　inspection　211
閲覧権　inspection right　211
閲覧する　peruse　297
NPO法　Nonprofit Organization Law　272
エネルギー再生法　Energy Reorganization Act　139
エネルギー等の使用の合理化及び再生資源の利用に関する事業活動の促進に関する臨時措置法　Law on Temporary Measures to Promote Business Activities for the Rational Use of Energy and the Utilization of Recycled Resouces　237
エネルギーの使用の合理化に関する法律　Law Concerning Rational Use of Energy; Law Relating to Rationalization of Energy Use　231
エフ・エー・エス　F.A.S.: Free Alongside Ship　156
エフ・オー・ビー　free on board　175
エフィシェント・コンシューマー・レスポンス　ECR: efficient consumer response　134
FOB 仕向地　FOB the place of destination　167
FOB 船積地　FOB the place of shipment　167
遠因　remote cause　338
沿海　inshore　210
沿岸運送免状　transire　394
沿岸運輸　cabotage　48
沿岸　riparian rights　351
延期　adjournment　10, deferral　109, postponement　303
延期する　adjourn　10, postpone　303, remit　338
延期的抗弁　dilatory pleas　118
延期的答弁　dilatory defense; 〜defence　118
縁組の取消し　annulment of adoption　22
縁組の無効　nullity of adoption　274
エンゲージメントレター　engagement letter　139
演劇的著作権　dramatic copyright　129
援護　support　377
縁故関係　connection　80, relation　337
冤罪　false charge　159
炎症　inflammation　208
延焼　spread of fire to structure　369
炎上する　be destroyed by fire　37
延髄　bulb　46
厭世的　pessimistic　297
演説　speech　369
演説者　orator　282
エンタイア・マーケット・バリューのルール

entire market value rule　140
延滞金　arrears　26, delinquent charge　110
延滞債務　delinquent debt　111
延滞利子　overdue interest　284
エンタテインメント・エコノミー　entertainment economy　140
延着　delay in arrival　110, late arrival　230
延長定期保険　extended (term) insurance　154
沿道　frontage　177
援用　availing　33, citation　59, invoke　219, reference　335

お

追い剝ぎ　bandit　35, highwayman　194
追い剝ぎをする　commit highway robbery　68
王位の継承　demise　113
押印　seal　356
王冠　crown　101
王権神授説　divine right of kings　124
王国　realm　329
黄金律　golden rule　184
王座裁判所　King's Bench　227
王座部　King's Bench　227
欧州司法裁判所　European Court of Justice　146
押収する　confiscate evidence　79, impound　202
欧州通貨協定　European Monetary Agreement　146
押収物　seized article　359
押収目録　inventory of seized articles　218
欧州連合　E.U.　132
欧州連合条約　Maastricht Treaty; Treaty on European Union　250
押収を解く　release from seizure　337
応訴　appearance　23, response to the action　343
応訴委任状　warrant of attorney　413

殴打する　hit　194
横断歩道　marked crosswalk　254, zebra crossing　419
嘔吐　vomiting　411
応当日　corresponding day　93
嘔吐する　vomit　411
王は悪をなしえず　rex non potest peccare　347
応募　subscription　375
応報　retribution　345
枉法収賄　bribery for a dishonest act　45
横暴な　oppressive　281, unreasonable　401
応募価額　amount at which one subscribes for such debentures　20
応募者　subscriber　375
往来危険　endangering traffic　138
往来妨害　obstruction of traffic　276
往来妨害致死　obstruction of traffic resulting in death　276
往来妨害致傷　obstruction of traffic resulting in bodily injury　276
横領　embezzlement　136, misapplication　259, misappropriation　259
横領する　defalcate　107, imbezzle　199
横領物訴訟　trover, action of　395
オー・イー・エム　original equipment manufacturer　284
大穴を当てる　make big win　251
大きさ　size　365
オークション　auction　32
多くの証拠　ample evidence　20
大蔵省　Exchequer　149, Ministry of Finance　259
大蔵省証券　exchequer bill　150
大蔵大臣　Chancellor of the Exchequer　54, Minister of Finance　259
オーケー　O.K.　274
大阪湾臨海地域開発整備法　Act Concerning the Development of Osaka Bay　6
オースティン　John Austin　221
オーストラリアの先住民　aborigine　2
オープン・エンド信用　open-end credit　280

おふんし

オープン・ショップ　open shop　280
オープンショップ協定　Open-shop Contracts　280
オープン信用状　open letter of credit　279
オープン抵当権条項　open mortgage clause　279
大目に見る　tolerate　391
公の競売　public auction　322
公の財産　public property　323
公の弾劾　public impeachment　323
公の秩序　public order　323
沖合い　offshore　278
掟　regulation　337, rule　352
沖縄憲章　Okinawa Charter　278
置き忘れ品　mislaid property　260
送り状　bill of parcels　40, invoice　219
贈物　gratuity　186
行い　abearance　1
行う　engage　139, render　338, transact　393
起こりうる結果　possible outcome　303
押し売り　hard sell　192, high-pressure sale　194
押し売り人　hard seller　192
押し込み盗　burglary　47
押し問答する　argue　26
汚職　bribery　45, corruption　93, graft　185
お節介な介入者　officious intermeddler　278
汚染　contamination　85, pollution　302
汚染株式の法理　dirty shares rule　119
汚損　stain　370
オゾン層　ozone layer　285
お尋ね者　fugitive　178, person wanted by the police　296
落ちこぼれ　dropout　129
落ち度　blame　41, fault　160
追っ手　pursuer　325
夫の妻への暴行　wife beating　415
威し　menace　257
落とし主　loser　250
威す　menace　257, threaten　390
おとり　decoy　107
おとり商品　loss leader　250

おとり捜査　entrapment　140, investigation by an undercover agent　218, sting operation　372, undercover operation　397
オフショア　offshore　278
オプション　option　281
オプション契約　option agreement　281
オプション行使価格　striking price　373
オプション付与契約　option contract　281
覚書　memorandum of understanding　257, note　273
オムニバス法案　omnibus bill　279
汚名　disgrace　121, dishonor　122
重い過失　culpable negligence　101
表沙汰にする　make public　251
表向きの　ostensible　284
親会社　parent company　287, parent corporation　287
親の賠償責任　parental liability　287
オランダ古法　Roman-Dutch law　352
オランダ式競売　Dutch auction　131
折返し返送領収書　return receipt　346
折りたたみ会社　collapsible corporation　65
卸売　wholesale　415
卸売業者　distributor　124
卸売問屋　wholesaler　415
卸商人　wholesale dealer　415
音楽著作権　musical works　264
恩恵　benevolence　38
恩恵から　ex gratia　147
恩恵として　ex gratia　147
恩赦　amnesty　20, pardon　287
恩赦の出願　application for amnesty　24
恩赦法　Amnesty Law　20
恩赦法施行規制　Regulations for the Enforcement of the Amnesty Law　337
温情ある　warmhearted　413
温泉法　Hot Spring Law　197
穏便に　amicably　20, privately　315
オンブズマン　ombudsman　279, Parliamentary Commissioner for Administration　287

か

課　division　125
カードウゾー　Benjamin Nathan Cardozo　38
海員　seaman　357
海員雇用契約書　shipping articles　364
買受人　successful bidder　376
海運　marine transportation　254
海運法　Merchant Marine Act 1920　257
外貨　foreign currency　170, foreign money　170
海外会社　oversea company　285
海外資産投資　foreign portfolio investment　170
海外商品市場における先物取引の受託等に関する法律　Law Concerning Consignment and Other Matters relating to Future Transaction in Foreign Commodity Markets　231
海外生産　offshore manufacturing　278
海外直接投資　FDI：foreign direct investment　160
海外統合購入システム　worldwide integrated purchasing system　417
買掛金　account payable　4, account payable-trade　4
外貨準備　international reserves　215
概括条項　omnibus clause　279
海岸　seashore　357
外観　face　156
外患援助　assisting a foreign invasion　29, assisting an enemy　29
外観上の　apparent　23
外患誘致　inducement of a foreign aggression　208, inviting a foreign invasion　219
外患予備陰謀　preparation for and plotting of a foreign aggression　308
会議　session　361
階級意識　class consciousness　62
開業準備費　fund for opening business　179
開業弁護士　practicing lawyer　305, practitioner　305
外局モデル　authority model　32
会議録　minutes　259
戒具　restraining devices　344, shackles　362
海軍中尉　lieutenant　245
海軍法規　naval law　267
会計　accounting　5
会計会社　audit firms　32
会計慣行　accounting practice　5
会計監査院　GAO：Government Accounting Office　180
会計監理役　comptroller　74
会計期間　accounting period　5
会計検査　auditing　32
会計検査院　Board of Audit　42
会計検査官　comptroller　74
会計検査役　controller　88
会計原則　accounting principles　5, GAAP：Generally Accepted Accounting Principles　179
会計士　accountant　5
会計士行動規程　Code of Professional Conduct（ET）　65
会計事務所　accounting firm　5
会計事務所顧問契約　engagement letter　139
会計操作をして利益を膨らませること　puffup　324
会計帳簿　accounting book　5, shop-books　364
会計年度　financial year　164, fiscal year　166
会計報告請求権　right to an account　349
会計役　treasurer　394
解決　settlement　362, solution　367
解決する　settle　362, work out　417
外見上の権限　apparent authority　23, ostensible authority　284
外見上の変更　colorable alteration　66
戒厳令　law martial　235
改憲論者　advocate of constitutional revision　14
解雇　discharge　120, dismissal　122
戒護　escort　144

かいこ

悔悟　regret　337, remorse　338, repentance　340
外交官免責　diplomatic immunity　119
外交儀礼　protocols　321
外交使節　envoy　141
外交文書　diplomatic documents　119
戒告　reprimand　341
外国移住の自由　freedom to move to a foreign country　177
外国会社　foreign corporation　170
外国からの移住　immigration　199
外国からの移民　immigrant　199
外国為替　foreign exchange　170
外国為替及び外国貿易法　Foreign Exchange and Foreign Trade Law　170
外国為替銀行法　Foreign Exchange Bank Law　170
外国為替手形　foreign bill of exchange　170
外国国章　foreign emblem　170, national emblem of a foreign country　265
外国国章損壊　damage or destruction of a foreign emblem　103
外国裁判所　foreign court　170
外国裁判ノ嘱託ニ因ル共助法　Foreign Exchange and Foreign Trade Courts　170
外国支店　foreign branch　170
外国主権免責特権　sovereign immunity　367
外国主権免責法　Foreign Sovereign Immunities Act　170
外国人　alien　17, foreigner　170
外国人登録　alien registration　17, registration of aliens　336
外国人登録法　Alien Registratuon Law　17
外国政府　government of a foreign state　185
外国通貨偽造　counterfeit of foreign currency　94
外国通貨偽造行使　counterfeit and utterance of foreign currency　94
外国通貨変造　alteration of foreign currency　18

外国にある支店　foreign branch　170
外国の　foreign　170
外国の君主　monarch of a foreign country　261
外国の使節　foreign diplomat　170
外国判決　foreign judgment　170
外国への移住　emigration　136
外国への移民　emigrant　136
外国弁護士による法律事務の取扱に関する特別措置法　Law concerning Special Measures for Practice of Foreign Attorneys　232
外国弁護士法律事務特別措置法　Law concerning Special Measures for Practice of Foreign Attorneys　232
外国法　foreign law　170
外国法人の認許　recognition of a foreign juristic person　332
解雇する　dismiss　122
解雇通知書　employee dismissal letter　137
解雇手当　discharge allowance　120, dismissal compensation　122
介護保険法　Long-Term Care Insurance Law　249
解散　disband　120, dismissal　122, dissolution　123
解散事由　causes for dissolution　52
解散条項　articles of dissolution　27
解散する　dismiss　122, dissolve　123
改ざんする　alter　17, tamper　382
解散通知　notice of wind up　273
解散届出書　articles of dissolution　27
解散の登録　file dissolution　163
概算払い　provisional payment　322
解散命令　order of dissolution　282
解散予定法人　collapsible corporation　65
怪死　mysterious death　264
開示　disclosure　121, discovery　121
海事　maritime affairs　254
海事貸付金　maritime loan　254
海事協会　Trinity House　395
海事協会高級役員　Elder Brethren　135
開示禁止命令　protective order　321
海事契約　maritime contract　254

かいしゃ

海事高等法院　High Court of Admiralty　194
海事裁判権　maritime jurisdiction　254
海事裁判所　admiralty　12, admiralty court　12, Court of Admiralty　96, maritime court　254
海事裁判所被後見人　ward of admiralty　412
海事先取特権　maritime lien　254
海事事件　admiralty cases　12
開示者　discloser　121
海事審判所　naval court　267
開始する　open　279
開示する　disclose　121
海事貸借　maritime loan　254
海事長老会　Elder Brethren　135
開示手続　discovery process　121
海事における計測単位の一つ　cable　48
開示のための協議　discovery conference　121
海事不法行為　maritime tort　254
海事法　admiralty　12, maritime law　254
買占め　engrossing　139, forcheapum　169, regrating　337
買占め売惜しみ　hoarding　194
買い占める　buy up　47, corner　91
会社　company　71, corporation　91
会社・法人などを設立する　establish　144
会社荒し訴訟　strike suits　373
会社荒し等に関する贈収賄罪　giving or receiving a bribe in connection with stock activities, e.g. voting in shareholders'meeting or bringing shareholders'derivative action, etc.　183
会社印　common seal　69, corporal seal　91, corporate seal　91
会社業務　company's operation　71
解釈　explanation　153, interpretation　216
解釈条項　interpretation clause　216
解釈上の立退き　constructive eviction　83
解釈する　construe　84
解釈法　Interpretation Act　216
会社更生　business reorganization　47,

company reorganization　71, corporate reorganization　91, reorganization　339
会社更生法　Corporate Reorganization Law　91
会社事業税　corp.enterprise tax　91
会社住民税　corp.inhabitant tax　91
会社所得税　corporation income tax　92
会社設立趣意書　prospectus　321
会社設立証書　deed of settlement　107
会社設立前の取引　preincorporation transaction　307
会社特権　corporate franchise　91
会社などの清算　winding up　415
会社などを乗っ取る　take over a company　382
会社のヴェイル　corporate veil　91
会社の解散　dissolution of corporation　123
会社の機会の理論　corporate opportunity doctrine　91
会社の基本定款　memorandum of association　257
会社の吸収合併　merger　258, merger of corporations　258
会社の業務を執行する社員　partner administering the affairs of a company　289
会社の権利能力　corporate capacity　91
会社の新設合併　consolidation　82, consolidation of corporations　82
会社の整理　reorganization of a company　339
会社の設立　formation of corporation　172, incorporation of a company　206, organization of corporation　283
会社の設立証明書　certificate of incorporation　53
会社の設立定款　articles of association　27, articles of incorporation　27, certificate of incorporation　53, charter　56
会社の存立　existence of a company　152
会社の通常定款　articles of association　27
会社の内部関係　internal affairs of corpo-

かいしゃ

ration 214
会社の秘書役　secrecy obligation　357
会社の発起人　promoter of a company　319
会社の目的　corporate purpose　91
会社町　company town　71
会社利益の法則　corporate benefit rule　91
会社を整理する　liquidate　246
回収する　retire　345
懐柔する　conciliate　74, pacify　286
拐取幇助　assistance in kidnapping or abduction　29
改悛の情　attitude derived from repentance　31, remorsefulness　338, repentance　340
解除　dissolution　123
海商　maritime commerce　254
外傷　external wound　155, trauma　394
街娼　streetwalker　373
海上運送　freight　177
海上運送運賃割増し　primage　312
海上運送状　sea waybill　356
海上交通安全法　Maritime Traffic Safety Law　254
海上個別運送契約　contract of affreightment　87
海上衝突予防法　Law for Preventing Collisions at Sea　234
解消する　dispel　122
外傷性頸部症候群　traumatic cervical syndrome　394
外傷性ショック　traumatic shock　394
海上に特有な危険　dangers of the sea　104
海上船荷証券　ocean bill of lading　277
海上保安庁　Maritime Safety Agency　254
海上保安庁法　Japan Coast Guard Law　220
改正法律　revised statutes　346
海上保険　marine insurance　254
海上保険契約　contract of marine insurance　87

海上保険証券　marine insurance policy　254
解除権　power of termination　304
解除条件　condition subsequent　77, dissolving condition　123, resolutive condition; resolutory condition　343
解除条件付売買　sale or return　354
解除する　rescind　342, set aside　361
解除の効果　effect of termination　135
海事利息　marine interest　254
海事利息の約定　usura maritime　403
海図　chart　56
海水流入　scuttling　356
害する　derogate　115
改正　amendment　19, modification　261, revision　346
改正証明　certificate of amendment　53
改正する　make the amendment　251, rectify　334
改選　re-election　335
蓋然性　probability　315
改装　remodel　338
階層性　hierarchy　194
会則　rule and regulations　352
海賊　pirate　299
海損　average　33
懐胎　pregnancy　306
開拓　development　118
開拓特許　pioneer patent　298
買い叩き　shave　363
改築　remodel　338
開帳する　open a place of gambling　279
買付委託　indent　207
買付選択権　call　49
改訂　change　54
開廷　opening of trial　280
開廷する　open a court　279
改訂する　rectify　334
海底電線　cable　48
開廷日　session　361
開廷日　dies juridicus　118, judicial day　224, trial date　395
外的証拠　extraneous evidence　155, extrinsic evidence　156
買手段階における競争阻害　secondary line

かいやく

injury 357
回転貸付 rolling over 352
回転信用契約 revolving credit agreement 347
回転手形 roll-over paper 352
回答書 answer 22
該当する come under 66
街頭での殴り合い brawl 44
回答方式の法学教育 Socratic method 367
ガイドライン guideline 189
買取り buying in 47, negotiation 268, purchase 325
買取権 right of purchasing 348
買取権付賃貸借 lease option 239
海難 shipwreck 364
海難救助 salvage 355, sea rescue 356
海難救助作業 salvage service 355
海難救助者 salvor 355
海難証明書 protest 321
介入 interference 213
介入権 intervention 216, right for intermediation 347
介入する intervene 216
解任 amotion 20, dismissal 122, removal 338
解任する remove 338
買主 bargainee 36, buyer 47, emptor 137, purchaser 325, vendee 408
買主先取特権 vendee's lien 408
買主の費用 purchaser's account 325
買主引受為替手形 trade acceptance 392
買主をして警戒せしめよ caveat emptor 52
下位の法廷弁護士 junior barrister 224
回避 avoidance 34, evasion 146
回避する avoid 33, evade 146
回避不可能な原因 accidental cause 4
開封特許状 letters patent 242
回復 recoupment 333, rehabilitation 337, reinstatement 337, repossession 340, return 345
回復し得ない irrepleviable; irreplevisable 219
回復し難い婚姻の破綻 irretrievable breakdown of marriage 219

回復者 the person demanding restoration 388
回復する get better 182, improve 203, recover 334, revive 347
回復することができない(回復不能の)損害 irreparable damages 219, irreparable harm 219, irreparable injury 219
回復することができない不利益 irreparable disadvantage 219
回復の登記 registration of the restitution 336
回復不能の精神異常 incurable insanity 206
外部効果 network externalities 268
外部者 stranger 373
外部証拠排除の原則 parol evidence rule 287
外部要因分析 external analysis 155
回付令状 consultation 84
怪文書 mysterious document 264
改変 custom modifications 102
解放 emancipation 136, release 337
解剖 autopsy 33
解放減軽 reduction of punishment in case of release 335
開放骨折 open fracture 279
開放式少年処遇施設 borstal 44
開放式担保付社債信託証書 open-end indenture 280
解放条項 release clause 337
開放担保 open-end mortgage 280
外務公務員法 Law concerning Foreign Service Employees 231
外務省 Ministry of Foreign Affiars 259
解明する elucidate 136, make clear 251
買い持ち over bought 284
買戻し buying in 47, redemption 334, repurchase 341, retirement 345
買戻価格 re-purchase price 341
買戻特約 buy back agreement 47, special agreement for redemption 368
解約価格 policy value 301, surrender value 378

かいやく

解約権　right to cancel　349,　right to terminate　350
買約書　purchase note　325
解約条項　condition subsequent　77
解約する　terminate the contract　385
解約選択権　cancellation options　49
解約通知　notice　273
解約の申入れ　notice to cancel　273,　notice to terminate　273
解約払戻金　surrender value　378
解約返戻金　policy value　301
概要　gist　183,　outline　284,　sum　376
海洋汚染及び海上災害の防止に関する法律　Law on Prevention of Marine Pollution and Maritime Disasters　236,　Marine Popllution Preventing Law　254
海洋法　Law of the Sea; Sea Laws　236
海洋哺乳動物保護法　Marine Mammal Protection Act　254
買い呼び値　bid price　39
改良　approvement　25
改良技術情報の交換条項　grant-back　186,　improvement　203
改良特許　improvement patent　203
害を及ぼさない　harmless　192
害を加える目的　for the purpose of damaging　168,　for the purpose of inflicting　168,　for the purpose of killing　168
下院　H.C.　189,　House of Representatives　197
火炎　blaze　42,　flame　167
火炎びんの使用等の処罰に関する法律　Law Punishing Use, etc. of Glass Bottle Grenades　237
家屋の売買において　inventory check　218
家屋保護法　homestead law　195
カオス理論　chaos theory　55
顔役　boss　44,　influential man　209
加害者　perpetrator　295,　victimizer　409
価格　price　311
寡額　minimum amount　258
価格維持協定　price maintenance agree-ment　312
価格感受性　price sensitivity　312
科学技術庁　Science and Technology Agency　356
価格協定　cartel　51,　price fixing　312,　price-fixing agreement　312
科学警察研究所　the National Research Institute of Police Science　388
価格形成業者　price maker　312
価格硬直性　price rigidity　312
価格差別　price discrimination　311
価格差別規制法　Price Discrimination Law　312
価格消費曲線　price consumption curve　311
価格制限なしに　without reserve　416
価格操作　price fixing　312
価格弾力性　price elasticity　312
価額追徴　collection of equivalent value　66
価額に応じた　ad valorem　9
価額の不確定な債権　claim whose value is uncertain　61
価格の未定　open price　280
価格引下げ圧力　price depression　311
価格評価　appraisement　25
化学物質の審査及び製造等の規制に関する法律　Law Concerning Examination and Regulation of Manufacture and Handling of Chemical Substances　231
化学兵器の禁止及び特定物質の規制等に関する法律　Law on Prohibition of Chemical Weapons and the Regulation of Specific Chemicals　236
係長　sub-section chief　375
書かれた法　law in book　235
河岸所有権者　riparian rights　351
火器　firearms　165
下記　post　303
鍵開け　turnkey　395
書留郵便　registered mail　336
書取り　transcript　393
下記に署名した者　the undersigned　388,　undersigned　397
書き判　scroll　356

かくにん

下級裁判所　base court　36, inferior court　208, lower court　250
下級審裁判官　judge a quo; judex a quo　222
下級審執行令状　executione judicii　151
可及的近似則　cy pres doctrine　102, cy-pres　103
可及的速やかに　f.a.c.　156
各　each and every　132
学位　degree　110
学位証書　diploma　119
架空の受取人　fictitious payee　162
架空の原告　John Doe　221
架空名　fictitious name　162
核拡散防止法　Nuclear Nonproliferation Act　274
確言　plevin　301
核原料物質，核燃料物質及び原子炉の規制に関する法律　Law on the Regulation of Nuclear Source Material, Nuclear Fuel Material and Reactors　237
画策する　plan　299, scheme　356
学識経験のある者　person of learning and experience　296
確実かつ明白　definite and certain　110
確実な証拠を示す　show solid grounds　364
隠しマイク　hidden microphone　194
確証　corroboration　93
確証証人　attesting witness　31
確証の証拠　corroborating evidence　93
各自連帯して　jointly and severally; 〜or 〜　222
革新　novation　274
確信する　be convinced of　37, believe firmly　38
確信犯人　fanatically confident criminal　160
確信を抱くに足る証明　convincing proof　89
覚せい剤　stimulants　372
覚せい剤中毒者　stimulants addict　372
覚せい剤取締法　Stimulants Control Law　372
覚せい剤等取締法　Awakening and others Drug Control Law　34
学説継受　theorienrezeption　389
学説編纂　digest　118
拡大・拡張する　enlarge　139
拡大戦略　expansion strategy　152
確たる証拠　certain evidence　53
隔地者間　inter absentees　213
拡張解釈　broad interpretation　45
確定価格契約　fixed price contract　166
確定勘定　account stated　5, stated account　371
確定期日　fixed date　166
確定期日払い　payable at a definite time　291
確定期日払いの証券　time instruments　390
確定給付型年金制度　defined benefit contribution plan　109
確定拠出型年金制度　defined contributed plan　109
確定金額　sum certain　376
確定裁判　final adjudication　163, final decision　163, final judgment　163, irrevocable judgment　219
確定された債務　liquidated debt　246
確定申告　return　345, tax return　383
確定信託　fixed trust　166
確定済勘定　liquidated account　246
確定する　become final　38, become finally binding　38, become irrevocable　38, determine　117
確定損害賠償額　liquidated damages　246
確定注文　firm order　165
確定的権利　vested interest; 〜estate　409
確定的残余権　vested remainder　409
確定的証拠　conclusive evidence　75
確定的な　firm　165
確定的命令　peremptory rule　293
確定判決　decree absolute　107
確定日払為替手形　time draft; time bill　390
確答　definite answer　110
格闘　grapple　186
確認　acknowledge　6, affirmance　14,

かくにん

affirmation 14, astipulation 31, confirmation 79, homologation 196, knowledgement 228, verification 408
確認銀行　confirming bank 79
確認書　written confirmation 418
確認済信用状　confirmed letter of credit 79
確認する　affirm 14, ascertain 27, confirm 79, identify 198, sustain 380
確認的捺印証書　assertory covenant 27
確認的約款　assertory covenant 27
確認文言　astipulation 31
核燃料サイクル開発機構法　Law Concerning Japan Nuclear Cycle Development Institute 231
格別の定め　special stipulation 368
額面　face value 157, par value 286
額面価格　denomination 113, face amount 156
額面株式　par value shares 287, par value stock 287, share having par value 363, shares with par value 363
学問の自由　academic freedom 3
確約する　affirm 14, give a definite promise 183
確約的担保　promissory warranty 319
確約を行った証人　affirmant 14
隔離　isolation 220, segregation 359, separation 360
閣僚　cabinet minister 48, minister 259
閣僚会議　Ministerial Conference 259
隠れ家　refuge 335, retreat 345
学歴　educational background 134
隠れた瑕疵　hidden defects 194
隠れた危険　hidden danger 194
隠れた本人　undisclosed principal 398
隠れたる瑕疵　latent defects 230
家訓　house law 197
家系　pedigree 292
掛売り　sale on account 354, sale on credit 354

掛売勘定　charge account 56
駆け落ち　elopement 136
過激派　extremists 156, radicals 328
賭金　bet 39, stake 370, stakes 370
賭け事　wager 412
可決　passage 290
可決確定する　approve 25
可決する　pass a bill 289
掛けつなぎ　hedging 193
可決要件　board approval requirements 42
囲い込み　enclosure 137
囲い込み特許権　fencing patent 162
加工　specification 369
可航水域　navigable waters 267
加工する　specify 369
過去の債務　past debt 290
過去の支払い　prior payment 314
過去の約因　past consideration 290
火災　fire 164
火災防止法　Fire Precautions Act 165
火災報知機　fire alarm 164
火災保険　fire insurance 165
火災保険証券　fire insurance policy 165
かさ高貨物　bulky cargo 46
家産　homestead 195
家産権　homestead 195
家産権免責　homestead exemption 195
家産差押免除法　homestead law 195
家産税減免法　homestead law 195
瑕疵　defect 108, defects 109, deficiency 109, fault 160
瑕疵ある意思表示　defective declaration of intention 108
瑕疵ある権原　cloud on title 64, defective title 108
瑕疵ある資格　bad standing 34
貸方　credit 97
貸金　advance 13, loan 247, rent 339
家事事件　domestic proceedings 127
家事事件治安判事裁判所　domestic court 126
瑕疵指摘文書　deficiency letter 109
家事審判法　Law for Adjusgement of Domestic Relations 234

家事審判法規則　Rules for Court Proceedings for Family Affairs　353
餓死する　die of hunger　118, starve to death　370
貸し倒れ　bad debt　34, dead loan　104
貸倒準備金　bad debt reserve　34
貸倒引当金　allowance for bad debt　17
貸出し　letting out　242
瑕疵担保責任　warranty against defects　413
過失　culpa　101, fault　160, neglect　267, negligence　267
果実　fructus　177
過失往来危険　endangering traffic caused by negligence　138
過失往来妨害　obstruction of traffic caused by negligence　276
過失共同海損約款　Jason clause　220
過失激発物破裂　destruction by explosives caused by negligence　116
貸付証書　financing statement　164
貸付真実法　Truth-in-Lending Act　395
貸付手数料　commitment fee　68
過失建造物等以外侵害　negligently causing damage to an article other than structures, etc. by means of flooding　268
過失建造物等侵害　negligently causing damage to a structure, etc. by means of flooding　268
過失故殺罪　negligent manslaughter　268
過失傷害　bodily injury caused by negligence　43
過失推定則　res ipsa loquitur　342
過失相殺　comparative fault　71, comparative negligence　71, fault in common　160
過失致死　manslaughter caused by negligence　253
過失致死罪　negligent homicide　268
過失の　involuntary　219
過失の軽重　seriousness of negligence　361
貸主　lender　242
瑕疵のある　defective　108
瑕疵の修補　rectification of defects　334
瑕疵のない　clean　62
瑕疵引受け売買　sale with all faults　354
瑕疵保証証書　maintenance bond　251
貸間　lodging　249
加重事由　aggravating factors　15, aggravation　15
加重収賄　aggravated receipt of a bribe　15
加重逃走　aggravated escape　15
加重暴行　aggravated assault　15
過剰拘禁　overpopulated incarceration　285
過剰避難　excessive act out of necessity　149
過剰防衛　excessive self-defense　149
可処分所得　disposable earnings　123, disposable income　123
家事労働者　domestic servant　127
瑕疵を知らされている中間者　informed intermediary　209
瑕疵を問わない条件で　with all faults　416
貸す　lend　242, let　242, rent　339
ガス事業法　Gas Utility Industry Law　180
カスタマイズ　custom modifications　102
ガス等漏出　leakage of gas　239
ガス等漏出致死　leakage of gas resulting in death　239
ガス等漏出致傷　leakage of gas resulting in bodily injury　239
かすり傷　scratch　356
課税　imposition of taxes　202, levy　243, taxation　383
課税額査定者　assessor　28
課税主体　taxable entity　383
課税除外の　tax exempt　383
課税所得　taxable income　383
課税対象となる　taxable　383
課税台帳　tax ledger　383
課税などによる徴収　levy　243
課税年度　annual accounting period　21, taxable year　383
課税標準　tax base　383
課税標準額　assessed valuation　27

かせいひ

| 課税標準金額　standard of imposition　370
| 課税ベース　tax base　383
| 仮説人　fictitious person　162
| 寡占　oligopoly　279
| 火葬　cremation　98
| 仮装譲渡　fictitious transfer　162
| 仮装訴訟　feigned action　162
| 仮装取引　sham transaction　362
| 仮装の　simulated　365
| 仮装の債務　encumber a fictitious obligation　138，incur a debt fictitiously　206
| 仮装売買　simulated sale　365
| 数える　count　93
| 家族医療休暇法　FMLA：Family and Medical Leave Act　167
| 家族教育権及びプライバシー法　Family Education Rights and Privacy Act　160
| 加速償却　accelerated depreciation　3
| 可塑性　plasticity　299
| ガソリン販売税　gasoline tax　180
| 過大な刑罰　excessive punishment　149
| 過大な保釈金　excessive bail　149
| 肩書き　title　390
| 敵討ち　revenge　346，vengeance　408
| 形だけの保釈保証人　straw bail　373
| 加担する　conspire with　82
| 価値　value　408
| 勝ち馬　winning horse　415
| 家畜　domestic animal　126
| 価値創造　value creation　408
| 価値の減ム　diminution in value　119
| 価値保存の法則　intact value principle　212
| 課長　manager　253
| 価値を高める　enhance　139
| 画期的な出来事　landmark　229
| 画期的判決　landmark decision　229
| 学校委員会　school board　356
| 学校区　school district　356
| 合算課税　unitary tax　400
| 合算する　add together　9
| 合衆国国際通商委員会　United States International Trade Commission　400

| 合衆国国防総省　Pentagon　293
| 合衆国執行官　United States Martial　400
| 合衆国紙幣　United States notes　400
| 合衆国政府発行短期債券　Treasury certificate　394
| 合衆国政府発行中期債券　Treasury note　394
| 合衆国租税裁判所　United States Tax Court　400
| 合衆国治安判事　United States Magistrate　400
| 合衆国犯罪裁判所　Crimes court　99
| 合衆国判例集　United States Reports　400
| 合衆国法週報　United States Law Week　400
| 割譲　cesseion　54
| 割譲地　cesseion　54
| 割創　chop wound　58
| ガット　General Agreement on Tariffs and Trade　181
| カッとなる　flare up　167
| 割賦基準会計方法　installment method of accounting　211
| 割賦償還期間　amortization term　20
| 割賦売買　installment sale　211
| 割賦払い　installment　211，installment credit　211
| 割賦販売法　Installment Sales Law　211
| 割賦返済貸付け　installment loan　211
| 割賦返済ローン　installment loan　211
| 合併　amalgamation　19
| 合併企業　joint venture　222
| 合併計画　merger plan　258
| 合併契約案　proposed merger agreement　320
| 合併契約書　merger agreement　258，written agreement for merger　418
| 合併差益　acquired surplus　6
| 合併する　effect a merger　134，merge　258
| 合併当事会社　constituent corporation　82
| 合併届出書　articles of consolidation　27

合併無効	nullity of merger 274
合併余剰金	acquired surplus 6
仮定	assumption 30
家庭環境	family environment 160
家庭裁判所	family court 159
仮定する	assume 30
家庭内暴力	domestic violence 127
仮定の	nisi 269
家庭用自動車保険	family automobile policy 159
家庭用品品質表示法	Household Goods Quality Labeling Law 197
カテゴリー・マネジメント	category management 51
過当競争	excessive competition 149
過当取引	churning 58
過度の広範性の理論	overbreadth doctrine 284
カトリックの悔罪制度	penitential system 293
家内労働法	Home Work Law 195
加入者法人	membership corporation 257
加入承認	admission 13
金の取立て	collection 66
金の返済	payment 291
カノン法	canon law 49
カノン法準則	canon 49
カバーする	cover 97
過払利息	usury 403
過半数	majority 251
過半数投票	majority vote 251
可否	aye and no 34, pro and con 315
可否同数	tie in votes 390
可否を問う	put (a matter) to vote 325, take a vote on (the matter) 382
株券	share certificate 362
株券の受渡し	transfer of share certificates 393
株券の買入人	purchase of shares 325
株式	equity security 143, share 362, share of the capital stock 363, stock 372
株式・社債を償還する	redeem 334
株式・社債の振り当て	placing 299
株式買受権	stock option 372
株式買受権証券	stock warrant 372
株式会社	joint stock company 222, Kabushiki Kaisha 226, N.V. 264, stock corporation 372
株式会社(ドイツ)	Aktiengesellschaft 16
株式会社の監査等に関する商法の特例に関する法律	Law for Special Exceptions to the Commercial Code concerning Audit, etc. of Kabushiki-kaisha 235
株式買取請求権	demand for buying shares 112, warrant 413
株式が記名式の	nominative 270
株式決済繰延取引	contango 85
株式決済繰延利息	contango 85
株式公開買付け	T.O.B. 380, take over bid(TOB) 382, tender offer 385
株式購入契約	share purchase agreement 363
株式質	pledge of shares 300
株式失効	forfeiture of shares 171
株式資本の変更	alteration of share capital 18
株式証券取引所	stock exchange 372
株式上場	listing 247
株式ディーラー	stock dealer 372
株式取引税	stock transfer tax 372
株式などの売却・割当て	placement 299
株式の買取り	purchase of shares 325
株式の数	number of shares 274
株式の空売り	selling short 360
株式の券面額	par value 286
株式の公開化	going public 184
株式の交換	exchange of stock 149
株式の先売権	first refusal right 166
株式の先買権	first offer 166, first option 166
株式の種類	class 62
株式の償還	stock redemption 372
株式の消却	amortization of shares 20, cancellation 49, retirement 345, retirement of shares 345
株式の譲渡	assignment of shares 29, transfer of shares 393
株式の清算	stock clearing 372

かふしき

株式の超過発行　overissue of shares　285
株式の転換　conversion of shares　89
株式の登録　registration of stock　336
株式の登録による発行　inscription　210
株式の発行会社　issuing company　220
株式の発行価額　issue-price of shares　220
株式の引受け　taking of shares　382
株式の非公開化　going private　184
株式のプレミアム　share premium　363
株式の分割　splitting up of shares　369
株式の併合　consolidation of shares　82
株式の名義書換え　entry of a change of holders in the register of shareholders　141
株式の申込み　application　24, offer　277, proposal　320, subscription　375
株式の割当て　allocation of shares　17, allotment of shares　17
株式配当　bonus issue　44, share dividend　362, stock dividends　372
株式払込金の払込催告　call　49
株式払込金保管証明書　certificate of custody　53, certificate of subscription money in custody　53
株式払込責任免脱の罪　crime of evading liability for payment of shares　98
株式払込命令　balance order　35
株式ブローカー　stockbroker　372
株式分割　division of shares　125, stock split　372
株式保険会社　stock insurance company　372
株式申込書　share subscription　363
株式申込証　application form for shares　24, share subscription form　363, subscription blank　375
株式申込人　subscriber for shares　375
株式割当証　allotment certificate　17
株などの引受けを募集する　invite subscription　219
株主　shareholder　363, stockholder　372
株主買取請求による救済　appraisal remedy　25

株主関係　stockholder relations　372
株主間契約　shareholders' agreement　363
株主総会　general meeting　181, general meeting of shareholders　181, shareholder's general meeting　363, shareholders' meeting　363
株主総会などの定時会　stated meeting　371
株主代表訴訟　derivative action　115, derivative action suit　115, representative action　341, representative suit　341, shareholders' derivative action　363, shareholders' representative action　363, stockholders' derivative action; ～suit　372, stockholders' representative action; ～suit　372
株主提案権　shareholders' right to make a proposal　363
株主の払込資本　paid in capital　286
株主の変更　shareholder change　363
株主名簿　register of shareholders　336, transfer book　393
株主名簿上の株主　shareholder of record　363
株主持分　stockholder's equity　372
株の押し売り　sharepushing　363
株の配当　dividend　124
過振り　overdraft　284
株分け　by stock　48, per stirpes　293
可分契約　divisible contract　124, separable contract　360, severable contract　362
可分契約条項　several covenant　362
可分債務　divisible obligation　124
可分条項　separability clause　360
可分の　severable　362
過分の費用　excessive expenses　149
可変年金　variable annuity　408
家法　house law　197
過保護　overprotection　285
牙保する　act as broker for stolen property　6
カボタージュ　cabotage　48
我慢する　bear　37
神の行為　act of providence　8

家名と紋章に関する条項	name and arms clause 264		仮執行の宣言	declaration of provisional execution 106
科目	subject 374		仮釈放	parole 288, release on parole 337, release on parole from prison 338
貨物上乗人	supercargo 377			
貨物運送状	consignment note 81, waybill 414		仮釈放者	parolee 288
			仮釈放の取消	revocation of parole 347
貨物受託書	consignment note 81			
貨物出荷通知書	consignment note 81		仮釈放日	date of parole 104
貨物税	package 286		仮住所	commorancy 70
貨物搬出許可証	transire 394		仮出獄	parole 288
貨物引換証	carriage note 51, waybill 414		仮出所	conditional release 77
			仮出場	parole 288, provisional release 322
貨物保管場所	depot 115			
火薬	gunpowder 189		仮出所者	parolee 288
火薬類取締法	Explosives Control Law 153		仮証書	scrip 356
			仮処分	preliminary injunction 307, provisional disposition 322
空売り	short sale 364			
空積運賃	dead freight 104		仮処分命令	order of provisional disposition 283
空手形	kiting 227			
空取引	bucket shop 45		仮信託	tentative trust 385
空入札	by-bidding 48		仮退院	release on parole from juvenile training school 338
絡む	pick up a quarrel 298			
借入金元金	loan principal 248		借賃	amount of rent 20
借入金残高	balance of loan 35		借主	borrower 44
借入資本	borrowed capital 44, debt capital 105		仮の	ad interim 9, nisi 269, temporary 384
			仮納付	provisional payment 322
借受金	sum borrowed 376			
仮受金	suspense receipt 379		仮の救済方法	provisional remedy 322
仮解除	provisional discharge 321, tentative discharge 385		仮の地位	provisional status 322
			仮払制度	reimbursement procedure 337
借換え	refinance 335		仮判決	rule nisi 352
借方	debit 105		カリフォルニア州会社法	California Corporation Code 49
仮株券	scrip 356			
仮管財人	interim trustee 214		仮命令	interim order 214, order nisi 282
仮還付	provisional return 322			
仮契約	letter of intent 242		仮目論見書	preliminary prospectus 307, red herring 334
仮契約証	binder 41			
仮決定	rule nisi 352		科料	minor fine 259
仮採用	trial 395		過料	non-penal fine 272
仮差押え	ancillary attachment 21, provisional attachment 321, provisional seizure 322		加療	under medical treatment 397
			仮留置	provisional detention 321
			借りる	borrow 44, hire 194
仮差押え免除保証書	attachment bond 31		カルテル	cartel 51
仮差止命令	interlocutory injunction 214		過労	overwork 285

かわ

側　side　364
為替　exchange　149
為替管理　exchange control　149
為替裁定取引　arbitration of exchange 25, exchange arbitrage　149
為替差益(損)　exchange gains (losses)　149
為替証書　money order　261
為替相場　exchange rate　149, rate of exchange　328
為替仲介人　cambist　49
為替手形　bill of exchange　39, draft 128, litera excambii　247
為替手形の支払人　drawee　129
為替手形の発行　issue of a bill of exchange　220
為替手形の引受け　acceptance of a bill of exchange; acceptance of a draft　3
為替手形の振出人　drawer　129
為替手形法　B.E.A.　34
為替手形を振り出す　draw　129
代わりの　alternative　18
簡易却下　summary dismissal　376
簡易吸収合併　short form merger　364
簡易公判手続　procedure of summary public trial　316
簡易裁判所　successor summary court　376
簡易手続　informal proceeding　209
簡易引渡し　summary assignment　376
簡易保険　industrial assurance　208
簡易離婚の手続　summary dissolution of marriage　376
姦淫　sexual intercourse　362
感化　influence　209, reform　335
感化院　reformatory　335
換価処分　tax sale　383
看過する　overlook　285
管轄　jurisdiction　225
管轄移転　change of jurisdiction　55, change of venue　55
管轄外の　extrajudicial　155
管轄官庁　competent government office　72
管轄禁止令　writ of prohibition　417

管轄区域　district boundary　124, jurisdiction　225
管轄権　jurisdiction　225
管轄権の域外適用　long arm statute　249
管轄権不存在の抗弁　plea to the jurisdiction　300
管轄権を有する　competent　72
管轄裁判所　competent court　72, court having jurisdiction over　96
管轄指定　designation of the competent court　116
管轄第一審裁判所　competent court of the first instance　72
管轄違い　incompetence　205, lacking jurisdiction　229, non-competence　270
管轄違いの判決　judgment of lacking jurisdiction　223
管轄当局　competent goverment authorities　72
管轄に属する事項　matters under the jurisdiction　255
管轄法務局　competent judicial affairs bureau　72
官紀　official discipline　278
官紀紊乱　corruption of government officials　93
環境　circumstances　59, environment 141, surroundings　378
環境影響評価法　Environmental Impact Assessment Law　141
環境影響報告書　EIS : environment impact statement　135
環境汚染防止基本法　Basic Law for Environmental Pollution Control　36
環境基本法　Basic Environment law　36
環境権　environmental right　141
環境事業団法　Japan Environment Corporation Law　220
環境庁　Environment Agency　141
環境庁設置法　Law for the Establishment of the Environment Agency　235
環境の快適さ　amenity　19
環境破壊　environmental destruction

かんしゅ

141
環境法　environmental law　141, Environmental Regulation　141
環境保護庁　EPA：Environmental Protection Agency　141
環境保全地域　preservation district　310
環境を快適にする設備　amenity　19
監禁　confinement　79
換金　conversion of goods into money　89
監禁する　confine　79
監禁致死　false imprisonment resulting in death　159
監禁致傷　false imprisonment resulting in bodily injury　159
管区　province　321
関係　implication　200
関係会社　affiliated corporation　14
関係官庁　authentification　32
関係行政機関　relative government agency　337
関係国　country concerned　95
関係者　affiliate　14, party　289
関係者各位のために　on account of whom it may concern　279
関係資料　reference material　335
関係する　concern　74
関係的権利　relative rights　337
完結した契約書　integrated contract　212
完結条項　merger clauses　258
簡潔な　compact　71
看護　nursing care　274, protective care　321
慣行　habitual practice　190, practice　305
観光基本法　Basic Law on Tourism　36
官公需についての中小企業者の受注の確保に関する法律　Law on Ensuring the receipt of Orders form the Government and Other Public Agencies by Small and Medium Enterprises　236
観光と商用ビザ　B-Visa　48
勧告　recommendation　332
監獄　prison　314
監獄(刑事施設)に引致する　take a person to custody　382
監獄法　Prison Law　314
監護権　custody　102
観護措置　detention and shelter care　117, protective detention of a juvenile　321
看護婦等の人材確保の促進に関する法律　Law to Promote Securing of Nursing Personnel　238
監査　audit　32, inspection　211, visitation　410
完済する　satisfy obligations fully　355
管財人　trustee　395
監査上の微妙な職位　audit sensitive position　32
監査官　comptroller　74
監査関連報酬　audit-related fees　32
監査基準　AU：Auditing Standards　32, GAAS：Generally Accepted Auditing Standards　179
監査基準書　SAS：Stanement on Auditing Standards　355
監査業務　public practice　323
監査決算報告書　audited financial statement　32
監査証明　certified audit　53
鑑札　certificate　53, permit　295
観察　observation　276
観察する　observe　276
観察等に付す　place under probationary supervision　299, put on probation　325
鑑札不実記載　untrue entry in a permit　402
監査報告書　audit report　32, auditing report　32
監査報酬　audit fees　32
監査役　auditor　32
監視　surveillance　378
鑑識　identification　198, judgment　223
監視調査　watching search　414
幹事手数料　management fee　252
看守　prison officer　314, warden　413
慣習　custom　102, usage　402

かんしゅ

慣習期間　usance　402
慣習国際法　Customary International Law　102
慣習法　custom　102, customary law　102
慣習法上の別居　permanent separation　294
看守者逃走幇助　assisting escape by a security guard　30
看守長　chief warden　58
官署　government office　185
干渉　interference　213
勘定書　statement　371
管掌する　take charge of　382
官職　office　278
完成　perfection　293
関税　custom duty　102, customs　102, customs duties　102, duty　131, tariff　382
関税及び貿易に関する一般協定　General Agreement on Tariffs and Trade　181
関税価額　customs value　102
関税裁判所　Customs Court　102
関税暫定措置法　Customs Temporary Measures Law　102
完成した　executed　151
関税譲許表　schedules of concessions　356
関税障壁　tariff barrier　382
完成信託　executed trust　151
関税停止制度　duty suspension　131
関税定率法　Customs Tariff Law　102
関税の戻り税　rebate　330
関税評価　customs valuation　102
関税法　Customs Law　102, Smoot Hawley "Tariff Act of 1930"　366
関税割当て　tariff quota　382, tariff rate quota　382
間接強制的差押令状　distringas　124
間接事実　evidentiary fact　147, indirect facts　207, tangential facts　382
間接証拠　indirect evidence　207
間接侵害　indirect infringement　207
間接税　indirect tax　207
間接税国境調整ルール　border tax adjustment　44
間接損害　consequential damages　80, indirect damages　207
間接費　overhead　285
間接否認　argumentative denial　26
間接侮辱　indirect contempt　207
艦船　vessel　408
完全　gross　187
艦船往来危険　endangering traffic by a vessel　138
艦船往来危険覆没　capsize of a vessel through endangering traffic　50
完全化　perfection　293
完全価値原則　intact value principle　212
完全権原　absolute title　2, perfect title　293
完全合意条項　entire agreement clause　140, integration clause　212
幹線交通路　highway　194
完全資格　good standing　184
感染症の予防及び感染症の患者に対する医療に関する法律　Law Concerning the Prevention of Infectious Diseases and Patients with Infectious Diseases　233
完全信託　perfect trust　293
幹線道路の沿道の整備に関する法律　Law for the Improvement of Roadside Along Trunk Roads　235
完全な　full and complete　178
完全な履行　literal performance　247, satisfaction　355, satisfaction of a debt　355
完全に　entirely and completely　140, in extenso　204
完全に記載する　complete　73
完全に有効な捺印証書　good and sufficient deed　184
完全日　entire day　140
艦船不退去　refusal to leave a vessel　336
完全履行の原則　perfect tender rule　293
艦船を覆没,破壊する　capsize or destroy a vessel　50
艦隊司令長官　admiral　12

寛大な　generous　182
簡単な判決(書)　memorandum opinion　257
監置　confinement as the punishment for contempt of court　79
含蓄　implication　200
官庁　office　278
官庁人事交流法　Intergovernmental Personnel Act　214
姦通　adultery　13, infidelity　208
貫通銃創　piercing bullet wound　298
鑑定許可状　warrant of permission of expert evidence　413
鑑定行為　expert examination　153
鑑定受託者　person who has been requested to give an expert opinion　296
鑑定書　written expert opinion　418
鑑定証言　expert testimony　153
鑑定証拠　expert evidence　153
鑑定証人　expert witness　153
鑑定嘱託書　document to request expert evidence　126
鑑定する　appraise　25
鑑定に付する　be subjected to examination by an expert　37
鑑定人　appraiser　25, expert　153
鑑定人条項　appraisal clause　25
鑑定の嘱託　request for an expert opinion　341
鑑定留置　confinement for and expert examination　79
鑑定留置状　warrant of confinement for an expert examination　413
監督員　supervisor　377
監督官庁　competent supervising government office　73
監督機関　supervisory organization　377
監督義務者　person who is under a duty of supervision　296
監督権　power of supervision　304
監督する　oversee　285, supervise　477
監督代理者　vice-principal　409
カントリー・リスク　country risk　95
カントリー分析　country analysis　95

観念的競合　crimes charged as a single crime　99, single act constituting multiple　365
看板理論　shingle theory　364
幹部　leading members　239
還付　refund　335, restore　344, return　345, tax rebate　383
鑑別　classification　62
監房　cell of a prison　52
官報　gazette　180, official gazette　278
官房審議官　Assistant Vice-Minister of Justice　29
陥没骨折　depressed fracture　115
元本　principal　312
甘味剤　sweetener　380
喚問　summons　377
丸薬　pill　298
勧誘　invitation　219
関与先の利益　client interest　63
管理　control　88
官吏　government official　185
元利　principal and interest　312
管理義務　obligation of management　275
管理規約　CC&Rs　52
元利均等払条項　add-on clause　10
管理経済　command economy　67
管理契約　management agreement　252, management contract　252
管理権　right of management of property　348
管理執行　equitable execution　142
管理者　custodian　101
管理通貨制度　planned monetary system　299
管理手数料　management fee　252
管理と処分　order and disposition　282
管理売春　managed prostitution　252, operating a business of prostitution　280
管理費用　operating expense　280
管理船主　managing owner of ship　253
管理貿易　managed trade　252
管理貿易政策　administrative trade policies　12

かんりよ

官僚　bureaucrat　47
完了　perfection　293
官僚機構　bureaucracy　47
完了する　finish and complete　164
管理を必要とする人　conservatee　80
関連　reference　335
関連会社　affiliate　14, affiliated company　14, affiliated corporation　14, related company　337
関連事件　inter-related cases　216
関連事項　relevant factors　338
関連市場　relevant market　338
関連した　relevant　338
関連性　relevancy　338
関連性のある証拠　relevant evidence　338
関連性のない　irrelevant　219
関連づけの法理　connecting up doctrine　80
関連のある　pertinent　297
緩和する　ease　132

き

議案　bill　39, proposal　320
起案する　draw　129
議案などの採択　adoption　13
議案の提出　introduction of a bill　217, submission　374
キー番号システム　key-number system　227
議員　legislator　242
議院規則　rules of the Houses　353
議員席　floor　167
議員提出法案　private members' bill　315
議院内閣制　cabinet government　48
議院における証人の宣誓及び証言等に関する法律　Law for Oath, Testimony, etc. of Witnesses at the Diet　234
議院の会議の公開　public deliberation in the Houses　323
議員の除名　expulsion of the member　154
議院の定数　fixed number of the House members　166

議院の定足数　quorum of the House　327
議員立法　Lawmaker-initiated Legislation; Legislation by Member　238
既往利益繰戻しの原則　tax benefit rule　383
帰化　naturalization　266
器械　equipment　141, implements　200
危害　harm　192, injury　209
議会　legislature　242
機械故障条項　breakdown clause　45
議会制定法　Act of Parliament　7
機械の運転手　operator　280
議会の会期　session　361
議会の休会　recess　332
機械類信用保険法　Machinery Credit Insurance Law　250
期間　period　294, period of time　294, time period　390
期間・期限の延期　respite　343
期間確定信託　limited trust　246
期間が満了する　expire　153
期間計算　calculation of period　48, calculation of time　48, computation of period　74
期間厳守　time is of the essence　390
期間中　for and during the period of　168, for and during the term of　168
期間の延長　extension of period　154
期間の経過　effluxion of time　135, lapse of period　230
期間の更新　renewal of term　339
期間の定めのない　terminal-at-will　385
期間の定めのない雇用契約　employment at will　137
期間の定めのない不動産権　estate at will　144
期間の満了　effluxion of time　135, expiration　153, expiration of period　153, expiry of term　153, termination　385
期間保険　time policy　390
期間保険証券　time policy　390
期間を延長する　enlarge　139
危機鞘取り　risk arbitrage　351
危機対応プラン　contingency plan　85

棄却　dismissal　122, rejection　337
棄却抗弁　actio non; actionem non　8
気胸　pneumothorax　301
企業　enterprise　140, firm　165
企業イメージ　corporate image　91
企業改革法　Sarbanes-Oxley Act　355
企業家精神　entrepreneurship　140
企業合同　trust　395
企業合理化促進法　Enterprise Rationalization Promotion Law　140
企業財産の包括的譲渡　bulk sale　46
企業市民　corporate citizen　91
企業スパイ　competitive intelligence　73
企業担保権　right of enterprise hypothecation enterprise mortgage　348
企業統治　corporate governance　91
企業内組合　house union　197
企業内取引慣行　intra-firm trade　217
企業内弁護士　corporate lawyer　91, house counsel　197, in house lawyer　204
企業年金　corporate pension system　91
企業の基本商標　house mark　197
企業の結合　combination　66
企業の顧問弁護士　legal counsel for the company　240
企業の透明性　corporate clarity　91
企業買収　M&A　250, merger and acquisition　258, mergers and acquisitions　258, take over　382
企業秘密　secret process　357, secrets of trade　357, trade secret　393
企業別組合　enterprise union　140
企業向けサービス価格指数　corporate service price index(CSPI)　91
基金　fund　179
器具　equipment　141, tool　391
義兄　brother-in-law　45
偽計　fraudulent means　175, trick　395
既経過保険料　earned premium　132
議決　voting　411
議決権　vote　411, voting power　411, voting right　411
議決権行使契約　voting agreement　411
議決権のない株主　shareholders who are not entitled to vote　363
議決権のある株主　voting shareholder　411
議決権の過半数　majority vote　251
議決権のない株式　non voting stock　270
議決権のある株式　voting share　411, voting stock　411
既決囚　convict　89, convicted prisoner　89
危険　adventure　13, hazard　192, jeopardy　220, peril　294, risk　351
期限　deadline　104, period　294, term　385, time　390
起源　origin　284
期限が経過した　overdue　284
期限が到来して支払義務が発生している　due and payable　130
危険貨物　dangerous cargo　104
期限切れ小切手　stale check　370
危険効用比較基準　risk-utility test　351
危険資本　risk capital　351
危険状態　exposure　154
危険人物　dangerous character　104
危険性のない投資の利率　risk-free rights　351
期限付銀行券　post-notes　303
危険度指向　risk preference　351
危険な土地・建物　dangerous premises　104
期限の定めなき契約　indefinite term contract　206
期限の定めのある賃借権　tenancy for years　384
期限の定めのある不動産権　estate for year　145
期限の到来　arrival of time　26
危険の引受け　assumption of risk　30
期限の利益　benefit of time　38
期限の利益喪失約款　call provisions　49
期限の利益の喪失　acceleration　3, events of default　146
危険発生　realization of the risk　329
危険負担　assumption of risk　30, risk of loss　351
危険負担の移転時期　Title and Risk　391

きけんぼ

危険防止令状　quia timet　327
期限前支払許諾条項　prepayment clause　309
期限前に財産を取得したり処分したりする　anticipation　22
期限前の契約違反　anticipatory breach (of contract)　22
期限前返済禁止条項　lock in clause　248
期限前弁済の手数料　acquisition charge　6
危険有害性製品法　Hazardous Products Act　192
期限利益喪失条項　acceleration clause　3, insecurity clause　210
危険割増し　risk premium　351
期限を徒過した　stale　370
奇行　eccentric conduct　133
帰航　homeward voyage　196
寄航および停泊　touch and stay　392
寄航港　port of call　302
旗国法　law of flag　236
記載される　mentioned of referred to　257
既済の　executed　151
既済の約因　executed consideration　151
期差任期　staggered terms　370
刻み注文　scale order　355
騎士　knight　227
義姉　sister-in-law　365
議事　proposal to be deliberated in a meeting　320
議事機関　deliberative organ　110
基軸通貨　vehicle currency　408
擬似州外会社　pseudo-foreign corporation　322
擬似州外法人　pseudo-foreign corporation　322
気質　temperament　384
期日　datum　104
期日支払抗弁　solvit ad diem　367
器質性精神病　organic psychosis　283
期日どおりに　in due course　204
期日の猶予期間　grace period　185, period of suspension　294
期日または期日前に　on or before　279

議事日程　agenda　15
汽車　railroad train　328
希釈化　dilution　118
希釈化理論　dilution doctrine　118, dilution theory　118
擬似約束　illusory promise　199
汽車の転覆　overturn of a railroad train　285
技術移転　technology transfer　384
技術援助契約　technical assistance agreement　384
技術経営　management of technology　253
技術指導　technical assistance　384
技術指導契約　technical assistance agreement　384
技術指導条項　technical assistance　384
技術情報の開示　disclosure of technical information　121
技術水準　state of the art　370
記述する　set forth　361
技術調達　technology acquisition　384
技術的　technical　384
記述的標章　descriptive mark　116
記述の誤り　misdescription　260
技術の組み合わせ　combination　66
技術秘訣　know-how　227
基準　criterion　100, guideline　189, par　286, standard　370
基準価格　base price　36
基準生存者　measuring life　256
基準年　base year　36
基準年賃貸借契約　base year lease　36
基準日　record date　333, record day　333
偽証　false testimony　159, perjury　294
偽証する　commit perjury　68, give false testimony　183
机上の空論　armchair speculation　26
稀少野生動物　endangered species　138
議事録　minutes　259, minutes of a meeting　259, minutes of the proceedings　259, record of a meeting　333
議事録案　proposed minutes　320

きそうつ

傷　wound　417
傷跡　scar　355
既遂　completion of commission of crime　73, consummation　84
傷口　wound　417
傷つける　hurt　197, injure　209
傷を負わせる　inflict　209
規制　regulation　337
擬制悪意　constructive notice　83
擬制横領　constructive conversion　83
擬制害意　malice in law　252
規制緩和　deregulation　115
規制行政機関　regulatory agency　337
擬制契約　constructive contract　83
規制権限　police power　301
擬制詐欺　constructive fraud　83
犠牲者　victim　409
既成条件　fulfilled condition　178
擬制信託　constructive trust　84
規制する　regulate　337
擬制占有　constructive possession　83
擬制送達　constructive service　84
擬制立退き　constructive eviction　83
擬制認識　constructive knowledge　83
擬制の　constructive　83
規制廃止　deregulation　115
擬制配当　constructive dividend　83
擬制犯意　malice in law　252
擬制引渡し　constructive delivery　83
規制物質犯罪　controlled substance offenses　88
擬制放棄　constructive abandonment　83
帰責過失　imputed negligence　203
気絶する　faint away　158, swoon　380
季節的雇用　seasonal employment　357
季節変動　seasonal fluctuation　357
基線　base line　36
偽善　hypocrisy　198
偽善者　hypocrite　198
機先を制する　anticipate　22, get ahead of　182
起訴　filing of information　163, indictment　207, institution of public action　211, institution of public prosecution　211, prosecution　320

起草　draft　128, draught　129
寄贈　donation　127
偽装　camouflage　49, disguise　121
偽造　falsification　159
偽造外国通貨行使　utterance of counterfeit foreign currency　406
偽造外国通貨交付　delivery of counterfeit foreign currency　112
偽造外国通貨輸入　importation of counterfeit foreign currency　201
偽造御璽使用　use of the forged Imperial Seal　402
偽造御名使用　use of the forged Emperor's Signature　402
偽装契約　illusory contract　199
偽装結婚　green-card marriage　187, sham marriage　362
偽造公印使用　use of a forged official seal　402
偽造公記号使用　use of a forged official mark　402
偽造広告　false advertising　158
偽造国璽使用　use of the forged Seal of State　402
偽造私印使用　use of a forged private seal　402
偽造私文書行使　utterance of a forged private document　405
寄蔵証書　receipt for deposit　330
偽造詔書行使　utterance of the forged Imperial or State document　407
偽装信託　illusory trust　199
偽造する　fabricate　156, fake　158, falsify　159, forge　171
偽造通貨行使　utterance of counterfeit currency　406
偽造通貨交付　delivery of counterfeit currency　111
偽造通貨収得　acquisition of counterfeit currency　6
偽造通貨収得後知情交付　knowing delivery of counterfeit currency, when acquired without knowing its nature　228
偽造通貨輸入　importation of counterfeit

きそうて

currency 201
偽造的商品表示　false trade description 159
偽装の　illusory　199
偽造の申告・報告　false return　159
偽造品　counterfeit　94
偽造文書等を行使する　utter　404
偽造無印公文書行使　utterance of a forged official document without signature and seal　404
偽造無印私文書行使　utterance of a forged private document without signature and seal　405
偽造有印公文書行使　utterance of a forged official document with signature and seal　404
偽造有印私文書行使　utterance of a forged private document with signature and seal　405
偽造有価証券行使　utterance of forged securities　406
基礎額　basic amount　36
羈束　binding　41
規則　by-laws　48, rule　352
貴族　peer　292
義足　artificial leg　27
規則A　Regulation A　337
規則D　Regulation D　337
規則Q　Regulation Q　337
規則Z　Regulation Z　337
規則違反　breach of rules　44
貴族院　House of Lords　197
帰属する　accrue to　5, belong to　38, escheat　143
規則に適合する　conform to the rules　79
規則の違反, 侵害　violation　409
起訴事実　fact charged　157, indicted fact　207
起訴事由明細書　bill of particulars　40
起訴状　bill of indictment　40, indictment　207
起訴状の変更　change of indictment　55
起訴する　indict　207, institute　211, prosecute　320

起訴独占主義　the concept of monopolization of prosecutions　387
起訴便宜主義　principle of discretionary prosecution　313, principle of opportunity　314
起訴法定主義　principle of legality　313
基礎法律書　hornbook　196
起訴前の勾留期間　period of detention before prosecution　294
起訴猶予　suspension of prosecution　379
既存義務のルール　preexisting duty rule　306
既存契約　existing contract　152
毀損する　injure　209
既存の債務　antecedent debt　22
既存の請求　antecedent claim　22
既存の法的義務　preexisting legal duty　306
期待権　reversionary interest　346
期待権不当取引　catching bargain　51
期待利益　expectancy　152, expectation interest　152
期待利益の賠償額　expectation damages　152
寄託　bailment　35, special deposit　368
寄託財産　bailed property　35
寄託者　bailer　35, bailor　35, depositor　115
寄託物　goods deposited　185, things bailed　389
既知の　known　228
既知の発明　prior art　314
議長　chairman　54, presiding officer　311, speaker　367
記帳代行　bookkeeping　44
キチンの波　Kitchin cycle　227
喫水　draft　128
吃水線　waterline　414
切手　stamp　370
規定　provision　321, provisions　322, proviso　322, regulations　337, stipulation　372
義弟　brother-in-law　45
既定事実　established fact　144

議定書　protocols　321
規定する　prescribe　309, set forth 361, stipulate　372
既定の　established　144
規定報酬額　stated fee　371
規定漏れの事実　casus omissus　51
気道閉塞　air way obstruction　16, respiratory tract obstruction　343
既得権　vested right　409
危篤状態にある　be in a critical condition　37
既得の　vested　408
危難　distress and danger　123
記入　entry　141
機能的減価　functional depreciation　179
機能的陳腐化　functional obsolescence　179
寄泊した地　place where the vessel has lain at anchor　299
揮発油等の品質の確保等に関する法律　Law on the Quality Control of Gasoline and Other Fuels　237
規範　best practices　39, norm　272
規範意識　consciousness of norms　80
基盤技術研究円滑化法　Law for the Facilitation of Research in Key Technologies　235
既判事項　res adjudicata　342
規範の体系　body of rules　43
規範法　model act; model code　261
既判力　effect of excluding further litigation　134, res adjudicata　342, res judicata　342
忌避　challenge　54, recusation　334
忌避する　challenge a judge　54, refuse　336
忌避の原因　causes of refusal　52, grounds for challenge　187
忌避申立て　motion for challenge　263
忌避申立権　right to make a motion for challenge　350
寄附　donation　127
義父　father-in-law　160
寄附契約　endowment contract　139
寄附行為　act of endowment　7, endowment contract　139
寄附する　contribute　88, donate　127
器物　utensil　403, vessel　408
器物損壊　destruction of a thing　117
義母　mother-in-law　263
規模の経済　economies of scale　134
基本給　basic salary　36
基本自動車保険　basic automobile policy　36
基本賃料　base rent　36
基本定款　memorandum of association　257
基本的違反　fundamental breach　179
基本的権利　fundamental rights　179, privilege　315
基本的条件　principal terms and conditions　313
基本的条項　fundamental term　179
基本的人権　fundamental human rights　179
基本的人権の保障　guarantee of fundamental human rights　188
基本特許　dominant patent　127
基本売買契約書　master sales contract　255
基本労務契約　master labor contract　255
義妹　sister-in-law　365
気前のよさ　bounty　44
気前よくもてなす　wine and dine　415
欺まん　deceit　106
欺まん的取引慣行　deceptive trade practices　106
機密事項　confidential matters　79, top secret　391
機密書類　confidential papers　79, secret documents　357
義務　burden　46, duty　131, obligation　275, responsibility　343
義務違反　breach of duty　44
義務教育　compulsory education　74
義務中心の法文化　duty-centered legal culture　131
義務的な　mandatory　253
義務の相互性　mutuality of obligation　264

きむのめ

義務の免除　respite　343
義務の履行　discharge of duties　120, execution　151, performance of duties　294
義務を履行する　satisfy　355
偽名　alias　17, false name　159
記名押印　name and seal　264
記名株券　certificate of share;〜of stock　53, share certificate　362, stock certificate　372
記名株式　inscribed shares　210, non-bearer shares　270
記名債券　registered bond　336
記名式裏書　special indorsement　368
記名式所持人払債権　claim payable to obligee or holder　61
記名式船荷証券　straight B／L　372
記名社債　inscribed debenture　210, non-bearer debenture　270
欺罔　cheat　57
規約　code　64
逆指値注文　stop-loss order　372
虐殺　massacre　255
逆差別　reverse discrimination　346
逆進税　regressive tax　337
逆進的租税　regressive tax　337
逆選択　adverse selection　13
逆送　transfer of a juvenile case from family court to a public prosecutor for prosecution in criminal court　393
虐待　abuse　2, ill-treatment　199
虐待され遺棄された子ども　abused and neglected children　3
逆担保　counter-security　95
脚注開示　footnote disclosure　168
逆手形　cross-bill　101
逆の　adverse　13
逆補償　reverse compensatory adjustments　346
逆保証証書　counter-bond　94
逆もまた同じ　vice versa　409
逆輸入　reverse import　346
キャスティング・ボート　casting vote　51
却下　overruling　285
却下する　ignore　198, quash　326

却下判決の申立て　motion for (judgment of) nonsuit　263
却下命令　preclusion order　305
客観性　objectivity　275
客観性基準　objective stadard　275
客観テスト　objective test　275
ギャップをうめる条項　gap filling provisions　180
キャピタル・ゲイン　capital gain　50
キャラクター・マーチャンダイジング　character merchandising　55
キャラコ法　Calico Law　49
ギャング　mobstar　261
休暇　vacation　407
休暇給付　vacation benefit　407
休暇手当　vacation pay　407
究極事実　ultimate fact　396
求刑　penalty requested　292, prosecution's demand for punishment to the accused　320, recommendation of punishment　332
休憩　rest　343
休憩をする　rest　343
救済　redress　334, relief　338
救済事業　charity; charities　56
救済手段に関する法律　remedial statute;〜law　338
救済手段の制限　limitation of remedy　245
救済条項　saving clause　355
救済訴訟　remedial action　338
救済的制定法　remedial statute;〜law　338
救済の申立て　claim for relief　60
救済法　Relief Act　338
救済方法　remedy　338
救済方法の選択　election of remedies　135
救済方法の相互性　mutuality of remedy　264
旧債務　old debt　278
救済命令　order of relief　283
急襲　assault　27, surprise attack　378
吸収合併　merger by absorption　258
吸収する　absorb　2
九〇日レター　ninety day letter　269

九四年改正破産法　Federal Bankruptcy Reform Act of 1994　160
救助　rescue; rescous　342
求償権　contribution　88, exoneration　152, person demanding reimbursement　295, remedy over　338, right of reimbursement　349
求償者　person demanding indemnification　295
求職　employment application　137
求職者　candidate　49
救助物売得金差引精算　salvage loss　355
救助料　salvage charge　355
休戦協定　armistice agreement; cease-fire agreement　26
急速を要する場合　if urgency is required　198, in case of urgency　204
休廷日　dies non; dies non juridicus　118
急迫なる事情　urgent circumstances　402
急迫の危険　imminent danger　200
急迫不正の侵害　flee to the wall　167, imminent and unjust infringement　199
給付　payment　291
休眠会社　defunct company　110, dormant company　127, dormant corporation　127
糾問者　inquisitor　210
糾問主義　inquisitorial system　210
糺問手続　inquisitorial procedure　210
給与　allowance　17, compensation　72, emolument　137, remuneration　338, salary　353
給与査定　salary review　353
給与支払簿　payroll　291
給与審査　salary review　353
給料支払小切手　pay check　291
給料払込依頼書　allotment note　17
寄与　contribution　88
凶悪な　heinous　193
凶悪犯　offense of serious nature　277
教育委員会　board of education　42, school board　356
教育基本法　Basic Education Law　36

教育の義務　obligation to educate children　275
教育を受ける権利　right to receive education　350
共益費　common area maintenance charges　69, expenses for the common benefit　153
饗応　entertainment　140, treat　394
境界　abbuttals　1, border　44, boundary　44
境界侵奪　encroachment　138
協会貨物保険約款　I.C.C.　198
境界毀損　destruction of a boundary　116
教誨する　exhort　152, preach　305
境界線　ambit　19
境界点　terminus　385
境界標識　landmark　229
境界標と線による土地表示　metes and bounds　258
教会法　church law　58
教会法上の特免　dispensation　122
驚愕　amazement　19, astonishment　31
教化する　civilize　60, enlighten　139
恐喝　blackmail　41, extortion　155, racketeering　328
恐喝する　blackmail　41, extort　155
教官　teacher　384
行間記入　interlineations　214
叫喚追跡　hue and cry　197
凶器　dangerous weapon　104
狂気　insanity　210, madness　250
協議　agreement　16
協議上の離縁　dissolution of adoptive relation by agreement　123
協議上の離婚　divorce by agreement　125
協議事項　agenda　15, subject of discussion　374
凶器準備集合　unlawful assembly with dangerous weapons　401
協議する　discuss　121
供給　supply　377
供給過剰　excess supply　149
供給曲線　supply curve　377
供給契約　contract for supply　86, sup-

きょうき

ply contract　377
供給者　supplier　377
供給する　furnish and supply　179
競業　competition　73
競業制限　undertaking not to compete　397
競業制限条項　covenant not to compete　97
競業避止義務　duty to avoid competition　131
競業避止義務の同意　undertaking not to compete　397
競業避止条項　covenant not to compete　97, non-competition clause　270
教区　parish　287
教区主任牧師　vicar　409
行刑　correction　93, prison administration　314
行刑学　penology　293
行刑累進処遇令　Ordinance for Prisoners Progressive Treatment　383
狂犬病予防法　Rabies Prevention Law　327
教護院　community home　70, reformatory　335
競合過失　concurrent negligence　76
競合管轄権　concurrent jurisdiction　76
強行規定　compulsory provision　74
競合権利者確定訴訟　interpleader　215
競合する　co-exist　65
競合他社の反応パターン　competitor's reaction patterns　73
強硬に国会を通す　ram it through the Diet　328
競合リーエン　concurrent liens　76
教唆　aid and abet　16, instigation　211, solicitation　367
共済組合　benefit societies　38, friendly society　177, mutual benefit association　264
共済団体　friendly society　177
共済保険　mutual benefit insurance　264
教唆する　abet　1
教唆犯　instigation　211
強襲する　storm　372

教授が創った法　professor-made law　318
享受者　beneficiary　38
供述　statement　371
供述拒否権　right to remain silent　350
供述者　affiant　14, deponent　114
供述書　testimonial writings　386
供述調書　written statement　418, written statement given before an investigator　418
供述人　person who makes the statement　296
供述の任意性の調査　examination of voluntariness of a statement　148
共助　mutual cooperation　264
行状　abearance　1, behavior　38, conduct　78
行商人　badger　34, hawker　192, peddler; pedlar　292
狭心症　angina　21
強制　compulsion　74
矯正　correction　93, redress　334
強制　duress　131, enforcement　139
共生　symbiosis　380
行政　administration　11, public administration　322
強制移転　relocation　338
矯正院　house of correction　197
行政改革　administrative reform　12
行政各部　administrative branches　11
行政活動　administrative activity　11
強制可能な　enforceable　139
強制可能な契約　enforceable contract　139
行政官　compliance officer　73, executive　151, executive officer　151
行政監査官　ombudsman　279
行政官庁　administrative agencies　11, administrative authorities　11
強制管理令状　extent　155
強制規格　technical regulation　384
行政機関　administrative organ　12, executive branch　151, executive organ　151
行政機構　bureaucracy　47
行政救済　administrative remedy　12

きょうた

行政区画　administrative division　11
強制競売　compulsory sale by official auction　74, execution sale　151
強制契約　compulsory contract　74
行政契約　government contract　185
行政権　administrative power　12, executive power　151
行政行為　administrative action　11
矯正施設　correctional institution　93
強制執行　compulsory execution　74, execution　151, levy of execution　243
強制執行の不正免除　improper evasion of compulsory execution　203
強制執行法　grab law　185
強制執行妨害　obstruction of execution　276
強制執行令状　execution　151, executione judicii　151
強制実施(権)　compulsory license　74
行政指導　administrative guidance　11
行政上での救済　administrative remedy　12
行政上の　executive　151
行政書士　administrative document lawyer　11
強制処分　compulsory disposition　74, compulsory measures　74
行政処分　administrative action　11, administrative disposition　11, administrative measures　12
行政審判所　administrative tribunals　12
強制送還する　removal　338
強制捜査　compulsory investigation　74, investigation based on compulsory measures　218
行政訴訟　administrative litigation　12
強制退職　compulsory retirement　74, retirement under age limit　345
行政庁　administrative office　12
強制徴募　impressments　203
強制通用力を有する　legal tender　241
矯正的処遇　correctional treatment　93
強制的手続　compulsory procedure　74
強制的な　compelling　71, compulsory　74, involuntary　219, mandatory

253
強制手続　involuntary procedure　219
行政手続　administrative procedure　12
共生年金　joint annuity　222
強制売却　compulsory sale　74, forced sale　169
強制破産　involuntary bankruptcy　219
行政不服審査法　Administrative Appeal Law　11
強制法　mandatory legislation　253
行政法　administrative law　11
行政法審査官　ALJ : administrative law judge　17
強制保険　compulsory insurance　74
行政命令　administrative order　12, executive order　151
強制履行　performance by enforcement　293
強制力　enforceability　139
強制力のある権利　enforceable right　139
強制力のある約束　enforceable promise　139
強制猥褻　forcible indecency　169, indecent assault　206
強制猥褻致死　forcible indecency resulting in death　169
強制猥褻致傷　forcible indecency resulting in body injury　169
競争　race　327, rivalry　351
競争型立法　race recording statute　327, race-type statute　327
競争群　competitive set　73
競争上の阻害　competitive injury　73
競争制限特約　negative covenant　267
競争通知型立法　race-notice recording statute　327, race-notice-type statute　327
競争入札　competitive bidding　73
競争優位性　competitive advantage　73
競争力　competitive edge　73
供託　deposit　114, sequestration　360
供託金支払い　payment out of court　291
供託金払戻し　payment out of court　291
供託者　depositor　115
供託所　deposit office　114, depository

きょうた

115
供託する　sequester　360
供託物　deposited articles　114, deposited things　115
供託法　Deposit Law　114
協調株主グループ　concert party　74
協調組合主義　corporatism　92
協調行動　concerted action　74
協調的なゲーム　cooperative games　90
協調融資　syndicate loan　380
共通条項　boilerplate　43
共通の錯誤　common mistake　69
共通法　jus commune　225
協定　accord　4, accord and satisfaction　4, agreement of settlement　16, arrangement　26, compact　71, convention　89, pact　286, understanding　397
協定案　draft for an agreement of settlement　128
共同遺言　common will　69
共同海損　general average　181
共同海損精算書　general average statement　181
共同海損分担　extraordinary average　155
共同海損分担金支払保証書　average bond　33
共同監護　joint custody　222
共同管理　joint-control　222
共同基金　pool　302
共同義務者　co-debtor　65
共同銀行預金口座　joint bank account　222
共同組合　cooperative　89, co-operative society　90
共同計算　joint account　221
共同研究開発契約　joint research and development agreement　222
共同原告　co-petitioner　90
共同権利者　co-creditor　64
共同行為　unity of possession　401
共同雇用の準則　fellow servant rule　162
共同作業　collaboration　65
共同事業の　cooperative　89

共同して　jointly　222
共同支配人　joint manager　222
共同終身年金　joint annuity　222
共同署名者　cosigner　93
共同所有　concurrent ownership　76, co-tenancy　93
共同信託基金　common trust fund　69
共同生存者年金　joint and survivorship annuity　221
共同正犯　co-principal　90
共同責任　joint liability　222
共同相続人　co-successor　93
共同訴訟　joint litigation　222
共同訴訟人間請求　cross-claim　101
共同担保順配の原則　marshaling liens　254
共同著作物　joint work　222
共同抵当権　blanket mortgage　42
共同根抵当　joint-maximal-hypothec　222
共同の　common　69, concurrent　75, cooperative　89, joint　221
共同の事業　co-defendant　65, joint undertaking　222
共同の利益　common benefit　69, common interests　69
共同販売機関　common selling agency　69
共同被告　co-defendant　65, co-respondent　91
共同被上訴人　co-respondent　91
共同不法行為　joint unlawful act　222
共同不法行為者　joint tortfeasor　222
共同振出人　co-maker　66
共同謀議　confederacy　78
共同暴行　battery or assault by more than one perpetrator　36
共同法定相続人　fellow-heir　162
共同保険　coinsurance　65
協同保険　reciprocal insurance　332
共同保証　co-surety　93
共同保証人　co-surety　93, several sureties for one obligation　362
共同保証人の負担部分履行請求　exoneration　152
共同発起人　co-promoter　90

強迫　assault　27, duress　131
脅迫　intimidation　217, threat　390
脅迫的強要　extortion　155
共犯　accessory　3, accomplice　4, complicity　73
共犯者　complice　73
共犯責任　accomplice liability　4
共謀　collusion　66, conspiracy　82, intra-corporate conspiracy　217
共謀及び財産保護法　Conspiracy and Protection of Property Act　82
共謀共同正犯　co-conspirator　64
凶暴な　brutal　45, ferocious　162
業務　affair　14, business　47, functions　179
業務委託　outsourcing　284
業務委託契約　entrustment agreement　141, operating agreement　280
業務過誤保険　malpractice insurance　252
業務監査　operational auditing　280
業務財産　partnership property　289
業務執行　conduct of affairs　78
業務執行中　within course of employment　416
業務執行取締役　managing director　253
業務執行役員　executive officer　151
業務上横領　embezzlement in the conduct of business　136
業務上過失　negligence in the conduct of business　267
業務上過失往来危険　endangering traffic caused by negligence in the conduct of business　138
業務上過失往来妨害　obstruction of traffic caused by negligence in the conduct of business　276
業務上過失激発物破裂　destruction by explosives caused by negligence in the conduct of business　116
業務上過失傷害　bodily injury caused by negligence in the conduct of business　43
業務上過失致死　death caused by negligence in the conduct of business　105
業務上失火　fire caused by negligence in the conduct of business　165
業務上堕胎　abortion in the conduct of business　2
業務上堕胎致死　abortion caused by negligence in the conduct of business resulting in death　2
業務上堕胎致傷　abortion caused by negligence in the conduct of business resulting in bodily injury　2
業務上の危険　occupational hazard　277
業務上の秘密　secret process　357, trade secrets　393
業務に従事する　on one's professional or occupational duties　279
業務の執行　course of employment　95
業務の通常の範囲　regular course of business　337
業務分担　functions　179
業務妨害　obstruction of business　276
業務命令　order in connection with work　282
業務用定着物　trade fixture　392
業務を妨害する　interfere with one's business　213
共有　co-ownership　90, co-tenancy　93, joint ownership　222, tenancy in common　384
共有化　socialization　367
共有財産　joint tenancy　222, property in co-ownership　320
共有財産権　concurrent estate　75
共有者　co-owner　90
享有する　enjoy　139
共有地　common　69
共有の　in common　204
共有物　things jointly owned　389
共有物分割　partition　289
共有持分　shares of co-ownership　363
供与　cause a bribe to be offered　52
強要罪　coercion　65
共用財産　common property　69
強要する　compel　71, demand forcibly　113, force　169, insist　210
共用の　for common use　168
共用部分　common area　69

きょうよ

供与する　give　183, give a bribe　183
協力　partnership　289
共和国　republic　341
共和政体　republic　341
共和党　Republican Party　341
許可　allowance　17, permission　294
寄与過失　contributory negligence　88
許可証明書　certificate of authority　53
許可する　allow　17, permit　295
許可の抗弁　leave and license　240
許可を得る　qualify　326
虚偽　lie　244
虚偽鑑定　false expert testimony　159, fraudulent expert opinion　175
虚偽記入　false entry　159, making a false entry　251
虚偽記入有価証券行使　utterance of securities, in which a false entry is made　407
虚偽検案書行使　utterance of a false autopsy report　404
虚偽検案書作成　drafting of a false autopsy report　128
虚偽広告規制法　Printer's Ink Statute　314
虚偽公文書作成　drafting of a false official document　128
虚偽死亡証書行使　utterance of a false death certificate　404
虚偽死亡証書作成　drafting of a false death certificate　128
虚偽診断書行使　utterance of a false medical certificate　404
虚偽診断書作成　drafting of a false medical certificate　128
虚偽陳述　false statement　159
虚偽通訳　false interpretation　159, fraudulent interpretation　175
虚偽の　false　158, simulated　365
虚偽の記載をする　make a false entry　251
虚偽の情報　false information　159
虚偽の申告をする　lodge a false denunciation　249, make a false accusation　251

虚偽の陳述をする　make a false statement　251, render false testimony　339
虚偽の文書　false document　159
虚偽の申立てをする　falsify　159
虚偽表示　false description　159, false marking　159, false statement　159, fictitious declaration of intention　162
虚偽または誤認を生じさせる原産地表示の防止に関するマドリッド条約　Madrid Agreement for the Repression of False or deceptive Indications of Sources on Goods　250
虚偽無印公文書行使　utterance of a false official document without signature and seal　404
虚偽無印公文書作成　drafting of a false official document without signature and seal　129
虚偽有印公文書行使　utterance of a false official document with signature or seal　404
漁業権　fishery　166, fishing rights　166, piscary　299
漁業法　Fisheries Law　166
局　office　278
極右　the extreme right　388
極左　the extreme left　388
極度額　maximal amount　255
極度の強迫　extreme duress　156
御璽　the Imperial Seal　388
御璽偽造　counterfeit of the Imperial Seal　95
御璽不正使用　wrongful use of the Imperial Seal　418
居住　abode　1, commorancy　70, habitancy　190
居住・移転の自由　freedom to choose and change one's residence　177
居住規約　CC&Rs　52
居住者　resident　343
居住する　dwell　131
居住用不動産　residential property　343
居所　place of abode　299
寄与条件　contributory conditions　88

きんこい

挙証者　party adducing the evidence　289
挙証責任　burden of proof　46
挙証責任者　proponent　320
挙証責任の転換　shift of burden of proof　363
挙証責任は原告にあり　Actori incumbit onus probandi　9
挙証責任は主張者にあり　Affirmantis est probare　14
挙証責任は主張する者に在し否認する者に在せず　Ei incumbit probatio, qui dicit, non qui negat　135
寄与侵害　contributory infringement　88
拒絶　disaffirmance　120
拒絶後参加　acceptance（for honor）supra protest　3, supra protest　378
拒絶証書　protest　321
拒絶証書作成不要　retour sans protet　345
拒絶証書作成免除　waiver of protest　412
拒絶する　decline　107, deny　114, refuse　336, reject　337, renounce　339
拒絶の覚書　note of protest　273
拒絶の通知　notice of dishonor　273
漁船法　Fishing Vessel Law　166
許諾　permission　294
許諾者　grantor　186, licensor　244
許諾商標の登録と侵害の排除　Registration of Trademarks and Proceeding against Third Party for Infringement　336
挙動　behavior　38, conduct　78
挙動不審　suspicious behavior　380
許認可　pass　289
拒否　objection　274, refusal　335, rejection　337
拒否権（を発動する）　veto　409
寄与分　shares in contribution　363
御名　the Emperor's Signature　388
御名偽造　counterfeit of the Emperor's Signature　95
御名不正使用　wrongful use of the Emperor's Signature　418
許容的制定法　permissive statute　294
許容できない　inadmissible　204

既履行契約　executed contract　151
既履行売買契約　executed sale　151
規律　discipline　120, order　282
義理の　in-law　209
ギルド　gild　183, guild　189
偽ロード海法　Rhodian law　347
記録　astipulation　31, document　125, listing　247, record　332, recording　333, ss　370
記録契約　contract of record　88
記録事項　matter of record　255
記録長官　M.R.　250, Master of the Rolls　255
記録による禁反言　estoppel by record　145
記録の改ざん　falsifying a record　159
記録不提出　failure of record　157
議論　argument　26, discussion　121, dispute　123
議論のうえで　arguendo　26
均一引渡価格制　uniform delivered price system　399
均一部分　in equal shares　204
均一料金　flat rate　167
近因　causa proxima　51, immediate cause　199, proximate cause　322
近海　neighboring waters　268
金額　amount　20, sum　376
金貨債券　gold bond　184
金管理法　Gold Control Law　184
近畿圏の既成都市区域における工場等の制限に関する法律　Law Concerning Restriction of Factories, etc. in Built-Up District in Kinki Region　232
近畿圏の保全区域の整備に関する法律　Law for the Divelopment of Conservation Areas in Kinki Region　235
緊急逮捕　emergency arrest　136
緊急の必要　flagrant necessity　166
緊急避難　act out of necessity　8
緊急輸入制限　safeguard　353
金庫　safe　353
禁錮　imprisonment without labor　203, servitude　361
禁錮以上の刑に処する判決　judgment im-

きんこう

posing punishment of imprisonment without labor or heavier penalties　223
銀行　banker　35
銀行受入証券　bankable paper　35
銀行家　banker　35
均衡価格　equilibrium price　141
銀行休日　bank holiday　35
銀行業を営む個人　banker　35, private banker　314
銀行券　bank-note　36
銀行口座　bank account　35
銀行自己宛為替手形　banker's draft　35
銀行信用枠　bank credit　35
銀行帳簿　banker's books　35
均衡点　equilibrium　141
銀行取引時間　banking hours　35
銀行取引停止処分　disposition for the suspension of banking transactions　123
銀行取引日　banking day　35
銀行などの窓口職員　teller　384
銀行の自己宛小切手　C.C.　48, cashier's check　51
銀行の支店　branch bank　44
銀行払戻高　bank debit　35
銀行引受　banker's acceptance　35
銀行引受手形　banker's acceptance　35
銀行振出約束手形　goldsmiths' notes　184
銀行への資金注入に関する法案　New Bank Funding Bill　268
銀行持株会社　bank holding company　35
銀行持株会社法　Bank Holding Act　35
銀行預金通帳　bank book　35, passbook　290
銀行リーエン　banker's lien　35
銀行渡し　pay any bank　291
金庫株　treasury shares　394, treasury stock　394
金庫条項　iron-safe clause　219
金庫破り　safe breaking　353
禁止　ban　35, prohibition　318, prohibition, writ of　318
禁止条項　prohibition, writ of　318
禁止する　toll　391

禁止的差止命令　preventive injunction　311, prohibitory injunction　318
禁止命令　injunction　209
金主　financier　164
禁酒(法)　prohibition　318
禁止令状　prohibition　318, writ of prohibition　417
近親　consanguinity　80, near relatives　267
謹慎　penitence　292
近親結婚　consanguineous marriage　80
近親者　immediate relatives　199
近親者殺し　parricide　288
近親相姦　incest　205
禁制品　contraband　86, prohibited goods　318
禁制令状　inhibition　209
近接損害　proximate damage　322
金銭債権　monetary claim　261, money claim　261
金銭債務　pecuniary obligation　292
金銭債務証書　bill of debt　39
金銭債務承認書　due bill　130
金銭債務捺印証書　bill obligatory　39
金銭債務の消滅　extinguishment of dept　155
金銭上の利益　pecuniary gain　292
金銭消費貸借　consumption loan agreement　84
金銭出納係　teller　384
金銭損害　pecuniary damage　292, pecuniary loss; 〜injury　292
金銭貸借期間　period of the loan　294
金銭的価値　monetary value　261
金銭的救済方法　pecuniary compensation; 〜remedy　292
金銭的損害賠償　monetary damages　261
金銭の　pecuniary　292
金銭の代替物　substitute of money　375
金銭の流通　currency　101
金銭賠償　compensation in money　72, monetary compensation　261, pecuniary compensation; 〜remedy　292
金銭判決　money judgment　261
金銭補償　pecuniary compensation; 〜

remedy　292
金銭約因　pecuniary consideration　292
金属鉱業事業団法　Metal Mining Agency of Japan Law　258
金属鉱業等公害対策特別措置法　Law on Special Measures for Mine Damages Caused by the Metal Mining Industry, etc.　237
金属のハンマー　hammer　191
禁断症状　abstinence symptom　2
禁転載　All rights reserved　17
均等　par　286
均等額　averaged amount　33
均等物　equivalent　143
均等論　doctrine of equivalent　125
禁反言　estoppel　145
禁反言証明書　estoppel certificate　145
禁反言による会社　corporation by estoppel　92
禁反言による代理　agency by estoppel　15
金品　money and articles　261, property　319
勤勉　diligence　118
金本位制　gold standard　184
勤務　service　361
勤務命令　order to serve at office　283
金約款　gold clause　184
金融　finance　163
金融界　financial circles　163
金融会社　moneyed corporation　261
金融が逼迫した　tight　390
金融緩和政策　easy money policy　133
金融機関　financial institutions　163
金融業者　factor　157
金融再生関連法案　Finance Sector Reform Bills　163
金融再生法　Financial Reconstruction Law　163
金融政策　monetary policy　261
金融早期健全化法　Early Financial Correction Law　132
金融の引締め　tight　390
金融持ち株会社　Financial Holding Company　163
金融料　finance charge　163

禁輸措置　embargo　136
金利　money rate　261
禁漁, 禁猟　prohibition of fishing　318
禁漁期, 禁猟期　the close season　387
近隣　adjacent　10
勤労者　worker　417
勤労条件　working condition　417
勤労所得　earned income　132
勤労青少年福祉法　Working Youth Welfare Law　417
勤労の義務　obligation to work　275
勤労の権利　right to work　350

く

食い逃げ　bilking　39
クー・クラックス・クラン法　Ku Klux Klan Acts　228
空気銃　air gun　16
空気と水の汚染に関する法律　Air and Water Pollution Laws　16
空中権　air right　16
空中権賃借　sky lease　365
空洞化　hollowing out　195
空白　lacuna　229
偶発事故　contingency　85
偶発的　contingent　85
偶発的契約　aleatory contract　17
偶発的原因　accidental cause　4
偶発的事故による殺人　homicide by misadventure　196
偶発的状況　contingent circumstance　85
偶発的販売　casual sales　51
クーポン券　coupon　95
空欄　blank　41
クーリング・オフ　cooling off　89
クーリング・オフ期間　cooling off period　89
苦役　servitude　361
くじ　lot　250
苦情　complaint　73, grievance　187
苦情処理手続　grievance procedure　187
苦情などを提出する　lodge　249
具体的な事例　individual case　207, partic-

く　たいて

ular case　289
具体的な　concrete　75
口数　number of contribution units　274
口利き料　payoff　291
口喧嘩　quarrel　326
口止めする　forbid to say anything　168
口止め命令　gag order　180
口止め料　hush money　197
クック　Edward Coke　134, Sir Edward Coke　365
掘削　excavation　148
口伝律法　Oral Law　282
宮内庁　Imperial Household Agency　200
国等による環境物品等の調達の推進等に関する法律　Law Concerning the Promotion of Procurement of Eco-Friendly Goods and Services by the State and Other Entities; Law on Promotimg Green Purchasing　233
国の重大な利益　important interests of the state　201
国の法　lex terrae　243
虞犯　pre-delinquency　305
虞犯少年　juvenile prone to commit an offense　226, pre-delinquent　305
首無し死体　headless corpse　192
工夫　device　118
工夫する　devise　118
区分　segregation　359
区分所有者管理組合　condominium owner's association　78
区別する　distinguish　123
組合　consortium　82, copartnership　90, partnership　289
組合員　partner　289, unionist　400
組合員のリーエン　partner's lien　289
組合規定賃金基準　union rate　399
組合規約　partnership agreement　289
組合契約　contract of partnership　87, partnership agreement　289
組合財産　partnership assets　289, property of partnership　320
組合資産　partnership assets　289
組合賃率　union rate　399

組合定款　articles of partnership　27
組合費の控除　check off　58
組合保障条項　union security clause　399
組み合う　grapple　186
組合せ特許　combination patent　66
組み込み　built-in　46
組立式の　knocked down　227
組み付く　tackle　381
組手形　set of exchange　361
組分け取締役会　classified board of directors　62
雲隠れする　disappear　120
くも膜下出血　subarachnoid hemorrhage　374
悔やむ　repent　340
クラウディングアウト　crowding out　101
クラス・アクション　class action　62, representative action　341, representative suit　341
グラス・スティーガル銀行改革法　Glass-Steagall Banking Reform Act　183
倉荷証券　warrant　413
クラム・ダウン　cram down　97
グラント・バック条項　grant-back　186
グラントエレメント　grant element　186
繰上返済条項　call provisions　49
クリーン・ハンズ　clean hands　62
クリーン・ハンズの原則　clean hands doctrine　62
グリーン購入法　Law Concerning the Promotion of Procurement of Eco-Friendly Goods and Services by the State and Other Entities; Law on Promotimg Green Purchasing　233
グリーンマン対ユバ電動工具製造会社事件　Greenman v. Yuba Power Products, Inc. (1963)　187
繰越し　carry-over　51
繰延勘定　deferred charge　109
繰延資産　deferred assets　109, deferred charge　109
繰延支払い　deferred payment　109
繰り延べた　deferred　109
繰戻し　carry-back　51
車の強制保険　liability insurance　243

車の損傷　physical damage to a car　298
車の登録証　vehicle registration　408
車を牽引される　have the car towed　192
狂わせる　wash out the effort　414
クレイトン法　Clayton Act　62
グレー・マーケット　gray market　186
クレジットカード　credit card　97
クレジットカードの詐欺　credit card fraud　97
クレジット差別撤去(撤廃)法　Equal Credit Opportunity Act　141
クレジットによる購入　purchase on credit　325
クレジット払い　installment credit　211
愚連隊　street-gang hoodlum　373
愚弄する　ridicule　347
クロージング　closing　63
クロージング・コスト　closing cost　63
クローズドエンド型投資会社　closed-end investment company　63
クローズド・エンド信用　closed-end credit　63
クローズド・ショップ　closed shop　63
グローバル・ラーニング　global learning　183
黒字　surplus　378
クロス・デフォルト条項　cross default clause　100
クロス・ライセンス　cross license　100
グロス賃貸借契約　gross lease　187
黒幕　mastermind　255, wire-puller　415
企てる　intend　213, plan　299, try　395
郡　county　95
訓戒　admonishment　13, admonition　13, warning　413
訓示　briefing　45, instructions　211
訓示規定　directory provision　119, directory statute　119
軍事裁判権　military jurisdiction　258
軍事裁判所　military court　258
群衆心理　mob psychology　261
軍法　military law　258
軍法会議　court martial　96
軍法上訴裁判所　Court of Military Appeals　96
訓令　official directives　278
訓練　discipline　120

け

刑　penalty　292
経緯　recitals　332
経営委員会　managing committee　253
経営機能　management functions　252
経営参加　participation　288
経営資源統合管理　enterprise resource planning(ERP)　140
経営者　management　252, proprietor　320
経営者による企業買収　management buy out　252
経営者による検討と分析　management's discussion and analysis(MD&D)　253
経営助言業務　management advisory service　252
経営陣　management　252
経営責任者　executive officer　151
警戒　guard　189
警戒線を突破する　break a police cordon　44
警戒線を張る　form a police cordon　172
計画　schedule　355
計画経済　command economy　67
計画する　plan　299, scheme　356
計画的遺産処分　estate planning　145
計画的な　willful　415
軽過失　slight negligence　366
経過する　elapse　135
警官　officer　278
刑期　period of sentence　294, term of imprisonment　385, term of penalty　385, term of sentence　385
刑期計算　computation of sentence　74
刑期の終了　completion of the term of sentence　73
景気変動　business fluctuation　47
刑期をつとめあげる　serve one's full term in prison　361

けいけん

軽減　mitigation　261
経験経済　experience economy　153
経験的知識　experience　153
経験的料率　experience rate　153
経験法則　reasonable inference　330
警告　caveat　52, warning　413
警告・指示における欠陥　defective warnings or instruction　109
警告義務　duty to warn　131
経済　economy　134
軽罪　misdemeanor　260
経済企画庁　Economic Planning Agency　134
経済効率　economic efficiency　134
経済産業省設置法　Ministry of Economy, Trade and Industry Establishment Law　259
経済指標　economic indicator　134
経済スパイ活動法　Economic Espionage Act　134
経済的ストライキ　economic strike　134
経済的損失　economic loss　134
経済的同盟罷業　economic strike　134
経済統合　economic integration　134
警察　police　301
警察官　police officer　301, policeman　301
警察官の派出　dispatch of police officials　122
警察官面前調書　police record of interrogation of the accused　301
警察権能　police power　301
警察署　police station　301
警察署長　marshal　254
警察署に容疑者を連行する　take a suspect to the police station　382
警察等の手入れ　raid by police　328
警察に通報する　call the police　49
警察の手配　search being wanted for questioning by police　357
警察法　Police Law　301
計算書類　accounting documents　5, financial documents　163
計算訴訟　account, action of　5
計算約束付領収証　accountable receipt　5
継子　step child　372

刑事過失　criminal negligence　99
刑事課長　director of the criminal affairs division　119
形式上の　pro forma　315
形式知　explicit knowledge　153
刑事局　criminal affairs bureau　99
刑事局長　director-general of the criminal affairs bureau　119
刑事事件　criminal case　99
刑事事件の押収　seizure　359
刑事事件の差押え　seizure　359
刑事事後法　ex post facto law　147
刑事司法　criminal justice　99
刑事収容施設　penal detention facilities　292
刑事上の有罪判決　criminal conviction　99
刑事処分　criminal disposition　99
刑事制裁　penal sanction　292
刑事政策　criminal policy　99, criminology　100
刑事責任　criminal liability　99, criminal responsibility　100
刑事訴訟　criminal action　99, criminal procedure　99, criminal proceeding　100, penal action　292
刑事訴訟規則　Rule of Criminal Procedure　352
刑事訴訟の原告　accuser　5
刑事訴訟の被告　accused　5
刑事訴訟費用等に関する法律　Law concerning the Cost, etc. of Criminal Procedure　232
刑事訴訟法　Code of Criminal Procedure　64
刑事訴訟法施行法　Law for Enforcement of the Code of Criminal Procedure　234
刑事訴追　criminal prosecution　100
刑事調査官　special assistant to the director of the general affairs division　368
刑事手続　criminal proceeding　100
刑事の時効　statute of limitations　371
刑事被告人　defendant in a criminal case　109

けいのり

刑事部　criminal division　99
刑事弁護人　defense counsel　109
刑事弁護人の弁論　defense counsel's closing statement　109
刑事弁護人を付する　assign a defense counsel　28
刑事法　criminal law　99
刑事法制課長　director of the legislative affairs division　119
刑事補償　criminal compensation　99
刑事補償規則　Rules of Criminal Compensation Law　353
刑事補償法　criminal compensation law　99
刑事未成年者　criminal minor　99
刑事免責　impunity　203
傾斜賃料契約　graduated rental lease　185
継受した　received　331
芸術　art　26
軽傷　slight injury　366, slight wound　366
経常収支　current account　101, current balance　101
経常損失　current loss　101
継承的不動産処分捺印証書　deed of settlement　107
経常利益　ordinary income　283
継親　step-parent　372
系図　family tree　160, genealogy　180
形跡　traces　392
軽窃盗　petty larceny　298
係争中　at bar　31
係争中の　at issue　31
係争中の権利　litigious right　247
係争点　disputed point　123, point at issue　301
係争当事者　litigant　247
係争物　subject-matter in dispute　374
係争物保全管理人　receiver pendente lite　332
継続する　continue　85
継続営業条項　continuance operation clause　85
継続開店条項　continuance operation clause　85

継続勘定　running account　353
継続企業　going concern　183
継続企業価値　going concern value　183, going value　184
継続主体　perpetual existence　295
係属中　pendency　292
継続的改善　continuous improvement　85
継続的刷新　continuous innovation　85
継続的使用料　running royalty　353
継続的取引契約　continuous transaction contract　85
継続的申込み　continuing offer　85
継続日数　running days　353
継続報告書　continuation statements　85
継続約款　continuation clause　85
携帯する　bring with　45
携帯品　belongings　38
頸椎　neck vertebrae　267
刑に服する　serve a sentence　361
刑の言渡し　pronouncement of punishment　319
刑の言渡しが確定する　sentence becomes final and binding　360
刑の加減　augmentation or reduction of punishment　32
刑の加減の順序　order of augmentation or reduction of punishment　282
刑の加重　aggravation　15, augmentation of punishment　32
刑の吸収　absorption of punishment　2
刑の軽重　gravity of punishment　186
刑の減免　reduction of punishment　334, remission of punishment　338
刑の時効　limitation of punishment　245
刑の執行　execution　151
刑の執行停止　respite　343
刑の執行猶予　suspension of execution of sentence　379
刑の種類　categories of punishments　51, types of punishments　396
刑の消滅　extinction of punishment　155
刑の宣告猶予　deferred sentence　109
刑の廃止　abrogation of punishment　2
刑の変更　change of punishment　55
刑の量定　assessment of sentence　27,

けいのり

sentencing 360
刑の量定に影響を及ぼすべき情状　circumstances which are material to the determination of punishment 59
競馬　horse racing 196
競売　auction 32, compulsory sale 74, foreclosure sale 169, sale by official auction 354
競売条件　conditions of sale 78
競売代金　price paid at the official auction 312
競売手続　proceedings of official auction 317
競売でのサクラ　puffer 324
競売にかけられる　come under the hammer 66, go under the hammer 183
競売入札妨害　damage to an auction 103, obstruction of an auction 276
競売による売買　sale by auction 354
競売人　auctioneer 32, bidder 39
競売の入札　bid 39
競売法　Auction Law 32
競売申込人　applicant for official auction 24
競馬狂　turf fan 395
競馬場　race course 327
刑罰　criminal penalty 99, punishment 324
刑罰権　power of punishment 304, punitive authority 324
刑罰的制裁　punitive sanctions 325
刑罰の個別化　individualization of punishment 207
刑罰の対象となる違法行為　misprision 260
刑罰法規　penal statute 292
刑罰を受ける　suffer 376
競馬に賭ける　bet on a horse 39
競馬の賭元　bookmaker 44
競馬予想　racing tips 327, tip on a race 390
軽犯罪　minor offense 259
軽犯罪法　Minor Offense Law 259
経費　expenditure 153
警備　guard 189
軽微事件　minor case 259

経費償還　expense recovery 153
景品株　bonus stock 44
系譜　genealogical records 180
頸部　cervix 54
警報　alert 17, warning signal 413
刑法　criminal law 99, penal code 292
警棒　patrolman's club 291, truncheon 395
刑務所　committal 68
刑務所に送る　send～to prison 360
刑務所の監房　ward 412
契約　bargain 36, compact 71, contract 86, covenant 96, pact 286, preamble 305
契約案　draft agreement 128, proposed agreement 320
契約違反　breach 44, breach of contract 44
契約運送業者　contract carrier 86
契約覚書　binding slip 41, bought and sold notes 44
契約解除条項　termination 385
契約関係　contractual relationship 88, privity 315, privity of contract 315
契約期間　duration 131, duration of a contract 131
契約期間条項　term 385
契約期間などの延長　extension 154
契約者　contractor 88
契約書　indenture 207
契約条項　condition 76, entire agreement clause 140, stipulation 372
契約条項の分離独立性　severance 362
契約譲渡　assignment 28
契約譲渡制限　assignment 28
契約上の　ex contractu 147
契約上の義務　contract duty 86
契約上の権利　contract right 88
契約上の抗弁　contractual defense 88
契約上の第三者　third party beneficiaries 389
契約書などの別紙　addendum 9
契約書の説明部分　whereas clause 414
契約書を締結する　execute 151
契約数量　quantity agreed upon 326

契約訴訟　actio ex contractu　8
契約締結上の過失　culpa in contrahendo　101
契約締結地　locus contractus　248, place of contract　299
契約締結地裁判所　forum contractus　172
契約締結地法　lex loci celebrationis　243, lex loci contractus　243
契約当事者　contract parties　88
契約などの原案　protocols　321
契約などの書式　form　172
契約などの破棄通告　denounce　113
契約などの反対申込み　counter offer　93
契約に適合しない物品　nonconforming goods　271
契約による禁反言　estoppel by contract　145
契約による制定法適用の排除　contracting out　88
契約の一部履行　part performance　288
契約能力　legal capacity　240
契約の解除　cancellation　49, cancellation of contract　49, dissolution of contract　123, rescission　342, rescission of a contract　342
契約の擬制　constructive contract　83
契約の更新　renewal　339
契約の効力　effect of a contract　134
契約の実質的履行　substantial performance　375
契約の自由　freedom of contract　176, liberty of contract　243
契約の終了　termination　385
契約の条件　terms and conditions　385
契約の承諾　acceptance of a contract　3
契約の消滅　discharge of contract　120
契約の成立　formation of a contract　172
契約の締結　execution　151, letting out　242
契約の取消し　rescission　342, revocation　347
契約の部分違反　partial breach　288
契約の変更　modification of contract　261
契約の申込み　offer of a contract　278

契約の申込みの誘引　invitation to offer　219
契約の要素　essence of the contract　144
契約の履行　performance of a contract　294
契約不利益解釈の原則　contra preferentem rule　86
契約不履行　non-performance　272, violation　409
契約への適合　comforming to contract　66
契約変更　contract modification　87
契約法　contract law　87
契約無効　rescission　342
契約目標達成不能の法理　doctrine of frustration　125
契約履行保証　contract bond　86
契約を解除する　rescind a contract　342
契約を締結する　enter　139, strike a bargain　373
競落宣言　strike off　373
経理の　financial　163
経理部　Accounting Department　5
計量法　Measurement Law　256
競輪　bicycle race　39
競輪場　cycling stadium　103
系列　keiretsu　227
系列会社　affiliated company　14
系列下の　affiliated　14
痙攣　convulsion　89
刑を科する　impose　202, inflict　209
刑を定める　determine the punishment　117
刑を執行する　execute the punishment　151
刑を免除する　remit　338
ケインズ理論　Keynesian theory　227
ケース・メソッド　case method　51
ケーブル　cable　48
ゲーム理論　game theory　180
怪我　injury　209
外科手術の執刀　performance of operation　294
外科手術の執刀者　operating surgeon　280

けかれた

汚れた手の法理　unclean hands doctrine　397
汚れのない手　clean hands　62
激情状態　hot blood　196
激甚災害に対処するための特別の財政援助等に関する法律　Law Concerning Special Fiscal Aid for Coping with Disasters　232
激痛　acute pain　9
激発物破裂　destruction by explosives　116
激安の　knocked down　227
下向転換　downstream conversion　128
下水道　drain　129
下水道整備緊急措置法　Emergency Measures Law for Construction of Sewerage Systems　136
下水道法　Sewerage Law　362
ゲスト法　guest statute　189
懈怠　cesser　54, nonfeasance　271
懈怠して　in mora　204
懈怠約款　sharp clause　363
血液　blood　42
血液型　blood group　42, blood type　42
血液検査　blood test　42
血縁関係　blood relationship　42, kinship　227
血縁相続人　heir of the blood　193
血縁の　kin　227
結果　effect　134, event　146
結果回避義務　duty to avoid risk　131
欠格　disability　120
月額給与　monthly salary　262
欠格事由　grounds for incompetency for appointment　188
結核予防法　Tuberculosis Prevention Law　395
結果的加重犯　offense aggravated by results of a crime　277
結果的に　ipso facto　219
結果報告日　return day　345
欠陥　defect　108, deficiency　109, mischief　260
欠陥基準　defectiveness standard　109

欠陥車　defective car　108
欠陥商品　defective products　108
欠陥責任　defect liability　108
決議　resolution　343
決議案　draft of the resolution　128
決議事項　matters to be resolved　255
決議の取消し　rescinding of a resolution　342
決議の方法　method of resolution　258
決議不存在　non-existence of a resolution　271
決議無効確認の訴え　action to affirm the nullity of a resolution　9
月給　monthly salary　262
欠勤　absenteeism　2
血痕　blood stains　42
結婚誘拐　abduction for the purpose of marrying　1
結婚略取　kidnapping for the purpose to marry　227
決済　liquidation　246
決済通貨　money of account　261
決済日　settling day　362
決算　final accounts　163, settlement of accounts　362
決算期　accounting reference period　5, period for the settlement of accounts　294, term for the settlement of accounts　385
決算日　date of the financial statements　104
決算報告　statement of accounts　371
結社の自由　freedom of association　175
血讐　blood feud　42
結集する　concentrate　74
結審　conclusion of a trial　75
結審する　conclude a trial　75
欠席裁判　default judgment　108
欠席判決　default judgment　108, judgment by default　223
血族　relatives by blood　337
血族関係　consanguinity　80
欠損　deficiencies　109
決定　decide　106, decision　106
決定・命令等に対する上訴や抗告　Kokoku-

appeal 228
決定する affeer 14
決定で by means of a ruling 48
決定的事実 dispositive fact 123
決定の取消し withdrawal of a ruling 416
決定票 casting vote 51
決定を覆す override 285
決闘 duel 130, dueling 130
血統 family line 160
潔癖さ integrity 213
結末 event 146
結論 inference 208
解毒剤 detoxificator 117
気配 quotation 327
下品な indecent 206
ケルゼン Hans Kelsen 191
懸案事項 pending question 292
検案書 autopsy report 33
権威 authority 32
原因 causa 51, cause 52, ground 187
原因関係上の債務 underlying obligation 397
検疫 quarantine 326
検疫所 quarantine station 326
現役復帰裁判官 senior judge 360
検閲 censorship 53
検閲する censor 52
減価 depreciation 115
限界 ambit 19
限界収入 marginal revenue 254
言外の意味 implication 200
幻覚 hallucination 191
厳格解釈 strict construction 373
幻覚剤 hallucinatory drug 191, hallucinogen 191
幻覚症 hallucinosis 191
減額する abate 1
減額請求 demand to decrease maximal amount 113
厳格責任 strict liability 373
厳格テスト acid test 5
厳格な証明 strict proof 373
厳格な法律上の解釈により stricti juris

373
厳格法 strict law 373
減価償却 depreciation 115, depreciation and amortization 115
減価償却引当金 depreciation reserve 115
減価償却累計額 accrued depreciation 5
けんかを売る pick up a quarrel with 298
嫌疑 suspicion 380
県議会 assembly of prefecture 27
嫌疑が晴れる be cleared of suspicion 37
減給 reduction in pay 334
研究会 colloquium 66
研究開発委託契約 research and development consignment agreement 342
言及する refer 335
検挙する clear the case 63
検挙率 clearance rate 63
献金 donation of money 127
現金 bank deposit 35
現金交付合併 cash merger 51
現金交付による株式公開買付け cash tender offer 51
現金主義 cash method 51
現金出費 out-of-pocket expenses 284
現金配当 cash dividend 51
現金払信用状 C.C. 48
現金返還保証 money back guarantee 261
現金流出 cash drain 51
現金類似資産 near money 267
減刑 clemency 63, commutation 70, commutation of punishment 71, remission 338
減軽事由 mitigating 261
減刑する commute into 71
欠缺 vacancy 407
権限 authentification 32, authority 32, power 303, power and authority 304
権原 title 390
権原逸脱 extra vires 155
権限逸脱 ultra vires 396
権限外 without authority 416

けんけん

権限開示令状　quo warranto　327
権原概要　title abstract　391
権限外理論　ultra vires doctrine　396
権原証券　document of title　126, title document　391
権原証明書　certificate of title　53
権原担保条項　covenant for title　97, title covenants　391
権原担保約款　covenant for title　97, covenants for title　97, title covenants　391
権限内　within authority　416
権原に対する意見書　opinion of title　280
権原の瑕疵　defect in title　108
権原の根源　root of title　352
権限の消滅　functus officio　179
権限の担保責任　warranty of title　413
権原保険　title insurance　391
権原保証会社　title guaranty company　391
原権保証証書　warranty deed　413
権限踰越　act in excess of authority　7
権原要約書　abstract of title　2
権限を与える，授ける　lodge　249, vest　408
権限を踰越する　exceed the authority　148
権限を濫用する　abuse the authority　3
現行制度　current system　101, present system　310
現行犯逮捕　arrest of a flagrant offender　26
現行犯追跡　hot pursuit　197
現行犯人　flagrant offender　166
現行法規　existing laws　152, regulations now in force　337
元号法制化　legislation for the names of imperial era　241
健康保険法　Health Insurance Law　192
健康を害する　injure human health　209
原告　actor　9, claimant　61, demandant　113, liberant; libellant　243, plaintiff　299, suitor　376
原告第二訴答　replication　340
建国の父祖　Founding Fathers　173

原告の申立て　libel　243
拳骨で殴る　hit with fist　194
言語の著作物　literary works　247
言語不能者　person unable to speak　296
検査　inspection　211
減殺　abatement　1
現在価値　present worth　310
減債基金　sinking fund　365
減債基金付社債　sinking fund debenture　365
現在権　present interest　310
現在の意図　present intent　310
現在の不動産権　possessory interest　303
県裁判所　C.C.　48, county court　95
原裁判所　court of the original instance　96, the original court　388
原材料提供者のリーエン　materialman's lien　255
検査官　comptroller　74
検索　reference　335
原作　original　284
検査すべき身体　person to be examined　296
検察　prosecution　320, prosecutory function　321
検察側の証人　prosecution witness　320
検察官　prosecuting attorney　320, prosecutor　320, public prosecutor　324
検察官送致　referral of a case to a public prosecutor　335
検察官の行う事務　business handled by a public prosecutor　47
検察官の職務　function of a public prosecutor　179
検察官の非違行為　prosecutorial misconduct　320
検察官の面前における供述調書　written statement given before a public prosecutor　418
検察審査　inquest of prosecution　210
検察審査会法　Law for the Inquest of Prosecution　235
検察庁　public prosecutors office　324
検察庁の事務　business of public prosecu-

tors office　47
検察庁法　Public Prosecutors Office Law　324
検査手続　testing　387
検査人　surveyor　378
検査法　inspection laws　211
検査報告　statement of audit　371
検査役　inspector　211
原産地　origin　284
原産地証明書　certificate of origin　53
検視　inspection of corpse　211, post-mortem　303
検事　attorney　31, procurator　317, prosecuting attorney　320, public prosecutor　324
検屍官　coroner　91, medical examiner　256
検事局　city attorney's office　59
検事総長　Attorney General　31, public prosecutor general　324
検事総長による非常上告　extraordinary appeal by prosecutor general　155
現実使用　actual use　9
現実全損　absolute or actual total loss　2
現実損害　actual loss　9
現実に占有しうる権利　possessory interest　303
現実の　real　328
現実の悪意, 現実の害意　malice in fact　252
現実の詐欺　actual fraud　9, positive fraud　302
現実の占有　actual possession　9, possession in deed　303, possession in fact　303
現実の占有者　terre-tenant; tertenant　386
現実の立退き　actual eviction　9
現実の通知　actual notice　9
現実の提供　tender of delivery　385
現実の認識　actual notice　9
現実放棄　actual abandonment　9
原始的不能　initial impossibility　209
検屍陪審　coroner's jury　91

原子爆弾被爆者に対する援護に関する法律　Law Concerning the Relief of Atomic Bomb Survivors　234
研修　training　393
拳銃　hand-gun　191, pistol　299
減収　reduction of revenue　335
現住建造物　inhabited structure　209
現住建造物等浸害　damage to an inhabited structure, etc. by means of flooding　103
現住建造物等放火　arson of an inhabited structure, etc.　26, arson to an inhabited structure, etc.　26
拳銃の撃ち合い　exchange of gunfire　149
拳銃を撃つ　fire a gun　164
厳粛な確言　asseveration　28
憲章　carta　51, charter　56
検証　inspection　211, view　409
現象　phenomenon　298
現状　existing situation　152, present condition　310, status quo　371
原状　former condition　172, the original state　388
現状ありのままの姿で　on an as is basis　279
原状回復　restitution　344, restoration　344, restore　344
献上金　benevolence　38
懸賞金を出す　offer reward money　278
懸賞広告　reward offer　347
検証すべき場所　place to be inspected　299
検証調書　document of inspection　126, inspection record　211
原状に　in integrum　204
検証の結果を記載した書面　document embodying the results of an inspection　125
現状の変更　change in the existing situation　55
現状のまま　as is　27
現状のままでの売買　as is sell　27, sale as is　354
現職の　incumbent　206
現職復帰　reinstatement　337

けんしよ

原所持人　the original holder　388
原子力基本法　Atomic Energy Fundamental Law; Atomic Energy Basic Law　31, Fundamental Law of Nuclear Power　179
原審　court below　96
原審裁判官　judge a quo; judex a quo　222
原審裁判所　court below　96
検数　tally; talley　382
減税　tax cut　383, tax reduction　383
厳正中立　strict neutrality　373
厳正な　fair　158, impartial　200
建設　construction　83
建設契約　construction agreement　83
建設省　Minisitry of Construction　259
建設的　constructive　83
健全結婚推進グループ　promise keepers　319
源泉徴収　tax withholding　383
源泉徴収税　P.A.Y.E.　286, pay-as-you-earn　291, withholding tax　416
建造物浸害　damage to a structure by means of flooding　103
建造物侵入　breaking　45, intrusion into a structure　217
建造物損壊　damage or destruction of a structure　103
建造物損壊致死　destruction of a structure resulting in death　117
建造物損壊致傷　destruction of a structure resulting in bodily injury　117
建造物等以外延焼　spread of fire to an article other than structures, etc.　369
建造物等以外放火　arson to an article other than structures, etc.　26, setting fire to an article other than structures, etc.　362
建造物等延焼　spread of fire to a structure, etc.　369
建造物等失火　fire to a structure, etc. caused by negligence　165
建造物不退去　refusal to leave a structure　336
原則　general　180, principle　313

現存する法人　existing corporation　152
献体する　donate one's body　127
建築確認　building permit　45
建築基準法　building code　45, Building Standard Law　46
建築許可　building permit　45
建築契約　construction contract　83
建築士法　Architects Law　26
建築物用地下水の採取の規制に関する法律　Law Concerning Regulation of Pumping-Up of Ground Water for Use in Building　232
現地調査　field survey　163
現地報告　field report　163
幻聴　auditory hallucination　32
原賃借人　head tenant　192
原賃貸借契約　master lease　255, primary lease　312
原賃貸人　head landlord　192
限定された　tail　382
限定承認　qualified acceptance　326
限定承認相続人　heir beneficiary　193
限定責任能力　limited criminal capacity　246
限定占有の合意　limited occupancy agreement　246
限定的応訴　limited appearance　245
限定的出廷　special appearance　368
限定的所有権　qualified property　326
限定的な権限　restricted authority　344, special authority　368
限定列挙された権限　enumerated powers　141
ケント　James Kent　220
検討する　consider　81
現に罪を行う　commit a crime presently　68
兼任　concurrency　75
検認・離婚・海事部　Probate, Divorce and Admiralty Division　316
検認開封　probate and opening　316
検認裁判所　probate court　316
兼任取締役　interlocking director　214, interlocking directorate　214
兼任の　concurrent　75

権能　powers　305
権能内　intra vires　217
現場検証　inspection of evidence at the scene　211
現場倉庫制　field warehousing　163
現場倉庫による倉庫証券　field warehouse receipt　163
現場で　on the spot　279
現場渡し　loco　248
現場渡し条件　loco　248
原判決　the judgment below　388, the original judgment　388
原判決破棄　reversal of the original judgment　346
原判決を維持する　affirm　14
現物給与制　truck system　395
現物出資　contribution in kind　88, contribution in the form of property other than money　88, investment in kind　218, issuance of capital stock for non-cash assets　220
現物出資者　investor in kind　219
現物出資評価報告書　contribution-in-kind reports　88
現物で　in kind　204
現物渡し　spot　369
現物渡価格　spot price　369
原文のまま　sic　364
建蔽率　building coverage ratio　45
原簿　ledger　240
憲法　constitution　82, constitutional law　83, The Constitution of Japan　387
減俸　pay cut　291
憲法違反　violation of the Constitution　409
憲法改正　revision of the Constitution　346
憲法修正　constitutional amendment　82
健忘症　amnesia　20, forgetfulness　172
憲法上の権利　constitutional right　83
憲法上の裁判所　constitutional court　83
憲法に適合した法　constitutional law　83
憲法の解釈　interpretation of the Constitution　216

憲法の番人　guardian of constitution　189
憲法擁護論者　defender of the constitution　109
献本　honorary copy　196
原本　script　356, the original　388, the original document　388
原本照合　collation　66
原本提出の原則　original document rule　284
減免　reduction and exemption　334
券面額　par　286
券面額変造小切手　raised check　328
券面上　four corners　173
警面調書　police record of interrogation of the accused　301
検問所　checkpoint　58
検問する　check people　58
原野　waste　414
原油汚染法　Oil Pollution Act　278
権利　accrue　5, rectum　334, right　347
原理　principle　313
権利(資格)を与える　entitle　140
権利・地位の喪失　forfeiture　171
権利意識　right consciousness　347
権利落ち　ex rights　147
権利回復手段　remedy　338
権利株　preemptive right for shares　306
権利が元の権利者から現在の権利者まで連続していること　chain of title　54
権利関係に不利益に　with prejudice　416
権利義務　rights and obligations　350
権利金　foregift　170, key money　227
権利行使の懈怠・遅滞　laches　229
権利行使の抑制　forbearance　168
権利質　pledge of rights　300
権利執行手段　recourse　333
権利者の占有取得　reduction into possession　334
権利者変更条項　defeasance clause　108
権利主体の存在形式　entity　140
権利証　charta　56
権利証書　muniment of title　264

けんりし

権利章典　Bill of Rights　40, the Bill of Rights　387
権利消滅条件　defeasance　108
権利侵害　breach　44, infringement　209, injury　209, wrong　418
権利侵害責任　warranty against infringement　413
権利侵害なき損害　damnun absque injuria　104
権利請願　Petition of Rights　297
権利担保条項　covenant of seisin　397
権利中心の法文化　rights-centered legal culture　350
権利付きの　cum rights　101, rights-on　350
権利等を放棄する　waive　412
権利などの取得　acquisition　6
権利などの侵害　invasion　218, trespass　394
権利の移転　transfer　393
権利の享受　enjoyment　139
権利の許諾　grant　186
権利の行使　exercise of rights　152
権利の主張者　claimant　61
権利の譲渡　transfer of rights　393
権利の消滅　lapse　229
権利の設定　creation of rights　97
権利の調整　marshaling　254
権利の得喪　acquisition or loss of rights　6
権利の発生は確定している　vested in interest　408
権利の誹謗　slander of title　366
権利の不行使　refusal　335
権利の放棄　renunciation of rights　339, waiver of rights　412
権利の保護　protection of rights　321
権利の無効の判決　judgment holding such right to be void　223
権利の濫用　abuse of rights　3
権利の留保　reservation of rights　342
権利非放棄　non-waiver　272
権利不争条項　non-contestability clause　271
権利変動原因たる事実　dispositive fact　123
権利放棄　disclaimer　121, waiver　412
権利放棄条項　no waiver　269
権利放棄証書　deed of release　107
権利保釈　mandatory bail　253
検量　tally; talley　382
権力　power　303
権力階層　hierarchy　194
権力者　man of influence　252, man of power　252
権力の遺棄　abdication　1
権力の放棄　abdication　1
権力分立　division of powers　125, separation of powers　360
権力を握る　seize power　359
権力を振るう　exercise one's authority　152, exercise one's power　152
権利留保しないで　without reserve　416
権利を与える　intitle　217, vest　408
権利を争わないことを約束する条項　incontestability clause　206
権利を受ける資格　entitlement　140
権利を行使する　exercise　152
権利を侵害する　infringe on a person's right　209
権利を損なうことなく　without prejudice　416
権利を剥奪する　toll　391
牽連犯　connected crimes　80
元老院　Senate　360
言論　speech　369
言論の自由　freedom of speech　176
言論抑圧法　gag law　180

こ

コア・コンピタンス　core competence　91
小商人　petty trader　298
故意　intent　213, intention　213, mens rea　257
故意故殺　voluntary manslaughter　411
故意でない　involuntary　219
故意に　intentionally　213, knowingly　228, purposely　325, scienter　356,

こういん

willfully　415, willfully and knowingly　415
故意の　intentional　213, willful　415
故意の安全無視行為　willful and wanton act　415
故意の注意義務違反　willful negligence　415
項　paragraph　287
高圧ガス保安法　High Pressure Gas Safety Law　194
公安　public security　324
公安委員会　watch committee　414
公安課長　director of the public security division　119
行為　act　6, act and deed　6, behavior　38, deed　107, factum　157, fait　158, feasance　160, perpetration　295
好意　grace　185
後位　posteriority　303
合意　accord　4, accord and satisfaction　4, agreement　16, astipulation　31, meeting of minds　257, mutual consent　264, pact　286
合意解除　mutual rescission　264
合意管轄　jurisdiction by agreement　225
広域係属訴訟　multidistrict litigation　263
広域統一審理手続　multidistrict litigation　263
高位裁判所　Supreme Court　378
合意された　understood and agreed　397
合意された目標　agreed-upon objectives　16
合意事ံ　agreed case　15
合意事実記載書　agreed case　15, case agreed on　51, case stated　51
行為自体で成立する過失　negligence per se　267
行為者　actor　9, perpetrator　295
行為者をして注意せしめよ　caveat actor　52
後遺症　aftereffect　14, after-effect　14, sequela　360
合意条件　terms of the agreement　385

合意済み交渉議題　built-in agenda　46
合意済みの　agreed-upon　15, agree-upon　16
合意済みの口頭による事実陳述　agreed statement of facts　15
合意済み補償範囲　agreed-amount clause　15
合意する　assume and agree　30, covenant and agree　97
合意するための合意　agreement to agree　16
行為地裁判所　forum actus　172, forum rei gestae　173
行為地法　lex loci　243, lex loci actus　243
好意同乗者法　automobile guest statute　33, guest statute　189
合意に達する　come to an agreement　66
行為に基づき　ex facto　147
好意に基づく約束,行為　accommodation　4
行為による禁反言　estoppel by conduct　145, homologation　196
合意による書面　document made by agreement　126
行為能力　capacity　49, legal capacity　240
行為能力者　competent party　72, sui juris　376
行為能力を制限する，剝奪する　disalt　120
行為の過程全体　action　8
合意の統合　integration　212
行為のみでは罪となることなし　Actus non facit reum nisi mens rea　9
行為無能力　impediment　200
合意離婚　divorce by consent　125
公印　official seal　278
工員　operative　280
勾引　production　317
公印偽造　counterfeit of an official seal　94
勾引状　bench warrant　38, warrant of production　413
公印不正使用　wrongful use of an official seal　418
勾引令状　capias　50

こううん

公運送人　common carrier　69, public carrier　322
公益　public interest　323, public policy　323
公益活動　philanthropy　298
公益残余権信託　charitable remainder trust　56
公益事業　public service　324, public utility　324, public utility works　324
公益事業委員会　public service commission　324
公益事業法人　public service corporation　324
公益事業持株会社法　Public Utility Holding Company Act　324
公益上の必要　necessity of public interest　267
公益信託　charitable trust　56, public charity　322
公益贈与　charity; charities　56
公益団体　charitable organization　56
公益の代表者　representatives of public interest　341
公益法人　benevolent corporation　38, charitable corporation; ～company　56, corporation in public interest　92, eleemosynary corporation　136, non-profit corporation　272, public benefit corporation　322, public interest juristic person　323
公益ユース　charitable use　56
後援　backing　34, sponsorship　369, support　377
後援の下に　under the aegis of　397, with the support of　416
公課　duty　131, imposition　202
効果　effect　134
公開　disclosure　121, publication　324, publicity　324
公海　high seas　194, the high seas　388, the open sea　388
更改　novation　274
後悔　regret　337, remorse　338
公害　environmental pollution　141, public nuisance　323

公開会社　open corporation　279, public company　323, publicly-held corporation　324
公開買付対象会社　target company　382
公開買付報告書　tender offer statement　385
公開株式会社　Societa per Azioni　367, Societe Anonyme　367
公開企業会計監督委員会　Public Company Accounting Oversight Board (PCAOB)　323
公害健康被害の補償等に関する法律　Law Concerning Pollution-Related Health Damage Compensation and Other Measures　231
公開裁判　public trial　324
公開市場　market overt　254
公海上における死亡損害賠償法　Death on High Seas Act　105
航海する　make a voyage　251, sail　353
後悔する　regret　337, repent　340
航海日誌　logbooks of vessels　249
更改による契約　substitute contract　375
公開の　open　279, overt　285
航海の事故　accident of navigation　4
公害の防止に関する事業にかかわる国の財政上の特別措置に関する法律　Law Concerning Special Government Financial Measures for Pollution Control Projects　232
公開の法廷　open court　279
航海法　Navigation Act　267
公害防止事業費事業者負担法　Law Concerning Entrepreneur's Bearing of the Cost of Public Pollution Conrol Works (Pollution Control Public Works Cost Allocation Law)　231
航海保険証券　voyage policy　411
公開有限(責任)会社　plc　299, public limited company　323
航海傭船　voyage charter; voyage charter-party　411
高額所得者　large income earner　230
効果性　effectiveness　135
高価品　valuables　408

こうくう

効果理論　effect theory　135
交換　change　54, exchange　149, replacement　340
交換条件　bargaining points　36
交感神経　sympathetic nerve　380
交換する　commute to　71
強姦する　rape　328, ravish　328
高関税　high tariff　194, tariff peak　382
交換貸借　loan for exchange　247
強姦致死　rape resulting in death　328
強姦致傷　rape resulting in bodily injury　328
強姦犯人　rapist　328
強姦被害者保護法　Rape Shield Law　328
交換的取引理論　bargain theory　36
綱紀　official discipline　278
後記　post　303
公記号偽造　counterfeit of an official mark　94
公記号不正使用　wrongful use of an official mark　418
合議制　collegiate court system　66
合議体　collegiate court　66
合議体で審判すべき事件　case to be conducted by a collegiate court　51
合議体の法廷　full court　178
広義の共犯　accomplice　4
綱紀の乱れ　deterioration of official discipline　117
合議法廷　divisional court　125
高級住宅化　gentrification　182
恒久的施設　permanent establishment　294
鉱業権　mineral right　258
興行権　playright　299
公共財産　service property　361
工業再配置促進法　Industrial Relocation Promotion Law　208
公共事業　public works　324, utility　403
公共事業の料金　tariff　382
興行者　promoter　319
工業所有権　industrial property　208, industrial property right　208

工業所有権に関する手続等の特例に関する法律　Law Concerning the Special Provisions to the Procedure, etc. relating to Industrial Property Rights　234
公共信託　public trust　324
公共政策　public policy　323
公共団体　public entity　323, public organization　323
工業団地　industrial park　208
公共的犯罪　public welfare offence　324
公共の危険を生じる　endanger the public safety　138
公共の福祉　public welfare　324
公共の福祉に反しない限り　to the extent that it does not interfere with the public welfare　391
工業標準化法　Industrial Standardization Law　208
鉱業法　Mining Law　259
工業用水道事業法　Industrial Water Supply Business Law　208
工業用水法　Industrial Water Law　208
公共用飛行場周辺における航空機騒音による障害の防止等に関する法律　Law concerning the Prevention of Damage Caused by Aircraft Noise in Areas Around Public Airports　233
公共料金　utility　403
抗拒不能　inability to resist　204
公記録　public record　324
綱紀を正す　tighten discipline　390
好機を利用する　take advantage of　382, take an opportunity　382
拘禁　commitment　68, confinement　79, detention　117, imprisonment　203, incarceration　205
公金　public money　323
公金横領　defalcation　107
拘禁場　place of detention　299
拘禁による強迫　duress of imprisonment　131
航空運送状　air consignment note　16, airbill　16
航空運送証券　airbill　16
航空貨物運送状　air waybill　16

こうくう

航空機工業振興法　Aircraft Industry Promotion Law　16
航空機製造事業法　Aircraft Manufacturing Industry Law　16
航空機の強取等の処罰に関する法律　Law for Punishing the Seizure of Aircraft and Other Related Crimes　235
航空機の操縦士　pilot　298
口径　caliber　49
後掲　post　303
合計額　sum total　376
後継者　successor　376
攻撃　attack　31
攻撃者　assailant　27
攻撃的な　aggressive　15
高潔さ　integrity　213
後見　guardianship　189
合憲　constitutionality　83
後見開始　commencement of guardianship　67
後見監督人　supervisor of the guardian　377
黄犬契約　yellow dog contract　418
後見権　wardship　413
後見制度　conservatorship　80
公権停止　suspension of civil rights　379
合憲的　constitutional　82
後見人　conservator　80, guardian　189
後見人が任務に適しない事由　grounds for which a guardian is unfit to perform one's duties　188
後見の機関　organ of guardianship　283
後見の終了　termination of guardianship　385
公権剥奪　deprivation of civil rights　115
公権力による抑止　restraint of princes and rulers; restraint of princes, rulers of peoples　344
公権力の処分　disposition by public authorities　123
皇后　the Empress　388
航行危険負担証書　bill of adventure　39
鉱工業技術研究組合法　Research Association for Mining and Manufacturing Technology Law　342
航行許容水深　draught　129
後行条件　condition subsequent　77
広告　advertisement　13
抗告　interlocutory appeal　214
公告　publication　324
広告掲示板　hoarding　194
抗告裁判所　court of Kokoku-appeal　96
広告送達　posting　303
抗告に代わる異議申立て　statement of objection in lieu of Kokoku-appeal　371
広告による通知　notice by publication　273
抗告の手続　Kokoku-appeal procedure　228, Kokoku-appeal proceedings　228
交互計算　account current　4
交互計算勘定　book account　44
交互実施許諾　cross licensing　100
交互尋問　cross examination　100
交互保険　reciprocal insurance　332
交互保険団体　interinsurance exchange　214
口座　account　4
公債　public debt　323
公債証書　certificate of public debt　53
交際する　associate with　30
工作物　works　417
交差上訴　cross appeal　100
交差請求　cross-claim　101
交差訴状　cross-bill　101, cross-complaint　101
絞殺　strangulation　373
交差手形　cross-bill　101
口座番号　account number　4
鉱山保安法　Mine Safety Law　258
考試　examination　147
絞死　ligature strangulation　245
皇嗣　the Imperial Heir　388
行使　use　402, exercise　152, utterance　404
公示　proclamation　317, public announcement　322, public notice　323
工事請負人　contractor　88
合資会社　Goshi-Kaisha　185, limited partnership　246, special partnership

こうせい

368
工事幹事　shop steward　364
公式の　official　278
公式判例集　official reports　278
合資組合　limited partnership　246
公示行為による禁反言　estoppel in pais　145
公示催告　public summons　324
公示催告期日　time fixed for proceedings under the public summons　390
公示送達　service by public notification　361, service by publication　361
口実　excuse　151, pretense　311, pretext　311
皇室財産　property of the Imperial Household　320
皇室典範　Imperial House Law　200
皇室の費用　expenses of the Imperial Household　153
公示による意思表示　declaration of intention by means of public notice　106
工事の先取特権　mechanic's lien　256
行使の目的　for the purpose of using　168
公社　public corporation　323
後者　the latter　388
絞首　hanging　191
公衆衛生　public health　323, public hygiene　323
絞首刑　hanging　191
口授する　declare orally　106
後述　post　303
後順位　subordination　374
後順位債権者　junior creditor　225
後順位執行　junior execution　225
後順位先取特権　junior lien　225
後順位抵当権　junior mortgage　225
後順位抵当権者　junior hypothecary obligee　225
後順位抵当権等消滅　foreclose down　169
控除　deduction　107, rebate　330, recoupment　333, withholding　416
公序　public policy　323
交渉　bargaining　36, negotiation　268
咬傷　bite　41

公証　notarize　273
交渉代表　bargaining agent　36
交渉代表労働組合の認証　union certification　399
交渉代理協定　agency shop　15
工場抵当法　Factory Mortgage Act; Law for the Hypothecation of Factory Property　157
交渉できる　negotiable　268
公証人　graffer　185, notary　273, notary public　273
公証人法　Notary Law　273
交渉の経過　course of dealing　95
工場立地法　Factory Location Law　157
工場渡し　ex factory　147
控除価額方式　deductive value　107
公職　public office　323
好色家　lecher　240
公職守秘法　Official Secret Act　278
公職選挙法　Public Offices Election Law　323
好色な　amorous　20
公職の候補者　candidate for an elective public office　49
控除する　recoup　333
公序良俗　public policy　323
更新　revival　347
更新する　renew　339
更新選択権　option to renew　282
洪水地域　flood area　167
洪水問題　floodgate argument　167
公水路　highway　194
公正　fairness　158
更生　reintegration into the society　337
厚生　welfare　414
構成員　member　257
公正競争　fair competition　158
更生緊急保護法　Law for Immediate Aid to Offenders, etc.　234
更生計画　reorganization plan　339
更生決定　ruling of rectification　353
厚生省　Ministry of Health and Welfare　259
公正使用　fair dealing　158, fair use　158

こうせい

公正証書　notarial deed　273, notarial document　273, notary deed　273, officially authenticated instrument　278, officially notarized document　278
公正証書化する　notarize a document　273
公正証書原本不実記載　untrue entry in the original of an officially authenticated instrument　402
厚生省設置法　Ministry of Health ans Welfare Establishment Law　259
公正使用の理論　fair use doctrine　158
公正信用支払請求法　Fair Credit Billing Act　158
公正信用報告法　Fair Credit Reporting Act　158
更生手続　reorganization procedure　339
強請と腐敗組織に関する法律　Racketeer Influenced and Corrupt Organizations Act　328
公正取引委員会　Fair Trade Commission　158
公正取引庁長官　Director General of Fair Trading　119
公正な　fair　158, impartial　200, reasonable　329
公正な裁判　fair trial　158
公正な市場価格　fair cash value　158, fair market value　158, fair value　158
厚生年金　Employee Pension Scheme　137
厚生年金保険　Welfare Pension Insurance　414
構成物　composition　73
合成物　composite thing　73
更生保護　rehabilitation service　337
構成要件　constituent elements of a crime　82, crime-constituting condition　199
公正労働基準法　Fair Labor Standards Act　158
公正労働行為　fair labor practice　158
航跡　track　392

公設弁護人　public defender　323
公選　public election　323
公選する　elect by popular vote　135, elect publicly　135
公然の占有　notorious possession　274, open and notorious possession　279
公然不敬　performance of an indecent act in public　294
公然猥褻　indecent behavior in public　206
公訴　criminal action　99, public action　322, public prosecution　324
控訴　Koso-appeal　228
控訴院裁判官　Lord Justice of Appeal　250
構造　constitution　82
構造協議　structural impediments initiative (SII)　373
控訴棄却　dismissal of Koso-appeal　122
公訴棄却　dismissal of prosecution　122, dismissal of public action　122
公訴棄却の決定　decision of dismissal of prosecution　106
公訴棄却の判決　judgment of dismissal of prosecution　223
公訴局長官　director of public prosecutions　119
拘束　restraint　344
拘束されないで　at large　31
拘束する　bind and obligate　40, bind out　41, hold　194
拘束的説示　binding instruction　41
高速道路　expressway　154, freeway　177
高速で　at high speed　31
港則法　Port Regulation Law　302
拘束力　binding force　41
拘束力ある合意　binding agreement　41
拘束力のない　invalid　218, non-binding　270
拘束力を持つ先例，拘束力を有する判例　binding authority　41, precedent　305
控訴権　right of Koso-appeal　348, right to file Koso-appeal　350

和英索引

こうてい

控訴権の消滅　loss of the right of Koso-appeal　250
公訴権濫用　abuse of power of prosecution　3, abuse of prosecutorial power　3
控訴裁判所　appellate court　24, court of appeal　96, court of appeals　96, court of Koso-appeal　96
公訴時効　limitation　245, limitation of criminal prosecution　245, prescription　309
公訴時効期間　period of prescription　294
公訴事実　facts charged　157, facts constituting the offense charged　157
公訴事実の同一性　identity of the facts charged　198
控訴趣意書　statement of reasons for Koso-appeal　371
控訴状　petition of Koso-appeal　297, written Koso-appeal　418
控訴審　trial on Koso-appeal　395
公訴提起　institution of public prosecution　211
控訴提起期間　period for filing Koso-appeal　294
公訴提起の擬制　fiction of institution of public prosecution　162
公訴提起の失効　loss of effect of institution of public prosecution　250
控訴提起の方式　method of filing Koso-appeal　258
公訴の維持　sustainment of public prosecution　380
公訴の効力　effect of institution of public prosecution　134
公訴の受理　receipt of public prosecution　331
公訴の遂行　fulfillment of public prosecution　178
公訴の取消し　withdrawal of public prosecution　416
控訴申立書　written application for Koso-appeal　418
控訴申立ての理由　reason for Koso-appeal　329

控訴を棄却して事件を差し戻す　reverse and remand the lower court's decision　346
控訴を退ける　dismiss an appeal　122, reject an appeal　337, turn down an appeal　395
公訴を提起しない処分　disposition not to prosecute　123
皇太后　the Empress Dowager　388
公団　public corporation　323
強談威迫　intimidation by words or gestures　217
拘置　confinement　79, detention　117
公知　official notice　278, public domain　323, public knowledge　323
拘置所　detention house　117, jail　220
公聴会　hearing　192, public hearing　323
交通違反　traffic violation　393
交通違反に罰金を科す　fine for a traffic violation　164
交通違反をする　break the traffic regulations　44, violate the traffic regulations　409
交通機関　public transportation　324
交通規制　traffic regulations　393, traffic rules　393
交通切符　traffic ticket　393
交通裁判所　traffic court　393
交通事件原票　police record of traffic violations　301
交通事件即決裁判手続法　Law for Summary Proceedings in Traffic Cases　235
交通事件における逮捕　criminal procedure in traffic cases　99
交通事故　traffic accident　393
交通事故などの個人傷害　personal injury　297
交通渋滞　jam of traffic　220, traffic congestion　393
交通に関する法律　traffic laws　393
交通反則金　pecuniary penalty against traffic infractions　292
交通法規違反　traffic offense　393
肯定　affirmation　14

こうてい

肯定的な	affirmative	14
公的記録	official record	278
公的契約	public contract	323
公的サービス	public service	324
公的施設	public accommodation	322
公的不法妨害	public nuisance	323
公電磁的記録毀棄	destruction of a public electromagnetic record	117
公電磁的記録不正作出	illegal production of a public electromagnetic record	199
後天的	acquired 6, learned	239
高度	altitude 19, height	193
高騰	steep rise 371, sudden rise	376
行動	abearance 1, action 8, conduct 78, movement	263
公道	highway	194
強盗	heist 193, robbery	351
口頭契約	oral agreements 282, oral contract 282, parol contract 287, verbal contract	408
合同契約	joint contract	222
高等検察庁	high public prosecutors office	194
強盗強姦	rape on the occasion of robbery	328
強盗強姦致死	rape on the occasion of robbery resulting in death	328
高等裁判所	High Court	194
合同債務	joint obligation	222
合同債務者	joint debtors	222
強盗殺人	murder on the occasion of robbery	264
行動準則	code of conduct	64
強盗傷害	bodily injury on the occasion of robbery	43
口頭証拠	oral evidence	282
行動制御能力	ability to conform one's conduct to the requirement of law 1, ability to control one's behavior	1
強盗致死	robbery resulting in death	351
強盗致傷	robbery resulting in bodily injury	351
口頭で	orally 282, via voice	409

行動特性	behavioral characteristic	38
口頭による名誉毀損	slander	366
口頭による申込み	oral offer	282
口頭の	verbal	408
合同	joint	221
行動半径	radius of action	328
口頭弁論	oral argument 282, oral proceedings	282
高等法院	High Court 194, High Court of Justice	194
行動方針	course of action	95
強盗予備	preparation for robbery	309
行動を伴う表現	speech plus	369
高度障害条項	disability clause	120
高度障害保険	disability insurance	120
高度の注意	great care	186
港内危険保険	port risk insurance	302
後難	future trouble	179
購入	purchase	325
購入価格	purchase price	325
購入選択権	option to purchse	282
購入引受契約	subscription contract	375
公認	official approval 278, official recognition	278
公認一般不動産鑑定士	certified general appraiser	53
公認会計士	C.P.A. 48, certified public accountant 54, chartered account 57, chartered accountant 57, chartered public accountant	57
公認会計士の意見書	comfort letter 66, letter of comfort	242
公認会計士法	Certified Public Accountant Law	54
公認居住用不動産鑑定士	certified residential appraiser	54
後任となる	succeed	376
公認内部監査人	CIA	58
公認の	accredited	4
公売	public disposition 323, public sale(s)	324
公売処分	disposition for public auction	123
購買力平価	purchasing power parity	

こうほう

(PPP) 325
後発事象　subsequent event　375
後発的履行不能　frustration　178
公判　trial　395
公判期日　court day　96, date for hearing　104, fixed day for public trial　166
公判期日外に　on the day other than the fixed day for public trial　279
公判期日の変更　change of the trial date　55
公判準備　preparation for trial　309
公判審理　hearing　192
公判審理弁護士　trial bar　395
公判請求　demand for a trial　112
公判前会議　pretrial conference　311
公判前準備手続　pre-trial　311
公判調書　court record　96, protocol for a public trial　321, protocols　321
公判調書の記載　contents of protocol trial　85
公判調書の証明力　weight of evidence of protocol of trial　414
公判廷　court-room　96, trial court　395
公判手続　procedure in a public trial　316, trial procedure　395, trial proceedings　395
公判手続の更新　renewal of proceedings of trial　339
公判手続を停止する　stay of the proceedings of trial　371
公判での取調べ　examination in court　148
合否　acceptance or rejection　3, success or failure　376
公費　at public expenses　31
公表　publication　324
交付　delivery　111
公布　proclamation　317, promulgation　319
交付金　grant　186, subsidy　375
交付する　deliver　111, issue　220, serve　361
交付送達　personal service　297
公文書　archives　26, official document

278, public record　324
公文書偽造　forgery of an official document　171
公文書保管所　archives　26
衡平　aequitas　14
公平　equity　142, impartiality　200, justice　225
公平かつ均一な課税　equal and uniform taxation　141
公平かつ誠実に　impartially and faithfully　200
衡平かつ善に従って　ex aequo et bono　147
公平原則　fairness doctrine　158
公平な裁判所　impartial tribunal　200
衡平の　equitable　142
衡平法　equity　142, equity law　143
衡平法(エクイティ)上の受戻権の妨害　clog on equity of redemption　63
衡平法裁判所　chancery　54, chancery court　54, Court of Chancery　96
衡平法上の一般担保権　general equitable charge　181
衡平法上の救済　equitable relief　142
衡平法上の禁反言　equitable estoppel　142
衡平法上の権原　equitable title　142
衡平法上の権利　equitable right　142
衡平法上の執行　equitable execution　142
衡平法上の譲渡　equitable assignment　142
衡平法上の譲渡抵当　equitable mortgage　142
衡平法上の訴訟　equitable action　142
公平無私な　fair and disinterested　158
抗弁　answer　22, defences　109, plea　299
抗弁権　beneficial excuse　38
合弁事業　joint enterprise　222
合弁事業契約　joint venture agreement　222
抗弁する　rebut　330
候補　candidate　49
航法　navigation　267
公報　official gazette　278, official reports　278, public advertisement　322

こうほう

公法　public law　323
広報　publicity　324
後法　subsequent legislation　375
攻防　offense and defense　277
合法化　legalization　241
合法化する　legalize　241
広報活動　publicity activities　324
公法人　public corporation　323
合法性　lawfulness　238, legality　241
合法的期待　legitimate expectations　242
合法的な　legal　240, rightful　350
合法的な逮捕　fair cop　158
合法な独占　legal monopoly　240
公募会社　public company　323
候補者一覧表　ballot　35
硬膜外血腫　extradual hematoma　155
硬膜下血腫　subdural hematoma　374
巧妙な　skilled　365, skillful　365
公民権　citizenship　59, civil rights　60
公民権運動　civil rights movement　60
公民権法　Civil-Rights Act　60
公民権法第7編　TitleⅦof the Civil Rights Act of 1964　391
公務　civil service　60, duty of law officers　131
公務員　civil servant　60, official　278, public officer　323, public official　323
公務員職権乱用　abuse of authority by a public officer　2
公務執行妨害　obstruction of a performance of official duties　276
公務所　public office　323
公務上の　official　278
公務上の秘密　official secrets　278
公務所の用に供する　in use by a public office　204
公務の執行　performance of official duties　294
こうむる　incur　206
合名会社　commercial partnership　67, Gomei-Kaisha　184
項目　item　220
拷問　third degree　389, torture　392
拷問禁止条約　Convention against Torture and Other Cruel; Inhuman or Degrading Treatment of Punishment　89
拷問台　rack　328
公約　public commitment　322, public pledge　323
公有　public domain　323
合有　joint tenancy　222, unity　401
公有水面埋立法　Public Waters Reclamation Law　324
公有地　public domain　323, public land　323
合有不動産権　estate in joint tenancy　145
公用収用　taking　382
公用地供与　dedication　107
公用徴収　condemnation　76
公用文書　public document　323
公用文書毀棄　destruction of a public document　116
高利　feneration　162, usury　403
公吏　local government official　248
小売　retail　345
合理化　rationalization　328
高利貸し　moneylender　262, usury　403
合理化する　streamline　373
功利主義　utilitarianism　403
小売商　retailer　345
小売商業調整特別措置法　Law on Special Measures for the Adjustment of Retail Businesses　237
小売商人　retail trader　345
功利性　utility　403
合理性　rationality　328, reason　329
効率化する　streamline　373
効率性　efficiency　135
合理的疑いの余地なき立証　proof beyond a reasonable doubt　319
合理的かつ相当な理由　reasonable and probable cause　329
合理的な　rational　328, reasonable　329
合理的な疑い　reasonable doubt　329, reasonable suspicion　330
合理的な疑いを超える　beyond reasonable doubt　39

こきある

合理的な解決　rational solution　328
合理的な信頼　reasonable reliance　330
合理的な方法　reasonable manner　330
合理的人間　reasonal person　330
合理の原則　rule of reason　353
勾留　detention　117, temporary restraint of personal freedom　384
拘留　detention　117, penal detention　292
拘留延期申請　motion for the extention of defention　263, motion to extend detention　263, request to extend detention　341
勾留期間の延長　extension of period of detention　154
勾留期間の再延長　further extension of period of detention　179
勾留執行停止　suspension of execution of detention　379
勾留執行停止の失効　expiration of suspension of execution of detention　153, invalidation of suspension of execution of detention　218
拘留場　penal detention house　292
勾留状　warrant of detention　413
勾留状の失効　expiration of a warrant of detention　153, invalidation of a warrant of detention　218
拘留する　put〜into detention　325
勾留の期間の更新　renewal of term of detention　339
勾留の請求　request for detention　341
勾留の理由　grounds for detention　187, reasons for detention　330
勾留理由開示　disclosure of the reasons for detention　121
勾留理由開示請求　request for disclosure of the reasons for detention　341
勾留理由開示の手続　proceedings of disclosure of the reasons for detention　317
勾留を取り消す　rescind the detention　342
綱領　general principles　181
効力　force and effect　169

効力発生文言　operative words　280
効力を失う　become invalid　38, lose effect　250
効力を生ずる　be effective　37, become effective　38, ensure　139, inure　218, take effect　382
効力を否定する　strike down　373
効力を認める　affirm　14
高齢　advanced age　13
恒例　established custom　144, usual practice　403
高齢者等の雇用の安定等に関する法律　Law for Stabilization of Employment for Older Persons　235
公路　public road　324
航路　route　352
航路標識　beacon　37, channel mark　55
口論　argument　26, dispute　123
講和　pacification　286, peace　292
講和会議　peace conference　292
講和条件　conditions of peace　78
港湾　ports and bays　302
港湾施設　harbor facilities　191
強腕条項　strong-arm provision　373
港湾法　Port and Harbor Law　302
護衛　bodyguard　43, escort　144
超える　exceed　148, over and above　284
コープランド法　Copeland Act　90
コール・ローン　call loan　49
子会社　affiliated company　14, subsidiary　375, subsidiary company　375
誤解を招く　mislead　260
誤解を招く可能性のある　misleading　260
コカイン　cocaine　64
コカイン中毒　cocaine addiction　64, cocainism　64
小型化する　downsize　128
小型自動車競走法　Auto Races Law　33
呼気　breathing　45, expiration　153
誤記　clerical error　63, misdescription　260, misprision　260
語気　tone of voice　391
呼気アルコール濃度　alcoholic density in breath　17

こきけん

呼気検査器　breath-analyzer　45
小切手　check　57
小切手勘定　checking account　58
小切手訴訟　litigation with respect to cheques　247
小切手の過振り　kiting　227
小切手の支払人　drawee　129
小切手の振出人　drawer　129
小切手法　Cheques Law　58
小切手を振り出す　draw　129
顧客　client　63, guest　189
顧客関係管理　customer relations management (CRM)　102
呼吸停止　respiratory arrest　343
極悪の　extremely wicked atrocious　156
国益　national interest　265
国王　crown　101
国王の公印　Great Seal　187
国王は生きた法である　rex est lex vivens　347
国王評議会　King's Council　227
国外移送目的誘拐　kidnapping or abduction for the purpose of transporting a kidnapped or abducted person to foreign countries　227
国外移送誘拐　abduction for the purpose of transporting a abducted person to foreign countries　1
国外移送略取　kidnapping for the purpose of transporting a kidnapped person to foreign countries　227
国外追放　exile　152, expatriate　152
国外犯　crime committed outside Japan　98, offenses committed outside of the territorial jurisdiction　277
国債　government debts　185
国際運転免許証　international driving license　215
国際海上物品運送条約　Hamburg Rules　191
国際化する　go international　183
国際課長　director of the international affairs division　119
国際慣習法　International Customary Law　215

国際協定　International Arangement; International Treaty　214
国際協力事業団法　Japan International Cooperation Agency Law　220
国際私法　conflict of laws　79, international private law　215, private international law　315
国際司法共助　international judicial assistance　215
国際司法裁判所　International Court of Justice　215
国際収支　balance of payments　35
国際商業委員会　I.C.C.　198
国際商業会議所　International Chamber of Commerce　214
国際商事仲裁協会　Japan Commercial Arbitration Association　220
国際商取引法委員会　The United Nations Commisson on International Trade Law　388
国際証明書　international certificate　214
国際人権規約　international covenant on human rights　215
国際捜査共助　international assistance in investigation　214
国際捜査共助法　Law for International Assistance in Investigation　234
国際通貨基金　I.M.F　198
国際通商基金　International Monetary Fund　215
国際通商裁判所　Court of International Trade　96, the Court of International Trade　387
国際電報　cable　48
国際複合型貨物輸送に関する国際連合条約　United Nations Convention on International Multimodal Transport of Goods　400
国際復興開発銀行　International Bank for Reconstruction and Development : IBRD　214
国際物品複合運送条約　United Nations Convention on International Multimodal Transport of Goods　400
国際法(国際公法)　International Law　215

こくない

国際貿易機関　ITO：International Trade Organization　220
国際法規　international public law　215
国際法部　directorate of international law　119
国際問題　international topics　215
国際礼儀　international comity　214
国際連合国際商取引法委員会　United Nations Commission on International Trade Law　400
国際連合貿易開発会議　UNCTAD：United Nations Conference on Trade and Development　397, United Nations Conference on Trade and Development　400
国際労働機関　International Labor Organization　215
国策　national policy　266
国産化率　local content　248
国璽　the Seal of State　388
国璽偽造　counterfeit of the Seal of State　95
国事行為の委任　delegation of the performance of the Emperor's act　110
国璽不正使用　wrongful use of the Seal of State　418
国章　national emblem　265
黒人差別法　Jim Crow Laws　221
国政　national administration　265
国税　national tax　266
国税局　Regional Taxation Bureau　336
国税局長　Commissioner of Regional Taxation Bureau　68
国税査察官　national tax inverigator　266
国税庁　Internal Revenue Servise　214, National Tax Administration Agency　266
国税調査官　national tax examiner　266
国政調査権　authority to investigate in relation to government　32
国税徴収官　national tax revenue officer　266
国税徴収法　National Tax Collection Law　266
国税庁長官　Commissioner of the National Tax Administration Agency　68
国税通則法　General Law of National Tax　181
国政の　civil　59
国税不服裁判所　National Tax Tribunal　266
国税不服裁判所長　President of the National Tax Tribunal　310
国籍　nationality　266
国籍法　Nationality Law　266, The Nationality Law　388
国籍法施行規則　Nationality Law Enforcement Regulation　266
国籍離脱の自由　freedom to divest oneself of one's nationality　177
国選弁護人　court appointed　96, court assigned　96, official defense counsel　278, public defender　323
告訴期間　period of complaint　294
告訴権　right to make a complaint　350
告訴状　written complaint　418
告訴する　bring a suit against〜　45
告訴人　complainant　73, indictor　207
告訴の代理　representation of complaint　341
告訴の取消し　withdrawal of complaint　416
告訴の不可分　indivisibility of complaint　207
告訴の方式　formalities of complaint　172
告知　information　209, notice　273
小口貸金業法　small loan act　366
告知義務　duty to disclose　131
小口現金　petty cash　298
告知された　notified　274
告知する　acquaint　6, represent　340
小口保険　industrial assurance　208
国土利用計画法　National Land Use Planning Law　265
国内事項に関する権限　domestic jurisdiction　126
国内総生産　gross domestic product (GDP)　187

こくない

国内手形　domestic bill　126
国内取引　inland trade　209
国内の　domestic　126, internal　214
国内犯　offenses committed within the territorial jurisdiction　277
国内法　national law　265
国内問題　domestic subject　127
告白　admission　13, confession　78
告発　accusation　5, charge　55, indictment　207, whistleblower tips　415
告発状　written accusation　418
告発する　denounce　113
告発の方式　formalities of accusation　172
国費　expenditure of the State　153
国法　lex terrae　243
国民金融公庫　People's Finance Corporation　293
国民健康保険法　National Health Insurance Law　265
国民審査　popular review　302
国民性　national character　265
国民生活安定緊急措置法　Emergency Law for Stabilization of National Life　136
国民総生産　gross national product (GNP)　187
国民的合意　national consensus　265
国民投票　referendum　335
国民年金法　National Pension Law　266, Pension Law; National Pension Law　293
国民の　national　265
国民の休日　legal holiday　240
国務省　Department of State　114
国務大臣　Minister of State　259, Secretary of State　357
国務長官　Secretary of State　357
穀物法　Corn Law　91
国有　state ownership　370
国有化　nationalization　266
国有財産　state property　370
国有財産法　State Property Law　370
国有の　state-owned　371

国立国会図書館　National Diet Library　265
国立国会図書館法　National Diet Library Law　265
国立病院等の再編成に伴う特別措置に関する法律　Law on Special Measures Associated with Reorganization of National Hospitals, etc.　236
国連国際物品売買条約　United Nations Conventions of Contracts for the International Sales of Goods　400
国連の人権委員会　the Commission on Human Rights　387
互恵主義　reciprocity　332
互恵的通商協定　reciprocal trade agreement　332
互恵的な　reciprocal　332
互恵取引　reciprocity　332
午後　afternoon　14
個々人　capita　50
個々の行為　act　6
試み　trial　395
試みる　attempt　31
小作料　rent　339
故殺　manslaughter　253
固執する　adhere　10, persist　295
ゴシップ　gossip　185
互助　mutual cooperation　264
故障　breakdown　45
湖沼水質保全特別措置法　Law concerning Special Measures for Conservation of Lake Water Quality　232
故障付船荷証券　foul B／L　173, unclean bill of lading　397
胡椒の実　peppercorn　293
互助会　beneficial association　38
個人　individual　207
誤審　miscarriage　260, miscarriage of justice　260, misjudgment　260
誤診　wrong diagnosis　418
個人営業　sole proprietor ships　367
個人開業弁護士　sole practitioner　367, solo practitioner　367
個人企業　sole proprietorship　367
護身術　act of self-defense　8

個人情報保護法案　Bill to Protect Personal Data; Information Privacy Bill　40
個人信託　personal trust　297
個人的　personal　296
個人的労務提供契約　personal service contract　297
個人の安全　personal security　297
個人の顧問弁護士　personal legal counsel　297
個人の尊厳　dignity of individuals　118
個人の尊重　respect of individuals　343
個人の年収　annual income　21
個人の納税者　individual taxpayer　207
護身用の　for self-defense　168
誤審令状手続による上訴審判決　judgment in error　223
コスト競争力　cost competitiveness　93
戸籍　family registration　160
戸籍抄本　abstract copy of family registration　2
戸籍抄本を取る　get one's family register　182
戸籍謄本　copy of family registration　90, family-register　160
戸籍謄本の翻訳　translation of Koseki-Tohon (Family Register)　394
戸籍登録　family-register　160
戸籍法　Census Registration Law　53
五セント払い戻されるデポジット法　Five-Cent Deposit Law　166
午前零時の最終期限　midnight deadline　258
誤想婚　putative marriage　325
護送する　escort　144
誤想防衛　mistaken self-defense　260
こそ泥　pilferage　298, pilferer　298, sneak thief　366
誇大広告　extravagant advertisement　156
誇大妄想　megalomania　257
誇大妄想狂　megalomaniac　257
誇張宣伝　puffing　324
国家　body politic　43
国家安全保障　national security　266
国会　Diet　118, High Court of Parliament　194, parliament　287
国会委員会　parliamentary committee　287
国会公聴会　Congressional hearing　80
国会討議資料　Command Papers　67
国会任命行政監察官　Parliamentary Commissioner for Administration　287
国会の議決　resolution of the Diet　343
国会の休会　recess of the Diet　332
国会の承認　approval of the Diet　25
国会法　Diet Law　118
国家管轄権　state jurisdiction　370
国家環境政策法　National Environmental Policy Act, NEPA　265
国家経済　national economy　265
国家公務員災害補償法　National Government Employees' Accident Compensation Law　265
国家公務員法　National Public Service Law　266
国家主権免責の放棄　waiver of Sovereign Immunity　412
国家証券取引所　national stock exchange　266
国家の歳入　revenue　346
国家賠償法　State Redress Law　370
国法　national law　265
国家連合　federation　162
国旗　national flag　265
国境　border　44, boundary　44
国境線　border line　44, boundary line　44
小突く　poke　301, push　325
国庫　national treasury　266
国交　diplomatic relations　119
国庫帰属　escheat　143
骨髄　bone marrow　43
骨折　fracture　174
小包　parcel　287
骨盤　pelvis　292
固定価格　fixed price　166
固定価格契約　fixed price contract　166
固定金額　fixed amount　166, lump-sum fixed amount　250
固定資産　capital assets　50, fixed as-

こていし

固定資産 sets 166, property and equipment 319
固定資産税 property tax 320
固定資産税評価額 assessed valuation 27
固定賃料賃貸借契約 fixed lease 166, gross lease 187
固定負債 long-term liabilities 249
固定料率 flat rate 167
コデイン codeine 65
言葉による verbal 408
子の監護権 child custody 58
子の監護者 person who is to take the custody of one's child 296
好ましくない外国人の国外追放 deportation 114
子の養育 maintenance of child 251
故買 illegal purchase 199
誤判 erroneous judgment 143, mistrial 261, wrong judgment 418
誤謬を理由とする不服申立て error 143
箇品運送船 general ship 181
個別意見 separate opinion 360
個別責任 several liability 362
個別的訴訟原因陳述 special count 368
個別に severally 362
個別の several 362
個別の約定 several covenant 362
個別法律 private law 315
個別法律案 private act 314, private bill 314
コマーシャル・ペーパー commercial paper 67
コマンド・ペーパー Command Papers 67
コミットメント・フィー commitment fee 68
コミットメント・ライン契約 commitment line agreement 68
コミットメント・レター commitment letter 68
コミュニケーション communication 70
コミュニティ・トラスト community trust 70
コメント comment 67
コメント・レター comment letter 67

顧問 advisor 14
コモン・キャリア common carrier 69
コモン・ロー common law 69, jus commune 225
コモン・ロー裁判所 common-law court 70, court of law 96
コモン・ロー上の救済手段 legal remedy 241
コモン・ロー上の譲渡抵当 common-law mortgage 70
コモン・ロー上の手続 legal proceeding 241
コモン・ロー上の手続に対する差止命令 common injunction 69
コモン・ロー上の犯罪 common-law crime 70
コモン・ロー上のリーエン common law lien 69, retaining lien 345
コモン・ロー信託 common law trust 69
コモン・ロー訴訟 common law action 69, common pleas, court of 69
コモン・ローとエクイティの融合 merger of law and equity 258
コモン・ロー法律家 common lawyer 69
古文書 ancient document 21
顧問料 professional service 318, retainer 345, retaining fee 345
固有権 inherent power 209
固有権的地方自治 home rule 195
固有債権者優先の法則 jingle rule 221
固有財産 individual property 207
固有の inherent 209
固有の瑕疵 proper vice 319
固有の危険 inherent risk 209
固有の権利 inherent right 209
雇用 contract of service 88, engagement 139, hire 194, service 361
誤用 misuse 261
雇用関係 employment relationship 137, master and servant 255
雇用機会均等 E.E.O. 132
雇用機会均等委員会 E.E.O.C. 132, Equal Employment Opportunity Commission 141
雇用機会均等法 Equal Employment Op-

こんさる

portunity Laws　141
御用組合　company union　71
雇用契約　employment agreement　137, employment contract　137
雇用者責任法　employers' liability acts　137
雇用者責任保険　employers' liability insurance　137
雇用調整法　Worker Adjustment and Retraining Notification　417
雇用適格確認届　employment eligibility verification　137
雇用主　employer　137
雇用の分野における男女の均等な機会及び待遇の確保等女子労働者の福祉増進に関する法律　Law Concerning the Promotion of Equal Opportunity and Treatment between Men and Women in Employment and Other Welfare Measures for Women Workers　233
雇用法　employment law　137
雇用保険　employment insurance　137
雇用領域　zone of employment　419
暦　calendar　48
コラボレーション　collaboration　65
コルサコフ症候群　Korsakoff's psychosis　228
ゴルフ場等に係る会員契約の適正化に関する法律　Law concerning Regulation of Membership Contract concerning Golf Courses, etc.　232
ごろつき　hooligan　196
コロナ陪審　coroner's jury　91
コロンビア特別区　District of Columbia　124, the District of Columbia　387
婚姻　marriage　254
婚姻解消　dissolution of marriage　123
婚姻関係　marital status　254
婚姻許可状　marriage license　254
婚姻挙行地法　lex loci celebrationis　243
婚姻前氏名　maiden name　251
婚姻中の女性　married woman　254
婚姻適齢　marriageable age　254
婚姻登録　registration of marriage　336
婚姻届を出す　register one's marriage　336
婚姻の効力　effect of marriage　134
婚姻の成立　formation of marriage　172
婚姻の届出　notification of marriage　274
婚姻の取消し　annulment of marriage　22
婚姻の無効　nullity of marriage　274
婚姻の要件　requisites for marriage　342
婚姻費用　expenses of married life　153
婚姻法　Marriage Law; Conjugal Laws　254
婚姻無効判決　decree of nullity　107
婚姻を継続し難い重要な事由　grave reason for which it is difficult to continue marriage　186
コンカレント・エンジニアリング　concurrent engineering　75
懇願的信託　precatory trust　305
懇願する　solicit　367
懇願的文言　precatory words　305
根拠　basis　36, causa　51, cause　52
根拠のない訴訟　frivolous litigation　177
コングロマリット　conglomerate　80
コングロマリット合併　conglomerate merger　80
今後　henceforth　193, hereafter　194
混合　mingling　258
混合規制　mixing regulations　261
混合契約　mixed contract　261
混合財産　mixed property　261
混合証券　hybrid security　197
混合信託　mixed trust　261
混合する　commingle　68, intermingle　214
混合訴訟　mixed action　261
混合保険会社　mixed insurance company　261
コンサルティング業務　consulting services　84
コンサルティング業務基準　CS：Statement on Standards for Consulting Services　101
コンサルティング契約　consulting agreement　84

こんさる

コンサルテーション	consultation 84
昏睡	coma 66
昏睡強盗	robbery through causing unconsciousness 351
昏睡状態に陥る	fall into a coma 158
昏睡盗	larceny through causing unconsciousness 230
コンストラクション・ボンド	construction bond 83
痕跡	marks 254, traces 392
混蔵	mingling 258
コンソーシアム	consortium 82
コンソラトー・デル・マーレ	Consolato del Mare 82
コンツェルン	concern 74
コンティンジェンシー・プラン	contingency plan 85
コンテナ船荷証券	container B／L 84
混同	confusion 79, merger 258
コンドミニアム	condominium 78
コンドミニアム管理組合	condominium owner's association 78
コンドラチェフの波	Kondratieff cycle 228
コンピュータ・ソフトウェア	computer software 74
コンピュータ・プログラム	computer program 74
コンピュータ作成著作物	computer-made work 74
コンピュータ不正行為防止法	Computer Fraud and Abuse Act 74
コンピュータマッチング及びプライバシーに関する法	Computer Matching and Privacy Act 74
コンフォート・レター	comfort letter 66, letter of comfort 242
梱包明細書	commercial invoice 67
婚約	engagement 139
混和	mingling 258, mixture 261

さ

サーシオレライ	certiorari 54
サービス	service 361
サービス・マーク	service mark 361
サービス契約	contract for the supply of service 86
サービス契約の合意	service agreement 361
サービス貿易協定	GATS : General Agreement on Trade in Services 180
サーベンス―オクスレイ法	Sarbanes-Oxley Act 355
罪悪感	guilt feelings 189, sense of sin 360
最安価事故回避者	cheapest cost avoider 57
再映画化権	remake right 338
最恵待遇条項	most favored provision 262
最恵待遇賃貸借条項	most favored tenant clause 262
サイエンタ	scienter 356
裁可	sanction 355
災害	calamity 48, casualty 51
災害救助法	Disaster Relief Law 120
災害死亡給付金	accidental death benefit 4
災害死亡保険金	accidental death benefit 4
再開する	renew 339
災害弔慰金の支給等に関する法律	Law Concerning the Provision of Disaster Condolence Grants 233
災害保険	accident insurance 4, casualty insurance 51
再確認	reaffirmation 328
最下限争い	race to the bottom 327
在監者	inmate 209, prisoner 314
再起訴	re-prosecution 341
細菌兵器(生物兵器)及び毒素兵器の開発,生産及び貯蔵の禁止並びに廃棄に関する条約の実施に関する法律	Law concerning the Implementation of the Convention on the Prohibition of the Development, Production and Stockpiling of Bacteriological (Biological) and Toxin Weapons and on their Destruction

232

採掘権　mining concession　259, mining right　259

最恵国　most favored nation　262

最恵国待遇　most favored nation treatment　262

最恵国待遇条項　most favored nation clause　262

罪刑法定主義　principle of nulla poena sine lege　313, principle of the legality of crimes and punishment　314, principle that crime and penalty must be defined by law　314

採血　taking blood sample　382

裁決　umpirage　396

債権　active debt　9, claim　60, credit　97, things in action　389

債券　bond　43, bonds　43

財源　fund　179, source of revenue　367

再建アドバイザー　hired gun　194

債権額　claim amounts　60

再建型　reorganization type　339

債権仮差押えをする　garnish　180

再建業者　turnaround artist　395

債権金額　money claimed　261

債権差押手続　garnishment　180, garnishment action　180

債権差押命令　garnishee order　180

債権者　creditor　98, debtee　106, obligee　276

債権者間の劣後契約　subordination agreement　374

債権者集会　meeting of creditors　257

債権者受益契約　creditor beneficiary contract　98

債権者受益者　creditor beneficiary　98

債権者訴訟　creditor's bill　98

債権者の支払猶予　forbearance　168

債権者のための財産譲渡　ABC：assignment for benefit of creditors　1, assignment for the benefit of creditors　28

債権証書　document evidencing the claim　125

債権譲渡　assignment of claim　28, transfer of claim　393

再建設費　reproduction cost　341

債権的財産　right in action　347

再検討する　reconsider　332

債権としての地役権　easement in gross　133

債権取立業者　collection agency　66

債権取引組合　syndicate　380

債権に基づく訴訟　action in personam　8

債権の実現　reduction into possession　334

債権の取立て　collect of claim　66, recovery of debts　334

債権の目的　subject of claim　374

最高価格　price ceiling　311

最高機関　the highest organ　388

最高業務責任者　C.O.O.　48

最高経営責任者　C.E.O.　48, chief executive officer　58

最高検察庁　supreme public prosecutors office　378

採鉱権の再設定　relocation　338

再抗告　further Kokoku-appeal　179, Re-Kokoku-appeal　337, repetition of Kokoku-appeal　340

最高裁の大法廷　Grand Bench of the Supreme Court　185

最高裁判事　justice　225

最高裁判所　Supreme Court　378

最高裁判所裁判官国民審査法　Law of the People's Examination of the Supreme Court Judges　236

最高裁判所長官　chief justice of the supreme court　58

最高裁判所の規則制定権　rule-making power of the Supreme Court　353

最高裁判所民事判例集　Collection of Supreme Court Civil Precedents　66

最高財務責任者　C.F.O.　48

最高司令官　commander-in-chief　67

最高信義　utmost good faith　403

最高信義の　uberrima fides; uberrimae fidei　396

採光地役権　easement of light　133

最高度の注意　utmost care　403

さいこう

最高法院　Supreme Court　378
最高法院規則　Rules of the Supreme Court　353
最高法院法　Supreme Court of Judicature Acts 1873&1875　378
最高法規　supreme law　378
催告　notice　273, notification　273, peremptory notice　293
催告書　notice of default　273, reminder notice　338
在庫商品担保融資　floor plan financing　167
在庫調べ　stock taking　372
最後の手段　last resort　230
在庫品　inventory　218
さいころ賭博　hazard　192
再婚　re-marriage　338
財産　aver　33, biens　39, effects　135, property　319
財産,権限などを委託された人　fiduciary　163
財産回復　recovery　334
財産管理　administration of estate　11, receivership　332
財産管理上の怠慢　improvidence　203
財産管理制度　receivership　332
財産管理人　administrator for one's property　12, receipt　330
財産帰属命令　vesting order　409
財産刑　pecuniary penalty　292
財産計画　estate planning　145
財産権　estate　144, property　319, property right　320, right　347
財産権主張の禁反言　proprietary estoppel　320
財産権などの譲受人　assignee　28
財産権などの譲渡人　assignor　29
財産権(などを)譲渡する　alienate　17, assign　28
財産権法　law of property　236
財産権を移転する　alienate　17
財産差押令状　extent　155
財産差出保証書　forthcoming bond　172
財産取得　appropriation　25
財産上の損害　property damage　319

財産上不法の利益　illegal economic advantage　199, illegal proprietary interests　199
財産処分能力　disposing capacity of property　123
財産税　property tax　320, rate　328
財産清算信託　ABC : assignment for benefit of creditors　1
財産的権利　proprietary right　320
財産の　proprietary　320
財産の移転　grant　186
財産の管財人　guardian　189
財産の擬制転換　constructive conversion　83
財産の給付　delivery of property　112
財産の検分　inspection of property　211
財産の衡平分配の法理　marshaling assets　254
財産の詐害的譲渡　fraudulent conveyance　175
財産の順位決定　marshaling assets　254
財産の状況　condition of property　76, state of property　370
財産の分割　property settlement　320
財産の分離　separation of property　360
財産の保全　preservation of property　310
財産の目録　inventory of property　218
財産引渡し　cesseion　54
財産不法占有　duress of goods　131
財産分与　distribution of property　124
財産法　property law　320
財産明細表　scheduled property　356
財産目録　inventory　218, schedule of assets　356
財産を管理する人　conservator　80
再実施許諾　sublicense　374
最終運送人　terminal carrier　385
最終審裁判所　court of last resort　96
最終成果物　end product　138
最終性条項　entire agreement　140
最終的な　conclusive　75, peremptory　293
最終の　final　163

最終弁論　closing argument　63, closing statement　63
最終弁論を行う　make closing statement　251
最重要成功要因　critical success factors　100
再取得　reacquisition　328
再取得原価　reproduction cost　341
罪証　evidence　147
罪証隠滅　destruction or alteration of evidence　117
罪証隠滅の虞　suspicion that the accused may destroy or alter evidence　380
最小限度の接触　minimum contact; minimal contact　258
最小接触理論　minimum contacts theory　258
罪状認否　arraignment　26
在職者　incumbent　206
在職年数　years of service　418
最初に　in limine　204
再審　reopening of a case　339, retrial　345
再審開始　reopening of the proceedings　339
再審開始決定　decision to reopen the proceedings　106
再審請求　application for reopening of the proceedings　24
再審請求権者　person who has right of application for reopening of the proceedings　296
再審の審判　proceedings after reopening　317
再審の判決　judgment on reopening of the proceedings　224
再尋問　reexamination　335
再審理　new trial　268, review　346
再審理の可能性　apply liberty to　24
再審理の申立て　motion for (a) new trial　263
財政　finance　163
財政赤字　fiscal deficit　166
財政再建　fiscal reconstruction　166
再生産費　reproduction cost　341

再生資源の利用の促進に関する法律　Law Regarding the Promotion of the Utilization of Recycled Resources　237
財政状況　state of finance　370
財政状態　financial condition　163
財政政策　financial policy　163, fiscal policy　166
財政的援助　financial support　164
罪責　guilt　189
採石法　Quarrying Law　326
最先任裁判官　senior judge　360
最善の努力　best efforts　39
最善の利益　best interest　39
細則　detailed rules　117, subsidiary rules　375
罪体　elements constituting the offense　136
最大善意　utmost good faith　403
最大善意の　uberrima fides; uberrimae fidei　396
採択する　adopt　13
在宅送致　the suspect being at large　388
最多数　the largest number　388
財団　foundation　173
財団法人　incorporated foundation　206
再調査　review　346
再直接訊問　redirect examination　334
再賃貸　redemise　334
裁定　adjudication　10, award　34
最低価格　floor price　167
最低価格非公開競売　dumb-bidding　130
最低額　minimum amount　258
在廷義務　duty to be present at the court　131
最低限度(額)　floor　167
裁定合議　discretionary collegiate court　121
最低購入保証条項　minimum purchase clause　258
裁定者　referee　335
在廷証人　witness in court　416
最低使用料　minimum royalty　258
最低数量　minimum quantity　258
最低賃金　minimum wage　259

さいてい

最低賃金法　Minimum Wage Law　259
裁定取引　arbitrage　25
最低年齢　minimum age　258
最低売却価格　reserve price　343, upset price　402
最低発行価額　minimum issue price　258
最低販売数量・金額　minimum sales quantity・amount　258
最低保証賃料　base rent　36
採点助手　reader　328
再度の　de novo　104
災難　calamity　48
在日米軍の地位に関する日米協定　Agreement under Article VI of the Treaty of Mutual Cooperation and Security between Japan and the United States of America, regarding Facilities and Areas and the Status of United States Armed Forces in Japan　16
歳入規則　revenue procedure　346
歳入通達　revenue ruling　346
歳入手続　revenue procedure　346
採尿　taking urine sample　382
採尿検査　urinalysis　402
採尿手続　procedure of taking urine sample　316
再任する　reappoint　329
サイバー犯罪条約　Convention on Cybercrime　89
財閥　concern　74, financial clique　163, zaibatsu　419
再発行　re-issue　337
再犯　recidivism　332, recommitment of an offense　332
裁判　adjudication　10, judgment　223, justice　225, lawsuit　238, rectum　334, trial　395
裁判員　lay assessor　238
裁判外(の)行為　act in pais　7, extra-judicial act　155, extra-judicial confession　155
裁判外の和解　out-of-court settlement　284, settlement out of court　362
再犯加重　cumulative punishment for recommitment of an offense　101

裁判官　bench　38, commissioner　68, finder　164
裁判管轄　jurisdiction　225
裁判官が創った法　judge-made law　223
裁判管轄権　judicial jurisdiction　224
裁判管轄権に関する争い　jurisdictional dispute　225
裁判管轄権のない　coram non justice　91
裁判官が判決を言い渡す　the judge renders judgment　388
裁判官室　camera　49, chamber　54
裁判官席　bench　38
裁判官弾劾法　Law for Impeachment of Judges　234
裁判官の意見の摘要書　brief　45
裁判官の独立　independence of judges　207
裁判官の非違行為　judicial misconduct　224
裁判官の面前における供述　statement given before a judge　371, testimony given before a judge　387
裁判官分限法　Law Concerning Status of Judges　232
裁判権　jurisdiction　225
裁判権欠缺の答弁　plea to the jurisdiction　300
裁判沙汰になる　go to court　183
裁判事務　business of court　47
再犯者　person who recommits an offense　296, recidivist　332, repeater　340, second offender　357
裁判所　bench　38, court　95, court of law　96, forum　172, tribunal　395
裁判上の行為　judicial act　224
裁判上の自白　judicial confession　224
裁判上の代位　judicial subrogation　224
裁判上の離縁　judicial dissolution of adoptive relation　224
裁判上の離婚　judicial divorce　224
裁判上の和解　judicial compromise　224
裁判所開廷日　lawful day　238
裁判所が証拠とする　admit in evidence　13, receive in evidence　331
裁判所から立ち去る　go hence　183

裁判所間抗争(中世イギリス)　Battle of Courts　37
裁判所規則　rules of the court　353
裁判所書記官　court clerk　96
裁判所職員　court official　96
裁判所職員の除斥　exclusion of court officials　150
裁判所選任受託者　judicial trustee　224
裁判所などの決定　ruling　353
裁判所などの評決　award　34
裁判所に引致する　bring to court　45, take a person to court　382
裁判所に出廷する　appear in court　23
裁判所によって却下される　go　183
裁判所に呼び出す　vouch　411
裁判所による意見　per curiam (opinion)　293
裁判所による裁定　agreed judgment　15
裁判所による確知　judicial notice　224
裁判所の開廷期　term of court　385
裁判所の規則制定権　rule-making power　353
裁判所の行刑問題に関する不干渉主義　hands-off theory　191
裁判所の許可　permission of the court　294
裁判所の経営判断不介入の法理　business judgment rule　47
裁判所の構内　within the precincts of a court　416
裁判所の職員　officer of the court　278
裁判所の手続　court procedure　96
裁判所の友　friend of the court　177
裁判所の判決　legal decisions and precedents　240
裁判所の判決によらずに　sine consideratione curiae　365
裁判所の被後見人　ward of court　412
裁判所の保管　custodia legis　101
裁判所への供託　payment into court　291
裁判所への出廷　appearance　23
裁判所法　Court Organization Law　96
裁判所補佐人　assessor　28
裁判所令状　judicial writ　224
裁判請求権　right to access to courts　349

再反対訊問　re-cross-examination　334
裁判地　forum　172, venue　408
裁判地執行令状　ground writ　187
裁判地の変更　change of venue　55
裁判長　presiding chief　310, presiding judge　311
裁判長の処分に対する異議の申立て　objection to disposition by a presiding judge　275
裁判地を移すこと　forum shifting　173
裁判地を決定すること　forum fixing　172
裁判手続によるリーエン　judicial lien　224
裁判に出席する　attend a trial　31
裁判の確定　finalization of the adjudication　163
裁判の期日　fixed trial date　166, trial date　395
裁判の期日の指定　designation of a trial date　116
裁判の公開　open trial　280
裁判の拘束力　binding-power of the adjudication　41
裁判の公平　impartiality of trial　200
裁判の執行　enforcement of the adjudication　139
裁判の審級　instance　211
裁判の対審　trial　395
裁判の脱漏　omission of a part of the adjudication　279
裁判の取消し　revocation of the adjudication　347
裁判の評議　deliberation of the adjudication　110
裁判の変更　alteration of the adjudication　18, amendment of the adjudication　19
裁判の理由　reasons of the adjudication　330
再販売　resale　342
再販売価格　resale price　342
再販売価格維持　resale price maintenance　342
裁判を受ける権利　right of access to the courts　348

さいはん

裁判をする　hold a trial　194, hold court　194
歳費　annual payment　21
再弁論　rehearing　337
再保険　reinsurance　337
催眠剤　hypnotic　197, sleeping drug　366
催眠状態　hypnotic state　198, hypnotic trance　198
債務　debt　105, liability　243, obligation　275, passive debt　290, responsibility　343
財務　financial affairs　163
債務一部免除契約　composition　73
債務一括調整　debt pooling　106
債務回収　collection of debt　66
財務価値　financial worth　164
債務元利返済額　debt service　106
財務裁判所　Court of Exchequer　96
債務者　debtor　106, obligor　276
債務者出頭令状　warrant in bankruptcy　413
債務者の交替　change of an obligor　55
債務者の財産の評価　extent　155
債務者の責に帰すべき事由　case imputable to be accused of the obligor　51
財務省　Ministry of Finance　259, Treasury Departments　394
債務証券　debt security　106
財務省債務証書　treasury certificate　394
財務省短期債券　T.B.　380, treasury bill　394
財務省中期証券　treasury note　394
財務省長期債券　treasury bond　394
債務承認証券　Lloyd's bond　247
債務消滅　acquittance　6
債務消滅証書　acquittance　6
財務諸表　financial statement　163
債務整備　arrangement　26
債務整理　debt adjustment　105
債務整理計画　scheme of arrangement　356
債務整理書証　deed of arrangement　107
財務専門家　financial expert　163
財務大臣　Minister of Finance　259

債務超過　insolvency　210, liability exceeding assets　243
債務の一部消滅　partial release　288
債務の限定承継　limited assumption of liabilities　245
債務の混同　confusion of debt　80
債務の償還　amortization　20
債務の相互性　mutuality of obligation　264
債務の引受け　assumption of the obligation　30
債務の弁済　discharge of the obligation　120, payment of debt　291
債務の本旨　tenor and purport of the obligation　385
債務の履行　performance of the obligation　294
財務府　Exchequer　149
財務府裁判所　Exchequer　149
債務負担による資金調達　debt financing　106
債務負担引受訴訟　indebitatus assumpsit　206
財務プライバシー法　Financial Privacy Act　163
債務不履行　default　108
債務不履行事由　events of default　146
債務保証付債権者　bond-creditor　43
財務役　controller　88
債務履行地　place where the obligation is to be performed　299
債務を特定しない弁済　indefinite payment　206
債務を弁済する　satisfy　355
債務を免れる　be relieved of one's obligation　37
罪名　name of an offense　264
細目　small print　366, the fine print　388
再融資　refinance　335
最優先の課題　overriding problem　285
採用　employ　137, employment　137, placement　299
採用する　adopt　13
採用できない　inadmissible　204

さ

採用取消し　cancellation of employment　49
採用申込み　employment application　137
在来法　conventional method　89
最良最高限の利用　highest and best use　194
最良証拠　best evidence　39
裁量信託　discretionary trust　121
裁量保釈　discretionary bail　121
催涙ガス　tear gas　384
催涙弾　tear bomb　384, tear gas grenade　384
サイン証明　certificate of signature　53
差益　margin　254, marginal profits　254
詐害行為取消権　right of avoidance　348
詐害行為の証拠　badges of fraud　34
詐害的譲渡　fraudulent transfer　175
差額賠償準則　out-of-pocket rule　284
遡って　ab initio　1
遡ってその効力を生ずる　be effective retroactively　37
酒場取締法　Dram Shop Act　129
盛り場　amusement center　20
詐欺　deceit　106, fraud　174, scam　355
先売権　right of first refusal　348
先買い　forcheapum　169
先買権　right of preemption　348
詐欺師　con man　74, flimflammer　167, grifter　187, rip-off artist　351, swindler　380
先順位抵当権　senior mortgage　360
詐欺証拠　badges of fraud　34
詐欺的　deceptive　106
詐欺的行為　unfair or deceptive acts or practices　398
詐欺的な　fraudulent　175
詐欺的表示　fraudulent representation　175
詐欺的不実表示　fraudulent misrepresentation　175
詐欺的偏頗行為　fraudulent preference　175

詐欺と偽証を防止する法律　An Act for Prevention of Frauds and Perjuries　20
先取権　preference　306
先取特権　equitable lien　142, lien　244, preferential right　306
先取特権者　person having a preferential right　295
詐欺の防止　anti fraud　22
先日付　postdate　303
詐欺防止　prevention of fraud　311
詐欺防止法　statute of frauds　371
先物為替　forward exchange　173
先物為替相場　forward exchange rate　173
先物為替取引　forward exchange transaction　173
先物契約　futures　179, futures contract　179
先物売買権　future rights　179
作業成果免責法理　work product　417
先渡し取引　forward　173
作為　feasance　160
作為命令の差止命令　mandatory injunction　253
削減する　abate　1
錯誤　mistake　260
索溝　constriction furrow　83
索痕　constriction mark　83, ligature mark　245
搾取　exploitation　153
削除　deletion　110, rasure　328
削除する　strike off　373
作成　preparation　308
作成者　originator　284
作成上の詐欺　fraud in the execution　175
作戦　game plan　180
作戦行動　maneuver　253, manoeuvre　253
作品　works　417
策略　maneuver　253, manoeuvre　253
避けうる結果　avoidable consequence　34
些細な　immaterial　199
支える　sustain　380

さ さ つ

査察　inspection　211
差押え　arrest　26, levy　243, levy of attachment　243, levy of execution　243
差押解除債務証書　redelivery bond　334
差押解除保証書　redelivery bond　334
差押禁止債権　claim prohibited to be attached　61
差押債権者　execution creditor　151, garnisher　180
差押状　warrant of seizure　413
差押調書　record of attachment　333, seizure report　359
差押手続　trustee process　395
差押えの標示　indication of attachment　207, symbol of attachment　380
差押物　seized article　359
差押物保管債務者認諾証書　forthcoming bond　172
差し押さえるべき物　article to be seized　27
差押令状　distress warrant　123
刺し傷　stab　370, stab wound　370
刺し殺す　stab to death　370
指図　instruction　211
指図債権　claim payable to order　61
指図式　payable to order　291
指図式船荷証券　order B／L　282, order bill of lading　282
指図証券　instrument payable to order　211
指図による占有移転　transfer of possession by direction　393
指図人払式手形　order paper　283
指図払い　payable to pay　291
指図評決　directed verdict　119
差出人　sender　360
差止　suspension　379
差止請求権　right to demand for the stoppage　349
差止めで禁止する　enjoin　139
差止命令　restraining order　344
差し止める　forbid　168, prohibit　318
差止令状　procedendo　316
指値注文　stop-limit order　372

差引き　recoupment　333
差し戻す　refer back　335, remand　338
詐取　false pretenses　159, obreption　276, swindling　380
詐称　scienter　356
詐称する　impersonate　200, jactitate　220
座礁する　run aground　353
詐称通用　passing off　290
挫創　contused wound　88
定まった住居　fixed dwelling　166
定める　provide　321
殺意　intent to kill　213, malice aforethought　252, murderous intent　264
錯覚　illusion　199
擦過痕　scratch mark　356
擦過傷　abrasion　2, graze　186
擦過創　friction mark　177
雑居房　cell for associate confinement　52, community cell　70
殺人　homicide　196, manslaughter　253, murder　264
殺人鬼　bloodthirsty killer　42
殺人狂　homicidal maniac　196
殺人予備　preparation for murder　309
殺虫剤　pesticide　297
査定　appraisement　25, assessment　27
査定額評価　assessment　27
里親　foster parent　173
里子　foster child　173
里子養育　foster care　173
詐病　counterfeit sickness　95, fake sickness　158, feigned illness　162, simulation　365
サプライ・チェーン・マネジメント　supply chain management（SCM）　377
サプライズ・リジェクション・ルール　surprise rejection rule　378
サブライセンス　sublicense　374
差別　discrimination　121, distinction　123
差別解消積極措置　affirmative action　14
差別化戦略　differentiation strategy　118
差別待遇　discriminatory treatment　121
差別的効果　disparate impact　122

差別的内国税　discriminatory internal tax　121
砂防法　Sand Control Law　355
サポート活動　support activities　378
サボタージュ　sabotage　353
挫滅　crush wound　101
サメよけ条項　shark repellant　363
作用する　affect　14
更地　vacant land　407, vacant lot　407
サラリー制従業員　salaried employee　353
サラリーを受けている従業員　salaried employee　353
さるぐつわ　gag　179
参加　participation　288
残骸　wreck　417, wreckage　417
三角関係　eternal triangle　146, love triangle　250
参画する　have a share in　192, participate in　288, take part in　382
三角貿易　triangular trade　395
参加者　party　289
参加証明書　act of honor　7
参加的優先株　participation preferred stock; participating preferred stock　289
参加人　intervenor　216
残期　unexpired period　398
参議院　House of Councillors　197
参議院の緊急集会　emergency session of the House of Councilors　136
残虐刑　cruel punishment　101
残虐な　brutal　45, cruel　101
産休　maternity leave　255
残業　overtime work　285
産業上の利用可能性　utility　403
産業開発債権　industrial development bonds　208
産業技術に関する研究開発体制の整備等に関する法律　Law concerning the Improvement of System for Research and Development in the Field of Industrial Technology　233
産業生命保険　industrial assurance　208
産業廃棄物の処理に係る特定施設の整備の促進に関する法律　Law to Promote the Development of Specified Facilities for the Disposal of Industrial Waste; Law Regarding the Promotion of the Construction of Specified Facilities for the Disposal of Industrial Waste　238
参考人　unsworn witness　402, witness　416
参考人の取調べ　interview of a witness　217
斬罪　beheading　38, decapitation　106
残債務　hang out　191
参事官　counsellor　93
サンシャイン法　sky laws　365, sunshine law　377
三者で交わす証書　three-party instrument　390
賛助　support　377
参照　reference　335
参照させる　refer　335
賛成　approval　25
酸性雨　acid rain　5
賛成か反対か　yeas and nays　418
参政権を与える　enfranchise　139
酸性試験　acid test　5
賛成する　second　357
賛成動議　second to motion　357
賛成と反対　pro and con　315
サンセット法　sunset law　377
残高　balance　35
算定　admeasurement　11, calculation　48
暫定的　temporary　384
暫定的差止命令　interlocutory injunction　214, provisional injunction　322
暫定的な　interlocutory　214, provisional　321
暫定的命令　provisional order　322
暫定命令　interim order　214
参入　inclusion　205
参入コスト　cost of entry　93
参入障壁　barrier to entry　36
残忍な方法の虐殺　slaughter　366
三倍の損害賠償　treble damages　394
三百代言　pettifogger　298, shyster　364

さんひを

賛否をはかる　take the votes of pros and cons　382
三部　in triplicate　204
散布信託　spray trust　369, sprinkling trust; splinkler trust　369
サンフランシスコ平和条約　Treaty of Peace with Japan; San Francisco Peace Treaty　394
残余価値　salvage value　355
残余権　remainder　338
残余権者　remainderman　338
残余財産　surplus assets　378
残余財産分配請求権　liquidation right　246
残余財産持分権　right to share of surplus　350

し

死　death　105
試案　tentative plan　385
恣意　arbitrariness　25
シー・プレ原則　cy pres doctrine　102
シークエンシャル・ゲーム　sequential games　360
シークレット・サーヴィス　Secret Service　357
恣意的な　arbitrary　25
死因　c.m.　48, cause of death　52
私印偽造　counterfeit of a private seal　94
死因贈与　donation due to death　127, gift causa mortis　182, gift upon death　183
私印不正使用　wrongful use of a private seal　418
私運送人　private carrier　315
自営業者税　self-employment tax　359
ジェイソン約款　Jason clause　220
自営農業　homestead　195
自営農地法　homestead law　195
私益信託　private trust　315
シェパーズ社の判例法令集　Shepard's Cita-

tions　363
シェルター・ルール　shelter rule　363
私怨　personal grudge　297
私怨を晴らす　satisfy personal grudge　355
時価　current price　101, quotation　327
視界　visibility　410, visual field　410
私会社　private company　315
仕返し　retaliation　345, revenge　346
刺客　killer　227
資格　capacity　49, qualification　326
資格回復　restoration of a qualification　344
資格喪失　disqualification　123
資格争訟　dispute related to a qualification of a member　123
資格のある　eligible　136
資格の制限　restriction of a qualification　344
資格の喪失　forfeiture of a qualification　171
資格を与える　qualify　326
資格を剥奪する　disqualify　123
自活　self-support　360
時価で　at the market　31
自家保険　self-insurance　359
自家保有者　householder　197
しかるべく　no objection　269
士官　officer　278
時間稼ぎのための　dilatory　118
時間報酬制　time charge　390
指揮　direction　119
始期　time of commencement　390
死期　time of death　390
時期おくれの　stale　370
市議会　assembly of city　27
指揮監督　exercise of control and supervision　152
敷金　deposit　114, lease and rent deposit　239, lease deposit　239, security deposit　359
指揮権　justice minister's authority to direct the public prosecutor general　225

し

直訴　direct-appeal　119
敷地　premises　307
磁気的方式　magnetic method　251
識別　discrimination　121
自虐　self-persecution　360
自虐的な　self-tormenting　360
自救行為　self-help　359
至急　express　154
事業　business　47, undertaking　397
事業家　undertaker　397
事業活動を行うこと　transacting business　393
事業経費　business expense　47
事業再編　business reorganization　47
事業者団体　trade association　392
事業所閉鎖　lockout　248
事業信託　business trust　47, common law trust　69, Massachusetts trust　255
事業年度　annual accounting period　21, business term　47, financial year　164, fiscal year　166
事業の執行　execution of the undertaking　151
事業の通常の過程　regular course of business　337
事業部　SBU　355
事業免許税　franchise tax　174
事業用財産　commercial property　68
事業用不動産　commercial property　68
仕切書　bought and sold notes　44, sale-note　354
時機を得た　seasonable　357
死期を早める　cause early death　52
資金　capacity　49, fund　179
賜金　gratuity　186
至近弾　near hit　267
シグナリング　signalling　365
死刑　capital punishment　50, death penalty　105, death sentence　105
私刑　lynching　250
死刑確定者　condemned prisoner　76
死刑執行人　executioner　151
死刑執行令状　death-warrant　105
死刑囚　convict on death row　89, prisoner sentenced to death　314
死刑囚監房　death row　105
死刑存置　retainment of death penalty　345
死刑に当たる罪　capital offense　50
死刑にする　execute　151
死刑の威嚇力　deterrent effect of death penalty　117
死刑の執行　execution　151, execution of death penalty　151
死刑廃止　abolition of death penalty　2
死刑廃止運動　campaign to abolish capital punishment　49
死刑を科しうる重罪　capital felony　50
死刑を科しうる犯罪　capital crime　50
私権　private right　315
試験　probation　316
資源　resources　343
事件　affair　14, case　51, event　146, incident　205, res　342
事件課　case processing division　51
資源開発契約　agreement for resorces development　16
資源活用　resource utilization　343
事件現場に行く　go to the scene of a crime　183
事件の確証を摑む　secure positive evidence for the case　358
事件の手掛かり　key　227
資源の有効な利用の促進に関する法律　Law Regarding the Promotion of the Utilization of Recycled Resources　237
資源配分　resouce allocation　343
私権剝奪　attainder　31
私権剝奪法　Bills of Attainder　40
事件表　docket　125
事件付託　reference　335
資源保護法　RCRA : Resource Conservation and Recovery Act　328
事件要録　docket　125
時限立法　temporary statute　384
事件を受理する　receive a case　331
事件を処理する　dispose a case　123
事故　accident　4
自己宛振出し　draw on the drawer him-

しこう

self　129
施行　enforcement　139
事項　res　342
時効　time limit　390
時効完成　completion of prescription　73, completion of statute of limitation　73
時効期間　period of statute of limitation　294
施行規則　enforcement regulations　139
自己受約束手形　myself-note　264
時効取得された地役権　prescriptive easement　310
時効取得する　prescribe　309
時効取得を主張する　prescribe　309
施行する　execute　151, take effect　382
時効停止期間の加算　tacking　381
時効の効果　effect of prescription　134, effect of statute of limitation　134
時効の進行　running of prescription　353, running of statute of limitation　353
時効の中断　interruption of prescription　216, interruption of statute of limitation　216
時効の停止　suspension of prescription　379, suspension of statute of limitation　380
自己株式　own shares　285, treasury shares　394, treasury stock　394
事後共犯の　accessory after the fact　3
自己契約　representation of other party　341
自己嫌悪　self-hatred　359
事故現場を検証する　investigate the scene of the accident　218
死後硬直　postmortem rigidity　303
事後強盗　constructive robbery　83
自己誤審令状　coram nobis　91
自己資本の調達　equity financing　143
事後収賄　subsequent receipt of a bribe　375
死後出版物　posthumous work　303
事後取得財産　after acquired property　14, after-acquired property　14, future acquired property　179
事後取得財産条項　after-acquired property clause　14
自己所有建造物以外放火　arson to an article other than structure which belongs to the offender　26
自己所有非現住建造物等失火　fire caused by negligence to an uninhabited structure which belongs to the offender　165
自己所有非現住建造物等放火　arson to an uninhabited structure which belongs to the offender　26
自己退職　voluntary resignation　411
自己中心性　egoism　135, self-centeredness　359, selfishness　360
仕事　affair　14, works　417
自己陶酔　narcissism　264
仕事の目的物　object-matter of the work　275
自己取引　self-dealing　359
仕事を課する　assign　28
自己に不利益な供述　statement against oneself　371
自己に不利益な供述を強要される　be compelled to testify against oneself　37
自己に不利な証言をする　give a self-incriminating testimony　183, testimony against oneself　387
事後の　ex post facto　147, post facto　303, post-factor　303
自己の意思に基づいて　ex mero motu　147
自己の意思により　ex proprio motu　147
自己の危険において行為すること　acting at one's peril　8
自己の出捐をもって　at one's own expense　31
自己の責めによる受託者　trustee de son tort　395
自己の名で取引する者　dealer　104
自己の名において　suo nominee　377
自己破産　voluntary bankruptcy　410
自己破産の申立て　voluntary bankruptcy petition　411
自己負罪　self-incrimination　359

自己弁護　self-justification　360
事後法　ex post facto law　147
事故補償法　Accident Compensation Act　4
自己満足　complacency　73, self-satisfaction　360
自己矛盾の供述　self-contradictory statement　359
自己融解　autolysis　33
事故を起こす危険の多いグループ　risk insurance group　351
市裁判所　municipal court　264
施策　measure　256, policy　301
施策の策定　policy formulation　301
示唆する　suggest　376
自殺　suicide　376
自殺関与　participation in suicide　288
自殺教唆　instigation of suicide　211
自殺幇助　assistance of suicide　29
資産　assets　28
死産　stillbirth　372
資産(相続)公開日　date estate (succesion) opened　104
資産移転税　transfer tax　393
資産状況　financial status　164
資産状態　assets condition　28
資産税　excise　150
資産超過取引　overtrading　285
資産登記　property registration　320
資産取引税　transfer tax　393
持参人　bearer　37
持参人払い　payable to bearer　291, payable to cash　291
持参人払式証券　bearer instrument　37
持参人払式手形　bearer paper　37
死産の　stillborn　372
資産の配分　distribution of assets　124
資産の引渡し　delivery of assets　111
資産の表示　property description　320
資産の部　assets side　28
資産売却益　capital gain　50
資産買収計画　assets purchase agreement　28
資産評価　evaluation of assets　146, valuation of assets　408

指示　direction　119, directive　119, suggestion　376
時事　current event　101
指示書　instruction sheet　211
指示信託　directory trust　119
事実　factum　157, fait　158
事実関係を明確にする　set the record straight　362
事実誤認　erroneous findings of fact　143, error of fact　143
事実上　facto　157, ipso facto　219
事実上の　de facto　104
事実上の因果関係　causation in fact　52
事実上の解散　de facto dissolution　104
事実上の会社　corporation de facto　92, de facto corporation　104
事実上の合併　de facto merger　104
事実上の契約　de facto contract　104
事実上の公務員　de facto officer　104
事実上の婚姻　de facto marriage　104
事実上の裁判官　de facto judge　104
事実上の損害　injury in fact　209
事実上の役員　de facto officer　104
事実上の養子縁組　de facto adoption　104
事実証明に関する文書　document which pertains to a certification of facts　126
事実審　fact finding proceedings　157
事実審裁判官　trial judge　395
事実審裁判所　trial court　395
事実推定の原則　res ipsa loquitur　342, rule of res ipsa loquitur　353
事実に関する争点　issue of fact　220
事実に基づき　ex facto　147
事実認定　fact finding　157, finding　164, finding of facts　164
事実認定の自動車保険　no-fault automobile insurance　269
事実の錯誤　mistake of fact　260
事実の主張　averment　33
事実の証明　certification of facts　53, proof of facts　319
事実の審理者　trier of fact　395
事実の推定　presumption of fact　311
事実の取調べをする　examine facts　148,

ししつの

make examination of facts　251
事実の発見者　fact finder　157
事実の表明　representation　341
事実の不知は免責する　ignorantia facti excusat　198
事実問題　fact question　157, issue of fact　220, question of fact　327
事実問題に関する争点　issue in fact　220
事実を主張する　aver　33
指示評伝　directed verdict　119
死者　dead person　104, deceased　106
子爵　viscount　410
死者の名誉　fame of a deceased person　159
死者名誉毀損　defamation of a deceased person　108
自首　self-denunciation　359, voluntary surrender　411
自主規制機関　self regulatory organization　359
自粛　self-imposed control　359
自首する　denounce oneself　114, surrender oneself to authorities　378
自主性　autonomy　33, independency　207
自主占有　hostile possession　196, occupancy　276, possession with the intention of holding as the owner　303
思春期　adolescence　13, puberty　322
市場　market　254
私情　personal feelings　297
事象　phenomenon　298
市場が売り一色になる　hammer the market　191
市場価格　market price　254
市場価値　market value　254
市場均衡点　market equilibrium　254
市場最大手企業　market leader　254
自浄作用　self-cleansing action　359
市場参入モード　mode of entry　261
死傷者　casualties　51, killed and wounded　227
市場性　marketability　254
市場性のある　marketable　254
市場性のある証券　marketable security 254
市場占拠率　market share　254
市場相場　quotation　327
市場相場価格表　market quotations　254
自傷他害の虞　danger to injure oneself or others　104
市場秩序維持協定　Orderly Marketing Agreement　283
市場調査　market research　254
事情聴取　interview　217
自称の　self-appointed　359, would-be　417
市場の失敗　market failure　254
市場の進化　market evolution　254
市場の不完全性　market imperfections　254
事情の変更　change of circumstances　55
市場分割協定　market sharing agreement　254
市場妨害　forcheapum　169
至上約款　paramount clause　287
市場流通株式　outstanding share　284
事情を知りつつ　willfully and knowingly　415
辞職　resignation　343, resignation of office　343
私信　private letter　315, private note　315
私人　private individual　315
自身で　in person　204
自身で出頭する　personally appear　297
私人の資格で　in private capacity　204
始審令状　original process　284
システミック・リスク　Systemic Risk　380
辞する　vocate　410
私生児　bastard　36
施設　facilities　157
使節　herald　193
施設外処遇　extra-mural treatment　155, non-institutional treatment　272
施設外通勤制度　prison hostel scheme　314, work release system　417
施設内処遇　institutional　211
施設内処置　intramural　217
死線　life-or-death crisis　245

慈善　charity; charities　56
事前価格決定協定　A.P.A.　1
自然環境保全法　Nature Conservation Law　266
事前協議　prior consultation　314
事前共犯の　accessory before the fact　3
自然権　natural rights　266
自然現象　act of providence　8
自然減価　normal wear and tear　272
事前行為　anticipation　22
自然公園法　Natural Parks Law　266
事前工作　preparatory operations　309
自然債務　moral obligation　262
自然死　natural death　266
事前収賄　advance receipt of a bribe　13
事前準備　preparation in advance　309
自然人　natural person　266
自然増加　accretion　5
慈善団体　benevolent association　38, charitable organization　56
自然的蓋然的結果　natural and probable consequence　266
自然的正義　natural justice　266
自然破壊　destruction of nature　117
自然発火　spontaneous combustion　369
自然犯　mala in se　252, natural offense　266
私選弁護人　private defense counsel　315
自然法　jus naturale　225, natural law　266
慈善法人　charitable corporation; 〜 company　56, eleemosynary corporation　136
自然法の理論　theories of natural law　389
自然保護　conservation of nature　80
私戦予備陰謀　preparation for and plotting of a private combat　308
自然力　element　136
死線を越える　survive a life-or-death crisis　378
始祖　ancestor　21
刺創　penetrating wound　292, punctured wound　324
思想の自由　freedom of thought　176

思想の自由市場　free marketplace of ideas　175
思想犯　offense of advocating dangerous thoughts　277
持続的成長　sustainable growth　380
子孫　descendant　116, exitus　152
自損行為　self-damaging act　359
自損保険　own damage coverage　285
死体　corpse　92, dead body　104
辞退　refusal　335
地代　gavel　180, rent　339
死体遺棄　abandonment of a corpse　1
死体解剖　necrotomy　267
死体現象　postmortem appearance　303, postmortem phenomenon　303
死体硬直　cadaveric rigidity　48
死体所見　opinion on postmortem examination　281
死体損壊　damage to a corpse　103, mutilation of a corpse　264
肢体不自由児施設　institute for physically handicapped children　211
死体領得　unlawfully taking possession of a corpse　401
下請契約　subcontract　374
下請代金支払遅延等防止法　Law on the Prevention of Delay in the Payment of Subcontracting Charges and Related Matters　237
下請中小企業振興法　Law on the Promotion of Subcontracting Small and Medium Enterprises　237
下請人　subcontractor　374
舌打ちする　click tongue　63
従う　comply　73
従って　as per　27, et sic　146
下心　secret intention　357
下準備　preliminary arrangements　307
示談　out-of-court settlement　284
示談書　out-of-court settlement document　284
時短促進法　Shorter Working Hours Law　364
質　gage　180, pawn　291
自治　autonomy　33

しちいれ

質入証券　instrument for pledge　211
質権　pledge　300
質権設定者　pledger　301
質権の設定　affection　14
質権の登録　registration of pledge　336
自治省　Ministry of Home Affairs　259
自治大臣　Minister of Home Affairs　259
質店　pawnshop　291
質店経営者　pawnbroker　291
質に入れる　pledge　300
質物保管者　pledgeholder　301
質物　things pledged　389
自重　dead load　104, empty weight　137
自治領　dominion　127
実演家　performer　294
失火　fire caused by negligence　164
実害　actual damage　9, actual harm　9
実害なしに成立する名誉毀損　defamation per se　108
実害を伴えば成立する名誉毀損　defamation per quod　108
実価原則　true value rule　395
失火ノ責任ニ関スル法律　Law Concerning Responsibility for Fire by Negligence　232
疾患　ailment　16, disease　121
失脚　downfall　128, lose position　250
失業　unemployment　398
実況検分調書　on-the-spot investigation report　279
失業者　unemployed person　398
失業手当　unemployment pay　398
失業保険　unemployment insurance　398
失業補償　unemployment compensation　398
失業率　unemployment rate　398
失禁　incontinence of urine　206
しつけ　breeding　45, discipline　120
実刑　sentence of imprisonment without suspension of execution　360
失血死　death from blood loss　105
実現　satisfaction of a debt　355

失権させる　forfeit the right　171
実験した事実　fact which one has actually experienced　157
実現した利得または損失　realized gain or loss　329
失権する　forfeit　171
失見当識　disorientation　122
執行　carrying out of sanctions　51
失効　expiration　153, functus officio　179
実行　execution　151, performance　293
実行可能な　practicable　305
執行官　marshal　254, sheriff; shire-reeve; shiriff　363
執行管轄権　enfocement jurisdiction　139
執行官管轄区　bailiwick; bailivia　35
実行関税率表　Customs Tariff Schedules of Japan　102
執行官による売却　sheriff's sale　363
執行権　executive power　151
実行行為　act of committing a crime　7
執行公売　sheriff's sale　363
実行困難性　impracticability　202
執行先取特権　execution lien　151
執行指揮　directions of enforcement　119
執行する　execute　151
失効する　expire　153
実行する　carry out　51, execute　151
実効性　enforceability　139
執行停止命令　cesset executio　54, order to suspend execution　283
実行できる　enforceable　139
執行認諾文書　clause of assent to execution　62, executory and obligatory wording　151
執行の着手　commencement of execution　67
実行の着手　commencement of the commission of the crime　67
執行の停止,中止　suspension of execution of sentence　379
執行の補助　assistance to execution　29
執行の免除　remission of execution of sentence　338
執行判決　judgment on judgment　223

和英索引

執行猶予　stay of execution　371
執行猶予者保護観察法　Law for Probationary Supervision of Persons　234
執行リーエン　execution lien　151
執行力のある債務名義　enforceable title of obligation　139
執行令状　final process　163
失語症　aphasia　23
実在する　in esse　204
実際的である　practicable　305
執事　steward　372
実子　child by birth　58
実施　effect　134, enforcement　139, implementation　200
実施可能性分析　feasibility study　160
実施許諾　license　244
実施許諾契約　license agreement　244
実施許諾条項　grant of licence　186
実施権者　licensee　244
実施する　enforce　139
実質証拠　substantive evidence　375
実質上の株主　beneficial owner　38
実質上の所有者　beneficial owner　38
実質的遵守　substantial compliance　375
実質的正義　substantive justice　375
実質的な　substantial　375
実質的な関係　significant contact　365
実質的な被害　material injury　255
実質的に　substantially　375
実質的利益当事者　real party in interest　329
実質的利益を伴わない権限　naked power　264
実証　actual proof　9, corroborate evidence　93
実情　actual situation　9
実証主義　positivism　302
実証する　corroborate　93, establish　144, prove　321
実情調査　fact finding　157, fact finding injury　157
実証的証拠　positive evidence　302
実施料　royalty　352
失神　syncope　380
失神する　faint　158, fall unconscious

158
失踪　absence　2, disappearance　120
失踪債務者　absconding debtor　2
失踪宣告　judicial declaration of disappearance　224
失速　stall　370
実測　actual measurement　9, actual survey　9
実測図　measured drawing　256
実損の賠償　single damages　365
実体上の争点　merits　258
実体的　substantive　375
実体的効果を伴って　with prejudice　416
実体的デュー・プロセス　substantive due process　375
実体に関する証拠　substantive evidence　375
実体判決　judgment on merits　223
実体法　substantive law　375
湿地帯区域　wetland area　414
実定法　positive law　302
嫉妬　envy　141, jealousy　220
失当行為　malconduct　252
嫉妬深い　envious　141, jealous　220
失敗する　fail　157
実費　actual cost　9
疾病　illness　199
疾病手当　sick pay　364
実務　practice　305
実務家　practitioner　305
執務室　office　278
質問書　interrogatories　216, interrogatory　216
質問手続　interrogatory　216
実用新案　utility model　403
実用新案権　utility model patent　403, utility model right　403, utility patent　403
実用新案法　Utility Model Law　403
実力行使　recourse to force　334
実例　instance　211
指定価額　designated price　116
指定後見監督人　designated supervisor of guardian　116
指定後見人　designated guardian　116

していし

指定商品　designated goods　116
指定する　designate　116
指定相続分　designated shares in succession　116
指定地域　territory　386
指定弁護士　designated attorney　116
指定保険金受取人　loss payee　250
私的再建プラン　workout plan　417
私的自治　private ordering　315
私的整理プラン　workout plan　417
私的独占の禁止及び公正取引の確保に関する法律　Act concerning Prohibition of Private Monopoly and Maintenance of Fair Trade　6
私的不法妨害　private nuisance　315
支店　branch　44, branch office　44
私電磁的記録毀棄　destruction of a private electromagnetic record　116
私電磁的記録不正作出　illegal production of a private electromagnetic record　199
自転車競技法　Bicycle Races Law　39
死闘　desperate struggle　116, fight to the death　163
私道　private way　315
自動延長条項　automatic extension clause　33
指導監督　guidance　189, supervision　377
児童虐待　abuse of children　2, child abuse　58
指導者　mastermind　255
自動車から排出される窒素酸化物の特定地域における総量の削減等に関する特別措置法　Law concerning Special Measures for Total Emission Reduction of Nitrogen Oxides from Automobiles in Specified Areas　232
自動車協定　Autopact　33
自動車税　vehicle tax　408
自動車損害賠償保障法　Automobile Liability Security Law　33
自動車の一時的無権限使用　unauthorized use　396
自動車の運転手　driver　129

自動車の警笛　car horn　50
自動車の助手席　assistant driver's seat　29, passenger seat　290
自動車保険　automobile insurance　33
児童相談所　Child Guidance Center　58
児童手当法　Child Allowance Law　58
自動停止　automatic stay　33
自動的担保責任　automatic warranty　33
指導的地位　position of leadership　302
自動的動産差押え　distress　123
指導的判例　leading case　239
児童の権利に関する条約　Convention on the Rights of the Child　89
児童福祉法　Child Welfare Law　58
刺突　stabbing　370, thrusting　390
竹刀　bamboo sword　35
品不足の　tight　390
シナリオ分析　scenario analysis　355
辞任　abdication　1, resignation　343
自認　admission　13
自認と異議　confession and avoidance　78
辞任届　notice of resignation　273, notice on resignation　273
地主　landlady　229, landlord　229
忍び返し　spikes　369
支配　hand　191, rule　352
私売　private disposition　315, private sales　315
支配株主　majority shareholder　251
支配権　dominion　127, dominium　127
支配者　controlling person　88
支配者民族　master race　255
支配受託者　managing trustee　253
支配的な　dominant　127
支配取締役　governing director　185
支配人　manager　253, managing agent　253
支配力のある会社　dominant firm　127
自白　confession　78
自白の証拠能力　competency of confession　72
自白の証明力　credibility of confession　97
自白の任意性　voluntariness of confes-

sion 410
しばしば行く場所　resort　343
自発的応訴　voluntary appearance　410
自発的行為者　volunteer　411
自発的な　voluntary　410
自発的に　ex mero motu　147, ex proprio motu　147, voluntarily　410
支払い　remuneration　338
支払委託　mandate　253
支払額　amount payable　20
支払可能宣言　declaration of solvency　106
支払可能な　solvency　367, solvent　367
支払期限　maturity　255, time of payment　390
支払期日　due date　130, law day　234, legal date　240
支払期日延期書面　letter of licence　242
支払義務　obligation of payment　275
支払義務のない　undue　398
支払拒絶証書　protest for non-payment　321
支払金額　sum payable　376
支払銀行　payor bank　291
支払債務を負う　owing　285
支払先　payee　291
支払時期　time for payment　390
支払時期の未定　open time for payment　280
支払手段　item　220
支払準備金　loss reserve　250
支払条件　terms of payment　385
支払上限額　payment cap　291
支払地　place of payment　299
支払停止　moratorium　262, suspension of payment　379
支払呈示　presentment　310
支払停止命令　stop payment order　372
支払手形　bill payable　40
支払人　payer　291, payor; payer　291
支払能力のある　solvency　367, solvent　367
支払いの指図　order to pay　283
支払いの提供　tender of payment　385
支払いの約束　promise to pay　319

支払いの猶予　temporary release from payment　384
支払いの猶予期間　grace period　185, period of grace　294
支払場所　place of payment　299
支払不能テスト　involuntary test　219
支払不能な　insolvent　210
支払保証　payment guaranteed　291
支払保証小切手　certified check　53
支払保証代理人　del credere agent　110
支払保証付委託　commission del credere　68
支払保証人　guarantor of payment　188
支払命令　order for payment　282
支払約束付領収証　accountable receipt　5
支払猶予令　moratorium　262
支払利息　interest expense　213
支払うべき　owing　285, payable　291
支払われるべき　payable　291
死斑　death spot　105
紫斑　purple spot　325
地盤　foundation　173, sphere of influence　369
自筆証書　holografh　195, holographic document　195
自筆書面　holografh　195
持病　chronic disease　58
支部　branch　44
事物管轄　subject matter jurisdiction　374
事物それ自身が語る　rule of res ipsa loquitur　353
自分自身で　pro se　315
私文書　private document　315
私文書偽造　forgery of a private document　171
自分を表すための称号　fictitious business name　162
紙幣　bank-note　36, bill　39, paper money　286
支弁する　defray　110
私募　private placement　315
司法　administration of justice　11, judiciary　224, justice　225
私法　civil law　59, private law　315

しほう

死亡　death　105, demise　113
司法委員　judicial commissioner　224
司法界　judicial circles　224
司法会議　Third Judicial Conference　389
司法管轄権　judicial jurisdiction　224
司法官憲　judicial authority　224, judicial officer　224
司法機関　judicial branch　224
死亡給付　death benefit　105
司法行政　judicial administration　224
司法行政監督　judicial administrative control　224
司法行政区　circuit　58
司法行政事務　judicial administrative affairs　224
司法警察員　judicial police officer　224
司法警察職員の職務執行地　place where the judicial police official exercises his functions　299
司法権　judicial power　224
司法研修所　legal research and training institute　241
司法権の優越　judicial supremacy　224
司法裁量　judicial discretion　224
司法次官補　Assistant Attorney General　29
司法試験　bar examination　36, the National Bar Examination　388
司法試験法　National Bar Examination Law　265
死亡事故　fatal accident　160
司法事務処理　administration of judicial affairs　11
司法修習　course for legal apprentices　95
司法修習生　legal apprentice　240, legal trainee　241, student of the legal reserch and training institute　373
司法省　Department of Justice　114
司法省反トラスト部　Antitrust Division　22
死亡証明書　certificate of death　53
死亡証明書登録　registration of death　336

司法職員　officer of justice　278
司法書士　judicial scrivener　224
司法書士法　Judicial Scrivener Law　224
私法人　private corporation　315
死亡診断書　death certificate　105
死亡推定　presumption of death　311
司法制度　judicial system　224
司法積極主義　activism　9, judicial activism　224
司法長官　Attorney General　31
司法手続　judicial process　224
司法手続上の売却　judicial sale　224
司法手続外の　extrajudicial　155
死亡と同時に受け継がれる銀行口座　payable-on-death account　291
司法取引　plea copping　299
私法の　civil　59
死亡場所　place of death　299
司法妨害　obstruction of justice　276
司法令状　judicial writ　224
資本　capacity　49, capital　50, stock　372
資本拠出金　capital contribution　50
資本金　capital stock　50
資本組入れ　capitalization　50
資本組入れをする　capitalize　50
資本減少　reduction of capital　334
資本資産　capital assets　50
資本支出　capital expenditure　50
資本準備金　capital surplus reserve　50
資本総額　gross capital　187, total capital　392
資本取引差益　acquired surplus　6
資本の再構成　recapitalization　330
資本の調整　recapitalization　330
資本への組入れ　credit to the capital　98
資本余剰金　capital surplus　50
資本利得　capital gain　50
資本流出　capital flight　50
姉妹会社　sister corporation　365
始末書　written apology　418
市民　citizen　59
市民権　citizenship　59
市民としての権利を剥奪する　disfranchise　121

市民の　civil　59
市民法　civil law　59
ジム・クロウ法　Jim Crow Laws　221
事務委任権　delegation　110
事務員　staff member　370
事務官　assistant officer　29, secretary　357
事務管理による代理　agency of necessity　15
事務局　Secretariat　357
事務次官　Vice-Minister　409
事務所　office　278
事務章程　regulations concerning the disposition of business　337
事務職員　clerk　63
事務処理　administration of affairs　11, management of affairs　252
事務処理の用に供する　for the use of administration of affairs　168
事務総長　Secretary-General　357
事務長　purser　325, steward　372
事務的信託　instrumental trust　211, ministerial trust　259
事務引取移転権　right of handling and transferring of business　348
事務弁護士　solicitor　367
指名　appointment　24, assignation　28, designation　116, nomination　270
指名権　power　303, power of appointment　304
指名権信託　power of appointment trust　304
指名権者　appointor　24
指名債権　nominative claim　270
氏名詐称　false impersonation　159, false personation　159
氏名照会回答書　reply to identification inquiry　340
指名する　name　264, nominate　270
指名手配　arrangement for the police-wanted　26
指名手配する　place a person on a wanted list　299
指名手配の告知を載せ, 懸賞金を出す　put a wanted ad in the paper and offer reward money　325
指名手配リストに加えて, 懸賞金を出す　put ～on the "Wanted List" and offer reward money　325
締切日　closing date　63, date of closing　104
絞め殺す　strangle to death　373
締め出し　freeze-out　177
自滅　self-destruction　359
指紋　fingerprint　164
諮問機関　consultative body　84
指紋照会回答書　reply to fingerprint inquiry　340
指紋を採取する　take finger-prints　382
指紋を取る　take～'s fingerprints　382
邪悪な　black-hearted　41, malicious　252, vicious　409
シャーマン反トラスト法　Sherman Antitrust Act　363
シャーマン法　Sherman Act　363
社員　membership　257
社員総会　general meeting of partners　181
社員名簿　list of members　247
社会学的法学　sociological jurisprudence　367
社会教育　social education　366
社会事業　social work　367
社会資本　infrastructure　209
社会柔軟性　social mobility　366
社会進化論　social Darwinism　366
社会政策　social policy　366
社会ダーウィン主義　social Darwinism　366
社会通念　common sense　69, socially accepted idea　367
社会的相当行為　socially justifiable act　367
社会的地位満足派　cheerful robots　58
社会的身分　social status　367
社会的烙印　social stigma　367
社外取締役　outside director　284
社会内処遇　community-based treatment　70, non-institutional treatment　272

しやかい

社会不安　social unrest　367
社会福祉　social welfare　367
社会復帰　rehabilitation　337, reintegration into the society　337
社会防衛　social defense　366
社会保険　social insurance　366
社会保険診療報酬支払基金法　Social Insurance Medical Fee Payment Fund Law　366
社会保険番号　Social Security Number　367
社会保障(制度)　social security　366
社会保障給付金　social security benefits　366
社会保障法　Social Security Act　366
社会問題　social problem　366
試薬　reagent　328
弱視　poor eyesight　302, weak eyesight　414
市役所　city hall　59
借地　holding　194, leasehold　239
借地人　leaseholder　240
借地法　Land Lease Law　229
釈放　release　337, release from custody　337
釈放する　release　337
釈明　clarification　61, elucidation　136, explanation　153
借家　rented house　339
借家人　tenant　385
借家法　House Lease Law　197
借用証書　written acknowledgment of a debt　418
借用物　borrowed thing　44
借用文言　I.O.U.　198
酌量　extenuation　155
酌量減刑　reduction of punishment according to extenuating circumstances　334
車検　automobile inspection　33
射倖契約　aleatory contract　17
射幸心　fondness for speculation　168
社交的合意　social agreement　366
社債　bond　43, debenture　105, note　273

謝罪　apology　23
社債・ローンの証券化　collateralization of bond and loan obligations　65
社債権者　bond holder　43, deventure　118
社債権者集会　meeting of bond holder　257, meeting of deventure　257
社債原簿　register of bonds　336, register of deventure　336
社債差額　bond margins　43, deventure margins　118
社債信託証書　debenture trust deed　105
社債の借換え　refund　335, refunding　335
社債の償還　redemption of debentures　334
社債の発行　issue of bonds　220
社債申込証　application form of bonds　24, application form of debenture　24
写真撮影報告書　investigation report on taking photographs　218
車線　traffic lane　393
車線区分線　lane marking　229
社団　association　30, company　71
社団法人　aggregate corporation　15, corporation aggregate　92, incorporated association　206
社長　president　310
借款　consortium　82, loan　247
借款協定　loan agreement　247
借金　liability　243
借金する　borrow money　44, fall into debt　158
借金取り　bill collector　39, debt collector　105
車道　carriage way　51, roadway　351
社内弁護士　house counsel　197
舎房　living quarter　247, wing　415
赦免する　assoil　30
砂利採取法　Gravel Gathering Law　186
ジャンク・ボンド　junk bond　225
受遺者　devisee　118, donee　127, legatee　241, testamentary donee　386
主因　efficient cause　135
銃　firearm　165

自由　freedom　175, ground　187
自由意思　free will　175
収益　earnings　132, proceeds　317, profits　318, return　345, yield　419
収益権　use　402
収益再投資　plow back　301
収益社債　income bond　205, revenue bond　346
収益受益者　income beneficiary　205
収益積立　accumulations　5
収益に基づく資産評価　capitalization of income　50
収益の資本還元　capitalization of income　50
収益用不動産　income property　205
従価　ad valorem　9
集会　assembly　27
州外為替手形　foreign bill of exchange　170
終会宣言　prorogation　320
集会の自由　freedom of assembly　175
収穫　harvest　192
収穫物　crops　100
重過失　gross negligence　187, magna culpa　251
重過失激発物破裂　destruction by explosives caused by gross negligence　116
重過失失火　fire caused by gross negligence　164
重過失傷害　bodily injury caused by gross negligence　43
重過失致死　death caused by gross negligence　105
従価税　ad valorem duty　9
獣姦　bestiality　39
銃眼　loophole　249, port　302
収監する　bring to prison　45, put in confinement　325, put in custody　325
習慣性の　addictive　9
週刊判例集　W.L.R.　411, Weekly Law Reports　414
終期　time of termination　390
衆議院　House of Representatives　197
衆議院解散　dissolution of the House of Representatives　123
衆議院の優越　supremacy of the House of Representatives　378
衆議院の予算先議　preferential consideration of the budget by the House of Representatives　306
州議会　legislature　242
周期的変動　cyclical fluctuation　103
銃器取締法　gun control law　189
住居　adobe　13, domicile　127, dwelling　131, dwelling house　132, residence　343
従業員　employee　137
従業員株式買取権　employee stock option plan　137
従業員の成績評価　merit rating　258
従業員の忠誠義務　duty of faith　131
従業員持株制度　employee stock purchase plan　137
宗教改革　Reformation　335
宗教活動家　religious worker　338
就業規則　labor regulations　229, rules of employment　353, working regulations　417
宗教差別　religious discrimination　338
就業時間　office hours　278
就業不能条項　disability clause　120
就業不能保険　disability insurance　120
就業不能補償　disablement benefit　120
終局　final and conclusive　163
終局的差止命令　permanent injunction　294, perpetual injunction　295
終局判決原則　final decision rule　163
収去権　right of taking away　349
住居侵入　intrusion into another person's residence　217, intrusion upon a habitation　218, trespassing into dwelling　395
住居の制限　restriction on the dwelling　344
住居の不可侵　right to be secured in one's home　349
住居不退去　refusal to leave a habitation　335
住居を有する　reside　343

しゆうけ

自由刑　imprisonment　203
重軽罪　gross misdemeanor　187
襲撃する　assault　27, attack　31
終結　closing　63
充血　congestion　80
終結させる　terminate　385
集結する　assemble　27
州憲法　state constitution　370
集合　aggregate　15
銃口　muzzle　264
集合する　gather　180
集合著作物　collective work　66
集合犯　cumulative offense　101
集合法人　aggregate corporation　15, corporation aggregate　92
重婚　bigamy　39, polygamy　302
重婚罪　bigamy　39
重罪　felony　162, serious offense　360
州際協定　interstate compact　216
私有財産　private property　315
州際通商　interstate commerce　216
州際通商委員会　I.C.C.　198, Interstate Commerce Commission　216
重罪の　felonious　162
州裁判所　state court　370
重罪犯人　felon　162
州際法　interstate law　216
州際的性格を帯びた犯罪　crimes with an interstate character　99
自由裁量　discretion　121
銃殺する　shoot dead　364
収支　earnings and expenses　132, income and expenditure　205, revenue and expenditure　346
従事　engagement　139
州CPA協会　State CPA society　370
自由市場経済　free market economy　175
従事する　engage　139
収支ゼロ活動　zero-sum activity　419
州実施計画　SIP : state implementation plan　365
収受　perception　293
修習　course for legal apprentices　95
収取する　collect　66
収受する　accept　3

住所　abode　1, address　10, place of abode　299
重症　serious illness　360
重傷　serious injury　360, serious wound　361
重傷害　mayhem　256
就職情報　job listing service　221
住所地裁判所　forum domicilii　172
住所防衛　dwelling defense　132
終身　during good behavior　131, during the life　131
囚人　inmate　209, prisoner　314
銃身　barrel　36
自由人　freeman　177
終身刑　life imprisonment　245, life sentence　245
終身在職権　tenure　385
終審裁判所　the court of the last resort　387
自由心証主義　principle of free evaluation of evidence　313
終身生命保険　whole life insurance　415
終身定期金　life annuity　245
終身年金組合　tontine　391
終身年金受益者　life beneficiary　245
囚人のジレンマ　prisoner's dilemma　314
終身保険　whole life insurance　415
終身養護契約　life care contract　245
修正　redress　334
州税　state tax　370
修正・変更条項　Amendment and Alteration　19
修正条項　articles of amendment　27
修正統一パートナーシップ法　Revised Uniform Partnership Act（RUPA）　346
修正統一リミテッドパートナーシップ法　Revised Uniform Limited Partnership Act（RULPA）　346
州政府　state government　370
修正法律　revised statutes　346
修正模範事業会社法　Revised Model Business Corporation Act　346
修正を強く求める　solict the amendment　367
州籍相違　diversity of citizenship　124

州籍の相違に基づく訴訟　diversity case　124
州籍の相違に基づく連邦裁判所の裁判権　diversity jurisdiction　124
重窃盗　grand larceny　186
修繕　repair　339
周旋する　intermediate　214
周旋人　broker　45
従前の債務　antecedent debt　22
自由船舶　free ship　175
銃創　gunshot wound　189
習俗　manners and customs　253
従属　subordination　374
従属契約　subcontract　374
従属して　appurtenant to　25, subject to～　374
従属する　subsidiary　375
従属物　dependent　114
醜い　disgraceful behavior　121, shameful conduct　362
重態　critical condition　100, seriously ill　361
重大事件　serious case　360
重大な　gross　187, substantial　375
重大な契約違反　material breach　255
重大な欠陥　material weakness　255
重大な事実の誤認　grave error in fact influential on the judgment　186
重大な条件　material terms　255
重大問題　grave issue　186, serious question　360
住宅規制条例　housing code　197
住宅金融組合　building society　46
住宅地域　residential areas　343, residential quarters　343
住宅着工件数　housing starts　197
住宅賃貸借契約　residential lease agreement　343
住宅抵当貸付け　home loan　195
住宅問題　housing problem　197
従たる　appurtenant　25, collateral　65
集団　aggregate　15
銃弾　bullet　46
集団移民　mass emigration　255, mass immigration　255

集団行動　collective action　66, group action　188
集団心理　group psychology　188
集団訴訟　class action　62, representative action　341, representative suit　341
集団取引拒否　boycott　44, group boycott　188
集団ボイコット　group boycott　188
集団暴行　mob violence　261
集団を組織的に虐殺すること　genocide　182
州知事　governor　185
執着　adherence　10
執着心　attachment　31
集中審理　intensive hearings　213
重点政策　policy with overriding priority　302
充当する　apply　24
周到な　careful　50, scrupulous　356, thorough　389
周到な計画　carefully worked-out plan　50, well-laid plan　414
州登録官　state registrar　370
拾得　acquisition　6
拾得する　pick up　298
拾得物　find　164
州内為替手形　inland bill of exchange　209
州内通商　internal commerce　214, intrastate commerce　217
州内手形　domestic bill　126
州内取引の適用除外　intrastate exemption　217
州内法人　domestic corporation　126
自由な解釈　liberal construction; ～interpretation　243
自由な出口　free way out　175
自由に解雇できる雇用関係　at-will employment　32
収入　accrue　5, income　205
収入印紙　revenue stamp　346
収入消費曲線　income consumption curve　205
収入の証明書　evidence of income　147
収入役　treasurer　394

しゆうに

就任　assumption 30, assumption of office 30
就任承諾書　acceptance of directorship 3, written acceptance 418
就任する　assume office 30
重任する　reappoint 329
私有の　private 314, privately-owned 315
州の権利　state's rights 371
州の市民権　state citizenship 370
自由の剥奪　deprivation of liberty 115
重罰　heavy punishment 193
従犯　accessory to a crime 4
従物　accessory thing 4, appurtenance 25
十分な証拠　plenary evidence 301
十分な信頼と信用　full faith and credit 178
十分な担保を提供する　furnish adequate security 179
十分な通知　due notice 130
十分な防禦　sufficient defense 376
十分な理由　good cause 184, sufficient ground 376
十分に　adequately 10
州法　state law 370, state statute 370
銃砲　firearms 165, guns 189
自由貿易協定　FTA 178
自由貿易地帯　foreign trade zone 170
銃砲刀剣類所持等取締法　Law Controlling Possession, etc. of Fire-Arms and Sword 234
自由放任主義　lassez faire 230
自由保有権　freehold 177
住民　inhabitant 209
住民税　inhabitant tax 209
住民投票　referendum 335
州民投票　referendum 335
住民票を取る　get a certified copy of residence 182
州務長官　Secretary of State 357
重役　executive 151
収容　confinement 79, imprisonment 203
収用　expropriation 154

収用権　eminent domain 137
重要参考人　material unsworn witness 255, material witness 255
収容者　inmate 209
重要人物　important person 201, strategic person 373
収容する　commit 68, confine 79, imprison 203
重要性　materiality 255
重要でない　immaterial 199
重要な　material 255
重要な原料　material 255
重要な事実　important facts 201, material facts 255
重要な条件　essential terms 144
重要な証拠　important evidence 201, material evidence 255
重要な不備　important deficiencies 201, significant deficiency 365
重要な変造　material alteration 255
重要なる事由　grave reason 186
重要な劣化の防止　PSD : prevention of significant deterioration 322
従来　heretofore 194, hitherto 194
修理　repair 339
終了　cesser 54
終了する　cease and come to an end 52
従量税　specifie duty 369
終了前の途中の解除　earlier termination 132
重労働　hard labor 192
収賄　graft 185, receipt of a bribe 330
収賄者　recipient of a bribe 332
収賄する　take a bribe 382
受益者　beneficiary 38, person enriched 295
首魁　ringleader 351
主観的違法要素　subjective elements of illegal act 374
主義　principle 313
酒気帯び　intoxicated 217
酒気帯び鑑識カード　breathalyzer record 45
酒気検知器　breathalyzer 45
受寄者　bailee 35

受寄者のリーエン　bailee's lien　35
受寄物　bailed things　35
祝祭日　legal holiday　240
縮小　diminution　118
宿題　assignment　28
宿泊　lodge　249
宿泊する　lodge　249
宿泊設備　accommodation　4
宿泊料　lodging charge　249
ジュグラーの波　Juglar cycle　224
熟慮する　deliberate　110
熟練工　operative　280
主刑　principal penalty　312, principal punishment　313
受刑者　convict　89, convicted prisoner　89, inmate　209, prisoner　314
手拳　fist　166
主権　sovereign power　367, sovereignty　367
主原因　causa proxima　51, proximate cause　322
授権株式　authorized issue　33
授権資本　authorized capital　33, authorized share capital　33
主権者　sovereign　367
授権条項　enabling clause　137
授権する　authorize and empower　33
主権免責　sovereign immunity　367
主語　subject　374
主催者　promoter　319
取材情報源秘匿法　shield law　363
主宰する　preside　310
主債務者　principal　312
趣旨　effect　134, tenor　385
主従の区別　distinction of principal and accessory　123
授受する　deliver　111, receive　331
首相　Prime Minister　312
主唱者　advocate　14
受信人　addressee　10
主尋問　examination in chief　147
主尋問質問　question in chief　327
主尋問における問い　question in the examination in chief　327
酒税　liquor tax　246

酒税法　Liquor Tax Law　246
酒席　banquet　36, drinking party　129
首席裁判官　chief judge　58, chief justice　58
首席判事　sheriff; shire-reeve; shiriff　363
受贈者　donee　127
受贈者受益契約　donee beneficiary contract　127
受贈受益者　donee beneficiary　127
受訴裁判所　the court of the suit　387
主題　subject matter　374
受胎　conception　74, pregnancy　306
受諾　acceptance　3
受託基金理論　trust fund doctrine　395
受託裁判官　requisitioned judge　342
受託事項　matter under requisition　255
受託者　depositary　114, trustee　395
受託者保証証券　fiduciary bond　163
受託者保証証書　fiduciary bond　163
受託収賄　receipt of a bribe in response to an entreaty　331
受託販売者　consignee　81
主たる営業の場所　principal place of business　312
主たる契約　original contract　284
主たる債務　principal debt　312
主たる債務者　principal debtor　312, principal obligor　312
受注する　receive an order　331
主張　allegation　17, assertion　27, claim　60, invoke　219, plea　299
首長　chief　58, head　192, principal　312
主張する　advocate　14, insist　210
出荷　forwarding　173, shipment　364, shipping　364
出火　outbreak of fire　284
出荷先　destination　116
出荷先契約　destination contract　116
出荷時点　time of shipment　390
出荷書類　shipping documents; 〜paper　364
出荷する　forward　173, ship　364
出荷地契約　shipment contract　364

しゅつか

出荷通知	notice of shipment 273, shipping advise 364
出勤停止	suspension of work 380
出血	bleeding 42, hemorrhage 193
出血する	lose blood 250
出港禁止(令)	embargo 136
出国	departure 114
出国港	port of departure 302, port of embarkation 302
出獄者	the released 388
出獄する	discharged from 120, leave 240, released from 338
出獄中	be on parole 37, during parole 131
出庫する	take out 382
出産	childbirth 58
出資	contribution 88, effecting a contribution 135, financing 164, investment 218
出資口数	number of units of a contribution 274
出資者	contributor 88, financier 164, investor 219
出資する	finance 163, invest 218, make a contribution 251
出資の受入,預り金及び金利等の取締等に関する法律	Law concerning Regulation, etc. of Receiving of Capital Subscription, Deposits, Interest on Deposits, etc. 232
出資の種類	nature of a contribution 266
出資の目的	object of a contribution 274
出生証明書	birth certificate 41
出生地裁判所	forum originis 173
出生により国籍を得た者	natural-born citizen 266
出身国	national origin 265
出身国差別	national origin discrimination 265
出席議員	present members 310
出席した株主	shareholder present 363
出訴期間の進行を停止する	toll 391
出訴期限	limitation 245, limitation of actions 245

出訴期限法	statute of limitations 371, statute of repose 371
出張所	local office 248
出張旅費精算書	travel expense statement 394
出廷強制令状	distringas 124
出廷通知書	notice to appear 273
出頭	presence 310
出頭義務の免除	immunity of attendance 200, remission 338
出頭拒否	refusal of appearance 335
出頭命令	order of appearance 282, subpoena 374, summons 377
出入港禁止命令	ejectment 135
出入国管理及び難民認定法	Immigration-Control and Refugee-Recognition Act 199
出発	departure 114
出発地	origin 284
出版	press 311, publication 324, publishing 324
出版に関する犯罪	offense relating to the press 277
出版の自由	freedom of the press 176
出版物の版数	issue 220
出版法	Publication Law 324
首定的票決	affirmative vote 14
受動受託者	bare trustee 36
受動信託	naked trust 264, passive trust 290
取得価格	price obtained 312
取得価額	acquisition value 6
取得原価	original costs 284
取得時効	acquisitive prescription 6, prescription 309
取得する	acquire 6
取得する権利	right of access 348
取得余剰金	acquired surplus 6
首都圏近郊緑地保全法	Law for the Conservation of Green Belts around the National Capital Region 235
首都圏の既成市街地における工業等の制限に関する法律	Law concerning Restriction on Factories in Existing Urbanized Areas of the Metropolitan Region

232

主任会計担当役員　principal accounting officer　312

受忍義務　obligation not to interfere　275

受任国　mandatary　253

主任裁判所事務官　chief clerk　58

主任財務担当役員　principal financial officer　312

主任執行官　high bailiff　194

受任者　mandatary　253

受任者資格, 受認者資格　fiduciary capacity　163

受認者保証証書　fiduciary bond　163

主任書記官　chief clerk　58

主任弁護人　chief defense counsel　58, senior counsel　360

ジュネーブ協定　Geneva Convention　182

主犯　principal　312

首尾一貫した　coherent　65

守秘義務　duty of confidentiality　131, legal duty to keep secrets　240, legal requirement against disclosure of secrecy　241

守秘義務違反　abuse of confidentiality　3

首服　submit oneself to complainants　374, surrender oneself to complainants　378

主物　principal　312, principal thing　313

主文　formal adjudication　172, text　387

シュミット　Carl Schmitt　50

主務官庁　competent authority　72

受命裁判官　commissioned judge　68

主目的ルール　main purpose rule　251

受約者　promisee　319

授与　bestowal　39, conferment　78

需要　demand　112, need　267

需要過剰　excess demand　149

需要曲線　demand curve　112

主要事実　fact-in-issue　157, ultimate fact　396

主要条件　principal terms　313

主要な　material　255

需要の交差弾力性　cross-elasticity of demand　101

受理　acceptance　3

狩猟　game　180

受領額　value received　408

受領した対価　value received　408

受領者　receipt　330

受領証　voucher　411

受領遅滞　delay by obligee　110, non-acceptance　270

受領能力　capacity of receiving　49

狩猟法　Game Act; Game Law　180

受領報告　receiving report　332

種類　kind　227, type and kind　396

種類株主総会　class meeting　62

種類債権　claim in species　61

種類別議決　class voting　62

種類名　class name　62

純〜　net　268

純遺産　net estate　268

準委任　quasi-mandate　327

純売上金額　net sales price　268

純営業損失　net operating loss　268

準会員　associate　30

巡回区担当最高裁判所裁判官　circuit justice　58

巡回控訴裁判所　circuit court of appeals　58

巡回裁判(所)　assize　30

巡回裁判開廷日　commission day　68

巡回裁判官　circuit judge　58

巡回裁判区　circuit　58

巡回裁判所(アサイズ裁判所)書記官　clerk of assize　63

準会社　quasi corporation　326

巡回陪審裁判　nisi prius　269

巡回陪審裁判所　court of nisi prius　96

準起訴手続　quasi-prosecution procedure　327

春季闘争　Spring Offensive　369

準強制猥褻　constructive forcible indecency　83, quasi-forcible indecency　326

しゅんき

準共有　quasi co-ownership　326
準拠性監査　compliance audit　73
準拠法　applicable law　24, governing law　185
準拠法の選定　choice of law　58
準禁治産　quasi-incompetency　326
準禁反言　quasi estoppel　326
準契約　quasi contract　326
準契約の性格　quasi-contractual nature　326
準強姦　quasi-rape　327
準抗告　quasi-interlocutory appeal　326
準強盗　quasi-robbery　327
準詐欺　quasi-fraud　326
純資産　net assets　268, worth　417
純資産価格　net asset value　268, net worth　268
純資産額　net assets amount　268
準司法活動　quasi-judicial activity　326
準司法的　quasi-judicial　326
準司法的権限　quasi-judicial power　327
準資本資産　Section 1231 property　358
遵守　compliance　73, observance　276
遵守事項　rule and regulations　352
遵守する　observe　276
順序　order　282
準消費貸借　quasi loan for consumption　326
純所得額　net income　268
順序に従う　be in the order of　37
純粋動産　chattels personal　57
準ずる　quasi　326
準正　legitimation　242
準占有　quasi-possession　327
準則　general standard　181
準対物管轄権　quasi in rem jurisdiction　326
春闘　Spring Offensive　369
順応　adaptation　9
準犯罪　quasi crime　326
純販売額　net selling price　268
準備金　reserve　342
準備資本　reserve capital　343
準備書面　brief　45, preliminary pleading　307

準備手続　preparatory procedure for trial　309
順風航行　free course　175
準夫婦共有財産　quasi-community property　326
遵法　obedience　274
準法人　quasi corporation　326
遵法精神　law-abiding spirit　238
準有形動産　quasi-tangible personal property　327, semi-intangibles　360
準用　mutatis mutandis　264
準用規定　provision to be applied mutatis mutandis　321
準用する　apply mutatis mutandis　24, apply with necessary modifications　24
純利益　net income　268, net profits　268
準立法活動　quasi-legislative activity　327
ジョイント・ストック・アソシエーション　joint stock association　222
ジョイント・ストック・カンパニー　joint stock company　222
ジョイント・ベンチャー　joint venture　222
章　chapter　55
省　department　114, office　278
私用　appropriation　25
条　s.　353, section　357
仕様(書)　specification　369
上位者責任法則　superior agent rule　377
上位代理人の法則　superior agent rule　377
上位の弁護人　senior counsel　360
上位被用者の準則　superior servant rule　377
上院　Senate　360
剰員　supernumerary official　377
剰員整理手当　redundancy payment　335
承役地　servient tenement　361
荘園　manor　253
上演　performance　293
上演権　playright　299
硝煙反応　powder smoke reaction　303

場屋	establishment 144		
消火	fire fighting 165		
使用火	friendly fire 177		
商会	firm 165, mercantile partnership 257, partnership 289		
照会	inquiry 210		
障害	bar 36, disability 120, handicap 191, injury 209		
傷害	bodily injury 43		
常会	ordinary session 283		
生涯学習の振興のための施策の推進体制等の整備に関する法律	Life-Long Learning Promotion Law 245		
場外株式	unlisted share 401, unlisted stock 401		
障害給付	disablement benefit 120		
生涯権	life interest 245		
照会先	reference 335		
障害者基本法	Basic Law for Disabled People 36		
障害者の雇用の促進等に関する法律	Law for Employment Promotion etc. of Persons with Disabilities 234		
傷害助勢	encouragement of injury on a scene 137		
生涯信託受益者	life beneficiary 245		
傷害致死	bodily injury resulting in death 43		
生涯賃借権	estate for life 145, life tenancy 245, tenancy for life 384		
場外賭博	booking 44		
紹介販売	referral sales 335		
障害物	obstacle 276		
生涯不動産権	estate for life 145, life estate 245		
傷害保険	accident insurance 4		
消火器	fire extinguisher 165		
少額金銭伝票	Petty Cash Voucher 298		
少額請求裁判所	small claims court 366		
少額窃盗犯	petty 298		
少額発行	small issue 366		
浄化する	clarify 61		
浄化槽法	Private Sewerage System Law 315		
償還	redemption 334, refund 335, reimbursement 337, repayment 339		
召喚	summons 377		
償還額	amount of redemption 20		
償還可能株式	callable stock 49		
償還株式	callable share 49, redeemable stock; 〜share 334		
償還期間	amortization term 20		
商慣行	ordinary course of business 283		
償還債権	callable bond 49		
償還債券	redeemable bond 334		
商慣習	commercial custom 67, commercial practice 67, commercial usage 68, custom of merchant 102, trade usage 393, usage of trade 402		
商慣習法	commercial customary law 67, custom of merchant 102, law merchant 235, mercantile law 257		
召喚出頭義務違反	disobedience of summons 122		
召喚状	monition 262, subpoena 374, summons 377, writ of summons 418		
召還する	recall 330, vouch 411		
償還する	reimburse 337		
償還無資力者	person who has no sufficient means to make reimbursement 296		
償還優先株式	callable preferred stock 49		
試用期間	probation 316		
試用期間賃金	opportunity wage 281		
焼燬する	set fire to and burn 361		
上記の規定にもかかわらず	notwithstanding the above 274		
小規模会社	small business corporation 366		
小規模企業共済法	Small Enterprise Mutual Relief Projects Law 366		
償却	amortization 20		
乗客及びその手荷物の海上運搬に関するアテネ条約	Athens Convention relating to the Carriage of Passengers and their Luggage by Sea 31		
償却株式	cancelled share 49		
上級審	superior court 377		

しようき

上級の　senior　360
商業　commerce　67, commercial business　67
商業送り状　commercial invoice　67
商業界　business circles　47, commercial world　68
商業会議所　C.C.　48
商業銀行　merchant bank　257
商業組合　mercantile partnership　257
商業興信所　mercantile agency　257
商業証券　commercial paper　67, commercial securities　68, mercantile paper　257
状況証拠　circumstantial evidence　59, presumptive evidence　311
商業使用人　trade employee　392
商業信用状　commercial letter of credit　67
商業帳簿　account book　4, trade book　392
商業手形　commercial paper　67
商業的活動　commercial activity　67
商業登記　commercial registration　68
商業登記簿　commercial register　68
商業登記法　Commercial Registration Law　68
商業道徳　business morality　47
商業荷為替信用状に関する統一規則及び慣例　Uniform Customs and Practice for Commercial Documentary Credits　399
情況を知って　with being aware of the circumstances　416
消極的主張　negative averment　267
消極的条件　negative condition　267
消極的証拠　negative evidence　267
消極的地役権　negative easement　267
常居所　habitual residence　190
使用許諾　grant-back　186, improvement　203, Television Broadcasts Rights　384
上空権　air right　16
承継　succession　376
承継的財産処分を行う　settle　362
承継人　assigns　29

証券　document　125, security　358, warrant　413
証言　testimony　386
条件　condition　76, term　385
証券会社　securities company　358
証券機械払い　payment against documents　291
証券規制　securities regulation　358
証言義務の免除特権　immunity of witness　200
証券業者名簿　street name　373
証言拒絶権　right to refuse to give testimony　350, right to refuse to testify　350
証言拒否　refusal of testimony　335
証券購入契約　subscription contract　375
証券市場　securities market　358
証言する　attest　31, depose　114, give testimony　183, testify　386, witness　416
証言台に立つ　enter the witness box　140, take the witness stand　382
条件付契約　conditional contract　77
条件付債権　conditional claim　77
条件付きで　sub modo　374
条件付捺印金銭債務証書　double bond　127
条件付売買　conditional sale contract　77
条件付法律行為　juristic act subject to a condition　225
条件付申込み　conditional offer　77
条件付け　conditioning　78
証券ディーラー　stock dealer　372
証券投資者保護公社　S.I.P.C.: Securities Investor Protection Corporation　353
証券投資者保護法　Securities Investor Protection Act　358
証券投資信託　investment trust　218
証券登録説明書　registration statement　336
条件として　subject to〜　374
条件とする　contingent　85, contingent upon　85
証券取引委員会　S.E.C.: Securities and Exchange Commission　353
証券取引税　stock transfer tax　372

しょうこ

証券取引法　Securities Exchange Act of 1934　358
証券の受渡日　account day　4
証言能力のない　incompetent　205
条件の具備　fulfillment of a condition　178
証券の決済日　account day　4
証券の公募　public offering　323
条件の成就　fulfillment of a condition　178
条件の成否不定　pendency of a condition　292
証券の定期取引　time bargain　390
証券の発行差額　gross spread　187
証券の引受契約　underwriting agreement　397
証券の文面　face of instrument　156
条件の変更　modification of a condition　261
証券の募集　offering　278, securities offering　358
条件の免除　excuse of conditions　151
証言の要旨　outline of the testimony　284
証券ブローカー　securities broker　358, stockbroker　372
証券法　Securities Act of 1933　358
証言録取　deposition　115
証言録取書　deposition　115
証言をする者　deponent　114
証券を引き受ける　underwriting　397
証言を否定する　refuse to testify　336
証言を録取する　depose　114
証拠　attestation　31, evidence　147, exhibit　152, proof　319, testimony　386
証拠漁り　fishing expedition　166
証拠隠滅　spoliation　369
商号　business name　47, company name　71, corporate name　91, trade name　392
条項　article　26, clause　62, provision　321
商行為　commercial transaction　68
商工会議所　board of trade　42

商工会議所法　Chamber of Commerce and Industry Law　54
商工会法　Commerce and Industry Association Law　67
商工組合中央金庫法　Shoko Chukin Bank Law　364
症候群　syndrome　380
商工人名録　directory　119
商号の廃止　cessation of trade name　54
商号変更　change of corporate name　55, change of trade name　55
証拠開示　disclosure of evidence　121, indication of evidence　207
証拠が平均　equipose or equilibrium of proof　142
証拠金　hand money　191, margin　254
証拠金勘定　margin account　254
証拠金取引　margin transaction　254
証拠金取引における(証券の)購入　buying on margin　47
上告　appeal to the supreme court　23, court of Jokoku-appeal　96, Jokoku-appeal　222
上告趣意書　statement of reasons for Jokoku-appeal　371, written statement of grounds for Jokoku-appeal　418
上告審　the last instance　388
上告の申立ての理由　grounds for application of Jokoku-appeal　187, grounds for Jokoku-appeal　188
上告理由書　written statement of Jokoku-appeal　418
証拠決定　ruling as to taking or not taking of evidence　353
証拠裁判主義　principle of adjudication based on evidence　313
証拠事実　evidentiary fact　147, factum probans　157
証拠書類　documentary evidence　126, evidential documents　147
証拠調べ　examination of evidence　148
証拠調べに関する異議の申立て　objection regarding the examination of evidence　275
証拠調べの順序　order of the examination

しょうこ

of evidence　283
証拠調べの請求　request for the examination of evidence　341
証拠調べの範囲　scope of the examination of evidence　356
証拠調べの方法　method of the examination of evidence　258
証拠資料　testimonial evidence　386
証拠説明　description of evidence　116
証拠提出　introduction of evidence　217, production of evidence　317
証拠提出責任　burden of production: burden of producing evidence　46, production burden　317
証拠等関係カード　cards containing list of evidence, etc.　50
証拠とすることができる書面　documents which may be used as evidence　126
証拠となる　testify　386
証拠能力　admissibility of evidence　12, competency　72, competency of evidence　72
証拠能力ある証拠　competent evidence　72
証拠能力を有する　be admissible as evidence　37, be competent as evidence　37
証拠の閲覧謄写権　access to inspect or copy documents and articles of evidence　3
証拠の重さ　weight of evidence　414
証拠の価値　weight of evidence　414
証拠の拒否　admissibility of evidence　12
証拠の使用　use of evidence　402
証拠の信用性　credibility of evidence　97
証拠の提出を開始し，また切り上げる　open and close to the jury　279
証拠の目録　inventory of evidence　218
証拠の優越性　preponderance of the evidence　309
証拠排除　suppression of evidence　378
証拠排除法則　exclusionary rule　150, exclusionary rule of evidence　150
証拠不十分　insufficiency of evidence

211, insufficient evidence　211
証拠物　articles of evidence exhibit　27
証拠物件　witness　416
証拠物件を押収する　seize evidence　359
証拠法　law of evidence　235, rules of evidence　353
証拠方法　instrument of evidence　211, real evidence　329
証拠保全訴状　bill to perpetuate testimony　40
証拠保全の請求　preservation of evidence　310, request for preservation of evidence　341
証拠保全の手続　proceedings for the preservation of evidence　317
証拠力　evidential power　147
証拠を隠滅する　destroy evidence　116, destroy the proof　116
証拠をつかむ　hold proof　194
証拠を突きつける　confront a person with proof　79
証拠を提出する　present evidence　310, produce evidence　317, vouch　411
証拠をでっち上げる　falsify evidence　159
証拠を握っている　hold proof　194
錠剤　pill　298, tablet　381
詳細に　at large　31
証紙　certificate stamp　53
焼死　death due to fire　105
商事　commercial matter　67
上司　boss　44, superior　377
正直　integrity　213
常識　common sense　69
商事裁判所　commercial court　67
焼死する　be burned to death　37
焼死体　charred body　56
商事代理人　mercantile agency　257
焼失家屋　houses burned down　197
焼失した　burned down　47, destroyed by fire　116
商事的言論　commercial speech　68
常時浮揚　always afloat　19
商事法　Business Law　47, commercial law　67, mercantile law　257
商社　trading company　393

しようす

使用者　employer　137, management　252
使用者実施権　shop right　364
使用者責任　respondent superior　343, vicarious liability　409
使用者責任の法理　doctrine respondeat superior　125
成就　maturity　255
招集　convene　89, convocation　89, summons　377
常習飲酒者　habitual drunkard　190
使用収益権　right to use and take profits　350
常習強盗致傷　habitual robbery resulting in bodily injury　190
招集通知　call　49, notice to convene　273
常習的な　customary　102, habitual　190
常習特殊強盗　habitual special robbery　190
常習特殊強盗強姦　rape on the occasion of habitual special robbery　328
常習特殊昏睡盗　habitual special larceny through causing unconsciousness　190
常習特殊準強盗　habitual special quasi-robbery　190
常習特殊窃盗　habitual special larceny　190
常習賭博　habitual gambling　190
常習犯　habitual criminal　190, habitual offender　190, recidivist　332
常習累犯　habitual recidivism　190
常習累犯強盗　habitual robbery with previous convictions　190
常習累犯昏睡盗　habitual larceny through causing unconsciousness with previous convictions　190
常習累犯準強盗　habitual quasi-robbery with previous convictions　190
常習累犯窃盗　habitual larceny with previous convictions　190
成就する　mature　255
証書　bond　43, certificate　53, deed　107, instrument　211, written instrument　418
証書移転のできる　lie in grant　244
症状　symptom　380
情状　circumstances　59
上場株式　listed stock; ～security　247
情状酌量を求める　plead extenuating circumstances　300
上場証券　listed stock; ～security　247
情状を酌量する　consider the mitigating circumstances　81
証書外事項　matter in pais　255
詔書偽造　forgery of the Imperial or State document　171
証書作成否定の答弁，証書作成否認の答弁　nient le fait　269, non est factum　270
証書事項　matter in deed　255
証書なき証券　uncertificated securities　397
証書などを作成する　execute　151
証書の署名が真正であることを認めること　acknowledge　6
証書の捺印をする場所　locus sigilli　249
証書配当　scrip dividend　356
詔書変造　alteration of the Imperial or State document　18
焼身自殺する　burn oneself to death　47, commit suicide by fire　68
上申書　written statement　418
消尽の準則　first sale rule　166
浄水　pure water　325
浄水汚穢　pollution of pure water　302
浄水汚穢致死　pollution of pure water resulting in death　302
浄水汚穢致傷　pollution of pure water resulting in bodily injury　302
浄水毒物混入　addition of poisonous material into pure water　10, mixing poisonous material with pure water　261
浄水毒物混入致死　addition of poisonous material into pure water resulting in death　10
浄水毒物混入致傷　addition of poisonous material into pure water resulting in

しようす

bodily injury　10
少数株主　minority shareholder; 〜 stockholder　259
少数株主締出し　sqeeze-out　370
少数独占　oligopoly　279
少数派　minority　259
少数派株主　minority shareholder; 〜 stockholder　259
少数民族　minority　259
使用済み小切手　cancelled check　49
証する　witnesseth　416
使用税　usetax　403
情性欠如者　affectionless psychopath　14
上席検察官　senior public prosecutor　360
常設前渡し金　permanent advance　294
乗船切符　ticket　390
乗船者名簿　muster-roll　264
乗船する　get on a ship　182
商船船員法　Merchant Marine Act 1920　257
商船法　Merchant Shipping Acts　257
上訴　appeal　23
上訴管轄権　appellate jurisdiction　24
上訴棄却　affirmance　14
上訴記録　record on appeal　333
上訴権回復　recovery of right of appeal　334
上訴権者　person having the right of appeal　295
上訴裁判所　appellate court　24, court above　96, court of appeals　96
上訴趣意書　case　51
上訴審　appellate court　24, court above　96
勝訴する　win a case　415
上訴提起期間　period of filing an appeal　294
上訴摘要書　appellant brief　24
上訴人　appellant　24
上訴の棄却　dismissal of an appeal　122
上訴の裁判　adjudication of an appellate court　10
上訴提起期間　period of an appellate court　294

上訴の取下げ　withdrawal of an appeal　416
上訴の放棄　waiver of an appeal　412
上訴放棄の制限　restriction of waiver of an appeal　344
上訴放棄の申立て　motion for waiver of an appeal　263
上訴を許さない決定　ruling against which no appeal is allowed　353
上訴を許さない命令　order against which no appeal is allowed　282
使用貸借　loan for use　247
状態の変更　change of position　55
承諾　acceptance　3, consent　80
承諾殺人　homicide with consent　196
承諾者　acceptor　3
承諾の態様　manner of acceptance　253
承諾の方法　method of acceptance　258
承諾文言記載約束手形　cognobit note　65
承知していること　notice of knowledge　273
象徴　symbol　380
象徴的約因　nominal consideration　270
象徴による引渡し　symbolic delivery　380
詔勅　imperial rescript　200
商店街振興組合法　Shopping District Promotion Association Law　364
譲渡　alienation　17, assignment　28, cesseion　54
譲渡可能な　transferable　393
譲渡禁止　non-assignment　270, not negotiable　273
焦土作戦　scorched-earth plan　356
譲渡証書　assignment　28, deed　107
譲渡承認　approval of assignment　25
譲渡する　assign and transfer　28, transfer　393
譲渡税　transfer tax　393
譲渡制限　restraint on alienation　344, restriction on transfer　344
譲渡制限株式　restricted stock　344
譲渡性のある　transferable　393
譲渡性預金証書　CD　52, certificate of deposit　53
衝突　clash　62, collision　66

和英索引

しょうひ

小特許　petty patent　298
衝突控除保険　deductible collision insurance　107
衝突と転覆　collision upset　66
衝突約款　running down clause　353
譲渡抵当　technical mortgage　384
譲渡抵当消滅証書　satisfaction of mortgage　355
譲渡抵当併合　consolidation of mortgages　82
譲渡できない権利　inalienable right　204
譲渡できる　negotiable　268
譲渡物件　demised premises　113
譲渡傭船　bareboat charter　36, demise charter　113
承認　acknowledge　6, acknowledgment 6, approval　25, assent　27, endorsement　138
証人　deponent　114
商人　merchant　257, trader　393, tradesman　393
常任委員会　standing committee　370
証人威迫　intimidation of a witness　217
承認解答期限付申込み　firm offer　165
商人ギルド　gilda mercatoria　183
承認書　written acknowledgment　418, written approval　418
承認条件付売買　sale on approval　354
証人申請　request for a witness　341
証人尋問　examination of a witness　148
証人尋問官　examiner　148
証人審問権　right to examine a witness　349
証人尋問調書　record of the examination of a witness　333
証人尋問の請求　request for examination of a witness　341
承認する　affirm　14
証人席に立つ　go to the witness stand　183, stand on the witness stand　370
証人宣誓書　form of oath　172
商人である売主　merchant seller　257
証人適格　qualification for a witness　326
商人同士の取引　between merchants　39

商人同士の取引ではない取引　not between merchants　273
証人となる　take the witness stand　382
証人能力　competency　72
証人の弾劾　impeachment of a witness　200
承認のない署名　unauthorized signature　396
証人の保護　protection of a witness　321
商人のメモルール　merchant memo rule　257
承認要件　board approval requirements　42
少年院　reformatory school　335
少年院からの退院　discharge from a juvenile training school　120
少年院法　Juvenile Training School Law　226
少年事件の不処分　discharge of a juvenile case　120
少年の保護監察処分　probation　316
少年の保護事件　matters of protection of the juvenile　255
少年非行　juvenile delinquency　226
少年法　Juvenile Law　226
上納金　benevolence　38, gild　183
小陪審　petty jury　298
賞罰　reward and disciplinary punishment　347
試用販売　sales on approval　354
消費　consumption　84
消費寄託　consuming bailment　84
消費財　consumer products　84
消費者　consumer　84
消費者関連法　Consumer-related Legislation　84
消費者期待基準　consumer expectation test　84
消費者行動　consumer behavior　84
消費者債務　consumer debt　84
消費者信用　consumer credit　84
消費者信用保護法　Consumer Credit Protection Act　84
消費者製品安全法　Consumer Product Safety Act　84

しようひ

消費者破産　consumer bankruptcy　84
消費者物価指数　consumer price index（CPI）　84
消費者物品　consumer goods　84
消費者不買運動　consumer boycott　84
消費者保護　consumer protection　84
消費者保護基本法　Basic Consumer Protection Law　36
消費者余禄　consumer surplus　84
消費生活用製品安全法　Consumer Products Safety Law　84
消費税　consumption tax　84, excise tax　150
消費税(費用)　consumption tax expense　84
消費税還付　consumption tax refund　84
消費税法　Consumption Tax Law　84
消費貸借　loan　247, loan for consumption　247
商標　brand　44, mark　254, trade mark　392, trademark　393
商標行政　trademark administration　393
商標権　trade mark right　392, trademark right　393, trademarks　393
商標権者　brand-owner　44
商標権譲渡契約　trademark assignment agreement　393
商標制度　trademark system　393
商標盗用　trademark piracy　393
商標登録条約　Trademark Registration Treaty　393
商標の更新　trademark renewal　393
商標不正使用　misbranding　260
商標法　Trade Mark Law　392
賞品　commodity　69, prize　315
商品　goods　185, goods, wares, and merchandise　185, merchandize　257
商品券　gift certificate　182
商品検査権　right of inspection of goods　348
商品先物取引委員会　Commodity Futures Trading Commission　69
商品市場の先物　futures　179
商品性　merchantability　257

商品性のある　merchantable　257
商品性の担保責任　warranty of merchantability　413
商品性の黙示保証　implied warranty of merchantability　201
商品適格　merchantability　257
商品適格がある　merchantable　257
商品投資に係る事業の規制に関する法律　Law regarding Regulation of Business concerning Commodities Investment　237
商品取引所法　Commodity Exchange Law　69
商品の記述　trade description　392
商品の権限　title of goods　391
商品の在庫　stock　372
商品の証票　label　229
商品の表示　trade description　392
情夫　lover　250, paramour　287
情婦　mistress　260, paramour　287
私用文書毀棄　destruction of a private document　116
条文見出し　headnote　192
譲歩　concession　74, yield　419
商法　commercial code　67, commercial law　67
消防　fire fighting　165
情報　information　209, report　340
情報格差　information asymmetry　209
情報活動　intelligence activities　213
情報技術規定　ITA : Information Technology Agreement　220
情報公開法　Freedom of Information Act　176, sunshine law　377
情報誌　newsletters　269
情報自由法　F.O.I.A.　156
消防署　fire station　165, firehouse　165
情報処理　handling data　191
情報処理の促進に関する法律　Law on Facilitation of Information Processing　236
商法中署名スヘキ場合ニ関スル法律　Law Concerning Cases where Signing is Required within Commercial Code　231

しよおう

情報提供者　informant　209, informer　209
情報の偏り　information asymmetry　209
消防法　Fire Service Law　165
情報見直し法　sunset law　377
情報網　intelligence network　213
情報ルート　pipeline　298, secret channel of information　357
情報を開示する　reveal information　346
情報を漏らす　reveal information　346
譲歩する　make a concession　251
抄本　abstract 2, partial copy　288, tenor　385
正本　exemplification　152, the original　388
正味　net　268
正味財産　worth　417
正味日数　clear days　63
常務　ordinary affairs　283
商務省　board of trade　42, Department of Commerce　114
商務長官　Secretary of Commerce　357
訟務長官　Solicitor General; Solicitor-General　367
常務取締役　managing director　253
証明　apostille　23
証明業務　attest service　31
証明された　certified　53
証明されるべき程度　degree of proof　110
証明書　attestation　31, certificate　53
証明証人　attesting witness　31
証明商標　certification mark　53
証明すべき事実　fact to be proven　157
証明する　attest 31, certify　54
証明謄本　attested copy　31
証明分　testimonium clause　386
証明文分　testimonium clause　386
証明力を争う　challenge the credibility of evidence　54
消滅　extinction　155, extinguishment　155
消滅させる権利　right of termination　349
消滅時効　extinctive prescription　155
消滅条件付単純不動産権　fee simple defeasible　162
消滅法人　disappearing corporation　120
正面衝突　head-on collision　192
使用免責　use immunity　402
消耗　consumption　84, deterioration　117, exhaustion　152
消耗償却　depletion　114
消耗する　wear out　414
消耗品　consumption articles　84
使用目的　purpose of utilization　325
省モデル　department model　114
条約　treaty　394
条約の承認　the Diet approval of a treaty　387
条約の締結　conclusion of a treaty　75
条約の破棄　denunciation　114
条約の批准　ratification　328
賞与　bonus　44
常用　habitual use　190
商用利用　commercial application　67
譲与条項　granting clause　186
将来　in future　204
将来貸付　future advance　179
将来権　future interest　179, future rights　179, reversionary interest　346
将来生ずべき損害　prospective damage　321
将来において　in futuro　204
将来に向かって　for the future　168
将来の　executory　151
将来物　future goods　179
将来不動産権　future estate　179
掌理　administer　11
省略形　abbreviation　1
使用料　hire　194, toll　391
常緑契約　evergreen contract　146
省令　ministerial ordinance　259, Ordinance by Ministry of〜　283
条例　by-laws　48, ordinance　283
条令　provision　321
奨励金　bounty　44
女王座裁判所　Queen's Bench Division　327
女王座部　Queen's Bench Division　327

しよとふ

ショートフォーム　Short Form　364
ジョーンズ法　Jones Act　222
除外　exclusion　150
除外して　to the exclusion of〜　391
除外事由　grounds for exceptional treatment　187
除外条項　exception　148
書記官　clerk　63
初期に　in limine　204
諸規範の集合体　collection of rules　66
書記役　secrecy obligation　357
除去　removal　338, taking off　382
助教授　assistant professor　29, reader　328
処遇　treatment　394
処遇方針　policy of treatment　301
職業斡旋　placement　299
職業安全衛生法　O.S.H.A.：Occupational Safety and Health Act　274, Occipational Safety and Health Act　276, OSHA: Occupational Safety and Health Act　284
職業安定局　Employment Security Bureau　137
職業安定法　Employment Security Law　137
職業訓練　vocational guidance　410, vocational training　410
職業紹介　introduction of employment　217, placement　299
職業紹介所　employment agency　137, employment office　137
職業上の危険　occupational hazard　277
職業税　occupational tax　277
職業選択の自由　freedom to choose and change one's occupation　177
職業適性検査　vocational aptitude test　410
職業能力開発促進法　Human Resources Development Promotion Law　197
職業病　industrial disease　208, occupational disease　277
職業倫理　professional ethics　318
贖罪　atonement　31, expiation　153
贖罪寄附　donation for atonement　127

贖罪金　bot; bote　44
触手　feeler　162
職種　job title　221
職種別労働組合　craft union　97
触手を伸ばす　put out a feeler　325
触診　examination by touch　147, palpation　286
嘱託　nonregular staff　272
嘱託殺人　homicide caused at one's request　196
嘱託により　at one's request　31, upon request　402
職人　artificer　27, tradesman　393
職人の留置権　artisan's lien　27
職人らしい仕事　good and workmanlike manner　184
職場委員　shop steward　364
職場占拠　sit-down strike　365
職場での守秘義務　confidential information at employment　79
食品・農業・農村基本法　The Basic Law on Food, Agriculture and Rural Areas　387
食品衛生法　Food Sanitation Law　168
植物新種保護法　Plant Variety Protection Act　299
植物特許　plant patent　299
触法少年　juvenile of illegal behavior　226, juvenile under 14 years of age who is alleged to have violated any criminal law or ordinance　226
職務　functions　179, office　278
職務活動の成果　work product　417
職務完了　functus officio　179
職務強要　compulsion of the performance of official duties　74
職務権限　administrative authority　11
職務執行　exercise of function　152
職務執行停止　suspension of the exercise of duties　380
職務執行令状　mandamus (, writ of)　253
職務質問　police questioning　301
職務上当然に　ex officio　147
職務上の　official　278
職務上の義務に違反する　swerve from one's

しょとく

duties　380
職務代行者　acting director　8
職務怠慢行為　malpractice　252
職務停止　suspension from exercising one's judicial functions　379, suspension from performing one's duties　379
職務停止令状　inhibition　209
職務に関する罪　crime relating the performance of official duties　99
職務に関して　in connection with one's duties　204
職務の範囲　scope of employment　356, scope of functions　356
職務発明　invention in service　218
職務放棄　desertion　116
職務を怠る　neglect one's duties　267
食糧庁　Food Agency　168
職歴　job history　221
職を辞する　resign　343
処刑　execution　151
処刑する　execute　151
処刑台　gallows　180, scaffold　355
諸経費　carrying　51
助言業務　advisory services　14
助言と承認　advice and approval　14, counsel and consent　93
除権判決　judicial judgments of exclusion　224
諸権利の束　bundle of rights　46
所在　whereabouts　414
所在尋問　examination of a witness at his place　148
所在地　location　248, place　299
所在地裁判所　forum rei　173, forum rei sitae　173
所在地法　lex situs　243
所在不明　missing　260, non est inventus　270, not found　273
所在不明の物品　unascertained goods　396
書式の戦い　Battle of the Forms　37
女子刑務所　Women's Prison　416
所持者　holder　194, possessor　303
所持する　hold　194

所持人　bearer　37
所持品　belongings　38, personal effects　296
所持品検査　police inspection of belongings　301
書写　engrossing　139
書証　document　125, documentary evidence　126, exhibit　152, instrument　211
初診　first medical examination　166
初心者　novice　274
助成金　subsidy　375
女性指定遺言執行者　executrix　152
除斥の原因　causes for exclusion　52, grounds for exclusion　187
所属　organization　283
世帯　household　197
世帯主　head of household　192, householder　197
処断する　adjudicate　10, impose　202, punish　324
職権　mere motion　258, official power　278
職権上　ex officio　147
職権証拠調べ　ex officio examination of evidence　147
職権調査　court's own inquiry　96, ex officio examination　147, inquiry on its own authority　210
職権で　at its own discretion　31
職権により　ex mero motu　147, ex proprio motu　147
職権保釈　release on bail officio　337
職権濫用　abuse of authority　2, abuse of power　3
職権をもって　on the application of one's own authority　279
ショップ・ライト　shop right　364
所定期間経過後の　out of time　284
所定刑　penalty provided　292
所得　earnings　132, income　205
所得移転　shifting income　363
所得計算書　income statement　205
所得税　income tax　205
所得税申告書　income tax return　205

しょとく

所得税法　Income Tax Law　205
所得分配　income distribution　205
初年度収益　first fruit　165
処罰　criminal sanction　100, penalty　292, punishment　324, sanction　355
処罰条件　conditions subsequent which convert an action into a punishable act　78
処罰を免れる　escape punishment　143
初犯　first offense　166
初犯者　first offender　166
処分　disposition　123
処分案　proposal for distribution　320, proposed distribution　320
処分権　jus dispondi　225, power of sale　304
処分しうる　lie　244
処分書　action document　8
処分の継続　continue of disposition　85
処分の取消し　cancellation of disposition　49
処分の変更　change of disposition　55
処方箋　medical prescription　257
庶民　commoner　70
庶民院　H.C.　189, House of Commons　197
庶務　administrative affairs　11
署名　endorsement　138, hand　191, sign　364, signature　365, subscription　375
除名　dismissal from membership　122, expulsion　154
署名・捺印・交付済　signed, sealed, and delivered　365
署名押印　signature and seal　365
署名カード　signature card　365
署名自署の　onomastic　279
署名者　signatory　365, undersigned　397
署名証人　subscribing witness　375
除名処分　hammered　191
署名する　sign　364, subscribe　375
署名捺印した書面　stamp　370
署名のある　onomastic　279
署名をした　undersigned　397

書面　writing　418, written instrument　418
書面契約　written contract　418
書面による権限　written authority　418
書面による合意　written agreement　418
書面による申込み　written offer　418
書面の意義　purport of documents　325
書面の文面どおり　face of the document　156
助役　director　119
所有　hand　191, possession　302
所有株式　shares owned　363
所有形態　ownership form　285
所有権　dominium　127, ownership　285, possession　302
所有権の移転　passage of title　290
所有権の移転時期　title and risk　391
所有権返還　reconvey　332
所有権留保　title retention　391
所有者　owner　285, proprietor　320
所有者，賃貸人，賃借人の対第三者賠償責任保険　owner's, landlord's and tenant's public liability insurance　285
所有者の　proprietary　320, pty.　322
所有する　have and obtain　192, own　285
所有地　seisin; seizin　359
所有の　pty.　322
所与　datum　104
所要期間　duration　131
処理　transaction　393
処理支援　transaction services　393
書類　documents　126, papers　286
書類・証拠物の閲覧謄写権　right to inspect and copy documentary or material evidence　350
書類送検　referral of a case file to a public prosecutor　335
書類送致　referral of a case file to a public prosecutor　335
書類の送達　service of documents　361
書類は取っておくべきである　retain your documents　345
ジョン・ドウ　John Doe　221
しらけ　apathy　23

| しんけい

白地　blank　41
白地式裏書　blank endorsement　41, blank indorsement　41, endorsement in blank　138, general indorsement　181, indorsement in blank　208
白地式で　in blank　204
白地書面　carte blanche　51
白地手形　bill of exchange which was incomplete when issued　39, skeleton bill　365
知らせる　advise　14
しらふ　not drunk　273, sober　366
自力救済　self-help　359
退く　vocate　410
自律神経　autonomic nerve　33
自律神経失調症　autonomic ataxia　33, autonomic imbalance　33
事理弁識能力　ability to appreciate the nature and quality of one's acts　1, capacity to appreciate the nature and the wrongfulness of one's acts　50
資料　corpus　92, datum　104, material　255
資料コピー禁止　restriction of copying　344
資力　funds　179, means　256, resources　343
自力更生　regeneration by one's own efforts　336
思慮分別　prudence　322
知る機会　opportunity to know　281
知る権利　right of access　348, right to know　350
知るべき根拠　reason to know　329
指令　directive　119
事例　example　148, instance　211
事例研究　case study　51
屍蠟　adipocere　10
素人　lay people　238
白地代　alba firma　16
白バイ　motorcycle policeman　263, speed cop　369
白旗　flag of truce　166
仕訳　journalizing　222
審訊　ex parte hearing　147, interrogation　216
人為的な　artificial　27
人為的に　artificially　27
人為的不可抗力　irresistible force　219
心因性の　psychogenic　322
人員整理　personnel reduction　297
人員整理手当　redundancy payment　335
臣　subject　374
侵害　infringement　209
侵害行為の差止め　injunction　209
侵害者　trespasser　395
侵害する　damnify　104
深海底鉱業暫定措置法　Law on Interim Measures for Deep Seabed Mining　236
人格　character　55, personality　297
人格形成　character building　55, character formation　55
人格窃盗　identity theft　198
新株　new shares　268
新株買受権　stock right　372
新株式払込金　subscription money　375
新株などの発行　placement　299
新株発行　issuance of shares　220
新株引受権　pre-emptive right　305, pre-emptive rights　306, stock right　372, subscription right　375
新株引受権証券　stock with pre-emptive right　372
新株引受権付社債　bond with pre-emptive right　43, debenture with pre-emptive right　105
審議　deliberation　110
信義　faithfulness　158, loyalty　250
新技術　new technology　268
審議する　consider　81, deliberate　110
新規性　novelty　274
信義誠実の原則　principle of faith and trust　313
信義則　fair and equitable principle　158
新旧交換差益　new for old　268
信教の自由　freedom of religion　176
心筋梗塞　coronary　91, myocardial infarction　264
神経　nerves　268

しんけい

神経過敏な　oversensitive　285, touchy　392
神経質な　nervous　268, very sensitive　408
神経症　neurosis　268
神経衰弱　neurasthenia　268
神経痛　neuralgia　268
神経病　nervous disease　268, nervous disorder　268
親権　parental power　287
人権　civil rights　60, human rights　197
親権者　person having parental power　295
人権蹂躙　overriding human rights　285
人権侵害　infringement of human rights　209, violation of human rights　409
親権の効力　effect of parental power　134
親権の失権の宣告　adjudication of the forfeiture of the parental power　10
親権の喪失　loss of parental power　250
人権保障　safeguard for human rights　353
人権擁護　protection of human rights　321
信仰　belief　38, faith　158, religious faith　338
進行中の　ongoing　279
人口統計　vital statistics　410
信号無視する　go through a red light　183, run a red light　353
申告　declaration　106, report　340, statement　371
親告罪　crime indictable upon a complaint　98
審査　audit　32, examination　147, review　346, scrutiny　356
人災　disaster caused by human neglect　120
審査室　review office　346
審査申請　claim for inquiry　60
審査請求　application for review　24
審査長　chief examiner　58
診察　medical examination　256

人事院　National Personnel Authority　266
人事課　personnel division　297
人事管理　human resource management　197, human resources　197, personnel management　297
人事行政　personnel administration　297
新事業創出促進法　Law for Facilitating the Creation of New Business　234
紳士協定　gentleman's agreement　182
人事措置請求書　personal action request　296
真実の隠蔽　suppression veri　378
真実の合意　reality of consent　329
斟酌する　take into account　382, take into consideration　382
人種　race　327
心中　double suicide　128, lover's suicide　250
臣従の誓　homage　195
人種差別　racial discrimination　327, segregation　359
人種差別撤廃　desegregation　116
人種主義　racism　327
申述する　declare　106
人種的偏見　racial prejudice　327
人種に基づく隔離　racial segregation　327
人種による差別　race discrimination　327
信書　correspondence　93
信書隠匿　concealment of a letter　74
心証　conviction　89, impression　203
信条　belief　38, creed　98
身上　personal affairs　296
人証　oral evidence　282
身上照会回答書　reply to an inquiry on the personal affairs　340
身上調査書　classification summary　62, investigation report of personal affairs　218
心証を害する　create a bad impression　97, give an unfavorable impression　183
信書開披　opening a sealed correspondence　280, opening an enveloped letter　280

信書の秘密を侵す　violate the privacy of personal correspondence　409
心神耗弱　quasi-insanity　326
心神耗弱者　quasi-insane person　326
心身障害者　disabled person　120
心神喪失　insanity　210, lunacy　250
心神喪失者　insane person　210, lunatic　250
心神喪失の申立て　insanity plea　210
心神喪失を申し立てる　plead insanity　300
心神喪失を理由とした弁護　insanity defense　210
心身の故障　mentally or physically incompetence　257
人身の自由　personal liberty　297
人身売買　traffic in person　393
人身保護規則　Habeas Corpus Rule　190
人身保護法　Habeas Corpus Law　189
人身保護令状　H.C.　189, habeas corpus　189, writ of habeas corpus　417
申請　application　24, filing　163
真正　genuineness　182
人生　life　245
申請する　apply　24, apply liberty to　24, file　163, make an application　251
真正な　authentic　32, real　328
真正な職業資格　BFOQ : bona fide occupational qualification　39
真正な署名の保証　guarantee of the signature　188
申請人　applicant　24
新製品　new goods　268
新設合併　merger by incorporating a new company　258
新設合併条項　articles of consolidation　27
振戦せん妄　delirium tremens　111
真相　real fact　329
腎臓　kidney　227
心臓圧填　cardiac tamponade　50
心臓移植　heart transplant　193
心臓障害　heart trouble　193
心臓の鼓動停止　cardiac arrest　50, heart stoppage　193

腎臓病　kidney disease　227
心臓麻痺　cardiac paralysis　50, heart attack　193
親族　kin　227, relatives　337
親族関係　relationship　337
親族相盗　larceny committed against one's relatives　230
迅速な裁判　speedy trial　369
身体刑　corporal punishment　91
身体検査　examination of a person　148, physical examination　298
身体検査令状　warrant for physical examination　413
人体実験　human experimentation　197, living-body test　247
身体障害　physical handicap　298
身体障害者　physically handicapped person　298
身体障害者福祉法　Law for the Welfare of People with Physical Disabilities　235
身体的虐待　physical cruelty　298
身体的能力欠損　physical disability　298
身体の安全　personal security　297
身体の拘束　physical restraint　298
人体模型　anatomical model of the human body　20
信託　trust　395
信託・寄託条項　trust or commission clause　395
信託会社　trust company　395
信託基金　trust fund　395
信託銀行　trust bank　395
信託財産　trust corpus　395, trust estate　395, trust property　395, trust res　395
信託財産授与宣言　vesting declaration　409
信託受益者　cestui que trust　54
信託条項　terms of trust　386
信託証書　trust deed　395, trust indenture　395, trust instrument　395
信託証書受託者　indenture trustee　207
信託する　entrust　140
信託制度　trust　395

しんたく

信託設定者　settler　362
信託的指名権　power in (the nature of a) trust　304
信託の不成立　failure of trust　157
信託の目的　trust purpose　395
信託法人　trust corporation　395
信託保有契約　covenant to stand seised　97
信託預金　money in trust　261
信託を作るときの宣言書　declaration of trust　106
侵奪　cepit　53
診断　diagnosis　118
診断書　check up list　58, medical certificate　256
慎重な　prudent　322
慎重な投資　prudent investment　322
新賃貸人の承認　attornment　32
人定質問　personal identification question　297
人的抗弁　defences founded on their personal relation with　109, personal defense　296
人的財産　biens　39, effects　135, goods and chattels　185, personal assets　296, personality　297
人的財産上の保証　personal security　297
人的財産に関する契約　personal contract　296
人的証拠　personal evidence　296
人的責任　personal liability　297
人的訴訟　personal action　296
人的担保　personal security　297
人的動産　chose　58, personal chattel　296
人的保証　personal security　297
伸展創　extension wound　155
親等　degree　110, degree of relationship　110
振動規制法　Vibration Regulation Law　409
人頭税　personal tax　297, poll tax　302
シンナー　thinner　389
侵入者　intruder　217, trespasser　395
新入パートナー　incoming partner　205

信任関係　fiduciary relation　163
信任義務　fiduciary duty　163
信任の決議　confidence resolution　79
真の意思に基づかない支払い　involuntary payment　219
真の職業上の必要性　bona fide occupational qualification　43
じん肺法　Pneumoconiosis Law　301
審判　hearing　192, umpirage　396
神判　ordeal　282
審判開始　commencement of hearing　67
審判官　examiner　148
審判人　referee　335, umpire　396
審判の非公開の原則　principle of unopened hearing　314
審判の分離　separation of trial　360
審判の併合　joinder of trial　221
審判不開始　dismissal without hearing　122
審判妨害　interference with a trial　213
真皮　dermis　115
真否　truthfulness or falseness　395
信憑性　trustworthiness　395
心不全　heart failure　193
腎不全　renal failure　338
新聞に掲載する　publish　324
進歩性　inventive step　218
人民間訴訟裁判所　C.P.　48
人命尊重法　Human Life Statute　197
審問　examination　147
訊問　examination　147
尋問　question　327, questioning　327
尋問事項　affairs to examine　14
尋問の順序　order of an examination　282
信用　credit　97, faith　158, standing　370, trust　395
信用・保証保険　fidelity and guaranty insurance　163
信用貸し　credit　97
信用毀損　damage to credit　103, degradation of creditworthiness　110
信用失墜行為　acts discreditable　9
信用状　bill of credit　39, L／C　228, letter of credit　242

信用状開設遅延　failure to establish L／C　157
信用状開設通知　advices of credit　14
信用証券　bill of credit　39
信用性　credibility　97
信用調査機関　mercantile agency　257
信用できるコミットメント　credible commitment　97
信用手数料　service charge　361
信用度評価　rating　328
信用取引　margin transaction　254
信用販売　sale on account　354, sale on credit　354
信用保険　fidelity bond　163
信用保険証券　solvency policy　367
信用保証協会法　Credit Guarantee Association Law　97
信頼　faith　158, reliance　338
信頼関係　confidential relation　79, confidential relationship　79
信頼性のある証人　credible witness　97
信頼できる　faithful　158
信頼度　reliability　338
信頼に基づく開示　confidential disclosure　79
信頼の原則　rule of reliance reasonable conduct　353
信頼利益　reliance interest　338
審理　proceedings　317, trail　393
審理する　pass　289
審理の経過　development of the trial　118
審理パートナー　concurring partner　76
審理陪審　petty jury　298
審理不尽　premature decision　307
心裡留保　mental reservation　257
心理療法　psychotherapy　322
森林法　Forest Law　170

す

水域利用権　aquatic rights　25
随意条件　condition potestative　76
水位線　water-mark　414
水銀中毒　mercurialism　258, mercury poisoning　258
水源　source of pure water　367
水産資源保護法　Law for Conservation of Aquatic Resources　234
水質汚濁防止法　Water Pollution Control law　414
水質浄化法　Clean Water Act　62
衰弱　weakening　414
水準　par　286
推薦状　reference　335
水洗炭業に関する法律　Law concerning Coal Washing Operations　231
推測に止まる　no more than speculation　269, remain speculation　338
垂直的価格協定　vertical price fixing　408
垂直的合併　vertical merger　408
垂直的競争制限　vertical restraint　408
推定　implication　200, presumption　311
推定悪意　implied notice　201
推定価格　estimated value　145, presumed value　311
推定規定　presumptive rule　311
推定証拠　presumptive evidence　311
推定上の父　putative father　325
推定信託　presumptive trust　311
推定する　deemed and considered　107
推定全損　constructive total loss　84
推定相続人　expectant heir　152, heir presumptive　193, presumptive successor　311
推定通知　imputed notice　203
推定認識　implied notice　201, imputed knowledge　203, imputed notice　203
推定年齢　estimated age　145, probable age　316
水道汚穢　pollution of a water supply system　302
水道汚穢致死　pollution of a water supply system resulting in death　302
水道汚穢致傷　pollution of a water supply system resulting in bodily injury　302

すいとう

出納官　treasurer　394
水道原水水質保全事業の実施の促進に関する法律　Law concerning the Promotion of Projects to Preserve Water Quality in Drinking Water　233
水道損壊　damage or destruction of a water main　103
水道毒物混入　addition of poisonous material into a water main　10
水道毒物混入致死　addition of poisonous material into a water main resulting in death　10
水平的価格協定　horizontal price-fixing contract　196
水平的合併　horizontal merger　196
水平的競争制限　horizontal restraint　196
水平的市場調査　horizontal market allocation　196
水平的市場分割　horizontal market division　196
水法　water law　414
水法と鉱業法　water and mining law　414
水防法　Flood Control Law　167
水防妨害　obstruction of flood control　276
睡眠口座　abandoned bank account　1
水利　irrigation　219, water utilization　414
水利権　water right　414
水利妨害　obstruction of irrigation　276, obstruction of water utilization　276
推論　inference　208
スウォット分析　SWOT analysis　380
数種の株式　class of shares　62
数通発行の1組の船荷証券　set of bills of lading　361
スーパー301条　Trade Act of 1974　392
スーパーファンド法　Superfund Amendment and Reauthorization Act　377
数倍賠償　multiple damages　263
枢密院　P.C.　286, Privy Council　315
枢密顧問官　privy councillor　315
数量条件　quantity　326
数量制限　quantitative restriction　326

数量の不足　deficiency　109
数量の未定　open quantity　280
数量未定契約　open-end contract　280
据え付け　installment　211
頭蓋骨骨折　skull fracture　365
スキッド痕　skid mark　365
すぐに売れる　marketable　254
すぐ入居できるという広告文句　immediate occupancy　199
スクリーニング　screening　356
図式位置指示器　P.P.I.　286
すたれた　obsolete　276
スタンド・バイ・クレジット　stand-by letter of credit (L／C)　370
スタンド・バイ L／C　stand-by letter of credit (L／C)　370
ステークホルダー分析　stakeholder analysis　370
ステート・アクション　state action　370
ストウリー　Joseph Story　222
ストック・オプション・プラン　employee stock option plan　137
スト破り　strike-breaker　373
ストライキ　walk out　412
ストライキ禁止条項　no-strike clause　273
ストライキ破り　scab　355
ストライキ破り排除法　Anti-Strikebreaking Act　22
ストライキをする　strike　373
ストロング・アーム条項　strong-arm provision　373
すなわち　scilicet　356, ss　370
スパイクタイヤ粉塵の発生に関する法律　Law on the Prevention of the Generation of Particulates from Studded Tires; Studded Tires Regulation Law　237
スピード違反する　break the speed limit　44
スピン・オフ(する)　spin off　369
スプリット・アップ　split-up　369
スプリット・オフ　split-off　369
スペシャル・アピアランス　special appearance　368
すべってころんで　slip and fall　366

全て　all and singular　17
全ての　all and every　17, any and all 23, each and all　132
全ての瑕疵　all faults　17
スポット地区制　spot zoning　369
スポット売買契約　spot sale and purchase agreement　369
スミソニアン協定(スミソニアン合意)　Smithonian Agreement　366
速やかに　forthwith　172, promptly 319
スライド制賃料契約　graduated rental lease　185
ずらし任期　staggered terms　370
すり　pickpocket　298
スリップ痕　skid mark　365
鋭い　acute　9
座って頭を伏せる　sit with one's head down　365
スワップ契約　swap agreement　380
座り込み　sit in　365
座り込みスト　sit-down strike　365

せ

税　geld　180, gild　183, tax　383
聖域　sanctuary　355
性格　character　55, personality　297
税額　tax amount　383
性格異常　character disorder　55
税額控除　tax credit　383
性格証拠　character evidence　55
正確な　accurate　5, exact　147, precise 305
性格の不一致　personality clashes　297
生活　life　245
生活関連物資等の買占め及び売惜しみに対する緊急措置に関する法律　Law concerning Emergency Measures against Cornering and Speculative Stocking of Materials and Products related to Daily Life　231
生活水準　standard of living　370
生活手当　maintenance allowance　251

生活の本拠たる住居　personal residence 297
生活反応　vital reaction　410
生活必需品　necessaries　267
生活必需品採取権　estover　145
生活妨害　nuisance　274
生活保護法　Daily Life Protection Law 103, Public Assistance Law (Daily Life Security Law)　322
正貨で　in specie　204
成果の帰属　right to result　350
正貨輸入メリット分岐点　import specie point　201
税関　customhouse　102, customs　102
税関官吏　customs officer　102
税関官吏阿片煙輸入　importation of smoking opium by a customs official　202
請願権　right of petition　348
請願作業　voluntary labor　411
税関申告書　customs declaration　102
請願人　petitioner　297
請願法　Petition Law　297
正義　aequitas　14, justice　225, right 347
正義感　sense of right　360
正規の　regular　337
正義への平等の機会　equal access to justice　141
請求　application　24, request　341
請求あり次第履行すること　on call　279, on demand　279
請求期間　period claimed　294
請求棄却　aller san jour　17, dismissed for want of equity　122
請求棄却の決定　ruling of the dismissal of claim　353
請求権にもとづく現実受領の法理　claim of right doctrine　61
請求権の消滅　extinguishment of claim 155, termination of claim　385
請求裁判所　Court of Claims　96
請求書　bill　39, invoice　219
請求する　request and demand　341, request and require　341
請求人　claimant　61

せいきゅ

請求認諾権委任文言付約束手形　cognobit note　65, judgment note　223
請求の棄却　dismissal of claim　122
請求の却下　refusal of claim　335, rejection of claim　337
請求の競合　concurrence of claims　75
請求の原因　statement of claim　371
請求の趣旨　gist of claim　183
請求の取下げ　withdrawal of claim　416
請求の認諾　admission of claim　13
請求の放棄　waiver of claim　412
請求否認の答弁　onerari non　279
請求明細書　bill of particulars　40
正義を逆用した行為　charges of perversion of justice　56
税金　charge　55
税金などを課する　assess　27, impose　202
請訓する　ask for instructions　27
生計を同じくする　be co-living in one's household　37
政権　administration　11
制限　reservation　342, restriction　344
制限裏書　restrictive endorsement　344, restrictive indorsement　344
制限行為能力　impediment　200
制限行為能力者　incompetent　205
政権交替　change of government　55
制限条項　restrictive covenant　344
制限除外　exception for restriction　148
制限速度　regulation speed　337, speed limit　369
制限付財産権　special property　368
制限付きで　sub modo　374
制限的管轄権　limited jurisdiction　246
制限的財産権　qualified property　326
制限的取引慣行　restrictive trade practices　344
制限的取引慣行裁判所　Restrictive Practices Court　344
政見発表　manifesto　253
制限物権　fractional interest　173, qualified property　326
制限物権条項　habendum clause　190
制限不動産権　base fee　36

制限保険証券　limited policy　246
制限約束　restrictive covenant　344
税控除される　tax-deductible　384
整骨師　osteopath　284
制裁　disciplinary punishment　120, discipline　120, punishment　324, sanction　355
制裁金　civil penalty　59
制裁的賠償　vindictive damages　409
製作価額　production value　317
製作権　playright　299
政策書簡　policy letter　301
性差別　gender discrimination　180, sex discrimination　362, sexism　362
性差別表現禁止　desexing　116
清算　liquidation　246, settlement　362
生産(者)割り当て　production quota　317
生産・販売記録と帳簿　Accounting and Records　5
清算上の権利　liquidation right　246
清算会社　clearing corporation　63, company in liquidation　71
清算型　liquidation type　246
青酸カリ　potassium cyanide　303
清算事務　work of liquidation　417
生産者　producer　317
生産者物価指数　producer price index (PPI)　317
生産者余禄　producer surplus　317
清算剰余金　surplus at liquidation　378
清算信託　liquidating trust; liquidation trust　246
清算済勘定　settled account　362
精算する　adjust　11, liquidate　246
清算する　settle　362
青酸中毒　cyanide poisoning　103
精算通知　notice of wind up　273
清算手続　settlement procedures　362
清算人　liquidating partner　246, liquidator　246
清算の結了　completion of liquidation　73
清算払い　final payment　163
清算費用　settlement fee　362
清算法人　juristic person for the purpose

せいせき

of liquidation　225
生産量一括売買契約　output contract　284
生産緑地法　Production Green Land Law　317
政治運動　political campaign　302
政治活動　political activity　302
政治機関　governmental agency　185, governmental body　185
正式記録裁判所　court of record　96
正式契約書　formal agreement　172
政治機構　political structure　302
正式裁判　formal trial　172
正式裁判請求　application for formal trial　24
正式債務名義のある金銭債務　debt of record　106
正式書面外事実　act in pais　7
正式通知　presentment　310
正式謄本　office copy　278
正式な手続　due process　130
正式に中止する　rescind　342
正式文書以外の証拠　parol evidence　287
政治献金　political contribution　302, political donation　302
生死混合保険　endowment insurance　139
生死混合保険証券　endowment policy　139
政治資金　political funds　302
政治資金規正法　Law to Regulate Money Used for Political Activities　238
政治組織　political system　302
誠実　bona fide　43, good faith　184
誠実かつ公正な取り扱い　good faith and fair dealing　184
性質　kind and character　227, kind and nature　227
政治的権利　political right　302
政治犯罪　political crime　302, political offense　302
政治問題　political issue　302
脆弱的信託　destructible trust　116
正邪のテスト　right and wrong test　347
税収　tax revenue　383
清書　engrossing　139
青少年　juvenile　226
青少年犯罪　delinquency　110

青少年非行　delinquency　110
聖職者　clergy　63
聖書に手を置いて行う宣誓　corporal oath　91
政治力　political influence　302, political power　302
成人　adult　13, majority　251
精神安定剤　tranquilizer　393
精神医学　psychiatry　322
精神異常　mental disorder　257
精神衛生　mental health　257, mental hygiene　257
精神科医　psychiatrist　322
精神鑑定　examination of one's mental condition by an expert witness　148
精神錯乱　mental derangement　257
精神障害　insanity　210, lunacy　250
精神障害者　lunatic　250, mentally defective person　257, mentally handicapped person　257
精神状態　state of mind　370
精神的障害に対する慰謝料　for non-pecuniary damage compensation　168
精神的損害に対する賠償　compensation for mental suffering　72
精神年齢　mental age　257
成人年齢　lawful age　238
精神病　mental disease　257, psychosis　322
精神病院などへの引渡し　committal　68
精神病質　psychopathy　322
精神病質者　psychopath　322
精神病者　mental patient　257, psychotic　322
精神病的人格　psychopathic personality　322
精神分析　psychoanalysis　322
精神保健及び精神障害者福祉に関する法律　Law on Mental Health and Welfare for People with Mental Disorders　236
精神保健法　Mental Health Law　257
精神もしくは身体の故障　unsoundness of mental or physical condition　402
成績　achievements　5, record　332, re-

せいせん

sult 344, showings 364
生前処分 disposition inter vivos 123
生前信託 inter vivos trust 213, living trust 247
生前贈与 gift inter vivos 182, inter vivos gift 213
製造 manufacture 253, production 317
製造委託契約 manufacturing consignment agreement 253
製造者 manufacturer 253
製造者責任 manufacturer's liability 253
製造上の欠陥 manufacturing defect 253
製造物責任 products liability 317
製造物責任に関する省庁間合同調査団 Interagency Task Force on Product Liability 213
製造物責任法 product liability law 317
製造物責任保険 product liability insurance 317
製造ラインの合理化・統合化 product line rationalization 317
生存権 right to live 350
生存している in plena vita 204
生存者権 survivorship 378
生存者財産権 right of survivorship 349
生存中の inter vivos 213
生存余命 expectation of life 153
生態系 ecosystem 134
請託 entreaty 140, upon solicitation 402
成長株 growth stock 188
制定 enactment 137, institution 211
制定する institute 211
制定法 legislation 241, statute 371, statutory law 371
制定法上の最低持分 minimum statutory share 258
制定法化 codification 65
制定法上の信託 statutory trust 371
制定法上のリーエン statutory lien 371
制定法適用除外の特約 contracting out 88
制定法による指定後見人 guardian by statute 189

制定法の statutori 371
制定法の規定に反して contra formam statuti 86
制定法の精神 equity of a statute 143
制定法の宣言的部分 declaratory part of a law 106
制定法の目的 equity of a statute 143
性的嫌がらせ sexual harassment 362
性的嗜好 sexual orientation 362
性的にだらしない wanton 412, wantonness 412
性的変質者 pervert 297
制度 institution 211
政党 political party 302
正当化すること justification 226
正当業務行為 act committed in the pursuit of lawful business 6
正当行為 justifiable act 225
正当所持人 due course holder 130
正当性 alignment 17
政党政治 party politics 289
正当と認める sustain 380
正当な due 130, rightful 350
正当な権限の competent 72
正当な殺人 justifiable homicide 225
正当な支払い payment in due course 291
正当な所持人 HDC：holder in due course 192, holder in due negotiation 194
正当な被裏書人 indorsee in due course 208
正当な補償 just compensation 225
正当(な)理由 adequate cause 10, due reason 130, for cause 168
正当の業務 lawful business 238
政党法 Political Party Law 302
正当防衛 legitimate self-defense 242, self-defense 359
税に関する個別通達 revenue ruling 346
税に関する手続通達 revenue procedure 346
成年 adult 13, full age 178, legal age 240, majority 251
青年期 adolescence 13

成年の　of age　277
成年被後見　incompetency　205
成年被後見人　incompetent　205
税の負担　tax obligation　383
税の物納　pay tax in kind　291
正犯　principal　312
性犯罪　sexual offense　362
性病　sexual disease　362, venereal disease　408
性病予防法　Venereal Disease Prevention Law　408
製品開発戦略　product development strategy　317
製品業務　product services　317
製品構成管理　product portfolio management(PPM)　317
製品などの表示　label　229
製品発売までのスピード　speed to market　369
政府印刷局　Government Printing Office　185
政府介入　government investigation　185
政府関係法人　government corporation　185
政府監査　governmental auditing　185
政府監査基準書　GAS：government auditing standerds　180
政府機関　governmental agency　185
政府規制機関の基準　governmental regulatory agency's standards　185
政府計画見直し法　sunset law　377
政府契約　government contract　185, public contract　323
政府事業　governmental enterprise　185
政府筋　administrative circles　11, government circles　185
政府を転覆する　overthrow the government　285, topple the government　391
成文化されていない　uncodified　397
成文法　jus scriptum　225, leges scriptae　241, lex scripta　243, statute law　371, statutory law　371, written law　418
政変　political change　302

税法　taxation law　383
税法上不正申告する　falsify　159
正本　authenticated copy　32
税務業務　tax matters　383, tax practice　383
政務次官　parliamentary under-secretary　287
税務署　Tax Office　383
税務上の和解　compromise of taxes　74
税務署長　district director of tax office　124
税務当局の条件付売却決定書　tax certificate　383
税務部　Tax Department　383
税務報酬　tax fee　383
生命　life　245
声明　statement　371
生命維持装置　life-support system　245
生命期間者　cestui que vie　54
声明書　manifesto　253, proclamation　317
生命表　actuarial table　9, life table　245
生命保険　life insurance　245
生命保険掛金　life insurance premium　245
生命保険契約　contract of life insurance　87
生命保険証券　life insurance policy　245, life policy　245
生命保険信託　life insurance trust　245
生命保険配当金　life insurance bonus　245
声紋　voice print　410
誓約　plevin　301, promise　319, recognizance　332
誓約者　recognitor　332, recognizor; recognisor　332
誓約受領者　recognizee; recognisee　332
誓約書　written oath　418, written pledge　418
制約のない権原　good and marketable title　184
生来の　inherent　209
整理委員会　reorganizing committee　339

せいりか

整理開始　initiation of a process of reorganization　209
税率　tax rate　383
成立の日　day of coming into existence　104
政略結婚　marriage of convenience　254
勢力範囲　sphere of influence　369
政令　Cabinet Order　48
セーフガード措置　safeguard measures　353
世界関税機関　WCO : World Customs Organization　414
世界共通の商人法　lex mercatoria　243
世界銀行　World Bank　417
世界人権宣言　the Universal Declaration of Human Rights　389
世界大恐慌　Great Depression　187, The Depression　387
世界知的所有権機関　World Intellectual Property Organization　417
世界貿易機関　World Trade Organization　417
積算価額方式　Computed Value Method　74
石炭鉱害賠償等臨時措置法　Law on Extraordinary Measures for Compensation, etc. for Coal Mine Damage　236
石炭並びに石油及びエネルギー需給構造高度化対策特別会計法　Law on Special Accounts for Coal, Petroleum and the More Sophisticated Structure of Demand and Supply of Energy　236
責任　burden　46, charge　55, culpability　101, liability　243, responsibility　343
責任ある回答　responsible answer　343
責任軽減事由　mitigating circumstances　261
責任者　person responsible　296
責任終了条項　cesser (of hire) clause　54
責任終了約款　cesser (of hire) clause　54
責任主義　culpability principle　101
責任制限　limitation of liability　245
責任阻却事由　causes de non-imputabilite　52, causes of non-imputability　52

責任などを負わされる　lie　244
責任のある　impute　203
責任能力　criminal responsibility　100
責任能力のある　sane　355
責任の否認　disclaimer　121
責任の分担　quota　327
責任引受け　answer　22
責任無能力　doli incapax　126
責任無能力者　distracted person　123
責任要素　element constituting liability　136
責任を負う　account for　4
責任を負うべき　amenable　19
責任を負っている　liable　243
責任を回避する　avoid one's responsibility　34
責任を転嫁する　shift one's responsibility　363
責任を免除する　release someone from responsibilities　338
責問権の放棄　waiver of right to allege procedural error　412
石油　petroleum　297
石油及び可燃性天然ガス資源開発法　Petroleum and Combustible Natural Gas Resources Development Law　297
石油業法　Petroleum Industry Law　297
石油公団法　Japan National Oil Corporation Law　220
石油コンビナート等災害防止法　Law on the Prevention of Disasters in Petroleum Industrial Complexes and Other Petroleum Facilities　237
石油需給適正化法　Petroleum Supply and Demand Optimization Law　298
石油代替エネルギーの開発及び導入の促進に関する法律　Law concerning Promotion of the Development and Introduction of Alternative Energy　231
石油パイプライン事業法　Petroleum Pipeline Business Law　297
石油備蓄法　Petroleum Stockpiling Law　297
石油輸出国機構　Organization of Petroleum Exporting Countries　284

セクシャル・ハラスメント　sexual harassment　362
世間の耳目を驚かす　create a sensation　97, startle the world　370
世襲的承認　hereditary succession　194
世襲の　hereditary　194
是正する　rectify　334
世俗的活動　secular business　358
世代飛越移転税　generation-skipping tax　182
節　paragraph　287
説教妨害　interference with religious service　214
積極詐欺　positive fraud　302
積極条件　positive condition　302
積極的抗弁　affirmative defense　14, affirmative plea　14
積極的是正措置　affirmative action　14
積極的防御方法　affirmative defense　14
積極的優先処遇　affirmative action　14
設計上の欠陥　design defect　116
接見　interview　217
接見交通権　right of visiting and communication　349, right to interview with the defendant or suspect in detention　350
接見室　interview room　217
折算する　count　93
説示　instruction　211
窃取　cepit　53, steal　371
摂政　regent　336
摂政の執権　regency　336
接触　adjoining　10, contact　84
接触手続　interference proceeding　213
節税計画　tax planning　383
節税策　tax shelter　383
節税手段　tax shelter　383
切創　cut wound　102, incised wound　205
接続する　adjoining　10
絶対主義　absolutism cause of non-imputability　2
絶対責任　absolute liability　2
絶対的　imperative　200, peremptory　293

絶対的契約　absolute contract　2
絶対的控訴理由　absolute grounds for Koso-appeal　2
絶対的単純不動産権　fee simple absolute　162
絶対的な　vested　408
絶対的必要性　fine force　164
絶対優位　absolute advantage　2
設置　installation　211
設定者　settlor　362
窃盗　larceny　230, theft　389
窃盗罪　theft　389
窃盗犯人　thief　389
説得責任　burden of persuasion　46
設備　equipment　141, facilities　157, fixture　166
設備投資　capital investment　50
説明する　construe　84
説明に基づく承諾　informed consent　209
絶滅の恐れのある野生動植物の種の保存に関する法律　Law for the Conservation of Endangered Species of Wild Fauna and Flora　235
節約費用　saved expense　355
説諭　admonition　13
設立　incorporation　206
設立委員　member of organizing a committee　257
設立する　incorporate　206
設立登記　registration of incorporation　336
設立費用　incorporate cost　206
設立を廃止する　discontinue the incorporation of the company　121
瀬戸内海環境保全特別措置法　Law for Special Measures for the Conservation of the Environment of the Seto Inland Sea　235
ゼネラル・カウンセラー　general counselor　181
ゼネラル・パートナー　general partner　181
是非を弁別する　discern right and wrong　120
セブン・エス・モデル　Seven S Model

せみな

362
セミナー　colloquium　66
責に帰すべき事由　cause for which the obligor is responsible　52
責に帰する　impute　203
セラー・キーフォーヴァー法　Celler-Kefauver Act　52
競り下げ競売　Dutch auction　131
ゼロ金利政策　Zero Interest Rate Policy　419
ゼロサム・ゲーム　zero-sum game　419
世論　general opinion　181
世話　office　278
善悪を識別する　make a distinction between right and wrong　251
善意　good faith　184
善意占有　bona fide possession　43, possession in good faith　303
善意で　without notice　416
善意の　bona fide　43, in good faith　204, innocent　209
善意の買受け　bona fide purchase　43
善意の買主　buyer in good faith　47, innocent purchaser　209
善意の購入者　good faith purchaser　184
善意の取得者　holder in due course　194
善意の所持人　holder in good faith　194
善意の第三者　bona fide third person　43
善意の第三者に公正な価格で販売　bona fide arm's length transaction　43
善意の不実表示　innocent misrepresentation　209
善意の有償取得者　purchaser for value without notice　325
善意有償所持人　holder in good faith　194
善意有償の買受人　bona fide purchaser　43
善意有償の所持人　bona fide holder　43
船員　crew　98, mariner　254, member of the crew　257
全員委員会　Committee of the Whole House　68
全員一致で　una voce　396
全員一致の　unanimous　396

全員一致の承認が必要な事項　actions requiring unanimous approval　9
船員謝礼金　hat money　192
船員の傷病補償　maintenance and cure　251
船員のリーエン　mariner's lien　254, seaman's lien　357
船員法　Mariners Law　254
全員法廷で　in banc; in banco; in bank　204
船員保険法　Seamen's Health Insurance Law　357
遷延的抗弁　dilatory pleas　118
遷延的答弁　dilatory defense; ～defence　118
前科　criminal record　100, previous conviction　311
全会一致で　by common consent　48, unanimously　396
全額　full amount　178
前科調書　document of the criminal record　126
前科の抹消　extinction of the previous conviction　155
前科者　ex-convict　150, person with a criminal record　296
先願主義　first-to-file system　166
前期　last term　230, the aforesaid　387
前記　the aforementioned　387
先議権　right to prior deliberation　350
全危険担保　against all risks　14, All Risks　17
1957年ローマ条約　Rome Treaty 1957　352
選挙　election　135
占拠　occupation　277
選挙違反　election law violation　135, election offenses　135
選挙運動　campaign　49
選挙運動員　campaign agent　49
選挙運動資金　campaign funds　49
選挙運動をする　canvass　49
選挙管理委員会　an election administration committee　20
選挙区　constituency　82, electoral district　135

選挙権　right to vote　350，suffrage　376，voting right　411
選挙人　constituent　82，elector　135，voter　411
選挙人登録　registration of voters　336
選挙人名簿　poll　302
選挙の激戦区　closely contested constituency　63
選挙の事前運動　precandidacy propaganda　305，preelection campaigning　305
選挙の速報　hour-by-hour report of the election returns　197
全血の　full blood　178
先決問題　preliminary question　307
宣言　declaration　106，manifesto　253，proclamation　317
宣言的判決　declaration judgement　106，declaratory judgment　106
選考　selection　359
専攻　specialty　368
前項　antecedent　22
善行　good behavior　184
先行技術　prior art　314
先行指標　leading indicator　239
先行者　antecedent　22
先行する　precedent　305
先行の権原　elder title　135，paramount title　287
宣告　pronounce　319
全国産業復興法　National Industrial Recovery Act　265
宣告する　sentence　360
全国の　national　265
全国法律家ギルド　National Lawyers' Guild　265
宣告猶予　suspension of sentence　379，suspension of the imposition of the sentence　380
潜在意識　subconsciousness　374
全財産出資組合　universal partnership　401
潜在的　latent　230，potential　303
潜在的存在　Potential existence　303
潜在的多義性　latent ambiguity　230

潜在的不明確　latent ambiguity　230
全裁判官が出席して　in banc; in banco; in bank　204
センシティビティー分析　sensitivity analysis　360
前者　the former　388
船車覆没致死　capsize of a vessel or a railroad train resulting in death　50
全体　corpus　92
先住民　aborigine　2
前述の　supra　378
先順位　prior rank　314
先順位権　precedence　305
先順位債権者　senior creditor　360
先順位抵当権を弁済により消滅させる　redeem up　334
先使用　prior use　314
戦場　battleground　37
船上横領　plunderage　301
戦傷病者特別援護法　Law for Special Aid to the Wounded and Sick Retired Soldiers　235
先陣効果　bandwagon effect　35
全身不随　total paralysis　392
全身麻酔　general anesthesia　181
先制　anticipation　22
宣誓　oath　274，swear　380
宣誓供述者　affiant　14
宣誓供述書　affidavit　14
宣誓して証言する　testimony under oath　387
宣誓証人　sworn witness　380
宣誓する　make oath　251
船籍　nationality of a ship　266，registry of the vessel　337
船籍港　home port　195，port of registry　302
船籍港主義　home port doctrine　195
先占　occupancy　276，reclamation　332
戦争開始事由　casus belli　51
戦争行為　act of war　8
戦争条項　war clause　412
戦争中の虐殺　carnage　51
漸増賃借料契約　graduated rental lease　185

せんそう

| 戦争犯罪　war crime　412
| 戦争保険　institute war risks　211, war risk insurance　412
| 戦争約款　war clause　412
| 専属管轄権　exclusive jurisdiction　150
| 船側渡し　free alongside (ship)　175
| 船側渡し料金　F.A.S. : Free Alongside Ship　156
| 先祖直系の　lineal　246
| 前訴判決　former adjudication　172
| 全損　Total Loss　392
| 全損のみの担保　total loss only　392
| センターラインを越える　go over the center line　183
| 船台　berth　39
| 全体　entirety　140, gross　187
| 全体性　entirety　140
| 全体の知　wholeness knowing　415
| 選択刑　optional punishment　282
| 選択契約　option contract　281
| 選択権　option　281
| 選択権者　optionee　282
| 選択債権　alternative claim　18
| 選択債務　alternative obligation　19
| 選択債務契約　alternative contract　19
| 選択的救済　alternative relief　19, alternative remedy　19
| 選択的数量制限　selective quantitative restriction　359
| 選択的セーフガード措置　selective safeguard measures　359
| 選択的に　optional　282
| 選択的令状　alternative writ　19
| 選択に従って　at one's option　31
| 選択分離課税　alternative tax　19
| 専断的な　arbitrary　25
| 船長　captain　50, master　255
| 船長・船員への謝礼　primage　312
| 前提　premises　307
| 前提条件　certain conditions　53, condition precedent　77
| 選定当事者　appointed party　24
| 宣伝　propaganda　319
| 先天的障害　wrongful life　418
| 扇動　agitation　15, incitement　205

| 前同日　on the aforesaid date　279
| 前同所　at the aforesaid office　31
| 善導する　guide in the right direction　189, guide onto the right path　189
| 船内の　inboard　204
| 先任権　seniority　360
| 前任者　predecessor　305
| 選任する　appoint　24, assign　28, elect　135, select　359
| 選任方法　method of selection　258, method of selection and appointment　258
| 洗脳　brainwashing　44
| 専売　government monopoly　185
| 専売特許権　patent right　290
| 専売特許品　patented article　290
| 専売品　monopolies　262
| 船舶安全法　Law for Safety of Vessels　235
| 船舶上の担保　encumbrance　138
| 船舶解体　shipbreaking　364
| 船舶管理人　managing owner of ship　253, ship's husband　364
| 船舶共有者　co-owner of a ship　90
| 船舶検査裁判所　court of survey　96
| 船舶国籍証書　certificate of nationality of a ship　53
| 船舶職員法　Law for Ships Officers　235
| 船舶所有権　ownership of a ship　285
| 船舶所有者　shipowner　364
| 船舶備付書類　ship's paper　364
| 船舶抵当権　hypothec on a ship　198, ship mortgage　364
| 船舶停泊料　demurrage　113
| 船舶仲立人　shipbroker　364
| 船舶に堪航能力のある　seaworthy　357
| 船舶に堪航能力のない　unseaworthy　401
| 船舶の格付け　rating　328
| 船舶の載貨重量　dead weight capacity　104
| 船舶の徴発　embargo　136
| 船舶法　Ships Law　364
| 船舶保険　hull insurance　197
| 船舶旅客運送費　naulage　267
| 先発明主義　first-to-invent system　166

せんりよ

戦犯者　war criminal　412
全般的な　blanket　41
線引小切手　crossed cheque　101
全費用込み　F.O.C.；f.o.c.　156
全部拒絶　reject the whole　337
潜伏期　incubation period　206
潜伏する　conceal oneself　74
全部原則　doctrine of completeness　125
全部受領　accept the whole　3
全部の履行　performance in full　294
全部まとめて　en bloc　137
前文　preamble　305
全米委員会　National Commission on Product Safety　265
全米自動車安全法　National Traffic and Motor Vehicle Safety Act　266
全米証券業協会相場情報システム　automated quotations　33, NASDAQ：National Association of Securities Dealers Automated Quotations　265
全米大気質基準　NAAQSs：National ambient air quality standards　264
全米不動産業者協会　National Association of Realtors　265
全米保険業界の格付け機関　Insurance Service Office　212
全米連邦労働関係法　Wagner Act　412
全米労働関係委員会　National Labor Relations Board　265
全米労働関係法　National Labor Relations Act　265
専務取締役　managing director　253
全面的かつ永久的就業不能　wholly and permanently disabled　415
全面的就業不能　wholly disabled　415
全面的就労不能　total disability　392
全面的不履行　total breach　392
全目的条項　all-purpose clause　17
専門家としての行為　professional conduct　318
専門家としての責任　professional responsibility　318
専門職業ビザ　H-Visa　197
専門職法人　professional corporation　318

専門的　technical　384
専門能力　competence　72, professional competence　318
占有　possession　302, seisin；seizin　359
占有移転　tradition　393, transfer of possession　393
占有回収　recovery of possession　334
占有改定　agreement on possession　16, constitutum possessorium　83
占有期間の加算　tacking　381
占有権　possession　302, right of possession　348
占有者　occupant　277, possessor　303
占有者・所有者の責任　occupiers' liability　277
占有取得　caption　50
占有する　occupy　277
占有奪取　dispossession　123
占有の承継　succession of possession　376
占有保持　maintenance of possession　251
占有保全　preservation of possession　310
占有離脱物横領　conversion of a lost article　89, conversion of a lost property　89
全要素考慮の原則　all elements rule　17
先履行型責任保険証券　indemnity policy　207
先履行条件　dependent conditions　114
先履行的約款　dependent covenant　114
戦略管理点　strategic control points　373
戦略的事業部門　SBU　355
戦略的柔軟性　strategic flexibility　373
戦略的提携　strategic alliance　373
戦略的な動き　strategic moves　373
善良で法に適った人　good and lawful man　184
善良な約因　good consideration　184
善良なる管理者　prudent custodian　322
善良なる管理者の注意義務　good manager's duty of due care　184
善良の道徳に反して　contra bonos mores

せんりよ

86
善良の風俗　good morals　184
善良陪審　good jury　184
前輪駆動車　front-wheel-drive car　177
先例　authentification　32, precedent 305
先例拘束性の原理　doctrine of atare decisis　125, doctrine of precedent　125
先例にならう　follow suit　167
先例の拘束力　stare decisis　370
先例のない　first impression　166
先例を作る　create a precedent　97

そ

粗悪化　adulteration　13
粗悪品　adulteration　13
訴因　count　93
訴因の追加　addition of a count　9, supplementation of a count　377
訴因の追加命令　order of adding a count　282
訴因の撤回　withdrawal of a count　416
訴因の変更　amendment of a count　19, revision of a count　346
訴因の変更命令　order of amending a count　282, order of withdrawing a count　283
訴因を明示する　specify a count　369
草案　draft　128, draught　129, rough draft　352
総意　collective opinion　66, consensus　80
増員　increase in number　206
そううつ病　manic depressive psychosis　253
創傷　wound closure　417
騒音　din　119, noise　269
騒音管理法　Noise Control Act　269
騒音規制法　Noise Regulation Law　269
騒音公害　noise damage　269
騒音条例　noise ordinance　269
騒音防止　prevention of noise　311
増加　accruing　5

増価　betterment　39
総会　assembly　27, general assembly 181, general meeting　181
増価額　amount of increased value　20
創角　wound edge　417
総額　sum　376, total amount　392
増価競売　sale by official auction at a higher price　354
総括パートナー　lead partner　239
増加費用の請求権　price adjustment　311
相関関係　interrelation　216, mutual relation　264
臓器　internal organs　214, viscera　410
臓器移植　organ transplant　283
争議行為差止命令　labor injunction　229
臓器の移植に関する法律　Organ Transplantation Law　283
葬儀費用　funeral expenses　179
葬儀法　Mortuary Law　262
葬儀屋　undertaker　397
葬儀屋業　undertaking　397
操業　foundation　173
創業者　founder　173
早期予測　early prediction　132
送金　remittance　338
送金銀行　remitting bank　338
送金先　remittee　338
送金する　remit　338
送金人　remitter　338
総計　aggregate　15
総決算　final settlement of accounts 163
送検する　send to the prosecutors office　360
倉庫　depot　115, warehouse　413
相互依存　interdependence　213
草稿　manuscript　253
総合基本計画　master plan　255
走行距離　distance covered　123
走行距離計　odometer　277
総合契約　integrated contract　212
総合自動車責任保険　comprehensive automobile insurance　73
走行車線　cruising lane　101
総合損害賠償責任保険　comprehensive

general liability policy　74
総合保険　comprehensive coverage　73, comprehensive insurance　74
総合保証　comprehensive coverage　73
総合保養地域整備法　Law for Development of Comprehensive Resort Areas　234
倉庫営業　warehousing　413
相互援助　mutual assistance　264
相互会社　mutual company　264
相互貸付組合　loan association　247
相互仮命令　cross rules　100
相互関係　interrelationship　216, mutual relationship　264
倉庫業者　warehouseman　413
倉庫業者のリーエン　warehouseman's lien　413
倉庫業法　Warehousing Business Law　413
相互契約　reciprocal contract　332
相互主義　reciprocity　332
倉庫証券　warehouse receipt　413
相互承認協定　MRA : Mutural Recognition Agreement　263
相互信託　reciprocal trusts　332
相互性　mutuality　264
相互性原則　mutuality rule　264
相互ゼロ関税　zero for zero　419
相互貸借　mutual credits　264
相互貯蓄銀行　mutual savings bank　264
相互通商協定　reciprocal trade agreement　332
相互的錯誤　bilateral mistake　39, mutual mistake　264
相互的条件　dependent conditions　114
相互的な　mutual　264, reciprocal　332
相互的約束　dependent promise　114
相互的約款　dependent covenant　114
相互取引協定　reciprocal dealing arrangements　332
相互扶助団体　beneficial association　38, benevolent association　38
相互保険　mutual insurance　264
相互保険会社　mutual insurance company　264

相互保証　mutual guarantee　264, reciprocity　332
相互約束　mutual promises　264
倉庫渡し　ex warehouse　147, without moving　416
捜査　criminal investigation　99
相殺　offset　278, set-off　362
相殺関税　countervailing duty　95
相殺権　right to set-off　350
相殺する　offset　278, redeem　334
総債務額　total amount of obligations　392
捜査押収　search and seizure　357
捜査関係事項　investigatory matter　218
捜査機関　investigating authority　218
捜査記録　record of investigation　333
捜索　search　357
捜索差押許可状　warrant of search and seizure　413
捜索差押調書　record of search and seizure　333
捜索状　warrant of search　413
捜索すべき場所　place to be searched　299
捜索調書　record of search　333
捜査照会回答書　reply to an investigation inquiry　340
捜査状況報告書　investigation report　218
捜査の協力　cooperation in investigation　89
捜査のため必要があるとき　when necessary for investigation　414
捜査の適正　fairness of investigation　158
捜査の補助　assistance to investigation　29
捜査網　dragnet　129
捜査網をくぐり抜ける　escape the dragnet　143
捜査令状　search warrant　357
捜査を誤らせる目的　for the purpose of misleading the investigation　168
捜査を妨げる　interfere with the administration of the criminal investigation　213

そうしき

葬式　funeral　179
葬式妨害　interference with funeral rites　214, obstruction of performance of funeral rites　276
喪失する　forfeit　171
総支配人　general manager　181
総社員　all the partners of a corporation　17
総収入税　gross receipts tax　187
総重量　gross weight　187
贈収賄　bribery　45
贈収賄事件　bribery scandal　45
騒擾　riot　351
争訟教唆罪　barratry; barretry　36
相乗効果　synergy　380
騒擾指揮　command to riot　67
騒擾指揮助勢　command or assistance to riot　67
騒擾首魁　ringleader of riot　351
騒擾助勢　assistance to riot　29
騒擾付和随行　respondence to agitation and follow in riot　343
増殖資産　accrued assets　5
総所得額　gross income　187
総所得税　gross income tax　187
送信主義　mailbox rule　251
総数　aggregate　15, total number　392
双生児　twins　395
創設　institution　211
総選挙　general election　181
創造的破壊　creative destruction　97
総則　rules of general application　353
相続　inheritance　209, interstate succession　216, succession　376
相続開始　commencement of succession　67, opening of succession　280
相続回復　recovery of succession　334
相続権　right of succession　349, title to succession　391
相続財産　hereditaments　194, inheritance　209, property to be succeeded to　320
相続財産法人　administrator of the property to be succeeded to　12, succeeded property as constituting a juristic person　376
相続証明　certificate of inheritance　53
相続する　inherit　209
相続税　death duty　105, inheritance tax　209
相続税法　Accessions Tax Law　3
相続単純承認　absolute acceptance of inheritance　2
相続人　heir　193, next of kin　269, successor　376
相続人の選任　institution　211
相続の効力　effect of succession　135
相続の承認　acceptance of succession　3
相続の放棄　renunciation of succession　339
相続分　shares in succession　363
相続分取戻権　right of recovery of shares in succession　349
総体　gross　187
増大する　enhance　139
総体で　in gross　204
総代理店　exclusive distributor　150, general agent　180, universal agent　401
総代理店契約　exclusive distributor agreement　150, sole and exclusive distributorship agreement　367
総代理人　universal agent　401
送達　service　361
送達実施人　process server　317
送達受領代理人　agent for service of process　15, process agent　317
送達宣誓供述書　affidavit of service　14
送達手続代理人　agent for service　15
相談　consultation　84
装置　device　118
送致　referral　335, sending　360
争点　issue　220
争点遮断効　issue preclusion　220
争点となっている　at issue　31
争点の決定　exitus　152, joinder of issue　221
争点の合意　joinder of issue　221
争点の提出　tender of issue　385
創洞　wound hall　417

そうわい

相当因果関係　reasonable and probable causation　329
相当する　equivalent　143
相当性　reasonableness　330
相当対価　reasonable price　330
相当な　adequate　10
相当な確信　reasonable belief　329
相当な期間　reasonable time　330
相当な期間内に　within a reasonable time　416
相当な注意　due care　130, due diligence　130, reasonable care　329
相当な補償　due compensation　130
相当な約因　adequate consideration　10
相当な理由　probable cause　316, reasonable ground　330
相当の行為　due act　130, proper performance　319, required act　341
総督　governor　185
蔵匿　harbor　191
遭難　accident　4, disaster　120
遭難者　sufferer　376
挿入文言　interlineations　214
相場　rate　328
相場師　speculator　369
相場操縦　manipulation　253
相反する　contrary to　88, incompatible with　205
総販売額　cross selling price　100
相反利益　adverse interest　13
送付　transmission　394
贓物　property obtained through a crime against property, e.g. stolen property　320
贓物運搬　transportation of property obtained through a crime against property　394
贓物牙保　brokerage of property obtained through a crime against property　45
贓物関与罪　handling stolen goods　191
贓物寄蔵　receipt for deposit of property obtained through a crime against property　330
贓物故買　purchase of property obtained through a crime against property　325
贓物収受　receipt of property obtained through a crime against property　331
送付入籍　forward for registration　173
双方過失衝突約款　both-to-blame clause　44
双方代理　dual agency　129, representation of both parties　341
双方的申込み　bilateral offer　39
双方とも満足な関係　win-win relationship　415
総務課長　director of the general affairs division　119
総務局　Bureau of General Affairs　47
双務契約　bilateral contract　39
双務性　mutuality　264
双務的な　bilateral　39
総床面積　total floor area　392
贈与　donation　127, gift　182, gift grant　182
贈与株　donated stock　127
贈与者　donor　127
贈与証書　gift deed　182
贈与的信託　donative trust　127
騒乱　commotion　70, disturbance　124
騒乱防止法　Anti-Riot Law　22
創立　establishment　144, founding　173
創立総会　constituent general meeting　82, first general meeting　165, inaugural general meeting　204, organization meeting　283
総理府　Prime Minister's Office　312
総理府総務長官　Director General of the Administrative Affairs in the Prime Minister's Office　119
相隣関係　neighborhood　268, relation between owners of adjacent lands　337
相隣者　immediate neighbor　199
総論　general remarks　181, introduction　217
贈賄する　bribe　45, give a bribe　183,

そかい

offer a bribe 278
疎外　alienation 17
訴額　amount in controversy 20
訴願　appeal 23, petition 297
阻却事由　bar 36
遡及　relation back 337, retroaction 345
遡及義務者　secondary party 357
遡及義務を伴って　with recourse 416
遡求権　right of recourse 349
遡及効　retroactivity 345
遡及処罰の禁止　prohibition of ex post facto law 318
遡及処罰法　ex post facto law 147
遡及的　ex post facto 147, post facto 303
遡及日付　backdating 34
遡及法　retroactive law 345, retrospective law 345
即死　instant death 211
即時抗告　immediate Kokoku-appeal 199
即時出荷　prompt shipment 319
即時出荷の約束　prompt promise to ship 319
即時取得　immediate acquisition 199
即死する　be killed on the spot 37
即時追跡　fresh pursuit 177
属人主義　principle of personal jurisdiction 314
属人地役権　easement in gross 133
属人法　personal statute 297
属地主義　principle of territorial jurisdiction 314
測定　measurement 256
測定装置　measuring device 256
速度計　speedometer 369
速報　prompt announcement 319, prompt report 319
速報する　report promptly 340
測量　measuring 256, survey 378
測量器　surveying instrument 378
測量図　survey map 378
測量法　Surveying Law 378
狙撃する　shoot at 364, snipe 366

訴権　actio 8, right of action 348
素行が善良　good moral character 184
訴答不十分の抗弁を申し立てる　demur 113
底荷　ballast 35
組織　organization 283
組織改革委員会　Organization Development Committee 283
組織的脅迫　organized crime racketeering 284
組織的非合法活動　racket 328
組織ナリッジ　organizational knowledge 284
組織犯罪　organized crime 284
組織変更　change of an organization 55
素質　aptitude 25, predisposition 305
訴訟　actio 8, action 8, case 51, causa 51, cause 52, litigation 247, proceeding 316, suit 376
訴状　complaint 73, petition 297
訴状・呼出状の送達　service of process 361
訴訟開始申請書　praecipe 305
訴訟開始令状　praecipe 305
訴訟関係人　person concerned in the case 295
訴訟却下　dismissal and nonsuit 122
訴訟記録　judgment record 224, minutes 259
訴訟記録の保存　preservation of the record of trial 310
訴訟記録簿　minute book 259
訴訟継続中の　pendent elite 292
訴訟継続中の抗弁　lis alibi pendens 246
訴訟継続の抗弁　autre action pendant 33
訴訟係属の告知　notice of lis pendens 273
訴訟原因　cause of action 52, record of trial 333
訴訟原因の発生　accrual of cause of action 5
訴訟原因の分割　splitting (a) cause of action 369
訴訟原因の併合　joinder of causes of action 221
訴訟原因発生地　venue 408

そせいけ

訴訟行為　act of procedure　8, procedural act　316, proceeding　316
訴訟行為の代理　representation of act of procedure　341
訴訟後見人　next friend　269
訴訟告知　notice of an action　273, vouching in　411
訴訟根拠　ground of action　187
訴訟参加　intervenient participation in a lawsuit　216, intervention　216
訴訟参加人　intervenor　216
訴訟指揮　instruction　211
訴訟指揮権　presiding power over a court　311
訴訟事件表　calendar　48
訴訟実務　practice　305
訴訟社会　The Litigious Society　388
訴訟終結記載　stet processus　372
訴訟条件　condition of lawful prosecution　76
訴訟上の救助　aid in litigation　16, succor in litigation　376
訴訟上の申立ての併合　exitus　152
訴訟書類　process　317
訴訟進行令状　judicial writ　224
訴訟促進令状　procedendo　316
訴訟代理人　forspeaker　172
訴訟手続　instance　211, legal proceeding　241, procedure　316, proceeding　316, process　317
訴訟手続違背　irregularity　219
訴訟手続上の瑕疵　irregularity　219
訴訟手続の効力　effect of proceedings　134
訴訟手続の終了　termination of proceedings　385
訴訟手続の続行　continuance　85
訴訟手続の法令違反　violation against law or ordinance of procedure　409
訴訟手続を一時的に停止する　stay of proceeding　371
訴訟当事者　litigant　247, suitor　376
訴状における請求の記載　special indorsement　368
訴訟に勝つ　win a lawsuit　415

訴訟に関する書類　documents relating to proceedings　126
訴訟に負ける　lose a lawsuit　250
訴訟による実現可能財産　right in action　347
訴訟の相手方当事者　opposite party　281
訴訟能力　capacity to action　50, competency to stand trial　72, litigation capacity　247
訴訟能力者　competent party　72
訴訟の解消　abatement of action　1
訴訟の継続中　lite pendente　247
訴訟の仕事　trial work　395
訴訟のための後見人　guardian ad litem　189
訴訟の提起　institution　211
訴訟の取下げ　abandonment　1
訴訟の爆発　litigation explosion　247
訴訟の分離　severance of actions　362
訴訟の併合　consolidation　82, consolidation of actions　82, joinder of actions　221
訴訟の本案　merits　258
訴訟費用　cost of an action　93, cost of the trial　93, litigation cost　247, the cost of a lawsuit　387
訴訟費用査定官　taxing master　384
訴訟費用の確定　taxation of costs　384
訴訟費用の先取特権　charging lien　56
訴訟費用の算定　taxation of costs　384
訴訟費用の担保　security for costs　359
訴訟物　causa　51, res　342, subject matter　374
訴訟物管理人　receiver pendente lite　332
訴訟法　procedural law　316
訴訟方式　forms of action; form of action　172
訴訟申立て　plaint　299
訴訟を起こす　file a suit　163
訴訟を取り下げる　abandon　1
租税　duty　131, tax　383
租税回避　avoidance of tax　34, tax avoidance　383
租税回避措置　tax haven　383
租税軽減計画　tax planning　383

そせいこ

租税公売　tax sale　383	祖父条項　grandfather clause　186
租税裁判所　the Tax Court　388	ソフト・ロー　soft law　367
租税詐欺　tax fraud　383	ソフトウエア・ライセンス契約　software license agreement　367
租税先取特権　tax lien　383	ソフトウエア使用許諾　licence to use software　243
租税特別措置法　Special Tax Measure Law　368	ソフトウエア所有権　ownership of software　285
租税の源泉徴収　withholding　416	ソフトウエア著作権及び保護法　Software Copyright and Protection Act　367
租税負担減少分の総所得算入原則　tax benefit rule　383	ソフトウエアの複製　copy of software　90
組成物　composition of materials　73	粗暴犯　offense of violent nature　277, violent crime　410
租税免除資格　tax exempt status　383	粗暴な　rough　352, rude　352
租税リーエン　tax lien　383	疎明資料　material establishing a prima facie case　255
そそのかす　abet　1, incite　205	それ自体　per se　293
措置　measure　256	それ自体違法　per se illegal　293
措置入院　involuntary admission to mental hospital by the prefectural governor　219	それ自体に特有の　sui generic　376
	それゆえに　thereupon　389
訴追　prosecution　320	損益　profit and loss　318
訴追委員会　impeachment committee　200	損益計算書　income statement　205, profit and loss account　318, profit and loss statement　318
訴追者　prosecutor　320	損益の状況　condition of profit and loss　76
訴追する　pursue　325	損益分岐点比率　Break-Even Point Ratio　45
速記　shorthand　364, stenography　371	損益分配　sharing of profit and loss　363
速記官　shorthand typist　364, stenographer　371	損壊　destruction and damage　116
速記録　stenographic record　371	損害　loss　250
側近　close adviser　63	損害価格差　injury margin　209
ソックス　sox　367	損害額　amount of loss　20
即決裁判手続　speedy trial procedure for traffic violations　369	損害が発生しないように保証する　indemnify and hold harmless　206
即決判決　summary judgment　376	損害鑑定人　assessor　28
訴答逸脱　departure　114	損害査定条項　appraisal clause　25
訴答瑕疵の看過　plead over　300	損害査定人　adjuster　11
訴答者　pleader　300	損害填補保証金　indemnity bond　207
訴答書面　pleading　300	損害填補補償契約　indemnity contract　207
訴答手続　pleading　300	損害填補保証書　indemnity bond　207
備え置く　keep　226	損害の回復　reparation　339
備え付ける　install　211	損害の拡大防止　mitigation of damages
その資格で　qua　326	
その他　et al.　145	
その時に　eo instanti　141	
その名によって　eo nomine　141	
その場限りの　ad hoc　9	
その反対に　vice versa　409	
その下　thereunder　389	

261

損害の救済　redress of damages　334
損害賠償　restitution　344, damages　104
損害賠償額　amount of damages　20, damages　104
損害賠償額の算定基準　measure of damages　256
損害賠償額の予定　liquidated damages　246
損害賠償金　compensation for damages　72
損害賠償請求　claim for damages　60
損害賠償請求権　right to claim compensation for damages　349
損害賠償請求訴訟　action for damages　8
損害賠償責任の肩代り　indemnity against liability　207
損害賠償責任の補償契約　indemnity against liability　207
損害賠償で訴える　sue a person for damages　376
損害賠償の予定　stipulated damages　372
損害賠償を請求する　claim damages　60
損害不存在の抗弁　non damnificatus　270
損害分担条項　distributive clause　124
損害平分負担の原則　divided damages rule　124
損害防止約款　rescue clause　342, sue and labour clause　376
損害保険　hazard insurance　192, indemnity insurance　207, insurance against loss　212
損害保険契約　contract of insurance against loss　87
損害保険証券　indemnity policy　207
損害率　loss ratio　250
損害を与える　derogate　115
損害を加える目的　purpose to inflict damage　325
損害を伴わない権利侵害　injuria absque damno　209
損害を賠償する　compensate damages　72
村議会　assembly of village　27

尊厳　dignity　118, prestige　311
尊厳を保つ　maintain the dignity　251
存在する　lie　244
損失　damage　103, loss　250
損失の繰越控除　carry-over　51
損失の繰戻しによる還付　carry-back　51
損失分担保険契約　participation insurance　288
損失補償証書　back-bond　34
損失補償請求権　right of indemnification　348
損失補償方式　compensation plan　72
損傷　detriment　118, harm　192, injury　209
損傷の部位・程度　location and degree of wound　248
尊属　ascendant　27
存続期間　duration　131
存続期間の不確定な債権　claim of uncertain duration　61
存続法人　surviving corporation　378
尊重　respect　343
損耗　wear and tear　414

た

ターンキー契約　turn-key contract　395
対案　countermeasure　95, counterproposal　95
代案　alternative plan　19
退位　abdication　1
大意　tenor　385
代位　subrogation　375
代位過失　imputed negligence　203
代位責任　respondent superior　343, vicarious liability　409
第一参入者の利点　first mover advantage　166
第一次集団　primary group　312
第一次的管轄権　primary jurisdiction　312
第一次ボイコット　primary boycott　312
第一順位保険金受取人　primary beneficiary　312

たいいち

第一当事者保険　first party insurance　166
代位通知　imputed notice　203
第一級謀殺　first degree murder　165
第一審　first instance　166
第一審管轄権　original jurisdiction　284
第一審裁判官　trial judge　395
第一審裁判所　court of the first instance　96, instance court　211
代位認識　imputed knowledge　203, imputed notice　203
代位の登記　registration of subrogation　336
退役軍人手当　veteran's benefits　409
対応物　quid pro quo　327
ダイオキシン類対策特別措置法　Law concerning Special Measures against Dioxins　232
対価　quid pro quo　327
大会　convention　89
大学助手　reader　328
大学等における技術に関する研究成果の民間業者への移転の促進に関する法律　Law for Promoting University-Industry Technology Transfer　234
耐火建築　fireproof building　165
対価受領済み　for value received　168
大家族　large family　230
対価として得た物　things received in exchange for　389
代価弁済　payment of hypothec price　291
退官　retirement　345
大気汚染防止法　Air Pollution Law　16
大気圏条約　Outer Space Treaty　284
大気浄化法　Clean Air Act　62
代議制　representative system　341
大規模小売店舗における小売業の事業活動の調整に関する法律　Law concerning the Adjustment of Retail Business Operations of Large-Scale Retail Stores　232
怠業　sabotage　353
退去通告　notice to quit　273
退去命令　expulsion order　154, order

to leave　283
代金　consideration　81, purpose price　325
代金債務の履行を伴う売買契約　bargain and sale　36
代金支払条件　payment　291
代金の減額を要求する　demand a reduction in the price　112
代金引換(引渡)し　C.O.D.　48, cash on delivery　51, collect on delivery　66
体型　somatotype　367
大権裁判所　Prerogative Courts　309
体現する　embody　136
代言人　forspeaker　172
大綱　fundamental principle　179, general principle　181
大抗議文　the Grand Remonstrance(1641)　388
対向車　oncoming car　279
対抗する　set up against　362
対抗宣誓供述書　counter-affidavit　93
代行の　acting　8
対抗要件　requirement for setting up against　341
対抗立法　blocking statute　42
大罪　heinous crime　193, serious crime　360
対策　countermeasure　95
対策を講じる　take measures to　382
対策を練る　consider what counter measures to take　81
第三債務者　garnishee　180
第三者　bystander　48, stranger　373, third party　389, third person　389
第三者が預かる係争物　stake　370
第三者収賄　bribe to the third person　45
第三者受益契約　third party beneficiary contract　389
第三者訴訟　third party practice　389
第三者に対する執行　equitable execution　142
第三者による商標侵害を排除する規定　Proceeding against Third Party for Infringement and Counterfeit　316

第三者による判決再審査訴状　bill in nature of a bill of review　39
第三者の権利　jus tertii　225
第三者の権利の抗弁　jus tertii　225
第三者のためにする契約　contract for the benefit of a third person　86
第三者賠償自動車保険　automobile third party liability insurance　33
第三者への業務委託禁止　non-delegaton to third party　271
第三者保険　third party insurance　389
第三者割当て　placement　299
第三者を使った売買に関するシステム　escrow　144
第三受益者　third party beneficiary　389
第三取得者　third party purchaser　389
大使　ambassador　19
胎児　embryo　136, fetus　162
ダイシ　Albert Venn Dicey　16
胎児殺　feticide　162
大使館　embassy　136
大司教　archbishop　26
大赦　amnesty　20, general amnesty　181, general pardon　181
退社員　retiring partner　345
代謝機能　metabolism　258
貸借　letting out　242
貸借対照表　balance sheet　35, statement of condition　371
退社する　retire from a corporation　345
大衆　the masses　388
代襲　succession by representation　376
大衆運動　mass movement　255
大衆化　popularization　302
大衆娯楽　mass entertainment　255, public amusement　322
大衆車　popular car　302
代襲者　successor by representation　376
代襲する　represent　340
代襲相続権　right of succession by representation　349
退出障壁　barrier to exit　36
代償　remuneration　338, substitute　375
対症療法　symptomatic treatment　380

退職　retirement　345
退職金　retirement pay　345
退職者　retiree　345
退職者年金保障法　Employee Retirement Income Security Act　137
退職手当　retirement allowance　345
代書士　scrivener　356
対処する　counter　93
代書人　graffer　185, scrivener　356
大審院　Daishinin　103, the former Supreme Court　388
対人管轄権　jurisdiction in personam　225
大臣官房　Minister's Secretariat　259
対人権　jus in personam　225
対人裁判権　jurisdiction in personam　225
対人事故　bodily injury　43
対人地雷の製造の禁止及び所持の規制等に関する法律　Law on the Prohibition of the Manufacture of Anti-Personnel Mines and Regulation of the Possession of Anti-Personnel Mines　237
対審制度　adversary system　13, confrontation system　79
対人訴訟　actio in personam　8, action in personam　8
対人的　in personam　204
対人的管轄権　in personam jurisdiction　204, personal jurisdiction　297
対人的権利　right in personam　347
大臣の職務　portfolio　302
対人判決　judgment in personam　223
耐性がある　tolerant　391
対世権　jus in rem　225
対世的権利　right in rem　347
滞船料　demurrage　113
代訴人　procurator　317
代替　substitution　375
代替可能物　fungible　179, fungible goods　179
代替契約　backup contract　34
大腿骨　thigh-bone　389
代替取得価額　substituted basis　375
代替税　alternative tax　19

たいたい

代替設計　alternative design　19
代替送達　substituted service　375
代替的　substitutional　375
代替的紛争解決方法　alternative dispute resolution　19
代替燃料　alternative fuel　19
代替品の出荷　accommodation shipment　4
大腿部　femur　162
代替申込み　backup offer　34
代替履行　substituted performance　375
退廷する　leave the court-room　240
退廷命令　order to leave the court-room　283
態度　attitude　31, demeanor　113
対等額　corresponding amount　93
大統領　President　310
態度測定　attitude measurement　31
タイトルセブン　Title Seven　391
対内的に　inter se; 〜sese　213
第二次ストライキ　secondary strike　357
第二次被害　secondary line injury　357
第二次ピケティング　secondary picketing　357
第二順位抵当権　second mortgage　357
第二審裁判所　appellate court　24
第二段階の侵害　secondary line injury　357
対日平和条約　Treaty of Peace with Japan; San Francisco Peace Treaty　394
退任パートナー　withdrawing partner　416
滞納　arrears　26, delinquency　110
滞納債務　deliquent debt　111
滞納者　delinquent　110
滞納する　fail to pay　157, fall into arrears　158
滞納税額　delinquent tax　111
退廃　decadence　106
大陪審　grand jury　185
大陪審による告発　presentment　310
大陪審による調査　grand jury investigation　186
体罰　corporal punishment　91

代表　representation　341
代表権　power of representation　304, representation　341
代表権争議　jurisdictional dispute　225
代表者　delegate　110, deputy　115, representative　341
代表取締役　representative director　341, representing director　341
対物管轄権　jurisdiction in rem　225
対物権　jus in rem　225
対物事故　property damage　319
対物請求権　jus ad rem　225
対物訴訟　actio in rem　8, actions in rem　9
対物損害補償　property damage coverage　319
対物的　in rem　204, rem　338
対物的管轄権　in rem jurisdiction　204
対物的権利　right in rem　347
対物判決　judgment in rem　223
代物弁済　accord　4, accord and satisfaction　4, giving in payment　183, performance in accord and satisfaction　293
逮捕　apprehension　25, arrest　26, attachment　31, seizure　359
大法官　Chancellor, Lord　54, Lord Chancellor　249
大法官裁判所　Court of Chancery　96
大法官裁判所コモン・ロー部　Hanaper Office　191
大法官部　Chancery Division　54
大法廷　full court　178
大法廷で　in banc; in banco; in bank　204
逮捕監禁　false arrest and imprisonment　158
逮捕監禁致死　false arrest or imprisonment resulting in death　159
逮捕監禁致傷　false arrest or imprisonment resulting in bodily injury　158
逮捕記録　arrest record　26
逮捕状　arrest warrant　26, warrant of arrest　413
逮捕状の請求　request for a warrant of

arrest 341
逮捕の事由 grounds for arrest 187, reasons for arrest 330
逮捕の必要性 necessity for arrest 267
逮捕の要件 conditions of arrest 78, requirements of arrest 341
大麻 cannabis 49, cannabis sativa 49, marihuana 254
大麻樹脂 cannabis resin 49
大麻草 hemp 193
大麻中毒 cannabism 49
大麻取締法 Cannabis Control Law 49
怠慢 neglect 267
対無保険者保険 insurance for protection against uninsured motorist 212, uninsured motorist coverage 399
対面 confrontation of one witness with another witness 79
貸与 lending 242
代用監獄(代用刑事施設) custody facility in a police station used in lieu of a detention house 102
耐用年数 useful life 402
代理 representation 341
代理関係 agency relationship 15
大陸会議 Continental Congress 85
大陸法 civil law 59, Continental Law 85
大陸法の制度 civil law institution 59
代理契約 agency contract 15
代理権 actual authority 9, authentification 32, power of representation 304, proxy 322
代理権授与者 constituent 82
代理権授与証書 procuracy 317
代理権の範囲 scope of authority 356
代理行為 representation 341
代理行為開示 agency disclosure 15
代理商 commercial agent 67
代理信託 instrumental trust 211
代理する represent 340, substitute for 375
代理責任 vicarious liability 409
代理占有 derivative possession 115, possession through a representative

303
対立 confrontation 79
対立仮決定 cross rules 100
対立して in apposition to 203
対立する come into collision with 66, confront 79
対立利害 adverse interest 13
代理 proxy 322, substitution 375
代理店契約 agency agreement 15
代理として on behalf of 279
代理取締役 alternative director 19
代理により per procuration 293
代理人 actor 9, agent 15, attorney 31, attorney in fact 31, deputy 115, factor 157, proctor 317, procurator 317, proxy 322, representative 341, substitution 375
代理人契約 agency agreement 15, agent agreement 15
代理人として per procuration 293
代理の acting 8
代理の消滅 termination of agency 385
代理母 surrogate mother 378
代理法 agency law 15
大量で in gross 204
代理をする公務員や職員 surrogate 378
対連邦政府不法行為請求法 Federal Tort Claims Act 161
対話者 person having dialogue with 295
耐えがたい虐待 intolerable cruelty 217
唾液 saliva 355, sputum 370
他益的信託 donative trust 127
多額 maximum amount 256
多角化 diversification 124
多角的貿易協定 multilateral trade agreements 263
他我の理論 alter ego doctrine 17
抱き合わされる商品 tied product 390
抱合せ packaging 286
抱合せ契約, 抱合せ取引 tie-in arrangement 390, tying arrangement 395, tying contract 395
抱合せ販売 bundling 46, tie-in sale 390, tying arrangement 395

たきあわ	

抱合せ法案　omnibus bill　279
多義性　ambiguity　19
妥協　compromise　74
多極分散型国土形成促進法　Multi-Polar Patterns National Land Formation Promotion Law　263
択一的救済　alternative remedy　19
択一的訴因　alternative count　19
択一的罰条　alternative citation of penal provisions　18
諾成契約　consensual contract　80
宅地　building site　46, residential land　343
宅地建物取引業法　Building lots and Buildings Transaction Business Law　45
諾否　acceptance or rejection　3
多元的証拠　multiple evidence　263
多国間環境協定　MEAS : Multilateral Environmental Agreements　256
多国籍企業　MNC　261, multinational corporation　263, multistate corporation　264
タコグラフ　tachograph　381
タコメーター　tachometer　381
打算的な　calculating　48, selfish　360
多衆聚合　assembling in crowds　27
多重人格症　multiple personality syndrome　263
多州籍企業　multistate corporation　264
多衆不解散　failure to disperse　157, non-dispersion of a mass of people　271
多衆不解散首魁　ringleader of non-dispersion in crowds　351
多数　majority　251
多数意見　majority opinion　251
多数決　majority rule　251
多数派　majority　251
助ける　aid　16
多臓器不全　MOF　261, multiple organ failure　263
堕胎致死　abortion resulting in death　2
堕胎致傷　abortion resulting in bodily injury　2

叩き壊す　knock to pieces　227
正しい　right　347, true and correct　395
但書　proviso　322, proviso clause　322
正しく評価すること　appreciation　25
直ちに　forthwith　172, thereupon　389
ただ乗り　free ride　175, free-riding　177
立会い　attendance　31, session　361
立会権　right to attend　349, right to be present　349
立会場　floor　167
立会人　observer　276, official watchman　278
立入り　access　3, entry　141
立ち入る権利　right of access　348
立退き　evacuation　146, eviction　146, removal　338
立退通告書　eviction notice　146
立退手続　dispossess proceeding　123
立ち退く　vacaty　407, vocate　410
多中心的　polycentric　302
奪還　rescue; rescous　342
脱臼　dislocation　122
脱臼した　dislocated　122
タックス・クレジット　tax credit　383
タックス・ヘイブン　tax haven　383
脱コード化　decode　107
脱獄　prison-breaking　314
脱獄する　escape from prison　143
脱獄中に捕えられる　be caught while escaping　37
奪取　capture　50, taking　382
脱税　evasion of tax　146, tax evasion　383, tax fraud　383, tax saving　383
脱税する　evade paying tax　146
脱線させる　wash out the effort　414
脱走　escape　143
脱退　retirement　345, withdrawal　416
脱法行為　evasion of law　146
脱漏　omission　279
建売住宅　house built for sale　197, ready-built house　328
立替え　advance　13, paying for someone　291

立替金　advance disbursement　13
立て替える　defray 110, stand the bill for　370
立てこもる　barricade oneself 36, entrench oneself　140
建坪　floor space　167
建て増し　extension of building　154
建物　premises　307
建物性能保証　builder warranty　45
建物の区分所有等に関する法律　Law for Comparted-ownership, etc. of Building　234
建物の使用　occupancy　276
建物保護に関する法律　Law for Protection of Buildings　234
妥当な　reasonable　329
妥当な関係　reasonable relationship　330
例えば　exempli gratia　152
棚卸帳　inventory　218
他人資本による利益の増幅　leverage　242
他人資本をてこにした買占め　leveraged buy out　243
他人の影響を受けずに　at arm's length　31
他人の金銭債務の引受け　assumption of indebtedness　30
他の裁判所に継続する訴訟　lis alibi pendens　246
他の州で設立された会社　foreign corporation　170
他の著作物の引用　quotation　327
他の要件なしに賠償請求しうる　actionable per se　9
タバコ規制枠組条約　Framework Convention on Tobacco Control　174
たばこ専売法　Government Monopoly in Tobacco Law; Tobacco Monopoly Law　185
タフト・ハートレー法　Taft-Hartley Act　381
他方当事者　the other　388
打撲傷　bruise　45
他保険条項　other insurance clause　284
他保険約款　other insurance clause　284
ダミー　dummy　130

ダミー会社　dummy corporation　130
多目的損害賠償　nominal damages　270
頼る物　resort　343
タリフ・エスカレーション　tariff escalation　382
弾圧　oppression　281
単一的　unicentric　398
単価　unit cost 400, unit price　400
弾劾　impeachment　200
弾劾裁判所　court of impeachment 96, Impeachment Court　200
弾劾主義の手続　accusatory procedure　5
弾劾証拠　evidence for purposes　147
嘆願　petition　297
嘆願書　written petition supporting defendant's character　418
短期　minimum period 258, minimum term　258
短期借入金　short-term loan payable　364
短期自由刑　short-term imprisonment　364
短期受刑者　short termer　364
短期証券　short-term debt　364
短期譲渡所得　short-term capital gain　364
短期消滅時効　short-term extinctive prescription　364
短期賃貸借　short-term lease　364
短期売買差益　short swing profit　364
短期利益　short swing profit　364
短期料率　short rate　364
団結　solidarity 367, unity　401
団結権　right of workers to organize 349, right to organization　350
断交　break of relations　44
談合　knock out　227
談合競売　knock out　227
堪航能力　seaworthiness　357
弾痕　bullet mark　46
短資　call loan　49
男爵　baron　36
短縮する　curtail 101, reduce 334, shorten　364
単純過失　simple negligence　365

たんしゆ

単純契約　informal contract　209, simple contract　365
単純骨折　closed fracture　63
単純債務　simple obligation　365
単純信託　simple trust　365
単純捺印金銭債務証書　simple bond　365, single bond; 〜bill　365
単純不動産権　estate in fee simple　145
単純封土権　fee simple　162, land ownership　229
単純保険金受取人条項　simple loss payable clause　365
単純モーゲージ条項　open mortgage clause　280
短所　fault　160, shortcoming　364
男娼　male prostitute　252
男女共学制　coeducation system　65
男女雇用機会均等法　Law Concerning the Promotion of Equal Opportunity and Treatment between Men and Women in Employment and Other Welfare Measures for Women Workers　233
男女同一賃金　equal pay　141
男女同権　equality of the sexes　141
団体　association　30, entity　140, organization　283
団体協約　collective bargaining agreements　66
団体交渉　collective bargaining　66
団体交渉権　right of collective bargaining　348, right to bargain collectively　349
団体交渉命令　bargaining orders　36
団体行動権　right to act collectively　349
団体保険　group insurance　188
短刀　dagger　103
単独海損　partial average　288, Particular Average　289, simple average　365
単独行為　unilateral act　399
単独所有　tenancy in severalty　385
単独で　severally　362
単独土地所有　entire tenancy　140
単独犯　offender committing a crime without an accomplice　277

単独法人　corporation sole　92
単独保有　entire tenancy　140
単なる冗談　apparent jest　23
単なる譲渡　mere transfer　258
ダンピング　dumping　131
ダンピング防止規約　Anti-dumping Code　22
担保　charge　55, pledge　300, plevin　301, security　358
担保継続　held covered　193
担保契約書　hypothecation　198
担保権　right of hypothecation　348, security interest　359
担保権行使順配の原則　marshaling securities　254
担保権者　secured creditor　358
担保権者の訴状　bill for foreclosure　39
担保権などを設定する　establish　144
担保権の付着していない状態で土地を移転する　convey land free and clear　89
担保債権者　secured creditor　358
担保財産　secured property　358
担保債務　secured debt　358
担保された　secured　358
担保条項　covenant of warranty　97
担保制限条項　negative pledge clause　267
担保責任　liability for security　243, warranty　413
担保責任拡張　further assurance　179
担保設定契約書　security agreement　359
担保付債券　mortgage bond　262, mortgage debentuire　262
担保付社債　secured bond　358
担保付取引　secured transactions　358
担保付捺印金銭債務証書　heritable bond　194
担保付きの　secured　358
担保付約束手形　collateral note　65
担保の供与　furnishing of security　179
担保の設定　affection　14
担保の提供者　warrantor　413
担保のない　clean　62
担保不足金判決　deficiency judgment　109
担保物　things held in one's possession

as security　389
担保物権　collateral　65, warrant　413
担保約款　covenant of warranty　97
単利　simple interest　365

ち

治安　domestic peace　127
治安裁判官小法廷　court of petty sessions　96
治安裁判所　general sessions　181
治安判事　justice of the peace　225, magistrate　250
治安紊乱　disorder　122
地位　position　302, standing　370, status　371
地域雇用開発促進法　Law Concerning the Promotion of Local Employment Development　233
地域社会　community　70, local community　248
地域振興整備団法　Japan Regional Development and Consolidation Corporation Law　220
地域伝統芸能等を活用した行事の実施による観光及び特定地域商工業の振興に関する法律　Law concerning the Promotion of Tourism, Commerce and Industry in Designated Areas by Organizing Events Taking the Advantage of Traditional Music, Arts and Other Local Cultures　233
地域保健法　Community Health Law　70
地位の変更　change of position　55
地位や権利を奪う　deprive of　115
地役権　easement　132, servitude　361
地役権者　person who has a easement　296
地役権の時効取得　easement by prescription　133
チェックオフ　check off　58
遅延　delay　110
遅延損害金　late charge　230, late payment　230

遅延利息　personalty interest　297
誓い　swear　380
誓う　pledge　300
治外法権　exterritoriality　155, extraterritorial right　156, extraterritoriality　156, extra-territoriality　156
地下活動　underground activities　397
知覚　perception　293, recognition　332
知覚神経　sensory nerve　360
地下資源　underground resources　397
地下組織　the underground　388
痴漢　groper　187, molester　261
地球温暖化対策の促進に関する法律　Law concerning the Promotion of the Measures to Cope with Global Warming　233
地区　district　124, ward　412
地区規制　zoning regulations　419
地区検事　D.A.　103, district attorney　124
逐語的な，逐語的に　verbatim　408
蓄財する　accumulate wealth　5
逐次　successive　376
逐次執行の刑の宣告　consecutive sentences　80
地区制　zoning　419
蓄積信託　accumulation trust　5
地区代理店　local agent　248
竹木　bamboo　35
笞刑　whipping　415
遅行指標　lagging indicator　229
知事　prefectural governor　306
知識管理　knowledge management（KM）　228
知識プロセス　knowledge process　228
知識ベース　knowledge-base　228
知識変換　knowledge conversion　228
致死事故　fatal accident　160
地上権　superficies　377, surface right　378
痴情犯罪　crime of passion　98
致死量　fatal dose　160, lethal dose　242
地積　area　26
稚拙な　artless　27, naive　264
遅滞　delay　110

ちたいし

遅滞して　in arrears　203, in mora　204
遅滞なく　forthwith　172, without delay　416
遅滞利息　default interest　108
父殺し　patricide　290
蟄居　keeping house　227
秩序　order　282
秩序立った準則の累積　methodical accretion of rules　258
秩序罰　minor penalty to keep order and discipline　259
窒息　suffocation　376
窒息死　death from asphyxia　105, death from suffocation　105
窒息死させる　suffocate　376
窒息死する　be choked to death　37
窒素酸化物　nox　274
知って　scienter　356
知っているとみなされる　should know　364
知的財産権の貿易的側面に関する協定　T.R.I.P.S.　381
知的財産問題　Trade Related Aspects of Entellectual Property Rights　393, TRIP　395
知的障害　mental retardation　257
知的障害者福祉法　Law for the Welfare of People with Mental Retardation　235
知的所有権　intellectual property　213, intellectual property right　213
知的所有権条約　TRIPS　395
知的所有権の権利者　proprietor　320
知的所有権法　Intellectual Property Law　213
知的所有権保護国際事務局　Bureaux Internationaux Reunis pour la Protection de la Propriete Intellectuelle　47, International Bureau for Protections of Intellectual Property　214
千鳥足で歩く　reel along　335, walk drunkenly　412
知能　intelligence　213
知能検査　intelligence test　213
知能指数　intelligence quotient　213

知能犯　intellectual crime　213, intellectual offense　213
地番　lot number　250
痴呆　dementia　113
地方検察庁　district public prosecutors office　124
地方公共団体　local public agency　248, local public entity　248
地方公共団体の条例　bylaw　48
地方公共団体の職員　official of local public entity　278
地方公務員法　Local Public Service Law　248
地方債　municipal bond　264
地方裁判所　district court　124
地方自治　local autonomy　248, local self-government　248
地方自治体　local authority　248, local government　248
地方自治体の　municipal　264
地方自治体の公債証書　municipal securities　264
地方自治の本旨　principle of local autonomy　313
地方自治法　Local Autonomy Law　248
地方条例　Local Regulations　248
地方税　local tax　248, rate　328
地方的慣習法　particular custom　289
地方的習慣(法)　local custom　248
地方登録官　local registrar　248
地方登録所　district registry　124
地方の　local　248
地方郵政監察局　Regional Bureau of Postal Inspection　336
致命傷　fatal wound　160, mortal wound　262
致命傷を負う　be fatally wounded　37, suffer a mortal wound　376
致命的　deadly　104, fatal　160
致命的誤謬　fatal error　160
チャーニング　churning　58
着手金　retainer　345, retaining fee　345
嫡出　legitimacy　242
嫡出子　legitimate child　242
嫡出否認　denial of legitimacy　113

着船　arrival　26
着船通知書　arrival notice　26
着船渡し　ex ship　147
着荷渡し　on arrival　279
着服　defalcation　107
着服する　defalcate　107
着陸　landing　229
着陸する　make a landing　251
チャプター・イレブン　Chapter Eleven　55
治癒　cure　101, healing　192, recovery　334
注　annotation　21
注意　care　50, caveat　52, diligence　118
注意書き　directions　119
注意義務　care　50, diligence　118, duty of care　131, duty to take care　131
注意人物　person on the black list　296, suspicious character　380
注意深さ　prudence　322
注意を引こうとする　attention-seeking　31
中央更正保護審査会　National Offenders Rehabilitation Commission　265
中央情報局　Central Intelligence Agency (C.I.A.)　53, CIA　58
中央労働委員会　Central Labor Relations Commission　53
仲介　mediation　256
仲介業者　broker　45, sales agent　354
仲介銀行　intermediary bank　214
仲介者　middle-person　258
仲介者報酬　finder's fee　164
仲介人　intermediary　214
中間業者　middleman　258
中間裁判所　intermediate court　214
中間搾取　intermediary exploitation　214
中間収入　interim earnings　214
中間の　ad interim　9, interlocutory　214
中間配当　interim dividend　214
中間判決　interlocutory decision　214, interlocutory judgment　214
中間報告　interim report　214
中継　transit　394

仲裁　arbitration　25, intervention　216
駐在員　liaison　243
駐在員事務所　liaison office　243, representative office　341
仲裁規則　arbitration rule　25
仲裁契約　agreement for arbitration　16, arbitration agreement　25
仲裁裁判条件法　Arbitration Act　25
仲裁条項　arbitration clause　25
駐在代理人　resident agent　343
仲裁手続　arbitration procedure　25
仲裁人　arbiter　25, arbitrator　25, referee　335, umpire　396
仲裁人団　arbitration board　25
仲裁人の仲裁判断　award　34
仲裁人名簿　panel of arbitrators　286
仲裁の　mediatry　256
仲裁の合意　reference　335
仲裁判断　arbitrament　25, arbitration and award　25, arbitrium　25, umpirage　396
仲裁判断の抗弁　arbitrament and award　25
仲裁判断不存在の抗弁　no award　269, nul agard　274
仲裁付託　submission　374
仲裁付託合意不存在の抗弁　non submissit　270
中止　discontinuation　121, stay　371, suspension　379
中止する　adjourn　10
忠実義務　duty of loyalty　131, duty to obey instruction　131, obligation to be faithful　275
忠実な　faithful　158
中止犯　voluntary suspension of commission of a crime　411
中止未遂　voluntary suspension of commission of a crime　411
中止命令　cease and desist order　52
注射　injection　209
駐車違反　violation of the parking regulations　409
注射液　injection　209
注射器　syringe　380

ちゆうし

注釈　annotation　21, gloss　183
注釈付アメリカ合衆国法律集　U.S.C.A.　396
注釈文書　letter of comment　242
駐車場　car park　50, parking lot　287
中傷　defamation　107, slander　366
中小企業　minor enterprises　259, small-and-medium sized enterprises　366
中小企業基本法　Small and Medium Enterprise Basic Law　366
中小企業近代化資金等助成法　Law on Financial and Other Assistance for Small Business Modernization　236
中小企業金融公庫法　Small Business Finance Corporation Law　366
中小企業経営革新支援法　Law on Supporting Business Innovation of Small and Medium Enterprises　237
中小企業指導法　Small and Medium Enterprise Guidance Law　366
中小企業信用保険法　Small and Medium Enterprise Credit Insurance Law　366
中小企業総合事業団法　Japan Small and Medium Enterprise Corporation Law　220
中小企業団体の組織に関する法律　Law concerning the Organization of Small and Medium Enterprises Organizations　233
中小企業等協同組合法　Law on the Cooperative Association of Small and Medium Enterprises　237
中小企業倒産防止共済法　Law on Mutual Relief System for the Prevention of Bankruptcies of Small and Medium Enterprises　236
中小企業投資育成株式会社法　Small Business Investment Company Limited Law　366
中小企業における労働力の確保及び良好な雇用の機会の創出のための雇用管理の改善の促進に関する法律　Law concerning the Promotion of Improvement of Employment Management in Small and Medium-sized Enterprises for Securing Manpower and Creating Quality Jobs　233
中小企業の事業活動の機会の確保のための大企業者の事業活動の調整に関する法律　Law on Securing Business Opportunities for Small and Medium Enterprises by Adjusting the Business Activities of Large Enterprises　236
中小企業の創造的事業活動の促進に関する臨時措置法　Temporary Law concerning Measures for the Promotion of Creative Business Activities of Small and Medium Enterprises　384
中小企業流通業務効率化促進法　Law concerning the Promotion of Efficient Distribution Systems in Small and Medium Enterprises　233
中小小売商業振興法　Law on the Promotion of Small and Medium Retail Business　237
抽象的な　abstract　2
中傷誹謗　slander and libel　366
中心市街地における市街地の整備改善及び商業等の活性化の一体的推進に関する法律　Law on Improvement and Vitalization of City Centers　236
中心子午線　c.m.　48
虫垂炎　appendicitis　24
中枢神経　central nervous system　53
忠誠宣誓　loyalty oath　250
抽選　lot　250
中断事由　grounds for interruption　188
中断する　abate　1
中途解約不可　non-cancellable　270
中毒　addiction　9
中毒者　addict　9
中毒症状を呈する　present symptoms of addiction　310
中毒になる　get addicted　182
中部圏の都市整備区域,都市開発区域及び保全区域の整備等に関する法律　Law concerning Improvement of City Improvement Areas, City Development Areas and Conservation Areas in the Chubu

ちょうは

注文 Region 231
注文 order 282
注文請書 order acknowledgement 282, sales note 354
注文しない物品・役務 unsolicited goods and services 401
注文書 purchase order 325, written order 418
注文請求 written acceptance of order 418
中立 neutrality 268
中立国船証明書 sea letter 356
中立命令違背 violation of neutrality ordinances 409
調印 signature 365, signing 365
懲役 imprisonment with labor 203, servitude 361
懲役刑 penal servitude 292
懲戒 discipline 120, reprimand 341
懲戒解雇 disciplinary dismissal 120
懲戒場 disciplinary cell 120
懲戒処分 disciplinary action 120, disciplinary disposition 120, disciplinary measure 120
懲戒する reprimand 341
懲戒停職 disciplinary layoff 120
懲戒手続 disciplinary proceedings 120
懲戒の訴追をする file charge regarding discipline 163
懲戒罷免 disciplinary dismissal 120
懲戒予告通知書 employee warning notice 137
超過額 amount in excess 20
超過額保険 excess insurance 149
超過供給 excess supply 149
聴覚 hearing 192
聴覚障害 hearing impairments 193
超過需要 excess demand 149
超過賠償 double recovery 128
超過費用支払義務条件賃貸借 expense stop lease 153
超過保険 over-insurance 285
超過利得税 excess profits tax 149
超過割増金 demurrage 113
町議会 assembly of town 27

長期契約 long-term contract 249
長期5年以上の懲役 imprisonment for a maximum period of five years or more 203, not less than five years imprisonment 273
長期賃貸借契約 long-term lease 249
長期売買契約 long term sale and purchase agreement 249
長期保険証券 term policy 385
調査 search 357
調査査察部 Examination and Criminal Investigation Department of the National Tax 147
調査事務 investigation affairs 218
調査書 report 340, report of investigation 340
調査票 schedule of investigation 356
長子相続制 promogeniture 319
庁舎 administration building 11
徴収税 levies tax 243
鳥獣保護及び狩猟に関する法律 Law concerning Protection of Wildlife and Game 231
調書 pretrial interrogative 311, pretrial investigation 311, record of interrogation 333, record of investigation 333
調書判決 written judgment contained in the trial protocol 418
調整する adjust 11, rectify 334
調製する prepare 309
調整の mediatry 256
町村総会 town meeting 392
町村役場 town or village office 392
調達規則 procurement regulations 317
調達契約 procurement contract 317
調停 adjustment 11, conciliation 74, intervention 216, mediation 256, reconciliation 332, settlement 362
調停者 adjuster 11, mediater 256
調停する adjust 11, mediate 256
調停人 referee 335
挑発 provocation 322
懲罰 disciplinary 120, retribution 345

ちょうは

懲罰的損害賠償　exemplary damages 152, punitive damages　324
懲罰的損害賠償額　vindictive damages 409
懲罰的損害賠償金　smart money　366
重複課税　duplicate taxation　131
重複する　double　127
重複賠償　double recovery　128
帳簿　book　44
諜報　intelligence　213
諜報活動取締法　Espionage Act　144
諜報機関　intelligence agency　213
超法規的　supralegal　378
眺望権　scenic easement　355, view　409
諜報法　Espionage Act　144
帳簿閲覧　inspection of books　211
帳簿閲覧権　right to examine books and records　349, right to inspect books (and records)　350
帳簿価格　book value　44
帳簿検査　Inspection of Accounts　211
帳簿閉鎖　closing of the book　63
庁務　business of the office　47
跳躍上告　direct Jokoku-appeal to the Supreme Court after a District Court decision　119
徴用　impressments　203
貯金　saving account　355, savings 355
直接強制　direct enforcement　119
直接原因　direct cause　119
直接公募　direct public offering(DPO) 119
直接事実　ultimate fact　396
直接証拠　direct evidence　119, positive evidence　302
直接上訴　direct appeal　119
直接訊問　direct examination　119
直接請求　direct action　119
直接選挙　direct election　119
直接占有　actual possession　9
直接訴訟　direct action　119
直接発行　direct placement　119
直接侮辱　direct contempt　119
直接利害関係　direct interest　119

直接割当て　direct placement　119
勅選弁護士　King's Counsel　227
勅撰弁護士　Queen's Counsel　327
勅選弁護士以外のバリスタ, 勅選弁護士でないバリスタ　junior barrister　224, outer bar　284
勅選法廷弁護士　inner barrister　209
直聞証人　ear-witness　132
直輸入　direct import　119
勅令　edict　134, edictum　134, Imperial Order　200
著作権　copyright　90
著作権譲渡契約　copyright assignment agreement　90
著作権条約　WIPO Treaties on Copyright; Wipo Copyright Treaty(WCT) WIPO　415
著作権侵害　piracy　298
著作権侵害防止　antipiracy protection　22
著作権侵害防止技術　antipiracy technology　22
著作権の可分性　divisibility of copyright 124
著作権の強制ライセンス　compulsory license of copyright　74
著作権の公有　dedication　107
著作権表示　notice of copyright　273
著作権法　Copyright Law　91
著作権法における技術　art　26
著作者人格権　moral right　262
著作物　works　417
著作物性　copyrightability　91
著作物の発行・出版　public use　324
著作物の複製物の納入　deposit of copy 114
著作物の本国　country of origin　95
著作隣接権　neighboring rights　268
貯蓄銀行　penny bank　293, saving bank　355
貯蓄組合　S&L : saving and loan association　353
貯蓄国債　savings bond　355
直轄　direct control　119
勅許会計士　chartered accountant　57
勅許私有地　charter-land　57

直近上級裁判所　immediately higher court　199
直近の危険　immediate danger　199
直系姻族　lineal affinity　246
直系血族　lineal consanguinity　246
直系尊属　lineal ascendant　246
直系卑属　exitus　152, lineal descendant　246
治療　medical treatment　257, therapy　389
治療効果　curative effect　101
治療する　cure　101, treat　394
治療の保証　warranty of care　413
鎮火妨害　obstruction of fire fighting　276
賃金　wage　412
賃金規制　wage regulation　412
賃金債権譲渡担保　wage assignment　412
賃金時間法　Wage-Hour Law　412
賃金取得者更生計画　wage earner's plan　412
賃金制　earnings scheme　132, wage system　412
賃金生活者　wage-earner　412
賃金平等法　Equal Pay Act　141
賃借権価格　leasehold value　240
賃借権譲渡　attornment　32
賃借権存続条項　non-disturbance clause　271
賃借権の譲渡　assignment of lease　28
賃借人　leaseholder　240, lessee　242
賃借物　leased things　239
賃借料無料　free rent　175
陳述　allegation　17, oral statement　282, statement　371
陳述する機会　opportunity to make a statement　281
陳情　appeal　23
鎮静化　pacification　286
鎮静剤　tranquilizer　393
賃貸価値　rental value　339
賃貸借　lease　239, tenancy　384
賃貸借契約　lease agreement　239
賃貸借契約の更新　lease renewal　239
賃貸借終了後の占有継続　hold-over tenant　195
賃貸借と売買の複合契約　lease purchase agreement　239
賃貸借の終了　termination of lease　385
賃貸人　lessor　242
賃貸人，賃借人の対第三者賠償責任保険　owner's, landlord's and tenant's public liability Insurance　285
賃貸人の目的物に対する権利　leased fee　239
賃貸物件　demised premises　113
賃貸申込手数料　administrative expense　11
賃貸料　rent　339
鎮痛剤　anodyne　22, painkiller　286
沈黙　connivance　80, silence　365
沈黙による禁反言　estoppel by silence　145
賃率　regular rate　337
賃料　hire　194, rental　339, rental rate　339
賃料債権の譲渡　assignment of rents　28
賃料歩合制賃貸借　percentage lease　293
陳列　display　122, exhibit　152, exposure　154
陳列品　article on display　27

つ

追加　post entry　303
追加拡張担保特約　additional extended coverage　10
追加条件　additional terms　10
追加条項　further covenants　179, omnibus clause　279, rider　347
追加説示　additional instruction　10
追加的裁判管轄　non-exclusive jurisdiction　271
追加的な　cumulative　101
追加費用　accruing costs　5
追加保険料　loading　247
追加約款　further covenants　179
追加料金　addition　9, surcharge　378
追起訴　subsequent indictment　375,

ついきゆ

subsequent prosecution 375
追求 pursuit 325, seek 359
追求する pursue 325
墜死する fall to death 158
追跡 chase 57, pursuit 325, tracing 392
追跡する pursue 325
追跡調査 follow-up study 167
追徴 collection of the corresponding value to be confiscated 66
追徴不能株式 nonassessable stock 270
追認 affirmance 14, confirmation 79, homologation 196, ratification 328
追認する affirm 14, ratify 328
追補 supplement 377
追放 banishment 35, expulsion 154, ostracism 284
墜落 crash 97, fall 158
通運会社 express company 154
通運業者 express company 154
通貨 currency 101
通過 transit 394
通貨偽造 counterfeit of a currency 94, counterfeit of currency 94
通貨偽造準備 preparation for counterfeit of currency 309
通貨制度 currency system 101, monetary system 261
通貨変造 alteration of currency 18
通貨変造準備 preparation for alteration of currency 308
通関 clearance 63
通関手続 entry 141, import clearance 201
通勤途上原則 going and coming rule 183
通行(権) access 3, ingress and egress 209, right of way 349
通行地役権 easement of access 133, right of way 349
通行地役権妨害 disturbance of ways 124
通行の優先権 right of way 349
通行料 toll 391, toll expense 391

通告 caveat 52, information 209, notice 273, notification 273
通常過失 ordinary negligence 283
通商禁止令 embargo 136
通常抗告 ordinary Kokoku-appeal 283
通商産業省 Ministry of International Trade and Industry 259
通商産業大臣 Minister of International Trade and Industry 259
通常人 ordinary person 283, reasonable person 330
通常選挙 regular election 337
通常総会 ordinary general meeting 283
通常損害 general damage 181
通常逮捕 ordinary arrest 283
通常の規定 usual provision 403
通常の強迫 ordinary duress 283
通常の審判 usual procedure 403, usual trial 403
通常の注意 ordinary care 283
通常の離婚手続 regular dissolution of marriage 337
通商白書 White Paper on International Trade 415
通商法 trade act 392, Trade Commission Act 392
通称名 doing business as 126
通信 correspondence 93
通信事務 communication business 70
通信の秘密 secrecy of communication 357, secrecy of correspondence 357
通則 general provisions 181
通達 announcement 21, circular 59, direction 119, notice 273, policy letter 301
通知 notification 273, notify 274
通知型立法 notice recording statute 273, notice-type statute 273
通知銀行 advising bank 14
通知書 written notice 418
通知条項 notice 273
通知する advise 14
通知の放棄 waiver of notice 412
通牒 circular 59, notification 273
通知を受ける権利の放棄 waiver of notice

412
通謀詐害　collusion　66
通謀して　in collusion with　204
通謀訴訟　collusion　66, collusive action　66
通例条件　usual terms　403
使い込み　embezzlement　136
月極め不動産賃借権　tenancy from month to month　384
突き刺す　pierce　298, stab　370
月条約　Lunar Treaty　350
付添人　attendant　31
月々の返済額　monthly payment　262
次の　proximo　322
次の例による　the following rules shall apply〜　388
償い　set-off　362
償う　compensate　72
造り付け　built-in　46
付けで売る　sell on credit　360
付けで買う　buy on credit　47
槌　hammer　191, mallet　252
続用する　continue to use　85
包み　pack　286, package　286
包む　pack　286
つなぎ金融　interim financing　214
つなぎ融資　bridge loan　45
積み下ろしプラットホーム　dock　125
積込み　loading　247
積立金　accumulated amount　5, reserve　342
積立信託　accumulation trust　5
積立貯金　installment savings　211
積立余剰金　accumulated surplus　5
積み立てる　accumulate　5
積付け　stowage　372
積付料　stowage　372
罪となるべき事実　fact constituting the charged offense　157
積荷　cargo　50, load　247, shipment　364
積荷保険　cargo insurance　50
積荷目録　manifest　253
罪の相殺　compensatio criminis　72
罪を犯したことを疑うに足りる充分な理由　sufficient grounds to suspect the commission of an offense　376
罪を犯す　commit a crime　68, commit an offense　68
罪を行い終わってから間がない　having committed a crime a short while before　192
罪を軽減する　alleviate　17, mitigate　261
罪を償う　atone for　31
連れ込み宿　hotel for making love　197

て

手当て　allowance　17
提案　proposition　320
提案する　offer　277, vote　411
ディー・ジュリー・コーポレーション　de jure corporation　104
ディープ・ポケット理論　deep pocket theory　107
ディープロック原則　deep rock doctorine　107
ディーラー　dealer　104, supplier　377
定役　assigned labor　28, labor　229
定価　labeled price　229, listed price　247
低額課税方式　lesser duty rule　242
定額株式　penny stock　293
定額資本会社　thin corporation　389
定額所得者　person with a small income　296
定額貯金　fixed amount savings　166
定額弁護士費用　docket fee　125
定額保険　industrial assurance　208
定額料金　flat rate　167
定款　memorandum　257
定款の変更　alteration of articles of incorporation　18
定義　definition　110
定期刊行物　gazette　180
定期給付債権　claim for periodical delivery of money　60
定期金　money payable by periodical in-

ていきき

stallments 261
定期金債権 claim for the money payable by periodical installment 61
定期刑 determinate sentence 117
定期行為 time-bargains 390
定期購入契約 subscription contract 375
提起しうる lie 244
定義条項 definitions 110
提起する institute 211
定期贈与 periodical gift 294
定期的な見本提出・指導員の派遣 Submission of Samples and Dispatch of Licensor's Representatives 374
定期に at regular intervals 31
定期の給付 periodical performance 294
定期不動産権 term 385
定期保険 term insurance 385
提供役務相当金額の請求 quantum meruit 326
提供する provide 321
定期傭船 time charter 390
提供物相当額の請求 quantum valebant 326
定期預金 time deposit 390
テイクオーバー take over 382
定型的文言 boilerplate 43
締結 conclusion 75
締結する make and conclude 251, make and enter into 251
提言書 position paper 302
抵抗権を表示する書類 deed of trust 107
抵抗力 tolerance 391
停止 stay 371, suspension 379
定時株主総会 annual meeting 21
呈示銀行 presenting bank 310
停止条件 condition precedent 77, suspensive condition 380
定時審査 periodical examination 294
停止する suspend 379
定時総会 ordinary general meeting 283
呈示に対して upon presentation 402
提示買収額査定 fairness opinion 158
呈示払い payable on presentment 291
停止命令 cease and desist order 52, restraining order 344

定住する reside permanently 343, settle down 362
定収入 regular income 337
提出 presentation 310
提出勘定(書) account rendered 4
提出する exhibit 152, lay 238, produce 317, render 338, submit 374
提出のための手数料 filing fee 163
提出日 date of issue 104
提出命令 order to produce 283
抵触 collision 66, repugnancy 341
抵触する be against 37, be contrary to 37, be inconsistent with 37, infringe on 209
抵触する特許権 interfering patent 214
抵触法 conflict of laws 79
泥酔者 drunkard 129, drunken person 129
泥酔する get dead drunk 182
訂正 post entry 303
訂正する correct 93
訂正の判決 judgment of correction 223
停戦協定 Armistice Agreement; Cease-fire Agreement 26
停船待機義務法 Stand-by Act 1890 370
定足数 quorum 327
定足数点検 count out 93
邸宅 mansion 253, residence 343
邸宅侵入 intrusion into premises 218
邸宅不退去 non-retreat 272, refusal to leave premises 336
定着物 firmly affixed things 165, fixture 166
低賃金 low wages 250
程度 degree 110, extent 155
抵当 security 358
抵当貸付銀行 mortgage banker; 〜company; 〜corporation 262
抵当貸付金融会社 mortgage banker; 〜company; 〜corporation 262
抵当権 hypothec 198
抵当権者 mortgagee 262
抵当権者特約条項 mortgagee clause 262
抵当権順位の譲渡条項 subordination clause 374

抵当権設定者　hypothecator　198, mortgagor　262
抵当権の設定　affection　14
抵当権の引受け　assumption of mortgage　30
抵当権保険　mortgage guarantee insurance　262
抵当財産　mortgaged property　262
抵当債務　mortgaged debt　262
抵当直流　mortgage in possession　262
抵当証券付きの抵当財産　mortgaged property subject to mortgage　262
抵当土地売却時完済義務条項　due-on-sale clause　130
抵当不動産　hypothecated immovable property　198
定年　age of retirement　14, retirement age　345
停舶位置　berth　39
碇泊期間　laydays　238, laytime　238
碇泊税　groundage　187
ディフォルト条項　default clause　108
ディベンチャ・ストック　debenture stock　105
締約強制　compulsory contract　74
廷吏　bailiff　35
廷吏　usher　403
出入禁止の　forbidden to enter or leave　169, off limits　277
ディレクトリ　directory　119
手がかり　clue　64
手がかりを見つける　find a clue　164
出稼ぎ労働者　migrant workers　258
手形　bill　39, bills and notes　40, draught　129, without recourse　416
手形, 小切手の遡求, 償還請求　recourse　333
手形勘定帳簿　bill book　39
手形交換所　clearing corporation　63, clearing house　63
手形交換のための裏書　indorsement for cleaning house purpose only　208
手形交換のためのみ　for clearing house purpose only　168
手形小切手　bills and notes　40
手形支払拒絶　dishonor　122

手形訴訟　litigation of bills　247
手形仲介人　cambist　49
手形などの保有人　holder　194
手形などの満期　maturity　255
手形の異議申立て　protest　321
手形の白地引受け　blank acceptance　41
手形の正当所持人　holder in due course　194
手形の呈示　presentation　310
手形の引受け　honor　196
手形引受拒絶　dishonor　122
手形法　Bills of Exchange Law　40
手形保障　aval　33
手形や小切手の受取人　payee　291
手形割引　discount　121
手形割引業者　discount broker　121
手形を振り出す　draw a bill　129
手形を割り引く　discount a bill　121
敵意　hostility　196
適応　adaptation　9, adjustment　11
適応性　adaptability　9, flexibility　167
適格　qualification　326
適格当事者　real party in interest　329
適格な当事者　proper party　319
適格の　eligible　136, qualified　326
出来心　caprice　50, impulse　203
出来事　affair　14, event　146
溺死　drowning　129
適式に　properly　319
溺死者　drowned person　129
摘示する　allege　17
溺死する　be drowned to death　37
適時に　timely　390
適時の　timely　390
摘出　removal　338
敵性外国人　enemy alien　139
適正価格　reasonable price　330
適正額　appropriate amount　25
適正過程条項　due process clause　130
敵性証人　adverse witness　13, hostile witness　196
適正手続の保障　protection of due process of law　321
適正取引規約　proper transaction rule　319

てきせい

適正な，適切な　expedient 153, pertinent 297, reasonable 329
適正に，適切に　adequately 10, fairly 158, properly 319
適切な通知　due notice 130
敵船貨抑留　hostile embargo 196
敵対火　hostile fire 196
敵対する　antagonistic 22
敵対的企業買収　hostile takeover 196
敵対的買収防止法　flip-in poison pill 167, flip-over poison pill 167, golden parachute 184, pac-man defense 286, poison foot 301, poison pill 301, scorched earth 356, white knight 415, white squire 415
出来高払い　piece rate 298
適当と認める条件　such condition as one deems reasonable 376
適当と認めるとき　when one deems appropriate 414, when one deems proper 414
適当な　appropriate 25, fit and suitable 166, proper 319
適当な処分　suitable measure 376
摘発　detection 117
適法主義　legality 241
適法な　de jure 104, rightful 350
適法に　lawfully 238, legally 241
適法年齢　lawful age 238
適法の　lawful 238, legal 240, legitimate 242
適用　application 24
摘要　headnote 192
適用される　ensure 139
適用すべき　applicable 24
適用する　apply liberty to 24
適用なし　N／A 264
適用法　law applicable 231
できる限り速やかに　as promptly as possible 27
手切れ金　consolation money 81
てこ　leverage 242
出先機関　outpost 284
手下　subordinate 374
デジタル格差　digital divide 118

手順　proceeding 316, process 317
手錠　pair of handcuffs 286
手錠をかける　handcuff〜 191
手錠をはずす　take off the handcuffs 382
手数料　commission 68, fee 162, fee 162, service charge 361
手数料かせぎの証券売買　overtrading 285
撤回　countermand 95, disaffirmance 120, repeal 339, withdrawal 416
撤回可能信託　revocable trust 347
撤回権の制限された申込み　irrevocable offer 219
撤回する　revoke 347, set aside 361
撤回できない　irrevocable 219
撤回不能信託　irrevocable trust 219
撤回不能申込み　firm bid 165, firm offer 165
撤回保証証書　dissolving bond 123
撤去　removal 338, withdrawal 416
手付金　deposit 114, earnest-money 132, God's penny 183, hand money 191, handsale 191
鉄鋼業法　Iron and Steel Act 219
手続　procedures 316, proceedings 317
手続上の　procedural 316
手続的デュー・プロセス　procedural due process 316
手続の遅延をねらった　dilatory 118
手続法　adjective law 10, ordinandi lex 283, procedural law 316
デッドウェイト・ロス　deadweight loss 104
鉄道の脱線　derailment 115
鉄パイプ　steel pipe 371
手で顔を隠す　hide one's face with one's hands 194
手取り　net 268
手荷物　luggage 250
テネシー河流域開発公社　T.V.A.：Tennessee Valley Authority 381, Tennessnn Valley Authority 385
手配書　search instructions 357
出刃包丁　kitchen knife 227

和英索引

| 手引書　manual　253
| デマイズ・クローズ　demise clause　113
| 手持ちの商品　existing goods　152
| デュープロセス　due process　130
| デラウェア一般会社法　Delaware Corporation Law　110
| 寺銭　house cut　197, rent of a gambling house　339
| デル・クレダ・エージェント　del credere agent　110
| テロ行為　terrorism　386
| テロ資金供与防止条約　International Convention for the Suppression of the Financing of Terrorism　215
| テロ対策特別措置法　Special Measures Law Concerning Measures Taken By Japan in Support of the Activities of Foreign Countries Aiming to Achieve the Purposes of the Charter of the United Nations in Response to the Terrorist Attacks Which Took Place On 11 September 2001 in the United States of America As Well As Concerning Humanitarian Measures Based On Relevant Resolutions of the United Nations　368
| テロリスト　terrorist　386
| 手を組む　join hands　221
| 添加　accretion　5, accruing　5
| 点火　ignition　198
| 転嫁　pass through　290
| 殿下　highness　194
| 転嫁過失　imputed negligence　203
| 点火装置　ignition system　198
| 転換　conversion　89
| てんかん　epilepsy　141
| 転官　transfer of one's position　393
| 転換可能優先株　convertible preferred stock　89
| 転換株式　convertible shares　89, convertible stock　89
| 転換社債　convertible bond　89
| 転換抵当　convertible mortgage　89
| 転記　posting　303
| 電気工事業の業務の適正化に関する法律　Law concerning the Business Optimization of Electric Works　232
| 電気工事士法　Electric Work Specialist Law　135
| 電気事業法　Electric Utilities Industry Law　135
| 電汽車往来危険　endangering traffic by a railroad train　138
| 電汽車往来危険転覆　overturn of a railroad train through endangering traffic　285
| 電汽車転覆　overturn of a railroad train　285
| 電気通信事業法　Telecommunications Business Law　384
| 電気用品取締法　Electric Appliance and Material Control Law　135
| 点検　examination　147
| 電源開発促進法　Electric Power Development Promotion Law　135
| 点呼　roll-call　352
| 天災　natural calamity　266
| 電算犯歴　conviction record stored in computer　89
| 電子為替による送金　telegraphic transfer　384
| 電子記録　electronic records　135
| 電子銀行取引　electronic banking　135
| 電子計算機　computer　74
| 電子計算機使用詐欺　computer fraud　74
| 電子計算機損壊等業務妨害　obstruction of business by destroying a computer, etc.　276
| 電子決済法　Electronic Fund Transfer Act　135
| 電子資金移動　electronic funds transfer　135
| 電子商取引　e-commerce　133, Electronic Commerce　135
| 電子署名　electronic signature　135
| 電子署名及び認証業務に関する法律　Law Concerning Electronic Signatures and Certification Services　231
| 電子署名法　Law Concerning Electronic Signatures and Certification Services

てんしち

231
転質　sub-pledge　374
電磁的記録　electromagnetic record　135
電磁的公正証書原本不実記録　untrue entry in the original of an officially authenticated electromagnetic record　402
電子的方式　electronic method　135
転借人　sub-lessee　374, subtenant　376, undertenant　397
天井価格　price ceiling　311
電信　telegram　384
点数制　mark system　254, point system　301
伝染　infection　208
伝染病　contagious disease　84, infectious disease　208
伝染病予防法　Infectious Disease Prevention Law　208
テンダー・オファー　tender offer　385
転貸　sub-lease　374
転貸借　subletting　374
転貸借契約　sublease　374
転貸する　sublet　374
転貸人　sub-lessor　374
転倒　violent fall　410
店頭市場　over-the-counter market　285
伝統的工芸品産業の振興に関する法律　Law concerning the Promotion of the Traditional Craft Industries　233
転得　subsequent purchase　375
転得者　subsequent purchaser　375
天然果実　natural fruit　266
天然ガス　natural gas　266
天皇　the Emperor　388
転売　resale　342
転売価格　resale price　342
電波法　Radio Law　328
伝票　payment slip　291, voucher　411
添付　accession　3, adjunction　11
転覆させる　overthrow　285
添付書類　addendum　9, appendix　24, exhibits　152
添付する　affix　14
添付の写し　accompanying copy　4
伝聞　herald　193

伝聞証拠　hearsay evidence　193
伝聞証拠排除法則　hearsay rule　193
伝聞証人　hearsay-witness　193
伝聞の供述　hearsay statement　193
填補賠償　single damages　365
てん末書　detailed report　117, full report　179
電話加入権　telephone right　384
電話聴取書　record of telephone conversation　333

と

問屋　→問屋（とんや）
同意　assent　27, consent　80
同意権　right of consent　348
同意された　understood and agreed　397
同意審決　consent decree　80
同意する　accede　3, assume and agree　30, concur　75, covenant and agree　97
同意堕胎　abortion with consent　2
同意堕胎致死　abortion with consent resulting in death　2
同意堕胎致傷　abortion with consent resulting in bodily injury　2
統一引用方式　Uniform System of Citation　399
同一化　identification　198
統一元本収益法　Uniform Principal and Income Act　399
統一共同信託基金法　Uniform Common Trust Fund Act　399
統一居住用不動産賃貸人賃借人法　Uniform Residential Landlord and Tenant Act　399
統一公判　consolidated trial　82, group hearing　188, joint trial　222
統一詐害的譲渡法　Uniform Fraudulent Convcyance Act　399
同一視　identification　198
統一州法　uniform law　399, uniform state law　399
統一州法委員全国会議　National Confer-

ence of Commissioners on Uniform State Laws　265
統一受認者法　Uniform Fiduciaries Act 1922　399
統一商事法典　U.C.C.　396
統一消費者信用法典　U.C.C.C.　396, Uniform Consumer Credit Code 1974　399
統一情報取引法　Uniform Computer Information Transaction Act(UCITA)　399
同一証明付写し　comformed copy　66
統一電子取引法　Uniform Electronic Trasactions Act(UETA)　399
同一の権限　same power　355
同一の権原　unity of title　401
同一の権利　unity of interest　401
同一の行為　single act　365
同一の時　unity of time　401
統一売買法　Uniform Sales Act 1906　399
同一発明　same invention　355
統一法　uniform law　399
同意判決　consent decree　80, judgment by consent　223
同意命令書　consent order　80
同意要求　consent required　80
トゥームストーン　tombstone advertisement　391
ドゥオーキン　Ronald Dworkin　352
同音の法理　Idem sonans　198
等価　par　286
同化　assimilation　29
同害刑法　lex tailionis　243
当該事項　relevant factors　338
当該不動産　subject property　374
同害報復思想　concept of talion　74
投下資本　invested capital　218
導火線　fuse　179
統括　supervision　377
導管　pass through　290
導管実体　pass through entity　290
当期　current term　101
登記　inscription　210, recording　333, register　336, registration　336

投機　speculation　369, venture　408
動機　cause　52, inducement　208, motivation　263, motive　263
動議　motion　263
登記官　register　336, registrar　336
投機行為　agiotage　15
投棄された物　ejectum　135
登記事項　matter to be registered　255, registered matter　336
登記所　registry　336
投機心　speculative streak　369
道義的責任　responsibility based on moral justice　343
道義的約因　meritorious consideration　258
投機取引　speculative transaction　369
登記の効力　effect of registration　134
動機の錯誤　mistake in motive　260
登記の抹消　cancellation of registration　49
登記簿　register　336, registry　336, registry book　336
登記保持者　record owner　333
登記簿謄本　copy of the register　90, copy of the registry book　90
登記名義人　record owner　333
等級　rank　328
等級表化された傷害　scheduled injuries　356
同居　cohabitation　65
当局　authentification　32
同居者　inmate　209
同居する　cohabit　65, live together　247
同居の親族　relative living together　337
当期利益　current income　101
登記料　registration tax　336
動議を出す　move　263
道具　instrument　211
道具理論　instrumentality rule　211
凍結資産　frozen assets　177
統合　consolidation　82
統合債券　consolidated bonds　82
統合された　integrated　212
瞳孔散大　pupillary dilation　325

とうこう	
統合失調症　schizophrenia　356	動産の引渡し　delivery of movable property　112
統合証券　consolidated securities　82	動産の付合　adjunct of movable property　11
統合する　consolidated　82	
統合的法律　consolidated law　82, consolidation act　82	動産の不法留置　detainer　117
	動産売買　sale of goods　354
同行命令　order of accompanying　282	動産売買法　Sale of Goods Act　354
投獄　incarceration　205	動産不法収去侵害訴訟　trespass de bonis asportasis　394
投獄する　incarcerat　205	
動作　action　8	動産返還請求訴訟　detinue　117
同罪の　in pari delicto　204	倒産法　insolvency law　210
当座借越し　overdraft　284	動産リース　equipment lease　142
当座借越契約　overdraft facility　284	動産を遺贈する　bequeath　38
当座勘定　book account　44, checking account　58	動産を差し押さえる　excuss　151
	凍死　abrasion　2, excoriation　150
盗作　plagiarism　299	投資　investment　218
盗作者　plagiarist　299	同時　contemporaneous　85
当座資産　quick assets　327	投資会社　investment company　218
当座預金　current account　101	投資家への広報活動　investor relations (IR)　219
倒産　bankruptcy　35	
動産　chattel　57, goods　185, goods and chattels　185, movable property　263, personal property　297, personalty　297	投資銀行　investment banker　218
	投資契約　investment contract　218
	投資顧問　investment advisor　218
	同時死亡　simultaneous death　365
倒産回避の交換条件　distressed exchanges　123	当事者　party　289
	当事者交替　substitution of parties　375
動産回復訴訟　claim and delivery　60	当事者主義　adversary system　13
動産財産税　personal tax　297	当事者尋問　examination of parties　148
動産差押え　distraint　123	当事者対抗主義　adversary system　13
動産差押えを行う　distrain　123	当事者適格　standing to sue　370
動産質　pledge　300	当事者能力　capacity of the parties　49, party capacity　289
動産質入者　pledger　301	
動産質権　pledge to movable property　300	当事者の併合　joinder of parties　221
動産質権者　pledgee　301	同時傷害　simultaneous injury　365
倒産状態　failing circumstances　157	投資証券　investment security　218
動産侵害訴訟　trover, action of　395	同時条件　condition concurrent　76
動産設備信託　equipment trust　142	投資する　invest　218
動産占有回復訴訟　replevin　340	投資税額控除　investment tax credit　218
動産担保権者　secured party　358	投資手形　investment bill　218
動産担保付取引　secured transaction　358	投資と通商ビザ　E-Visa　147
動産抵当　chattel mortgage　57	同時発行　simultaneous publication　365
動産抵当証券　chattel paper　57	投資目的確認書のある株式　letter stock　242
動産に関するトレスパス　trespass de bonis asportasis　394	
	謄写　copy　90
動産の質権設定者　pledgor　301	同種同等の　in kind　204

同種の　ejusdem generis　135, in kind 204, in specie　204
同種の原因　the same kind of ground 388
同順位　same rank　355
同順位の　pari passu　287
同順位リーエン　concurrent liens　76
投書　anonymous letter　22
頭書　caption　50
同所　ibid．198, ibidem　198
同乗者　fellow passenger　162
当初の期間　initial term　209
同時履行　simultaneous performance 365
同時履行条件　cocurrent condition　64, concurrent conditions　75
同時履行的債務　concurrent promises　76
同時履行的約束　concurrent promises　76
同棲　cohabitation　65, concubinage 75
同性愛　homosexuality　196
同性愛者嫌悪　homophobia　196
同性愛者であることの公表　outing　284
同性愛者の権利　gay rights　180
同棲解消者の取得分　palimony　286
統制価格　controlled prices　88
同棲結婚　de facto marriage　104
同責　in pari delicto　204
当然違法　per se illegal　293
当然違法法則　per se doctrine　293
当然にニューサンスとされるもの　nuisance per se　274
当然の結果　natural consequence　266
当然の権利として　of course　277
当然の権利に基づく　rightful　350
逃走　escape　143
逃走罪　jail breaking　220
逃走させる罪　crime letting a detained person to escape　98
逃走者　escapee　143, fugitive　178
逃走する　escape　143, run away　353
逃走幇助　assisting escape　30
逃走幇助暴行　violence for the purpose of assisting escape　410
同族会社　family corporation　159, per-sonal holding company　297
同族持株会社　personal holding company 297
到達港　port of destination　302
到達地証券　destination bill　116
統治　administration　11, dominion 127, ruling　353
統治権　dominium　127, sovereign right 367
統治行為　act of government　7, act of the state　8
到着　arrival　26
到着次第　on arrival　279
到着しなければ販売なし　No arrival, no sale　269
到着払い　payment on arrival　291
到着払手形　on arrival draft　279
到着予定時刻　ETA　146
到着予定日　ETA　146
頭注　headnote　192
盗聴　bugging　45, interception　213, interception of communications　213, wire-tapping　416
盗聴器を用いる方法　bugging　45
盗聴法案　wire-tapping bill　416
統治を委任された　mandatory　253
疼痛　ache　5, pain　286
同等の条件においては　in pari causa　204
道徳違反　moral turpitude　262
道徳観念　moral sense　262
道徳上の債務　moral obligation　262
道徳的危険　moral hazard　262
道徳的信託　honorary trust　196
道徳律　moral code　262
盗難　theft　389
導入　rollout　352
導入業務　implementation services　200
導入部分　preamble　305
党派　party　289
盗犯等の防止及び処分に関する法律　Law for Prevention and Disposition of Robbery, Theft, etc.　234
当否　advisabilty　14
投票　poll　302, suffrage　376, vote 411, voting　411

とうひよ

投票権　right to vote　350
投票権法　Voting Rights Act　411
投票者　voter　411
投票数　ballot　35
投票制度　ballot　35
投票の秘密　secrecy of ballots　357
投票用紙　ballot　35
盗品　stolen articles　372, stolen goods　372
頭部外傷　head injury　192, head trauma　192
動物傷害　harming or killing other's animal　192
動物特許　animal patent　21
同文献　id.　198
等分に　pro rata　315
盗癖　thievish habits　389
答弁　answer　22, defense　109
答弁書　answer in writing　22, written answer　418
答弁する　answer　22
答弁取引　plea bargaining　299
答弁を終了する　rest the case　343
逃亡者　escapee　143, fugitive from justice　178
逃亡少年を連れ戻す　take back an escaping boy　382
逃亡する　abscond　2, escape　143, take flight　382
逃亡奴隷法　Fugitive Slave Act　178
逃亡犯罪人　fugitive offender　178
逃亡犯罪人引渡し　extradition　155
謄本　duplicate　131, transcript　393
謄本保有権　copyhold　90
謄本保有権者　copyholder　90
同盟　union　399
同盟罷業　walk out　412
盗用　appropriation　25, piracy　298
登用　promotion　319
動揺した誓約の法理　shaken faith doctrine　362
同類解釈則　ejusdem generis　135
同類の　ejusdem generis　135
道路運送車両法　Road Transport and Motor Vehicle Law　351, Road

Trucking Vehicle Law　351
登録　entry　141, inscription　210, recording　333, register　336, registration　336
登録意匠　registered design　336
登録会社　registered company　336
登録官　registrar　336
登録機関　registrar　336
登録式債券　registered bond　336
登録質　registered pledge　336
登録書　registry　336
登録条項　registration provision　336
登録商標　registered trademark　336
登録署名　c/s　48
登録済株式　registered stock　336
登録済みの事業所　registered office　336
登録代理人　registered representative　336
登録番号　registration number　336
登録日　record date　333
登録簿　registry　336
登録免許税　registration license tax　336
道路交通法　Road Traffic Law　351
道路使用料　toll expense　391
道路の待避所　passing place　290
討論　debate　105, discussion　121
討論会　colloquium　66
通し船荷証券　through B/L　390
トーレンス式権原登記制度　Torrent title system　391
図画　drawing　129
時の経過　lapse　229, lapse of time　230
毒殺　killing by poison　227, poisoning　301
毒殺する　poison　301
篤志家　civilian volunteer　60
特赦　pardon　287, special amnesty　368
特殊警棒　special club　368
特殊顧問　special consultant　368
特殊事実侵害訴訟　trespass on the case　394
特殊条項　Special Terms　368
毒樹の果実の理論　fruit of poisonous tree doctrine　177

独占　monopolization　262, monopoly　262
独占禁止法　antitrust laws　22
独占権　monopoly　262
独占権利者　proprietor　320
独占代理人　exclusive agent　150
独占的実施権　exclusive license　150
独占的な　exclusive　150
独占的販売店契約　exclusive distributor agreement　150
独占的ライセンス　exclusive license　150
独占の　proprietary　320
独占の陰謀　conspiracy to monopolize　82
独占の試み　attempting to monopolize　31
独占販売権　distributorship　124
独占販売店契約　sole and exclusive distributorship agreement　367
得喪　acquisition or loss　6
独創性　originality　284
独創的な　original　284
特則　special provision　368
特注品　specially manufactured goods　368
特定遺贈　special gift by will　368
特定化学物質の環境への排出量の把握等及び管理改善の促進に関する法律　Law Concerning the Reporting of the Release into the Environment of Specific Chemical Substances and Promoting Improvements in Their Management　234
特定ガス消費機器の設置工事の監督に関する法律　Law concerning Supervising Installation Work of Specified Gas Appliance　232
特定家庭用機器再商品化法(家電リサイクル法)　Law for Recycling of Specified Kinds of Home Appliances　235
特定寄託　special deposit　368
特定空港周辺航空機騒音対策特別措置法　Law relating to Special Arrangements for Countermeasures against Aircraft Noise around Specified Airports　237
特定工場における公害防止組織の整備に関する法律　Law concerning the Improvement of Pollution Prevention Systems in Specific Factories　233
特定財源を引当てとする地方債　revenue bond　346
特定産業集積の活性化に関する臨時措置法　Law on Temporary Measures for Activation of Specific Regional Industrial Agglomerations　237
特定事業者の事業革新の円滑化に関する臨時措置法　Law on Temporary Measures to Facilitate Business Innovation　237
特定事実主張訴訟　trespass on the case　394
特定承継人　limited successor　246
特定商取引に関する法律　Specific Commercial Transactions Law　368
特定新規事業実施円滑化臨時措置法　Law on Temporary Measures to Facilitate Specific New Business　237
特定人に対する権利　right in personam　347
特定水道利水障害の防止のための水道水源水域の水質の保全に関する特別措置法　Law concerning Special Measures for Water Quality Conservation at Water Resources Area in Order to Prevent the Specified Difficulties in Water Utilization　232
特定する　identify　198
特定代理人　special agent　368
特定的慣習法　particular custom　289
特定的身元保証証書　schedule bond　356
特定的リーエン　specific lien　369
特定の　in specie　204
特定の事項　specified matter　369
特定排除　specific disclaimer　369
特定非営利活動促進法　Nonprofit Organization Law　272
特定非競業条項　special account non-competition clause　367
特定物　specific goods　369, specific thing　369

とくてい

特定物質の規制等によるオゾン層の保護に関する法律　Law concerning the Protection of the Ozone Layer through the Regulation of Specified Substances and Other Measures　233
特定物に対する権利　right in rem　347
特定物リーエン　particular lien　289, special lien　367
特定目的　particular purpose　289
特定目的証券　divisional securities　125
特定目的信用　closed-end credit　63
特定目的適合性　fitness for particular purpose　166
特定目的に対する適合性の黙示保証　implied warranty of fitness for Particular Purpose　201
特定目的への適合性の担保責任　warranty of fitness　413
特定有害廃棄物等の輸出入等の規制に関する法律　Law for the Control of Export, Import and Others of Specified Hazardous Wastes and Other Wastes　235
特定履行　specific performance　369
特定リスク保険　assigned risk plan　28
特典　privilege　315, special favor　368
特に信用すべき情況　circumstances which secure a special credibility　59
毒物　toxic substance　392
毒物及び劇物取締法　Poisonous and Deleterious Substances Control Law　301
特別縁故者　person who has been in special relation with the person to be succeeded to　296
特別応訴　special appearance　368
特別寄託　special bailment　368
特別組合　special partnership　368
特別検察官　special prosecutor　368
特別抗告　special Kokoku-appeal　368
特別公務員職権濫用　abuse of authority by a special public officer　2
特別公務員職権濫用致死　abuse of authority by a special public officer resulting in death　2
特別公務員職権濫用致傷　abuse of authority by a special public officer resulting in bodily injury　2
特別公務員暴行陵虐　violence and cruelty by a special public officer　409
特別公務員暴行陵虐致死　violence and cruelty by a special public officer resulting in death　410
特別公務員暴行陵虐致傷　violence and cruelty by a special public officer resulting in bodily injury　410
特別裁判所　extraordinary tribunal　155
特別事件　special case　368
特別指示　special instruction　368
特別事実の法則　special facts rule　368
特別質問　special interrogatories　368
特別司法警察職員　special judicial police official　368
特別受益者　co-successor who received gift　93
特別小規模会社　S-corporation　356, subchapter S corporation　374
特別信託　special trust　368
特別清算　special liquidation　368
特別セーフガード措置　SSG : Special Safeguard　370
特別措置法　Special Measures Law　368
特別損害　special damages　368
特別損失　special loss　368
特別代理人　special representative　368
特別担保　special security　368
特別追加税　SADD : Special Additional Duly　353
特別の　ad hoc　9, peculiar　292, special　367
特別の救済手段　extraordinary remedy　155
特別の寄与　special contribution　368
特別の事情　special circumstances　368
特別の知識　special knowledge　368
特別の利益　special benefit　368
特別の利害関係　special interest　368
特別配当金　bonus　44
特別背任罪　special crime of misappropriation　368
特別評決　special verdict　368

| 特別賦課税 | tallage; tailage 382
| 特別弁護人 | special defense counsel 368
| 特別法 | special law 368
| 特別保証書 | special bond 368
| 特別養子 | special adoption 367
| 特別利益 | special income 368
| 匿名組合 | secret partnership 357, undisclosed association 398
| 匿名組合員 | silent partner 365, undisclosed party 398
| 匿名信託 | nominee trust 270
| 匿名代理 | undisclosed agency 397
| 匿名の組合員 | sleeping partner 366
| 特約 | special agreement 368
| 毒薬 | poison 301
| 特約条項 | matters specially agreed 255
| 特約店契約 | distributor agreement 124
| 独立 | independence 207
| 独立行政機関 | independent establishment 207
| 独立して | at arm's length 31
| 独立宣言 | Declaration of Independence 106, the Declaration of Independence 387
| 独立当事者間の価格 | arm's length price 26
| 独立当事者間の取引 | arm's length transaction 26
| 独立の法的主体 | separate legal entity 360
| 特例的認可 | variance 408
| 特例法 | Exceptional Measure Law 149
| 賭博 | bet 39, betting 39, gambling 180
| 都市化 | urbanization 402
| 年極め不動産権 | estate from year to year 145
| 年極め不動産賃借権 | tenancy from year to year 384
| 都市計画法 | City Planning Law 59
| 都市公園等整備緊急措置法 | Emergency Measures Law for Construction of City Parks 136
| 都市公園法 | City Park Law 59
| 年ごとに | yearly 418

| 都市犯罪 | urban crime 402
| 土壌汚染 | soil pollution 367
| 図書館法 | Libraries Law 243
| 都市緑地保全法 | City Green Zone Conservation Law 59
| 土地 | encumbrance 138, land 229
| 土地改良 | reclamation 332
| 土地からの収益 | issue 220
| 土地からの収益物 | issues and profits 220
| 土地管轄 | territorial jurisdiction 386
| 土地銀行 | land bank 229
| 土地区画整理法 | Land Readjustment Law 229
| 土地区画法 | zoning law 419
| 土地公売証書 | tax deed 383
| 土地使用権 | concession 74, right of using land 349
| 土地譲渡証書 | assurance 30
| 土地処分禁止 | inhibition 209
| 土地所有権 | land ownership 229
| 土地所有者 | landowner 229
| 土地信託 | land trust 229
| 土地占有回復訴訟 | ejectment 135
| 土地建物に対する中傷 | disparagement of property 122
| 土地賃貸借 | ground lease 187
| 土地賃貸借契約 | land lease 229
| 土地賃料 | ground rent 187
| 土地登記 | land registration 229
| 土地登記証明書 | land certificate 229
| 土地取戻権 | right of entry 348
| 土地などの負担 | incumbrance 206
| 土地に関する捺印証書 | warranty 413
| 土地に侵入する | enter 139
| 土地に対する不法侵入 | trespass quare clausum fregit 394
| 土地の区画 | lot 250
| 土地の不法占有者 | abator 1
| 土地の譲受け | purchase 325
| 土地の譲受人 | purchaser 325
| 土地負担 | encumbrance 138
| 土地保有財産 | tenement 385
| 途中勘定 | cuurent account 102
| 土地利用規制 | land use regulation 229
| 土地を担保にして組んだローン | home equi-

とつかい

ty loan 195
読会 reading 328
特許 granted patent 186, passing off 290, patent 290
特許・技術の許諾 license 244
特許会社 chartered company 57
特許協力条約 Patent Cooporation Treaty 290, PCT 291
特許協力条約に基づく国際出願等に関する法律 Law concerning the International Application of the Patent Cooperation Treaty and Related Matters 233
特許権 passing off 290, patent 290, patent right 290, utility patent 403
特許権者 patentee 290
特許権譲渡契約 patent assignment agreement 290
特許権の強制実施 compulsory licensing of patent 74
独居拘禁 solitary confinement 367
特許出願中 pat.pend. 290
特許証 letters patent 242
特許状 charta 56
特許植民地 chartered colony 57
特許審査中 patent pending 290
特許審判 patent appeals 290
特許税 license tax 244
特許請求の範囲 claim 60, claim of patent 61
特許性のある patentable 290
特許庁 Patent Office 290
特許庁長官 Commissioner of Patents and Trademarks 68, Comptroller of Patents 74
特許庁の権利の無効の審決 decision of the Patent Office holding such right to be void 106
特許訂正に関する申立書 memorandum of alteration 257
特許的侵害 patent infringement 290
特許などの更新 extension 154
特許などの実施許諾 grant 186
特許などの出願 application 24
特許における先行技術 anticipation 22
特許における方法 process 317

特許による保護 patent protection 290
特許の公然実施 public use 324
特許の公然使用 public use 324
特許の付与 grant of patent 186
特許の明細書 specification 369
特許部 patent department 290, patent division 290
特許プール patent pool 290
特許弁護士 patent attorney 290
特許法 Patent Law 290
独居房 single cell 365, solitary cell 367
特許法における技術 art 26
特許要件 patentability 290
特許料 patent fee 290
ドック・レシート dock receipt 125
ドック使用料 dockage 125
取っ組み合い grapple 186
取っ組み合いの喧嘩 fight 163
特恵的退任手当(約束) golden parachute 184
特権 franchise 174, immunity 200, privilege 315
特権税関係の手数料 franchise fee 174
特権の付与 concession 74
トッテン信託 totten trust 392
徒弟 apprentice 25
徒弟奉公 apprenticeship 25
届印 registered han-stamp 336, registered seal 336
届出事項 matters to be notified 255
届ける make a notification 251, notify 274
怒鳴る bawl 37
殿 esquire 144
賭博 gambling 180, wager 412
賭博開張図利 opening a place of gambling for the purpose of profiting 280
賭博契約 gambling contract 180, gaming contract 180, wagering contract 412
賭博場 gambling house 180, gambling place 180
賭博保険証券 wager policy 412
飛越上訴 direct appeal 119, leap-frog

appeal 239
富くじ　lottery 250, lottery ticket 250
富くじ授受　giving and accepting a lottery 183
富くじ取次ぎ　intermediation of a lottery 214
富くじ発売　sales of a lottery 354
ドミサイルのある地の法　lex domicilii 243
ドミナント戦略　dominant strategy 127
ドメイン名　domain name 126
トラスト　trust 395
トラベラーズ・チェック　traveler's check 394
囚われの聴衆　captive audience 50
取扱い　handling 191, treatment 394
取扱注意マーク　caution mark 52
取決め　arrangement 26
取消し　avoidance 34, cancellation 49, countermand 95, disaffirmance 120
取消権　right to cancel 349
取消不能信用状　irrevocable letter of credit 219
取消不能な　irrevocable 219
取り消す　annul 22, avoid 33, disaffirm 120, quash 326, recall 330, rescind 342, retraction 345, revoke 347, set aside 361, void 410
取り消せる　voidable 410
取り消せる契約　voidable contract 410
取り消せる権原　voidable title 410
取り下げる　drop 129, withdraw 416
取締り　regulation 337
取締役　Board Member 42, director 119
取締役会　board of directors 42
取締役会会議　board meeting 42
取締役会議長　chairman of the board 54
取締役会の会議　meeting of board of directors 257
取締役会の決議要件　board approval requirements 42
取締役の職　directorship 119
取調べ　interrogation 216

取調べのための留置　detention for investigation 117
取り調べる　examine 148, interrogate 216, interview 217
取立委任のための裏書　indorsement for account of 208
取立てのため　for collection 168
取立て不能な　impossible to collect 202
取立保証人　guarantor of collection 188
取次ぎ　commission agency 68
取次店　agent 15
トリニティー・ハウス　Trinity House 395
取引　bargain 36, dealings 105, transaction 393
取引移転理論　diversion theory 124
取引過程　course of dealing 95
取引慣行　trade usage 393, usage of trade 402
取引慣行準則　code of conduct 64
取引拒絶　boycotting 44
取引銀行　intermediary bank 214
取引行為を行うこと　transacting business 393
取引先　customer 102
取引された交換　bargained exchange 36
取引時間　business hours 47
取引所　exchange 149, exchange market 149, stock market 372
取引譲渡証書　bargain and sale deed 36
取引所の会員会社　member firm 257
取引制限　restraint of trade 344
取引制限の共謀　conspiracy in restraint of trade 82
取引制限の契約　contract in restraint of trade 87
取引制限のための結合　combination in restraint of trade 66
取引単位　commercial unit 68
取引単位未満株の注文　odd lot order 277
取引停止処分　disposition for suspension of transaction 123
取引適合的権原　marketable title 254
取引費用　transaction cost 393
取戻し　recovery 334, repossession 340

とりもと

取戻し可能信用　revocable　347
取戻請求　reclamation　332
ドル・ポンド協定　Dollar-sterling Agreement　126
トルエン　toluene　391
奴隷的拘束　be held in bondage　37, servitude　361
トレードシークレット　trade secret　393
トレードマーク　trademark　393
トレッドウェイ委員会の組織委員会　Committee of Sponsoring Organization of the Treadway Commission（COSO）68
鈍器　blunt instrument　42, blunt weapon　42, dull weapon　130
トン数　tonnage　391
トン税　duty of tonnage　131, tonnage　391
トンチン保険契約　tontine　391
鈍痛　dull pain　130
どんぶり勘定　Hollywood accounting　195
問屋　commission merchant　68, factor　157
問屋営業　wholesale business　415
問屋業務　factoring　157

な

内縁　common-law marriage　70
内縁の夫　common-law husband　70, unmarried husband　401
内縁の妻　common-law wife　70, unmarried wife　401
内閣　Cabinet　48
内閣官房長官　Chief Cabinet Secretary　58
内閣総理大臣　Prime Minister　312
内閣総理大臣の指名　designation of the Prime Minister　116
内閣の総辞職　general resignation of the Cabinet　181
内閣不信任決議　non-confidence resolution against the Cabinet　271

内閣法　Cabinet Law　48
内閣法制局　Cabinet Legislation Bureau　48
内規　bylaw　48
内局　bureau　47
内向的な　introverted　217
内国運輸　cabotage　48
内国為替手形　inland bill of exchange　209
内国歳入庁　I.R.S.　198
内国歳入法　Internal Revenue Code　214
内国歳入法典　I.R.C.　198
内国歳入法典1231条適格財産　Section 1231 property　358
内国税　internal revenue　214
内国に流通する外国の貨幣　foreign coin which is current in this country　170
内国法人　domestic corporation　126
内在的瑕疵　inherent defect　209
内出血　internal bleeding　214
内心の意思の一致　consensus ad idem　80
内水　inland waters　209, internal waters　214
内水航行　inland navigation　209
内省　self-examination　359
内政　civil　59
内戦　civil war　60
名板貸し責任　liability of a person who permitted another person to use one's name　243
内通する　hold secret communication with　194
内偵する　investigate in secret　218
内部監査　internal audit　214, internal auditing　214
内部監査代行業務　internal audit outsourcing services　214
内部監査人　internal auditor　214
内部規律　internal discipline　214
内部告発　whistle blowing　415
内部告発者　deep throat　107
内部告発に基づく訴訟　qui tam　327
内部者　insider　210
内部者投資　smart money　366

内部者取引　insider dealing　210, insider trading　210
内部者持株報告　insider report　210
内部情報　insider information　210
内部統制の欠陥　control deficiency　88
内部要因分析　internal analysis　214
内部留保課税　accumulated earnings tax　5
内報受領者　tippee　390
内密情報　confidential communication　79
内密の　clandestine　61, hidden　194
内務省　Ministry of Interior　259
内面化　internalization　214
内容を曖昧にした条項　blanket clause　41
内乱　insurrection　212, internal disturbance　214
内乱罪　insurrection　212
内乱首魁　ringleader of an insurrection　351
内乱職務従事　performance of functions in an insurrection　294
内乱付和随行　respondence to agitation and follow in an insurrection　343
内乱謀議参与　participation in conspiracy of an insurrection　288
内乱幇助　assisting an insurrection　29
内乱予備陰謀　preparation for and plotting of an insurrection　308
ナウ勘定　now account; NOW account　274
ナウ口座　now account; NOW account　274
仲買　brokerage　45
仲買人　broker　45, factor　157
仲立　brokerage　45
仲立営業　brokerage　45
仲立人　broker　45
仲立人作成の契約覚書　sale-note　354
仲立人作成の契約証　bought and sold notes　44
仲間　associate　30, buddies　45
仲間集団　peer group　292
なかりせばテスト　but for test　47
流抵当　mortgage in possession　262

なかんずく　inter alia　213
殴り合い　exchange of blows　149, fighting　163
殴り殺す　beat to death　38
殴る　beat　38, blow　42, slap　366
投荷　jetsam　220
成し遂げる　accomplish　4
ナショナル・トラスト　National Trust　266
なじる　talk down　382
ナスダック　NASDAQ : National Association of Securities Dealers Automated Quotations　265
なだれ現象　bandwagon effect　35
捺印　seal　356
捺印箇所　L.S.　229
捺印官　sealer　357
捺印金銭債務証書　bond　43
捺印契約　contract under seal　88, covenant　96
捺印証書　charta　56, deed　107, document　125, factum　157, fait　158, sealed instrument　357, specialty　368
捺印証書による禁反言　estoppel by deed　145
捺印する　affix　14
ナッシュ均衡　Nash equilibrium　265
ナポレオン法典　the Code Napoleon　387
名前が明らかにされていない本人　unnamed principal　401
並んで　pari passu　287
ナリッジ・マネジメント　knowledge management (KM)　228
ナリッジ・ワーカー　knowledge worker　228
馴れ合い協定　sweetheart deal　380
馴れ合い訴訟　collusion　66, collusive action　66
縄張り　territory　386
縄張り争議　jurisdictional dispute　225
難解な法律用語　legalese　241
南海泡沫会社事件　South Sea Bubble　367
南極地域の環境の保護に関する法律　Law relation to Protection of Environment

なんきよ

　in Antarctica　238
南極の動物相及び植物相の保存に関する法律　Law for the Preservation of Fauna and Flora in the Antarctic Region　235
南米南部共同市場　MERCOSUR　258
南北戦争　the Civil war　387
難民　displaced person　122, refugee　335
難問事件　hard case　192

に

荷揚げ　unloading　401
荷揚げの開始　breaking bulk　45
二院制　bicameral　39, two-chamber system　395
荷受人　consignee　81, receiver　332
荷送人　consignor　81, shipper　364
荷卸し　unloading　401
荷為替信用状　documentary credit　126
荷為替手形　documentary bill　126
逃げ道　loophole　249
二次関税率　out-of quota tariff　284, over quota tariff　284
二次的意義　secondary meaning　357
二次的義務者　secondary party　357
二次的言語の著作物　derivative literary works　115
二次的支払義務を負って　with recourse　416
二次的証拠　secondary evidence　357
二次的責任　secondary liability　357
二次的当事者　secondary party　357
二次的賠償責任　secondary liability　357, secondary liable　357
二次分売　secondary distribution　357, secondary offering　357
二社独占　duopoly　131
二重課税　double taxation　128
二重契約　dual contract　130
二重権　jus duplicatum　225
二重国籍　dual citizenship　130, dual nationality　130

二重主権理論　dual sovereignty theory　130
二重使用　double use　128
二重人格　dual personality　130, split personality　369
二重の　duplicate　131
二重の訴え　double complaint　127
二重の危険　double jeopardy　127
二重の基準　double standard　128
二重の条件依存性　double contingency　127
二重の不確定性　double contingency　127
荷印　shipping mark　364
ニセ医者　quack　326
にせ金　counterfeit money　94
にせの　dummy　130
にせもの　fake　158, forgery　171
二段価格　two-part tariff　395
日常の家事　daily household matters　103
日常保守管理　routine maintenance　352
日米相互司法・捜査援助条約　Mutual Legal Assistance Treaty (MLAT)　264
日米犯罪人引渡条約　Treaty on Extradition between Japan and the United States of America　394
日曜休業違反　sabbath-breaking　353
日曜休業法　Sunday (closing) law　377
日曜法　Sunday (closing) law　377
日刊新聞紙　daily newspaper　103
日記帳　day-book　104
日計表　daily trial balance sheet　103
日照権　the right to sunlight　388
日照地役権　solar easements　367
日照と通風のための地役権　easement of light and air　133
日数罰金　day-fine　104
ニッチ戦略　niche strategy　269
日程　calendar　48
日当　daily allowance　103
日本商標法　Japanese Trademark Law　220
日本電気計器検定所法　Japan Electric Meters Inspection Corporation Law

220
日本特許協会　Japan Patent Association　220
日本特許庁　Japanese Patent Office　220
日本の国会　the Diet　387
日本法課　Japanese law division　220
荷主　shipper　364
二倍賠償　double damages　127
二部　in duplicate　204
日本学士院　the Japan Academy　388
日本学術会議　Science Council of Japan　356
日本銀行法　Bank of Japan Law　35
日本国と大韓民国との間の両国に隣接する大陸棚の南部の共同開発に関する協定の実施に伴う石油及び可燃性天然ガス資源の開発に関する特別措置法　Law on Special Measures concerning the Development of Petroleum and Combustible Natural Gas for Implementation of the Agreement between Japan and the Republic of Korea concerning Joint Development of the Southern Part of the Continental Shelf between the Two Countries　236
日本国と駐留軍との間の基本労務契約　MLC　261
日本弁護士連合会　Japan Federation of Bar Associations　220
日本貿易振興会法　Law concerning Japan External Trade Organization　231
にもかかわらず　notwithstanding　274
入荷積み荷　incoming shipment　205
入管　Immigration Bureau　199
入監　reception　332
入居　occupancy　276
入金伝票　deposit slip　114, paying-in slip　291
入金の取消し　charge-back　56
入港税　keelage　226
入港中　in harbor　204
入国　immigration　199
入国管理局　Immigration Bureau　199
入国拒否　removal　338
入国港　port of entry　302

入国手続　entry formalities　141
入札　tender　385, tender of a bid　385
入札価格　bid price　39
入札者　bidder　39
入札する　bid　39
入札談合　bid rigging　39, bid-rigging　39
入札保証　bid bond　39
ニューサンス　nuisance　274
ニューサンスの自力除去者　abator　1
入手　access　3
入手しやすい　accessible　3
入退権　ingress and egress　209
ニューディール立法　the New Deal legislation　388
入廷する　enter a courtroom　139
ニューヨーク・ルール　New York rule　268
ニューヨーク式利息　New York interest　268
ニューヨーク証券取引所　N.Y.S.E.：New York Stock Exchange　264, New York Stock Exchange　269
入牢金　garnish　180
荷渡指図書　delivery order　112
任意解散　voluntary dissolution　411
任意規定　discretionary provision　121
任意繰上償還可能社債　callable bond　49, redeemable bond　334
任意終了賃貸借　tenancy at will　384
任意出頭　voluntary appearance　410
任意性　voluntariness　410
任意性ある自白　voluntary confession　411
任意捜査　criminal investigation conducted on a non-compulsory basis　99, criminal investigation with the voluntary cooperation　99
任意代理　agency in fact　15
任意で　ex gratia　147
任意提出　voluntary presentation of evidential materials　411, voluntary production of evidential materials　411
任意提出書　form for voluntary produc-

にんいて	

tion of evidential materials　172
任意的共同当事者　proper party　319
任意同行を求める　ask a person to come to the police station　27
任意に　arbitrarily　25, at will　31, optional　282, voluntarily　410
任意に解散しうる組合　partnership at will　289
任意により　at A's option　31
任意の　ex gratia　147
任意の供述　voluntary statement　411
任意の代理　agency　15
任意法規　permissive statute　294
認可　ratification　328, sanction　355
任期　tenure　385, term of office　385
人気薄商品　tied product　390
人気商品　tying products　396
任期満了　expiration of the full time　153
認許　homologation　196
任侠　chivalrous spirit　58
認識　knowledge　228
認識ある過失　recklessness　332, wanton negligence　412
認識された当事者　known party　228
認識していること　notice　273
認識を持ちつつ,しかし害意はなく危険な行為をすること　wanton and reckless misconduct　412
認証　attestation　31, authentication　32, certification　53
認証証券　certified security　54
認証謄本　certified copy　53
妊娠　pregnancy　306
妊娠差別　pregnancy discrimination　306
妊娠中絶　abortion　2
認諾　cognizance　65, recognition　332
認諾委任状　warrant of attorney　413
認知　acknowledgment　6
認知の訴え　action for acknowledgment　8
認知を撤回する　revoke acknowledgment　347
認定ロー・スクール　accredited law school　5, approved law school　25

任務完了　functus officio　179
任務終了　ending of duties　138
任務に背く　in breach of one's duties　204, in violation of one's duties　204
任務を怠る　neglect to perform one's duties　267
任命　appointment　24, assignment　28, commission　68, installment　211
任命された者　nominee　270
任命資格　qualification for appointment　326
任命者　appointor　24
任命書　commission　68
任免　appointment and dismissal　24

ぬ

抜き刷り　offprint　278
抜き荷　pilferage　298
抜け道　loophole　249
盗む　rob of　351, steal　371

ね

ネガティブ・コンセンサス　negative consensus　267
ねずみ講式販売　pyramid sales　325, pyramid selling　326
値段　rate　328
根担保権　floating lien　167
熱供給事業法　Heat Supply Business Law　193
捏造する　fabricate　156
ネット賃貸借契約　net lease　268
根抵当権　maximal-hypothec　256
根抵当権設定者　maximal-hypothecator　256
値引き　draught　129
値札　price tag　312
年一回の　yearly　418
年額　annual sum　22
年間給与　annual salary　22
年間消費量　annual consumption　21

のんきや

年期契約奉公人　indentured servant　207
年金　annuity　22, pension　293
年金受取人　annuitant　22
年金式信託　annuity trust　22
年金受給(資格)者　annuitant　22, pensioner　293
年金信託　pension trust　293
年金保険証券　annuity policy　22
年金保障制度　pension benefit plan　293
年功序列制　seniority　360
年功制　seniority system　360
捻挫　sprain　369
年次株主会　annual meeting of shareholder　21
年次計算書類　annual accounts　21
年次審査　annual review　22
年次総会　annual meeting　21
年次報告　annual report　22
年次報告書　annual return　22
念書　memorandum　257
年長　seniority　360
年長の　senior　360
年俸　annual salary　22
年利　annual interest　21
年率　annual percentage rate　22
年齢差別禁止法　ADEA : Age Discrimination in Employment Act　10
年齢制限　age discrimination　14, age restriction　15

の

ノウ・ハウ　know-how　227
膿胸　pyothorax　325
農業調整法　Agricultural Adjustment Act　16
農作物　crops　100
脳挫傷　cerebral contusion　53
脳死　brain death　44
脳神経　cranial nerve　97
納税　payment of taxes　291
納税義務　obligation to pay taxes　275
納税者　taxpayer　384
納税者訴訟　taxpayers'suit　384

納税証明書　certificate of tax payment　53, tax payment certificate　383
納税申告　tax return　383
納税滞納処分　disposition for default in tax payment　123
農村地域工業等導入促進法　Law on the Promotion of Introduction of Industry into Agricultural Regions　237
能動信託　active trust　9
脳軟化症　softening of the brain　367
納入品　supplies　377
納品　delivery of goods　112
ノウブレス・オウブリージ　noblesse oblige　269
農薬取締法　Agricultural Chemicals Regulation Law　16
農用地の土壌の汚染防止等に関する法律　Agricultural Land Soil Pollution Prevention Law　16
能力　capabilities　49
能力外理論　ultra vires doctrine　396
能力給制度　merit system　258
能力喪失　loss of capacity　250
能力テスト　professional developed ability test　318
農林水産省　Ministry of Agriculture, Forestry ond Fisheries　259
ノー・ブランド商品　generic goods　182
残り　rest　343
残りの資産　net assets　268
のたれ死にする　die by roadside　118
後　from and after　177
ノック・フォア・ノック・アグリーメント　knock-for-knock agreement　227
ノックス　nox　274
乗っ取り　take over　382
乗っ取り気配の買い収め　greenmail　187
述べる　observe　276
のみ行為　bookmaking　44
ノミニー株式　nominee shareholder　270
乗り越える　override　285
ノルマン人の征服　Norman Conquest　273
のれん　good will　185
ノン・キャンセラブル　non-cancellable

のんふる

270
ノン・フルペイアウト　non-full-payout　271
ノン・リコース・ローン　nonrecourse loan　272

は

パー・スターピーズ　per stirpes　293
ハーグ・ヴィスビー・ルール　Hague-Visby Rules　191
ハーグ・ルール　Hague Convention; Hague Rules　190
ハーグ協定　Hague Convention; Hague Rules　190
ハーグ条約　Hague Convention; Hague Rules　190
バーター貿易　barter trade　36
ハート　Herbert Lionel Adolphus Hart　193
ハード・ロー　hard law　192
パートナーシップ　partnership　289
パートナーシップ契約　partnership　289
パートナーシップ定款　articles of partnership　27
パートナーシップの消滅　termination of partnership　385
パートナーシップの成立　formation of partnership　172
パートナーシップの負債　partnership liabilities　289
パートナーシップのメンバー　partner　289
パートナーシップの持分権　interest in partnership　213
パートナーシップ保険　partnership insurance　289
ハーモナイゼーション方式　harmonization　192
ハイ・リスクの資本　venture capital　408
廃液　liquid waste　246
肺炎　pneumonia　301
煤煙　soot and smoke　367
パイオニア特許　pioneer patent　298
配下　followers　167, subordinates　374

媒介　intermediary　214
媒介者　intermediary　214
徘徊する　wander about　412
倍額　double the amount　128, double the price　128
排気　exhaust　152
排気ガス　exhaust fumes　152, exhaust gas　152
排(気)ガス規制法　Emissions Limit Law　137
廃棄処分書　salvage document　355
廃棄物　waste　414
廃棄物の処理及び清掃に関する法律　Wastes Disposal and Public Cleaning Law　414
売却　divestiture　124
売却基準価格　reserve price　343
売却希望価格　asking price　27
売却権　power of sale　304
売却信託　trust for sale　395
配偶者　spouse　369
配偶者間の秘匿特権　husband-wife privilege　197
配偶者控除　marital deduction　254
配偶者控除信託　marital deduction trust　254
配偶者の両親　parent-in-law　287
廃止　abolition　2, abrogation　2
廃止する　abrogate　2
買収　buying　47, purchase　325
売春　prostitution　321
売春周旋　procurement　317
売春周旋者　pimp　298, procurer　317
売春対策審議会　Anti-prostitution Council　22
売春婦　prostitute　321
売春防止法　Anti-Prostitution Law　22
売春宿　brothel　45, house of ill fame　197
廃除　disinheritance　122
排除　ejectment　135
賠償　redress　334, reparation　339
賠償資力責任法　financial responsibility laws　163
賠償する　make compensation　251, re-

はいはい

imburse　337, redress　334
賠償責任　liability for compensation　243
賠償責任法　Civil Damage Act　59
賠償責任保険　liability insurance　243
賠償責任保障条項　protection and indemnity clause　321
賠償責任免除特約　hold harmless agreement　194
陪審　assize　30, jury　225, panel　286
陪審員　finder　164, juror　225
陪審員候補者全員　array　26
陪審員候補者名簿　jury panel　225
陪審員席　jury box　225
陪審員団　jury panel　225
陪審員長　foreman　170
陪審員に対する裁判官の説明　summing-up　377
陪審員は評決を告げる　jury make its decision　225, jury render a verdict　225
陪審員への説示　charge　55
陪審員名簿　panel　286
陪審員を選ぶ　impanel　200
陪審過程　trial process　395
陪審候補者名簿　poll　302
陪審裁判　jury trial　225, trial by jury　395
陪審審理　jury trial　225
陪審制度　jury system　225
陪審に対する裁判官の誤った説示・指示　misdirection　260
陪審に対する説示　jury instruction　225
陪審による審理を専門とする弁護士　trial lawyer　395
陪審による法の無視　jury nullification　225
陪審の隔離　sequestration of jury　360
陪審の構成と宣誓　calling and swearing　49
陪審の評決　verdict　408
陪審の評決不成立　hung jury　197
陪審は事実の裁判官なり　Jurors are the judges of fact　225
陪審評決の発表　delivery　111
陪審法　Jury Law　225

陪審法の停止に関する法律　Law concerning the Suspension of the Jury Law　234
陪審を形成する　empanel　137
排水　discharging water　120
排水権　drainage right　129
陪席裁判官　associate judge　30
排斥命令　preclusion order　305
敗訴　lost case　250
敗訴者負担弁護士費用　docket fee　125
敗訴する　fail　157, lose a case　250
敗訴当事者　defeated party　108
配達証明郵便　certified mail　53
排他的条件付取引　exclusive dealing　150, exclusive dealing agreement　150
排他的取引協定　exclusive dealing agreement　150
排他的な　exclusive　150, sole and exclusive　367
配置　arrangement　26, dispose　123
ハイテクとハイタッチ　high tech and high touch　194
配当落ち　ex dividend　147
配当額　dividend amount　124
配当加入　participation in dividends　288
配当金支払小切手　dividend warrant　124
配当宣言　declaration of dividends　106
配当付保険　participation insurance　288
配当に加入する　intervene in the distribution of dividends　216
配当弁済　distribution of succeeded property to obligee　124
配当保証株　guaranteed stock　188
梅毒　syphilis　380
梅毒性精神病　syphilitic psychosis　380
背任　breach of trust　44, misappropriation　259
売買　buying and selling　47, purchase and sale　325, sale　353
売買以外の方法による物品の供給契約　contract for the supply of goods other than by way of sale　86
売買価格　buying and selling price　47

はいはい

売買記録　act of sale　8
売買契約　agreement of purchase and sell　16, agreement of sale　16, contract for sale　86, contract of sale　88, sale and purchse agreement　354, sales agreement　354, sales contract　354
売買契約書　agreement of sale　16, sale and purchse agreement　354, sales contract　354
売買契約代金支払証書　bargain and sale deed　36
売買条件　conditions of sale　78
売買証書　bill of sale　40
売買代金　purchase money　325, purchase price　325
売買代金譲渡抵当　purchase money mortgage　325
売買代金譲渡抵当証券　purchaser money mortgage　325
売買代金担保権　PMSI : purchase money security interest　301, purchase money security interest　325
売買代金の割戻し　rebate　330
売買代金復帰信託　purchase money resulting trust　325
売買に適する権原　marketable title　254
売買の完結　completion of sale　73
売買の合意　sales agreement　354
売買の効カ　effect of sale　134
売買の目的　object of sale　274
売買の目的物の受領　acceptance of goods　3
売買の予約　promise to sell or purchase　319
売買または交換　sale or exchange　354
配付　distribution　123
肺浮遊試験　hydrostatic lung test　197
配分　admeasurement　11, apportionment　24
配分的正義　distributive justice　124
売約書　sales note　354
ハウス・マーク　house mark　197
バウンド　Roscoe Pound　352
破壊活動防止法　Subversive Activities Prevention Act　376
ばかげたこと　absurdity　2
歯型捺印証書　deed indented　107, indenture　207
端株　broken lot of shares　45, fractional share　174
端株券　scrip　356
端株原簿　broken lot ledger　45
墓を発掘する　exhume a grave　152
破棄　cancellation　49, destruction　116, overrule　285
破棄移送する　reverse and transfer　346
破棄差戻し　reversed and remanded　346
破棄差戻しする　reverse and refer back　346
破棄自判する　enter a new judgment in the case　139, reverse and render the judgment for the case　346
破棄する　cancel　49, quash　326
波及効果　spillover effect　369
迫害　persecution　295
博戯　gamble　180
白紙委任(状)　carte blanche　51
白紙に戻す　clean the slate　62
薄弱な証拠　flimsy grounds　167, weak grounds　414
白書　white paper　415
白状させる　force him into confessing　169
白人種の　Caucasian　51
漠然性無効の法理　void-for-vagueness doctrine　410
剝奪　amotion　20
ばくち打ち　gambler　180
博徒　group of habitual gamblers　188
博徒結合図利　gaining profit by organizing a group of habitual gamblers　180
爆発物　explosives　153
爆発物取締罰則　Explosives Control Act　153
白馬の騎士　white knight　415
幕僚法務官室　Office of the Staff Judge Advocate　278
覇権　supremacy　378

はつこう

馬券　betting ticket　39
派遣されたライセンサーの宿泊・渡航費用とアビセンス・フィー　Accommodation and Travelling Costs and Absence Fees　4
派遣する　dispatch　122, send　360
派遣日数　man-days　253
派遣労働者　borrowed employee　44
破産　bankruptcy　35, failure　157
破産管財人　administrator in bankruptcy　12, assignee in bankruptcy　28, legal representative　241, receipt　330, trustee in bankruptcy　395
破産行為　act of bankruptcy　7, act of insolvency　7
破産告知　bankruptcy notice　36
破産財団　bankruptcy estate　36, bankrupt's estate　36
破産裁判官　bankruptcy judge　36
破産裁判所　bankruptcy court　35, court of bankruptcy　96
破産債務圧縮　cram down　97
破産者財産差押令状　warrant in bankruptcy　413
破産者保護　cram down　97
破産審理人　referee in bankruptcy　335
破産宣告　adjudication of bankruptcy　10
破産手続　bankruptcy　35, bankruptcy proceedings　36, straight bankruptcy　373
破産手続参加　intervention in bankruptcy proceedings　217
破産の申立て　petition in bannkruptcy　297
破産法　bankruptcy code　35, Bankruptcy Law　36
破産法上の否認権　avoiding power　34
破産免責　discharge in bankruptcy　120
破産申立て　bankruptcy petition　36
端株券　broken lot share certificate　45
端株主　broken lot shareholder　45
初めから終わりまで　in extenso　204
初めての公募　IPO：initial public offering　219

派出所　police box　301
場所は行為を支配する　locus regit actum　249
派生証拠　derivative evidence　115
派生的言語の著作物　derivative literary works　115
派生的権利　peripheral rights　294
破損　breakages　45
破損請求　breakages　45
裸の契約　nudum pactum　274
裸傭船　bareboat charter　36
破綻主義　no fault divorce　269
八時間労働法　Eight Hour Law　135
発覚する　be known to the authority　37
発議する　initiate　209
罰金　fine　164, penal sum　292
罰金以下の刑に当たる罪　offenses liable to fine or lesser punishment　277
罰金等臨時措置法　Law for Temporary Measures concerning Fine　235
罰金と懲役を併科する　impose fine and imprisonment concurrently　202, impose fine and imprisonment cumulatively　202
罰金を払う　pay a fine　291
バック・アップ用コピー　back-up copy　34
バックペイ　back pay　34
パッケージ・ライセンス　package licensing　286
パッケージ取引　package transaction　286
発言権　floor　167
発見された危険の法理　discovered peril doctrine　121
発見時起算の原則　discovery rule　121
発見証拠開示　discovery　121
発行　issue　220
発行価額　issue price　220
発行市場　offering market　278
発行者　issuer　220
発行受託会社　issuing house　220
発行数　issue　220
発行済　issued　220
発行済株式　issued shares　220, share issued　363
発効する　effectuation　135, take effect

は

はつこう

発行　382
発行日　date of issue　104
白骨化　skeltonizing　365
罰っしうる　panishable　324
ハッシシ　hashish　192
罰条　applicable articles of laws or ordinances　24
罰条の記載　descriptions of applicable articles of laws or ordinances　116
罰条の追加　addition of applicable articles of laws or ordinances　10
罰条の追加命令　order of adding applicable articles of laws or ordinances　282
罰条の撤回　withdrawal of applicable articles of laws or ordinances　416
罰条の撤回命令　order of withdrawing applicable articles of laws or ordinances　283
罰条の変更　change of applicable articles of laws or ordinances　55
罰条の変更命令　order of changing applicable articles of laws or ordinances　282
発信主義　dispatch rule　122
発信する　dispatch　122, send　360
発信人　sender　360
発生主義　accrual basis　5, accrual method　5
発生済みの利息　accrued interest　5
発生する　accrue　5
発生的将来権　springing interest　369
発送案内　shipping notice (notification)　364
罰則　penal provision　292
罰則税　penalty tax　292
発電用施設周辺地域整備法　Law on the Development Areas Adjacent to Electric Power Generating Facilities　237
発売　rollout　352
発表　rollout　352
発砲する　fire　164
発明　invention　218
発明の記載　description of invention　116

波止場管理人　wharfinger　414
波止場使用料　wharfage　414
波止場所有者　wharfinger　414
パトリオット・アクト　Patriot Act　290
パトロールする　patrol　291
バナナ枠組み協定　BFA：Banana Framework Agreement　39
派閥　faction　157
派閥争い　factional dispute　157
パブリシティ　publicity　324
ハベンダム・クローズ　habendum clause　190
早出料　despatch money　116
払込み　payment　291
払込期日　date of payment　104
払込金　paid-up money　286
払込剰余金　subscription surplus　375
払込済株式　paid-up stock　286, share as fully paid up　362
払込責任を免れる　evade liability for payment　146
払込みの取扱場所　place of receiving payment　299
払込未催告の株金　uncalled capital　396
払込余剰金　paid-in surplus　286
払下げ　disposal　123
払済保険　paid-up insurance　286
払戻し　refund　335, refunding　335, reimbursement　337, repayment　339
払渡し　paying　291
腹黒い　wicked　415
パラシュート　parachute　287
バラスト　ballast　35
バラスト料金　ballastage　35
パラダイムの転換　paradigm shift　287
バラ積み　laden inbulk　229
バラ積み貨物窃盗　breaking bulk　45
バラバラ死体　dismembered body　122
バランス　equilibrium　141
バランスト・スコアカード　balanced scorecard　35
バリアフリー法　Barrier-free Law　36
パリ講和条約　Peace of Paris　292
張り込み　surveillance　378
バリスタの資格を剥奪する　disbar　120

はんさい

バリュー・チェーン　value chain　408
パレスチナ憲章　Palestinian charter　286
破裂させる　cause an explosion of　52
破廉恥罪　infamous crime　208
破廉恥な　shameless　362
反致　renvoi　339
反アパルトヘイト法　Anti-apartheid Legislation　22
範囲　ambit　19
犯意　criminal intent　99
範囲　extent　155
犯意　guilty mind　189, malice　252, mens rea　257
範囲の経済　economies of scope　134
反逆罪　prison　314, treason　394
判決　decision　106, decree　107, judgment　223, opinion　280, ruling　353, sentence　360
判決言渡し　rendition of judgment　339
判決維持　affirmance　14
判決一覧表　docket　125
半血兄弟　half brother　191
判決記録　judgment record　224
判決記録書　judgment roll　224
半血血族　half blood　191
判決後の債権差押え　attachment execution　31
判決債権者　judgment creditor　223
判決債権の相殺　judgment set-off　224
判決再審査訴状　bill of review　40
判決裁判所　adjudicating court　10
判決債務者　judgment debtor　223
判決先取特権　judgment lien　223
判決執行不能の　judgment proof　224
判決書　act　6, judgment document　223
判決前調査　pre-sentence investigation　310
判決に従う　abide　1
判決に対する抵抗力がある　judgment proof　224
判決に服する　abide　1
判決に負けない　judgment proof　224
判決による給付義務　contract of record　88

判決による禁反言　estoppel by judgment　145
判決の言渡しを受けた者　person against whom judgment was rendered　295
判決の仮執行　provisional execution of a judgment　322
判決の記録完結　entry of judgment　141
判決の公示　publication of judgment　324
判決の告知　notice of judgment; 〜of order　273
判決の少数意見　minority opinion　259
判決の承認　confession of judgment　78
判決の宣告　pronouncement of judgment　319
判決の相対的多数意見　plurality opinion　301
判決の破棄　reversal　346
判決の傍論　obiter dictum　274
判決前の救済　prejudgment remedies　307
判決や遺言などの執行　execution　151
判決要旨　syllabus　380
判決リーエン　judgment lien　223
判決理由　judgment　223, ratio decidendi　328, reasons for judgment　330
判決を言い渡す　give judgment　183, hand down　191, pass　289, sentence　360
判決を下す　lay　238, render judgment　339
判決を覆す　overrule　285, reverse　346
判決を宣告する　pronounce a judgment　319
判決を破棄する　disaffirm　120
犯行　offense　277
犯行が発覚する　be identified by authorities as a criminal　37
万国海法会　International Maritime Committee　215
万国著作権条約　Universal Copyright Convention　401
犯罪　crime　98, delict　110, offense　277, public offense　323, wrong　418

はんざい

犯罪・薬物等の常習性　habitualness　190
犯罪学　criminology　100
犯罪が計画的な　premeditated　307
犯罪行為　criminal act　99, misdeed 260
犯罪行為に加功する　collaborate in a criminal act　65
犯罪行為に供した物　thing which has been used in the commission of a criminal act　389, thing which was used for a criminal act　389
犯罪行為に供しようとした物　thing which was intended to be used in the commission of a criminal act　389
犯罪行為により得た物　thing acquired by means of a criminal act　389
犯罪行為の報酬として得た物　thing acquired as reward for a criminal act　389, thing which was obtained as remuneration for a criminal act　389
犯罪行為より生じた物　thing produced by means of a criminal act　389
犯罪行為を組成した物　thing which is a constituent element of a criminal act　389
犯罪構成事実　corpus delicti　92
犯罪事実　criminal fact　99
犯罪事実の存否を証明する　prove the existence or non-existence of the criminal fact　321
犯罪事実の要旨　essential fact of the charge　144, gist of the charge　183
犯罪者　offender　277
犯罪者の更生　rehabilitation of an offender　337
犯罪者予防更生法　Offenders Prevention and Rehabilitation Law　277
犯罪取得物　fruit of crime　177
犯罪心理　mens rea　257
犯罪心理学　criminal psychology　100
犯罪性　criminality　100
犯罪成立要件の客観的要素である犯罪的行為　actus reus　9
犯罪組織　criminal organization　99, mafia　250, syndicate　380

犯罪地　locus criminis　248, place of offense　299
犯罪地法　lex loci delicti　243
犯罪手口　modus operandi　261
犯罪人引渡し法　Law of Extradition　235
犯罪の嫌疑　suspicion of a crime　380
犯罪の現場　the scene　388
犯罪の手段　means of commission of a crime　256
犯罪の常習性　recidivism　332
犯罪の証明　proof of guilt　319
犯罪の証明に欠くことができない　absolutely necessary for proving the guilt　2
犯罪の遂行　perpetration　295
犯罪の性質　nature of the crime　267
犯罪の成立を妨げる理由となる事実　fact constituting a legal defense to a crime　157
犯罪の捜査　investigation of criminal offense　218
犯罪のでっち上げ　frame-up　174
犯罪の不成立　failure to constitute a crime　157, non-formation of a crime　271
犯罪の抑止　deterrence　117
犯罪の予備　preparation of a crime　309
反サイバースクワッティング法　Anticybersquatting Consumer Reform Act　22
犯罪被害者援助法　Victims of Crime Assistance Act　409
犯罪被害者給付金　state compensation for the victims of crime　370
犯罪不成立　exculpation　150
半裁約束手形　halved notes　191
犯罪予防　prevention of crimes　311
犯罪予防活動　crime prevention activities　98
犯罪を構成する　constitute a crime　82
反詐欺　anti fraud　22
判示　holding　194
判事　judge　222
判示所　act herein described　7
反自然的性交　sodomy　367
判事補　assistant judge　29
反社会的　antisocial　22

はんれい

反証　counterevidence　94, disproof 123, rebuttal　330, rebuttal evidence 330
犯情　circumstances of a crime　59
反証を挙げる　produce counterevidence 317, rebut　330
反証を許す推定規定　rebuttable presumption　330
阪神・淡路大震災に対処するための特別の財政援助及び助成に関する法律　Law for Extraordinary Expenditure and Assistance to cope with Hanshin-Awaji Earthquake　234
半身不随　paralysis of one side of the body　287
半身不随となる　be paralyzed on one side　37
反省　repentance　340
反省する　reflect　335
反訴　counterclaim　94, cross-action 100
反則金　non-penal fine　272
反訴訴答　cross-complaint　101
反対　opposition　281
反対意思　dissent　123, dissenting opinion　123
反対株主の株式買取請求権　appraisal right of shareholder　25
反対株主の権利　dissenter's rights　123
反対給付　counter-performance　95
反対誤審申立て　cross-errors　101
反対者の権利　dissenter's rights　123
反対主張　adverse claim　13
反対尋問　cross examination　100
反体制運動　anti-government movement 22
反対請求　counterclaim　94, cross-demand　201
反対訴状　cross-bill　101
反対なく　una voce　396
反対の　adverse　13
反対の意思　contrary intention　88
反対の事実　fact adverse to　157
反対破棄事由　cross-errors　101
反対約束　return promise　345

判断　judgment　223
反ダンピング措置　Anti-Dumping Measures　22
反ダンピング法　Anti-Dumping Act　22
番地　house number　197
パンデクテン法学　pandecten system　286
半導体集積回路の回路配置に関する法律　Act concerning the Circuit Layout of Semiconductor Integrated Circuits　6
判読　decoding　107
判読できない　illegible　199
反トラスト局　Antitrust Division　22
反トラスト法　antitrust laws　22
犯人　criminal　99
犯人隠避　enabling a criminal to escape 137
犯人が逃げ隠れする　the offender flees and conceals himself　388
犯人蔵匿　harborage of a criminal　191, harboring of an offender　192
犯人と格闘する　have a fight with a criminal　192
犯人として追呼する　engage in "hot pursuit"　139
犯人を追う　chase a criminal　57
犯人を逮捕する　arrest a criminal　26
犯人を取り逃がす　lose a criminal　250
飯場　workmen's shack　417
販売　sale　353, selling　360
販売金融会社　sales finance company 354
販売区域　territory　386
販売代理店　distributor　124
販売店　dealer　104
販売店契約　dealer agreement　105, distributorship agreement　124
販売の目的　for the purpose of saling 168
販売文書　sales literature　354
頒布　distribution　123
反覆する　repeat　339
ハンブルク・ルール　Hamburg Rules　191
半分隠れた本人　partially disclosed principal　288
判例　authentification　32, case　51,

はんれい

court precedent 96, judicial precedent 224, legal decisions and precedents 240, precedent 305
判例集 Law Reports 238, report 340, report of cases 340, reporter 340, reports 340
判例集の編纂者 reporter 340
判例注釈 note of decisions 273
判例法 case law 51, common law 69
判例要録 digest 118
反論 counterargument 93
反論する rebut 330

ひ

火 fire 164
ピー・アイ・クラブ P.&I. club 286
ピー・アイ条項 P.&I. clause : protection and indemnity clause 286
PL法 product liability law 317
被遺棄者 abandonee 1
PKO協力法 PKO Cooperation Law 299
非移民 nonimmigrant 272
非移民外国人 non immigrant 270
非移民ビザ non immigrant visa 270
被裏書人 indorsee 208
非営利社団 association not for profit 30, non-profit association 272
非営利団体 nonprofit organization 272
非営利法人 non-profit corporation 272
ヒエラルキー hierarchy 194
被害 harm 192, injury 209
被開示者 disclosee 121
被害者 injured party 209, victim 409
被害者学 victimology 409
被害者還付 return to the injured party 346
被害者なき犯罪 victimless crime 409
被拐取者 abducted person 1, kidnapped person 227
被拐取者収受 receipt of a kidnapped or abducted person 331
被害届 incident report 205

被害妄想 delusion of persecution 112
被害妄想狂 paranoia 287
非価格競争 nonprice competition 272
比較法 comparative jurisprudence 71, comparative law 71
比較優位 comparative advantage 71
東インド会社 East India Company 133
皮下出血 suggillation 376
非課税所得 exempt income 152
非課税措置 tax exemption 383
非課税の tax exempt 383
干潟 tideland 390
皮下注射 hypodermic injection 198
非株式 nonstock 272
非関係者 nonaffiliates 270
引当金 provision 321, reparation money 339, reserve 342
引受け assumption 30, subscription 375, undertaking 397
引受解除条項 marketout clause 254
引受価額 price at which shares are to be taken 311
引受拒絶証書作成後の参加引受け acceptance (for honor) supra protest 3, supra protest 378
引受権証券 subscription warrant 375
引受権付発行 rights offering; rights issue 350
引受訴訟 assumpsit 30
引き受けた株式 share subscribed 363
引受人 guarantor 188, surety 378
引き受ける assume 30, subscribe 375
引受渡し D.A. 103
引換え exchange 149
引込訴訟 impleader 200
被疑者 suspect 379
被疑者に立ち会わせる be caused to be present 37, require the suspect to be present 341
被疑者の取調べ interview of a suspect 217
被疑者補償規程 Regulations for Suspects' Compensation 337
引き継ぐ succeed 376
引き取るか支払え take or pay 382

ひさい

ひき逃げ　hit and run　194
ひき逃げ事件　hit-and-run case　194
非競業　non-competition　270
非供述証拠　non-testimonial evidence　272
罷業手当　strike benefits　373
非居住者　non-resident　272
被許諾者　grantee　186, licensee　244
引渡し　delivery　111, hand over　191, payment on delivery　291, tradition　393, transfer　393
引渡期日　delivery date　111
引渡時期の未定　open time for shipment or delivery　280
引渡条件　delivery condition　111
引渡請求権　right to recover　350
引渡遅滞　late delivery　230
引渡停止　stopping delivery　372
引渡場所　place of delivery　299
引渡場所の未定　open delivery place　279
引渡日　closing date　63, date of closing　104
引渡費用　closing cost　63
引渡保留　withholding delivery　416
非金銭的損害賠償　non-monetary damages　272
ピケ　picketing　298
非継続　discontinuity　121
非現住建造物　uninhabited structure　399
非現住建造物等放火　arson to an uninhabited structure, etc.　26
庇護　asylum　31
非故意殺　involuntary manslaughter　219
飛行　aviation　33
非行　barratry; barretry　36
非公開　non-publicity　272
非公開会社　close corporation; closed 〜 ; closely held 〜　63, private company　315, private corporation　315
非公開裁判　closed trial　63, trial held in camera　395
非公開に　in camera　204
飛行機を乗っ取る　hijack　194
被拘禁者　detained person　117

被拘禁者処遇最低基準規則　the United Nations Standard Minimum Rules for the Treatment of Prisoners　389
被拘禁者奪取　liberation of a detained person　243, taking away of a detained person　382
被後見　wardship　413
被後見人　ward　412
非行児童　delinquent child　111
非行少年　delinquent　110, juvenile delinquent　226
尾行する　follow　167
非行なき限り　during good behavior　131, good behavior　184
非行の予測　prognosis of delinquency　318
非合法な　unlawful　401
被告　libelee; libellee　243, respondent　343
被告事件　criminal case　99
被告事件の終結　completion of the case　73
被告自身の証言　defendant's own testimony　109
被告住所地裁判所　forum rei　173
被告適格　standing to be sued　370
被告に与えられる救済　affirmative relief　14
被告に不利な証言をする　testimony against the accused　387
被告人　accused person　5, criminal defendant　99
被告人側弁護士　defense attorney　109
被告人の退廷　withdrawal of the defendant　416
被告人の代理人となる　represent the defendant　341
被告人の面前　presence of the defendant　310
被告人を特定するに足りる事項　matter sufficient to identify the defendant　255
被告の引込み　impleader　200
ビザ　visa　410
微罪　infraction　209, minor offense　259, petty offense　298

ひさいし

被災者生活再建支援法　Natural Disaster Victims Relief Law　266
微罪処分　disposition of petty offense　123
非債弁済　money paid under mistake　261
非裁量信託　non-discretionary trust　271
被参加人　person in whose favor the intervention is made　295
被私権剝奪者　attaint　31
非自署　allograph　17
非自署文書　allograph　17
ビジネスモデル　business model　47
非自筆文書　allograph　17
被指名者　appointee　24
非自明性　nonobviousness　272
非社交的　asocial　27
批准書　instrument of ratification　211
批准する　ratify　328
秘書　secretary　357
非常勤　part-time service　289
非訟事件手続法　Law of Procedure in Noncontentious Matters　236
非常事態　emergency　136
非上場株　unlisted share　401, unlisted stock　401
費消信託　wasting trust　414
被上訴人　appellee　24, respondent　343
非商人である売主　nonmerchant seller　272
非商人同士の取引　between nonmerchants　39
非常ベル　emergency bell　136
秘書課　Secretarial Division　357
秘書部　Secretary's Department　357
ヒステリー　hysteria　198
被誓約者　recognizee; recognisee　332
被選挙権　eligibility for election　136
非専属的裁判管轄　non-exclusive jurisdiction　271
被選択権者　optionor　282
被選任者　person appointed　295, person nominated　296, person selected　296
砒素　arsenic　26

被相続人　ancestor　21, beneficiary　38, deceased　106, decedent　106, person to be succeeded to　296
非遡及効　non-retroactivity　272
卑属　descendant　116
被逮捕者　arrested person　26, arrestee　26
左　left　240
被担保債権　claim secured　61
非嫡出子　child born out of wedlock　58, illegitimate child　199
非嫡出性　illegitimacy　199
非勅選法廷弁護士　utter barrister　404
非勅選法廷弁護士団　utter bar　404
日付　bearing date　37
筆跡　handwriting　191
必然地役権　easement by necessity　133
ひったくり　snatching　366
ひったくる　snatch away from　366, take～away from　382
ぴったり合致する　on all fours　279
必要かつ適切条項　necessary and proper clause　267
必要条件　precondition　305, prerequisite　309, principal terms and conditions　313, requisite　341, sine qua non　365
必要条件的原因　causa sine qua non　51
必要定数　required quorum　341
必要的　imperative　200
必要的代理　agency of necessity　15
必要的当事者　necessary party　267
必要的取消し　mandatory revocation　253
必要的被包含犯罪　necessarily included offense　267
必要的弁護事件　case of required counsel　51, case requiring presence of defense counsel　51
必要的保釈　compulsory release on bail　74
必要な処分　necessary measures　267
必要費　necessary expenses　267
必要物　bot; bote　44
必要量供給契約　requirements contract　341

否定事実の主張　negative averment　267
否定する　disclaim　121
否定的な　negative　267
否定を含む肯定　affirmative pregnant　14
人　person　295
ヒト遺伝子の解読　human gene decoding　197
非当事者　stranger　373
秘匿　concealment　74
非独占代理店　non-exclusive agent　271
非独占的　non-exclusive　271
非独占的代理店　non-exclusive distributor　271
非独占的ライセンス　bare patent license　36
一口　contribution per unit　88
秘匿特許付情報　privileged communication　315
秘匿特権付秘密扱い　Priviledged and Confidential　315
人質　hostage　196
人質による強要行為等の処罰に関する法律　Law for Punishing Compulsion and Other Related Acts Committed by Those Having Taken Hostages　234
人の健康に係る公害犯罪の処罰に関する法律　Law for the Punishment of Environmental Pollution Crimes relating to Human Health　235
人の所在を捜索する　locate a person　248
ヒト免疫不全ウイルス　HIV　194, human immunodeficiency virus　197
一人当たり　per capita　293
火縄銃　matchlock　255
非難　condemnation　76, denounce　113, reprobation　341
避難所　sheltor　363
非難する　disapprove　120
非難できない行為　culpability　101
否認　denial　113, disaffirmance　120, traverse　394
非任意解散　involuntary dissolution　219
非任意リーエン　involuntary lien　219
否認権　right of denial　348
否認されるべき偏頗行為　voidable preference　410
否認する　disaffirm　120
被認知者　person acknowledged　295
否認答弁　traverse　394
被任命者　appointee　24
非能率　inefficiency　208
非陪審審理　bench trial　38
非排他的　non-exclusive　271
批判　comment　67, criticism　100
非犯罪化　decriminalization　107
非犯罪化する　decriminalize　107
批判的法学　critical legal studies　100
非番の　off duty　277
非扶養者　dependent　114
非弁活動　unauthorized practice of law　396
誹謗　disparagement　122
弥縫策　makeshift　251
非方式契約　informal contract　209, simple contract　365
非法律家の　lay　238
被保険者　assured　30, insured　212
被保険利益　insurable interest　211
被保証人　guarantee　188
秘密　confidentiality　79, secrets　357
秘密会で　in camera　204
秘密協定　clandestine arrangement　61
秘密結社　secret society　357
秘密証書　secret document　357
秘密情報　confidential information　79
秘密情報の返却　return of confidential information　345
秘密信託　secret trust　357
秘密的性格の　confidential nature　79
秘密の　confidential　79
秘密保持　secrecy　357
秘密保持義務　obligation of confidentiality　275
秘密保持契約　non-disclosure agreement　271, secrecy agreement　357
秘密保持条項　confidentiality　79
秘密保持対象資料・情報の特定　Marking of Coufidential Information　254
秘密漏泄　disclosure of a secret　121, disclosure of secrets　121

ひめいを

悲鳴をあげる　scream　356, shriek　364
罷免　removal　338
罷免の訴追　institution of removal proceedings　211
ひも　pimp　298
被申立人　libelee; libellee　243
冷やかし　apparent jest　23
飛躍的進歩　quantum leap　326
被誘引者　invitee　219
非有産投資家　non-accredited investor　270
被融通人　accommodated party　4
票　vote　411
費用　cost　93, costs and expenses　93, expense　153, out-of-pocket expenses　284
票集め　vote-catching　411
表意者　declarant　106
評価　assessment　27, estimate　145, evaluation　146, valuation　408
評価額　appraisement　25
評価鑑定業務　appraisal or valuation services　25
費用額を償還する　reimburse expenses　337
評価済保険証券　valued policy　408
評価する　affeer　14, accredit　5
評価人　appraiser　25
評議員　regent　336
評議会　Senate　360
病気休暇　sick leave　364
表決　vote　411
評決通りの判決　judgment on verdict　224
評決と異なる判決　judgment notwithstanding the verdict　223, judgment n.o.v.　223
評決と異なる判決の申立て　motion for judgment notwithstanding verdict　263
評決による瑕疵の治癒　aider by verdict; aid〜　16
表決復帰方式　fall back　158
評決無視判決　judgment n.o.v.　223
表見支配人　apparent manager　23

表見上の　apparent　23
表見上の外観　color of office　66
表見上の権原　color of title　66
表見代表取締役　apparent representing director　23
表見代理　agency by estoppel　15, apparent agency　23, ostensible agency　284
表見代理人　apparent agent　23, ostensible agent　284
表見的組合員　nominal partner　270
表見的権限　apparent authority　23, ostensible authority　284
表見的所有者　reputed owner　341
表現の自由　freedom of expression　176
表示価格　list price　247
標識　signal　365
表示資本　stated capital　371
表示する　represent　340
表示すること　holding out　195
表示による禁反言　estoppel by representation　145
被用者　employee　137, servant　361
評釈　exposition　154
被用者受益権　employee vesting　137
被用者の故意の非行　willful misconduct of employee　415
被用者の推薦　employee recommendation　137
表出化　externalization　155
標準書式契約　standard (form) contract　370
標準書式約款　standard (form) contract　370
標準モーゲージ条項　standard mortgage clause　370, union mortgage clause　399
標章　mark　254
費用償還　reimbursement of expenses　337
費用請求書　expense statement　153
病巣の転移　metastasis　258
漂着した難破物　ejectum　135
標的会社　target company　382
平等　equality　141

平等扱い　open door　279
平等主義　egalitarianism　135, equalitarianism　141
平等に　pari passu　287
平等の権利　equal right　141
費用の賠償　compensation for expenses　72
費用の範囲と分担　expense　153
費用の返納　return of expenses　345
費用の補償　indemnification of expenses　206
費用の前払い　advance payment of expenses　13
表皮　epidermis　141
表皮剥奪　abrasion　2
表皮剥離　excoriation　150
費用便益分析　cost-benefit analysis　93
票読み　forecasting the result of an election　169
漂流物　drifting article　129
漂流物横領　conversion of a drifting article　89
費用を支払う　underwriting　397
平型捺印証書　deed-poll　107
比率　rate　328
非良心性　unconscionability　397
非良心的契約　unconscionable bargain; 〜contract　397
非良心的取引　catching bargain　51, unconscionable bargain; 〜contract　397
非良心的な　unconscionable　397
ビルド・イン　built-in　46
比例して　pro rata　315
比例税　proportional tax　320
比例填補条項　average clause　33
比例填補保険　coinsurance　65
比例配当　ratable distribution　328
比例補填条項　co-insurance clause　65
卑猥な　indecent　206, obscene　276
日割り　in proportion to the number of days　204
日割りの　per diem　293
品位を辱める　degrade oneself　110
品級　holy orders　195
貧血症　anemia　21

品質　quality　326
品質の低下　deterioration　117
品等　class　62
品名　description of goods　116, specification of goods　369

ふ

部　division　125
ファースト・パーティ保険　first party insurance　166
ファーム・オーダー　firm order　165
ファーム・オファー　firm offer　165
歩合制賃貸借終了条項　recapture clause　330
歩合制賃料　percentage rent　293
ファイナンス・リース　finance lease　163
ファイブ・フォーシス・アナリシス　five forces analysis　166
ファイル・ラッパー　file wrapper　163
ファイル・ラッパー・エストッペル　file wrapper estoppel　163
ファクタのリーエン　factor's lien　157
ファクタ法　factors'act　157
ファクタリング　factoring　157
フィージビリティー・スタディー　feasibility study　160
フィールド民事訴訟法典　Field Code　163
不意打ち　surprise　378
ブイ付投荷　lagan　229, ligan　245
不一致　noncompliance　271
フィランソロピー　philanthropy　298
封印　seal　356, stamped seal　370
封印破棄　destruction of a seal　117
封緘された　enveloped　141, sealed　356
風紀　discipline　120, public morals　323
風紀紊乱者　disorderly person　122
封鎖　blockade　42
封書　sealed document　356, sealed letter　357
風説　false rumor　159
風俗　manners　253, public morals　323
風俗営業　adult entertainment busi-

ふうそく

nesses 13
風俗営業等の規制及び業務の適正化等に関する法律　Law Regulating Adult Entertainment Businesses, etc. 237
風俗犯罪　offense against public morals 277
風俗を害する行為　act prejudicial to good morals 8
風俗を乱す　corrupt public morals 93
夫婦関係修復不可能を理由とする方法　irreconcilable difference 219
夫婦共有財産　community property 70, tenancy by the entirety 384
夫婦財産　marital property 254
夫婦財産制　matrimonial property system 255
夫婦の合有財産　entirety 140
夫婦の特有財産　separate property 360
夫婦面会　conjugal visit 80
フェア・ユース　fair use 158
フォーラム・ノン・コンビニエンス　forum non conveniens 172
付加　annexation 21
不開示　non-disclosure 271
付加価値　appreciation 25
付加価値税　value added tax 408
附加給付　employee benefit 137
賦課金　levy 243
不確実性　uncertainty 396
不確定期間信託　perpetual trust 295
不確定期限　indefinite period 206, indefinite term 206
不確定責任　contingent liability 85
不確定損害賠償額　indeterminate damages 207, unliquidated damages 401
不確定な　indefinite 206
不確定要素契約　hazardous contract 192
附加刑　additional punishment 10, supplemental punishment 377
不可欠当事者　indispensable party 207
不可欠な原因　causa sine qua non 51
不可抗的強制　fine force 164
不可抗力　Act of God 7, act of providence 8, force majeure 169, inevitable accident 208, superior force 377, vis major 410
賦課式(保険)会社　assessment company 27
賦課式保険　assessment insurance 27
付加税　surtax 378
不可争条項　non-contestability clause 271
付加的給付　fringe benefit 177
付加的被保険者　additional insured 10
不可避的原因　unavoidable cause 396
不可避な　inevitable 208, unavoidable 396
不可避の危険　unavoidable danger 396
不可避の災害　unavoidable casualty; unavoidable accident 396
不可避の事故　inevitable accident 208
付加物　addition 9, annex 21
不可分契約　entire contract 140, indivisible contract 207
不可分債権　indivisible claim 207
不可分債務　indivisible obligation 207
不可分性　indivisibility 207
不可分の一体　integral part 212
付加保険料　loading 247
不干渉　noninterference 272
不完全　diminution 118
不完全債権　imperfect obligation 200
不完全債務　imperfect obligation 200
不完全信託　imperfect trust 200
不完全な　inchoate 205, naked 264
不完全な契約　incomplete contract 206
不起訴　non-indictment 272, non-prosecution 272
不起訴契約　covenant not to sue 97
不起訴処分　non-institution of prosecution 272
不起訴処分の告知　notification of non-institution of prosecution 274
不起訴特約　covenant not to sue 97
不起訴理由　reasons for non-institution of prosecution 330
武器等製造法　Ordnance Manufacturing Law 283
不況　business depression 47, recession 332

ふこうせ

不行跡な	guilty of gross misconduct 189
不均衡	imbalance 199
副	lieutenant 245, vice 409
不具	deformity 110
幅員	width 415
服役する	serve a prison term 361, serve term of imprisonment 361
副教授	reader 328
複合合併	conglomerate merger 80
複合財産	mixed property 261
複合著作物	composite works 73
複合的原因	multiple causation 263
副財産保全管理人	ancillary receiver 21
複雑系	complex system 73
複雑骨折	open fracture 279
複雑な勘定	long account 249
副作用	sideeffect 364
復氏	resuming prior surname 344
複式簿記	double entry 127
福祉給付制度	welfare benefit plan 414
副次組合	subpartnership 374
福祉権能	police power 301
福祉受給権	warefare right 413, welfare rights 414
福祉条項	welfare clause 414
副執行官	under-sheriff 397
副次的	subsidiary 375
副次的給付非控除ルール	collateral source rule 65
副社長	executive vice president 151, vice-president 409
複写物	facsimile 157
復讐	retaliation 345, revenge 346
副署	counter signature 93
福祉用具の研究開発及び普及の促進に関する法律	Law concerning Promotion of Research and Development and Diffusion of Social Welfare Equipment 231
副署する	attest 31
覆審	trial de novo 395
覆審的聴問	hearing de novo 193
複数国間貿易協定	plurilateral trade agreements 301

服する	submit 374
複製	facsimile 157
複占	duopoly 131
副大統領	vice-president 409
副代理人	under-agent 397, vice-agent 409
復代理人	sub-agent 374, substitute agent 375, substituted agent 375
副登録官	deputy registrar 115
服毒自殺する	kill oneself by taking poison 227
服毒する	take poison 382
副の	deputy 115
腹部	abdomen 1
副部長	deputy manager 115
腹部の	abdominal 1
副本	counterpart 95
複本	duplicate 131
複本手形の組	set of exchange 361
含むがこれに限られるものではなく	including but not limited to 205, including without limitation 205
複利	compound interest 73, interest upon interest 213
福利厚生	fringe benefit 177
福利厚生計画	benefit plans 38
副領事	vice consul 409
袋地	landlocked 229
含んで	including 205
父系	paternity 290
父系家族	patrilineal family 290
不継続の	non-continuous 271
不潔な	filthy 163
附合	annexation 21
不合格品	goods rejected 185, off-grade goods 278, rejected goods 337
附合契約	adhesion contract 10, contracts of adhesion 88
不行使	non-user 272
不公正契約条項法	Unfair Contract Terms Act 1977 398
不公正取引慣行	unfair trade practice case 398, unfair trade practices 398
不公正な	unfair 398
不公正な競争方法	unfair method of com-

ふこうそ	
petition 398	untruly entered original of an officially authenticated electromagnetic record 402
不抗争条項 no content clause 269	不実の記載 untrue entry 402
不抗争の答弁 nolo contendere 269, plea of nolo contender 299	不実の事項 false matter 159, untrue matter 402
不公平 unfairness 398	不実の認識 knowledge of the falsity 228
不公平な裁判 partial judgment 288, unfair judgment 398	不実の申立て untrue statement 402
不合理 absurdity 2, irrationality 219, unreasonableness 401	不実表示 false representation 159, misrepresentation 260
不合理な irrational 219, unreasonable 401	不実表示法 Misrepresentation Act 260
不合理に危険 unreasonably dangerous 401	不従債務 accessory obligation 4
布告 decree 107	不十分な財産管理 improvidence 203
誣告 false accusation 158, malicious abuse of process 252	不出頭 non-appearance 270
不告不理の原則 principle of no adjudication without prosecution 313	不純異性交遊 promiscuity 319, unhealthy companionship of boy and girl 398
負債 indebtedness 206, liability 243	不純化 adulteration 13
不在 absence 2	不純品 adulteration 13
不在会社 absentee corporation 2	扶助 cooperation 89
負債額 indebtedness 206	負傷 wound 417
不在者 absentee 2	不使用による廃止 obsolescence 276
不在者投票 absentee voting 2	不詳の unidentified 398, unknown 401
不在所有者 absentee owner 2	
負債の部 credit side 97, liabilities 243	不条理 absurdity 2
負債を弁済する liquidate 246	侮辱 contempt 85, insult 211
不作為 forbearance 168, nonfeasance 271, omission 279	扶助信託 support trust 378
	不処分 suspension of a disposal 379
不作為特約 negative covenant 267	扶助料 alimony 17
不作為犯 crime of omission 98	扶助を要する in need of help 204
父子協定 Father and Son Agreement 160	婦人参政権 women's suffrage 416
	婦人相談所 Women's Consultation Office 416
不実 untrue 402	不信と疑惑を招く bring discredit and suspicion on a man 45
不実記載鑑札行使 utterance of an untruly entered permit 406	不信任 nonconfidence 271
不実記載公正証書原本行使 utterance of the untruly entered original of an officially authenticated instrument 407	不信任の決議 non-confidence resolution 271
	不寝番 vigilance 409
不実記載免状行使 utterance of an untruly entered license 406	付審判請求 application for committing the case to a court for trial 24
不実記載旅券行使 utterance of an untruly entered passport 406	付随意見 dictum 118
	付随権限 mediate powers 256
不実記録電磁的公正証書原本供用 use of the	付随担保 collateral security 65

付随的管轄権　pendent jurisdiction　292
付随的禁反言の原則　collateral estoppel　65
付随的契約　collateral contracts　65
付随的裁判権　pendent jurisdiction　292
付随的差押え　ancillary attachment　21
付随的受益者　incidental beneficiary　205
付随的受益者契約　incidental beneficiary contract　205
付随的訴訟　ancillary proceeding　21
付随的損害　incidental damages　205
付随的な　ancillary　21
付随の処分　supplementary measures　377
付随費用　incidental cost　205, incidental expenses　205
不正　injustice　209
不正アクセス行為の禁止等に関する法律　Unauthorized Computer Access Law　396
不正競業　unfair competition　398
不正競争防止法　Unfair Competition Prevention Law　398
不正行為　malconduct　252, malfeasance　252, malpractice　252
不正作出公電磁的記録供用　use of an illegally produced public electromagnetic record　402
不正作出私電磁的記録供用　use of an illegally produced private electromagnetic record　402
不誠実　bad faith　34
不正手段　fraud　174
不正使用　misapplication　259, wrongful use　418
不正選挙　rigged election　347
不正選挙区割り　gerrymander　182
不正蓄財　unreported income　401
不正な　wrongful　418
不正に作る　produce unlawfully　317
不正の競争　unfair competition　398
不正の行為　improper performance　203, inadequate act　204, wrongful conduct；〜act　418
不正の目的　for the dishonest purpose

168
不正の利益　illicit gain　199
不正融資　illegal loan　199
不正流用　misappropriation　259
不積運賃　dead freight　104
不説得の危険　risk of non-persuasion or jury doubt　351
付箋　allonge　17
不戦条約　Antiwar Pact　23
不送達　non-service　272
不相当対価　inadequate consideration　204
不相当に高額な報酬　unreasonable compensation　401
不遡及的判例変更　prospective overruling　321
不足　deficit　109
付則　schedule annexed to a statute　356, supplementary provision　377
部族　tribe　395
付属書類　addendum　9, attachment　31, schedule　355
付属する　appurtenant　25
不足税額通知書　ninety day letter　269
付属建物　accessory building　3
付属地役権　easement appurtenant　133
付属定款　bylaw　48, by-laws　48
不足引渡し　short delivery　364
付属物　appendix　24, appurtenance　25, attachment　31
不訴訟条項　no-action clause　269
不存在　absence　2, non-existence　271
附帯控訴　incidental Koso-existence　205
付帯状況　attendant circumstances　31
附帯の目的　incidental object　205
不逮捕特権　privilege of exemption from apprehension　315
付託する　refer　335
負担額　amount which each insurer is to bear　20
負担する　bear　37, incur　206
負担付遺贈　testamentary gift subject to a charge　386
負担付贈与　gift subject to a charge　182, onerous gift　279

ふたんの	

負担のない　free and clear　175	物権的禁反言　proprietary estoppel　320
負担不存在担保条項　covenant against encumbrances；〜against incumbrances　97	物権の譲渡　assignment of property rights　28
負担不存在担保約款　covenant against encumbrances；〜against incumbrances　97	物権の設定　creation of property rights　97
負担部分　quota　327，share of obligation　363	物権の得喪　acquisition or loss of property rights　6
不知　ignorance　198	物権の変動　transfer of property rights　393
不知である　ignore　198	物権法　property law　320
付着する　affix　14	復権令　Restoration Order　344
不注意　carelessness　50，neglect　267，recklessness　332	物権を確保するための料金　holding fee　195
不注意な　reckless　332	不都合を避けるための議論　argumentum ab inconvenienti　26
不注意により　per incuriam　293	物資　commodities　69
部長クラス　director　119	物質　matter　255，substance　375
普通貸付契約　term loan agreement　385	物資の流通　distribution　123
普通株式　common share　69，common stock　69，ordinary share　283，ordinary stock　283	プッシュ戦略　push strategy　325
	物上代位　subrogation　375
普通教育　ordinary education　283	物上保証人　person who pledged one's property to secure another's obligation　296
普通裁判官　puisne judge　324	
普通裁判籍　general forum　181	物的　in rem　204
普通人　reasonable man　330	物的抗弁　real defense　329
普通選挙　universal suffrage　401	物的財産遺贈者　devisor　118
不通知　non-disclosure　271	物的財産担保　real security　329
普通のバリスタ　utter bar　404，utter barrister　404	物的証拠　material evidence　255，real evidence　329
普通の人　commoner　70	物的訴訟　real action　328
普通名称　generic name　182	物的動産　real chattel　328
普通預金　demand deposit　112	物品　goods　185，goods, wares, and merchandise　185
物価統制　price control　311	
物価統制法　Price Control Law　311	物品受け渡しの際の計算単位　tally；talley　382
復帰　reversion　346	
復帰信託　resulting trust　344	物品運送　carriage of goods　51
復帰的権利　reversionary interest　346	物品運送の委託　consignment　81
復権　restoration of civil rights　344	物品税　tax on commodity　383
物件　article　26，object　274，premises　307	物品到達通知書　advice note　14
	物品に関する取引　transaction in goods　393
物権　property right　320，real right　329	物品の塊　lot　250
復権しない破産者　undischarged bankrupt　397	物品の混合　confusion of goods　80
	物品の受領　acceptance of goods　3
物権担保を有する債権者　lien creditor　244	物品の特定　identification of goods　198

ふとうさ

物品売買契約　contract for the sale of goods　86
物品明細通知書　advice note　14
物々交換　barter　36
物理的因果関係　cause in fact　52
物理的占有　natural possession　266
不貞　adultery　13, infidelity　208, unchastity　397
不定期間　indefinite duration　206
不定期刑　indeterminate sentence　207
不提示特約小切手　memorandum check　257
不定な　indefinite　206
不貞な行為　act of unchastity　8
不適応　maladjustment　252
不適当　inappropriate　204, unfitness　398
不適任な　incompetent　205, unqualified　401
不適法訴答　mispleading　260
不適法な　illegitimate　199
不適法の　bad　34
不適齢者　person who is not of marriageable age　296
埠頭　dock　125
不同意　disagreement　120
不当威圧　undue influence　398
不同意堕胎　abortion without consent　2
不同意堕胎致死　abortion without consent resulting in death　2
不同意堕胎致傷　abortion without consent resulting in bodily injury　2
不統一　disunity　124
不統一な　disunited　124
埠頭受取証　dock receipt　125
不当解雇　unfair dismissal　398, wrongful dismissal　418, wrongful termination　418
不当金利得　money had and received　261
不当金利得の返還請求　money had and received　261
不当行為　malconduct　252
不当拘束　false arrest　158
不動産　immovable property　200, immovables　200, land　229, property　319, real estate　329, real property　329, realty　329
不動産侵奪　wrongfully taking possession of immovable property　418
不動産遺産　real assets　328
不動産回復訴訟　recovery　334
不動産回復訴訟陪審員　recognitor　332
不動産貸主と借主の関係　landlord and tenant　229
不動産鑑定人　property appraiser　319
不動産棄損　waste　414
不動産業者　estates agent　145
不動産権　estate　144, interest in real property　213
不動産権などを移転・譲渡する　pass　289
不動産権の終了権　right of entry　348
不動産権保有者　tenant　385
不動産権利証　grant deed　186, quitclaim deed　327, warranty deed　413
不動産資産　real assets　328
不動産質　pledge on immovable property　300, pledge on real estate　300
不動産譲渡　transfer of title to land　393
不動産譲渡支払済証書　settlement sheet　362
不動産所得　income from immovable property　205, income from real estate　205
不動産所得税　immovable property acquisition tax　200, real estate acquisition tax　329
不動産税　real estate tax　329
不動産清算手続法　RESPA : Real Estate Settlement Procedures Act　343
不動産占有回復　re-entry　335, right of entry　348
不動産占有の黙認　estate at sufferance　144, tenancy at sufferance　384
不動産訴訟　real action　328
不動産貸借契約付売却　sale and leaseback　354
不動産担保　real security　329
不動産仲介者　real estate agent　329
不動産賃貸　lease of immovable property

ふとうさ

239, lease of real estate 239
不動産賃貸借契約　real estate lease contract　329
不動産賃貸物件の最低居住性　warranty of habitability　413
不動産抵当　hypothec　198
不動産登記　grant deed　186, quitclaim deed　327, warranty deed　413
不動産登記制度　land registration　229
不動産登記法　Law concerning the Registration of Immovables　233
不動産投資信託　Real Estate Investment Trust(REIT)　329, REIT　337
不動産に解除条件が付されていない　indefeasible　206
不動産に関する　real　328
不動産に関する物的財産権　real chattel　328
不動産に対するトレスパス　trespass quare clausum fregit　394
不動産の明渡し　surrender　378, vacation　407
不動産の一筆　lot　250
不動産の共有　unity　401
不動産の購入　purchasing real property　325
不動産の最低居住性　warranty of habitability　413
不動産の譲渡　conveyance　89, demise　113
不動産の仲介契約　listing　247
不動産の転貸借　sublease　374
不動産の年額賃料　exitus　152
不動産の表示　property description　320
不動産の付合　adjunct of immovable property　11, adjunct of real estate　11
不動産の分割　partition of immovable property　289, partition of real estate　289
不動産の保有　tenure　385
不動産評価　rating　328
不動産複数仲介　multiple listing　263
不動産保有担保約款　covenant of seisin　97

不動産保有妨害　disturbance of tenure　124
不動産的動産　chattels real　57
埠頭使用料　wharfage　414
埠頭税　wharfage　414
埠頭倉庫証券　dock warrant　125
不当訴訟　vexatious action;〜litigation;〜proceeding　409
不当逮捕　malicious arrest　252
不動担保　fixed charge　166
不道徳的契約　immoral contract　200
不当な　false　158, frivolous　177, undue　398, unfair　398, unreasonable　401
不当な協調　collusion　66
不当な説得　unfair persuasion　398
不当な取扱い　undue treatment　398
不当な評決　false verdict　159
不当に制限する　restrict unreasonably　344
不当に長い拘禁　unduly prolonged detention　398, unreasonably long detention　401
埠頭主　wharfinger　414
浮動票　floating vote　167
不当表示　misleading description　260
浮動負債　floating debt　167
浮動リーエン　floating lien　167
不当利得　unjust enrichment　401
不当留保課税　accumulated earnings tax　5
不当廉売　dumping　131
不当労働行為　unfair labor practice　398
不当労働行為ストライキ　unfair labor practice strike　398
埠頭渡し　ex quay　147
不特定他人のために　for whom it may concern　168
不特定人のためにする　on account of whom it may concern　279
不特定の　unspecified　402
不特定物　unascertained goods　396, unidentified goods　398
不特定目的信用　open-end credit　280
船積み　shipment　364

船積港	Port of Shipment 302
船積指図書	shipping order 364
船積書類	document 125, shipping documents; 〜paper 364
船積みする	load 247
船積地契約	shipment contract 364
船積品	loaded goods 247
船積船荷証券	on board B／L 279, shipped B／L; shipped bill(of landing) 364
船積渡し	F.O.B.；f.o.b. 156
船荷証券	B／L; b.l. 34, bill of lading 40, literae recognitionis 247
船荷証券付一覧払為替手形	S／DB／L 353
船荷証券に関する規則の統一のための国際条約	Hague Convention; Hague Rules 190
船主責任相互保険組合	P.&I. club 286, protection and indemnity club 321
不任意の自白	involuntary confession 219
不能犯	impossibility 202
不能条件	impossible condition 202
部のエゴ	functional silo mentality 179
腐敗	corruption 93, putrefaction 325
不買運動	boycotting 44
腐敗性物品	perishable goods 294
不引受の抗弁	non acceptavit 270
不備指摘文書	deficiency letter 109, letter of comment 242
浮標付投荷	lagan 229, ligan 245
不服	dissatisfaction 123, grievance 187
不服従	disobedience 122
不服当事者	aggrieved party 15
部分ゾーニング	spot zoning 369
部分的権利	fractional interest 173
不文	uncodified 397
不文法	jus non scriptum 225, lex non scripta 243, unwritten law 402
部分履行	part performance 288
不文律	unwritten rule 402
不変期間	peremptory term 293
不変期日	peremptory day 293
不偏不党	fair 158, impartial 200

不法侵奪	encroachment 138
不法監禁	false imprisonment 159
不法原因給付	performance for illegal causes 293
不法行為	delict 110, illegality 199, misfeasance 260, private delicts 315, tort 391, unlawful act 401, wrong 418
不法行為者	tortfeasor 392
不法行為上の	ex delicto 147
不法行為責任	tort liability 392
不法行為訴権の放棄	waiver of tort 412
不法行為訴訟	actio ex delicto 8
不法行為地	locus delicti 249
不法行為による生命誕生	wrongful life 418
不法行為の	tortious 392
不法拘禁	illegal detention 198
不法集会	unlawful assembly 401
不法条件	unlawful condition 401
不法侵入	intrusion 217, trespass 394, unlawful entry 401
不法占拠	illegal occupation 199, unlawful occupation 401
不法占拠者	squatter 370
不法占有	adverse possession 13, intrusion 217, unlawful detainer 401
不法滞在	unlawful stay 401
不法な	illegal 198, unlawful 401
不法な行為	wrongful conduct; 〜act 418
不法な拘束	illegal restraint 199
不法に領得する	take unlawfully possession of 382
不法の	tortious 392
不法の原因	illegal cause 198
不法目的住居侵入	housebreaking 197
不法目的侵入	burglary 47
不法留置否認訴答	non detinet 270
付保する	insure 212
不真面目な訴訟	frivolous suit 177
不明確性	uncertainty 396
不明確な	illusory 199
不名誉な刑罰	infamous punishment 208
誣罔	falsehood 159

扶養　maintenance　251, support　377	不履行　breach　44, failure　157, non-fulfillment　271
扶養義務者　person under duty to furnish support　296	振出し　drawing　129, issue　220
不要給与支払強制　feather-bedding　160	振出通知　letter of advice　242
扶養控除　tax exemption for dependents　383	振出通知書　letter of advice　242
不要式契約　informal contract　209	振出日　date of issue　104
扶養請求権　right to be supported　349	振出日後　after date　14
扶養料　maintenance　251	振出日後定期払い　after date　14
付与する　give and grant　183	プリトライアル　pre-trial　311
プライバシーの侵害　invasion of privacy　218	不利な　unfavorable　398
プライマリ活動　primary activities　312	不良行為　misbehavior　259, misconduct　260
ブラクトン　Henry de Bracton　193	不良交友　association with delinquent peers　30
プラグマティズム　pragmatism　305	不良小切手　rubber check　352
フラストレーション　frustration　178	不良債権　bad debt　34
ブラックストン　Sir William Blackstone　365, William Blackstone　415	不良債権処理　Bad Loan Write-Offs　34
腐乱死体　decomposed body　107	不良債権積立金　bad debt reserve　34
ブランダイス　Louis Dembitz Brandeis　250	不良の　bad　34
フランチャイズ　franchise　174	武力を行使する　use armed force　402
フランチャイズ・クローズ　franchise clause　174	不利を承知で　with prejudice　416
フランチャイズライセンスを受ける者　franchisee　174	振りをする　assume　30
フランチャイズライセンスを許諾する者　franchisor　174	フル・ペイアウト　full payout　178
ブランド内競争　intra-brand competition　217	プル戦略　pull strategy　324
ブランド名　brand name　44	フルブライト法　Fulbright Act　178
プラント輸出契約　agreement for supply of plant for export　16	振舞い　abearance　1
フリー・ライド　free ride　175	プレミアム　premium　308
不利益　detriment　118, prejudice　307	不連続　discontinuity　121
不利益的信頼　detrimental reliance　118	フロア・トレーダー　floor trader　167
不利益な事実の承認　admission of the disadvantageous fact　13	浮浪　vagrancy　407
不利益に　to the detriment of〜　391	不労所得　unearned income　398
不利益変更の禁止　prohibition against a change of sentence to the disadvantage of the accused　318	ブローカー　broker　45
不利益をもたらす　affect　14	付録　appendix　24
プリエンプティブ　preemptive rights　306	プログラムの著作物に係る登録の特例に関する法律　Law on Exceptional Provisions for the Registration of Program Works　236
振替価格設定　transfer pricing　393	プロジェクト・オーナー　project owner　319
	プロジェクト・ファイナンス　project finance　318
	プロセス・エージェント　process agent　317
	プロトコル　protocols　321
	プロパテント　propatent　319

プロフォーマ・インボイス	pro forma invoice 315
不渡り	dishonor 122
不渡小切手	bad check 34
不渡手形	dishonored bill 122
不渡りになる	go to protest 183
文	sentence 360
文学的及び美術的著作物の保護に関するベルヌ条約	Berne Convention for the Protection of Literary and Artistic Works 38
文化財保護法	Law for Protection of Cultural Properties 234, Law for the Protection of Cultural Properties 235
分割	apportionment 24
分割可能な	severable 362
分割給付契約	installment contract 211
分割債権	divisible claim 124
分割所得	split income 369
分割する	divide 124
分割訴訟	splitting (a) cause of action 369
分割の結了	completion of partition 73
分割払い	payment in installments 291
分割払いとして	O／A; o／a 274
分割払約束手形	serial note 360
分割引渡し	installment 211
分割利益信託	split-interest trust 369
分割を請求する	demand a partition 112
文化様式	culture pattern 101
文書	charta 56, document 125, written instrument 418
分譲地	land for sale in lots 229
文書毀棄	destruction of documents 117, mutilation of documents 264
文書偽造	documentary forgery 126, falsification 159, spoliation 369
文書偽造罪	forgery 171
文書作成否認の抗弁	non fecit 270
文書提出命令	order to produce documents 283, subpoena duces tecum 375
文書などの偽造	forgery of a document, etc. 171
文書の閲覧	inspection of documents 211
文書の毀損	spoliation 369
文書の作成	factum 157
文書の主要部分	body of an instrument 43
文書の真正を証明する	authenticate 32
文書の正確な文言	tenor 385
文書の提出	production of documents 317
文書の内容	tenor 385
文書の破棄	obliteration 276
文書の補正命令	rectification 334
文書の文言上	four corners 173
粉塵	particulate 289
分身の理論	alter ego doctrine 17
分析法学	analytical jurisprudence 20
紛争解決	dispute resolution 123
紛争解決条項	settlement of disputes 362
紛争解決の方法	method of resolving conflicts 258
分損	partial loss 288
分損担保	with average 416
分損不担保	Free from Particular Average 175
分担	partial charge 288
分担額	amount to be contributed 20
分納	payment in installments 291
分配	apportionment 24, distribution 123
分配案	scheme of distribution 356
分配額	distribution amount 124
分配金	dividend 124
分配を受けること	participation 288
分娩	labor process of childbirth 229
墳墓	grave 186
墳墓発掘	excavation of a grave 148
墳墓発掘死体遺棄	excavation of a grave and abandonment of a corpse 148
墳墓発掘死体損壊	excavation of a grave and damage to a corpse 148
墳墓発掘死体領得	excavation of a grave and unlawfully taking possession of a corpse 148

ふんみん

文民　civilian　60
文面　writing　418
文面上(は)　ex facie　147, on its face　279
分与産　portion　302
分離　segregation　359, separation　360
文理解釈　literal construction　247
分離公判　separate hearing　360, separate trial　360
分離条項　saving clause　355, severability clause　362
分離する　sever　362, spin off　369
分離するけれども，平等に扱う　separate but equal　360
分類　classification　62

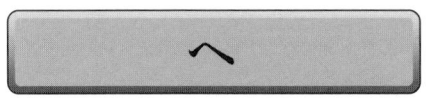

へ

ペイオフ・マトリックス　payoff matrix　291
平穏かつ公然に　peaceably and openly　292
平穏享有　quiet enjoyment　327
平穏享有権　right to quiet enjoyment　350
平穏享有担保条項　covenant of quiet enjoyment;〜for quiet enjoyment　97
平穏享有担保約款　covenant of quiet enjoyment;〜for quiet enjoyment　97
併科　concurrent imposition of punishment　75, joint imposition of punishment　222
平価　par　286
閉会　prorogation　320
平均寿命表　actuarial table　9
平均的な品質　fair average quality　158
平均余命　expectancy of life　152, life expectancy　245
平均余命表　morality table　362
併合　joinder　221
併合管轄　joint jurisdiction　222
併合罪　accumulative crimes　5
併合罪の加重　augmentation due to commission of accumulative crimes　32,　augmentation for accumulative crimes　32
並行して　keep abreast with　226
併合の　joint　221
並行輸入　parallel import　287
米国企業内弁護士協会　A.C.C.A　1
米国公認会計士協会　AICPA : American Institute of Certified Public Accountants　16
米国公認会計士協会会計士基準　AICPA Professional Standards　16
米国通商法 301 条　Trade Act of 1974　392
米国特許制度　American Patent System　20
米国の移民法　American immigration laws　20
米国連邦特許商標庁　US Patent and Trademark Office　402
閉鎖　closure　64
閉鎖会社　close corporation; closed〜; closely held〜　63, proprietary company　320
閉鎖式譲渡抵当　closed-end mortgage　63
閉鎖式担保付社債　closed-end indenture　63
平準化　averaging　33
平成17年に開催される国際博覧会の準備及び運営のために必要な特別措置に関する法律　Law concerning Special Measures for Arranging and Managing the International Exposition to be Held in 2005　232
並存原因　concurrent causes　75
併存使用　concurrent use　76
並置　juxtaposition　226
米通商代表部　USTR　403
閉廷期　vacation　407
併発する　accompany　4
平分　in equal proportions　204, in equal shares　204
平方メートル　square meter　370
ベイルアウト　bailout　35
ベイルアウト株式　bailout stock　35
米連邦法典　United States Code　400
平和運動　peace movement　292

平和主義　pacifism　286
ベスト・プラクティス　best practices　39
ベスト分析　PEST analysis　297
別館　annex　21
別居　separation　360
別居合意　separation agreement　360
別個の法人　separate entity　360
別紙　addendum　9, annex　21, attachment　31, exhibit　152, rider　347, schedule　355
別除権　right of exclusive preference　348
ヘッジング　hedging　193
別段の意思　different intention　118
別段の合意がない限り　unless otherwise agreed　401
別段の定めがない限り　unless otherwise provided　401
ヘロイン　heroin　194
便益　benefit　38
弁解　excuse　151, explanation　153, pleading　300
弁解の機会　opportunity for explanation　281
変革　transformation　394
返還　restitution　344
返還義務　Return of Disclosed Information and Materials　345
返還時期　time of return　390
返還する　repay　339
返還請求　repetition　340
変換場所　place of return　299
便宜　behoof　38
便宜供与口　accommodation line　4
便宜供与者　accommodation party　4
便宜上の設立者　accommodation incorporator　4
便宜置籍(船)　F.O.C. ; f.o.c.　156, flag of convenience　166
便宜などを供与する　afford　14
返却できる容器　returnable container　346
返却不能の売買　sale with all faults　354
偏狭主義　provincialism　321
偏見　bias　39, prejudice　307

偏見差別　invidious discrimination　219
変更　alteration　17
変更可能取引　open account　279
変更禁止　ne varietur　267
変更する　modify and change　261
変更登記　change in registration　54
変更の判決　judgment of alteration　223
弁護過誤　malpractice　252
弁護過誤保険　malpractice insurance　252
弁護側の証人　defense witness　109
弁護士　advocate　14, attorney　31, attorney at law　31, attorney in private practice　31, counsel　93, counsellor　93, forspeaker　172, jurist　225, lawyer　238, litigation lawyer　247, private practicing attorney　315
弁護士依頼者間の秘密保持特権　attorney-client privilege　31
弁護士依頼料　retainer　345, retaining fee　345
弁護士会　bar　36, Bar Association　36
弁護士行動模範準則　Model Rules of Professional Conduct　261
弁護士顧問　of counsel　277
弁護士資格　attorney's license　32
弁護士資格剥奪　disbarment　120
弁護士職務活動成果秘匿の法理　work product　417
弁護士選任契約　retainer agreement　345
弁護士道義　etiquette of the profession　146
弁護士などの成功報酬　contingent fee　85
弁護士に訴訟を委任する　bring a case to a lawyer　45, have a lawyer handle a case　192
弁護士のリーエン　retaining lien　345
弁護士費用保険　prepaid legal services　308
弁護士法　Lawyers Law　238
弁護士報酬　attorney's fee　32
弁護士補助職(員)　paralegal　287
弁護士名簿　lawyers' register　238
弁護士料など　attorney fees　31
弁護士倫理　legal ethics　240, professional ethics　318

へんこし

弁護士を雇う　hire a lawyer　194, retain a lawyer　345
弁護する　advocare　14
弁護人　procurator　317
弁護人依頼権　right to counsel　349
弁護人選任権　right to select a defense counsel　350
弁護人となろうとする者　person designated to be a defense counsel　295
弁護人との接見　interview with the defense counsel　217
弁護人の援助を受ける権利　right to counsel　349
弁護人を選任する　select a defense counsel　359
弁護人を要する場合　in case where a defense counsel is required　204
弁済　liquidation　246, perception　293, recoupment　333, redemption　334, satisfaction　355, satisfaction of a debt　355
弁済期　law day　234, time appointed for payment　390, time for performance　390
弁済期日延長条項　extention clause　155
弁済期日繰上条項　acceleration clause　3
弁済期の繰上げ　acceleration　3
弁済期の先後による優先権の原則　earlier maturity rule　132
弁済拒絶権　right of refusal of performance　349
弁済充当　appropriation of performance　25
弁済受領　acceptance of performance　3
弁済受領記入　satisfaction　355
弁済証書　satisfaction　355
弁済する　redeem　334, settle　362
弁済提供中の抗弁　uncore prist　397
弁済の充当　application　24, appropriation　25
弁済(の)提供　tender　385, tender of performance　385
弁済の猶予　respite　343
ベンサム　Jeremy Bentham　220
変死　unnatural death　401
変死者　person who died an unnatural death　296
変死者密葬　secret burial of a person who died an unnatural death　357, secret burial of a person whose cause of death is unknown　357
変死体　corpse resulted from an unnatural death　92
変質者　degenerate　110
変死の疑いのある死体　corpus of a person who is suspected to have died an unnatural death　92
騙取　defraud　110
編集著作物　compilation　73
弁償　payment　291, recoupment　333
弁償する　compensate　72
返書の原則　reply doctrine　340
変造　alteration　17, alteration of instruments　18
変造外国通貨行使　utterance of altered foreign currency　405
変造外国通貨交付　delivery of altered foreign currency　111
変造外国通貨輸入　importation of altered foreign currency　201
変造小切手　raised check　328
変造詔書行使　utterance of the altered Imperial or State document　407
変造する　fabricate　156
変造通貨行使　utterance of altered currency　405
変造通貨交付　delivery of altered currency　111
変造通貨収得　acquisition of altered currency　6
変造通貨収得後知情行使　knowing utterance of altered currency, when acquired without knowing its nature　228
変造通貨収得後知情交付　knowing delivery of altered currency, when acquired without knowing its nature　228
変造通貨輸入　importation of altered cur-

rency　201
変造無印公文書行使　utterance of an altered official document without signature and seal　405
変造無印私文書行使　utterance of an altered private document without signature and seal　406
変造有印公文書行使　utterance of an altered official document with signature or seal　405
変造有印私文書行使　utterance of an altered private document with signature or seal　406
変造有価証券行使　utterance of altered securities　405
変則的裏書人　anomalous indorser　22
ペンタゴン　Pentagon　293
ベンチマーキング　benchmarking　38
偏重する　attach too much importance 31, overemphasize　284
編綴する　keep on file　226
変動価格変動性　volatility　410
変動危険　shifting risk　363
変動条項　fluctuating clause　167
変動年金　variable annuity　408
返品可能な売買　sale and return　354
弁別能力　discretion　121
片務契約　one-sided contract　279, unilateral contract　399
片務的　one-sided　279, unilateral　399
弁明　showing　364
弁明する　defend oneself　109, explain away　153
返約　return promise　345
ヘンリー1世の戴冠式の憲章　Coronation charter　91
弁理士　patent agent　290
弁理士会　Patent Attorneys' Association　290
弁理士法　Patent Attorneys Law　290
弁論　closing statement　63, final argument　163, pleading　300, speech　369
弁論延期　adjournment of oral proceedings　10

弁論能力　capacity to plead　50
弁論の再開　reopening of oral proceedings　339, resumption of oral proceedings　345
弁論の終結　exitus　152
弁論の制限　limitation of oral proceedings　245
弁論の全趣旨　entire tenor of oral proceedings　140
弁論の分離　separation of oral proceedings　360
弁論の併合　consolidation of oral proceedings　82, joinder of oral proceedings　221
弁論要旨　summary of defense counsel's closing statement　376
弁論を終える　rest　343

ほ

保安　security　358
保安官　sheriff　363
保安処分　preventive detention　311, security measures　359
ボイコット　boycott　44
ポイズン・ピル　poison pill　301
ボイラー・ルーム　boiler room; boiler shop　43
法　ley　243
法案　bill　39
法案が通過する　pass　289
法案を可決する　pass　289
法案を成立させる　enact　137
法案を棚上げにする　get the bill shelved　182, shelve the bill　363
法案を提出する　submit a bill　374
法案を投票にかける　put the bill to a vote　325
法案を通す　pass a bill　289
法医学　forensic medicine　170, medical jurisprudence　256
法意見書　legal opinion　241
防衛　defense　109
放映許諾　Television Broadcasts Rights

ほうえい

384
防衛施設周辺の生活環境の整備等に関する法律　Law relating to Improvement, etc. of the Living Environment in the Vicinities of Air Defense Facilities　237
防衛手段　defensive measures　109
防衛庁　Defence Agency　109
防衛特許　fencing patent　162
防衛の程度を超える　exceed the limits of defense　148
防衛費　defense expenses　109
防衛力　defense capabilities　109
法益　interests protected by law　213, legal interest　240
貿易　commerce　67, foreign trade　170
貿易拡大法　Trade Expansion Act　392
貿易関連知的財産権協定　Agreement on Trade Related Aspects of Intellectual Property Rights　16
貿易関連投資措置　TRIMs: Trade-Related Investment　395
貿易協定　trade agreement　392
貿易港　trading port　393
貿易交渉委員会　TNC: Trade Negociation Committee　391
貿易商　merchant　257
貿易条件　trade terms　393
貿易政策検討機関　TPRB: Trade Policy Review Body　392
貿易待遇地位　trade status　393
貿易取引高落差　trade balance　392
貿易の自由化　trade liberalization　392
貿易紛争　trade dispute　392
貿易保険特別会計法　International Trade Insurance Special Account Law　215
貿易保険法　International Trade Insurance Law　215
貿易摩擦　trade barrier　392, trade friction　392
貿易問題　trade dispute　392
放火　arson　26
法貨　legal tender　241
崩壊　collapse　65
妨害　interference　213, molestation　261

法改革委員会　Law Reform Committee　237
法科学　forensic science　170
法格言　maxim　255
法学士　bachelor of laws　34, LL.B.　247
法学者　jurist　225
法学修士　LL.M.　247, master of laws　255
法学博士　doctor of laws　125, juris doctor　225, LL.D.　247
法学部図書館　law library　235
包括　packaging　286
包括遺贈　universal gift by will　401
包括一罪　merger of crimes　258
包括財産　property by a universal title　319
包括受遺者　testamentary donee by a universal title　386
包括譲渡　bulk sales　46
包括代理人　general agent　180
包括抵当権　blanket mortgage　42
包括的環境対処補償責任法　CERCLA: Comprehensive Environmental Responses Compensation and Liability Act　53
包括的財務調整1985年法　COBRA: Consolidated Budget Reconciliation Act of 1985　64
包括的実施許諾　package licensing　286
包括的譲渡抵当　package mortgage　286
包括的な　blanket　41
包括的免責特権　blanket immunity　42
包括的リーエン　general lien　181
包括荷物の内容一覧表　packaging list　286
包括法　omnibus bill　279
包括保険　blanket insurance　42
包括保護保険証券　umbrella policy　396
包括保証　blanket bond　41
放火予備　preparation for arson　308
暴漢　bully　46
傍観者　bystander　48
包含する　contain　84, cover, embrace, and include　97, include　205

ほうしん

放棄　abandonment　1
謀議　plot　301
放棄口座　abandoned bank account　1
放棄財産　abandoned property　1
放棄書　written waiver　418
放棄する　abandon　1, renounce　339
俸給　salary　353
防禦の準備　preparation for defense　309
傍系血族　collateral relatives by blood　65
傍系親族　collateral relatives　65
法諺　maxim　255
法源　source　367, sources of (the) law　367
冒険契約　hazardous contract　192
封建制　feudalism　162
封建制の　feudal　162
冒険貸借証券　bottomry bond; 〜contract　44
冒険的事実　adventure　13
冒険比率　risk premium　351
暴行　assault　27, battery　36, violence　409
方向の一貫性　alignment　17
報告　reporting　340, statement　371
報告義務　duty to account　131
報告書　notification statement　274, report　340
報告条項　reporting provisions　340
報告すべき状況　reportable condition　340
報告要件　reporting requirements　340
報告を求める　ask for reports　27
防護標章　defensive mark　109
謀殺　murder　264
防止　prevention　311
法歯学　forensic odontology　170
方式契約　formal contract　172
奉仕者　servant　361
放射性同位元素等による放射線障害の防止に関する法律（放射線障害防止法）　Law concerning Prevention from Radiation Hazards due to Radio-Isotopes, etc.　231
報酬　commission　68, fee　162, hire　194, honorarium　196, remuneration　338, reward　347
法主体　legal entity　240
幇助　aid and abet　16, assistance　29
報償　remuneration　338
傍証　corroborative evidence　93, supporting evidence　378
報奨金　tax rebate　383
傍証を固める　collect supporting evidence　66
法人　artificial person　27, body corporate　43, corp.　91, corporation　91, juristic person　225, legal entity　240, legal person　241
法人印　common seal　69
法人格　corporate entity　91, corporate personality　91
法人格なき社団　association　30, unincorporated association　399
法人格の認否　piercing the corporate veil　298
法人格の否認　disregard of corporate entity　123, lifting the (corporate) veil　245
法人化する　incorporate　206
法人課税　corporate tax　91
法人受託者　corporate trustee　91
法人税　corporation tax　92
法人税法　Corporation Tax Law　92
法人としての継続的存続　perpetual succession　295
法人の　inc.　204
法人の解散　dissolution of an artificial person　123
法人の合併　merger of an artificial person　258
法人の消滅　extinguishment of an artificial person　155
法人の設立　formation of an artificial person　172, incorporation of an artificial person　206
法人の代表者　authorized representative of an artificial person　33
法人不存在の抗弁　nul tiel corporation　274

ほうしん

法人法典　Corporations Code　92
法制　institution　211, laws　238, legislation　241
法制審議会　Legislative Counsel of the Ministry of Justice　242
法制度　jurisprudence　225
法曹　bench and bar　38, lawyer　238, legal profession　241
暴走　hot-rodding　197
法曹学院　Inns of Court　209
法曹学院の講師　reader　328
法喪失者　outlaw　284
暴走族　hot-rodders　197
法曹としての責任　professional responsibility　318
法曹の倫理行為　professional conduct　318
法曹名簿　law list　235, lawyers list　238
法曹倫理　legal ethics　240
法則　rule　352
妨訴(の)抗弁　demurrer　113, plea in bar　299
包袋　file wrapper　163
包袋禁反言　file wrapper estoppel　163
法大全　corpus juris　92
防弾ガラス　bulletproof glass　46
防弾チョッキ　bulletproof vest　46
放置　neglect　267
法治　the rule of law　388
法治国家　constitutional state　83, country governed by law　95, country under the rule of law　95
傍聴　attend　31, hear　192
傍聴席　spectator's gallery in the court　369
傍聴人　courtroom audience　96, spectator　369, spectator in the court　369
法廷　bar　36
法廷外の　extrajudicial　155
法廷外の行為による禁反言　estoppel in pais　145
法廷外の和解　out-of-court settlement　284, settlement out of court　362
法定果実　fructus civiles　177, legal fruits　240, proceeds　317
法定休暇, 法定休日　legal holiday　240, statutory holiday　371
法定許諾　statutory license　371
法定刑　statutory penalty　371
法廷警察権　power to maintain the order in the court　304
法定刑の長期　maximum period　256, maximum term　256
法定源泉徴収　legal withholding　241
法廷合議　statutory collegiate court　371
法定後見人　statutory guardian　371
法定控除　legal deduction　240, statutory deduction　371
法定財産制　statutory property system　371
法廷詐欺　constructive fraud　83
法廷時間　court session　96
法定充当　statutory appropriation　371
法定重利　statutory inclusion of interest in principal　371
法定準備金　statutory reserve funds　371
法廷助言者　amicus curiae　20, friend of the court　177
法定女子相続人　heiress　193
法定占有　possession in law　303
法定相続　descent and distribution　116
法定相続人　heir　193, heir at law　193
法定相続分　statutory shares in succession　371
法定担保物権者　lien holder　244, lienor　245
法定担保物権の解放　release of lien　337
法廷地　forum　172
法廷地漁り　forum shopping　173
法廷地法　law of the forum　236, lex fori　243
法定通貨　national currency　265
法定通算　statutory calculation　371
法廷通訳　court interpreter　96
法廷で妨害する　create a disturbance in the courtroom　97
法廷等の秩序維持に関する法律　Law for Maintenance of Order in Court-Room, etc.　234

| 法廷内の仕切りの外側　utter bar　404
法廷に提出する　enter　139
法定　constructive　83, legal　240,
　　statutori　371, statutory　371
法定の期間　legal period　241
法廷の休廷　recess　332
法廷の秩序を維持する　maintain the order
　　in court　251
法定賠償金　statutory damages　371
法定犯　mala prohibita　252, malum
　　prohibitum　252
法廷侮辱　contempt of court　85
法廷侮辱罪　contempt of court　85
法廷弁護士　barrister　36
法定利率　legal rate of interest　241,
　　statutory interest rate　371
法定利率超過利息　usury　403
法的いやがらせ　multi legal harrassment
　　263
法的記憶の及ばない昔の時代　time imme-
　　morial　390
法的記憶の及ばぬ時代から　from time im-
　　memorial　177
法的擬制　legal fiction　240
法的義務　legal duty　240
法的強行規定　premeptory legal provi-
　　sion　307
法的権原　legal title　241
法的権利　right of action　348
法的拘束力のない　unenforceable　398
法的拘束力のない契約　unenforceable con-
　　tract　398
法的効力を有する　valid　407
法的根拠　legal basis　240, legal
　　grounds　240
法的事実　dispositive fact　123
法的住所　legal residence　241
法的人格　juristic person　225
法的請求　legal claim　240
法的争点　issue of law　220
法的通知書　legal notice　240
法的手続　legal proceeding　241
法的な強制力　legal enforcement　240
法的に十分　legally sufficient　241
法的能力　legal ability　240, legal ca- | pacity　240
法的不利益　legal detriment　240
法哲学　jurisprudence　225
法典　code　64
法典化　codification　65
法典化的法律　codifying act　65
法典編纂　codification　65
封土　fee　162, feud　162
暴徒　mob　261, rioters　351
暴騰　sudden rise　376
暴動　disorder　122, riot　351
報道機関　the press　388
冒頭陳述　news medium　269, opening
　　statement　280
冒頭陳述書　written opening statement
　　418
冒頭陳述要旨　summary of opening state-
　　ment　377
法と経済学　law and economics　231
法と秩序　law and order　231
法にのっとり　duly　130
法によれば　at law　31
法の　juris　225
法の運用　operation of law　280
法の外観　color of law　66
法の擬制により　ex fictione juris　147
法の強制力　sanction　355
法の許容する期間内に　without delay　416
法の欠缺　lacuna　229
法の効果　act of law　7
法の作用　act of law　7, operation of
　　law　280
法の支配　government of laws　185,
　　rule of law　352
法の真意　intendment (of law)　213
法の精神　spirit of the law　369
法の力で土地から立ち退かせる　evict　146
法の抵触　conflict of laws　79
法の適正手続　due course of law　130,
　　due process of law　130
法の適用　operation of law　280
法の不知は許さず　ignorantia juris non e-
　　xcusat　198
法の保管　custodia legis　101
法の保管下で　in custodia legis　204 |

ほうのも

法の下の平等　equal protection of the laws　141，equality under the law　141
暴発　accidental discharge　4
報復　expiation　153，retaliation　345，retribution　345
報復刑法　lex tailionis　243
報復的自救差押え　repetium namium　340
報復法　retaliatory statute；〜law　345
報復立法　retaliatory statute；〜law　345
方法特許　process patent　317
方法の発明　invention of process　218
法務官　judge advocate　222，SJA　365
法務局　legal affairs bureau　240，Office of the Staff Judge Advocate　278
法務コンサルタント　legal consultant　240
法務次官　Solicitor General; Solicitor-General　367
法務事務次官　Vice-Minister of Justice　409
法務省　Ministry of Justice　259
法務省特別顧問　Special Adviser to the Minister of Justice　367
法務政務次官　Parliamentary Vice-Minister of Justice　287
法務総裁府　Attorney General's office　31
法務大臣　Minister of Justice　259
法務大臣官房長　Deputy Vice-Minister of Justice　115
法務大臣の指揮監督権　authority of control and supervision by the Minister of Justice　32，power of control and supervision by the Minister of Justice　304
法務長官　Attorney General　31
法務部　legal department　240，Office of the Staff Judge Advocate　278，SJA　365
法務部長　general counsel　181
法務部門　legal division　240
放免　release　337
訪問権　visitation　410
訪問販売　door-to-door sale　127
訪問販売等に関する法律　Door-to-Door Sales and Other Direct Sales Law　127
暴落　collapse　65，crash　97
法理　doctrine　125
暴利　excessive profit　149，exorbitant interest　152，surcharge　378
法律　act　6，law　230，laws and acts　238，legislation　241，ley　243，statute　371
法律委員会　Law Commision　231
法律学　jurisprudence　225，legal science　241，science of law　356
法律家の用語で　in legal terms　204
法律関係の重心　center of gravity　53
法律関連業務　law-related service　238
法律貴族　law lord　235
法律行為　juristic act　225，transaction　393
法律行為の要素　essential elements of the juristic act　144
法律効果不発生答弁　demurrer　113
法律顧問　counsel　93
法律雑誌　law journal　235
法律実務　practice　305，practice of law　305
法律実務協会　Practicing Law Institute　305
法律事務員　law clerk　231
法律事務所　law office　236
法律事務所顧問契約　retainer agreement　345
法律事務所書記　managing clerk　253
法律上　in jure　204，ipso jure　219
法律上当然に　ipso jure　219
法律上当然の過失　negligence per se　267
法律上の　in law　204
法律上の誤り　error in law　143
法律上の会社　de jure corporation　104
法律上の減軽　statutory reduction　371
法律上の控除　statutory deduction　371
法律上の公務員　de jure officer　104
法律上の資格のある　lawful　238
法律上の推定　artificial presumption　27，legal presumption　241，presumption of law　311

| 法律上の責任義務　legal capacity　240
| 法律上の争訟　legal dispute　240
| 法律上の争点・論点　point of law　301
| 法律上の代表者　legal representative　241
| 法律上の黙示　implied-in-law　201
| 法律上の役員　de jure officer　104
| 法律上の理由　legal reasons　241
| 法律全集　Statutes at Large　371
| 法律全書　corpus juris　92
| 法律相談　legal advice　240, legal consultation　240
| 法律大学院　law school　238
| 法律的因果関係　proximate fact　322
| 法律などを制定する　establish　144
| 法律に詳しい受刑者　jailhouse lawyer　220
| 法律による銘柄規則　legal list rule　240
| 法律の　juris　225
| 法律の域外適用　extraterritorial application (of law)　156
| 法律の委任　authorization by law　33
| 法律の解釈　construction　83
| 法律の解釈に関する法律　Interpretation Act　216
| 法律の基幹部分　purview　325
| 法律の基本方針　purview　325
| 法律の効力の復活　revival　347
| 法律の根拠　ratio legis　328
| 法律の錯誤　mistake of law　260
| 法律の趣旨　object of law　274, purview　325
| 法律の適用　application of law　24
| 法律の適用免除　dispensation　122
| 法律の廃止, 撤회　repeal　339
| 法律の略称　short title　364
| 法律の理由　ratio legis　328
| 法律扶助　legal aid　240
| 法律文書の書き出し部分　recital　332
| 法律文書の単位　folio　167
| 法律問題　issue of law　220, matter of law　255, question of law　327
| 法律問題記載書　case stated　51
| 法律用語　legal terminology　241, nomen juris　270
| 謀略　plot　301

暴力　force　169, violence　409
暴力行為　act of violence　8
暴力行為等処罰ニ関スル法律　Law concerning Punishment of Physical Violence and Others　231
暴力侵害　trespass vi et armis　394
暴力団　gangster group　180, organized crime group　284
暴力団員　crime group member　98, gangster　180
暴力団新法　Legislation relating to Prevention of Unjust Acts by Boryokudan Members　242
暴力的トレスパス　trespass vi et armis　394
暴力的不動産不法占拠　forcible detainer　169
法例　Law concerning Application of Laws in General　231
法令　laws and ordinances　238, laws and regulations　238, laws or orders　238, laws or ordinances　238, ordinance　283
法令違反　violation of law or ordinance　409
法令審査権　power to determinate the constitutionality of law　304
法令などを改める　amend　19, modify　261, revise　346
法令により公務に従事する職員　an official engaged in the public service in accordance with law　20
法令の効力　force　169, validity　408
法令の発効日　effective date　135
法令を犯す　violate　409
傍論　dictum　118
ホームズ　Oliver Wendell Holmes Jr.　279
ホールディング・エスクロウ　holding escrow　195
簿価　book value　44
捕獲　capture　50
捕獲・拿捕不担保約款　f.c.&s.　156
捕獲審検裁判所　prize court　315
他州法　foreign law　170

ほかん	
保管	care 50, custody 102
補完	complement 73
保管替え	transfer of deposit 393
保管受託者	custodian trustee 102
保管の性質	custodial in nature 101
保管場所	deposit 114, depositary 114
保管料	charge of storage 56
補給	supply 377
補強証拠	corroborative evidence 93
保菌者	disease carrier 121
北米自由貿易協定	NAFTA: North American Free Trade Agreement 264
撲滅	eradication 143, extermination 155
母系	maternal line 255
捕鯨条約	Convention for the Regulation of Whaling 89
保険	assurance 30, insurance 211, underwriting 397
保険案内書	prospectus 321
保険会社法	Insurance Companies Act 212
保険価額	insurable value 211
保険給付	insurance benefit 212
保険業者	insurance carrier 212, insurer 212
保険業者が保険を引き受ける	underwrite 397
保険金	insurance proceed 212
保険金受取人	person who is to receive the amount insured 296
保険金受取人条項	loss payable clause 250
保険金受取方法の選択権	settlement option 362
保険金額	amount covered 20, amount insured 20, insured amount 212, line 246
保険金信託	insurance trust 212
保険契約	contract of insurance 87, insurance policy 212
保険契約者	insured 212
保険経理人	actuary 9
保険者	insurer 212
保険証券	insurance policy 212, policy 301, policy of insurance 301
保険証書	certificate of insurance 53
保険数理業務	actuarial services 9
保険制度上の経験	experience 153
保険代位	subrogation by insurer 375
保険代理店	insurance agent 212
保険で担保する	cover 97
保険の好意口	accommodation line 4
保険の種目	line 246
保険の担保範囲	coverage 97
保険の乗換募集	twisting 395
保険の配当	disbursement 120
保険の引受人	underwriter 397
保険の累積	pyramiding 326
保険引受業者組合	Lloyd's 247
保険部	insurance department 212
保険ブローカー	insurance broker 212
保険補償範囲	insurance coverage 212
保険料	contribution 88, insurance 211, insurance premium 212, premium 308
保険料込み(値段)	C.&I. 48, cost and insurance 93
保険料追徴保険	assessment insurance 27
保険料払い済みの保険	paid-up insurance 286
保険料率算定	rating 328
保険をかける	ensure 139
保険を契約する	insure 212
保護	care 50, preservation 310, protection 321
母港	home port 195
保護観察官	probation officer 316
保護監察司	parol officer 288, probation officer 316
保護監察処分	release under supervision 338
保護観察の言渡し	probation order 316
保護観察の解除	discharge from probationary supervision 120
保護観察の終了	termination of probationary supervision 385
保護観察の対象者	probationer 316
保護観察の停止	suspension of probation-

ほしよう

ary supervision　379
保護干渉罪　custodial interference　101
保護関税　protective tariff　321
保護司　volunteer probation officer　411
保護施設　rehabilitation hostel　337
保護者　guardian　189
保護者遺棄　abandonment by a person responsible for protection of the victim　1
保護者遺棄致死　abandonment by a person responsible for protection of the victim resulting in death　1
保護者遺棄致傷　abandonment by a person responsible for protection of the victim resulting in bodily injury　1
保護主義　protectionism　321
保護処分　educative measures　134, protective measures　321
保護信託　protective trust　321
保護的内国税　protective internal tax　321
保護範囲　coverage　97
保護命令　protection order　321, protective order　321
補佐　assist　29
補佐人　assistant　29
保佐人　curator　101
母子及び寡婦福祉法　Law for the Welfare of Fatherless Families and Widows　235
保持する　hold and keep　194
保釈　bail　34, release on bail　337
保釈可能な　bailable　35
保釈金　bail　34, bailment　35
保釈される　be bailed out　37
保釈しない留置の継続　continuance of detention　85, remain in custody　338
保釈の許可　allowance of release on bail　17
保釈の失効　loss of effect of release on bail　250
保釈の請求　request to release on bail　341
保釈の手続　proceedings of release on bail　317
保釈保証金　bail bond　35, bail money　35
保釈保証金額　amount of bail money　20
保釈保証人となる　go bail　183
保釈を許す　grant bail　186
補充裁判官　supplementary judge　377
募集市場　offering market　278
募集設立　subscriptive incorporation　375
補充的の請求　supplemental claim　377
補充手続　supplementary proceedings　377
補充の　additional　10, supplementary　377
保証　assurance　30, guarantee　188, guaranty　188, pledgery　301, plevin　301, undertaking　397, warrant　413, warranty　413
補償　compensation　72, indemnification　206, reparation　339
保障裏書付約束手形　approved indorsed note　25
保証会社　guaranty company　189, surety company　378
保証関係　suretyship　378
保証基金　guarantee fund　188, guaranty fund　189
保証義務違反　breach of warranty　44
補償金　compensation　72, indemnity　206
保証金　deposit　114, earnest-money　132
保証金の納付　payment of bail money　291
保証金の没却, 没収　forfeiture of bail money　171, forfeiture of bond　171
保証契約　contract of suretyship　88, guaranty　188
補償契約　contracts of suretyship　88
保証契約関係　suretyship　378
保証債権者　warrantee　413
保証債務　suretyship obligation　378
保証書　guarantee　188, security　358, surety bond　378

ほしよう

保証状　letter of guarantee　242
保証証券　guaranty bond　189
保証証券所持人　policyholder　302
保証条項，保障条項　guarantee clause　188
保証する　assure　30, guarantee　188, insure　212, secure　358
保障する　vouch　411
補償的損害賠償　compensatory damages　72
保証人　bond　43, bondsman　43, guarantee　188, guarantor　188, guaranty　188, insurer　212, surety　378, warrantor　413
保証人から主たる債務者への履行請求　exoneration　152
保証の相手方　warrantee　413
補償の手続　proceedings of compensation　317, proceedings of indemnification　317
保証保険　guaranty insurance　189
補助金　grant-in-aid　186, subsidy　375
補職　assignment to position　29
補助的救済　ancillary relief　21
補助的業務　ancillary buisiness　21
補助的裁判権　auxiliary jurisdiction　33
補助的な　ancillary　21
ボストンの大虐殺　Boston Massacre　44
ポスナー　Richard Posner　347
補正する　correct　93
保税倉庫　bond　43, bonded warehouse　43
墓石広告　tombstone advertisement　391
補箋　allonge　17
保全　conservation　80
保全管財人　interim trustee　214
保全する　preserve　310, secure　358
捕捉　apprehension　25
補足　supplement　277
保存　maintenance　251, preservation　310
保存行為　act of preservation　7
保存費　expenses of preservation　153
墓地広告　graveyard insurance　186
北海道開発庁　Hokkaido Development Agency　194
発起人　incorporator　206, promoter　319
発起人株式　founders' shares　173
発作　fit　166, spasm　367
没収　condemnation　76, confiscation　79, ejectment　135, escheat　143, forfeiture　171
没収される　forfeit　171
没収すべきもの　article to be confiscated　27
没収物の交付　delivery of confiscated goods　111
没収物の処分　disposition of goods confiscated　123
北方領土問題解決促進特別措置法　Law for Special Measures for an Early Resolution of the Northern Territory Issue　235
補導する　guide　189
施し　alms　17, bounty　44
保有株式の買上条項　buy sell option　47
保有期間　holding period　195, tenure　385
保有期間満了後占有　hold over　194
保有財産　holding　194
保有する　have and obtain　192, hold　194
保有費　carrying　51, holding cost　195
保留　suspension　379
保留地　reservation　342
保留にする　suspend　379
ほろ酔いとなる　be slightly drunk　37
ホワイト・カラー犯罪　white-collar crime　415
本案　principal matter　312
本案についての訴訟の実体的事項に関する　on the merits　279
本案の裁判　decision as to the principal matter　106
本案判決　judgment on merits　223, judgment on the merits of a case　224
本刑に算入する　be included in the calculation of the imposed punishment

まつきし

| 本― | 37, be included in the calculation of the regular punishment　37
本件　instant case　211
本権の訴え　action on title　8, petition suit;　〜action　297
本国　country of origin　95
本国法　law of one's own country　236
本質的詐欺　intrinsic fraud　217
本質的な権利　essential rights　144
本書(面)により　hereby　194
本証書　presents　310
本心に復している間　during lucid interval　131
本籍　permanent domicile　294, registered locality　336
本船　vessel　408
本船の欄干　ship's rail　364
本船船積渡し　FOB the place of shipment　167
本船渡し　F.O.B.；f.o.b.　156
本船渡料金　free on board　175
本訴　main action　251, principal suit　313
本訴訟　plenary suit; plenary action　301
本体部分　operative part　280
本店　head office　192, home office　195, principal office　312
本当の意思　subject intent　374
本人　constituent　82, principal　312
本人自身　in person　204
本犯　principal offender　312
ぽん引き　pander　286, pimp　298, procurer　317, tout　392
本文　presents　310, witnessing part　416
翻訳　translation　394

マーケット・リーダー　market leader　254
マーケットアウト条項　marketout clause　254
マーシャル　John Marshall　221
マージン　margin　254
マーストリヒト条約　Maastricht Treaty; Treaty on European Union　250
マーチンデイルハベル法律名鑑　Martindale-Hubbell Law Directory　254
マーチンデイルハベル社　Martindale Hubbell　254
マーベリ対マディソン事件　Marbury v. Madison　253
埋葬費　burial expenses　47
埋蔵物　treasure found under the ground　394, treasure trove　394
毎年　per annum　293
毎年の　yearly　418
前受金　advance by customers　13
前受受益　prepaid income　308
前金　advance payment　13
前の危険　former jeopardy　172
前払い　advancement　13, payment in advance　291, prepayment　309
前払いする　advance　13
前払費用　prepaid expense　308
前払法的サービス　prepaid legal services　308
前日付け　antedate　22
任せる　delegate　110
間借り人　lodger　249, tenant　385
巻き物　scroll　356
マグナ・カルタ　Great Charter　186, Magna Carta; Magna Charta　250
マグナソン—モス担保条項法　Magnuson-Moss Warranty Act　251
マクロ経済学　macroeconomics　250
マサチューセッツ・トラスト　Massachusetts trust　255
マサチューセッツ・ルール　Massachusetts rule　255
麻酔　anesthesia　21
麻酔銃　tranquilizing gun　393
マスコミ　press　311
また同じ　the same shall apply　388
間違いない　arguable　26
末期患者　terminal patient　385
末期症状　terminal symptoms　385

まつさつ

抹殺　liquidation　246
末日　the final day　388, the last day　388
抹消　cancellation　49, erasure　143, obliteration　276
末端　terminus　385
マッハ　Ernst Mach　143
マヌ法典　Code of Manu　65, Manusmriti　253
マネージャー　managing agent　253
マネタリー理論　monetary theory　261
麻痺　paralysis　287
麻痺症状　paralytic symptoms　287
まやかし保険　graveyard insurance　186
麻薬　narcotics　265
麻薬及び向精神薬取締法　Narcotics and Psychotropics Control Law　265
麻薬常用者　narcotic addict　264
麻薬中毒　narcotic addiction　264
麻薬取締　narcotic control　264
麻薬犯罪　narcotic offense　264
麻薬密売人　narcotics trafficker　265
マリファナ　marijuana　254
マレヴァ型差止命令　Mareva injunction　254
万一の際の呈示先　reference in case of need　335
満期　expiry　153, law day　234, legal date　240
満期が来る　mature　255
満期後裏書　indorsement after maturity　208
満期日　due date　130
満期釈放　release on the expiration of term　338
満期通達書　expiration notice　153
満期の　due　130
満期日　date of maturity　104, expiration date　153
満期前裏書　indorsement before due　208
満載喫水線　load line　247
満場一致によって　with a unanimous vote　416
マンション管理組合　condominium owner's association　78

満足　satisfaction of a debt　355
満足すべき　satisfactory　355
満足すべき履行　satisfactory performance　355
満足度　satisfaction　355
万引き　shoplifting　364

み

ミイラ　mummy　264
見栄張り効果　snob effect　366
未解決の　moot　262
見返り担保　counter-security　95
未確定額損害賠償　unliquidated damages　401
未確定勘定　cuurent account　102
未確定賠償額　unliquidated damages　401
未確定物　future goods　179
未確認情報　unconfirmed information　397
身代わり　scapegoat　355, substitute　375
未完成信託　executory trust　152
未完成の　executory　151
ミクロ経済学　microeconomics　258
未決拘禁　pre-trial detention　311
未決勾留　detention pending judgement　117, detention pending trial　117
未決勾留日数　detention on remand　117, remand term　338
未決済勘定　open account　279
未決済相互勘定　running account　353
未決囚　prisoner awaiting judgment　314, unconvicted prisoner　397
未決定の　pending　292
未決の通算　inclusion of period pre-conviction detention　205
見越資産　accrued assets　5
見込額　estimated amount　145
見込取引　chance bargain　54
未済の　executory　151, outstanding　284
未済の約因　executory consideration　151

みのしろ

未収穫の作物　growing crop　188
未終結の　inchoate　205
未譲許品目　unbound tariff items　396
未承認媒体　unauthorized means　396
未処分利益　undivided profits　398
未遂　attempt　31
未遂の　attempted　31, would-be　417
未遂犯　attempted offense　31, criminal attempt　99
水汚染　water pollution　414
自ら出頭して　in person　204
みずからの権利を損って　with prejudice　416
自ら履行不能を宣言すること　voluntary disablement　411
水際権　riparian rights　351
水際所有者　riparian owner　351
水先案内　pilotage　298
水先案内人　pilot　298
水先人　loadman; loadsman　247
水先人委員会　Pilotage Comission　298
水先料　loadmanage　247
水資源開発公団法　Water Resources Development Organization Law　414
水増株式　watered stock　414
水物　wet cargo　414
未成年　infancy　208, meindre age　257
未成年者　infant　208, juvenile　226, minor　259
未成年者の飲酒に関する法律(未成年者飲酒禁止法)　Law for Preventing Minors from Drinking　234
未成年者への贈与に関する統一州法　Uniform Gifts to Minors Act 1956　399
未成年の抗弁　baby act　34
未成年の子どものために作る財産信託　children's trusts　58
未成年の子弟　minor children　259
見せしめ裁判　show trial　364
未然に防ぐ　prevent　311
未然に防ぐこと　nip it in the bud　269
見たところ　ex facie　147
貢物　tribute　395
密航者　stowaway　372
密航する　smuggle oneself into　366

密告　anonymous letter　22, anonymous report　22, secret information　357
三つの基本戦略　three generic competitive strategies　390
密売　illicit sale　199, traffick　393
密売者　illicit seller　199, pusher　325, trafficker　393
密封入札　sealed bid　356
見積り　appraisal　25, estimation　145
見積送り状　pro forma invoice　315
見積りの　pro forma　315
密輸　smuggling　366
密輸出する　smuggle abroad　366
密輸入する　smuggle into　366
密漁　poaching　301
未定の条件　open terms　280
未登記の　unregistered　401
未登録の　unregistered　401
実と木の原則　fruit and the tree doctrine　177
未特定の物　unidentified goods　398
認印　seal　356
みなし　conclusive presumption　75, irrebuttable presumption　219
みなし寄託　constructive bailment　83
みなし占有　possession in law　303
みなす　deemed and considered　107
水俣病の認定業務の促進に関する臨時措置法　Law Concerning Provisional Measures for the Promotion of Administrative Work on Certification of Minamata Disease　231
身につける　assume　30
ミニマム・ロイヤルティー　minimum royalty　258
未納付税額　delinquent tax　111
身代金　ransom　328
身代金目的拐取幇助　assisting kidnapping or abduction for ransom　30
身代金目的拐取予備　preparation for kidnapping or abduction for ransom　309
身代金目的被拐取者収受　receipt of a kidnapped or abducted person for ransom　331

みのしろ

身代金目的誘拐　kidnapping or abduction for ransom　227
身代金誘拐　abduction for ransom　1
身代金誘拐予備　preparation for abduction for ransom　308
未配当金　dividend in arrears　124
未発行株式　unissued shares　400, unissued stock　400
未発生将来権　executory interest　152
未払勘定　open account　279
未払金　amount in arrears　20
未払込株式勘定　subscribed stock　375
未払込資本　uncalled capital　396
未払債務　outstanding debt　284
未払消費税　arrearage (consumption tax)　26, consumption tax accrued　84
未払いの　owing　285
見張り　look-out　249, watchman　414
未引渡しの商品　undelivered balance　397
未必の故意　dolus eventualis　126, reckless disregard　332, recklessness　332, willful and wanton negligence　415, willful negligence　415
未必の故意ないし認識ある過失による　reckless　332
未必の故意による危険な行為　wanton　412, wantonness　412
未必の故意による殺人　reckless homicide　332
未評価保険　unvalued policy　402
未評価保険証券　open policy　280, unvalued policy　402
身分　status　371
身分犯　crime of which criminal needs a certain status　98
身分証明書　identification card　198
身分の保障　guarantee of status　188
未分離の農作物　growing crop　188
未報告発生損害　incurred but not reported　206
未亡人　widow　415
見本売買　sale by sample　354, sample　355
身元　identity　198

身元信用保険　fidelity insurance　163
身元引受人　bond　43
身元保証金　money deposited as security for good behavior　261
身元保証証券　fidelity bond　163
身元保証証書　fidelity bond　163
身元保証人　guarantor　188, surety　378
身元保証保険　fidelity and guaranty insurance　163, fidelity insurance　163
身元を確かめる　check out～'s identity　58, verify～'s identity　408
ミューチュアル・ファンド　mutual fund　264
ミラー・イメージ原則　mirror image rule　259
ミランダ警告　Miranda warnings　259
ミランダ準則　Miranda rule　259
未履行契約　executory contract　151
未履行の　executory　151
未履行の約束　executory promise　152
未履行売買契約　executory sale　152
未履行約因　executory consideration　151
民会　moot　262
民間　private sector　315
民間会社　private corporation　315
民間航空委員会　C.A.B.　48, Civil Aeronautics Board　59
民間の　civil　59
民間非営利組織　non profit organization　270
民事　civil affairs　59
民事局　Civil Affairs Bureau　59
民事局長　director-general of the civil affairs bureau　119
民事事件　civil case　59
民事執行法　law of civil execution　235
民事上の権利侵害　civil injury　59
民事責任　civil liability　59
民事責任年齢　legal age　240
民事訴訟　civil action　59, civil procedure　59, civil suit　60, common pleas, court of　69, lawsuit　238, litigation　247
民事訴訟規則　rules of civil procedure　353

民事訴訟裁判所　common pleas, court of 69
民事訴訟手続遵合法　Comformity Act；〜 Statute 66
民事訴訟の参加人　intervener 216
民事訴訟の被告　defendant 109
民事訴訟法　Code of Civil Procedure 64
民事調停法　Law for Conciliation of Civil Affairs 234
民事的違法行為　civil wrongs 60
民事の　civil 59
民事の差押え　attachment 31
民事の時効規定　prescription 309
民事の執行費用　costs of enforcement 93
民事罰　civil penalty 59
民事紛争解決の多様化　civil diversion 59
民事法　civil law 59
民事法典　C.C. 48
民事没収　civil forfeiture 59
民主化する　democratize 113
民主主義　democracy 113
民主的な　democratic 113
民生委員　social welfare commissioner 367
民族　ethnicity 146, race 327
民族運動　nationalist movement 266
民族集団　ethnic group 146
民族主義　nationalism 266
民族主義的な行動　ethnocentric behavior 146
民訴裁判所(中世イギリス)　Court of Common Plea 96
民兵団　militia 258
民法　Civil Code 59
民法の　civil 59

む

無遺言　intestate 217
無意識　unconsciousness 397
無印公文書偽造　forgery of an official document without signature and seal 171
無印公文書変造　alteration of an official document without signature and seal 18
無印私文書偽造　forgery of a private document without signature and seal 171
無印私文書変造　alteration of a private document without signature and seal 17
無害通航　innocent passage 209
無害の手続的瑕疵　harmless error 192
無額面株式　no par (value) stock 269, non par value stock 270, non-par value share 272, shares without par value 363
無瑕疵権原　clear title 63, good and marketable title 184
無瑕疵権原回復訴訟　quiet action 327
無過失自動車事故補償法　no-fault automobile accident compensation laws 269
無過失責任　liability without fault 243, no-fault responsibility 269, strict liability 373
無過失責任保険　no fault insurance 269
無過失の　no-fault 269
無価値資産　dead asset 104
無感覚の　unconscious 397
無関係に　dehors 110
無関係の　dehors 110
無関心　apathy 23
無関連事項・無関連証拠排除則　res inter alios acta 342
無期禁錮　imprisonment without labor for life 203, life imprisonment without labor 245
無期限差押え　distress infinite 123
無期限の　indefinite 206
むき出しの事実　bluete fact 42
無期懲役　imprisonment with labor for life 203, life confinement with labor 245, life imprisonment with labor 245
無議決権株式　non-voting share 272
無期の　life 245
無記名株券　share warrant (to bearer) 363

むきめい

無記名株式　non-registered share　272
無記名口座　numbered account　274
無記名債券　unregistered bond　401
無記名式株式　uninscribed shares　399
無記名の　unidentified　398, unregistered　401, unsigned　401
無記名被保険者　additional insured　10
無給の　unpaid　401
無形固定資産　intangible asset　212
無形財産　incorporeal property　206, intangibles　212
無形財産権　intangible property　212
無形動産　intangible personal property　212
無形の　intangible　212
無権限の補充　unauthorized completion　396
無限差押え　distress infinite　123
無限責任　unlimited liability　401
無限責任会社　unlimited company　401
無限責任組合員　general partner　181
無限責任社員　partner with unlimited liability　289
無権代理　unauthorized representation　396
無権代理行為　unauthorized acts　396
無限定応訴　general appearance　181
無限に　in infinitum　204
無効　avoidance　34, nullity　274
無効行為　void act　410
無効宣言　declaration of invalidity　106
無効な　invalid　218, null　274, null and no effect／force／value　274, null and void　274, void　410
無効な契約　void contract　410
無効な権原　void title　410
無効な行為　nullity　274
無効にする　cancel　49, deface　107, invalidate　218, render null and void　339, void　410
無効にすること　nullification　274
無効にできる　defeasible　108
無抗弁・無答弁による判決　nil dicit　269
無罪　innocence　209, not guilty　273
無罪にする　exculpate　150

無罪の　innocent　209
無罪の推定　presumption of innocence　311
無罪の答弁　plea of not guilty　300
無罪判決　adjudication of not guilty　10, judgment of not guilty　223
無罪放免　acquittal　6, discharge　120
無罪を言い渡す　acquit　6
無罪を証明する　purge　325
無差別勧誘　boiler room; boiler shop　43
無視　neglect　267
無資格　incompetence　205, incompetency　205, lack of qualifications　229
無資格者　imcompetent person　199, man of straw　252
無事故船荷証券　clean bill of lading　62
無主物　abandoned property　1, bona vacantia　43
無主物の不動産　immovable property belonged to nobody　200
矛盾　contradiction　88, repugnancy　341
矛盾している　inconsistent　206
無償株　bonus stock　44
無償寄託　gratuitous bailment　186
無償供与物　gratuity　186
無償契約　gratuitous contract　186
無条件債務　obligation without condition　276
無条件支払い　direct payment　119
無条件の　absolute　2, unconditional　397, unqualified　401
無償取得者　volunteer　411
無償代理人　gratuitous agent　186
無償の　free　175, gratuitous　186, voluntary　410
無償の消費貸借　loan for exchange　247
無償の約束　gratuitous promise　186
無資力　insolvency　210, want of funds　412
無思慮な　reckless　332
無税　tax-free　384
無制限の　free　175, unlimited　401, unrestricted　401
無税船積・陸揚許可証　bill of sufferance

40
無責離婚　no fault divorce　269
無銭飲食する　bilk on a restaurant bill　39
無体財産　chose in action　58, incorporeal property　206, right in action　347
無体動産　intangibles　212
無断居住者の権利　squatter's right　370
無担保裏書　qualified endorsement　326, qualified indorsement　326
無担保債　debenture　105
無担保債権者　general creditor　181, general unsecured creditor　182, unsecured creditor　401
無担保債務　unsecured debt　401
無担保社債　debenture bond　105
無担保で　without recourse　416
無担保ローン　unsecured loan　401
無秩序　disorder　122
無統制の　uncontrolled　397
無能力　disability　120, incapacity　204, incompetency　205
無能力の　incompetent　205
無能力の申立てをする　stultify　374
無費用償還　retour sans frais　345
無謀　recklessness　332
無謀運転　reckless driving　332
無報酬　honorary　196
無謀な　reckless　332
無法者　outlaw　284
謀反　rebellion　330
無免許運転　drive without a license　129
無免許の　illicit　199, unlicensed　401
無利息　free of interest　175, without interest　416
無利息債権　claim bearing no interest　60
無利息債務　passive debt　290
無利息捺印金銭債務証書　passive bond　290
無理な注文の提示　blue-sky bargaining　42
無料　F.O.C.；f.o.c.　156
無料賃貸期間　rcnt-free period　339

無力訴訟　feigned action　162

め

明確かつ無条件　unequivocal and unconditional　398
明確性　certainty　53
明確な証明を求める　claim clear evidence　60
銘柄規則　list rule　247
名義　name　264, pretext　311
名義書替え　entry of change of shareholder　141
名義書換代理人　transfer agent　393
名義上の株主　nominal owner　270
名義上は　in name　204, nominally　270
名義だけの　nominal　270
名義人　nominee　270, title holder　391
明細　details　117, particulars　289
明細票　schedule　355
明示契約　express contract　154
明示されている保証　express warranty　154
明示した意思に反して　against the clearly expressed desire　14, against the clearly expressed intention　14, against the clearly expressed wish　14
明示条件　expres condition　154
明示条項　express term　154
明示信託　express trust　154
明示する　express clearly　154
明示的権限　express authority　154
明示的合意　express agreement　154
明示な意思　express will　154
明示の　explicit　153, express　154
明示の条件条項　expres condition　154
明示の代理権　actual express authority　9
明示の地役権　express easement　154
名称の登録(料)　name registration　264
命じる　enjoin　139, prescribe　309
命題　proposition　320
酩酊　drunkenness　129, intoxication　217

めいてい

酩酊運転　drunken driving　129
酩酊者　intoxicated person　217
酩酊する　be intoxicated　37, get drunk　182
明定する　identify　198
明白かつ確信を抱くに足る証明　clear and convincing proof　62
明白かつ現在の危険　clear and present danger　63
明白かつ切迫した危険　clear and imminent danger　63
明白な　apparent　23, overt　285, patent　290
明白な意味の原則　plain meaning rule　299
明白な危険　apparent danger　23, obvious danger　276
明白な誤謬の原則　plain error rule　299
明白なる瑕疵　patent defect　290
明文化されていない　uncodified　397
命名規則　Naming Rule　264
名目　pretext　311
名目上の人種差別撤廃　tokenism　391
名目上の取締役　accommodation director　4
名目的組合員　nominal partner　270
名目的信託　nominal trust　270
名目的当事者　nominal party　270
名目的取締役　dummy director　131
名目的約因　nominal consideration　270
名誉　honor　196, reputation　341
名誉革命　Glorious Revolution　183
名誉毀損　defamation　107, libel　243, libel and slander　243
名誉毀損となる言葉　actionable words　9
名誉毀損の　defamatory　108
名誉毀損の主張　colloquium　66
名誉除隊　honorable discharge　196
名誉の回復　restoration of one's reputation　344
名誉保険証券　honor policy　196, P.P.I.　286, policy proof of interest　301
命令　fiat　162, mandate　253, order　282, rule　352, statutory instruments　371

命令違反　violation of order　409
命令書　mandate　253
命令の　mandatory　253
命令の通知　notice of judgment; ～of order　273
命令的制定法　affirmative statute　14
迷惑行為の除去　abating nuisance　1
メイン　Sir Henry James Summer Maine　365
メキシコ系アメリカ人　Chicano　58
召使　servant　361
メセナ　mecenat　256
目立った　conspicuous　82
目玉商品　loss leader　250
滅失する　destroy　116, lose　250
滅失と否とを問わず　lost or not lost　250
メモ　memorandum　257
メモランダム貨物　memorandum articles　257
メルコスール　MERCOSUR　258
免疫　immunity　200
免疫反応　immune reaction　200
面会を強請する　demand forcibly an interview with　113, demand forcibly to see　113
免官　dismissal　122
免許　exclusive license　150, license　244, permission　294
免許税　license fee　244, license tax　244
免許手数料　license fee　244
免許法　licence laws　243, licensing statute　244
免除　excuse　151, exemption　152, exoneration　152, immunity　200, release　337
免状　license　244
免状不実記載　untrue entry in a license　402
免職　removal　338
免除する　exempt　152
免税限度　tax exemption limit　383
免税申請書　application for tax exemption　24
免税措置　tax exemption　383

免税の　tax exempt　383
免税品　duty-free articles　131, tax-free goods　384
面積　area　26, size　365
免責　deductible　107, discharge　120, exclusion　150, excuse　151, exemption　152, exoneration　152, immunity　200, indemnification　206, privilege　315
免責証券　exempt securities　152
免責条項　exculpatory clause　150, exemption clause　152
免責する　indemnify　206
免責特約　hold harmless agreement　194
免責の否認　denial of discharge　113
免責補償条項　hold harmless clause　194
免責約款　agreement about relief of liability　16, exemption clause　152
面接権　right of access　348
免訴の裁判　Menso-adjudication　257
メンテナンス契約　maintenance contract　251
メンテナンス料　maintenance fee　251
面通し　identification of a suspect　198, line-up　246, show up　364
面割り　identification　198

も

申合せ事項　agreed item　15
申込み　offer a bribe　278
申込者　offerer　278, offeror　278
申込証拠金　subscription deposit　375
申込書を提出する　hand in an application　191, submit an aplication　374, turn in an application　395
申込手数料　application fee　24
申込みと承諾　offer and acceptance　278
申込取扱期間　period for subscription　294
申込みの相手方　offeree　278
申込みの勧誘　offering　278
申込みの承諾　acceptance of offer　3
申立て　allegation　17, application　24, complaint　73, demand　112, motion　263, petition　297, ss　370
申立書　libel　243, written motion of application　418
申立人　applicant　24, liberant; libellant　243, petitioner　297
申し立てる　apply liberty to　24, lay　238
申出　request　341
妄想　delusion　112
毛髪鑑定　hair examination　191
モーゲージ　mortgage　262
モーゲージ債券　mortgage bond　262, mortgage debentuire　262
モーゲージ担保証券　collateralized mortgage obligations　65
モーゲージ保証保険　mortgage guarantee insurance　262
模擬裁判　moot court　262
模擬的訴訟　moot case　262
模擬法廷　moot　262, moot court　262
目撃者　eyewitness　156
目撃者が証言する　make a statement　251
目撃者の証言　eyewitness evidence　156
目撃者は証言する　witness testifies　416
目撃証人　eyewitness　156
目次　Table of Contents　381
黙示条件　implied condition　201
黙示信託　implied trust　201
黙示的条項　implied terms　201
黙示の　implied　200, tacit　381
黙示の義務　implied duty　201
黙示の契約　implied contract　201
黙示の権能　implied power　201
黙示の承諾　implied consent　201
黙示の代理　implied agency　200
黙示の代理権　actual implied authority　9, implied authority　201
黙示の地役権　implied easement　201
黙示の保証　implied warranty　201
木製のハンマー　mallet　252
木造　frame construction　174
目的　intent　213
目的地　destination　116

もくてき

目的の達成不能　frustration of purpose　178
目的の特定　appropriation　25
目的物　res　342, subject-matter　374
目的物の引渡し　delivery of subject-matter　112
目的不動産　subject property　374
黙認　acquiescence　6
黙認する　suffer　376
黙秘権　right to remain silent　350
黙秘権を行使する　take the Fifth　382
黙秘する　keep secret　226, keep silent　227, refuse to answer　336, remain silent　338, take the Fifth Amendment　382
もぐり取引場　bucket shop　45
目録調製　preparation of inventory　309
目論見書　prospectus　321
模写物　facsimile　157
模造　imitation　199
模造品　counterfeit　94, dummy　130
持合い株式　cross-held shares　101
持ち家損害保険　home owner's policy　195
持ち家を担保にして組んだローン　home equity loan　195
持株会社　holding company　195
持株買取協定　buy-out arrangement　48
持株契約　concert party　74
持株数　holding　194, number of shares owned　274
持株売買契約　buy and sell agreement　47
持分　dole　126, equity　142, portion　302, share　362
持分証券　equity security　143
持戻しの原則　throwback rule　390
黙許　connivance　80
最も有意義な関係　most significant relationship　263
モデル法　model law　261
許されない　disallowed　120
元帳　ledger　240
元手　funds　179
求める　request and demand　341, request and require　341
戻し替金額　re-exchange　335
戻税　tax rebate　383
物　chose　58, rem　338, res　342
物に関する　real　328
物に対する権利　jus ad rem　225
物を留置する　distrain　123
模範刑法典　Model Penal Code　261
模範事業会社法　Model Business Corporation Act (MBCA)　261
模範州法　model law　261
模範法　model act; model code　261, model law　261
模範法典　model act; model code　261
模倣　imitation　199
もみ消し工作　cover-up　97
最寄りの監獄　the nearest prison　388
漏らす　leak　239
モラル・ハザード　moral hazard　262
モルヒネ　morphine　262
文言抹消による変造　rasure　328
問診　medical examination by interview　256
問題意識　awareness of the issues　34
問題児　problem child　316
問題船員　sea lawyer　356
門地　family origin　160

や

夜陰に乗じて　under cover of darkness　397
八百長　fixed game　166, frame-up　174, prearranged game　305
やがては　in due course　204
夜勤　night duty　269
約因　consideration　81
役員　executive officer　151, officer　278
役員兼任　interlocking directorate　214
約因受領済み　for value received　168
役員証明書　officers certificate　278
約因として　for and in consideration of　168, in consideration of　204

約因の欠如　want of consideration　412
約因の相当性　adequacy of consideration　10
約因のない　voluntary　410
約因のない契約　naked contract　264, nudum pactum　274
約因の不成就　failure of consideration　157
約因の不相当・不均衡　inadequacy of consideration　204
約因の滅失・失効　failure of consideration　157
役員保険　director's and officer's liability insurance　119
薬害　harmful effects of a medicine　192
やくざ　street gang　373, yakuza　418
扼死　death from manual stragulation　105
薬事法　Phamaceutical Affairs Law　298
約定違反　breach of covenant　44
約定解約権　cancellation options　49
約定損害賠償(額)　stipulated damages　372
約定利率　agreed rate of interest　15
役職の代理　deputy　115
約束　bond　43, engagement　139, promise　319, undertaking　397
約束違反　breach of promise　44
約束者　promisor　319
約束手形　note　273, promissory note　319
約束手形の受取人　drawee　129
約束手形振出人　maker　251
約束に基づく禁反言　promissory estoppel　319
約束の違反　breach　44
役立つ　ensure　139
役人　official　278
薬物の常習性　addictiveness　9
薬物の耐性　tolerance　391
役割　functions　179
家探し　house haunting　197, househunt　197
野生動物　feral animal　162, feral bestiae　162

家賃　house rent　197
家賃統制　rent control　339
約款　pact　286
約款捺印証書　deed of covenant　107
雇主　master　255
夜盗　burglary　47
夜盗罪　burglari　47
家主　landlady　229, landlord　229
ヤマアラシ条項　porcupine provision　302
山師　humbug　197, impostor　202, speculator　369
山猫ストライキ　wildcat strike　415
闇市場　black market　41
闇金融　illegal loan　199
闇物資　black-market goods　41
やむをえない事情　unavoidable circumstances　396
やむをえない事由　unavoidable reason　396
やむをえないでした行為　act unavoidably done　8

ゆ

唯一の　sole and exclusive　367
遺言書の検認　probate of testamentary document　316
友愛福利(共済)組合　fraternal benefit association;　〜society　174
優位性　competitive edge　73
優位の　prevailing　311
誘因　inducement　208
誘引　invitation　219
有印公文書偽造　forgery of an official document with signature or seal　171
有印公文書変造　alteration of an official document with signature or seal　18
有印私文書偽造　forgery of an private document with signature or seal　171
有印私文書変造　alteration of a private document with signature or seal　18
有印証書　sealed instrument　357
誘因上の詐欺　fraud in the inducement　175

ゆううつ

憂鬱病	depression 115, melancholia 257
有益	utility 403
有益な	beneficial 38, profitable 318, useful 402
有益費	useful expenses 402
優越する権原	paramount title 287
優越的経済力	dominant economic power 127
優越的な	dominant 127
優越的な衡平法上の権利	paramount equity 287
誘拐	abduction 1, kidnapping 227
有害	detriment 118
有害化	adulteration 13
有害な	baneful 35, harmful 192, injurious 209, noxious 274
有害物質除去基金	superfund 377
有害物質除去基金法	Superfund Act 377
有価証券	securities 358, valuable instrument 408
有価証券一覧表	portfolio 302
有価証券偽造	counterfeit of securities 94
有価証券虚偽記入	making a false entry in securities 252
有価証券取引税法	Securities Transaction Tax Law 358
有価証券の購入	buying long 47
有価証券変造	alteration of securities 18
有価約因	valuable consideration 408
有期禁錮	imprisonment without labor for a limited term 203
有期懲役	imprisonment with labor for a limited term 203
有機溶剤	organic solvent 283
優遇	privilege 315
有形固定資産	tangible assets 382
有形財産	tangible property 382
有形資産	physical assets 298
有形的占有	natural possession 266
有形動産	tangible personal property 382
有形の	tangible 382
有形物証拠	tangible evidence 382
有限会社	company with limited responsibility 71, Yugen-Kaisha 419
有限会社法	Law Relating Yugen-kaisha 237, Limited Company Act (Law) 246
有限責任	limited liability 246
有限責任会社	limited company 246, LLC : limited liability company 247
有限責任会社(オランダ)	b.v. 34
有限責任組合	special partnership 368
有限責任組合員	limited partner 246
有限責任社員	special partner 368
有限責任の	inc. 204, ltd. 250
有限責任パートナー	limited partner 246, special partner 368
有限責任パートナーシップ	limited liability partnership (L.L.P) 246
融合	amalgamation 19, fusion 179
有効期間	effective period 135
有効である	run 353
有効な	effective 135, effective and valid 135, effectual 135, full force and effect 178, open 279, valid 407
有効な約因	good consideration 184
有効にする	effectuate 135
有罪宣告	condemnation 76
有罪答弁	guilty plea 189
有罪の	guilty 189
有罪の言渡し	pronouncement of guilty 319
有罪の言渡しを受けた者	person against whom the judgment of guilty was rendered 295
有罪の自認	admission of guilt 13
有罪の証明	proof 319
有罪の答弁	plea of guilty 299
有罪判決	conviction 89, judgment of guilty 223
有罪判決をする	convict 89
ユーザンス	usance 402
有産投資家	accredited investor 5
融資	loan 247
有資格の	eligible 136

ゆうりよ

融資確約　loan commitment　247
融資確約書　commitment letter　68
有識投資家　sophisticated investor　367
融資書　financing statement　164
有したとされる知識　imputed knowledge 203, imputed notice　203
有事法制　Legislation on Emergency Measures　242
宥恕　condonation　78
有償寄託　bailment for hire　35
有償契約　contract for value　86
有償行為　act for value　7
有償取得　acquisition for value　6
有償所持人　holder for value　194
有償で　for value　168
有償の　for value　168, onerous　279
ユース　use　402
融通　accommodation　4
融通裏書　accommodation endorsement　4
融通為替手形　accommodation bill;〜note　4
融通者　accommodation party　4
融通証券　accommodation paper　4
融通手形　accommodation paper　4
融通振出人　accommodation maker　4
融通約束手形　accommodation bill;〜note　4
ユース受益者　cestui que use　54
郵政事業機関総裁　Postmaster General　303
郵政省　Ministry of Posts and Telecommunications　259
郵政大臣　Postmaster General　303
郵政長官　Postmaster General　303
優生保護法　Eugenic Protection Law　146
有責性の要件　requirements of culpability　341
有責に　amenable　19, culpable　101
優先　preference　306
優先株　preference share　306, preferred share　306, preferred stock　406
優先権　precedence　305, preference 306, priority　314, refusal　335, re-
fusal right　335, right of priority　348
優先権を与える　give refusal of　183
優先購入権　first refusal right　166, right of first refusal　348
優先債権者　preferred creditor　306
優先債務　privileged debts　315
優先順位　order of priority　283
優先的譲渡　preferential transfer　306
優先的配当　preferred distribution　306
有線電気通信法　Wire Telecommunications Law　415
優先取扱事業場　preferential shop　306
優先買収権　preemption　305
優先弁済　preferential performance　306
有体財産　chose in possession　58, corporeal property　92
有体動産　motion　263, movables　263
有体の　tangible　382
有体物　corporeal things　92
優等懸賞　reward to the highest credit　347
誘導尋問　leading question　239
有毒汚染物質　toxic pollutant　392
有毒な　poisonous　301, venomous　408
有毒物質管理法　TSCA : Toxic Substance Control Act　395
郵便為替　postal order　303
郵便送金　mail transfer　251
郵便送達　service by mail　361
郵便貯金　postal collection　303, postal savings　303
郵便に付すること　posting　303
郵便物　postal matters　303
郵便法　Mail Law　251
郵便料金　postage　303
郵便を使った詐欺　mail fraud　251
遊歩道　promenade　319
猶予　suspension　379
有用火　friendly fire　177
猶予期間　days of grace　104
有利な　beneficial　38, profitable　318
有利にする　favor　160
優良株　blue-chip stock　42
優良権原　good title　184

ゆうりよ

優良投資　blue chip investment　42
有料道路　turnpike　395
憂慮すべき　serious　360, worrying　417
ユーロ　EURO　146
ユーロダラー　Eurodollar　146
誘惑的危険(物)　attractive nuisance　32
誘惑的ニューサンス　attractive nuisance　32
故なく　without due cause　416, without good reason　416
床面積　floor area　167
行方　whereabouts　414
行方不明になる　lost　250, missing　260
行方不明の　out of time　284
輸血　blood transfusion　42
諭旨退職　dismissal on suggestion　122
輸出管理法　Export Administration Act　153
輸出港船側渡し　free alongside (ship)　175
輸出者　shipper　364
輸出信用保険法　Export Credit Insurance Law　154
輸出税　exitus　152
輸出統制法　Export Control Act　154
輸出入禁止品　contraband　86
輸出入港税　tonnage　391
輸出入取引法　Export and Import Transaction Law　153
輸出品取締法　Export Commodities Control Law　154
輸出貿易管理法　Export Administrate Regulation　153
輸出保証　export guarantees　154
ゆすり　racket　328
譲受人　assign　28, assigns　29, grantee　186, transferee　394
ゆすり行為　blackmailing　41, extortion　155
ゆすり行為者　blackmailer　41, extortioner　155
譲渡人　grantor　186, transferor　394
譲渡人の禁反言　estoppel of assignor　145
輸送　transportation　394

委ねる　delegate　110, submit　374
ユダヤ法　Judaic law　222
ユニオン・ショップ　union shop　399
ユニタリー・タックス　unitary tax　400
ユニット信託　unit trust　400
輸入確認制度　Import Confirmation　201
輸入課徴金　import surcharge　201
輸入貨物担保保証　trust receipt　395
輸入関税　import duty　201
輸入業者による輸入品目登録　importer's entry of goods　202
輸入禁止　embargo　136
輸入港本船渡し　ex ship　147
輸入自主規制　voluntary export restraint　411
輸入承認証　import license　201
輸入承認制度　import approval　201
輸入信用状　import letter of credit　201
輸入税　imposts　202
輸入代替　import substitution　201
輸入の促進及び対内投資事業の円滑化に関する臨時措置法　Law on Extraordinary Measures for the Promotion of Imports and the Facilitation of Foreign Direct Investment in Japan; Import and Inward Investment Promotion Law　236
輸入品点検申請書　bill of sight　40
輸入品輸出品条項　import-export clause　202
輸入割当て　import quota　201
輸入割当制度　IQ：Import Quota　219
許す　tolerate　391

よ

よいかどうか　advisabilty　14
養育費　child support　58, expenses of bringing up a child　153
用意している　uncore prist　397
用益権　usufruct　403, usus fructus　403
要役地　dominant land　127
容疑　suspicion　380

容疑者　suspect　379，suspected person　379
容疑者の似顔絵を書く　make a sketch of the suspect　251
容疑者の似顔絵を配る　distribute a sketch of the suspect　123
容疑者を監視する　watch a suspect　414
容疑者を尋問する　interrogate a suspect　216，question a suspect　327
容疑者を捜索する　pursue a suspect　325
容疑者を追跡する　follow a suspect　167
容器包装に係る分別収集及び再商品化の促進等に関する法律(容器包装リサイクル法)　Law for Promotion of Sorted Collection and Recycling of Containers and Packaging (Containers and Packaging Recycling Law)　234
要求　demand　112，mandate　253，requisition　342
要求があれば　at the request of A　31，upon～'s request　402
要求払いの証券　demand instruments　113
要求払預金　demand deposit　112
容疑を晴らす　exculpate　150
要件　requirement　341
要件事実　ultimate fact　396
要件の加重　addition of requirement　10
擁護　protection　321，upholding　402
用語　term　385
養護学校　school for the handicapped　356
養護施設　child care institution　58，home for dependent children　195
養子　adopted child　13
要旨　syllabus　380
幼児　infant of tender year　208
養子縁組　adoption　13
養子縁組法　Adoption Law　13
要式契約　solemnity contract　367
要式性　formality　172
要証事実　factum probans　157
養親　adoptive parent　13，parent by adoption　287
要人　V.I.P.　407，very important person　408
用水地役権　right of water　349
要請　request　341
容積　bulk　46
容積率　floor area ratio　167
傭船契約　C.P.　48，charter contract　56，charter party　56，voyage charter; voyage charter-party　411
傭船契約船荷証券　charter party B／L　57
傭船者　charterer　57，freighter　177
傭船する　charter　56
傭船船舶　freighter　177
傭船船舶利用承認　grant and to freight let　186
要素　element　136，essential element　144
様相　aspect　27
要注意人物表　blacklist　41
用途地域　zoning　419
容認する　suffer　376
養父　adoptive father　13
要物契約　substantial contract　375
養母　adoptive mother　13
要望的言葉　precatory words　305
要約　abridgement　2，brief　45
要領　gist　183，outline　284
養老院　home for the aged　195
養老年金　old-age pension　279
養老保険　endowment insurance　139，old-age insurance　278
養老保険証券　endowment policy　139
要録　abridgement　2
ヨーマン　yeoman　419
ヨーロッパ共同体　EC　133，European Communities　146
ヨーロッパ共同体議会　European Parliament　146
ヨーロッパ共同体裁判所　European Court　146
ヨーロッパ経済共同体　E.E.C.　132
ヨーロッパ特許条約　EPC　141
ヨーロッパ評議会　Council of Europe　93
予期　anticipation　22
よきサマリア人の法理　Good Samaritan

よきふる

doctrine 184
良き古き法　good old law 184
預金　bank deposit 35, deposit 114, savings 355
預金口座　deposit account 114
預金通帳　deposit book 114, deposit passbook 114, savings passbook 355
預金のため　for deposit 168
預金の引出し　withdrawal 416
預金のみ　for deposit only 168
預金を引き出す　withdraw 416
よくある質問　faq 160
抑止可能損害の法理　avoidable consequences doctrine 34
抑止刑論　preventive theory 311
抑止命令　restraining order 344
抑制　restraint 344, suppression 378
抑制する　restrain 344
抑制と均衡　checks and balances 58
抑留　arrest 26, detainer 117, embargo 136
予見可能性　foreseeability 170
予見可能当事者　foreseeable party 170
予見し難い　unforeseeable 398
予見する　foresee 170
予見できる　foreseeable 170
予見当事者　foreseen party 170
予告　advance notice 13, give notice 183, previous notice 311
予告記載　caveat 52
予告登記　lis pendens 246
汚すこと　taint 382
汚れや破損をチェックすること　inventory check 218
余罪　another charge under investigation 22
余罪捜査　investigation for another charge 218
予算　budget 45
予算の作成　preparation of the budget 309
予算の不足　deficiencies in the budget 109
予試験　pre-examination 306

余剰金　surplus 378
予審　preliminary hearing 307
寄せ集め　aggregation 15, juxtaposition 226
予想　anticipation 22, expectation 152, prospect 321
予想屋　tipster 390
予測　prediction 305
預託された　in escrow 204
預託証券　depositary receipt 114
予断　prejudice 307
予断を生じさせる虞のある事項　matter which may create a prejudice 255
預貯金勘定　savings account 355
預貯金信託　savings bank trust 355
欲求　necessity 267, need 267
欲求不満　frustration 178
預手　cashier's check 51
予定保険契約　open policy 280
予定保険証券　floating policy 167
予納　prepay 309
余白　lacuna 229
余波効果　backwash effect 34
予備　preparation 308
予備委員　reserve member 343
予備陰謀　preparation and plotting 308
予備交渉　preliminary negotiations 307
予備支払人　reference in case of need 335
予備支払人記載欄　au besoin 32
予備審問　preliminary examination 307
呼出し　summons 377
呼出状　summons 377, writ of summons 418
予備知識　preliminary knowledge 307
予備的勧告　preliminary recommendations 307
予備的合意書　letter of intent 242, letter of interest 242
予備的差止命令　preliminary injunction 307
予備的訴因　conjunctive count 80
予備的に　in limine 204
予備的罰条　conjunctive descriptions of applicable articles of laws or ordi-

nances 80
予備取締役 altenate director 17
予備費 reserved fund 343
余病 complication 73, secondary disease 357
予備用コピー back-up copy 34
余病を併発する cause a complication 52
予防拘禁 preventive detention 311
予防工事 protective works 321
予防接種 vaccination 407
予防接種法 Preventive Vaccination Law 311
予防措置 preventive measures 311
予防的訴訟状 bill quia timet 40
予防的な quia timet 327
予防的に in limine 204
予防法学 preventive law 311
予約 booking 44, reservation 342
より制限的でない他の選びうる手段 less restrictive alternatives 242
より早い終了 earlier termination 132
世論 public opinion 323
世論調査 poll 302
余論として arguendo 26
弱い需要状態 negative demand state 267
四輪駆動車 four-wheel-drive car 173

ら

来月の proximo 322
ライセンサー licensor 244
ライセンサーの保証と侵害に対する責任 warranty and infringement 413
ライセンサーは～する権利を有する Licensor is entitled to～ 244
ライセンシー licensee 244
ライセンシング licensing 244
ライセンス license 244
ライセンス供与 licensing 244
ライセンス契約 license agreement 244, licensing contract 244
ライバル重視企業 competitor-centered company 73

ライン line 246
烙印 stigma 372
落札 falling of the hammer 158, successful bid 376
落札人 successful bidder 376
拉致する take away 382
乱射する fire at random 164
乱戦 confused fight 79
ランドラム・グリフィン法 Labor-management Reporting and Disclosure Act 229
ランニング・ロイヤルティー running royalty 353
ランハム法 Lanham Act 229
乱暴 violence 409
乱暴者 rowdy fellow 352
乱脈な disorderly 122
濫用 abuse 2
濫用的訴訟 vexatious action;～litigation;～proceeding 409

り

リーエン lien 244
リーエン債権者 lien creditor 244
リーエン債務者 lienee 245
リーガル・オピニオン legal opinion 241
リーガル・リアリズム legal realism 241
リース lease 239
リース契約 operating lease 280
リースバック sale-leaseback 354
リーチとリッチネス reach and richness 328
リーディング・ケース leading case 239
吏員 local officials 248
利益 behoof 38, benefit 38, gain 180, interest 213, profit 318
利益金処分 distribution of earned surplus 124
利益衡量 balancing of interests 35
利益最大化 profit maximization 318
利益準備金 earned surplus reserve 132
利益証拠 self-serving evidence 360
利益剰余金 retained earning 345

りえきと

利益と結びついた　coupled with an interest　95
利益になる　ensure　139
利益に反する供述　statement against interests　371
利益の配当　distribution of profits　124
利益分配計画　profit-sharing plan　318
利益持分権　right to share of profit　350
利益余剰金　earned surplus　132
利益留保　plow back　301
利益を害せられる虞ある者　person whose interests are liable to be harmed　296, person whose interests are likely to be harmed　296
利益を供与する　offer benefit　278
利益を伴う　coupled with an interest　95
利益を図る　promote one's own interests　319
利害関係　beneficial interest　38, interest　213, interest relation　213, stake　370
利害関係者, 利害関係人　interested parties　213, person interested　296, privy　315
利害関係通告　caveat　52
利害関係のある代理　agency coupled with an interest　15
利害対立当事者　opposite party　281
利害の衝突　conflict of interests　79
利器　sharp-edged tool　363
陸揚港　port of unloading　302
リクエストオファー方式　item-by-item negotiation　220, request offer　341
陸軍中尉　lieutenant　245
陸軍の司令官　marshal　254
利権　concessions　74
利権を漁る　hunt for concessions　197
履行　fulfillment　178, performance　293
履行過程　course of performance　95
履行期限の延長　giving time　183
履行期日　date of performance　104
履行期前の契約履行拒絶　anticipatory repudiation　22
履行困難　hardship　192

履行済契約　executed contract　151
履行済みの　executed　151
履行済みの約因　executed consideration　151
履行する　carry out　51, execute　151, render　338
履行遅滞　delay of performance by obligor　110
履行地法　lex loci solutionis　243
履行当事者　performing party　294
履行による承諾　acceptance by performance　3
履行の委託　delegation of performance　110
履行の強制　enforcement of performance　139
履行の経過　course of performance　95
履行の請求　demand for performance　112
履行の提供　tender　385, tender of delivery　385
履行の保証　assurance of performance　30
履行不能　impossibility　202, impossibility of performance　202
履行保証　performance bond　293
履行利益　expectation interest　152
履行利益の賠償額　expectation damages　152
履行を免責する事項　events that excuse performance　146
リコール　recall　330
離婚　divorce　125
離婚訴訟　divorce suit　125
離婚届出　notification of divorce　273
離婚の際　irreconcilable difference　219
離婚のための州外訴訟　foreign actions　170
離婚扶養料　alimony　17
利札　coupon　95
利札付債券　coupon bond　95
理事　director　119, trustee　395
理事会　board of directors　42
理事長　chairman of the board　54, Chief Director　58

利潤配分　profit sharing　318
リスク　risk　351
リスク好きの　risk loving　351
リスク低減　risk reduction　351
リスケジュール　reschedule　342
リステイトメント　restatement　343
リスト　listing　247
リストに載せること　listing　247
リストラする　delayer　110, downsize　128
理性　reason　329
リゾート地　resort　343
利息　interest　213
利息制限法　Interest Rate Restriction Law　213, Usury Law　403
利息付小切手　now account; NOW account　274
利息付債権　active bond　9, active debt　9, claim bearing interests　60
利息付消費貸借　feneration　162
利息などが生ずる　accrue　5
利息の先取り　discount　121
率　rate　328
立案　preparation of plan　309
立憲政治　constitutionalism　83
立候補する　run　353
立証　proof　319, verification　408
立証する　attest　31
立証責任　burden of proof　46
立証責任の転換　shifting the burden of proof　363
立地優位性　location specific advantage　248
立法　legislation　241
立法機関　law-making organ　238
立法権　legislative power　242, legislative power over〜　242
立法事実　legislative fact　242
立法者　law maker　235, legislator　242
立法者の意思　mens legislatoris　257
立法趣旨　mens legislatoris　257, purpose of legislation　325
立法手続審査官　examiner　148
立法の理由　ratio legis　328
立法府　legislature　242

立法部　legislature　242
立法法　Act of the Legislature　8
立法メートル　c.m.　48
立論の証拠を明示する　produce the grounds of an argument clearly　317
利得　enrichment　139
リトルトン　Sir Thomas Littleton　365
利乗せ　pyramiding　326
リバース・エンジニアリング　reverse engineering　346
リハビリ　rehabilitation　337
リピーティド・ゲーム　repeated games　339
リベート　kickback　227, rake-off　328, rebate　330
リボルビング・クレジット契約　revolving credit agreement　347
リボルビング基金　revolving credit　347
利回り　yield　419
略語　abbreviation　1
略式手続　summary proceedings　377
略式判決　summary judgment　376
略式命令　summary order　377
略式命令の告知　notification of summary order　274
略式命令の取消し　annulment of summary order　22
略取　kidnapping　227
略取誘拐　kidnapping or abduction　227
略奪　pillage　298, plunder　301
略奪的価格設定　predatory pricing　305
略奪品　booty　44, plunder　301, prize　315, spoil　369
理由　causa　51, ground　187, reason　329
理由ある　well-grounded　414
留学生用のビザ　F-Visa　179
流血　bloodshed　42
流血の惨事　bloodshed　42, bloody affair　42
流産　miscarriage　260
流質契約　contract of forfeitable pledge　87
流出　outflow　284
留置　bond　43, detention　117, retain

りゆうち

345, retention 345
留置権　lien 244, particular lien 289, possessory lien 303, retaining lien 345, right of retention 349, special lien 368, specific lien 369
留置場　lockup 248
留置日数　days of detention 104
留置の期間　term of detention 385
留置の必要　necessity for detention；necessity of detention 267
留置物　retained things 345
流通業務市街地の整備に関する法律　Law concerning the Improvement of Urban Distribution Centers 233
流通証券　negotiable instrument 268
流通する　negotiable 268
流通性　negotiability 268
流通性のある　transferable 393
流通性のある債券　negotiable bond 268
流通性のある約束手形　negotiable note 268
流通性のある利札　negotiable coupon 268
流通性の方法　method of negotiation 258
流通速度　velocity(of money) 408
理由付忌避　challenge for cause 54
流動資金　floating capital 167
流動資産　current assets 101, floating assets 167, liquid assets 246
流動資本　floating capital 167, liquid capital 246
流動性　liquidity 246
流動負債　current liabilities 101
理由抜きの判決　memorandum decision 257
理由の食い違い　contradiction in the reasons 88, discrepancy in the reasons 121
理由のない　groundless 187
留保　reservation 342
留保資本　reserve capital 343
留保条件　proviso 322
留保する　withhold 416
留保付きで　under reservation 397
留保利益　undivided profits 398

流用　appropriation 25, misapplication 259
理由を述べる　hand down 191
領域　ambit 19, territory 386
領海　territorial waters 386
了解　understanding 397
両替　money exchange 261
利用価値　utility value 403
両議院協議会　Joint Committee of Both Houses 222
利用規則　rule and regulations 352
陵虐する　commit an act of cruelty 68
料金　charge 55, fare 160
料金協定　rate fixing 328
料金決定　rate fixing 328
領空　airspace 16
量刑　sentencing 360
量刑基準　sentencing guideline 360
量刑不当　inappropriateness of sentencing 204
利用権　right of use 349
領事　consul 84
領事館　consulate 84
領事裁判権　consular jurisdiction 84
利用者　user 403
領主　lord 249
猟場管理人　gamekeeper 180
糧食　food 168
良心　conscience 80
良心裁判所　forum conscientiae 172
良心的兵役忌避者　conscientious objector 80
良心の自由　freedom of conscience 175
両性の平等　equality of man and woman 141
領土　domain 126, dominion 127, territory 386
領土外管轄権　foreign jurisdiction 170
領土外裁判権　foreign jurisdiction 170
利用に供する　appropriate for the use 25
療法　method of treatment 258
領有権　domain 126
旅客　passengers 290
旅客運送　carriage of passengers 51

旅客運賃　fare　160
旅館営業者　innkeeper　209
旅館業者の留置権　innkeeper's lien　209
旅館業法　Hotel Business Law; Inns and Hotels Law　197
旅券　passport　290
旅券不実記載　untrue entry in a passport　402
旅券法　Passport Law　290
旅行(者)小切手　traveler's check　394
旅行者信用状　traveler's letter of credit　394
旅行信用状　circular note　59, traveler's letter of credit　394
旅行保険　travel accident　394
旅費　travel expenses　394, traveling expenses　394
利率　interest rate　213
履歴　background　34, personal history　297
履歴書　curriculum vitae　101
離路自由条項　liberty clause　243
離路自由約款　liberty clause　243
利を図る目的　for the purpose of gaining　168
輪姦　gang rape　180
輪姦する　rape in one after another　328, rape in turn　328
隣国間の取引　cross-border transaction　101
臨時会　extraordinary session　155
臨時株主総会　extraordinary general meeting (of shareholders)　155, special meetings of the shareholders　368
臨時雇用　temporary employment　384
臨時裁判所　provisional court　321
臨時審査　extraordinary examination　155
臨時石炭鉱害復旧法　Extraordinary Law on Coal Mine Damage Recovery　155
臨時の　acting　8, ad hoc　9, extraordinary　155, provisional　321
臨終の供述　dying declaration　132
臨床医　clinician　63
臨床医学　clinical medicine　63

隣人原則　neighbor principle　268
隣人公正法　Neighborhood Justice Act　268
隣接　abut　3, adjacent　10, adjoining　10
隣地立入権　right to enter the adjoining land　349
リンチ的裁判　kangaroo court　226
淋病　gonorrhea　184
倫理　ethics　146
倫理委員会　ethnical committee　146
倫理基準　moral stadard　262
倫理規則　ethic rulings　146
倫理規定　ethical code　146
倫理規範書　written code of ethic　418
倫理綱領　code of ethics　64, ethical platform　146
倫理コード　code of ethics　64
倫理的　ethical　146, moral　262

る

類似　similarity　365
類似の　allied　17, similar　365
類焼する　be burned down in a spreading fire　37, catch fire from　51
累進課税　graduated tax　185, progressive taxation　318
累進的租税　progressive tax　318
類推解釈禁止の原則　principle of prohibiting analogy in interpretation　314
累積的な　cumulative　101
累積的優先株式　cumulative preferred stock　101
累積投票　cumulative voting　101
累積利殖　accumulations　5
累犯　recidivism　332, repeated offense　339
累犯加重　aggravated punishment against repeated offense　15
累犯者　offender with previous conviction　277, recidivist　332, repeater　340
ルウェリン　Karl Nickerson Llewellyn

るふ

226
流布　circulation　59, dissemination　123, spread　369

れ

レイオフ　layoff　238
例外　exception　148
例外的に　exceptionally　149
例外なく，例外なしに　all and singular　17, without exception　416
冷却期間　cooling time　89
冷却効果　chilling effect　58
礼金　key money　227
零細企業　small business　366
零細農家　petty farmer　298
レイシオ・デシデンダイ　ratio decidendi　328
例証　example　148, illustration　199, instance　211
礼譲　comity　67
令状　process　317, search warrant of inspection　357, warrant　413, writ　417
令状等を発する　issue a warrant　220
令状の発付　issuance of warrant　220
例年の　yearly　418
礼拝所　place of worship　299
礼拝所不敬　indecency against a place of worship　206
礼拝妨害　interference with worship　214, obstruction of performance of a prayer　276
レイム・ダック　lame duck　229
轢死　death from over-run　105
轢死する　be run over and killed　37
歴史法学　historical jurisprudence　194
轢創　over-run wound　285
レギュレーションA　Regulation A　337
レギュレーションD　Regulation D　337
レギュレーションQ　Regulation Q　337
レギュレーションZ　Regulation Z　337
レクシス　LEXIS　243
レターオブインタレスト　letter of interest　242
レターオブインテント　letter of intent　242
レター形式の契約書　letter Agreement　242
劣位　posteriority　303
列挙条項　enumerated clause　141
列挙する　enumerate　141
レックス・ドミシリアイ　lex domicilii　243
劣後株式　deferred share　109, deferred stock　109
劣後社債　subordinated debenture　374
劣後する　deferred　109
裂傷　lacerated wound　229
列席　assembled presence　27
レッドヘリング　red-herring prospectus　334
レバレッジ　leverage　242
レバレッジド・リース　leveraged lease　243
レモン・プロブレム　lemon problem　242
レモン法　lemon law　242
廉価　low price　250
連記制　plural ballot system　301
連携する　associate　30, join hands　221
連携動作　coordinated movements　90
連結決算　consolidated accounting　82
連結財務諸表　consolidated statements　82
連結貸借対照表　consolidated balance sheets　82
連結法人所得税申告書　consolidated tax return　82
連合　federation　162
連合規約　Articles of Confederation　27
連合商標　associated trademark　30
連行する　bring before　45, take to　382
連鎖販売取引　pyramid sales　325
連署　counter signature　93, counter-sign　95
連署する　sign jointly　364
連続償還債券　serial bond　360
連続日数　running days　353
連続発行債券　series bond　360
連帯感　sense of solidarity　360

れんほう

連帯債務　joint and several obligation　221
連帯債務者　obligor jointly and severally liable　276
連帯して　joint and several　221，jointly and severally　222
連帯責任　joint and several liability　221，joint responsibility　222
連帯の　solidary　367
連帯負担　joint burden　222
連帯保証人　joint surety　222，surety who has assumed an obligation jointly and severally with the principal obligor　378
レンタル契約　rental agreement　339
連邦汚染物質排水除去制度　NPDES: National Pollutant Discharge Elimination System　274
連邦下院議員　Congressman　80
連邦環境殺虫剤管理法　Federal Environment Pesticides Control Acts　161
連邦環境政策法　NEPA: National Environmental Policy Act　268
連邦環境保護法　Federal environmental laws　161
連邦議会　Congress　80，parliament　287
連邦議会制定法　Act of Congress　7
連邦行政規則集　C.F.R.　48，Code of Federal Regulations　65
連邦航空局　F.A.A.　156
連邦公正債権回収法　Fair Debt Collection Practices Act　158
連邦公正住宅法　Federal Fair Housing Act　161
連邦公正労働基準法　FLSA: Fair Labor Standards Act　167
連邦控訴裁判所　circuit court　58
連邦広報　Federal Register　161
連邦国旗保護法　Flag Protection Act　166
連邦雇用基準局　Employment Standard Administration　137
連邦雇用差別禁止法　federal employment discrimination laws　161
連邦雇用ポリグラフ規正法　Federal Employment Polygraph Protection Act　161
連邦コンピュータ不正行為防止法　Federal Counterfeit Access Device and Computer Fraud Abuse Act　160
連邦裁判所の裁判権・管轄権　federal jurisdiction　161
連邦殺虫剤・除菌剤・殺鼠剤法　Federal Insecticide, Fungicide and Rodenticide Act　161
連邦主義者　federalist　162
連邦準備制度　Federal Reserve System　161
連邦準備制度加盟銀行　member bank　257
連邦準備制度理事会　F.R.B.　156，Federal Reserve Board　161
連邦証券法　federal securities acts　161
連邦証拠規則　Federal Rules of Evidence　161
連邦制　federalism　161
連邦税　Federal tax　161
連邦政府　federal government　161
連邦政府所在所　the District of Columbia　387
連邦捜査局　FBI: Federal Bureau of Investigation　160，Federal Bureau of Investigation　160
連邦租税先取特権　federal tax lien　161，IRS tax lien　219
連邦地方裁判所海事裁判権留保条項　saving to suitors clause　355
連邦通信委員会　F.C.C.: Federal Communications Commission　156
連邦取引委員会　Federal Trade Commission　161
連邦取引委員会法　Federal Trade Commission Act　161
連邦の　federal　160
連邦標準局　National Bureau of Standards　265
連邦法　federal law　161，federal tax laws　161
連邦法規　federal tax laws　161
連邦法人　federal corporation　160

れんほう

連邦民事訴訟規則　Fed. R. Civ. P.　160,
　Federal Rules of Civil Procedure　161
連邦問題(事件)　federal question (case)
　161
連邦預金保険公社　F.D.I.C. : Federal
　Deposit Insurance Corporation　156,
　Federal Deposit Insurance Corpora-
　tion　160
連邦労働関係局　N.L.R.B. : National
　Labor Relations Board　264
連邦労働関係法　N.L.R.A. : National
　Labor Relations Act　264
連絡事務所　liaison office　243
連絡担当者　liaison　243
連絡調整　liaison and adjustment　243

ろ

ロイズ　Lloyd's　247
ロイズ・リスト　Lloyd's List　247
ロイズ判例集　Lloyd's Law Reports　247
ロイヤリティー　royalty　352
ロイヤリティーの一括払い　lump-sum pay-
　ment　250
ろうあ者　deaf-and-dump person　104
漏洩　leakage　239
労役　work　416
労役場　work house　417
労役場留置　detention in a work house
　117
老朽　wear and tear　414
老朽化　obsolescence　276
老朽や損耗による価値の低下　wear and
　tear　414
労災保険　worker's compensation　417,
　workmen's accident compensation in-
　surance　417
労災補償　compensation for industrial
　accidents　72, workmen's compensa-
　tion; worker's compensation　417
労使関係　industrial relations　208
労使関係法　labor laws　229, Labor
　Management Relation Act　229
労使紛争　trade dispute　392

漏出　leak　239
老人医療保障制度　medicaid　256, medi-
　care　257
老人福祉法　Old People's Welfare Law
　278, Welfare Law for the Elderly
　414
老人保健法　Health and Medical Service
　Law for the Elderly　192
ロウズ　John Raws　221
労働安全衛生委員会　Occupational Safety
　and Health Review Commission　277
労働安全衛生局　Occupational Safety and
　Health Administration　277
労働安全衛生法　Industrial Safety and
　Health Law　208
労働運動　labor movement　229
労働関係調整法　Labor Relations Adjust-
　ment Law　229
労働管理法　Labor Management Act
　229
労働基準局　Labor Standards Bureau
　229
労働基準法　Labor Standard Law　229
労働協約　collective bargaining agree-
　ments　66, trade agreement　392,
　union contract　399
労働協約附属協定　Supplement to the
　Labor Agreement　377
労働許可証　work permit　417
労働組合　labor union　229, trade union
　393, union　399
労働組合の結成　unionization　400
労働組合法　Trade Union Law　393
労働権法　right to work laws　350
労働災害　industrial accident　208
労働災害補償法　Worker's Compensation
　Act　417
労働搾取工場　sweat shop　380
労働時間　hours of work　197, working
　hours　417
労働時間制　working hours　417
労働時間の短縮の促進に関する臨時措置法
　Shorter Working Hours Law　364
労働市場　labor market　229
労働者　laborer; labourer　229, worker

417
労働者安全法　employee safety laws　137
労働者貸付組合　loan society　248
労働者災害補償給付金　worker's compensation benefits　417
労働者災害補償保険　workmen's compensation; worker's compensation　417
労働者災害補償保険法　Workmen's Accident Compensation Insurance Law　417
労働者の先取特権　laborers'lien　229
労働者派遣事業の適正な運営の確保及び派遣労働者の就業条件の整備等に関する法律(労働者派遣事業法)　Law for Securing the Proper Operation of Worker Dispatching Undertakings and Improved Working Conditions for Dispatched Workers　235
労働者融資団体　loan society　248
労働週　workweek　417
労働省　Department of Labor　114, Ministry of Labor　259
労働条件　working condition　417
労働省設置法　Ministry of Labor Establishment Law　259
労働争議　industrial dispute　208, labor dispute　229
労働能力の一部欠損　partial incapacity　288
労働法　industrial law　208, Regulation of Employment　337
労働法規　Labor Regulations　229
労働法典　Labor Code　229
朗読　read　328
浪費　waste　414
労務　service　361
労務・資材の提供契約　contract for the supply of work and materials　86
労務管理　labor management　229
労務供給契約　service contract　361
労務者　employee　137
老幼　senility and immaturity　360
ロー・クラーク　clerk　63, law clerk　231
ロー・スクール　law school　238

ロー・ソサイティ　Law Society　238
ロー・ファーム　law firm　234
ロー・レビュー　law review　238
ローカル・カスタマイゼーション　local customization　248
ロード海法　Rhodian law　347
ローマ・カトリック教会法の体系　canon law　49
ローマ条約　Treaty of Rome　394
ローマ法　civil law　59, Roman Law　352
ロールアウト　rollout　352
ローン手数料　origination fee　284
路肩　edge of a road　134, shoulder of road　364
録音　recording　333, tape-recording　382
録画　recording　333
録取　record　332
六年徒過の抗弁　actio non accrevit infra sex annos　8
ロックアウト　lockout　248
肋骨　ribs　347
六法全書　compendium of law　71, statute books　371
露店　stall　370, street stall　373
露天商　stall keeper　370
ロビー活動　lobbying　248
ロビー活動規制法　Lobbying Regulation Act　248
ロビー活動をする　lobby　248
ロビイスト　lobbyist　248
ロビンソン・パットマン法　Robinson-Patman Act　352
ろれつが回らない　be inarticulate　37, be unable to articulate properly　37
ロングアーム法　long arm statute　249
論告求刑　prosecutor's closing statement and recommendation of punishment　320
論告要旨　summary of prosecutor's closing statement　377
論証できる　arguable　26
論点　point　301
論文　article　26, chapter　55

わ

ワーグナー法　Wagner Act　412
歪曲する　pervert　297
猥褻　indecency　206, obscenity　276
猥褻行為　indecency　206
猥褻な　indecent　206, obscene　276
猥褻な行為　indecent act　206, obscene act　276
猥褻の図画　obscene picture　276
猥褻文書　obscene literature　276, obscene writing　276
猥褻文書所持　possession of obscene literature　303
猥褻文書陳列　display of obscene literature　122
猥褻文書販売　sales of obscene literature　354
猥褻文書頒布　distribution of obscene literature　124
猥褻誘拐　abduction for the purpose of performing an obscene act　1
猥褻略取　kidnapping for the purpose of performing an obscene act　227
猥談　bawdy　37, obscene story　276
賄賂　bribe　45
賄賂を受け取る　accept a bribe　3, receive a bribe　331
和解　accommodation　4, amicable settlement　20, composition　73, compromise　74, conciliation　74, concord　75, reconciliation　332, settlement　362
和解する　settle　362
和解判決　judgment by consent　223
わが部署意識　functional silo mentality　179
わがままな　wanton　412, wantonness　412
和議　arrangement between debtors and creditors　26
和議手続　composition procedure　73
和議法　Composition Law　73
脇見運転　looking aside-drive　249

脇見する　look aside　249
脇道　branch road　44, by-path　48
分け前　share　362
分け前にあずかる　have a share　192, share　362
分け前を要求する　claim a share　60
渡り鳥保護条約　Treaty on the Protection of Migratory Birds　394
ワッセナー協約　Wasenaar Arrangement　414
罠　entrapment　140, trap　394
わら人形　man of straw　252, straw man　373
割合運送賃　freight pro rata　177, freight pro rata itineris (peracti)　177
割合減耗償却　percentage depletion　293
割合的担保条項　average clause　33
割当て　admeasurement　11, allotment　17, apportionment　24, assignment　28, dole　126
割当人　tax　383
割当量　allowance　17
割当枠　quota　327
割引　discount　121
割引株　discount stock; discount shares　121
割引債　discount bond　121, zero-coupon bond　419
割賦払土地売買契約　contract for deed　86
割増金　premium　308
ワルシャワ条約　Warsaw Pact; Warsaw Treaty; Treaty of Friendship, Cooperation and Mutual Assistance between the People's Republic of Albania, the People's Republic of Bulgaria, the Hungarian People's Republic, the German Democratic Republic, the Polish People's Republic, the Union of Soviet Socialist Republics and the Czechoslovak Republic　414
ワルソー条約　Warsaw Convention 1929　413
悪ふざけ　practical joke　305
割れ目　breach　44

著者プロフィール

尾崎 哲夫 Ozaki Tetsuo

1953年大阪生まれ。1976年早稲田大学法学部卒業。2000年早稲田大学大学院アジア太平洋研究科国際関係専攻修了。
松下電送機器㈱勤務，関西外国語大学短期大学部教授，近畿大学教授を経て，現在，研究・執筆中。
主な著書に，『ビジネスマンの基礎英語』（日経文庫）『海外個人旅行のススメ』『海外個人旅行のヒケツ』（朝日新聞社）『大人のための英語勉強法』（PHP文庫）『私の英単語帳を公開します！』（幻冬舎）『法律用語がわかる辞典』『法律英語用語辞典』『条文ガイド六法　民法』『条文ガイド六法　会社法』『法律英語入門』『アメリカの法律と歴史』『アメリカ市民の法律入門（翻訳）』『はじめての六法』『はじめての民法』『はじめての民法総則』『はじめての会社法』『はじめての知的財産法』『はじめての国際商取引法』（自由国民社）他多数。
Blog: http://tetsuoozaki.blogspot.com/
E-Mail: ted.ozaki@gmail.com

About the Author

Ozaki Tetsuo born in Japan in 1953, was a professor at Kinki University in Japan and is now in USA to study and write books and papers. Graduating from Waseda University at Law Department in April 1976, he was hired as an office worker at Matsushitadenso (Panasonic group). He graduated from graduate school of Asia-Pacific Studies at Waseda University in 2000. Prior to becoming a professor at Kinki University he was a professor at Kansaigaikokugo college (from April 2001 to September 2004).

He has been publishing many books including, *A Dictionary of English Legal Terminology*, Tokyo: Jiyukokuminsha, 2003, *The Law and History of America*, Tokyo: Jiyukokuminsha, 2004, *An introduction to legal English*, Tokyo: Jiyukokuminsha, 2003, *English Study Method for Adults*, Tokyo: PHP, 2001, *The Dictionary to learn Legal Terminology*, Tokyo: Jiyukokuminsha, 2002, *The first step of Legal seminar series* (over 20 books series), Tokyo: Jiyukokuminsha, 1997~, *The Fundamental English for business person*, Tokyo: Nihonkeizaishinbunsha (Nikkei), 1994, *The Recommendation of Individual Foreign Travel*, Tokyo: Asahishinbunsha, 1999, *The key to Individual Foreign Travel*, Tokyo: Asahishinbunsha, 2000, *Master in TOEIC test*, Tokyo: PHP, 2001, *Basic English half an hour a day*, Tokyo: Kadokawashoten, 2002, *I show you my studying notebook of English words*, Tokyo: Gentosha, 2004, *American Legal Cinema and English*, Tokyo: Jiyukokuminsha, 2005, and other lots of books. He has also translated the following book. Feinman, Jay, *LAW 101 Everything you need to know about the American Legal System*, England: Oxford University Press, 2000

＊These book titles translated in English. The original titles and published in Japaneses language.

法律英語用語辞典
<small>ほうりつえいごようごじてん</small>

2003年9月18日 初版発行
2009年1月19日 第3版発行
2015年7月30日 第3版補訂第1刷発行

著　者　尾崎哲夫
装丁者　熊谷英博
発行者　伊藤　滋
発行所　株式会社 自由国民社
　　　　〒171-0033 東京都豊島区高田3-10-11
　　　　http://www.jiyu.co.jp/
　　　　振替00100-6-189009 電話03-6233-0781（代表）
印刷所　大日本印刷株式会社
製本所　株式会社ＤＮＰ製本

ⓒ2015 Ozaki Tetsuo Printed in Japan.
乱丁本・落丁本はお取り替えいたします。